# *DIREITO TRIBUTÁRIO CONTEMPORÂNEO*

*Estudos em homenagem a*

**GERALDO ATALIBA**

# *DIREITO TRIBUTÁRIO CONTEMPORÂNEO*

*Estudos em homenagem a*
**GERALDO ATALIBA**


**AIRES FERNANDINO BARRETO (COORD.)**

•

ALCIDES JORGE COSTA • AIRES F. BARRETO • ALBERTO XAVIER
ANDRÉ MENDES MOREIRA • ANNA EMILIA CORDELLI ALVES
BETINA TREIGER GRUPENMACHER • CARLA DE LOURDES GONÇALVES
CLÉLIO CHIESA • CRISTIANO CARVALHO
EURICO MARCOS DINIZ DE SANTI • FABIANA DEL PADRE TOMÉ
FÁBIO SOARES DE MELO • HELGA KLUG DOIN VIEIRA
HUMBERTO ÁVILA • JOSÉ ANTONIO BALIEIRO LIMA
JOSÉ ARTUR LIMA GONÇALVES • JOSÉ EDUARDO SOARES DE MELO
JOSÉ SOUTO MAIOR BORGES • JULIANA FURTADO COSTA ARAUJO
JÚLIO M. DE OLIVEIRA • LUCIANO AMARO • LUÍS EDUARDO SCHOUERI
LUIZ CARLOS DE ANDRADE JR. • MÁRCIO SEVERO MARQUES
MARCOS VINICIUS NEDER • MARIA RITA FERRAGUT
MATHEUS CHERULLI ALCANTARA VIANA
MISABEL ABREU MACHADO DERZI • PAULO AYRES BARRETO
PAULO DE BARROS CARVALHO • PEDRO GUILHERME ACCORSI LUNARDELLI
REGINA HELENA COSTA • RENATO LOPES BECHO
RICARDO MARIZ DE OLIVEIRA • ROBSON MAIA LINS
ROQUE ANTONIO CARRAZZA • SACHA CALMON NAVARRO COELHO
SIMONE RODRIGUES COSTA BARRETO • TÁCIO LACERDA GAMA



MALHEIROS EDITORES

***DIREITO TRIBUTÁRIO CONTEMPORÂNEO***

Estudos em homenagem a GERALDO ATALIBA



ISBN: 978-85-392-0095-5

*Direitos reservados desta edição por*
*MALHEIROS EDITORES LTDA.*
*Rua Paes de Araújo, 29, conjunto 171*
*CEP 04531-940 — São Paulo — SP*
*Tel.: (11) 3078-7205 Fax: (11) 3168-5495*
*URL: www.malheiroseditores.com.br*
*e-mail: malheiroseditores@terra.com.br*

*Composição*
Acqua Estúdio Gráfico Ltda.

*Capa*
*Criação*: Vânia Lúcia Amato
*Arte*: PC Editorial Ltda.

Impresso no Brasil
*Printed in Brazil*
08.2011

# *SUMÁRIO*

# *APRESENTAÇÃO*

O INSTITUTO GERALDO ATALIBA-IDEPE celebra este ano, concomitantemente, duas relevantíssimas datas: 30 anos de existência, contados desde o primeiro Congresso, e a realização de 25 Congressos Brasileiros de Direito Tributário. Ao longo de sua existência, destes últimos participaram, sempre com galhardia, as maiores autoridades brasileiras, além de muitas estrangeiras, em matéria tributária.

Marcos dessa ordem – justo orgulho dos seus dirigentes e participantes – precisam ser objeto de celebração especial. Para sedimentá-los, destarte, sempre com a inestimável colaboração da Malheiros Editores, que tem à frente o incansável Álvaro Malheiros, estamos editando uma obra comemorativa, composta de artigos escritos por uma plêiade de juristas, todos grandes colaboradores, amigos e discípulos do nosso saudoso fundador, o mestre GERALDO ATALIBA.

Queremos que a homenagem a GERALDO se dê com o reconhecimento do passado, com a saudade do presente e com a esperança do futuro. O idealizador do então IDEPE não se satisfazia em ser apenas seguro e frio; agia com ousadia visando a obter sempre o respeito e o cumprimento da Constituição. Sua luta não tinha por razão a força, por que toda a sua força emanava da razão.

Defendia ele, sobremodo, o princípio da igualdade, como o mais forte esteio de uma Constituição. Propugnava por tributos justos – sobretudo no campo dos impostos – de modo que a lei não só a todos igualasse, mas que retirasse valores compatíveis com as suas respectivas capacidades contributivas. Para tanto, defendia a diretriz da generalidade: os impostos devem alcançar todos, mas sem fazer fenecer a fonte de renda. Afinal, já se disse, o lucro de hoje é o investimento de amanhã e o emprego de depois de amanhã.

De que assim deve ser, já nos ensinava Cristo. Quis ele – para que fosse pago o tributo a Cesar – que Pedro, indo pescar, encontrasse, na boca do primeiro peixe tirado do mar, certa moeda de prata, entregando-a a Cesar, a título de tributo. E assim o fez por que queria demonstrar que os tributos deveriam ser suaves, sempre tirados da boca do peixe e nunca da boca do pescador. Quis ensinar aos homens que a diferença entre os tributos moderados e os violentos está em que os moderados tiram-se da boca do peixe e os excessivos tiram-se da boca do pescador.

Lastreado nessas lições, Ataliba propugnava pela edição de leis criativas, engenhosas, inventivas e argutas, em nada assemelháveis às tiradas à força, mas, pelo contrário, suaves, como as que parecem vir sob as fitas e os laços do presente.

Não queremos, prezados leitores, com esta apresentação, entristecer-lhes a alegria nem pôr silêncio em seus aplausos. Desejamos, sim, que, com ela, festejem o seu próprio triunfo, apesar de despido da salva da artilharia, do repique dos sinos e da incandescência das luminárias coloridas, vindas dos fogos de artifício.

Não se olvidem de que há dias claros e dias escuros; dias ensolarados e dias chuvosos; dias sombrios e dias radiosos. Pois, nesta data, e nos nossos corações, seja o dia claro, luzidio, brilhante, qualquer que seja o tempo, por que é o dia resplendoroso do Geraldo e do IDEPE.

Disse Vieira, em um de seus sermões, que neste mundo todas as coisas podem ser objeto de troca: o descanso pelo trabalho; o trabalho, pela vida; a vida pela honra; mas o ideal não se pode trocar.

Geraldo era, sobretudo, um grande idealista.

Aires F. Barreto
Presidente – IGA-IDEPE

# *NORMAS GERAIS DE DIREITO TRIBUTÁRIO: VISÃO DICOTÔMICA OU TRICOTÔMICA*

ALCIDES JORGE COSTA

Professor titular de Direito Tributário da Faculdade de Direito da USP.
Advogado.

A Constituição atual fala em normas gerais de Direito Tributário, dando à União, via lei complementar, a competência para expedi-las, mas qual a origem da expressão?

Na Assembleia Constituinte de que resultou a Constituição de 1946, havia uma subcomissão da Discriminação de Receitas, presidida pelo Sr. Arthur de Souza Costa e integrada pelos constituintes Deodoro de Mendonça, Benedito Valadares e Aliomar Baleeiro, este já então um conhecido Professor de Ciência das Finanças e de Direito Financeiro.

Conforme relatou Aliomar Baleeiro em Mesa Redonda promovida em 7 de julho de 1950 por "Edições Financeiras S.A.", houve, no seio da subcomissão debate muito intenso a respeito da conveniência de adotar-se uma cláusula pela qual o Direito Financeiro ficasse expressamente reconhecido como membro da família jurídica, em pé de maioridade. Como não pertencia à competência daquela subcomissão tratar da matéria, que era mais de outra subcomissão que deveria redigir os primeiros artigos da Constituição (a parte da competência geral da União), claro que a subcomissão, destinada apenas à discriminação das rendas, não poderia fazer mais do que uma simples alusão ao assunto e recomendação aos órgãos competentes.

Por consenso dessa subcomissão, o próprio Aliomar Baleeiro apresentou, na Grande Comissão, emenda para que se incluísse o Direito Financeiro na competência legislativa federal. A emenda, que foi a de n. 938, apresentada em 12 de junho de 1946, foi rejeitada, mas outra oportunidade surgiu no plenário. O texto das várias comissões continha dispositivo que mandava elaborar uma lei orgânica da contribuição de melhoria bem como dispositivo que previa lei para padronizar orçamentos. Ambos reconheciam implicitamente a autonomia do Direito Financeiro e se tornariam desnecessários se fosse incluída regra genérica da competência federal em matéria de Direito Financeiro, mas uma norma deste teor invadia as competências legislativas locais. Assim, como solução de compromisso limitou-se a competência da União às *normas gerais* de Direito Financeiro.

O interesse desta história é mostrar que tudo se originou de desejo de Aliomar Baleeiro de ver proclamada, no plano constitucional, a autonomia do Direito Financeiro, que, àquela altura, abrangia também o Direito Tributário. O próprio Aliomar Baleeiro dizia, no debate patrocinado por "Edições Financeiras S.A.", que já mencionei, que "um ponto de partida para se começar a discutir o objetivo da lei orgânica ou da codificação" deveria ser "o nascimento da obrigação fiscal; o problema da repetição, da compensação fiscal, da prescrição, a possibilidade ou não de aplicação do direito comum, as consequências que devemos tirar daquele artigo 202 [*da Constituição de 1946*], relativo à capacidade econômica do contribuinte, sobretudo como princípio de hermenêutica que deve ser considerado".

Do ponto de vista doutrinário, a autonomia do Direito Tributário em relação ao Direito Financeiro era matéria já vencida. Do ponto de vista legislativo, o aparecimento do Projeto do Código Tributário Nacional, enviado em 1954 pelo Poder Executivo ao Congresso Nacional, veio afirmar de vez a autonomia do Direito Tributário.

Mas se este problema da autonomia ficou fora de questão logo depois da promulgação da Constituição de 1946, ainda é objeto de discussão o que sejam *normas gerais*. Esta discussão começou desde logo.

Assim, na IIIª Conferência de Técnicos de Contabilidade Pública e Assuntos Fazendários, a 2ª Comissão Especializada fez diversas recomendações, de que destaco a de n. 1. "1 – sejam compreendidos como normas gerais de direito financeiro:

"a) todos os setores do Direito Financeiro, inclusive os constituídos por preceitos de Contabilidade Pública, entendendo-se esse direito como o

> complexo de regras que disciplinam a aquisição, a gestão e a aplicação dos bens públicos na consecução dos fins do Estado;
>
> "b) seu conceito se restringe às normas cuja generalidade se caracteriza pela indeterminada extensão a entes públicos ou a atuações jurídicas da mesma condição e espécie;
>
> "c) se refere às normas propriamente fundamentais e básicas, sem exclusão das que importem em pormenores de desdobramentos detalhados, se constituírem complementos indissociáveis das regras fundamentais;
>
> "d) se estende até o ponto em que não fira princípios ou atributos, explícitos ou implícitos, inerentes à autonomia de Estados e Municípios."

Estas conclusões foram publicadas no *Boletim do Conselho Técnico de Economia e Finanças* do Ministério da Fazenda, n. 106, de outubro de 1949, e acham-se reproduzidas no Anexo 2 do livro *Normas Gerais de Direito Financeiro* (Edições Financeiros S.A., Rio de Janeiro, s/d).

Na mesma IIIª Conferência de Técnicos em Contabilidade Pública e Assuntos Fazendários, Carlos Alberto Carvalho Pinto, então advogado da Prefeitura Municipal de São Paulo, posteriormente Secretário da Fazenda do Estado, Governador do Estado de São Paulo e Ministro da Fazenda, excelente conhecedor das Finanças Públicas, apresentou uma tese sobre normas gerais de direito financeiro, na qual concluía:

> "a) não são normas gerais as que objetivem especialmente uma ou algumas dentre as várias pessoas congêneres de direito público, participantes de determinadas relações jurídicas;
>
> "b) não são normas gerais as que visem particularizadamente, determinadas situações ou institutos jurídicos, com exclusão de outros, da mesma condição ou espécie;
>
> "c) não são normas gerais as que se afastam dos aspectos fundamentais ou básicos, descendo a pormenores ou detalhes."

Como se verifica, em todas estas tentativas para determinar o que é norma geral, esteve presente a preservação da autonomia de Estados e Municípios, o que é natural se se considerar que os autores eram ligados às Fazendas Estaduais ou aos Municípios.

Refiro-me agora a uma conferência proferida por Rubens Gomes de Sousa em 28.8.1953, no Instituto de Direito Público e Ciência Política da Fundação Getúlio Vargas e que se acha na *RDA* 37 (jul.-set./1954, pp. 12 e ss.). Essa conferência é importante porque Rubens Gomes de Sousa foi o autor do anteprojeto de Código Tributário Nacional e participou da Comissão que discutiu o anteprojeto e o transformou em projeto no período 1953-1954, como também participou da comissão que elaborou o projeto de reforma tributária, que veio a transformar-se na Emenda n. 18 à Constituição de 1946.

Nesta palestra, Rubens Gomes de Sousa começa por analisar as conclusões de Carvalho Pinto já acima referidas. No que concerne à primeira conclusão ("não são normas gerais as que objetivem especialmente uma ou algumas de entre as várias pessoas congêneres de direito público participantes ou determinadas relações jurídicas"), diz Rubens que se pode concluir dos conceitos de normais gerais que não é possível à União estabelecer regras tão somente para os Estados e para os Municípios, eximindo-se, ela própria, da sua observância. Mas esta ressalva está condicionada à natureza do instituto ou da situação jurídica regulada: quando for suscetível de verificação em qualquer dos três planos (Federal, Estadual e Municipal), então a norma deve vigorar nos três planos. Mas quando o instituto ou a situação jurídica visada pela norma somente possa ocorrer em função de sua natureza em um ou dois daqueles planos, mas não nos três, a norma não deixará de ser geral. A segunda ressalva feita por Rubens Gomes de Sousa é de que não se poderá aceitar como norma geral aquela que, embora formulada em termos genéricos, tenha a sua aplicabilidade limitada a situação que materialmente só possa ocorrer em determinado Estado ou determinado Município. Nota, porém, que aqui há um deslocamento do problema. Neste caso a invalidez jurídica da norma decorre do preceito constitucional que proíbe à União promulgar leis que não sejam uniformes para todo o Território Nacional.

Nesse ponto cito Rubens Gomes de Sousa em suas próprias palavras. Depois de passar em revista o que já foi visto quanto ao conceito de normas gerais, diz ele:

> "Em resumo, a competência Federal para legislar sobre normas gerais de Direito Financeiro deve tomar como ponto de partida um preceito constitucional expresso ou decorrente do sistema não apenas financeiro como econômico, jurídico ou político acolhido pela Constituição e visar como ponto de chegada à atuação integral do preceito que lhe deu ori-

gem. Dentro desses dois extremos, todavia, a competência só deve ser exercida quanto aos aspectos dos assuntos a que se refira, cuja regulamentação normativa seja essencial à atuação integral do preceito que constitui o seu fundamento, a fim de não excluir ou embaraçar o exercício, pelos Estados e Municípios."

Nesta palestra, Rubens Gomes de Sousa firma, em resumo, os seguintes pontos:

1º) Problemas concernentes à competência das entidades tributantes. A regulamentação da competência para tributar apresenta um aspecto positivo quando atribui o poder de tributar e suas decorrências expressas ou implícitas e um aspecto negativo, que diz respeito às limitações impostas pela Constituição.

2º) Problemas concernentes à participação de Estados e Municípios em impostos federais e de Municípios na de impostos de Estados, como é o caso do ICMS. Norma geral é indispensável para deixar claro que o ente federativo que participa da arrecadação de imposto privativo de outro não pode legislar sobre o imposto em causa.

3º) É preciso deixar claro o alcance das imunidades. Estas significam que as entidades favorecidas não pagam impostos. No entanto, é preciso criar certas regras quanto ao cumprimento das obrigações acessórias.

4º) Ainda ligado ao problema das competências, há o da conceituação dos diversos impostos, de modo a evitar que haja choque entre Estados e Municípios por haver entendimentos diferentes quanto ao fato gerador. "Normas gerais que regulem a conceituação do fato gerador dos impostos privativos, sendo, como são, essencialmente normas de conceituação específica do próprio imposto, deverão visar principalmente à preservação do sistema constitucional de discriminação de rendas." E, na mesma conferência, continua o seu autor que, com esta providência, seria evitada a criação de impostos privativos de outros entes federativos, sob a capa de privativos do ente que os houver criado.

5º) Quanto aos próprios instrumentos de atuação do Direito Tributário, é necessário definir o que é tributo, uma vez que há receitas derivadas que não o são tributos. Depois e paralelamente, lei de normas gerais deve conceituar as espécies de tributo sobre os quais discorre.

6º) Rubens Gomes de Sousa faz referência também ao que hoje é o conteúdo do Livro II do CTN e afirma ser necessária norma geral que determine o que é de competência privativa da lei tributária, não só o fato gerador, como também a base de cálculo e o sujeito passivo, prescrição e decadência.

7º) É feita ainda menção ao problema dos empréstimos compulsórios.

Esta concepção de normas gerais assim expostas por Rubens Gomes de Sousa deu-lhe o embasamento para redigir o anteprojeto de Código Tributário Nacional. Não será inútil recordar que o projeto de CTN foi redigido em 1952, revisto por uma comissão composta por Afonso Almiro Ribeiro da Costa, Pedro Teixeira Soares Júnior, Gerson Augusto da Silva e do próprio Rubens Gomes de Sousa. Revisto o projeto, foi ele enviado ao Congresso Nacional. Em 1965, o governo decidiu fazer uma reforma administrativa e tributária. Para estudar a reforma tributária, nomeou uma comissão composta por Rubens Gomes de Sousa, Gerson Augusto da Silva, Sebastião Santana e Silva, Gilberto de Ulhoa Canto e Mário Henrique Simonsen, que produziu o texto que foi aprovado pelo Congresso e que veio a ser a Emenda n. 18 à Constituição de 1946. Isto posto, o Poder Executivo retirou do Congresso o projeto de CTN, até então não aprovado. A mesma comissão adequou-o à nova situação constitucional e o Congresso o aprovou. Foi a Lei n. 5.172, de 25.10.1996, cuja ementa diz: "Dispõe sobre o Sistema Tributário Nacional, e institui normas gerais de direito tributário aplicáveis à União, Estados e Municípios". Entretanto, o Ato Complementar n. 36, de 13.3.1961, em seu art. 7º, determinou que esta lei passasse a chamar-se Código Tributário Nacional.

Mas voltemos ao projeto de 1954. Na exposição de motivos que acompanhou o projeto ao ser enviado ao Presidente da República pelo Ministro da Fazenda, então o Sr. Osvaldo Aranha, lê-se o seguinte:

> "O primeiro problema substancial com que teve de se defrontar a Comissão foi o relativo ao alcance da expressão 'normas gerais' consignadas no art. 5º n. XV letra 'b' da Constituição, dispositivo invocado como fundamento constitucional para o Código. A questão se revestia de inegável gravidade, principalmente à vista de suas repercussões jurídicas e políticas no tocante à preservação da autonomia legislativa dos Estados e dos Municípios. Todavia, o que se depreende do estudo cuidadoso dos procedentes parlamentares e da elaboração doutrinária em matéria de normas

gerais, sem embargo do seu inegável valor como subsídio para o balizamento do terreno em vista de ulteriores estudos, é a impossibilidade, e mesmo a inutilidade ou inconveniência práticas de uma delimitação apriorística do alcance do conceito, a ser por isso utilizado com o caráter de um *standard* jurídico na análise das hipóteses individuais de sua aplicação, antes que como um preceito suscetível de definição vinculativa.

"Em consequência, a Comissão absteve-se de procurar um conceito predeterminado de 'normas gerais' e adotou como regra de trabalho proceder à análise individual de cada situação concreta para verificar a possibilidade de sua regulamentação através de uma norma simultaneamente aplicável aos três níveis de governo e a generalidade das situações ou institutos jurídicos de uma mesma condição ou espécie, salvo em se tratando de situações ou institutos peculiares a determinada entidade tributante.

"Finalmente, em cada caso visou-se, na formulação da norma, a sua referência a aspectos fundamentais ou básicos, com abstração de pormenores ou detalhes. Ainda assim, entretanto, a Comissão manteve ou formulou regras de natureza antes regulamentar sempre que isso lhe pareceu essencial à atuação do princípio tido como fundamental ou básico.

"6. Embora enquadrado no problema genérico do alcance do conceito de normas gerais, merece referência especial o aspecto da inclusão, no Projeto, de definições de institutos jurídicos e particularmente dos impostos privativos federais, estaduais ou municipais. Mesmo sem negar a impropriedade da inclusão de conceitos doutrinários no texto da lei, todavia é forçoso reconhecer que, na fase atual da elaboração do direito tributário entre nós, a fixação de determinados conceitos básicos é essencial para assegurar ao Código a plenitude da sua eficácia.

"Finalmente, no que se refere à conceituação específica de cada um dos impostos privativos federais, estaduais e municipais, aspectos em que mais agudo se apresenta o problema das autonomias legislativas, a Comissão, sem desconhecer a dificuldade de sua delimitação rigorosa reputou-a entretanto indispensável à atuação do próprio sistema constitucional de discriminação de rendas. Não será exagero afirmar, com efeito, que o Código ficaria privado do sentido normativo e de alcance prático, se omitisse tais conceituações. O critério nominalista observado pela Constituição evidentemente não pode ser entendido como significado, em cada caso, a atribuição, à entidade tributante, de um simples *nomen juris*, mas sim de uma figura tributária específica e conceitualmente diferenciada.

"Ao traçar a definição de cada imposto, a Comissão, dentro do seu critério geral, atentou em primeiro lugar para o direito positivo vigente, com as adequações rigorosamente indispensáveis do ponto de vista constitucional; e somente em caráter supletivo ou complementar recorreu ao subsídio da doutrina."

Tudo isto, na vigência da Constituição de 1946, que dava à União competência para editar normas gerais de Direito Financeiro.

Entretanto, logo depois de aprovado o CTN, sobreveio a Constituição de 24.1.1967. Esta Constituição teve o seu art. 8º, inciso XVII, alínea "c", alterado, tendo passado a vigorar com a seguinte redação:

"Art. 8º. Compete à União: (...);

"XVII – legislar sobre: (...);

"c) normas gerais sobre orçamento, despesa e gestão patrimonial e financeira de natureza pública; taxa judiciária, custas e emolumentos remuneratórios de serviços forenses, de registros públicos e notariais; *de direito financeiro*; de seguros e previdência social; de defesa e proteção da saúde; de regime penitenciário."

A mesma Constituição, em seu art. 18, § 1º, dispôs:

"Lei complementar estabelecerá normas gerais de direito tributário, disporá sobre os conflitos de competência nessa matéria entre a União, os Estados, o Distrito Federal e os Municípios, e regulará as limitações constitucionais do poder de tributar."

A redação deste parágrafo deixa claro que as normas gerais não se referem nem aos conflitos de competência, nem às limitações constitucionais do poder de tributar. Se assim não fosse, não haveria necessidade de o legislador constitucional referir-se, em separado, às normas gerais, às limitações constitucionais do poder de tributar e aos conflitos de competência.

A redação dessa Constituição, além de reafirmar a autonomia do Direito Financeiro, deixou clara e estreme de dúvida a do Direito Tributário. Isto no plano legislativo porque, no doutrinário, a autonomia do Direito Tributário não era mais objeto de discussão.

A Constituição de 1988 deixou ainda mais expresso tudo isso. Em seu artigo 146 lê-se:

"Art. 146. Cabe à lei complementar:

"I – dispor sobre conflitos de competência, em matéria tributária, entre a União, os Estados, o Distrito Federal e os Municípios;

"II – regular limitações constitucionais ao poder de tributar;

"III – estabelecer normas gerais em matéria de legislação tributária, especialmente sobre:

"a) definição de tributos e de sua espécie, bem como, em relação aos impostos discriminados nesta Constituição, a dos respectivos fatos geradores, bases de cálculo e contribuintes;

"b) obrigação, lançamento, crédito, prescrição e decadência tributários;

"c) adequado tratamento ao ato cooperativo praticado pelas sociedades cooperativas;

"d) definição de tratamento diferenciado e favorecido para as microempresas e para as empresas de pequeno porte, inclusive regimes especiais ou simplificados no caso do imposto previsto no art. 155, II, das contribuições previstas no art. 195, I e §§ 12 e 13, e da contribuição a que se refere o art. 239.

"Parágrafo único. A lei complementar de que trata o inciso III, 'd', também poderá instituir um regime único de arrecadação dos impostos e contribuições da União, dos Estados, do Distrito Federal e dos Municípios, observando que:

"I – será opcional para o contribuinte;

"II – poderão ser estabelecidas condições de enquadramento diferenciadas por Estado;

"III – o recolhimento será unificado e centralizado e a distribuição da parcela de recursos pertencentes aos respectivos entes federados será imediata, vedada qualquer retenção ou condicionamento;

"IV – a arrecadação, a fiscalização e a cobrança poderão ser compartilhadas pelos entes federados, adotado cadastro nacional único de contribuintes."

O texto deixa bem claro e fora de qualquer dúvida qual o âmbito de atuação das normas gerais de direito tributário.

Noto que a alínea "d" do art. 146, III, e o parágrafo único do mesmo artigo foram introduzidos pela Emenda Constitucional n. 42, de 19.12.2003. A meu ver, o parágrafo único do art. 146, acima transcrito, implica, de certa forma, alteração na competência dos Estados, do Distrito Federal e dos Municípios. Contudo, de qualquer forma, esta competência já sofria várias limitações no campo tributário, em decorrência do texto constitucional, de modo que me parece que a Emenda Constitucional n. 42/2003 não tende a abolir a forma federativa de Estado por não trazer alteração substancial na matéria.

O texto da atual Constituição, como o art. 18, § 1º, da Constituição de 1967 (mesmo considerada a Emenda Constitucional n. 1/69, que praticamente era outra Constituição), deixa claro, claríssimo diria, que normas que dispõem sobre conflitos de competência e normas que regulam as limitações constitucionais ao poder de tributar não são normas gerais, dado que o conteúdo destas está expresso no art. 146, III.

Este conteúdo da expressão "normas gerais de Direito Tributário" é majoritariamente aceito. Basta dizer que o CTN entrou em vigor no dia 1º de janeiro de 1967, ou seja, há quarenta e quatro anos, e que durante este largo período nenhum de seus dispositivos foi considerado inconstitucional. Pelo contrário, o STF já entendeu ser o CTN um corpo de normas gerais (RE 106.217, 1ª Turma, *DJU* 12.9.86, p. 16.425).

Sem embargo desta posição, uma parte da doutrina ainda sustenta que leis complementares cujo conteúdo sejam normas gerais devem cingir-se a regular as limitações constitucionais ao poder de tributar e a dispor sobre conflitos de competência em matéria tributária. É a chamada corrente dicotômica, que continua a defender seu ponto de vista mesmo depois de a Constituição de 1988, art. 146, ter eliminado qualquer dúvida a respeito. Para chegar a esta conclusão, basta ler-lhe o texto. Como diz Ricardo Aziz Cretton em seu estudo "Normas Gerais de Direito Tributário e Lei Complementar", publicado em *Estudos de Direito Tributário em Homenagem à Memória de Gilberto de Ulhoa Canto* (Rio de Janeiro, Forense, 1998, p. 297), esta doutrina que dá às normas gerais um âmbito restrito "não sensibilizou a doutrina nem os tribunais, tendo sido refutada por diversos tributaristas...".

Nesta corrente dicotômica sobressai-se Paulo de Barros Carvalho que expõe suas razões no trabalho intitulado "Hipótese de incidência tributária e normas gerais de Direito Tributário", publicado em *Inter-*

*pretação no Direito Tributário* (Saraiva/EDUC, 1975, pp. 207 e ss.). A adesão à concepção dicotômica de normas gerais aparece também em seu *Curso de Direito Tributário* e em seu mais recente livro *Direito Tributário – Linguagem e Método*. Entende ele que as normas gerais de Direito Tributário destinam-se a dispor sobre conflitos de competência e a regular as limitações constitucionais do poder de tributar. Ele resume suas conclusões da seguinte forma:

> "Por todos esses motivos não nos parece que o Código Tributário deva regular os tributos locais em espécie, pois:
>
> "1º) Estes não se incluem tecnicamente no conceito de normas gerais.
>
> "2º) A Constituição deu aos poderes locais competência privativa para legislar sobre os mesmos.
>
> "3º) Essa autonomia financeira é imprescindível para a existência do regime federativo, princípio básico da nossa organização política.
>
> "4º) Essa regulamentação, longe de afastar os conflitos, viria talvez criar novos.
>
> "5º) A lei fiscal não deve ser rígida, a fim de que possa se adaptar às peculiaridades e evolução de fenômenos locais.
>
> "6º) A autonomia do direito fiscal nos leva a admitir a competência mais ampla dos poderes locais" (publicação n. 4 do IBDF, *Codificação do Direito Tributário*, p. 112).

É interessante notar que Paulo de Barros Carvalho disse, nesse trabalho, que a lei complementar não pode criar tributos e acrescenta que "evidentemente, não poderá dispor acerca das formas de extinção. Se não pode dizer como nasce, é intuitivo, que não possa dizer como se exaurem as obrigações tributárias".

Estas razões, expendeu-as Paulo de Barros Carvalho em 1975, quando vigorava a Constituição de 1967, mas as mantém na vigência da atual Constituição, cujo art. 146, III, nem com ginásticas verbais, deixa de validar todas as normas gerais que compõem o CTN. E se Paulo de Barros Carvalho disse que a redação do art. 18, § 1º, da Constituição de 1967, era defeituosa, não poderia repetir o que disse à luz da Constituição de 1988, cujo art. 146, III, tem redação que não deixa margem para dúvidas.

Esta chamada visão dicotômica de normas gerais não alcançou grande repercussão na doutrina e nenhuma na jurisprudência. Na verdade, ela está encastelada na Faculdade de Direito da PUC/SP. Além de Paulo Barros Carvalho, adotou-a Geraldo Ataliba, como a adotam Roque Antonio Carrazza (*Curso de Direito Constitucional Tributário*, 27ª ed., São Paulo, Malheiros Editores, 2011, especialmente pp. 996 e ss.), Regina Helena Costa (*Curso de Direito Tributário*, Saraiva, 2009, pp. 20 a 22) e Osvaldo Aranha Bandeira de Mello (*Contribuição de Melhoria e Autonomia Municipal*, p. 42, citado por Geraldo Ataliba em assembleia cujas notas taquigráficas estão no volume *Interpretação no Direito Tributário*, acima citado). Menciono ainda Heleno Taveira Torres, ao tempo professor da PUC/SP, no prefácio que escreveu para *Leis Complementares em Matéria Tributária* (São Paulo, Manole, 2003, XXV). Neste prefácio, Heleno Taveira Torres navega entre a concepção dicotômica e a tricotômica, para, por fim, adotar esta última, embora não o diga expressamente.

Depois de referir-se à concepção tricotômica, afirma que "outra vertente de pensamento, todavia, e a que mais prosperou doutrinariamente, deu orientação diversa à questão, alegando que aquela visão tricotômica precária por praticar uma hermenêutica literal, ao não delimitar o conteúdo das normas gerais de direito tributário, o que possibilitaria ao legislador da União cometer agressões ao sistema federativo e ao princípio da autonomia dos municípios, na medida em que ficaria permitido à legislação complementar produzir, indiscriminadamente, regras jurídicas que perpetrassem [*sic*] o recinto das competências outorgadas aos Estados-membros, atingindo o pacto federativo, e invadissem as prerrogativas constitucionais de que usufruem os Municípios, maculando o princípio da autonomia destes".

Há, neste trecho transcrito das considerações de Heleno Taveira Torres, algumas inexatidões. A primeira é ao dizer que a visão dicotômica foi a que mais prosperou doutrinariamente, quando ocorre exatamente o contrário. Como já foi dito, a visão dicotômica é quase restrita ao âmbito da PUC/SP.

A segunda inexatidão consiste em dizer que o legislador da União poderia cometer agressões as sistema federativo. Não é bem assim. Afirma-se primeiro que o CTN é lei nacional e, depois, que a União poderia ofender a autonomia dos Estados e dos Municípios, como se o Congresso não fosse também Nacional, como se o Senado não fosse composto por três representantes de cada um dos vinte e sete Estados.

Por fim, não há possibilidade de as normas gerais constantes do CTN penetrarem na competência de Estados e Municípios. O que seja o conteúdo das normas gerais foi bem exposto por Rubens Gomes de Sousa, como foi mencionado no começo deste trabalho e como resultou, na prática, no Código Tributário Nacional. Em seguida, Heleno Taveira Torres descreve, no mesmo prefácio, o que entende por normas gerais. Neste passo, adere claramente a uma concepção tricotômica, ressalvando sempre, como homenagem à dicotômica que "poderá a União instituir normas gerais para evitar conflitos de competência", o que é claro nas palavras de Rubens Gomes de Sousa. Acrescenta ainda que, com a criação de normas gerais (definição de tributo e suas espécies, fato gerador, sujeito passivo e base de cálculo dos impostos nominados na Constituição, etc.) tudo é possível se não agredir a repartição constitucional de fontes tributárias de receita, o que é obvio. Por fim, diz Heleno Taveira Torres que "na sequência, compete à União, na qualidade de legislador nacional, harmonizar os procedimentos de cobrança e fiscalização dos tributos, tratando de obrigação, lançamento e crédito – art. 146, III, 'b'; 155, § 2º, XII, CF – e ainda uniformizar os prazos de decadência e prescrição". Em suma, e como não podia deixar de ser à vista da letra da Constituição, Heleno Taveira Torres adere à concepção tricotômica sem deixar de prestar suas homenagens à dicotômica.

Parece-me que a concepção dicotômica funda-se, em última análise, na percepção de que a tricotômica atingiria o princípio federativo e, por isso, seria inaceitável.

No já citado livro *Interpretação no Direito Tributário*, onde são reproduzidos vários estudos, no debate de 16.10.1971, Geraldo Ataliba cita Carlos Maximiliano que, em seus *Comentários à Constituição de 1946*, vol. I, diz o seguinte, na p. 133: "O todo deve ser examinado com o intuito de obter o verdadeiro sentido de cada uma das partes. A Constituição não destrói a si própria. Em outros termos: o poder que ela confere com a mão direita não retira com a esquerda, em seguida. Conclui-se deste postulado não poder a garantia individual, a competência, a faculdade ou a proibição, exarada num dispositivo, ser anulada praticamente por outro; não procede exegese incompatível com o espírito do estatuto, nem com a índole do regime".

Entretanto e usando da mesma metáfora das mãos, antes de saber se a mão esquerda está tirando o que a direita deu, é preciso saber o que foi dado.

Os adeptos da concepção dicotômica sustentam-na invocando a autonomia dos Estados e dos Municípios, nos termos do art. 18 da CF:

> "Art. 18. A organização político-administrativa da República Federativa do Brasil compreende a União, os Estados, o Distrito Federal e os Municípios, todos autônomos, nos termos desta Constituição."

Mas não basta dizer que é autônomo. É preciso verificar, na própria Constituição, qual a extensão desta autonomia. Sem necessidade de fazer qualquer excursão teórica sobre a interpretação das leis, basta invocar o velho brocardo já presente no Digesto: *Incivile est, nisi tota lege perspecta una aliqua particula ejus proposita, judicare vel respondere.*

Portanto, não é suficiente dizer, com base no art. 18 da CF, que os Estados, os Municípios e o Distrito Federal são autônomos. É preciso examinar o que diz a Constituição nos demais dispositivos para se saber qual a extensão da autonomia.

Poderia estender-me aqui sobre os diversos tipos de federação que existem (ver a propósito *Constitutional Origins, Structure and Change in Federal Countries. A Global Dialogue on Federalism,* John Kincaid e G. Alan Tarr, Mc Gill-Queens (editors), Montreal, University Press, 2005), mas estaria fugindo aos propósitos deste trabalho. Por isso, restrinjo-me à Constituição de 1988.

E nesta, no campo tributário, a autonomia é limitada. Assim, nos termos do art. 146, inciso III, "d", incluído pela Emenda Constitucional n. 42, de 19.12.2003, a lei complementar poderá definir tratamento diferencial e favorecido para as microempresas e para as empresas de pequeno porte, inclusive regimes especiais ou simplificados no caso do ICMS, das contribuições para a seguridade social e da contribuição a que se refere o art. 239.

O parágrafo único do art. 146, também adicionado pela EC 42/2003, dispõe que a lei complementar acima referida

> "(...) também poderá instituir um regime único de arrecadação dos impostos e das contribuições da União, dos Estados, do Distrito Federal e dos Municípios, observando que:

"I – será opcional para o contribuinte;

"II – poderão ser estabelecidas condições de enquadramento diferenciadas por Estado;

"III – o recolhimento será unificado e centralizado e a distribuição da parcela de recursos pertencentes aos respectivos entes federados será imediata, vedada qualquer retenção ou condicionamento;

"IV – a arrecadação, a fiscalização e a cobrança poderão ser compartilhas pelos entes federados, adotado cadastro nacional único de contribuintes."

Mas não é só. Compete ao Senado Federal fixar as alíquotas máximas do imposto sobre a transmissão *causa mortis* e doação. Compete também ao Senado Federal estabelecer alíquotas do ICMS aplicáveis às operações e prestações interestaduais e de exportação.

Ao Senado é facultado ainda quanto ao ICMS: a) estabelecer alíquotas mínimas nas operações internas; b) fixar alíquotas máximas nas mesmas operações para resolver conflito específico que envolva interesse de Estados. Nota-se que aqui se trata de conflitos de interesses e não de competência, estes últimos previstos no art. 146, I.

Ainda mais: o art. 155, § 2º, XII, dá à lei complementar funções que, em matéria de ICMS, nada têm a ver com normas gerais. A maior parte das alíneas deste inciso XII diz respeito a aspectos particulares do imposto.

A autonomia dos Municípios, em matéria tributária, também não escapa desta constatação. O Imposto sobre Serviços de Qualquer Natureza, não compreendidos no art. 155, II, incide sobre os serviços definidos em lei complementar. Note-se que definir o que é serviço está compreendido no inciso III, "a", do art. 146 (definição do fato gerador) que, no entanto, não abrange a definição de todos os serviços tributáveis, como faz a Lei Complementar 116, de 31.7.2003, que substituiu a Lei Complementar 56/1987 neste mister.

Mais não é preciso dizer o propósito da autonomia efetiva que a Constituição conferiu a Estados e Municípios. De resto, o que caracteriza uma federação é exatamente a autonomia dos Estados; no Brasil, como originalidade, os Municípios foram também erigidos em entes federativos, o que já é uma redução da autonomia dos Estados que, em suas Constituições, não podem organizar os Municípios de acordo com as características de cada Estado.

Sabe-se que a extensão da autonomia pode variar de federação para federação. Entre nós, essa autonomia é baixa se comparada com a dos Estados norte-americanos.

Mas não é preciso ir tão longe. Basta examinar as leis estaduais para que se tenha ideia de quão limitada é esta autonomia no campo legislativo. Basta verificar as leis publicadas no Estado de São Paulo no período de julho e agosto de 2010. Excetuadas a Lei de Diretrizes Orçamentárias, a lei que mandou que instituições financeiras afixassem cartazes informando haver desconto na antecipação do pagamento de dívidas, a lei que alterou outra que dispõe sobre a proteção ambiental de bacias de rios, a lei que institui penalidades administrativas para a prática de discriminação racial e a lei que dispõe sobre a coleta de embalagens plásticas de óleos lubrificantes, as demais limitam-se a criar o dia disto ou daquilo, a dar denominação a escolas, estradas, viadutos etc., e a incluir esta ou aquela festa no calendário turístico. As leis complementares publicadas no mesmo período limitam-se a tratar de assuntos administrativos.

Como se vê, a autonomia dos Estados e dos Municípios, embora declarada na Constituição, é a que a mesma Constituição modela.

Nestas condições, os adeptos da chamada corrente dicotômica fundam-se numa concepção de autonomia de Estados e Municípios haurida em sua ideologia, mas não calcada na Constituição.

# *ISS – INTRIBUTABILIDADE DAS ATIVIDADES-MEIO: IMPERATIVO CONSTITUCIONAL*

AIRES F. BARRETO

Professor convidado nos Cursos de Especialização em Direito Tributário da USP, da PUC/COGEAE, da GV*Law* e do IBET. Presidente do Instituto Geraldo Ataliba-IDEPE.



## *1. Arquétipo constitucional do ISS*

A Constituição Federal, ao discriminar as competências tributárias, atribuiu aos Municípios a instituição de imposto sobre: "serviços de qualquer natureza, não compreendidos no art. 155, II, definidos em lei complementar" (art. 156, III).

Esse arquétipo constitucional da sua respectiva hipótese de incidência impõe concluir que os Municípios e o Distrito Federal poderão tributar a prestação de serviços de qualquer natureza, excetuados apenas os de transporte interestadual ou intermunicipal e os de comunicação.

Consequentemente, a determinação da abrangência do campo material da competência privativa assim outorgada, exige, preliminarmente, meditação centrada sobre os termos *prestação* e *serviço*, tal como supostos constitucionalmente (como devem ser sistematicamente entendidos, no contexto constitucional).

Como o dispositivo que atribui competência para a criação do ISS remete ao art. 155, II, da Constituição Federal, tenha-se presente que o ICMS é imposto que incide sobre (*a*) operações relativas à circulação de mercadorias; (*b*) bens importados do exterior mesmo que não sejam mercadorias (155, IX, "a"); (*c*) serviços de comunicação e (*d*) serviços de transporte interestadual e intermunicipal. Dentro dessa prefinição constitucional esgota-se o campo de incidência do ICMS a ser instituído pela lei ordinária.

Por conseguinte, tirante os serviços constantes das alíneas "c" e "d" supra, os Municípios e o Distrito Federal, e só estes – por competir-lhes a tributação dos serviços de qualquer natureza –, têm competência para exigir imposto sobre as atividades incluídas no conceito constitucional de *serviço*, inclusive nas prestações em que haja fornecimento de materiais.

Não se pode, sem ofensa à Constituição, subsumir tais serviços ao imposto estadual. A letra "b" do inciso IX, § 2º, do art. 155, da Constituição Federal não ampara nenhuma pretensão nesse sentido. Esse preceito só se aplica no caso de serviço de transporte interestadual e intermunicipal e de serviço de comunicação. Exigir ICMS, nesses casos, implica inconstitucionalidade, por invasão da competência tributária reservada aos Municípios.

## *2. Âmbito de incidência do ISS*

Traçar o perímetro da irradiação da norma instituidora do ISS – que esgote o domínio da competência atribuída aos Municípios – exige, antes de tudo, desvendar o conceito de serviço, referido no Texto Constitucional. O contexto sistemático da Constituição leva à conclusão de que o conceito constitucional de serviço não coincide com o emergente da acepção comum, ordinária, desse vocábulo. Augusto Becker, com apoio em Pontes de Miranda, demonstrou que a norma jurídica "deturpa" ou "deforma" os fatos, do mundo, ao erigi-los em fatos jurídicos.[1]

Para delimitar e circunscrever – num contexto rígido – o campo de competência municipal a Constituição refere-se, expressamente, a *serviços*. Pressupõe, portanto, um conceito de certos fatos que poderão ser adotados como hipótese de incidência, pelo legislador ordinário

1. *Teoria geral do direito tributário*, 2ª ed., São Paulo, Saraiva, 1978, p. 78.

municipal. Este poderá usar total ou parcialmente a competência recebida. Não poderá, porém, extrapassá-la. Quer dizer: o legislar, não pode ir além dos lindes do conceito constitucional de serviço. Daí a importância do esforço exegético, no sentido de desvendar o conteúdo, sentido e alcance do conceito de serviço tributável, a que se refere o Texto Constitucional.

É serviço a "prestação de esforço humano a terceiros, com conteúdo econômico, em caráter negocial, sob regime de direito privado, tendente à obtenção de um bem material ou imaterial".[2]

Atentos à Constituição, sistematicamente interpretada, temos que, no conceito de serviço tributável, não se inclui o serviço público, porque (*a*) subsumível a regime de direito público, e (*b*) excluído por força do estatuído na alínea "a", do inciso IV, do artigo 150 da Lei Maior (que estabelece a imunidade tributária dos serviços públicos).

No conceito também não se contém o trabalho realizado para "si próprio", desprovido que é de conteúdo econômico. Deveras, as exigências do princípio da isonomia e da capacidade contributiva impedem que se possa cogitar de gravar-se com impostos "a prestação de serviços" despida de conteúdo econômico.

Se o esforço humano não é desenvolvido para terceiros não há serviço, porquanto é incontornável que a prestação se dê em favor de outrem. Pontes de Miranda enfatiza o voltar-se para terceiros como conteúdo insuperável do conceito de servir e, por conseguinte, do conceito de serviço.

É precisamente no interior desta temática – razão pela qual será esmiuçada mais adiante – que se situa a questão da atividade-meio, eis que se trata precisamente de atuação que não se desenvolve para terceiros (nada obstante possam vir a aproveitá-la).

A ausência de conteúdo econômico também inviabiliza qualquer exigência desse imposto relativamente aos serviços prestados em regime familiar, assim como aos altruísticos, desinteressados e filantrópicos (conforme art. 145, § 1º, CF). Desde as magistrais lições de Sainz de Bujanda e Dino Jarach, reconhece-se, universalmente, que o princípio constitucional da isonomia exige tenham os fatos imponíveis

2. Cf. Aires Barreto, *Suplemento tributário da LTr* 19/81.

conteúdo econômico (o mais atualizado estudo a respeito o devemos ao professor Carlos Palao Taboada).[3]

Fora do conceito de serviço, também – por não estar *in commercium* – o trabalho efetuado em relação de subordinação, seja a empregador privado, seja ao poder público (cujo conteúdo econômico é excluído, em razão de seu cunho alimentar). Com estas exclusões constitucionalmente exigidas, fica delimitado o conceito de serviço tributável pelo Município (art. 156, CF).

Passado o tempo e em face do aprimoramento do conceito, estamos convencidos de que por *serviço tributável* se deve entender a atividade economicamente apreciável, passível de produzir utilidade para outrem, porém sem subordinação, sob regime de direito privado, com fito de remuneração.[4] A alteração consistiu na reformulação do trecho "produtiva de utilidade", por "passível de produzir utilidade", porquanto, embora o prestador vise a proporcionar uma utilidade para outrem, nem sempre essa circunstância ocorre. Entre milhares de exemplos, basta assinalar que o médico, ao prestar os seus serviços, quer proporcionar ao paciente a utilidade da cura, mas, obviamente, isso nem sempre se verifica. Assim, o prestador não assegura a consecução da utilidade, senão que pretende proporcioná-la.

Desnecessário enfatizar que os Municípios não podem invadir a área de competência dos Estados, para tributar, seja a que título for, operações relativas à circulação de mercadorias ou os dois serviços antes referidos. Reciprocamente, de modo nenhum podem os Estados incursionar no âmbito municipal, para tributar os demais serviços (ainda que de modo indireto ou oblíquo).

O ISS incide sobre fatos, mas o reconhecimento do regime jurídico tributário a que se subordinam exige se examinem com profundidade assim (*a*) a natureza como (*b*) o objeto do contrato em consequência dos quais se produziram os fatos considerados.

No campo deste imposto, nada obstante não se possa dizer que a todo contrato corresponda um fato tributável, é licito afirmar que todo

3. *RDT* 4/125.

4. Há muito, havíamos afirmado: por "serviço tributável deve entender-se a atividade economicamente apreciável, produtiva de utilidade para outrem, porém sem subordinação, sob regime de direito privado, com fito de remuneração" (cf. Aires Barreto, *Suplemento tributário da LTr* 19/81).

fato tributável, relativo ao ISS, pressupõe um contrato. Sua subsunção à hipótese de incidência deste imposto exigirá, sempre, detida e acurada análise do contrato, a fim de que se possa concluir, precisamente, sobre o enquadramento do fato dele objeto, nesta ou naquela previsão legal (apoiada na estrita e expressa outorga constitucional).

Ao examiná-lo, detidamente, emergirão, de modo inconfundível, as atividades-fim e virão à tona as atividades-meio.

### 3. *Distinção entre atividade-meio e atividade-fim*

Comumente, leigos confundem o exercício de atividade-meio com prestação de serviço. Calcados na nomenclatura dos serviços – cuja tributação pelo Município é sugerida pela Lei Complementar 116/2003 – confundem, equiparam tarefas-meio com serviços. Na sua simplicidade ingênua, não distinguem a consistência do esforço humano prestado a outrem, sob regime de direito privado, com conteúdo econômico, das ações intermediárias que tornam possível o "fazer para terceiros". Reúnem o que não se amalgama. Tratam, como iguais, fatos absolutamente díspares.

Não são poucas as pessoas que, por terem lido as normas jurídicas, pensam tê-las interpretado. Julgam que basta a sua leitura para entender o que elas dizem. Foi por isso que o mestre Geraldo Ataliba, para afastar essa erronia, advertia, com reiteração, que, se assim fosse, bastava ser alfabetizado, para interpretar a lei. E, para corroborar o alcance desse engano, lembrava que, assim como nós, dedicados ao Direito e leigos em Medicina, podemos "ler" uma radiografia, mas não podemos interpretá-la, também não o pode aquele que pretende conhecer o Direito, sem conhecer o sistema e seus princípios. É claro não ser aqui o foro e o momento para esmiuçar esse tema, bastando a advertência de que não se pode obter conclusão segura, se não em face de interpretação sistemática, em que se conjuguem texto e contexto, que se entrelacem as várias regras do sistema, sob o manto harmonizado das suas diretrizes, dos seus princípios.

Assim, não se pode, como fazem certos arautos, brandir a afirmação equivocada de que a lei autoriza a exigência de ISS diante de atividade-meio. Quem assim afirma, lê, como tributável, em um escritório de advocacia, a atividade de "digitação", em vez de interpretar corretamente o comando que se expressa por "serviço de digitação", que é incompatível com os objetivos da advocacia.

É irretorquível que as atividades desenvolvidas pelo ser humano ora constituem atos, fatos ou obras constitutivas de passo ou etapa para a consecução de um fim, ora, diversamente, aquelas configuradoras do próprio fim ou objeto.

A mera referência a determinada ação (como, por exemplo, redação, digitação, impressão, datilografia, programação, organização, manutenção, operação, administração) não permite concluir seja ela configuradora de atos ou de fatos constitutivos de etapas necessárias para alcançar um fim ou, diferentemente, configure o próprio fim almejado.

É inescapável que obter um fim qualquer, exige, empírica ou cientificamente, atividades de planejamento, concepção, coleta, organização, administração, conferência, revisão, controle, distribuição, entrega, não obstante essas ações possam não refletir o fim perseguido.

Essas mesmas ações humanas, em casos outros, não mais se caracterizam como atividades condicionantes da concretização de um fim, mas demarcam, ao revés, o próprio objeto colimado. Nesses casos, a razão última dessas ações é a sua própria produção como propósito de utilidade, que se deseja produzir para terceiros.

Como não é da ontologia dessas próprias atividades, que ora podem ser simples meios e ora constituem o próprio fim, faz-se necessário estabelecer a baliza demarcadora dessas duas alternativas.

A distinção entre uma e outra resulta da seguinte constatação: ou se está diante de atividades desenvolvidas em benefício próprio, como requisito, condição ou até mesmo sofisticação, para a produção de outra utilidade qualquer para terceiros, ou são elas, em si mesmas consideradas, o próprio fim pretendido, é dizer, quando, de per si, constituem a própria utilidade que se quer por à disposição de outrem.

De há muito, já deixamos evidenciado que o "alvo da tributação é o esforço humano prestado a terceiros, como fim ou objeto, e não as suas etapas, passos ou tarefas intermediárias, necessárias à obtenção do fim. Não a ação desenvolvida como requisito ou condição do *facere* (fato jurídico posto no núcleo da hipótese de incidência do tributo), mas apenas as que caracterizem o próprio fim ou objeto".[5]

Note-se, assim, que, se as etapas, passos, processos, tarefas, obras, são feitas, promovidas, realizadas "para o próprio prestador" e não "para terceiros", ainda que estes os aproveitem (já que, aproveitando-se do resultado final, beneficiam-se das condições que o tornaram possível), têm-se simples atividade-meio.

Essa conclusão não é, como querem alguns desavisados, apenas decorrência de trabalho doutrinário. É fruto de exegese da Constituição. Nada obstante, se fosse, ainda assim, essa circunstância não deveria ser tratada como se fora uma irrelevância, mas, como importante contribuição, uma vez que "A doutrina e a jurisprudência exercem, também, no campo tributário, o trabalho construtivo do direito que lhes cabe noutros setores da ciência jurídica, embora com limites menos largos de atuação, em virtude precisamente do princípio da estrita legalidade dos tributos".[6]

Entende-se que leigos não alcancem a fenomenologia jurídica estudada, por não perceberem que a lei se aplica a fatos jurídicos e não a fatos brutos, na sua realidade ontológica, histórica, concreta. Fato jurídico é o fato qualificado, à luz das normas jurídicas, para suportar a incidência dessas mesmas normas. O direito regula sua própria criação e aplicação.

Precisamente por não conhecerem a fenomenologia jurídica enveredam por caminho errôneo, convictos de que trilham sendas corretas. Chegam a empolgar-se com a tese, a partir da circunstância de que, em alguns casos, ocorre menção ou registro dessas etapas ou tarefas como constitutivas de obrigações do prestador. É muito pretender deles que esses atos constituam mera indicação, explicitação, ou especificação das técnicas, processos ou deveres a serem observados na busca do *facere*, vale dizer do serviço a ser prestado, da utilidade que o prestador se propõe a perseguir ou colocar à disposição do tomador: daquilo que é o objeto do contrato de serviço.

5. *RDDT* 5, fevereiro de 1996, pp. 82-83, reproduzindo trecho de parecer inédito.

6. Luciano Amaro, *Direito tributário brasileiro*, 17ª ed., São Paulo, Saraiva, 2011, pp. 189-190.

Considerem-se alguns exemplos: (*a*) se cláusula contratual estabelecer que tal ou qual diagnóstico médico deverá ser datilografado ou conferido numericamente por computador, não se estará prestando serviços de datilografia ou de computação, mas apenas e tão-só serviços médicos; (*b*) se cláusula impuser ao prestador de serviços de administração de imóveis a elaboração de demonstrativo contábil de receitas e despesas, nem por isso se estará a prestar serviços contábeis; seu fazer esgota-se nos serviços de administração. Os demonstrativos serão simples meios, requisitos, condições (ou até sofisticações dispensáveis) para a prestação do único serviço contratado: administrar imóveis de terceiros.

Via de regra, para essas atividades-meio não há cobrança de preço; mas, nem mesmo quando, em certos casos, para elas é destacado preço, essas "ações-meio" se transformam em "ações-fim". O serviço médico não assume outra natureza pelo simples fato de os resultados de diagnósticos, em vez de serem fornecidos verbalmente, sejam oferecidos datilografados ou por listagem de computador, mesmo que para os últimos houvesse uma cobrança suplementar. Na mesma esteira, um parecer jurídico não se transmudará em serviço de diversa natureza – mesmo que haja cláusula fixando a cobrança adicional de certa quantia – na hipótese de vir a ser entregue impresso ou encadernado. Não cabe cogitar aí, de prestação de serviço de "impressão" ou de "encadernação", pelo jurisconsulto.

Despropósitos desse jaez emergem, cristalinos, quando a hipótese tomada diz respeito a mero requinte ou sofisticação dispensável. E mais evidentes ficam, quando as ações representam requisitos inafastáveis da prestação dos serviços.

É erro inconteste, também, tomar as partes pelo todo. Tanto mais em se tratando de serviços tributados pelo ISS, cuja possível hipótese de incidência esteja a referir, expressamente, gêneros de atividades econômicas constitutivas de serviços perfeitamente discriminados em diferentes itens normativamente desdobrados. Deveras, as leis municipais, ao descreverem os serviços tributados pelo imposto, discriminam-nos, perfeitamente, em itens específicos. Desse modo, coíbem a indiferenciação; obrigam os órgãos fiscais a perquirirem a efetiva natureza do serviço prestado; impedem que atividades-meio sejam tomadas em conta, em lugar do serviço integralmente considerado.

Vale o mesmo para os serviços de competência dos Estados e do Distrito Federal. Não pode a lei, e muito menos o ato administrativo, transmudar a atividade-meio em serviço-fim. Só cabe o imposto estadual ou distrital, incidente sobre serviços, quando a comunicação, ou o transporte intermunicipal, ou interestadual, constituírem o objeto do contrato (a atividade-fim).

Em conclusão: somente podem ser tomadas, para sujeição ao ISS, as atividades entendidas como fim, correspondentes à prestação de um serviço integralmente considerado. No caso específico do ISS, não se pode decompor um serviço – previsto, em sua integridade, no respectivo item específico da lista da lei municipal – nas várias ações-meio que o integram, para pretender tributá-las separadamente, como se cada uma delas correspondesse a um serviço autônomo, independente. Isso seria uma aberração jurídica, além de constituir-se em desconsideração à hipótese de incidência desse imposto.

O professor Roque Carrazza deixa claro, em suas lições, que o "legislador tem o dever, enquanto descreve a *hipótese de incidência* e a *base de cálculo* dos impostos, de escolher fatos que exibam conteúdo econômico".[7] Além disso, penso se possa acrescer ao escorreito pensamento desse mestre que, diante de um rol de fatos nos quais em alguns se faz presente o conteúdo econômico, e noutros, esse conteúdo está ausente, só se podem tomar os primeiros para compor a base de cálculo dos impostos.

## *4. A jurisprudência sobre atividade-meio*

Pretende-se que a distinção entre atividade-meio e atividade-fim não tenha sido expressamente colhida pela lei, mas seja simples distinção doutrinária. Mesmo que fosse mera classificação da doutrina, nem por isso poderia deixar de ser obedecida, eis que decorre de interpretação sistemática da Constituição. Só que essa afirmação é inverídica. Em verdade, essa categorização é prestigiada. E tanto expressa inquestionável categorização, que guarda plena sintonia com a orientação jurisprudencial, firme e unânime, sobre a matéria, como se pode verificar dos seguintes julgados:

7. *Curso de Direito Constitucional Tributário*, 27ª ed., São Paulo, Malheiros Editores, 2011, p. 102.

### *4.1 Primeiro Tribunal de Alçada Civil de São Paulo*

Para o antigo Tribunal de Alçada Civil do Estado de São Paulo as atividades-meio são absorvidas pela atividade-fim, ficando fora do alcance da tributação, como, exemplificativamente:

- "A pretensão da Municipalidade, porém, é improcedente. Os serviços de carga e descarga da mercadoria, seu armazenamento para remanejamento, sua arrumação e empilhamento no armazém ou no veículo de transporte, inclusive com uso de guindaste ou empilhadeiras, quando prestados pela própria empresa de transporte, integram a prestação de serviços de transportes, não podendo ser deles destacados para efeito da aplicação do imposto sobre serviços."[8]

- "No sistema tributário considera-se causa geradora de um tributo a conduta definida em lei e compatível com a finalidade precípua e essencial do produtor, ou do comerciante, ou do prestador de serviços porque em todas as fases da produção, ou da comercialização há serviços nas atividades-meio e às vezes mercadorias na prestação. Basta lembrar das diversas e diferentes [*atividades*] adotadas pelos comerciantes para mais e melhor negociar; alguns entregam mercadoria a domicílio, vários não; há estabelecimentos que dispõem de requintados e sofisticados serviços de atendimento a público, existindo os que só adotam o sistema 'self service'; paga-se pelo preço do produto ou da mercadoria, apesar de existir venda de serviços integrando-o em maior ou menor intensidade, mas sempre de natureza secundária, como atividade-meio. Nessas compras e vendas conquanto o serviço seja um componente do preço da mercadoria, e por isso vendido também, o ISS não incide.

  "O jurista que emite um parecer vende o serviço, mas no preço também está incluído o do papel de alta qualidade sobre o qual foi escrito e entregue ao Consulente. Todavia, a venda do papel a cliente não interessa para o campo de incidência, mas sim a do serviço.

  "Tais considerações prestam-se à demonstração da absorção das atividades-meio pela atividade-fim que é aquela a ser considerada como geradora do fato imponível."[9]

E, reafirmando seu entendimento:

8. Ap. 246.876, da Comarca de Santos, 2ª Câm., v. u., j. 16.8.1978.
9. Uniformização de Jurisprudência n. 27.430-0-01, da Comarca de Santos.

"(...) em razão de suas atividades serem atividades-meio e não atividade-fim (serviços de formação de administração de grupos de consórcios)."[10]

E, novamente:

• "ISS – Empresa com diversos estabelecimentos – Incidência do tributo no local do estabelecimento prestador de serviços – Exclusão dos demais lugares onde se realizam os atos iniciais, preparatórios, convergentes para a consumação do negócio – Inteligência do art. 12, 'a', do Dec.-lei 406/68 – Declaração de voto.

"Tratando-se de empresas com vários estabelecimentos, para os efeitos da incidência de ISS considera-se o local da prestação do serviço, ficando excluídos os demais locais onde se realizam os atos iniciais, preparatórios, convergentes para a consumação do negócio. (...).

"Dispõe o art. 12 do Dec.-lei 406/68 que se considera local da prestação do serviço 'o do estabelecimento prestador' ou, na falta de estabelecimento, 'o do domicílio do prestador'.

"No caso, 'sub examine', o estabelecimento prestador situa-se em Lins, onde está a matriz e se realizam os principais 'atos de administração', ou seja, os de coordenação, supervisão e controle.

"Não tem o relevo, pretendido pela ré apelante, a circunstância de na filial (Campinas) se proceder à coleta de propostas de inscrição e termos de adesão.

"É visível que sendo a documentação, captada pela filial, enviada à matriz (Lins), para conferência, cadastramento dos grupos e contas disponíveis etc., ali (Lins) está a atividade prevalente administrativa, núcleo do 'serviço', fato gerador do tributo, em debate. Em Lins se praticam os atos típicos administrativos (vários departamentos do grupo: de vendas, de sistemas e informações, financeiro), explicitados em comando e superintendência.

"A filial aguarda atos de decisão, de comando, de gerência, enfim, de administração, da matriz.

"Logo, a filial somente pratica atividade-meio.

10. Ap. 445.189-6, da Comarca de Lins, 8ª Câm., v.u.; v. também *JTACSP*, Ed. RT, vol. 119/251-255, relatado pelo eminente Juiz Silvio Marques.

"'Local do estabelecimento prestador' e local da prestação do serviço (administração de consórcio) somente podem estar na matriz (Lins).

"É a exegese do ordenamento contido nas normas tributárias incidentes."[11]

## *4.2 Tribunal de Justiça do Estado de São Paulo*

O E. Tribunal de Justiça do Estado de São Paulo, na mesma esteira, assentou:

- "ISS – Município de Pirassununga – Segurança pretendida por concessionária de energia elétrica em face de exigência do tributo sobre serviços de vistoria, ligação, religação, aferição, reaviso de vencimento de conta, emissão de 2ª via de conta e verificação de nível de tensão – Ordem denegada – Serviços, todavia, que, sobre não se incluírem na lista adotada pela legislação local, se inserem na atividade-meio da impetrante – Art. 155, § 3º da CF – Não incidência do imposto em questão – Precedente do STJ – Recurso provido".[12]

E, em acórdão relatado pelo ínclito Desembargador Silva Russo, renovou esse posicionamento, destacando na ementa:

- "*Ação Anulatória* – ISS – Exercício de 2007 – Município de São Vicente – Reexame necessário – Descabimento – Aplicação do artigo 475, § 2º, do CPC – Coleta de materiais biológicos, em simples posto de atendimento para este fim – Mera atividade-meio para a consecução dos serviços de análises clínicas realizados em laboratório instalado no município de Santos – Não incidência daquele imposto sobre tal ato preparatório – Incompetência da ré, ademais, para tributar dita atividade-fim, por interpretação dos artigos 3º e 4º da LC n. 116/03 – Nulidade do lançamento – Tributação indevida – Procedência do pleito inicial nesta sede – Sucumbência cominada à vencida – Sentença reformada em parte – Recurso oficial não conhecido, apelo do contribuinte provido e apelo da municipalidade prejudicado".[13]

11. Ap. 423.5503-2, 4ª Câm., Rel. Juiz Octaviano Santos Lobo, j. 7.8.1990, *RT* 663/107-108, jan./1991.

12. TJSP, Ap. 9158029982000826-SP, 15ª Câm. de Direito Público, Rel. Des. Erbetta Filho, j. 28.4.2011, publicado em 23.5.2011.

13. TJSP, Ap. 1232737520078260000-SP, 15ª Câm. de Direito Público, Rel. Des. Silva Russo, j. 3.2.2011, publicado em 18.2.2011.

No julgamento supra, a 15ª Câmara do E. Tribunal de Justiça, em judiciosa e jurídica análise da distinção, expendeu didática lição: a singela coleta de materiais biológicos, por posto de atendimento, configura mera atividade-meio para viabilizar o fim perseguido, qual seja, a realização em laboratório dos serviços de análises clínicas. E concluiu pelo não cabimento do ISS em razão da efetivação de mero ato preparatório.

### *4.3 Tribunais de Justiça de outros Estados*

Na mesma linha do Tribunal paulista, têm decidido as demais Cortes estaduais. Vejamos, exemplificativamente:

- "*ISS – Serviço de energia elétrica. Manutenção de rede. Terceirização. Atividade meio.* Os serviços de manutenção de rede de distribuição de energia elétrica não estão sujeitos ao ISS por se tratarem de atividades-meio à prestação do serviço de fornecimento de energia elétrica sobre os quais incide ICMS. A execução de tais serviços por empresa terceirizada não altera sua natureza auxiliar do serviço de energia elétrica. Recurso desprovido".[14]

Embora versando tema em que estava em jogo também etapa de industrialização, o E. Tribunal de Justiça de Santa Catarina afastou a incidência de ISS sobre atividade-meio:

- "Tributário – Prestação de serviço que se insere como etapa de industrialização. Atividade-meio. Não incidência de ISS. Segurança concedida. Sentença confirmada. Precedentes do TJSC".[15]

### *4.4 Superior Tribunal de Justiça*

O Superior Tribunal de Justiça, por sua 2ª Turma, já demarcou, com precisão, as balizas distintivas de atividade-meio e atividade-fim, advertindo:

14. TJRS, Ap. 70027524644 , 22ª Câm. Cível, Rela. Desa. Maria Isabel de Azevedo Souza, j. 26.3.2009.

15. TJSC, Reexame Necessário em MS 151872-SC (2007.015187-2), 1ª Câm. de Direito Público, Rel. Des. Paulo Henrique Moritz Martins da Silva, j. 6.11.2009.

• "Tributário. ISS. Consórcios. As administradoras de consórcios estão sujeitas ao ISS no Município onde organizam suas atividades principais e não naquele em que captam a clientela. Recurso especial não conhecido".[16]

Na mesma linha, mas esmiuçando o tema, essa C. Corte averbou:

• *"Tributário. ISSQN. 'Industrialização por encomenda'. Lei Complementar 116/2003. Lista de Serviços Anexa. Prestação de serviço (obrigação de fazer). Atividade fim da empresa prestadora. Incidência.*

"1. O artigo 156, III, da Constituição Federal de 1988, dispõe que compete aos Municípios instituir impostos sobre prestação de serviços de qualquer natureza, não compreendidos no artigo 155, II, definidos em lei-complementar. (...).

"3. Deveras, o ISS, na sua configuração constitucional, incide sobre uma prestação de serviço, cujo conceito pressuposto pela Carta Magna eclipsa 'ad substantia obligatio in faciendo', inconfundível com a denominada obrigação de dar.

"4. Desta sorte, o núcleo do critério material da regra matriz de incidência do ISS é a prestação de serviço, vale dizer: conduta humana consistente em desenvolver um esforço em favor de terceiro, visando a adimplir uma 'obrigação de fazer' (o fim buscado pelo credor é o aproveitamento do serviço contratado).

"5. É certo, portanto, que o alvo da tributação do ISS 'é o esforço humano prestado a terceiros como fim ou objeto. Não as suas etapas, passos ou tarefas intermediárias, necessárias à obtenção do fim. (...) somente podem ser tomadas, para compreensão do ISS, as atividades entendidas como fim, correspondentes à prestação de um serviço integralmente considerado em cada item. Não se pode decompor um serviço porque previsto, em sua integridade, no respectivo item específico da lista da lei municipal nas várias ações-meio que o integram, para pretender tributá-las separadamente, isoladamente, como se cada uma delas correspondesse a um serviço autônomo, independente. Isso seria uma aberração jurídica, além de construir-se em desconsideração à hipótese de incidência do ISS' (Aires Barreto, no artigo intitulado 'ISS: Serviços de Despa-

16. Ac. un. da 2ª T. do STJ, REsp 51.797-SP, Rel. Min. Ari Pargendler, j. 5.6.1997, *DJU* 1.9.1997, p. 40.795 – ementa oficial. V. *RJ-IOB*, 2ª quinz. de nov./97, n. 22/97, p. 530, ementa 1/11.628.

chos Aduaneiros/Momento de Ocorrência do Fato Imponível/Local de Prestação/Base de Cálculo/Arbitramento', in *Revista de Direito Tributário* n. 66, Ed. Malheiros, pp. 114-115 – citação efetuada por Leandro Paulsen, in *Direito Tributário – Constituição e Código Tributário à Luz da doutrina e da Jurisprudência*, 8ª ed., Livraria do Advogado e Escola Superior da Magistratura Federal do Rio Grande do Sul – ESMAFE, p. 457). (...).

"14. Recurso especial provido."[17]

Novamente instado a manifestar-se sobre o tema, o Superior Tribunal de Justiça concluiu incisivamente que:

• "*Tributário. ISS. Serviços. Atividade-meio. Não incidência.*

"1. Não incide o ISS sobre serviços prestados que caracterizam atividades-meio para atingir atividades-fim, no caso a exploração de telecomunicações.

"2. Marcelo Caron Baptista, em 'ISS – Do Texto à Norma', editada pela Quartier Latin, p. 692, doutrina: 'A prestação de serviço tributável pelo ISS é, pois, entre outras coisas, aquela em que o esforço do prestador realiza a prestação-fim, que está no centro da relação contratual, e desde que não sirva apenas para dar nascimento a uma relação jurídica diversa entre as partes, bem como não caracteriza prestação do serviço de transporte interestadual, intermunicipal ou de comunicação, cuja tributação se dará pela via do ICMS'.

"3. São serviços-meio para o alcance dos serviços-fim de telecomunicações os de secretaria, datilografia, habilitação, mudança e religação de aparelhos, despertador, processamento de dados, entre outros. Não incidência de ISS.

"4. O STF tem jurisprudência consolidada no sentido de não incidir ISS sobre locação de bens móveis. Reconhece, também, proteção de imunidade tributária para a edição e publicidade das listas telefônicas.

"5. Seguimento da orientação do Supremo Tribunal Federal. Reconhecimento de ser inaplicável legislação infraconstitucional interpretada em desacordo com a jurisprudência da Corte Maior.

"6. Recurso especial provido."[18]

17. REsp 888.852-ES (2006/0205159-0), Rel. Min. Luiz Fux .

18. REsp 883254-MG 2006/0047850-0, 1ª T., Rel. Min. José Delgado, j. 18.12.2007, *DJU* 28.2.2008, p. 74.

Evidenciando que essa diretriz é pacífica no Superior Tribunal de Justiça, vem ela remarcada nas decisões que se seguem:

• "*Tributário. ISS. Peculiares serviços bancários. Não incidência. Dec.-lei n. 406/68 – Dec.-lei n. 834/69.*

"1. Os serviços bancários auxiliares e acessórios, apropriados a atividade-fim, não individualizados como finalidade em si mesmo, por submissão ao princípio 'numerus clausus', respeitado como limite normativo, não constituem fato gerador do ISS. A lista prevista no Dec.-lei n. 406/68, alterado pelo Dec.-lei n. 834/69, é taxativa e a ela deve subordinar-se a lei municipal.

"2. Precedentes jurisprudenciais.

"3. Recurso provido".[19]

• "*Processual Civil e Tributário – CPC, art. 535 – Ausência de violação – Serviço de 'radiochamada'* (pagers) – *Locação de aparelho – Atividade de secretaria – ICMS e ISS – Área de incidência.*

"1. Não ocorre violação ao art. 535, II, do CPC, se o Tribunal de origem aprecia expressamente a questão suscitada nos embargos de declaração.

"2. A jurisprudência do STJ encontra-se pacificada no sentido de que o disposto no art. 2º, III, da LC 87/96, só contempla o ICMS sobre os serviços de comunicação 'stricto sensu', não sendo possível, pela tipicidade fechada do direito tributário, estender-se aos serviços meramente acessórios ou preparatórios. Precedentes.

"3. De igual maneira, é firme a orientação de que não incide o ISS sobre a atividade-meio utilizada na prestação do serviço, como é o caso da atividade de secretaria (anotação de recados e digitação de mensagens) envolvida na prestação de serviços de 'radiochamada' por intermédio de *pagers.*

"4. Impossibilidade de modificação do acórdão recorrido, dada a ausência de recurso especial do contribuinte e em razão do princípio da 'non reformatio in pejus'." [20]

• "*Tributário. Afastamento da Súmula 7/STJ. Matéria de direito. ISS. Serviço de telecomunicação. Atividade-meio. Não incidência.*

19. REsp 023367-SP, Rel. Min. Milton Pereira.
20. REsp 848.490-RJ (2006/0076096-1), 2ª T., Rela. Min. Eliana Calmon.

"1. Preliminarmente, cumpre afastar a incidência da Súmula 7/STJ no caso sob análise, porquanto a sentença proferida em primeiro grau deixa claro tratar-se de matéria apenas de direito.

"2. 'Não incide ISS sobre serviços prestados que caracterizam atividade-meio para atingir atividades-fim, no caso a exploração de telecomunicações' (REsp 883.254-MG, Rel. Min. José Delgado, Primeira Turma, j. 18.12.2007, *DJU* 28.2.2008, p. 74).

"3. Neste julgado, em voto-vista proferido pelo Min. Luiz Fux, o entendimento foi corroborado ao firmar que '(...) as atividades enquadradas como de secretaria, expediente e processamento de dados, instalação e atividades enquadradas como manutenção e conserto de aparelhos telefônicos são notoriamente atividades-meio em confronto com a atividade-fim, que é a telecomunicação em si, porquanto não criam relação jurídica diversa'. Agravo regimental provido."[21]

• "*Tributário. ISS. Serviços acessórios prestados por bancos. Não incidência. Lista anexa ao Decreto-lei n. 406/68. Taxatividade.*

"Os serviços de datilografia, estenografia, secretaria, expediente, etc., prestados pelos bancos não possuem caráter autônomo, pois inserem-se no elenco das operações bancárias originárias, executadas de forma acessória, no propósito de viabilizar o desempenho das atividades-fim inerentes às instituições financeiras.

"A lista de serviços anexa ao Decreto-lei n. 406/68 é taxativa, não se admitindo, em relação a ela, o recurso à analogia, visando a alcançar hipóteses de incidência diversas das ali consignadas.

"Precedentes. Recurso improvido, sem discrepância."[22]

Note-se, assim, que, todas as vezes em que o Poder Judiciário foi instado a manifestar-se sobre a distinção entre atividade-meio e atividade-fim, a conclusão a que chegou foi sempre a mesma: é intributável a atividade-meio, só sendo passível de ser colhida atividade-fim.

Não é possível – foram as lições dos nossos Tribunais – estender a incidência do ISS às atividades meramente acessórias ou preparatórias, uma vez que tais ações não têm caráter autônomo, constituindo

21. AgRg no REsp 1192020-MG (2010/0078531-3), Rel. Min. Humberto Martins, j. 19.10.2010, *DJe* de 27.10.2010.

22. REsp 69.986-SP, Rel. Min. Demócrito Reinaldo, *DJU* de 30.10.1995, p. 36.734.

simples condição para atingir o fim colimado pela prestação dos serviços, vale dizer, são simples meio para viabilizar a atividade-fim. Revelam "serviço", inseparável daqueloutro que se pretende alcançar e, que, de per si, sequer é desejado pelo tomador. São atuações realizadas de forma acessória, despidas de autonomia, que não constituem um fim em si mesmas.

### *4.5 Supremo Tribunal Federal*

Como verdadeira pá de cal sobre o tema, é idêntico o caminho trilhado pela nossa Suprema Corte, como se vê, *brevitatis causae*, do excerto dos julgados que se seguem:

• "Nem se pode subsumir na alínea 14 da lista, alusiva à 'datilografia, estenografia, secretaria e expediente', eis que, nos estabelecimentos bancários, tais atividades apenas correspondem aos meios de prestação dos serviços e não a estes próprios, que consistem na coleta e confronto de dados financeiros e administrativos.

"O item 'expediente' desperta idêntica recusa. É apenas a expressão de serviços variados, prestados no exercício de atividades-meio do comércio bancário, que, como diz o acórdão recorrido, 'não chegam a constituir um serviço próprio autônomo'."[23]

• "*Tributário. Imposto Sobre Serviços.* Atividades bancárias. Custódia de títulos, elaboração de cadastro, expediente. Serviços sem autonomia própria, inseparáveis da atividade financeira, que não suscitam o imposto municipal sobre serviços."[24]

• "*Imposto Sobre Serviços.* Item 33 da lista anexa ao Decreto-lei 839/69. Âmbito de incidência do tributo. A análise técnica de que trata o item 33 da lista de serviços anexa ao Decreto-lei 839/69, não pode incluir as atividades-meio que fornecem a matéria para análise. A inclusão dessa atividade no âmbito de incidência definido naquele item, importa integração analógica, que malfere regra do artigo 108 do Código Tributário Nacional. Recurso não conhecido."[25]

23. RE 97.804-SP, voto do Rel. Min. Décio Miranda.

24. RE 97.804-SP, j. 26.6.1984, *DJU* 31.8.1984, *RTJ* 111/696.

25. RE 114.354-RJ, 2ª T., Rel. Min. Carlos Madeira, j. 6.11.1987, *DJU* 4.12.1987, p. 27.644.

• "*Recurso*. Extraordinário. Inadmissibilidade. Tributo. Imposto Sobre Serviços de Qualquer Natureza – ISSQN. Telefonia celular. Serviço de habilitação. Natureza acessória da operação. Atividade-meio. Não incidência. Decreto-lei n. 406, de 1968. Taxatividade. Controvérsia infraconstitucional. Precedentes. Agravo regimental improvido. Não se admite recurso que verse questões infraconstitucionais sobre as hipóteses de incidência do ISSQN."[26]

Dessa série de exemplos constitutivos da jurisprudência – e que poderiam se multiplicar – fica patente que, em toda e qualquer atividade há "ações-meio" (pseudo-serviços), cujo custo é, explícita ou implicitamente, suportado pelo tomador. Mas isto não pode conduzir ao absurdo de se pretender tomá-los (os custos) isoladamente, como se cada um deles fosse um serviço diferente, dissociado daquele a cuja prestação alguém se obriga (como ocorreria, por exemplo, caso se pretendesse que o advogado prestasse serviço de datilografia, mesmo sabendo-se que o custo desta atividade-meio, separada ou embutidamente, é sempre cobrado do tomador dos serviços, por integrar seu preço).

Em conclusão – como bem apontado no acórdão do Supremo – somente podem ser tomadas, para fins de incidência do ISS, as atividades desempenhadas como fim, correspondentes à prestação de um serviço integralmente considerado em cada item. Não se pode decompor um serviço – previsto, em sua integridade, em um dos itens específicos da lista da lei municipal – nas várias ações-meio que o integram, para pretender tributá-las separadamente, isoladamente, como se cada uma delas correspondesse a um serviço autônomo, independente. Isso seria uma aberração jurídica, além de constituir-se em desconsideração à hipótese de incidência do ISS, tal como decorrente do arquétipo constitucional e descrita na lista das leis municipais.

É preciso examinar, sempre, se se trata de serviço com autonomia própria, que subsista separadamente, ou, de serviço sem autonomia, subordinado a outra atividade, aquela que se objetiva atingir. Em se tratando do primeiro caso, tem-se atividade-fim; diversamente, inexistente essa autonomia própria, ter-se-á, sempre, atividade-meio, insuscetível de acarretar a incidência do ISS.

26. AI no AgR 601.009-MG, 2ª T., Rel. Min. Cezar Peluso, j. 8.9.2009, *DJe*-191 de 9.10.2009, *Ement.* vol. 2377-08, p. 1.618.

Os exemplos poderiam ser acrescidos com o de que, quem faz composição gráfica de matéria que ele mesmo imprime para terceiros, só pode ser submetido ao ISS pelos serviços de impressão (fazer para terceiros) e não "sobre os de composição" que, realizados como meios de atingir a um fim (impressão), constituem meros atos, insuscetíveis de tributação, por via de ISS, porque não há serviços para si mesmo.

Há nada menos de cinco lustros, consignamos haver flagrante distinção entre "distribuição" e "contrato de distribuição". O primeiro vocábulo reflete mera entrega; a expressão seguinte, a seu turno, evidencia a atuação de uma pessoa para terceiro, sob a égide de um contrato. Diante da primeira (distribuição), simples ato, em favor do próprio prestador; diante da segunda, prestação de serviços de distribuição. No primeiro caso, fato sem conteúdo econômico; no segundo, fato revelador desse conteúdo.

À época, escrevemos:

> "Fala-se em distribuição, pretendendo referir à mera entrega, isto é, o pôr em mãos ou na posse de outrem alguma coisa. Em suma, à entrega de alguma coisa por diversos lugares ou a diferentes pessoas.
>
> "Há entrega, repartição ou distribuição. Não obstante, não há contrato de distribuição. Inviável a cogitação de contrato quando se cuida de entrega (distribuição) de produto, bem, mercadoria, serviço, coisa, *do e pelo* próprio titular, ou por preposto.
>
> "Por isso, doravante, a menção ao termo 'distribuição', *entre aspas*, indicará a mera entrega, que não envolve contrato de distribuição."[27]

Esclarecendo, a seguir:

> "Sob esse título (distribuição de filmes) cuidaremos das *duas* alternativas pelas quais o *produtor cede os seus direitos autorais* em favor do exibidor.
>
> "Na primeira modalidade, fá-lo pessoalmente, na condição de pessoa física ou jurídica. Neste caso, *haverá 'distribuição', mas não haverá serviço de distribuição.* Convém manter na retentiva que ninguém presta serviços a si mesmo. Haver trabalho não significa a existência de prestação de

27. "Tributação dos serviços ligados à indústria cinematográfica", *RDT* 35/186, ano 10, jan.-mar./1986.

serviço. Quem 'distribui' seus próprios filmes (os filmes que produziu) não presta serviços, assim como não o faz o industrial que 'distribui' (entrega) os produtos por ele fabricados e vendidos a vários comerciantes.

"Não haveria que falar em distribuição, sem aspas. No caso, há mera entrega da obra produzida ao exibidor. Tecnicamente, a expressão *distribuição de filmes* deve reservar-se aos casos em que a entrega (cessão dos direitos) do filme é realizada *por terceiros*, mediante remuneração (preço).

"Colhendo exatamente esse aspecto, o voto do eminente Min. Décio Miranda, em recente decisão da Suprema Corte, espanca quaisquer dúvidas:

"'O serviço, na distribuição, é prestado ao proprietário da obra cinematográfica, mediante comissão sobre os direitos de exibição pagos pelo exibidor.

"'Não é prestado ao exibidor.

"'Ora, *se o prestador do serviço e o dono da obra se confundem na mesma pessoa, o distribuidor, presta ele serviço a si mesmo, e não a terceiros, não incidindo o fato na cominação tributária*' (RE 86.815.1-SP – grifamos)."[28]

Quem, por exemplo, quer oferecer prestação de garantia, própria das atividades ligadas a cartões de crédito, ao cadastrar estabelecimentos, ao credenciá-los e ao realizar um sem número de outras atividades preparatórias não estará a prestar nenhum serviço nem materializará prestação de garantia, uma vez que o cadastramento, o credenciamento são meros pressupostos, condições para que possa prestar eventuais serviços de agenciamento a que se obrigou (ou a prestação de garantia, que nem serviço é). Na espécie, não cabe falar em prestação de serviços, para efeito de imposto, porque aí – na só tarefa de credenciamento, como na de outras – serviço não há. Não é ela a atividade econômica objetivada em si mesma, não é o que o prestador se propõe a oferecer, mas simples requisito para alcançar esse fim.

Uma coisa é comprometer-se a prestar aos estabelecimentos credenciados garantia, serviços de agenciamento e outros, denominados acessórios; outra, bem diversa, é obrigar-se, *a fortiori*, a executar, a realizar todas as atividades-meio exigidas para o perfazimento dos fins que prometeu executar. E nenhuma dessas atividades-meio – como,

28. "Tributação dos serviços ligados à indústria cinematográfica", *RDT* 35/193, ano 10, jan.-mar./1986.

entre outras, as acima referidas – pode ser considerada como serviço em si mesma, com existência autônoma. Não são essas tarefas senão condições, fases, etapas, requisitos, instrumentos para a efetiva realização da garantia e do agenciamento.

Destarte, ainda que – por razões de ordem financeira, de composição dos custos ou do preço, o contrato possa fazer referência, em separado, a certas atividades-meio, elas não ganham autonomia em relação ao serviço contratado (fim). Ainda assim, mantêm sua natureza de atividade-meio, integrante do serviço. Não é demais repisar quem nem mesmo a eventual cobrança de um dado valor, fruto da antecipação da cobrança pelo posterior serviço ou pela prestação de garantia, tem o condão de transformar em atividade-fim o que é atividade-meio – embora mais cristalina será essa qualificação, quando sua execução for feita sem nenhuma cobrança adicional aos clientes.

Embora versando o tema *locação de bens móveis*, que serviço não é, como assentou a Suprema Corte, ensina Orlando Gomes que pouco importam as atividades que o devedor (locador) deva realizar, porque elas são apenas e tão-somente condições do uso e o gozo da coisa dada em locação. Se, para locar, o devedor tiver que transportar os equipamentos, essa atividade-meio não pode acarretar o absurdo entendimento de que há aí serviço de transporte. Se tiver que proteger contra choques ou batidas a coisa locada, nem por isso haverá "serviço de proteção".

Só há serviço, da perspectiva jurídica, se e quando instaurada uma relação jurídica, de conteúdo econômico, pela qual uma pessoa promete um fazer para outra, mediante remuneração. Sem o prévio (lógico e cronológico) enlace ou relação jurídica entre diferentes partícipes, serviço não há.

Não foi por outra razão que o Supremo Tribunal Federal declarou inconstitucional preceito da lei do antigo imposto federal sobre serviços de transporte, que previa a exigência desse imposto sobre o chamado "transporte próprio".[29] Deveras, a Excelsa Corte obstou tal pretensão, porque, em tais casos, embora presente o "transporte", como fato puramente material, não havia "serviço de transporte". Transporte, nesse caso, não é serviço, porque ninguém pode prestar serviços em

29. RE 100.875-SP; RE 100.779-6-SP; RE 100.981-5-MG; RE 100.794-0; RE 101.538-1-SP; RE 101.191; RE 100.672; RE 101.170; RE 101.339.

seu próprio favor. Na espécie, o transporte não se realiza como atividade em favor de terceiros, mas do próprio prestador. Daí poder haver atividade de transporte, sem que se possa falar em serviço de transporte.

Em resumo, não se confunde a execução de meras atividades-meio com a prestação do serviço considerado. É preciso distinguir (1) a consistência do esforço humano prestado a outrem, sob regime de direito privado, com conteúdo econômico – essa a noção apontada pelo conceito de prestação de serviços – (2) das ações intermediárias, que tornam possível esse "fazer para terceiros".

O que pode ser tributado pelo ISS é apenas a atividade-fim.

## *5. Atividade-meio e doutrina*

Dado que uns poucos insistem em pretender que a dicotomia "atividade-meio" e "atividade-fim" por resultar de construção da doutrina não merece o prestígio legal e, por conseguinte, é destituída de valor, vejamos o que diz a doutrina, sobre a doutrina. Consoante preleciona Paulo de Barros Carvalho designa-se

> "doutrina ao domínio das lições, ensinamentos e descrições explicativas do direito posto, elaboradas pelos mestres e pelos juristas especializados. Sua linguagem é eminentemente descritiva, reproduzindo, de forma elucidativa, o conteúdo e os mecanismos de articulação próprios do direito positivo. Alude-se a uma doutrina científica sempre que o labor descritivo venha presidido por uma metodologia que a realidade do direito comporte, e vazado numa linguagem que se pretende rigorosa, já que o discurso científico é artificialmente construído com a finalidade de relatar, com precisão, sua realidade-objeto.
>
> "A doutrina não é fonte do direito positivo. Seu discurso descritivo não altera a natureza prescritiva do direito. Ajuda a compreendê-lo, entretanto não o modifica."[30]

Segundo as lições desse acatado mestre (*rectius*, da doutrina supra) não se pode deixar de atribuir relevância à doutrina, como querem uns poucos desavisados, pondo-a em plano secundário, porquanto ela (além de não modificá-lo) auxilia a compreensão do Direito.

30. *Curso de Direito Tributário*, 21ª ed., São Paulo, Saraiva, 2011, p. 56.

Além disso, como visto, a jurisprudência colacionada demonstra haver evidente equívoco daqueles que pretendem que a demarcação estremadora de atividade-meio e atividade-fim se esgote na doutrina. Não é preciso maior esforço para verificar que foi ela absorvida por uma sucessão remansosa de julgados, inclusive das nossas Cortes Superiores. Via de consequência, não mais se trata de considerá-la contida nos escaninhos doutrinários, mas de tê-la, já sedimentada, no relevante campo da jurisprudência.

Qual é a importância desse fato? É a de que, já agora, se tem situação em que se pode antever, inclusive, criação do Direito. De que assim é, flui, firmemente, do magistério, sempre fecundo (novamente a doutrina) da professora Misabel Derzi, que atribui às sentenças essa criação. Ouçamos os ensinamentos da ilustre mestra:

> "Toda sentença, porque é um ato jurídico (pleno de imperatividade), produz efeitos e atinge a esfera jurídica das pessoas. Ainda que se pudesse supor a decisão judicial como mero ato de aplicação do Direito, boca pela qual falasse o legislador, de modo algum se lhe negariam efeitos retroativos *ex tunc*, ou *ex nunc*, conforme o caso. Toda sentença tem eficácia.
>
> "Mas se toda sentença – seja ela declaratória, condenatória ou constitutiva – é também criação do Direito, então toda sentença constitui Direito novo. Assim como a lei, que inova o mundo jurídico, passa a existir no momento de sua publicação, e esse marco temporal é de suma relevância para desencadear a formação da expectativa normativa legal que, por sua vez, desencadeia a compreensão de princípios constitucionais como a irretroatividade (das leis) e a proteção da confiança, também a sentença é ato de criação do Direito, a partir de sua publicação (em especial aquela qualificada pela coisa julgada) ou de outro marco temporal. Ela constitui a expectativa normativa judicial. Nesse sentido, toda sentença é constitutiva de Direito novo, que marca – se pronunciada em instância final – a formação de uma expectativa normativa."[31]

E prossegue, escandindo a idéia:

31. *Modificações da jurisprudência no direito tributário: proteção da confiança, boa-fé objetiva e irretroatividade como limitações constitucionais ao poder judicial de tributar*, 1ª ed., São Paulo, Noeses, 2009, pp. 246-248.

"A decisão judicial, mesmo sendo apenas declaratória ou condenatória, desencadeadora de efeitos *ex tunc*, cada uma delas cria Direito e, nesse aspecto, não se diferencia uma da outra. Então ela constitui algo. Esse algo, constituído pela sentença, é o Direito novo, como expectativa normativa. Não apenas o direito *inter partes*. A nova norma 'judicial' (com seus efeitos específicos *ex tunc* ou *ex nunc*), em certo momento, será convertida em expectativa normativa, para aplicação igual aos casos similares que pertencem ao mesmo grupo de casos".[32]

Para concluir, incisivamente:

"Nosso sistema jurídico conhece e lida com a sentença como fonte de criação do Direito, ou seja, de expectativas normativas. Disso resulta o marco temporal – data da publicação da decisão – ou a qualificação pela coisa julgada, que assinala o termo *a quo* da vinculação, que alguns denominam de eficácia processual. Tal eficácia processual, ressalvamos, é, a rigor, ainda material, no sentido de constituir o Direito, a própria expectativa normativa judicial vinculativa (aplicável *erga omnes* e para os casos similares, que se apresentam no futuro). E esse marco terá relação com a incidência de princípios da mais alta relevância como irretroatividade, proteção da confiança e boa-fé em relação às decisões judiciais".[33]

## *6. Conclusão*

Ao fim e ao cabo, desfeito o erro palmar de considerar que a distinção entre "atividade-meio" e "serviço-fim" é matéria enclausurada no campo doutrinário, lembre-se, ainda, que, dar-se maior valor a tal asserção, implica transformar em insignificante o magno princípio da segurança jurídica, uma vez que esse vetor também não figura expressamente de lei nenhuma. Nenhum estudioso negará, todavia, a sua presença no sistema, como verdadeira viga mestra, princípio fundamental (para alguns sobreprincípio), informador de todos os demais.

Infelizmente, entre nós, dá-se extremo valor às portarias – que, Ataliba chamava, jocosa e saborosamente, de "atos de porteiro" – e despreza-se a Lei Maior: a Constituição. Valorizam-se as normas fun-

32. Idem, p. 248.
33. Idem, p. 250.

dadas e, num fiscalismo infrene, desenfreado, malfere-se a norma fundante. "Interpreta-se" o Direito a partir do sopé da pirâmide.

É lastimável constatar que, enquanto uns poucos prosseguirem atuando, assim como nefelibatas, sob um sistema tributário totalmente irreal e distorcido; enquanto continuarem atribuindo valor incomensurável aos atos administrativos, pondo-os sobranceiros à lei; enquanto a alguns julgados administrativos se der maior força do que aos judiciais; enquanto não perceberem que toda atividade-meio, despida que é de conteúdo econômico, não pode, por imperativo constitucional, ser suscetível de tributação, estar-se-á, cumulativamente, agindo com desdém pela doutrina, descaso pela jurisprudência, desrespeito ao Poder Judiciário, pela desconsideração dos seus julgados, desprezo aos princípios constitucionais e total desvalia à Lei Maior, deslustrando aquele que pretende ser um Estado de Direito.

# *A TRIBUTAÇÃO DOS LUCROS DE CONTROLADAS E COLIGADAS DE EMPRESAS BRASILEIRAS NO EXTERIOR E OS TRATADOS CONTRA A DUPLA TRIBUTAÇÃO*

Alberto Xavier
Professor da Faculdade de Direito de Lisboa e da PUC-SP.

*I – O regime de transparência fiscal internacional: A) Do princípio da territorialidade ao princípio da universalidade; B) A tributação das controladas e coligadas no exterior. II – Natureza e fundamentos da transparência fiscal internacional. III – A incompatibilidade com os Tratados contra a dupla tributação: A) A incompatibilidade genérica do regime da Lei brasileira com o Art. 7º dos Tratados; B) A questão do dividendo ficto; C) A questão das controladas indiretas; D) A incompatibilidade com cláusulas especiais de certos tratados; E) Cláusulas excepcionais de compatibilização. IV – A incompatibilidade com os Tratados na Doutrina e na Jurisprudência.*

## *I – O regime de transparência fiscal internacional*

### *A) Do princípio da territorialidade ao princípio da universalidade*

Em 27 de julho de 2001, foi editada a Medida Provisória 2.158-34,[1] cujo art. 74 dispõe o seguinte:

"Para fins de determinação da base de cálculo do imposto de renda pessoa jurídica e da CSLL, nos termos do art. 25 da Lei n. 9.249, de 26 de

1. Referido preceito foi introduzido na 34ª edição da Medida Provisória 2.158 e reproduzido na sua última versão (35ª) de 24.8.2001 (atualmente vigente nos termos do art. 2º da EC 32, de 11.9.2001) à qual respeita a ADI 2588-1-DF, pelo que, doravante, iremos nos referir apenas a esta última reedição.

dezembro de 1995, e do art. 21 desta Medida Provisória, os lucros auferidos por controlada ou coligada no exterior serão considerados disponibilizados para a controladora ou coligada no Brasil na data do balanço no qual tiverem sido apurados, na forma do regulamento.

"Parágrafo único. Os lucros apurados por controlada ou coligada no exterior até 31 de dezembro de 2001 serão considerados disponibilizados em 31 de dezembro de 2002, salvo se ocorrida, antes dessa data, qualquer das hipóteses de disponibilização previstas na legislação em vigor."

A Lei 9.249, de 26.12.95, para cujo art. 254 remete a disposição citada, introduziu profunda alteração no sistema brasileiro de tributação da renda externa das pessoas jurídicas, que se traduziu essencialmente pela abolição do até então tradicional princípio da territorialidade.[2]

De harmonia com o *princípio da territorialidade*,[3] anteriormente vigente no Brasil, nenhuma renda cuja fonte de produção se localize no exterior recai no âmbito de incidência do imposto de renda das pessoas jurídicas: nem a renda obtida diretamente através de uma atividade funcional (o exercício do próprio objeto social) ou de uma atividade jurídica (o exercício de direitos a rendimentos, tais como juros, *royalties* e dividendos), nem a renda obtida indiretamente através de uma organização de pessoas e bens localizada no exterior, quer se trate de filiais ou sucursais, sem personalidade jurídica, quer se trate de sociedades controladas ou coligadas, com individualidade jurídica própria.

No polo oposto ao princípio da territorialidade situa-se o *princípio da universalidade* (ou do *world-wide-income*), segundo o qual toda a renda da pessoa jurídica deve ser tributada no país de domicílio,

2. O art. 74 da Medida Provisória 2.158-34/2001, hoje em vigor, restabeleceu a sistemática da Lei 9.249/96, após numerosas e intrincadas vicissitudes, cuja descrição não é relevante para o presente texto. Também nele não se examinarão os problemas constitucionais suscitados pela tributação de rendimento indisponível para o sócio e que são objeto da Ação Declaratória de Inconstitucionalidade (ADI 2.588-1-DF) presentemente em curso no Supremo Tribunal Federal. Cf. Alberto Xavier, *Direito Tributário Internacional do Brasil*, 6ª ed., Rio de Janeiro, 2004, pp. 443 e 461 e ss.

3. Na sua acepção mais restrita, relacionada com a conexão ao país da fonte, no sentido em que Klaus Vogel fala num *ursprüngliche Bedeutung des Territorialprinzips*: cf. *Der räumliche Anwendungsbereich der Verwaltungsrechtsnorm*, Frankfurt/Berlim, 1965, p. 121.

incluindo a renda externa, seja esta decorrente de atividade funcional ou jurídica, seja esta obtida através de filiais ou de subsidiárias. No que respeita às subsidiárias, com personalidade jurídica própria, a lógica do princípio da universalidade conduz à tributação dos dividendos por esta distribuídos, que são renda efetiva da sociedade controladora, mas não dos lucros acumulados ou retidos na subsidiária, que são renda própria desta, não tornada disponível para a controladora.

Este é o sistema adotado, via de regra, pela generalidade dos países mais desenvolvidos.

Como se disse, inovando radicalmente na matéria e rompendo uma antiga tradição, a Lei 9.249/95 aboliu o princípio de territorialidade no que toca ao imposto de renda das pessoas jurídicas, consagrando em sua substituição o princípio da universalidade, ao dispor no *caput* do art. 25 que "os lucros, rendimentos e ganhos de capital auferidos no exterior serão computados na determinação do lucro real das pessoas jurídicas correspondente ao balanço levantado em 31 de dezembro de cada ano".

Neste dispositivo, enquanto a expressão "rendimentos e ganhos de capital" se aplica à *atividade direta* no exterior, o conceito de "lucros" reporta-se à *atividade indireta* exercida através de filiais, sucursais, controladas ou coligadas no exterior (cf. Instrução Normativa 213, de 7.10.2002, art. 1º, §§ 1º e 2º).[4]

Ao contrário do que sucedia ao abrigo do princípio de territorialidade, passaram a ser tributáveis os rendimentos e ganhos de capital imputáveis a atividades exercidas diretamente no exterior no âmbito de uma *atividade funcional* (exploração do próprio objeto social) ou de uma *atividade jurídica* (com a consequente tributação de juros, *royalties*, lucros, dividendos pagos por sociedades não controladas ou coligadas, imputáveis a fontes localizadas no exterior). É o que resulta do *caput* do art. 25, atrás citado.

4. Este alargamento do âmbito de incidência do imposto de renda das pessoas jurídicas não atingiu inicialmente a contribuição social sobre o lucro líquido (CSLL) criada pela Lei 7.689/88, que se manteve exclusivamente territorial. O certo, porém, é que a partir da Medida Provisória 1.838-7, de 29.7.99, também esta contribuição passou a reger-se pelo princípio da universalidade.

Os lucros das filiais e sucursais estrangeiras (destituídas de personalidade jurídica) são adicionados integralmente ao lucro líquido, para determinação do lucro real correspondente ao balanço levantado no dia 31 de dezembro de cada ano (art. 25 da Lei 9.249/95). Esta regra viria a ser modificada pela Instrução Normativa 38/96 (art. 2º, §§ 1º e 2º), no sentido de que a adição apenas deveria ocorrer no ano-calendário em que tivessem sido disponibilizados para a pessoa jurídica domiciliada no Brasil, ou seja, em que tivessem sido creditados ou pagos à matriz.

Certo é, porém, que a Lei 9.532/97 (art. 1º, § 1º, "a") considerou tais lucros disponibilizados na data do balanço no qual tiverem sido apurados, fazendo coincidir necessariamente o momento da "disponibilização" com o momento da apuração, já que, não tendo as filiais personalidade jurídica para efeitos de Direito privado, elas não praticam um ato comparável ao da distribuição de dividendos praticado pelas sociedades coligadas ou controladas.

A verdade é que os rendimentos auferidos e as despesas incorridas pelas filiais estrangeiras não são registrados direta e imediatamente na escrituração da matriz brasileira, antes são considerados sinteticamente para efeitos de apuração de um resultado líquido no seu próprio balanço, resultado esse que será adicionado ao da matriz brasileira (art. 1º, §§ 1º e 4º, da Instrução Normativa 213/2002), não ocorrendo, porém, o fenômeno da "distribuição" de lucros, dada a inexistência de personalidade jurídica.

### *B) A tributação das controladas e coligadas no exterior*

Em matéria de sociedades controladas e coligadas no exterior, o art. 25 da Lei 9.249/95 veio dispor nos seus §§ 2º e 3º que os lucros auferidos por controladas e coligadas no exterior, de pessoas jurídicas domiciliadas no Brasil, serão computados na apuração do lucro real mediante *adição* ao respectivo lucro líquido, na proporção da participação da pessoa jurídica no capital da controlada ou da coligada.

É importante salientar que este sistema de tributação vai mais longe que o princípio da universalidade, na pureza dos seus contornos, pois manda adicionar ao lucro da sociedade domiciliada no Brasil a totalidade do lucro obtido pelas controladas ou coligadas no exterior, na proporção da participação no capital social destas, ainda que tais lucros tenham sido integralmente retidos e não distribuídos. Assim sendo, o imposto brasileiro atingiria renda que não é da própria sociedade brasileira, mas renda de titularidade jurídica de sociedades estrangeiras independentes. Trata-se, portanto, de um sistema de "universalidade ampliada" de *tributação extraterritorial* ou *ultraterriorial de ultraterriorialidade ofensiva*, no dizer de Rosembuj.[5]

O sistema de transparência fiscal internacional consagrado na Lei 9.249/95 (e estabelecido no artigo 74 da MP 2.158-35) era, porém, aplicável a todas e quaisquer sociedades estrangeiras controladas ou coligadas, sem as ressalvas e limitações restritivas das leis estrangeiras "antiabuso", notadamente as de tais sociedades se localizarem em países de baixa tributação e de a sua renda ser essencialmente "passiva", ou seja, não produtiva ou não operacional, pelo que não revestia a natureza de um "regime *CFC*" propriamente dito, de aplicação excepcional, mas de uma modalidade técnica de tributação de alcance geral.

E daí que João Francisco Bianco e Luís Eduardo Schoueri afirmem que ela ofende o *princípio da proporcionalidade*, dada a inadequação e a desnecessidade dos meios adequados (legislação contendo regra genérica e não restrita a certos territórios e rendimentos) para atingir os fins antielisivos em vista.[6]

A adição direta ao lucro de sociedade brasileira do lucro das controladas e coligadas no exterior, independentemente de este ter sido distribuído ou não (designada na lei inglesa sobre as *Controlled Foreign Corporations* como *apportionment of foreign accumulated income*) representa, pois, a concepção das sociedades estrangeiras como "sociedades fiscalmente transparentes", cuja personalidade jurídica é desconsiderada *ex lege* para efeitos fiscais, de tal modo que os seus lucros se consideram automaticamente distribuídos para as sociedades brasi-

5. Tulio Rosembuj, "Transparencia fiscal internacional. Aspectos críticos" (separata da *Revista de la Economía Social y de la Empresa* 27/28); idem, *Derecho Fiscal Internacional*, Barcelona, 2001, pp. 174 ss.

6. Cfr. J. F. Bianco, *Transparência fiscal internacional*, São Paulo, 2007, pp. 80 ss.; L. E. Schoueri, "Transparência fiscal, proporcionalidade e disponibilidade", *RDDT* 142/39 ss., 2007.

leiras, que passarão a ser tributadas numa *arising basis* e não numa *distribution basis.*[7]

7. Além das três monografias dedicadas ao tema (Taísa Oliveira Maciel, *Tributação dos lucros das controladas e coligadas estrangeiras*, Rio de Janeiro, 2007; João Francisco Bianco, *Transparência fiscal internacional*, São Paulo, 2007; André Martins de Andrade, *A tributação universal da renda empresarial*, Belo Horizonte, 2008) veja-se ainda: Antonio Carlos Rodrigues do Amaral e Douglas Yamashita, "Norma antielisão: tributação de lucros no exterior. Disponibilidade de renda e tratados internacionais", in Luís Eduardo Schoueri (org.), *Direito Tributário, homenagem a Alcides Jorge Costa*, vol. II, São Paulo 2003, p. 893; Pedro Anan Junior, "Inconstitucionalidade da tributação dos lucros auferidos no exterior – Medida Provisória n. 2.158-35/01 e Instrução Normativa SRF n. 213/02", *RDDT* 93/69 (2003); Eliana Karsten Anceles, "Transparência fiscal internacional (*Controlled Foreing Corporations – CFC*): uma visão analítica à luz da sistemática jurídico-tributária brasileira", *RFDT* 8/77 (mar.-abr./2004); André Martins de Andrade, "Consequências possíveis da ADI n. 2.588", *RFDT* 32/89 (mar.-abr./2008); idem, "Os limites de tributação universal da renda e a ADI n. 2.588", *RFDT* 29/9 ss., 2007; Humberto Ávila, "O imposto de renda, a contribuição social sobre o lucro e os lucros auferidos no exterior", in Valdir de Oliveira Rocha (org.), *Grandes questões atuais do Direito Tributário,* vol. 7, São Paulo 2003, p. 215; Márcio Ávila, "A ADI 2.588-DF e a tributação dos lucros oriundos do exterior", *RTFP* 64/11 (set.-out./2005); Marco Antônio Behrndt, "Análise de norma inaugural da tributação em base universal no Brasil e as decisões do Conselho de Contribuintes", *RDTI* 7/223 (dez./2007); Elidie Palma Bifano, "Investimentos em sociedades coligadas e controladas, ágio e o imposto sobre a renda", in Eurico Marcos Diniz de Santi e Fernando Aurelio Zilveti (orgs.), *Direito Tributário: tributação empresarial*, São Paulo, 2009, p. 203; Fernando Netto Boiteux, "As sociedades coligadas, controladoras, controladas, e a tributação dos lucros obtidos no exterior", *RDDT* 105/20 (2004); Sacha Calmon Navarro Coêlho, Misabel Derzi, "Tributação pelo IRPJ e pela CSLL de lucros auferidos por empresas controladas ou coligadas no exterior – Inconstitucionalidade do art. 74 da Medida Provisória n. 2.158-35/01", *RDDT* 130/135 (2006); Paulo Faleiro Ferreira, "O instituto das *Controlled Foreing Corporations – CFC* e o ordenamento jurídico brasileiro", *RIDT* 3/233 (jan.-jun./2005); Jayr Viégas Gavaldão Jr., "Considerações acerca da transparência fiscal internacional e do descompasso da legislação brasileira", in Marcelo Magalhães Peixoto (org.), *Planejamento tributário*, São Paulo 2004, p. 295; Marciano Seabra de Godoi, "O imposto de renda e os lucros auferidos no exterior", in Valdir de Oliveira Rocha (org.), *Grandes questões atuais do Direito Tributário*, vol. 6, São Paulo 2002, p. 275; José Henrique Longo, "O lucro de subsidiária no exterior e o tratado internacional", in *Tributação e processo – IV Congresso Nacional de Estudos Tributários*, São Paulo 2007, p. 291; Ciro Cesar Oliveira, "Extensão do princípio da universalidade para fins de tributação pelo imposto de renda das pessoas jurídicas (IRPJ)", *RDTI* 5/9 (2007); Ricardo Mariz de Oliveira, "Lucros de coligadas e controladas no exterior e aspectos de elisão e evasão fiscal no Direito brasileiro e no internacional", *RDDT* 102/95 (2004); Clóvis Panzarini Filho e Raffaele Russo, "A compatibilidade entre as regras de CFC e os tratados internacionais", *RDTI* 3/9 (jun./2006); Helenilson Cunha Pontes, "A tributação dos lucros do exterior e os tratados para evitar a dupla tributação da renda", in Adilson Rodrigues Pires e Heleno Taveiro Tôrres (orgs.), *Prin-*

## II – *Natureza e fundamentos da transparência fiscal internacional*

As medidas adotadas traduzem-se essencialmente em, por ficção legal, "desconsiderar" a personalidade jurídica das sociedades cuja constituição ou funcionamento tenha sido ou seja inspirada predominantemente por razões de ordem fiscal, consideradas "transparentes" (*pass-through entity*) em termos de permitir a tributação dos respectivos sócios, como se tivessem auferido diretamente os lucros, sem aguardar pelo momento da distribuição dos lucros entretanto acumulados.

Foi a reforma Kennedy de 1962 que levou mais longe, em matéria tributária, a doutrina do *piercing the veil of the corporate entity*. As disposições (designadas *Subpart F* do *Internal Revenue Code*) visaram, na verdade, a combater a forma de elisão fiscal decorrente da utilização de dois tipos de sociedades: as *foreign personal holding companies*, ou seja, sociedades constituídas no exterior cuja renda seja integrada, ao menos em 90%, por "renda passiva" – juros, aluguéis, *royalties* – e em que mais de 50% das ações sejam possuídas, direta ou indiretamente, por cinco pessoas físicas sujeitas ao imposto de renda norte-americano; e as *controlled foreign corporations* (*CFC*), sociedades cujas receitas sejam constituídas por lucros de comercialização ou de serviços e em que mais de 50% das ações pertençam a cidadãos norte-americanos, possuindo cada um pelo menos 10% do direito de voto.[8]

*cípios de Direito Financeiro e Tributário – Estudos em homenagem ao Professor Ricardo Lobo Torres*, Rio de Janeiro, 2006, p. 863; João Dácio Rolim e Gilberto Ayres Moreira, "Tributação de lucros auferidos no exterior e limites relativos de normas antielisivas", *RDTI* 3/103 (jun./2006); Raphael Palmieri Salomão, "Os lucros das empresas nos tratados internacionais destinados a evitar a dupla tributação da renda e do capital", *RDTI* 8/97 (abr./2008); Luís Eduardo Schoueri, "Transparência fiscal internacional, proporcionalidade e disponibilidade: considerações acerca do art. 74 da Medida Provisória n. 2.158-35", *RDDT* 142/39 (2007); Heleno Taveira Tôrres, "Lucros auferidos por meio de controladas e coligadas no exterior", in Heleno Taveira Tôrres (org.), *Direito Tributário Internacional Aplicado*, vol. III, São Paulo, 2005, p. 105; Ericson Amaral, "Das conexões entre a tributação de lucros de controladas e coligadas no exterior, o CPC 02 e a desconsideração dos planejamentos tributários internacionais", in Sergio André Rocha (coord.), *Direito Tributário, Societário e a Reforma da Lei das S/A*, vol. II, São Paulo, 2010, pp. 205 ss.

8. E daí as legislações que nela se inspiraram passarem a ser denominadas de "Subpart F" ou do tipo "CFC".

Em ambos os casos a lei determinou o afastamento da regra do diferimento do imposto *(tax deferral)* incidente sobre as rendas obtidas no exterior por subsidiárias de sociedades norte-americanas, corolário da separação das suas personalidades jurídicas, segundo o qual tais rendas só serão tributadas, junto dos acionistas, quando os lucros lhes forem efetivamente distribuídos sob a forma de dividendos. Ora, nos casos acima referidos, os acionistas serão tributados independentemente da distribuição do lucro, isto é, por lucros que juridicamente ainda se inserem na titularidade da sociedade, cuja personalidade é assim "desconsiderada" para efeitos fiscais.[9]

O movimento tem-se alastrado de tal modo que grande parte dos Estados-membros da OCDE adotaram legislações do tipo *CFC* como instrumento de preservação de receitas fiscais ameaçadas pela migração de "atividades geograficamente móveis".[10]

O exame do Direito Comparado revela que enquanto umas legislações atribuem maior relevância ao fato de a sociedade intermediária estar localizada em território de baixa tributação, independentemente da natureza do rendimento por ela auferido (o chamado *jurisdictional approach*, na terminologia da OCDE), outras (Canadá, Estados Unidos) atribuem preponderância à natureza do rendimento, pretendendo alcançar imediatamente certas classes de renda, especialmente os "rendimentos passivos", independentemente do local de domicílio da sociedade intermediária *(transactional approach)*.[11]

9. *U.S. International Taxation Base Company Taxation International Business Taxation* 111; Philip A. Stoffregen/Stewart R. Lipeles, "United States Antiavoidance Measures affecting Multinational Corporations", in Dennis Campbell (org.), *International Tax Planning*, 1995, p. 251; Alexander, "Foreign Personal Holding Companies and Foreign Corporations that are Personal Holding Companies", *Yale Law Journal*, 1958, p. 1.173; A. Rado, *United States Taxation of Foreign Investment: the New Approach*, Amsterdam, 1963, p. 32; Bühler, *Principios*, p, 186; Schaumburg, *Internationales Steuerrecht*, p. 288; E. Sanz Gadea, *Transparencia fiscal internacional*, Madrid, 1996; Tulio Rosembuj, *Derecho Fiscal Internacional*, Barcelona, 2001, pp. 174 ss.

10. Cf. OCDE, *Controlled Foreign Company Legislation*, Paris 1996. Entre eles Estados Unidos, Espanha e Suécia. Não têm legislação do tipo CFC a Áustria, a Bélgica, a Holanda, o Luxemburgo e a Suíça. Muito embora de natureza diferente, a reavaliação obrigatória a valores de mercado previsto na lei holandesa tem consequências similares às de um regime CFC. Veja-se o exame destas legislações em Taísa Maciel, *Tributação de lucros das controladas e coligadas estrangeiras*, Rio de Janeiro, 2007, pp. 38 ss.; João Francisco Bianco, *Transparência fiscal internacional*, São Paulo, 2007, pp. 28 ss.

11. Cf. OCDE, *Controlled, Foreign Company Legislation*, Paris 1996, passim.

O primeiro modelo pressupõe a caracterização dos "territórios-alvo" (*target territories*), via de regra os paraísos fiscais, seja pelo método das listas (*black*, *white* e *white/gray lists*), seja pela exigência de uma alíquota mínima de tributação efetiva comparável ao do país de domicílio da sociedade controladora.

O segundo modelo, por sua vez, pressupõe a determinação dos rendimentos em relação aos quais ocorrerá a imputação automática (os "rendimentos contaminados" ou *tainted income*), os quais são via de regra considerados *rendimentos passivos* (juros, *royalties* etc.), por oposição aos *rendimentos ativos* ou *empresariais*.

A verdade, porém, é que tanto as legislações que se inspiraram num modelo quanto no outro acabaram por se influenciar reciprocamente com vistas a aperfeiçoar os seus mecanismos, de tal modo que hoje é praticamente impossível descortinar um caso que obedeça, na sua pureza, a um tipo único.

Assim, a tendência predominante é de as legislações *CFC* atingirem os rendimentos passivos auferidos por sociedades controladas instaladas em território de baixa tributação.[12]

A lei brasileira, em matéria de sociedades controladas e coligadas no exterior, adotou um sistema que se afasta do tipo *CFC*, de caráter excepcional e finalidade antielisiva, pois pretende atingir a totalidade do lucro das sociedades controladas ou coligadas no exterior, independente da natureza dos rendimentos que o integram e do nível de tributação do país ou território de seu domicílio. Falta-lhe, pois, o elemento antielisivo e o caráter de providência excepcional, em relação ao regime geral de tributação de controladas e coligadas, que supõe a distribuição de resultados.

A total inexistência de um elemento "abusivo" relacionado ou com o território de domicílio ou com a natureza do rendimento leva mesmo a afirmar que não se trata de uma lei "*CFC*".

Nesta sistemática o instituto perde as suas características antielisivas para se tornar num instrumento antidiferimento, destinado a assegurar a neutralidade da exportação de capitais até às suas últimas conseqüências.[13]

12. Cf. J. F. Bianco, ob. cit., pp. 25 ss.

13. J. M. Almudí Cid, *El régimen jurídico de transparencia fiscal internacional*, Madrid, Instituto de Estudios Fiscales, 2005, p. 117.

Os regimes de tributação em causa têm sido explicados na doutrina de diversos modos:

(*i*) ou como desconsideração da personalidade jurídica das controladas ou coligadas estrangeiras, que permitiria ao Fisco nacional "levantar o véu" da personalidade jurídica destas sociedades para atingir diretamente os seus lucros (*piercing the veil approach*, teoria da desconsideração ou do *Durchgriff*);

(*ii*) ou como uma presunção legal de distribuição da totalidade do lucro auferido por aquelas sociedades (*fictive* ou *deemed dividend approach* ou teoria do dividendo ficto);

(*iii*) ou como uma desconsideração do seu próprio domicílio estrangeiro, presumindo-as domiciliadas no país da sociedade controladora ou coligada;

(*iv*) ou ainda – como nos parece cientificamente mais correto – recorrendo à ideia de "transparência fiscal internacional" (*pass-through entity*) das sociedades controladas e coligadas estrangeiras, segundo a qual o lucro destas não lhes é imputado para efeitos fiscais, devendo apenas tributar-se os sócios na proporção em que estes participam naquele lucro.[14]

Tanto a teoria de desconsideração da personalidade jurídica quanto a da transparência fiscal internacional têm de comum permitir à lei ignorar o intermediário formal representado pela pessoa jurídica estrangeira "aparente" (*disregarding, piercing the veil* ou *lifting the veil of the corporate entity* – na terminologia anglo-saxônica – ou penetrando – *Durchgriff* – na personalidade jurídica da sociedade – na expressão alemã), para atingir diretamente os seus sócios. Na verdade, sendo a personalidade jurídica uma criação do direito, um simples instrumento de prossecução coletiva dos interesses dos sócios, como agudamente o revelou Ascarelli, tal criação só deve ser consagrada e respeitada na medida em que ela não se revelar, em si mesma, antijurídica. E sendo a personalidade jurídica realidade meramente instrumental não repugna que ela seja considerada para certos fins e desconsiderada para outro ou outros.

14. Cf. Falcon y Tella, *Análisis de la transparencia tributaria*, Madrid, 1984, pp. 186 ss.; Tulio Rosembuj, "Transparencia fiscal internacional. Aspectos críticos" (separata da *Revista de la Economía Social y de la Empresa* 27/28); idem, *Derecho Fiscal Internacional*, Barcelona, 2001, pp. 174 ss.

A nuança entre uma e outra concepção está em que, enquanto o regime de transparência fiscal é obra da lei, a técnica da desconsideração atua casuisticamente por decisão do juiz.[15] Certo, porém, é que o superamento da personalidade jurídica (e a consequente "transparência fiscal internacional") como técnica de combate à elisão fiscal internacional só é possível nos ordenamentos que contenham disposições que especificamente o autorizem. Nos demais, a questão deverá ser resolvida à luz das regras do direito interno que eventualmente delimitem a liberdade de utilização dos instrumentos facultados pelo direito com o fim de minorar o ônus fiscal.

Ao contrário do que frequentemente se afirma, estes regimes não são corolário do *princípio da universalidade*, que, exigindo a tributação do rendimento mundial das pessoas físicas ou jurídicas (*world-wide-income*), apenas conduz à tributação dos lucros efetivamente distribuídos pelas sociedades participadas estrangeiras, mas não à tributação dos lucros acumulados destas últimas, que são rendimentos próprios delas e não rendimentos das suas investidoras.

Os regimes em causa consagram, ao contrário, uma verdadeira *tributação extraterritorial*, pois atingem rendimentos de pessoa jurídica estrangeira, tratando-a como se fosse mero estabelecimento permanente destituído de personalidade jurídica, alargando os poderes tributários do Estado de domicílio de sociedade controladora em termos dificilmente conciliáveis com as regras básicas dos tratados contra a dupla tributação.[16]

## *III – A incompatibilidade com os Tratados contra a dupla tributação*

### *A) A incompatibilidade genérica do regime da Lei brasileira com o art. 7º dos Tratados*

O regime de transparência fiscal internacional, criado pela Lei n. 9.249/95, é, como se verá de seguida, incompatível com os tratados

15. Cf. neste sentido Falcon y Tella, *Análisis de la transparencia tributaria*, Madrid, 1984, pp. 186 ss.; J. M. Almudí Cid, *El régimen jurídico de transparencia fiscal internacional*, cit., p. 145; J. F. Bianco, *Transparência fiscal internacional*, cit., p. 23.

16. Cf. Tulio Rosembuj, *Derecho Fiscal Internacional*, Barcelona, 2001, p. 203; idem, *Transparencia fiscal*, p. 21, refere-se a uma *ultraterritorialidade ofensiva*.

contra a dupla tributação celebrados pelo Brasil, com base em considerações igualmente aplicáveis ao art. 74 da Medida Provisória n. 2.158-35/2001.

O art. 7º dos referidos tratados (que seguem a redação do art. 7º da Convenção Modelo da OCDE) dispõe, no seu § 1º, que "os lucros de uma empresa de um Estado Contratante *só podem* ser tributados nesse Estado, a não ser que a empresa exerça sua atividade no outro Estado Contratante por meio de um estabelecimento permanente aí situado. Se a empresa exercer sua atividade deste modo, os seus lucros podem ser tributados no outro Estado, mas unicamente na medida em que forem imputáveis a esse estabelecimento permanente".

Estabelecimento permanente é, nos termos do art. 5º, § 1º, dos tratados (seguindo também o art. 5º da Convenção Modelo da OCDE) "uma instalação fixa onde a empresa exerça toda ou parte da sua atividade", compreendendo notadamente um local de direção, uma sucursal, um escritório, uma fábrica, uma oficina, uma mina ou uma pedreira.

São, pois, "estabelecimentos permanentes", para efeito dos tratados, as sucursais ou filiais destituídas de personalidade jurídica própria.

Aplicando este preceito ao caso de uma empresa brasileira (EB) que tenha, por exemplo, em Portugal, uma filial (FP) ou controlada (CP), podem extrair-se as seguintes conclusões:

*a)* O Brasil *pode* tributar os lucros da FP, por esta constituir um estabelecimento permanente no exterior (1ª frase, 2ª parte, do § 1º);

*b)* Portugal *pode* tributar os lucros da FP unicamente na medida em que forem imputáveis a esse estabelecimento (2ª frase do § 1º);

*c)* Só Portugal ("competência exclusiva") *pode* tributar os lucros auferidos em Portugal pela CP, pois CP é empresa portuguesa (1ª frase, 1ª parte, do § 1º);

*d)* O Brasil *não pode* tributar os lucros auferidos em Portugal pela CP, pois só pode tributar estabelecimentos permanentes no exterior e não entidades com personalidade jurídica própria existentes no outro Estado.

A confirmar esta última afirmação está o § 6º do art. 5º dos tratados, segundo o qual "o fato de uma sociedade residente de um Estado Contratante controlar ou ser controlada por uma sociedade residente do outro Estado Contratante ou que exerce a sua atividade nesse outro Estado, quer seja através de um estabelecimento estável, quer de outro modo, não é, por si, bastante para fazer de qualquer dessas sociedades estabelecimento permanente da outra".

Os conceitos de "empresa de um Estado Contratante" e "empresa do outro Estado Contratante" usados no art. 7º significam, nos termos do art. 3º, § 1º, alínea "f", "respectivamente, uma empresa explorada por um residente de um Estado Contratante e uma empresa explorada por um residente do outro Estado Contratante". Quando as empresas adotam a forma jurídica de sociedade ou qualquer outra que as permita qualificar como "pessoas" e, por consequência, como "pessoa residente", para efeitos do art. 4º, ela é automaticamente considerada "empresa do Estado de residência".[17] Assim, por exemplo, a sociedade domiciliada em Portugal, controlada por empresa brasileira, é considerada "empresa portuguesa", só podendo ser tributada por Portugal.

É isto o que resulta também dos Comentários da OCDE (art. 5º, § 7º, item 40): "It is generally accepted that the existence of a subsidiary company does not, or itself, constitute that subsidiary company a permanent establishment of its parent company. This follows from the principle that, for the purpose of taxation, such a subsidiary company constitutes an independent legal entity".

O art. 7º § 1º, contém, na sua primeira parte, uma *norma de reconhecimento de competência exclusiva* do país em que se encontra domiciliada a sociedade controlada, como resulta claramente da expressão literal "só podem ser tributados",[18] ao invés da segunda parte do mesmo parágrafo que contém uma norma de *competência cumulativa* se se tratar, não de pessoa jurídica independente, mas de estabelecimento permanente.

Como recorda Ottmar Bühler,[19] referida cláusula teve a sua origem em impedir a aplicação, no âmbito das relações internacionais, da chamada "teoria do órgão" (*Organtheorie*), consagrada em vários países europeus nas primeiras décadas do século XX por influência da jurisprudência e da lei alemã de 1934, que concebiam os grupos de sociedades, baseados numa relação de controle ou domínio, como uma

17. Cf. Klaus Vogel, *On Double Taxation Conventions*, 1997, p. 184.

18. Cf. sobre as normas de reconhecimento de competência exclusiva Alberto Xavier, *Direito Tributário Internacional do Brasil*, cit., p. 673

19. Cf. Bühler, *Princípios de Derecho Internacional Tributario*, trad. esp., Madrid, 1968, pp. 133 ss.

unidade, operando-se na controladora uma consolidação dos ganhos e perdas do grupo. E daí as sociedades controladas serem consideradas meros "órgãos" do conjunto, sendo desconsiderada ou mesmo recusada a sua personalidade jurídica.

Como é natural, a tentativa de aplicação desta doutrina à esfera internacional conduziria a uma deslocalização dos poderes tributários dos Estados onde se situam as empresas controladas para o Estado de sociedade controladora, conduzindo a uma plúrima tributação dos mesmos lucros.

Assim, sobretudo por influência dos países anglo-saxônicos, que sustentavam a individualidade jurídica e a tributação autônoma das subsidiárias, surgiu a regra de reconhecimento de competência exclusiva ao Estado de localização destas, constante já do Modelo Bilateral de Convenção Tributária da Liga das Nações (Modelo de Londres de 1946) como uma verdadeira "cláusula antiórgão".[20]

O objetivo da cláusula de competência exclusiva está, pois, em afirmar a supremacia do princípio da separação (*Trennungsprinzip*) sobre a teoria do órgão, em matéria de controladas e subsidiárias em geral, e impedir que os Estados de domicílio das controladoras tomem em consideração, por qualquer forma ou técnica legislativa, os lucros das controladas ou coligadas estrangeiras como base de cálculo dos seus próprios tributos incidentes sobre as sociedades-mãe.

Não é demais insistir em que a cláusula de competência exclusiva do art. 7º dos tratados constitui o "coração" dos tratados contra a dupla tributação. Sem ela, qualquer tratado fica privado de sentido, pois abre as portas a uma guerra fiscal entre Estados, permitindo que a riqueza tributável em uma delas seja objeto de pretensões fiscais cumulativas de outras, invasivas de soberania estrangeira. É o que ocorreria se os Estados Unidos pudessem tributar naquele país os lucros das subsidiárias brasileiras, o Brasil pudesse tributar os lucros das suas controladas na Dinamarca, e até *ad infinitum* em todos os elos de uma cadeia vertical de controle.

20. Dispunha o artigo VIII que os lucros não distribuídos por uma companhia que tem o seu domicílio fiscal em um Estado Contratante não estariam sujeitos a nenhum imposto no outro Estado Contratante em razão do fato de os lucros não distribuídos representarem, no todo ou em parte, rendimento derivado do território do outro Estado.

A incompatibilidade com os tratados contra a dupla tributação decorre ainda de a sistemática por eles adotada apenas prever um mecanismo de eliminação da dupla tributação dos lucros distribuídos quando a tributação ocorre no momento da distribuição, tendo esta como fato gerador, como sucede com o art. 10 combinado com o art. 23. Essa sistemática não prevê, porém, que a tributação ocorra em momento anterior ao da distribuição efetiva, quando ainda são lucros não distribuídos pela pessoa jurídica estrangeira, pelo que a dupla tributação neste caso não tem no tratado sistema de eliminação, que fica exclusivamente ao sabor da vontade das leis internas dos Estados em causa.

Por outro lado, ainda, a desaplicação da regra de competência tributária exclusiva, atribuindo às subsidiárias o mesmo tratamento fiscal dos estabelecimentos permanentes (filiais ou sucursais) traduz-se na desconsideração da sua personalidade jurídica e, com isso, na violação do art. 3º, que define o conceito de "pessoa", não permitindo que um Estado desconsidere a personalidade jurídica outorgada pelo ordenamento jurídico do Estado estrangeiro do território da constituição da subsidiária, desde que conforme com aquela definição.[21]

Infringiria, por isso, frontalmente, os tratados qualquer tentativa de aplicação de preceito legal que determinasse a adição à base de cálculo do imposto (lucro líquido da sociedade brasileira, contribuinte de um Estado) dos lucros próprios da sociedade controlada domiciliada em outro Estado contratante, pois tal significaria o Brasil arrogar-se uma competência tributária *cumulativa*, quando o tratado é expresso em atribuir ao Estado de domicílio da controlada ou coligada no exterior uma competência tributária *exclusiva*.[22]

Note-se, porém, que os tratados contra a dupla tributação não proíbem que no Brasil sejam tributados dividendos distribuídos por empresas estrangeiras a sócios domiciliados no Brasil.

Com efeito, nos termos da repartição dos poderes tributários dos diversos Estados operada pelas convenções contra a dupla tributação

21. Cf. Luís Eduardo Schoueri, *Transparência fiscal internacional, proporcionalidade e disponibilidade*, cit., p. 45; Heleno Taveira Tôrres, "Lucros auferidos por meio de controladas e coligadas no exterior", *Direito Tributário Internacional Aplicado*, III, 2005, pp. 137 ss.

22. Cf. Luís Eduardo Schoueri, "Acordos de bitributação e lei interna – Investimentos na Ilha da Madeira – Efeitos da Lei n. 9.249/95", *RDDT* 17/110 ss. (1997).

que seguem o modelo da OCDE, procedeu-se a uma nítida distinção entre os *lucros das empresas* e os *dividendos* por elas distribuídos. Enquanto os *lucros das empresas* estão sujeitos à regra da atribuição de competência tributária *exclusiva* ao país de domicílio da empresa que os obteve (art. VII da Convenção Modelo), com a consequente exclusão de competência do país de domicílio da sociedade que participa no seu capital, os *dividendos* estão sujeitos à regra de atribuição de competência tributária *cumulativa* do país de domicílio da empresa que os distribui (país de fonte) e do país de domicílio da empresa que os aufere (país de residência).

E isto porque o lucro da empresa estrangeira, dotada de personalidade jurídica própria, é renda dessa mesma empresa e não da sua controladora, enquanto o dividendo distribuído, tendo embora a sua fonte na empresa estrangeira, é renda do sócio.

Daí que as convenções contra a dupla tributação permitem que tanto o Estado de fonte quanto o Estado de residência exerçam os seus poderes tributários no que concerne aos dividendos, embora com limitações para ambos: o Estado de fonte não poderá tributar a uma alíquota que exceda o limite convencionado e o Estado da residência deverá eliminar a dupla tributação ou pelo método da isenção ou pelo método da imputação, conforme dispuser o tratado.

Por isso não pode haver dúvidas de que os tratados contra a dupla tributação autorizam a tributação dos dividendos distribuídos por sociedades controladas ou coligadas, determinando apenas a obrigação, para o Brasil, de reconhecer em relação a esses dividendos um crédito de imposto ou a sua isenção.[23]

### *B) A questão do dividendo ficto*

A única especificidade que a questão da compatibilidade dos tratados com o art. 74 da Medida Provisória n. 2.158-35 fez surgir é quanto à questão de saber qual o objeto da tributação em face do novo diploma legal e sua consequente qualificação à luz das disposições dos tratados.

23. Cf. a este respeito o Ato Declaratório n. 6, da SRF, de 30.1.97, relativo ao anterior tratado com Portugal (1971), bem como nossos comentários na edição anterior do *Direito Tributário Internacional do Brasil*, nas pp. 364 e ss.

A doutrina, na sua esmagadora maioria, continuou a manifestar-se no sentido de que o objeto da tributação do art. 74 era precisamente o mesmo do art. 25 da Lei n. 9.249/95, ou seja, os *lucros* das sociedades controladas e coligadas estrangeiras que, através da adição ao lucro líquido da sociedade brasileira, passaram a constituir base de cálculo do tributo sobre ela incidente.

Todavia, a teoria concebida em face de certas legislações estrangeiras de que a tributação teria por objeto um *dividendo ficto (deemed dividend)* acabou tendo ressonância no Brasil baseada na própria expressão do legislador segundo a qual os lucros das sociedades estrangeiras "serão considerados disponibilizados" para a sociedade brasileira por ocasião da sua apuração no balanço.

Os defensores desta tese argumentam que, se tratando de um lucro ficticiamente disponibilizado, a sua qualificação perante os tratados internacionais seria a de dividendo, submetido ao art. 10 da Convenção Modelo, e não a de lucro, submetido ao art. 7º.[24]

Tal qualificação arrastaria como consequência a plena competência tributária do Brasil, pois enquanto o art. 7º contém uma cláusula de reconhecimento de competência tributária excluviva do Estado de origem do lucro o art. 10 consagra uma norma de reconhecimento de competência tributária cumulativa, tanto do país da fonte quanto do país de residência.[25]

24. Esta interpretação foi adotada no Acórdão n. 108-08-765, do Conselho de Contribuintes de 23.3.2006 por influência do voto do Conselheiro José Henrique Longo, e tem sido posteriormente manifestada em votos minoritários. Em artigo científico publicado posteriormente, o mesmo Conselheiro reiterou o seu ponto de vista, sustentando que o art. 74 da Medida Provisória n. 2.158-35/2001 tem por objeto o lucro propriamente dito da controlada ou coligada no exterior, mas logo acrescenta "que, para efeito da incidência do IRPJ e da CSL, e mediante alteração do conteúdo do conceito, devem ser considerados como dividendos". Cf. José Henrique Longo, "O lucro de subsidiária no exterior e o tratado internacional", in *Tributação e processo* – IV Congresso Nacional de Estudos Tributários, São Paulo, 2007, p. 291. A tese já tinha sido suscitada, no curso do julgamento, ainda que de forma não conclusiva, no Acórdão n. 101-95.802, de 19.10.2006.

25. Cf. o Acórdão n. 107-07.532, de 18.2.2004, do então Primeiro Conselho de Contribuintes, que, apreciando a questão da compatibilidade da lei interna com o Tratado Brasil-Portugal, concluiu precisamente no sentido de ser incompatível o regime do art. 25 da Lei n. 9.249/95 em face da regra de competência exclusiva do art. 7º do Tratado e compatível o regime do art. 1º da Lei n. 9.532/97, em face da regra de competência cumulativa do art. 10 do mesmo diploma.

Esta construção não merece, porém, acolhimento por várias ordens de razões.

A principal crítica que deve ser dirigida a este entendimento está em que a lei interna que fundamenta a tributação (o art. 25 da Lei n. 9.249/95, para o qual remete o art. 74 da Medida Provisória n. 2.158-35/2001) não permite a referida construção, eis que alude à adição ao lucro da pessoa jurídica brasileira dos próprios lucros auferidos por controladas e coligadas no exterior, independentemente de serem pagos ou creditados. A ficção de disponibilização mais não significa do que a determinação do momento temporal que esse cômputo se deve verificar, não tendo o condão de alterar a natureza do objeto da tributação.

Que a lei interna trata de uma tributação de *lucro* e não de *dividendos* é confirmado pelo fato de os lucros serem computados pelos seus valores integrais, sem dedução do imposto pago do país de origem. Ora, não se distribuem dividendos em valor superior ao lucro disponível após a tributação.[26]

Ainda, porém, que a lei interna consagrasse a tributação de um "dividendo ficto", não poderia ela prevalecer em face do conceito de dividendo consagrado nos tratados contra a dupla tributação (art. 10, § 1º). A letra destes (em conformidade, aliás, com a Convenção Modelo da OCDE) se refere a dividendos "pagos", expressão que revela inequivocamente a vontade de o regime de competência cumulativa nela consagrado apenas se aplicar a rendimentos efetivamente destacados do patrimônio das sociedades e transferidos para o de seus sócios, não permitindo uma interpretação ampla que abrangesse lucros não distribuídos imputados por mera ficção legal.[27]

Acresce que a teoria geral do direito ensina ser ilegítimo o emprego, por uma fonte de direito, do mecanismo das ficções ou presunções legais (como o dividendo ficto) para invadir a esfera de competência

26. Cf. art. 1º, § 7º, da Instrução Normativa n. 213/2002. O art. 201 da Lei das S/A afirma que a companhia pode pagar dividendos à conta de lucro líquido e o art. 191 dispõe que este é o resultado do exercício que remanescer depois de deduzidas as participações do art. 190 e, antes destas, os prejuízos acumulados e a provisão para o imposto de renda (art. 189).

27. Cf. neste sentido J. F. Bianco, *Transparência fiscal internacional*, cit., pp. 152, 157.

de outra fonte, delimitada em razão da hierarquia ou da especialidade (como sucede com os tratados), com vista a evitar, de modo indireto ou oblíquo, a prevalência da sua aplicação. Nada mais fácil para burlar as disposições dos tratados do que criar, por lei interna, ficções legais que estabeleçam exatamente o contrário do disposto nos preceitos convencionais. E é precisamente a este resultado que conduz a doutrina do dividendo ficto.

Não é demais recordar que a cláusula de competência tributária exclusiva do país estrangeiro de domicílio da controlada ou coligada (e simetricamente de exclusão de competência do país de sociedade investidora), constante do art. 7º da Convenção Modelo da OCDE, é o "coração dos tratados". Sem ela estaria permitida toda a sorte de guerra fiscal unilateral pelo qual os Estados se arrogassem o poder de taxar empresas estrangeiras, invadindo espaços de soberania alheios.

### *C) A questão das controladas indiretas*

Coloca-se ainda a questão de saber qual o alcance da proteção conferida pelo art. 7º dos tratados nos casos em que a sociedade controlada no exterior detém participações em outras controladas ou coligadas em terceiros Estados.

Certos setores da jurisprudência administrativa já sustentaram que, "para fins de aplicação do art. 74 da Medida Provisória n. 2.158-35, os lucros de controladas indiretas consideram-se auferidos diretamente pela investidora brasileira, e sua tributação no Brasil não se submete às regras do tratado internacional firmado com o país de residência da controlada direta".[28]

De acordo com referido entendimento, a proteção conferida pelo art. 7º dos tratados contra a dupla tributação limita-se aos lucros diretamente apurados pela sociedade residente naquele País, não alcançando os lucros das suas próprias controladas e/ou coligadas que, muito embora não distribuídos, eventualmente tenham sido reconhecidos no balanço em razão da aplicação do método da equivalência patrimonial.

28. Cf. Acórdão do Conselho de Contribuintes n. 101-97.070, de 17.12.2008.

O entendimento em questão assenta nas seguintes premissas:

> *(i)* o art. 25 da Lei n. 9.249/95 instituiu a tributação sobre o lucro das controladas no exterior;
>
> *(ii)* o conceito de *sociedade controlada* da legislação societária (art. 243, § 2º, da Lei n. 6.404/76) abrange qualquer sociedade na qual a controladora, diretamente ou através de outras controladas, exerça o poder de controle;
>
> *(iii)* o art. 16 da Lei n. 9.430/96 determina que "os lucros auferidos por filiais, sucursais, controladas e coligadas no exterior, serão: I – considerados de *forma individualizada*, por filial, sucursal, controlada ou coligada";
>
> *(iv)* o art. 7º dos tratados contra a dupla tributação (no caso concreto o Tratado com a Espanha) proíbe a tributação pelo Estado de residência (no caso o Brasil) dos lucros de sociedades residentes no Estado da fonte (no caso a Espanha);
>
> como a adição ao lucro real da sociedade controladora no Brasil faz-se diretamente sobre os lucros de todas as controladas, ainda que indiretas, referida proteção dar-se-á apenas sobre os lucros obtidos diretamente pela sociedade residente no país que tenha celebrado tratado contra a dupla tributação com o Brasil (no caso a Espanha), não alcançando eventuais lucros das controladas indiretas, cuja suscetibilidade de tributação dependerá da existência ou não de tratado com o respectivo país de domicílio.

As premissas em que este entendimento assenta são, porém, equivocadas.

A afirmação segundo a qual o conceito de sociedade controlada, adotado pela Lei n. 6.404/76, abrange não só as controladas diretas mas também as indiretas é indiscutivelmente exata, mas daí a permitir a conclusão de que o art. 74 da Medida Provisória n. 2.158-35 impõe a adição dos lucros das controladas indiretas ao lucro líquido da controladora brasileira, para efeitos do art. 25 da Lei n. 9.249/95 (para o qual remete o art. 74), vai uma grande distância, constituindo um salto lógico, simplista e sedutor pela sua aparente literalidade, mas que o sistema jurídico não admite.

Antes de mais, a expressão "controlada", utilizada no art. 74, não pode ser interpretada de modo desgarrado, pois ela se encontra sistematicamente relacionada na mesma proposição normativa com o conceito de "lucro disponibilizado".

Ora está bem de ver que lucro disponível é, por definição, aquele que a lei permite à controlada disponibilizar à controladora brasileira, caso esta, no exercício do seu poder de controle, delibere pela sua disponibilização. Com efeito, só em relação a estes lucros se aplica a lógica do regime de transparência fiscal internacional, que tributa imediatamente junto dos sócios os lucros que estes poderiam ter determinado a distribuição, mas por ato de sua exclusiva vontade não o fizeram. Mas já não poderão ser tributados nas mãos dos sócios lucros que, devido às circunstâncias do caso concreto, poderão ser insuscetíveis de disponibilização, como sucede com os lucros de controladas indiretas, notadamente na hipótese de serem absorvidos por perdas de sociedades intermédias situadas em degraus ascendentes da cadeia de controle e outras circunstâncias, como adiante se verá.

A questão de saber que lucros são disponibilizáveis para uma sociedade controladora brasileira – se apenas os lucros da controlada indireta estrangeira ou se também, *per saltum*, os lucros das controladas indiretas, por esta controladas – deve ser resolvida em face do direito brasileiro. É o que determina o § 2º, inciso I, do art. 25 da Lei n. 9.249/95 (para o qual remete o art. 74): "As filiais, sucursais e controladas deverão demonstrar a apuração dos lucros que auferirem em cada um de seus exercícios fiscais, *segundo as normas da legislação brasileira*".

Ora, a lei brasileira apenas permite a distribuição de lucros de uma sociedade a quem for *sócio* (Código Civil, art. 997, VII, e art. 1.007), sendo nula qualquer deliberação que tenha como destinatários terceiros, inclusive os sócios de sócios.[29]

A regra segundo a qual os lucros auferidos por filiais controladas e coligadas no exterior serão considerados de *forma individualizada* (art. 16 da Lei n. 9.430/96) significa apenas que os prejuízos apurados por uma controlada ou coligada, no exterior, somente poderão ser compensados com lucros dessa mesma controlada ou coligada (Instrução Nor-

29. Veja-se o art. 205 da Lei das S/A: "A companhia pagará o dividendo de ações nominativas à pessoa que, na data do ato de declaração do dividendo, estiver inscrita como proprietária ou usufrutuária da ação".

mativa n. 213/2002, art. 4º, § 2º), não podendo consequentemente ser compensados com lucros de outras controladas e coligadas no exterior, nem com lucros da sociedade investidora domiciliada no Brasil (art. 25, § 5º, da Lei n. 9.249/95).

É o que também esclarece o § 5º do art. 1º da Instrução Normativa n. 213/2002, segundo o qual, "para efeito de tributação no Brasil, os lucros serão computados na determinação do lucro real e da base de cálculo da CSLL, *de forma individualizada*, por filial, sucursal, controlada ou coligada, vedada a consolidação dos valores, ainda que todas as entidades estejam localizadas em um mesmo país, sendo admitida a compensação de lucros e prejuízos conforme disposto no § 5º do art. 4º desta Instrução Normativa".

Vedou-se, pois, a *consolidação horizontal*.

No que concerne à *consolidação vertical*, os princípios do direito societário brasileiro foram corretamente interpretados pelo § 6º do art. 1º da referida Instrução Normativa n. 213, que dispõe que "os resultados auferidos por intermédio de outra pessoa jurídica, na qual a filial, sucursal, controlada ou coligada no exterior, mantenha qualquer tipo de participação societária, ainda que indiretamente, serão consolidados no balanço da filial, sucursal, controlada ou coligada para efeito de determinação do lucro real e da base de cálculo da CSLL da beneficiária no Brasil".

Significa isto que os lucros das controladas indiretas não podem ser adicionados *per saltum* ao lucro da sociedade brasileira; antes devem ser consolidados gradativamente, por níveis ou degraus da cadeia vertical, em cada um dos quais serão considerados como componentes do lucro de cada controladora intermédia, a ser apurado de "forma individualizada". E assim sucessivamente na cadeia ascendente, até que a consolidação opere no nível da primeira controlada direta estrangeira, quando então o lucro (ou prejuízo) próprio desta será adicionado ao da controladora brasileira, como determina o art. 74 da Medida Provisória n. 2.158-35.

Tal *consolidação vertical* se faz em reconhecimento, no plano fiscal, de que no direito societário brasileiro não há uma participação direta da controladora no Brasil nos resultados de controlada ou coligada indireta, mas apenas através da necessária intermediação da pessoa jurídica interposta, pelo que os resultados individuais desta têm de ser necessariamente considerados para efeitos de determinar a matéria tributável no Brasil.[30]

Este é o sistema de reconhecimento do lucro numa cadeia vertical de participações consagrado pela lei brasileira e que deve ser obedecido no regime de transparência fiscal internacional.

Neste sistema, os lucros das controladas indiretas não podem ser considerados disponibilizados *per saltum* para a controladora brasileira e junto a ela tributados, pois tal tributação poderá estar incidindo sobre um resultado que jamais chegará às mãos daquela controladora.

Tal ocorrerá na hipótese de existência de prejuízos ou perdas em sociedades estrangeiras situadas em degraus mais elevados do elo societário, que absorverão referidos lucros, e ainda na hipótese de o controlador brasileiro alienar a participação na primeira controlada estrangeira, quando deixa *ipso iure* de ter qualquer vínculo jurídico com as controladas indiretas legitimador de uma disponibilização, eis que sua relação societária passa necessariamente pela primeira controlada.

Note-se que a lei poderia ter determinado que a consolidação dos lucros das controladas e coligadas estrangeiras operasse diretamente no balanço da controladora no Brasil, mas ao invés disso optou por consolidar os resultados ao nível da primeira controlada estrangeira, afastando assim qualquer influência que os resultados individuais da controladora brasileira pudessem ter sobre os resultados consolidados da cadeia de participações no exterior.

Ao determinar, porém, a consolidação *ao nível da controlada direta* estrangeira e não da *controladora brasileira*, a lei reconheceu que apenas os resultados dessa primeira controlada (no qual se inserem os resultados das demais) é que são passíveis de tributação no Brasil, pois só estes podem ser efetivamente disponibilizados sob a forma de dividendos. Ora, como se disse, é apenas em relação aos lucros disponibilizáveis que se aplica o sistema de tributação automática do art. 74 da Medida Provisória n. 2.158-35.

Logo, a tributação no Brasil de lucros de uma controlada *indireta* no exterior *per saltum* da primeira controlada direta representa verdadeira ofensa ao art. 43 do Código Tributário Nacional, na medida em

30. O § 6º da Instrução Normativa n. 213 não é, pois, mera "norma técnica de arrecadação", mas disposição que contém a única interpretação possível da lei.

que se está tributando o patrimônio da controladora, tomando-se por base renda alheia, que no máximo constitui expectativa de renda para a controlada direta, mas jamais para a controladora no Brasil.

A incongruência lógica da interpretação para a qual deve ser feita a adição *per saltum* dos lucros das controladas indiretas fica bem evidenciada pela circunstância de que tais lucros seriam protegidos pelo tratado que protege a primeira controlada direta, caso lhes tivessem sido efetivamente distribuídos, compondo então o lucro próprio desta.

Assim, de harmonia com a referida interpretação, os mesmos lucros das controladas indiretas ficarão sujeitos a regimes de tributação distintos consoante tenham sido distribuídos ou não para a sua controladora direta. Caso tivessem sido distribuídos, passarão a ser considerados pelo Brasil como lucros da própria controlada direta e, em virtude do art. 7º dos tratados, impedidos de serem tributados pelo Brasil enquanto, por outro lado, se forem retidos na controlada indireta domiciliada num terceiro Estado sem tratado com o Brasil (*v.g.* Estados Unidos), poderão (sempre na mesma interpretação) ser integral e imediatamente tributados pelo Brasil, independentemente da sua efetiva distribuição.

Imagine-se agora que a controlada direta domiciliada num país com tratado com o Brasil (*v.g.* Espanha) tenha registrado prejuízos ao longo do exercício e que os lucros da sociedade norte-americana sua controlada são distribuídos para neutralizar as perdas, fazendo com que se registre um resultado nulo.

Nesse caso, o Brasil terá tributado integral e antecipadamente um lucro que nunca lhe pertenceu e que jamais lhe pertencerá. O absurdo fala por si só.

É certo que algumas legislações *CFC* propriamente ditas permitem que o país da sociedade controladora inclua na sua base tributável rendimentos auferidos por controladas indiretas. Deve, porém, ter-se presente que tais legislações têm por objeto apenas certas classes de rendimentos, os "rendimentos passivos", e não, como a lei brasileira, "lucros" em sentido técnico, os quais pela sua própria natureza só podem ascender até à sociedade controladora por meio de distribuições às controladas intermédias.

Pode, pois, concluir-se que o objeto exclusivo da tributação pelo art. 74 da Medida Provisória n. 2.158-35 é o lucro da primeira controlada direta estrangeira, após a consolidação vertical, de tal modo que, se esta estiver domiciliada em país signatário de tratado, o art. 7º abrange a totalidade desse lucro sem qualquer distinção quanto à sua origem.

*D) A incompatibilidade com cláusulas especiais de certos tratados*

Além da incompatibilidade genérica do regime de tributação automática do art. 25 da Lei n. 2.949/95 (e do art. 74 da Medida Provisória n. 2.158-35/2001) com o art. 7º dos tratados, existem ainda incompatibilidades específicas com outras cláusulas convencionais consagradas apenas em tratados celebrados com certos países.

É o que se passa com a cláusula de intributabilidade de lucros não distribuídos, prevista especificamente nos Tratados com a Dinamarca e com as Repúblicas Tcheca e Eslovaca (art. 23, § 5º), segundo a qual "os lucros não distribuídos de uma sociedade anônima de um Estado Contratante cujo capital pertencer ou for controlado, total ou parcialmente, direta ou indiretamente, por um ou mais residentes de outro Estado Contratante não são tributáveis no último Estado".[31]

Trata-se de simples corolário implícito do § 1º do art. 7º, pois os lucros não distribuídos de uma sociedade controlada domiciliada num Estado são lucros próprios desta e não renda da sua controlada domiciliada no outro Estado. A reafirmação solene deste princípio na cláusula relativa aos métodos para a eliminação da dupla tributação veio dissipar dúvidas que pudessem existir sobre se a competência tributária exclusiva do país de domicílio de uma sociedade podia ser abalada pela existência de uma relação de controle com sociedade de Estado estrangeiro.

Outro tipo de cláusula com a qual o regime brasileiro de transparência fiscal internacional é incompatível é a cláusula de isenção de dividendos distribuídos a sociedades brasileiras por sociedades estrangeiras.

31. A disposição do tratado com a então Tchecoslováquia não alude à exigência de tratar-se de "sociedade anônima", a qual nos parece apenas basear-se numa interpretação restritiva da versão em língua portuguesa.

Esta cláusula encontra-se prevista nos Tratados com a Áustria (art. 23, § 2º), a Argentina (art. XXIII, § 2º), o Equador (art. XXIII, § 2º), a Espanha (art. 23, § 4º) e a Índia (art. 23, § 3º). O Tratado com a Áustria exige que a sociedade brasileira possua no mínimo 25% do capital da distribuidora; os Tratados com a Argentina e o Equador fixam esse percentual em 10%; os Tratados com a Espanha e a Índia exigem apenas como condição que os dividendos sejam tributáveis no país da fonte.

Trata-se, na verdade, de incompatibilidade lógica entre a lei interna e o tratado, pois a isenção do dividendo não pode coexistir com a tributação dos lucros que lhe deram origem. Esta incompatibilidade se evidencia pelo fato de que os dividendos, cuja isenção é assegurada pelo tratado, já terão sido tributados quando distribuídos, a título de lucros automaticamente adicionados, e o imposto de renda na fonte eventualmente cobrado pelo país de origem sobre os dividendos não será suscetível de neutralização por crédito de imposto, conduzindo assim à dupla tributação que o tratado tem precisamente por fim evitar.

A incompatibilidade atrás referida é reforçada pelas disposições da Convenção de Viena sobre o Direito dos Tratados, segundo as quais uma parte não pode invocar as disposições do seu direito interno para justificar o inadimplemento de um tratado (art. 27) e um tratado deve ser interpretado de boa-fé à luz do seu objetivo e finalidade (art. 31).[32]

*E) Cláusulas excepcionais de compatibilização*

Tendo em vista a incompatibilidade de princípio do regime de transparência fiscal internacional com os tratados contra a dupla tributação, certas convenções introduzem, por vezes, cláusulas de derrogação a esse princípio, afirmando que nas relações recíprocas entre os dois Estados o referido regime pode ser aplicado legitimamente.

No que concerne às convenções brasileiras, o único caso é constituído pela Convenção com o México, cujo art. 28, § 3º, dispõe: "As disposições da presente Convenção não impedirão que um Estado Con-

32. Em casos análogos os Comentários da OCDE consideram que disposições deste tipo constituem "obstrução do tratado" (Comentários, art. 10, §§ 5º e 3º).

tratante aplique as disposições de sua legislação nacional relativa à capitalização insuficiente ou para combater o diferimento, incluída a legislação de sociedades controladas estrangeiras (legislação *CFC*) ou outra legislação similar".

Tendo em vista a afirmação, por vezes feita, de que o princípio de não discriminação vedaria a aplicação dos regimes de transparência fiscal internacional, outras convenções celebradas pelo Brasil, como as da África do Sul (art. 24, Protocolo, item 6, alínea "f"), e do Peru (art. 24, Protocolo, item 5, alínea "d"), esclarecem que as disposições do art. 24, relativo à não discriminação, não impedem um Estado Contratante de aplicar as disposições da sua legislação interna a respeito das sociedades controladas no exterior, do tipo *CFC* ou similar.

Na verdade, em face dos precisos termos do art. 24 dos tratados que seguem o Modelo OCDE, tanto no § 1º quanto no § 2º, não pode afirmar-se que a legislação brasileira em causa preveja uma tributação diferente ou mais onerosa das sociedades brasileiras controladoras de empresas estrangeiras em função da nacionalidade ou da residência dos titulares do capital da investidora brasileira.

Trata-se, pois, de preceitos meramente declaratórios ou interpretativos que vedam às partes invocar este argumento nas suas relações recíprocas, embora não impeçam de alegar uma eventual incompatibilidade baseada em outros princípios não ressalvados nos protocolos, como a regra da competência exclusiva do art. 7º.

## *IV – A incompatibilidade com os Tratados na Doutrina e na Jurisprudência Internacional*

A questão da compatibilidade dos regimes de transparência fiscal internacional com os tratados contra a dupla tributação só muito recentemente chamou a atenção da doutrina e da jurisprudência estrangeira precisamente porque as legislações que os consagram, quase sempre de caráter excepcional e antiabusivo, tinham apenas como alvo controladas domiciliadas em países ou territórios de baixa tributação, que em geral não celebram tratados daquela natureza. Apenas em anos mais próximos passaram a abranger regimes fiscais preferenciais ou privilegiados adotados em países de tributação normal e signatários de ampla rede de tratados.

Tenha-se presente que esta discussão teve por objeto legislações do tipo *CFC* puro, de natureza antielisiva, e não regimes de tributação automática de caráter geral, como o da lei brasileira, que abstrai tanto da natureza do território de domicílio da controlada quanto do rendimento auferido.

No sentido de incompatibilidade da legislação do tipo *CFC* com os tratados contra a dupla tributação, pronunciaram-se diversos juristas e tribunais.

No Reino Unido Philip Baker[33] afirma: "The issue also arises with respect to controlled foreign company ("CFC") legislation which attributes the income of a subsidiary to its parent and taxes the parent on that income. Where the subsidiary is a resident of a treaty state, prima facie this violates Article 7".

Este é também o ponto de vista suíço, expresso a respeito da legislação australiana sobre *controlled foreign entities.*[34]

Na França, o *Conseil d'État* confirmou o julgado da Corte de Apelação de Paris, que havia decidido ser o art. 209º-B do *Code Général des Impôts*, incompatível com a convenção franco-suíça contra a dupla tributação (*caso Schneider*), sendo tal entendimento aplicável a todos os tratados contra a dupla tributação assinados pela França que seguem a Convenção Modelo da OCDE.[35]

A questão foi debatida, de modo amplo, na Espanha, em face do regime de "transparência fiscal internacional" adotado pela Lei n. 43/95, de 27 de dezembro, sobre o imposto de sociedades, tendo a generalidade dos doutrinadores opinado pela sua incompatibilidade com os tratados contra a dupla tributação.[36]

33. Cf. *Double Taxation* (2ª ed.), cit., p. 82.

34. Cf. T. Dwyer, "The CFC Tax Versus Double Tax Agreements", 1991, *Butterworths Weekly Tax Bulletin* (Austrália), par. 813.

35. *Conseil d'État* 28 de Junho, "SA Schneider Electric".

36. Cf. Estanislao Rodríguez-Ponga Salamanca, *Transparencia fiscal internacional*; Joaquim de Arespacochaga, *Planificación Fiscal Internacional,* Madrid, 1996, p. 89; Luis Alberto Malvárez Pascuali, *La nueva regulación del impuesto sobre sociedades – Regimenes especiales*, vol. II, Madrid, 1996, p. 255. No mesmo sentido Velasco Plazas, *Tributación internacional en el proyecto de ley del impuesto sobre sociedades* (comunicação ao V Congresso Nacional de Economia); Tulio Rosembuj, *Transparencia...*, pp. 11 ss. e *Derecho Fiscal Internacional*, cit., pp. 203 ss.; J. M. Almudí Cid, *El régimen jurídico de transparencia fiscal internacional*, cit., pp. 322 ss.

No mesmo sentido se pronunciou a esmagadora maioria dos relatores nacionais da obra coletiva *CFC Legislation, Tax treaties and EC Law*, coordenada por Lang, Eigner, Scheuerle e Stefaner (2004).[37]

Um argumento em favor da compatibilidade das legislações do tipo *CFC* com os tratados internacionais, invocado nos Comentários da OCDE (art. 7º, § 13), alega que não se estaria tributando as sociedades estrangeiras, mas as investidoras nacionais, embora com referência aos lucros das primeiras. E acrescenta-se: "O imposto cobrado por um Estado sobre os seus próprios residentes não reduz os lucros das empresas do outro Estado e não se pode, por conseguinte, dizer que foi lançado sobre esses lucros".

Tal argumento colide, porém, com a letra e o espírito dos tratados, que têm por fim impedir a dupla tributação do mesmo lucro, ainda que nas mãos de dois sujeitos passivos distintos, reservando a competência tributária exclusiva ao Estado de domicílio das participadas. Acresce que a tributação dos lucros das participadas estrangeiras,

37. Tem sido também discutida a compatibilidade das regras *CFC* com os princípios de Direito Comunitário que regem a União Europeia. Está em causa principalmente a questão de saber se o tratamento diferenciado entre residentes e não residentes afeta os princípios da liberdade de estabelecimento, da livre circulação de capitais, do abuso de direito, da não discriminação e da proporcionalidade, tais como formulados na jurisprudência do Tribunal de Justiça das Comunidades. No tocante à eventual incompatibilidade das disposições *CFC* do Reino Unido com as regras e os princípios comunitários, sobretudo com o disposto nos arts. 43º e 49º do Tratado, tenha-se presente a decisão do TJCE no Caso *Cadbury Schweppes*. Neste caso, o TJCE concordou com grande parte das conclusões do Advogado-Geral, concluindo que as legislações nacionais, como a do Reino Unido, relativa às sociedades estrangeiras controladas, estão genericamente em conformidade com o Tratado, na medida em que prossigam o objetivo legítimo de combater a fraude ou a evasão fiscal. Todavia, estas regras serão contrárias aos arts. 43º e 48º do TCE, quando se apliquem a expedientes que não constituam "expedientes puramente artificiais". Tal como o TJCE salientou, são fatos determinantes para aferir da existência de tais expedientes saber se o contribuinte tem uma intenção subjetiva de obter uma vantagem fiscal estabelecendo-se noutro Estado-membro, se existe um estabelecimento no Estado-membro que prossiga atividades econômicas e se esse estabelecimento dispõe de uma existência física em termos de instalações, pessoal e equipamento. Contudo, conforme salienta, a questão de determinar se algum expediente em particular é "puramente artificial" deve ser resolvida nos tribunais domésticos caso a caso. Relativamente à legislação *CFC* do Reino Unido, são ainda relevantes os seguintes casos: Processo C-201/05, Caso *The Test Claimants in the CFC and Dividend Group Litigation* e Processo C-203/05, Caso *Vodafone 2*. Cf. Saldanha Sanches, *Os limites do planeamento*, pp. 439 ss. Para maiores esclarecimentos, cf. Alberto Xavier, *Direito Tributário Internacional* (2ª ed.), Coimbra, 2007, pp. 427 ss.

consideradas "transparentes", equivale à desconsideração da personalidade jurídica destas últimas, desconsideração esta que os tratados não consentem, tanto mais que eles próprios definem o conceito de *pessoa* como "uma pessoa física, uma sociedade ou qualquer outro agrupamento de pessoas", não sendo possível a um Estado recusar unilateralmente a personalidade jurídica de uma sociedade regularmente constituída no outro Estado. Enfim, a argumentação em causa conduziria a que o alcance efetivo da primeira parte do § 1º e art. 7º (aliás, o "coração" dos tratados tributários) ficasse esvaziado de conteúdo, pois não se concebe num mundo moderno e civilizado que um Estado se possa arrogar a tributação dos lucros de sociedade estrangeira, que não seja pela adição de seu valor à base de cálculo do imposto incidente sobre a sociedade nele domiciliada, pois de contrário isso significaria o exercício extraterritorial de poderes públicos, como o lançamento e a arrecadação, ofensivos da soberania do Estado estrangeiro. Em que casos se poderá verificar a absurda hipótese, invocada pelos Comentários da OCDE, de o imposto de um Estado reduzir os lucros do outro?

Outra linha de argumentação no sentido de que os tratados seriam compatíveis com as legislações *CFC* consiste em sustentar que essas legislações, na sua essência, consagram uma presunção ou ficção de distribuição de dividendos, dividendos esses cuja tributação é permitida pelo Modelo OCDE, em termos cumulativos, ao Estado de residência do titular.

Daqui decorreria a pretensa legitimidade da tributação de um "dividendo fictício", tal como construído pelos regimes *CFC*.

E isto porque, como já se disse, enquanto o lucro da empresa estrangeira, dotada de personalidade jurídica própria, é rendimento dessa mesma empresa e não da sua participante (*Trennungsprinzip*), o dividendo, tendo embora a sua fonte na empresa estrangeira, é rendimento próprio da sociedade que participa no seu capital.

O referido argumento parte do princípio – em si mesmo exato – de que nos termos da repartição dos poderes tributários dos Estados operada pelas convenções contra a dupla tributação, que seguem o modelo da OCDE, procedeu-se a uma nítida distinção entre os *lucros das empresas* e os *dividendos* por elas distribuídos. Enquanto os *lucros das empresas* estão sujeitos à regra da atribuição de competência tributária *exclusiva* ao país de domicílio da empresa que os obteve (art. 7º da Convenção Modelo), com a consequente exclusão de competência do país de domicílio da sociedade que participa no seu capital, os *dividendos* estão sujeitos à regra de atribuição de competência tributária *cumulativa* do país de domicílio da empresa que os distribui (país de fonte) e do país de domicílio da empresa que os aufere (país de residência) (art. 10 da Convenção Modelo).

A premissa não autoriza, porém, as conclusões, em razão de dois obstáculos decisivos.

O primeiro é de que a letra dos tratados (em conformidade, aliás, com o Modelo OCDE) se refere a dividendos "pagos", expressão esta que revela a vontade de o regime de competência cumulativa nele consagrado apenas se aplicar a rendimentos efetivamente destacados do patrimônio das sociedades e transferidos para o de seus sócios, não permitindo uma interpretação ampla, sem suporte em nenhum elemento hermenêutico, segundo a qual o conceito convencional de dividendo seria de tal sorte largo que abrangeria lucros imputados abstratamente por presunção ou ficção legal operada pela lei interna.

O segundo reside em que é ilegítimo o emprego, por uma fonte de direito como a lei interna, do mecanismo das ficções legais (como aconteceria no caso presente, em que se alega a existência de um "dividendo ficto") para invadir a esfera de competência de outra fonte, o tratado, delimitada em razão da hierarquia ou da especialidade, com vista a evitar de modo indireto ou oblíquo a prevalência da sua aplicação.

Tem-se ainda alegado que o § 5º do art. 10 do Modelo OCDE seria incompatível com as legislações *CFC*: "Quando uma sociedade residente de um Estado Contratante obtiver lucros ou rendimentos provenientes de outro Estado Contratante, esse outro Estado não poderá exigir nenhum imposto sobre os dividendos pagos pela sociedade, exceto na medida em que esses dividendos forem pagos a um residente desse outro Estado ou na medida em que a participação geradora dos dividendos estiver efetivamente ligada a um estabelecimento permanente situado nesse outro Estado, nem sujeitar os lucros não distribuídos da sociedade a um imposto sobre os lucros não distribuídos, mesmo que os dividendos pagos ou os lucros não distribuídos consistam, total ou parcialmente, em lucros ou rendimentos provenientes desse outro Estado".

Quanto a este argumento concordamos com os Comentários da OCDE (art. 10, § 37), segundo os quais o § 5º do art. 10 trata apenas de tributação na fonte, não tendo qualquer implicação no país de residência, além de que trata apenas de tributação da companhia e não do acionista.

Os Comentários da OCDE ao art. 1º da Convenção Modelo (art. 1º, §§ 22 e ss., com remissão ao art. 7º, § 13, e art. 10, § 7º) concluem, desde a versão de 1993, pela compatibilidade dos regimes *CFC* com o Modelo OCDE, e afirmam que, em consequência, não se torna necessário clarificar a referida compatibilidade por via de disposição convencional expressa.

E acrescentam – com considerações extrajurídicas de política legislativa – que os referidos regimes visam a manter a equidade e a neutralidade dessas leis num ambiente internacional caracterizado por muito diversos níveis de tributação. Assim, tais regimes deveriam ser adotados para atingir o referido objetivo, não devendo ser aplicados quando o rendimento por eles tributável estiver sujeito à tributação comparável à do país de residência do contribuinte. Acolhe assim a chamada *jurisdictional approach.*

Seja, porém, como for, o certo é que os Comentários da OCDE, não obstante a sua respeitabilidade, mais não são do que um documento que exprime o entendimento preponderante das Administrações fiscais dos Estados-membros, não sendo vinculante nem para os cidadãos nem para os tribunais.

Acresce que, do ponto de vista jurídico, a argumentação neles expendida, além de sumária,[38] reflete ostensivamente o unilateralismo do ponto de vista "pró-governamental", sendo notória a sua fragilidade científica, como atrás se apontou.

Isto levou vários países a exprimirem reservas formais ao referido entendimento, como a Bélgica, afirmando categoricamente a existência do conflito. A Irlanda e a Holanda sustentam não ser possível defender a conformidade *in abstracto*, de tal modo que só em face das circunstâncias do caso concreto se poderia configurar um abuso. Idéia

38. "Actually the Commentary expressed the different views of the administrations of the OECD countries *without providing many arguments*" (destaque nosso. Cf. Lang e outros, *CFC Legislations...*, cit., p. 29).

similar foi expressa pela Suíça. Para além do plano puramente jurídico da interpretação dos tratados existentes, pode até admitir-se que, mediante cláusula expressa de um tratado, ambos os Estados reconheçam uma derrogação à regra de competência exclusiva do art. 7º em casos excepcionais e por concretas razões antielisivas, como é o caso das legislações *CFC* propriamente ditas, que apenas abrangem certos territórios e certos tipos de rendimentos. E talvez seja até neste sentido político que a OCDE tem afirmado, em termos mais ou menos felizes, se não uma verdadeira compatibilidade, pelo menos a possibilidade de coexistência a título de regime excepcional. Esta compatibilidade é, porém, ininvocável em face de uma legislação, como a brasileira, que contém a disciplina regra de tributação automática de sociedades controladas estrangeiras, sendo destituída de caráter excepcional ou finalidade antielisiva. E, em termos gerais, não pode ser pretendida na ausência de cláusula convencional expressa, dada a inexistência de um princípio geral antiabuso implícito nos tratados contra a dupla tributação.

# *ISS/ICMS – VEICULAÇÃO PUBLICITÁRIA – SERVIÇOS DE COMUNICAÇÃO E COMUNICAÇÃO VISUAL: DISTINÇÃO PARA EFEITO DE TRIBUTAÇÃO*

Anna Emilia Cordelli Alves
Professora de Direito Tributário na PUC-SP/COGEAE. Advogada Tributarista.

*Serviço de comunicação e serviço de difusão. "Veiculação de publicidade" e "locação de espaço destinado à publicidade". Veiculação de publicidade como serviço de comunicação. Serviços de comunicação e serviços de valor adicionado. A veiculação de publicidade pela Internet e telefone caracteriza-se como serviço de valor adicionado.*

A veiculação de anúncios publicitários na Cidade de São Paulo tornou-se a partir da Lei 14.223/2006 – a chamada lei "cidade limpa" – atividade econômica proibida.

De fato, a referida lei, além de estabelecer restrições à exposição dos chamados anúncios indicativos – *que identificam as atividades comerciais, industriais e de serviços* – alterando suas dimensões, quantidade e localização, proibiu a veiculação, no Município de São Paulo, de anúncios publicitários.

Não obstante, a tributação dessa atividade ainda gere polêmica e distorções, pretendendo o Estado de São Paulo, a exemplo de outros Estados da Federação, fazer incidir o ICMS sobre a atividade desenvolvida em outros Municípios, nos quais a atividade continua permitida, bem como sobre a mídia *indoor* na Cidade de São Paulo.

As empresas do setor locam espaços publicitários para a veiculação de anúncios, atividade que vem sendo confundida, pela fiscalização estadual, como se verá a seguir, com a prestação de serviços de *comunicação visual* e com os serviços de *comunicação* tributáveis pelo ICMS.

Até o advento da Lei Complementar 116/2003, a veiculação de anúncios publicitários era serviço arrolado na lista de serviços tributáveis pelo Imposto sobre Serviços de qualquer Natureza, de competência dos Municípios.

Com a sua edição, os serviços de publicidade e propaganda foram tratados em dois subitens, a saber:

> (*i*) "17.06 – Serviços de propaganda e publicidade, inclusive promoção de vendas, planejamento de campanhas ou sistemas de publicidade, elaboração de desenhos, textos e demais materiais publicitários".
>
> (*ii*) "17.07 – Veiculação e divulgação de textos, desenhos e outros materiais de propaganda e publicidade, por qualquer meio".

Refere-se o primeiro item (17.06) à atividade desenvolvida pelas *Agências de Publicidade*, na qualidade de prestadoras de serviço, sendo tomador o *anunciante*. Já o segundo item (17.07) diz respeito a serviço prestado pelas *empresas veiculadoras de publicidade*, em geral contratadas pelas *Agências de Publicidade*, que, nesta hipótese, se qualificam como tomadoras de serviço.

Ocorre que o item 17.07 *(veiculação de publicidade)*, muito embora tenha constado do projeto de lei aprovado, foi vetado pelo Presidente da República, sob o fundamento de impropriedade em sua redação, tendo inclusive constado das razões de veto, a determinação para que fossem realizados estudos e eventuais adequações.

Assim, a atividade de veiculação de publicidade, a partir de 2003, foi retirada do campo de incidência do ISS, passando a Fazenda do Estado de São Paulo, bem como a de outras unidades federativas, a entender tal exclusão como automático reconhecimento, por parte do legislador complementar, da incidência do ICMS sobre a atividade.

Os Municípios, de outra parte, inconformados com a perda de receita de ISS, buscaram enquadrar a atividade de "veiculação de publicidade", em outros itens da lista de serviços.

A materialidade do fato gerador do ICMS sobre *serviço de comunicação* é muito diversa da atividade de *veiculação de publicidade* e, bem assim, da atividade de *comunicação visual*, que também vem sendo entendida, pelas Fazendas Estaduais, como sinônimo do serviço de veiculação de publicidade.

A competência constitucionalmente outorgada aos Estados membros para instituir e cobrar imposto sobre serviços refere-se exclusivamente aos serviços de comunicação e de transporte interestadual e intermunicipal. Já os Municípios, recebem, igualmente, da Constituição Federal, competência para tributar serviços de qualquer natureza não compreendidos na competência dos Estados, e definidos em lei complementar. Ademais, as competências legislativas outorgadas constitucionalmente às pessoas de direito público interno são indelegáveis, mesmo quando não exercidas.

Portanto, o ICMS estadual alcança os *serviços de comunicação* e não o *serviço de veiculação de publicidade* ou tampouco o *serviço de comunicação visual,* também arrolado na lista anexa à Lei Complementar 116/2003 como serviço tributável pelo ISS municipal.

Na Lei Complementar 116, o legislador, além da incidência do ISS sobre a atividade de veiculação de publicidade e propaganda, expressa no item 17.07, previu igualmente, no *subitem 23.01,* a tributação, pelo imposto municipal, de atividade absolutamente distinta da veiculação: *os serviços de comunicação visual.*

O legislador nacional atribuiu aos Municípios a competência para alcançar, por via de imposto (ISS), a atividade de "comunicação visual", não podendo o Estado pretender alcançá-la com o ICMS, posto não se tratar de espécie do serviço "comunicação".

Não bastasse esse argumento, forte o suficiente para afastar a pretensão da Fazenda Estadual, o conceito e conteúdo das atividades – *comunicação social, veiculação de publicidade e serviços de comunicação* – são absolutamente distintos, como veremos a seguir.

O serviço prestado pela empresas exibidoras de publicidade é o de *veiculação e divulgação de faces publicitárias.* A veiculação possibilita a divulgação ou difusão de campanha publicitária desenvolvida pela agência de publicidade para determinado anunciante. Para a elaboração (criação) de tais campanhas as agências se utilizam, dentre outros, de *instrumentos de comunicação visual.* Trata-se de atividade desenvolvida pelo *comunicador visual.* Enquanto isso, empresas veiculadoras apenas permitem a *visualização, a difusão de idéias* – sejam elas impressas ou digitais – *em faces publicitárias* coladas ou divulgadas em estruturas/painéis fixados ao solo, em espaços próprios ou locados, que, ao serem visualizados pelo consumidor deverão provocar-lhe impacto visual, de modo a fazer com que assimile a idéia de uma marca, produto ou símbolo – *objetivo último das técnicas de comunicação visual.*

O serviço de *comunicação visual* está diretamente relacionado com a prestação de outros tantos serviços, dependendo da mídia eleita pelo comunicador visual. Assim, a comunicação visual utiliza a televisão, a imprensa escrita (jornal, revistas etc.), a Internet, a atividade de distribuição de panfletos nas vias públicas, encartes publicitários em jornais e revistas etc., e também dos *outdoors*, mas com os mesmos não se confunde!

Buscando conceituar *comunicação visual*, recorremos a um trabalho de autoria da Profa. Mariléa Carvalho de Oliveira Viebig: "... *praticamente tudo o que os nossos olhos vêem é Comunicação Visual*; uma nuvem, uma flor, um desenho técnico, um sapato, um cartaz, uma libélula, um telegrama (excluído o conteúdo), uma bandeira. Imagens que têm um valor diferente segundo o contexto em que estão inseridas, propiciando informações diferentes".[1]

A mesma autora ao conceituar comunicação visual afirma tratar-se de um "conjunto de manifestações expressivas que fazem a identidade de uma empresa ou entidade, permitindo estabelecer diferenças visuais que se associam para estabelecer a personalidade de determinada organização". Assim, afirma: "agradar aos olhos, causar um forte impacto visual nas pessoas e fazer com que estas assimilem a idéia de uma marca, produto ou símbolo é a finalidade da comunicação visual, uma técnica presente em todos os tipos de mídia que conhecemos, seja *indoor* ou *outdoor*, tais como: revistas, jornais, TV, Internet, sinalização ambiental, fachadas, totens, *banners*, *folders*, catálogos, *displays* luminosos, etc.".

Desse modo, além de absolutamente distintos o conceito e conteúdo de *comunicação visual* e *serviço de veiculação de publicidade*, também igualmente distinto o primeiro – *comunicação visual* de *serviço de comunicação*, este sim sujeito ao ICMS estadual.

As atividades de *comunicação visual* e de *veiculação* ou *difusão de publicidade* não podem ser incluídas no conceito de *comunicação*, posto que enquanto a comunicação estabelece uma ligação entre quem

1. Publicado em 2004, no *site* da ECA – Escola de Comunicação e Arte da USP.

comunica e o destinatário da comunicação, aquelas consistem em instrumento de criação publicitária (*comunicação visual*) e na expedição de mensagens a destinatários incertos, não identificados (*veiculação de publicidade*). Consistem na difusão da mensagem e não no envio de mensagem a destinatário certo e determinado.[2]

Por conseguinte, a *comunicação visual* e a *veiculação publicitária* não se caracterizam como prestação de serviço de comunicação, excluindo-se do campo de incidência do ICMS.

O ICMS incide, em verdade, sobre a relação comunicativa entre duas partes, enquanto no serviço de veiculação ou difusão, temos apenas uma atuação unilateral.

### *Serviço de comunicação e serviço de difusão*

Diversos são os autores que entendem que o ICMS atinge, exclusivamente, os *serviços de comunicação* e não as *atividades de difusão*. Exemplo disso é o caso da inserção de anúncios na televisão ou no rádio, que tipifica um serviço de veiculação e divulgação de texto ou imagem, tributável pelo ISS municipal. Igualmente caracteriza-se como "difusão" a divulgação de mensagens pela Internet, como analisaremos a seguir.

Para melhor esclarecer a distinção entre *comunicação* e *difusão*: ocorre a *difusão* quando uma mensagem é transmitida para pessoas indeterminadas, como no caso em que há uma simples difusão ou veiculação de mensagens, não havendo nenhuma relação direta entre o agente veiculador ou emissor e seus destinatários, o que impossibilita a incidência do ICMS, por não se caracterizar, no caso a chamada "relação comunicativa".

Tal entendimento é esposado por Roque Carrazza[3] e José Eduardo Soares de Melo,[4] no sentido de que a atividade pertinente à publicidade é distinta do serviço de comunicação. A primeira está sujeita à exclusiva incidência do ISS, conforme expressamente previsto na lista

2. José Eduardo Soares de Melo, *ICMS – Teoria e Prática*, 4ª ed., Dialética, pp. 116-117.

3. *ICMS*, 15ª ed., Malheiros Editores, 2011, pp. 107 e ss.

4. *ICMS – Teoria e Prática*, cit., p. 96.

anexa à Lei Complementar 56, de 15.12.87 (recepcionada pela Constituição de 1988, por força do art. 34, § 5º, do ADCT). Já a hipótese de incidência do ICMS circunscreve-se apenas à prestação de serviços de comunicação.

Para os autores, o ICMS incide sobre a *relação comunicativa*, que pode ser definida como a *atividade de caráter negocial desenvolvida por empresa ao fornecer, a terceiros, condições materiais para que a comunicação ocorra agregada ao fato de que a mensagem seja captada pelo destinatário, fruidor do serviço*. Portanto, a materialização do ICMS não ocorre com a simples disponibilização das informações, como no caso da veiculação de publicidade, sendo necessária a prestação de serviços de comunicação.

Assim, o ICMS só pode ser cobrado quando uma pessoa preste a terceiro, mediante contraprestação econômica, um serviço de comunicação, mediante a manutenção em funcionamento de um sistema de comunicações consistente em terminais, centrais, linhas de transmissão, satélites etc., fornecendo, a terceira pessoa, condições materiais para que a comunicação ocorra, além da garantia de que a mensagem transmitida seja captada pelo destinatário do serviço.

O fato de que, com o advento da Lei Complementar 116/2003, a atividade de veiculação de publicidade tenha deixado de constar da lista de serviços tributáveis pelo ISS, não autoriza os Estados a tributá-la com o ICMS – Imposto sobre prestação de serviços de comunicação. De fato, a Constituição Federal, ao discriminar rigidamente as competências tributárias, vedou a delegação das referidas competências. Assim, o fato de determinada atividade não se caracterizar como hipótese de incidência de serviço sujeito ao ISS, não autoriza os Estados-membros a tributá-la. Essa vedação está expressa no artigo 7º do Código Tributário Nacional, ao afirmar que a competência tributária é indelegável.

> De fato, no que diz respeito à tributação dos serviços, foi bem claro o texto Constitucional ao outorgar aos Municípios a tributação daqueles serviços arrolados em lei complementar, cabendo aos Estados, apenas e tão-somente, a tributação dos serviços de transporte interestadual e intermunicipal e dos serviços de comunicação. Tal significa que até que venha a ser reincluída referida atividade na lista de serviços tributáveis pelos Municípios, a veiculação de publicidade não poderá ser onerada por nenhum daqueles impostos – ISS e ICMS.

### *"Veiculação de publicidade" e "locação de espaço destinado à publicidade"*

A Lei 8.245/91 – Lei do Inquilinato – dispõe sobre a locação de imóvel urbano. Em seu art. 1º, parágrafo único, letra "a", estabeleceu que suas disposições não são aplicáveis às "locações de espaço destinados à publicidade", que continuam reguladas pelo Código Civil. Assim, os espaços destinados à publicidade são incompatíveis com a lei de locação predial, dizendo-o a lei expressamente.

Inclui-se na dicção legal qualquer espaço publicitário em prédio alheio. São os espaços utilizados para cartazes, luminosos ou assemelhados.[5] A utilização desses espaços pode fazer parte de um contrato mais amplo, que é o contrato de publicidade, mas com este não se confunde. Aqui se cuida unicamente da utilização de um espaço mural ou equivalente destinado a mensagens publicitárias.[6]

Portanto, pode a empresa veiculadora de publicidade, além do contrato de veiculação de publicidade propriamente dito, dar em locação o espaço destinado à publicidade – quando dele proprietária – ou mesmo tomar em locação tais espaços, para realizar sua atividade de veiculação de publicidade. Nessas hipóteses teremos uma atividade igualmente não alcançada pelo ISS municipal, por força de decisão do Supremo Tribunal Federal que determinou a exclusão do item "locação de bens móveis" da lista do ISS.

Em decisão do Tribunal Pleno, por maioria de votos, os Ministros do STF declararam a inconstitucionalidade da expressão "locação de bens móveis" constante do item 79 da Lista de Serviços (anexa ao Decreto-lei 406/68, com a redação que lhe foi dada pela Lei Complementar 56/87). Entendeu aquela Corte Suprema que ao se configurar como *obrigação de dar* e não *de fazer*, a locação de bens móveis estaria fora do campo de incidência do ISS, não estando, pois, sujeita ao imposto de competência do Município.

De fato, "serviço é qualquer prestação de fazer (...) servir é prestar atividade a outrem; é prestar qualquer atividade que se possa conside-

5. Nessa hipótese, a ação de despejo não é adequada, mas sim os remédios possessórios, aplicando-se o capítulo da locação em geral do Código Civil (arts. 565 a 578).

6. Silvio de Sálvio Venosa, *Lei de inquilinato comentada*, 3ª ed., Atlas, pp. 26-27 e *Direito Civil – Contratos em espécie*, 3ª ed., Atlas, p. 147.

rar 'locação de serviços', envolvendo seu conceito apenas a *locatio operarum* e a *locatio operis*. Trata-se de dívida de fazer, que o locador assume. O serviço é sua prestação".[7]

Ademais, como a *locação de bens móveis* também não caracteriza hipótese de incidência de tributo estadual, a referida atividade, tal como a "veiculação de publicidade", encontra-se em zona de não incidência tributária,[8] portanto fora do alcance não só do ISS como do ICMS.

## *Veiculação de publicidade como serviço de comunicação*

Os Estados membros justificam a tributação da "veiculação de publicidade" pelo ICMS, não somente em razão do item da lista ter sido objeto de veto, mas, principalmente, em razão do conteúdo da Mensagem presidencial.

A mensagem de veto[9] comunicou ao Presidente do Senado Federal a decisão presidencial de vetar, "por contrariedade ao interesse público e por inconstitucionalidade, o item 17.07"[10] do então Projeto de Lei 161/89 – que viria a ser convertido na Lei Complementar 116/2003 – em razão de sua generalidade, cuja manutenção viria permitir, "no limite, a incidência do ISS sobre, por exemplo, mídia impressa que goza de imunidade constitucional (cf. alínea "d" do inciso VI do art. 150 da Constituição de 1988)". Destacou que "a legislação vigente [*anterior à LC 116*] excepciona – da incidência do ISS – a veiculação e divulgação de textos, desenhos e outros materiais de publicidade por meio de jornais, periódicos, rádio, e televisão", sugerindo "ser vontade do projeto permitir uma hipótese de incidência inconstitucional". Assim, segundo as razões de veto, "ter-se-ia, *in casu*, hipótese de incidência tributária inconstitucional".

Ademais, ainda de acordo com a mensagem presidencial, "o ISS incidente sobre serviços de comunicação viria a colher serviços que, em geral, perpassam as fronteiras de um único município". Lembrou a

7. Pontes de Miranda, *Tratado de Direito Privado*, t. XLVII, Borsoi, 1958.
8. Não estamos nos referindo aos impostos federais.
9. Mensagem n. 362, de 31.7.2003.
10. "Veiculação e divulgação de textos, desenhos e outros materiais de propaganda e publicidade, por qualquer meio."

mensagem tratar-se, na hipótese, "de competência tributária da União, a teor da jurisprudência do STF, RE n. 90.749-1-BA, Primeira Turma, Rel. Min. Cunha Peixoto, *DJ* de 3.7.1979, ainda aplicável a teor do inciso II do art. 155 da Constituição de 1988, com a redação da Emenda Constitucional n. 3, de 17.3.1993".

Nesse sentido, o veto presidencial demonstrou que o item da lista, tal como redigido, implicava em dispensar idêntico tratamento à *veiculação de publicidade* estritamente *municipal*, e à veiculação *intermunicipal*. Nesse sentido, e equivocadamente, as razões de veto acabaram por equiparar a veiculação de publicidade aos serviços de comunicação que ultrapassam as fronteiras de um único município, levando as Fazendas Públicas Estaduais a vislumbrar uma nova fonte de receita para o ICMS.

Ocorre que o veto presidencial, mesmo tendo tratado a veiculação como serviço de comunicação alcançável pelo tributo estadual – ICMS –, não tem nenhuma força vinculante, não constituindo, por óbvio, fonte de direito, capaz de autorizar a exigência do ICMS sobre atividade que não perfaz o figurino exigido pela Constituição para a incidência daquele tributo. Nesse sentido a decisão do STJ: "Se é assim, não podemos chegar a outra conclusão que não pela incidência do ISS no caso, já que estamos diante de uma efetiva prestação de serviços (fato gerador do ISS), não tendo cabimento pretender 'enquadrar' a impetrante num veto Presidencial. Até porque, não se pode imaginar, em Direito Tributário, da adoção de um 'veto' para isentar, imunizar ou excluir um tributo, que por sinal nem é da competência da União, mas dos Municípios. E é isso, com a devida vênia, que me parece pretender a impetrante".[11]

Igualmente os Municípios, apesar do veto ao item 17.7 buscaram fazer incidir o ISS sobre a atividade de *veiculação de publicidade* com fundamento em outros itens da lista.

Assim, por exemplo, o Município de São Paulo sustentou, em defesa da tributação da atividade de "veiculação" – na hipótese consistente na locação de espaços para veiculação de anúncios publicitários através de *site* na Internet –, que, embora taxativa, a lista de serviços

11. Ag 1.346.628-PR (2010/0158338-2), decisão monocrática de 19.5.2011, Min. Rel. Benedito Gonçalves.

passíveis de tributação pelo ISS comporta interpretação extensiva, de sorte que a inexistência do subitem 17.07, que versava sobre a veiculação e divulgação de textos, desenhos e outros materiais de publicidade, por qualquer meio, não afetaria a tributação da veiculação de publicidade na Internet, por se tratar de atividade que pode ser também enquadrada no subitem 17.06 da mencionada lista, o qual abarca os *serviços de propaganda e publicidade.*

Sustentou, ainda em Juízo, o Município de São Paulo, que o serviço de veiculação de publicidade em *site* próprio configuraria, verdadeiramente, atividade de *intermediação*, sujeita à incidência do imposto sobre serviços, nos termos do subitem 10.05 da lista.

O Tribunal de Justiça do Estado de São Paulo, porém, não acatou a tese da Fazenda Municipal, mantendo entendimento no sentido de que: "a locação de espaços para *veiculação de anúncios publicitários através de 'site' na Internet*, não está sujeita à incidência do imposto sobre serviços, pois, com o advento da Lei Complementar n. 116/2003, a atividade referente à veiculação de textos, desenhos e outros materiais de propaganda e publicidade deixou de ser tributada, diante do veto ao item 17.07 da lista de serviços". Assim decidiu a Corte de Justiça Estadual: "ser insustentável a tributação com amparo no item 17.06 da lista, que se refere expressamente à *propaganda e publicidade, inclusive promoção de vendas, planejamento de campanhas ou sistemas de publicidade, elaboração de desenhos, textos e demais materiais publicitários*, pois a *atividade desenvolvida pela apelada consiste apenas em disponibilizar espaço em seu portal de Internet para que outras empresas divulguem seus produtos e não na publicidade em si. Tampouco há se cogitar da prestação de serviços de agenciamento, porque há simples divulgação de propaganda e publicidade a destinatário incerto e não identificado*, com o qual não interage a apelada, o que, por si só, evidencia que inocorre agenciamento, que pressupõe o encaminhamento de negócios para terceiros mediante o recebimento de comissão. Nesse cenário, exsurge evidente a *inexistência de relação jurídico-tributária entre as partes* no que tange à incidência de ISS sobre as atividades desenvolvidas pela apelada"[12] (grifos nossos).

12. 15ª Câmara de Direito Público do TJSP – Ap. com Rev. n. 659.544.5/1-00.

### *Serviços de comunicação e serviços de valor adicionado*

Os chamados serviços de valor adicionado, previstos na Lei Geral de Telecomunicações, não são considerados serviços de comunicação.

De fato, o artigo 61 do referido diploma legal conceitua serviços de valor adicionado como a atividade que acrescenta a um serviço de telecomunicações (*que lhe dá suporte e com o mesmo não se confunde*), novas utilidades relacionadas ao acesso, armazenamento, apresentação, movimentação ou recuperação de informações.

No § 1º do mesmo artigo 61, a Lei Geral de Telecomunicações deixa patente que *o serviço de valor adicionado não constitui serviço de telecomunicações,* classificando-se seu provedor *como usuário do serviço de telecomunicações,* que lhe dá suporte, com os direitos e deveres inerentes a essa condição.

São serviços que não se confundem, antes, se complementam. O *prestador de serviço de comunicação* disponibiliza a linha telefônica e os "cabeamentos", enquanto o *provedor fornece o acesso à rede,* por meio de equipamentos especializados. O primeiro constitui serviço de comunicação ou telecomunicação, ao passo que o segundo constitui serviço de valor adicionado.[13]

O art. 86 da Lei 9.472/97 determina que a concessão de serviços de telecomunicações somente poderá ser outorgada a empresa criada para explorar exclusivamente os serviços de telecomunicações objeto da concessão. Assim, as concessionárias não podem prestar serviços de valor adicionado.[14-15]

O ICMS também não incide sobre o *serviço de difusão de publicidade* nas *páginas da Internet.*

A matéria já foi objeto de decisão proferida[16] pela 10ª Câmara de Direito Público do Tribunal de Justiça de São Paulo, cujo relator, o Desembargador Antonio Carlos Villen, manifestou-se, em principio, pela incidência do ICMS sobre a veiculação de publicidade pela Inter-

13. Voto n. 4.307 na ApCiv 0108504-97.2007.8.26.0053, São Paulo.

14. ApCiv 9092841-17.2007.8.26.0000, 32ª Câm. de Direito Privado, Rel. Des. Kioitsi Chicuta, j. 14.1.2010.

15. ApCiv 1177761002, São Paulo, 35ª Câm. de Direito Privado, Rel. Des. Artur Marques, j. 14.7.2008. ApCiv 0018157-17.2006.8.26.000, 33ª Câm. de Direito Privado, Rel. Des. Carlos Nunes, j. 17.5.2010.

16. ApCiv 636044-5/1, São Paulo,

net. No seu entender, ao inserir publicidade em seu *site*, o prestador de serviços, seja ou não provedor de acesso à Internet, presta serviço de comunicação, cuja onerosidade caracteriza o negócio realizado entre ele e o anunciante. Considerou o magistrado que o fato de serem incertos os destinatários da mensagem e a circunstância de não haver possibilidade de inversão de polos entre emissor e receptores, não descaracteriza os serviços de comunicação a que se referem o art. 155, II, da Constituição Federal e o art. 2º da Lei Complementar 87/96.

No entender do referido Desembargador relator, o que impede a incidência do imposto, nas operações de prestação de serviços em discussão nos autos, é o fato de ser livre e gratuito o acesso às páginas da Internet por meio das quais a impetrante veicula a publicidade contratada.

De fato a Emenda Constitucional 42/2003, de 19.12.2003, acrescentou ao art. 155, § 2º, inciso X, da CF, a alínea "d", que exclui a incidência do imposto nas prestações de serviço de comunicação nas modalidades de radiodifusão sonora e de sons e imagens de recepção livre e gratuita. Assim, ainda que o provimento do acesso à Internet seja oneroso para o usuário, isso não desfigura o caráter livre e gratuito do acesso aos *sites* que veiculam a publicidade, serviço de comunicação distinto daquele.

No mesmo julgamento o Desembargador Revisor Antonio Celso Aguilar Cortez proferiu voto vencido, concordando com o relator quanto ao fato de que, ainda que incertos os destinatários da mensagem e a circunstância de não haver possibilidade de inversão de polos entre emissor e receptores, tal fato não descaracteriza os serviços de comunicação a que se referem o art. 155, II, da CF, e art. 2º da LC 87/96. Salientou o Desembargador Revisor que o importante, para efeito de incidência do ICMS, é a *onerosidade do contrato de veiculação de publicidade*. Essa prestação de serviço é contratada entre o titular do *site* e a empresa interessada na propaganda, não sendo contratante o destinatário da publicidade. Assim embora possa ser ou não gratuito o acesso às paginas em que essa veiculação se perfaz (*uma vez que o acesso à própria Internet se faz no mais das vezes, por meio de provedores, mediante pagamento pelo consumidor final do serviço, a quem se dirige a mensagem publicitária*), *a questão não diz respeito ao serviço de acesso à Internet, mas à prestação onerosa de serviço de comunicação publicitária.*

Para o Desembargador Revisor, a alínea "d" acrescentada ao artigo 155, § 2º, X, pela EC 42/2003, exclui a incidência do ICMS nas prestações de serviço de comunicação nas modalidades de radiodifusão sonora e de sons e imagens de recepção livre e gratuita, não nas prestações de serviços de comunicação onerosas, para as quais o inciso II do mesmo art. 155 prevê expressamente a possibilidade de instituição do ICMS pelos Estados. Quer dizer, *os Estados não estão impedidos de cobrar o ICMS sobre o serviço de veiculação onerosa de publicidade pela Internet*, por que se trata de hipótese de incidência não excluída pela alínea "d" (inciso X do § 2º do art. 155 da CF). O artigo 2º, III, da LC 87/96 dispõe que o aludido imposto incide sobre "*prestações onerosas* de serviços de comunicação, por qualquer meio, inclusive a geração, a emissão, a recepção, a transmissão, a retransmissão, a repetição e a ampliação de comunicação de qualquer natureza".

Ainda no mesmo julgamento o terceiro juiz, com voto vencedor, Desembargador Torres de Carvalho, asseverou que com o pedido de vista e o voto em separado buscava contribuir com o estudo de tema novo e complexo.

Para o Julgador, o processo de comunicação exige a presença de um *remetente*, de uma mensagem enviada por um *meio* e de um *destinatário* determinado ou determinável. Para ele, os destinatários da mensagem podem ser incertos, como é natural à comunicação de massa; mas são "determináveis" pelo grupo a que pertencem, não pela identidade física de cada um. Para ele, essa possibilidade de categorização dos grupos, ou de massificação do indivíduo em categorias, é aspecto relevante na escolha dos veículos de divulgação das mensagens.[17]

Concluiu o Relator do voto vencedor que: "a veiculação de propaganda em paginas eletrônicas configura um serviço de comunicação e, em tese, sujeita à tributação". Afirmou ainda que o dissenso no referido julgamento decorria do art. 3º, III, da Lei Complementar 86/97, que considera fato gerador do imposto as prestações onerosas de serviços de comunicação, por qualquer meio, inclusive a geração, emissão, re-

17. Iates em locais acessados pelos muito ricos, produtos femininos em páginas direcionadas ao público feminino, produtos esportivos em publicações esportivas, e assim por diante. Não é a toa que as agências de propaganda são conceituadas como "empresas de comunicação" e os veículos que distribuem as mensagens são categorizados da mesma forma.

cepção, transmissão, retransmissão, repetição e ampliação de comunicação de qualquer natureza, que excepciona o serviço conforme a forma de entrega ao destinatário.

De acordo com o voto divergente/vencedor, a questão afigura-se relevante, dado o crescimento da comunicação pela rede eletrônica e os interesses econômicos envolvidos e é complexa, em razão da configuração de tais serviços. Concluiu o voto que a comunicação tem três elementos principais: o emitente da mensagem, a veiculação ou transmissão e o destinatário dela. O serviço de veiculação ou transmissão é prestado aos dois polos – emitente e destinatário – mediante negócios jurídicos distintos e que não se confundem, de modo que há uma relação jurídica entre o prestador de serviço e o emitente, e outra diversa entre o prestador do serviço e o destinatário.

Verifica-se, pois, pela análise do Acórdão supra que a veiculação de publicidade foi considerada como um tipo de serviço de comunicação e, portanto, sujeita ao ICMS, desde que se esteja diante de uma veiculação onerosa.

Todos os Julgadores que participaram do julgamento concordaram quanto à natureza jurídica do referido serviço, surgindo divergências quanto à onerosidade ou não da veiculação de publicidade, uma vez que de acordo com a alínea "d", acrescentada ao art. 155, § 2º, X, pela EC 42/2003, os serviços de comunicação de recepção livre e gratuita estão fora do alcance da tributação pelo ICMS.

Em nosso entendimento, porém, esse dispositivo legal incluído pela EC 42/2003 tem função meramente didática. Isto porque, é pressuposto de toda e qualquer incidência de imposto a presença da chamada *capacidade contributiva objetiva.* Quer isso dizer que o fato que dá nascimento à obrigação tributaria deve possuir uma dimensão econômica. Ora toda atividade desempenhada pelo particular e que, em tese, seja acolhida pelo legislador como hipótese de incidência tributária, somente poderá ser tributada se possuir dimensão econômica, isto é, se representar uma riqueza para o sujeito passivo. Desse modo, o serviço prestado gratuitamente não há de ser tributado, até porque não será possível estabelecer-se uma base de cálculo do imposto a ser exigido. Na hipótese figurada, se o serviço de comunicação não tem valor econômico, por se caracterizar como de recepção livre e gratuita, a tributação não poderá ocorrer! Inócua, pois a previsão constante da alínea "d" do art. 155, § 2º, da Constituição Federal.

Entretanto, como veremos a seguir, a veiculação de publicidade via Internet não é, em nosso entendimento, modalidade de serviço de comunicação, mas sim modalidade de serviço de valor adicionado, não sujeito, pois, ao tributo estadual.

### *A veiculação de publicidade pela Internet e telefone caracteriza-se como serviço de valor adicionado*

A não incidência do imposto municipal – ISS – sobre o serviço prestado pelos provedores de acesso à Internet – que se caracteriza como serviço valor adicionado – é pacífica no Superior Tribunal de Justiça, constituindo-se a atividade desenvolvida como serviço de valor adicionado descrito no art. 61 da Lei 9.472/97, consoante teor da Súmula 334/STJ.[18]

Não obstante, as Fazendas Estaduais insistem (*e o Poder Judiciário, por vezes, tem acolhido essa tese*) na defesa da tese de que a prestação de serviços de acesso à Internet deve ser considerada serviço de comunicação, nos termos do inciso II do art. 155 da Constituição Federal. Sustentam ainda que o art. 2º da Lei Complementar 87/96, prevê a incidência de ICMS nas prestações onerosas de serviços de comunicação.

Aliás, essa tese foi defendida pela Fazenda do Estado de São Paulo nos EI 9155130-88.2004.8.26.0000/50000, perante a 10ª Câmara de Direito Público do Tribunal de Justiça de São Paulo[19] que decidiu, na esteira da Súmula 334 do STJ, no sentido de que o provedor de acesso presta o serviço contratado utilizando-se de um meio físico de comunicação, e que tal suporte é disponibilizado por empresa de telefonia ou outro meio comunicacional. Assim, *o serviço de comunicação é alcançado pelo ICMS,*[20] *enquanto que o serviço do provedor de acesso não, por se tratar de serviço de valor adicionado aos serviços de telecomunicações.*

18. REsp 719.635-RS, Rel. Min. Mauro Campbell Marques, 2ª Turma, j. 10.3.2009, *DJ-e* 7.4.2009.

19. Rel. Min. Antonio Carlos Villen. Em igual sentido, acórdão que julgou a Ap 994.07.069949-6 também da 10ª Câm. de Direito Público do TJSP, mesmo relator.

20. REsp 511.390-MG.

Em julgamento da 2ª Turma do Superior Tribunal de Justiça, a Rela. Min. Eliana Calmon externou entendimento de que o serviço desenvolvido pelos provedores da Internet é serviço de valor adicionado, o que o exclui do rol dos serviços de comunicação tributáveis pelo ICMS.[21] De fato, o artigo 61, § 2º, da Lei Geral de Telecomunicações, define os serviços de valor adicionado como aquele que se constitui como um *plus* relativamente ao serviço de comunicação e com ele não se confunde.

Também em Agravo de instrumento[22] interposto contra decisão que negou seguimento a Recurso Especial (firmado no sentido de estar pacificado no STJ o entendimento de que não incide ICMS sobre serviços de prestação de serviços de provedor de Internet), no qual o Estado do Rio de Janeiro sustentou que a classificação do serviço como de valor adicionado não o retira da categoria de serviço de telecomunicação, o Relator, o então Min. do STJ Luiz Fux, invocou a decisão[23] supra proferida com base no voto da Min. Eliana Calmon, no sentido de que o serviço desenvolvido pelos provedores da Internet é serviço de valor adicionado.

Na referida decisão[24] o então Min. Luiz Fux concluiu, com base em entendimento da Corte Superior, que o serviço prestado pelos provedores de acesso à Internet é um serviço de valor adicionado, constituindo um *plus* ao serviço de telecomunicações, não se confundindo com este. Afirmou que o serviço de provedor de acesso à Internet não enseja a tributação pelo ICMS, considerando a sua distinção em relação aos serviços de telecomunicações, subsumindo-se à hipótese de incidência do ISS, por tratar-se de serviços de qualquer natureza. Para aquele julgador, detectada essa *ratio essendi*, a interpretação teleológica acerca dos serviços dos provedores de acesso e conexão à Internet indica que as entidades que os prestam via conexão à Inter-

21. REsp 456.650, 2ª Turma, *DJU* de 8.9.2003.

22. AgRg nos. EDcl no Ag 883.278-RJ, *DJ-e* 5.5.2008.

23. REsp 456.650-PR, *DJU* 8.9.2003.

24. "Vistos, relatados e discutidos estes autos, os Ministros da Primeira Turma do Superior Tribunal de Justiça acordam, na conformidade dos votos e das notas taquigráficas a seguir, por unanimidade, negar provimento ao agravo regimental, nos termos do voto do Sr. Ministro Relator. Os Srs. Ministros Teori Albino Zavascki, Denise Arruda (Presidenta), José Delgado e Francisco Falcão votaram com o Sr. Ministro Relator. Brasília (DF), 4 de março de 2008 (Data do Julgamento)."

net, realizam o denominado "serviço de valor adicionado", revelando ausência de razoabilidade na pretensão de cobrança de ICMS sobre o mesmo.

Aquele Julgador lembrou em seu voto que, em sede pátria, a doutrina especializada não discrepa da jurisprudência e é unânime ao afirmar a não incidência do ICMS sobre a atividade dos provedores de acesso à Internet. Nesse sentido, citou a orientação do Professor Paulo de Barros Carvalho que, analisando os atos efetivados pelos provedores de acesso à Internet, não os identifica como hipótese de incidência do ICMS.

O então Min. Luiz Fux, em seu voto transcreveu lições de Paulo de Barros Carvalho, para quem "toda vez que alguém difundir informação, ainda que não destinada a receptor determinado (porém, determinável) e mesmo que de forma inconsciente, esse alguém estará realizando um *processo de comunicação*". *Prestar serviço de comunicação*, por seu turno, sustenta aquele jurista, "consiste na atividade de colocar à disposição do usuário os meios necessários à disposição, os modos necessários à transmissão e recepção de mensagens, diferindo, nessa medida, da singela realização do fato comunicacional".

Para melhor demonstrar a distinção entre *fato comunicacional* e *serviço de comunicação*, Paulo de Barros Carvalho examina mais de perto o conceito de "prestação de serviço", fazendo o contraponto com os significados dos termos *comunicação* e *prestação de serviço de comunicação*. Invocando lições de Aires Barreto, Paulo de Barros Carvalho recorda que "prestação de serviço" é "o esforço de pessoas desenvolvido em favor de outrem, com conteúdo econômico, sob o regime de direito privado, em caráter negocial, tendente a produzir uma utilidade material ou imaterial. Configura-se, em outras palavras, no exercício, por alguém (prestador), de uma atividade que tem por escopo produzir benefício relativamente a outra pessoa (tomador), a qual remunera o prestador (preço do serviço)".

Salienta o Autor, conforme lições invocadas em seu voto, pelo então Min. Luiz Fux, que "desde logo se vê, na definição de 'prestação de serviço' oferecida pelo mencionado autor (Aires Barreto), o caráter de necessidade absoluta da coexistência dos *três elementos* que a compõem, quais sejam: o *prestador*, o *tomador* e o *preço do serviço*". Ao mesmo tempo, assevera Paulo de Barros Carvalho, recordando os elementos do processo comunicacional, "observamos a presença de um *emissor*, de *um canal ou transmissor* de uma mensagem, de um código comum ao emissor e ao receptor, e de um *destinatário*".

Assim, para ele, "a prestação de serviço de comunicação só se verifica quando houver a junção simultânea dos elementos constitutivos da prestação de serviço, de um lado, e do processo comunicacional, do outro, de tal forma que a atividade exercida pelo prestador tenha por escopo realizar a comunicação entre o tomador do serviço e terceira pessoa, mediante pagamento de um valor". Assevera aquele Professor que se está diante de uma *prestação de serviço de comunicação* "quando *o emissor da mensagem aparece como tomador do serviço*, que, *mediante pagamento de remuneração, contrata o prestador para que este exerça a função de canal, proporcionando os meios que tornem possível a transmissão de mensagens ao destinatário*".

A comunicação pode ocorrer de dois modos: (1) de forma pessoal, havendo transmissão de mensagem própria; e (2) com intermediação, em que há transmissão da mensagem de terceiros. Para Paulo de Barros Caarvalho, apenas na segunda hipótese incidirá o ICMS, pois como ninguém presta serviço a si mesmo, *unicamente se o canal transmissor configurar pessoa diversa do emissor é que teremos a prestação de serviço comunicacional.* Enquanto na comunicação a mensagem é recebida diretamente do emissor, na prestação de serviço de comunicação a mensagem, de propriedade do emissor, é transmitida por um indivíduo diverso (prestador de serviços). Sintetizando: no processo comunicativo, quem efetua a transmissão da mensagem é o próprio emissor; na prestação de serviço de comunicação, o emissor contrata alguém (prestador do serviço) para que este transmita a sua mensagem.

Por conseguinte, conclui ele – em entendimento adotado pelo Min. Luiz Fux como razão de decidir – que "consistindo a materialidade do ICMS na 'prestação de serviço de comunicação', nos termos do art. 155, II, da Lei Fundamental, somente quando houver serviço de comunicação poderá dar-se a incidência daquele imposto. Para que isso ocorra, porém, exige-se que o laço comunicacional seja instalado mediante fornecimento, pelo contratado (prestador de serviço), dos meios e modos necessários à transmissão e à recepção de mensagens entre o emissor (contratante) e uma terceira pessoa (receptor), apresentando-se o contratado como transmissor de informações entre o emitente e a terceira pessoa que, com ele, pretende comunicar-se". Logo, a *hipótese de incidência do ICMS consistiria*, para esse caso, *no ato de intermediar a emissão e recepção de mensagens entre duas ou mais pessoas*, podendo dar-se a percussão do imposto apenas na contingência de verificar-se uma *atividade* em que, *por força de remuneração*, um indivíduo (*A*) forneça *condições materiais* a outro indivíduo (*B*) a fim de que este *se comunique com uma terceira pessoa* (*C*), funcionando como transmissor da mensagem na relação comunicacional. Só será possível haver incidência do ICMS se houver um prestador de serviço intermediando a comunicação entre emissor e receptor.

O Relator, Min. Luiz Fux, assim concluiu seu voto: "nos termos do artigo 110 do Código Tributário Nacional, não podem os Estados ou o Distrito Federal alterar a definição, o conteúdo e o alcance do conceito de prestação de serviços de conexão à Internet, para, mediante Convênios Estaduais, tributá-la por meio do ICMS. Como a prestação de serviços de conexão à Internet não cuida de prestação onerosa de serviços de comunicação ou de serviços de telecomunicação, mas de serviços de valor adicionado, em face dos princípios da legalidade e da tipicidade fechada, inerentes ao ramo do direito tributário, deve ser afastada a aplicação do ICMS pela inexistência na espécie do fato imponível".

No entanto, relativamente aos anúncios veiculados em *sites* próprios na Internet, por exemplo, sustenta a Fazenda do Estado de São Paulo a incidência do ICMS sobre os serviços prestados, em razão de sua não previsão na "Lista dos Serviços" anexa ao Decreto-lei 406/68 (fls. 165/142).

Evidentemente que se trata de argumento simplista, aquele da Fazenda Estadual, posto que, como anteriormente afirmado, o não exercício da competência tributária pelo Município, não autoriza a incidência do ICMS sobre hipóteses que não se enquadram na matriz constitucional do imposto sobre serviços de comunicação, estes, sim, atribuídos à competência estadual.

Ademais, segundo entendimento do Professor Roque Carrazza, a veiculação publicitária em *site* próprio, por não transmitir mensagens a destinatários certos e identificados, não se caracteriza como fato gerador do ICMS, por não se completar o binômio do prestador do serviço e tomador do serviço: "Noutro giro verbal, para que surja o dever de recolher o ICMS há de haver uma *intermediação onerosa* entre o emissor e o receptor da mensagem. Adiantamos que não se confundem com os serviços de comunicação – *não podendo, destarte, ser tributados por meio de ICMS – os serviços de propaganda, ainda que levados a efeito por empresas ligadas ao setor de comunicações.* (...) Positivamente, a simples divulgação de propaganda e publicidade (por *outdoors, banners,* painéis, alto-falantes, emissoras de rádio, emissoras de televisão, *Internet* etc.) não tipifica prestação de serviço de comunicação, seja porque a empresa que a realiza não coloca à disposição de terceiros meios e modos para que troquem mensagens, seja porque o destinatário não é identificado, seja, ainda, porque não interage com o emissor".[25]

Importante salientar que a nossa Corte Superior de Justiça vem decidindo no sentido de que o *entendimento jurisprudencial* firmado relativo aos provedores de Internet, *deve ser aplicado a todos os serviços de valor adicionado ao de comunicação,* como é o caso de anúncios veiculados na Internet, como demonstrado e anúncios e telegramas fonados e telelistas.[26]

Vale dizer, o "serviço de provedor de acesso" não é sinônimo de "serviço de valor adicionado" previsto na Lei Geral de Telecomunicações. Todo e qualquer serviço que preencha aquele figurino legal, pode e deve ser considerado como "serviço de valor adicionado" e, portanto, fora do alcance do ICMS.

Desse modo, parece correto afirmar que o serviço de veiculação de publicidade, viabilizado através de serviços de comunicação e telecomunicação, também tem a natureza de serviço de valor adicionado, somente podendo ser tributado pelo ISS municipal.

De fato, foi feliz a expressão legal "serviço de valor adicionado", uma vez que demonstra a coexistência de dois serviços que não se confundem. Na hipótese de veiculação de publicidade que se vale de um serviço de comunicação, têm-se, sempre, duas relações jurídicas diversas: *uma relação contratual* entre o *prestador do serviço de veiculação* e a *agencia de publicidade ou o próprio anunciante,* e *outra relação*

25. *ICMS,* Malheiros Editores, 15ª ed., 2011, p. 229. Autor citado na ApCiv com Revisão 287.482-5/1-00, de São Paulo – TJSP, 6ª Câm. de Direito Público, Rel. Des. Sidney Romano dos Reis, v.u., j. 28.4.2008.

26. REsp. 1.206.428-RJ, Rel. Min. Herman Benjamin.

*contratual* entre o *prestador de serviço de veiculação de publicidade* e o *prestador do serviço de comunicação.* Nesta segunda relação jurídica, o prestador do serviço de veiculação figura como tomador do serviço de comunicação, caracterizando-se este último serviço como suporte necessário para a veiculação da publicidade.

Para ficar mais clara essa dúplice relação jurídica, tomemos um exemplo mais simples: a atividade de veiculação de publicidade por meio de encartes em jornais.[27] Trata-se de atividade de distribuição de encartes de propaganda de terceiros por jornais e periódicos. Na hipótese, tais encartes publicitários não são confeccionados pelo jornal, que se presta apenas a servir como meio de transporte deles.

Não se confunde a relação jurídica entre a empresa *veiculadora de publicidade* e a *empresa jornalística*, e aquela entre a empresa *veiculadora* e as *agências publicitárias ou anunciantes* que contratam a divulgação da publicidade. A exemplo do serviço de comunicação anteriormente explicitado, o jornal distribuído aos assinantes ou vendidos em bancas de jornais é apenas o meio de transporte para que se dê o serviço de veiculação dos encartes publicitários.

27. "Vistos, relatados e discutidos estes autos de Apelação n. 994.06.091681-8, da Comarca de São Paulo, em que são apelantes Prefeitura Municipal de São Paulo e Juízo *Ex-Officio* sendo apelado Empresa Folha da Manhã S/A. Acordam, em 14ª Câmara de Direito Público do Tribunal de Justiça de São Paulo, proferir a seguinte decisão: 'Deram provimento aos recursos. v. u.', de conformidade com o voto do Relator, que integra este acórdão. O julgamento teve a participação dos Desembargadores João Alberto Pezarini (Presidente) e Geraldo Xavier. São Paulo, 29 de julho de 2010. Flavio Cunha da Silva Relator."

# *ISS NA CONSTRUÇÃO CIVIL. EMPREITADA CIVIL E INDUSTRIAL. "TURN KEY"*

BETINA TREIGER GRUPENMACHER

Advogada. Doutora pela Faculdade de Direito da Universidade Federal do Paraná. Professora Adjunta de Direito Tributário da UFPR.

*1. Introdução. 2. Aspectos constitucionais. 3. A Lei Complementar 116/2003. 4. A interpretação conforme e a regra do art. 7º da Lei Complementar 116/2003. 5. Preço do serviço – Conceito. 6. Os serviços de engenharia civil e a exclusão dos materiais da base imponível do ISS. 7. Capacidade contributiva. 8. A posição da jurisprudência.*

## *1. Introdução*

Antes de tratarmos da incidência do ISS na prestação de serviço de construção civil e a composição de sua base de cálculo, cumpre-nos fazer alguns apontamentos preliminares.

Na concepção de Aires F. Barreto, "construção civil é, para o direito, uma ação direta do homem sobre o meio natural, o solo, a terra, as águas – com o intuito de criar um bem, quer pela mera adaptação do solo às suas necessidades, quer mediante um prolongamento artificial do próprio solo, objetivando seu melhor aproveitamento".[1]

Para fins de tributação, entretanto, a construção civil, diz respeito a qualquer ramo da engenharia e a qualquer obra, inclusive hidráulica ou elétrica e de outras obras semelhantes, além da sondagem, perfuração de poços, escavação, drenagem e irrigação, terraplanagem, pavi-

1. Aires Fernandino Barreto, *ISS na Constituição e na Lei*, São Paulo, Dialética, 2003, p. 255.

mentação, concretagem e a instalação e montagem de produtos, peças e equipamentos.

Não se pode perder de vista que no conceito de construção civil abordado no subitem 7.02 da Lista de Serviços anexa à Lei Complementar 116/2003 não estão incluídas as atividades de demolição ou de reparação e conservação em edifícios, previstas, respectivamente, nos subitens 7.04 e 7.05 da referida Lei Complementar.

## 2. *Aspectos constitucionais*

A competência para instituir o ISS está prevista no art. 156 da Constituição Federal, que assim dispõe: "Artigo 156. Compete aos Municípios instituir imposto sobre: (...); III – Serviços de qualquer natureza, não compreendidos no art. 155, II, definidos em Lei Complementar".

Como ocorre em relação a todos os impostos, ainda que de maneira implícita, o legislador constitucional fez consignar, ao atribuir aos Municípios competência tributária para instituição do ISS, o momento em que ocorre o fato imponível, o local em que se dá a incidência, o sujeito passivo possível, o sujeito ativo possível e, bem assim, a base imponível possível do tributo.

A Magna Carta estabeleceu, portanto, para todos os tributos, os seus contornos. Ante tal premissa, os legisladores, complementar e ordinário, devem, ao descrever os vários aspectos da hipótese de incidência, observar com rigor os parâmetros estabelecidos no Texto Constitucional, que disciplinam e orientam o exercício da competência tributária.

A Constituição delineia, pois, os aspectos fundamentais da hipótese de incidência dos tributos, aos quais o legislador, quer complementar quer ordinário, deve se ater.

O ISS incide, assim, sobre a *prestação de serviços* – é esse o núcleo da hipótese de incidência do tributo, é esse, portanto, seu aspecto material.

Não é, no entanto, qualquer prestação de serviço que gera a incidência do ISS. Como ensina Marçal Justen Filho, a incidência ocorre diante da "prestação de utilidade de qualquer natureza, efetuada sob regime de Direito Privado".[2]

O sujeito passivo, destinatário constitucional tributário, é o prestador do serviço. O sujeito ativo é o Município onde efetivamente tenha ocorrido a prestação de serviço. O momento em que se reputa ocorrido o fato imponível é aquele em que ocorre a prestação do serviço.

Quanto à base imponível, por inferência do disposto no art. 156, III, do Texto Constitucional, há de ser a remuneração do serviço. É esse o único critério apto a determinar a quantificação do aspecto material da hipótese de incidência.

Todos os impostos discriminados na Constituição incidem sobre fatos reveladores de capacidade econômica. Assim também, a prestação de serviços foi eleita pelo constituinte como uma manifestação de capacidade econômica passível de tributação.

Deflui da leitura do mencionado art. 156, III, da Constituição Federal, que a prestação de serviço, com exclusividade, deve ser tributada por via do ISS. O que se quer afirmar é que a única base imponível possível do ISS é a remuneração pela prestação do serviço, ficando dela excluídos quaisquer outros valores conexos com a prestação, objeto da tributação.

Acerca da base imponível do ISS, obtempera Marçal Justen Filho:

> "Bem por isso, o único meio de quantificar a prestação de serviço é adotar sua remuneração como base imponível. Aí (e somente aí) tem-se uma compatibilidade com a vontade constitucional, eis que a prestação de serviço funcionará como fato exteriorizador de riqueza. Propiciar-se-á a apreensão pelo Estado de uma parte da riqueza produzida (decorrente, envolvida, referida) pelo evento da prestação do serviço. Adotar outra base imponível acarretaria tributação não do evento 'prestação de serviço', mas de outra situação material, pois conduz à quantificação de outro estado de fato ou conduta. E isso se conflita abertamente com a discriminação constitucional de competência".[3]

2. *O Imposto sobre Serviços na Constituição*, Ed. RT, p. 80.
3. Idem, p. 164.

Assim, se o núcleo da hipótese de incidência do ISS é "prestar serviços", a base imponível do imposto só pode ser a perspectiva dimensível que reflita a intensidade desta atividade. Pretender, como pretendem as autoridades fazendárias municipais, tributar qualquer outro elemento estranho à atividade de prestação de serviço, é incidir em insanável inconstitucionalidade.

### *3. A Lei Complementar 116/2003*

O legislador complementar, ao disciplinar a matéria, estabeleceu no art. 7º da Lei Complementar 116/2003 que: "A base de cálculo do imposto é o preço do serviço".

A interpretação atribuída pelos agentes fazendários municipais à regra contida no art. 7º da Lei Complementar 116/2003 é a mesma que outrora se atribuiu ao artigo 9º do Decreto-lei 406/68, que, da mesma forma, previa, como base imponível do ISS, "o preço do serviço".

É entendimento assente das Fazendas Públicas municipais, que ao eleger o "preço do serviço" como base imponível do ISS o legislador complementar determinou a incidência do tributo sobre a receita bruta decorrente da prestação, sem qualquer dedução de materiais ou despesas operacionais necessárias à realização da atividade.

Acerca do conceito de serviço, manifesta-se Aires Barreto como sendo "(...) o desempenho de atividade economicamente apreciável, sem subordinação, produtiva de utilidade para outrem, sob regime de direito privado, com fito de remuneração, não compreendido na competência de outra esfera de governo".[4]

Ante tal esclarecedor conceito, ao pretender tributar também os insumos de qualquer natureza empregados na prestação de serviços, estão, as Administrações fazendárias municipais, elegendo base imponível absolutamente avessa àquela prevista no Texto Constitucional.

Não se pode admitir que a legislação infraconstitucional altere ou subverta aquilo que na norma constitucional está disposto.

O art. 7º da Lei Complementar 116/2003 há de ser interpretado, portanto, em conformidade com a Constituição, no sentido de se ex-

4. Aires Fernandino Barreto, *ISS na Constituição e na Lei*, cit., p. 35.

cluir quaisquer outros elementos estranhos à prestação de serviços da sua base imponível.

Desnatura a base imponível do imposto, constitucionalmente prevista, interpretação distinta da que ora se propõe.

A exclusão de materiais da base imponível do ISS não é "vantagem", mas é ditame constitucional. A única interpretação possível do art. 7º da Lei Complementar 116/2003 deve ser aquela que exclui da base imponível produtos, tal como é o caso de materiais de qualquer natureza, utilizados como insumos para a prestação.

O entendimento aqui manifestado não é, no entanto, assente na doutrina. Há autores que interpretam a citada regra no sentido de que o tributo deve incidir sobre o total da receita auferida com a prestação.

Aires Barreto se manifesta no sentido de que da base de cálculo do ISS só devem ser excluídas receitas estranhas à natureza do serviço prestado.

Não obstante afirme citado autor, que:

> "(...) base de cálculo do ISS, salvo exceções adiante examinadas, é o preço do serviço, vale dizer, a receita auferida pelo prestador como contrapartida pela prestação do serviço tributável pelo Município ou pelo Distrito Federal ao qual cabem os impostos municipais. Receita auferida pelo prestador que não corresponda à remuneração pela prestação do serviço de competência dos Municípios não poderá ser tomada como base de cálculo do ISS, pena de desfigurá-lo, no mais das vezes como invasão de competência tributária alheia".[5]

Manifesta-se, igualmente, no sentido de que por "preço do serviço se deve entender a receita bruta dele proveniente, sem quaisquer deduções".[6]

Entende ainda que "se a receita for de serviço, não se poderá proceder a deduções. Mas isso não significa que se possam incluir na base de cálculo outros valores que, embora configurem receita, não provenham da prestação de serviço atribuídos à competência dos Municípios".[7]

5. Idem, p. 298.
6. Idem, p. 301.
7. Idem, ibidem.

Tal raciocínio é perfeitamente compreensível. No entanto, conduz à conclusão em relação a qual, desde logo, manifestamos discordância.

Conclui Aires Barreto:

"Com efeito, se o valor dos materiais não integrassem normalmente a base de cálculo do ISS, que sentido teria prever a dedução dessa parcela? Parece inquestionável que, salvo expressa exceção, o valor dos materiais fornecidos pelo prestador é componente inafastável da base de cálculo do ISS, reforçando, pois, as afirmações anteriores de que ao fornecer materiais necessários à prestação dos serviços o prestador não se transforma em promovente de operações mercantis, isto é, não é vendedor de mercadorias. Indica, por conseguinte, a invalidade das exceções postas nas malfadadas listas de serviço, que pretendem por sob a incidência do ICMS o fornecimento ou aplicação de simples materiais, que se constituem em requisitos da prestação de certos serviços".[8]

É certo que o legislador complementar utilizou a expressão "preço do serviço"; no entanto, não se admite que o intérprete extraia da norma estatuída no art. 7º da Lei Complementar 116/2003 elemento que nela não se contém.

Há de se interpretar o mencionado dispositivo em conformidade com a Constituição Federal.

### *4. A interpretação conforme e a regra do art. 7º da Lei Complementar 116/2003*

Sendo certo que os legisladores complementares e ordinários só podem eleger como base imponível do ISS elemento dimensível, consentâneo com o arquétipo constitucional do tributo, não se pode admitir que a norma que estabelece que o "preço do serviço" é a base imponível do ISS, seja interpretada no sentido de que o montante relativo a materiais empregados na prestação compõem o referido preço para fins de tributação, pois tal interpretação conduziria à inconstitucionalidade do disposto no art. 7º da Lei Complementar 116/2003, por invasão de competência.

8. Aires Fernandino Barreto, *ISS na Constituição e na Lei*, cit., pp. 306-307.

É certo que a única base imponível compatível com o preceito constitucional que atribuiu competência aos Municípios para instituir o ISS é o valor da remuneração "pura e simplesmente", deste excluídas todas as verbas cobradas pelo prestador a título de ressarcimento por despesas.

Não se olvide que o prestador, ao empregar insumos necessários ao desempenho de sua atividade, não os está comercializando, eis que esta não é sua atividade preponderante. A utilização de materiais é o meio necessário para realização de alguns tipos de prestação de serviços.

A discriminação de materiais e despesas operacionais no documento fiscal se opera com o objetivo de que possam ser objeto de ressarcimento, sem, no entanto, integrar a base imponível do imposto.

Nos termos em que está posta a referência à base imponível do ISS na Lei Complementar 116/2003, a interpretação dada a ela pelo operador do direito pode ser equivocada, resultando em incompatibilidade com o Texto Constitucional, razão pela qual, há que se realizar, em relação a regra estabelecida no art. 7º do mencionado diploma legislativo, interpretação conforme a Constituição.

Segundo conceitua Fernando Osório de Almeida Júnior, a "interpretação conforme a Constituição é um critério de solução de antinomias entre interpretações possíveis de uma mesma lei, pelo qual deverá prevalecer aquela que lhe revela a conformidade com a Constituição, excluindo-se, assim, todas as demais formas de interpretação".[9]

É esta, precisamente, a solução que ora se propõe para a interpretação da regra inserta no art. 7º da Lei Complementar 116/2003. Diante das diversas interpretações possíveis para este dispositivo, deve prevalecer aquela que revele compatibilidade ou conformidade com a Constituição, qual seja a que reflita a efetiva perspectiva dimensível do aspecto material da hipótese de incidência do ISS, que é o "valor da remuneração", dele deduzidas todas as demais despesas que caracteri-

9. Afirma ainda a tal propósito: "A interpretação conforme a Constituição aproxima-se dos métodos clássicos de solução de antinomias na medida em que busca também a realização do princípio da unidade do ordenamento jurídico e da supremacia da Constituição, este último em comparação com o método hierárquico" (Fernando Osório de Almeida Junior, *Interpretação conforme a Constituição e Direito Tributário*, São Paulo, Dialética, 2002, p. 18).

zam custo operacional e que, por esta razão, não podem ser consideradas como elementos intrínsecos à materialidade da hipótese de incidência.

Segundo propõe Jorge Miranda, três são as hipóteses de interpretação conforme a Constituição: a requalificação, a redução e a ampliação da lei sob suspeição.

Afirma citado autor:

> "A interpretação conforme à Constituição não consiste tanto em escolher, entre vários sentidos possíveis e normais de qualquer preceito, o que seja mais conforme com a Constituição quanto em discernir no limite – na fronteira da inconstitucionalidade – um sentido que, conquanto não aparente ou não decorrente de outros elementos de interpretação, é o sentido necessário e o que se torna possível por virtude da força conformadora da Lei Fundamental. E são diversas as vias que, para tanto, se seguem e diversos os resultados a que se chega: desde a interpretação extensiva ou restritiva à redução (eliminando os elementos inconstitucionais do preceito ou do acto) e, porventura, à conversão (configurando o acto sob a veste de outro tipo constitucional)".[10]

Também Karl Larenz manifesta-se nesse sentido quanto à interpretação conforme a Constituição, ao se referir às decisões do Tribunal Constitucional Federal Alemão nesta matéria. Ensina:

> "Quando, no entanto, o legislador tenha intentado um efeito mais amplo do que o permitido nos termos da Constituição a, lei pode, no parecer do Tribunal Constitucional Federal (*BVerfGE* 33, 52, 70), ser interpretada restritivamente 'conforme à Constituição'."[11]

Na hipótese em questão, merece aplicação a interpretação conforme à Constituição com "redução do alcance da lei", haja vista estar, o art. 7º da Lei Complementar 116/2003, possibilitando a interpretação de que o ISS possa incidir sobre base imponível estranha à materialidade do mencionado tributo.

10. Jorge Miranda, *Manual de Direito Constitucional*, t. II: *Introdução à teoria da Constituição*, 2ª ed., Coimbra, Coimbra Editora, 1988, p. 233.

11. Karl Larenz, *Metodologia da Ciência do Direito*, 2ª ed., Lisboa, Fundação Calouste Gulbenkian, 1983, p. 411.

Há de se interpretar o citado dispositivo legal de maneira a reduzir-lhe o alcance no sentido de reconhecer que "preço do serviço" corresponde à remuneração "pura e simples" da prestação de serviços.

É como afirma Fernando Osório de Almeida Júnior:

> "Nesse sentido, a aplicação da interpretação conforme a Constituição significará a *derrogação de certos efeitos jurídicos da lei*, isto é, a 'redução do seu conteúdo', mantendo-a, todavia, em função da necessidade de que as demais situações ou pessoas não alcançadas pela inconstitucionalidade da lei continuem a ser reguladas validamente".[12]

A interpretação, que ora se propõe seja feita, quanto ao alcance do art. 7º da Lei Complementar 116/2003, deve atuar, como dito pelo citado autor, como um "aparador de arestas"[13] do mencionado preceito, o qual, da forma como vem sendo interpretado pelas administrações fazendárias municipais, revela inquestionável inconstitucionalidade.

## 5. *Preço do serviço – Conceito*

Como exposto, a interpretação do art. 7º da Lei Complementar 116/2003 – que estabelece como base imponível do ISS o preço do serviço –, feita em conformidade com o art. 156, III, da Constituição Federal – que define o arquétipo constitucional do tributo –, não apresenta qualquer perplexidade.

O "preço do serviço", eleito pelo legislador complementar como base imponível do ISS, só pode corresponder à remuneração pela prestação de serviços, dela excluídos os valores extrínsecos à atividade.

Bastante esclarecedora é a lição de José Eduardo Soares de Melo a respeito de tal argumento:

> "Diversos valores não mantêm conexão com a quantia acordada como forma de remuneração de serviços, podendo tratar-se de simples recebi-

12. Fernando Osório de Almeida Junior, *Interpretação conforme a Constituição e direito tributário*, cit., p. 47.
13. Idem, p. 63.

mentos temporários, ou ingressos de distinta natureza, uma vez que só pode ser considerada como receita aquele valor que integra o patrimônio do prestador".[14]

Assim, é certo que os valores que são cobrados pelo prestador do utente do serviço, que não se incorporam ao seu patrimônio, sendo apenas ressarcimento por despesas realizadas no desempenho da prestação, não devem, pena de inconstitucionalidade, integrar a base imponível do ISS.

Tal entendimento foi com invulgar brilho demonstrado por Geraldo Ataliba, que afirmou:

"O conceito de receita refere-se a uma espécie de entrada.

"Entrada é todo o dinheiro que ingressa nos cofres de determinada entidade. Nem toda entrada é receita. Receita é a entrada que passa a pertencer à entidade. Assim, só se considera receita o ingresso de dinheiro que venha a integrar o patrimônio da entidade que a recebe."

E adiante:

"(...) tributação pelo total da fatura (...) inclui parcelas que não representam serviços, mas reembolso de despesas que absolutamente não representam matéria tributável.

"(...).

"Para ser regular e válido, o lançamento (seja por homologação, seja de ofício) deve separar os itens da fatura, para cingir-se à base de cálculo legalmente disposta, que é só e exclusivamente o preço do serviço."[15-16]

Com toda a propriedade inerente às suas lições afirmou Eduardo Bottallo, que os valores pagos a título de ressarcimento "não remune-

14. José Eduardo Soares Melo, *ISS – Aspectos Teóricos e Práticos,* 3ª ed., São Paulo, Dialética, 2003, p. 123.

15. Geraldo Ataliba, "ISS – Base Imponível", in *Estudos e Pareceres de Direito Tributário,* v. 1, São Paulo, Ed RT, 1978, pp. 81, 85 e 91.

16. Aires Barreto posiciona-se em sentido contrário: "Em outras palavras, se a receita for de serviços, não se poderá proceder a deduções. Mas isso não significa que se possa incluir na base de cálculo do ISS quaisquer outros valores que, embora configurem receita, não provenham da prestação de serviços atribuídos à competência dos Municípios" (Aires F. Barreto, *ISS na Constituição e na Lei*, cit., p. 301).

ram serviços próprios dos contribuintes e, assim, não exprimem parcelas de sua capacidade contributiva".[17]

Deveras, por inferência do disposto no art. 156, III, da Constituição Federal, ao estabelecer as normas gerais do ISS, o legislador complementar não poderia, extrapolando sua competência, prever como base imponível do ISS receita estranha à materialidade de sua hipótese de incidência.

## 6. *Os serviços de engenharia civil e a exclusão dos materiais da base imponível do ISS*

Quanto à base imponível do ISS para os serviços de construção civil, há regra específica no art. 7º, § 2º, inciso I, da Lei Complementar 116/2003 que assim prevê:

> "Art. 7º. (...).
> "§ 2º. Não se incluem na base de cálculo do Imposto sobre Serviços de Qualquer Natureza: I – O valor dos materiais fornecidos pelo prestador dos serviços previstos nos itens 7.02 e 7.05 da lista anexa a esta Lei Complementar; (...)."

A interpretação literal do dispositivo em questão revela estarem afastados da incidência da ISS os insumos empregados na construção civil.

Quanto às obras de construção civil, podem se revestir de duas modalidades, a construção por administração e a construção por empreitada, conforme dispõe o art. 610 do Código Civil.[18]

Quanto à construção por administração o engenheiro ou responsável técnico atua fiscalizando e acompanhando tecnicamente o andamento da obra (construção ou reforma), sem, no entanto, responsabilizar-se pela aquisição e aplicação dos materiais necessários à consecução do projeto.

17. Eduardo Bottallo, "Base imponível do ISS e das contribuições para o PIS e a COFINS", in *Repertório IOB de Jurisprudência* 23, 1ª quinzena de dezembro de 1999, caderno 1, p. 668.

18. Código Civil: "Art. 610. O empreiteiro de uma obra pode contribuir para ela só com o seu trabalho ou com ele e os materiais".

No que tange à construção por empreitada global, o empreiteiro assume o compromisso pela entrega da obra pronta e acabada ao contratante, responsabilizando-se do início ao término da empreitada assim pelo serviço como pelos materiais necessários ao cumprimento do contrato.

Trata-se de contrato de resultado em que o objeto do contrato estipula como resultado final a obra pronta e acabada. O contratante da empreitada global busca, com a contratação, a obra concluída e não o trabalho de acompanhamento técnico da mesma, de forma isolada, como se dá na construção por administração.

Especial interesse para os fins do presente estudo tem a remuneração das referidas prestações de serviços.

Na construção por administração o prestador do serviço recebe um percentual sobre as despesas realizadas para a consecução da obra, montante este que corresponde à negociação de sua atividade profissional de acompanhamento da construção, pela qual assume responsabilidade técnica quanto à higidez e segurança. Trata-se da conhecida "taxa de administração".

Já no que concerne à empreitada global, a remuneração é composta pela totalidade dos custos da obra, nela compreendido o reembolso do que foi despendido na aquisição de materiais e no pagamento de mão de obra, além da atividade de acompanhamento e fiscalização técnica da mesma.

O especial interesse na forma de remuneração, como dito em linhas anteriores, deve-se ao fato de que o montante pago aos contratados consubstancia a base de cálculo do imposto devido e quanto a ela impõe-se ressaltar que para fins de incidência de ISS há de se considerar o serviço com exclusividade.

No que tange à construção por administração, o ISS incidirá sobre o montante cobrado a titulo de "taxa de administração"; já no que concerne à empreitada global, também conhecida como empreitada industrial ou *turn key*, o raciocínio não deve ser outro. O ISS deve incidir sobre a parcela da remuneração que representa contraprestação pelo serviço de acompanhamento e fiscalização da obra. Os valores cobrados como ressarcimento dos materiais empregados e pagamento de mão de obra, não podem e não devem compor a base de cálculo do referido tributo.

Não por outro motivo o legislador complementar renovou, de forma expressa, no referido art. 7º, § 2º, da Lei Complementar 116/2003, a regra anteriormente prevista no art. 9º, § 2º, "a" e "b", do Decreto-lei 406/68, de que não se inclui na base de cálculo do ISS o valor dos materiais fornecidos pelo prestador dos serviços de execução, por administração, empreitada ou subempreitada, de obras de construção civil, hidráulica ou elétrica e de outras obras semelhantes, inclusive sondagem, perfuração de poços, escavação, drenagem e irrigação, terraplanagem, pavimentação, concretagem e a instalação e montagem de produtos, peças e equipamentos, estabelecendo, no entanto, ressalva quanto às mercadorias produzidas pelo prestador fora do local da obra, as quais estão sujeitos à incidência do ICMS.

A hermenêutica do referido preceito normativo conduz à conclusão de que, no que tange à construção civil, quer nas construções por administração, quer nas empreitadas globais, por expressa imposição legal, a base de cálculo do ISS é a remuneração do serviço enquanto atividade física ou intelectual, deduzidos da mesma materiais adquiridos pelo prestador de terceiros e os produzidos por ele na obra ou fora dela.

Quanto aos materiais produzidos fora do local da obra pelo prestador, tal operação merece especial atenção por parte do hermeneuta, vez que, em consonância com o disposto na Constituição Federal, o ICMS só pode incidir sobre o material produzido fora do local da obra pelo prestador, se os valores cobrados do tomador do serviço revelarem não revestir a condição de mero reembolso, mas demonstrarem a cobrança de valor agregado ao custo do produto, o que lhes confere a condição de mercadoria, passível de incidência de ICMS.

Na esteira de tal entendimento, embora não seja esta a posição que se verifica na remansosa jurisprudência do STJ,[19] é possível afir-

19. "*Processual Civil. Embargos de Declaração. (...) Inexistência. Efeitos infringentes. Impossibilidade. ISS. Nulidades do crédito tributário. Provas. Base de cálculo. Dedução das despesas de materiais e mão-de-obra. Descabimento. Ausência de comprovação.*

"Recurso Especial. Falta de prequestionamento. CDA. Requisitos de liquidez e certeza. Aferição. Impossibilidade. Súmula 7/STJ.

"(...)

"4. Ademais, se ainda não fosse, quanto ao tema, assenta-se a jurisprudência pacífica desta C. Corte Superior:

"'Tributário. ISS. Construção Civil. Materiais utilizados. Subempreitadas. Base de cálculo. Abatimento. Impossibilidade.

mar que sobre materiais empregados nas obras de construção civil não incide ISS e quanto ao ICMS, este só incidirá sobre os materiais que revestirem a condição de mercadoria, sejam eles produzidos pelo prestador ou por terceiro.

Os valores cobrados do utente do serviço, relativamente aos materiais produzidos pelo prestador fora do local da obra, só serão submetidos à tributação por via do ICMS e do IPI, inclusive, se tiverem a condição de mercadoria, o que deverá ficar comprovado contábil e financeiramente. O que não é admissível, a partir da investigação do

"'1. 'A jurisprudência uniforme desta Corte é no sentido de que a base de cálculo do ISS é o custo integral do serviço, não sendo admitida a subtração dos valores correspondentes aos materiais utilizados e às subempreitadas'. (REsp 926.339-SP, Rel. Min. Eliana Calmon, Segunda Turma, *DJU* de 11.5.07).

"'2. Tanto o DL 406/68 como as Leis Complementares 56/87 e 102/03 fixaram que o ISS incide sobre a totalidade dos serviços de construção civil, exceto sobre o fornecimento de mercadorias produzidas pelo próprio prestador dos serviços fora do local da prestação, que fica sujeito ao ICMS.

"'3. A tese de que não apenas os materiais produzidos pelo próprio prestador, mas também os adquiridos de terceiros, devem ser excluídos da base de cálculo do ISS não encontra respaldo no ordenamento jurídico, pois a regra legal que trata da incidência do ISS sobre serviços de construção civil é clara ao excluir apenas os materiais produzidos pelo próprio prestador fora do local onde prestados os serviços.

"'4. A situação do prestador que fabrica seus produtos fora do canteiro de obras não pode ser equiparada à daquele que adquire materiais de terceiros para uso nas obras de construção civil. Os produtos fabricados pelo prestador estão sujeitos ao ICMS, razão por que não devem se sujeitar a uma nova incidência de ISS. Já os produtos adquiridos de terceiros, se não incluídos na base de cálculo do ISS pelo serviço de construção civil, ficariam imunes à tributação, somente sendo tributados na operação anterior, que não tem o construtor como contribuinte ou responsável tributário.

"'5. Assim, quando os materiais são produzidos pelo próprio prestador fora do local onde prestados os serviços, incide ICMS; quando os materiais são produzidos pelo prestador no canteiro de obras ou quando são adquiridos de terceiros, como não há possibilidade de incidência de ICMS, devem ter seus valores mantidos na base de cálculo do ISS.

"'6. '(...) subempreitada é denominação que se oferece à empreitada menor, isto é, à empreitada secundária. Por meio de subempreitadas são executados trabalhos parcelados, contratados pelo empreiteiro construtor (...). Em referência ao ISS, é irrelevante saber se o empreiteiro maior executa pessoalmente a obra pactuada ou se incumbe a terceiros para realizá-la. Ambas as formas de serviços (empreitada maior ou empreitada menor) são alcançadas pelo ISS' (Bernardo Ribeiro de Moraes in *Doutrina e Prática do Imposto sobre Serviços*, Revista dos Tribunais, São Paulo, 1975).

"'7. Agravo regimental não provido. (...).'"

(STJ, 1ª Turma, ED no Ag Reg no AI 1.053.270, Registro 2008/0115229-4, Rel. Min. Luiz Fux, *DJ-e* 17.9.2009).

arquétipo constitucional do imposto, é a cobrança indistinta de ICMS em relação a todo e qualquer material produzido pelo prestador fora do local da obra, sem a demonstração inequívoca de que a sua aplicação na obra ocorreu como consequência de uma operação mercantil.

É de se ressaltar a tecnicidade do legislador complementar ao observar com rigor as regras constitucionais quando autorizou, como de fato fez, a dedução dos materiais na prestação dos serviços de engenharia.

Importante destacar ainda que a atividade de empreitada não guarda qualquer semelhança com operações de compra e venda, ou seja, de comercialização de produtos. A atividade em que consiste a empreitada tem natureza de obrigação de fazer, enquanto que a comercialização de produtos é caracterizada por uma obrigação de dar.

Na empreitada, o empreiteiro contratado para a consecução global de obra de construção civil, desempenha obrigação de fazer em que emprega materiais adquiridos de terceiro ou produzidos por ele próprio, para destinatário certo, qual seja o contratante da obra. Diversamente, na compra e venda, enquanto atividade mercantil, ocorre a industrialização em série de produtos postos *in comercium* com destinatário incerto.

O contrato de empreitada global, regulado pelos arts. 610 a 626 do Código Civil, é aquele em que o empreiteiro assume a responsabilidade pela obra e pelos materiais nela empregados. A assunção, pelo empreiteiro, do compromisso de aplicar os materiais necessários à realização da obra não tem, no entanto, o condão de alterar a natureza jurídica do contrato, que revela intrinsecamente tratar-se de obrigação de fazer.

## *7. Capacidade contributiva*

Embora a lei, de forma expressa, afaste a incidência do ISS sobre os materiais empregados nas obras de construção civil, as Administrações Fazendárias municipais não têm dispensado o correto tratamento tributário à referida atividade, e, em muitos casos, exigem o pagamento do tributo sobre a totalidade da cobrança empreendida pelo empreiteiro nas obras de *turn key*, impondo o pagamento de ISS não apenas sobre a obrigação de fazer, qual seja a atividade profissional de acompanhamento e fiscalização da obra, mas também sobre os materiais empregados, elastecendo a base de cálculo e agredindo frontalmente o princípio da capacidade contributiva.

Consoante leciona Paulo de Barros Carvalho, a base de cálculo deve guardar perfeita congruência com a materialidade do tributo, ou seja, com o critério material da regra-matriz de incidência. Ensina o autor:

> "Finalizamos para dizer que, no direito brasileiro, o tipo tributário se acha integrado pela associação lógica e harmônica da hipótese de incidência e da base de cálculo. O binômio, adequadamente identificado, com revelar a natureza do próprio tributo que investigamos, tem a excelsa virtude de nos proteger da linguagem imprecisa do legislador".[20]

Na esteira de tal entendimento, a base de cálculo, enquanto perspectiva dimensível do aspecto material da hipótese de incidência tributária do ISS, só pode ser a quantificação do esforço humano empreendido pelo prestador, ficando dela excluído todo e qualquer elemento que não confirme a referida hipótese de incidência, pena de inconstitucionalidade da respectiva cobrança.

A incidência de imposto sobre elemento estranho à hipótese de incidência, além de inconstitucional por incompatibilidade com o arquétipo constitucional do tributo é também inconstitucional por afronta ao princípio da capacidade contributiva.

Conforme lição de Alfredo Augusto Becker a incidência tributária por via de impostos se dá sobre "fatos signo-presuntivos de riqueza". Nesta medida, a base de cálculo, revela a dimensão de tais fatos, a medida da manifestação de riqueza sujeita à tributação.

Na linha de tal entendimento, por imposição do princípio da capacidade contributiva, a base de cálculo só pode ser a medida do fato tributado, que, para os fins do presente estudo, é a prestação de serviço, exclusivamente.

20. Paulo de Barros Carvalho, *Curso de Direito Tributário*, 23ª ed., São Paulo, Saraiva, p. 61.

Assim, a cobrança de ISS só é legítima se e quando a base de cálculo considerada for uma medida da riqueza exteriorizada pela prestação remunerada de serviço. Sempre que a autoridade fazendária municipal pretender exigir o tributo sobre a totalidade do documento fiscal, nela compreendidos elementos estranhos à prestação, como, por exemplo, materiais empregados, por alcançar valores que não representam acréscimo patrimonial do sujeito passivo, será inconstitucional por confiscatória.

A observância do princípio da capacidade contributiva se concretiza a partir de leis que instituam tributos, respeitando a aptidão para contribuir (*ability to pay*), tributando-se mais pesadamente quem tem maior capacidade contributiva, mais atenuadamente quem tem menor capacidade contributiva e exonerando do dever de pagar tributos aquele que não detém aptidão financeira para tanto.

O *welfare state* ou Estado de bem-estar social decorre naturalmente de um sistema tributário justo que observe o princípio da capacidade contributiva, o qual está inserto no § 1º do artigo 145 da Constituição Federal e prevê que as imposições tributárias deverão ser graduadas segundo a capacidade econômica dos contribuintes.[21]

Ao pretender cobrar ISS das empreitadas globais – *turn key* – sem delas excluir os valores relativos aos materiais empregados, a Administração Fazendária está infringindo o princípio da capacidade contributiva, na medida em que está exigindo tributo sem considerar a efetiva aptidão financeira revelada com a prática do fato jurídico-tributário e, bem assim, aquele que veda a cobrança de tributo com efeito de confisco.

Em bom tempo o Supremo Tribunal Federal, no RE 116.121-SP manifestou seu entendimento sobre o conceito de serviço para fins de incidência do ISS:

> "'Esforço humano' dirigido a uma determinada finalidade, identificado juridicamente como uma 'obrigação de fazer'".

21. "Art. 145. (...) § 1º. Sempre que possível, os impostos terão caráter pessoal e serão graduados segundo a capacidade econômica do contribuinte, facultado à administração tributária, especialmente para conferir efetividade a esses objetivos, identificar, respeitados os direitos individuais e nos termos da lei, o patrimônio, os rendimentos e as atividades econômicas do contribuinte."

### *8. A posição da jurisprudência*

Alguns temas enfrentados pelos tribunais pátrios, relativos à tributação da atividade de construção civil, são de especial interesse para os fins do presente estudo.

O primeiro deles diz respeito ao fornecimento de concreto. Ao editar a Súmula 167 o Superior Tribunal de Justiça assentou o entendimento de que o fornecimento de concreto preparado em betoneiras acopladas a caminhões, no trajeto até a obra, caracteriza prestação de serviço estando, portanto, sujeito à incidência do ISS.

Pensamos que o Superior Tribunal de Justiça nada mais fez, ao editar a referida súmula, do que reafirmar o disposto no item 7.02 da lista de serviços anexa à Lei Complementar 116/2003, no sentido de que o processo de produção do concreto, quando realizado em betoneiras no trajeto até a obra, caracteriza obrigação de fazer sujeita à incidência do ISS. A referida súmula deixa, no entanto, de ressalvar que os materiais empregados na produção do cimento estão fora do alcance do tributo, a eles se aplicando, em tudo e por tudo, a regra do § 2º do art. 7º da Lei Complementar 116/2003.

A referida súmula não estabelece ressalva com relação à incidência de ISS no que se refere aos materiais empregados na produção do concreto e nem precisaria fazê-lo, já que, quer por imposição constitucional quer por imposição legal, os materiais estão excluídos da base de cálculo quando se tratar de serviços de construção civil.

A Súmula 167 do Superior Tribunal de Justiça, que dispõe que "o fornecimento de concreto, por empreitada, para construção civil preparado no trajeto até a obra em betoneiras acopladas a caminhões, é prestação de serviço, sujeitando-se apenas à incidência do ISS", surgiu para pacificar a discussão que existia acerca da natureza jurídica da operação, posto que muitos dos Tribunais pátrios, em diferentes decisões, ao contrário da posição doutrinária majoritária, entendiam que o concreto aplicado na obra era objeto de um processo industrial, portanto, sujeito ao ICMS e ao IPI.

Equivocadamente alguns municípios, ao interpretar o enunciado acima transcrito, passaram a efetuar a cobrança do ISS sobre o valor total da atividade sem dela excluir os insumos necessários à produção do concreto, o que definitivamente não prevalece, uma vez que o art.

7º, § 2º, I, da Lei Complementar 116/2003, quando faz referência à exclusão dos materiais da base de cálculo do imposto para os serviços descritos no subitem 7.02 da lista de serviços, não faz qualquer ressalva em relação à modalidade de concretagem.

O enunciado do Superior Tribunal de Justiça utiliza a expressão "fornecimento de concreto", o que não se confunde com os materiais, adquiridos de terceiros e aplicados pelo prestador do serviço no fabrico do concreto, tais como cimento, areia, brita etc.

O entendimento em questão, qual seja, o de exclusão de valores alheios à prestação de serviços da respectiva base de cálculo, é em tudo e por tudo aplicável à subempreitada, ou seja, devem ser abatidos da base de cálculo, para fins de cobrança do ISS, os valores relativos à subempreitada.

Se por um lado é digna de nota a regra estabelecida no art. 7º, § 2º, I, da Lei Complementar 116/2003, por outro lado, a previsão de incidência do ISS sobre os valores pagos a título de subempreitada (item 7.02) é, em tudo e por, tudo incompatível com o Texto Constitucional, assim como o é também o entendimento do Superior Tribunal de Justiça nessa matéria, que, dentro da sua esfera constitucional de competência deveria deixar de aplicar leis manifestamente inconstitucionais, ou, ao menos, deveria suspender os respectivos julgamentos até que o Supremo Tribunal Federal se pronuncie sobre a constitucionalidade das mesmas.

A propósito, afirmou José Alberto Borges:

> "(...) a base de cálculo teria que ser o preço do serviço originalmente contratado, dele deduzidos os valores do serviço subcontratado a terceiros (...). entender o contrário, isto é, não admitir a dedução, implica na duplicidade de exigência de imposto sobre o mesmo serviço por ele prestado. Isto significa cumulação de exigências tributárias, o que não é admitido no sistema tributário brasileiro (...)".[22]

Não se olvide que tal previsão de incidência tributária, sobre as subempreitadas, resultaria na dupla incidência do ISS sobre um mesmo fato imponível, o que, em definitivo, é vedado pela Constituição Federal.

22. José Alberto Borges, "ISS – Mão-de-obra – Base de Cálculo", in *RDT* 45/203.

A possibilidade de exclusão dos materiais empregados na construção civil da base de cálculo do ISS tem sido reiteradamente enfrentada em decisões do Superior Tribunal de Justiça, que, em nosso entendimento, em agressão frontal ao Texto Constitucional, por todos os motivos até aqui expostos, tem entendido que a base de cálculo do serviço de construção civil deve ser apurada a partir da integralidade da cobrança, sem qualquer dedução, a não ser quanto aos materiais fornecidos pelo prestador e produzidos por ele fora do local da obra.

A matéria, reconhecida como sendo de repercussão geral, foi, recentemente, enfrentada em sede de recurso extraordinário (RE 603497-MG), de relatoria da Ministra Ellen Gracie, tendo o Supremo Tribunal Federal reconhecido a impossibilidade de incidência de ISS sobre os materiais empregados na construção civil.[23]

23 "1. A hipótese dos autos versa sobre a constitucionalidade da incidência do ISS sobre materiais empregados na construção civil. O acórdão assim decidiu: 'Tributário – ISS – Construção civil – Base de cálculo – Material empregado – Dedução – Impossibilidade. A jurisprudência desta Corte pacificou o entendimento de que a base de cálculo do ISS é o preço total do serviço, de maneira que, na hipótese de construção civil, não pode haver a subtração do material empregado para efeito de definição da base de cálculo. Precedentes de Corte. Agravo regimental improvido. 2. Este Tribunal, no julgamento do RE 603.497, de minha relatoria, reconheceu a existência da repercussão geral da matéria para que os efeitos do art. 543-B do CPC possam ser aplicados. Esta Corte firmou o entendimento no sentido da possibilidade da dedução da base de cálculo do ISS dos materiais empregados na construção civil. Cito os seguintes julgados: RE 262.598, red. para o acórdão Min. Cármen Lúcia, 1ª Turma, *DJ*-e 27.9.2007; RE 362.666-AgR, rel. Min. Gilmar Mendes, 2ª Turma, *DJ*-e 27.3.2008; RE 239.360-AgR, rel. Min. Eros Grau, 2ª Turma, *DJ*-e 31.7.2008; RE 438.166-AgR, rel. Min. Carlos Britto, 1ª Turma, *DJ* 28.4.2006; AI 619.095-AgR, rel. Min. Sepúlveda Pertence, 1ª Turma, *DJ* 17.8.2007; RE 214.414-AgR, rel. Min. Carlos Velloso, 2ª Turma, *DJ* 29.11.2002; AI 675.163, rel. Min. Ricardo Lewandowski, *DJ-e* 6.9.2007; RE 575.684, rel. Min. Cezar Peluso, *DJ-e* 15.9.2009; AI 720.338, rel. Min. Joaquim Barbosa, *DJ-e* 25.2.2009; RE 602.618, rel. Min. Celso de Mello, *DJ-e* 15.9.2009. O acórdão recorrido divergiu desse entendimento. 3. Ante o exposto, com fundamento no art. 557, § 1º-A, do CPC, dou provimento ao recurso extraordinário. Restabeleço os ônus fixados na sentença. Julgo prejudicado o pedido de ingresso como 'amicus curiae' formulado pela Confederação Nacional dos Municípios-CNM (Petição STF 42.520/2010 – fls. 524-541), bem como o recurso interposto pela Associação Brasileira das Secretarias de Finanças das Capitais Brasileiras-ABRASF (fls. 505-521), em face da presente decisão. Publique-se. Brasília, 18 de agosto de 2010. Ministra Ellen Gracie, Relatora. RE 603.497543-BCPC; RE 262.598557, § 1º-A, CPC (603.497-MG, relatora Min. Ellen Gracie; data de julgamento: 18.8.2010; data de publicação: *DJ-e*-172, divulg. 15.9.2010, public. 16.9.2010)."

Diante de tal decisão, que afasta a constitucionalidade da cobrança de ISS sobre os materiais empregados nas obras de construção civil, espera-se que as Administrações Fazendárias não mais exerçam a imposição tributária sobre a totalidade da cobrança efetuada nas empreitadas globais, dela deduzindo, para fins de fixação da base imponível, os materiais e mão de obra aplicados, estendendo-se tal entendimento, inclusive, para o serviço de concretagem, para o fim de "revogar" a Súmula do STJ que disciplina a matéria.

Esta é a única interpretação condizente com as normas constitucionais referentes ao ISS.

Como afirmou Savigny, a interpretação é uma "operação científica, princípio e base da ciência do Direito", sendo também uma "arte". Entende que a ciência é uma "atividade livre do espírito" que, conforme afirma, coopera na criação do Direito e, por ter um caráter criador, ensina que a ciência tem uma relação muito próxima com a "arte".

Louvável assim a sua colocação no sentido de que "conhecemos a lei na sua verdade, quer dizer, tal como a sua verdade se nos dá a conhecer mediante a aplicação de um procedimento regular".[24]

24. *Apud* Karl Larenz, *Metodologia da Ciência do Direito*, 2ª ed., Lisboa, Fundação Calouste Gulbenkian, 1983, p. 379.

# *COISA JULGADA: É POSSÍVEL SUA ALTERAÇÃO EM MATÉRIA TRIBUTÁRIA?*

Carla de Lourdes Gonçalves

Doutora em Direito Tributário pela PUC/SP. Professora dos Cursos de Pós-Graduação em Direito Tributário e Processual Tributário na Escola Paulista de Direito-EPD. Advogada.

*I – Considerações iniciais. II – Coisa julgada: conceitos e limites. III – Ação Rescisória em matéria tributária. IV – Da relativização da coisa julgada material. V – Crítica ao Parecer n. 492, da Procuradoria Geral da Fazenda Nacional. VI – Conclusão.*

## *I – Considerações iniciais*

Em nosso Estado Democrático de Direito, alguns valores e princípios se revelam fundamentais. Dentre eles podemos destacar a segurança jurídica – o qual é denominado de "sobreprincípio" por Paulo de Barros Carvalho,[1] dada a sua relevância e a certeza do direito.

Tais princípios emergem na construção de normas gerais abstratas e normas individuais e concretas, sejam tais normas materiais ou processuais, dentre as quais destacamos, para os fins do presente estudo, a coisa julgada e a possibilidade de sua alteração pela estreita via da ação rescisória.

É oportuno, para podermos analisar a questão atinente à alteração – ou como hodiernamente alguns se referem, em nítido vocábulo eufemístico, como "flexibilização", cravarmos o conceitos de coisa julgada, sua radicação constitucional e legal para posteriormente identificarmos, dentro do próprio sistema jurídico, as hipóteses em que a alteração desta coisa julgada é possível.

1. *RDT* 61.

## *II – Coisa julgada: conceitos e limites*

A coisa julgada está instrinsecamente relacionada à idéia de imutabilidade. Sua classificação em *formal* e *material* diz respeito à própria decisão exarada: se estamos diante de uma decisão que extinguiu o processo sem julgamento de mérito, nos termos do artigo 267 do Código de Processo Civil, ao passo que, na presença de decisão que analise o mérito da causa, extinguindo-a em consonância com o artigo 269 do CPC, verificar-se-á a ocorrência de coisa julgada material. Nos interessa, nos limites do presente trabalho, apenas a coisa julgada material.

Cândido Rangel Dinamarco assevera que a "coisa julgada material é a imutabilidade dos efeitos substanciais da sentença de mérito (...) que transcende a vida do processo e atinge a das pessoas, consiste na intangilibilidade das situações jurídicas criadas ou declaradas, de modo que em princípio nada poderá ser feito por elas próprias nem por outro juiz ou pelo próprio legislador, que venha a contrariar o que foi decidido (Liebman)".[2] Logo, uma vez que determinada decisão foi abrangida pelo manto da coisa julgada, não há se falar na mutabilidade de seus efeitos.

A formação da coisa julgada material ocorre quando sobre determinada decisão não é cabível qualquer recurso previsto no plexo normativo brasileiro. É neste momento que a decisão é albergada pelo manto da imutabilidade de todos os seus efeitos essenciais.

A coisa julgada encontra sua radicação constitucional no artigo 5º, XXXVI, da Carta Magna, ao estabelecer que a lei *não prejudicará o direito adquirido, o ato jurídico perfeito e a coisa julgada.* Logo, a coisa julgada é de sumo relevo dentro do ordenamento jurídico, tendo sido alçada à categoria de direitos individuais do cidadão.

O texto constitucional, ao trazer à baila a coisa julgada como direito e garantia individual, teve por objetivo a preservação do sobreprincípio da segurança jurídica. Nesse sentido já decidiu o Supremo Tribunal Federal ao julgar a Ação Rescisória 1.461-4-PE, Rel. Min. Marco Aurélio, asseverando que "Cumpre rescindir a decisão de méri-

2. *Instituições de Direito Processual Civil*, vol. III, 6ª ed., revista e atualizada, São Paulo, Malheiros Editores, 2009, pp. 307-308.

to que, a partir de julgamento de certo recurso, tenha resultado na ofensa à coisa julgada cujo respeito diz necessariamente com a preservação da segurança jurídica".

Portanto, malferir a coisa julgada implica o desrespeito ao princípio da segurança jurídica e conduz, necessariamente, a ceifar de um dos pilares do Estado Democrático de Direito.

Mas o ordenamento jurídico pátrio, ao prever os seus mecanismos de controle instituiu, em algumas situações, que a coisa julgada material pode ser revista por intermédio da denominada "ação rescisória". As estritas hipóteses de seu ajuizamento estão arroladas no artigo 485 do CPC[3] e o prazo para sua propositura é de dois anos, contados a partir do trânsito em julgado da decisão, nos termos do artigo 495 do Estatuto Processual Civil.

## *III – Ação Rescisória em matéria tributária*

Dentre as hipóteses previstas no artigo 485, ensejadoras da propositura de ação rescisória, uma, em especial, interessa às decisões proferidas em matéria tributária: aquela insculpida no inciso V, que versa sobre a "ofensa a literal disposição de lei".

A primeira indagação que se faz nesse sentido traduz-se no conteúdo de significação de "ofensa a literal disposição de lei". Nesse contexto, são importantes os apontamentos levantados pela obra de Theotonio Negrão e José Roberto F. Gouveia:[4]

3. O artigo 485 do CPC está assim redigido: "Art. 485. A sentença de mérito, transitada em julgado, pode ser rescindida quando: I – se verificar que foi dada por prevaricação, concussão ou corrupção do juiz; II – proferida por juiz impedido ou absolutamente incompetente; III – resultar de dolo da parte vencedora em detrimento da parte vencida, ou de colusão entre as partes, a fim de fraudar a lei; IV – ofender a coisa julgada; V – violar literal disposição de lei; VI – se fundar em prova, cuja falsidade tenha sido apurada em processo criminal ou seja provada na própria ação rescisória; VII – depois da sentença, o autor obtiver documento novo, cuja existência ignorava, ou de que não pôde fazer uso, capaz, por si só, de lhe assegurar pronunciamento favorável; VIII – houver fundamento para invalidar confissão, desistência ou transação, em que se baseou a sentença; IX – fundada em erro de fato, resultante de atos ou de documentos da causa; (...)".

4. *Código de Processo Civil e Legislação Processual em Vigor*, 39ª ed., São Paulo, Saraiva, 2007, p. 609.

> "*Art. 485:26.* Que se há de entender por violação de literal disposição de lei? Será que apenas o que ela diz, ou o que em seu preceito virtualmente compreende?
>
> "A nosso ver, o acórdão em *RSTJ* 27/247, unânime, situou exatamente a questão, nestes termos: 'O que o art. 485, V, do CPC, reclama para a procedência da rescisória é que o julgado rescindendo, ao aplicar determinada norma na decisão da causa (portanto, ao fazer incidir sobre o litígio norma legal escrita) tenha violado seu sentido, seu propósito: sentido e propósito que, como não pode deixar de ser, admitem e até mesmo impõem variada compreensão do conteúdo do imperativo legal, ao longo do tempo e ao sabor de circunstâncias diversas da ordem social, que a jurisprudência não pode simplesmente ignorar ou mesmo negligenciar' (do voto do relator, Min. Bueno de Souza, p. 261). (...)."

Por mera leitura do trecho acima é possível extrair que, para que se verifique a "ofensa a literal disposição de lei", nos termos do artigo 485, inciso V, do CPC, é necessário haver, no julgado a que se pretende rescindir, um verdadeiro desvio no propósito da disposição de lei aplicada. Ou seja, trata-se da não observância do verdadeiro sentido que o legislador pretendeu ao estipular à norma.

Vale aqui ressaltar que, o vocábulo "lei", utilizado na previsão do art. 485, V, do CPC, tem sentindo amplo, englobando não somente as leis federais, como também os decretos federais, as leis estaduais e as leis municipais. Outrossim, a ofensa a literal disposição de lei poderá decorrer tanto de *error in judicando*, que é aquele vício de julgamento, incorrido quando se valora equivocadamente um fato ou quando há equivoco na aplicação do direito, quanto de *error in procedendo*, que é vício de procedimento, incorrido no exercício da atividade jurisdicional.

No entanto, merece ser destacado que, para que seja possível a ação rescisória com base em ofensa a literal disposição de lei, tal ofensa deve se apresentar de forma direta, não havendo se falar em deduções de supostas ofensas obtidas através de interpretação possível da norma pelo julgador. É nesse sentido o entendimento adotado pelos Tribunais Superiores. A título elucidativo, colaciona-se o seguinte julgado:

> "Para ser julgado procedente, o pedido rescindendo deduzido em ação rescisória fulcrada no inc. V do art. 485 do CPC depende, necessariamente, da existência de violação, pelo v. acórdão rescindendo, a literal disposição de lei.

> "A afronta deve ser direta – contra a literalidade da norma jurídica – e não deduzível a partir de interpretações possíveis, restritivas ou extensivas, ou mesmo integração analógica."[5]

Portanto, deve estar a violação à disposição legal expressamente verificada, não sendo possível a rescisória quando o julgado a ser rescindido derivar de interpretação possível do julgador. Tanto é assim, que o E. Supremo Tribunal Federal editou a Súmula 343, a qual prevê que "não cabe ação rescisória por ofensa a literal disposição de lei, quando a decisão rescindenda se tiver baseado em texto legal de interpretação controvertida nos tribunais".

Deste modo, observa-se que, à luz do artigo 485, do Código de Processo Civil, existem situações mínimas em que o legislador pátrio permitiu que se discuta novamente matéria que tenha transitado em julgado, afastando a coisa julgada material. Mesmo no que tange ao inciso V, verifica-se que sua aplicação é bastante restrita.

Assim sendo, ao se valer da ação rescisória, é importante a cautela do aplicador do direito, a fim de evitar ofensa ao sobreprincípio da segurança jurídica, elucidado em linhas anteriores.

## *IV – Da relativização da coisa julgada material*

A chamada "relativização da coisa julgada" é a possibilidade de a coisa julgada ser afastada em situações diversas daquelas taxativamente previstas para a ação rescisória. Ou seja, é a ampliação dos limites desta ação, permitindo que se afaste a coisa julgada por meios diversos dos estreitos caminhos da rescisória.

Para a análise da possibilidade ou não da relativização da coisa julgada, é necessário que tomemos alguns aspectos do denominado "sistema de freios e contrapesos", adotado pela ordem jurídica nacional.

O sistema de freios e contrapesos, adotado pela Magna Carta, se verifica na medida em que a organização dos Poderes do Estado – Executivo, Legislativo e Judiciário – abre margem à autonomia e independência destes, equilibrando-os por meio da fiscalização que exercem uns nos outros.

5. STJ, 2ª Seção, EI em AR 720-PR, Rela. Min. Nancy Andrighi, *DJU* 17.2.2003.

Em outras palavras, cada um dos Poderes do Estado é autônomo e independente em relação aos demais, para que assim cumpram suas funções sem qualquer interferência. Por outro lado, para que se evitem abusos, é dado a cada um deles a possibilidade de fiscalização dos demais.

Nesse contexto, o Ministério Público possui importante papel para a manutenção do Sistema de Freios e Contrapesos. Em defesa da lei, o Ministério Público atua como instituto fiscalizador, sustentando ainda mais a teoria dos freios e contrapesos.

Acerca do sistema de freios e contrapesos, ensina Alexandre de Morais:[6]

> "Em conclusão, o Direito Constitucional contemporâneo, apesar de permanecer na tradicional linha da idéia de Tripartição de Poderes, já entende que assumiu a missão de fornecer a todo o seu povo o bem-estar, devendo, pois, separar as funções estatais, dentro de um mecanismo de controles recíprocos, denominado 'freios e contrapesos' ('checks and balances').
>
> "Assim, a Constituição Federal de 1988 atribuiu as funções estatais de soberania aos três tradicionais Poderes de Estado: Legislativo, Executivo e Judiciário, e à Instituição do Ministério Público, que, entre várias outras importantes funções, deve zelar pelo equilíbrio entre os Poderes, fiscalizando-os, e pelo respeito aos direitos fundamentais.
>
> "A estes órgãos, a Constituição Federal confiou parcela da autoridade soberana do Estado, garantindo-lhes autonomia e independência.
>
> "Esta opção do legislador constituinte em elevar o Ministério Público a defensor dos direitos fundamentais e fiscal dos Poderes Públicos, alterando substancialmente a estrutura da própria Instituição e da clássica teoria da Tripartição de Poderes, não pode ser ignorada pelo intérprete, pois se trata de um dos princípios sustentadores da teoria dos freios e contrapesos de nossa atual Constituição Federal."

Verificando-se a autonomia e independência dos Poderes Legislativo, Executivo e Judiciário, nota-se, também, que a atuação destes é fiscalizada, a fim de manter o equilíbrio na organização do

6. Alexandre de Moraes, *Direito Constitucional*, 24ª ed., São Paulo, Atlas, 2009, p. 411.

Estado, além de vir a preservar os direitos fundamentais e fiscais do Poder Público.

Com essas considerações e tendo em vista tudo até então exposto, é forçoso concluir pela impossibilidade da relativização da coisa julgada. Diante do aludido sistema de freios e contrapesos, não se mostra razoável permitir que o Executivo ou o Judiciário invada a função do Legislativo para criar mecanismos que vão de encontro à garantia constitucionalmente prevista.

Em outras palavras, permitir a relativização da coisa julgada é admitir que, por meio de um ato do Executivo ou do Judiciário, se destrua uma garantia constitucional, prevista no rol das cláusulas pétreas, em ato de total inobservância ao sobreprincípio da segurança jurídica, o que não deve ocorrer.

A relativização da coisa julgada representa, portanto, uma forma de ruína a toda a ordem jurídica nacional, além de se apresentar como afronta à separação dos Poderes e ao sistema de freios e contrapesos.

Ora, o legislador pátrio instituiu a coisa julgada como garantia fundamental, de modo que deve ser preservada, não podendo ser superada por ato de liberalidade do Executivo ou do Judiciário.

E nem se diga que a impossibilidade da relativização da coisa julgada poderia causar situações de "injustiça do julgado". O legislador pátrio, assim como previu a garantia, igualmente previu a situação de suposta "injustiça", momento em que é possível o afastamento da coisa julgada pela via da ação rescisória.

Assim sendo, qualquer forma de se afastar a coisa julgada, que não esteja dentro dos termos da ação rescisória, incorre em inobservância à garantia constitucional da coisa julgada e desrespeito ao sobreprincípio da segurança jurídica.

Nesse sentido, é o entendimento do Egrégio Superior Tribunal de Justiça, o qual aduziu que "o CPC é ofendido, quando o tribunal, ultrapassando os limites dos permissivos nele contidos, rescinde acórdão ao fundamento de que nele se praticou injustiça e se violou princípio geral de direito".[7]

Ademais, vale destacar que igualmente ofende-se a coisa julgada quando não há observância ao prazo estipulado para a ação rescisória.

7. STJ, 1ª Turma, REsp 174.383-RO, Rel. Min. Gomes de Barros, *DJU* 14.6.1999.

Ou seja, não se deve admitir a rescisão de decisão transitada em julgado após o prazo de dois anos, contados da data do trânsito, conforme estipulado pelo artigo 495, do CPC. Nesse sentido, segue o entendimento do Egrégio Supremo Tribunal Federal:

> *Agravo Regimental no Recurso Extraordinário. Constitucional. Rescisória. Cabimento. Exigência de prequestionamento. Prazo decadencial. Inobservância. Violação efetiva à coisa julgada.* 1. Ação rescisória. Cabimento. Exigência de prequestionamento para a sua admissibilidade. Insubsistência. O Supremo Tribunal Federal, à época em que detinha competência para apreciar a negativa de vigência de legislação federal, assentou que as hipóteses enunciadas nos incisos do artigo 485 do Código de Processo Civil evidenciam a inaplicabilidade, à rescisória, do pressuposto concernente ao prequestionamento, dado que a rescisória não é recurso, mas ação contra a sentença transitada em julgado. Precedentes. 2. Ação rescisória. Julgamento sem observância do prazo bienal. Decadência. *Há efetiva violação à coisa julgada, se conhecida e julgada procedente ação rescisória proposta quando já decorrido o prazo bienal, contado a partir do trânsito em julgado da decisão rescidenda.* Agravo regimental não provido (grifos acrescidos).[8]

Assim sendo, não é possível que se afaste a coisa julgada por meio diverso daqueles estritos à ação rescisória, devendo ser rigorosamente observado, inclusive, o prazo estipulado para ingresso desta ação, sob pena de se fazer ruir toda a ordem jurídica nacional.

## *V – Crítica ao Parecer n. 492, da Procuradoria Geral da Fazenda Nacional*

A despeito da inequívoca impossibilidade de relativização da coisa julgada, em 26.5.2011, foi publicado, no *Diário Oficial da União*, despacho do Sr. Ministro da Fazenda, aprovando o Parecer PGFN/CRJ n. 492.

Por meio do aludido Parecer n. 492, da Procuradoria Geral da Fazenda Nacional – PGFN, seria possível que a coisa julgada fosse afastada em situações em que sobreviesse posicionamento definitivo do Egrégio Supremo Tribunal Federal em sentido contrário.

8. STF, 1ª Turma, AgR no RE 444.810-DF, Rel. Min. Eros Grau, *DJU* 22.4.2005.

O despacho do Ministro da Fazenda seguiu nos seguintes moldes:

"Assunto: *Relação jurídica tributária continuativa. Modificação dos suportes fático ou jurídico. Limites objetivos da coisa julgada.*

"*Jurisprudência do Pleno do STF. Cessação automática da eficácia vinculante da decisão tributária transitada em julgado.*

"*Os precedentes objetivos e definitivos do STF constituem circunstância jurídica nova, apta a fazer cessar, prospectivamente, e de forma automática, a eficácia vinculante das anteriores decisões transitadas em julgado, relativas a relações jurídicas tributárias de trato sucessivo, que lhes forem contrárias.*

"Aprovo o Parecer PGFN/CRJ/n. 492/2011, 30 de março de 2011, da Procuradoria Geral da Fazenda Nacional, que concluiu que: (i) quando sobrevier precedente objetivo e definitivo do STF em sentido favorável ao Fisco, este pode voltar a cobrar o tributo, tido por inconstitucional em anterior decisão tributária transitada em julgado, em relação aos fatos geradores praticados dali para frente, sem que necessite de prévia autorização judicial nesse sentido; (ii) quando sobrevier precedente objetivo e definitivo do STF em sentido favorável ao contribuinte-autor, este pode deixar de recolher o tributo, tido por constitucional em anterior decisão tributária transitada em julgado, em relação aos fatos geradores praticados dali para frente, sem que necessite de prévia autorização judicial nesse sentido.

"Publique-se o presente Despacho e o Parecer PGFN/CRJ/n. 492/2011 no *Diário Oficial da União* (*DOU*)."

Ou seja, trata-se de verdadeira relativização da coisa julgada, em afronta ao sobreprincípio da segurança jurídica. Isso porque, pretende-se instaurar situação em que se afaste os efeitos da decisão transitada em julgado sem que seja preciso se verificar qualquer das circunstâncias necessárias ao ingresso da ação rescisória, o que não deve acontecer.

O que o Parecer da PGFN acima mencionado vislumbra é a possibilidade de o Poder Executivo, por meio de uma lei infraconstitucional, afastar uma garantia fundamental, tida como cláusula pétrea. A situação converge para o ponto de se encarar que o Poder Executivo poderia ignorar tudo aquilo que vela o Sistema de Freios e Contrapesos, invadindo função típica do legislativo e, o que é pior, criando mecanismos para afastar aquilo que se encontra consolidado na Carta Magna como garantia fundamental.

Assim sendo, o Parecer n. 492, da PGFN, mostra-se ofensivo à ordem jurídica como um todo, posto criar situação de relativização da coisa julgada, o que não é comportado por nosso Sistema.

## *VI – Conclusão*

Diante de todo o exposto, verifica-se que, em atenção ao sobreprincípio da segurança jurídica, a coisa julgada foi introduzida no ordenamento jurídico pátrio como cláusula pétrea, representando verdadeira garantia fundamental. Assim sendo, deve ser observada e preservada sempre.

Em determinada situações, entretanto, o próprio legislador previu a possibilidade de os efeitos da coisa julgada serem afastados. São as hipóteses verificadas no artigo 485, do Código de Processo Civil, em que se mostra cabível a ação rescisória.

Qualquer meio outro de se intentar o afastamento da coisa julgada representa afronta ao sobreprincípio da segurança jurídica, não havendo se falar em relativização da coisa julgada.

Nesse ponto, especificamente quanto ao Parecer PGFN/CRJ n. 492, este se revela como verdadeira ofensa à ordem jurídica como um todo. Sobretudo no que tange ao sistema de freios e contrapesos, não poderia o Poder Executivo pretender criar mecanismos, ao seu bel prazer, que se sobreponham à disposição criada no exercício pleno do Poder Legislativo, qual seja, o estabelecimento da coisa julgada.

Assim sendo, o Parecer PGFN/CRJ n. 492, acima mencionado, não se mostra admissível ao ordenamento jurídico pátrio.

# *ICMS-COMUNICAÇÃO – DELIMITAÇÃO DO CAMPO IMPOSITIVO*

Clélio Chiesa

Advogado. Mestre e Doutor pela PUC/SP.
Professor de Graduação e Pós-Graduação em Direito Tributário.

*1. Proposta do trabalho; 2. Delimitação da competência dos Estados, Distrito Federal e Municípios em relação às prestações de serviços: 2.1 Fundamento constitucional da competência impositiva do ICMS-comunicação; 2.2 Demarcação da materialidade "prestação de serviços de comunicação"; 2.3 Desnecessidade de intercomunicação entre emissor e receptor; 2.4 Prestações de serviços não compreendidas na competência dos municípios; 2.5 Prestações de serviço de comunicação nas modalidades de radiodifusão sonora e de sons e imagens de recepção livre e gratuita; 2.6 Tributação das prestações de serviços de propaganda e publicidade; 2.7 Veiculação de textos e imagens por meio de placas, painéis e "outdoor"; 2.8 Atividades prestadas por "cyber café": incide ICMS ou ISS? 2.9 Da possibilidade ou não de se tributar os denominados serviços de "VoIP" pelo ISS ou ICMS-comunicação; 2.10 Da intributabilidade das "TVs por assinatura" e do "pay per view" por meio do ICMS; 2.11 Conclusões.*

## 1. Proposta do trabalho

Sabe-se que, na Constituição Federal de 1988, a competência para tributar as prestações de serviços foi repartida entre Estados, Distrito Federal e Municípios. Nos termos do art. 155, II, compete aos Estados e Distrito Federal tributar as prestações de serviços de transporte interestadual e intermunicipal e de comunicação. Além disso, ficou estabelecido na alínea "b" do inciso IX do § 2º do art. 155 da Carta Magna que o ICMS incide também "sobre o valor total da operação, quando mercadorias forem fornecidas com serviços não compreendidos na competência tributária dos Municípios". O art. 156, III, da Constituição Federal, estipula, por sua vez, que compete aos Municípios tributar os "serviços de qualquer natureza, não compreendidos no art. 155, II, definidos em lei complementar". Essa sistemática tem gerado inúmeras discussões acerca do campo impositivo de cada uma das referidas pessoas políticas.

No que tange, especificamente, às prestações de serviços de comunicação, objeto deste estudo, verifica-se que não há uma demarcação precisa sobre o que são prestações de serviços de comunicação para fins de definição da materialidade do ICMS-comunicação, circunstância esta que tem dado ensejo a inúmeros conflitos. Além disso, não há consenso sobre o conteúdo e alcance da alínea "b" do inciso IX do § 2º do art. 155 da Constituição Federal. Vale dizer, se as prestações mistas sujeitas ao ICMS são somente as de transporte e comunicação ou toda e qualquer prestação mista não contemplada na lei complementar mencionada no art. 156, III, da Constituição Federal. Paira, portanto, uma incerteza sobre o âmbito de incidência do ICMS-comunicação e ISS.

Daí a razão da presente proposta de discorrer sobre a delimitação da competência impositiva dos Estados e Distrito Federal para tributar as prestações de serviços de comunicação.

## *2. Delimitação da competência dos Estados, Distrito Federal e Municípios em relação às prestações de serviços*

### *2.1 Fundamento constitucional da competência impositiva do ICMS-comunicação*

Não há na Constituição Federal uma definição do que são prestações de serviços de comunicação nem indicação dos serviços que podem ser tributados pelos Municípios. Assim, compete ao intérprete, valendo-se das regras de hermenêutica, realizar essa tarefa. Nessa esteira, vamos emitir nosso juízo sobre a demarcação e, na sequência, examinaremos algumas situações fáticas que têm gerado discussões na doutrina e na jurisprudência.

### *2.2 Demarcação da materialidade "prestação de serviços de comunicação"*

O art. 155, II, da Constituição Federal, estabelece que compete aos Estados e Distrito Federal tributar por meio de ICMS "operações relativas à circulação de mercadorias e sobre prestações de serviços de transporte interestadual e intermunicipal e de comunicação, ainda que as operações e as prestações se iniciem no exterior".

Destarte, entre outras materialidades do ICMS, encontra-se a de "prestar serviços de comunicação". Cumpre-nos, então, desvendar o conteúdo e alcance dessa materialidade. O caminho que vamos percorrer é o de identificar o sentido das referidas expressões no contexto em que foram empregadas.

O termo "prestar" revela que a materialidade circunscreve-se a uma ação positiva consistente em realizar serviços de comunicação em caráter negocial, pois os serviços prestados sem contrapartida financeira são serviços que não são passíveis de tributação. Esse aspecto nos revela que o evento tributado é um negócio cujo objeto consiste na realização de um serviço em favor outrem mediante pagamento. Se não há negócio jurídico, não há evento passível de ser tributado, eis que, por injunção do princípio da capacidade contributiva, somente os fatos signos presuntivos de riqueza podem ser eleitos como hipóteses de incidência. É o caso de alguém que dá carona a um amigo. Não há dúvida que existe, nesta hipótese, uma prestação de serviço, todavia, não é negócio oneroso que revele capacidade contributiva. Dito, ainda de outra forma, não estamos diante de uma situação em que alguém está explorando economicamente a atividade de prestar serviço de transporte; se estivéssemos, o prestador teria que pagar ISS ou ICMS, a depender de a prestação ser realizada dentro do território de certo Município ou para além do território de determinado Município.

O ICMS não incide sobre o serviço, mas sobre o resultado econômico obtido com o serviço. Essa circunstância pressupõe a existência de uma composição de vontades em que uma das partes assume o compromisso de desenvolver certa atividade e a outra o dever de pagar por tal atividade. Como não há possibilidade de realização de negócio consigo mesmo, a relação será sempre bilateral. Duas partes com interesses contrapostos. Uma com o dever de prestar o serviço e outra de pagar o preço correspondente.

Por outro giro, se há um serviço, mas ele não está sendo realizado em benefício de terceiros, não temos um negócio de prestação de serviço, mas uma hipótese de desenvolvimento de uma ação que não se caracteriza como prestação de serviço, já que inexiste negócio, mas apenas uma atividade sendo desenvolvida em benefício próprio. É o caso, por exemplo, do jurista que digita seu próprio parecer, pois há serviço, mas não uma prestação de serviço de digitação. No caso citado, somente teríamos um negócio se o jurista contratasse um terceiro para realizar o serviço de digitação.

Portanto, a materialidade "prestar serviços" compreende somente as situações em que alguém, em caráter oneroso, desenvolve uma ação destinada a proporcionar a utilidade contratada.

No ICMS, como ocorre com outros impostos, o núcleo submetido à tributação é um negócio jurídico, que pode consistir na compra e venda de mercadorias ou prestação de serviços de transporte e de comunicação transmunicipais. Além, é claro, da incidência sobre a aquisição de bens e serviços importados. Interessa-nos, aqui, particularmente neste trabalho, as prestações de serviços de comunicação. E o que são serviços de comunicação?

Comunicação é o processo – segundo o dicionário Houaiss[1] – que envolve a transmissão e a recepção de mensagens entre uma fonte emissora e um destinatário receptor, no qual as informações, transmitidas por intermédio de recursos físicos (fala, audição, visão etc.) ou de aparelhos e dispositivos técnicos, são codificadas na fonte e decodificadas no destino, com o uso de sistemas convencionados de signos ou símbolos sonoros, escritos, iconográficos, gestuais etc.

O léxico de Caldas Aulete define a comunicação como sendo a ação ou efeito de comunicar; transmissão de uma ordem ou reclamação; aviso; participação; transmissão.[2]

Nota-se que para ambos os léxicos, a expressão "comunicação" compreende a ação de transmitir uma mensagem. Essa mensagem pode ser escrita, digital, falada, enfim, é irrelevante o meio pelo qual ela é propalada. Trata-se de uma definição que abrange toda e qualquer ação de propagação de uma mensagem, seja ela emitida pelo próprio interessado na transmissão da mensagem ou por terceiro contratado para tal fim. Diante disso, é de se indagar: a materialidade do ICMS-comunicação compreende todas essas situações? É nesse sentido que foi empregada na Constituição Federal a referida expressão?

1. *Houaiss Eletrônico*, Instituto Antônio Houaiss, junho de 2009.
2. *Dicionário Contemporâneo da Língua Portuguesa*, vol. I, p. 783.

A resposta é negativa. A materialidade do ICMS-comunicação não compreende as situações em que a mensagem é transmitida pelo titular da mesma, pois neste caso não há prestação de serviço de comunicação, apenas comunicação, realizada pelo próprio interessado. Consoante já frisado, o ICMS não incide sobre a comunicação, mas sobre o negócio jurídico de prestação de serviço de comunicação, que pressupõe sempre a existência de um prestador e dos interlocutores, emissor e receptor da mensagem.

Leciona Paulo de Barros Carvalho que "a comunicação pode ocorrer de dois modos: (1) de forma pessoal, havendo transmissão de mensagem própria; e (2) com intermediação, em que há transmissão da mensagem de terceiros. Apenas na segunda hipótese incidirá o ICMS, pois como ninguém presta serviço a si mesmo, unicamente se o canal transmissor configurar pessoa diversa do emissor é que teremos a prestação de serviço comunicacional. Enquanto na comunicação a mensagem é recebida diretamente do emissor, na prestação de serviço de comunicação a mensagem, de propriedade do emissor, é transmitida por um indivíduo diverso (prestador de serviços)".[3]

E a divulgação de uma mensagem a receptores indeterminados, pode ser considerada uma prestação de serviços de comunicação para fins de incidência do ICMS? A nossa resposta também é negativa e vamos passar a justificar o nosso entendimento.

Pensamos que a ação de comunicar não pode ser confundida com a ação de difundir, divulgar, propagar. Comunicar, em sentido estrito, é a ação de dar ciência a alguém. Há que existir um ou mais receptores determinados. Não há como se falar em assumir o compromisso de transmitir uma mensagem sem que haja um receptor especificado. O negócio deixaria de ter como objeto a prestação de serviços de comunicação mediante a disponibilização dos meios necessários para que o vínculo comunicativo se estabelecesse para a simples propagação de uma mensagem, sem qualquer compromisso com a efetivação do liame comunicacional. Difundir consiste na divulgação de algo ao público em geral sem qualquer compromisso com a recepção ou não da mensagem pelos destinatários.

3. Paulo de Barros Carvalho, "Não incidência do ICMS na atividade dos provedores de acesso à Internet", in *Revista Dialética de Direito Tributário* 73/101, São Paulo, Dialética, 2001.

É certo que tanto na transmissão de uma mensagem a receptor determinado, quanto na propagação de uma mensagem ao público em geral, há comunicação.

Por outro giro, é irrefutável que o serviço de divulgação de uma mensagem, sem qualquer compromisso que ela chegue até um determinado receptor, é diferente do serviço de envio de uma mensagem a receptor determinado. Eis o cerne da questão: ambas as situações estão compreendidas pela materialidade do ICMS? Parece-nos que não. Havia, à época da edição da Constituição de 1988, um reconhecimento doutrinário e jurisprudencial de que os serviços de divulgação de mensagem ao público em geral, mediante a realização de propaganda e publicidade, não se confundia com as denominadas prestações de serviços de comunicação para fins de incidência do ICMS, tanto que a Lista anexa ao Decreto-lei 406/68, veiculada pela Lei Complementar 56/87, estipulava no item 88 que sobre os serviços de propaganda e publicidade incidia ISS.

Há outra diretriz que nos leva a esta conclusão. A repartição da competência impositiva é fundamental para se assegurar a autonomia das unidades federativas. No tocante à tributação das prestações de serviços, a regra geral é de que compete aos municípios tributar as prestações de serviços, com exceção das prestações de serviços de transporte e de comunicação transmunicipais. Sendo assim, a competência impositiva dos Estados e Distrito Federal, neste aspecto, deve ser interpretada de modo restritivo.

Nessa senda, para que se instaure a relação comunicativa, caracterizadora da materialidade do ICMS-comunicação, exige-se a presença, no mínimo, dos seguintes elementos: a) emissor; b) canal físico; c) mensagem; e d) receptor determinado.

É importante que se diga também que não é qualquer prestação de serviço atrelada à relação comunicativa que se caracteriza como materialidade do ICMS-comunicação, mas somente aquelas que por si só são capazes de instaurar o liame comunicacional. Todas as demais podem até se caracterizar como prestações de serviços, mas não como prestações de serviço de comunicação. São prestações de serviços que, na terminologia utilizada na Lei Geral de Telecomunicações, são denominados de serviços de valor adicionado (art. 61 da Lei 9.472/97). Não estamos aqui a nos referir àquelas situações em que serviços intermediários são realizados para consecução dos serviços de comunicação, como por exemplo, a instalação de equipamentos pela própria empresa que vai viabilizar a prestação do serviço de comunicação, mas de outras prestações de serviços, que embora relacionadas à comunicação, caracterizam-se como prestações autônomas, como é o caso dos provedores de acesso à internet e a instalação de uma central telefônica, entre muitos outros.

A autorização contemplada no art. 155, II, da Constituição Federal, é para tributar as prestações de serviços de comunicação; não a mera disponibilização dos meios necessários para que a comunicação se estabeleça. Isso significa dizer que a tributação somente pode recair sobre eventos efetivamente concretizados e não sobre os contratos de mera disponibilização dos meios necessários para que a comunicação se instaure. O evento passível de ser tributado é "prestar serviços de comunicação" e não "disponibilizar os meios necessários para que a comunicação se estabeleça".

Há autores, dentre eles está o eminente Professor Roque Antonio Carrazza, que defendem a tese que as prestações de serviços passíveis de serem tributadas por meio do ICMS são somente as que extrapassam os limites de determinado município. A competência para tributar os serviços de comunicação prestados dentre dos limites de um determinado município, segundo o entendimento do eminente mestre, é dos municípios. Argumenta o autor: "Ora, na medida em que o art. 156, III, da CF confere aos Municípios competência para tributar serviços de qualquer natureza e, considerando que tais pessoas políticas reafirmam sua ampla autonomia instituindo e arrecadando livremente seus tributos (art. 30, III, da CF), parece-nos perfeitamente sustentável a ideia de que os serviços de comunicações estritamente locais continuam no âmbito do ISS".[4]

Assim, a mesma limitação imposta às prestações de serviços de transporte aplicar-se-ia às prestações de serviços de comunicação, ficando a incidência do ICMS adstrita às prestações que extrapassassem os limites de um ou mais Municípios.

4. Roque Antonio Carrazza, *ICMS*, 15ª ed., São Paulo, Malheiros Editores, 2011, p. 251.

### *2.3 Desnecessidade de intercomunicação entre emissor e receptor*

Discute-se muito se há necessidade de se assegurar a possibilidade de o receptor responder pelo mesmo meio que recebeu a mensagem para que se caracterize a materialidade do ICMS-comunicação. Há autores, como Hugo de Brito Machado, que defendem que isso constitui elemento essêncial para a caracterização da materialidade do ICMS-comunicação. Sustenta o ilustre Professor que é "relevante ainda observar-se que a comunicação não se configura quando alguém apenas transmite mensagens para pessoas indeterminadas, e destas não tem retorno. Comunicação acontece apenas quando há retorno. Ela é necessariamente bilateral. Embora em certos casos possa não haver retorno, há de haver sempre, a possibilidade de retorno. Em outras palavras, os usuários de um serviço de comunicação têm a seu dispor um instrumento que lhes permite transmitir e receber mensagens".[5]

Nessa mesma esteira, salienta Humberto Ávila que o conceito adotado pela Constituição de 1988, para fins de incidência do ICMS-comunicação, é um conceito restrito, "no qual figuram, necessariamente, a determinação do receptor, a bilateralidade da relação entre emissor e receptor e a onerosidade diretamente relacionada à interação".[6]

Há outros, entretanto, como é o caso de André Mendes Moreira, que em sua preciosa obra sobre *A Tributação dos Serviços de Comunicação* é categórico em afirmar que "a bidirecionalidade (possibilidade de o receptor responder à mensagem pelo mesmo meio em que a recebeu) não é nota essencial do fato gerador do ICMS-comunicação".[7]

Analisando o dispositivo que contempla a competência dos Estados e do Distrito Federal para tributar as prestações de serviços de

5. Ives Gandra da Silva Martins (org.), *Tributação na internet*, São Paulo, Ed. RT, 2001, p. 87.

6. Humberto Ávila, "Imposto sobre a prestação de serviços de comunicação. Conceito de prestação de serviço de comunicação. Intributabilidade das atividades de veiculação de publicidade em painéis e placas. Inexigibilidade de multa", in *Revista Dialética de Direito Tributário* 143/116, São Paulo, Dialética, 2007.

7. André Mendes Moreira, *A tributação dos serviços de comunicação*, São Paulo, Dialética, 2006, p. 77.

comunicação em conjunto com os demais preceptivos da Constituição Federal, não vislumbramos a injunção de nenhuma diretriz restritiva à tributação das prestações de serviço de comunicação unilateral a receptor determinado. Não há, no contexto constitucional, norma, princípio ou valor que, interagindo com a norma de outorga de competência, restrinja a incidência somente sobre as prestações que assegurem a intercomunicação entre emissor e receptor. Por essa razão, ficamos com os que defendem a tese da desnecessidade da intercomunicação para fins de incidência do ICMS-comunicação.

### *2.4 Prestações de serviços não compreendidas na competência dos municípios*

Neste item, como não é a preocupação central desse trabalho, pretendemos apenas deixar registrado nosso entendimento sobre o assunto. Assim, vamos fazer a abordagem de forma direta e sucinta. A nosso ver, as únicas prestações de serviços que não estão compreendidas na competência dos Municípios são as prestações de serviços de transporte e de comunicação transmunicipais. Todas as demais estão sujeitas à incidência do ISS. Nem mesmo as denominadas prestações mistas não constantes da lista anexa à Lei Complementar 116/2003, estão sujeitas ao ICMS.

No que tange à competência para tributar as prestações de serviços, a competência residual é dos municípios e não dos Estados e do Distrito Federal. Significa dizer que com exceção das prestações de serviços de transporte e de comunicação transmunicipais, todas as demais compete aos Municípios tributar.

Assevera Aires F. Barreto que o "enunciado constitucional deixa bem evidente que a regra geral é a tributabilidade dos serviços pelos Municípios; exceção é a tributabilidade pelo Distrito Federal e pelos Estados de dois tipos de serviço (transporte e comunicações), sendo que os de transporte só e quando forem transcendentes dos limites municipais. Outorga-se a essas entidades político-constitucionais competência para tributar apenas esses dois serviços".[8]

8. Aires F. Barreto, *ISS na Constituição e na lei*, 2ª ed., São Paulo, Dialética, 2005, p. 39.

Não desconhecemos que há decisões proferidas pelo Superior Tribunal de Justiça[9] firmando entendimento de que, as prestações denominadas de mistas, não constantes da lista anexa à Lei Complementar 116/2003, estão sujeitas ao ICMS. Não concordamos com tal entendimento, pois a repartição constitucional da competência para a tributação das prestações de serviços não contempla tal regra. Nem se diga que tal entendimento poderia sustentar-se com base no art. 155, § 2º, IX, "b", da Constituição Federal, e § 2º do art. 1º da Lei Complementar 116/2003.

O art. 155, § 2º, IX, "b", da Constituição Federal, prescreve que o ICMS incidirá também quando "mercadorias forem fornecidas com serviços não compreendidos na competência tributária dos Municípios". Ora, quais serviços não estão compreendidos na competência dos Municípios? São só os de transporte interestadual e intermunicipal e de comunicação. Todos os demais estão compreendidos na competência dos Municípios, ainda que não contemplados na lista anexa à Lei Complementar 116/2003.

Por outro giro, o fato de o § 2º do art. 1º da Lei Complementar 116/2003 estabelecer que "Ressalvadas as exceções expressas na lista anexa, os serviços nela mencionados não ficam sujeitos ao Imposto Sobre Operações Relativas à Circulação de Mercadorias e Prestações de Serviços de Transporte Interestadual e Intermunicipal e de Comunicação – ICMS, ainda que sua prestação envolva fornecimento de mercadorias", não nos autoriza concluir que as prestações mistas não constantes da lista ficam sujeitas ao ICMS. A não incidência de ISS não pode implicar, necessariamente, a incidência do ICMS. Não há regra

9. "(...) sobre operações mistas, assim entendidas as que agregam mercadorias e serviços, incide o ISSQN sempre que o serviço agregado estiver compreendido na lista de que trata a LC 116/03 e incide ICMS sempre que o serviço agregado não estiver previsto na referida lista" (STJ, REsp 650.687-RJ, 1ª T., Rel. Min. Teori Zavascki, j. 17.9.2008).

"O critério adotado por esta Corte para definir os limites entre os campos de competência tributária de Estados e Municípios relativamente ao ICMS e ISSQN, seguindo orientação traçada no Supremo Tribunal Federal, é o de que nas operações mistas há que se verificar a atividade da empresa; se esta estiver sujeita à lista do ISSQN o imposto a ser pago é o ISSQN, inclusive sobre as mercadorias envolvidas, com a exclusão do ICMS sobre elas, a não ser que conste expressamente da lista a exceção, como é o caso dos autos" (STJ, EDcl no AgRg no AgRg no REsp 1.168.488-SP, 2ª T., Rel. Min. Humberto Martins, *DJ-e* 21.6.2010).

de repartição de competência na Constituição Federal contemplando tal possibilidade. Não há dispositivo prevendo que, não havendo a incidência do ISS, pode incidir o ICMS. Tal construção é um despautério. Ademais, não compete à legislação infraconstitucional demarcar a competência tributária.

Compete aos Municípios tributar toda e qualquer prestação de serviço, com exceção dos serviços de transporte e de comunicação transmunicipais e não somente os constantes da lista. Não ignoramos que o art. 156, II, da Constituição Federal, estabelece que compete aos municípios tributar os "serviços de qualquer natureza, não compreendidos no art. 155, II, definidos em lei complementar". Todavia, tal lei – não cansamos de afirmar – tem caráter meramente explicitativo e não pode cercear o direito dos Municípios de tributar todas as prestações de serviços, tampouco ampliar a competência dos Estados de tributar aquilo que a Constituição Federal não lhes outorgou competência para tanto. Essa é a exegese que melhor se coaduna com o sistema de repartição de competência impositiva criado pelo constituinte de 1988. Essa interpretação mantém intacta a estrutura de repartição adotada, preserva o pacto federativo e assegura a autonomia dos municípios.

### *2.5 Prestações de serviço de comunicação nas modalidades de radiodifusão sonora e de sons e imagens de recepção livre e gratuita*

Conforme já salientado, a falta de uma demarcação mais explícita na Constituição Federal do que são prestações de serviços de comunicação tem causado muitas discussões sobre o que podem ser considerados serviços passíveis de serem tributados pelo ICMS-Comunicação.

O legislador do Distrito Federal, por exemplo, estabeleceu na Lei Orgânica que compete ao Distrito Federal instituir o ICMS sobre operações de circulação de mercadoria e sobre prestações de serviços sobre transporte interestadual e intermunicipal e de comunicação de que trata o art. 21, XI, da Constituição Federal, ainda que as operações e prestações se iniciem no exterior.

O art. 21, XI, da Constituição Federal estabelecia em sua redação originária que competia à União "explorar, diretamente ou mediante concessão a empresas sob controle acionário estatal, os serviços telefônicos, telegráficos, de transmissão de dados e demais serviços públicos de telecomunicações, assegurada a prestação de serviços de informações por entidades de direito privado através da rede pública de telecomunicações explorada pela União". A EC n. 8, de 15.8.95, alterou a redação passando o inciso a ter o seguinte texto: "explorar, diretamente ou mediante autorização, concessão ou permissão, os serviços de telecomunicações, nos termos da lei, que disporá sobre a organização dos serviços, a criação de um órgão regulador e outros aspectos institucionais".

Já o inciso XII, alínea "a", da Constituição Federal, estabelecia que competia à União "os serviços de radiodifusão sonora, e de sons e imagens e demais serviços de telecomunicações". A redação foi alterada pela EC n. 8, de 15.8.95, passando a ter o seguinte texto: "os serviços de radiodifusão sonora, e de sons e imagens".

O Governador do Distrito Federal ajuizou ação direta de inconstitucionalidade (ADI 1.467), alegando em síntese que a norma veiculada pelo art. 132, I, "b", da Lei Orgânica, estabelece uma distinção estranha ao texto constitucional para a cobrança do ICMS, contrariando o princípio federativo disposto no art. 155, § 2º, inciso XII, alínea "g", e o princípio da isonomia tributária, previsto no art. 155, inciso II, ambos da Constituição Federal.

O Supremo Tribunal Federal, por unanimidade, julgou procedente o pedido formulado na inicial declarando a inconstitucionalidade da expressão "de que trata o art. 21, XI, da Constituição Federal", contida na alínea "b" do inciso I do art. 132 da Lei Orgânica do Distrito Federal, cuja ementa passamos a transcrever:

> "*Ementa: – Direito Constitucional e Tributário. ICMS sobre Serviços de Comunicação: Radiodifusão Sonora e de Sons e de Imagens (alínea 'a' do inciso XII do art. 21 da Constituição Federal. Artigo 132, I, 'b' da Lei Orgânica do Distrito Federal. Ação Direta de Inconstitucionalidade.* 1. O art. 132, I, 'b', da Lei Orgânica do Distrito Federal, ao admitir a incidência do ICMS apenas sobre os serviços de comunicação, referidos no inciso XI do art. 21 da CF, vedou sua incidência sobre os mencionados no inciso XII, 'a', do mesmo artigo, ou seja, sobre 'os serviços de radiodifusão sonora e de sons e imagens' (art. 21, XII, 'a', da CF, com a redação dada pela EC n. 8, de 15.8.1995). 2. Com isso, estabeleceu, no Distrito Federal,

tratamento diferenciado dessa questão, em face do que ocorre nas demais unidades da Federação e do disposto no art. 155, inc. II, da CF, pelos quais o ICMS pode incidir sobre todo e qualquer serviço de comunicação. 3. Assim, ainda que indiretamente, concedeu imunidade, quanto ao ICMS, aos prestadores de serviços de radiodifusão sonora e de sons e de imagens, sem que essa imunidade estivesse prevista na Constituição Federal (art. 155, II), que, ademais, não admite que os Estados e o Distrito Federal concedam, com relação ao ICMS, nem mesmo simples isenções, incentivos e benefícios fiscais, senão com observância da Lei Complementar a que aludem o art. 155, § 2º, inciso XII, letra 'g'. 4. Lei Complementar, a de n. 24, de 7.1.1975, já existia, com essa finalidade, antes, portanto, da Constituição de 5.10.1988. 5. E, a esta altura, já está em vigor a Lei Complementar n. 87, de 13.9.1996, cujo art. 1º reitera a incidência do ICMS sobre todo e qualquer serviço de comunicação, regulando também a forma pela qual os Estados e o Distrito Federal concederão isenções, incentivos e benefícios fiscais. 6. Caracterizada a concessão de imunidade não prevista na Constituição Federal, ou, ao menos, a concessão de benefício fiscal não autorizado pela Lei Complementar a que aquela se refere, julga-se procedente a Ação Direta, declarando-se a inconstitucionalidade da expressão 'de que trata o art. 21, XI, da Constituição Federal', constante da alínea 'b' do inciso I do art. 132 da Lei Orgânica do Distrito Federal. 7. Plenário: decisão unânime."[10]

O julgamento do Supremo Tribunal Federal limitou-se a decidir sobre a restrição inserida no art. 132, I, "b", da Lei Orgânica, consistente na impossibilidade de o Distrito Federal tributar outros serviços de comunicação além dos constantes do inciso XI do art. 21 da Constituição Federal. Nada além disso. Em outras palavras, nada decidiu sobre a delimitação do que são prestações de serviços de comunicação para fins de tributação por meio do ICMS; decidiu apenas que a Lei Orgânica não pode restringir a competência outorgada pela Constituição Federal.

Parece-nos que não se pode pretender construir, com fundamento nessa decisão, exegese de que os serviços de radiodifusão sonora, e de sons e imagens, com exceção dos de recepção livre e gratuita, por

10. STF, Tribunal Pleno, decisão unânime, ADI 1.467, *DJU* 11.4.2003.

serem agora imunes, podem ser tributados pelo ICMS-comunicação, eis que, como demonstrado alhures, o ICMS somente incide sobre negócios jurídicos onerosos cujo objeto consiste na obrigação de instaurar o liame comunicacional entre um emissor e um receptor determinado.

Nos serviços de transmissão aberta de imagens e sons pelas rádios e televisões não há negócio jurídico com os usuários. Na hipótese de existir remuneração, esta é feita pelos anunciantes interessados em divulgar ideias, promover a venda de bens e serviços, além de inúmeros outros fins. Independentemente dos fins que motivam a propagação de imagens e sons, o importante é que não há negócio oneroso passível de ser tributado na relação entre as emissoras e os usuários. O que há é a veiculação de imagens e sons ao público em geral.

A divulgação de imagens e sons sem qualquer compromisso com a formação de um liame comunicacional entre emissor e receptor não pode ser qualificada como prestação de serviço de comunicação para fins de incidência de ICMS, pois não há negócio oneroso entre os usuários e as emissoras e quanto aos eventuais anúncios veiculados mediante pagamento, estes também não se qualificam como serviços de comunicação, mas como serviços de propaganda.

Não podemos olvidar que a Emenda Constitucional n. 32/2003 inseriu a alínea "d" no inciso X do § 2º do art. 155 da Constituição Federal, estabelecendo que o ICMS não incide sobre "prestações de serviço de comunicação nas modalidades de radiodifusão sonora e de sons e imagens de recepção livre e gratuita".

A nosso ver o legislador foi muito infeliz com essa inovação. Primeiro, porque a propagação de sons e imagens a receptores indeterminados não se enquadra na materialidade do ICMS, pois não se caracteriza como prestação de serviços de comunicação. Segundo, porque prestações de serviços gratuitos, por força do princípio da capacidade contributiva, não podem ser submetidas à tributação.

Por outro giro, se o objetivo foi afastar da tributação a remuneração auferida com os chamados *comerciais*, de igual forma, a inovação é inadequada, pois, em tese, tal atividade poderia ser tributada pelo ISS e não pelo ICMS.

Portanto, a referida modificação implementada pela EC n. 42/2003, ao invés de contribuir para o aprimoramento do sistema, criou mais uma dificuldade de aplicação do ICMS-comunicação, pois já há operadores sustentando que como a imunidade alcança somente a propagação de imagens e sons de recepção livre e gratuita, todas as demais modalidades estão sujeitas ao ICMS, o que, a nosso ver, é um equívoco, como tentaremos demonstrar nos próximos tópicos.

### *2.6 Tributação das prestações de serviços de propaganda e publicidade*

O negócio jurídico em que alguém se compromete a prestar serviço de levar uma mensagem de um ponto a outro ponto, assumindo o compromisso de instaurar o vínculo comunicacional entre o emissor e o receptor, é diferente da atividade de divulgar uma mensagem ao público em geral, sem qualquer obrigação quanto à recepção da mensagem pelos seus destinatários. Por outro giro, ambas as atividades podem ser consideradas prestações de serviços de comunicação para fins de incidência do ICMS? É certo que o direito constroi suas próprias realidades e, sendo assim, respeitados os parâmetros estabelecidos pelo sistema, poderia considerar ambas as situações como prestações de serviços de comunicação, mas é o que está prescrito? Pensamos que não.

Na sistemática adotada pela Constituição de 1967, competia à União tributar os serviços de comunicação (art. 22, VII) e aos Municípios competia tributar os serviços de qualquer natureza não compreendidos na competência da União e dos Estados, definidos em lei complementar (art. 25, II).

A lista dos serviços passíveis de serem tributados pelo ISS, anexa ao Decreto-lei 406/68, redação dada pela Lei Complementar 56/87, estabelecia nos itens 85 e 86 que estavam sujeitas à tributação pelo imposto municipal os seguintes serviços:

> "85. Propaganda e publicidade, inclusive promoção de vendas, planejamento de campanhas ou sistemas de publicidade, elaboração de desenhos, textos e demais materiais publicitários (exceto sua impressão, reprodução ou fabricação);
>
> "86. Veiculação e divulgação de textos, desenhos e outros materiais de publicidade, por qualquer meio (exceto em jornais, periódicos, rádio, e televisão)."

Nota-se, portanto, que no momento em que foi elaborada a Constituição de 1988, o sistema jurídico brasileiro, para fins de definição da competência impositiva, reconhecia a distinção entre prestar serviço de levar mensagens a receptores determinados e a veiculação de mensagens ao público em geral. Essa sistemática não foi alterada. O legislador constituinte, neste aspecto, manteve a mesma estrutura, o que nos leva a concluir que essa peculiaridade é relevante para se admitir a existência de um conceito amplo e outro restrito do que são serviços de comunicação para fins de demarcação da incidência tributária.

Na Lei Complementar 116/2003, as prestações de serviços de propaganda e publicidade, inclusive promoção de vendas, planejamento de campanhas ou sistemas de publicidade, elaboração de desenhos, textos e demais materiais publicitários, foram mantidas como passíveis de serem tributadas pelo ISS (subitem 17.06). Não estamos com isso afirmando que a competência impositiva dos municípios é definida pela referida lei, estamos apenas registrando o que está positivado.

A "Veiculação e divulgação de textos, desenhos e outros materiais de propaganda e publicidade, por qualquer meio" (que constava do subitem 17.07), por sua vez, foi objeto de veto, pois, segundo as razões do veto:

> "O dispositivo em causa, por sua generalidade, permite, no limite, a incidência do ISS sobre, por exemplo, mídia impressa, que goza de imunidade constitucional (cf. alínea 'd' do inciso VI do art. 150 da Constituição de 1988). Vale destacar que a legislação vigente excepciona – da incidência do ISS – a veiculação e divulgação de textos, desenhos e outros materiais de publicidade por meio de jornais, periódicos, rádio e televisão (cf. item 86 da Lista de Serviços anexa ao Decreto-lei n. 406, de 31 de dezembro de 1968, com a redação da Lei Complementar n. 56, de 15 de dezembro de 1987), o que sugere ser vontade do projeto permitir uma hipótese de incidência inconstitucional. Assim, ter-se-ia, *in casu*, hipótese de incidência tributária inconstitucional. Ademais, o ISS incidente sobre serviços de comunicação colhe serviços que, em geral, perpassam as fronteiras de um único município. Surge, então, competência tributária da União, a teor da jurisprudência do STF, RE n. 90.749-1-BA, Primeira Turma, Rel. Min. Cunha Peixoto, *DJ* de 3.7.1979, ainda aplicável a teor do inciso II do art. 155 da Constituição de 1988, com a redação da Emenda Constitucional n. 3, de 17 de março de 1993".

Deixando de lado a análise das razões do veto, eis que é irrelevante para os fins deste trabalho, parece-nos irrefutável a assertiva de que o ordenamento jurídico reconhece, para efeito de tributação, a distinção entre a prestação de serviço consistente em estabelecer o liame comunicacional entre um emissor e um receptor determinado e a veiculação de sons e imagens a receptores indeterminados.

Não se quer com isso sustentar a construção de uma definição de prestações de serviços de comunicação tendo como amparo a legislação infraconstitucional. O que se quer é demonstrar que o constituinte ao utilizar a expressão "prestações de serviços de comunicação", o fez em sentido estrito, ou seja, utilizou a expressão para se referir às prestações de serviços de comunicação a receptores determinados, na medida em que, segundo a sistemática adotada, as prestações de serviços em geral, devem ser submetidas à tributação por meio do ISS.

### *2.7 Veiculação de textos e imagens por meio de placas, painéis e "outdoor"*

A atividade de veicular textos e imagens por meio de placas, painéis e *outdoor* está sujeita à tributação por meio do ISS ou ICMS?

Primeiramente, é importante registrar que a referida atividade pode ser explorada economicamente de várias maneiras, e isso será determinante para fins de definição da incidência tributária. A título de exemplo, se o proprietário de determinados terrenos revolve instalar *outdoors* nos mesmos e passa a explorá-los economicamente mediante locação, não temos dúvida em afirmar que as receitas obtidas com a locação não poderão sofrer a incidência do ISS nem do ICMS. Por outro lado, se o detentor do direito de uso dos referidos *outdoors* resolver prestar serviços de publicidade, mediante a divulgação de textos e imagens a pedido dos contratantes, nesta hipótese, incidiria ICMS ou ISS?

O Estado de São Paulo, em situação como está, autuou a empresa exploradora de tal atividade por entender que incide ICMS e não ISS, como sustentado pela empresa. Vejamos, em síntese, os fundamentos invocados pelos agentes do Estado de São Paulo na autuação: a) que a partir da Emenda Constitucional n. 42/2003 teria ficado claro que o conceito de comunicação compreende também a veiculação de mensagens a um público em geral, tanto que foi instituída referida imunidade; b) como a Lei Complementar 116/2003 não contemplou mais a tributação de tal hipótese, os Estados teriam passado a ter essa competência; c) que a Constituição Federal não teria demarcado o conceito de comunicação e, sendo assim, os Estados poderiam legislar para o fim de contemplar também o envio de mensagens a receptores incertos.

Quanto à inovação implementada pela EC n. 42/2003, como demonstrado alhures, trata-se de uma alteração inútil, pois de nenhuma utilidade é a determinação que estabelece que prestações gratuitas de serviços não podem ser tributadas, na medida em que negócios não onerosos não podem ser submetidos à tributação por não contemplar fato revelador de capacidade contributiva.

Com relação ao argumento de que, como a Lei Complementar 116/2003 não contemplou mais a tributação de tal hipótese, os Estados teriam passado a ter essa competência, não encontra ele amparo em nosso sistema. Primeiro, porque não há nenhuma regra constitucional estabelecendo que determinada prestação de serviço, não sendo tributada pelo ISS, poderá ser tributada pelo ICMS. Nem se diga que a alínea "b" do inciso XI do § 2º do art. 155 da Constituição Federal estabelece que o ICMS incide também "sobre o valor total da operação, quando mercadorias forem fornecidas com serviços não compreendidos na competência tributária dos Municípios", pois, segundo nosso entendimento, os únicos serviços não compreendidos na competência dos Municípios são os de transporte e de comunicação, nenhum outro. Aliás, a regra de repartição da competência impositiva quanto às prestações de serviços, é justamente ao contrário: todas as prestações de serviços, com exceção das de transporte e comunicação transmunicipais, são passíveis de serem tributados por meio do ISS. Segundo, não cabe à lei complementar definir a competência impositiva das pessoas políticas.

O argumento de que a Constituição Federal não teria demarcado o conceito de comunicação e, sendo assim, os Estados poderiam legislar para o fim de contemplar também o envio de mensagens a receptores incertos, de igual forma, não nos parece que encontre respaldo em nosso sistema. Dizemos isso porque, como demonstrado alhures, apesar de a Constituição não ter demarcado de forma explicita a materialidade do ICMS-comunicação, a realização de uma interpretação sistemática nos permite verificar que a materialidade do ICMS-comunicação não compreende o negócio jurídico de envio de mensagens a receptores indeterminados. Sendo assim, nem mesmo a lei complementar poderia contemplar tal previsão.

Nessa esteira, independentemente do veículo que for utilizado, se o negócio jurídico entabulado contempla apenas a obrigação de divulgação de imagens e textos a receptores indeterminados, não estamos diante de uma hipótese de incidência de ICMS-comunicação.

## *2.8 Atividades prestadas por "cyber café": incide ICMS ou ISS?*

A exploração econômica das atividades dos denominados *cyber café* está sujeita à tributação por meio do ICMS ou ISS? Eis a questão sobre a qual, de forma breve, pretendemos discorrer.

Sabe-se que os *cyber cafés* são tidos como locais em que os interessados podem, mediante pagamento de determinado valor, utilizar um computador para acessar a Internet. Além disso, no mesmo local podem ser exploradas outras atividades, como livraria, papelaria, lanchonete e outras.

Diante disso, para fins de tributação, é preciso que seja feita a individualização de cada uma das atividades, pois se o estabelecimento desenvolve mais de uma atividade, provavelmente, ficará sujeito a diferentes impostos, a depender de cada uma das atividades.

No que tange às receitas auferidas com a locação de computadores para acesso à Internet, a nosso ver, não incide ISS nem ICMS, pois a locação de bens móveis não é fato típico de nenhum dos dois impostos.

Não há dúvida que sobre os serviços de comunicação que possibilitam o acesso à rede mundial de computadores, há incidência de ICMS-comunicação; entretanto, esta não é uma relação jurídica que se estabelece entre o locatário do equipamento e o *cyber café*, mas entre este último e a empresa prestadora dos serviços de comunicação.

## *2.9 Da possibilidade ou não de se tributar os denominados serviços de "VoIP" pelo ISS ou ICMS-comunicação*

Primeiramente, impõe-se que se desvende o que podem ser considerados serviços de "VoIP", pois se referidos serviços forem realizados de forma onerosa e possibilitarem, por si só, a instauração do vínculo comunicacional entre emissor e receptor, em tese, são passíveis de serem tributados pelo ICMS.

Consoante informações técnicas prestadas pela Anatel, o "Voz sobre IP", também conhecido como VoIP (*Voice over Internet Protocol*), é um conjunto de tecnologias que usam a Internet ou redes IP privadas para a comunicação de voz, substituindo ou complementando os sistemas de telefonia convencionais. A Anatel não regulamenta as tecnologias, mas os serviços de telecomunicações que delas se utilizam. A comunicação de voz utilizando computadores conectados à Internet – uma das aplicações desta tecnologia – é considerada Serviço de Valor Adicionado, não sendo necessária autorização da Anatel para prestá-lo.[11]

No entendimento da Agência Reguladora, há duas situações consideradas principais:

> a) Comunicação de voz efetuada entre dois computadores pessoais ou similares, utilizando programa específico e recursos de áudio do próprio equipamento e com acesso limitado a usuários que possuam tal programa. Este caso, conforme considerado internacionalmente, não constitui serviço de telecomunicações, mas Serviço de Valor Adicionado (SVA) que utiliza a Internet como meio para viabilizar a comunicação.
>
> b) Comunicação de voz de forma irrestrita com acesso a usuários de outros serviços de telecomunicações e numeração específica, recurso este objeto de controle pelo órgão regulador brasileiro. Estas são características de um serviço de telecomunicações de interesse coletivo para o qual é imprescindível uma autorização prévia da Agência e cuja prestação deve estar em conformidade com a regulamentação da Anatel.[12]

Nota-se, então, que os denominados serviços de "VoIP" nada mais são do que um conjunto de tecnologias que usam a Internet ou redes IP privadas para estabelecer o vínculo comunicacional. Não é a "tecnologia VoIP" que, por si só, viabiliza a comunicação, mas sim os meios

11. *http://www.anatel.gov.br/Portal/exibirPortalInternet.do#%29*. Acesso em 12.7. 2011.

12. *http://www.anatel.gov.br/Portal/exibirPortalInternet.do#%29*. Acesso em 12.7. 2011.

convencionais de comunicação. Tanto que a própria Agência Reguladora (Anatel) os considera como serviços de valor adicionado.

Nas ligações entre computadores, a tecnologia possibilita digitalização da voz em pacotes de dados para que trafegue pela rede e convertê-los em voz novamente em seu destino.

Já nas ligações do computador para telefones fixos e celulares as chamadas são transmitidas por meio da Internet até o ponto mais próximo do local de destino, fazendo com que o custo delas seja menor do que de uma ligação telefônica convencional.

Desta forma, nas ligações realizadas de computador para computador, sem qualquer cobrança pela utilização da tecnologia "VoIP", não há que se falar em fato passível de ser tributado, já que são os serviços prestados pelas empresas de telecomunicações que tornam possível a transmissão dos dados, estes sim, passíveis de serem tributados pelo ICMS-comunicação.

Nas hipóteses em que os interessados usem a tecnologia "VoIP", mais o sistema convencional de comunicação para que o vínculo comunicacional seja estabelecido, não há dúvidas que quanto aos serviços de telefonia incide o ICMS-comunicação.

Portanto, considerando que o "sistema VoIP" é um conjunto de tecnologias que usam a internet ou redes IP privadas para viabilizar a comunicação de voz, sobre ele não pode haver a incidência de ICMS.

### *2.10 Da intributabilidade das "TVs por assinatura" e do "pay per view" por meio do ICMS*

Nas contratações das denominadas "TVs por assinatura", a empresa assume o compromisso de enviar até o ponto contratado imagens e sons segundo a programação escolhida. A transmissão é via cabo (TVs a cabo) ou pelo Serviço de Distribuição de Sinais Multiponto Multicanais – MMDS, que é uma modalidade de serviço especial que se utiliza de faixa de micro-ondas para transmitir sinais a serem recebidos em pontos determinados dentro de uma área de prestação.[13] As imagens e sons são transmitidas a receptores determinados.

13. *http://www.anatel.gov.br/Portal/exibirPortalInternet.do#%29*. Acesso em 12.7. 2011.

Portanto, inegável que há comunicação de imagens e sons entre a empresa contratada e o receptor denominado de assinante. Eis a questão: neste caso incide ICMS?

O Superior Tribunal de Justiça tem decidido que sobre as receitas obtidas com as assinaturas de TVs a cabo incide ICMS. Entre outras decisões existentes nesse sentido, cita-se a decisão abaixo:

> "*Processo Civil – Tributário – ICMS – Serviço de TV a cabo – Incidência – Arts. 2º da Lei 8.977/95 e 2º da LC 87/96 – Precedentes.*
>
> "1. Incide ICMS sobre o serviço de TV a cabo, tendo em vista a interpretação literal do art. 2º da LC 87/96.
>
> "2. Precedentes de ambas as Turmas desta Corte."[14]

Com o devido respeito às decisões proferidas pelo E. STJ, parece-nos que os negócios jurídicos celebrados entre as empresas que comercializam as denominadas "assinaturas" e os "assinantes" não se caracterizam como contratos de prestação de serviços de comunicação.

A Lei 8.977/95 defina que o "Serviço de TV a Cabo é o serviço de telecomunicações que consiste na distribuição de sinais de vídeo e/ou áudio, a assinantes, mediante transporte por meios físicos". De fato, *in casu*, há um serviço de comunicação, mas não uma *prestação* de serviço de comunicação. Muito bem, nessas alturas nosso interlocutor já deve estar pensando que está havendo falha na comunicação, pois não está entendendo o que estamos dizendo. Calma. Na verdade, na relação entre a empresa e o assinante deve haver comunicação, pois se ela não existir, a programação não chegará até o ponto contratado. Todavia, o serviço de comunicação é desenvolvido pela empresa em benefício próprio, pois a mesma assumiu o compromisso de levar até o local contratado certa programação. O contrato celebrado pelo assinante não tem como objeto a prestação de serviços de comunicação. Neste caso, o serviço de comunicação é atividade-meio e não atividade-fim.

Nas contratações das "TVs por assinatura", a transmissão das imagens e sons é apenas atividade-meio para a consecução da atividade-fim que é proporcionar a possibilidade de o assinante assistir à programação contratada. A contratação não se restringe ao dever de a contrata-

14. STJ, REsp 1.132.695-SP, 2ª T., Rel. Min. Eliana Calmon, *DJ*-e 10.3.2010.

da transmitir sons e imagens, mas levar, via cabo ou outros meios, a programação contratada até o local especificado no contrato.

Portanto, considerando as peculiaridades dos negócios realizados sob o rótulo de "TVs por assinatura", via de regra, o que ocorre é a cessão dos direitos autorais quanto à programação contratada, que pode ser de titularidade da empresa contratada ou de terceiros. Seja como for, tratando-se de cessão de direito de uso, sobre os referidos negócios não incide ISS nem ICMS.

Na contratação específica de certo filme ou qualquer outra programação, na modalidade *pay per view*, a natureza do negócio realizado é, mesmo, cessão de direito de uso. Logo, sobre tais negócios não pode incidir ISS nem ICMS.

## *2.11 Conclusões*

O ICMS-comunicação somente pode incidir sobre prestações de serviços onerosas em que o contratado realiza a comunicação entre um emissor e um receptor determinado. O prestador não participa da relação comunicativa, apenas viabiliza a comunicação. É um terceiro, estranho à relação comunicativa que, mediante pagamento, assume o compromisso de transmitir certa mensagem a um ou mais destinatários especificados.

Para a caracterização da materialidade do ICMS-comunicação não há necessidade que a prestação de serviço de comunicação assegure a intercomunicação entre emissor e receptor.

As únicas prestações de serviços que não estão compreendidas na competência dos Municípios são as prestações de serviços de transporte e comunicação transmunicipais. Todas as demais estão sujeitas à incidência do ISS. Nem mesmo as denominadas prestações mistas não constantes na lista anexa à Lei Complementar 116/2003, estão sujeitas ao ICMS.

Os serviços de transmissão aberta de imagens e sons pelas rádios e televisões não são fatos típicos do ICMS-comunicação.

A veiculação de textos e imagens por meio de placas, painéis e *outdoors* não pode ser submetida à tributação por meio do ICMS-comunicação, pois a materialidade do referido imposto não compreende as hipóteses de divulgação a receptores indeterminados.

A exploração da atividade denominada de *cyber café*, consistente na locação de equipamentos para que os locatários tenham acesso à Internet, não é passível de ser tributada por meio do ICMS-comunicação nem pelo ISS.

Considerando que o "sistema VoIP" é um conjunto de tecnologias que usam a Internet ou redes IP privadas para viabilizar a comunicação de voz, sobre ele não pode incidir o ICMS.

Nas contratações das "TVs por assinatura", a transmissão das imagens e sons é apenas atividade-meio para a consecução da atividade-fim, que é proporcionar a possibilidade de o assinante assistir à programação contratada. O negócio celebrado tem natureza de cessão de direito de uso. Portanto, sobre as receitas auferidas na exploração do referido negócio não pode incidir ISS nem ICMS.

# *SANÇÕES TRIBUTÁRIAS*

Cristiano Carvalho
Livre Docente em Direito Tributário (USP). Mestre e Doutor em Direito Tributário (PUC/SP). Pós-Doutorado em Direito e Economia (U.C. Berkeley). Advogado.



## *I – Introdução*

A presente obra, em comemoração aos 30 anos do Instituto Internacional de Direito Público e Empresarial-IGA-IDEPE, posteriormente rebatizado com o nome de seu fundador, Geraldo Ataliba, é uma justa homenagem à longa e profícua história desta instituição, que por tantos anos vem brindando a comunidade jurídica com o mais tradicional Congresso da área, além de publicações e cursos de formação acadêmica e profissional.

Um dos traços mais marcantes na trajetória de seu criador, Mestre Geraldo Ataliba, comum a outros grandes doutrinadores como Paulo de Barros Carvalho, Roque Antonio Carrazza e o Presidente do IGA-IDEPE, Aires Fernandino Barreto, foi a preocupação em fomentar a abertura perene dos estudos da tributação a outros campos do conhecimento, como a Filosofia e a Teoria Geral do Direito, em uma inspiração que concilia rigor metodológico e a incansável busca pela verdade, valores que conjuntamente perfazem o autêntico empreendimento científico.

É justamente no afã de homenagear esse espírito pluralista que apresentamos este breve ensaio sobre as sanções tributárias, cujo enfoque buscará aplicar métodos interdisciplinares de investigação, tais como a Teoria da Linguagem, a Teoria dos Jogos e a Análise Econômica do Direito.

Este trabalho se propõe a apresentar uma análise estruturalista e funcionalista das sanções tributárias, sem preocupar-se com questões envolvendo tributos específicos, crimes contra a ordem tributária ou mesmo exames de constitucionalidade de leis ou atos normativos particulares. Centenas de páginas já foram escritas levando em conta esses aspectos, da lavra dos mais ilustres juristas.

Nosso intuito é distinto: expor ao leitor a natureza da sanção jurídica, a partir do enfoque de sua *estrutura* e de sua *função*, no contexto próprio em que se insere, qual seja, o Direito Tributário.

## *1. Direito e sanção*

A natureza do Direito tem suscitado discussões filosóficas desde a Antiguidade até os dias de hoje. Desde a justiça retributiva da *lex talionis* babilônica (o "olho por olho, dente por dente", do Código de Hamurabi), passando pelas concepções racionalistas equitativas de Aristóteles e o seu "direito é razão livre das paixões" (*Política*, 1287 b), até as controvérsias jusnaturalistas e juspositivistas dos últimos dois séculos, o fato é que o Direito, como criação humana, sempre teve caráter regulador de comportamentos.

Perquirições ontológicas e metafísicas sobre a essência ou natureza do Direito nunca puderam passar ao largo, portanto, daquela porção epistemicamente verificável que são, *grosso modo*, as leis que regem as condutas dos homens. Seja o jusnaturalismo, que nega o *status* de Direito às leis que contrariam a sua concepção do justo, seja o juspositivismo, que identifica o Direito com a própria Lei positiva, o ponto de partida da análise acaba sempre sendo os ordenamentos normativos usualmente relacionados às civilizações particulares que os instituíram.

Como regulação de comportamento humano, o Direito funciona por meio de regras impostas aos indivíduos, invariavelmente emanadas por algum tipo de autoridade central, seja esta de caráter religioso ou laico. Importa perceber que não há ordem que possa ser eficientemente imposta sem algum tipo de intimidação, simbólica ou real. John

Austin (2000, pp. 13-16), jurista inglês do século dezenove, fundador da Escola da Jurisprudência Analítica e o primeiro juspositivista por excelência, definiu o Direito de forma tão simples quanto precisa e elegante: "comandos apoiados por ameaças estatais".

Outra forma, mais usual, de se referir à "ameaça estatal" é simplesmente *sanção*. Assim, sanção jurídica é a forma pela qual o Direito incentiva a observância de seus comandos pelos indivíduos.

Como veremos em tópicos subsequentes, as sanções não são apenas fortes motivadores de comportamentos, mas a forma precípua pela qual o sistema jurídico mantém sua funcionalidade.

## *2. Regras dispositivas, regras sancionadoras e sua estrutura lógica*

Hans Kelsen, jurista austríaco e provavelmente o positivista de direito continental mais célebre do século passado, identificou o Direito com a norma jurídica, dando tal importância às sanções a ponto de classificá-las como "normas primárias". Nesse sentido, a ordem jurídica impõe suas prescrições inexoravelmente conectando-as com as sanções, pois é assim que obtém sua natureza coerciva, detendo o monopólio da violência, como definiram Marx e Engels (1998).

O Direito busca regular comportamentos, de modo a buscar a paz social, ainda que por intermédio da guerra (Jhering, 2004), *i.e.*, coagindo os cidadãos pela ameaça do uso da força, sinalizado pelo seu aparato estatal de coerção. A regulação das condutas, entretanto, se dá pelas regras dispositivas, o que significa dizer os comandos que impõem determinados comportamentos dos indivíduos.

O direito privado, por exemplo, estabelece regras balizadoras das relações entre indivíduos, no que tange ao exercício de suas prerrogativas de contratar, legar, herdar, entre outras. O direito público, por seu turno, institui normas que limitam a liberdade individual, tendo por norte, sempre, a presença do Estado como sujeito de direito em relação jurídica com os cidadãos. Seja como for, essas regras dispõem a obrigatoriedade, proibição ou permissão de determinados comportamentos, cujo descumprimento enseja então consequências jurídicas, que são as sanções.

Importante perceber que a estrutura lógica da regra dispositiva e da regra sancionadora é condicional: se a conduta não for cumprida, então a consequência será a sanção. Essa estrutura da regra completa não pode ser confundida, entretanto, com aquela que integra a própria compostura da regra dispositiva e da regra sancionadora, também condicional. Em outras palavras, uma regra que determina uma conduta – por exemplo, uma regra tributária –, é essencialmente condicional: se prestar serviço, deve ser a obrigação de pagar o ISS; se auferir renda, deve ser a obrigação de pagar o IR; se vender mercadoria, deve ser a obrigação de pagar o ICMS.

Diferente é a condição de cumprir com a própria conduta imposta, que uma vez não satisfeita ensejará uma punição, como forma *ex ante* de motivar a observância do seu destinatário. A condição, no primeiro caso, é *intranormativa* (entre hipótese de incidência e o seu consequente); no segundo caso, é *internormativa* (entre regra dispositiva e regra sancionadora).

A estrutura lógica dessas regras é assim formalizada:

$$D\ [(p \rightarrow q)\ .\ (-\ q \rightarrow r)]$$

Traduzindo: o "D" significa dever-ser, ou seja, a linguagem normativa do Direito, uma vez que não se trata de causalidade física, à qual seria imputada uma consequência jurídica. A própria previsão fática da hipótese de incidência é um recorte jurídico da realidade, e a implicação com o consequente, por seu turno, nada tem de causal, mas sim de imputação, como ensina Kelsen (1996, p. 86).[1]

O critério lógico da hipótese não é o verdadeiro/falso da lógica aristotélica, mas sim o válido/invalido da lógica deôntica; o "p" é a hipótese de incidência (*v.g.*, prestar serviço); a seta "→" significa a implicação lógico-condicional; o "q" é o consequente da regra dispositiva (pagar o imposto sobre serviços). O "." é o conjuntor lógico que denota a inseparabilidade da regra dispositiva e da regra sancionadora;

1. E, conforme Lourival Vilanova (1998, pp. 114-115), "a relação de condicionalidade que se exprime na proposição jurídica, entre a proposição-hipótese e a proposição-tese (ou entre a proposição-implicante e a proposição implicada) contém um conectivo de ligação e sobre esse conectivo incide o modal deontológico: 'deve-ser que se o vendedor dá a coisa vendida, então o comprador dá o preço'. O conectivo incide sobre o vincula 'se..., então' (→) – além de constituir a estrutura interna das proposições relacionais, onde um sujeito tem direito face a outro sujeito que tem dever. (...) Na proposição jurídica não se diz que a implicação é necessária, efetiva ou possível, mas que deve-ser".

na segunda regra, o "q", antecedido pelo negador lógico "-" indica o descumprimento daquela conduta prescrita pela regra dispositiva (pagar o imposto), cuja implicação "→" é a sanção "r". Em linguagem ordinária: *se* prestar serviço, *deve ser* o dever de pagar o imposto sobre serviços (regra dispositiva). *Se* não pagar o imposto, *deve ser* a sanção jurídica (regra sancionadora).

Nem sempre, entretanto, as regras dispositivas encontram-se explícitas no sistema jurídico. Há segmentos do ordenamento onde tais disposições são implícitas, como é o caso do Direito Penal. Por exemplo, o artigo 121 do Código Penal Brasileiro, cuja locução é "matar alguém: Pena – reclusão, de seis a vinte anos" denota regra sancionadora, pois se refere unicamente à infração pelo cometimento de ilícito penal. Infere-se logicamente, todavia, a vedação à conduta criminosa, que assim poderia se enunciar: *é proibido matar*. Note-se que a intenção do legislador é coibir a ocorrência de comportamentos criminosos, bastando, para tanto, expressar as punições, pois é suficiente a abstenção da conduta indesejada por parte dos cidadãos.

Outros segmentos do sistema, contudo, exigem ações efetivas dos seus destinatários, como é o caso do Direito Tributário. O contribuinte precisa cumprir toda uma gama de deveres instrumentais, como, por exemplo, contabilização de suas atividades e prestação de informações ao Fisco, além do pagamento, propriamente dito, dos tributos. Daí a necessidade de explicitude das regras dispositivas tributárias, como condição necessária para que o indivíduo tenha ciência do "porquê", do "como" e do "quanto" de suas obrigações, e assim possa cumpri-las. Mas só se motivará realmente a obedecê-las se compreender as consequências sancionatórias do seu descumprimento.

Note-se que "sanção" é termo ambíguo, pois pode denotar tanto a punição administrativa quanto a judicial. Por outro lado, as expressões "regra primária" e "regra secundária" indicam, respectivamente, a regra de caráter substantivo e a regra de caráter adjetivo, *i.e.*, judicial. A primeira é norma material, enquanto a última é de natureza processual. A dualidade estrutural da regra jurídica, por sua vez, também é ambígua: significa, de um lado, a estrutura lógico-implicacional (princípio da homogeneidade sintática), pela qual toda regra possui um antecedente ou descritor, que qualifica como jurídico um fato natural ou social, e um consequente ou prescritor, modulador deôntico de deveres e direitos subjetivos. Por outro lado, a dualidade significa também a proposição normativa completa, formada pela regra primária e pela regra secundária. Direito só pode existir, de forma eficaz, se o Estado estiver apto a exercer o seu monopólio da força, e o fará desencadeado pelo comando das regras secundárias, de caráter adjetivo (Kelsen, 1996). Como diz o velho brocardo romano, *nullum ius sine actione.*

O Direito opera tanto por meio de sanções materiais quanto por intermédio de sanções aplicadas pelo Estado-juiz. Multas contratuais ou multas administrativas são exemplos da primeira espécie, ao passo que as sanções impostas pelo Judiciário, que implicam real perda da liberdade (física ou patrimonial) do indivíduo, são exemplos do último tipo. Em Estados Democráticos de Direito, costuma ser prerrogativa geral do Judiciário a competência de emanar normas que efetivamente tolham a liberdade do cidadão, seja no seu ir e vir, seja subtraindo o seu patrimônio de modo a satisfazer os direitos dos seus credores.

A classificação entre normas primárias e normas secundárias – proposta por Hans Kelsen em sua obra póstuma *Teoria Geral das Normas*[2] e adotada em terra pátria por juristas como Lourival Vilanova e Paulo de Barros Carvalho, dentre outros – refere-se, respectivamente, àquelas regras de direito material, que dispõem certos comportamentos a serem obedecidos pelos cidadãos e àquelas regras que denotam a aplicação do aparato coercivo do Estado, através do Judiciário, de modo a forçar o cumprimento das condutas prescritas pelo legislador.

Quando a sanção é de natureza administrativa, diz-se que a regra é *primária sancionadora*, conforme lição de Eurico Marcos Diniz de Santi (1999, pp. 43-44), pois falta-lhe o caráter coercitivo da regra secundária. No direito tributário brasileiro, apenas esta última tem o condão de realmente subtrair patrimônio do particular, pela força física do Estado (*v.g.* ação judicial de execução fiscal).

Tanto a regra primária como a secundária apresentam igual estrutura sintática (hipótese e consequente), mas diferente conteúdo semântico: a primária tem, na sua hipótese, um fato lícito, prescrevendo, no seu consequente, uma relação jurídica; a secundária tem, na sua

2. Onde Kelsen (1986, p. 181) reformula sua anterior classificação das sanções como normas primárias.

hipótese, o fato do descumprimento de dever determinado no consequente da regra primária, e, no seu consequente, a relação jurídica em que aparece como sujeito ativo o mesmo da norma primária, e como sujeito passivo o Poder Judiciário, a quem é postulado o seu poder de coerção.

Em linguagem simbólica, a proposição normativa completa se representa assim:

$$D\,[\underbrace{(p \rightarrow q)}_{R\ 1^{a}\ d} \cdot \underbrace{(-q \rightarrow r)}_{R\ 1^{a}\ s} \cdot \underbrace{(-q \vee -r) \rightarrow s}_{R\ 2^{a}}]$$

Ou, explicitando os antecedentes e consequentes:

$$D\,\{[H \rightarrow R'(Sa, Sp)] \cdot [-R'(Sa, Sp) \rightarrow R''(Sa, Sp)] \cdot [-R'(Sa, Sp) \vee -R''(Sa, Sp) \rightarrow R'''(Sa, Sj)]\}$$

A regra primária dispositiva, a regra primária sancionadora e a regra secundária são representadas, respectivamente, por "R 1ª d", "R 1ª s" e "R 2ª". O antecedente da regra primária sancionadora é o descumprimento da conduta imposta ao sujeito passivo na relação jurídica prescrita no consequente da regra primária dispositiva. O consequente da regra primária sancionadora é uma nova relação jurídica, na qual o sujeito passivo deve prestar obrigação advinda de penalidade administrativa.

Já a regra secundária tem como antecedente o descumprimento da obrigação imposta ao sujeito passivo no consequente da norma primária dispositiva, o descumprimento da obrigação imposta no consequente da norma primária sancionadora, ou o descumprimento de ambas as condutas (como indica o conectivo "v" – disjuntor includente). O consequente da regra secundária implica nova relação jurídica, entre o sujeito ativo da(s) outra(s) relação(ões) e o Estado-Juiz, que, por sua vez, deverá citar o sujeito passivo, ocasionando uma relação triádica.

Preenchendo semanticamente os categoremas lógicos, teremos: "*deve ser* que: *se* prestar serviço de qualquer natureza, *deverá ser* o dever de pagar o imposto municipal sobre serviços; se não pagar o imposto, deverá ser o dever de pagar o imposto acrescido da multa administrativa; se não pagar nem o imposto e/ou a multa, poderá o sujeito ativo ingressar com ação judicial de execução fiscal, de modo a obter a tutela jurisdicional, pela qual se estabelecerá nova relação jurídica, com o contribuinte como polo passivo da ação".

### *3. Sanções punitivas e sanções premiais*

A punição sempre foi o método tradicional empregado pelo Direito para motivar comportamentos, desde os mais remotos tempos. Do século XIX até o início do século passado, os sistemas jurídicos ocidentais limitavam-se a exercer uma função repressora de condutas tidas como indesejadas pela sociedade. Os países regidos pela ideia de Estado Liberal clássico agiam de modo a coibir ilicitudes, restringindo-se a garantir a ordem interna, a proteger o território de invasões externas e a dirimir conflitos entre cidadãos. Tratava-se de uma postura eminentemente calibradora da ordem social, com o intuito de manter a paz social, relegando a maior parte dos assuntos privados a quem lhes competia, a própria sociedade civil.

Com o advento do Estado Social (*welfare state*) em meados do século XX, os sistemas jurídicos passaram a intervir ativamente na esfera privada, não mais de modo apenas repressivo, mas também indutor, com vistas à promoção de agendas políticas de cunho redistributivo de riquezas. Além disso, outros temas vieram à tona, envolvendo questões de preocupação coletiva, como o meio-ambiente, direitos do consumidor, responsabilidade social das empresas, bioética, entre outras. O Direito passaria então a incorporar uma feição finalística, não mais apenas mantendo o *status quo* social, mas buscando promover mudanças na própria ordem social. Nascia então o funcionalismo jurídico, pelo qual o Direito existe e se justifica na medida em que sirva para a implementação de valores tidos como importantes e que reflitam anseios dos membros da sociedade.

As sanções punitivas seguiram como forma primordial de motivação de condutas intersubjetivas, mas outra forma extremamente potente de incentivo comportamental passou a ser extensivamente empregada: a sanção premial.

Como o próprio nome indica, trata-se de um prêmio, de uma recompensa oferecida ao indivíduo de modo a incentivá-lo a escolher determinada ação. O sistema jurídico passa a contar com toda uma gama de potentes estímulos ao cumprimento de seus preceitos e à consecução de seus objetivos, tornando-se uma verdadeira máquina de incentivos, seja pelo uso de punições, seja pela sua função promocional, como refere Bobbio (2008).

Em termos lógicos, as regras sancionadoras premiais não decorrem de regras dispositivas obrigatórias ou proibitivas, como acontece com as sanções punitivas, mas de faculdades. Regras que facultam condutas do cidadão o premiam quando este opta pela ação positivamente valorada pelo legislador. Sua estrutura lógica, portanto, é assim:

$$D\,[(p \rightarrow qwq') \,.\, (-q \rightarrow r)]$$

Onde, "D" é o dever-ser, "p" é a hipótese de incidência que tipifica determinada conduta, "→" é o implicador, "q" e "q' " são as condutas facultativas, cuja opção de realizá-las ou não é representada pelo disjuntor excludente "w", "-q' " é a opção por não realizar a conduta considerada indesejada, e "r" é a sanção premial.

No direito tributário vem se tornando cada vez mais frequente a utilização de sanções premiais. Exemplo típico são os descontos de multas veiculados em autos de infração, de modo a desincentivar o autuado a exercer o seu direito ao contraditório. O ponto que vale enfatizar é que o legislador passa a compreender melhor a racionalidade dos indivíduos, instituindo normas que estimulem mais eficientemente os comportamentos na direção dos fins pretendidos.

## *4. Racionalidade, tributo e sanção*

Sabe-se, ao menos desde Thomas Hobbes, David Hume e Adam Smith, que é ínsita à racionalidade humana buscar maximizar o seu próprio bem-estar. Os indivíduos, salvo em situações excepcionais, cujas causas podem variar desde o altruísmo puro até patologias psíquicas, preferem melhorar a sua condição de vida do que piorá-la. Fosse o contrário, a espécie humana não teria transcorrido todo o processo evolutivo e cultural que se originou no período pré-histórico e culminou na civilização altamente complexa da atualidade. Esse é um dos lados positivos do autointeresse racional, naquilo que Bernard de Mandeville chamou de "vícios privados, benefícios públicos", pois a ação indistinta, espontânea e não dirigida por uma autoridade central, dos indivíduos, geralmente ocasiona o bem-estar da coletividade. A passagem clássica do *Riqueza das Nações*, de Adam Smith (1989, p. 95), é tão verdadeira quanto exaustivamente citada:

> "Não é da bondade do homem do talho, do cervejeiro ou do padeiro que podemos esperar o nosso jantar, mas da consideração em que eles têm o seu próprio interesse. Apelamos, não para a sua humanidade, mas para o seu egoísmo, e nunca lhes falamos das nossas necessidades, mas das vantagens deles".

Entretanto, em determinadas situações de exceção (nem por isso pouco frequentes), o autointeresse individual é prejudicial à sociedade.

Civilizações se formam a partir de agrupamentos de indivíduos que compartilham de determinados valores e interesses: segurança, bem-estar, felicidade, realização. Os valores comuns funcionam como uma forma de elo entre os diversos interesses privados. A forma de viabilizar a consecução desses interesses se dá por meio de renúncias mútuas de liberdades individuais, no que se convencionou denominar de "contrato social".

Todavia, não é possível manter uma civilização sem recursos econômicos, e estes provém em sua maior parte dos tributos pagos pelos cidadãos. Daí a famosa frase de Oliver Wendell Holmes, juiz da Suprema Corte norte-americana: "tributos são o que pagamos para viver em uma sociedade civilizada".

Considerando que o contrato social é abstração da filosofia política que se refere ao pacto entre indivíduos, cuja renuncia parcial e mútua de suas liberdades é em prol de uma autoridade central protetora da liberdade de todos, poder-se-ia cogitar que os cidadãos pagariam de bom grado seus tributos, de forma totalmente voluntária. Ledo engano.

Os tributos servem, principalmente, para custear *bens públicos*. Esta classe de bens se caracteriza por duas notas relativas ao seu uso: *não rivalidade* e *não exclusividade*. Uso não-rival significa que a fruição de um bem por um indivíduo não impede o uso dos demais (*v.g.*, o meu uso da iluminação pública não impede que outros a utilizem também, pois a minha utilização não esgota este bem). Uso não-excludente significa que não é possível impedir a fruição deste bem pelos indivíduos (*v.g.*, para que eu usufrua da televisão aberta ou da radiodifusão, basta que eu tenha um aparelho que capte a transmissão de suas ondas, não sendo possível impedir o meu uso). Não se deve confundir esta classificação, oriunda da ciência econômica, com a clássica dicotomia jurídica entre bens públicos e privados, que leva em conta basicamente a titularidade do bem: o bem é público quando pertence ao Estado, ou é privado quando pertence ao particular.[3]

Justamente por essas características, os bens públicos geram *externalidades positivas*, ou seja, efeitos que transcendem as partes envolvidas em uma relação jurídico-econômica, atingindo terceiros. São positivas pelo fato de gerarem benefícios a indivíduos que não pagaram pelo bem, produzindo então o chamado oportunismo ou "efeito-carona". Bens públicos são, nesse sentido econômico, *falhas de mercado*, pois os agentes econômicos privados não têm incentivos suficientes para produzir estes bens, já que é difícil cobrar por eles (quem pagará, se pode usufruir de graça?). Todavia, são bens importantes para a sociedade, pois geram benefícios para todos, cabendo então ao Estado provê-los. Como direitos "custam", o governo necessita de recursos para fornecer segurança, educação, saúde e outros bens públicos à sociedade, recursos estes advindos, em sua maior parte, dos tributos pagos pelos contribuintes.

Nisso reside, portanto, a essência compulsória do tributo. Como as externalidades positivas incentivam o oportunismo, fosse uma sociedade baseada em transferências voluntárias de recursos privados para a produção de bens públicos, em pouco tempo os indivíduos deixariam de contribuir e passariam a "pegar carona" no custo arcado por terceiros, motivando outros a seguirem tal exemplo, até o ponto de inviabilizar o sistema.

No jargão da *Teoria dos Jogos*, campo do conhecimento que aplica modelos matemáticos ao comportamento humano estratégico, tal deserção movida pela racionalidade autointeressada é ilustrada pelo clássico dilema do prisioneiro. Neste jogo, ocorre a seguinte situação:

3. Percebe-se a diferença entre as classificações econômica e jurídica com o exemplo do prédio de uma repartição pública. O prédio é um bem publico no sentido jurídico por pertencer ao Estado, porém, é um bem privado no sentido econômico: seu uso é rival, uma vez que a utilização de suas dependências físicas por uns impede o uso de outros, dada a capacidade limitada de espaço físico; e também é possível impedir a fruição de terceiros, bastando para isso barrar a sua entrada no prédio.

Dois acusados de serem cúmplices em um crime são mantidos isolados pela polícia, sem nenhuma possibilidade de se comunicarem. Interrogados separadamente, aos prisioneiros são oferecidas as seguintes alternativas: 1) se ambos confessarem o crime, serão sentenciados a cinco anos de prisão; 2) se ambos negarem o crime, serão sentenciados a um ano de prisão (porque o promotor só conseguirá provar um crime de menor importância); 3) se um confessar e o outro negar, o acordo com o promotor é que aquele que tiver confessado ficará livre e o que tiver negado receberá dez anos de prisão.

O resultado que atende aos postulados da escolha maximizadora individual acaba sendo uma escolha ruim para o grupo. Ocorre que em grande parte das situações da vida cotidiana, agimos estrategicamente, o que nada mais é do que atuar levando em conta como os outros agirão e reagirão à nossa ação. No dilema acima, o jogo é de informação completa (os dois jogadores sabem as recompensas – ou sanções – advindas de suas escolhas) e simultâneo (só é jogado uma vez, e as escolhas ocorrem sem que um jogador saiba da escolha do outro; logo, não pode haver ameaças ou reciprocidades entre eles).

Por isso mesmo, cada jogador agirá levando em conta a possível escolha do outro, sendo que as recompensas incentivam o oportunismo e desestimulam a cooperação, por falta de confiança mútua suficiente. O resultado melhor para o grupo seria ambos negarem a autoria do crime, cuja recompensa é a menor pena. Contudo, há o receio de fazer isso, pois o outro pode confessar (para sair livre), aproveitando-se (pegando carona) daquele que nega a culpa, condenando este à pena máxima. Logo, a escolha racional é ambos confessarem, acarretando o pior resultado para o grupo (porém não o pior resultado individual). Este resultado é o chamado *Equilíbrio de Nash*, nomeado por conta do matemático homônimo, John Forbes Nash Jr., laureado com o Nobel de Economia, em 1994.[4]

A tributação também enseja uma espécie de dilema do prisioneiro, pois é tentador desertar do seu cumprimento e pegar carona nos contribuintes adimplentes. Mesmo com a tributação compulsória, tais tentações permanecem, o que se verifica pela ocorrência da elisão e da

4. Para uma abordagem profunda da teoria dos jogos aplicada ao Direito, ver Douglas G. Baird, Robert H. Gertner e Randal C. Picker, *Game theory and the Law*, Cambridge, Harvard University Press, 1994.

evasão fiscal. Da mesma forma que o equilíbrio resultante do dilema, ainda que seja vantajoso do ponto de vista individual não pagar tributos, do ponto de vista social é péssimo, pois a redução de recursos ao Estado prejudica a produção de bens públicos.

Uma das consequências nefastas é a própria majoração da carga tributária *per capita*, redistribuindo mais tributos ainda para aqueles que os pagam, de forma a manter a arrecadação. Essa redistribuição, por seu turno, implica um círculo vicioso, pois quanto maior a exação, maiores serão os incentivos para a deserção do seu cumprimento.

A forma pela qual o Direito pode tentar minimizar o problema é a alocação das recompensas adequadas (*pay offs*, no jargão da teoria dos jogos) às ações dos contribuintes, ou seja, instituir as consequências eficientemente motivadoras das condutas desejadas pelo legislador: cumprir com as obrigações tributárias, principais e acessórias. As recompensas ou consequências são as sanções tributárias, punitivas ou premiais.

A sanção tem importância crucial para a tributação. Outros segmentos do sistema jurídico, como o Direito Privado e o Direito Penal, por exemplo, são mais influenciáveis pela moral e pelas normas sociais do que o sistema tributário. Preceitos morais ancestrais, como "não matar" são arraigados nas mais diversas culturas ao redor do globo. Regras que tipificam e punem o homicídio parecem ser muito mais dirigidas a indivíduos com tendências antissociais do que ao cidadão médio. Fosse o artigo 121 do Código Penal ab-rogado de nosso ordenamento, nem por isso a taxa de homicídios aumentaria exponencialmente, pois a média da população não possui ímpetos homicidas.

No Direito Privado, as normas sociais frequentemente têm força semelhante ou mesmo maior que as regras formais do Direito positivo, principalmente quando há pessoalidade nas relações ou quando há possibilidade de interações repetidas entre agentes econômicos. Em relações obrigacionais onde os sujeitos já possuem algum tipo de relação pessoal prévia, ou quando há possibilidades de o comportamento desonesto gerar retaliação (ou o comportamento honesto gerar reciprocidade) em futuros negócios, as normas sociais imperam.[5]

5. É a estratégia denominada *tit for tat* na teoria dos jogos, que ocorre em interações repetidas. Se em uma relação prévia um dos sujeitos agiu de forma torpe, é muito provável que não consiga mais fazer negócios com a mesma parte, ou que esta venha a agir também de maneira desonesta como forma de retaliar.

A tributação, por sua vez, não tem os freios morais que outros segmentos da realidade social possuem. Não é nada incomum sujeitos que levam uma vida regrada por preceitos morais evadirem de suas obrigações tributárias em algum momento. Em sistemas de tributação opressiva, alguns autores até mesmo defendem a moralidade do descumprimento dos tributos, como forma de resistência à tirania. Nem tampouco tem a tributação a reciprocidade de condutas em negócios repetidos, como no direito privado, pois a obrigação fiscal é *ex lege*, sem o caráter voluntário das relações contratuais civis.

Resta, para dar funcionalidade às obrigações tributárias, reforçá-las com sanções jurídicas que sirvam de incentivos efetivos ao seu cumprimento, conforme veremos a seguir.

## 5. *Cálculo racional e a eficácia das sanções tributárias*

Cesare Beccaria, jurista e filósofo italiano do século XVIII, foi o pioneiro na concepção de racionalidade ao Direito Penal, em sua obra *Dei delitti e delle pene*, publicada em 1763, tendo influenciado inclusive outro jurista e filósofo de índole reformista, o inglês Jeremy Bentham. Para Beccaria, as penas deveriam não apenas punir os ilícitos, mas também servir como elementos de dissuasão das condutas criminosas a todos os demais indivíduos, funcionando de forma prospectiva.

Essa linha de pensamento antecedeu a moderna *teoria da escolha racional*, modelo paradigmático da Ciência Econômica, da Teoria da Decisão e da Teoria dos Jogos, pelo qual os indivíduos efetuam suas escolhas tendo em vista as vantagens e desvantagens relativas às outras alternativas que se lhe apresentam. Este cálculo pondera os custos e os benefícios das opções de escolha do agente, mediante as informações de que dispõe e leva em conta os incentivos relativos à cada alternativa.

O que leva a uma opção ou outra na tomada de decisão é justamente a relação custo-benefício – a escolha será racional se os benefícios superarem os custos, sendo que estes podem ser custos de oportunidade,[6]

6. *Custo de oportunidade* é justamente o valor daquilo que se renuncia ao escolher uma alternativa. Se escolho cursar pós-graduação no exterior, terei, por exemplo, de renunciar a uma serie de coisas: o salário que tenho em meu emprego, oportunidades de ascensão imediata na carreira, ou talvez mesmo relações pessoais sejam prejudicadas pela minha ausência. Esses fatores deverão compor o custo de oportu-

de transação[7] ou, os mais comumente levados em conta pelos juristas, custos contábeis ou financeiros.

No contexto do sistema jurídico, as sanções são vistas como os preços a serem pagos pelas condutas ilícitas, portanto, são os principais custos a serem processados pelo cálculo racional. Por isso, o sistema jurídico é, sobretudo, um sistema de preços normativos, sendo estes fixados pelas sanções.

Cumpre dizer que as sanções morais também exercem fator importante para o estímulo das condutas moralmente virtuosas. A reprovação moral dos pares por vezes tem força até maior do que a punição formal do Direito, como, por exemplo, o adultério em sociedades mais conservadoras (que, no Brasil, sequer mais é crime, consoante o Direito Penal positivo).

As sanções, jurídicas ou sociais, são um dos custos importantes a serem sopesados pelo indivíduo, e entrarão no cálculo custo-benefício juntamente com outros custos, como o de oportunidade. Se a opção de descumprir com o dever moral ou com o dever jurídico for mais recompensadora, e a sanção correspondente for baixa, ou a probabilidade de ser pego descumprindo-as for suficientemente reduzida, muitos indivíduos agirão desonestamente (Gintis, 2009, p. 73). Na tributação, as sanções sociais são menos fortes, sobrando às jurídicas a função de motivar eficazmente o contribuinte a obedecer suas obrigações tributárias.

Sanções punitivas gerais e abstratas são condição necessária, porém não suficiente, para obter a obediência dos contribuintes. A *efetiva aplicação* dessas sanções é o elemento indispensável para que o contribuinte processe a punição como um efetivo preço ao escolher a con-

nidade da minha escolha em realizar o curso. Para que a decisão seja racional, o custo de oportunidade – o custo da segunda melhor escolha (*second best*) deve ser superado pelo benefício da opção escolhida.

7. *Custo de transação* é o custo da barganha propriamente dita, não do objeto barganhado. Em outras palavras, não se trata do custo do bem ou do serviço transacionado, mas o custo da transação propriamente dita. São custos que devem ser avaliados, pois muitas vezes podem causar fricção prejudicial às trocas econômicas. Se, por exemplo, desejo comprar um automóvel e, em vez de adquiri-lo por R$ 50.000,00 em uma loja, passo os próximos seis meses pesquisando o mercado para, finalmente, encontrar o mesmo modelo por R$ 48.000,00, provavelmente os custos de transação (no caso, custos de procura) me trouxeram prejuízo – ainda que o valor contábil do segundo carro seja menor que o do original. Perdi seis meses sem ter automóvel, sem falar no tempo perdido que poderia ter sido utilizado para outra atividade mais produtiva.

duta a ser tomada e assim possa calcular as suas ações. A eficácia das sanções, portanto, preserva também a segurança jurídica.

Gary Becker, economista laureado pelo Nobel (1992) aplicou as ferramentas da escolha racional ao fenômeno da criminalidade. Criminosos, segundo este professor da Universidade de Chicago, agem como qualquer outro indivíduo racional: sopesam custos e benefícios e reagem a incentivos. O criminoso racional não se importa com as *sanções nominais*, mas sim com as *sanções esperadas*, *i.e.*, não importam penas meramente previstas na legislação, mas sim aquelas que realmente são aplicadas, que percorrem o processo de positivação, da regra geral e abstrata à regra individual e concreta. O mesmo raciocínio se aplica a qualquer outro ilícito, inclusive o tributário.

Para que se possa obter uma eficiente dissuasão das condutas ilícitas, é necessário então aplicar os incentivos certos, e estes se formam a partir da combinatória *sanção + aplicação da sanção*. A equação de Becker é tão simples quanto brilhante: EP = NP x PP.

EP é a penalidade esperada (do inglês *expected penalty*), NP é a penalidade nominal (*nominal penalty*) e PP é a probabilidade de a pena ser imposta concretamente. Se o benefício esperado em não pagar tributos superar o custo esperado das sanções tributárias, o contribuinte racional muito provavelmente não cumprirá com a obrigação tributária. Se o custo esperado superar o benefício, o contribuinte racional provavelmente pagará o tributo devido.

Exemplificando, se a multa administrativa máxima em tributos federais é 150% do tributo devido (em casos de dolo e fraude), mas a probabilidade de aplicação dessa sanção seja, digamos, 20%, a sanção esperada é 30% do valor do tributo.

Supondo que o montante a ser pago (tributo + multa) seja R$ 100.000,00, este valor sofre desconto pela probabilidade de apenas 20% de efetiva aplicação da sanção, ou seja, resulta em somente R$ 20.000,00. Isso não significa afirmar que o sonegador receberá multa de vinte mil reais, mas sim que esse é o valor a ser levado em conta por ele em seu cálculo custo-benefício.[8]

8. Trata-se de exemplo apenas ilustrativo. Não se quer afirmar que criminosos efetuem cálculos matemáticos e probabilísticos, mas que a racionalidade funciona, ainda que intuitivamente, assim.

Note-se que o tempo necessário para a efetiva exequibilidade da sanção não foi levado em consideração aqui, o que certamente é um fator importante a ser calculado. Se esse mero 1/5 da sanção nominal ainda tomar, digamos, 10 anos para ser levado a cabo, mais barato se torna ainda o cometimento do ato ilícito. Levando em conta o tempo médio de um processo administrativo, seguido ainda da possibilidade de contraditório judicial (por meio de ação declaratória, anulatória ou de embargos à execução), as sanções tributárias tem baixa efetividade em nosso sistema jurídico.

Outras espécies de sanção passam a funcionar como elementos alternativos para a dissuasão. As chamadas "sanções políticas", que incluem cadastro de devedores, necessidade de certidão negativa de débito para diversas atividades dos contribuintes, selos e alvarás de funcionamento, emissão de documentos fiscais apenas quando as empresas estiverem em dia com o fisco e mesmo apreensões e retenções de bens privados, passam a funcionar como motivadores potentes ao cumprimento das obrigações fiscais.

## *6. Sanções tributárias, proporcionalidade e confisco*

A proporcionalidade nas regras jurídicas significa a adequação dos meios aos fins. Em outras palavras, os meios são as regras jurídicas empregadas e os fins são os resultados que o legislador almeja, decorrentes das condutas dos indivíduos. Sendo assim, se o legislador pretende, por exemplo, obter arrecadação e coibir a evasão fiscal, deve instituir uma sanção que represente um custo maior do que cumprir com a obrigação. Parece algo um tanto óbvio; entretanto, o que deve ser também considerado é *o custo de oportunidade do contribuinte.*

O custo de oportunidade indicará qual a opção mais vantajosa, e envolve também o valor presente e o valor futuro dessas escolhas. Por esse giro, o contribuinte avaliará o quanto ganhará agora, se deixar para pagar o tributo mais tarde, aproveitando-se do tempo ganho com o desenrolar do processo administrativo e do processo judicial. Nesse sentido, não basta, como vimos no tópico anterior, instituir uma sanção nominal alta se a probabilidade de efetividade da mesma é baixa. A proporcionalidade, pelo ponto de vista do legislador, deverá considerar a sanção esperada e não apenas a sanção nominal.

Da mesma forma, a sanção deve ser suficientemente discriminatória, no sentido de punir ou premiar quando deve, de modo a motivar eficazmente a conduta. Em outras palavras, o agente racional calculará o seu custo de oportunidade no sentido de cumprir com a conduta apenas se a sanção representar uma desvantagem suficientemente convincente. Na mesma toada, como previu Beccaria, se uma punição idêntica é aplicada para duas diferentes infrações, que afetam a sociedade em distintos graus, nada impedirá os homens de cometerem o crime mais grave se este lhes trouxer mais vantagens.

Por outra sorte, a sanção não deve ser tal que desmotive o contribuinte a seguir com suas atividades, caso incorra em alguma infração. Uma multa impagável acaba sendo contraproducente para o próprio Estado que a institui, tal a improbabilidade de sua satisfação dadas as condições patrimoniais do particular.

Destarte, as sanções devem ser graduadas consoante as infrações que lhes deem origem. Logo, infrações do tipo formais, que decorram da inobservância de deveres instrumentais, não devem ser desproporcionais ao delito. Nesse mesmo diapasão, sanções que decorrem de ilícitos sem caráter subjetivo, devem ser menores que aquelas previstas para infrações que contenham elementos de dolo, fraude ou simulação. Não obstante a notória dificuldade na instituição de sanções que sejam simultaneamente eficientes e proporcionais, uma possível forma de fazê-lo seria avaliar a utilidade marginal do contribuinte em cumprir com a obrigação tributária.

Em linguagem econômica, a utilidade marginal é a medida de satisfação que o consumidor tem ao adquirir uma unidade a mais de determinado bem (Mankiw, 2005, p. 462). Assim, a regra sancionadora deve ser graduada de modo a manter, na medida do possível, a utilidade do contribuinte em pagar o tributo, pois a alternativa (multa) deve lhe ser mais desvantajosa. Por exemplo, se a multa prevista para o não pagamento de tributo é baixa, digamos, de 5% sobre o principal, a alternativa (não pagar) pode mostrar-se mais atraente. Por outro lado, a multa exacerbada pode surtir efeito nulo, uma vez que o contribuinte não tenha condições de arcá-la. Uma possibilidade seria a sanção progressiva – levando em conta o valor do tributo, o tempo de sua inadimplência ou a gravidade da infração.

Nesse sentido, para que a proporcionalidade fosse realmente atendida, assim como o princípio da igualdade tributária (tratar os iguais de forma igual, os contribuintes que se encontrem em situação semelhante), as sanções deveriam ser instituídas a partir de uma extensa e minuciosa análise das áreas específicas de atividade econômica às quais o tributo incide. Em setores onde houvesse mais margem de lucro ou mais possibilidade de sonegação, as sanções poderiam ser mais elevadas do que naqueles onde a lucratividade é menor ou onde a ocorrência de fraudes é reduzida. A dificuldade e o custo legislativo elevado – sem mencionar a possível enxurrada de ações judiciais postulando erroneamente a violação à isonomia – acabam por impedir a instituição dessas sanções seletivas no direito positivo.

Na jurisprudência, vem sendo comum a discussão sobre a proporcionalidade das sanções, bem como o seu possível caráter confiscatório. O chamado "efeito de confisco", limitação constitucional ao poder de tributar prevista no artigo 150, IV, da Carta Magna, é de difícil precisão, tal a indeterminação do conceito de confiscatoriedade na tributação. Usualmente aplicável à graduação do tributo propriamente dito, os tribunais vêm se posicionando quanto ao efeito de confisco nas multas fiscais.

O Supremo Tribunal Federal, no RE 78.291 (j. 23.10.1974), cujo relator foi o grande tributarista pátrio Aliomar Baleeiro, manteve decisão do tribunal *a quo* que reduziu multa de mora relativa à contribuição previdenciária, sem a ocorrência de fraude, de 50% para 20% sobre o valor da obrigação principal. No RE 81.550, cujo relator foi o Min. Xavier de Albuquerque, a multa de mora foi reduzida e 100% para 30%, desta vez relativa ao imposto sobre circulação de mercadorias mineiro. No RE 91.707, cujo relator foi o Min. Moreira Alves e novamente proveniente de ICM mineiro, o tribunal não conheceu do recurso interposto pelo Estado de Minas Gerais, mantendo a multa moratória reduzida pelo tribunal *a quo.*

Na ação direta de inconstitucionalidade, movida pelo Governador do Rio de Janeiro contra a Assembleia Legislativa do mesmo estado, o STF declarou inconstitucionais os dispositivos do Ato das Disposições Constitucionais Transitórias da Constituição fluminense, que estipulavam multas de no mínimo o dobro do valor da obrigação principal, no caso de infração pelo não recolhimento, e de no mínimo cinco vezes o valor do principal, no caso de fraude. Por fim, o STF reconheceu a existência de repercussão geral no RE 582.461, relativa à base de cálculo "por dentro" no ICMS paulista, bem como à aplicação da taxa Selic e da natureza confiscatória da multa.

Interessante perceber que em todas as decisões há uma mera estimativa intuitiva, um *rule of thumb*, como dizem os norte-americanos, sobre o caráter confiscatório ou não das multas. O juízo de razoabilidade empregado, de modo a avaliar a desproporcionalidade e a confiscatoriedade das sanções, não aplica qualquer forma de mensuração que avalie, por exemplo, critérios de utilidade ou de custo de oportunidade, que poderiam ser úteis para a criação de sanções tanto justas quanto eficientes.

## *II – Conclusões*

Não pode haver norma jurídica sem sanção, a ponto de o próprio conceito de Direito conter a sanção como parte de sua essência. O Direito funciona como um regulador de comportamentos humanos, com o fito de alcançar determinados fins, sendo estes concretizações daqueles valores fundamentais sobre os quais o sistema jurídico se erige.

A única forma pela qual é possível condicionar comportamentos é por meio de punições ou prêmios, pois estes são os principais incentivos processados pelo indivíduo racional. O direito tributário é o segmento do sistema jurídico que mais acarreta a tensão entre a necessidade de obtenção de recursos para a manutenção do Estado e a preservação da liberdade econômica individual, ou, em outras palavras, o conflito entre o interesse público e o interesse particular. A adequada instituição de sanções jurídicas é uma das formas de minorar esse conflito, evitando o indesejado "efeito carona" de oportunistas em contribuintes adimplentes.

A instituição de sanções deve, portanto, levar em conta a sua função por excelência: motivar comportamentos, por meio de punições ou recompensas, de forma que o Direito alcance os fins que pretende. No Direito Tributário, a finalidade fundamental é tornar o Estado apto a fornecer os bens públicos que o mercado não tem incentivos suficientes para produzir, gerando assim, as externalidades positivas tão necessárias à coletividade.

## *Referências bibliográficas*

ARISTÓTELES. *Política.* Tradução de Mário da Gama Kury. 3ª ed. Brasília: Editora UnB, 1997.

AUSTIN, John. *The province of jurisprudence determined.* New York: Prometeus Books, 2000.

BAIRD, Douglas G.; GERTNER, Robert H.; PICKER, Randal C. *Game theory and the law.* Cambridge: Harvard University Press, 1994.

BARROS CARVALHO, Paulo de. *Curso de direito tributário.* 22ª ed. São Paulo: Saraiva, 2010.

BECCARIA, Cesare. *On crime and punishment.* Trad. de David Young. Indianapolis: Hackett Publishing & Co, 1986.

BECKER, Gary. "Crime and punishment: an economic approach". In *The economic approach to human behavior.* Chicago: The University of Chicago Press, 1978.

BOBBIO, Norberto. *Da estrutura à função.* Barueri: Manole, 2007.

GINTIS, Herbert. *The bound of reason. Game theory and the unification of the behavioral sciences.* Princeton: Princeton University Press, 2009.

JHERING, Rudolph von. *A luta pelo Direito.* Tradução de João Vasconcellos. 23ª ed. São Paulo: Martins Fontes, 2004.

KELSEN, Hans. *Teoria geral das normas.* Trad. de José Florentino Duarte. Porto Alegre: Fabris, 1986.

_________. *Teoria pura do direito.* Trad. de João Baptista Machado. 2ª ed. São Paulo: Martins Fontes, 1996.

MANKIW, N. Gregory. *Princípios de microeconomia.* Tradução de Allan Vidigal Hastings. 3ª ed. São Paulo: Thomson, 2005.

MARX, Karl; ENGELS, Friedrich. *O manifesto comunista.* Trad. Álvaro Pina. São Paulo: Boitempo, 1998.

SANTI, Eurico Marcos Diniz de. *Lançamento tributário.* 2ª ed. São Paulo: Max Limonad, 1999.

SMITH, Adam. *Inquérito sobre a natureza e as causas da riqueza das nações.* Trad. de Luís Cristóvão de Aguiar. 2 vols., 2ª ed. Lisboa: Fundação Calouste Gulbenkian, 1989.

VILANOVA, Lourival. *As estruturas lógicas e o sistema do direito positivo.* 2ª ed, São Paulo: Max Limonad, 1998.

# *O SIGILO E A LEI TRIBUTÁRIA:*
## *Transparência, controle da legalidade, direito à prova e a transferência do sigilo bancário na LC 105*

EURICO MARCOS DINIZ DE SANTI

Mestre e Doutor em Direito do Estado pela PUC/SP.
Professor de Direito Tributário da Escola de Direito de São Paulo da Fundação FGV.

*1. Sigilo bancário! Para quê? Objeto de análise: "transferência do sigilo" e o direito de acesso da Administração tributária à movimentação bancária dos contribuintes. 2. Questões-objeto de análise. 3. Definindo e demarcando (i) as informações protegidas constitucionalmente em nome da intimidade e da vida privada do indivíduo e que não são objeto de controvérsia nas ADI's, (ii) Áreas de informação fora do núcleo de proteção e que são objeto de obrigações tributárias e (iii) "transferência do sigilo": entre mitos, sacralizações, generalizações apressadas e desconhecimento dos termos da LC 105. 3.1 Áreas de proteção ao sigilo: zonas de proteção alegadas nas ADI's que não são objeto de controvérsia. 3.2 Áreas de informação fora do núcleo de proteção da intimidade e da vida privada e que já são objeto de obrigações acessórias na legislação ordinária: o problema dos tributos declaratórios e os "cupins tributários" ("fiscal térmites"). 3.3 "Transferência do sigilo": entre mitos, sacralizações, generalizações apressadas e desconhecimento dos termos da LC 105. 4. Narrativa legal, dos fatos às normas: sobre o direito de acesso às informações bancárias pela Administração tributária. 4.1 A Lei 4.595/64: o dever de sigilo das instituições financeiras e a garantia do direito de acesso às informações pelo Fisco. 4.2 Restrição do uso amplo das informações da CPMF e manutenção dos termos do art. 38 da Lei 4.595/1964. 4.3 Advento da LC 105, afastando a restrição ao uso amplo das informações da CPMF e a atualização dos termos do art. 38 da Lei 4.595/1964. 4.4 Espelho legal: o art. 38 da Lei 4.595/1964 e a LC 105. 4.4.1 Art. 5º da LC 105: informes financeiros. 4.4.2 Art. 6º da LC 105: informações em processo ou procedimento administrativo. 4.5 Plena vigência da LC 105 e as ADI's interpostas. 5. Perspectiva global: tendências políticas internacionais sobre o "sigilo bancário" e a orientação da OCDE para que todos os países-membros permitam o acesso às informações bancárias para propósitos tributários. 6. "A morte do segredo bancário suíço" e a inexistên-*

*cia de fundamento semelhante na Constituição ou na legislação brasileira. 6.1 Razões históricas do sigilo bancário suíço: espiões nazistas e pressão dos franceses. 6.2 A morte do segredo bancário suíço, transconstitucionalismo: a pressão dos EUA e da UE na formação de um novo cenário jurídico global. 6.3 Da inexistência de obstáculo constitucional ou legal no Brasil à transferência do sigilo bancário para a Administração tributária. 7. É injustificada a generalização do medo da transferência do sigilo bancário. 8. O receio do uso ilícito da competência administrativa de transferência do sigilo (quebra do sigilo) pretendendo justificar o exercício absoluto e abusivo dos direitos à intimidade e à vida privada. 9. Desconhecimento dos termos da LC 105 e sua regulamentação: sem tributos, não há Estado; sem Estado, não há propriedade: sem propriedade, para que serve o sigilo bancário? 10. Legalidade como instrumento da igualdade ("caput" do art. 5º modulando seus incisos X, XII e LV, da CF) que se impõe ao sigilo bancário em face da necessidade da prova, motivação do ato de lançamento, que realiza e concretiza a legalidade. 10.1 Legalidade e a necessidade da prova como motivação do ato de lançamento, delimitando o núcleo do direito à intimidade e à privacidade, previstos no art. 5º, inciso X, da Constituição. 10.2 Legalidade e a interpretação do art. 5º, inciso XII, da Constituição, como confirmação da importância da garantia à prova também para as comunicações telefônicas. 10.3 Legalidade e necessidade da transferência do sigilo bancário como realização dos meios de prova inerentes ao devido processo legal. 10.4 Legalidade e interpretação do art. 145, § 1º, da Constituição como fundamento da eficácia do Sistema Tributário Nacional desenhado pelo legislador constituinte. 11. Conclusão e resposta às questões objeto de análise.*

## 1. Sigilo bancário! Para quê? Objeto de análise: "transferência do sigilo" e o direito de acesso da Administração tributária à movimentação bancária dos contribuintes

Existe, no Brasil, direito do contribuinte ao sigilo bancário? Qual seu fundamento perante o Fisco? Existe o direito de ocultar provas do Fisco? É possível obrigar a Administração tributária a respeitar a legalidade, a igualdade e, ao mesmo tempo, proibir ou restringir o acesso ao motivo do ato de lançamento: a prova do fato gerador? Existe legalidade sem provas? DIPJ, DCTF, Declaração de imposto sobre renda, GARE, GIA etc., não são informações que o contribuinte tem o dever de prestar perante a Administração tributária? Estas mesmas informações não estão espelhadas na movimentação bancária do contribuinte? Então, se são as mesmas informações, porque falar em sigilo? Sem provas é possível ato de lançamento? Como verificar se as informações prestadas pelo contribuinte são verdadeiras? Como evitar um legalismo autista que impõe a lei como símbolo, mas ignora sua eficácia social? Obstruir o acesso à prova do fato gerador ou limitar seu acesso não incentivaria a sonegação, a evasão e a ineficácia na aplicação da lei tributária?

Por outro lado, como todo o direito é relacional, i.é, se impõe entre partes, pergunta-se: que direito se opõe ao sigilo bancário? Existe justificativa lícita para restringir nos bancos, o mesmo tipo e o mesmo nível de informação que o Fisco já obtém com a adimplência das obrigações acessórias? Deslocar esse acesso de informações, exclusivamente, pela via do Poder Judiciário, em nome do genérico fundamento da universalidade da jurisdição, não seria uma forma de mitigar a efetividade da legislação tributária?

O que protege mais o sigilo bancário e o contribuinte zeloso de suas obrigações? Os dispositivos vagos e dispersos na Constituição ou o detalhamento e as prerrogativas asseguradas pela LC 105?[1] Há sentido em interpretar os incisos X, XII e LV do art. 5º da Constituição, sem considerar o *caput* desse dispositivo?

## 2. Questões-objeto de análise

*2.1 A transferência do sigilo bancário à Administração tributaria ofende o direito à intimidade e à vida privada, previstos no art. 5º, inciso X, da Constituição?*

*2.2 A transferência do sigilo bancário à Administração tributária ofende a proteção ao sigilo de dados, prevista no art. 5º, inciso XII, da Constituição?*

*2.3 A transferência do sigilo bancário à Administração tributária, nos termos da LC 105 e sua regulamentação, representa ofensa ao devido processo legal e aos princípios do contraditório e da ampla defesa?*

*2.4 A transferência do sigilo bancário à Administração tributária ofende os "direitos individuais" mencionados no art. 145, § 1º, da Constituição?*

1. Afinal, uma das principais funções das regras é imprimir eficácia a valores, concretizando princípios abstratos, de modo a orientar a ação normativa, qualificando e punindo seu descumprimento.

*2.5 A intervenção representada pela medida da "transferência do sigilo bancário" à Administração tributária atende a extensão e sentido do princípio da razoabilidade?*

*2.6 Meros dados bancários genéricos ou cadastrais do contribuinte como o nome do cliente da instituição bancária, seu CPF ou CGC, número da conta bancária, ou a informação se há, naquela instituição, aplicação financeira em nome do contribuinte, os valores globais depositados ou investidos, a movimentação periódica de valores, portanto, informes incapazes de desvendar algo da intimidade das pessoas, podem ser tidos como amparados pela garantia da vida privada?*

*2.7 Estaria a transferência do sigilo bancário submetida a reserva constitucional de jurisdição? Ou seja, somente o Poder Judiciário poderia relativizar a transferência do sigilo bancário?*

## 3. *Definindo e demarcando: (i) as informações protegidas constitucionalmente em nome da intimidade e da vida privada do indivíduo e que não são objeto de controvérsia nas ADI's; (ii) Áreas de informação fora do núcleo de proteção e que são objeto de obrigações tributárias; e (iii) "transferência do sigilo": entre mitos, sacralizações, generalizações apressadas e desconhecimento dos termos da LC 105*

A Renascença marca o início, o século XVIII apurou a distinção entre o público e o privado, o século XIX foi o palco e a Declaração dos Direitos do Homem e do Cidadão representa o documento a partir do qual se reconhece o *indivíduo jurídico abstrato* como realidade, traçando círculos idealmente concêntricos e entrecruzados entre a sociedade civil, o privado, o íntimo e o individual.[2]

2. Michelle Perrot, in: *História da Vida Privada*, Ed. Schwarcz, São Paulo, 1991, pp. 9-17. Para delimitar o direito à privacidade, Tércio Sampaio Ferraz Jr. destaca: "no recôndito da privacidade se esconde, pois, em primeiro lugar, a intimidade". Não se trata, então, de tutelas iguais, mas sim passíveis de graduação: a privacidade é mais que a intimidade. Ainda sobre essa diferenciação, o autor ressalta: "A intimidade é o âmbito do exclusivo que alguém reserva para si, sem nenhuma repercussão social, nem mesmo ao alcance de sua vida privada que, por mais isolada que seja, é sempre um viver entre os outros (na família, no trabalho, no lazer em comum). Não há um conceito absoluto de intimidade, embora se possa dizer que o seu atributo básico é o estar-só, não exclui o segredo e a autonomia. (...) Já a vida privada envolve a proteção de formas exclusivas

O privado deixou de ser coisa maldita, proibida e obscura: o local de nossas delícias e servidões, de nossos conflitos e sonhos. Neste processo, assinala Michelle Perrot, a Revolução Francesa opera uma ruptura dramática e contraditória: ao mesmo tempo em que reconhece o direito dos indivíduos, há desconfiança de que os "interesses privados" ou particulares ofereçam sombra propícia aos complôs e às traições. Ao privado, a vida pública postula a transparência sonhada por Rousseau:[3] "Se eu pudesse escolher o lugar de meu nascimento, escolheria um Estado onde, como todos os indivíduos se conheceriam entre si, as obscuras manobras do vício ou da modéstia da virtude não teriam como se ocultar aos olhos e ao julgamento público".

Nessa marcha, em França, o domicílio é declarado inviolável (1792) e as perquirições noturnas são proibidas (1795): a residência e a noite delineiam o espaço-tempo da *privacy* em torno do corpo do qual se atribui a dignidade (supressão da maioria das penas infames) e a liberdade. O direito ao sigilo de correspondência é reconhecido tardiamente: "será preciso esperar a Terceira República para que as autoridades renunciem a controlar as cartas nos postos de correio, mas o marido tem, por princípio, a faculdade de supervisionar a correspondência de sua esposa; ao passo que, nos internatos e prisões, abrem-se desavergonhadamente as cartas dos internos ou detidos".[4]

Intimidade e vida privada do indivíduo, assim, foram consolidando-se historicamente como direitos fundamentais.[5] Paulo Ribeiro

*de convivência*. Trata-se de situações em que a comunicação é inevitável (...) das quais, em princípio, são excluídos terceiros. Seu atributo máximo é o segredo, embora inclua também a autonomia e, eventualmente, o estar-só com os seus" (Tércio Sampaio Ferraz Jr., "Sigilo de dados: o direito à privacidade os limites à função fiscalizadora do Estado", in Reinaldo Pizolio, Jayr Viégas Gavaldão Jr. (coords.), *Sigilo Fiscal...*, cit., pp. 20-21. Sobre o conteúdo constitucionalmente tutelado do direito à privacidade cf., a título indicativo: José Adércio Leite Sampaio, *Direito à intimidade e à vida privada*, Belo Horizonte, Del Rey, 1998; Carlos Ruiz Miguel, *La configuración constitucional del derecho a la intimidad*, Madrid, Espanha, Tecnos, 1995; Edilsom Pereira de Farias, *Colisão de direitos: a honra, a intimidade, a vida privada e a imagem* versus *a liberdade de expressão e informação*, Porto Alegre, Fabris, 2000. Miguel, 1995, Edson Ferreira da Silva, *Direito à intimidade – De acordo com a doutrina, o direito comparado, a Constituição de 1988 e o Código Civil de 2002*, São Paulo, J. de Oliveira, 2003.

3. Ob. cit., Michelle Perrot, p. 612.

4. Idem, ibidem, pp. 114-21.

5. Segundo Gilmar Ferreira Mendes, a privacidade enseja "ao indivíduo um espaço de autonomia, escoimado de qualquer restrição por parte de Poderes Públicos".

Pacello,[6] orientado por Dimitri Dimoulis, em leitura comparativa do dispositivo sobre o sigilo de comunicação nas várias Constituições brasileiras, deixa claro que a Constituição de 1988 incluiu à área de proteção a "comunicação de dados", que sabidamente adquiriu particular relevância após a expansão do uso da informática nas relações sociais e econômicas. O constituinte só quis ampliar a tutela da comunicação incluindo uma nova modalidade em um típico movimento de modernização e atualização da Constituição, tal como normas que se referiam a "portos" no século XIX, sofreram acréscimo para regulamentar, também, os "aeroportos" no século XX.

Em sua concepção tradicional, os direitos fundamentais – conforme doutrina Gilmar Ferreira Mendes[7] – "são *direitos de defesa* (*Abwehrrechte*), destinados a proteger determinadas posições subjetivas (...) asseguram a esfera da liberdade individual contra *interferências ilegítimas do Poder Público*, provenham elas do Executivo, do Legislativo ou do Judiciário" (grifamos e destacamos).

A premissa desta análise parte da distinção necessária entre estes dois diversos espectros de informação relativos à intimidade e de não-interferência na vida privada do indivíduo: o *primeiro* cuida de informações invioláveis porque representam o próprio núcleo da proteção destes direitos; o *segundo* trata de informações irrelevantes para o núcleo da proteção desses direitos e, portanto, sujeitas a limitação e regulamentação mediante lei.

Ou seja, há:

(*i*) informações protegidas constitucionalmente em nome da intimidade e privacidade do indivíduo que ***não podem*** sofrer interferência ilegítima do Poder Público;

(*ii*) informações protegidas constitucionalmente em nome da intimidade e privacidade do indivíduo que podem sofrer regulação ***legítima*** do Poder Público, mediante lei, para concretização de outras posições também constitucionais.

Gilmar Ferreira Mendes, Inocêncio Mártires Coelho, Paulo Gustavo Gonet Branco, *Curso...*, cit., p. 380.

6. Análise em: Paulo Ribeiro Pacello, *Sigilo bancário, direito de privacidade e dever de tributação*. Dissertação de Mestrado em Direito. Universidade Metodista de Piracicaba, 2004, pp. 31-43.

7. *Direitos Fundamentais e Controle de Constitucionalidade*, Ed. Celso Bastos, São Paulo, 1999, pp. 36-37.

Tal dualidade, central nesse estudo, pode ser sistematizada no seguinte quadro:

| | **Direito à intimidade e à vida privada** | |
|---|---|---|
| Lícito | (DENTRO do núcleo de proteção)<br>Informações protegidas constitucionalmente em nome da intimidade e a vida privada do indivíduo que NÃO podem sofrer interferência ilegítima do Poder Público, exemplo: inviolabilidade da residência, sigilo de correspondência e comunicações telegráficas, de dados e das comunicações telefônicas | (FORA do núcleo de proteção)<br>Informações protegidas constitucionalmente em nome da intimidade e a vida privada do indivíduo que PODEM sofrer regulação LEGÍTIMA do Poder Público, exemplo: transferência do sigilo bancário para efeito fiscal dos dados numéricos de movimentação financeira, sem identificação da origem ou dos destinatários |
| Ilícito | QUEBRA DO SIGILO:<br>ato inconstitucional | QUEBRA DO SIGILO:<br>ato inconstitucional e ilegal<br>(LC 105) |

Note-se: nos termos do § 2º do art. 5º da LC 105, as informações que as instituições financeiras têm o dever de transferir à Administração tributária *devem se limitar à individualização dos titulares, das operações e dos montantes globais mensalmente movimentados, sem que haja a inserção de qualquer elemento capaz de identificar a origem ou natureza destes gastos.*

No mesmo sentido, Gilmar Ferreira Mendes[8] confirma a impossibilidade de levar esse direito a graus absolutos, apartando o sigilo bancário do núcleo central de proteção da vida privada, em face do interesse da coletividade:

> "O sigilo bancário tem sido tratado pelo STF e pelo STJ como assunto sujeito à proteção da vida privada dos indivíduos. Consiste na obrigação imposta aos bancos e aos seus funcionários de discrição, a respeito de negócios, presentes e passados, e de pessoas com que lidaram, abrangendo dados sobre a abertura e o fechamento de contas e a sua movimentação.

8. Gilmar Ferreira Mendes, Inocêncio Mártires Coelho, Paulo Gustavo Gonet Branco, *Curso de Direito Constitucional*, São Paulo, Saraiva, p. 385.

"O direito ao sigilo bancário, entretanto, não é absoluto, nem ilimitado. *Havendo tensão entre o interesse do indivíduo e o interesse da coletividade, em torno do conhecimento de informações relevantes para determinado contexto social, o controle sobre os dados pertinentes não há de ficar submetido ao exclusivo arbítrio do indivíduo*" (grifamos).

Também corrobora esse entendimento a jurisprudência dos Tribunais Regionais Federais a qual *nega que o sigilo bancário se encontra na área de proteção da privacidade* por se tratar de conjunto de informações relativas à atividade econômica de cunho necessariamente público e que já se encontram disponíveis na esfera pública do mercado financeiro, sob a tutela dos bancos, que, de maneira alguma, podem ser tidos como partes do espaço privado do indivíduo. Afirma-se, assim, que "as informações sobre o patrimônio das pessoas não se inserem nas hipóteses do inciso X da CF/88, uma vez que o patrimônio não se confunde com a intimidade, a vida privada, a honra e a imagem".[9]

Portanto, ***não** interessa ao objeto deste estudo as informações que estão dentro do núcleo de proteção do direito à intimidade e à vida privada*, sejam elas veiculadas por correspondência, comunicações telegráficas, de dados ou comunicações telefônicas. E o mesmo se diga das decorrentes discussões relativas às investigações da Polícia Federal ou do Ministério Público em matéria penal:[10] *aqui trataremos tão apenas*

9. Apelação em Mandado de Segurança n. 82.880, Rel. Des. Alcides Vettorazzi, TRF 4ª Região, *DJU* 11.6.2003, p. 587; Apelação Cível n. 53.5351, Rel. Des. Vilson Darós, TRF 4ª Região, *DJU* 26.2.2003, p. 720; Agravo de instrumento n. 174.981, Rel. Des. Lazarano Neto, TRF 3ª Região, *DJU* 5.9.2003, p. 387; Agravo de instrumento n. 170.324, Rela. Desa. Suzana Camargo, TRF 3ª Região, *DJU* 20.6.2003, p. 263; Agravo de instrumento n. 181.409, Rela. Desa. Ritinha Stevenson, TRF 3ª Região, *DJU* 9.3.2004, p. 224. Jurisprudência citada em Pacello, 2004, p. 41.

10. Nesse sentido, não se aplica à discussão relativa à transferência do sigilo bancário para efeitos fiscais a quebra do sigilo solicitada em âmbito penal, pelo Ministério Público, ou pela autoridade policial, suscitada no julgamento da questão de ordem na Petição 577. Petição 577 – QO, Rel. Ministro Carlos Velloso, Tribunal Pleno, julgado em 25.3.1992, *DJ* 23.4.1993. Sobre o tema, que especificamente se aplica à esfera penal, destaca o Ministro Carlos Velloso: "Em primeiro lugar, para dizer que tenho o sigilo bancário como espécie de direito à privacidade, que é inerente à personalidade das pessoas, já que não seria possível que a vida destas pudesse ser exposta a terceiros. Isto está inscrito no inc. X do art. 5º da Constituição: 'são invioláveis a intimidade, a vida privada, a honra e a imagem das pessoas, assegurado o direito a indenização pelo dano material ou moral decorrente de sua violação. Faço residir, portanto, no inciso

*da necessidade e possibilidade jurídica da transferência do sigilo bancário para efeitos fiscais.*

### *3.1 Áreas de proteção ao sigilo: zonas de proteção alegadas nas ADI's que não são objeto de controvérsia*

É importante, portanto, esclarecer quais são os pontos da controvérsia, afastando assim os aspectos irrelevantes onde há convergência de convicções e ideais. Assim, ora definindo nossas divergências, delimitaremos melhor a área controvertida do direito à "transferência do sigilo bancário a Administração tributária".

Uma coisa é a fundamentação da transferência do sigilo bancário ao Fisco para fins de concretização do interesse público, da igualdade e da legalidade. Outra coisa, e completamente diversos, são os fundamentos que pretendem sustentar a relativização do sigilo para efeito da atuação do Banco Central, do Ministério Público, das CPI's e das autoridades policiais.

Portanto, é necessário distinguir os argumentos relativos ao tema da transferência do sigilo fiscal dos demais, que tão-somente confundem o cenário no qual esta discussão se apresenta.

***1. Na análise da ADI 2.386, da Confederação Nacional do Comércio:***

*a*) No item I, concordamos que Constituição não permite invadir "a vida privada e a intimidade do indivíduo, de uma forma somente imaginada pelos tiranos, extinguindo a possibilidade de privacidade na vida financeira das pessoas, violando frontalmente o disposto no inciso X do art. 5º": não se pode invadir o núcleo de um direito fundamental;

*b*) Ainda no item I, convergimos com o entendimento do Prof. José Afonso da Silva de que "O princípio da proteção judiciária, também chamado princípio da inafastabilidade do controle jurisdicional, constitui em verdade, a principal garantia dos direitos subjetivos" (p. 8);

X, do art. 5º, da Constituição, o sigilo bancário, que tenho como espécie de direito à privacidade". Apenas a título ilustrativo, mesmo o Ministro Carlos Velloso que defende o sigilo bancário, não aceita que esse direito tenha caráter absoluto: "(...) quero deixar claro que não tenho o direito ao sigilo bancário em termos absolutos. Aliás, esta é a regra, em direito comparado. Assim o é na Itália, na legislação da Suíça, na jurisprudência e na doutrina alemã. Quer dizer, o segredo bancário deve ser entendido em termos relativos".

*c*) Também não nos afastamos do entendimento de que o princípio da razoabilidade "deve nortear a atuação do legislador ordinário quando este versar sobre restrições a direitos fundamentais", com alicerce no voto do Min. Carlos Velloso, no julgamento do RE 219.780, em 13.4.1999: "certo é, também, que ele [*o sigilo bancário*] há de ceder na forma e com observância de procedimento estabelecido em lei e com respeito ao princípio da razoabilidade" (item III, p. 14). Sobre o mesmo tema, estamos de acordo com a manifestação do então Advogado Geral da União, atual Ministro do Supremo Tribunal Federal, Gilmar Ferreira Mendes: "Não basta, todavia, verificar se as restrições estabelecidas foram baixadas com observância dos requisitos formais previstos na Constituição. Cumpre indagar, também, se as condições impostas pelo legislador não se revelariam incompatíveis com o princípio da razoabilidade ou da proporcionalidade (adequação, necessidade, razoabilidade)" (item III, p. 15).

***2. Na análise da ADI 2.390, do Partido Social Liberal:***

*a*) Não é objeto da presente análise a extensão dos poderes investigatórios do Ministério Público e a possibilidade, ou não, de acesso a dados bancários dos investigados sem a autorização do Poder Judiciário, tal como aventado no julgamento do RE 215.301-0, de Relatoria do Min. Carlos Velloso e citado na ADI na página 7 (item 6.2.1), nem sequer a legalidade ou constitucionalidade do fornecimento de dados relativos à movimentação financeira de recursos públicos, situação objeto do julgamento do MS 21.729-4, de Relatoria do Min. Octávio Gallotti, mencionado nas páginas 7 e 8 da ADI (item 6.2.2).

*b*) De outro lado, estamos plenamente de acordo com o conteúdo da ementa do MS 23.002, de Relatoria do Min. Ilmar Galvão, o qual, fazendo referência à Lei 4.595/64, menciona a possibilidade de "quebra do sigilo bancário quando há interesse público relevante, como o da investigação criminal fundada em suspeita razoável de infração penal", ainda que o tema da infração penal e as inferências quanto ao sigilo bancário *não sejam objeto deste estudo* (p. 8, item 6.2.3).

*c*) Igualmente, em nada se relaciona com a presente análise a competência (ou incompetência) das Comissões Parlamentares de Inquérito quanto à quebra de sigilo bancário dos investigados, tema julgado no MS 23.452, de Relatoria do Min. Celso de Mello (p. 9, item 6.2.4).

*d*) Por fim, na mesma linha do item (*b*), não pretendemos discutir a possibilidade de se obter provas em âmbito penal pela apreensão de microcomputadores em residência de investigados, tal como relatado no julgamento da AP 307/97, de Relatoria do Min. Ilmar Galvão, citado na página 12, item 6.2.5.2 da ADI.

### *3. Na análise da ADI 2.397, da Confederação Nacional da Indústria:*

*a*) Concordamos com o entendimento do Prof. Luis Roberto Barroso, segundo o qual as "liberdade públicas são a afirmação jurídica da personalidade humana (...) traçando a esfera de proteção jurídica do indivíduo em face do Estado. Os direitos individuais impõem, em essência, deveres de abstenção aos órgãos públicos, preservando a iniciativa e a autonomia dos particulares" (p. 3). Em nenhum momento nossa análise pretende negar tais conquistas do Estado Democrático de Direito.

*b*) Não é objeto deste estudo a possibilidade ou competência do Ministério Público em relação à quebra do sigilo bancário de investigados ou indiciados em ações penais, conforme já ressaltamos acima. O tema é objeto de julgamento no RE 215.301-0, de Relatoria do Min. Carlos Velloso. e foi mencionado na página 12 da ADI.

*c*) No mesmo sentido, também não é nosso objeto a legalidade ou constitucionalidade do fornecimento de dados relativos à movimentação financeira de recursos públicos, tema tratado no já citado MS 21.729-4, de Relatoria do Min. Octávio Gallotti. Na página 13 da ADI, menciona-se trecho do voto do Min. Celso de Mello relativo a este tópico.

*d*) Também concordamos com o entendimento do Prof. Carlos Ari Sundfeld, para quem "o legislador não pode cultivar o prazer do poder pelo poder, isto é, constranger os indivíduos sem que tal constrangimento seja teleologicamente orientado" (p. 16).

*e*) Ademais, não pretendemos discorrer, conforme já destacado, sobre a pertinência da quebra do sigilo bancário pelas Comissões Parlamentares de Inquérito e os limites dos poderes investigatórios de tais instituições, temática julgada no MS 23.480, de Relatoria do Min. Sepúlveda Pertence (p. 18).

### *4. Na análise da ADI 4.010, do Conselho Federal da Ordem dos Advogados do Brasil:*

*a*) Não é nosso objeto imediato a atuação fiscalizadora do Banco Central referida no julgamento do RE 461.366, de Relatoria do Min. Marco Aurélio (p. 5).

*b*) Igualmente, não se discute aqui a legitimidade de o Ministério Público obter a transferência do sigilo bancário na fiscalização de instituições financeiras, matéria que é estranha aos termos da LC 105, conforme já mencionado anteriormente e referida na ADI pela menção ao AgR no RE 318.136, de Relatoria do Min. Cézar Peluso (p. 6).

*c*) Finalmente, também não é objeto deste estudo, como já ressaltado acima, a possibilidade de quebra de sigilo bancário, fiscal e telefônico por Comissão Parlamentar de Inquérito, situação referida no julgamento do MS 25.668, de Relatoria do Min. Celso de Mello (p. 6).

O tema deste estudo relaciona-se não com a quebra de sigilo bancário ou quaisquer de suas variantes, mas sim com a *transferência do sigilo bancário à Administração tributária.* Nesta discussão específica, impera a legalidade e, por conseqüência, o interesse público na produção de provas tributárias.

Acerca do tema, Gilmar Ferreira Mendes salienta:[11]

> "A propósito, a Lei Complementar n. 105/2001 atribui a agentes tributários, no exercício do seu poder de fiscalização, o poder de requisitar informações referentes a operações e serviços das instituições financeiras, *independentemente de autorização judicial.* A lei cerca a providência de cuidados formais com vistas a minimizar os custos para o direito à privacidade do investigado e assegurar que esteja nítida a necessidade da medida.
>
> "O sigilo haverá de ser quebrado em havendo necessidade de preservar um outro valor com *status* constitucional, que se sobreponha ao interesse na manutenção do sigilo. Além disso, deve estar caracterizada a adequação da medida ao fim pretendido, bem assim a sua efetiva necessidade – i. é, não se antever outro meio menos constritivo para alcançar o mesmo fim. O pedido de quebra de sigilo bancário ou fiscal deve estar acompanhado de prova da sua utilidade. Cumpre, portanto, que se demonstre que 'a providência requerida é indispensável, que ela conduz a alguma coisa' (STF: Pet. 577, *RTJ* 148/374); vale dizer, que a incursão na privacidade do investigado vence os testes da proporcionalidade por ser adequada e necessária."

11. Gilmar Ferreira Mendes, Inocêncio Mártires Coelho, Paulo Gustavo Gonet Branco, *Curso*..., cit., p. 386.

### *3.2 Áreas de informação fora do núcleo de proteção da intimidade e da vida privada e que já são objeto de obrigações acessórias na legislação ordinária: o problema dos tributos declaratórios e os "cupins tributários" ("fiscal termites")*

Existe um conjunto de informações que o contribuinte, ordinariamente, é obrigado a prestar para a fiscalização e exigência do crédito tributário de vários tributos. Tais deveres são denominados "obrigações acessórias" ou, mais contemporaneamente, "deveres instrumentais". Trata-se do reflexo documental das atividades do contribuinte, com a finalidade de fornecer instrumentos à Administração tributária na apuração e verificação dos tributos devidos. O conhecimento dos dados relativos à movimentação financeira dos sujeitos passivos somente tem por condão comprovar e testar a veracidade das informações constantes dos documentos que instrumentalizam o cumprimento das obrigações acessórias.

Ilustrativamente, e de forma não exaustiva, pode-se citar:

- No *imposto sobre a renda e na contribuição social sobre o lucro*: tendo-se em vista que tal exação incide sobre o acréscimo patrimonial da pessoa física ou jurídica, para a sua apuração regular é necessário ter conhecimento de todas as entradas que compõem o faturamento, bem como todas as despesas efetivas. Será do encontro de tais informações apuradas na contabilidade, no LALUR, na DIPJ, na DCTF, na Declaração Trimestral de Ajuste, na Declaração Anual etc., que será apurado e exigido o imposto devido.
- Na *contribuição ao PIS e na COFINS*: a exemplo do que ocorre com o IR e com a CSL, a apuração do valor a pagar dessas contribuições depende da verificação da receita bruta das pessoas jurídicas, que deverá ser informada à Fiscalização em documento próprio, a DCTF, com base na qual o pagamento desses tributos deve ser efetuado para, posteriormente, ser homologado pela Administração. Nesse caso, igualmente, a Administração toma ciência de dados financeiros do sujeito passivo sem que isso ofenda qualquer princípio constitucional.
- No *imposto sobre as operações de circulação de mercadorias*: a emissão da nota fiscal de compra e venda denuncia, formalizando em linguagem, a ocorrência do fato gerador desse imposto. Ademais, a obrigação de o sujeito passivo informar mensalmente na GIA (Guia de Informação e Apu-

ração do ICMS) as operações realizadas, somada com a escrituração dessas mesmas operações nos livros fiscais respectivos, igualmente demonstra que o simples cumprimento de obrigações acessórias, necessárias para a apuração e verificação da correção do tributo recolhido, resulta na transferência de informações econômicas para a Administração, inclusive relacionadas com atividades mercantis e financeiras do sujeito passivo.

• No *imposto sobre operações de crédito, câmbio e seguro ou relativas a títulos ou valores mobiliários (IOF)*: as pessoas jurídicas que efetuarem operações sujeitas à incidência do IOF devem manter à disposição da fiscalização, as seguintes informações: (*i*) relação diária das operações tributadas, com elementos identificadores da operação (beneficiário, espécie, valor e prazo) e o somatório diário do tributo; (*ii*) relação diária das operações isentas ou tributadas à alíquota zero, com elementos identificadores da operação (beneficiário, espécie, valor e prazo); (*iii*) relação mensal dos empréstimos em conta, inclusive excessos de limite, de prazo de até trezentos e sessenta e quatro dias, tributados com base no somatório dos saldos devedores diários, apurado no último dia de cada mês, contendo nome do beneficiário, somatório e valor do IOF cobrado; (*iv*) relação mensal dos adiantamentos a depositantes, contendo nome do devedor, valor e data de cada parcela tributada e valor do IOF cobrado; (*v*) relação mensal dos excessos de limite, relativos aos contratos com prazo igual ou superior a trezentos e sessenta e cinco dias ou com prazo indeterminado, contendo nome do mutuário, limite, valor dos excessos tributados e datas das ocorrências. Além disso, como forma de tornar a fiscalização mais eficiente, no exercício de suas atribuições, *a Secretaria da Receita Federal do Brasil poderá proceder ao exame de documentos, livros e registros dos contribuintes do IOF e dos responsáveis pela sua cobrança e recolhimento, independentemente de instauração de processo*. As informações assim obtidas somente poderão ser utilizadas para efeito de verificação do cumprimento de obrigações tributárias, mantido, portanto, o sigilo bancário, mas autorizada a transferência desse sigilo para a Administração, sem que tais providências causem qualquer espanto por parte dos contribuintes.

CONCLUSÃO: as informações objeto da transferência do sigilo bancário para o Fisco não vão além daquelas que o contribuinte já é *obrigado a prestar em razão das obrigações acessórias*, instituídas na legislação tributária.

Os arts. 5º e 6º da LC 105, ao disciplinarem a transferência de sigilo bancário às autoridades administrativas, determinam que as informações prestadas pelas instituições financeiras ficarão restritas aos valores movimentados e aos titulares das operações, sendo *vedada* a inserção de qualquer elemento capaz de identificar a origem ou natureza dos gastos. Ocorre que por força do parágrafo único do art. 6º da lei e, igualmente, do art. 198 do Código Tributário Nacional, mesmo *as informações relacionadas com os valores objeto de movimentação financeira continuam sujeitos ao sigilo fiscal, não podendo ser divulgadas a terceiros, pela Administração.*

Além disso, tais tributos são declaratórios, isto é, dependem, para a sua apuração, do fornecimento de declarações constitutivas do crédito tributário, com base nas quais o pagamento do tributo deve ser efetuado, sem que haja qualquer análise prévia por parte da Administração. Tendo em vista essa grande liberdade do sujeito passivo, em declarar e apurar o valor devido de tributo, a Administração, de outro lado, deve ter instrumentos eficazes de controle da veracidade das informações prestadas e o acesso à movimentação financeira é fundamental nesse sentido.

Com efeito, as declarações mentem...

Há quase 10 anos, Vito Tanzi, cultuado Diretor de Assuntos Fiscais do FMI, analisando a arrecadação dos países industrializados membros da OCDE, já prenunciava o esgotamento da tributação sobre a renda, a propriedade e o consumo, advertindo para o silencioso e ininterrupto trabalho dos "cupins tributários" (*fiscal termites*), devorando as fundações dos sistemas impositivos tradicionais e para urgente necessidade de se reinventar formas de custear o Estado. Para Tanzi, a "descoberta" do IVA, em meados do século XX, e da recente tributação sobre transações financeiras, na América Latina, eram os dois mais importantes exemplos do desenvolvimento da tecnologia da tributação nos últimos 50 anos. Além disso, sua particular recomendação para o Brasil é objetiva: não aumentar impostos e, sim, reduzir gastos.

O Sistema Tributário Brasileiro é refém de fordismo tardio cujo coração ainda é a oneração da produção, do fator trabalho e do consumo, conforme tem denunciado, reiteradamente, o Min. Mangabeira Unger, e recente relatório do IPEA, revelando que os pobres pagam mais tributos que os ricos. E, entre si, mesmo os "ricos" pagam cargas tributárias distintas, pois em tributos declaratórios como ICMS, IPI, IR, PIS, COFINS ou IVA sempre é possível dizer a verdade com o dom de iludir: tais tributos não incidem sobre fatos geradores reais, mas sobre as versões consolidadas em provas de negócios diretos e indiretos repletos de margem para fraude, dissimulação e passeios em paraísos fiscais. São os "cupins" atacando.

### 3.3. *"Transferência do sigilo": entre mitos, sacralizações, generalizações apressadas e desconhecimento dos termos da LC 105*

Verificamos, na argumentação que pretende defender o "sigilo bancário", uma espécie de sacralização[12] litúrgica dessa idéia que, conforme sucede nos dogmas religiosos, pretende se autoimpor como verdade absoluta que não se justifica, mas ao mesmo tempo em que deixa vazar claramente suas incoerências, proíbe e pune como pecado inadmissível qualquer desalinhamento ideológico de suas infundadas e obtusas conclusões: parece mesmo coisa de religião!

A expressão "quebra do sigilo bancário" retrata perfeitamente o que Tércio Sampaio Ferraz Júnior, denomina "poder de violência simbólica": trata-se de impor como legítimas significações, dissimulando as relações de força que estão no fundamento da própria força que move o interesse que as justificam.[13]

*Ocorre que a expressão "quebra do sigilo", reiteradamente citada, além de passar, retoricamente, uma noção muito mais ampla e socialmente negativa dos termos da LC 105, é completamente estranha à atividade delegada a Administração nos arts. 5º e 6º*. O art. 5º trata do dever das

12. Segundo Giorgio Agamben, profanar significa tirar do templo onde algo foi posto, ou retirado inicialmente do uso e da propriedade dos seres humanos; profanar significa, assim, tocar no consagrado para libertá-lo (e libertar-se) do sagrado: "O que está realmente em questão é, na verdade, a possibilidade de uma ação humana que se situe fora de toda a relação com o direito, ação que não ponha, que não execute ou que não transgrida simplesmente o direito. Trata-se do que os franciscanos tinham em mente quando, em sua luta contra a hierarquia eclesiástica, reinvidicam a possibilidade de um uso de coisas que nunca advém [do] direito, que nunca advém [da] propriedade", in *Profanações*, tradução e apresentação Selvino J. Assmann, São Paulo, Boitempo, 2007, pp. 10-11.

13. Tércio Sampaio Ferraz Jr., *Introdução ao Estudo do Direito*, São Paulo, Atlas, 1994, p. 276.

instituições financeiras de *informar* as operações financeiras efetuadas pelos correntistas. O art. 6º trata da faculdade de a Administração *examinar* documentos livros e registros de instituições financeiras quando houver processo ou procedimento administrativo e tais *exames* sejam considerados indispensáveis pela autoridade administrativa.

*Em nenhum momento esses dispositivos tratam de "quebra do sigilo bancário".* O § 5º do art. 5º prescreve o dever de as autoridades manterem o sigilo das informações obtidas: "As informações a que se refere este artigo serão conservadas sob sigilo fiscal, na forma da legislação em vigor". Na mesma sintonia, o parágrafo único do art. 6º prescreve: "O resultado dos exames, as informações e os documentos a que se referem este artigo serão conservados em sigilo, observada a legislação tributária". E é a própria LC 105 quem arremata esse assunto: (*i*) seu art. 10 determina que se houver uso ilícito destas informações, aí sim se configurará a "quebra do sigilo" como tipo penal; (*ii*) seu art. 11, ainda acrescenta ao ilícito da "quebra" qualificado no artigo anterior mais duas conseqüências: *a primeira*, responsabilidade pessoal do servidor pelos danos materiais e morais causados; *a segunda*, responsabilidade objetiva da entidade pública.

Vale conferir os seguintes *destaques* sobre a literalidade da Lei Complementar 105/2001:

> **Lei Complementar 105, de 10 de janeiro de 2001**
>
> *Dispõe sobre o sigilo das operações de instituições financeiras e dá outras providências.*
>
> Art. 1º. *As instituições financeiras conservarão sigilo em suas operações ativas e passivas e serviços prestados.*
>
> (...).
>
> Art. 5º. *O Poder Executivo disciplinará, inclusive quanto à periodicidade e aos limites de valor, os critérios segundo os quais as instituições financeiras* ***informarão*** *à administração tributária da União, as operações financeiras efetuadas pelos usuários de seus serviços.*
>
> (...).
>
> § 2º. *As* ***informações transferidas*** *na forma do "caput" deste artigo restringir-se-ão a informes relacionados com a identificação dos titulares das operações e os montantes globais mensalmente movimentados,* ***vedada a inserção de qualquer elemento que permita identificar a sua origem ou a natureza dos gastos a partir deles efetuados.***

(...).

§ 5º. *As informações a que refere este artigo **serão conservadas sob sigilo fiscal**, na forma da legislação em vigor.*

Art. 6º. As autoridades e os agentes fiscais tributários da União, dos Estados, do Distrito Federal e dos Municípios *somente poderão **examinar** documentos, livros e registros de instituições financeiras*, inclusive os referentes a contas de depósitos e aplicações financeiras, *quando houver processo administrativo instaurado ou procedimento fiscal em curso* e tais exames sejam considerados indispensáveis pela autoridade administrativa competente.

Parágrafo único. *O resultado dos exames, as informações e os documentos a que se refere este artigo **serão conservados em sigilo**, observada a legislação tributária.*

(...).

Art. 10. *A **quebra de sigilo**, fora das hipóteses autorizadas nesta Lei Complementar, **constitui crime e sujeita os responsáveis à pena de reclusão, de um a quatro anos, e multa, aplicando-se, no que couber, o Código Penal**,* sem prejuízo de outras sanções cabíveis.

Parágrafo único. Incorre nas mesmas penas quem omitir, retardar injustificadamente ou prestar falsamente as informações requeridas nos termos desta Lei Complementar.

Art. 11. *O servidor público que utilizar ou viabilizar a utilização de qualquer informação obtida em decorrência da quebra de sigilo de que trata esta Lei Complementar responde pessoal e diretamente pelos danos decorrentes, sem prejuízo da responsabilidade objetiva da entidade pública*, quando comprovado que o servidor agiu de acordo com orientação oficial. (...).

Ou seja, *informar* as operações financeiras efetuadas pelos correntistas e *examinar* documentos livros e registros de instituições financeiras, é ***transferência do sigilo bancário*** para Administração tributária, que tem a obrigação de manter esse sigilo.

É tão-apenas o ***descumprimento desta obrigação***, ato ilícito, que a própria LC 105 qualifica como crime funcional de ***quebra de sigilo***.

Portanto, todos estamos alinhados – os contribuintes, a Administração tributária e a LC 105 – em repugnar a "quebra do sigilo", assunto que, também, *não* é objeto central deste trabalho; aqui, discutiremos o tema que é o verdadeiro foco das ADI's que impugnam a LC

105: a constitucionalidade dos arts. 5º e 6º em "transferir o sigilo bancário" das instituições financeiras (fundado, justamente, no art. 1º da LC 105) para as autoridades administrativas fiscais.

## 4. *Narrativa legal, dos fatos às normas: sobre o direito de acesso às informações bancárias pela Administração tributária*

Em 31 de março de 1964, ocorreu o Golpe Militar. Conforme os historiadores Adriana Lopez e Carlos Guilherme Mota: "O Brasil contava com aproximadamente 80 milhões de habitantes. Do golpe participaram latifundiários do Nordeste e do Sudeste, lideranças das forças armadas e do empresariado industrial, magnatas do capital financeiro – como o mineiro Magalhães Pinto, prócer da UDN – e setores das classes médias asfixiadas pela inflação".[14]

### *4.1 A Lei 4.595/64: o dever de sigilo das instituições financeiras e a garantia do direito de acesso às informações pelo Fisco*

No auge do entusiasmo de parte da sociedade civil, do empresariado e dos banqueiros engajados no Golpe contra o "perigo vermelho", começam a surgir os "anéis burocráticos", expressão criada por Fernando Henrique Cardoso[15] para designar círculos de informação e pressão (portanto, de poder) que se constituem como mecanismo para permitir a articulação entre setores do Estado (inclusive das forças armadas) e interesses da sociedade privada.

Em 31 de dezembro de 1964, exatamente nove meses após o Golpe, convenientemente, o Congresso Nacional decretou e o Presidente Humberto Castelo Branco sancionou a Lei 4.595, que "Dispõe sobre a Política e as Instituições Monetárias, Bancárias e Creditícias. Cria o Conselho Monetário Nacional e dá outras providências". Acompanha e modula o sentido desta lei a Mensagem de Veto Presidencial n. 844, que, em dez páginas, "comunica" ao Senado o veto de diversos dispositivos contrários aos interesses nacionais. Foi nesse contexto que ocorreu a aprovação do art. 38, desta Lei:

14. Carlos Guilherme Mota, Adriana Lopez, *História do Brasil: uma interpretação*, São Paulo, Senac, São Paulo, 2008, p. 799.

15. Fernando Henrique Cardoso, *Autoritarismo e democratização*, Rio de Janeiro, Paz e Terra, 1974, p. 208.

Art. 38. As instituições financeiras conservarão sigilo em suas operações ativas e passivas e serviços prestados.

§ 1º. As informações e esclarecimentos ordenados pelo Poder Judiciário, prestados pelo Banco Central da República do Brasil ou pelas instituições financeiras, e a exibição de livros e documentos em Juízo, se revestirão sempre do mesmo caráter sigiloso, só podendo a eles ter acesso as partes legítimas na causa, que deles não poderão servir-se para fins estranhos à mesma.

§ 2º. O Banco Central da República do Brasil e as instituições financeiras públicas prestarão informações ao Poder Legislativo, podendo, havendo relevantes motivos, solicitar sejam mantidas em reserva ou sigilo.

§ 3º. As Comissões Parlamentares de Inquérito, no exercício da competência constitucional e legal de ampla investigação (art. 53 da Constituição Federal e Lei n. 1.579, de 18 de março de 1952), obterão as informações que necessitarem das instituições financeiras, inclusive através do Banco Central da República do Brasil.

§ 4º. Os pedidos de informações a que se referem os §§ 2º e 3º, deste artigo, deverão ser aprovados pelo Plenário da Câmara dos Deputados ou do Senado Federal e, quando se tratar de Comissão Parlamentar de Inquérito, pela maioria absoluta de seus membros.

§ 5º. *Os agentes fiscais tributários do Ministério da Fazenda e dos Estados somente poderão proceder a exames de documentos, livros e registros de contas de depósitos, quando houver processo instaurado e os mesmos forem considerados indispensáveis pela autoridade competente.*

§ 6º. *O disposto no parágrafo anterior se aplica igualmente à prestação de esclarecimentos e informes pelas instituições financeiras às autoridades fiscais, devendo sempre estas e os exames serem conservados em sigilo, não podendo ser utilizados senão reservadamente.*

§ 7º. A quebra do sigilo de que trata este artigo constitui crime e sujeita os responsáveis à pena de reclusão, de um a quatro anos, aplicando-se, no que couber, o Código Penal e o Código de Processo Penal, sem prejuízo de outras sanções cabíveis.[16]

Note-se que este dispositivo [*hoje revogado*] surgiu justamente para introduzir o direito dos bancos e seus usuários ao sigilo bancário.

16. O artigo foi revogado pela LC 105/2001. Fonte: *www.planalto.gov.br/ccivil/leis/L4595.htm.*

É curioso notar que embora muitos autores,[17] com fundamento neste dispositivo, entendessem que a prévia autorização judicial era indispensável para apuração do tributo devido, não havia texto expresso nesse dispositivo que permitisse essa inferência:[18] (*i*) o *caput* determina o *dever de sigilo das instituições financeiras*; (*ii*) o § 1º garante que as informações e esclarecimentos ordenados pelo Poder Judiciário se revestirão sempre do mesmo caráter sigiloso, restrito às partes legitimadas na causa; (*iii*) os § 5º e § 6º apenas prescrevem que os agentes fiscais tributários do Ministério da Fazenda e dos Estados somente poderão proceder a exames de documentos, livros e registros de contas de depósitos, quando houver *processo* instaurado e tais medidas forem consideradas indispensáveis pela *autoridade competente*, garantindo que esclarecimentos e informes entregues pelas instituições financeiras às autoridades fiscais, deveriam, sempre, manter-se sob sigilo.

Dois julgados que trataram de sigilo bancário sob o enfoque da Lei 4.595/64, do Supremo Tribunal Federal, confirmam esta tese: um, é o RMS 15.925, que equipara o sigilo bancário ao sigilo fiscal (ainda que essa posição tenha sido, posteriormente, negada pelo próprio STF, no julgamento do Inq 732-DF). Veja-se o voto proferido nesse RMS:

> "Não há perigo de devassa ou quebra de sigilo bancário, porquanto, como assinala o parecer, os Agentes Fiscais do Imposto de Renda são obri-

17. Sobre isso, veja: Reinaldo Pizolio, Jayr Viégas Gavaldão Jr. (coords.), *Sigilo Fiscal e Bancário*, São Paulo, Quartier Latin, 2005.

18. A autorização da Lei n. 4.595/1964, permitindo expressamente a transferência do sigilo para o uso dessas informações pela Administração tributária, também faz parte da percepção de Oswaldo Pontes de Saraiva Filho: "No plano infraconstitucional, iniciamos por ponderar que, embora o *caput* do art. 38 da Lei n. 4.595, de 31.12.64, estabeleça regra geral do dever das instituições financeiras conservarem o sigilo em suas operações ativas e passivas e serviços prestados, tal regra sofre ressalvas nos parágrafos do mesmo preceptivo legal. Assim, o § 1º, do art. 83 da Lei supracitada, trata de fornecimento de informações e esclarecimentos e exibição de livros e documentos ordenados pelo Poder Judiciário, por parte do Banco Central e das instituições financeiras, mantendo o mesmo caráter sigiloso. (...) Os §§ 5º e 6º excepcionam do sigilo bancário as requisições dos Poderes Executivos dos entes tributantes, transferindo tal sigilo às Administrações Fazendárias, desde que haja processo administrativo instaurado e os exames de documentos, livros, registros de contas de depósitos e os esclarecimentos e informações seja considerados indispensáveis pela autoridade fiscal competente. (...) Ora, os §§ 5º e 6º seriam perfunctórios se dissessem respeito à hipótese do § 1º. Este sim, refere-se à transferência do sigilo em processo judicial por ordem de um dos órgãos do Poder Judiciário" ("Sigilo bancário e a Administração tributária", in *Cadernos de direito tributário e finanças públicas* n. 11, São Paulo, Ed. R.T, 1995).

gados ao sigilo (art. 301, Decreto 47.373/59), sob pena de responsabilidade" (Voto do Min. Gonçalves de Oliveira, no RO no MS 15.925-GB).

Outro semelhante posicionamento do STF pode ser encontrado no julgamento do RE 71.640, cuja ementa é a seguinte:

> "Sigilo bancário. As decisões na instância ordinária entenderam que em face do Código Tributário Nacional o segredo bancário não é absoluto. Razoável inteligência do direito positivo federal, não havendo ofensa ao disposto no art. 153, § 2º, da Lei Magna, nem tão pouco negativa de vigência do art. 144 do Código Civil. O objetivo do *writ* era afastar a exigência de apresentação de fichas contábeis, ao fundamento de violação de sigilo bancário. Inocorrência de dissídio jurisprudencial. Recurso Extraordinário não conhecido" (RE 71.640, Rel. Min. Djaci Falcão, 1ª Turma, j. 17.9.71, *DJU* 12.11.71, p. 6.313; Ement vol. 855-01, p. 295; *RTJ* 59-02/571).

Apenas na Constituição da República de 1988 é que o "sigilo de dados" passou a constar como direito e garantia individual. No texto da Constituição de 1946, a proteção ao sigilo somente abrangia a correspondência (art. 141, § 6º), enquanto a Constituição de 1967 abrangeu, além da correspondência, as comunicações telegráficas e telefônicas (art. 4º, § 9º). *Ainda hoje, no Brasil, a transferência do sigilo bancário (que pela natureza de suas informações está fora do núcleo de proteção da intimidade e da vida privada do indivíduo) decorre, simplesmente, de proteção legal, sem qualquer amparo no texto constitucional, em conformidade com todas as nossas Constituições anteriores que seguiram esse mesmo paradigma.*

### *4.2 Restrição do uso amplo das informações da CPMF e manutenção dos termos do art. 38 da Lei 4.595/64*

A criação da CPMF (Contribuição Provisória sobre Movimentação ou Transmissão de Valores e de Créditos e Direitos de Natureza Financeira) pela Lei 9.311/96 retomou o debate sobre a possibilidade de a Administração ter acesso às informações bancárias dos contribuintes, já que o próprio fato jurídico em função do qual a contribuição incidia revelava o montante de movimentação financeira realizado pelo particular.

Em função dessa decorrente ampliação de informações em relação ao art. 38 da Lei 4.595/64, o art. 11, § 3º, da Lei 9.311/96 proibiu o uso das informações indiretamente prestadas pelas instituições financeiras sobre o fato gerador da CPMF para a constituição das obrigações tributárias referentes a outros tributos.

### *4.3 Advento da LC 105, afastando a restrição ao uso amplo das informações da CPMF e a atualização dos termos do art. 38 da Lei 4.595/64*

Com o advento da LC 105, permitindo o acesso da Administração às informações bancárias dos contribuintes, não mais se justificava a vedação prevista na Lei 9.311/96 que, então, foi alterada pela Lei 10.174/2001, para contemplar, no mesmo art. 11, § 3º, a possibilidade de utilização dos dados da CPMF para a investigação do correto recolhimento de outros tributos – tratava-se de autorizar a prática que ficou conhecida como "cruzamento de dados da CPMF".

A LC 105, então, ampliou os poderes de investigação da Administração que passou a ter a possibilidade de investigar o sujeito passivo também a partir do resultado de suas operações bancárias. Ainda que a CPMF fosse um importante instrumento nesse sentido, sua extinção, recentemente operada, não afasta e nem sequer mitiga essa possibilidade. Tal decorre do fato de que a LC 105, tão-somente reformulando os termos do art. 38 da Lei 4.595/64, manteve no ordenamento jurídico duas formas distintas de a Administração ter acesso aos dados financeiros dos contribuintes: uma, pela obtenção de informes periódicos, provenientes das instituições financeiras; outra, pelo exame de livros, documentos e operações, realizados por conta da existência de um processo administrativo ou mesmo no curso de um procedimento de investigação.

### *4.4 Espelho legal: o art. 38 da Lei 4.595/64 e a LC 105*

Note-se que ao mesmo tempo em que o art. 13 da LC 105, revogou expressamente o art. 38 da Lei 4.595/64, o conteúdo deste dispositivo permaneceu praticamente intocado. Ou seja, a LC 105 não alterou profundamente o ordenamento jurídico, apenas precisou e desdobrou os mesmos diretivos e deveres já instaurados pelo regime jurídico implementado pelo art. 38 da Lei 4.595/64. Confirma essa tese a orientação do Supremo Tribunal Federal, nos citados votos dos Ministros Gonçalves de Oliveira e Djaci Falcão.

A lei nova espelha e acrescenta mais detalhes à imagem já delineada na lei anterior: note-se o cotejo dos dispositivos, revelando as semelhanças entre art. 38 da Lei 4.595/64 e a LC 105:

| Art. 38 da Lei 4.595/64 | LC 105 |
|---|---|
| **Art. 38.** (*caput*): As instituições financeiras conservarão sigilo em suas operações ativas e passivas e serviços prestados. | **Art. 1º.** As instituições financeiras conservarão sigilo em suas operações ativas e passivas e serviços prestados. |
| § 1º. As informações e esclarecimentos ordenados pelo Poder Judiciário, prestados pelo Banco Central da República do Brasil ou pelas instituições financeiras, e a exibição de livros e documentos em Juízo, se revestirão sempre do mesmo caráter sigiloso, só podendo a eles ter acesso as partes legítimas na causa, que deles não poderão servir-se para fins estranhos à mesma. | **Art. 3º.** Serão prestadas pelo Banco Central do Brasil, pela Comissão de Valores Mobiliários e pelas instituições financeiras as informações ordenadas pelo Poder Judiciário, preservado o seu caráter sigiloso mediante acesso restrito às partes, que delas não poderão servir-se para fins estranhos à lide. |
| § 2º. O Banco Central da República do Brasil e as instituições financeiras públicas prestarão informações ao Poder Legislativo, podendo, havendo relevantes motivos, solicitar sejam mantidas em reserva ou sigilo. | **Art. 4º.** O Banco Central do Brasil e a Comissão de Valores Mobiliários, nas áreas de suas atribuições, e as instituições financeiras fornecerão ao Poder Legislativo Federal as informações e os documentos sigilosos que, fundamentadamente, se fizerem necessários ao exercício de suas respectivas competências constitucionais e legais. |
| § 7º. A quebra do sigilo de que trata este artigo constitui crime e sujeita os responsáveis à pena de reclusão, de um a quatro anos, aplicando-se, no que couber, o Código Penal e o Código de Processo Penal, sem prejuízo de outras sanções cabíveis. | **Art. 10.** A quebra de sigilo, fora das hipóteses autorizadas nesta Lei Complementar, constitui crime e sujeita os responsáveis à pena de reclusão, de um a quatro anos, e multa, aplicando-se, no que couber, o Código Penal, sem prejuízo de outras sanções cabíveis. |
| § 5º. Os agentes fiscais tributários do Ministério da Fazenda e dos Estados somente poderão proceder a exames de documentos, livros e registros de contas de depósitos, quando houver processo instaurado e os mesmos forem considerados indispensáveis pela autoridade competente. | **Art. 6º.** As autoridades e os agentes fiscais tributários da União, dos Estados, do Distrito Federal e dos Municípios somente poderão examinar documentos, livros e registros de instituições financeiras, inclusive os referentes a contas de depósitos e aplicações financeiras, quando houver processo administrativo instaurado ou procedimento fiscal em curso e tais exames sejam considerados indispensáveis pela autoridade administrativa competente. |

▶

▶

| Art. 38 da Lei 4.595/64 | LC 105 |
|---|---|
| § 6º. O disposto no parágrafo anterior se aplica igualmente à prestação de esclarecimentos e informes pelas instituições financeiras às autoridades fiscais, devendo sempre estas e os exames serem conservados em sigilo, não podendo ser utilizados senão reservadamente. | Art. 5º. O Poder Executivo disciplinará, inclusive quanto à periodicidade e aos limites de valor, os critérios segundo os quais as instituições financeiras informarão à Administração tributária da União, as operações financeiras efetuadas pelos usuários de seus serviços. |

Sobre ser notável o paralelo entre os dispositivos, é importante ressaltar que o § 1º do art. 38 da Lei 4.595/64 trata de matéria diversa do § 5º do mesmo dispositivo: o primeiro garante o sigilo das informações financeiras no processo judicial, obtidas por ordem do Poder Judiciário, restringindo o acesso às partes legítimas na causa, entre as quais não precisa figurar, necessariamente, o Fisco; o segundo, o § 5º, paralelamente, prescreve o direito de os agentes fiscais tributários do Ministério da Fazenda e dos Estados procederem a exames de documentos, livros e registros de contas de depósitos, desde que haja *processo* instaurado e tais medidas forem consideradas indispensáveis pela *autoridade competente*. Ora, se a "autoridade competente" para lançar é o Agente Fiscal, este "processo" só pode ser o processo administrativo fiscal: trata-se, portanto, de matéria estranha ao § 1º. O § 5º em nenhum momento se refere à autorização do Poder Judiciário!

Registre-se: o mesmo padrão foi reproduzido nos arts. 3º e 5º da LC 105.

### 4.4.1 *Art. 5º da LC 105: informes financeiros*

Nos termos do art. 5º da LC 105, as instituições financeiras têm o dever de informar à Administração tributária as operações realizadas pelos usuários de seus serviços. O § 1º do dispositivo apresenta extensa lista daquelas que são consideradas "operações financeiras" para os fins da prestação de informações prevista no *caput*. Além disso, de acordo com o § 2º, o fornecimento de dados deve se limitar à individualização dos titulares, das operações e dos montantes globais mensalmente movimentados, sem que haja a inserção de qualquer elemento capaz de identificar a origem ou natureza destes gastos.

Referido dispositivo foi regulamentado pelo Decreto 4.489/2002 e, mais recentemente, pela Instrução Normativa da Secretaria da Receita Federal do Brasil n. 802/2007 (IN 802/2007). Segundo dispõem os atos regulamentares, as instituições financeiras têm o dever de informar semestralmente à Administração tributária as operações financeiras que superem o montante global de R$ 5.000,00 (cinco mil reais) para as pessoas físicas e R$ 10.000,00 (dez mil reais) para as pessoas jurídicas.

#### 4.4.2 *Art. 6º da LC 105: informações em processo ou procedimento administrativo*

O art. 6º da LC 105 estabelece duas condições para que as autoridades administrativas possam examinar "documentos, livros e registros de instituições financeiras, inclusive os referentes a contas de depósitos e aplicações financeiras", de sujeitos passivos de relação jurídica tributária: (*i*) a existência de processo administrativo instaurado ou procedimento fiscal em curso e (*ii*) o fato de tais exames serem considerados indispensáveis pela autoridade administrativa competente.

O Decreto 3.724/2001 regulamentou tal dispositivo e, em seu art. 3º, especificou as hipóteses nas quais a obtenção das informações bancárias do sujeito passivo são enquadradas como indispensáveis, reduzindo, assim, o grau de discricionariedade da autoridade administrativa e conferindo maior segurança jurídica ao administrado.

### *4.5 Plena vigência da LC 105 e as ADI's interpostas*

Conforme vimos, as disposições dos arts. 5º e 6º da LC 105 não diferem muito em conteúdo daquelas anteriormente previstas no art. 38 da Lei 4.595/64 que, igualmente, estabeleciam a possibilidade de requisição de informes às instituições financeiras e, de outro lado, apontavam como requisito necessário à transferência de sigilo bancário a existência de processo administrativo ou procedimento de fiscalização e, ainda, o juízo de indispensabilidade das informações requisitadas.

Contudo, defensores da inconstitucionalidade de tais dispositivos alegam que as autoridades administrativas não podem, *sponte propria*, requerer informações sobre as movimentações financeiras do sujeito passivo; uma atitude como essa dependeria de análise judicial prévia, já que se trata de mitigar o direito à intimidade, previsto no art. 5º, inciso X, da Constituição, e o direito ao sigilo de dados, contido no art. 5º, inciso XII, também da Constituição.

Dessa forma, foram ajuizadas, perante o Supremo Tribunal Federal, as Ações Diretas de Inconstitucionalidade (ADI) de números 2.386, 2.397 e 2.390, sendo que as duas primeiras foram apensadas à de número 2.390,[19] já que todas questionam os arts. 5º e 6º da LC 105, bem como, em alguns casos, o Decreto 3.724/2001 em sua totalidade, pois este regulamentou o art. 6º da referida Lei Complementar. Por ora, não há decisão do Tribunal sobre a apreciação da medida liminar, de forma que os dispositivos, objeto de disputa, encontram-se em plena vigência.

Mais recentemente, em janeiro de 2008, o Conselho Federal da Ordem dos Advogados do Brasil ajuizou a ADI 4.010, cujo objetivo é questionar apenas o art. 5º da LC 101/2001, o qual, como visto, estabelece o dever das instituições financeiras de informar periodicamente à Administração as operações realizadas por particulares, regulamentado pelo Decreto 4.489/2002 e pela IN 802/2007. Referida ADI ainda aguarda julgamento e é bastante possível que seja apensada à ADI 2.390, pela identidade de objetos.

## 5. *Perspectiva global: tendências políticas internacionais sobre o "sigilo bancário" e a orientação da OCDE para que todos os países-membros permitam o acesso às informações bancárias para propósitos tributários*

Em 2000, relatório produzido pela OCDE (Organização para a Cooperação Econômica e Desenvolvimento) teve por objetivo descrever as posições atuais dos países membros da organização, no que diz respeito ao acesso das autoridades às informações bancárias e, ainda, sugerir medidas relacionadas à melhoria do sistema de arrecadação tributária.

Neste relatório da OCDE publicado sob o título "Melhorando o acesso às informações bancárias para propósitos tributários",[20] concluiu-se que:

19. Nos termos do despacho concedido pelo Ministro Sepúlveda Pertence, na ADI 2.390, publicado em 2.10.2001.

20. OCDE, *Improving access to bank information for tax purposes*, 2000. Disponível em: *http://www.oecd.org/dataoecd/3/7/2497487.pdf*.

> "(...) idealmente, todos os países-membros deveriam permitir acesso às informações bancárias, direta ou indiretamente, para propósitos tributários, de forma que as autoridades tributárias pudessem se liberar de suas responsabilidades de aumento da receita e se concentrar na efetiva troca de informação".[21]

As razões pelas quais a OCDE defende o acesso às informações financeiras envolvem tanto considerações de eficiência e justiça do sistema tributário do ponto de vista interno (doméstico) quanto a questões relacionadas com a possível obstrução, de uma perspectiva internacional, da cooperação tributária entre países, o que pode distorcer o fluxo de capital e direcioná-lo a países que restrinjam referido acesso:

> "Negar às autoridades tributárias acesso às informações bancárias pode gerar conseqüências adversas domestica e internacionalmente. Domesticamente, isso pode limitar a habilidade das autoridades tributárias de determinar e arrecadar o correto montante de tributo. Isso pode também encorajar desigualdades tributárias entre os contribuintes. Alguns contribuintes irão usar recursos tecnológicos e financeiros para evadir-se dos tributos juridicamente devidos pelo uso de instituições financeiras em jurisdições que protegem as informações bancárias do acesso das autoridades tributárias. Isso distorce a distribuição do ônus tributário e pode levar à desilusão quanto à justiça do sistema tributário. (...) Além disso, a falta de acesso às informações bancárias pode aumentar os custos da Administração tributária e os custos de cumprimento [*destas obrigações*] para os contribuintes. Internacionalmente, a falta de adequado acesso às informações bancárias para fins tributários pode obstruir a cooperação internacional eficiente pela restrição da habilidade das autoridades tributárias de auxiliarem parceiros que, em contrapartida, pode gerar ações unilaterais tomadas pelo País que está procurando pela informação bancária. (...)".[22]

21. No original, a citação sem supressões: "The Committee on Fiscal Affairs is of the view that, as noted in paragraph 20 of the Report, ideally all Member countries should permit access to bank information, directly or indirectly, for all tax purposes so that tax authorities can fully discharge their revenue raising responsibilities and engage in effective exchange of information". *Improving access..*, p. 5.

22. No original: "Denying tax authorities access to banking information can have adverse consequences domestically and internationally. Domestically, it can impede the tax authorities' ability to determine and collect the right amount of tax. It also can foster tax inequities among taxpayers. Some taxpayers will use technologi-

Entendeu-se, portanto, que o acesso a informações tributárias para fins bancários é condição necessária para agregar maior justiça ao sistema tributário e assegurar a distribuição correta e transparente dos ônus decorrentes da tributação.

De outro lado, a OCDE salienta que o acesso das autoridades tributárias às informações bancárias não afeta o direito à intimidade, já que as regras relativas à confidencialidade dessas informações são bastante rígidas, garantindo a ausência de uso indevido dos dados obtidos – como, aliás, ocorre no Brasil, seja em função do Código Tributário Nacional (art. 198), seja por conta da própria LC 105.

O relatório da OCDE teve, portanto, o objetivo de realizar um diagnóstico sobre a situação normativa do sigilo bancário de seus países-membros e, assim, estabelecer uma orientação quanto à necessidade da adoção de uma prática uniforme, voltada à concessão de informações à Administração tributária, com objetivo de conferir maior efetividade ao sistema. Confira-se a tabela abaixo, consolidada a partir de informações apresentadas no relatório e que claramente demonstra as tendências internacionais quanto à transferência de sigilo bancário em favor da arrecadação tributária:[23]

cal and financial resources to escape taxes legally due by using financial institutions in jurisdictions that protect banking information from disclosure to tax authorities. This distorts the distribution of the tax burden and may lead to disillusionment with the fairness of the tax system. Lack of access to bank information for tax purposes may result in some types of income escaping all taxation, thus producing inequities among different categories of income. Mobile capital may obtain unjustified advantages as compared to income derived from labour or from immovable property. Further, lack of access to bank information may increase the costs of tax administration and compliance costs for taxpayers. Internationally, lack of adequate access to bank information for tax purposes may obstruct efficient international tax cooperation by curtailing a tax authorities' ability to assist its treaty partners which in turn may lead to unilateral action by the country seeking the bank information. It also may distort capital and financial flows by directing them to countries that restrict tax authority access to bank information". OCDE, *Improving access..*, p. 11.

23. Fontes: 1. Dennis Campbell, "International Bank Secrecy", London, Sweet & Maxwell, 1992; 2. Joachim Dahm, "Bankgeheimnis and Bankauskunft in der Praxis", Wiesbaden, Dt. Genossenschafts-Verl, 1995; 3. Jean Darmine, "European Banking in the 1990's"; 4. Ryoichi Mikitani, Patrica Hagankuwayama, "Japan's New Central Banking Law – A Critical View", Center for Japanese Economy and Business, Columbia University; 5. Miebach Ralf, "Das Bankgeheimnis", Köln, Heymann, 1999; 6. *http://www.law.nyu.edu/centralbankscenter/*; 7. *http://www.lectlaw.com;* 8. *http://www.theeconomist.com*; 9. *http://www.rpifs.com.*

| Ranqueamento (1 = sigilo bancário forte) | País | Fontes | Força do sigilo bancário em matéria criminal | Força do sigilo bancário em matéria tributára | Medidas reformatórias usadas para evitar práticas ilícitas / esforços de harmonização |
|---|---|---|---|---|---|
| 1 | Suíça | 1, 3, 6 | Bancos devem fornecer informações sobre operadores do crime organizado. | Em matéria tributária, as autoridades devem lidar diretamente com o contribuinte envolvido, e não com terceiros (i.e., os bancos). | Tem começado a enfraquecer seu sigilo por solicitação da União Europeia, mas reluta em fazê-lo por considerar o sigilo um princípio importante. |
| 2 | Áustria | 1, 3, 6 | Ao invés de afirmar o poder do Estado, a Áustria encoraja os bancos à "autorregulação". Cortes austríacas podem – com dificuldade – produzir informações relacionadas a crimes fiscais ou penais. | O acesso às informações tributárias é amplamente negado às autoridades. Medidas de auto-policiamento são sugeridas. | Com um sigilo bancário comparativamente alto, a Áustria está atualmente tornando mais fácil obter informações, especialmente no que diz respeito a assuntos penais. |
| 3 | Luxemburgo | 1, 6 | Em matéria criminal, o sigilo só pode ser quebrado durante o depoimento de uma testemunha. | Em matéria tributária, auditores apenas têm acesso a informações de herança e bens do *de cujus.* | A União Europeia tem pedido a Luxemburgo que enfraqueça seu sigilo, que é hoje muito forte; entretanto, Luxemburgo tem resistido, permitindo a quebra apenas em situações excepcionais. |
| 4 | Grécia | 1, 6 | Art. 260 do Código Criminal apenas permite a quebra do sigilo quando absolutamente necessário para a punição de um crime ocorrido dentro da Grécia, e que seja punido com mais de cinco anos de prisão. Além disso, uma corte precisa expressamente ordenar a quebra do sigilo. | Em matéria tributária é muito difícil quebrar o sigilo, uma vez que as cortes freqüentemente apoiam-se nos precedentes de proteção do sigilo tributário e financeiro. | Propôs a já mencionada 91/308/EEC, e mostra-se empenhada em combater a lavagem de dinheiro oriundo do tráfico de drogas. |

▶

| Ranqueamento (1 = sigilo bancário forte) | País | Fontes | Força do sigilo bancário em matéria criminal | Força do sigilo bancário em matéria tributára | Medidas reformatórias usadas para evitar práticas ilícitas / esforços de harmonização |
|---|---|---|---|---|---|
| 5 | Portugal | 1, 6 | Após a Revolução o sigilo era extremamente forte. A partir de 1980, entretanto, ele passou a ser enfraquecido, e as autoridades têm recebido poderes crescentes em investigações criminais. | Assuntos tributários ainda têm algum do sigilo construído em anos anteriores. | A União Europeia deseja que Portugal enfraqueça seu sigilo como um todo, mas ele o tem feito apenas em matéria criminal. |
| 6 | Reino Unido | 1, 6 | Os Atos da Polícia e do Processo Criminal afirmam que o sigilo pode ser ignorado onde houver "suspeitas razoáveis de que uma ofensa séria tenha sido cometida". | Comissários de Renda Internacional podem requerer a qualquer um que forneça informações sobre bens, especificamente no estrangeiro. | Desde *Tourrier v.* o sigilo tem perdido espaço, a ponto de muitos cidadãos acharem que ele precisa ser restabelecido. |
| 7 | Alemanha | 1, 6 | Informações criminosas podem ser reveladas com ordem judicial. | A quebra de sigilo em procedimentos tributários é sensivelmente mais difícil do que nos criminais. | Alemanha é um país com um sigilo já enfraquecido, especialmente em matéria criminal, e está por isso razoavelmente alinhada com os desejos da União Europeia. |
| 8 | Espanha | 1, 6 | Em casos criminais, cortes e juízes têm acesso a informações bancárias. | Em casos tributários, cortes e juízes podem ter acesso a informações bancárias. | Sigilo bancário é relativamente fraco. |
| 9 | Irlanda | 1, 6 | Seção 7 do Ato dos Livros Bancários manda quebrar o sigilo em qualquer procedimento em que haja determinação judicial para tanto. | Assuntos tributários podem estar compreendidos na disciplina da Seção 7 do Ato dos Livros Bancários, devendo haver quebra do sigilo se assim for determinado por um juiz. | Sigilo enfraquecido conforma-se com as regras da União Europeia. |

| Ranqueamento (1 = sigilo bancário forte) | País | Fontes | Força do sigilo bancário em matéria criminal | Força do sigilo bancário em matéria tributára | Medidas reformatórias usadas para evitar práticas ilícitas / esforços de harmonização |
|---|---|---|---|---|---|
| 10 | França | 1, 6 | Art. 57 da Lei Bancária de 1984 diz que o sigilo não pode ser invocado no contexto de procedimentos criminais. | Art. 57 da Lei Bancária de 1984 diz que o sigilo não pode ser invocado "contra autoridades tributárias e alfandegárias, no contexto de lavagem de dinheiro" etc. | França adotou a diretiva 91/308/EEC prevenindo "o uso de instituições financeiras e sistemas para a lavagem de dinheiro". |
| 11 | Japão | 4 | n.d. | n.d. | Banco Central do Japão (extrapolando para outros bancos e práticas regionais) tem se movido no sentido da maior transparência, indicativa de uma mudança financeira mais ampla. |
| 12 | Bélgica | 1, 6 | Durante a investigação, o sigilo bancário pode ser quebrado, como qualquer outro meio de prova. | Os arquivos fiscais podem ser quebrados se o cliente em questão está sob investigação. | Alteração dos artigos 42 e 505 do Código Criminal criminaliza as condutas de receber, guardar e administrar fundos criminosos. |
| 13 | Finlândia | 1, 6 | Sigilo pode ser quebrado se a polícia ou outras autoridades precisarem de informações para investigações. | Sigilo pode ser quebrado se a polícia ou outras autoridades (i.e., autoridades tributárias) precisarem de informações para investigações. | Novas leis em vigor desde 1º de janeiro de 1992, para harmonizar a Finlândia com o restante da União Europeia. |
| 14 | Suécia | 1, 6 | Crimes de colarinho branco e ofensas criminais em geral são pesadamente combatidas e dão ensejo à quebra dos sigilo. | Autoridades fiscais têm ganhado poderes crescentes em relação a adultos. | Autoridades fiscais e criminais têm ganhado poderes crescentes nos últimos anos. |

| Ranqueamento (1 = sigilo bancário forte) | País | Fontes | Força do sigilo bancário em matéria criminal | Força do sigilo bancário em matéria tributára | Medidas reformatórias usadas para evitar práticas ilícitas / esforços de harmonização |
|---|---|---|---|---|---|
| 15 | Dinamarca | 1, 6 | Cortes podem obrigar qualquer pessoa com "informações criminosas" a informá-las. | Autoridades fiscais têm acesso a todas as informações referentes a pagamento e restituição de tributos. | O sigilo bancário já é muito enfraquecido, e nada precisa ser feito. |
| 16 | Holanda | 1 | As cortes podem revelar "objetos (segredos) que permitam conhecer a verdade" em procedimentos criminais. | Autoridades podem ver registros e livros a qualquer momento, mesmo sem que existam suspeitas. | O sigilo bancário é relativamente fraco. |
| 17 | Itália | 1, 6 | Capacidade de investigar provas criminalmente revelantes foi ampliada, qualquer coisa que se possa relacionar-se a um crime pode ser vista. | Uma lei de 1972 permite às autoridades fiscais que quebrem o sigilo mesmo sem a existência de elementos criminais. | Leis Anti-Máfia enfraquecem o sigilo bancário, não havendo reformas a se fazer para fins de harmonização. |
| 18 | Estados Unidos da América | 1, 6 | O governo federal exige que livros sejam guardados pelos bancos e que instituições financeiras reportem transações a oficiais do governo; se isso não for feito, há penalidades. Mais ainda, todas as transações suspeitas acima de US$ 10.000,00 devem ser imediatamente informadas. O Ato de Lavagem de Dinheiro de 1986 dá autoridade imediata para a quebra do sigilo bancário em matéria criminal. | Auditores podem investigar arquivos bancários no curso de trabalhos fiscais, assuntos suspeitos são fundamentos que permitem revelar informações. | Sigilo muito enfraquecido. |
| tabela elaborada a partir dos dados disponíveis em *http://www.oecd.org/dataoecd/3/7/2497487.pdf* | | | | | |

Conforme se verifica da simples leitura da tabela, *a transferência do sigilo bancário em favor da Administração tributária é a regra nos países-membros da OCDE*, preservando, naturalmente, o *sigilo fiscal* dessas informações, o que somente corrobora a oportunidade já formalizada da mesma medida no Brasil, para conferir às autoridades tributárias os poderes fiscalizatórios necessários para manutenção do grau de eficiência na arrecadação tributária.

Trata-se de assumir que a receita tributária é o elemento central da atividade financeira do Estado[24] e, assim, medidas que visem à sua maior efetivação agregam mais igualdade ao sistema como um todo e, ao final, realizam de forma equânime o Estado de Direito pela justa distribuição dos ônus tributários.

### 6. *"A morte do segredo bancário suíço"*[25] *e a inexistência de fundamento semelhante na Constituição ou na legislação brasileira*

Na Constituição Suíça, como também em todas as demais Constituições dos países membros da OCDE, não há proteção expressa e absoluta do sigilo bancário para efeitos fiscais.

Na Suíça, até 1934, o sigilo bancário era protegido por vários dispositivos do Código Civil suíço e do Código de Trabalho. A jurisprudência da Corte Federal estabeleceu firmemente o sigilo bancário na prática atual, de forma que um cliente que se sinta vítima de violação de sigilo bancário poderá, por essa razão, obter indenização do banco. Assim, somente em 1934, foi aprovada Lei Federal sobre bancos, que claramente inclui o sigilo bancário dentro da esfera penal. Um banqueiro que infringir o sigilo bancário poderá ser, por essa razão, punido com prisão, reforçando, portanto, a proteção da esfera privada do depositário.

24. Nesse sentido é a leitura que Ferreiro Lapatza faz do sistema tributário: o direito tributário, para ele, não pode ser pensado apartado da atividade financeira do Estado e nem sequer de sua função principal de financiamento dos serviços públicos. José Juan Ferreiro Lapatza, *Curso de Derecho Financiero Español – Instituciones*, Madrid, Marcial Pons, 2006.

25. Gilles Lapouge, "A morte do segredo bancário suiço", in jornal *O Estado de São Paulo*, Caderno B4 – Economia, São Paulo, 24.2.2009, p. B4.

### *6.1 Razões históricas do sigilo bancário suíço: espiões nazistas e pressão dos franceses*

Mas há duas claras razões históricas e negociais, completamente descontextualizadas da argumentação formal que pretende sustentar aqui, nas praias tupiniquins, a mesma força e rigor do sigilo bancário suíço.

Primeira: *Espiões nazistas.* A crise de 1931 levou à intensificação do controle de câmbio estrangeiro na Alemanha. Hitler promulgou uma lei pela qual qualquer alemão com capital estrangeiro seria punido com pena de morte e a Gestapo começou a espionar os bancos suíços. Quando três alemães foram condenados à morte, o governo suíço se convenceu da necessidade de reforçar o sigilo bancário.

Segunda: *Pressão dos franceses.* Em 1932, o caso Handelsbank, da Basiléia, revelou que mais de 2.000 membros da elite francesa possuíam contas na Suíça. Esquerdistas franceses usaram esse fato para denunciar o programa de austeridade de um governo burguês que nada fazia para combater fraudes fiscais. Eles demandaram autoridade jurídica sobre contas francesas na Suíça, mas sem sucesso.

Por razões óbvias, em 1984, os suíços novamente escolheram, por esmagadora maioria, com mais de 73% dos votos a favor, a manutenção do sigilo bancário, mantendo a regulamentação Suíça tanto pela lei civil (incluindo o *Banking Act*) quanto pela legislação penal. A violação ao sigilo pode ser, então, sujeita a dupla punição: (*i*) multa e prisão para o banqueiro infrator do *Banking Act* e do Código Penal e (*ii*) indenização para o cliente quanto à negligência. Espionagem econômica ou fiscal por parte de autoridades de um terceiro país é também punível pela legislação penal.

Coerentemente com os interesses do grande negócio nacional suíço, mais rentável que a fabricação de relógios, chocolates e queijos, lá o sigilo bancário não é suspenso sequer diante de evasão fiscal, mesmo mediante requerimento de governo estrangeiro. Aliás, nem evasão, nem omissão tributária na declaração de rendas e bens são consideradas crimes; decorrência deste desenho legal é que, a Suíça, convenientemente, não concorda com nenhum requerimento para cooperação judicial (também conhecida como assistência mútua) de outros governos.[26]

26. Fonte: *http://swiss-bank-accounts.com* (tradução livre). Uma distinção importante deve ser feita entre evasão tributária e fraude tributária. Fraude tributária

### *6.2 A morte do segredo bancário suíço, transconstitucionalismo: a pressão dos EUA e da UE na formação de um novo cenário jurídico global*

Barack Obama, quando era senador, denunciou com perseverança a imoralidade desses "remansos de paz para o dinheiro corrompido". Hoje ele é Presidente de uma Nação que considera a fraude fiscal um dos crimes mais graves: foi sob esse pretexto que Al Capone foi enquadrado, nos anos trinta.[27]

O primeiro ataque dos Estados Unidos foi dado contra a UBS-União de Bancos Suíços, gigantesca instituição bancária suíça que em face da ameaça dos norte-americanos de retirar sua licença nos EUA, passou o nome de 250 clientes americanos por ela ajudados a fraudar o fisco. Mais recentemente o ataque foi retomado: desta

(falsificação de documentos, práticas desonestas) é considerada crime também na Suíça. Nesse caso, o sigilo bancário pode ser suspenso por um juiz com jurisdição e cooperação judicial pode ser obtida. Legislação suíça: **Article 47 of the Swiss Federal Banking Act of 8 November 1934:** "Any person who, in his or her capacity as member of a body, employee, proxy, liquidator or commissioner of a bank, observer for the Banking Commission, or a member of a body or an employee of an authorized auditing firm, has revealed a secret that was entrusted to him or her or of which he or she had knowledge by means of his or her practice or employment, any person who has incited another to violate professional secrecy, will be punished by imprisonment for a maximum of six months or by a fine not exceeding 50,000 francs: 1. If the offender acted in negligence, the punishment will consist of a fine not exceeding 30,000 francs; 2. Violation of secrecy remains punishable even when the practice or employment has terminated or the holder of the secret no longer works in the banking industry; 3. Reserved are the provisions of the federal and cantonal legislation ruling on the obligation to inform authorities and testify in court."

**Código Penal, Article 162 of the Swiss Criminal Code**: "Any person who has divulged a trade secret or confidential business information that was meant to be kept by virtue of legal or contractual obligation, any person who has used this information to his or her benefit or to that of a third party, will be, on prosecution, punished by imprisonment or by fine".

**Article 320 of the Swiss Criminal Code:** "**1.** Any person who has divulged a secret entrusted to him or her as a representative of authority or a civil servant, or who has acquired knowledge by means of his or her practice or employment, will be punished by imprisonment or by fine. The disclosure remains punishable even when the practice or employment has terminated. 2. The disclosure will not be punishable if it was made with the written consent of a superior authority".

27. Gilles Lapouge, "A morte do segredo bancário suíço", in jornal *O Estado de São Paulo*, Caderno B4 – Economia, São Paulo, 24.2.2009, p. B4.

vez, os americanos exigem que a UBS forneça o nome de seus 52.000 clientes titulares de contas ilegais. O Banco protestou, a Suíça está temerosa e o partido de extrema-direita, UDC (União Democrática do Centro), que detém um terço das cadeiras do parlamento federal, propõe que "o segredo bancário seja inscrito e ancorado na Constituição Federal".[28]

Mas, além dos americanos, outro golpe, agora da cúpula européia que se organizou em Berlin, em preparação ao encontro do G-20, em Londres: França, Alemanha e Inglaterra chegaram a um acordo para sancionar paraísos fiscais.[29]

Talvez, seja o alvorecer, perante a crise econômica, de uma nova ordem global que se enquadra bem ao que Marcelo Neves, em obra ainda inédita,[30] denomina *transconstitucionalismo*:

> "(...) o reconhecimento de que as diversas ordens jurídicas entrelaçadas na solução de um problema-caso – a saber, de direitos fundamentais ou humanos e de organização legítima do poder –, que lhes são concomitantemente relevantes, devem buscar formas transversais de articulação para a solução do problema, cada uma delas observando a outra, para compreender os seus próprios limites e possibilidades de contribuir para solução do problema. Sua identidade é reconstruída, dessa maneira, enquanto leva a sério a alteridade, a observação do outro. Isso parece-me frutífero e enriquecedor da própria identidade porque todo observador tem um limite de visão no "ponto cego", aquele que o observador não pode ver em virtude de sua posição ou perspectiva de observação. Mas se é verdade, considerando a diversidade de perspectivas de observação de *alter* e de *ego*, que "eu vejo o que tu não vês", cabe acrescentar que o "ponto cego" de um observador pode ser visto pelo outro. Nesse sentido, pode-se afirmar que o transconstitucionalismo implica o reconhecimento dos limites de observação de uma determinada ordem, que admite a alternativa: o ponto cego, o outro pode ver".

28. Idem, ibidem.

29. Artigo: "Tax Havens: Not-So-Safe Havens", *The Economist*, Londres, ns. 21-27/2/2009, Londres, p. 53. Idem, Ibidem.

30. *Transconstitucionalismo*. Tese apresentada ao concurso de provas e títulos para o provimento do cargo de Professor Titular na área de Direito Constitucional, junto ao Departamento de Direito do Estado da Faculdade de Direito da Universidade de São Paulo, São Paulo, 2009, p. 265.

### 6.3 *Da inexistência de obstáculo constitucional ou legal no Brasil à transferência do sigilo bancário para a Administração tributária*

Espiões nazistas já não há mais no nosso mundo nem a Stasi[31] para invadir nossas casas com escutas telefônicas, nem pressão ou temor ao estilo francês de 1932 de nossa elite: o mundo mudou... e para melhor. Além disso, o Brasil não é a Suíça, aqui não há lei que estenda a proteção dos dados bancários ao Fisco: essa orientação encontra respaldo mesmo em voto do Min. Sepúlveda Pertence que, ao se aliar à opinião vencedora no MS 21.729, considerou que *o sigilo bancário não é abrangido pela garantia da vida privada nem por outro direito fundamental, sendo tão-somente tutelado no âmbito da legislação ordinária* e, assim, passível de limitações, acrescente-se, conforme arbítrio e ponderação política do legislador?[32]

> "O sigilo bancário só existe no Direito brasileiro por força de lei ordinária. Não entendo que se cuide de garantia com *status* constitucional. Não se trata da 'intimidade' protegida no inciso X do art. 5º da Constituição Federal". (...) Em princípio, por isso, admitiria que a lei autorizasse autoridades administrativas, com função investigatória e sobretudo o Ministério Público, a obter dados relativos a operações bancárias."

Trata-se de assumir a posição de que o tema da transferência do sigilo bancário dos contribuintes pelas autoridades administrativas, observadas as condições previstas em lei (neste caso, na LC 105), não envolve questões constitucionais, já que o sigilo bancário não decorre da Constituição.

31. Referêcia ao filme do diretor e roteirista Florian Henckel Von Donnersmarck *A vida dos outros* (*Das Leben der Anderen*, 2006), vencedor do Oscar 2007 de Melhor Filme Estrangeiro, que se passa no ano de 1985, portanto antes da queda do Muro em que aqueles que viviam na República Democrática Alemã (RDA) estavam submetidos à completa investigação por parte da STASI, que era a principal organização de polícia secreta e inteligência do lado soviético da Alemanha. O tema do filme é justamente o processo de invasão da intimidade e da vida privada do dramaturgo George Dreymanem face da rotina de escutas e de perseguições que se desenrolam entre o artista e a percepção de um novo mundo experimentada pelo oficial e agente Wiesler no decorrer da investigação.

32. MS 21.729, Rel. Ministro Marco Aurélio, Rel. para acórdão Ministro Néri da Silveira, Tribunal Pleno, julgado em 5.10.1995, *DJ* 19.10.2001.

Mas se houvesse o mesmo nível de sigilo bancário, aqui, fundado na Constituição, por que todo dinheiro do mundo não viria para a proteção dos modernos bancos brasileiros? Por que, ao contrário, tanto dinheiro historicamente saiu da América Latina, cruzando o longínquo e desafiador Atlântico em busca dos bancos suíços? Há, aqui, clara assimetria de informação mundial ou desinformação nacional. Para que ir até a Suíça? Para que se submeter a triangulações negociais obtusas e sem proteção legal? Querem segurança? Então, depositem nos bancos brasileiros: ao futebol, acrescentaríamos o sigilo fiscal e seríamos potência mundial.

Entretanto, como se vê na prática, não é esse o caso: quem acredita no sigilo fiscal brasileiro? Se ele existisse, teríamos que comunicá-lo ao resto do mundo...

Contrafaticamente, se pode argumentar que se trata de ineficácia social da regra de sigilo bancário, mas, para tanto, haveríamos de, ao menos, identificá-la no ordenamento jurídico brasileiro. Contudo, lendo e relendo, atentamente, os incisos X e XII do art. 5º da Constituição da República não conseguimos identificar, seja no sentido paradigmático, seja no figurado, como podem estes dispositivos sustentar o impedimento da legítima transferência ao Fisco das informações que já são objeto do trato infraconstitucional de deveres instrumentais tributários.

## *7. É injustificada a generalização do medo da transferência do sigilo bancário*

Juridicamente, pode-se explicar este fenômeno de ideologização do "direito ao sigilo" como uma espécie de sobreinclusão,[33] axiologicamente forçada, que sobrevaloriza noções em torno dos direitos fundamentais à intimidade e à privacidade, a partir da premissa falsa e generalizante de que a simples vigência da LC 105 eliminaria estes direitos.

33. Frederick F. Schauer, *Profiles, Probabilities, and Stereotypes*, Harvard, Harvard University Press, 2003.

Assistimos assim a uma espécie de argumentação entimemática,[34] fundada em premissas indizíveis, que tende a proteger absolutamente o sigilo bancário, mas guarda para si proposições tópicas e generalizantes que não são ditas, mas que ameaçam silenciosamente o cidadão incauto que passa a associar e difundir um sentimento social de invasão diante da idéia de transferência do sigilo autorizado pela LC 105. Instala-se, assim, o medo de que sempre haverá abuso de informações. O temor, justificado em parte pela própria complexidade da legislação tributária, de que todos têm algo a ocultar em suas contas bancárias.

Tal temor transforma-se em *stress social* quando se associa a idéia da transferência, à imagem de algemas, noticiário em rede nacional dando ampla publicidade de esquemas criminosos de lavagem de dinheiro e corrupção.

Quem tem medo da transferência do sigilo bancário? Para esmagadora parte da população, que é assalariada, não existe esse sigilo, posto que desde 1943, o Decreto-lei 5.844 exige que as pessoas físicas e jurídicas enviem à Administração informações dos rendimentos que pagaram ou creditaram no ano anterior, "com indicação da natureza, das respectivas importâncias e dos nomes e endereços das pessoas que os receberam".[35]

Contudo, nossa história recente mostra precedentes exemplares de respeito às regras constitucionais e legais do sigilo bancário: cite-se o caso do caseiro Francenildo Santos Costa que sofreu, ilegalmente, a quebra do seu sigilo bancário – mediante ato ilícito, ilegal e, portanto,

34. Trata-se de um silogismo imperfeito, no qual a premissa maior é "escondida". De acordo com Nicola Abbagnano: "Segundo Aristóteles, silogismo fundado em premissas prováveis ou em signos; é o silogismo da retórica. O entinema fundado em premissas prováveis nunca conclui necessariamente, pois as premissas prováveis vale na maioria das vezes, mas nem sempre. [...] Assim, quando se diz que alguém está doente porque tem febre, ou que uma mulher deu à luz porque tem leite, cria-se um silogismo do qual simplesmente se omite a premissa maior, ou seja, que quem tem febre está doente, ou que toda mulher que deu à luz, tem leite", in *Dicionário de Filosofia*, São Paulo, Martins Fontes, 1999, p. 334.

35. "Art. 108. Até 30 de abril de cada ano, as pessoas físicas e jurídicas,são obrigadas a enviar às repartições do Imposto de Renda informações sôbre, os rendimentos que pagaram os creditaram no ano anterior, por si ou como representantes de terceiros, com indicação da natureza, das respectivas importâncias e dos nomes e endereços das pessoas que os receberam."

fora das hipóteses da LC 105 – e que culminou em 27 de março de 2006, com a saída do Ministro da Fazenda, de seu Assessor de Comunicação e do Presidente da Caixa Econômica Federal.[36]

## 8. *O receio do uso ilícito da competência administrativa de transferência do sigilo (quebra do sigilo) pretendendo justificar o exercício absoluto e abusivo dos direitos à intimidade e à vida privada*

Nas alegações e argumentações jurídicas tecidas nas ADI's, verificamos o incontido receio de abuso no uso das prerrogativas outorgadas à SRF pela LC 105. Tal sentimento decorre de dois fatores generalizantes: (*i*) medo do *excesso de poder* das autoridades administrativas no uso de tais prerrogativas e (*ii*) desconsideração das hipóteses e do rígido procedimento exigido para o exercício do direito de acesso às informações bancárias.

Analisando o primeiro destes fatores, é curioso notar que *excesso de poder* e *abuso de direito* surgem da mesma matriz, o Código de Napoleão, na forma de criações doutrinárias e jurisprudenciais na França, entre a segunda metade do século XIX e o começo do século XX, destinadas a corrigir duas características jurídico-culturais consagradas no Código: (*i*) o formalismo legal segundo o qual a Lei contém regras que predeterminam a solução de todos os casos possíveis e dispensa a ponderação de razões por parte dos juízes e (*ii*) o absolutismo dos direitos e, singularmente, do direito de propriedade, que veio definido no art. 544 do Código como "o direito de gozar e de dispor das coisas da maneira mais absoluta", e que traduz regra geral de permissão que outorga ao proprietário, levar a termo quaisquer ações, sem necessidade de ponderar em nenhum caso de que maneira ditas ações podem afetar os interesses de terceiros.[37]

É formalismo legal pressupor que sempre haverá *excesso de poder* na aplicação da LC 105. É *abuso de direito* a pretensão de gozar e dispor do direito à intimidade de forma absoluta, afetando terceiros e o Estado no exercício da legalidade tributária.

36. Cf. *O Estado de São Paulo*, a partir de 14 de março de 2006.
37. *Ilícitos atípicos*, pp. 33-34.

Destarte, sob esse prisma, no presente caso, a pretensão de justificar o gozo absoluto no exercício da proteção da intimidade gera *abuso de direito*, em face do receio do *excesso de poder* das autoridades administrativas no exercício das prerrogativas da LC 105: é o medo do uso indevido de uma competência administrativa (transferência do sigilo) pretendendo justificar o exercício absoluto e abusivo de um direito (à intimidade).

Se houver *excesso de poder* é a LC 105 que estará sendo desrespeitada, circunstância que só será aferível ante caso concreto; portanto, o perigo desse abuso não é suficiente para justificar o fundamento material das ADI's, muito menos a invalidade desta legislação que protege o sigilo bancário, garantindo o direito à intimidade. Diante do ato concreto de abuso, seria o mandado de segurança o instrumento adequado para combater a ilegalidade concreta: nunca seria caso de ADI.

### *9. Desconhecimento dos termos da LC 105 e sua regulamentação: sem tributos, não há Estado; sem Estado, não há propriedade: sem propriedade, para que serve o sigilo bancário?*

Outro ponto relevante a ser considerado, na amplitude do "auditório universal"[38] deste debate, é o completo desconhecimento e generalização dos termos da LC 105 e do Decreto 3.724/2001: ambos protegendo o sigilo bancário e regulando o estrito e rigoroso processo de acesso às informações bancárias, somente mediante a existência de processo administrativo e notificação prévia do contribuinte, informando a existência do procedimento para a "Requisição de Informações sobre Movimentação Financeira – RMF". Além disso, o § 4º, do art. 37, da Constituição, estabelece a proteção constitucional do contribuinte, garantindo que atos de improbidade administrativa importarão suspensão de direitos políticos, perda da função e indisponibilidade dos bens, sem prejuízo de ação penal.

Basta ler a LC 105 e os Decretos 3.724/2001 e 4.489/2002, para verificarmos que o procedimento de acesso aos dados bancários é

38. "Uma argumentação dirigida a um auditório universal deve convencer o leitor do caráter coercitivo das razões fornecidas, de sua evidência de sua validade intertemporal e absoluta, independente das contingências locais ou históricas" (Chaïm Perelman, Lucie Olbrechts-Tyteca, *Tratado da argumentação: a Nova Retórica*, trad. Maria Ermantina de Almeida Prado Galvão, São Paulo, Martins Fontes, 2005, p. 35).

completamente blindado, protegido por sigilo funcional e com trâmite rigorosamente estrito aos agentes fiscais, sob pena de responsabilidade funcional, civil pessoal e criminal;[39]

> I – Não é caso de *simples conhecimento dos dados bancários*: ao contrário, a LC 105 garante a proteção dos dados bancários, prescrevendo o dever de sigilo às instituições financeiras e ao Banco Central (arts. 1º e 2º);
>
> II – O acesso aos dados bancários também não é *simples*: exige processo administrativo ou procedimento fiscal em curso (art. 6º da LC 105) e o início do procedimento exige Mandado de Procedimento Fiscal (MPF), privativo de coordenador-geral, superintendente, delegado ou inspetor (§§ 1º, 2º, e inciso V do § 3º, do art. 2º do Decreto 3.724/2001);
>
> III – Sendo pressuposto do ato de Requisição de Informações sobre Movimentação Financeira, a prévia intimação ao sujeito passivo para apresentação de suas informações financeiras, necessárias a execução do Mandado de Procedimento Fiscal (§ 2º do art. 4º do Decreto 3.724/2001);
>
> IV – O § 2º do artigo 5º da LC 105, não permite possibilidade jurídica de *deixar ao desabrigo a intimidade das pessoas*, pois determina que as informações transferidas à Administração tributária da União "restringir-se-ão a informes relacionados com a identificação dos titulares das operações e os montantes globais mensalmente movimentados, vedada a inserção de qualquer elemento que permita identificar a sua origem ou a natureza dos gastos a partir deles efetuados";

39. Diferentemente do que alega a ADI 4.010, proposta pela Ordem dos Advogados do Brasil:

"1.1 O dispositivo é inconstitucional, por ofensa ao artigo 5º, incisos X, XII e LV da Constituição Federal. Com efeito, a prestação de informação acerca das operações financeiras dos contribuintes, sem ordem judicial, ofende o devido processo legal (art. 5º, LV) e a reserva de jurisdição para a quebra do sigilo de dados (art. 5º, XII). **Atinge, também, a intimidade e a vida privada das pessoas, guarnecida pelo inciso X do artigo 5º da CF.**" (A1)

"Frise-se, a propósito, que, para efetivar tais garantias, os preditos incisos asseguram o sigilo das informações bancárias, quer das constantes nas instituições financeiras, quer das existentes na própria Receita. **Afinal, por meio do simples conhecimento – quanto mais da análise e da divulgação – dos dados bancários, pode-se deixar ao desabrigo a intimidade das pessoas.**" (A2)

Note-se, que expressa ou implicitamente, este excerto da ADI da OAB, reflete a argumentação presente nas demais ADIs que se apóiam neste dispositivo, empregando, mas sem distinguir, o "termo intimidade", em duas acepções distintas: (A1) "intimidade" no sentido normativo, como direito e (A2) "intimidade" em suas proporções facticas, seja referindo à conformidade de fato da legislação ao dispositivo, seja à eficácia social do direito à intimidade.

V – Impõe-se, ainda, que tais informações sejam *conservadas sob sigilo* (§ 5º do art. 5º e parágrafo único do art. 6º da LC 105), com controle de acesso registrado e tramitação estritamente regulada mediante envelopes lacrados (§§ 1º e 2º do art. 7º do Decreto 3.724/2001);

VI – E todo esse regime rigoroso impõe-se sob pena de responsabilidade funcional do servidor público (art. 10 do Decreto 4.489/2002) e responsabilidade material e moral pessoal do servidor por eventuais danos decorrentes (art. 11 da LC 105);

VII – Além disso, o acesso às informações bancárias fora das estritas hipóteses autorizadas na LC 105, *ex vi* do seu artigo 10, constitui crime sujeito à pena de reclusão, de um a quatro anos, sem prejuízo de outras sanções.

*Dura lex, sed lex*! Entendemos, *de lege ferenda*, compreensíveis os temores expressos nas várias das ADI's interpostas contra a LC 105; contudo, são juridicamente injustificáveis: não há nada a temer, a LC 105 e seus decretos, ao contrário do que se sugere, vieram para preencher lacuna jurídica e regulamentar o disposto no art. 5º, inciso X, da Constituição, garantindo o pleno exercício da intimidade e da vida privada, em conformidade com os valores constitucionais que atribuem ao Estado a obrigatoriedade de garantir, via tributação, o custo público do pleno exercício da liberdade e do direito de propriedade: sem tributos, não há Estado; sem Estado, não há propriedade; sem propriedade, para que serve o sigilo bancário?

Ocorre que na Suíça há direito ao sigilo bancário não porque se trata de direito ou garantia fundamental, pois a matéria sequer é lembrada na Constituição suíça, nem em nome da privacidade ou da dignidade da pessoa humana. O "direito ao sigilo bancário" que é motor do grande mercado financeiro nacional suíço existe com fundamento em uma simples Lei.[40] Revogue-se esta simples Lei, como é a expectativa dos países da Comunidade Européia e dos Estados Unidos, e ponto: será o fim do sigilo bancário na Suíça.

No Brasil, não há lei que proteja o sigilo bancário das atribuições legais do Fisco: muito ao contrário (conforme demonstramos no item 6.2), existe expressa lei que autoriza, sob rígidas condições e procedimentos, a obtenção de informações financeiras dos contribuintes com o objetivo de realizar a legalidade e a igualdade tributária.

40. Swiss Federal Banking Act of 8 November 1934.

## *10. Legalidade como instrumento da igualdade ("caput" do art. 5º, modulando seus incisos X, XII e LV, da CF) que se impõe ao sigilo bancário em face da necessidade da prova, motivação do ato de lançamento, que realiza e concretiza a legalidade*

A intimidade e o sigilo de dados não podem servir de meio ou instrumento de bloqueio da realização da igualdade perante a lei: não é por acaso que a expressão *Todos são iguais perante a lei* e a garantia à *igualdade* encontram-se expressamente *no esquecidiço "caput" do art. 5º* que deve guiar e orientar o sentido dos incisos X e XII:

> Art. 5º. *Todos são iguais perante a lei*, sem distinção de qualquer natureza, garantindo-se aos brasileiros e aos estrangeiros residentes no País a inviolabilidade do direito à vida, à liberdade, *à igualdade*, à segurança e à propriedade, nos termos seguintes: (...)
>
> X – são invioláveis *a intimidade*, a vida privada, a honra e a imagem das pessoas, assegurado o direito a indenização pelo dano material ou moral decorrente de sua violação; (...)
>
> XII – é inviolável o sigilo da correspondência e das comunicações telegráficas, *de dados* e das comunicações telefônicas, salvo, no último caso, por ordem judicial, nas hipóteses e na forma que a lei estabelecer para fins de investigação criminal ou instrução processual penal; (...)

A igualdade impõe-se ao sigilo bancário. E como a legalidade é o instrumento da igualdade, então, a aplicação efetiva da lei geral e abstrata impõe-se sobre a intimidade e sobre o sigilo de dados. O privilégio de não transferir os dados bancários à Administração implica o benefício de ocultar a prova que é condição do ato de aplicação da lei, rompendo a legalidade e sujeitando a igualdade à "lei de Gerson", no processo de concretização da lei tributária.

Ocorre que há dois planos de legalidade: (*i*) a legalidade geral e abstrata que engendra a incidência conceptual ("eficácia legal" em Pontes de Miranda) e (*ii*) a incidência jurídica ("efetividade" em Pontes). É esta última que Paulo de Barros Carvalho,[41] de Pontes a Kelsen, define como sendo o derradeiro ato de aplicação do direito tributário:

41. Especialmente na obra *Direito tributário: fundamentos jurídicos da incidência*, São Paulo, Saraiva, 1997.

aquela que produz enunciados conformativos de norma individual e concreta. Sem esta aquela não se realiza, sem aquela esta perde seu fundamento legal.

Perante a legislação do imposto de renda, realizam o fato gerador "auferir renda": tanto (*i*) o contribuinte que, ao cumprir as obrigações acessórias, espelha nas informações fiscais sua efetiva movimentação financeira, quanto (*ii*) o contribuinte que se omite e não declara seus rendimentos, apresentando inconsistência com a efetiva movimentação financeira. Para ambos nasce a obrigação de pagar imposto sobre a renda. Contudo, sem a prova deste fato gerador, que é motivo do ato de lançamento tributário, não há como aplicar a lei concretamente.

Cria-se discriminação injustificada entre o primeiro, que oferece a informação, e o segundo, que oculta a prova, e ainda pretende gozar de forma abusiva do direito ao sigilo, em atitude de fraude à lei tributária.

A realização prática da legalidade exige prova dos fatos descritos hipoteticamente na lei. Sem prova não há ato administrativo: compromete-se a eficácia jurídica da lei. Sem ato administrativo, a legalidade não se concretiza, não se generaliza, ferindo o primado da igualdade.

Geraldo Ataliba adverte:

> "A lei é o instrumento de isonomia". E arremata: "A captação do conteúdo jurídico da isonomia exige do intérprete adequada consideração sistemática de inúmeros outros princípios constitucionais, especialmente a legalidade, critério primeiro, lógica e cronologicamente, de toda e qualquer ação estatal. Igualdade diante do Estado, em todas as suas manifestações. Igualdade perante a Constituição, perante a lei e perante todos os demais atos estatais. A isonomia, como quase todos os princípios constitucionais, é a implicação lógica do magno princípio republicano, que fecunda a e lhe dá substância. Embora tenha larguíssima fundamentação histórica e provectas raízes culturais, o princípio da isonomia só pode ser compreendido em toda sua dimensão e significado juntamente com o princípio da legalidade".[42]

42. *República e Constituição*, 3ª ed. (atualizada por Rosolea Miranda Folgosi), São Paulo, Malheiros Editores, p. 158.

Sem legalidade, não há igualdade; sem igualdade não há República.

É. A poderosa intuição jurídica do Guardião da República parece haver gravado sua influência e sabedoria no texto constitucional: há inúmeras regras *constitucionais* prescrevendo, expressa e implicitamente, a realização da legalidade, nos procedimentos e processos jurídicos. Vejamos:

- O próprio *caput* do artigo 5º: "todos são iguais perante a lei";
- A legalidade estrita do artigo 5º, inciso II: "ninguém será obrigado a fazer ou deixar de fazer alguma coisa senão em virtude de lei". Ou, leia-se: de sua devida aplicação mediante provas previstas, também, em lei para sua fiel aplicação (busca da verdade material);
- O reiterado artigo 5º, inciso XII, em que o expresso acesso à inviolabilidade da comunicação telefônica, em detrimento do sigilo de comunicação, permite a constituição de provas para realização da legalidade;
- O artigo 5º, inciso LV: o devido processo legal com os meios e recursos inerentes: pois sem a prova, que é meio, a legalidade material não se realiza – nem a formal...
- O artigo 37: dever de legalidade, impessoalidade e eficiência da Administração Pública;
- O artigo 84, inciso IV, que prescreve que "compete ao executivo cuidar da fiel execução da lei": ora, sem provas, é impossível aplicar juridicamente a lei.

Dimitri Dimoulis e Leonardo Martins advertem para a herança da preocupação com as garantias do princípio da legalidade, positivado pela primeira vez na terceira Constituição francesa, de 1795, retratando a prevalência e supremacia da lei sobre as decisões dos demais Poderes e aguardando do legislador a tutela e harmonização dos direitos fundamentais sem ulteriores possibilidades de controle: "A máxima jurídica da qual se valiam os constitucionalistas alemães do século XIX era a seguinte '*não haverá intervenção na liberdade e na propriedade sem lei* (*que as legitime*)' (*Kein Eingriff in Freheit und Eigentum ohne Gesetz*)".[43]

Destarte, *a intimidade e a vida privada já nascem limitadas pela igualdade e pela legalidade, que é seu derradeiro instrumento de realização; são diante desses "termos" que os incisos X, XII e LV devem ser interpretados.*

43. *Teoria Geral dos Direitos Fundamentais*, São Paulo, Ed. RT, 2006, p. 31.

Que direito se opõe ao gozo absoluto do direito ao sigilo bancário? A resposta está na Constituição: o direito à prova, última instância que conecta direito e realidade, possibilitando a concretização da legalidade que instrumentaliza a efetivação da igualdade.

### *10.1 Legalidade e a necessidade da prova como motivação do ato de lançamento, delimitando o núcleo do direito à intimidade e à privacidade, previstos no art. 5º, inciso X, da Constituição*

Como harmonizar a vida social com a mesquinhez do direito à intimidade? Como garantir a idoneidade de um homem público sem relativizar parcela de sua intimidade? Como garantir que todos contribuam igualmente para manutenção do Estado? O fato é que o texto constitucional não se refere à manutenção de uma intimidade injustificável. Muito ao contrário, a sintaxe do dispositivo apenas *não admite* a violação ilegal, ilícita. Tanto é assim que a Constituição prevê outras situações que delimitam essa hipótese: por exemplo, o legítimo exercício da liberdade de expressão; outro exemplo, a legítima obrigação de todos pagarem impostos e o dever de a Administração obter os meios de prova para realização efetiva da legalidade tributária.

A legalidade protege a violação ilícita da intimidade, mas, também, a intimidade não pode impedir a concretização da legalidade: sem legalidade, não há propriedade nem liberdade – nem suas garantias – e, sendo assim, para que intimidade?

Seja o sigilo bancário variável ou não do direito à intimidade, este direito pode ser restrito por outro, uma vez demonstrada a precedência daquele sobre este. Sobre o reconhecimento de que o sigilo bancário não é absoluto, confira-se outro julgado do Supremo Tribunal Federal:

> "Ementa: – *Constitucional. Sigilo Bancário: Quebra. Administradora de Cartões de Crédito. CF, art. 5º, X.* I – *Se é certo que o sigilo bancário, que é espécie de direito à privacidade, que a Constituição protege* [art. 5º, X], *não é um direito absoluto, que deve ceder diante do interesse público, do interesse social e do interesse da Justiça,* certo é, também, que ele há de ceder na forma e com observância de procedimento estabelecido em lei e com respeito ao princípio da razoabilidade. No caso, a questão foi posta, pela recorrente, sob o ponto de vista puramente constitucional, certo, entre-

tanto, que a disposição constitucional é garantidora do direito, estando as exceções na norma infraconstitucional. II – RE não conhecido" (destaques não contidos no original) (RE 219.780, Rel. Min. Carlos Velloso, 2ª Turma, j. 13.4.99, *DJU* 10.9.99).

**Reitere-se a indagação central: que direito se contrapõe ao direito ao sigilo bancário?**

Referido direito se revela no princípio da *prevalência do interesse público em face do interesse particular* que, nesse caso, se manifesta pela necessidade de agregar eficácia à legalidade e à igualdade através da faculdade conferida à Administração de controlar a veracidade das informações declaradas pelo contribuinte, mediante a averiguação das movimentações financeiras respectivas, observados os ditames legais (LC 105), e, assim, *produzir as provas necessárias* para a constituição do fato jurídico tributário. De um ponto de vista geral, pode-se resumir esse princípio no enunciado do art. 145, § 1º, da Constituição, que determina:

> "Art. 145. (...). § 1º. Sempre que possível, os impostos terão caráter pessoal e serão graduados segundo a capacidade econômica do contribuinte, *facultado à Administração tributária, especialmente para conferir efetividade a esses objetivos, identificar, respeitados os direitos individuais e nos termos da lei, o patrimônio, os rendimentos e as atividades econômicas do contribuinte*".

Disso decorre que a Administração, na busca pela comprovação da ocorrência de fatos que resultem na exigência tributária – e, assim, como teoriza Paulo de Barros Carvalho,[44] na constituição em linguagem de fatos subtraídos do conhecimento das autoridades –, pode requisitar informações sobre os rendimentos, patrimônio e atividades econômicas dos contribuintes. A questão é saber qual o limite para essa requisição e em que medida essa faculdade pode ser acomodada diante da proteção à intimidade, nos termos acima delineados. A resposta nos é fornecida *pela ponderação entre princípios*: neste caso específico, a relativização do direito à intimidade se mostra adequada, necessária e proporcional. Isso porque, a redução da esfera de proteção

44. *Direito Tributário – Fundamentos jurídicos da incidência*, São Paulo, Saraiva, 2006 e *Direito Tributário, Linguagem e Método*, São Paulo, Noeses, 2008.

do direito à intimidade, para garantir tanto a eficácia na produção de provas tributárias quanto, como resultado, a concretização da legalidade, justifica-se em face dos maiores benefícios advindos na limitação desse direito do que na sua prevalência.

Importante notar que não se trata aqui, de proceder à simples técnica de hierarquização dos princípios, criticada pelo Min. Gilmar Ferreira Mendes. O que pretendemos é, pela via da identificação dos significados dos princípios, estabelecer, em uma situação prática de conflito qual deve, necessariamente, prevalecer. Nas palavras do Ministro: "o Tribunal não se limita a proceder a uma simplificada ponderação entre princípios conflitantes, atribuindo precedência ao de maior hierarquia ou significado. (...) Ao revés, no juízo de ponderação indispensável entre os valores em conflito, contempla a Corte as circunstâncias peculiares de cada caso. Daí afirmar-se, correntemente, que a solução desses conflitos há de se fazer mediante a utilização do recurso à concordância prática (*praktische Konkordanz*), de modo que cada um dos valores jurídicos em conflito ganhe realidade".[45]

Pelo exposto, deve-se concluir, necessariamente, que o interesse da Administração de formalizar fatos jurídicos tributários e, assim, ser capaz de *produzir provas* com base nas movimentações financeiras dos contribuintes, prevalece em face da proteção à intimidade – nesse balanço, é o interesse relacionado à realização da legalidade tributária (e não meramente da arrecadação da Administração) que possui maior peso e, assim, tem precedência sobre o princípio do art. 5º, inciso X, da Constituição.

Nada é por acaso: *não há mercado sem governo e não há governo sem tributos*. É a magistral lição de Liam Murphy e Thomas Nagel: *não há que se falar em "propriedade" antes da tributação*. O direito de propriedade é institucional e, como tal, depende do direito tributário e da própria existência do Estado, o que implica tributação; os tributos não são representativos de invasão do Estado no patrimônio dos contribuintes, já que tal direito não é anterior à tributação, mas *condicionado a ele*. Disso decorre que é o sistema tributário que delineia a propriedade e não o contrário:

45. Gilmar Ferreira Mendes, Inocêncio Mártires Coelho, Paulo Gustavo Gonet Branco, *Curso*..., cit., p. 346.

"(...) não há mercado sem governo e não há governo sem tributos; e qual tipo de mercado existe depende das leis e das decisões políticas que o governo deve tomar. Na ausência de um sistema jurídico suportado por tributos, não poderia haver dinheiro, bancos, corporações, venda de ações, patentes ou uma moderna economia de mercado – nenhuma das instituições que tornam possível a existência de quase todas as formas contemporâneas de renda e riqueza".[46]

### *10.2 Legalidade e a interpretação do art. 5º, inciso XII, da Constituição, como confirmação da importância da garantia à prova também para as comunicações telefônicas*

Alega-se que a transferência de sigilo bancário afeta o direito fundamental do "sigilo de dados", amparado pelo art. 5º, inciso XII, da Constituição:

"Art. 5º. *Todos são iguais perante a lei*, sem distinção de qualquer natureza, garantindo-se aos brasileiros e aos estrangeiros residentes no País a inviolabilidade do direito à vida, à liberdade, *à igualdade*, à segurança e à propriedade, nos termos seguintes: (...)

"XII – é inviolável o sigilo da correspondência e das comunicações telegráficas, *de dados* e das comunicações telefônicas, salvo, no último caso, por ordem judicial, nas hipóteses e na forma que a lei estabelecer para fins de investigação criminal ou instrução processual penal."

A controvertida interpretação do art. 5º, inciso XII, da Constituição, decorre, basicamente, de problemas de ambigüidade na relação produto/processo,[47] inerentes à toda e qualquer comunicação: *prote-*

46. "There is no market without government and no government without taxes; and what type of market there is depends on laws and policy decisions that government must make. In the absence of a legal system supported by taxes, there couldn't be money, banks, corporations, stock exchanges, patents or a modern market economy – none of the institutions that make possible the existence of almost all contemporary forms of income and wealth" (Liam Murphy, Thomas Nagel, *The myth of ownership – Taxes and Justice*, New York, Oxford University Press, 2002, p. 32).

47. A interpretação ampla deste dispositivo desconsidera relevantes elementos do surgimento desta proteção na história constitucional brasileira, tendentes à transparência e ao exercício da liberdade de imprensa, muito bem destacados em decisão do Supremo Tribunal Federal, nos termos de voto do Ministro Francisco Rezek: "Do inciso XII, por seu turno, é de ciência corrente que ele se refere ao terreno das comuni-

*ge-se o sigilo de dados (produto)? Ou garante-se tão-somente o sigilo da comunicação de dados (processo)?*

Ocorre com a expressão "comunicação de dados", a mesma confusão que encontramos em expressões e termos jurídicos como "ato administrativo", "posse" e "contrato". É o que Carlos Santiago Nino chama de *ambigüidade processo/produto* e que consiste no fato de que um mesmo termo apresenta dois significados: um relativo à atividade ou ao processo, e o outro, ao produto ou resultado dessa atividade ou processo. Como exemplifica o autor, "é o que ocorre com palavras como 'trabalho', 'vivência', 'construção', 'pintura'. Se alguém me diz 'encontro-me na pintura', pode-se duvidar se o que gosta é pintar ou contemplar quadros".[48]

Assim, também, são as fontes do direito: o ato administrativo (processo) produz o ato administrativo (produto), ao passo que o ato legislativo (processo) produz a lei (produto) e o ato judicial (processo) produz a sentença (produto).

Da mesma forma, esta dualidade está presente nos atos de comunicação citados no inciso XII do art. 5º da Constituição; sendo assim temos: (*i*) o ato de escrita e envio da correspondência (processo) e a carta recebida (produto); (*ii*) o ato de enunciação da comunicação telegráfica (processo) e o telegrama (produto); (*iii*) o ato de comunicação de dados transitando por via aérea, fios de cobre ou fibras ópticas (processo) e os dados recebidos e armazenados no disco rígido do destinatário (produto); enfim, (*iv*) temos o ato de comunicação telefônica (processo) e o próprio resultado deste ato que é a comunicação realizada pelos interlocutores no tempo-espaço histórico do diálogo (produto).

cações: a correspondência comum, as mensagens telegráficas, *a comunicação de dados*, e a comunicação telefônica. Sobre o disparate que resultaria do entendimento de que, fora do domínio das comunicações, os *dados* em geral – e a seu reboque o cadastro bancário – são invioláveis, não há o que dizer. O funcionamento mesmo do Estado e do setor privado enfrentaria um bloqueio. A imprensa, destacadamente, perderia sua razão de existir" (Mandado de Segurança 2.179, Rel. Ministro Luis Galotti, julgamento em 2.9.1953, Tribunal Pleno). Também de maneira contundente, o Ministro Sepúlveda Pertence resumiu essa orientação com as seguintes palavras: "no inciso XII da Lei Fundamental, o que se protege, e de modo absoluto, até em relação ao Poder Judiciário, é a comunicação 'de dados' e não 'os dados', o que tornaria impossível qualquer investigação administrativa" (Mandado de Segurança 2.179, cit.).

48. *Introducción al análisis del derecho*, p. 261.

O processo é ato de enunciação que se consome no tempo-espaço de sua realização: perde-se o ato do envio da correspondência; perde-se o ato da comunicação telegráfica, perde-se o ato da transmissão de dados e perde-se o ato da comunicação telefônica.

Contudo, pela própria natureza do suporte físico (ou canal) que lhe servem de veículo comunicacional, dos três primeiros: da correspondência e da comunicação telegráfica ou de dados, resta o produto, a prova da comunicação: a carta, o telegrama e os dados gravados ou registrados em qualquer suporte.

Dos quatro meios de comunicação relacionados no inciso XII do art. 5º, apenas a comunicação telefônica não deixa resquícios ou marcas materiais da sua existência (provas); sua natureza exige intervenção de terceiro no próprio ato comunicacional.

A previsão de transferência no sigilo na comunicação telefônica é a confirmação, neste dispositivo, da prevalência do interesse da prova sobre o próprio direito ao sigilo. Correspondência, telegramas e dados deixam provas: por sua própria natureza, marcas (índices) do conteúdo dessas comunicações. Daí porque o texto constitucional exigir autorização judicial exclusivamente para o acesso à comunicação telefônica: neste caso, o processo de comunicação não resulta em qualquer produto; o único meio de se ter conhecimento do conteúdo da comunicação é pela interceptação direta no ato de comunicar.

Essa percepção corrobora duas importantes conclusões: (*i*) o âmbito da proteção é, centralmente, o processo de comunicação e não o produto (prova da transação ou do negócio) que dela decorre; e (*ii*) a justificativa dessa exceção (sigilo telefônico) está, precisamente, em garantir expressamente a legalidade mediante o pleno acesso a todos os tipos de comunicação, viabilizando a produção de provas, sem as quais o direito não se concretiza: *legalidade de papel*.

### *10.3 Legalidade e necessidade da transferência do sigilo bancário como realização dos meios de prova inerentes ao devido processo legal*

Argumenta-se que a transferência do sigilo bancário às autoridades administrativas ofende os incisos LIV e LV do art. 5º da Constituição. É curioso que na interpretação desses incisos também é esquecido o *caput* respectivo, que condiciona a compreensão dos dispositivos à realização da igualdade, instrumentalizada pela legalidade, conforme já ressaltado acima em relação aos incisos X e XII:

> "Art. 5º. *Todos são iguais perante a lei*, sem distinção de qualquer natureza, garantindo-se aos brasileiros e aos estrangeiros residentes no País a inviolabilidade do direito à vida, à liberdade, *à igualdade, à segurança* e à propriedade, *nos termos seguintes*: (...);
>
> "LIV – ninguém será privado da liberdade ou de seus bens *sem o devido processo legal*;
>
> "LV – aos litigantes, em processo judicial ou administrativo, e aos acusados em geral são assegurados *o contraditório e ampla defesa, com os meios e recursos a ela inerentes*."

A suposta ofensa está fundada em duas razões distintas: (*i*) a transferência de sigilo dependeria de autorização específica do Poder Judiciário e, assim, a LC 105 ofenderia a reserva de jurisdição e (*ii*) o acesso das autoridades tributárias às movimentações financeiras dos contribuintes resultaria em ofensa ao contraditório e ao direito à ampla defesa, já que ao contribuinte não seria dado contestar, ao menos administrativamente, a providência fazendária.

Nenhum dos argumentos tem fundamento. No que se refere à ofensa do *princípio da reserva de jurisdição*, deve-se considerar que as informações objeto de transferência para a Administração tributária estão fora do núcleo de proteção do direito á intimidade e à vida privada. De outro lado, o sigilo contemplado no referido dispositivo condiciona a autorização do Poder Judiciário *somente às comunicações telefônicas*, conforme se depreende da redação constitucional, que não deixa qualquer dúvida sobre o tema e ainda confirma a preocupação deste dispositivo de garantir a realização da legalidade e da verdade material, pelos inerentes meios de prova:

> "Art. 5º. (...).
>
> "XII – é inviolável o sigilo da correspondência e das comunicações telegráficas, de dados e das comunicações telefônicas, *salvo, no último caso*, por ordem judicial, nas hipóteses e forma que a lei estabelecer para fins de investigação criminal ou instrução processual penal."

Nesse sentido, também, é o entendimento pacífico do Supremo Tribunal Federal:

> "(...) O postulado da reserva constitucional de jurisdição importa em submeter, à esfera única de decisão dos magistrados, a prática de determinados atos cuja realização, por efeito de explícita determinação constante do próprio texto da Carta Política, somente pode emanar do juiz, e não de terceiros, inclusive daqueles a quem se haja eventualmente atribuído o exercício de 'poderes de investigação próprios das autoridades judiciais'. A cláusula constitucional da reserva de jurisdição – que incide sobre determinadas matérias, como *a busca domiciliar (CF, art. 5º, XI), a interceptação telefônica (CF, art. 5º, XII) e a decretação da prisão de qualquer pessoa, ressalvada a hipótese de flagrância (CF, art. 5º, LXI)* – traduz a noção de que, ***nesses temas específicos***, assiste ao Poder Judiciário, não apenas o direito de proferir a última palavra, mas, sobretudo, a prerrogativa de dizer, desde logo, a primeira palavra, excluindo-se, desse modo, por força e autoridade do que dispõe a própria Constituição, a possibilidade do exercício de iguais atribuições, por parte de quaisquer outros órgãos ou autoridades do Estado. (...)" (destaques não contidos no original) (MS 23.452, Rel. Min. Celso de Mello, Tribunal Pleno, j. 16.9.99, *DJU* 12.5.2000).

Sendo assim, não encontra qualquer fundamento a alegação de que a LC 105 ofende a reserva de jurisdição, por dois motivos: *primeiro*, porque a transferência do sigilo bancário está fora do núcleo de proteção previsto no art. 5º, incisos X e XII, da Constituição, e, *segundo*, porque reserva de jurisdição não pode acobertar informações (dados) que são objeto de obrigações tributárias acessórias ordinárias, mas tão-somente as interceptações telefônicas.

Finalmente, no que se refere à suposta *ofensa ao contraditório e à ampla defesa*, a tese, igualmente, não possui respaldo na Constituição Federal, nem nos termos do Decreto 3.724/2001, que regulamenta a LC 105 e *determina a intimação prévia do contribuinte* que terá o sigilo de seus dados bancários transferidos à Administração:

> "Art. 4º. (...).
>
> "§ 2º. A RMF [*requisição de informações sobre movimentação financeira*] será precedida de intimação ao sujeito passivo para apresentação de informações sobre movimentação financeira, necessárias à execução do MPF [*mandado de procedimento fiscal*]."

Ora, uma vez intimado, na hipótese de o contribuinte entender que tal providência é abusiva ou ilegal e, assim, não se encontrar de acordo com os ditames da LC 105, poderá impetrar mandado de segurança e garantir o exercício da ampla defesa e contraditório. É importante frisar que a própria da LC estabelece, de forma precisa, as condições para que seja possível a solicitação, pela autoridade administrativa às instituições financeiras, das informações bancárias dos contribuintes.

Nos termos do art. 5º da LC 105, sempre que as movimentações dos contribuintes superarem um determinado valor (R$ 5.000,00 para pessoas físicas e R$ 10.000,00 para pessoas jurídicas), a instituição financeira tem o dever de informar à Administração. Além disso, nos termos do art. 6º da mesma lei, também poderão as autoridades, no curso de procedimento ou processo administrativo, solicitar informações às instituições financeiras, em relação às movimentações dos contribuintes, desde que tais exames sejam considerados indispensáveis pela autoridade administrativa competente.

Conforme se verifica da simples leitura dos dispositivos, o objetivo da Administração em obter tais informações é o de colher elementos para, eventualmente, apurar obrigação tributária existente em face do sujeito passivo, mas não adimplida. Trata-se, pois, de *mecanismo de produção de prova* e, como tal, necessariamente inquisitório: faz parte da obrigação da autoridade fiscal seguir rigorosamente a legislação que regula o procedimento administrativo de apuração de fatos destinados à formação da motivação do ato de lançamento tributário. É tão apenas após a notificação do ato de lançamento que se deve falar em exercício do contraditório. Até então, estamos diante das atividades vinculadas da Administração, voltadas à formalização do crédito tributário.

Além disso, confirma essa tese, o próprio texto do inciso LV do art. 5º da Constituição, ao enunciar que "aos litigantes, em processo judicial ou administrativo, e aos acusados em geral são assegurados o contraditório e *ampla defesa*, com os *meios* e recursos a ela inerentes".

Ora, sem os *meios de prova, contraditório sobre o quê? Ampla defesa do quê?* Só de matéria de direito? E os fatos? E a incansável busca pela "verdade material"? *Due process of law* ***só para debater a interpretação de artigos não tem sentido!*** O devido processo legal pressupõe os meios de prova necessários para aplicação da legalidade material ao fato material para que assim se exerça plenamente o contraditório e a ampla defesa.

Em verdade, a *transferência do sigilo bancário* para Administração Pública, exaustivamente disciplinada na LC 105 e seus regulamentos, regula e incrementa a realização efetiva do devido processo legal, sendo que qualquer ilegalidade neste procedimento estará sempre sujeita à apreciação do Poder Judiciário.

### *10.4 Legalidade e interpretação do art. 145, § 1º, da Constituição, como fundamento da eficácia do Sistema Tributário Nacional desenhado pelo legislador constituinte*

Alega-se, confusamente, que a quebra de sigilo bancário ofende o art. 145, § 1º, da Constituição, na medida em que tal dispositivo, apesar de possibilitar que a Administração tributária, para conferir efetividade à realização da capacidade contributiva, pode identificar "o patrimônio, os rendimentos e as atividades econômicas do contribuinte", limita tais atividades ao respeito dos *direitos individuais*; e, no presente caso, a LC 105, não teria observado tais direitos. A não observância decorre do argumento de que a quebra de sigilo bancário ofende os direitos tutelados pelo art. 5º, incisos X, XII, LIV e LV, todos da Constituição.

Novamente revisitamos os mesmos incisos X, XII, LIV e LV do art. 5º, agora direcionados pela inusitada via do art. 145, § 1º, sob a rubrica "direitos individuais". Entretanto, como exposto até agora, nenhum desses dispositivos, devidamente modulados pelo sempre esquecido *caput* do art. 5º, têm o condão de infirmar a LC 105. Conforme demonstrado, ao contrário de opor-se, a LC 105 outorga concretude e regulamentação aos aludidos direitos.

*É estranho ver o artigo que abre o Capítulo I, firmando as raízes do Sistema Tributário Nacional* –, outorgando (*i*) *competência tributária* aos entes federativos para criar leis instituidoras de impostos, taxas e contribuições e, ainda, expressamente atribuindo (*ii*) *competência administrativa* às Administrações tributárias, especialmente para conferir efetividade à cobrança de tributos, identificar o patrimônio, os rendimentos e as atividades econômicas do contribuinte – ***sendo utilizado justamente para fundamentar a não-efetividade deste dispositi-***

***vo e comprometer a eficácia do Sistema Tributário desenhado pelo Poder Constituinte Originário***:

> "Art. 145. A União, os Estados, o Distrito Federal e os Municípios poderão instituir os seguintes tributos:
>
> "I – impostos;
>
> "II – taxas, em razão do exercício do poder de polícia ou pela utilização, efetiva ou potencial, de serviços públicos específicos e divisíveis, prestados ao contribuinte ou postos a sua disposição;
>
> "III – contribuição de melhoria, decorrente de obras públicas.
>
> "§ 1º. Sempre que possível, os impostos terão caráter pessoal e serão graduados segundo a capacidade econômica do contribuinte, *facultado à administração tributária, especialmente para conferir efetividade a esses objetivos, identificar, respeitados* ***os direitos individuais*** *e nos termos da lei, o patrimônio, os rendimentos e as atividades econômicas do contribuinte.*
>
> "§ 2º. As taxas não poderão ter base de cálculo própria de impostos."

Por outro lado, tais *direitos individuais* que se opõem ao poder de tributar são muito mais imponentes que os derivativos "intimidade" e a "privacidade": *centralmente, o poder de tributar opõe-se ao direito de propriedade e ao direito de liberdade.* Nas palavras de Geraldo Ataliba:

> "A tributação – em seus princípios básicos e formas mais gerais – é matéria constitucional. Não só porque justificou e esteve na essência do primeiro documento constitucional moderno – a Magna Carta de 1215 – *mas também porque envolve tensão entre o poder estatal e dois valores fundamentais para o homem: a liberdade e o patrimônio.* Estes bens jurídicos, precipuamente protegidos pelas constituições modernas, são ao mesmo tempo a sua razão de ser".

Ora, se os sagrados direitos à propriedade e à liberdade curvam-se ao poder constitucional de tributar, sob que justificativa pretende-se ocultar dos entes tributantes informações, em nome da intimidade ou privacidade?

De fato, conforme destacado nos itens acima, a existência do art. 145, § 1º, da Constituição está a *fundamentar a possibilidade de transferência do sigilo bancário* para a Administração tributária, legitimando a LC 105 e impondo-se harmonicamente aos incisos X e XII do art.

5º, garantindo a eficácia do sistema tributário que é a artéria que alimenta o Estado com recursos necessários para custear todo o sistema de direitos largamente relacionados nos múltiplos incisos do art. 5º da Constituição.

## *11. Conclusão e resposta às questões objeto de análise*

De um ponto de vista geral, todas as ADI's ajuizadas fazem referência a quatro tipos de ofensas: (*i*) ao art. 5º, inciso X; (*ii*) ao art. 5º, inciso XII; (*iii*) ao art. 5º, incisos LIV e LV; e (*iv*) ao art. 145, § 1º, da Constituição.

Seguem, em nível de conclusão, *respostas às questões objeto de análise propostas no inicio deste estudo*:

*2.1 A transferência do sigilo bancário à Administração tributaria ofende o direito à intimidade e à vida privada, previstos no art. 5º, inciso X, da Constituição?*

Resposta:

**Não.** A transferência do sigilo bancário prevista na LC105 regula, garante e concretiza a proteção à intimidade e à vida privada. Conforme demarcamos (*v. item 3*), é certo que há informações protegidas pela intimidade e pela vida privada, na Constituição, que são invioláveis porque representam o próprio núcleo de proteção desses direitos. Contudo, os arts. 5º e 6º da LC 105 restringem-se a exigir conjunto de informações relativas à atividade econômica do contribuinte (*v. item 3.3*) que este, ordinariamente, já é obrigado a prestar para a fiscalização e exigência do crédito tributário pelo simples adimplemento de "obrigações acessórias" instituídas pela legislação tributária e que não podem ser consideradas como partes do espaço privado do indivíduo, em face do Fisco; trata-se de simples reflexo documental das atividades do contribuinte, com a finalidade de fornecer instrumentos à Administração tributária na apuração e verificação dos tributos devidos. O conhecimento dos dados relativos à movimentação financeira dos sujeitos passivos somente tem o condão de comprovar e testar a veracidade das informações constantes desses documentos obrigatoriamente disponibilizados (*v. relação exemplificativa no item 3.3*) que instrumentalizam e realizam a concretização da igualdade na aplicação da lei tributária (*v. item 10*).

O quadro abaixo (*ex vi do item 3*), sintetiza e sistematiza essa dualidade, bem como distingue os planos do lícito (respeito ao núcleo de proteção e legitimidade de regulamentação legal fora do núcleo de proteção) e do ilícito (quebra do sigilo):

| **Direito à intimidade e à vida privada** | | |
|---|---|---|
| Lícito | (DENTRO do núcleo de proteção)<br>Informações protegidas constitucionalmente em nome da intimidade e a vida privada do indivíduo que NÃO podem sofrer interferência ilegítima do Poder Público, exemplo: inviolabilidade da residência, sigilo de correspondência e comunicações telegráficas, de dados e das comunicações telefônicas | (FORA do núcleo de proteção)<br>Informações protegidas constitucionalmente em nome da intimidade e a vida privada do indivíduo que PODEM sofrer regulação LEGÍTIMA do Poder Público, exemplo: transferência do sigilo bancário para efeito fiscal dos dados numéricos de movimentação financeira, sem identificação da origem ou dos destinatários |
| Ilícito | QUEBRA DO SIGILO:<br>ato inconstitucional | QUEBRA DO SIGILO:<br>ato inconstitucional e ilegal<br>(LC 105) |

*Note-se que a expressão "quebra do sigilo", reiteradamente citada, além de passar, retoricamente, uma noção muito mais ampla e socialmente negativa dos termos da LC 105, é completamente estranha à atividade delegada a Administração nos arts. 5º e 6º.* O art. 5º trata do dever das instituições financeiras de "informar" as operações financeiras efetuadas pelos correntistas. O art. 6º trata da faculdade de a Administração "examinar" documentos, livros e registros de instituições financeiras quando houver processo ou procedimento administrativo e tais "exames" sejam considerados indispensáveis pela autoridade administrativa.

Ressalte-se, *em nenhum momento esses dispositivos tratam de "quebra do sigilo bancário", mas sim de "transferência do sigilo" destas informações à Administração tributária.* O § 5º do art. 5º prescreve o dever de as autoridades manterem o sigilo das informações obtidas: "As informações a que se refere este artigo serão conservadas sob sigilo fiscal, na forma da legislação em vigor". Na mesma sintonia, o parágrafo único do art. 6º prescreve: "O resultado dos exames, as informações e os documentos a que se referem este artigo serão conservados em sigilo, observada a legislação tributária".

*2.2 A transferência do sigilo bancário à Administração tributária ofende a proteção ao sigilo de dados, prevista no art. 5º, inciso XII da Constituição?*

Resposta:

**Não**, pois o sigilo de dados não podem servir de meio ou instrumento de bloqueio da realização da igualdade perante a lei: não é por acaso que a expressão "Todos são iguais perante a lei" e a garantia à "igualdade" encontram-se expressamente *no esquecidiço caput do art. 5º* que deve guiar e orientar o sentido do inciso XII.

Ocorre que os "dados" previstos como fatos geradores da legislação tributária e exigidos na forma de obrigações acessórias, bem como seus meios de verificação, são as provas que justificam e motivam o ato de lançamento tributário. Sem provas, não há como lançar; sem possibilidade de apurar a veracidade dessas provas não se realizam plenamente os primados da legalidade nem da igualdade; por exemplo, perante a legislação do imposto de renda, realizam o fato gerador "auferir renda": tanto (*i*) o contribuinte que, ao cumprir as obrigações acessórias, espelha nas informações fiscais sua efetiva movimentação financeira, quanto (*ii*) o contribuinte que se omite e não declara seus rendimentos, apresentando inconsistência com a efetiva movimentação financeira. Para ambos nasce a obrigação de pagar imposto sobre a renda. Contudo, sem a prova deste fato gerador, que é motivo do ato de lançamento tributário, não há como aplicar a lei concretamente.

Cria-se discriminação injustificada entre o primeiro, que oferece a informação, e o segundo, que oculta a prova, e ainda pretende gozar de forma abusiva do direito ao sigilo, em atitude de fraude à lei tributária.

A realização prática da legalidade exige prova dos fatos descritos hipoteticamente na lei. Sem prova não há ato administrativo: compromete-se a eficácia jurídica da lei. Sem ato administrativo, a legalidade não se concretiza, não se generaliza, ferindo o primado da igualdade (*v. item 10*).

Além disso, a previsão de transferência no sigilo na comunicação telefônica é a confirmação, neste dispositivo, da prevalência do interesse da prova sobre o próprio direito ao sigilo. Correspondência, telegramas e dados deixam provas: por sua própria natureza, marcas (índices) do conteúdo dessas comunicações (*"ex vi" do item 10.2*). Daí o texto constitucional exigir autorização judicial exclusivamente para o acesso à comunicação telefônica: neste caso, o processo de comunicação não resulta em qualquer produto; o único meio de se ter conhecimento do conteúdo da comunicação é pela interceptação direta no ato de comunicar.

*2.3 A transferência do sigilo bancário à Administração tributária, nos termos da LC 105 e sua regulamentação, representa ofensa ao devido processo legal e aos princípios do contraditório e da ampla defesa?*

Resposta:

Não encontra fundamento a alegação de que há *ofensa ao contraditório e à ampla defesa*: a tese não tem respaldo na Constituição Federal, nem nos termos do Decreto 3.724/2001, que regulamenta a LC 105 e *determina a intimação prévia do contribuinte* que terá o sigilo de seus dados bancários transferidos à Administração:

> "Art. 4º. (...)
>
> "§ 2º. A RMF [*requisição de informações sobre movimentação financeira*] será precedida de intimação ao sujeito passivo para apresentação de informações sobre movimentação financeira, necessárias à execução do MPF [*mandado de procedimento fiscal*]."

Ora, uma vez intimado, na hipótese de o contribuinte entender que tal providência é abusiva ou ilegal e, assim, não se encontrar de acordo com os ditames da LC 105, poderá impetrar mandado de segurança e garantir o exercício da ampla defesa e contraditório. É importante frisar que a própria da LC estabelece, de forma precisa, as condições para que seja possível a solicitação, pela autoridade administrativa às instituições financeiras, das informações bancárias dos contribuintes.

A LC 105 trata, pois, de *mecanismo de produção de prova* no procedimento administrativo e, como tal, necessariamente inquisitório:

faz parte da obrigação da autoridade fiscal seguir rigorosamente a legislação que regula o procedimento de apuração de fatos (provas) destinados à formação da motivação do ato de lançamento tributário. É tão-somente após a notificação do ato de lançamento que se deve falar em exercício do contraditório. Até então, estamos diante das atividades vinculadas da Administração, voltadas à formalização do crédito tributário.

Além disso, confirma essa tese, o próprio texto do inciso LV do art. 5º da Constituição, ao enunciar que "aos litigantes, em processo judicial ou administrativo, e aos acusados em geral são assegurados o contraditório e ampla defesa, com os *meios* e recursos a ela inerentes".

Ora, sem os *meios de prova* necessários à constituição do lançamento o *contraditório e a ampla defesa perdem seu objeto. "Due process of Law" só para questão de direito, debatendo a interpretação de artigos não tem sentido.* O devido processo legal pressupõe os meios de prova necessários para aplicação da legalidade material ao fato material para que assim se exerça plenamente o contraditório e a ampla defesa: em verdade, é a *transferência do sigilo bancário* para Administração Pública, exaustivamente disciplinada na LC 105 e seus regulamentos, que garante e incrementa a realização efetiva do devido processo legal, sendo que qualquer ilegalidade neste procedimento estará sempre sujeita à apreciação do Poder Judiciário.

*2.4 A transferência do sigilo bancário à Administração tributária ofende os "direitos individuais" mencionados no art. 145, § 1º da Constituição?*

Resposta:

*É estranho ver o artigo que abre o Capítulo I, firmando as raízes do Sistema Tributário Nacional*–, outorgando (*i*) *competência tributária* aos entes federativos para criar leis instituidoras de impostos, taxas e contribuições e, ainda, expressamente atribuindo (*ii*) *competência administrativa* às Administrações tributárias, especialmente para conferir efetividade à cobrança de tributos, identificar o patrimônio, os rendimentos e as atividades econômicas do contribuinte – *sendo utilizado justamente para fundamentar a não-efetividade deste dispositivo e comprometer a eficácia do Sistema Tributário desenhado pelo Poder Constituinte:*

"Art. 145. A União, os Estados, o Distrito Federal e os Municípios poderão instituir os seguintes tributos:

"I – impostos;

"II – taxas, em razão do exercício do poder de polícia ou pela utilização, efetiva ou potencial, de serviços públicos específicos e divisíveis, prestados ao contribuinte ou postos a sua disposição;

"III – contribuição de melhoria, decorrente de obras públicas.

"§ 1º. Sempre que possível, os impostos terão caráter pessoal e serão graduados segundo a capacidade econômica do contribuinte, *facultado à administração tributária, especialmente para conferir efetividade a esses objetivos, identificar, respeitados* ***os direitos individuais*** *e nos termos da lei, o patrimônio, os rendimentos e as atividades econômicas do contribuinte.*

"§ 2º. As taxas não poderão ter base de cálculo própria de impostos."

Ocorre que tais "direitos individuais" aludidos no § 1º do dispositivo acima, que se opõem ao poder de tributar, são muito mais imponentes que os derivativos direitos à "intimidade" e à "vida privada": *centralmente, o poder de tributar opõe-se ao direito de propriedade e ao direito de liberdade.*

Ora, se os sagrados direitos à propriedade e à liberdade curvam-se ao poder constitucional de tributar, sob que justificativa pretende-se ocultar dos entes tributantes informações, em nome da intimidade ou privacidade? De fato, conforme destacado nos itens acima, a existência do art. 145 § 1º, da Constituição está a *fundamentar a possibilidade de transferência do sigilo bancário* para a Administração tributária: (*i*) legitimando a LC 105; (*ii*) impondo-se, harmonicamente, aos incisos X e XII do art. 5º, e (*iii*) garantindo a eficácia do sistema tributário, que é a artéria que alimenta o Estado com recursos necessários para custear todo o sistema de direitos largamente relacionados nos múltiplos incisos do art. 5º da Constituição.

*2.5 A intervenção representada pela medida da "transferência do sigilo bancário" à Administração tributária atende a extensão e sentido do princípio da razoabilidade?*

Resposta:

A LC 105 não só atende como realiza o princípio da razoabilidade. Além de atuar num campo de informação fora do núcleo de proteção da intimidade e da vida privada do individuo, a LC 105 cuida da concreção de campo de informações que já é próprio da legislação tributária ordinária; portanto, sobre ser oportuna, é adequada, necessária e proporcional. Isso porque a simples eficácia da legalidade, garantida pela produção de provas, justifica-se em face de todos os benefícios que oferece à transparência, igualdade e justiça do sistema tributário.

O interesse de a Administração formalizar fatos jurídicos tributários e, assim, ser capaz de *produzir e confirmar provas* com base nas movimentações financeiras dos contribuintes, há de prevalecer, pois, como vimos, nos termos do § 2º, do art. 5º, da LC 105, as informações que as instituições financeiras têm o dever de transferir à Administração tributária *devem se limitar à individualização dos titulares, das operações e dos montantes globais mensalmente movimentados, sem que haja a inserção de qualquer elemento capaz de identificar a origem ou natureza destes gastos.*

Dessa forma, a transferência do sigilo deve prevalecer em face da necessidade de preservar um outro valor com *status* constitucional, que se sobrepõe ao interesse particular, sintonizando a adequação da medida ao fim pretendido, bem como sua efetiva necessidade: garantir a simples efetividade da legislação tributária.

Enfim, a LC 105 retrata, ainda, medida em perfeita harmonia com o cenário jurídico global, valorando a transparência e concretamente impugnando os paraísos fiscais e, especialmente, acompanhando a tendência da morte do segredo bancário suíço, sob a pressão dos EUA e da EU. Anúncio, em tempos de crise, do alvorecer de uma nova ordem do direito tributário internacional que sugere um transconstitucionalismo que rompe com negociações mesquinhas, unilaterais e leva a sério a alteridade, a observação e a existência do problema do outro, no esforço do reconhecimento da necessidade de buscar formas transversais de articulação das ordens jurídicas particulares na solução de problemas supranacionais.

*2.6 Meros dados bancários genéricos ou cadastrais do contribuinte como o nome do cliente da instituição bancária, seu CPF ou CGC, número da conta bancária, ou a informação se há, naquela instituição, aplicação financeira em nome do contribuinte, os valores globais depositados ou investidos, ou a movimentação periódica de valores, portanto informes incapazes de desvendar algo da intimidade das pessoas, podem ser tidos como amparados pela garantia da vida privada?*

Resposta:

Não há justificativa jurídica para restringir nos bancos, o mesmo tipo e o mesmo nível de informação que o Fisco já obtém com a adimplência das obrigações acessórias, exigidas em nível infraconstitucional pela legislação tributária ordinária: trata-se, pois de *informação* ***fora do núcleo de proteção*** *da intimidade e da vida privada.*

Este conjunto de informações que o contribuinte, ordinariamente, é obrigado a prestar para a fiscalização e exigência do crédito tributário, mediante deveres denominados "obrigações acessórias", representam o reflexo documental das atividades do contribuinte, com a finalidade de fornecer instrumentos à Administração tributária na apuração e verificação dos tributos devidos. O conhecimento dos dados relativos à movimentação financeira dos sujeitos passivos somente tem por condão comprovar e testar a veracidade das informações constantes dos documentos que instrumentalizam o cumprimento das obrigações acessórias.

Ilustrativamente e de forma não exaustiva, pode-se citar e relacionar (*cf. item 3.2*) diversos tributos (IR, CSSL, PIS, COFINS, IOF etc.) e seus respectivos "deveres formais" para concluir que as informações objeto da transferência do sigilo bancário para o Fisco não vão além daquelas que o contribuinte *já é obrigado a prestar em razão das obrigações acessórias*, instituídas na legislação tributária.

É nesse sentido que os arts. 5º e 6º da LC 105 determinam que as informações prestadas pelas instituições financeiras ficarão restritas aos valores movimentados e aos titulares das operações, sendo *vedada* a inserção de qualquer elemento capaz de identificar a origem ou natureza dos gastos.

Enfim, tendo em vista essa grande liberdade do sujeito passivo, em declarar e apurar o valor devido desses tributos, cabe à Administração o dever de controlar a veracidade das informações prestadas, e o acesso à movimentação financeira, que simplesmente espelha tais dados, é simples instrumento para efetiva realização da legalidade tributária e da igualdade entre contribuintes.

*2.7 Estaria a transferência do sigilo bancário submetido a reserva constitucional de jurisdição? Ou seja, somente o Poder Judiciário poderia relativizar a transferência do sigilo bancário?*

Resposta:

A LC 105 não ofende o *princípio da reserva de jurisdição*: deslocar esse acesso de informações, exclusivamente, para o Poder Judiciário, em nome da genérica idéia da *universalidade da jurisdição*, não encontra outro motivo jurídico senão a pratica de sobrecarregar o Poder Judiciário com o objetivo de mitigar e retardar a efetividade (eficácia social) da legislação tributária.

Não há ofensa ao *princípio da reserva de jurisdição*: (*i*) as informações objeto de transferência para a Administração tributária estão, conforme demonstra o quadro transcrito na resposta à questão 2.1, fora do núcleo de proteção do direito à intimidade e à vida privada; (*ii*) o sigilo contemplado no referido art. 5º, XII, condiciona a autorização do Poder Judiciário *somente às comunicações telefônicas*, conforme se depreende da redação constitucional, que não deixa qualquer dúvida sobre o tema, e ainda confirma e revela a preocupação deste dispositivo em realizar a legalidade e a verdade material, mediante a garantia dos inerentes meios de prova, em objetiva opção constitucional pela supremacia da realização da legalidade em contraposição à intimidade e à vida privada e, enfim, (*iii*) porque não há sentido em pleitear a reserva de jurisdição para informações (dados) que são objeto de obrigações tributárias acessórias ordinárias.

São Paulo, 30 de junho 2010.

# *NÃO CUMULATIVIDADE E O DIREITO A CRÉDITOS DE PIS/PASEP E COFINS: A amplitude do termo "insumo", referido no inciso II do art. 3º das Leis 10.637/02 e 10.833/03*


FABIANA DEL PADRE TOMÉ

Mestre e Doutora em Direito Tributário pela PUC/SP.
Professora no Curso de Mestrado da PUC/SP.
Professora nos Cursos de Especialização da PUC/SP, IBET, FGV e FAAP.
Advogada.


*1. Alguns comentários sobre a disciplina jurídica das contribuições destinadas ao financiamento da seguridade social. 2. O princípio da não cumulatividade e as formas de sua implementação. 3. A não cumulatividade disciplinada pelas Leis 10.637/02 e 10.833/03. 4. Amplitude da relação de despesas que geram direito aos créditos de PIS/PASEP e COFINS. 5. A amplitude do termo "insumo", para fins de creditamento de PIS/PASEP e COFINS. 6. Conclusões. Referências bibliográficas.*

## *1. Alguns comentários sobre a disciplina jurídica das contribuições destinadas ao financiamento da seguridade social*

A Constituição da República de 1988 faz referência a três espécies de contribuições passíveis de ser instituídas pela União, diferenciadas conforme as finalidades a que se destinem: (*i*) sociais, (*ii*) de intervenção no domínio econômico e (*iii*) de interesse das categorias profissionais ou econômicas (art. 149, *caput*). Ao tratar das contribuições sociais, por sua vez, subdivide-as em duas categorias: as genéricas (art. 149, *caput*) e as destinadas ao financiamento da seguridade social (art. 195).

Enquanto as contribuições sociais a que se refere o art. 149, *caput*, da Constituição, têm acepção bastante abrangente, destinando-se ao custeio das metas fixadas na Ordem Social (Título VIII), dentro delas especializam-se aquelas voltadas ao financiamento da seguridade social, disciplinadas pelo art. 195 da Carta Suprema. Em síntese, as contribuições sociais são instrumentos tributários, previstos na Constituição de 1988, que têm por escopo o financiamento de atividades da União nesse setor. E, dentro desse campo social, encontramos contribuições com a específica finalidade de custear a seguridade social (saúde, previdência e assistência social), configurando subgrupo da classe denominada *contribuições sociais*.

As duas categorias de contribuição acima referidas, conquanto consubstanciem espécies de um mesmo gênero – contribuições sociais –, são disciplinadas de forma diferenciada pela Constituição. Não obstante ambas sejam integralmente submetidas ao regime jurídico tributário, as contribuições para seguridade social receberam tratamento constitucional peculiar. Uma das distinções que merece relevo é o fato de não ter o constituinte indicado as materialidades passíveis de ser oneradas pela criação de contribuições sociais gerais, deixando tal incumbência a cargo do legislador infraconstitucional, tendo este liberdade para eleger as hipóteses de incidência e correspondentes bases de cálculo, encontrando limites apenas em relação aos fatos cuja tributação foi atribuída à esfera competencial dos demais entes federativos e nos direitos fundamentais dos contribuintes, erigidos em princípios constitucionais em geral e, mais especificamente, nos princípios constitucionais tributários. Ao discriminar a competência para instituição de contribuições destinadas à seguridade social, porém, o constituinte traçou minuciosamente os arquétipos das possíveis regras-matrizes de incidência tributária, impondo, ao legislador infraconstitucional, observância a uma série de requisitos. Dentre as exigências estipuladas para o exercício dessa competência tributária, releva destacar, para fins do presente trabalho, as fontes de custeio autorizadas pelo texto maior, às quais, como adverte Paulo Ayres Barreto,[1] deve limitar-se o legislador ordinário da União.

Ao relacionar as possíveis fontes de financiamento direto da seguridade social, dispõe o art. 195, I a III, e § 8º, do texto supremo:[2]

1. *Contribuições: regime jurídico, destinação e controle*, p. 156.
2. Redação dada pelas Emendas Constitucionais 20/98 e 42/2003.

"Art. 195. A seguridade social será financiada por toda a sociedade, de forma direta e indireta, nos termos da lei, mediante recursos provenientes dos orçamentos da União, dos Estados, do Distrito Federal e dos Municípios, e das seguintes contribuições sociais:

"I – do empregador, da empresa e da entidade a ela equiparada na forma da lei, incidentes sobre:

"a) a folha de salários e demais rendimentos do trabalho pagos ou creditados, a qualquer título, à pessoa física que lhe preste serviço, mesmo sem vínculo empregatício;

"b) a receita ou o faturamento;

"c) o lucro;

"II – do trabalhador e dos demais segurados da previdência social, não incidindo contribuição sobre aposentadoria e pensão concedidas pelo regime geral de previdência social de que trata o art. 201;

"III – sobre a receita de concursos de prognósticos;

"IV – do importador de bens ou serviços do exterior, ou de quem a lei a ele equiparar.

"(...).

"§ 8º. O produtor, o parceiro, o meeiro e o arrendatário rurais e o pescador artesanal, bem como os respectivos cônjuges, que exerçam suas atividades em regime de economia familiar, sem empregados permanentes, contribuirão para a seguridade social mediante a aplicação de uma alíquota sobre o resultado da comercialização da produção e farão jus aos benefícios nos termos da lei."

Com tal prescrição, traça o modelo da regra-matriz de incidência das contribuições para a seguridade social, vinculando a atividade do legislador ordinário da União. Este, no exercício da competência tributária, não pode se distanciar dos termos constitucionalmente estabelecidos, quer no que diz respeito ao sujeito passivo, quer no tocante à hipótese de incidência ou à base de cálculo.

Além disso, o legislador federal, ao descrever a hipótese de incidência e base de cálculo de qualquer das contribuições previstas no art. 195, da Carta Maior, deve limitar-se a instituir uma única contribuição para cada situação ali relacionada. A instituição de contribuições não deve seguir critérios diferentes daqueles exigidos para criar impostos. Não é porque a Constituição autoriza que o ente federal institua imposto incidente sobre a renda (art. 153, III), por exemplo, que este poderá tributar referido fato várias vezes, por meio de impostos diversos. O mesmo ocorre com as contribuições: é vedado à União criar duas contribuições para a mesma finalidade, com idênticas hipóteses de incidência e base de cálculo, pois se assim o fizer, estará tributando duplamente um único fato e, em conseqüência, ofenderá princípio constitucional implícito, decorrente da repartição das competências tributárias, que proíbe o *bis in idem.*

Situação excepcional é aquela em que a Carta Magna autoriza, de modo expresso, a criação de contribuições diversas, incidentes sobre o mesmo fato jurídico tributário. É o que se depreende da intelecção do art. 195, I, "b", e art. 239: (*i*) o primeiro confere fundamento de validade à instituição de contribuição destinada ao financiamento da seguridade social, incidente sobre a receita ou faturamento; (*ii*) o segundo recepciona a contribuição para o Programa de Integração Social, criada pela Lei Complementar 7/70, e para o Programa de Formação do Patrimônio do Servido Público, introduzida pela Lei Complementar 8/70. Em virtude de serem fundamentos de validade diversos, é possível termos mais de uma contribuição social incidente sobre a mesma base de cálculo: COFINS e PIS/PASEP.

Note-se que ambas têm por base de cálculo a receita ou faturamento, representando elevado ônus econômico às cadeias industriais, comerciais e de serviços. Daí o pleito dos contribuintes pela implantação da sistemática da não cumulatividade a esses tributos.

Nesse sentido, adveio a Medida Provisória 66, de 29.8.2002, convertida na Lei 10.637, de 30.12.2002, instituindo uma série de medidas destinadas a implementar a "não cumulatividade" da contribuição ao PIS e PASEP. Logo depois, foi editada a Medida Provisória 135, de 30.10.2003, convertida na Lei 10.833, de 29.12.2003, dispondo também sobre a "cobrança não cumulativa da COFINS".

Publicou-se, também, a Emenda Constitucional 42, de 10.12.2003, acrescentando o § 12 ao art. 195 da Carta Suprema, alçando ao nível hierárquico máximo a não cumulatividade das contribuições incidentes sobre o faturamento ou receita, ao dispor:

"§ 12. A lei definirá os setores de atividade econômica para os quais as contribuições incidentes na forma dos incisos I, 'b', e IV do *caput*, serão não cumulativas."

Registra Paulo de Barros Carvalho[3] que, com a entrada em vigor da referida Emenda, a não cumulatividade da contribuição ao PIS/PASEP e da COFINS, que havia sido instituída livremente pelo legislador ordinário, passou a apresentar um conteúdo mínimo de significação. A disposição constitucional autoriza que o legislador, ao instituir as contribuições incidentes sobre o faturamento ou a receita, escolha fazê-lo de forma cumulativa ou não. Porém, caso pretenda a implantação da não cumulatividade àqueles tributos, cabe-lhe tão somente indicar os setores de atividade econômica em que deseja fazê-lo, sem, contudo, limitar o direito ao crédito.

Eis o motivo pelo qual a interpretação das disposições das Leis 10.637/02 e 10.833/03 há de ser feita, sempre, considerando o conceito constitucional de não cumulatividade. Partindo dessa premissa, examinaremos a amplitude do vocábulo "insumo", empregado no inciso II do art. 3º das Leis 10.637/02 e 10.833/03.

Nos termos desse dispositivo, a pessoa jurídica poderá aproveitar créditos de PIS/PASEP e COFINS em relação a "bens e serviços, utilizados como insumo na prestação de serviços e na produção ou fabricação de bens ou produtos destinados à venda". Surgem, então, os debates a respeito do conceito de "insumo" para fins de creditamento de PIS/PASEP e COFINS. Referidos insumos consistiriam apenas nas matérias-primas, produtos intermediários e materiais de embalagens, à semelhança do que ocorre na disciplina jurídica do IPI? Ou, considerando as particularidades das contribuições de que tratamos, o termo "insumo" assumiria, na legislação do PIS/PASEP e da COFINS, significado distinto?

A relevância dessa problemática semântica é refletida, diretamente, na determinação do direito aos créditos de PIS/PASEP e COFINS, pois quanto maior a amplitude significativa conferida ao vocábulo "insumo", maior será o alcance da não cumulatividade das citadas contribuições.

3. *Direito tributário, linguagem e método*, p. 822.

## 2. O princípio da não cumulatividade e as formas de sua implementação

A não cumulatividade é princípio constitucional de aplicação obrigatória ao IPI (art. 153, II), ICMS (art. 155, II, § 2º, I), impostos residuais (art. 154, I) e contribuições residuais (art. 195, § 4º), sendo facultativa a submissão, a esse princípio, das contribuições para a seguridade social incidentes sobre o faturamento ou receita e sobre a importação. Relativamente ao IPI e ICMS, o constituinte houve por bem elucidar o conteúdo da não cumulatividade, prescrevendo a compensação do que for devido em cada operação com o montante incidente nas anteriores. No que concerne à não cumulatividade necessária à instituição de impostos e contribuições residuais, silenciou o legislador constitucional acerca do seu significado e abrangência. Mas, como já manifestado em outra oportunidade, concluímos que o conceito de "não cumulatividade" utilizado pela Constituição da República é uniforme.[4] Trata-se de um princípio constitucional erigido com a finalidade de evitar a superposição de cargas tributárias, impedindo a incidência de um mesmo tributo mais de uma vez sobre valor que já serviu de base à sua cobrança em fase anterior do processo econômico.

Entendemos que todas as vezes em que o constituinte empregou o termo "não cumulativo", fê-lo para referir-se àquela sistemática em que cada etapa do ciclo de operações ou prestações sofra apenas uma incidência tributária. Paulo de Barros Carvalho,[5] ao discorrer sobre o princípio da não cumulatividade, anota tratar-se de limite objetivo que se preordena "à concretização de valores como o da justiça da tributação, respeito à capacidade contributiva e uniformidade na distribuição da carga tributária".

Para atingir tal desiderato, diversas técnicas podem ser empregadas, desde que, como já registravam Geraldo Ataliba e Cléber Giardino,[6] em cada operação seja garantida uma dedução, um abatimento, a fim de que se evite superposição de cargas tributárias.

4. Fabiana Del Padre Tomé, *Contribuições para a seguridade social à luz da Constituição Federal*, p. 118.

5. *Curso de direito tributário*, p. 218.

6. "ICMS e IPI – Direito de crédito, produção e mercadorias isentas ou sujeitas à alíquota zero", p. 75.

No que concerne ao IPI e ao ICMS, o método a ser adotado para evitar a cumulatividade está expresso na Constituição. O Texto Supremo impõe a técnica da compensação, determinando seja compensado o imposto devido em cada operação com o montante incidente nas anteriores. Relativamente ao IPI, o constituinte não estabeleceu nenhum tipo de restrição ao aproveitamento de créditos. Quanto ao ICMS, só excepcionou as hipóteses de isenção e não incidência, as quais, mesmo assim, não podem ser levadas ao extremo, devendo ser aplicadas apenas quando a manutenção do crédito provoque "cumulatividade às avessas", em desfavor do Estado. São nesse sentido os ensinamentos de Tércio Sampaio Ferraz Júnior,[7] para quem a restrição constitucional ao crédito de ICMS deve ser tratada pelo critério de *lex specialis*, só sendo aplicável "àquelas situações em que o crédito de um imposto que não incidiu em operação anterior conduzisse a um efeito oposto ao da acumulação, levando a uma incidência final inferior à que resultaria da aplicação da alíquota nominal do tributo ao preço do varejo", pois nesses casos a manutenção do crédito criaria para o órgão arrecadador uma situação desigual em que, por causa da não cumulatividade, ele seria prejudicado.

Nas demais hipóteses – impostos residuais, contribuições residuais, contribuições para a seguridade social incidentes sobre o faturamento ou receita e sobre a importação – silenciou-se o constituinte, deixando a cargo do legislador infraconstitucional eleger o modo de operacionalizar a não cumulatividade.

Vários são os métodos de cálculo que possibilitam a exigência de tributos não-cumulativos. Vejamos os principais:

*a) Método direto subtrativo*: consiste na aplicação da alíquota do tributo sobre a diferença entre as saídas e as entradas. Deduz-se da base de cálculo do tributo (preço de venda, do serviço, valor da receita etc.) o montante correspondente às entradas necessárias ao desenvolvimento da atividade tributada, para, sobre esse resultado, aplicar-se a alíquota.

*b) Método direto aditivo*: determina a aplicação da alíquota tributária sobre o valor efetivamente agregado. Nesse caso, o *quantum* devido é calculado mediante a incidência da alíquota sobre o somatório

7. "ICMS: não cumulatividade e suas exceções constitucionais", p. 20.

da mão-de-obra, matérias-primas, insumos, margem de lucro e quaisquer despesas do contribuinte, tendo em vista ser essa soma acrescida ao preço da atividade sujeita à tributação.

*c) Método indireto subtrativo*: determina o valor devido por meio da diferença entre a alíquota aplicada sobre as saídas e a alíquota correspondente às entradas. É a sistemática adotada para o IPI e ICMS.

*d) Método indireto aditivo*: estipula seja o tributo calculado por meio da somatória da aplicação da alíquota a cada um dos elementos que compõem o valor agregado pelo contribuinte. Por exemplo: o somatório da alíquota incidente sobre os fatores mão de obra, matérias-primas, margem de lucro e demais despesas voltadas à consecução da atividade do contribuinte.[8]

Alcides Jorge Costa[9] também alude à possibilidade de serem adotadas técnicas de adição e de subtração. Ao examinar esta última, identifica duas variantes: o método de subtração "base sobre base" e o de "imposto sobre imposto".

Pela técnica de subtração na variante "imposto sobre imposto", o valor devido é obtido deduzindo-se do tributo a pagar o imposto que incidiu nas etapas anteriores. Poderíamos também denominá-la "tributo sobre tributos" nas hipóteses em que se estivermos diante de não cumulatividade aplicada a espécie tributária diversa do imposto.

Já a sistemática de subtração na variante "base sobre base" corresponde àquela acima denominada "método direto subtrativo". O sistema "base sobre base" pode ser operacionalizado, ainda, deduzindo-se da base de cálculo o valor do tributo devido a partir da base anterior.

Diversas outras técnicas podem ser formuladas, de modo que o tributo incida apenas uma vez em cada negócio realizado. Mas, como já tivemos a oportunidade de anotar,[10] qualquer que seja o método

8. Edison Carlos Fernandes (*Mini Reforma Tributária Comentada*, p. 44) refere-se, ainda, ao "método de crédito do tributo" como espécie diversa de técnica não cumulativa. Segundo o autor, nesse método o valor devido na etapa anterior é registrado como crédito fiscal para ser utilizado na apuração do débito referente à transação corrente, sistemática essa adotada pela Constituição para o IPI e o ICMS. Não vemos distinção, porém, entre este e o método indireto subtrativo.

9. *ICM na Constituição e na Lei Complementar*, p. 26.

10. Fabiana Del Padre Tomé, "Natureza jurídica da 'não cumulatividade' da contribuição ao PIS/PASEP e da COFINS", p. 543.

escolhido, somente se poderá falar em não cumulatividade se ausentes limitações ou restrições ao aproveitamento do tributo relativo aos negócios jurídicos anteriores. Apenas se amplo e irrestrito o direito ao crédito, o tributo não se acumulará. Caso algum tributo devido em uma das etapas do ciclo não seja levando em conta nas subsequentes, haverá sobreposição do ônus tributário, sendo inadmissível falar-se em "não cumulatividade".

### *3. A não cumulatividade disciplinada pelas Leis 10.637/02 e 10.833/03*

Segundo José Eduardo Soares de Melo,[11] a não cumulatividade constitui-se "num sistema operacional destinado a minimizar o impacto do tributo sobre os preços dos produtos, mercadorias, e serviços de transporte e de comunicação, sendo que sua eliminação os tornaria artificialmente mais onerosos. Caso fosse suprimida, a cumulatividade tributária geraria um custo artificial indesejável aos referidos preços que estariam desvinculados da realidade, da produção, e encareceria o processo produtivo comercial, reduzindo os investimentos empresariais, em face do aumento de custos ocasionado por esse artificialismo oriundo da cumulatividade". Fundado nesse mesmo argumento, de tornar os produtos e serviços menos onerosos, o legislador federal houve por bem editar as Leis 10.637/02 e 10.833/03, implantando nova sistemática de tributação da contribuição ao PIS/PASEP e da COFINS, por ele denominada "não cumulativa".

Vimos que a não cumulatividade é princípio jurídico que assegura uma única incidência tributária em cada etapa da cadeia econômica, obstando a superposição de tributos. Com relação ao IPI e ao ICMS, o Texto Constitucional esclarece o método a ser adotado para implementar o princípio, determinando a compensação do que for devido em cada operação, com o montante do tributo relativo às operações anteriores. Anotamos que existem outras técnicas que podem ser usadas para realizar a não cumulatividade, susceptíveis de ser adotadas nas hipóteses em que o constituinte silenciou quanto ao método para evitar a cumulação. O ponto comum entre essas diversas moda-

11. "Contribuições Sociais – Lineamentos Jurídicos", p. 714.

lidades de cálculo é o resultado, qual seja: *a tributação apenas do valor acrescido em cada etapa da cadeia*. Destarte, nos demais casos em que se pretenda implantar a não cumulatividade, pode o legislador optar pela forma mediante a qual a operacionalizará, desde que, efetivamente, elimine por completo a "tributação em cascata".

As Leis 10.637/02 e 10.833/03 introduziram no ordenamento brasileiro um novo regime de apuração da contribuição para o PIS/PASEP e da COFINS, sendo denominado, pelo legislador ordinário, como "não cumulativo". Esses veículos normativos autorizam que sejam descontados da base de cálculo créditos calculados em relação a bens de revenda, insumos, energia elétrica, aluguéis, ativo imobilizado, edificações e devoluções de bens, especificando, no caso da COFINS, a possibilidade de creditamento relativo a despesas com armazenagem e frete de mercadoria na operação de venda dos bens para revenda e insumos, quando o ônus for suportado pelo vendedor. Em sua atual redação, conferem direito a créditos até mesmo em decorrência de vale-transporte, vale-refeição ou vale-alimentação, fardamento ou uniforme fornecidos aos empregados por pessoa jurídica que explore as atividades de prestação de serviços de limpeza, conservação e manutenção.

Ao disciplinar a forma pela qual o crédito será calculado, estipula técnica diversa daquela aplicada ao IPI e ao ICMS. Não prescreve a compensação dos valores incidentes nas etapas anteriores com aqueles devidos nas operações subseqüentes. Diferentemente, determina que o contribuinte, *após apurar* o valor da contribuição ao PIS/PASEP e da COFINS, aplicando alíquotas de 1,65% e de 7,6%, respectivamente, desconte, do montante obtido, crédito correspondente à aplicação das *mesmas alíquotas* sobre o valor de determinados bens, serviços e despesas adquiridos e incorridos no mês. Trata-se de método de apuração subtrativo, porém diverso de todos aqueles relacionados no item 2 deste trabalho.

A modalidade "indireta subtrativa" ou "tributo sobre tributo" é a que mais se aproxima, inexistindo, contudo, identidade entre elas. Enquanto nas técnicas especificadas o valor do tributo é obtido deduzindo-se do valor a pagar o montante que incidiu nas etapas anteriores, na sistemática de apuração das contribuições examinadas autoriza-se o desconto de valores, independentemente da correspondente exigência tributária nas fases que antecederam a operação tributada. Determinam as Leis 10.637/02 e 10.833/03 que o montante do crédito será calculado mediante a aplicação das alíquotas de 1,65% e 7,6% sobre o valor dos bens, serviços e despesas incorridos, conforme se trate de contribuição ao PIS/PASEP ou de COFINS, respectivamente. Para tal creditamento, irrelevante o fato de as entradas terem se sujeitado a alíquotas diversas nas etapas antecedentes do ciclo.

### *4. Amplitude da relação de despesas que geram direito aos créditos de PIS/PASEP e COFINS*

Vêm de longa data as discussões doutrinárias e jurisprudenciais acerca do conteúdo do princípio constitucional da não cumulatividade aplicável ao IPI e ao ICMS. Dentre as polêmicas, indaga-se sobre a adoção, pelo Texto Constitucional, do "crédito físico" ou do "crédito financeiro", conforme seja necessária ou não a posterior saída do bem ou serviço adquirido: (*a*) se adotada a sistemática do "crédito físico", o direito ao abatimento do tributo incidente nas operações anteriores só é autorizado se o bem integrar o produto ou serviço a que o contribuinte dará saída, enquanto (*b*) no sistema do "crédito financeiro" todas as entradas de bens e recebimentos de serviços que participem da atividade comercial do contribuinte geram créditos, independentemente da sua destinação física.

A disciplina jurídica da contribuição ao PIS/PASEP e da COFINS, conquanto denominada pelo legislador de "não cumulativa", nada tem que ver com a "não cumulatividade" do IPI e ICMS. Incabível, por isso, a simples aplicação, às citadas contribuições, de construções doutrinárias e jurisprudenciais relativas àqueles impostos.

É imprescindível examinar a legislação específica das contribuições examinadas para concluirmos acerca da necessidade ou não de específico destino das mercadorias ou prestações de serviços, como condição para o nascimento do crédito. E, em caso afirmativo, identificarmos qual o tipo de destinação é exigido: (*i*) que as mercadorias e serviços recebidos saiam do estabelecimento, quer pela revenda, quer pela integração física a mercadoria ou serviço; ou (*ii*) que referidos bens, serviços e demais despesas viabilizem a atividade do contribuinte, pouco importando se integrarão fisicamente o produto ou serviço objeto do negócio jurídico por ele praticado.

Da análise das Leis 10.637/02 e 10.833/03, nota-se que seus preceitos normativos não vinculam a entrada da mercadoria ou serviço à sua posterior saída. Exigem, apenas, que os bens e serviços sejam utilizados na atividade da empresa. Adotam, portanto, o sistema do chamado "crédito financeiro", autorizando o abatimento de valores relativos não apenas aos bens e serviços que se integram ao produto da atividade do contribuinte ou são consumidos no exercício desta, mas também todos os gastos incorridos pelo sujeito passivo para tornar possível a realização da atividade empresarial.

A adoção da sistemática de "crédito financeiro" é evidenciada, outrossim, pela expressa autorização para que se descontem, dos valores de contribuições devidas, créditos relativos a:

> (*i*) bens adquiridos para revenda, à exceção de certas mercadorias que, por força de lei, sujeitam-se ao regime de substituição tributária "para frente" ou da incidência monofásica;
>
> (*ii*) bens e serviços utilizados como insumos na fabricação de produtos destinados à venda ou na prestação de serviços, inclusive combustíveis e lubrificantes;
>
> (*iii*) energia elétrica e térmica consumida nos estabelecimentos da pessoa jurídica, não fazendo o legislador distinção entre a energia elétrica consumida no processo de industrialização e aquela utilizada para funcionamento do estabelecimento;
>
> (*iv*) aluguéis de prédios, máquinas e equipamentos, pagos a pessoa jurídica, utilizados nas atividades da empresa;
>
> (*v*) valor das contraprestações de arrendamento mercantil de pessoa jurídica, exceto optantes pelo Sistema Integrado de Pagamento de Impostos e Contribuições das Microempresas e das Empresas de Pequeno Porte – SIMPLES;
>
> (*vi*) máquinas, equipamentos e outros bens incorporados ao ativo imobilizado, destinados a locação a terceiros ou utilizados na fabricação de produtos destinados à venda ou na prestação de serviços;
>
> (*vii*) edificações e benfeitorias em imóveis, utilizados na atividade da empresa;
>
> (*viii*) bens recebidos em devolução, cuja receita da venda tenha integrado faturamento do mês ou de mês anterior, e sido tributada pela contribuição ao PIS/PASEP e COFINS;

(*ix*) relativamente à COFINS, autoriza-se também o crédito nas hipóteses de armazenagem de mercadoria e frete na operação de venda de bens, quando o ônus for suportado pelo vendedor;

(*x*) vale-transporte, vale-refeição ou vale-alimentação, fardamento ou uniforme fornecidos aos empregados por pessoa jurídica que explore as atividades de prestação de serviços de limpeza, conservação e manutenção.

As relações dos bens, serviços e despesas que geram créditos para o contribuinte, expressos no art. 3º, I a IX, da Lei 10.637/02, e art. 3º, I a IX, da Lei 10.833/03, não trazem apenas elementos que efetivamente se incorporam ao produto da atividade do contribuinte, mas também gastos incorridos para tornar possível o desempenho de tais atividades.

É interessante consignar, neste momento, que a análise dos itens (*iii*) a (*vii*), assim como dos itens (*ix*) e (*x*), confirmam a interpretação segundo a qual o legislador teria adotado a sistemática do "crédito financeiro". Nas hipóteses citadas, inexiste integração física do bem, serviço ou despesa gerador de crédito ao produto da atividade do contribuinte. O fato de tais elementos serem necessários à prática do negócio jurídico pelo sujeito passivo é condição suficiente para que se tenha o nascimento de créditos a ser deduzidos dos valores devidos a título de contribuição ao PIS/PASEP e COFINS.

Considerando que as Leis 10.637/02 e 10.833/03 implantaram a sistemática do "crédito financeiro" às contribuições ao PIS/PASEP e COFINS, é lícito concluir que o rol de situações que fazem nascer o direito ao crédito não pode ser interpretado de forma restrita. Todos os gastos que estejam relacionados com a atividade do contribuinte geram créditos, sendo excepcionados apenas os bens, serviços e despesas pagos a pessoa jurídica não domiciliada no Brasil, e os valores de mão de obra pagos a pessoa física (§ 2º do art. 3º das Leis 10.637/02 e 10.833/03).

Isso supera, também, a questão acerca do caráter taxativo ou exemplificativo da lista de hipóteses que fazem surgir direito ao crédito. Mencionada lista seria taxativa se apenas os bens, serviços e despesas por ela arrolados gerassem crédito, ao passo que a teríamos por exemplificativa se o direito ao crédito pudesse decorrer de fatos diversos, além daqueles especificados. Tal distinção não encontra aplicabilidade no caso da regra de direito ao crédito da contribuição ao PIS/PASEP e COFINS, pois, como já anotamos, todas e quaisquer despesas relacionadas com a atividade do contribuinte fazem nascer créditos a ser deduzidos dos tributos devidos. E essa conclusão não decorre simplesmente da atribuição de caráter exemplificativo à lista, mas dos seus próprios termos: a legislação autoriza, expressamente, a dedução de créditos calculados em relação a "bens e serviços utilizados como insumo na fabricação de produtos destinados à venda ou na prestação de serviços". Logo, o legislador confere, no corpo da relação de fatores que geram direito ao crédito, a possibilidade de abatimento, com a contribuição ao PIS/PASEP e COFINS, do percentual de 1,65% e 7,6%, respectivamente, de todos os bens e serviços adquiridos pelo contribuinte e relacionados com sua atividade negocial, salvo se consistentes em remuneração de mão de obra de pessoa física ou se adquiridos de pessoa jurídica não domiciliada no país.

## *5. A amplitude do termo "insumo", para fins de creditamento de PIS/PASEP e COFINS*

Dentre as situações geradoras de créditos de PIS/PASEP e COFINS, existe grande polêmica em torno da compreensão do disposto no art. 3º, II, das Leis 0.637/02 e 10.833/03, *in verbis*:

> "Art. 3º. Do valor apurado na forma do art. 2º a pessoa jurídica poderá descontar créditos calculados em relação a: (...);
>
> "II – *bens e serviços, utilizados como insumo na prestação de serviços e na produção ou fabricação de bens ou produtos destinados à venda*, inclusive combustíveis e lubrificantes, exceto em relação ao pagamento de que trata o art. 2º da Lei n. 10.485, de 3 de julho de 2002, devido pelo fabricante ou importador, ao concessionário, pela intermediação ou entrega dos veículos classificados nas posições 87.03 e 87.04 da TIPI" (*Redação dada pela Lei 10.865, de 2004*) (destaquei).

Em face de tal prescrição, a Receita Federal do Brasil editou as Instruções Normativas 247/2002 e 404/2004, restringindo a significação do vocábulo "insumo". No que concerne à fabricação ou produção de bens destinados a venda, insumos seriam "as matérias-primas, os produtos intermediários, o material de embalagem e quaisquer outros bens que sofram alterações, tais como o desgaste, o dano ou a perda de propriedades físicas ou químicas, em função da ação diretamente exercida sobre o produto em fabricação". E, quanto à prestação de serviços, insumos abrangeriam "os bens aplicados ou consumidos na prestação de serviços". Desse modo, adotou conceito de insumo semelhante àquele referido na legislação do IPI, exigindo a incorporação ou transformação física do bem.

Ocorre que, como já demonstramos, é inadmissível pretender-se aplicar ao PIS/PASEP e à COFINS as regras procedimentais atinentes à não cumulatividade do ICMS e do IPI.

Nos termos do art. 4º do Regulamento do Imposto sobre Produtos Industrializados (Decreto 7.212/2010), configura industrialização "qualquer operação que modifique a natureza, o funcionamento, o acabamento, a apresentação ou finalidade do produto, ou o aperfeiçoe para consumo". "Industrializar" significa fabricar, produzir algo, mediante transformação de matérias-primas em nova espécie de bem. É processo em que se utiliza imensa gama de materiais e serviços, para, com a conjugação destes, dar saída a produto diverso: o bem industrializado.

O ICMS, por seu turno, tem seu núcleo representado pelo verbo "realizar", acompanhado do complemento "operações relativas à circulação de mercadorias", consistindo, portanto, na comercialização de bens adquiridos para essa finalidade.

Diante das peculiaridades dos fatos descritos nas hipóteses de incidência do IPI e do ICMS, a jurisprudência se tem posicionado no sentido de que só dá direito a crédito o bem ou serviço que integre o produto final, objeto da industrialização ou da comercialização. Tal conclusão, porém, é inadmissível em se tratando de créditos da contribuição ao PIS/PASEP e da COFINS, visto que incidentes sobre a totalidade das receitas da pessoa jurídica. Descabido, por conseguinte, pretender aplicar ao PIS/PASEP e à COFINS concepções inerentes aos fatos geradores de créditos de IPI, como aquela consignada no Parecer Normativo CST 65, de 5.11.79, a qual alude a "elementos que integram o produto final (matérias-primas e produtos intermediários, *stricto sensu*, e material de embalagem)", e a "bens que sofram alterações, tais como o desgaste, o dano ou a perda de propriedades físicas ou químicas, em função de ação diretamente exercida sobre o produto em fabricação, ou, vice-versa, proveniente de ação exercida diretamente pelo bem em industrialização".

Nessa linha de raciocínio, esclarece Marco Aurélio Greco:[12]

> "No caso, estamos perante contribuições cujo pressuposto de fato é a receita ou o faturamento, portanto, sua não cumulatividade deve ser vista como técnica voltada a viabilizar a determinação do montante a recolher em função deles (receita/faturamento).
>
> "Enquanto o processo formativo de um produto aponta no sentido de eventos a ele relativos, o processo formativo da receita ou do faturamento aponta na direção de todos os elementos (físicos ou funcionais) relevantes para sua obtenção. Vale dizer, por mais de uma razão, o universo de elementos captáveis pela não cumulatividade de PIS/COFINS é mais amplo que o do IPI."

José Antônio Minatel[13] também demonstra, com propriedade, que a forma operacional da não cumulatividade das contribuições incidentes sobre a receita há de ser, necessariamente, diversa daquela aplicável ao ICMS e ao IPI:

> "Não sendo esse o espaço para aprofundamento do tema da não cumulatividade, quer-se unicamente consignar que essa técnica adotada para a neutralização da incidência daqueles impostos, que como se disse, gravam a circulação de bens (aqui tomada no seu sentido lato), não tem a mesma pertinência que a recomende para ser introduzida no contexto da tributação da receita, por absoluta falta de afinidade entre os conteúdos do pressuposto material das diferentes realidades. Receita, como já dito, pressupõe conteúdo material de mensuração instantânea, revelado pelo ingresso de recursos financeiros decorrentes de esforço ou exercício de atividade empresarial, materializadora de disponibilidade pessoal para quem a aufere, conteúdo de avaliação unilateral que não guarda relação de pertinência que permita confrontá-la com qualquer operação antecedente, contrariamente ao que acontece dom o valor da operação de produtos industrializados e mercadorias".

Como o IPI incide sobre o valor do produto industrializado, o crédito decorre da aquisição dos bens e serviços empregados para a fabricação do produto final. No caso do ICMS, a entrada das merca-

12. "Conceito de insumo à luz da legislação de PIS/COFINS", p. 34.
13. *Conteúdo do conceito de receita e regime jurídico para sua tributação*, p. 180.

dorias destinadas à revenda faz nascer créditos desse imposto, por ser ele calculado segundo o valor da comercialização de tais bens. Mas, quanto ao PIS/PASEP e COFINS, a forma operacional da não cumulatividade afasta-se totalmente das regras aplicáveis aos impostos sobre a circulação e produção de bens (ICMS e IPI). Sendo tributos incidentes sobre as receitas, os créditos não decorrem de compra e venda de bens e serviços específicos, inexistindo exigência de vínculo algum entre as compras e as vendas, ou entre as entradas e as saídas. Nem poderia fazê-lo o legislador, tendo em vista que o PIS/PASEP e a COFINS não incidem sobre a circulação de bens ou serviços, mas sobre as *receitas*.

No que diz respeito à contribuição ao PIS/PASEP e a COFINS, tendo em vista que as suas bases de cálculo são compostas pela totalidade das receitas auferidas pela pessoa jurídica, *todas as despesas que contribuem para a atividade empresarial, influindo, por conseguinte, na realização das receitas, devem ser contabilizadas para fins de creditamento.*

Tratando-se das Leis 10.637/02 e 10.833/03, o vocábulo "insumo" há de ser entendido como todos os custos com a produção e comercialização de mercadorias, ou prestação de serviços. Engloba (*i*) matérias-primas, consistentes nos bens que integram fisicamente o produto; (*ii*) mão-de-obra, caracterizada pelos atos de execução do processo produtivo, de comercialização ou de prestação de serviço; e (*iii*) gastos gerais, tidos como custos indiretos da produção ou serviços. Seguindo essa linha raciocínio, assevera Fernando Osório[14] que

> "O insumo não se exaure no estabelecimento; (...). Por isso, o insumo é um conceito muito mais amplo do que meramente a matéria-prima que se integra fisicamente ao produto e à mão-de-obra diretamente ligada à produção." [*Logo, seriam custos gerais de produção:*] "energia elétrica, combustíveis e lubrificantes, consumidos no processo industrial; água utilizada para a refrigeração de máquinas industriais; limpeza e manutenção das instalações industriais; remuneração de gerente de produção ou de administrador de materiais; locação, arrendamento ou usufruto de bens utilizados na produção; depreciação, amortização e exaustão dos bens tangíveis e intangíveis do ativo permanente relacionados com a produção (máquinas, equipamento, patentes, direitos de exploração, entre outros) etc.".

14. "A não cumulatividade do PIS – Aspectos controvertidos", p. 692.

Impende registrar que as Leis 10.637/02 e 10.833/03 não se restringem aos insumos de produção, fazendo expressa referência aos bens e serviços utilizados como insumos na prestação de serviços. Com isso, permitem o abatimento de créditos decorrentes de todos os dispêndios realizados para o desenvolvimento da atividade prestadora de serviços.

Semelhante é o posicionamento de Aires F. Barreto,[15] para quem o art. 3º, II, da Lei 10.833/03, autoriza o contribuinte a descontar créditos em relação a bens e serviços utilizados como insumo, direta ou obliquamente, na prestação de serviços. Os incisos III a IX, por sua vez, estariam a confirmar a possibilidade de dedução de créditos relativos a despesas não obrigatoriamente aplicados ou consumidos na prestação dos serviços, não afastando, porém, abatimentos decorrentes de gastos outros, todos insumos, tais como água, telefone, material de escritório, limpeza, contabilidade etc.

Disso resulta que "insumos", compreendidos no contexto do regime de apuração da contribuição ao PIS/PASEP e da COFINS, consistem no *conjunto de fatores necessários ao desempenho de determinada atividade empresarial*, seja ela consistente na produção, comercialização de bens ou prestação de serviços, sendo autorizada, por expressa determinação legal, o abatimento de créditos a eles relativos.

Diante das particularidades inerentes à não cumulatividade do PIS/PASEP e da COFINS, o Conselho Administrativo de Recursos Fiscais (CARF) vem admitindo serem insumos todos os dispêndios necessários à operatividade da pessoa jurídica, assim consideradas aquelas que preenchem os requisitos de custos e despesas operacionais para fins de cálculo do lucro real (arts. 290 e 299 do RIR/99):

> "*Crédito. Ressarcimento.* A inclusão no conceito de insumos das despesas com serviços contratados pela pessoa jurídica e com as aquisições de combustíveis e de lubrificantes denota que o legislador não quis restringir o creditamento do PIS/PASEP às aquisições de matérias-primas, produtos intermediários e ou material de embalagens (alcance de insumos na legislação do IPI) utilizados, diretamente, na produção industrial. Ao contrário, ampliou de modo a considerar insumos como sendo

15. "A nova Cofins: primeiros apontamentos", p. 10.

os gastos gerais que a pessoa jurídica precisa incorrer na produção de bens ou serviços por ela realizada".[16]

A 2ª Turma Ordinária da 2ª Câmara da 3ª Seção do CARF assim se pronunciou:

"*Regime não cumulativo. Insumos. Materiais para manutenção de máquinas.* O conceito de insumo dentro da sistemática de apuração de créditos pela não cumulatividade de PIS e COFINS deve ser entendido como todo e qualquer custo ou despesa necessária à atividade da empresa, nos termos da legislação do IRPJ, não devendo ser utilizado o conceito trazido pela legislação do IPI, uma vez que a materialidade de tal tributo é distinta da materialidade das contribuições em apreço".[17]

O vocábulo "insumo", relativamente a tais gravames, abrange todas as aquisições necessárias à produção das receitas, motivo pelo qual inexiste óbice ao aproveitamento de créditos correspondentes aos seus custos, calculados segundo as alíquotas indicadas na legislação (1,65% de PIS/PASEP e 7,6% de COFINS). Tanto que as próprias leis instituidoras da não cumulatividade desses tributos relacionam, como hipóteses geradoras de créditos, a energia elétrica e a energia térmica consumidas nos estabelecimentos da pessoa jurídica; aluguéis de prédios, máquinas e equipamentos, pagos à pessoa jurídica, utilizados nas atividades da empresa; contraprestações de operações de arrendamento mercantil, dentre outros. Percebe-se, aí, nítido reconhecimento de que o conceito de "insumos", no âmbito da sistemática não cumulativa do PIS/PASEP e da COFINS, não se identifica com aquele delineado pelas normas jurídicas disciplinadoras do IPI e do ICMS, ultrapassando o campo das operações de industrialização e circulação de mercadorias. "Insumo", para fins de creditamento de PIS/PASEP e COFINS, corresponde aos custos ou despesas necessárias à atividade da pessoa jurídica, aproximando-se, assim, do conceito de *custos e despesas operacionais*, empregado para fins de determinação do lucro real, objeto do IRPJ.

16. Conselho Administrativo de Recursos Fiscais-CARF, Câmara Superior de Recursos Fiscais, Acórdão 9303-01.035, 3ª Turma, sessão de 23.8.2010, Rel. Cons. Henrique Pinheiro Torres.

17. Conselho Administrativo de Recursos Fiscais-CARF, Acórdão 3202-00.226, 3ª Seção, 2ª Câmara, 2ª Turma Ordinária, Rel. Cons. Gilberto de Castro Moreira Júnior, 17.1.2011.

## 6. *Conclusões*

A não cumulatividade objetiva que cada agente da cadeia de industrialização, comercialização ou serviço somente recolha o tributo sobre o valor que a ela adicionou. Em relação ao PIS/PASEP e à COFINS, a sistemática de abatimento adotada é a do chamado "crédito financeiro", visto que não vincula o direito ao crédito à saída da mercadoria ou serviço no exercício da atividade do contribuinte. Ao contrário, as Leis 10.637/02 e 10.833/03 autorizam, expressamente, a dedução de créditos relativos a despesas consideradas custos indiretos, tais como aquelas decorrentes de empréstimos, aluguéis, dentre outras. Em decorrência, o insumo cuja aquisição faz nascer o direito ao crédito deve ser entendido como *todos os gastos necessários à consecução da atividade do contribuinte.*

Ao relacionar os fatos cuja realização faz nascer direito a créditos de PIS/PASEP e COFINS, as Leis 10.637/02 e 10.833/03 indicam os *bens adquiridos para revenda* e os *bens e serviços utilizados como insumo na fabricação de produtos destinados à venda ou na prestação de serviços.* Uma leitura rápida e superficial poderia sugerir limitação do direito ao crédito dos contribuintes, os quais estariam restritos a aproveitar créditos relativos aos bens que fossem objeto de posterior saída, quer mediante revenda, seja por serem incorporados no processo produtivo.

Tão literal interpretação não deve subsistir. Essa literalidade textual está influenciada pelo conceito de matérias-primas, produtos intermediários e materiais de embalagem que geram créditos de IPI, sendo inadmissível sua aplicação à figura do PIS/PASEP e da COFINS, incidentes sobre as receitas como um todo.

Para que a não cumulatividade se aperfeiçoe, como prescrito pelo constituinte derivado, é necessário que a contribuição ao PIS/PASEP e a COFINS incidam apenas sobre a parcela da receita acrescida, ainda não tributada, ou seja, sobre a diferença positiva do valor que se verifica entre duas operações sequenciais – no caso, entre a receita do industrial/vendedor/prestador e os ingressos financeiros do sujeito passivo adquirente (dito de outro modo, entre a receita do contribuinte e suas despesas). Desse modo, é imprescindível que todos os insumos essenciais para o desenvolvimento das atividades da empresa sejam considerados, visto que integrantes do fato tributado, consistente em sua *receita.*

Com suporte nessas premissas, entendemos que, para fins de creditamento de PIS/PASEP e de COFINS, "insumo" é conceito correspondente a tudo quanto seja utilizado, empregado ou consumido, direta ou indiretamente, *para o desenvolvimento da atividade empresarial*, quer seja ela de caráter produtivo, comercial ou de prestação de serviços. Se o objetivo do constituinte derivado, ao inserir o § 12 ao art. 195 do Texto Magno, foi evitar a incidência em cascata das contribuições incidentes sobre a receita, tal desígnio só será alcançado se permitido o crédito relativo a todas as despesas necessárias à consecução das atividades da empresa, por estarem compreendidas entre os fatores que possibilitam a obtenção de receitas.

## *Referências bibliográficas*

ATALIBA, Geraldo; GIARDINO, Cléber. "ICMS e IPI – Direito de crédito, produção e mercadorias isentas ou sujeitas à alíquota zero". *RDTributário* 46.

BARRETO, Aires F. "A Nova Cofins: Primeiros Apontamentos". *RDDT* 103.

BARRETO, Paulo Ayres. *Contribuições: regime jurídico, destinação e controle.* São Paulo, Noeses, 2006.

CARVALHO, Paulo de Barros. *Curso de direito tributário.* 22ª ed. São Paulo, Saraiva, 2010.

________. *Direito tributário, linguagem e método.* 3ª ed. São Paulo, Noeses, 2009.

COSTA, Alcides Jorge. *ICM na Constituição e na Lei Complementar.* São Paulo, Resenha Tributária, 1978.

FERNANDES, Edison Carlos. *Mini Reforma Tributária Comentada.* São Paulo, Quartier Latin, 2002-2003.

FERRAZ JÚNIOR, Tércio Sampaio. "ICMS: não cumulatividade e suas exceções constitucionais". *RDTributário* 48.

GRECO, Marco Aurélio. "Conceito de insumo à luz da legislação de PIS/COFINS". *Revista Fórum de Direito Tributário* 34, jul.-ago./2008.

MELO, José Eduardo Soares de. "Contribuições Sociais – Lineamentos Jurídicos". In SCHOUERI, Luís Eduardo (Coord.). *Direito Tributário*, v. II. São Paulo, Quartier Latin, 2003.

MINATEL, José Antônio. *Conteúdo do conceito de receita e regime jurídico para sua tributação.* São Paulo, MP, 2005.

OSÓRIO, Fernando. "A Não Cumulatividade do PIS – Aspectos Controvertidos". In SCHOUERI, Luís Eduardo (Coord.). *Direito Tributário*, v. II. São Paulo, Quartier Latin, 2003.

TOMÉ, Fabiana Del Padre. *Contribuições para a seguridade social à luz da Constituição Federal*. Curitiba, Juruá, 2002.

_________. "Natureza jurídica da 'não cumulatividade' da contribuição ao PIS/PASEP e da COFINS". In PEIXOTO, Marcelo Magalhães e FISCHER Octavio Campos (Coords.). *PIS-COFINS: questões atuais e polêmicas*. São Paulo, Quartier Latin, 2005.

# *ISS: ALÍQUOTAS MÁXIMA, MÍNIMA E TRIBUTAÇÃO DAS SOCIEDADES PROFISSIONAIS.*
## *Breves considerações*

FÁBIO SOARES DE MELO

Mestre em Direito Tributário pela PUC/SP. Professor dos Cursos de Especialização do INSPER e IBET. Ex-Conselheiro Efetivo do Conselho Administrativo de Recursos Fiscais (2010). Ex-Juiz do Tribunal de Impostos e Taxas de São Paulo (2004/2009). Ex-Conselheiro Efetivo do Conselho Municipal de Tributos de São Paulo (2006/2008).

*I – Considerações Iniciais. II – Alíquotas Máximas. III – Alíquotas Mínimas. IV – Trabalho pessoal e sociedades uniprofissionais. V – Referências Bibliográficas.*

## *I – Considerações Iniciais*

No sistema tributário pátrio, a alíquota compreende um dos componentes quantitativos da norma jurídica de tributação, cuja congregação à base de cálculo resulta no valor devido pelo sujeito passivo a título de tributo, em virtude do nascimento da obrigação tributaria decorrente do fato típico. Em outras palavras, a alíquota representa elemento do aspecto quantitativo da regra-matriz de incidência tributária que, conjugado à base de cálculo, resultará no valor relativo à obrigação tributária (*quantum debeatur*).

Geraldo Ataliba assevera:

> "a alíquota é um termo do mandamento da norma tributária, mandamento esse que incide se e quando se consuma o fato imponível dando nascimento à obrigação tributária concreta. (...) Não basta para a fixação do *quantum debeatur*, a indicação legal da base imponível. Só a base imponível não é suficiente para a determinação *in concretu* do vulto do débito tributário, resultante de cada obrigação tributária. A lei deve es-

tabelecer outro critério quantitativo que – combinado com a base imponível – permita a fixação do débito tributário, decorrente de cada fato imponível. Assim, cada obrigação tributária se caracteriza por ter certo valor, que só pode ser determinado mediante a combinação de dois critérios numéricos: a base imponível e a alíquota".[1]

Dessa forma, se torna patente a distinção entre a base de cálculo e a alíquota, basicamente na medida em que a primeira compreende a grandeza da materialidade tributária, ao passo que a segunda consiste na parte, quota ou fração do referido montante.

## *II – Alíquotas Máximas*

A Carta Constitucional de 1988 não estabelece percentuais referentes às alíquotas, sendo esta matéria objeto de regime de reserva legal, exceto com as próprias previsões constitucionais previstas no art. 153, §§ 1º, 4º e 5º; no art. 155, § 2º, incisos IV a VIII; e no art. 156, § 3º, inciso I.[2]

1. *Hipótese de Incidência Tributária*, 6ª ed., 11ª tir., São Paulo, Malheiros Editores, 2011. pp. 113-115.

2. "Art. 153. Compete à União instituir impostos sobre: (...) § 1º. É facultado ao Poder Executivo, atendidas as condições e os limites estabelecidos em lei, alterar as alíquotas dos impostos enumerados nos incisos I, II, IV e V. (...) § 4º. O imposto previsto no inciso VI do *caput*: I – será progressivo e terá suas alíquotas fixadas de forma a desestimular a manutenção de propriedades improdutivas; (...) § 5º. O ouro, quando definido em lei como ativo financeiro ou instrumento cambial, sujeita-se exclusivamente à incidência do imposto de que trata o inciso V do *caput* deste artigo, devido na operação de origem; a alíquota mínima será de 1%, assegurada a transferência do montante da arrecadação nos seguintes termos: I – 30% para o Estado, o Distrito Federal ou o Território, conforme a origem; II – 70% para o Município de origem. (...)."

"Art. 155. Compete aos Estados e ao Distrito Federal instituir impostos sobre: (...) § 2º. O imposto previsto no inciso II atenderá ao seguinte: (...) IV – resolução do Senado Federal, de iniciativa do Presidente da República ou de um terço dos Senadores, aprovada pela maioria absoluta de seus membros, estabelecerá as alíquotas aplicáveis às operações e prestações, interestaduais e de exportação; V – é facultado ao Senado Federal: a) estabelecer alíquotas mínimas nas operações internas, mediante resolução de iniciativa de um terço e aprovada pela maioria absoluta de seus membros; b) fixar alíquotas máximas nas mesmas operações para resolver conflito específico que envolva interesse de Estados, mediante resolução de iniciativa da maioria absoluta e aprovada por dois terços de seus membros; VI – salvo deliberação em contrário dos Estados e do Distrito Federal, nos termos do disposto no inciso XII, 'g', as alíquotas

No entanto, ainda que diante de limites específicos, à legislação infraconstitucional não estaria facultada a ignorância dos princípios da capacidade contributiva, da isonomia e da vedação ao confisco, de forma a exigir uma carga tributária suportável e conveniente aos contribuintes.

O Texto Constitucional de 1988 estipula em seu art. 146, inciso III, alínea "a", que cabe à lei complementar estabelecer normas gerais em matéria de legislação tributária, especialmente sobre a definição de tributos e de suas espécies, bem como, em relação aos impostos discriminados na Constituição, a dos respectivos fatos geradores, bases de cálculo e contribuintes.

No que concerne ao Imposto sobre Serviços de Qualquer Natureza (ISS), a Constituição Federal de 1988, especificamente em seu art. 156, § 3º, inciso I, com a redação introduzida pela Emenda Constitucional 37, de 12.7.2002, determinou que compete à lei complementar fixar as suas alíquotas máximas e mínimas.

Enquanto vigorava a Constituição Federal anterior (1967), o gravame municipal veio a ser regulado pelo Ato Complementar 34, de 30.1.67, estabelecendo que, *verbis*:

> "Art. 9º. Ficam estabelecidas as seguintes alíquotas máximas para a cobrança do imposto municipal sobre os serviços:
>
> "I – execução de obras hidráulicas ou de construção civil, até 2% (dois por cento);
>
> "II – jogos e diversões, até 10% (dez por cento);
>
> "III – demais serviços, até 5% (cinco por cento).

internas, nas operações relativas à circulação de mercadorias e nas prestações de serviços, não poderão ser inferiores às previstas para as operações interestaduais; VII – em relação às operações e prestações que destinem bens e serviços a consumidor final localizado em outro Estado, adotar-se-á: a) a alíquota interestadual, quando o destinatário for contribuinte do imposto; b) a alíquota interna, quando o destinatário não for contribuinte dele; VIII – na hipótese da alínea 'a' do inciso anterior, caberá ao Estado da localização do destinatário o imposto correspondente à diferença entre a alíquota interna e a interestadual; (...)."

"Art. 156. Compete aos Municípios instituir impostos sobre: (...) § 3º. Em relação ao imposto previsto no inciso III do *caput* deste artigo, cabe à lei complementar: I – fixar as suas alíquotas máximas e mínimas; (...)."

"Parágrafo único. O Governador do Estado da Guanabara, o Prefeito do Distrito federal e os Prefeitos dos demais Municípios, baixarão os atos necessários ao cumprimento do disposto neste artigo, reduzindo, na tabela do imposto sobre serviços as alíquotas que excederem os limites estabelecidos."

Com a promulgação da Constituição Federal de 1988, mencionado Ato Complementar 34/67 foi superado, em virtude de manifestação do E. Supremo Tribunal Federal, nos autos do RE 86.649,[3] consoante se depreende de sua ementa:

> "Serviços de Qualquer Natureza. Na fixação de sua alíquota, não estava o município sujeito à limitação do artigo 9º do Ato Complementar n. 34/67. Competência do Município para fixá-la além daquela limitação desde a vigência da Constituição de 1967. A regra do artigo 9º do Ato Complementar n. 34 não voltou a vigorar automaticamente por força da norma do artigo 24, § 4º, da Emenda Constitucional n. 1/1969. Precedentes: Recursos Extraordinários ns. 81.112, 81.113, 77.559, 86.440 e 87.796. Recurso Extraordinário conhecido e provido no Supremo Tribunal Federal".

Ressalte-se que referido Acórdão albergou o princípio que veda o efeito repristinatório contido no § 3º do artigo 2º da Lei de Introdução às Normas de Direito Brasileiro (antiga LICC), na medida em que a lei revogada (no caso, o Ato Complementar 34/67), não se restaura por ter a lei revogadora (no caso, a Emenda Constitucional 1/69), haver estabelecido que lei complementar poderia estabelecer as alíquotas máximas do ISS (no caso, o art. 24, § 4º).

Sob este prisma, revela-se precisa a afirmação de que

> "(...) a questão afeta à fixação de tetos de alíquotas do ISS envolve uma antinomia constitucional, porque, se de um lado é atribuída competência ao legislador complementar (art. 156, § 3º, I); de outro, interfere na autonomia municipal para instituir os tributos de sua competência (art. 30, III), no que estaria compreendida a fixação de alíquotas de seu interesse. Nesse sentido, a referida autonomia estará sendo ferida na medida em que o legislador nacional venha a estipular alíquotas sem nenhuma

3. RE 86.649, j. 6.6.78, *JTACSP* 53/131.

expressão, impedindo que os Municípios obtenham uma adequada arrecadação, desenvolver suas peculiares atividades como assegurado pela própria Constituição Federal".[4]

Por outro lado, ao examinar detidamente a questão sob exame, Marcelo Caron Baptista, pontifica que

> "(...) não se cogita, nesse ponto, de violação ao princípio da autonomia das pessoas políticas, especialmente dos Municípios e o Distrito Federal. A possibilidade de estarem obrigados a observar um fator máximo indicado por lei complementar é elemento de definição da sua própria autonomia e da sua própria competência tributária. Assim, como outras regras constitucionais dão contornos à autonomia dos entes políticos, essa autorizada limitação também o faz, contribuindo para a própria definição do arquétipo constitucional do ISS. A existência de uma alíquota máxima é facultada pela Constituição e, assim, a lei complementar, ao estabelecê-la, entende-se, apenas regula uma 'limitação constitucional ao poder de tributar', jamais a estabelece, como bem destacado por José Souto Maior Borges".[5]

A este respeito o Egrégio Supremo Tribunal Federal (STF) pronunciou entendimento acerca da temática vertente, adotando postura distinta em situação semelhante, no sentido de que "o Ato Complementar n. 34 fixou em 2% (dois por cento) o limite da alíquota do Imposto sobre Serviço de Qualquer Natureza, não podendo ser esse limite ultrapassado por lei municipal".[6]

Conforme mencionado, a Constituição Federal de 1988 já conferira competência à lei complementar para a fixação das alíquotas máximas do ISS (art. 156, § 3º, inciso I), sendo que foi editada a Lei Complementar 100, de 22.12.99, que, apesar de pretender incluir um novo serviço à lista de serviços passíveis de tributação pelo ISS anexa à Lei Complementar 56, de 15.12.87 (qual seja, o de exploração de rodovia mediante a cobrança de pedágio dos usuários, envolvendo

4. José Eduardo Soares de Melo, *ISS. Aspectos Teóricos e Práticos*, 5ª ed., pp. 176-177.

5. *ISS do Texto à Norma – Doutrina e Jurisprudência da EC 18/65 à LC 116/03*, p. 625.

6. RE 203.049, j. 23.7.76, *JTACSP* 42/133; Uniformização de Jurisprudência, Pleno *JTACSP* 37/217; e *RT* 487/97.

execução de serviços de conservação, manutenção, melhoramentos para adequação de capacidade e segurança de trânsito, operação, monitoração, assistência aos usuários e outros definidos em contratos, atos de concessão ou de permissão ou em normas oficiais), acabou por estabelecer que a alíquota máxima do imposto seria de 5%.

Em que pese a divergência doutrinária existente à época, no sentido de que a alíquota máxima de 5% somente se aplicaria às atividades de exploração de rodovia, nos termos do art. 4º, da Lei Complementar 100, de 22.12.99, nos parece correta a corrente doutrinária no sentido de que

> "(...) a referida lei complementar não fixou a alíquota máxima para aquele serviço ou para aquele item; diversamente, estatuiu que a alíquota máxima do imposto é de 5% (cinco por cento). Ora, considerando que cabe à lei complementar fixar as alíquotas máximas do imposto; considerando que não havia lei complementar estabelecendo esses limites; considerando que essa norma complementar não dispôs sobre a alíquota do item que adicionava, mas, pelo contrário, versou a alíquota máxima do imposto, impõem-se concluir que o teto das alíquotas do ISS é, hoje, de 5% (cinco por cento), sendo inconstitucionais as lei municipais que extrapassem esse percentual".[7]

Por seu turno, foi editada a Lei Complementar 116, de 31.7.2003, anteriormente à edição da Emenda Constitucional 37/2002, que em seu art. 8º, inciso II, estabeleceu a alíquota máxima do ISS de 5%, razão pela qual, nenhuma das atividades sujeitas à tributação pelo referido imposto municipal pode ser atualmente tributada sob a aplicação de percentual superior a 5%.

### *III – Alíquotas Mínimas*

No que tange às alíquotas mínimas do ISS, a Emenda Constitucional 37, de 12.7.2002, atribuiu, como mencionado acima, nova redação ao inciso I, do § 3º, do art. 156, da Constituição Federal de 1988, para a finalidade de conferir competência à lei complementar para fixar as alíquotas mínimas do imposto municipal (paralelamente àquela competência para estabelecer as alíquotas máximas).

7. Aires F. Barreto, *ISS na Constituição e na Lei*, 3ª ed., p. 148.

Aludida Emenda Constitucional acrescentou ainda à competência do legislador complementar a regulamentação, a forma e as condições como isenções, incentivos fiscais e benefícios fiscais serão concedidos e revogados. Adicionalmente, a Emenda Constitucional em comento incluiu no texto dos Atos das Disposições Constitucionais Transitórias, o art. 88, estipulando que

> "(...) enquanto lei complementar não disciplinar o disposto nos incisos I e III do § 3º do art. 156 da Constituição Federal, o imposto a que se refere o inciso III do *caput* do mesmo artigo terá alíquota mínima de dois por cento, exceto para os serviços a que se referem os itens 32, 33 e 34 da Lista de Serviços anexa ao Decreto-lei n. 406, de 31 de dezembro de 1968".

Os serviços compreendidos nos itens 32, 33 e 34 da "lista de serviços" anexa ao Decreto-lei 406/68 dizem respeito às atividades relativas à (*i*) execução, por administração, empreitada ou subempreitada, de obras de construção civil, hidráulica ou elétrica e de outras obras semelhantes, inclusive sondagem, perfuração de poços, escavação, drenagem e irrigação, terraplanagem, pavimentação, concretagem e a instalação e montagem de produtos, peças e equipamentos (exceto o fornecimento de mercadorias produzidas pelo prestador de serviços fora do local da prestação dos serviços, que fica sujeita ao ICMS); (*ii*) demolição; e (*iii*) reparação, conservação e reforma de edifícios, estradas, pontes, portos e congêneres (exceto o fornecimento de mercadorias produzidas pelo prestador de serviços fora do local da prestação dos serviços, que fica sujeita ao ICMS).[8]

Ressaltamos, por oportuno, que a Lei Complementar 116/2003 nada dispôs sobre as alíquotas mínimas do ISS, sendo oportuno observar as lições de Marcelo Caron Baptista,[9] no sentido de que

> "(...) a intenção que motivou a emenda à Constituição, como amplamente divulgado, foi a de tentar combater a chamada 'guerra fiscal' en-

8. Referidos itens da "lista de serviços" anexa ao Decreto-lei 406/68 correspondem aos itens 7.02, 7.04 e 7.05 da "lista de serviços" contida na Lei Complementar 116/2003.

9. *ISS do Texto à Norma – Doutrina e Jurisprudência da EC 18/65 à LC 116/03*, p. 628.

volvendo os Municípios e o Distrito Federal, ocasionada pela redução de alíquotas do ISS com a finalidade de atrair prestadores de serviços para o seu território".

Dessa forma, a partir do mês de agosto de 2003, as Municipalidades deveriam observar a alíquota mínima do ISS correspondente a 2%. Contudo, mencionada regra ensejou o nascimento dos mais diversos pontos de vista jurídicos, na medida em que, sinteticamente, (*i*) ofenderia o princípio constitucional da autonomia municipal; (*ii*) deveria necessariamente observar o princípio da anterioridade em matéria tributária; (*iii*) deveria aguardar a edição de legislação municipal, sendo impossível a sua imediata aplicação (norma de eficácia contida); (*iv*) validade – ou não – das normas jurídicas anteriores que estabelecem alíquotas inferiores a 2%; (*v*) manutenção e legitimidade das isenções, benefícios e incentivos fiscais de caráter vinculado – dentre outros argumentos.

Quanto à observância e aplicação da alíquota mínima do ISS correspondente a 2%, parte da doutrina calca seu entendimento, preponderantemente, nos argumentos de que a Emenda Constitucional 37/2002 seria inconstitucional, pois, além de abolir a autonomia municipal (*cláusula pétrea*), ao atribuir competência à lei complementar para a fixação das alíquotas mínimas, prevê a sua aplicação imediata, independentemente de legislação ordinária municipal.

E mencionada regra não deveria se sobrepor, exemplificativamente, na hipótese em que determinado Município tenha estipulado no ano de 2000 alíquota de 1%, inferior àquela prevista na Emenda Constitucional 37/2002 (2%), aplicável às pessoas jurídicas que tenham se estabelecido naquela localidade, para um período de dez anos. Isto porque, o "ato jurídico perfeito" e o "direito adquirido" incorporado ao patrimônio jurídico destes contribuintes (art. 5º, inciso XXXIV, da Constituição Federal de 1988), além do próprio sobreprincípio da "segurança jurídica" em matéria tributária, garantiriam a situação jurídico-tributária pretérita.

Ademais, a própria Súmula 544, do E. Supremo Tribunal Federal determina que "isenções tributárias concedidas sob condição onerosa não podem ser livremente suprimidas", em conformidade com o que estabelece o art. 178, do Código Tributário Nacional, aprovado pela

Lei 5.172, de 25.10.66.[10] Neste contexto, em que pese a jurisprudência albergar o termo "isenção", seria juridicamente possível entender que, da mesma forma, se aplique ao termo "alíquota", na medida em que referidos institutos implicam em redução de ônus tributário aos contribuintes.

Ademais, imaginemos a situação em que legislação municipal não tenha se adequado à alíquota mínima estabelecida pela Emenda Constitucional 37/2002, mantendo alíquota minorada do ISS aos contribuintes. Nesta hipótese, se de um lado, os contribuintes encontram-se sujeitos à incidência do ISS sob a aplicação de alíquota inferior a 2%, em consonância com a legislação municipal vigente, por outro, as autoridades fiscais municipais exigiriam o recolhimento complementar decorrente da diferença de alíquotas, acrescido das demais cominações legais.

## *IV – Trabalho pessoal e sociedades uniprofissionais*

Em consonância com o Decreto-lei 406/68, a base de cálculo do ISS é o preço do serviço. No entanto, nos termos do § 1º do art. 9º do referido diploma legal, quando se trata da prestação de serviços sob a forma de trabalho pessoal do próprio contribuinte, o valor do imposto é estabelecido em determinada quantia fixa, considerando outros fatos que não o preço do serviço.

Nos termos do § 3º do art. 9º do Decreto-lei 406/68, quando referidos serviços profissionais são prestados por intermédio de sociedades, estas ficam sujeitas ao ISS pela própria sociedade, que é fixado por critério idêntico ao adotado para o profissional autônomo, apurado em virtude de cada profissional habilitado que preste serviços em nome da sociedade, em que pese assumindo responsabilidade pessoal nos termos da legislação que regula o exercício da respectiva profissão e/ou atividade.

Portanto, no caso das sociedades profissionais, deve ser considerado, para fins de apuração da base de cálculo do ISS, o número de

10. "Art. 178. A isenção, salvo se concedida por prazo certo e em função de determinadas condições, pode ser revogada ou modificada por lei, a qualquer tempo, observado o disposto no inciso III do art. 104."

profissionais habilitados ao exercício da profissão que prestam serviços em nome da sociedade, independente de sua qualificação como sócios, empregados ou autônomos.

Nas aludidas atividades se identifica a individualidade e a habilitação técnica específica, que requerem a circunstância de que sejam exercidas por pessoas físicas e que se responsabilizem de forma pessoal. Sobreditas sociedades compreendem a reunião de esforços em trabalho pessoal, mediante a conjugação das atividades que cada sócio poderia desenvolver, de forma isolada e individual.

Acerca desta temática, Aires F. Barreto atenta ao fato de que

> "(...) a tributação lastreada na natureza do serviço ou em outros fatores pertinentes (...) pressupõe que todos os profissionais, que prestam serviços em nome da sociedade, sejam habilitados para o exercício da atividade que constitua o objeto da sociedade. Não é rigorosamente necessário que tenham todos a mesma profissão. O que sobreleva é estarem todos habilitados para o exercício do mister a que se dedicar a sociedade. (...) Mas haverá equívoco se levar-se essas afirmações a extremos. Basta se tome um exemplo. Se uma sociedade, cujo objeto social for o de prestar serviços de escrituração fiscal e contábil, for constituída por contadores e técnicos de contabilidade, a presença de profissões diferentes não pode descaracterizar o critério de tributação porque ambas as profissões autorizam a prestação desses serviços. (...) Não se pode, pois, descaracterizar uma sociedade como uniprofissional se, por exemplo, dedicar-se a análises clínicas e for composta por médicos, farmacêuticos e biomédicos, porquanto uns e outros estão habilitados para proceder a esse tipo de análise".[11]

Neste sentido, os serviços em questão abrangem as atividades de médico, enfermeiro, obstetra, fonoaudiólogo, protético, veterinário, contabilidade, agente de propriedade industrial, advogado, engenheiro, arquiteto, urbanista, agrônomo, dentista, economista e psicólogo.

Nota-se que referidos preceitos legais acabaram por estabelecer verdadeira diferenciação de ônus tributário para determinados serviços prestados por profissionais liberais (individualmente ou em sociedades civis), para os quais se considera um valor tributário determina-

11. *ISS na Constituição e na Lei*, pp. 411-413.

do independente do valor das receitas auferidas em virtude de suas atividades.

Num primeiro momento, a exigência do ISS em virtude de determinado valor estipulado previamente não guardaria relação de pertinência e adequação às normas estruturais de sua incidência, na medida em que a base de cálculo do imposto se condiciona aos princípios da capacidade contributiva, da isonomia e da vedação ao confisco, esculpidos no Texto Constitucional de 1988.

No que concerne à referida diferenciação de tratamento tributário, foi asseverado que

> "(...) se harmoniza perfeitamente com a Constituição Federal o benefício da tributação fixa anual determinada nos §§ 1º e 3º do art. 9º do Decreto-lei n. 406/68, sem ferir o princípio da isonomia, uma vez que beneficia os profissionais que prestam serviços de caráter pessoal. Trata-se, na verdade, não de uma distinção de classes, mas da natureza da prestação do serviço que envolve a pessoalidade, ou seja, o profissional que assume pessoalmente a responsabilidade pela prestação do serviço".[12]

No entanto, referida postura jurídica restaria prejudicada, na medida em que há outras categorias profissionais que não foram contempladas pelo legislador com referido "benefício fiscal", sendo desconsideradas na fruição do tratamento diferenciado, dentre as quais destacamos: administrador de empresas, sociólogo, pedagogo, tradutores, intérpretes, agente de propriedade artística, bibliotecário, dentre outras. Sob este prisma, Marçal Justen Filho,[13] observa que "é inconstitucional adotar uma base imponível que mensure ângulos economicamente irrelevantes da situação descrita na materialidade ou que eleja aspectos impertinentes da riqueza".

Neste contexto foi editada a Súmula 663, do E. Supremo Tribunal Federal, no sentido de que "os §§ 1º e 3º do Decreto-lei 406/68 foram recebidos pela Constituição", entendimento calcado nos argumentos contidos no Acórdão proferido nos autos do RE 236.604-7-PR, Rel. Min. Carlos Velloso, Pleno, j. 26.5.99, publicado no *DJU* 1, de 6.8.99, p. 52, cuja Ementa transcrevemos a seguir:

12. Angelita de Almeida Vale e Ailton Santos, *ISS – Comentários e Jurisprudência*, 2ª ed., p. 87.

13. *O ISS, a Constituição de 1988 e o Decreto-lei n. 406*, p. 76.

"Constitucional. Tributário. ISS. Sociedades prestadoras de serviços profissionais. Advocacia. DL 406/68, art. 9º, §§ 1º e 3º. CF, art. 151, III, art. 150, II, art. 145, § 1º. O art. 9º, §§ 1º e 3º, do DL 406/68, que cuidam da base de cálculo do ISS, foram recebidos pela CF/88: CF/88, art. 146, III, 'a'. Inocorrência de ofensa ao art. 151, III, art. 34, ADCT/88, arts. 150, II, e 145, § 1º, CF/88. RE não conhecido".[14]

Contudo, a Corte Suprema havia se manifestado anteriormente no sentido de que se o § 3º, combinado com o § 1º, do art. 9º do Decreto-lei 406/68, como salientado pelo Plenário no julgamento acima transcrito (RE 236.604-7-PR), se limitou, no âmbito de sua competência como lei complementar de normas gerais em matéria de legislação tributária, a definir a base de cálculo do ISS para as sociedades de profissionais liberais, não determinou ele redução de base de cálculo desse tributo, o que pressupõe a preexistência de uma base de cálculo maior, não entrando, dessa forma, em conflito com o disposto no § 6º, do art. 150, da Constituição Federal de 1988, na redação atribuída pela Emenda Constitucional 3/93.[15]

Por seu turno, o Superior Tribunal de Justiça, ao apreciar a matéria sob exame, tem pronunciado entendimento diferenciado às sociedades profissionais com caráter empresarial, conforme se depreende dos julgados transcritos a seguir:

"*Tributário. Imposto sobre Serviços. Sociedades Profissionais. Dec-lei n. 406, art. 9. § 3º*. Sociedades civis integradas por médicos para ministrar serviço especializado, com responsabilidade pessoal destes e sem caráter empresarial tem o direito ao privilégio contido no § 3º, do artigo 9º, do Dec-lei n. 406/68. Recurso conhecido mas desprovido" (REsp 34.326-MG, 2ª Turma, Rel. Min. José de Jesus Filho, j. 14.6.95, *DJU* 19.12.97).

14. O entendimento prevalecente entende que os §§ 1º e 3º, do art. 9º, do Decreto-lei 406/68, não representam isenção, dispondo sobre a base de cálculo do ISS, sendo que em conformidade com o art. 146, inciso III, alínea "a", da Carta Constitucional de 1988, compete à lei complementar estabelecer normas gerais em matéria de legislação tributária, especialmente no tocante às bases de cálculo dos impostos. Da mesma forma entendeu não configurar desrespeito ao princípio da isonomia tributária, na medida em que os dispositivos do Decreto-lei 406/68 versam sobre a prestação de serviços na modalidade de trabalho pessoal do contribuinte e, caso sejam prestados por sociedades, o ISS será calculado em virtude de cada profissional habilitado, sócio, empregado ou não.

15. RE 228.052-9, Rel. Min. Moreira Alves, 1ª Turma, j. 24.8.99, *DJU*-1 1.10.99, p. 51.

"*ISSQN. Sociedades de profissionais. Sociedade por cotas de responsabilidade limitada. Médicos. Comerciante. Caráter empresarial.* É devido o ISSQN pelas sociedades profissionais quando estas assumem caráter empresarial. As sociedades civis, para terem direito ao tratamento privilegiado previsto pelo artigo 9º, § 3º, do Decreto-lei n. 406/68, tem que ser constituídas exclusivamente por médicos, ter por objeto social a prestação de serviço especializado, com responsabilidade pessoal e sem caráter empresarial" (REsp 158.477-SC, 1ª Turma, Rel. Min. Garcia Vieira, j. 17.4.98, *DJU* 8.6.98).

"*Tributário. ISS. Sociedades Profissionais.* As sociedades profissionais de prestação de serviços contábeis não têm direito ao privilégio previsto o art. 9º, § 3º, do DL n. 406/68, quando não desenvolvem as suas atividades por meio de profissionais autônomos e de forma individualizada. Se a sociedade presta serviços em seu nome, de modo generalizado, descaracterizada a maneira pessoal do trabalho do profissional, Está obrigada ao pagamento do ISS. Panorama processual revelador de que não há prestação de serviços individualizados e com responsabilidade pessoal de cada profissional. Recurso improvido" (RMS 6.136-CE, 1ª Turma, Rel. Min. José Delgado, j. 22.9.98, *DJU* 23.11.98).

"*Tributário. ISS. Sociedade profissional com caráter empresarial. Médicos que prestam serviço especializado, sem responsabilidade pessoal.* (...) As sociedades profissionais, constituídas exclusivamente por médicos, para a prestação de serviços especializados, com caráter empresarial ou comercial, não fazem jus ao privilégio (...) que beneficia apenas as sociedades que prestam serviços em caráter pessoal, ou seja, em que o sócio assume a responsabilidade profissional, individualmente" (REsp 124.908-GO, 2ª Turma, Rel. Min. Francisco Peçanha Martins, j. 22.9.98, *DJU* 23.11.98).

"*Tributário. Recurso Especial. ISS. Base de cálculo. Sociedades de Advogados.* (...) O artigo 16 da Lei n. 8.906/94 (Estatuto da Advocacia) permite concluir que as sociedades de advogados, qualquer que seja o respectivo contrato social, caracterizam-se como sociedades uniprofissionais. O dispositivo proíbe que essas entidades realizem 'atividades estranhas à advocacia', ou incluam em seus quadros 'sócio não inscrito como advogado ou totalmente proibido de advogar'. Os profissionais que compõem os quadros de uma sociedade de advogados prestam serviços em nome da sociedade, embora sob responsabilidade pessoal. Essa conclusão é possível diante da leitura do art. 15, § 3º, da Lei n. 8.906/94, segundo a qual 'as procurações devem ser outorgadas individualmente aos advogados e indicar a sociedade de que façam parte', do art. 17, que fixa a responsabilidade pessoal e ilimitada do sócio pelos danos causados aos clientes por ação ou omissão no exercício da advocacia; bem como do art. 18, do mesmo diploma legal, que estabelece que 'a relação de emprego, na qualidade de advogado, não retira a isenção técnica nem reduz a independência profissional inerentes á advocacia'. (...) Tranqüila a conclusão de que a sociedade civil de advocacia, qualquer que seja o conteúdo de seu contrato social, goza do tratamento tributário diferenciado previsto no art. 9º, §§ 1º e 3º, do Decreto-lei n. 406/68, já que são necessariamente uniprofissionais, não possuem natureza mercantil, sendo pessoal a responsabilidade dos profissionais nele associados ou habilitados. Recurso Provido" (REsp 623.772-ES, 2ª Turma, Rel. Min. Castro Meira, j. 1.6.2004, *DJU* 9.8.2004).

No âmbito do processo administrativo tributário, especificamente do E. Conselho Municipal de Tributos da Secretaria de Finanças de São Paulo, foram proferidos, exemplificativamente, os seguintes entendimentos acerca da matéria sob exame. Confira-se:

"*Recurso Ordinário – Sociedade uniprofissional – Demonstração por meio idôneo de ser a autora Sociedade de Advogados formada por duas sócias – Pagamento do ISS devido demonstrado – Cancelamento do lançamento.* Demonstrada a condição de sociedade de advogados formada por duas sócias por meio idôneo (prova documental autêntica) e que houve o pagamento do tributo devido nestas condições, há que se cancelar posterior notificação para pagamento.

"(...).

"Deverá a pretensão da recorrente ser acolhida. Como bem constatado pela Ilustre Representação Fiscal, a Recorrente demonstrou suas alegações. Está demonstrado nos autos que a recorrente é sociedade de advogados, formada por duas profissionais habilitadas. A documentação apresentada como prova é idônea, não havendo qualquer indício de adulteração que comprometa sua autenticidade. Também foi demonstrado, por prova idônea, o pagamento do ISS reclamado. (...)" (Decisão Paradigmática 1001160, Processo 2006-0.190.711-2, 3ª Câmara Julgadora, Cons. Rela. Nathaly Campitelli Roque, Sessão de 22.4.2008).

"*ISS – Recurso Ordinário – Preliminares afastadas. Decisão de primeiro grau fundamentada. Autos de infração revestidos das formalidades legais e regulamentares – Mérito. Serviços prestados por laboratório de análises. Quadro social composto por médico e bióloga. Impossibilidade de enquadramento no regime diferenciado das sociedades de profissionais. Base de cálculo é o preço do serviço. Dever de cumprimento das obrigações acessórias a que sujeitos os contribuintes em geral do ISS.*

"(...).

"3. Os laboratórios de análises, assim como os hospitais, as casas de saúde e outros congêneres, aludidos pelo item 2 da lista de serviços da Lei Municipal n. 10.423/87, não estão autorizados por lei a gozar do regime diferenciado destinado às sociedades de profissionais, devendo utilizar como base de cálculo o preço dos serviços prestados, e sujeitando-se ao cumprimento das obrigações acessórias previstas em lei para os contribuintes do ISS, em geral.

"4. Para que determinada sociedade seja reconhecida como apta a gozar do regime fiscal diferenciado aludido pelo § 3º do art. 9º do Decreto-lei n. 406/68, é preciso a comprovação de que todos os profissionais que ajam em nome dela, sócios ou não, detenham habilitação para realização do objeto social, assumindo, na prestação dos serviços, responsabilidade pessoal. Hipótese não configurada nos autos.

"5. Recurso Ordinário improvido" (Decisão Paradigmática 100226, Processo Administrativo n. 2006-0.189.031-7, 3ª Câmara Julgadora Efetiva, Cons. Rel. Fernando Dias Fleury Curado, Sessão de 8.5.2007).

Especificamente, revela-se de fundamental importância a transcrição de trechos do Voto do Conselheiro Relator, *verbis*:

"(...) Como se observa de seu contrato social, a Recorrente tem por objeto a prestação de serviços de laboratório clínico, com ampla gama de serviços nessa área. Verifica-se também, daquele instrumento, que a sociedade é composta por 2 (dois) sócios, um médico e uma bióloga, possuindo 10 (dez) estabelecimentos ao todo, entre a matriz e as filiais, neste Município e em outras cidades da Grande São Paulo.

"Tais fatos, por si só, são suficientes para que se conclua não fazer jus a Recorrente ao regime diferenciado de base de cálculo aplicável às sociedades de profissionais.

"Como bem asseverado pela d. Representação Fiscal, o art. 4º da Lei Municipal n. 10.423/87, ao estabelecer quais seriam os serviços aptos a gozar do regime diferenciado, não contemplou os laboratórios de análise. E o fez com fundamento no § 3º do art. 9º do Decreto-lei n. 406/68, que do mesmo modo, previu quais seriam os serviços sujeitos ao benefício – dentre os quais não se incluem aqueles prestados pelos laboratórios de análise – e desde que prestados por profissionais, em nome da sociedade, com assunção por eles de responsabilidade pessoal.

"De sorte que os laboratórios de análises, assim como os hospitais, as casas de saúde e outros congêneres não estão autorizados por lei a gozar do benefício em questão, devendo utilizar como base de cálculo o preço dos serviços prestados, bem como observar as obrigações acessórias de cumprimento obrigatório para os contribuintes em geral. Mas não é só. Consoante bem esclarecido pelas contra-razões de fls., os sócios da Recorrente, médico e bióloga, 'têm atribuições profissionais absolutamente distintas, regulados por órgãos de classe diversos e com prerrogativas totalmente díspares', de modo que 'não estão habilitados para o exercício da mesma atividade profissional', não podendo assumir, portanto, responsabilidade pessoal sobre todos os serviços por ela prestados, requisito legal indispensável para o enquadramento em questão.

"(...).

"Assim, a base de cálculo para o ISS incidente sobre os serviços prestados pela Recorrente é o preço do serviço, assim como são devidas todas as obrigações acessórias referentes à emissão de documentos fiscais e escrituração de livros, razão pela qual permanece devida a penalidade imposta por meio do presente. (...)."

Recentemente, o Poder Judiciário (Superior Tribunal de Justiça) manifestou os seguintes entendimentos no sentido de que:

"Os serviços de registros públicos, cartorários e notariais não se enquadram na prestação de serviços sob a forma de trabalho pessoal, de modo que inviável o benefício fiscal de recolher o ISS com base em alíquotas fixas, na forma do § 1º do artigo 9º do Decreto-lei n. 406/68. (...) A tributação fixa do art. 9º, § 1º, do DL 406/68 é o exemplo clássico de exação ao arrepio da capacidade contributiva, porquanto trata igualmente os desiguais. A capacidade contributiva somente é observada, no caso do ISS, na cobrança por alíquota sobre os preços, conforme o art. 9º *caput*, do DL 406/68, atual art. 7º, *caput*, da LC 116/03. Finalmente, o STF constatou que a atividade é prestada com intuito lucrativo, incompatível com a noção de simples 'remuneração do próprio trabalho', prevista no art. 9º, § 1º, da LC 116/03" (AgRg no REsp 1.237.357-RS, Rel. Min. Hamilton Carvalhido, j.17.3.11, *DJ-e* de 13.4.11).

e

> "A sociedade simples, constituída sob a forma de sociedade limitada, não pode usufruir do tratamento privilegiado, porquanto nela o sócio não assume responsabilidade pessoal, tendo em vista que sua responsabilidade é limitada à participação no capital social, não obstante todos os sócios respondam solidariamente pela integralização do capital social" (REsp 1.221.027-SP, Rel. Min. Mauro Campbell Marques, *DJ-e* 4.3.2011).

Com o advento da Lei Complementar 116/2003, passou a ser questionado se o diferenciado tratamento tributário aplicável às sociedades profissionais estaria comprometido e prejudicado, sob o argumento de que o inciso V, do art. 3º, do Decreto-lei 834/69, que dispunha sobre o assunto teria sido revogado. A questão que ora se coloca é de difícil solução, na medida em que o art. 10, da Lei Complementar 116/2003 não teria revogado, de forma expressa, o art. 9º, do Decreto-lei 406/68, mas tão somente, os comandos normativos contidos nos arts. 8º, 10, 11 e 12 do referido diploma legal.

José Eduardo Soares de Melo pontifica que

> "(...) por outro lado, existe fundamento para se entender que as regras pertinentes à prestação de serviços sob a forma de trabalho pessoal do próprio contribuinte devam permanecer sob a sistemática legal anterior, porque não foi expressamente revogado o preceito atinente à quantificação do imposto (...) como determina a Lei Complementar n. 95, de 26.2.98 (art. 9º), com a alteração da LC n. 107, de 26.4.01. Não se vislumbra incompatibilidade (da LC n. 116/03) com o regramento da referida situação (contido no DL n. 406/68), e nem regulação integral do imposto, considerando-se a diretriz da Lei de Introdução ao Código Civil anterior (§ 1º, do art. 2º, do DL n. 4.657/42 [*atual Lei de Introdução às Normas de Direito Brasileiro*]), porque, simplesmente, a LC n. 116/03 fora omissa, não havendo que se cogitar de revogação tácita. Não se trata de manifesto conflito das leis no tempo, porque a norma anterior (natureza especial) harmoniza-se com a norma posterior (natureza geral)".[16]

Acerca da questão em comento, foram inúmeros os estudos jurídicos desenvolvidos pela doutrina altamente especializada, dentre os quais destacamos, a saber:

16. *ISS. Aspectos Teóricos e Práticos*, p. 170.

"Ao manter o tratamento mais benéfico para os profissionais liberais autônomos, tributando-os de forma fixa, revogando a norma que autorizava a aplicação do mesmo tratamento tributário às sociedades de profissionais, a Lei Complementar n. 116/2003 está, a toda evidência, incidindo em inconstitucionalidade por tê-lo feito com base em fator discriminatório que não autoriza a desigualdade no trato tributário."[17]

"Não se operou a revogação nem do § 1º, nem do § 3º, do art. 9º, do Dec-lei 406. Nem se operou a revogação expressa nem a revogação tácita. A primeira, porque a revogação da lei Complementar 56 não pode ser entendida como revogação de dispositivos do referido Decreto, e a segunda, porque não existe a apontada incompatibilidade entre seus referidos dispositivos e a lei Complementar n. 116."[18]

Em que pesem as considerações efetuadas acerca da matéria, cumpre transcrever relevante Decisão preferida pelo Superior Tribunal de Justiça, nos autos do REsp 713.752-PB, Rel. Min. João Otávio de Noronha, *DJU*-1 18.8.2006, p. 371, *verbis*:

"*Ementa. Tributário. Processo Civil. ISS. Revogação. Art. 9º, §§ 1º e 3º, do Decreto-lei n. 406/68. Revogação. Art. 10 da Lei n. 116/03. Não ocorrência.*

"1. O art. 9, §§ 1º e 3º, do Decreto-lei n. 406/68, que dispõe acerca da incidência do ISS sobre as sociedades civis uniprofissionais, não foi revogado pelo art. 10 da Lei n. 116/03.

"2. Recurso especial improvido."

A este respeito, da leitura do Voto proferido pelo Ministro Relator, imperioso observar que, *verbis*:

"(...) A revogação de leis no ordenamento jurídico pátrio, a teor do disposto no art. 2º, §§ 1º e 2º, da LICC [*atual Lei de Introdução às Normas de Direito Brasileiro*], ocorre de forma tácita ou expressa. Expressa, quando a lei revogadora dispõe expressamente que a lei anterior fica revogada. Tácita, quando a lei seguinte trata inteiramente da matéria da lei revogada ou quando é com ela incompatível. No caso em apreço, não verifico nenhuma dessas situações.

17. Betina Treiger Grupenmacher, "Sociedades Profissionais e Tributação Fixa Frente à Lei Complementar n. 116/2003", in *O ISS e a LC 116*, p. 50.

18. Hugo de Brito Machado, "O ISS das Sociedades de Profissionais e a Lei Complementar 116/03", in *ISS – LC 116*, p. 229.

"Quanto à possibilidade de revogação expressa, não houve, visto que o art. 10 da Lei Complementar n. 116/03 nem sequer mencionou o art. 9º, § 3º, do Decreto-lei n. 406/68. Com efeito, o art. 10 da Lei Complementar n. 116/03 revogou expressamente vários dispositivos específicos, permanecendo-se silente, portanto, no que tange aos §§ 1º e 3º [*do art. 9º*] do Decreto-lei n. 406/68. Ou seja, esses últimos dispositivos – que, na realidade têm intuito de estabelecer a possibilidade de se realizar a tributação de ISS por alíquota fixa – em nada foram substancialmente alterados pelas disposições contidas na Lei Complementar n. 116/03, havendo apenas, no que tange à lista de serviços, mera adequação e numeração dos serviços objetos de tributação.

"(...).

"Revogação tácita, de igual modo, não se deu, tendo em vista que não se verifica incompatibilidade alguma entre os dispositivos legais mencionados.

"(...).

"Outra questão que se levanta, ainda no sustento da tese da não revogação do art. 9º, § 3º, do Decreto-lei n. 406/68, é o que dispõe a Lei Complementar n. 95/98 que disciplina a elaboração, a redação, a alteração e a consolidação das leis.

"(...).

"Como se vê, preleciona a Lei Complementar n. 95/98 que a cláusula de revogação deve enumerar expressamente as leis ou disposições revogadas. No caso em apreço, em face dessa exigência e conhecedor do fato de que o art. 9º, § 3º, do Decreto-lei n. 406/68 não consta da redação do art. 10 da Lei Complementar n. 116/03 (ao contrário, foi dele retirado), pode-se sustentar que todo o teor do art. 9º, § 3º, do Decreto-lei n. 406/68 permanece em vigor.

"Nessa perspectiva, então, em que resultaria contida no art. 10 da Lei Complementar n. 116/03, no momento em que estatui a Lei Complementar n. 56/87 e o inciso V do art. 3º do Decreto-lei n. 834/69 estariam revogados? Ora, com relação às disposições previstas no art. 9º, § 3º do Decreto-lei n. 406/68, por não serem com elas em nada incompatível, não ensejam modificação alguma, isto é, nesse aspecto, não há poder falar em eventual aplicação do instituto da revogação, seja esta tácita ou expressa.

"Esclareço também que não por que há falar em que o art. 9º, § 3º, do Decreto-lei n. 406/68 estaria vigendo por força da repristinação (LINDB, art. 2º, § 3º). Aplica-se tal instituto quando se restaura um preceito de lei que se encontrava revogado. No caso, todavia, não houve revogação do art. 9º, § 3º, do Decreto-lei n. 406/68, razão pela qual se afasta a possibilidade de sua eventual restauração e, por conseguinte, do procedimento de repristinação.

"(...).

"Diante dessas considerações, conheço do recurso e nego-lhe provimento. É como voto."

## *V – Referências Bibliográficas*


ATALIBA, Geraldo. *Hipótese de Incidência Tributária.* 6ª ed. São Paulo: Malheiros Editores, 2000.

BAPTISTA, Marcelo Caron. *ISS do Texto à Norma. Doutrina e Jurisprudência da EC 18/65 à LC 113/03.* São Paulo: Quartier Latin, 2005.

BARRETO, Aires F. *ISS na Constituição e na Lei.* 3ª ed. São Paulo: Dialética, 2009.

BELLAN, Daniel Vitor. "ISS – Alíquotas e Base de Cálculo". in Vários Autores. *Imposto sobre Serviços de Acordo com a Lei Complementar n. 116/03.* São Paulo: Quartier Latin, 2004.

FILHO, Marçal Justen. "O ISS, a Constituição de 1988 e o Decreto-lei n. 406". *Revista Dialética de Direito Tributário* 3, São Paulo. 1995.

GRUPENMACHER, Betina Treiger. "Sociedades Profissionais e tributação fixa frente à Lei Complementar n. 116/2003". in ROCHA, Valdir de Oliveira (Coord.). *O ISS e a LC 116.* São Paulo: Dialética, 2003.

MACHADO, Hugo de Brito. "O ISS das Sociedades de Profissionais e a Lei Complementar 116/03". In MARTINS, Ives Gandra da Silva e PEIXOTO, Marcelo Magalhães (Coords.). *ISS – LC 116/03.* Curitiba: Juruá e Apet, 2004.

MELO, José Eduardo Soares de. *ISS. Aspectos Teóricos e Práticos.* 5ª ed. São Paulo: Dialética, 2008.

MOARES, Bernardo Ribeiro de. *Doutrina e Prática do Imposto sobre Serviços.* São Paulo: Ed RT, 1975.

SANTOS, Ailton e VALE, Angelita de Almeida. *ISS – Comentários e Jurisprudência.* 2ª ed. São Paulo: Instituto Brasileiro de Direito Tributário (IBDT) e Livraria Legislação Brasileira, 1998.

TÔRRES, Heleno Taveira (Org.). *Imposto sobre Serviços – ISS na Lei Complementar n. 116/03 e na Constituição.* Barueri: Manole, 2004.

VALE, Angelita de Almeida e SANTOS, Ailton. *ISS – Comentários e Jurisprudência.* 2ª ed. São Paulo: Instituto Brasileiro de Direito Tributário (IBDT) e Livraria Legislação Brasileira, 1998.

# *FUNRURAL – UMA ANÁLISE SISTEMÁTICA DA CONTRIBUIÇÃO DO PRODUTOR RURAL PESSOA FÍSICA, PRODUTOR RURAL PESSOA JURÍDICA E AGROINDÚSTRIA*

HELGA KLUG DOIN VIEIRA
Mestre e Doutora em Direito Público.
Professora da Pontifícia Universidade Católica de São Paulo.

*1. Gênese da proteção social no Brasil. 2. Proteção previdenciária dos trabalhadores rurais. 3. Produtores rurais na Constituição Federal de 1988. 4. Rurícolas na Ordem Social. 5. Custeio da Seguridade Social. 6. Plano de Custeio da Seguridade Social. 7. Produtores rurais na Lei 8.540/92. 8. Produtores rurais na Lei 8.870/94. 9. Das espécies de produtores rurais: 9.1 Produto rural pessoa física; 9.2 Produtor rural pessoa jurídica; 9.3 Agroindústria. 10. Emenda Constitucional 20/98. Substituição de base contributiva para produtores rurais. 11. Produtor rural e a Lei 10.256/2001. 12. Conclusões.*

## *1. Gênese da proteção social no Brasil*

A história da proteção previdenciária brasileira remonta o ano de 1923, com a edição do Decreto Legislativo 4.682, denominada Lei Eloy Chaves, que criou para cada uma das empresas de estradas de ferro existentes no país, uma Caixa de Aposentadoria e Pensões, com a finalidade de estabelecer seguro social para trabalhadores empregados dessas empresas.

O custeio do seguro social instituído era constituído através de *contribuições* mensais dos *trabalhadores*, incidente sobre os seus vencimentos com a aplicação de uma alíquota de 3%; e *contribuição da empresa*, correspondente a 1% sobre a sua renda bruta anual.

Constava do diploma legal a empresa como responsável tributária em relação à contribuição dos trabalhadores, além da obrigação do recolhimento de a sua própria contribuição, como empregador, a qual deveria ser cumprida mensalmente, com base no *quantum* anual verificado de rendimento bruto da estrada por ela operada.

Assim nascia a previdência social dos trabalhadores urbanos no Brasil. A proteção inicial teve, de imediato, seu alcance ampliando, de modo que outras normas foram surgindo, instituindo previdência social para as diferentes categorias de trabalhadores, promovendo e complementando e estendendo a proteção previdenciária a todos os trabalhadores urbanos no território nacional.

No curso de desenvolvimento desses direitos sociais, não se promoveu qualquer tipo de proteção previdenciária para os trabalhadores rurais, ainda que eles representassem a grande maioria dos trabalhadores brasileiros nos idos da década de 1920, posto que o Brasil era um estado eminentemente rurícola.

Rui Barbosa, em manifestação no Parlamento, mostrou sua indignação ante o descaso como os rurícolas do país eram tratados e preconizou as graves mazelas desse comportamento no desenvolvimento sócio-econômico da sociedade brasileira.

## *2. Proteção previdenciária dos trabalhadores rurais*

O trabalhador rural brasileiro alcançou o direito de um mínimo de proteção previdenciária apenas no ano 1971, praticamente cinquenta anos após o estabelecimento de direitos previdenciários para os trabalhadores urbanos.

Na edição da Lei Complementar 11, de 25.1.71, que o legislador instituiu o Programa de Assistência ao Trabalhador Rural – PRORURAL, custeado com recursos do Fundo de Assistência ao Trabalhador Rural – FUNRURAL, autarquia subordinada ao Ministério do Trabalho e Previdência Social.

Nos termos dessa Lei Complementar 11, eram trabalhadores rurais:

1) a pessoa física que prestasse serviços de natureza rural a empregador;

2) o produtor rural, proprietário ou não, que trabalhasse em atividade rural, individualmente;

3) o produtor rural, proprietário ou não, que trabalhasse em atividade rural em regime de economia familiar, entendido como atividade onde o trabalho dos membros da família era indispensável para a própria subsistência do grupo e realizado em mútua dependência e colaboração

Os recursos para o custeio do Programa de Assistência ao Trabalhador Rural (PRORURAL) provinham das seguintes fontes:

*a*) contribuição devida pelo produtor rural tendo por base de cálculo *o valor comercial dos produtos rurais*, sobre o qual incidia uma *alíquota de 2%*, devendo ser recolhida:

*a.1*) *pelo adquirente, consignatário ou cooperativa*, que ficavam sub-rogados, para esse fim, de todas as obrigações do produtor;

*a.2*) *pelo produtor*, quando ele próprio industrializasse seus produtos, vendesse, no varejo, ou a adquirente no exterior.

*b*) *contribuição previdenciária das empresas* instituídas no § 4º do artigo 6º da Lei 2.162/55, que criou o Serviço Social Rural, com uma prática de alíquota de 2,6% sobre o valor dos pagamentos efetuados aos trabalhadores empregados, dos quais 2,4% se destinavam ao FUNRURAL.

O Programa de Assistência ao Trabalhador Rural tinha por finalidade conceder benefícios previdenciários específicos para os rurícolas, os quais, ainda assim, recebiam tratamento diferenciado. Não se confundia a proteção previdenciária destes com aquela concedida aos trabalhadores urbanos.

Apesar da novel proteção social instituída em favor dos trabalhadores rurais a iniquidade persistia, uma vez que a previdência social dos trabalhadores urbanos protegia maior número de riscos e concedia benefícios expressivamente maiores.

A vala social gerada pela imprevidência exigia do Estado e da sociedade uma providência, para que se obtivesse um tratamento equânime e isonômico das diferentes espécies de trabalhadores no Brasil.

A grande oportunidade para mudanças substanciais ocorreu com a constituinte da década de 1980. Na elaboração da nova moldura jurídica do Estado brasileiro grandes avanços foram idealizados, traçados e concretizados.

### *3. Produtores rurais na Constituição Federal de 1988*

A Constituição Federal de 1988, denominada "Carta Cidadã", exige expressamente tratamento isonômico entre trabalhadores urbanos e rurais, especialmente em matéria de seguridade social, como se pode verificar na leitura sistemática do art. 194, parágrafo único, II, do Texto Maior.

O Estado brasileiro passa juridicamente por grandes transformações e modernizações, caminha em ritmo de desenvolvimento econômico e social antes nunca vistos e se permite a busca da realização de uma sociedade livre e justa, baseada no primado do trabalho, na igualdade e na solidariedade.

Toda a sociedade se compromete a participar solidariamente, em face da nova estruturação, das conquistas sociais desejadas, num compromisso mútuo, inadiável e promissor.

Os objetivos fundamentais da República, estampados no art. 3º da Lei Maior, apontam para um Estado de Direito Social, onde o homem se encontra em posição de destaque. A teleologia definida neste artigo, bem como os avanços sociais da moldura constitucional objetiva, servirão de norte para a ordem econômica, tributária e social.

### *4. Rurícolas na Ordem Social*

A exigência constitucional do tratamento uniforme e equivalente das populações urbanas e rurais, na ordem social, especificamente no sistema de seguridade social, representa o encaminhamento do resgate dos tormentos e inseguranças vividos pelo homem do campo.

Ficou instituído na Constituição Federal um Sistema de Seguridade Social, básico e universal, com a finalidade de proteger toda a sociedade, através de ações de saúde, previdência e assistência social e é de fundamental importância para toda a sociedade, gerando equilíbrio e paz social, política e econômica.

Estavam incluídos os rurícolas no sistema de seguridade social, deixando de existir um sistema apartado e diferenciado para esses trabalhadores na Ordem Social.

## *5. Custeio da seguridade social*

Foram criadas fontes de custeio diversificadas para financiar as ações do sistema de seguridade social, comprometendo a Lei Maior, numa ação solidária, toda a sociedade na composição dos recursos do sistema, de forma direta e indireta.

A Constituição Federal definiu os sujeitos passivos das relações jurídicas que se gerariam e as bases econômicas das contribuições sociais de seguridade social (art. 195); determinou orçamento próprio para o sistema de proteção social (art. 165, § 5º, III), com a finalidade de imprimir segurança jurídica ao sistema e à sociedade. Estabeleceu base contributiva específica, de custeio da seguridade social, para os trabalhadores rurícolas que exercessem suas atividades em regime de economia familiar, isto é, para produtores rurais pessoas físicas que atuam na economia de subsistência, realizada pelos membros da família, com mútua dependência, sem empregados permanentes (art. 195, § 8º). Para esses trabalhadores a Constituição Federal definiu expressamente uma base contributiva diferenciada: *o resultado da comercialização da produção, sobre a qual incide uma alíquota de 2%*, uma vez que esses trabalhadores nem sempre tem rendimento mensal, comum às demais espécies de trabalhadores.

Assim, trabalhadores segurados especiais têm tratamento contributivo diferenciado, incidindo a sua contribuição sobre a base referente ao resultado da comercialização da sua produção, base esta decorrente da comercialização do excedente produzido (CF art. 195, § 8º). Trabalhadores nessas condições passam a ter vínculo com o seguro social, mas com direito a benefícios diferenciados, nos termos da Lei 8.213/91.

## *6. Plano de custeio da seguridade social*

A Lei 8.212/91 estabelece o "Plano de Custeio da Seguridade Social", alicerçada no art. 195 da Constituição Federal.

A lei de custeio vem expressa num texto bastante controvertido, em razão das inconstitucionalidades presentes no texto original, tanto no que se refere às sujeições passivas da relação de custeio, como às bases de cálculo definidas, e demais situações, todas questionadas pelos contribuintes junto às diferentes instâncias judiciais.

Inicialmente a Lei 8.212/91 entende empregadores como empresa. Define empresa como "a firma individual ou sociedade que assume risco de atividade econômica urbana ou rural, com fins lucrativos ou não, bem como os órgãos e entidades da administração pública direta, indireta e fundacional" (art. 15); e estende o conceito de empresa para "autônomos e equiparados em relação a segurados que lhe prestam serviços, bem como a cooperativa, a associações ou entidades de qualquer natureza ou finalidade, a missão diplomática e a repartição consular de carreira estrangeira" (art. 15, parágrafo único).

O texto constitucional originário rezava como bases de cálculo para *contribuições sociais de seguridade social dos empregadores "folha de salários, o faturamento e o lucro*" (art. 195, I).

A Lei 8.212/91 ao regulamentar a *contribuição sobre a folha de salários* estendeu o conteúdo da base folha de salários para todos os trabalhadores que mantivessem qualquer tipo de relação de trabalho com a empresa. Essa extensão foi declarada inconstitucional. O Supremo Tribunal Federal, decidiu que trabalhadores sem vínculo empregatício não integrariam a folha, mas seus rendimentos poderiam ser objeto de nova fonte de custeio, nos termos autorizados no art. 195, § 4º, da Constituição Federal.

Também estabelecia a Lei 8.212/91, para as pessoas físicas empregadoras, deveres de empresa (art. 15, parágrafo único), incluídos neste conceito os produtores rurais, pessoas físicas empregadoras.

No caso dos trabalhadores produtores rurais, denominados segurados especiais, aqueles que exercem atividade em regime de economia familiar, ela previu uma a alíquota de 3% (art. 25 da Lei 8.212/91) sobre a base constitucionalmente prevista no art. 195, § 8º.

### *7. Produtores rurais na Lei 8.540/92*

Em 1992 a Lei 8.540 deu nova redação ao art. 12, incisos V e VII, ao ar. 25, inciso I e II, e ao art. 30, inciso IV, da Lei 8.212/91.

A nova redação introduzida no Plano de Custeio da seguridade Social estendeu a base constitucional prevista para o trabalhador segurado especial, para os produtores rurais, pessoas físicas produtoras rurais, ao estabelecer no art. 25 que a pessoa física e o segurado especial referidos, respectivamente, na alínea "a", do inciso V e no inciso

VII do art. 12 da lei teriam a obrigação de contribuir sobre a base da receita bruta da comercialização da sua produção com uma alíquota de 2%, além de uma alíquota de 0,1%, sobre a mesma base para custeio para financiamento de complementação das prestações por acidente de trabalho._

Ficou estatuído, ainda, no na nova redação do art. 25, § 2º, a obrigatoriedade de os produtores rurais, pessoas físicas, contribuir como trabalhadores contribuintes individuais nos termos do art. 21 da Lei 8.212/91, restando claro, que a contribuição prevista no *caput* do art. 25 era substitutiva da folha de salários, constitucionalmente prevista para empregadores.

Na realidade a Lei 8.212/91 entendeu e estendeu o conceito de empregador ao produtor rural, pessoa física, mas elegeu base econômica imprópria, não amparada na Lei Maior.

O produtor rural que utiliza trabalhadores empregados na realização de sua produção passou a ter tratamento legal de empregador, e a base econômica de incidência da contribuição, pelo fato dele tomar serviço de trabalhadores empregados, deve ser a *folha de salários*, assim entendida como o somatório das remunerações pagas ou creditadas a qualquer título aos trabalhadores empregados.

Ocorreu neste caso dupla inconstitucionalidade. Houve evidente usurpação de base econômica para cálculo da contribuição, uma vez que a base decorrente do *resultado da comercialização da produção* constitui *base de cálculo exclusiva dos produtores rurais que exercem a sua atividade em regime de economia familiar*, nos termos definidos na Constituição Federal, não sendo possível sua utilização para os demais produtores rurais, os quais, se tiverem trabalhadores empregados a seu serviço, deverão contribuir sobre a base da folha de salários.

Também o processo legislativo de introdução das alterações é impróprio. Poderia, sim, o legislador infraconstitucional ter criado nova fonte de custeio para esses produtores rurais, com relação aos seus trabalhadores empregados, desde que atendidos os requisitos definidos nos arts. 195, § 4º, e 154, I, da Constituição Federal, ou seja, *processo legislativo de lei complementar, e comprovada a necessidade de novos recursos para a manutenção ou expansão do sistema de seguridade social.* O processo legislativo próprio é de lei complementar, nunca lei ordinária! A não utilização do processo legislativo previsto na Lei

Maior tornou o dispositivo inconstitucional e contaminou as normas posteriores, decorrentes dessa previsão viciada.

## *8. Produtores rurais na Lei 8.870/94*

Do mesmo modo a Lei 8.870/94 alterou dispositivos da Lei 8.212/91. Estabelece no art. 25 a substituição de base de cálculo para o *empregador rural, pessoa jurídica*, que se dedique apenas à produção rural, estabelecendo como *quantum* a receita bruta proveniente da comercialização da produção.

Também foi adotada substituição da base "folha de salários" para as *pessoas jurídicas* que se dediquem à *produção agroindustrial*, nos termos do § 2º do art. 25 da Lei 8.870, com relação à sua parte de produção agrícola. A nova base deveria ser calculada sobre o valor estimado da produção, considerando o preço de mercado.

Novamente a lei contraria a norma constitucional. A base de calculo prevista para a contribuição não tem respaldo constitucional, exige, a sua introdução, processo legislativo próprio e fere o direito à livre iniciativa ao determinar que a base será determinada pelo valor estimado da produção pelo valor de mercado.

O § 2º do art. 25, da Lei 8.870/94 foi declarado inconstitucional, na ADI 1.103-DF, o que permitiu o retorno da base contributiva da agroindústria para a folha de salários.

## *9. Das espécies de produtores rurais*

Cumpre estabelecer uma distinção mínima entre as diferentes espécies de produtores rurais tratados na legislação brasileira:

### *9.1 Produtor rural pessoa física*

1) Produtor Rural Trabalhador Contribuinte Individual (art. 12, V, "a");

2) Produtor Rural Trabalhador Segurado Especial.

Considerando que ambos são pessoas físicas, a distinção específica se encontra estabelecida na Lei 11.718/2008, a qual define a linha limítrofe, entre um e outro produtor rural.

A distinção inicial consta na norma constitucional, ou seja, o trabalhador segurado especial é um produtor rural que atua em regime de economia familiar. A Lei 11.718/2008 estabelece outros traços diferenciadores relacionadas com tamanho da terra cultivada, utilização de empregados permanentes ou não (o trabalhador segurado especial poderá utilizar empregados apenas por 120 dias por ano), determinando-se, a partir destas distinções, as obrigações tributárias de cada espécie.

O produtor rural, pessoa física, tem obrigações tributárias perante a seguridade social como empregador e como trabalhador contribuinte individual, enquanto que o produtor rural, trabalhador segurado especial, que atua em regime de economia familiar, apenas contribui na forma definida na Carta Maior. (art. 195, § 8º).

### *9.2 Produtor rural pessoa jurídica*

Trata-se de produtor rural com personalidade jurídica própria, distinta das pessoas que a formam ou que a compõem.

Produtor rural pessoa jurídica é uma instituição que produz e vende produtos rurais sem exercer qualquer tipo de beneficiamento sobre a produção.

A Lei 10.256, de 9.7.2001, mais uma vez alterou a Lei 8.212/91, introduzindo o art. 22-A no texto originário e estabelecendo equivalência entre as duas diferentes pessoas jurídicas: "Art. 22-A. A contribuição devida pela agroindústria, definida para os efeitos desta Lei, como sendo o produtor rural pessoa jurídica cuja atividade econômica seja a industrialização de produção própria ou de produção própria e adquirida de terceiros, incidente sobre o valor da receita bruta proveniente da comercialização da produção, em substituição às previstas nos incisos I e II do art. 22 desta Lei, e de: (...)".

Novamente caminha a lei na contramão conceitual, gerando confusão desnecessária e prejudicial para o contribuinte.

Para o produtor rural, pessoa jurídica vige a norma constitucional, uma vez que a base de cálculo anteriormente estabelecida para o produtor rural pessoa jurídica, na Lei 8.870/94, é inconstitucional pelos mesmos motivos anteriormente levantados. Aplica-se, assim, para essa espécie de produtores, até o presente momento, por falta de nova base legal, a base folha de salários, não se aplicando nem mesmo a previsão do art. 25 da Lei de 1994, nem a base introduzida pela Lei 11.256/2001, porque produtor rural pessoa jurídica não se confunde com agroindústria.

### *9.3 Agroindústria*

Trata-se de pessoa jurídica que se dedica a produção agroindustrial. Não se identifica essa pessoa jurídica com o produtor rural pessoa jurídica, porque, ainda que ambos tenham produção rural, a agroindústria opera rudimentar industrialização sobre a sua produção ou mesmo sobre a produção de terceiros. Ultrapassado os limites legais da rudimentar industrialização, a pessoa jurídica passa a ser indústria, e o tratamento tributário é o de empresa.

Para as agroindústrias a Lei 8.870, art. 25, § 2º, havia previsto substituição da base folha de salários pelo *valor estimado da produção agrícola própria, considerando o preço de mercado.* O referido artigo foi declarado inconstitucional e revogado expressamente na Lei 10.256/2001. A mesma Lei introduziu nova substituição de base para a agroindústria no art. 1º, que acrescentou na Lei 8.212/91 o art. 22-A. A alteração foi promovida por processo legislativo de lei ordinária, agora com respaldo constitucional (art. 195, § 9º).

No que se refere à base contributiva *receita bruta proveniente da comercialização da produção*, questiona-se a constitucionalidade da mesma, em razão da vedação constitucional do *bis in idem.*

Cumpre ao legislador infraconstitucional ser criativo ao introduzir substituições de base, pois a Lei Maior veda a utilização de bases já previstas no seu texto (art. 154, I).

## *10. Emenda Constitucional 20/98. Substituição de base contributiva para produtores rurais*

A Emenda Constitucional 20/98 promoveu alterações no sistema de seguridade social vindo a aperfeiçoar o sistema e dar ao legislador infraconstitucional respaldo para introdução de bases de financiamento substitutivas, ao incluir o § 9º, no art. 195, da Constituição Federal: Art. 195, § 9º. "As contribuições sociais previstas no inciso I do *caput* deste artigo poderão ter alíquotas ou base de cálculo diferenciadas, em razão da atividade econômica, da utilização intensiva de mão de obra, do porte da empresa ou da condição estrutural do mercado de trabalho".

A partir da publicação dessa emenda constitucional ficava facultado ao legislador infraconstitucional promover, via processo legislativo ordinário, leis para estabelecer bases de cálculos substitutivas, conforme autorizado (STF, ADC 1).

O legislador amparado na emenda poderia promover substituição de base de cálculo de contribuições sociais de seguridade social previstas no art. 195, I, nos moldes que entendesse e melhor atendesse a sociedade, considerando "a atividade econômica, a utilização intensiva de mão de obra, o porte da empresa ou a condição estrutural do mercado de trabalho".

Deste modo, está evidente que qualquer norma ordinária anterior à Emenda Constitucional 20/1998 deverá ser declarada inconstitucional se o processo legislativo inovador adotado foi o de lei ordinária.

A razão reside em preceito que exige processo legislativo de lei complementar na introdução de novas fontes de custeio para a seguridade social, nos termos definidos no artigo 195, § 4º , que remete obediência ao artigo 154, I.

No RE 363.853-MG, relatado pelo Min. Marco Aurélio, os Ministros do Supremo Tribunal Federal acordaram por unanimidade, nos termos do voto do relator, com a desobrigação da retenção e do recolhimento da contribuição social ou do recolhimento por sub-rogação sobre "a receita bruta proveniente da comercialização da produção rural dos empregadores, pessoas naturais (...) declarando a inconstitucionalidade do art 1º da Lei n. 8.840/92, que deu nova redação aos artigos 12, incisos V e VII; 25, incisos I e II; e 30, inciso IV, para a Lei 8.212/91, com a redação atualizada até a Lei 9.528/97, até que legislação nova, arrimada na Emenda Constitucional n. 20/98, venha instituir a contribuição".

Esse entendimento se deve ao fato de *resultado da comercialização da produção* ser base constitucionalmente prevista *apenas* para produtores rurais que exercessem suas atividades em regime de economia familiar, sendo inviável a sua extensão, mediante lei ordinária, para os demais empregadores rurais, o que poderia ter ocorrido, sim, mas através de processo legislativo de lei complementar.

Tratando de empregadores a Constituição Federal originária estabeleceu contribuições sociais de seguridade social no art. 195, I, incidente sobre "folha de salários, faturamento e lucro" até o advento da EC 20/98, e "folha de salários e demais rendimentos do trabalho pagos e creditados, a qualquer título, à pessoa física que lhe preste serviços, mesmo sem vínculo empregatício, receita ou faturamento e lucro".

As alterações de base, promovidas pelas Leis 8.540 e 8.870, não teriam o condão de alterar as bases contributivas das pessoas físicas empregadoras, nem das pessoas jurídicas, por falta de respaldo constitucional. Do mesmo modo questiona-se a própria base. Assim cabe avaliação de aspecto formal e de aspecto material.

A partir da Emenda Constitucional 20/98 o legislador pode substituir a bases de cálculo das contribuições sociais de seguridade social, referente aos empregadores e às empresas, nos termos introduzidos pelo legislador constituinte derivado no § 9º do art. 195, por lei ordinária.

Aspectos sociais importantes permeiam a autorização de substituição de base. Ela reflete diretamente a dificuldade de formalização de relações de trabalho dos empregadores com os trabalhadores rurais em razão da álea que permeia a atividade rural.

Os empregadores rurais, sujeitos às intempéries e às perdas de colheitas ficam receosos de formalizar relações onerosas com seus trabalhadores, os quais ficam temerosos de assumir compromissos, nessas condições de insegurança. Essa falta de formalização das relações de trabalho onera o sistema de seguridade social e a sociedade como um todo.

Assim, ao autorizar a substituição de base, pretende-se gerar solução segura para o empregador e para o trabalhador. A lei ao autorizar base diferenciada visando à produção estaria gerando obrigações apenas para o produtor que tivesse produção, não se onerando o empregador com folha de salários, obrigação que desconsidera a produtividade do empregador.

Mas é preciso ressaltar que o Texto Maior veda a bitributação e o *bis in idem*. Assim a autorização constitucional de base diferenciada não significa permissão para a prática de *bis in idem* pelo legislador infraconstitucional, como vem ocorrendo.

Questionamentos quanto à *constitucionalidade* da base de cálculo "*receita bruta da comercialização da produção*": trata-se de mesma base, para a incidência de duas contribuições sociais de seguridade social, decorrente de legislação infraconstitucional.

É clara a incongruência legislativa! Está evidente a inconstitucionalidade dos dispositivos das leis em comento, mesmo após a edição da EC 20/98, uma vez que não se trata somente de questão formal, referente ao processo legislativo utilizado, mas de questão material, ou seja, a ocorrência de *bis in idem*, em nível infraconstitucional.

## *11. Produtor rural e a Lei 10.256/2001*

Na esteira das inovações legislativas para os produtores rurais pessoas físicas, o legislador alterou novamente o conteúdo do art. 25, da Lei 8.212/91 através da Lei 10.256/2001, que passou a ter a seguinte redação: "A contribuição do empregador rural pessoa física, em substituição à contribuição de que trata o inciso I e II do art. 22 (folha de salários, SAT e Custeio da Aposentadoria Especial), e a do segurado especial, referidos, respectivamente, na alínea 'a' do inciso V e no inciso VII, do art. 12 desta Lei, destinada à Seguridade Social, é de: (...)".

*Não definiu nem a base de cálculo, nem alíquota!*

Tornou inaplicável o dispositivo, ante a exigência da estruturação da norma de incidência, como exige a Teoria Geral do Direito. Para a norma ter aplicabilidade é preciso a especificação do todo obrigacional. Deve conter, além da materialidade, o momento da relevância jurídica, as pessoas obrigadas, as grandezas econômicas envolvidas e a alíquota.

Exige o princípio da legalidade, art 5º, II, da CF ("ninguém será obrigado a fazer ou deixar de fazer alguma coisa senão em virtude de lei") e o princípio da legalidade tributária, art. 150, I, da CF ("Exigir ou aumentar tributo sem lei que o estabeleça"). Todos os elementos da obrigação tributária devem estar previstos na lei, uma vez que apenas a lei obriga.

Desse modo, a Lei 10.256/2001, ao promover alterações na Lei 8.212/91 tornou-se inaplicável, em razão da falta de previsão do critério quantitativo, não podendo, em hipótese alguma, completar-se esse critério com o conteúdo das leis anteriormente existentes, em razão da impossibilidade de convalidação de dispositivos declarados inconstitucionais.

O mesmo não ocorreu em relação à contribuição da agroindústria. A Lei 10.256/2001, ao introduzir o art. 22-A na Lei 8212/91, previu a base de cálculo e a alíquota; mas a base contributiva representa um *bis in idem*, praticado pelo legislador infraconstitucional, ocorrendo neste caso, também, evidente inconstitucionalidade.

Com relação à contribuição do empregador rural pessoa jurídica, que teve sua base contributiva para a seguridade social substituída, podemos observar as mesmas incongruências.

A Lei 8.870/94 previu para o produtor rural jurídica substituição de base no artigo 25: "A contribuição prevista no art. 22 da Lei n. 8.212, de 24 de julho de 1991, devida à seguridade social pelo empregador, pessoa jurídica, que se dedique à produção rural, passa a ser a seguinte: I – dois e meio por cento da receita bruta proveniente da comercialização de sua produção; II – um décimo por cento da receita bruta proveniente da comercialização de sua produção, para financiamento da complementação das prestações por acidente de trabalho".

O legislador não modificou na Lei 10.256/2001 *o conteúdo do art. 25, da Lei 8.870, permanecendo vigente o referido artigo*, pois somente o § 2º do art. 25 da Lei 8.870 foi declarado inconstitucional. Assim a base contributiva do produtor rural pessoa jurídica não poderia ter sido substituída por lei ordinária, restando ser o artigo, inconstitucional.

Assim, ante os fatos, para o *produtor rural, pessoa jurídica*, deve ser aplicada a base contributiva originária: *folha de salários*, porque não se confunde ele com a agroindústria, a qual já vem devidamente regulamentada na Lei 10.256/2001, ainda que a base adotada seja questionável.

Uma vez que a norma está em descompasso com a norma constitucional ela é inconstitucional, restando ausentes os atributos para produzir efeitos jurídicos.

Mesmo que posteriormente ocorra uma emenda à Lei Maior, a norma viciada não poderá ser convalidada com a alteração da Lei das Leis, uma vez que sua produção ocorreu em momento anterior à alteração, sem qualquer respaldo constitucional e, neste caso, ela é inválida desde a sua gênese.

Do mesmo modo, a nova formulação legal deve prever *todos os elementos de aplicabilidade da norma*, não havendo mínimas condições para o legislador infraconstitucional retificar apenas parte da norma, como ocorreu no art. 25 da Lei 10.256/2001, deixando os demais critérios em aberto para serem completados pela norma anteriormente dita inválida. Norma incompleta nos seus critérios é inaplicável!

Outro aspecto relevante é a questão do *bis in idem* praticado pelo legislador infraconstitucional.

É fato que a Constituição Federal originária previu situações de ocorrência do fenômeno ao recepcionar o PIS (art. 239) e criar a contribuição sobre o faturamento (art. 195, I, "b"), ambas de custeio da seguridade social, além de outras incidências sobre a mesma base, como é o caso da folha de salários, que é base contributiva da empresa em relação às suas relações com trabalhadores empregados e avulsos, mas que também é base para outras contribuições sociais, a saber: salário educação (art. 212), contribuição para formação profissional e serviço social (art. 240), Fundo de Garantia por Tempo de Serviço (art. 7º, II).

Com relação a essas ocorrências na Lei Maior o Supremo Tribunal Federal manifestou-se ao examinar a ADC 1, deixando claro que esta situação é possível na Constituição originária, onde os poderes legislativos são ilimitados.

Não admite o sistema tais ocorrências, isto é, a incidência de duas contribuições sobre a mesma base na produção legislativa infraconstitucional.

No entanto, no caso da contribuição devida pelo empregador rural pode-se observar a ocorrência desse fenômeno na lei, uma vez que a base de cálculo para essas pessoas, em substituição da base "folha de salários", passou a ser a receita bruta da comercialização da produção, a mesma base da contribuição social prevista no art. 195, I, "b" – mesmo porque o faturamento integra a receita.

A mesma linha de raciocínio se aplica com relação à possibilidade prevista no art. 195, § 13, instituído com a EC 42, de 19.12.2003.

Trata-se de norma introduzida através da atuação do constituinte derivado, que tem por finalidade dar ao legislador infraconstitucional a possibilidade de substituir de *forma gradual, total ou parcialmente, a contribuição incidente sobre a folha de salários (art. 195, I, "a") pela incidente sobre receita ou faturamento (art.195, I, "b")*, especificamente para os setores de atividade econômica para as quais as contribuições do art. 195, I, "b", e IV, serão não cumulativas (PIS e COFINS não cumulativos).

Nesse caso a substituição fica autorizada a partir da referida emenda constitucional e poderá ser promovida pela forma ordinária, mas somente a partir de então.

## *12. Conclusões*

*1.* O FUNRURAL está extinto, não cabendo mais a utilização dessa nominação para as novas contribuições criadas para produtores rurais para custear o sistema de seguridade social.

*2.* A Constituição Federal de 1988 estabeleceu uniformidade entre trabalhadores urbanos e rurais e universalizou a proteção social no Brasil.

*3.* Cabe aos empregadores, empresas ou equiparadas na lei, custear de forma direta a Seguridade Social sobre a base estabelecidas no art. 195, I, "a", "b", "c".

*4.* Tanto os produtores rurais pessoas físicas, como os produtores rurais pessoas jurídicas são sujeitos passivos nas relações de custeio da Seguridade Social, na qualidade de empregadores.

*5.* Os produtores rurais, pessoas físicas, que atuam sob regime de economia famíliar, têm base contributiva única, prevista no próprio Texto Constitucional (art. 195, § 8º).

*6.* Novas fontes de custeio para a Seguridade Social estão autorizadas no Texto Maior (art.195, § 4º), para a expansão ou manutenção do sistema, desde que obedecidos os ditames do art. 154, I (lei complementar, não cumulatividade e novas bases).

*7.* As substituições de base adotadas para o produtor rural pessoa física na Lei 10.256/2001 não tem o condão de produzir efeitos jurídicos, em razão da incompletude da norma, o que a torna inaplicável.

*8.* Ante a impossibilidade de aplicabilidade da norma que deveria instituir a substituição da base "folha de salários" para produtores rurais, pessoas físicas permanece vigente a base "folha de salários", nos termos do art. 95, I, "a", da CF, e do art. 22 da Lei 8.212/91.

*9.* A mesma dedução se aplica para o caso dos produtores rurais, pessoas jurídicas. Como o art. 25 da Lei 8.870/94 é inconstitucional, a base econômica vigente para essas pessoas jurídicas continua sendo a folha de salários.

*10.* No caso das agroindústrias a inconstitucionalidade reside na própria base, que representa um *bis in idem*, inadmissível na norma infraconstitucional.

# *A SUBSTITUIÇÃO TRIBUTÁRIA E OS CATÁLOGOS DE VENDA*

HUMBERTO ÁVILA
Livre-Docente em Direito Tributário pela USP.
Doutor em Direito pela Universidade de Munique, Alemanha.
Ex-Pesquisador Visitante das Universidades de Harvard, EUA, Heidelberg e Bonn, Alemanha.
Professor da Graduação e Pós-Graduação da UFRGS.
Advogado e Parecerista.

*Introdução. 1. Inexistência de preço sugerido constante de catálogo. 2. Exigência de que o padrão reflita a média dos preços praticados. Conclusões.*

## *Introdução*

Uma questão tormentosa, que aflige os tributaristas atualmente, é a de saber se o preço previsto em catálogos de venda do vendedor pode ser qualificado como "preço sugerido de venda pelo fabricante" e, como tal servir como parâmetro de cálculo do Imposto sobre Circulação de Mercadorias-ICMS na substituição tributária para frente.

Alguns fiscos estaduais têm entendido que o valor constante dos catálogos deve servir de critério de fixação da base de cálculo do ICMS.

Os contribuintes, ao seu turno, sustentam que, no caso de catálogos, não há fixação de preços pela distribuidora através dos materiais por ela remetidos. Tais catálogos têm como finalidade expor os produtos disponíveis para aquisição e oferecer parâmetro orientador para o exercício da atividade comercial pelos revendedores, sendo que estes são livres ao determinar o preço de venda dos produtos.

Diante desse quadro, é preciso examinar, numa primeira parte, se os valores constantes nos materiais publicitários podem ser considerados como "preço sugerido" para fins de fixação de base de cálculo do

ICMS; e, numa segunda parte, considerando que possam ser utilizados nesse sentido, se a constatação da diferença entre o valor previsto e o preço efetivamente praticado afeta a constitucionalidade da substituição tributária para frente. É o que se passa a fazer.

## *1. Inexistência de preço sugerido constante de catálogo*

Para que os revendedores de produtos possam apresentar ao consumidor final os produtos disponíveis, com suas especificações de uso, é comum o uso de catálogos contendo informações gerais sobre os produtos.

Além de funcionar como material de divulgação dos produtos, esses catálogos têm caráter publicitário, enaltecendo as características dos bens comercializados. Dentro desse intuito, é comum que os materiais contenham valores de referência bastante superiores aos valores pelos quais as mercadorias são adquiridas pelos revendedores. Isso é feito para permitir que haja margem de negociação entre o revendedor e o consumidor final, na forma de descontos incondicionais.

Essa margem é necessária tanto para abarcar os mais diversos setores sociais, como para difundir comercialmente os produtos. Ademais, os produtos são comercializados em todo o território nacional, dentro do qual há diversas faixas de poder aquisitivo. Por isso, não é sequer concebível que o material de divulgação contenha um preço fixo, a ser necessária ou mesmo presumivelmente praticado por todos os revendedores nacionais, já que estes devem manter ampla autonomia para se adequar ao padrão econômico dos seus consumidores.

Além disso, infere-se da prática de revenda que o preço praticado costuma envolver descontos expressivos em relação aos preços postos no catálogo, permitindo a conquista do consumidor pela concessão de descontos e de benefícios.

Alguns fiscos estaduais, contudo, pretendem estabelecer como base de cálculo do ICMS, para fins de substituição tributária, o valor de referência constante dos catálogos acima tratados, como se fossem eles "preços sugeridos a consumidor final pelo fabricante ou importador".

Entretanto, os preços de catálogo não podem ser qualificados como preços sugeridos a consumidor final pelo fabricante. Diferentemente de outras hipóteses, como a venda de medicamentos, por exemplo, em que o preço é efetivamente sugerido devido às peculiaridades do produto comercializado, no caso de catálogos em geral, o preço praticado dificilmente é semelhante ao valor posto no catálogo. Em outras palavras, no caso de meros catálogos de venda, não existe, como exige o artigo 8º da Lei Complementar 87/96, "preço final a consumidor sugerido pelo fabricante ou importador", que é presumível e comprovadamente aplicado pelo revendedor, mas mero "valor de referência para negociação futura", que não é presumível e comprovadamente aplicado pelo revendedor, o que é algo bem diverso.

Lembre-se que a padronização de valores é feita na substituição tributária com finalidade simplificadora da atividade de arrecadação. Para isso, a fiscalização deixa de analisar os dados concretos do caso particular e lança mão de um instrumento que dimensiona os elementos da obrigação tributária com base em valores estimados por critérios de verossimilhança.

A padronização, quando bem aplicada, em vez de se opor à igualdade, serve de instrumento para sua realização geral.[1] Por isso, é extremamente importante escolher um padrão adequado, que reflita concretamente a média dos casos reais.

A adoção de um padrão fiscal, portanto, exige que ele seja realmente um padrão, ou seja, algo que normalmente acontece. Contrariamente, no caso de meros catálogos informativos de venda de produtos, não há, de forma alguma, a intenção do vendedor em fixar um padrão de preço de venda, muito menos em fixar um padrão definitivo. Ao editar o seu catálogo, os valores são propositadamente postos em montante superior à média a ser praticada, tendo em vista o caráter meramente publicitário do material (pela concessão de descontos significativos) e a necessidade de o revendedor adequar o preço de venda à capacidade econômica do consumidor final e às diferenças regionais e sazonais existentes no extenso território nacional onde os produtos são comercializados. Assim, no lugar de uma sugestão de um preço final de venda, sabidamente utilizado pelos revendedores na maior parte dos casos, o que existe é uma estratégia de propaganda dos produtos comercializados pelo vendedor, contendo, além de ilus-

1. Humberto Ávila, *Teoria da igualdade tributária*, 2ª ed., São Paulo, Malheiros Editores, 2009, pp. 88 e ss.

trações e vantagens para cada produto, também um mero valor de referência para negociação pelos revendedores, sabidamente não utilizado como preço final de venda.

Ora, quando o valor presumido não reflete a média ponderada dos valores das operações efetivamente praticadas, ele sequer deve ser aplicado como regra geral, justamente porque, nesse caso, ao invés de promover a igualdade, a substituição para frente afronta a justiça geral.[2]

Por isso, os valores constantes dos catálogos publicitários sequer podem ser considerados "preço sugerido" para calcular a base de cálculo do ICMS devido pelo substituto tributário. O "preço sugerido" é posto na legislação para servir como padrão à arrecadação, refletindo o que *geralmente acontece*, o que não ocorre nos casos de catálogos publicitários. É que, nessas hipóteses, os valores de referência constantes dos mencionados catálogos não servem como padrão à arrecadação simplesmente por não refletirem o que geralmente acontece. Utilizá-los é, no lugar de uma suposta *presunção*, adotar uma verdadeira *ficção*, já que o valor que ele representa sabidamente não reflete o valor a ser finalmente praticado na maior parte dos casos.

Assim, demonstrado o caráter publicitário do material e a necessidade de o revendedor adequar o preço de venda à capacidade econômica do consumidor final, em razão de que o valor posto nos editoriais da distribuidora não é o usualmente praticado pelos revendedores, não é possível que aquele preço constante do catálogo sirva como base de cálculo do ICMS a ser recolhido pelo vendedor na condição de substituto tributário.

Não há, portanto, quando se tratar de catálogos informativos de venda, sugestão de preços através de catálogos que se enquadre na previsão do referido Decreto. Isso porque os valores constantes no material publicitário não servem para padronizar o preço a ser cobrado na revenda dos produtos. De fato, o que há, é a fixação de meros parâmetros aos revendedores, sem qualquer poder vinculativo.

2. Humberto Ávila, "ICMS. Substituição tributária no Estado de São Paulo. Base de cálculo. Pauta fiscal. Competência legislativa estadual para devolver a diferença constante entre o preço usualmente praticado e o preço constante da pauta. Exame de constitucionalidade", *Revista Dialética de Direito Tributário* 124/92-111, São Paulo, jan./2006, p. 101.

Ora, se o artigo 8º da Lei Complementar 87/96 só admite a utilização como base de cálculo do preço final a consumidor sugerido pelo fabricante ou importador, e o caso de catálogos publicitários demonstra existir apenas um valor de referência para futura negociação pelos revendedores, claro está que esse valor não pode ser utilizado como base de cálculo do imposto estadual.

## 2. *Exigência de que o padrão reflita a média dos preços praticados*

Ainda que se entenda que os catálogos publicitários contenham um preço sugerido, que se enquadre na previsão da Lei Complementar 87/96, esses valores não podem servir de parâmetro à base de cálculo do imposto se eles não refletem a média de preços praticados.

A necessidade de adequação da base de cálculo do ICMS ao preço efetivamente praticado pelo revendedor na comercialização dos produtos distribuídos pelo vendedor consiste propriamente num dos requisitos constitucionais de validade da substituição tributária.

A Constituição Federal de 1988 estabelece que o imposto incidirá sobre as "operações relativas à circulação de mercadorias", de forma que a base de cálculo do tributo deve necessariamente corresponder a uma grandeza constante nessa operação. Daí se dizer que o texto constitucional prevê implicitamente a base de cálculo do imposto como sendo o valor da operação, por manifestar a capacidade econômica do contribuinte.

No entanto, no caso da substituição tributária, não é permitido pagar o imposto sobre o valor da operação, porquanto esta ainda não ocorreu. Sendo assim, deve-se recolher o imposto sobre o valor presumido do negócio jurídico a ser praticado. Isso não afasta, porém, a necessidade de se dimensionar a base de cálculo da obrigação tributária com substituição à luz do montante que corresponda efetivamente ao fato que deva ocorrer posteriormente.

Isso significa que a presunção do valor que terá a base de cálculo, padronizada em pautas fiscais ou catálogos produzidos pelo particular, deve manter uma relação de razoabilidade com os elementos concretos manifestados pela média das operações efetivamente praticadas. Do contrário, haverá violação aos princípios tributários da igualdade, da legalidade e da capacidade contributiva objetiva, consagrados constitucionalmente.

A substituição tributária, enquanto mecanismo de simplificação fiscal, já foi julgada compatível com a Constituição pelo Supremo Tribunal Federal, ao argumento de que, embora ela restrinja a capacidade contributiva concreta, é justificada pela finalidade extrafiscal de garantir praticabilidade administrativa.[3] O mecanismo deve, porém, ser aplicado de modo constitucional.[4]

De fato, para que a padronização tributária atenda ao princípio da igualdade da tributação, deve apresentar resultados orientados para a realidade, não no sentido de correspondência exata com a realidade em cada caso individual, mas no sentido de que o resultado deve ser compatível com a realidade na *média* dos casos.[5]

É por isso que a validade da regra da substituição tributária está condicionada à instituição de cláusulas de eqüidade, que visem a garantir a justiça individual (igualdade material) nas situações de desigualdade significativa em relação ao preço tomado como presunção.[6] Do contrário, ao aceitar-se como definitiva a base de cálculo presumida quando esta for intensamente maior do que o real, restaria violada a justiça individual ou eqüitativa.

Logo, no caso em que a previsão geral e abstrata da manifestação econômica da operação a ser praticada for superior à média das operações efetivamente praticadas, ou seja, quando a presunção não for confirmada faticamente de forma contínua e considerável, o mecanismo da substituição tributária não será aplicado de forma compatível com a Constituição Federal, e deverão ser adequados os valores que servem como base de cálculo ao recolhimento do tributo.

É até natural que a fiscalização, diante de uma revista editada pelo contribuinte, expondo os produtos e trazendo o valor ao lado, considere que este pode servir como padrão para a arrecadação. Trata-se, porém, de mera presunção.

3. ADI 1.851, Tribunal Pleno, Rel. Min. Ilmar Galvão, *DJU* 13.12.2002 (republicação).

4. Humberto Ávila, *Sistema Constitucional Tributário*, 4ª ed., São Paulo, Saraiva, 2010, pp. 376-378.

5. Humberto Ávila, "Substituição tributária e base de cálculo: os limites da padronização fiscal", *Revista da AJURIS* 100 (edição histórica)/169-185, Porto Alegre, dez./2005, p. 173.

6. Pedro Herrera Molina, *Capacidad económica y sistema fiscal*, Madrid, Marcial Pons, 1998, p. 166.

Tendo em vista principalmente os princípios da legalidade, da igualdade e da capacidade contributiva objetiva, no Direito Tributário, as presunções estabelecidas pelo legislador (como ocorre quando os valores constantes em pautas fiscais ou em catálogos editados pelo fabricante são eleitos como base de cálculo dos tributos recolhidos por substituição) devem ser necessariamente relativas (*juris tantum*), admitindo sempre prova ou contraprova pelo contribuinte ou responsável.

Além disso, é importante ressaltar que o postulado da razoabilidade exige harmonização das normas com as suas condições externas de aplicação.[7] Sendo assim, o preço sugerido constante de catálogos só será razoável se ele refletir a média das operações efetivamente praticadas pelos revendedores dos produtos catalogados.

E é justamente esta a razão pela qual há violação ao postulado da razoabilidade no caso dos catálogos, quando se puder comprovar que a média de preços praticados não corresponde aos valores postos nos catálogos.

Assim, se o preço praticado envolve, na grande maioria dos casos, uma diminuição expressiva do valor constante no material publicitário, isso quer dizer que a utilização dos valores de referência para negociação como base de cálculo do imposto não pode servir como média dos preços finais efetivamente praticados para a maioria dos casos.

Para solucionar a ausência de relação razoável entre a presunção e a média praticada, há previsões regulamentares estabelecendo que, na falta dos valores sugeridos, a base de cálculo do imposto será o preço praticado pelo contribuinte substituído.

Destaca-se, nesse ponto, que a Constituição reservou à lei complementar, na condição de regra geral, a tarefa de "disciplinar a substituição tributária" (artigo 146, inciso III, em geral, e artigo 155, § 2º, em especial). Por isso, essa solução é devida também para garantir a validade da substituição tributária, tendo em vista os requisitos infraconstitucionais, estabelecidos pelo artigo 8º da Lei Complementar 87/96:

7. Humberto Ávila, *Teoria dos princípios*, 12ª ed., São Paulo, Malheiros Editores, 2011, p. 167.

"Art. 8º. (...).

"§ 3º. Existindo preço final a consumidor sugerido pelo fabricante ou importador, *poderá* a lei estabelecer como base de cálculo este preço.

"§ 4º. A margem a que se refere a alínea 'c' do inciso II do *caput* será estabelecida com base em *preços usualmente praticados no mercado considerado*, obtidos por levantamento, ainda que por amostragem ou através de informações e outros elementos fornecidos por entidades representativas dos respectivos setores, adotando-se a *média ponderada dos preços coletados, devendo os critérios para sua fixação ser previstos em lei.*

"§ 5º. O imposto a ser pago por substituição tributária, na hipótese do inciso II do *caput*, corresponderá à diferença entre o valor resultante da aplicação da alíquota prevista para as operações ou prestações internas do Estado de destino sobre a respectiva base de cálculo e o valor do imposto devido pela operação ou prestação própria do substituto.

"§ 6º. Em substituição ao disposto no inciso II do *caput*, a base de cálculo em relação às operações ou prestações subseqüentes poderá ser o *preço a consumidor final usualmente praticado no mercado considerado*, relativamente ao serviço, à mercadoria ou sua similar, *em condições de livre concorrência*, adotando-se para sua apuração as regras estabelecidas no § 4º deste artigo."

A Lei Complementar determina que a base de cálculo do ICMS no caso de substituição "será" obtida pela soma de alguns valores, dentre os quais o da margem de valor agregado, inclusive lucro, relativos às operações ou prestações subseqüentes. Essa margem será medida com base em "preços usualmente praticados no mercado considerado", obtidos por levantamento, ainda que por amostragem ou através de informações e outros elementos fornecidos por entidades representativas dos respectivos setores, adotando-se a média ponderada dos preços coletados, devendo os critérios para sua fixação ser previstos em lei ordinária dos Estados. A base de cálculo, sendo baseada em média ponderada, deve refletir, portanto, a média dos *preços aos consumidores finais usualmente praticados no mercado considerado.*

Paralelamente, existindo preço final a consumidor sugerido pelo fabricante, "poderá" a lei estabelecer como base de cálculo este preço. Logo, se existir preço final a consumidor sugerido pelo fabricante ou importador, ele poderá ser utilizado. No caso de catálogos meramente informativos, ele não existe. Fica, assim, prejudicada a aplicação do referido dispositivo. Mesmo que existisse, a lei, não por acaso, usa o verbo "poderá" para indicar um valor que não é obrigatório e que até pode ser usado – isto é crucial, do ponto de vista constitucional e legal – *se e enquanto refletir o valor de venda das mercadorias na maior parte dos casos*, sem discrepâncias regulares entre o valor presumido e o real para um número muito grande de casos.

Isso significa que o legislador estadual não está livre para escolher a base de cálculo do ICMS para fins de substituição tributária. Ele está adstrito ao preço usualmente praticado, quando este não corresponder ao preço sugerido pelo fabricante, pois, do contrário, sua utilização seria incompatível com a CF/88.

Frente ao exposto, percebe-se que os valores constantes nos catálogos publicitários editados por vendedores não podem ser considerados como preços sugeridos aptos a constituir a base de cálculo do ICMS. Eles não têm a pretensão de funcionar como padrão, sendo consideravelmente mais elevados do que os preços realmente praticados, a fim de possibilitar ao revendedor uma margem maior de negociação com o seu cliente – o consumidor final –, gerando satisfação que promove a publicidade da empresa.

Por outro lado, ainda que tais valores pudessem ser qualificados como preços sugeridos pelo fabricante ao revendedor, eles não poderiam servir de parâmetro à base de cálculo do ICMS devido pelo vendedor, por não refletir a média das operações efetivamente praticadas pelos revendedores.

O mecanismo da substituição tributária só é aplicado em consonância com os preceitos constitucionais quando preserva a relação de razoabilidade entre a presunção padronizada e o que geralmente ocorre na prática. Ademais, a utilização do "preço sugerido" como base de cálculo do tributo só está de acordo com os preceitos infraconstitucionais quando refletir o valor de venda das mercadorias na maior parte dos casos.[8]

Demonstrado que os preços praticados pelos revendedores são usualmente inferiores aos postos no material publicitário editado pelo

8. Humberto Ávila, *Teoria da igualdade tributária*, 2ª ed., São Paulo, Malheiros Editores, 2009, pp. 94 e ss.

vendedor, deve-se afastar o padrão escolhido pelo Fisco como presunção do valor da base de cálculo do tributo, adequando-se esta grandeza àqueles montantes, a fim de refletir verdadeiramente o valor da operação final relativa à circulação de mercadorias. Só assim a substituição tributária será aplicada de modo constitucional.

As considerações anteriores demonstram que a base de cálculo do imposto em comento não pode ser o valor constante de catálogos informativos de venda, por ser este mera referência publicitária e, como tal, não se enquadrar no conceito de preço sugerido a consumidor final pelo fabricante ou importador.

## *Conclusões*

As considerações anteriores permitem chegar a algumas conclusões.

Em primeiro lugar, a fixação de uma regra geral para servir de base de cálculo do ICMS na substituição tributária para frente só é constitucional se corresponder razoavelmente aos preços efetivamente praticados, de modo que, quando o valor presumido não refletir a média ponderada dos valores das operações efetivamente praticadas, ele sequer deve ser aplicado como padrão por afrontar a justiça geral.

Em segundo lugar, os catálogos de venda editados pelo vendedor têm objetivo precipuamente publicitário, qual seja, divulgar os produtos comercializados, deixando uma margem significativa entre o valor pelo qual o revendedor adquire os produtos da distribuidora e o posto no catálogo, para que este conquiste seus clientes, fornecendo descontos incondicionados, bem como para que possa adequar o preço à capacidade econômica do consumidor final e à diversidade regional dos locais onde os produtos são vendidos. Essa peculiaridade do catálogo, se for devidamente comprovada, não permite que ele seja utilizado como indicando o "preço sugerido a consumidor final pelo fabricante ou importador" para fins de base de cálculo do ICMS, tanto por não ser preço sugerido, mas mera referência publicitária, quanto por não refletir, nem razoavelmente, o valor da operação de circulação de mercadorias a ser praticada, fornecendo, no máximo, um parâmetro de preço aos revendedores.

Em terceiro lugar, ainda que se considere tratar de "preço sugerido constante de catálogo", se os valores não correspondem à média de preços praticados, a substituição tributária será aplicada de forma inconstitucional. Isso porque a aplicação definitiva de base de cálculo presumida quando esta for intensamente maior do que o real afronta a justiça individual ou eqüitativa, estando a validade da regra da substituição tributária condicionada à instituição de cláusulas de equidade, que visem a garantir a justiça individual.

# *A GUERRA FISCAL: REDUÇÃO DE BASE DE CÁLCULO, ISENÇÃO PARCIAL E GLOSA DE CRÉDITOS – PANORAMA ATUAL E ANÁLISE CRÍTICA*

José Antonio Balieiro Lima

Pós-Graduado em Direito Tributário pela Pontifícia Universidade Católica de São Paulo-PUC/SP. Professor-Assistente do Curso de Pós-Graduação em Direito Tributário da Faculdade de Direito de São Bernardo do Campo. Coordenador-Didático do Curso de Iniciação em Direito Tributário do Instituto Geraldo Ataliba (IDEPE). Membro Titular do CODECON (Conselho Estadual de Defesa do Contribuinte) biênio 2010-2011. Juiz-Suplente do Tribunal de Impostos e Taxas da Secretaria da Fazenda do Estado de São Paulo (TIT) biênio 2010-2011.



## *Introdução*

O ICMS é imposto cuja competência foi atribuída pela Constituição Federal de 1988 aos Estados e ao Distrito Federal.

Em relação a esse tributo, a Constituição Federal, leis complementares, leis estaduais e convênios aprovados pelo CONFAZ constituem, basicamente, o seu cipoal normativo de regência.

Não obstante a existência de farta e detalhada legislação dispondo sobre as operações atingidas pelo ICMS, tanto internas quanto interestaduais, o tributo de há muito vem sendo utilizado, por alguns Estados, como verdadeira "isca" para atrair investimentos.

Ocorre que os chamados benefícios fiscais são reiteradamente concedidos em afronta aos dispositivos de regência do ICMS, tornando-se alvo de um sem número de Ações Diretas de Inconstitucionalidade propostas perante o Supremo Tribunal Federal pelos Estados que se julgam prejudicados por tais medidas.

Assim, resta instaurada a denominada "guerra fiscal", verdadeira batalha que envolve praticamente todos os Estados da Federação, os quais buscam de todas as formas condições de prover seus cofres e garantir sua autonomia política e econômica, no mais das vezes em desconformidade com o ordenamento jurídico.

Um dos expedientes mais utilizados como incentivo para atrair investimentos é a denominada "redução de base de cálculo", pela qual, como o próprio nome diz, tal elemento, integrante do critério quantitativo da regra-matriz de incidência tributária, tem reduzido seu âmbito, originariamente previsto em lei, para que a carga tributária seja minorada.

A redução de base de cálculo, como benefício fiscal que é, está sob a égide da lei complementar prevista na Constituição Federal, sendo vedado aos Estados e ao Distrito Federal instituí-la de forma unilateral, na ausência de convênio firmado no âmbito do CONFAZ.

Mas não é isso o que vem acontecendo, já que muitos entes federativos, mesmo sabedores da inconstitucionalidade em que incorrem, adotam tal prática.

Para agravar ainda mais a situação que ora se descreve, não bastasse a existência em nosso ordenamento de meios específicos para o combate a essas práticas, os Estados vêm se utilizando de um mecanismo que a nosso ver não encontra respaldo constitucional, atingindo direta e ilegitimamente o contribuinte: a glosa de créditos.

É a ilegitimidade da exigência de estorno desses créditos, que atualmente vem sendo admitida pelo Supremo Tribunal Federal, que tentaremos comprovar neste pequeno trabalho, feito em homenagem aos 30 anos do Congresso de Direito Tributário do Instituto Internacional de Direito Privado – Instituto Geraldo Ataliba (IDEPE-IGA), prestigiosa entidade que muito me honrou com a solicitação e com a oportunidade de colaborar com este consagrado evento nos últimos 13 anos.

## *1. Resumo da legislação*

É recomendável, para facilitar a visualização da linha de raciocínio, a transcrição dos diplomas que tratam a matéria objeto do presente trabalho.

Assim, como a disciplina de todos os tributos tem seu fundamento na Constituição Federal, não poderia ser diferente com o ICMS e sua regra (ou princípio) da não cumulatividade.

Destarte, assim dispõe o artigo 155, § 2º, I, II e XII, "g", da Constituição Federal, de especial interesse para nossas considerações:

> "Art. 155. (...).
>
> "§ 2º. O imposto previsto no inciso II atenderá ao seguinte:
>
> "I – será não cumulativo, compensando-se o que for devido em cada operação relativa à circulação de mercadorias ou prestação de serviços com o montante cobrado nas anteriores pelo mesmo ou outro Estado ou pelo Distrito Federal;
>
> "II – a isenção ou não-incidência, salvo determinação em contrário da legislação:
>
> "a) não implicará crédito para compensação com o montante devido nas operações ou prestações seguintes;
>
> "b) acarretará a anulação do crédito relativo às operações anteriores;
>
> "(...);
>
> "XII – cabe à lei complementar: (...);
>
> "g) regular a forma como, mediante deliberação dos Estados e do Distrito Federal, isenções, benefícios e incentivos fiscais serão concedidos e revogados."

No que tange ao transcrito inciso XII, alínea "g", do § 2º, tal desiderato vem sendo cumprido pela Lei Complementar 24/85, que em seus artigos 1º e 8º, I, determina:

> "Art. 1º. As isenções do imposto sobre operações relativas à circulação de mercadorias serão concedidas ou revogadas nos termos de convênios celebrados e ratificados pelos Estados e pelo Distrito Federal, segundo esta Lei.
>
> "Parágrafo único. O disposto neste artigo também se aplica:
>
> "I – à redução da base de cálculo;
>
> "II – à devolução total ou parcial, direta ou indireta, condicionada ou não, do tributo, ao contribuinte, a responsável ou a terceiros;
>
> "III – à concessão de créditos presumidos;

"IV – a quaisquer outros incentivos ou favores fiscais ou financeiro-fiscais, concedidos com base no imposto de circulação de mercadorias, dos quais resulte redução ou eliminação, direta ou indireta, do respectivo ônus;

"V – às prorrogações e às extensões das isenções vigentes nesta data.

"(...).

"Art. 8º. A inobservância dos dispositivos desta Lei acarretará, cumulativamente:

I – A nulidade do ato e a ineficiência do crédito fiscal atribuído ao estabelecimento recebedor da mercadoria; (...)."

No âmbito do Estado de São Paulo, podemos destacar o Comunicado CAT 36/2004:

**"Comunicado CAT n. 36, de 29.7.2004 – *DOE SP* de 30.7.2004 – Republicado no de 31.7.2004**

"Esclarece sobre a impossibilidade de aproveitamento dos créditos de ICMS provenientes de operações ou prestações amparadas por benefícios fiscais de ICMS não autorizados por convênio celebrado nos termos da Lei Complementar n. 24, de 7.1.1975.

"O Coordenador da Administração Tributária, tendo em vista o disposto nos artigos 155, § 2º, I, e XII, "g" e 170, IV, da Constituição Federal, bem como o disposto nos artigos 1º e 8º, I da Lei Complementar 24, de 7 de janeiro de 1975, e no artigo 36, § 3º, da Lei Estadual 6.374, de 1º de março de 1989;

"Considerando a necessidade de esclarecer o contribuinte paulista e de orientar a fiscalização quanto a operações realizadas ao abrigo de atos normativos concessivos de benefício fiscal que não observaram a legislação de regência do ICMS para serem emanados, esclarece que:

"1 – o crédito do Imposto sobre Operações Relativas à Circulação de Mercadorias e sobre Prestações de Serviços de Transporte Interestadual e Intermunicipal e de Comunicação – ICMS, correspondente à entrada de mercadoria remetida ou de serviço prestado a estabelecimento localizado em território paulista, por estabelecimento localizado em outra unidade federada que se beneficie com incentivos fiscais indicados nos Anexos I e II deste comunicado, somente será admitido até o montante em que o imposto tenha sido efetivamente cobrado pela unidade federada de origem;

"2 – o crédito do ICMS relativo a qualquer entrada de mercadoria ou recebimento de serviço com origem em outra unidade federada somente será admitido ou deduzido, na conformidade do disposto no item 1, ainda que as operações ou prestações estejam beneficiadas por incentivos decorrentes de atos normativos não listados expressamente nos Anexos I e II."

## *2. A posição do Supremo Tribunal Federal*

O Supremo Tribunal Federal tinha posição consolidada no sentido de que a redução de base de cálculo não configurava hipótese de impedimento da tomada de crédito pelos contribuintes que realizavam operações atingidas por este benefício fiscal.

Com efeito, o entendimento predominante naquela corte era o de que a figura da redução de base de cálculo possuía identidade própria, distinta da isenção e da não incidência, situações estas expressamente previstas na Constituição Federal como exceções à não cumulatividade do ICMS, *in verbis*:

> *ICMS – Princípio da não cumulatividade – Mercadoria usada – Base de incidência menor – Proibição de crédito – Inconstitucionalidade* – Conflita com o princípio da não cumulatividade norma vedadora da compensação do valor recolhido na operação anterior. O fato de ter-se a diminuição valorativa da base de incidência não autoriza, sob o ângulo constitucional, tal proibição. Os preceitos das alíneas "a" e "b" do inciso II do § 2º do artigo 155 da Constituição Federal somente têm pertinência em caso de isenção ou não incidência, no que voltadas à totalidade do tributo, institutos inconfundíveis com o benefício fiscal em questão" (RE 161.031-MG, Rel. Min. Marco Aurélio, j. 24.3.1997, Tribunal Pleno).

Entretanto, no julgamento do RE 174.478-2-SP, a orientação até então em vigor foi diametralmente alterada, com base em voto proferido pelo Ministro Cezar Peluzo, tendo sido assim ementada a decisão deste recurso:

> "*Tributo.* Imposto sobre Circulação de Mercadorias. ICMS. Créditos relativos à entrada de insumos usados em industrialização de produtos cujas saídas foram realizadas com redução da base de cálculo. Caso de

isenção fiscal parcial. Previsão de estorno proporcional. Art. 41, inc. IV, da Lei estadual n. 6.374/89, e art. 32, inc. II, do Convênio ICMS n. 66/88. Constitucionalidade reconhecida. Segurança denegada. Improvimento ao recurso. Aplicação do art. 155, § 2º, inc. II, letra 'b', da CF. Voto vencido. São constitucionais o art. 41, inc. IV, da Lei n. 6.374/89, do Estado de São Paulo, e o art. 32, incs. I e II, do Convênio ICMS n. 66/88" (RE 174.478-SP, Rel. Min. Marco Aurélio, Rel. p/Acórdão Min. Cezar Peluso, j. 17.3.2005, Tribunal Pleno).

Como se vê, a Corte Maior passou a admitir o estorno proporcional dos créditos quando da realização de operações beneficiadas com redução de base de cálculo, afirmando ser esta uma modalidade de isenção (isenção parcial), albergada, portanto, no mandamento constitucional que excepciona tal figura na aplicação da não cumulatividade.

## *3. A não cumulatividade do ICMS*

A não cumulatividade do ICMS está integralmente insculpida na Constituição Federal. Com efeito, além de determinar sua obrigatória observância como forma de cálculo do imposto (compensando-se o que foi pago na operação anterior), a Carta Magna desenhou seus limites impondo que apenas não darão direito a crédito as operações onde ocorram isenção ou não incidência.

Note-se que a ressalva "salvo legislação em contrário" tem por finalidade abrir a possibilidade de que o legislador infraconstitucional, a despeito do dispositivo que inicialmente institui a vedação, venha a desconstituí-la, permitindo que o crédito seja apropriado ainda quando ocorrer hipótese de isenção ou não-incidência. O reverso da medalha, ou seja, a criação de novas hipóteses de restrição ao creditamento é absolutamente vedada.

Ao outorgar competência à lei complementar para *a*) regular a forma como, mediante deliberação dos Estados e do Distrito Federal, isenções, incentivos e benefícios fiscais serão concedidos e revogados; e, *b*) disciplinar o regime de compensação do imposto, a Carta Magna apenas conferiu a esta espécie legislativa a incumbência de elaborar o regulamento que iria reger os aspectos formais relativos aos mencionados temas.

Ora, a ordem emanada do poder constituinte para o legislador complementar comporta apenas uma leitura: "regule e discipline dentro dos limites que expressamente lhe imponho", ou seja, no que é pertinente ao regime de compensação do imposto, as hipóteses de restrição ao creditamento estão predefinidas na Constituição.

A não ser dessa forma, deveríamos entender como meramente sugestivo o dispositivo constitucional (o que não se admite), o que significaria, de outra parte, verdadeira carta branca dada ao legislador complementar para dispor como bem entendesse sobre a matéria.

Note-se, ainda, que há delegação expressa à lei complementar para disciplinar a forma de concessão e revogação de "isenções, incentivos e benefícios fiscais"; porém, ao tratar de vedação ao crédito, a dicção constitucional limita-se a versar sobre isenção e não-incidência.

Portanto, o alcance do princípio (ou regra) da não cumulatividade está expressamente definido no artigo 155, § 2º, II, da Carta Maior, sendo defeso a qualquer diploma de natureza inferior, que nela encontra seu fundamento de validade (direta ou indiretamente), eliminar ou sequer reduzir seus limites.

A corroborar as assertivas acima, trazemos à colação a sempre valiosa doutrina de Roque Antonio Carrazza, que em obra dedicada ao ICMS assim discorre sobre o tema:

> "Apenas nas hipóteses de isenção ou não incidência (que podem, diga-se de passagem, ser afastadas pela legislação [...]) é que o *princípio da não cumulatividade* do ICMS cede passo. Não pode haver outras restrições aos ditames constitucionais que incidem sobre esta matéria (que, como vimos, confere um direito público subjetivo ao contribuinte, oponível à própria pessoa política tributante). Este rol é taxativo (*numerus clausus*), não sendo dado nem ao legislador, nem ao julgador, nem ao agente fiscal, nem ao exegeta, ampliá-lo, tanto mais porque as exceções devem ser interpretadas restritivamente, nos termos da conhecida parêmia *exceptio est strictissimae interpretationis*".[1]

Confirmadas, dessa maneira, nas palavras do ilustre autor, as afirmações que fixam as hipóteses de isenção e não incidência, restritivamente consideradas, como as únicas aptas impedir o creditamento por parte do contribuinte, se não houver legislação em contrário.

1. *ICMS*, 15ª ed., São Paulo, Malheiros Editores, 2011, p. 431.

Destarte, em que pese o fato de a reconhecida atecnia da linguagem legislativa demandar uma certa relativização na interpretação dos termos por ela utilizados, àqueles que tem por ofício a interpretação e aplicação do Direito é de rigor a definição exata das expressões legisladas, sob pena de bulir com as disposições constitucionais e, desse modo, inviabilizar a harmonia interna do sistema jurídico, que coloca a Carta Magna como fundamento de validade de todas as demais normas.

Nesse sentido, cumpre desvendar precisamente os conceitos de isenção e não incidência, utilizados pelo legislador constitucional para dar contornos à não cumulatividade do ICMS ao erigi-las à condição de únicas hipóteses que excetuam o direito de crédito do contribuinte.

## *4. Isenção*

O âmbito do presente trabalho não nos permite longas digressões sobre a matéria. Entretanto, não podemos deixar de elaborar um pequeno comparativo crítico a respeito de algumas das principais manifestações produzidas ao longo do tempo, inclusive para ilustrar e fundamentar a nossa opção ao final deste tópico.

As teorias acerca da fenomenologia da isenção são várias. Nos estreitos limites deste trabalho, procuraremos, utilizando-nos dos ensinamentos de Paulo de Barros Carvalho, fazer uma apertada síntese acerca daquelas que mais proximamente possam ter relação com as situações que consideramos relevantes para nossas conclusões.

Cumpre antecipar que o ponto mais relevante para o desenvolvimento do presente trabalho refere-se à questão da incidência dos preceitos tributário e isentivo. Assim, as teorias abaixo mencionadas, longe de esgotar todas as existentes, justificam sua inclusão pela relação direta com o fenômeno da incidência.

Dessa maneira, a tese mais difundida a respeito das isenções é aquela que as define como "dispensa legal do pagamento do tributo devido". Como se percebe, tal posição pressupõe a incidência da norma de tributação (regra-matriz de incidência tributária) para que, devidamente definido o crédito, este venha a ser excluído em razão da regra isentiva.

Em seu *Curso de Direito Tributário*, Paulo de Barros Carvalho tece pertinentes críticas a essa teoria, das quais extraímos o seguinte trecho:

"E, de fato, insustentável a teoria da isenção como dispensa do pagamento de tributo devido. Traz o pressuposto de que se dá a incidência da regra-matriz, surge a obrigação tributária e, logo a seguir, acontece a desoneração do obrigado, por força da percussão da norma isentiva. O preceito da isenção permaneceria latente, aguardando que o fato ocorresse, que fosse juridicizado pela norma tributária, para, então, irradiar seus efeitos peculiares, desjuridicizando-o como evento ensejador do tributo, e transformando-o em fato isento. Essa desqualificação factual seria obtida mediante a exclusão do crédito, outra providência logicamente impossível. Traduz, na verdade, uma cadeia de expedientes imaginativos, para amparar uma inferência absurda e contrária ao da dinâmica normativa".[2]

A dinâmica proposta é própria da remissão, elencada no art. 156, IV, do Código Tributário Nacional como causa extintiva do crédito tributário, como bem observa Misabel Abreu Machado Derzi:

"Vimos, assim, que diversas formas exonerativas pressupõem o *prévio* nascimento da obrigação tributária, desencadeado pela ocorrência do fato jurídico. A remissão é *verdadeira* dispensa legal do pagamento do tributo efetivamente *devido*."[3]

Portanto, admitindo-se a pertinência da proposição sugerida, inevitável concluir que dois dispositivos distintos (arts. 156, IV, e 175, I) do Código Tributário Nacional, que disciplinam matérias diversas ("Extinção do Crédito Tributário" e "Exclusão do Crédito Tributário"), sob nomes diferentes (ainda que isto não seja traço essencial), utilizam-se de um mesmo instituto, de idêntica natureza jurídica, o que não nos parece adequado.

Outra tese que ganhou espaço entre a mais relevante doutrina foi aquela desenvolvida por Alfredo Augusto Becker, que entende incidir a norma de isenção para que não possa incidir a norma de tributação.

Em sua crítica à posição adotada por Becker, afirma Barros Carvalho que ela apenas "Inverte, como se vê, a dinâmica de juridicização do evento que, ao invés de sofrer primeiramente o impacto da regra de tributação, recebe a incidência da norma isentiva".[4]

2. *Curso de Direito Tributário*, 11ª ed., São Paulo, Saraiva, 1999, p. 328.

3. "Anotações" ao *Direito Tributário Brasileiro* de Aliomar Baleeiro, 11ª ed., Rio de Janeiro, Forense, p. 919.

4. *Curso*, cit., p. 329.

A teoria do *fato impeditivo* também granjeou importantes adeptos. Consiste, em suma, na visão de que a regra isentiva representa verdadeiro fato impeditivo da incidência da norma tributária sobre determinadas situações. Ademais, entendem os que propugnam a validade dessa vertente, possuir a regra isentiva um antecedente mais complexo do que o da norma de tributação, posto que contém ambas as formulações.

Paulo de Barros Carvalho procura infirmar as idéias que embasam a teoria do fato impeditivo, baseado em duas situações: *a*) que o antecedente do preceito de isenção é mais simples do que o da norma tributária, uma vez que contém apenas a parcela de situações que estão sendo colocadas à margem da tributação; *b*) há uma "séria impropriedade terminológica, na medida em que define uma entidade normativa pela alusão a um fato, misturando o plano da linguagem prescritiva do direito com a realidade que ela visa a disciplinar".[5]

Por fim, após elencar e tecer suas considerações sobre diversos posicionamentos encontrados na doutrina, o Prof. Paulo de Barros Carvalho propõe um esquema para a fenomenologia da isenção, nos seguintes termos:

> "Guardando a sua autonomia normativa, a regra de isenção investe contra um ou mais dos critérios da norma-padrão de incidência, mutilando-os, parcialmente. É óbvio que não pode haver supressão total do critério, porquanto equivaleria a destruir a regra-matriz, inutilizando-a como norma válida no sistema. O que o preceito de isenção faz é subtrair parcela do campo de abrangência do critério do antecedente ou do conseqüente".[6]

Após a transcrição das mais diversas teorias e objeções a respeito das isenções, as quais adotamos sem maiores adições ou subtrações, cumpre-nos descrever a fenomenologia que, ao nosso ver, melhor descreve a figura em apreço.

Com efeito, entendemos que a regra isentiva não tem por destinatária a conduta do contribuinte no mundo fático, e sim a regra-matriz de incidência tributária, modificando-lhe as feições originais, para excluir do campo de tributação determinadas pessoas ou situações.

5. Idem, pp. 329-330.
6. Idem, p. 331.

A esse respeito, leciona Sacha Calmon Navarro Coelho:

"As imunidades e as isenções são espécies exonerativas encontradiças nas hipóteses das normas de tributação, moldando o perfil do fato imponível (fato gerador *in abstracto*, fato típico, fato jurígeno etc.). Outras espécies exonerativas estão nas conseqüências normativas das regras de tributação, compondo o perfil do dever jurídico".[7]

Dessa forma, quer-nos parecer que a regra de isenção não atua no critério quantitativo da norma padrão de incidência, atingindo apenas os critérios que compõem a hipótese e/ou o critério pessoal, especificamente o sujeito passivo da relação jurídica tributária. E essa é, a rigor, a única objeção que nos afasta da tese proposta por Paulo de Barros Carvalho.

Isso ocorre porque não aceitamos, com o devido acatamento das opiniões em contrário, que a alíquota zero seja espécie do gênero isenção, em que pese tenham ambas a mesma conseqüência (não há tributo a pagar). Mas não é essa discussão que vem a pelo no momento.

Tal modo de enxergar a fenomenologia da isenção leva-nos a considerá-la como regra que modifica as características da norma de tributação sobre situações, atos, fatos ou pessoas que estariam dentro do campo de competência do ente tributante e, não fosse a mencionada alteração, seriam normalmente tributados.

É nesse sentido, e somente nele, que podemos classificar a norma que isenta como exonerativa da tributação.

Não pode, por outro lado, em conformidade com as críticas formuladas pelo Prof. Paulo de Barros Carvalho e por nós adotadas, ser considerada exonerativa no sentido de afastar o dever de pagar o tributo, já que não havendo incidência da regra-matriz não nasce a relação jurídica tributária e, por conseguinte, tributo a pagar para ser posteriormente exonerado. Este mecanismo é próprio da figura da remissão, que segundo o Código Tributário Nacional, consiste na exoneração de pagamento de tributo devido.

É imprescindível fixarmos a noção de que a regra que institui a isenção tem por função impedir que integrem a regra-matriz de in-

7. "Direito de aproveitamento integral de créditos de ICMS nas operações beneficiadas com base de cálculo reduzida", in *Revista Dialética de Direito Tributário* 149, São Paulo, Dialética, p. 102.

cidência tributária as situações, atos, fatos ou pessoas nela previstas, modificando-a.

Em verdade, a autoridade administrativa, o julgador ou o intérprete, ao "construir" a norma tributária a partir dos diversos textos legais existentes no ordenamento e que dizem respeito aos critérios componentes da regra-matriz de incidência, estará impedido de nela inserir o que previsto em regras que concedem isenções.

Sacha Calmon Navarro Coelho, com a maestria e precisão que lhe são peculiares, assim descreve a fenomenologia da isenção:

> "As normas não derivam de textos legais isoladamente tomados, por isso que se projetam do contexto jurídico. A norma é resultante de uma combinação de leis ou artigos de leis (existentes no sistema jurídico). As leis e artigos de leis (regras legais) que definem fatos tributáveis se conjugam com as previsões imunizantes e isencionais para compor uma única hipótese de incidência: a norma jurídica de tributação. Assim, para que ocorra a incidência da norma de tributação, é indispensável que os fatos jurígenos que contidos na hipótese de incidência ocorram no mundo. E esses 'fatos jurígenos' são fixados após a exclusão de todos aqueles considerados não tributáveis em virtude de previsões expressas de imunidade e isenção".[8]

É fácil notar que a proposta elaborada pelo insigne jurista vai ao encontro das noções de norma preconizadas pela nossa melhor doutrina, ou seja, os critérios ou aspectos que compõem a estrutura dual da norma jurídica são preenchidos a partir do exame de diversos diplomas legais.

O nosso mestre de sempre, Geraldo Ataliba, citado por Sacha Calmon, põe a questão nos seguintes termos:

> "Hipótese de incidência é a descrição legislativa (necessariamente hipotética) de um fato a cuja ocorrência *in concreto* a lei atribui a força jurídica de determinar o nascimento da obrigação tributária. Pois esta categoria ou protótipo se apresenta sob variados aspectos cuja reunião lhe dá identidade. Tais aspectos não vêm necessariamente arrolados de forma explícita e integrada na lei. Pode haver – e tal é o caso mais raro – uma lei

8. Idem, p. 96.

que enumere e especifique a todos, mas normalmente os aspectos integrativos da hipótese de incidência estão esparsos na lei, ou em diversas leis, sendo que muitos estão implícitos no sistema jurídico".[9]

Ao lecionar sobre os textos de direito positivo e as normas jurídicas, Paulo de Barros Carvalho assim define o tema:

> "Se pensarmos que a norma é um juízo hipotético-condicional (*se ocorrer o fato X, então deve ser a prestação Y*), formado por várias noções, é fácil concluir que nem sempre um só texto (de lei, p.ex.) será suficiente para transmitir a integridade existencial de uma norma jurídica. Às vezes, os dispositivos de um diploma definem uma, algumas, mas nem todas as noções necessárias para a integração do juízo e, ao tentar enunciá-lo verbalmente, expressando a correspondente proposição, encontramo-lo incompleto, havendo a premência de consultar outros textos do direito em vigor.
>
> "Isolar os termos imprescindíveis à compostura do juízo lógico, entretanto, não é tudo. Feito isso, deve o jurista examinar os grandes princípios que emergem da totalidade do sistema, para, com eles, buscar a interpretação normativa."[10]

Cumpre esclarecer que, se podemos dizer (como já dissemos em outras passagens) que o preceito isentivo impede que a norma tributária incida, é no sentido de que aquele, ao ser introduzido no ordenamento, tem por função atuar sobre a regra-matriz de incidência tributária, modificando-a em algum critério (que não o quantitativo), dando-lhe nova feição, já que exclui de sua composição situações, atos, fatos, pessoas que originariamente nela constavam. É desse modo, e só desse modo, que se pode dizer que a regra isentiva é impeditiva.

Assim sendo, fica definitivamente caracterizado que não há se falar em incidência tributária sobre aquilo que está previsto na regra isentiva. São situações que se excluem mutuamente. Onde uma está, não pode estar a outra.

Vejamos, nesse sentido, as palavras de Misabel Derzi:

9. Idem, p. 100.
10. *Curso*, p. 7.

"Entretanto, a norma que concede a isenção altera o âmbito de validade da norma de tributação. A isenção não é superveniente ao nascimento da obrigação tributária e do crédito. Se o fosse, ela se confundiria com a remissão. Ocorrendo o fato isento, inexiste 'fato gerador'."[11]

## *5. Não incidência*

A não incidência é uma expressão que, apesar de muito utilizada, parece-nos absolutamente despropositada, por não indicar um fenômeno propriamente dito.

O exame de diversos diplomas em nosso ordenamento propiciará ao jurista encontrar tal verbete amplamente disseminado em seus textos, o que pode conduzir, em uma primeira e apressada análise, à conclusão de se trata de importante entidade positivada em nosso direito. A começar pela Constituição Federal, que não economiza no uso da expressão.

Entretanto, um exame mais acurado dos contextos em que estão inseridos seus usos, mostra que, em verdade, não passa de uma atecnia do legislador, já que a não incidência invariavelmente corresponde a outros institutos largamente conhecidos na Teoria Geral do Direito Tributário, como a isenção e a imunidade.

Além disso, temos que, quando a não incidência não se confunde, por sua natureza jurídica, com a imunidade ou a isenção, está ela a representar hipóteses que não estão inseridas no campo de competência do ente normativo ou, se o estão, não foram positivadas pelo legislador.

Esta é, por exemplo, a definição dada por Luciano da Silva Amaro, que ao tratar das categorias de imunidade, isenção, não incidência e incidência, assim se posicionou:

"Os fato integrantes do campo da não incidência podem apresentar-se com diversas roupagens jurídicas. Fatos há que, por se situarem longe dos modelos de situações reveladoras de capacidade contributiva, nem sequer são cogitados como suportes materiais de tributos (por exemplo, o fato de alguém respirar, ou de olhar as estrelas); outros, embora pudessem ter sido incluídos no rol das situações tributáveis, não o foram (ou

11. "Anotações" ao *Direito Tributário Brasileiro*, cit., p. 919.

porque o legislador não quis ou porque lhe falecia competência para fazê-lo). Em todas essas situações, estamos inegavelmente no campo da *não incidência*. Esse campo é integrado, ainda, pelas situações *imunes e isentas* (nas quais, portanto, o tributo também não incide)".[12]

Ruy Barbosa Nogueira em seu *Curso de Direito Tributário*, ensina que:

"(...) *não incidência* – é o inverso, isto é, o fato de a situação ter ficado fora dos limites do campo tributário, ou melhor, a não ocorrência do fato gerador, porque a lei não descreve a hipótese de incidência".[13]

As notas comuns nas definições propostas pelos eminentes juristas são as seguintes: a não incidência pode ocorrer em três situações: *a*) imunidade; *b*) isenção; e *c*) quando não for positivada, por opção ou incompetência do legislador (excetuada a imunidade) e, portanto, não interessar ao direito.

Assim, a não incidência em sentido estrito (a que não se coloca como gênero e, portanto, não abrange as espécies imunidade e isenção), não representa categoria que interesse ao direito, uma vez que não trata de nenhuma situação positivada.

Roque Antonio Carrazza, ao lecionar sobre a matéria, afirma que "A *não incidência* é simplesmente a explicitação de uma situação que ontologicamente nunca esteve dentro da *hipótese de incidência possível* do tributo".[14]

Concordamos com a afirmação, ressalvando que, em alguns casos, a situação, ato, fato ou pessoa pode estar dentro de "hipótese de incidência possível do tributo", não estando apenas por omissão intencional do legislador. Observe-se que, nesse caso, também não devemos falar em isenção, já que esta decorre de lei e deve, portanto, ser expressa.

Queremos crer, na linha do que vem sendo demonstrado, que a Constituição Federal, ao elencar a não incidência como hipótese apta a vedar o crédito nas operações de ICMS, referia-se, impropriamente,

12. *Direito Tributário Brasileiro*, 11ª ed., São Paulo, Saraiva, p. 280.
13. *Curso de Direito Tributário*, 15ª ed., São Paulo, Saraiva, p. 167.
14. *Curso de Direito Constitucional Tributário*, 27ª ed., São Paulo, Malheiros Editores, 2011, p. 987.

à imunidade. Assim, não geram direito a crédito, nas fases anteriores e posteriores, as operações isentas ou imunes.

Em reforço à nossa afirmação a respeito da utilização imprópria da expressão não *incidência* em substituição a imunidade, citamos o inciso X do § 2º do art. 155 que, ao dispor sobre as imunidades do ICMS, enuncia que o tributo "não incidirá" sobre as operações elencadas.

Por outro lado, não seria minimamente aceitável, por absoluta impossibilidade, que recaísse qualquer consideração sobre a não incidência em sentido estrito, pelas razões já demonstradas.

Nem a mente mais imaginativa poderia cogitar que a expressão contida na Constituição Federal, da qual se exige um significado mínimo, estaria a referir-se a uma entidade que tem por substrato justamente algo que não está positivado. Seria um completo *non-sense*.

De outra parte, a locução constitucional afasta a exegese que tomaria a expressão na acepção de não incidência ampla (gênero), já que o legislador constituinte utilizou expressamente uma das espécies, o que leva a concluir que está a tratar de outra espécie possível, no caso a imunidade.

## *6. Imunidade*

A imunidade é parte do contorno dado à competência tributária conferida aos entes tributantes, a qual, vista em conjunto com as demais normas referentes a esta, traça o limite dentro do qual a pessoa jurídica de direito público poderá instituir tributos.

Outro não é o entendimento do Prof. Roque Antonio Carrazza, que citando Paulo de Barros Carvalho afirma:

> "Roborando esta idéia, Paulo de Barros Carvalho expôs: '(...) a regra que imuniza é uma das múltiplas formas de demarcação de competência. Congrega-se às demais para produzir o campo dentro do qual as pessoas políticas haverão de operar, legislando sobre matéria tributária' [*Imunidade tributárias*, trabalho inédito, pp. 5-6] (...).
>
> "Portanto, como quer este autor, as normas constitucionais que tratam das *imunidades tributárias*, fixam a *incompetência* das pessoas políticas para fazerem incidir tributação sobre determinadas pessoas, seja pela

natureza jurídica que estas têm, seja porque realizam certos fatos, seja, ainda, por estarem relacionadas com dados bens ou situações."[15]

Também Aires Fernandino Barreto e Paulo Ayres Barreto, em obra dedicada ao tema, assim manifestaram sua posição:

> "Dentre elas estão as chamadas 'imunidades tributárias', que consistem, exatamente, na exclusão da competência tributária em relação a certos bens, pessoas e fatos. Quer dizer: a própria Constituição, ao traçar a competência tributária, proíbe o seu exercício em relação a eles. Em outras palavras, não concede competência tributária em relação a certos bens, pessoas e fatos. As imunidades tributárias são, portanto, matéria pertencente à disciplina constitucional da competência".[16]

Ainda, as normas constitucionais que tratam das imunidades tributárias são de eficácia plena e aplicabilidade imediata, produzindo todos os seus efeitos, independentemente da edição de normas inferiores (leis, decretos, portarias, atos administrativos etc.) que as explicitem.

Conforme assevera Roque Carrazza, em parecer não publicado:

> "Indisputável, neste sentido, que desobedecer a uma regra de imunidade equivale a incidir em inconstitucionalidade. Ou, como expressivamente apregoa Aliomar Baleeiro, 'as imunidades tornam inconstitucionais as leis ordinárias que as desafiam'.
>
> "Aproveitando o mote, podemos acrescentar: *as imunidades tornam duplamente inconstitucionais as manifestações interpretativas e os atos administrativos que as desafiam.*
>
> "De fato, se nem a lei pode anular ou restringir as situações de imunidade contempladas na Constituição, por muito maior razão não o poderão fazer o aplicador e o intérprete.
>
> "É sempre oportuno realçar que nem mesmo a lei, que pode criar tributos, tem a potencialidade de violar imunidades tributárias.
>
> "Nesta medida, a imunidade é uma incontornável garantia constitucional do contribuinte, que direciona a própria ação legislativa das pessoas

15. Idem, p. 775.
16. *Imunidades Tributárias: Limitações Constitucionais ao Poder de Tributar*, 2ª ed., São Paulo, Dialética, 2001, p. 11.

políticas e, por muito maior razão, a ação administrativa (aplicativa da lei) e o labor exegético."

Disso depreendemos que a imunidade é matéria direta e exaustivamente tratada em âmbito constitucional, sendo absolutamente vedado aos legisladores de qualquer nível eliminar ou mesmo restringir o campo originariamente traçado pela CF.

Observe-se, ademais, que a imunidade, ao colaborar no desenho das competências tributárias, está colocada fora de qualquer cogitação da incidência de norma tributária.

Isso porque a incidência da norma tributária pressupõe a criação desta mediante o exercício da competência pelo ente tributante, sendo que as imunidades prevêem situações que são colocadas à margem da competência, no seu delineamento, no seu traçado.

Dessa forma, a imunidade é entidade absolutamente incompatível com a incidência da norma tributária, por ser delimitadora da competência para criação desta em sentido negativo. Assim, onde há norma tributária, não há imunidade; e vice-versa.

## *7. A redução de base de cálculo como isenção parcial*

A redução de base de cálculo, expediente largamente utilizado pelos Estados e Distrito Federal para a concessão de benefício fiscal, tem por característica, como o próprio nome acentua, uma modificação perpetrada em um dos elementos integrantes do critério quantitativo da regra-matriz de incidência tributária, provocando, desta maneira, uma minoração do tributo incidente sobre determinada operação.

Ora, resta claro, pela definição acima aposta, que a redução da base de cálculo atinge apenas o critério quantitativo (diretamente a base de cálculo e indiretamente a alíquota) da norma padrão de incidência tributária, o que, por si só, já o diferencia da isenção, nos termos em que propusemos a conceituação desta, que tem por objeto todos os demais critérios, exceto o quantitativo.

Nesses termos, a fenomenologia da redução da base de cálculo difere substancialmente da isenção, na medida em que, como ficou sobejamente demonstrado, nesta figura não há que se falar em incidência da norma de tributação sobre as situações, atos, fatos e pessoas inseridos na regra isentiva; por outro lado, na redução de base de cálculo a incidência da norma de tributação é inquestionável, apenas ocorrendo de forma a diminuir a carga tributária e não exonerá-la.

Cremos, dessa maneira, que falar em isenção parcial é incorrer, com o devido acatamento daqueles que pensam em contrário, em absoluta falácia.

Tais institutos são absolutamente distintos, o que se verifica em sua própria ontologia, não havendo qualquer traço que os assemelhe no que é pertinente à sua forma de atuação.

A incidência tributária inexiste onde há isenção; na redução de base de cálculo, entretanto, a incidência acontece com minoração de valor, mas acontece.

Destarte, a alteração de posicionamento do Supremo Tribunal Federal merece críticas, uma vez que procedeu a um alargamento de conceito absolutamente despropositado.

E nem se diga que as figuras em apreço se assemelham em razão de seu efeito, como em tese acontece com a isenção e a imunidade, situações em que não há qualquer tributação; na redução de base de cálculo a tributação é apenas diminuída em seu valor.

Leia-se, a propósito, a lição de Sacha Calmon:

> "Ocorre, no entanto, que, à luz da teoria da norma jurídica tributária, a denominação de isenção parcial para o fenômeno da redução parcial do imposto a pagar, através das minorações diretas de bases de cálculo e alíquotas, afigura-se absolutamente incorreta e inaceitável. A isenção ou é total ou não, porque a sua *essentialia* consiste em ser modo obstativo ao nascimento da obrigação tributária. Isenção é o contrário da incidência. *As reduções, ao invés, pressupõem a incidência e a existência do dever tributário instaurado com a realização do fato jurígeno previsto na hipótese de incidência da norma de tributação. As reduções são diminuições monetárias no quantum da obrigação, via base de cálculo rebaixada ou alíquota reduzida*".[17]

Não discrepa desse posicionamento o pensamento de Luciano da Silva Amaro, que afirma:

17. "Direito de aproveitamento integral de créditos de ICMS...", cit., p. 107.

"Fala-se, ainda, por oposição às isenções '*totais*', em isenções '*parciais*', querendo-se com essa qualificação, expressar situações em que a lei reduz o gravame fiscal sobre certa situação. Nesse caso, talvez não se deva designar a situação como isenta. O fato é gerador; o que se dá é que, à vista de certa especificidade da situação, a alíquota (ou a base de cálculo) é *menor* (assim como poderia ser *maior*), quando comparada à da situação similar em que referida situação não se faz presente".[18]

O mestre pernambucano José Souto Maior Borges, em obra de tomo que se tornou verdadeira referência no tema das isenções, ao propor classificações das isenções, assim se manifesta acerca das isenções paciais:

"A isenção parcial consiste, mais propriamente, numa redução tributária.

"Nas hipóteses da chamada isenção parcial, seria lícito falar-se, com maior rigor terminológico e conceitual, em redução tributária, porque o *fato gerador de obrigação tributária se produz*."[19]

Tal afirmação, com a devida vênia, causa espécie. A melhor doutrina, repetidamente, manifesta o entendimento de que a linguagem científica, ao contrário da linguagem técnica, sob pena de causar enormes problemas intrassistêmicos, deve pautar-se pelo rigor e, na medida do possível, pela univocidade de seus termos, ou seja, conferir sentido único às expressões que utiliza.

A não ser dessa maneira, poderemos qualificar, sob uma mesma nomenclatura (e, portanto, atribuindo-lhes a mesma natureza jurídica) figuras completamente díspares.

Assim, com a devida vênia, discordamos da classificação proposta em relação às isenções no que tange à isenção total e parcial.

Afirmar que a isenção parcial "consiste, mais propriamente" em outra coisa, e que "seria lícito falar-se, com maior rigor terminológico e conceitual" em outra figura, com todo o respeito, é o mesmo que afirmar que de isenção não se trata.

18. *Direito Tributário Brasileiro*, cit., p. 289.

19. *Teoria Geral da Isenção Tributária*, 3ª ed., 3ª tir., São Paulo, Malheiros Editores, 2011, pp. 279-280.

E tal conclusão é sobremodo importante na medida em que, conforme asseverado anteriormente, as hipóteses constitucionais de exceção à não cumulatividade do ICMS são apenas a isenção e a não-incidência.

Portanto, ao admitir-se que a redução de base de cálculo corresponde a uma isenção parcial, esta passa a ser incluída no rol das situações excepcionantes, permitindo, assim, a imposição de estorno proporcional do crédito.

É de rigor que se faça, dessa maneira, a correta distinção entre isenção e redução de base de cálculo, para que, colocadas em seus devidos termos, propaguem os efeitos que lhes são próprios, sem as interferências que a confusão terminológica pode gerar.

A melhor doutrina tributária tem agasalhado a distinção entre esses institutos, conforme se observa das transcrições abaixo:

> • "Por outro lado, a revogação do convênio, necessariamente acarreta a perda de direitos do contribuinte (desoneração parcial ou total do tributo), uma vez que deixam de existir as isenções, reduções de bases de cálculo, etc.
>
> "(...).
>
> "Além da isenção tributária, os referidos convênios também têm concedido demais incentivos de natureza diversificada, especialmente a redução de base de cálculo, o crédito presumido do imposto e a anistia."[20]
>
> • "Alíquota menor não é isenção e não implica estorno de créditos.
>
> Como este efeito (inexistência de estorno), é indesejado pelos Estados, eles não só mudam as palavras (para utilizar 'carga tributária') como mantém no § 1º da cláusula primeira do Convênio ICMS n. 128/94 a referência ao inciso II do artigo 32 do anexo único do Convênio ICM (que tratava da redução de base de cálculo) com isto pretendendo impor uma conseqüência não estabelecida pelo Texto Constitucional."[21]

20. José Eduardo Soares de Melo, *ICMS – Teoria e prática*, 5ª ed., São Paulo, Dialética, 2002, pp. 272-273.

21. Marco Aurélio Greco, "ICMS sobre produtos da cesta básica: fixação de alíquota interna mediante redução de base de cálculo. Hipótese do artigo 155, § 2º, VI, da CF/88 e não de isenção parcial. descabido o estorno proporcional de créditos", in *Revista Dialética de Direito Tributário* 187, São Paulo, p. 151.

Portanto, a nosso ver é insofismável a conclusão de que tais figuras são absolutamente distintas, não guardando qualquer semelhança, sob ponto de vista algum (o que também não alteraria a situação), sendo vedado, por disposição constitucional, o estorno de créditos nas operações beneficiadas pela redução de base de cálculo.

## *8. Conclusões*

Feitas todas essas considerações, podemos depreender as seguintes conclusões:

*a*) a não cumulatividade do ICMS tem seus contornos claramente desenhados na Constituição Federal;

*b*) a Constituição Federal estabelece, como exceções à não cumulatividade do ICMS, que possibilitam a vedação ao crédito, a isenção e a não incidência;

*c*) a não incidência, tecnicamente falando, é um conceito vazio;

*d*) a não incidência, prevista na Constituição Federal como exceção à não cumulatividade do ICMS, excludente do direito ao crédito, deve ser lida, em linguagem científica, como imunidade;

*e*) a norma isentiva atua sobre a regra-matriz de incidência tributária, modificando-a em algum de seus critérios (à exceção do quantitativo), dando-lhe nova feição para que não incida sobre determinadas situações, atos, fatos ou pessoas;

*f*) onde há isenção, não há incidência tributária;

*g*) a redução de base de cálculo atinge o critério quantitativo da norma padrão de incidência, diminuindo a carga tributária incidente sobre determinada situação;

*h*) pelo fato de a redução de base de cálculo não "excluir" a incidência da norma tributária, não pode ser considerada espécie de isenção;

*i*) não estando enquadrada nas hipóteses constitucionais excludentes da não cumulatividade, a redução de base de cálculo não está apta a afastar o direito ao crédito;

*j*) a jurisprudência atual do Supremo Tribunal Federal merece reparos por equiparar a redução de base de cálculo à isenção.

# *NOVO FUNRURAL – CONSIDERAÇÕES SOBRE A CONTRIBUIÇÃO DOS EMPREGADORES RURAIS E DAS AGROINDÚSTRIAS*

José Artur Lima Gonçalves
Doutor em Direito Tributário pela PUC/SP.
Professor dos Cursos de Pós-Graduação e Especialização da PUC/SP.
Advogado em São Paulo.

Márcio Severo Marques
Mestre em Direito Tributário pela PUC/SP. Professor dos Cursos de Graduação e Especialização da PUC/SP e do IBET.
Advogado em São Paulo.

*Histórico legislativo. O precedente do STF. Considerações e análise crítica.*

"A presente preocupação geral com os problemas institucionais culmina, necessariamente, com a grave questão – mais sociológica que jurídica – da eficácia constitucional. Não temos encontrado, ao longo do tempo, generalizada adesão intelectual e afetiva às nossas instituições, em grau que leve à sustentação sólida das mesmas. Se é verdade que os princípios fundamentais têm da comunidade nacional razoável adesão – embora não explícita, nem consciente –, como é o caso da República, Federação, autonomia municipal, tripartição do Poder e legalidade, as regras, entretanto, são ignoradas, desprezadas, mal cumpridas. E isto com a aquiescência de uns, a indiferença de outros, a complacência de muitos; com a acomodação dos órgãos de promoção do Direito e a preocupação de poucos.

"Este é um problema cultural. Parece deitar raízes na nossa etnia luso-afro-indígena e base no espírito colonial que sobreviveu à própria superação histórica da Colônia. Mas a responsabilidade maior cabe aos homens do Direito, juízes, advogados, procuradores públicos. A nós incumbe a responsabilidade de ensinar as virtudes do Direito e as vantagens de sua observância. (...)" (Geraldo Ataliba[1])

Linhas escritas há décadas por nosso saudoso Mestre ainda iluminam nossas preocupações (e sempre o farão) no trato da Constituição. É nossa responsabilidade zelar por ela e pela eficácia de suas disposições, para assim preservar a República, os direitos fundamentais e o efetivo Estado Democrático de Direito.

Por isso, aproveitamos a oportunidade para trazer a debate algumas questões jurídicas concretas a partir de reflexões teóricas sobre o conteúdo e o alcance de certas normas da Constituição que outorgam competência tributária para a instituição de contribuições destinadas à Seguridade Social.

Referimo-nos aqui à contribuição devida pelos empregadores rurais e pelas agroindústrias sobre a receita decorrente da comercialização da produção,[2] conhecida por "novo Funrural".

A matéria não é nova, mas ainda não foi decidida de forma definitiva pelos Tribunais Superiores, em especial pelo STF, que por enquanto só se manifestou a respeito da contribuição devida pelo produtor (empregador) rural pessoa física, antes da entrada em vigor da Emenda 20/1998.

Nossa intenção ao tratar do tema é provocar o debate a partir da análise dos fundamentos adotados pelo STF nesse precedente, verificando em que medida se aplicariam ao exame da validade da contribuição devida pelos empregadores rurais pessoas jurídicas e pelas agroindústrias.

E, para tanto, precisaremos questionar a eficácia semântica das normas constitucionais, no sentido de buscarmos apreender o sentido e o alcance dessas disposições, especialmente quando definem a materialidade ou a base de cálculo de dada contribuição ou uma categoria específica de contribuintes a ela submetida.

1. Geraldo Ataliba, *República e Constituição*, 3ª ed., atualizada por Rosolea Miranda Folgosi, São Paulo, Malheiros Editores, 2011, p. 18.

2. Não trataremos, nesse trabalho, sobre a contribuição devida pelos produtores rurais pessoas físicas *sem empregados*, qualificados como *segurados especiais*, pois quanto a eles a Constituição autoriza expressamente a exação e define a respectiva base de cálculo.

Esta é a questão de fundo envolvida na discussão sobre o dito novo Funrural: é válida a instituição de contribuição para a Seguridade Social para uma dada categoria de contribuintes, adotando-se materialidade ou base de cálculo próprias de contribuição já existente, exigida desses mesmos contribuintes? Quais os limites impostos ao legislador infraconstitucional para a instituição de nova fonte de custeio da Seguridade Social?

É nesse contexto que nos propusemos a examinar o novo Funrural, amparados, sempre, nas lições do nosso homenageado.

A evolução legislativa da matéria é complexa, pois foi sucessivamente alterada e remendada desde a entrada em vigor da Lei 8.212/1991. Assim, convém previamente informar o confuso escorço histórico das normas legais que disciplinam essa contribuição, para a adequada compreensão do contexto em que ela poderia vir a ter sua validade ou os limites de sua aplicação questionados.

## *Histórico legislativo*

Em 24.7.1991 foi publicada a Lei 8.212, dispondo sobre a organização e o custeio da Seguridade Social.[3] De acordo com sua redação original, os produtores rurais pessoas físicas *com empregados* (autônomos equiparados a empresa[4]) e os produtores rurais pessoas jurídicas estavam sujeitos ao recolhimento da contribuição social prevista pelos incisos I e II do art. 22, incidente sobre a folha de salários.[5] Eis a redação original do mencionado art. 22 da Lei 8.212/1991:

3. Até então o regime de custeio da Seguridade Social era disciplinado, basicamente, pela Lei 7.787/1989, mas a referência a este diploma legal não é relevante no contexto deste trabalho.

4. "Art. 12. São segurados obrigatórios da Previdência Social as seguintes pessoas físicas: (...) V – como equiparado a trabalhador autônomo, além dos casos previstos em legislação específica: a) a pessoa física, proprietária ou não, que explora atividade agropecuária, pesqueira ou de extração de minerais, em caráter permanente ou temporário, diretamente ou através de prepostos e com auxílio de empregados, utilizados a qualquer título, ainda que de forma não contínua; (...)."

"Art. 15. (...).

"Parágrafo único. Considera-se empresa, para os efeitos desta Lei, o autônomo e equiparado em relação a segurado que lhe presta serviço, bem como a cooperativa, a associação ou entidade de qualquer natureza ou finalidade, a missão diplomática e a repartição consular de carreira estrangeiras."

5. Além da contribuição social sobre o lucro, da COFINS e do PIS, estas últimas incidentes sobre o faturamento.

"Art. 22. A contribuição a cargo da empresa, destinada à Seguridade Social, além do disposto no art. 23, é de: I – 20% (vinte por cento) sobre o total das remunerações pagas ou creditadas, a qualquer título, no decorrer do mês, aos segurados empregados, empresários, trabalhadores avulsos e autônomos que lhe prestem serviços; II – para o financiamento da complementação das prestações por acidente do trabalho, dos seguintes percentuais, incidentes sobre o total das remunerações pagas ou creditadas, no decorrer do mês, aos segurados empregados e trabalhadores avulsos: a) 1% (um por cento) para as empresas em cuja atividade preponderante o risco de acidentes do trabalho seja considerado leve; b) 2% (dois por cento) para as empresas em cuja atividade preponderante esse risco seja considerado médio; c) 3% (três por cento) para as empresas em cuja atividade preponderante esse risco seja considerado grave".

Em 22.12.1992, todavia, foi publicada a Lei 8.540, alterando as disposições da Lei 8.212/1991. A partir de então os produtores rurais pessoas físicas *com empregados* (empregadores rurais pessoas físicas) deixaram de se sujeitar à contribuição prevista em seu art. 22 (incidente sobre a folha de salários) e passaram a se sujeitar à contribuição prevista em seu art. 25, incidente sobre a receita bruta proveniente da comercialização da produção, à alíquota total de 2,1%.

Deveras, essa Lei 8.540/1992 incluiu (*i*) a alínea "a" no inciso V do art. 12 da Lei 8.212/1991, para qualificar o empregador rural pessoa física como contribuinte individual; e (*ii*) o § 5º no art. 22 da Lei 8.212/1991, para determinar que a contribuição sobre a folha de salários não seria por ele devida. Finalmente, o art. 25 da Lei 8.212/1991 passou a vigorar com a seguinte redação:

"Art. 25. A contribuição da pessoa física e do segurado especial referidos, respectivamente, na alínea 'a' do inciso V e no inciso VII do art. 12 desta Lei, destinada à Seguridade Social, é de: I – 2% (dois por cento) da receita bruta proveniente da comercialização da sua produção;[6] II – 0,1% (um décimo por cento) da receita bruta proveniente da comercialização da sua produção para financiamento de complementação das prestações por acidente de trabalho".

6. A Lei 8.861/1994 aumentou a alíquota da contribuição devida pelo segurado especial para 2,2% da receita bruta proveniente da comercialização da produção (a previsão constava da parte final do inciso I do art. 25 da Lei 8.212/1991), mas foi posteriormente revogada pela Lei 9.528/1997.

Com a entrada em vigor da Lei 8.540/1992, portanto, os *empregadores rurais pessoas físicas* passaram a se sujeitar à contribuição incidente sobre a receita bruta da comercialização da produção, a qual até então era devida apenas pelos produtores rurais pessoas físicas sem empregados (qualificados como segurados especiais).

Em 1994, então, foi a vez dos *empregadores rurais pessoas jurídicas* passarem a se sujeitar a essa contribuição incidente sobre a receita bruta da comercialização da produção, o que ocorreu por meio da Lei 8.870, que dispôs o seguinte em seu art. 25:

> "Art. 25. A contribuição prevista no art. 22 da Lei n. 8.212, de 24 de julho de 1991, devida à Seguridade Social pelo empregador, pessoa jurídica, que se dedique à produção rural, passa a ser a seguinte: I – 2,5% (dois e meio por cento) da receita bruta proveniente da comercialização de sua produção; II – 0,1% (um décimo por cento) da receita bruta proveniente da comercialização de sua produção, para o financiamento da complementação das prestações por acidente de trabalho".

Em dezembro/1997 foi publicada a Lei 9.528, promovendo ligeira alteração na redação do *caput* do art. 25 da Lei 8.212/1991 (que trata da contribuição devida pelos empregadores rurais pessoas físicas).[7]

E, finalmente, em 9.7.2001 foi publicada a Lei 10.256, alterando a redação do art. 25 da Lei 8.212/1991 e do art. 25 da Lei 8.870/1994, apenas para dispor que a contribuição do empregador rural pessoa física e do empregador rural pessoa jurídica sobre a receita bruta da comercialização da produção seria devida *em substituição* àquela prevista pelo art. 22, I e II, da Lei 8.212/1991.[8]

7. O referido art. 25 da Lei 8.212/1991 passou a vigorar com a seguinte redação: "Art. 25. A contribuição do empregador rural pessoa física e do segurado especial referidos, respectivamente, na alínea 'a' do inciso V e no inciso VII do art. 12 desta Lei, destinada à Seguridade Social, é de: I – 2% (dois por cento) da receita bruta proveniente da comercialização da sua produção; II – 0,1% (um décimo por cento) da receita bruta proveniente da comercialização da sua produção para o financiamento das prestações por acidente do trabalho". Essa Lei 9.528/1997 também revogou a alíquota de 2,2% estabelecida pela Lei 8.861/1994 para a contribuição – sobre a receita bruta da comercialização da produção – devida pelo segurado especial (v. nota 6, acima).

8. O art. 1º da Lei 10.256/2001 dispôs o seguinte: "Art. 1º. A Lei n. 8.212, de 24 de julho de 1991, passa a vigorar com as seguintes alterações:

"(...).

Além disso, a referida Lei 10.256/2001 introduziu o art. 22-A na Lei 8.212/1991, determinando que as *agroindústrias* também passassem a se sujeitar à contribuição social com base na receita bruta da comercialização da produção, em substituição à contribuição sobre a folha de salários. A redação do dispositivo legal é a seguinte:

> "Art. 22-A. A contribuição devida pela agroindústria, definida, para os efeitos desta Lei, como sendo o produtor rural pessoa jurídica cuja atividade econômica seja a industrialização de produção própria ou de produção própria e adquirida de terceiros, incidente sobre o valor da receita bruta proveniente da comercialização da produção, em substituição às previstas nos incisos I e II do art. 22 desta Lei, é de: I – 2,5% (dois vírgula cinco por cento) destinados à Seguridade Social; II – 0,1% (zero vírgula um por cento) para o financiamento do benefício previsto nos arts. 57 e 58 da Lei n. 8.213, de 24 de julho de 1991, e daqueles concedidos em razão do grau de incidência de incapacidade para o trabalho decorrente dos riscos ambientais da atividade".

Atualmente, assim, tanto o empregador rural pessoa física quanto o empregador rural pessoa jurídica e as agroindústrias sujeitam-se à contribuição social com base na receita bruta da comercialização da produção, em substituição à contribuição com base na folha de salários,[9] devida pelas pessoas jurídicas de direito privado em geral.

É essa a confusa evolução legislativa da matéria.

"'Art. 25. A contribuição do empregador rural pessoa física, *em substituição à contribuição de que tratam os incisos I e II do art. 22*, e a do segurado especial, referidos, respectivamente, na alínea 'a' do inciso V e no inciso VII do art. 12 desta Lei, destinada à Seguridade Social, é de: (...)'."

9. Apesar do alargamento de base de cálculo autorizado pela Emenda 20/1998 e implementado por meio da Lei 9.876/1999 – de acordo com a qual essa contribuição passou a incidir sobre "o total das remunerações pagas, devidas ou creditadas a qualquer título, durante o mês, aos segurados empregados e trabalhadores avulsos que lhe prestem serviços, destinadas a retribuir o trabalho, qualquer que seja a sua forma, inclusive as gorjetas, os ganhos habituais sob a forma de utilidades e os adiantamentos decorrentes de reajuste salarial, quer pelos serviços efetivamente prestados, quer pelo tempo à disposição do empregador ou tomador de serviços, nos termos da lei ou do contrato ou, ainda, de convenção ou acordo coletivo de trabalho ou sentença normativa" –, no contexto deste trabalho vamos nos referir a essa contribuição simplesmente como "contribuição sobre a folha de salários".

### *O precedente do STF*

O STF analisou a validade da contribuição devida pelos empregadores rurais pessoas físicas antes da entrada em vigor da Emenda 20/1998 e da Lei 10.256/2001.

Por ocasião dessa decisão, a redação do art. 25 da Lei 8.212/1991 – dispositivo declarado inconstitucional pelo STF – era a seguinte:

> "Art. 25. A contribuição do empregador rural pessoa física e do segurado especial referidos, respectivamente, na alínea 'a' do inciso V e no inciso VII do art. 12 desta Lei, destinada a Seguridade Social, é de: I – 2% (dois por cento) da receita bruta proveniente da comercialização da sua produção; II – 0,1% (um décimo por cento) da receita bruta proveniente da comercialização da sua produção para o financiamento das prestações por acidente do trabalho".

Até então o art. 195 do texto constitucional vigia em sua redação original, que só autorizava a exigência de contribuições, das pessoas jurídicas de direito privado em geral, incidentes sobre o faturamento, o lucro e a folha de salários.

A contribuição incidente sobre o resultado da comercialização da produção só estava autorizada para o "o produtor, o parceiro, o meeiro e o arrendatário rurais, o garimpeiro e o pescador artesanal, bem como os respectivos cônjuges", que exercessem suas atividades em regime de economia familiar e *sem empregados* permanentes, nos termos do § 8º do art. 195 da CF (os designados "segurados especiais" pela Lei 8.212/1991).

Foi nesse contexto que a questão foi analisada pelo STF no precedente referido, no qual concluiu pela inconstitucionalidade da exação, basicamente sob os seguintes argumentos:

> (*i*) O § 8º do art. 195 da CF só autoriza a exigência de contribuição sobre o resultado da comercialização da produção para "o produtor, o parceiro, o meeiro etc." que exerce atividade em regime familiar e sem empregados (produtores rurais pessoas físicas sem empregados ou, simplesmente, segurados especiais).
>
> (*ii*) Essa exceção constitucional se justificaria porque esses segurados especiais, justamente por não terem empregados, não poderiam contribuir para a Seguridade Social com base na folha de salários.

(*iii*) Não haveria autorização constitucional para a instituição de contribuição sobre a receita bruta da comercialização, de forma que nova fonte de custeio deveria ser instituída por meio de lei complementar.

(*iv*) A exigência de contribuição sobre a receita bruta da comercialização da produção, dos empregadores rurais pessoas físicas, violaria a isonomia, por implicar tratamento diferenciado.

## *Considerações e análise crítica*

A decisão proferida pelo STF examinou a validade do art. 25 da Lei 8.212/1991 antes da entrada em vigor da Emenda 20/1998, a partir da qual passou a existir autorização – e, portanto, fundamento de validade – para a instituição de contribuição para a Seguridade Social incidente sobre a receita (ou faturamento, a par do lucro e da folha de salários).

A primeira questão que provocamos à reflexão diz respeito a saber em que medida os argumentos adotados pelo STF, naquela decisão, para sustentar a invalidade da exigência de contribuição social dos empregadores rurais pessoas físicas sobre a receita decorrente da comercialização da produção seriam aplicáveis para exame da validade da contribuição atualmente devida pelos empregadores rurais pessoas jurídicas e pelas agroindústrias em face da legislação superveniente à Emenda 20/1998.

Assim, foquemos nossa atenção nas alterações introduzidas na legislação de regência após a entrada em vigor da referida Emenda 20/1998, em especial as disposições da Lei 10.256/2001.

Primeiro vejamos a modificação introduzida pela Lei 10.256/2001 na própria contribuição social devida empregadores rurais pessoas físicas.[10] Seu art. 1º alterou a redação do *caput* do art. 25 da Lei 8.212/1991, nos seguintes termos:

> "Art. 1º. A Lei n. 8.212, de 24 de julho de 1991, passa a vigorar com as seguintes alterações:
>
> "(...).
>
> "'Art. 25. A contribuição do empregador rural pessoa física, em substituição à contribuição de que tratam os incisos I e II do art. 22, e a do

10. Ainda que não seja este nosso foco principal.

segurado especial, referidos, respectivamente, na alínea 'a' do inciso V e no inciso VII do art. 12 desta Lei, destinada à Seguridade Social, é de: (...)'."

A alteração introduzida pela Lei 10.256/2001 no art. 25 da Lei 8.212/1991 limitou-se a modificar a redação do seu *caput*, apenas para estabelecer que a contribuição do empregador rural pessoa física (já prevista pelo dispositivo), incidente sobre a receita bruta da comercialização da produção, seria devida *em substituição à contribuição sobre a folha de salários.*

Mas, ao simplesmente modificar a redação da cabeça do art. 25 da Lei 8.212/1991, sem reiterar as disposições de seus incisos I e II, permaneceu a redação desses dois incisos tal como estabelecida pelas Leis 8.540/1992[11] e 9.528/1997,[12] declaradas inconstitucionais pelo STF.

Ao assim proceder, teria a Lei 10.256/2001 reinstituído validamente contribuição devida pelo empregador rural pessoa física sobre a receita bruta da comercialização da produção? Pensamos que não, pois não houve descrição integral da hipótese de incidência tributária.

Mas seria necessário a Lei 10.256/2001 reiterar as disposições dos incisos I e II do art. 25 da Lei 8.212/1991 no que concerne à base de cálculo e à alíquota da contribuição? Pensamos que sim.

11. Lei 8.540/1992:

"Art. 1º. A Lei n. 8.212, de 24 de julho de 1991, passa a vigorar com alterações nos seguintes dispositivos:

"(...).

"'Art. 25. A contribuição da pessoa física e do segurado especial referidos, respectivamente, na alínea 'a' do inciso V e no inciso VII do art. 12 desta Lei, destinada à Seguridade Social, é de: I – 2% (dois por cento) da receita bruta proveniente da comercialização da sua produção; II – 0,1% (um décimo por cento) da receita bruta proveniente da comercialização da sua produção para financiamento de complementação das prestações por acidente de trabalho'."

12. Lei 9.528/1997:

"Art. 1º. Ficam restabelecidos os arts. 34, 35, 98 e 99, e alterados os arts. 12, 22, 25, 28, 29, 30, 31, 32, 33, 38, 39, 45, 47, 55, 69, 94 e 97 da Lei n. 8.212, de 24 de julho de 1991, com a seguinte redação:

"'(...).

"'Art. 25. A contribuição do empregador rural pessoa física e do segurado especial referidos, respectivamente, na alínea 'a' do inciso V e no inciso VII do art. 12 desta Lei, destinada à Seguridade Social, é de: I – 2% (dois por cento) da receita bruta proveniente da comercialização da sua produção; II – 0,1% (um décimo por cento) da receita bruta proveniente da comercialização da sua produção para o financiamento das prestações por acidente do trabalho'."

É que, ainda que a norma jurídica seja produto da nossa mente, e por isso seja possível construí-la a partir da conjugação do novo fragmento normativo (*caput* do art. 25 alterado pela Lei 10.256/2001) com o fragmento anterior declarado inconstitucional (incisos I e II deste art. 25), é preciso respeitar certas regras de compostura formal dos procedimentos de introdução de normas válidas no sistema.

E, nesse sentido, consideramos premissa básica a de que as normas jurídicas devem ser concebidas (construídas) a partir da leitura dos textos legais, enquanto estes tenham sido validamente introduzidos no sistema. Na medida em que sejam inválidos os textos legais, e assim venham a ser declarados inconstitucionais, não podem servir à composição de norma jurídica válida.

É justamente o que acontece com a Lei 10.256/2001, cujas omissões (em relação a determinados aspectos da norma de tributação, em especial alíquota e base de cálculo), a nosso ver, não poderiam ser supridas pela legislação anterior, declarada inconstitucional.[13]

13. Já existem alguns precedentes sobre a matéria, mas não há manifestação definitiva dos Tribunais Superiores. O egrégio TRF-3ª Região, em decisão bastante consistente, de que vale a transcrição, assim se manifestou em sede de agravo de instrumento:

"Por outro lado, não parece razoável admitir que a mais nova legislação a alterar a redação do art. 25 da Lei n. 8.212/1991 tenha suprido a sua inconstitucionalidade. O art. 2º da Lei n. 10.256/2001, vaticina, *verbis*: (...).

"Assim, apesar de modificar o *caput* do art. 25 da Lei n. 8.212/1991 e com isso afastar a dupla incidência da contribuição paga pelo empregador rural pessoa física e a violação à isonomia tributária, ao que tudo indica tal norma não tem o condão de suprir a inconstitucionalidade da exação em tela.

"Isso porque a Lei n. 10.256/2001, no que se refere à base de cálculo da contribuição em comento, valeu-se de dispositivos preexistentes – incisos I e II do art. 25 da Lei n. 8.212/1991 com redação dada pelas Leis ns. 8.540/1992 e 9.528/1997 –, os quais, conforme acima demonstrado, já tiveram sua inconstitucionalidade reconhecida pelo STF.

"Aqui é importante gizar que o controle de constitucionalidade é levado a efeito tendo como parâmetro o regramento constitucional vigente à época da edição da norma objeto de controle e que, uma vez reconhecida a inconstitucionalidade de uma disposição legal, este reconhecimento produz efeitos *ex tunc*, sendo o dispositivo reputado nulo; logo, insuscetível de produzir quaisquer efeitos desde o seu nascedouro e também para o futuro, não se admitindo que posterior alteração do cenário constitucional a torne válida.

"Assim, considerando que os incisos I e II do art. 25 da Lei n. 8.212/1991, com redação dada pelas Leis ns. 8.540/1992 e 9.528/1997, são inconstitucionais, tomando-se por base o regramento constitucional vigente à época das suas edições, é razoável concluir que eles são nulos de pleno direito, de modo que a Lei n. 10.256/2001 não poderia tê-los utilizado para a definição da base de incidência do tributo aqui tratado.

Este é um o problema de inconstitucionalidade inato à vigência das alterações introduzidas pela Lei 10.256/2001 no *caput* do art. 25 da Lei 8.212/1991, em relação à contribuição devida pelos empregadores rurais pessoas físicas. Mas vamos adiante.

Essa mesma Lei 10.256/2001 também estabeleceu que a contribuição dos empregadores rurais pessoas jurídicas, sobre a receita bruta da comercialização (instituída pela Lei 8.870/1994), passaria a ser devida em substituição à contribuição sobre a folha de salários.

"Vale dizer, a Lei 10.256/2001, após o advento da Emenda Constitucional n. 20/1998 – que passou a prever a receita como base de cálculo de contribuição previdenciária –, até poderia ter utilizado as mesmas grandezas previstas nas Leis ns. 8.540/1992 e 9.528/1997, mas deveria tê-lo feito por meio de novos dispositivos, e não por meio dos antigos, já que estes, considerado o cenário constitucional da época em que editados, seriam inconstitucionais" (AI 0031696-83.2010.4.03.0000, rela. Desa. federal Cecília Mello, *DJE* 7.12.2010).

No mesmo sentido é a seguinte decisão do egrégio TRF-4ª Região:

"Tributário – Contribuição incidente sobre a comercialização da produção rural – Produtor rural pessoa física empregador – Inexigibilidade.

"1. A Suprema Corte, no julgamento do RE n. 363.852, declarou a inconstitucionalidade do art. 1º da Lei n. 8.540/1992, que deu nova redação aos arts. 12, incisos V e VII, 25, incisos I e II, e 30, inciso IV, da Lei n. 8.212/1991.

"2. Indevido o recolhimento de contribuição para o Fundo de Assistência ao Trabalhador Rural (Funrural) sobre a receita bruta proveniente da comercialização da produção rural de empregadores, pessoas naturais.

"3. A Lei n. 10.256/2001 apenas altera o *caput* do art. 25 da Lei n. 8.212/1991, mas as alíquotas e base de cálculo continuam com a definição da Lei n. 9.258/1997, que foi declarada inconstitucional pelo STF. Assim, subsistiria apenas um *caput* sem alíquota e sem base de cálculo, que não é suficiente a fundar cobrança de tributo" (5001522-07.2010.404.7201-SC, rela. Desa. Luciane Amaral Corrêa Munch, *DJE* 20.10.2010).

Do voto do eminente Des. Relator destaca-se a seguinte passagem:

"Por fim, importa ressaltar que, ainda que a Lei n. 10.256/2001 não tenha sido abordada na declaração de inconstitucionalidade do Funrural pelo STF (RE n. 363.852), tal lei tinha como pressuposto a existência das leis anteriores (Leis ns. 8.540/1992 e 9.528/1997), que, em virtude da inconstitucionalidade, desapareceram do ordenamento jurídico.

"Pode-se ver que *a Lei n. 10.256/2001 apenas altera o 'caput' do art. 25 da Lei n. 8.212/1991,* mas as alíquotas e base de cálculo continuam com a definição da Lei n. 9.528/1997, que foi declarada inconstitucional pelo STF. Assim, subsistiria apenas um *caput* sem alíquota e sem base de cálculo, que não é suficiente a fundar cobrança de tributo.

"Portanto, mesmo com o advento da Lei n. 10.256/2001 não há base legal para cobrança do Funrural."

E, finalmente, essa Lei 10.256/2001 instituiu essa mesma contribuição para as agroindústrias, introduzindo o art. 22-A na Lei 8.212/1991.[14]

Atualmente, portanto, a contribuição incidente sobre a receita bruta resultante da comercialização da produção, que originariamente era devida apenas pelo produtor rural sem empregados (segurado especial), nos termos do § 8º do art. 195 da CF, passou a ser também devida pelos empregadores rurais pessoas físicas, e depois pelos empregadores rurais pessoas jurídicas e pelas agroindústrias, em todos os casos em substituição à contribuição sobre a folha de salários.

Relembremos o que dispõe a Constituição, especificamente em relação às contribuições para a Seguridade Social, após a entrada em vigor da Emenda 20/1998:

> "Art. 195. A Seguridade Social será financiada por toda a sociedade, de forma direta e indireta, nos termos da lei, mediante recursos provenientes dos orçamentos da União, dos Estados, do Distrito Federal e dos Municípios, e das seguintes contribuições sociais: I – do empregador, da empresa e da entidade a ela equiparada na forma da lei, incidentes sobre: (...) b) a receita ou o faturamento; (...).
>
> "§ 4º. A lei poderá instituir outras fontes destinadas a garantir a manutenção ou expansão da Seguridade Social, obedecido o disposto no art. 154, I.
>
> "§ 8º. O produtor, o parceiro, o meeiro e o arrendatário rurais e o pescador artesanal, bem como os respectivos cônjuges, que exerçam suas atividades em regime de economia familiar, *sem empregados* permanentes, contribuirão para a Seguridade Social mediante a aplicação de uma alíquota sobre o resultado da comercialização da produção e farão jus aos benefícios nos termos da lei.

14. "Art. 22-A. A contribuição devida pela agroindústria, definida, para os efeitos desta Lei, como sendo o produtor rural pessoa jurídica cuja atividade econômica seja a industrialização de produção própria ou de produção própria e adquirida de terceiros, incidente sobre o valor da receita bruta proveniente da comercialização da produção, em substituição às previstas nos incisos I e II do art. 22 desta Lei, é de: I – 2,5% (dois vírgula cinco por cento) destinados à Seguridade Social; II – 0,1% (zero vírgula um por cento) para o financiamento do benefício previsto nos arts. 57 e 58 da Lei n. 8.213, de 24 de julho de 1991, e daqueles concedidos em razão do grau de incidência de incapacidade para o trabalho decorrente dos riscos ambientais da atividade."

A Constituição autoriza a União a instituir contribuição sobre o faturamento ou a receita,[15] ao mesmo tempo em que determina que a contribuição do segurado especial (produtor rural pessoa física *sem empregados*) será devida sobre o resultado da comercialização da produção. Novas fontes de custeio para a Seguridade Social devem ser instituídas por meio de lei complementar.

A questão que se põe diz respeito a saber se, diante dessas disposições constitucionais, seria válido criar contribuição sobre a receita bruta da comercialização da produção, para os empregadores rurais pessoas jurídicas e as agroindústrias, em substituição à contribuição sobre a folha de salários.

Assumindo que por ocasião da entrada em vigor das Leis 8.870/1994 e 10.256/2001 já existia – no sistema – norma válida veiculando contribuição sobre o faturamento (a COFINS), seria válida a instituição de nova contribuição – para os empregadores rurais pessoas jurídicas e as agroindústrias – sobre a receita bruta da comercialização da produção? Ou a nova contribuição, criada sobre a mesma base de cálculo (ou base de cálculo sobreposta – abordaremos a questão adiante), teria revogado a contribuição anterior? Ou, ainda, ao criar a nova contribuição, a União teria invadido competência tributária outorgada aos Estados, por meio do ICMS, para a tributação de operações mercantis?

Retomemos a questão constitucional, a partir das lições do mestre Geraldo Ataliba:[16]

> "Tratando-se de disciplina constitucional da tributação, escrevemos há quase 10 anos: 'Assim, cada pessoa política (União, Estados e Municípios), dispõe de uma faixa privativa de imposto a exigir.Quem diz 'privativa' diz 'exclusiva', quer dizer: excludente de todas as demais pessoas; que priva do seu uso todas as demais pessoas.A exclusividade da competência de uma pessoa implica proibição peremptória, *erga omnes*, para exploração desse campo.
>
> "Atribui-se a competência para instituir impostos mediante a técnica de reservar, ao competente para instituir, certos tipos de manifestações

15. Além das demais materialidades e/ou bases de cálculo previstas pelo art. 195, I, da CF, obviamente.

16. Geraldo Ataliba, "Contribuição para o Funrural – Inconstitucionalidade parcial", *RDTributário* 3/140, São Paulo, Ed. RT, 1978.

de capacidade econômica – e, via de consequência, contributiva – por parte dos seus súditos. Quer dizer: toma-se certa faixa ou campo da matéria econômica e se outorga, como fonte de renda, a esta ou àquela entidade, para que a use – em caráter exclusivo. A técnica do direito tributário consiste em, descrevendo com precisão tais fatos – reveladores de capacidade contributiva –, fazer nascer, a partir da sua realização, a obrigação (a cargo do particular, contribuinte) de pagar certa soma ao Poder Público.

"Quer dizer: o legislador ordinário, dentro de sua competência, descreve certas acontecimentos econômicos, provocados ou não pela vontade do obrigado; e dispõe que, no momento de sua realização fática, nascerá, a cargo de alguém, rigorosamente previsto em lei, uma obrigação de direito público (...).

"Ora, se o constituinte reservou aos Estados a competência para tributar vendas mercantis, ou – o que é o mesmo – operações relativas à circulação de mercadorias, não pode a União fazê-lo. A competência dada pela Constituição à União inibe os Estados e Municípios. E a recíproca é verdadeira."

As lições de Geraldo Ataliba, embora tenham tomado em consideração a Constituição pretérita, são plenamente aplicáveis à análise das normas de competência estabelecidas pelo texto constitucional de 1988 para a instituição de contribuições para a Seguridade Social.

Tal como fez em relação aos impostos, a Constituição atual houve por bem indicar as materialidades e/ou bases de cálculo das contribuições destinadas à Seguridade Social, dentre elas a contribuição incidente sobre o faturamento, e após a Emenda 20/1998 sobre o faturamento ou a receita.

O art. 195 da CF, ao assim autorizar a instituição de contribuição sobre o faturamento ou a receita, criou uma exceção à regra da privatividade das competências tributárias, para permitir que, em relação a uma das contribuições para a Seguridade Social, houvesse sobreposição (ainda que não identidade) de base de cálculo (e, portanto, sobreposição de incidência) em relação a tributo de competência dos Estados, o ICMS.

Essa exceção constitucional, todavia, não autorizava – e nem autoriza – a União a instituir e exigir de um mesmo contribuinte mais de uma contribuição sobre o faturamento, nem uma contribuição sobre o faturamento e outra sobre a receita, nem tampouco duas contribuições sobre a receita, sob pena de se comprometer a tributação dos Estados por meio do ICMS, em prejuízo do princípio federativo.

Deveras, com relação aos impostos, como sabido, a Constituição repartiu as competências tributárias entre as pessoas políticas de direito público interno mediante a indicação de materialidades distintas para cada um deles, buscando assegurar aos entes federados autonomia financeira e ao mesmo tempo evitar conflitos de competência em matéria tributária. E outorgou uma competência impositiva residual à União para instituir – mediante lei complementar – outros impostos, desde que não tenham fato gerador ou base de cálculo próprios dos discriminados na Constituição (art. 154, I, da CF).

Por outro lado, no que diz respeito às contribuições para a Seguridade Social a Constituição também indicou expressamente as materialidades e/ou bases de cálculo das respectivas hipóteses de incidência. E outorgou, no § 4º do art. 195, competência tributária residual à União para instituir *outras fontes* de custeio da Seguridade Social, observado o disposto no art. 154, I, da CF, que impõe respeito às faixas de competência tributária atribuídas às demais pessoas políticas de direito público interno (inclusive, pois, a dos Estados, para tributar operações mercantis por meio do ICMS).

Ao referir "outras fontes" de custeio para a Seguridade Social, o § 4º do art. 195 da CF pressupõe a instituição de contribuição com materialidade e base de cálculo distintas daquelas já previstas pelo próprio dispositivo constitucional; do contrário, nova fonte de custeio não será.

Nesse contexto, não consideramos que a contribuição incidente sobre a receita bruta da comercialização da produção possa ser qualificada como nova fonte de custeio da Seguridade Social, pois equiparamos este conceito ao de faturamento da venda de mercadorias.

Deveras, faturamento é ato ou efeito de "faturar". Conforme já referia o professor Geraldo Ataliba,[17] ao examinar De Plácido e Silva:

17. Geraldo Ataliba, "Contribuições especiais Fundo PIS/PASEP", *Caderno de Pesquisas Tributárias* 2/201, São Paulo, Resenha Tributária, 1991.

> "Na técnica jurídico-comercial é empregada esta palavra 'para indicar a relação de mercadorias ou artigos vendidos, com os respectivos preços de venda, quantidade e demonstrações acerca de sua qualidade e espécie, extraída pelo vendedor e remetida por ele ao comprador'."

A soma das faturas emitidas pela pessoa jurídica representa seu faturamento, que corresponde à receita bruta decorrente da venda de mercadorias e/ou da prestação de serviços. Esta, inclusive, foi a definição de faturamento adotada pela Lei Complementar 70/1991, ao instituir a COFINS, assim dispondo em seus arts. 1º e 2º:

> "Art. 1º. (...), fica instituída contribuição social para financiamento da Seguridade Social, nos termos do inciso I do art. 195 da Constituição Federal, devida pelas pessoas jurídicas, inclusive as a elas equiparadas pela legislação do imposto de renda, destinadas exclusivamente às despesas com atividades-fins das áreas de saúde, previdência e assistência social.
>
> "Art. 2º. A contribuição de que trata o artigo anterior será de 2% (dois por cento) e incidirá sobre o *faturamento* mensal, *assim considerado a receita bruta das vendas de mercadorias, de mercadorias e serviços e de serviço de qualquer natureza*."[18]

E este conceito de faturamento é o mesmo adotado pela legislação do imposto sobre a renda para a definição de receita bruta, conforme prevê o art. 12 do Decreto-lei 1.598/1977, nos seguintes termos:

> "Art. 12. A receita bruta das vendas e serviços compreende o produto da venda de bens nas operações de conta própria e o preço dos serviços prestados".

A nosso ver, portanto, "receita bruta da comercialização da produção" possui o mesmo conteúdo semântico de "receita bruta da venda de mercadorias", a que corresponde o conceito de faturamento.[19]

18. Embora o art. 3º, § 1º, da Lei 9.718/1998 tenha pretendido ampliar a base de cálculo da COFINS (e do PIS) para a totalidade da receita, esse dispositivo foi declarado inconstitucional pelo STF e depois foi revogado pela Lei 11.941/2009.

19. Além da receita bruta da prestação de serviços, também compreendida pelo conceito de faturamento, mas que não vem ao caso.

Vejamos as consequências dessa conclusão, assim como as advindas do entendimento contrário (no sentido de que os conceitos seriam distintos).

De acordo com a posição do STF, manifestada na decisão proferida no noticiado RE 363.852-MG (e também em outras oportunidades), a COFINS, instituída pela Lei Complementar 70/1991, tem fundamento no art. 195, I, da CF.[20]

E a COFINS só convive harmônica e validamente com o PIS, sobre a mesma base de cálculo, porque esta última contribuição foi recepcionada pela CF, por seu art. 239 – com outro fundamento de validade, portanto. Não fosse isso, e a COFINS seria inválida, ou teria revogado o PIS.

Essa consideração é relevante para se elucidar a confusa situação instaurada em razão da retalhada evolução legislativa da contribuição sobre a receita bruta da comercialização.

Conforme referimos acima, assumimos a premissa (confirmada pela decisão do STF) de que a CF, em seu art. 195, I, "b", não autorizou a União a instituir e exigir de um mesmo contribuinte mais de uma contribuição sobre o faturamento, nem uma contribuição sobre o faturamento e outra sobre a receita, nem duas contribuições sobre a receita (exceção feita ao PIS, por ter outro fundamento de validade).

Significa, portanto, que a contribuição exigida dos empregadores rurais pessoas jurídicas e das agroindústrias, incidente sobre a receita bruta da comercialização da produção, poderia conviver harmonicamente com o PIS, mas não poderia – como não pode – ser validamente exigida dos mesmos contribuintes em concomitância com a COFINS, pois ambas buscam fundamento de validade no mesmo dispositivo constitucional: o art. 195, I, "b", da CF.

A contribuição devida pelos empregadores rurais pessoas jurídicas foi instituída pela Lei 8.870/1994, quando já existia a COFINS sobre o faturamento e ainda não estava em vigor a Emenda 20/1998 (que autorizou a instituição de contribuição sobre a receita).

Neste caso, para os que entendem que o conceito de "receita bruta da comercialização da produção" não se identifica com o conceito de "faturamento", essa contribuição (dos empregadores rurais pessoas

20. E, após a Emenda 20/1998, no art. 195, I, "b", da CF.

jurídicas) seria inválida, já que ao tempo da entrada em vigor da Lei 8.870/1994 não havia autorização constitucional para a instituição de contribuição sobre a receita bruta. Assim, nova fonte de custeio só poderia ser veiculada por meio de lei complementar. Os fundamentos adotados pelo STF no precedente noticiado seriam plenamente aplicáveis.

Por outro lado, para os que – como nós – entendem que esses conceitos se equivalem as consequências são diferentes.

Nesta hipótese, a nova contribuição sobre a receita bruta da comercialização teria a mesma base de cálculo da COFINS, o que tornaria incompatível a exigência dessas duas contribuições dos empregadores rurais pessoas jurídicas, porque estariam sendo submetidos a tratamento tributário diferenciado e mais oneroso que o previsto para as demais pessoas jurídicas de direito privado.

Essa situação é a mesma para as agroindústrias, neste caso independentemente da equiparação – ou não – dos conceitos de "receita bruta da comercialização da produção" e "faturamento" (ou receia bruta da venda de mercadorias).

É que a contribuição devida pelas agroindústrias foi instituída pela Lei 10.256/2001, após – portanto – a entrada em vigor da Emenda 20/1998. Daí por que torna-se irrelevante perquirir se o conceito de "receita bruta da comercialização da produção" se equipara ao conceito de "faturamento", pois de toda forma estaria contido no conceito de receita (já que receita denota um conceito mais abrangente que o de receita bruta).

Neste caso, a nova contribuição sobre a receita bruta da comercialização da produção também não poderia ser exigida das agroindústrias em concomitância com a COFINS, pois ambas buscam fundamento de validade no mesmo dispositivo constitucional.

Observe-se que a nova contribuição alcança categorias de contribuintes (empregadores rurais pessoas jurídicas e agroindústrias) que já se sujeitam a contribuição para a Seguridade Social sobre a mesma base de cálculo. E, se as duas contribuições não podem ser exigidas, uma teria revogado a outra? Ou a posterior seria inconstitucional (como – a nosso ver, equivocadamente – entendeu o STF em relação à contribuição dos empregadores rurais pessoas físicas)? Seria possível compatibilizar as disposições da legislação infraconstitucional?

Relembremos o que dispõe a Lei de Introdução às Normas do Direito Brasileiro (Decreto-lei 4.657/1942):

> "Art. 2º. Não se destinando à vigência temporária, a lei terá vigor até que outra a modifique ou revogue.
>
> "§ 1º. A lei posterior revoga a anterior quando expressamente o declare, quando seja com ela incompatível ou quando regule inteiramente a matéria de que tratava a lei anterior.
>
> "§ 2º. A lei nova, que estabeleça disposições gerais ou especiais a par das já existentes, não revoga nem modifica a lei anterior.
>
> "§ 3º. Salvo disposição em contrário, a lei revogada não se restaura por ter a lei revogadora perdido a vigência."

As Leis 8.870/1994 e 10.256/2001 (que instituíram a nova contribuição sobre a receita bruta da comercialização) são posteriores à Lei Complementar 70/1991 (que instituiu a COFINS). Regulam inteiramente a matéria e são incompatíveis com a legislação anterior, porém apenas em relação aos empregadores rurais pessoas jurídicas e às agroindústrias.

Deveras, a Lei Complementar 70/1991 dispõe sobre contribuição sobre o faturamento devida pelas pessoas jurídicas de direito privado em geral, enquanto as Leis 8.870/1994 e 10.256/2001 disciplinam contribuição – sobre a receita bruta da comercialização da produção – devida pelos empregadores rurais pessoas jurídicas e as agroindústrias.[21]

Há, portanto, uma sobreposição de incidências, não admitida pelo sistema. A nosso ver, a exigência simultânea dessas duas contribuições junto aos empregadores rurais pessoas jurídicas e às agroindústrias, afrontaria o princípio da isonomia (já que as demais pessoas jurídicas de direito privado estão sujeitas apenas à COFINS; além das contribuições sobre a folha de salários e sobre o lucro) e implicaria invasão de competência tributária dos Estados (para a tributação de operações mercantis por meio do ICMS), comprometendo-se o princípio federativo e a própria eficácia das normas constitucionais que outorgam competência tributária à União para a instituição de contribuições para a Seguridade Social.

21. Abstraímos, agora, a análise da contribuição dos empregadores rurais pessoas físicas, sobre a qual já tecemos nossas considerações acima.

Assim, para compatibilizar essas contribuições com o texto constitucional e as normas que outorgam competência tributária seria preciso reconhecer que a partir a entrada em vigor da Lei 8.870/1994 (em relação aos empregadores rurais pessoas jurídicas) e da Lei 10.256/2001 (em relação às agroindústrias) a COFINS deixou de alcançar esses contribuintes, permanecendo a Lei Complementar 70/1991 vigente e aplicável apenas em relação aos demais.

Essa interpretação resolve o problema em relação a certo período, mas com a superveniente entrada em vigor da Lei 10.833/2003 novamente a dúvida se instaura.[22] Que contribuição prevalece para os empregadores rurais pessoas jurídicas e as agroindústrias? A contribuição sobre a receita bruta da comercialização ou a COFINS não cumulativa?

Com relação a esta questão a complexidade da situação é ainda maior. É que a Lei 10.833/2003 instituiu a COFINS não cumulativa em seus arts. 1º a 8º, dispondo em seu art. 10 que os contribuintes ali referidos, como as pessoas jurídicas sujeitas ao regime de apuração do lucro presumido, permanecem sujeitos "às normas da legislação da COFINS, vigentes anteriormente a esta Lei, não se lhes aplicando as disposições dos arts. 1º a 8º".

Assim, assumindo que a Lei 10.833/2003 tenha regulado inteiramente a matéria em relação à COFINS não cumulativa devida pelas pessoas jurídicas sujeitas ao regime de apuração do lucro real, os empregadores rurais pessoas jurídicas e as agroindústrias que adotam esse regime de tributação não mais estariam sujeitos à contribuição sobre a receita bruta da comercialização da produção, passando a ser tributados pela COFINS (não cumulativa) a partir da entrada em vigor daquele diploma legal.

22. Em 1998 foi publicada a Lei 9.718, determinando que as pessoas jurídicas de direito privado em geral passassem a se sujeitar à COFINS sobre a totalidade da receita. Mas essa base de cálculo ampliada foi declarada inconstitucional pelo STF, pois ao tempo de publicação daquele diploma legal o art. 195, I, da CF ainda não havia sido alterado (para autorizar a exigência da COFINS sobre a totalidade da receita). Esta Lei 9.718/1998 também ampliou a base de cálculo do PIS, mas, conforme referimos, essa contribuição tem fundamento de validade no art. 239 da CF, de forma que sua vigência não seria incompatível com a da nova contribuição devida sobre a receita bruta da comercialização da produção. Portanto, não faremos referência às alterações introduzidas na legislação do PIS, no contexto do presente trabalho.

Por outro lado, os empregadores rurais pessoas jurídicas e as agroindústrias que adotam o regime de apuração do lucro presumido, não alcançados pelo novo regime não cumulativo da COFINS, permaneceriam sujeitos à legislação anterior, sujeitando-se à contribuição social sobre a receita bruta da comercialização da produção.

O resultado dessa balbúrdia é que a contribuição social a que estariam sujeitos os empregadores rurais pessoas jurídicas e as agroindústrias (sobre a receita bruta da comercialização da produção ou COFINS não cumulativa) seria definida em função do regime de apuração do imposto sobre a renda, lucro real ou lucro presumido, o que, a nosso ver, seria inconcebível.

As questões abordadas acima são bastante controvertidas, pois são muitas as variantes de interpretação possíveis. O tema exige, sem dúvida, maior amadurecimento e reflexão. Nossa proposta era lançar as dúvidas, que certamente ensejarão férteis debates.

Finalmente, brindemos ao professor Geraldo Ataliba, relembrando suas valorosas lições de zelo e respeito pela Constituição e a eficácia de suas normas. Saudações ao nosso homenageado!

# *SIGILO DE DADOS BANCÁRIOS – LIMITES DA FISCALIZAÇÃO – PRESUNÇÕES TRIBUTÁRIAS*

José Eduardo Soares de Melo
Doutor e Livre Docente em Direito.
Professor Associado e Coordenador do Curso de Pós-Graduação em Processo Tributário da PUC-SP.
"Visiting Scholar" da Universidade da Califórnia (Berkeley). Consultor.

*1. Sigilo bancário – Cláusula pétrea constitucional. 2. Direitos e deveres da fiscalização. 3. Diretrizes normativas. 4. Justificativas: 4.1 Pró quebra de sigilo pelo Fisco; 4.2 Contra quebra de sigilo pelo Fisco; 4.3 Ponderação. 5. Presunções tributárias não tipificam ilícitos fiscais. 6. Postura do Supremo Tribunal Federal.*

## *XXV Congresso Brasileiro de Direito Tributário*

O jubileu de prata dos Congressos realizados pelo IDEPE merece ser comemorado com muito entusiasmo, uma vez que permanecem vivas as diretrizes lançadas pelo seu idealizador Geraldo Ataliba, tratando com seriedade e dignidade científica os intrincados temas de Direito Público.

Sempre foi enaltecido seu caráter, amizade, lealdade, e a postura de *scholar*, "como pessoa erudita, ou sábia, de grande conhecimento humanístico, que tem conhecimento especializado e profundo de determinada matéria ou assunto" (Houaiss), além de haver criado uma Escola de Direito Tributário nesta cidade, hoje integrada por todos os diretores do IDEPE e os inúmeros palestrantes.

Tive a honra de presidir o XIV Congresso realizado no ano de 2000, em que destaco as homenagens seguintes: "Desde o falecimento do Prof. Geraldo Ataliba que o direito tributário perdeu um guerreiro, perdeu aquele homem que motivava centenas de advogados estudiosos do país a lutarem em prol da aplicação do Direito Constitucional na área tributária" (Heron Arzua). "O incentivador idealista de todos nós, o inspirador, o mestre magnânimo, o batalhador incansável pelo Estado de Direito, o jurista sempre inconformado, o democrata por convicção, um republicano, um constitucionalista, um municipalista e, principalmente, a pessoa humana que ele foi" (Sacha Calmon Navarro Coêlho).

Os mestres que participaram como conferencistas nestes 25 anos sempre abordaram temas de significativa importância para a comunidade jurídica, constituindo nortes seguros para os poderes públicos, a sedimentação da jurisprudência, o exercício do magistério e da advocacia, e aprendizado aos estudiosos do Direito.

Registro a influência marcante de Ataliba em minha vida acadêmica, profissional, e pessoal, desde os primórdios dos anos 70 do século passado, seguindo suas lições de vida. Para tanto, elaboro um pequeno estudo relativo ao tema "Sigilo de Dados Bancários – Limites da Fiscalização – Presunções Tributárias", em razão de postura firmada pelo Supremo Tribunal Federal.

## *1. Sigilo bancário – Cláusula pétrea constitucional*

O sigilo de informações tem sido objeto de proteção legal para diversas atividades, tendo o Código Penal estabelecido sanções para a violação do segredo profissional (art. 154), e de sigilo funcional (art. 325).

Direitos de natureza assemelhada também são conferidos aos cidadãos, conforme estipulado no Código Civil (art. 229), Código de Processo Civil (arts. 347, II e IV, e 406, II), Código de Processo Penal (art. 247), desobrigando o depoimento quanto a fatos protegidos por segredo profissional; também o Código Comercial [*arts. 17 e 19, revogados pelo Código Civil de 2002*], no que concernia à exibição de livros, embora a jurisprudência tivesse firmado que "estão sujeitos à fiscalização tributária ou previdenciária, quaisquer livros comerciais, limitado o exame aos pontos objeto da investigação" (Súmula 439 do STF).

A Lei de Informática (Lei 7.323/84) protege o sigilo de dados armazenados, processados e vinculados, que sejam do interesse da privacidade das pessoas (art. 2º, VII); e a Lei de Imprensa (Lei 5.250/67 [*considerada não recepcionada pela CF*]) punia a difamação e o fato imputado, ainda que verdadeiro, quando dissesse respeito à vida privada do ofendido e a divulgação não fosse motivada em razão de interesse público.

Demais atividades profissionais também devem observar sigilo, como o advogado (Lei 8.906/64, arts. 7º, XIX, 34, VII, e 36, I), que "tem o direito-dever de negar-se a depor quando em jogo questão e ou pessoa postos sob seu patrocínio" (*RSTJ* 57/125), o servidor público federal (Lei 8.112/90, art. 116, V, *a*, e VIII), e o militar (Decreto-lei 1.029/69, art. 34, *j*). Também o jornalista ou radialista o eram (Lei 5.250/67, art. 71),

A Constituição Federal de 1988 estabelece o seguinte:

> "Art. 5º. (...)
>
> "X – são invioláveis a intimidade, a vida privada, a honra e a imagem das pessoas, assegurado o direito à indenização pelo dano material ou moral decorrente de sua violação;
>
> "(...);
>
> "XII – é inviolável o sigilo de correspondência e das comunicações telegráficas, de dados e das comunicações telefônicas, salvo, no último caso, por ordem judicial, nas hipóteses e na forma que a lei estabelecer para fins de investigação criminal ou instrução processual penal."

A *intimidade* e a *privacidade de dados* constituem valores prestigiados constitucionalmente, mantendo íntima conexão com o *sigilo de dados*, atendidas as ressalvas apontadas, podendo ser transplantadas para a órbita profissional em que se impõe confiança e discrição.

O segredo profissional objetiva preservar aspectos pessoais, impedindo que terceiros tenham conhecimento da vida alheia, resguardando-se a própria dignidade humana, que constitui um dos princípios fundamentais do Estado Democrático de Direito.

O *sigilo bancário* – independente das teorias que o disciplinam (contratualista, direito de personalidade, responsabilidade civil, segredo profissional, contrato de adesão) – pode ser caracterizado como "sendo a obrigação do banqueiro – em benefício do cliente – de não revelar certos fatos, cifras ou outras informações de que teve conhecimento por ocasião do exercício de sua atividade bancária e notadamente aqueles que concernem a seu cliente, sob pena de sanções muito rigorosas, civis, penais ou disciplinares".[1]

Informar a situação pessoal abala o natural relacionamento com seus clientes (fundados na confiança e no crédito), pois acarreta significativos reflexos porque pode despertar a cobiça de terceiros (com fins criminosos mediante sequestro, roubos etc.), a participação desleal de concorrentes em negócios, o irado procedimento de credores (perspectivas de bloqueios de valores), e da própria família (interpelação relativa a ganhos, gastos etc.).

Por esse motivo se aponta que "o sigilo bancário se enquadra no conceito mais amplo do segredo profissional", havendo "uma vinculação necessária entre a confiança, que se presume existir, por parte do cliente, no tocante às pessoas que exercem determinadas profissões, como as de advogado, médico ou banqueiro, e a necessidade de manter em sigilo as relações entre eles existentes".[2]

Argutamente foi observado que

> "(...) nas operações de crédito, o sigilo bancário é uma condição imprescindível não só para segurança do interesse dos clientes do banco como para o próprio êxito da atividade bancária. Raros seriam, por certo, os clientes de bancos, se não contassem com a reserva do banqueiro e seus prepostos. Em nenhuma outra atividade profissional é de se atender, com mais adequação, à advertência de que a alma do negócio é o segredo. Pode-se dizer, aqui, em relação a certos fatos, que 'le secret va de soi'. Entrando no conhecimento da vida financeira de seus clientes, o banqueiro está adstrito a silêncio em torno de quaisquer fatos que, se revelados ou comunicados a terceiros, acarretariam àqueles efetivo ou possível dano".[3]

A proteção ao sigilo bancário situa-se entre os princípios informadores do mercado financeiro e de capitais, sinônimo do direito à privacidade, como se colhe dos ensinamentos seguintes:

1. Raymond Farhat, *Le secret bancaire*, Paris, 1980, p. 256, *apud* Nelson Abrão, *Direito bancário*, 5ª ed., Saraiva, 1999, p. 48.

2. Arnoldo Wald, "O sigilo bancário no projeto de lei complementar de reforma do sistema financeiro e na Lei Complementar n. 70", *Cadernos de Direito Tributário e Finanças Públicas* 1/198, Ed. RT, out-dez./1992.

3. Nelson Hungria, *Comentários ao Código Penal*, Rio de Janeiro, Forense, 1980, p. 271.

> "Dados que dizem respeito aos valores depositados em contas correntes bancárias, tipos e formas de aplicações financeiras, rendimentos auferidos em operações bursáteis, etc., representam coisas íntimas daqueles que participam do mercado financeiro e de capitais. Tais dados não podem ser revelados, sem que haja autorização legal para tanto, ou autorização expressa daquele que detém referido direito. Trata-se de direito personalíssimo, devendo manter-se em sigilo por aqueles que eventualmente o detenham (instituições financeiras, magistrados, auditores do BANCE, funcionários da CVM, etc.) em razão de sua atividade profissional. O ocultamento dessas informações é atitude ética, moral e, em especial, atitude expressamente assegurada pelo Texto Magno".[4]

Assim, somente em casos especialíssimos, pautados pela prudência, razoabilidade, equilíbrio e ponderação do Judiciário, é que poderá ser revelada a situação financeira das pessoas privadas.

Considere-se, todavia,

> "(...) que a proteção conferida ao sigilo bancário não pode servir de escudo para condutas criminosas e ilícitas. Aliás, já decidiu o Supremo Tribunal Federal que nenhuma liberdade individual é absoluta, sendo possível, inclusive, respeitados certos parâmetros, a interceptação das correspondências e das comunicações telegráficas e de dados, sempre que as liberdades públicas estiverem sendo utilizadas como instrumento de salvaguarda de práticas ilícitas".[5]

Ademais, a Administração Pública é dotada de competência (constitucional) para promover à apuração de atos, fatos, estados e situações (fáticas ou jurídicas) concernentes às pessoas privadas, com o intuito de apurar a prática de procedimentos que tenham implicação de natureza tributária.

4. Roberto Quiroga Mosquera, "Princípios informadores do mercado financeiro e de capitais", in *Aspectos atuais do mercado financeiro e de capitais*, São Paulo, Dialética, 1999, p. 268.

5. José Eduardo Ferreira Ramos, "O sigilo bancário frente ao Direito Fundamental à tutela jurisdicional efetiva", in Luiz Eduardo Gunther (Coord.), *Jurisdição – Crise, efetividade e plenitude institucional*, Juruá, 2009, p. 344; e HC 70.814-5-SP, 1ª. T., Rel. Min. Celso de Mello, *DJU* 24.6.94, p. 16.650.

## 2. *Direitos e deveres da fiscalização*

A titularidade dos tributos é outorgada às pessoas políticas de direito público (União, Estados, Distrito Federal, e Municípios), de conformidade com as diretrizes estabelecidas na Constituição Federal, mediante a fixação de expressas e precisas pautas de competência para dispor sobre matérias tributárias previstas na Constituição Federal.

O crédito tributário representa o direito que o poder público tem de perceber valores das pessoas privadas, em face da realização do respectivo fato gerador, concretizado com a ocorrência real de todos os elementos previstos na lei. Mediante a prática de negócios jurídicos, prestações de serviços públicos específicos e divisíveis, valorização imobiliária decorrente de obras públicas etc., devidamente enquadradas na legislação, o sujeito ativo passa a ter direito à devida prestação pecuniária, isto é, ao recebimento do referido valor dos sujeitos passivos.

Considerando o aforismo "quem dá os fins (direito à instituição e arrecadação do tributos) tem que dar os meios (direito à fiscalização)", é elementar entender-se que a Administração Pública tem que estar dotada dos instrumentos necessários para conhecer os elementos patrimoniais (bens, direitos, obrigações), os rendimentos de qualquer natureza, e as atividades dos contribuintes (com substrato econômico).

A fiscalização constitui um autêntico poder-dever cometido às Fazendas Públicas, prestigiando o superior princípio da indisponibilidade do crédito tributário, do qual decorre o postulado da supremacia do interesse público sobre o interesse privado.

A legislação tributária, observado o disposto no CTN, pode regular, em caráter geral, ou especificamente, em função da natureza do tributo de que se tratar, a competência e os poderes das autoridades administrativas em matéria de fiscalização. Serão aplicáveis às pessoas naturais ou jurídicas, contribuintes ou não, inclusive às que gozem de imunidade tributária ou de isenção de caráter pessoal (art. 194).

Nesse sentido, as pessoas públicas deverão editar sua própria legislação, disciplinando as competências das autoridades para o exercício da atividade tributária, especificando as mais diversificadas funções, a saber: *a*) fiscalização e cobrança dos créditos tributários; *b*) julgamento dos litígios instaurados em razão de lançamentos; *c*) restituição e compensação de tributos; *d*) consultoria; e *e*) planejamento.

Regra geral, para os efeitos da legislação tributária, não têm aplicação quaisquer disposições legais excludentes ou limitativas do direito de examinar mercadorias, livros, arquivos, documentos, papéis e efeitos comerciais ou fiscais dos comerciantes, industriais ou produtores, ou da obrigação destes de exibi-los (art. 195 do CTN). Os livros obrigatórios de escrituração comercial e fiscal e os comprovantes dos lançamentos neles efetuados serão conservados até que ocorra a prescrição dos créditos tributários decorrentes das operações a que se refiram (parágrafo único do art. 195 do CTN).

Embora o CTN seja omisso, penso que também os livros e documentos dos demais sujeitos passivos (prestadores de serviços, adquirentes de bens etc.) podem ser objeto de exame, segundo a regular competência para exigir tributos, que só se viabiliza no caso de se proceder ao exame das atividades e situações de todos os sujeitos passivos. Todavia, a fiscalização deve estar adstrita aos elementos de seu pertinente interesse, não podendo extravasar a competência administrativa, como no caso de o fisco municipal fiscalizar os empréstimos obtidos pelo contribuinte.

A Administração Pública deverá obedecer aos princípios da legalidade, impessoalidade, moralidade, publicidade e eficiência (art. 37, da CF), não havendo margem de dúvida de que não basta serem observados os requisitos formais e materiais dos atos administrativos para que possam ser providos de eficácia, pois, necessariamente, requer-se observância a um *plus* constitucional, pertinente à obediência às normas morais que regem o ato público.

Outrossim, as Fazendas Públicas, da União, dos Estados, do Distrito Federal e dos Municípios, prestar-se-ão mutuamente assistência para a fiscalização dos tributos respectivos e permuta de informações, na forma estabelecida, em caráter geral ou específico, por lei ou convênio (art. 199 do CTN), que ocorre, por exemplo, nas situações seguintes: *a*) na importação de produtos estrangeiros, a respectiva liberação é promovida por órgão da Receita Federal do Brasil, que exige o recolhimento do ICMS; *b*) a mesma Receita Federal, em decorrência de declaração de imposto de renda da pessoa física, demonstrando o exercício de atividade profissional, promove informação ao fisco municipal para fins de inscrição em seu cadastro e recolhimento de tributos (imposto sobre serviços, taxa de licença); *c*) o fisco de um determinado Estado comunica a situação de empresa mercantil ao fisco de outro

Estado, para que este examine a regularidade tributária nas operações interestaduais.

A CF preceitua que as Administrações tributárias das pessoas políticas exercem atividades essenciais ao funcionamento do Estado, e atuarão de forma integrada, inclusive com o compartilhamento de cadastros e informações fiscais, na forma da lei ou convênio (art. 37, XXII, acrescentado pela Emenda Constitucional 42, de 19.12.2003).

### 3. *Diretrizes normativas*

No *âmbito bancário*, a Lei federal 4.595, de 31.12.64, estabelecera o seguinte:

"Art. 38. As instituições financeiras conservarão sigilo em suas operações ativas e passivas e serviços prestados.

"§ 1º. As informações e esclarecimentos ordenados pelo Poder Judiciário, prestados pelo Banco Central do Brasil ou pelas instituições financeiras, e a exibição de livros e documentos em juízo, se revestirão sempre do mesmo caráter sigiloso, só podendo a eles ter acesso as partes legítimas na causa, que deles não poderão servir-se para fins estranhos à mesma.

"(...).

"§ 5º. Os agentes fiscais tributários do Ministério da Fazenda e dos Estados somente poderão proceder a exames de documentos, livros e registros de contas de depósitos, quando houver processo instaurado e os mesmos forem considerados indispensáveis pela autoridade competente.

"§ 6º. O disposto no parágrafo anterior se aplica igualmente à prestação de esclarecimentos e informes pelas instituições financeiras às autoridades fiscais, devendo sempre estas serem conservadas em sigilo, não podendo ser utilizados senão reservadamente.

"§ 7º. A quebra de sigilo de que trata este artigo constitui crime e sujeita os responsáveis à pena de reclusão de 1 (um) a 4 (quatro) anos, aplicando-se, no que couber, o Código Penal e o Código de Processo Penal, sem prejuízo de outras sanções cabíveis."

Anteriormente, o CTN (art. 197, parágrafo único) dispusera que a obrigação de prestar informações não abrange os fatos sobre os quais o informante esteja legalmente obrigado a observar segredo em razão de cargo, ofício, função, ministério, atividade ou profissão.

Na vigência da Constituição de 1988, a Lei federal 8.021/90 (art. 8º) atribuíra competência à autoridade fiscal para solicitar informações sobre as movimentações financeiras, afastando a aplicação do art. 38 da Lei 4.595/64.

Também a Lei Complementar 70/91 disciplinara o seguinte:

> "Art. 12. Sem prejuízo do disposto na legislação em vigor, as instituições financeiras, as sociedades corretoras e distribuidoras de títulos e valores mobiliários, as sociedades de investimentos e as de arrendamento mercantil, os agentes do Sistema Financeiro da Habitação, as bolsas de valores, de mercadorias, de futuros e as instituições assemelhadas e seus associados, e as empresas administradoras de cartões de crédito fornecerão à Receita Federal, nos termos estabelecidos pelo Ministro da Economia, Fazenda e Planejamento, informações cadastrais sobre se os usuários dos respectivos serviços, relativos ao nome, à filiação, ao endereço e ao número de inscrição do cliente no cadastro de pessoas físicas – CPF ou no cadastro geral de contribuintes – CGC.
>
> "§ 1º. Às informações recebidas nos termos deste artigo aplica-se o disposto no § 7º do art. 38 da lei 4.595 de 31 de dezembro de 1964.
>
> "§ 2º. As informações de que trata o *caput* deste artigo serão prestadas a partir das relações de usuários constantes dos registros relativos ao ano-calendário de 1992.
>
> "§ 3º. A não-observância do disposto neste artigo sujeitará o infrator, independentemente de outras penalidades administrativas, à multa equivalente a trinta e cinco unidades de valor referidas no art. 5º desta Lei Complementar por usuário omitido."

A Lei Complementar 105, de 10.1.2001, revogando o artigo 38 da Lei 4.595/64, dispôs basicamente o seguinte:

> 1. As instituições financeiras conservarão sigilo em suas operações ativas e passivas e serviços prestados.
>
> 2. Não constitui violação do dever de sigilo:
>
> *a*) a troca de informações entre instituições financeiras, para fins cadastrais, inclusive por intermédio de centrais de risco, observadas as normas baixadas pelo Conselho Monetário Nacional e pelo Banco Central do Brasil;

*b*) o fornecimento de informações constantes de cadastro de emitentes de cheques sem provisão de fundos e de devedores inadimplentes, a entidades de proteção ao crédito, observadas as normas baixadas pelo Conselho Monetário Nacional e pelo Banco Central do Brasil;

*c*) o fornecimento de informações de que trata o § 2º do art. 11 da Lei 9.311, de 24.10.96;

*d*) a comunicação, às autoridades competentes, da prática de ilícitos penais ou administrativos, abrangendo o fornecimento de informações sobre operações que envolvam recursos provenientes de qualquer prática criminosa;

*e*) a revelação de informações sigilosas com o consentimento expresso dos interessados;

*f*) a prestação de informações nos termos e condições estabelecidos nos arts. 2º, 3º, 5º, 6º, 7º, e 9º dessa Lei Complementar.

No que interessa ao presente estudo, a *quebra de sigilo* poderá ser decretada, quando necessária para apuração de ocorrência de qualquer ilícito, em qualquer fase do inquérito ou do processo judicial, e especialmente nos crimes contra a ordem tributária e a previdência social.

As autoridades e os agentes fiscais tributários das pessoas políticas somente poderão examinar documentos, livros e registros de instituições financeiras, inclusive os referentes a contas de depósitos e aplicações financeiras, quando houver processo administrativo instaurado ou procedimento fiscal em curso e tais exames sejam considerados indispensáveis pela autoridade administrativa competente.

O Decreto federal 3.724, de 10.1.2001, dispõe que, havendo procedimento de fiscalização em curso na Receita Federal, o Auditor Fiscal poderá examinar informações relativas a terceiros, constantes de documentos, livros e registros de instituições financeiras e de entidades a elas equiparadas, inclusive os referentes a contas de depósitos e de aplicações financeiras, em Mandado de Procedimento Fiscal (MPF).

## 4. *Justificativas*

### *4.1 Pró quebra de sigilo pelo Fisco*

Defensores da Fazenda Nacional argumentam tratar-se de procedimento imprescindível para ser observado o princípio da capacidade contributiva (CF, art. 145, § 1º), na medida em que à Administração tributária, respeitados os direitos individuais e nos termos da lei, faculta-se identificar o patrimônio, os rendimentos e as atividades econômicas do contribuinte, com o objetivo de conferir efetividade à mensuração da capacidade econômica.

Nesse sentido, oferecem argumentos conclusivos à obtenção de dados bancários, a saber:

• "O acesso do Fisco às citadas informações é absolutamente indispensável. A exegese em contrário serviria, apenas, para criar obstáculos ao dever investigatório das autoridades administrativas no sentido de limitar o exercício das atividades que lhes são inerentes e possibilitar que somente seja fiscalizado e investigado o que for espontaneamente declarado; o que implicaria em tornar ineficaz e tributação dos fatos reais à mercê das vontades dos contribuintes que a seu bel-prazer optariam por apenas tributar os valores que desejassem".[6]

• "O sigilo bancário frente à Administração Tributária não é absoluto, não se configurando, com a prestação das informações e o fornecimento de documentos por parte das instituições financeiras, em atendimento às requisições de autoridades fiscais competentes, nos termos da lei e respeitados os direitos individuais, quebra de sigilo, mas, apenas, sua transferência".[7]

### *4.2 Contra quebra de sigilo pelo Fisco*

Objetara-se o preceito da LC 70/91 (art. 12), que dispôs sobre a obrigação de as financeiras fornecerem *informações cadastrais sobre os usuários dos respectivos serviços*, sob a assertiva de ser destituído de validade porque concerne a norma avulsa, inserida em lei estranha à atividade financeira privada (de natureza tributária), interferindo numa das vigas mestras do sistema financeiro nacional, violando o caráter de organicidade e sistematização exigidos, e ferindo o princípio da razoabilidade.[8]

6. Mary Elbe Queiroz, "A inexistência de sigilo bancário frente ao poder-dever de investigação das autoridades fiscais", *RDT* 76/153.

7. Oswaldo Othon Pontes de Saraiva Filho, "Sigilo bancário e a Administração tributária", *Cadernos de Direito Tributário e Finanças Públicas* 11/69, abr.jun./1995, Ed. RT.

8. Celso R. Bastos, *Estudos e Pareceres de Direito Público*, Ed. RT, 1993, pp. 70-72.

A pertinência desse pronunciamento decorrera da circunstância de a CF (art. 192) haver estatuído que "o sistema financeiro nacional, estruturado de forma a promover o desenvolvimento equilibrado do País e a servir aos interesses da coletividade, será regulado em lei complementar (...)".

Do mesmo modo, a Lei federal 9.034/95 – que trata da utilização de meios operacionais para a prevenção e repressão de ações praticadas por organizações criminosas – dispôs que, no caso de acesso a dados, "ocorrendo a possibilidade de violação de sigilo preservado pela Constituição ou por lei, a diligência será realizada pessoalmente pelo juiz, adotado o mais rigoroso segredo de justiça" (art. 3º).

> [*Entende-se*] "como absolutamente correta a postura do legislador e da jurisprudência em preservar o sigilo bancário do arbítrio e admitir a sua quebra sempre que houver autorização judicial. A autorização judicial que exterioriza o exame imparcial da ilicitude do pedido, só deve ocorrer na hipótese em que o interesse público assim o esteja exigindo e de que o sigilo esteja acobertando casos de sonegação evidente e não de mero palpite da fiscalização. Não pode o Poder Judiciário hospedar uma 'fishing exploration' que, comumente os agentes fiscais promovem na tentativa de conseguir apurar faltas de recolhimento tributário, sem dados mais precisos" (Ives Gandra da Silva Martins, *RDDT* 1/15-25).

Não se questiona seja importante para a Administração Pública ter conhecimento do trânsito de valores patrimoniais dos cidadãos e das entidades em geral, para apurar a legitimidade de suas atividades e negócios de natureza financeira, não só no que tange ao cumprimento de obrigações tributárias, mas também no que atina à prática de crimes contra a ordem financeira, tráfico de entorpecentes, contrabando etc.

Também não se ignora que a imposição de limites e restrições à ação fazendária, impossibilitando o pleno conhecimento dos negócios e valores movimentados, pode acarretar a ineficácia à persecução de seu objetivo constitucional (recebimento de tributos), o que poderia tornar indispensável obter-se informações amplas de quaisquer pessoas, entidades etc.

Todavia, não será pelo veículo da legislação infraconstitucional que o Executivo poderá engendrar mecanismos de seu interesse para prejudicar princípios constitucionais (intimidade, privacidade, sigilo bancário), por constituírem cláusulas pétreas.

### *4.3 Ponderação*

As considerações expendidas evidenciam a existência de princípios constitucionais (direito à intimidade e privacidade, interesse público na apuração de negócios e patrimônio), implicadores de uma aparente antinomia de intrincada solução.

Atiladamente fora observado que:

> "(...) numa questão tão delicada e complexa como esta do sigilo bancário, que envolve um difícil *balanceamento de valores*, entre o polo da intocabilidade pertinente à pessoa e o polo oposto do que é exigido pelo interesse coletivo – não se podendo afirmar que um deles seja superior ao outro – penso que se deve optar por uma linha de *prudente adequação* à conjuntura de cada caso concreto, obedecendo-se, desse modo, à diretriz indicada pelas mais atuantes correntes contemporâneas sobre o direito como concreção e experiência".[9]

Evidente que as pautas axiológicas não podem ocasionar a supremacia e a consideração exclusiva de um princípio, positivando-se o direito absoluto do sigilo bancário, em face mesmo das razões apontadas pelos defensores fiscais, *competindo ao Judiciário determinar*, em cada caso concreto, a quebra do segredo dos atos privados, mediante transparência e elucidação da verdade, de conformidade com o devido processo legal.

## *5. Presunções tributárias não tipificam ilícitos fiscais*

Considerando os princípios da tipicidade cerrada e da legalidade, somente se pode cogitar da existência de fato gerador da obrigação tributária quando ocorridos os aspectos previstos na norma de incidência, uma vez que as relações jurídicas devem pautar-se pelos critérios da segurança e certeza, não se aceitando a presunção como elemento embasador de lançamentos tributários.

9. Miguel Reale, "O sigilo bancário no direito brasileiro", *Ciclo de estudos de direito econômico*, Ed. IBCB, 1993, p. 139.

A *presunção* é o resultado de um processo lógico, mediante o qual, do fato conhecido, cuja existência é certa, infere-se o fato desconhecido ou duvidoso, cuja existência é provável, em razão do que constitui mera conjectura.

De um modo geral, as presunções estão inseridas no âmbito processual das provas, objetivando caracterizar ou positivar atos, fatos, situações, que se encaixem às molduras jurídicas. Supor que um fato tenha acontecido ou que a materialidade tenha sido efetivada não é o mesmo que tornar concreta sua existência de modo a conferir legitimidade à exigência tributária.

Portanto, não deve a presunção manter atinência intrínseca aos aspectos estruturadores da norma de incidência, mas apenas referir-se a elementos que possam conduzir à tipificação tributária.

As presunções foram vislumbradas em diversas hipóteses de natureza contábil, física, documental, econômica, incluindo-se a figura dos depósitos bancários; que, entretanto, por si só, não representam valores que necessariamente tenham implicação tributária, nem mesmo sinais exteriores de riqueza, sequer presunção de negócios e operações, mas meras presunções que obrigam à efetiva comprovação documental.

Tais depósitos, ainda que em valores desproporcionais à renda, não justificam a incidência tributária, porque podem decorrer dos mais variados motivos (estranhos aos tributos), a saber:

a) os depósitos representariam bens de terceiros que não teriam ingressado no patrimônio do contribuinte, como é o caso do advogado que recebe numerário do cliente para fazer face a custas, despesas etc., ou correspondem a levantamentos judiciais que ainda não foram objeto de repasse aos seus titulares;

b) os depósitos corresponderiam a ingressos patrimoniais não tributáveis;

c) os depósitos decorreriam de atividades sujeitas à incidência tributária, mas que já teriam sido oferecidos à tributação.

Considerando que pode ser bem diversificada a gama de situações estranhas à tributação, e que a simples existência de depósitos não conduziria à apontada presunção, o Judiciário firmou a diretriz de que "é ilegítimo o lançamento do imposto de renda arbitrado com base apenas em extratos o depósitos bancários" (Súmula 182 do antigo Tribunal Federal de Recursos).

A Lei federal 9.430/96 (art. 42) estabelece que "caracterizam-se também omissão de receita ou de rendimento os valores creditados em conta de depósito ou de investimento mantida junto a instituição financeira, em relação aos quais o titular, pessoa física, ou jurídica, regularmente intimado, não comprove, mediante documentação hábil e idônea, a origem dos recursos utilizados nessas operações".

O Fisco passou a entender que a partir da vigência da referida norma, não mais ficara obrigado a comprovar o consumo da renda, a transparecer sinais exteriores de riqueza (acréscimo patrimonial ou dispêndio), incompatíveis com os rendimentos declarados, como ocorria sob a égide do revogado § 5º, do art. 6º da Lei 8.021/90.

Em consequência, o contribuinte passaria a comprovar a origem dos depósitos bancários, sob pena de se presumir que estes correspondem a rendimentos obtidos, sujeitos à aplicação da tabela progressiva.

O Conselho Administrativo de Recursos Fiscais (CARF) do Ministério da Fazenda firmou diretriz no sentido de que "a presunção estabelecida no art. 42 da Lei n. 9.430/96 dispensa o Fisco de comprovar o consumo da renda representada pelos depósitos bancários sem origem comprovada" (Súmula 26).

A jurisprudência administrativa fundamentara-se em julgados do Superior Tribunal de Justiça, destacando o aresto seguinte:

> "*Tributário. Imposto de Renda. Autuação com base apenas em demonstrativos de movimentação bancária. Possibilidade. Aplicação da LC 105/01. Inaplicabilidade da Súmula 182/TFR.*
>
> "1. A LC 105/01 expressamente prevê que o repasse de informações relativas à CPMF pelas instituições financeiras à Delegacia da Receita Federal, na forma do art. 11 e parágrafos da Lei 9.311/96, não constitui quebra de sigilo bancário.
>
> "(...);
>
> "6. O sigilo bancário não tem conteúdo absoluto, devendo ceder ao princípio da moralidade pública e privada, este sim, com força de natureza absoluta. Ele deve ceder todas as vezes que as transações bancárias são denotadoras de ilicitude, porquanto não pode o cidadão, sob o alegado manto de garantias fundamentais cometer ilícitos. O sigilo bancá-

rio é garantido pela Constituição Federal como direito fundamental para guardar a intimidade das pessoas desde que não sirva para encobrir ilícito.

"(...);

"10. A súmula 182 do extinto TFR, diante do novel quadro legislativo, tornou-se inoperante (...)" (REsp 792.812, Rel. Min. Luiz Fux, j. 13.3.2007, *DJU* 2.4.2007).

Extrema cautela deve ser tomada no tocante à aplicação indiscriminada do princípio da praticabilidade (ou praticidade), que se dá a todos os meios e técnicas utilizáveis para tornar simples e viável a execução das leis, com o objetivo de economicidade e exequibilidade, de modo a evitar a investigação exaustiva do caso isolado, a dispensa de colheita de provas difíceis ou mesmo impossíveis em cada caso concreto.

Depósitos bancários não são suficientes para simplesmente significar ingresso de dinheiro incompatível com o montante declarado (a menor) de faturamento ou receita, que poderia presumir (de modo direto ou indireto) sonegação de diversos tributos (IPI, ICMS, ISS, PIS, COFINS, e por decorrência IR e CSLL).

Para positivar-se a legitimidade dos fatos geradores tributários, deve refletir-se sobre a circunstância de que as presunções, ainda que veiculadas por lei, traduzem meras suposições a serem consideradas no âmbito da prova, suscetíveis de valoração e oposição.

## *6. Postura do Supremo Tribunal Federal*

Diversas Ações Diretas de Inconstitucionalidade foram propostas (e ainda não julgadas) em face das referidas normas que concederam a faculdade aos servidores da União de promoverem, a seu juízo discricionário, a quebra do sigilo bancário, a saber:

a) ADI 2.390, proposta pelo Partido Social Liberal em 5.1.2001;

b) ADI 2.396-1, proposta pela Confederação Nacional do Comércio em 12.12001;

c) ADI 2.397-7, proposta pela Confederação Nacional da Indústria em 29.12001;

d) ADI 4.006-5, proposta pela Confederação Nacional das Profissões Liberais (CNPL) em 17.1.2008;

e) ADI 4.010-3, proposta pelo Conselho Federal da Ordem dos Advogados do Brasil em 23.1.2008.

O STF solucionou a questão da forma consubstanciada na ementa seguinte:

"*Sigilo de dados – Afastamento.* Conforme disposto no inciso XII do artigo 5º da Constituição Federal, a regra é a privacidade quanto à correspondência, às comunicações telegráficas, aos dados e às comunicações, ficando a exceção – a quebra do sigilo – submetido ao crivo de órgão equidistante – o Judiciário – e, mesmo assim, para efeito de investigação criminal ou instrução processual penal.

"*Sigilo de dados bancários – Receita Federal.* Conflita com a Carta da República norma legal atribuindo à Receita Federal – parte na relação jurídico-tributária – o afastamento do sigilo de dados relativos ao contribuinte" (RE 389.808-PR, Plenário, Rel. Min. Marco Aurélio, j. 15.12.2010, *DJ-e* de 10.5.2011).

Fundamentos básicos da decisão:

a) primado do Judiciário para afastar o sigilo de dados bancários para fins exclusivos de investigação criminal ou instrução processual penal, que não pode ser transferido a outros órgãos da Administração federal, estadual e municipal;

b) acesso delimitado e direto ao Procurador-Geral da República, na qualidade de fiscal da lei e titular exclusivo da ação penal pública perante o STF;

c) o Procurador não se confunde com a Receita Federal porque esta é parte da relação jurídico-tributária, tendo atuação restrita à cobrança de tributos;

d) o Ministro de Estado da Fazenda também não pode ter acesso a dados bancários de certo cidadão;

e) cabe ao Juiz decidir pela quebra do sigilo bancário, porque a Administração tributária não guarda posição de equidistância com o contribuinte;

f) embora o sigilo bancário não tenha caráter absoluto, deixando de prevalecer em casos excepcionais, diante de exigências impostas pelo interesse público, reflete expressiva projeção da garantia fundamental da privacidade e da intimidade financeira das pessoas, em particular;

g) a decretação de quebra pressupõe, sempre, a existência de ordem judicial, sem o que não se imporá à instituição financeira o dever de fornecer as informações solicitadas à Administração tributária, ao Ministério Público, e à Polícia Judiciária;

h) a tutela do valor pertinente ao sigilo bancário não significa qualquer restrição ao poder de investigar e/ou de fiscalizar do Estado; as autoridades referidas sempre poderão requerer aos juízes e tribunais que ordenem às instituições financeiras o fornecimento das referidas informações;

i) a legislação de regência (Lei federal 9.311/96, Lei Complementar 105/101, e Decreto 3.724/01) tem que ser interpretada conforme a Constituição Federal, sendo conflitante com ela a legislação que implique afastamento do sigilo bancário do cidadão, da pessoa natural ou da jurídica sem ordem emanada do Judiciário.

# *SOBRE A DEMARCAÇÃO DOS CAMPOS DE VIGÊNCIA DAS OBRIGAÇÕES NO SISTEMA TRIBUTÁRIO NACIONAL*

José Souto Maior Borges
Professor Honorário da Pontifícia Universidade Católica de São Paulo-PUC/SP.

*1. Enunciado básico empírico no CTN, art. 113, § 2º. 2. Enunciados universais sobre a patrimonialidade das obrigações tributárias. 3. Campos de vigência e referibilidade dos enunciados doutrinários sobre obrigações tributárias: 3-A. Sobre a teoria dos campos obrigacionais, desunificados no âmbito tributário; 3-B. A patrimonialidade essencial das obrigações como hipótese imunizante ao erro. 4. Inaplicabilidade da teoria do campo unificado ao direito obrigacional tributário: 4-A. Nenhuma complementação entre obrigação principal e acessória. 5. Reabilitação da pragmática no direito tributário: o mundo jurídico invertido. 6. Princípio da invariância dos campos: sua inaplicabilidade ao direito obrigacional tributário.*

## *1. Enunciado básico empírico no CTN, art. 113, § 2º*

*1.1* Não há simetria de conteúdo, no art. 113 do CTN, entre os seus §§ 1º (obrigação tributária principal) e 2º (obrigação tributária acessória). Tanto um quanto outro desses preceitos configura uma base empírica (linguagem-objeto) das proposições doutrinárias (metalinguagem) que se propõem a determinar o seu sentido normativo. Mas, a assimetria entre ambos consiste em que o § 1º conceitua a obrigação tributária principal, atribuindo-lhe caráter patrimonial, diversamente da obrigação acessória, que não tem feição patrimonial (§ 2º). Não corrobora o § 1º a pretensa verdade do enunciado universal: "Toda obrigação é patrimonial". Dito noutros termos: é impossível sua verificação definitiva. Incabível sacar conclusão indutiva geral com base em enunciados protocolares ou da existência de determinadas normas jurídico-positivas, seja qual for o seu âmbito de validade. Dá-se, nesse campo, um paralelismo entre a ciência jurídico-dogmática e as ciências naturais. Ambas submetidas às mesmas limitações conceituais. De fatos físicos isolados descabe extrair generalizações indutivas (leis naturais).

*1.2* No âmbito da epistemologia das ciências naturais, a afirmação universal "Todo cisne é branco", indemonstrável pela indução, pode ser conclusivamente falseada por uma proposição em sentido individual contrário: "Aqui e agora há um cisne negro". O falseamento, porém, não invalida de todo a enunciação: apenas afasta a sua universalidade. Afeta, portanto, o nível de universalidade do enunciado, porque ele decai para uma simples generalidade numérica.

Do mesmo modo, a afirmação da patrimonialidade essencial da obrigação tributária – sua universalidade – é conclusivamente falseada pelo enunciado do CTN, art. 113, § 2º: obrigações tributárias acessórias não têm caráter patrimonial, porque consistem em prestações positivas ou negativas previstas na "legislação tributária" (*sic*) no interesse da fiscalização e arrecadação dos tributos.

A obrigação principal tem por objeto o pagamento de tributo ou penalidade pecuniária e nisso consiste a sua patrimonialidade (CTN, art. 113, § 1º). Algo diverso caracteriza a obrigação acessória: o seu cumprimento envolve custos administrativos, para as pessoas físicas e jurídicas; custos esses cada vez mais crescentes. Acentua-se gradativa e progressivamente na legislação a sua complexidade e onerosidade. Mas, uma prestação patrimonial não constitui o seu objeto. É ela instituída para efetivar a arrecadação e fiscalização dos tributos. Daí o seu caráter instrumental, com a licença da metáfora.

Obrigação principal e acessória são categorias de direito tributário positivo. Assim a obrigação tributária não é agregada à obrigação principal, como um apêndice seu, diversamente do que ocorre no direito privado. A instrumentalidade é característica básica que reveste a obrigação tributária acessória. Essa conclusão tem importância fundamental, porque evidencia que os regimes da obrigação principal e acessória não podem ser unificados. Elas diversificam-se nas suas estruturas e exercem funções diferentes.

*1.3* Visualizada sob esse aspecto, proponho seja caracterizada a obrigação tributária acessória como o conteúdo de um *enunciado bá-*

*sico empírico*, no art. 113, § 2º do CTN. Como a base empírica dos enunciados dogmáticos é a ordenação normativa vigente, este dispositivo representa uma base empírica necessária, não porém suficiente, para a doutrina do direito tributário na caracterização das obrigações acessórias. Insuficiente porque há outros atos constitucionais, (p.ex. arts. 5º, II, e 151, I) e infraconstitucionais, convergentes para o regramento das obrigações (leis e regulamentos). Disso deriva a sua determinação, que é produto de uma opção estipulativa: "enunciado básico empírico", tipificado pelo conteúdo de norma jurídica particular, não individual porém. Individual é a norma de aplicação do Direito ao caso concreto. O art. 113, § 2º do CTN prescreve norma geral pelo seu âmbito pessoal de aplicabilidade (União, Estados-Membros, DF e Municípios), em contraposição a normas individuais. Este preceito é, pelo CTN, caracterizado como "norma geral de direito tributário", mas a sua estrutura, inobstante essa nomenclatura legal e convivendo com ela, é a de norma de direito particular. É, porém, sob aspecto diverso, como qualquer outra, norma-parte do sistema jurídico tributário. Versa o art. 113 sobre institutos particulares de direito obrigacional: obrigação tributária principal (§ 1º) e acessória (§ 2º). Este o seu caráter básico. Ora, enunciados básicos têm uma incômoda característica no plano lógico: eles não podem ser falseados por enunciados existenciais, ou enunciados sobre a vigência de outras normas válidas em sentido diverso ou contrário. Os cisnes pretos convivem com os cisnes brancos, sem contraposição que viesse a infirmar ou falsear as características morfológicas de ambos. A obrigação acessória coexiste com a principal, em análogas condições.

*1.4* Embora com inadvertência total dessas exigências da lógica e metodologia da ciência, esse obstáculo teórico é, por ínvios caminhos, reconhecido implicitamente pela doutrina do direito tributário, com a introdução de uma hipótese *ad hoc* para escapar ao falseamento do dogma da universalidade estrita das obrigações. Essa hipótese *ad hoc* consiste na afirmação de que as obrigações acessórias são obrigações em sentido impróprio (?). Sob esse aspecto, a descrição do sistema tributário cede espaço a uma crítica meramente terminológica do direito tributário vigente. O raciocínio sobre o objeto de conhecimento dogmático se transmuda em zetético (crítico). A finalidade desse argumento *ad hoc* não é, como facilmente se constata, abrir ao falseamento a tese da patrimonialidade essencial da obrigação tributária – algo louvável. Ao contrário: ele visa a escapar de falseamento conclusivo e já consumado da tese patrimonialista universal das obrigações – algo criticável. Dito noutros termos, mas com idêntica consistência expositiva: a afirmação do sentido impróprio da obrigação tributária acessória visa *imunizar* uma teoria falseada à crítica falseadora – e nada mais. É muito fácil, porém inconsistente, falsear um conceito qualquer sob a mera alegação de que ele é utilizado... em sentido impróprio. Nenhum conceito escaparia a essa crítica eventual.

*1.5* A obrigação acessória tem, no direito tributário, papel análogo ao do cisne preto na zoologia: infirmar a universalidade da teoria da patrimonialidade essencial das obrigações.

Como a obrigação não corresponde a um conceito (*i*) lógico-jurídico, ou (*ii*) de Teoria Geral do Direito, numa classificação tricotômica de campos de investigação jurídica, trata-se, por exclusão, de um conceito (*iii*) jurídico-positivo. Daí a importância de um experimento crucial falseador, fundamentado no CTN, art. 113, § 2º, da tese da patrimonialidade irrestrita das obrigações tributárias. Nada restou dela, em consequência da sentença protocolar em contrário, expressa nessa sua base empírica.

*1.6* Sob esse ângulo semântico e sintático, a base empírica do direito tributário não pode ser fornecida pela conduta concreta do emissor ou do receptor da norma (pragmática), mas pela constatação da existência de um preceito jurídico-positivo válido. Ter misturado esses campos é a fonte imemorial de equívocos na doutrina do direito tributário. Semântica e sintaxe jurídicas ocupam-se de normas de conduta. A pragmática jurídica verte-se, em reversão, para a conduta normada. Notável diferença de perspectivas dos respectivos objetos de conhecimento.

Se as categorias de direito positivo têm âmbitos de vigência e aplicabilidade limitados (âmbitos de validade materiais, pessoais, espaciais e temporais), então as proposições doutrinárias revestem campos de referibilidade demarcados pelo seu objeto de conhecimento. Devem assim referir-se ao âmbito do direito posto, sem extrapassá-lo, porque isso violaria o critério de demarcação dos sistemas de direito positivo e doutrinário. Essa conclusão é simples decorrência da ponderação fundamental, formulada no início deste ensaio: o CTN, art. 113, § 2º, fornece uma base empírica das obrigações tributárias acessórias no direito brasileiro.

## *2. Enunciados universais sobre a patrimonialidade das obrigações tributárias*

*2.1* A doutrina amplamente majoritária se limita a construir enunciados estritamente universais *a priori* sobre a obrigação tributária, ao proclamar – sem demarcação conceitual alguma de seu campo de aplicabilidade – o seguinte enunciado: "Toda obrigação é patrimonial". Praticamente todas as manifestações doutrinárias, só formalmente diversificadas, são redutíveis entre si, porque emprestam à teoria das obrigações o mesmo significado universalizante. Assim, esse enunciado universal estrito sobre todo o conjunto de normas obrigacionais em geral – independente das coordenadas de espaço-tempo – aplica-se ao subconjunto de normas obrigacionais tributárias (CTN, art. 113, § 1º).

A relação entre obrigações em geral e obrigações tributárias em particular é relação do gênero para com a espécie. Descabem contudo nesse âmbito (*a*) enunciados jurídicos universais. Que são no entanto enunciados universais? São enunciados distintos (*b*) dos enunciados apenas numericamente gerais, classe diversa. Distintos também (*c*) dos enunciados protocolares, nos quais ocorrem asserções sobre normas particulares gerais, versando, enquanto tais, sobre determinadas matérias, como as normas obrigacionais legalmente instituídas, no âmbito das competências de cada uma das pessoas constitucionais sobre os diversos tributos da federação (*supra, 1.3*).

Em antecedentes abordagens dessa distinção, aceitei, sem ressalvas, a distinção de Popper entre enunciados (*a*) estritamente universais e (*b*) enunciados numericamente universais. Porém, um enunciado universal não comporta a rigor graduação. Ou é universal ou não o é radicalmente. O enunciado (*b*) numericamente universal é redutível, com vantagem teórica, a um enunciado geral, embora não universal. A análise reflui assim sobre aspectos de uma realidade normativa diversificada. Não recai na censura de dualismo impreciso e mesmo equivocado a classificação dicotômica: (*i*) conceitos universais, inexceptualizáveis e (*ii*) conceitos apenas gerais, exceptualizáveis. A obrigação tributária principal enquadra-se nessa última classe de conceitos. Aplica-se em geral a tese da patrimonialidade obrigacional, exceto nas hipóteses de obrigações acessórias.

*2.2* A palavra "obrigação" é, pela doutrina, manipulada como se fosse termo integrante de um enunciado sobre direito obrigacional tributário em que não se interpusessem termos individuais. Trata-se pois de um enunciado universal na sua intencionalidade. Tanto faz, sob prisma lógico, afirmar em zoologia que todos os corvos são negros (universalidade), quanto sustentar, em doutrina tributária, que toda obrigação é patrimonial. A afirmação sobre a negritude dos corvos recebe legitimidade irrestrita, se e enquanto não falseada, ao lume de uma epistemologia consistente, por um enunciado singular em sentido contrário. Pois os corvos, abstraídas as imposições e condicionamentos de meio ambiente, podem ser encontrados em qualquer espaço-tempo. Mas os conceitos universais sobre normas obrigacionais patrimoniais são *a priori* ilegítimos e, pois, inadmissíveis em epistemologia jurídica. Independentemente até de qualquer corroboração prévia ou de falseamento conclusivo pela descoberta de enunciados existenciais, ou seja, asserções sobre a validade de normas obrigacionais não patrimoniais, e prescindindo de qualquer procedimento experimental controlador. Porque normas jurídicas positivas, obrigacionais ou não, revestem campos de atuação (= âmbitos de validade, na terminologia tradicional) demarcados no tempo e no espaço. Porque o de obrigação é um conceito de direito positivo. Porque o de obrigação consequentemente não é conceito lógico-jurídico, nem de Teoria Geral do Direito.

A doutrina do direito tributário constrói, sobre as obrigações tributárias patrimoniais estranhos silogismos, tais como: Toda obrigação é patrimonial (premissa maior envolvendo petição de princípio). O dever jurídico do CTN, art. 113, § 2º (obrigação acessória), não é patrimonial (premissa menor imunizante ao erro). Logo, a obrigação acessória não é obrigação no sentido próprio (conclusão). Outra fórmula alternativa de ilação, que evidencia o equívoco doutrinário: A obrigação tributária acessória do CTN, art. 113, § 2º, é impropriamente dita (?). Logo, a obrigação acessória não é obrigação no sentido próprio. E, ainda, esta outra: A obrigação tributária acessória do CTN, art. 113, § 2º, não é patrimonial. Logo, não é obrigação. É patente o caráter circular desse raciocínio. Como se a doutrina dissesse: o mar está agitado: é porque Netuno está irritado. E como você sabe que Netuno está irritado? Não vê que o mar está agitado? Este experimento mental é tomado de empréstimo a Karl Popper. E pode ser adaptado, em sua circularidade, ao direito tributário brasileiro: "É como se a doutrina tradicional afirmasse expressa e dogmaticamente: 'Uma norma que não tem caráter patrimonial não é obrigacional'. E se alguém lhe retrucasse: 'Como se comprova então que essa norma não é obrigacional?'. A doutrina tradicional prontamente responderia: 'Precisamente porque ela não tem caráter patrimonial'. O círculo vicioso, a circularidade da argumentação é tão patente que dispensa maiores demonstrações" (nosso *Obrigação Tributária*, 2ª ed., p. 93).

*2.3* A predominância de obrigações patrimoniais não se confunde, assim, com a sua exclusividade, o que é manifesto. Dito noutros termos: não é da essência das obrigações em geral o serem elas patrimoniais. Por isso mesmo, só será, epistemologicamente legítimo, em dogmática do direito tributário, o conceito (diverso da universalidade), constituído pelos enunciados gerais. Generalidade e "universalidade numérica", neste ensaio, referem-se à mesma coisa. Cabe, portanto sustentar proposições como essas: "A maioria das obrigações é patrimonial", "Algumas obrigações são patrimoniais", "Existem obrigações patrimoniais e não patrimoniais" etc. Nesses enunciados gerais, não ocorrem termos *universais*: os de obrigação a patrimonialidade não são conceitos universais. Referentes a conjuntos normativos finitos, eles próprios, se inserem em classe diversa – a dos enunciados apenas gerais. São enunciados sobre conjuntos normativos demarcados pelos sistemas jurídicos diversificados em que se alojam (Brasil, Argentina, Espanha, Uruguai etc.). Não integram a classe dos enunciados universais *a priori*. Nisso, os âmbitos de referibilidade da ciência jurídica se afastam dos campos das ciências naturais, p.ex., eletromagnético, gravitacional etc. Os enunciados das leis físicas são universais – não assim os da dogmática jurídica.

*2.4* A negação de um enunciado universal, p.ex., "Nem toda obrigação tributária é patrimonial", envolve, num procedimento nela implícito e admitido de particularização ou individualização, qualquer enunciado particular ou individual negativo da generalidade por ela infirmada. O enunciado da obrigação acessória como extrapatrimonial no CTN, art. 113, § 2º, infirma, ou seja, falseia a tese da universalidade estrita das obrigações patrimoniais. Este dispositivo é norma particular, inserta no CTN, mas com âmbito de aplicabilidade geral (norma geral de direito tributário). Não é, pois, norma de direito particular, como o lançamento tributário no caso concreto.

*2.5* Todo enunciado universal estrito nas ciências dogmáticas de direito, com o direito tributário, tem, em paralelismo consistente com as leis naturais, o sentido de uma "proibição" ou "vedação". É dizer: inexistem, para a doutrina dominante, obrigações não patrimoniais. Daí decorre a viabilidade de serem, as suas asserções, *falseáveis*. E a obrigação acessória, no CTN, falseia a afirmação: "Toda obrigação é patrimonial". Decai ela de seu "direito" a universalidade.

Porém, um enunciado existencial pode, também ele, ser falseado por erro em teste experimental; análise equivocada do dado protocolar, p.ex. "Esses cisnes não são negros, porque sua plumagem está artificialmente escurecida", "a obrigação tributária é imprópria".

## 3. *Campos de vigência e referibilidade dos enunciados doutrinários sobre obrigações tributárias*

*3.1* A caracterização da obrigação tributária não pode ser obtida antes da consulta ao direito positivo de cada país, sua base empírica. Não é, o conceito de obrigação, um juízo sintético *a priori*, de matiz kantiano. Para que o fosse, além da consistência material, seria necessário que dois termos expressos do enunciado: "Toda obrigação é patrimonial", i. é, "obrigação" e "patrimônio" fossem conceitos universais – e não o são. A obrigação tributária tampouco é conceito de lógica jurídico-formal (e menos ainda de lógica formal *tout court*). Nem o é de Teoria Geral do Direito, que somente se ocupa da configuração formal do dever jurídico *in genere* e não material e especificamente da conceituação do campo obrigacional tributário, porque a obrigação é – isso sim – conceito de direito positivo. Nesse sentido, o dever jurídico (categoria de Teoria Geral do Direito) distingue-se da obrigação (conceito dogmático).

No âmbito da Teoria Geral, ter-se-á dever jurídico quando, independente de qualquer qualificação material da sua consistência, uma conduta é devida como obrigatória e a conduta oposta é pressuposto de uma consequência normativa, a sanção. A obrigação, caracterizada pelo seu conteúdo dogmático, distingue-se do dever jurídico, numa relação da espécie para o gênero. Toda obrigação é dever jurídico, porém nem todo dever jurídico é obrigação: há outros modais deônticos, os deveres de abster-se de conduta oposta à devida (proibição) e o dever-poder de conformar-se aos termos de normas permissivas (autorização). O poder dispor sobre matéria tributária é um dever-poder, onde a inversão terminológica do "poder-dever" busca acentuar a submissão da Administração Pública fazendária à legalidade tributária.

*3.2* Os âmbitos de validade demarcados no direito posto tipificam as obrigações tributárias (p.ex., principal e acessória), porque correspondem a requisitos substanciais (patrimonialidade, acessoriedade, temporalidade etc.) de todo estranhos às formas da teoria geral do direito. A temporalidade implica que a obrigação tenha seu termo inicial de vigência determinado e sua extinção decorra do cumprimento de norma obrigacional respectiva. A cada sistema de direito positivo, p.ex., espanhol, italiano, francês, correspondem critérios de regência autônoma e, pois, diversificada das obrigações. Por isso, a obrigação tributária acessória, no Brasil, não tem conteúdo patrimonial (CTN, art. 113, § 2º) e, sem embargo, ela é obrigação em sentido próprio. E essa inserção sua na ordem positiva nada tem de imprópria. É o mesmo dizer: a obrigação acessória não corresponde a mero consectário da obrigação tributária principal. Tanto que a imunidade tributária de certas instituições sociais não as dispensa do cumprimento da obrigação acessória (CTN, art. 9º, § 1º). Dá-se então a recíproca autonomia das categorias obrigacionais tributárias. Sem nenhuma vinculação, sob esse ângulo, às construções dogmáticas do direito civil (obrigações civis).

### *3-A. Sobre a teoria dos campos obrigacionais, desunificados no âmbito tributário*

> "A essência do método científico é a redução dos fenômenos percebidos a princípios fundamentais testáveis. A elegância, poderíamos dizer a beleza de qualquer generalização científica específica é medida pela sua simplicidade quanto ao número de fenômenos que pode explicar" (Edward Wilson, *Da Natureza Humana*, 1981, pp. 10-11).

*3.3* A instrumentalidade característica da obrigação acessória é, embora útil à doutrina das obrigações, no fundo metáfora não livre de alguma ambiguidade, decorrente da textura aberta da linguagem tributária. E nem corresponde à obrigação tributária acessória, no lado ativo da relação tributária, a uma sujeição do contribuinte ou responsável a "poderes de contorno" da obrigação principal pelo acessório, analogia infortunada, porque a obrigação acessória não contorna a principal como uma avenida perimetral contorna uma cidade. A incontenção verbal é aí a lei.

Nem deve ser, sob este aspecto, a obrigação acessória manipulada pela doutrina como um "dever administrativo". Para além dessa preferência terminológica arbitrária, pondera-se que, sendo o "dever" categoria da Teoria Geral do Direito, como acima demonstrado, o campo material do direito administrativo implica a sua diversificação diante do campo formal de Teoria Geral do Direito. O mal-denominado "dever administrativo" não passa assim de uma nomenclatura gravemente imprecisa pelo seu sincretismo. Não há vantagem teórica alguma, nenhuma conquista conceitual, no emprego dessa linguagem alternativa, com prejuízo meramente preconceituoso da locução claríssima: "obrigação tributária acessória". Esta não é maculada por nenhuma – a mais mínima que fosse – inconsistência conceitual.

*3.4* Os campos limitados de vigência das obrigações tributárias configuram uma característica que pode ser identificada no âmbito de todo e qualquer direito nacional. A formulação dos campos demarcados no espaço-tempo de todas as categorias e conceitos jurídicos corresponde a uma proposta doutrinária nova, descoberta com a ajuda da ciência física – *teoria dos campos* –, de plena e consistente transposição ao direito tributário. Assim, é legítimo afirmar-se: normas obrigacionais tributárias revestem campos de vigência e aplicabilidade distintos em diversas e autônomas formulações pelos múltiplos sistemas de direito positivo. Como essa autonomia dos campos das diferentes normas obrigacionais dá-se na linguagem-objeto (o ordenamento jurídico), a metalinguagem doutrinária deverá ater-se aos seus campos de referibilidade, demarcados pelo direito obrigacional positivo de cada país. Nesse sentido, os diversos âmbitos materiais, pessoais, temporais e espaciais das obrigações correspondem – já o vimos – a campos de vigência diversificados nos diversos países. A cada país, um campo distinto da vigência de normas obrigacionais.

*3.5* A hipótese da patrimonialidade essencial das obrigações não se mostra então compatível com a sua pretendida universalidade. É inconsistente e, pois, conclusivamente falseada por um só conceito particular em sentido contrário: a obrigação acessória do CTN, art.

113, § 2º, não é patrimonial. Logo: nem toda obrigação é patrimonial. Desfez-se, pelo recurso à base empírica, a pretensão à *essencial* patrimonialidade das obrigações, o seu caráter de conjunto normativo praticamente infinito. Passam as obrigações tributárias principais (CTN, art. 113, § 1º) a circunscrever-se conceitualmente aos conjuntos finitos (limitados) de normas obrigacionais. Nem todas as obrigações são patrimoniais. Algumas obrigações – não todas – são patrimoniais. Há obrigações patrimoniais e não patrimoniais. Estes são enunciados consistentes sobre a obrigação tributária principal, modos alternativos de dizer a mesma coisa. Não estão assim preexcluídas pelos campos da referibilidade demarcada dos enunciados sobre obrigações tributárias, principais e acessórias. A partir das premissas adotadas neste ensaio, a conclusão negativa da universalidade das obrigações soa quase como um truísmo. A sua simplicidade é penhor de qualidade teórica. Pois a simplicidade é um vetor nas construções teóricas. Simples e simplório não se equiparam, portanto.

*3.6* Neste estudo, introduz-se tanto para a caracterização (*a*) do âmbito da vigência de normas obrigacionais tributárias, quanto (*b*) para a determinação do âmbito de referibilidade respectiva das proposições doutrinárias, a *teoria fundamental dos campos obrigacionais*. E porque o campo é realidade simetricamente inserta tanto na linguagem-objeto, quanto na metalinguagem doutrinária, logra-se a unificação das hipóteses normativas e doutrinárias, para além do dualismo entre dever-ser (norma) e ser (doutrina), entre linguagem normativa (deôntica) e sobrelinguagem doutrinária (ôntica). Essa conclusão não envolve porém a afirmação de que o campo é realidade expressa no sistema normativo. Ele está implícito no âmbito do direito tributário positivo (constitucional e infraconstitucional) e no da doutrina que o descreva e explique.

Os campos da vigência de normas positivas obrigacionais integram-se pelos seus âmbitos de validade. São múltiplos – não, porém, universais – esses campos, vinculando os seus âmbitos de aplicabilidade. Caracterizam-se pela vigência (semântica e sintaxe) e aplicabilidade (pragmática) de normas obrigacionais.

*3.7* Para fenômenos distintos da pretensa universalidade essencial das obrigações impõe-se uma terminologia (caracterização) diversa, desfazendo-se a ambiguidade decorrente da sua manipulação equivocada pela teoria tradicional do direito obrigacional tributário. É da ordenação normativa respectiva das obrigações e da doutrina respectiva que estamos a tratar.

A teoria dos campos, aplicável às duas realidades (uma normativa, outra doutrinária) supera, conservando-o em suas funções distintas, o dualismo dever-ser/ser, por um procedimento unificador do conhecimento jurídico no âmbito do direito obrigacional: se o todo – o ordenamento jurídico nacional – tem campos (âmbitos) de aplicabilidade limitados, suas partes – normas obrigacionais tributárias – têm, com maiores razões (argumento *a fortiori*), campos de referibilidade demarcados. Assim sendo, a doutrina não deve ultrapassar e extrapassar a conceituação de normas obrigacionais positivas para além – muito além – de seu campo próprio de referibilidade, como acontece nos enunciados universais sobre obrigações. Como demonstrado, cada ordenamento nacional tem campos de aplicabilidade limitados, em confinamento recíproco dos sistemas de direito positivo dos diferentes países. Cada ordem jurídica total distingue-se assim das outras ordens jurídicas vigorantes noutras coordenadas de espaço-tempo. O mesmo condicionamento vincula a doutrina.

*3.8* Consequentemente, não existe obrigação civil ou tributária, e nenhuma outra, susceptível de conceituação universal. Pode-se então consistentemente concluir que todas as figuras obrigacionais tributárias (p.ex., obrigação principal e acessória) estão submetidas ao *princípio da variabilidade de campos juspositivos e doutrinários.* Normas obrigacionais tributárias não vigoram em qualquer espaço tempo, é dizer: em qualquer sistema jurídico (passado, atual e futuro), como, em violação da regra de consistência na argumentação, se pretende. Note-se que, por essa via, se consegue unificar o dualismo linguagem-objeto, normativa e metalinguagem doutrinária, descritiva e explicativa. Tanto um desses âmbitos quanto o outro, estão submetidos, no campo obrigacional tributário, a idênticos critérios de demarcação conceitual.

### *3-B. A patrimonialidade essencial das obrigações como hipótese imunizante ao erro*

*3.9* A patrimonialidade essencial da obrigação tributária é tão só uma hipótese auxiliar, em socorro de uma hipótese geral falseada. É, portanto, *ad hoc* e imunizante ao erro, na ordem das suas pretensões. Então é epistemologicamente ilegítima. Exerce um papel análogo ao do éter na física, cujo destino consumou-se com sua superação, porque não passava de uma hipótese falsa e inútil, como o demonstrou a teoria da relatividade restrita.

Conclusão: a variabilidade de conceitos (variação de campos juspositivos) é característica que se impõe à doutrina, em decorrência da mutabilidade dos vários sistemas de referência (direitos nacionais), porque são mutantes os sistemas de direito positivo vigentes em cada país. Mudam com eles as coordenadas da sua aplicabilidade. A obrigação tributária não é uma invariante, uma essência, nem é imutável, independente dos ordenamentos nacionais, onde está inserta. Não pode então ser corretamente entendida sem a consideração de suas vinculações (âmbitos de referibilidade) com determinados espaço-tempos. A doutrina tradicional das obrigações desdenha, porém, dos seus campos de referência: se o sistema jurídico infirma a teoria, seja ele anátema e pois criticado com veemência. Para ela é desnecessário seja revista a posição teórica falseada. Uma visão crítica equivocada da normatividade tributária vigente. Não descreve e explica o ordenamento tributário porque a sua função é criticá-lo. Se o CTN contradiz a minha teoria, pior para ele.

*3.10* E não são estacionários esses diversos sistemas jurídicos, mas dinâmicos. Sofrem, assim, alterações ao longo do tempo, num constante vir-a-ser (*fieri*). É este mais um argumento que se contrapõe à teoria tradicional e que resulta da crítica crucial à imutabilidade essencial (= patrimonialidade das obrigações tributárias). Pois as obrigações alteram-se, em sua regência não só no espaço (os vários ordenamentos nacionais), mas também no tempo (os respectivos períodos de vigência). Uma revolução suprime abruptamente (não de todo, entretanto) o direito positivo de um país, revogando-o. É patente então a "rebeldia" do direito positivo a caracterizações universalistas, essencialistas e portanto imutáveis.

*3.11.* Em física, onde a teoria da invariância dos campos (p.ex., eletromagnéticos e gravitacionais) foi originariamente concebida, diz-se ser ela a propriedade que caracteriza a imutabilidade de uma grandeza pertinente a um sistema, quando ele se modifica. A grandeza diz-se então invariante (v. Horácio Macedo, *Dicionário de Física*, Nova

Fronteira, Rio de Janeiro, 1976, p. 193, verbete: *Invariância*). A transposição dessa teoria física para o campo do direito obrigacional tributário não ajuda a caracterizar a identidade das obrigações (o que elas são), mas a sua diversidade (o que elas não são). Identidade e diferença são conceitos filosóficos coimplicados. A questão fundamental consiste, no âmbito tributário, em ir além da teoria patrimonialista, saindo dela para retornar depois ao seu estudo com critérios demarcatórios rigorosos dos campos obrigacionais.

No direito obrigacional tributário, o campo de vigência e aplicabilidade não é invariante, porque, ao contrário, decorre de coordenadas variáveis no espaço-tempo. É, por contraposição conceitual, *variável* o campo de referibilidade do direito obrigacional. Em todo caso, sejam coordenadas as análises espaciais ou temporais, o campo será um fenômeno correlacionado com a vigência das obrigações no espaço-tempo. Nele não se identifica então uma constância (invariabilidade), mas a sua variação no tempo e no espaço.

O campo da referibilidade dos enunciados dogmáticos sobre obrigação tributária, não pode – sob controle epistemológico estrito – recair sobre uma universalidade absoluta no espaço-tempo. Veda-o o princípio da variabilidade dos seus âmbitos de referência.

E aqui se interpõe a caracterização mais insatisfatória na doutrina dos direitos obrigacionais tributários, onde ela circula como moeda má.

## *4. Inaplicabilidade da teoria do campo unificado ao direito obrigacional tributário*

*4.1* A ciência em geral tende para a unidade. Essa ponderação metodológica postula a superação dos dualismos tradicionais na ciência jurídica (direito público/privado, subjetivo/objetivo, real/pessoal, nacional/internacional, fato/evento e muitos outros).

Na seleção darwiniana das teorias rivais, a hipótese unificadora há de revestir maior, i. é, mais abrangente, conteúdo empírico. Em suma: a teoria substituta deve explicar todos os fenômenos explicados pela teoria substituída e mais outros que esta não consegue explicar. E não deve, a substituição de hipóteses, incorrer em maior incidência de erro (*infra*, *5-5.2*). Mas a busca – dramática – das teorias unificadoras é o desiderato comum, por um lado, das teorias físicas e, pelo outro, das teorias sociais, como as da dogmática e sociologia jurídicas, história do direito e antropologia jurídica.

*4.2* Einstein foi um dos maiores físicos do século XX. A ele se deve as teorias (*a*) da *relatividade restrita*, sobre a velocidade-limite da propagação da luz no universo (1905) e (*b*) a da *relatividade geral*, o efeito da gravidade sobre um fenômeno luminoso, em campo gravitacional (1915).

As experiências que confirmaram a deflexão da luz, e, pois, a curvatura do espaço interestelar, foram possibilitadas por eclipses solares, devido à excepcional interposição da Lua entre a Terra e o Sol nesses pequenos períodos de tempo. Essas experiências demonstraram, mesmo com os recursos técnicos muito limitados da sua época, a curvatura dos raios luminosos nas proximidades do Sol; fenômeno antes desconhecido. Duas imensas e ousadíssimas proezas teóricas – relatividade restrita e geral – superaram a mecânica newtoniana – que acontecimento científico!

*4.3* Einstein contentou-se com os resultados obtidos? Estacionaram as suas pesquisas após ser ele saudado como um novo Copérnico? Um merecido ócio com dignidade? Nada disso. Precisamente o contrário foi o que ocorreu. Einstein passou todo o resto da sua vida tentando construir uma teoria do campo unificado, que reunisse eletricidade, magnetismo, gravidade e mecânica quântica. Nisso, em visão muito superficial, consiste – ainda em projeto – a *teoria do campo unificado.*

Lograr esse resultado não foi possível ao gênio de Einstein, porque já se havia esgotado, para ele, o ciclo de criatividade esplêndida de sua juventude. E não é cabível antecipar se algum dia será possível essa unificação de campos.

*4.4* Perguntar-se-á então, em manifestação de ceticismo, em que nos concernem – a nós, os estudiosos dos atos obrigacionais – essas considerações extrajurídicas? Não serão elas um exercício pedante e rebuscado de erudição inútil? Ver-se-á diversamente que essas considerações em tudo e por tudo nos concernem, embora nesse terreno, de tão difícil apreensão conceitual, reine a inadvertência na doutrina do direito tributário. Demonstrações? Quando a teoria das obrigações tributárias define a obrigação tributária como uma categoria universal estrita ("Toda obrigação é patrimonial") desconsidera *ipso facto* os âmbitos de referibilidade restrita desse enunciado. Consequentemente, procede como se fosse tal enunciado correspondente a uma inadvertida *teoria do campo obrigacional unificado*. Porque, na sua intencionalidade, o seu âmbito de referibilidade é, sem exceção, aplicável em qualquer espaço-tempo. A hipótese unificadora das obrigações via patrimonialidade implica a caracterização universalista e essencialista da obrigação tributária ("É sempre patrimonial", diz-se). Corresponde ela, no tempo e no espaço, a múltiplos – inumeráveis – campos de vigência e referibilidade do direito obrigacional, unificados pela extrapassagem conceitual indevida. Seria uma proeza intelectual, não fora o erro conceitual que essa aplicação incontida e inapercebida do paralelismo físico-jurídico põe a descoberto, em estado de manifesto.

### *4-A. Nenhuma complementação entre obrigação principal e acessória*

*4.5* Não tenhamos receio de cômodos preconceitos. Ainda em sequência a física nos inspira. A caracterização da luz como onda e partícula (dualismo) implica sua superação por um *princípio de complementaridade* entre as duas (unificação). A explicação da luz como partícula não se contrapõe à sua descrição como onda e nisso consiste a mútua *relação de complementaridade*. Aqui devem socorrer-nos os princípios de identidade e diferença. Porque nada de complementação ocorre nas relações entre obrigação tributária principal e acessória. São as duas espécies diferentes de um mesmo gênero: a obrigação em geral. Mas reciprocamente autônomas. Como demonstrado, há obrigações acessórias desvinculados das obrigações principais, no sentido de que não lhes corresponde, em contrapartida, nenhuma obrigação de pagamento do tributo (*supra*, *3-3.2*).

A caracterização da obrigação acessória como imprópria é uma hipótese *ad hoc*, que nada tem de complementar ao regime da obrigação principal (só esta patrimonial, como visto). Por isso mesmo, a tendência malograda à universalização da obrigação principal (CTN, art. 113, § 1º) é, sem possibilidade de imunização ao seu erro congênito, *indevida no campo dogmático e ilegítima no campo epistemológico* (*supra*, *3-B*).

*4.6* O enunciado: "Toda obrigação é patrimonial" pertence a um nível de universalidade que permite caracterizá-lo como um *axioma*. É enunciado situado no mais elevado nível de universalidade que poderia lograr a doutrina do direito tributário. Dessa enunciação podem então ser deduzidos enunciados de níveis mais baixos de universalidade, p.ex., "Todas as obrigações tributárias no direito positivo brasileiro, são patrimoniais". Não obstante o seu elevadíssimo nível de universalidade, esse axioma pode (*a*) ser havido como epistemologicamente indevido, e (*b*) mostra-se susceptível à falseabilidade: o art. 113, § 2º, do CTN, o confirma, ao instituir as denominadas obrigações tributárias acessórias.

*4.7* Não está portanto a universalidade estrita das obrigações desvestida de conteúdo empírico. A afirmação da universalidade estrita das obrigações patrimoniais "proíbe" todos os enunciados em sentido contrário (p.ex., "Nem toda obrigação tributária é patrimonial", "Só a obrigação tributária é patrimonial"). Conclui-se então que a classe dos seus falseadores potenciais não é vazia, nula ou igual a zero.

A falseabilidade dos enunciados normativos não é um critério de demarcação entre enunciados significativos e não significativos. Não é, pois, um critério de demarcação conceitual dos enunciados normativos. Um juízo metafísico sobre a existência de uma divindade mitológica (p.ex., "Netuno existe") não pode ser testado, confirmado nem falseado, mas é, sem dúvida, significativo. Significa que uma entidade mitológica (ente da razão) está caracterizada pelo atributo (categoria) da existência, análogo ao dos seres humanos. Tem, pois, significatividade plena, mas concretude nula. O enunciado "toda obrigação é patrimonial" significa o que ele intenciona significar, conceituação universal da obrigação.

*4.8* A referibilidade conceitual das proposições doutrinárias, no direito tributário, é característica inafastável diante da linguagem-objeto, constituída no sistema constitucional e infraconstitucional, pela classe de normas que versam sobre tributos. Se a linguagem-objeto tem âmbitos *a*) material, *b*) pessoal, *c*) espacial e *d*) temporal demarcados pelo direito positivo de cada sistema jurídico, então a metalinguagem doutrinária não deveria aspirar ao *status* de fonte dos enunciados universais que contaminam, sob a crítica rigorosa de uma epistemologia jurídica consequente, a doutrina do direito tributário. Antes de colocar-se a questão da verdade ou falsidade dos enunciados universais estritos sobre institutos de direito tributário positivo, interpõe-se o problema de sua ilegitimidade (inconsistência conceitual).

Assim, o enunciado: "Toda obrigação tributária é patrimonial" mostra-se epistemologicamente ilegítimo, independentemente de qualquer veredicto da sua base empírica: o conjunto de enunciados (*a*) gerais, (*b*) particulares e (*c*) individuais que gravitam em torno do conceito jurídico-positivo nuclear de tributo.

## 5. *Reabilitação da pragmática no direito tributário: o mundo jurídico invertido*

*5.1* A abstração conceitual realizada pela ciência do direito tributário implica inclusão de certos aspectos (descrição/explicação) e exclusão de outros na análise da complexa estrutura normativa. "Abstrair é subtrair", como nos ensinou Vilém Flusser e, assim sendo, nada de censurável terá a análise da estrutura do ordenamento juspositivo, com abstração de suas funções. E seus segmentos, como o das normas tributárias, podem ser estudados circunscrevendo-o às relações (*i*) semânticas e (*ii*) sintáticas (intra e internormativas), com abstração das relações (*iii*) pragmáticas entre norma e conduta humana existencial e concreta. Por isso mesmo, a descrição e explicação dos fenômenos normativos abstratamente observados, não envolve a descrição e explicação pragmática: p.ex., a consideração das relações entre emissor e receptor de normas juspositivas. E esse campo (semântica e sintaxe), não interfere "com", nem envolve "a" necessidade de identificar-se função persuasiva e até regulatória que se localiza no conhecimento sob ângulo da pragmática.

*5.2* A doutrina tributária, com raras exceções, p.ex., os Profs. Tercio Sampaio Ferraz Jr. e André Parmo Folloni, desconsidera a função pragmática da doutrina jurídica, privilegiando a semântica e sintaxe jurídicas. E com isso introduz *ipso facto* um obstáculo epistemológico ao aprofundamento do conhecimento jurídico, um paradigma equivocado. E todavia... no âmbito da pragmática, será possível a descoberta de critérios que viabilizem a superação do dualismo: ser (*Sein*) e dever-ser (*Sollen*). Ora, uma hipótese unificadora tem a seu prol uma vantagem teórica. A teoria substitutiva consegue explicar tudo o que a teoria substituída explicava se o seu conteúdo de explicação for maior e for menor a sua margem de erro (*supra*, *4-4.1*). Se o estudo do direito tributário estiver portanto acrescido e enriquecido pela investigação pragmática, ter-se-á o notável efeito de lograr uma conclusão unificadora e superadora dos dualismos tradicionais, oriundos da distinção de inspiração remota em Hume e Kant, entre o ser e o dever-ser, que fez a fortuna da Teoria Pura do Direito (Kelsen). Esse dualismo não reveste, porém, nenhuma importância para as conclusões do corrente trabalho. É uma hipótese que podemos aqui descartar.

*5.3* A pragmática não é, pois, incompatível com esse novo modelo unificador porque ela se verte sobre os emissores (p.ex., o Congresso Nacional, Assembléias Legislativas, Estaduais e Câmaras Municipais) e receptores da preceituação normativa (a conduta concreta dos seus destinatários). Algumas proposições normativas integram o direito particular (particulares porque são conjuntos unitários), inobstante a generalidade das suas normas (p.ex., leis e regulamentos), outras o direito singular (atos administrativos e sentenciais). Todos esses atos têm âmbitos de validade que determinam a consistência jurídica da conduta normada (lícita/ilícita). Toda norma reveste em seus âmbitos de validade a determinação maior ou menor do período de vigência do preceito. Essa é uma das grandes contribuições da doutrina kelseniana à Teoria Geral do Direito. Sem ceder à tentação de meras questões e palavras: a teoria dos âmbitos de validade sobrepõe-se vantajosamente à caracterização usual de simples "aspectos", "elementos", "critérios" da hipótese de incidência normativa. É caracterização determinada por maior rigor conceitual e maior campo de abrangência. Herança da Teoria Geral do Direito, que não deve ser desprezada.

*5.4* Porém o presente trabalho introduz perspectiva nova, diversa e inexplorada – não antinômica à teoria dos âmbitos de validade normativa, por ele conservada e constituída pelos *campos de referibilidade*. Terminologia tomada por empréstimo à física (campos eletromagnéticos, gravitacionais etc.). E inspirada em critérios de larga aplicação em ciências da natureza. A inovação fundamental, agora introduzida, é fornecida pelos campos da referibilidade das proposições dogmáticas, vertidas sobre os diversos sistemas jurídicos, mas a cada um deles confinada. Surpreende que a pragmática, diversamente da semântica e sintaxe, recaia sobre a conduta normada, conduta existencial e concreta. Não recaia diretamente sobre um dever-ser, mas sobre a conduta humana, existencial, agora e aqui e, assim sendo, só indiretamente vertida para a norma de conduta. É uma inversão de perspectivas, *um mundo jurídico invertido*. Para a sintaxe e a semântica jurídicas a conduta relevante é abstrata. Dizia Hensel, já no seu tempo, que a hipótese normativa é como que a imagem abstrata do concreto estado das coisas. Mas a pragmática, diversamente, não prescinde da concretude da conduta, antes centra-se nela. E não lhe são pois estranhas, mas decisivas, as considerações da eficácia jurídica. A inversão de mundos é patente: para a semântica e a sintaxe o objeto do conhecimento é a norma da conduta; para a pragmática, a conduta normada. A inversão não poderia ser mais clara, uma vez enunciada.

O interrelacionamento entre o mundo jurídico abstrato e o mundo jurídico concreto é assim correspondente a uma inversão total, numa estrada real de mão dupla: a investigação se volta ora (*a*) para a conduta abstrata prevista em norma, ora inversamente (*b*) para a conduta concreta normada. Com essas ressalvas e temperamentos, a norma de conduta é sempre o referencial da ciência jurídica. Estamos aí em área vizinha à Sociologia Jurídica. Mas, o estudo das relações entre pragmática e Sociologia Jurídica refoge ao objeto do presente ensaio.

*5.5* Deve-se distinguir da dogmática os modos de interpretação e aplicação do direito pelos usuários das normas jurídicas, emissores e receptores da linguagem normativa (dados de fato, pessoais), porque o ato pragmático é alojado no âmbito concreto das condutas. A semântica e a sintaxe jurídicas não podem aspirar ao mesmo desiderato porque se situam no campo abstrato de normas jurídico-positivas. A abstração na previsão da conduta humana é uma técnica ou método insusceptível de abandono em análise semântica e sintática. Reversamente, a concretude da conduta concreta normada é, para a pragmática, um dado fundamental. Dito o mesmo com outros termos: a semântica e a sintaxe levam em consideração as condutas abstratamente previstas em preceitos normativos; a pragmática, diversamente, volta-se, a partir do normativo, para a concretude das condutas normadas. Dá-se assim uma inversão nas respectivas posições: a pragmática recai sobre os atos humanos, em si mesmos considerados, i. é, sobre os atos de subsunção ou aplicação dos preceitos jurídicos interpretados. Normativo é porém, sempre, o campo de referência integral dos estudos jurídicos sobre o tributo, assim como em qualquer outra província especializada do Direito (constitucional, administrativo, civil, processual etc.).

*5.6* A reviravolta de perspectiva da norma de conduta (semântica/sintaxe) para a conduta normada (pragmática) põe por terra a pretensão à universalidade de mais um axioma da doutrina do direito tributário: não se transita livremente do mundo do dever-ser normativo para o mundo do ser da conduta normada, ou seja, do mundo das normas (dever-ser) para o mundo do ser (conduta). É justamente o contrário. Não há obstáculo algum nessa inversão de perspectivas teóricas. Ela é pois livre. E, mais que livre, necessária. Porque, só por intermédio dessa inversão pragmática será possível superar o dualismo ser (*Sein*) e dever-ser (*Sollen*) num paradigma teórico unificador e por isso mesmo, mais abrangente e fecundo. Esse axioma negativamente enunciado deve circunscrever-se, em limitação conceitual, ao campo da dogmática jurídica, onde é válido. Não, porém, no âmbito da pragmática, onde ele não tem aplicabilidade. É, contudo, uma aproximação de seu campo mais vasto e abrangente (semântica/sintaxe/pragmática). Não se deve, sem mais, invalidar um esforço sério e profundo de investigação dogmática. Não será por outro motivo que a superação do dualismo o supera, mas conservando-o. Nada se perde no patrimônio científico.

## 6. *Princípio da invariância dos campos: sua inaplicabilidade ao direito obrigacional tributário*

*6.1* As coordenadas que determinam o regime obrigacional são caracterizadas pelo critério de demarcação, i. é, pela sua vinculação aos sistemas de direito positivo vigorantes nos diversos países. Assim, nas relações interestatais, cabe falar-se em sistemas do direito positivo brasileiro, argentino, espanhol etc. No seu âmbito espacial, o sistema tributário é um desdobramento do sistema constitucional, constituído pelas normas-princípios e demais normas correlacionadas e interrelacionadas pelo conceito básico de tributo. Mas, nesse âmbito de validade intraestatal, há normas de direito tributário, instituídas com fundamento na competência constitucional, e aplicáveis à União, Estados-membros, Distrito Federal e Municípios. *Mutatis mutandis*, esses critérios metodológicos de atribuição e/ou distribuição do poder de tributar são aplicáveis em todos os países, sempre que se tratar de problemas da interpretação de direito positivo, constitucional e infraconstitucional.

*6.2* O âmbito espacial de validade normativa tem, sob esse aspecto, importância crucial, porque é nele que reside o principal fator de demarcação conceitual das construções teóricas empreendidas pela doutrina do direito tributário. É claro que, nesse âmbito, se aplica excepcionalmente uma regra de extraterritorialidade. Mas essa extraterritorialidade é condicionada pela viabilidade (efetividade extraterritorial) da lei tributária. É, pois, condicionada (*conditio iuris*) pela possibilidade concreta da incidência do tributo fora do território brasileiro. Não, porém, da sua aplicação. Trata-se de uma técnica de tributação tendente a aumentar a arrecadação e evitar a evasão fiscal e, no seu nascedouro (instituição), condicionada pela sua eficácia. Se a pretensão tributária não pode exercer-se sobre situações consumadas no exterior, frustrada será a previsão de sua aplicabilidade pelo direito nacional.

A CF de 1988, no seu art. 150, VI, "a", proíbe às pessoas constitucionais (União, Estados-membros, DF e Municípios) instituir impostos sobre o patrimônio, renda ou serviços uns dos outros. É o princípio doutrinariamente nomeado "imunidade tributária recíproca", que atua no âmbito de demarcação da competência tributária. Responde pois à indagação: sobre quais pressupostos não pode recair o poder de tributar? Obrigações tributárias quer no âmbito intraestatal, quer no âmbito interestatal, não têm âmbitos universais de validade, porque são regidas pelo critério de demarcação conceitual fornecido pelos próprios sistemas jurídicos. Em termos mais simples ainda: faz-se necessário pesquisar "onde" e "quando" se manifesta um determinado sistema em que estão embutidas normas obrigacionais tributárias a serem consideradas pela análise jurídica.

É intuitivo até que, se obtivermos as coordenadas de espaço-tempo num determinado sistema jurídico (p. ex., italiano) não lograremos *ipso facto* um critério de identificação dessas coordenadas tempo-espaciais noutro sistema jurídico (p. ex., o brasileiro).

*6.3* Aqui faz-se necessário perseverar no esforço de argumentação pertinente. Em decorrência da demarcação intersistemática, os diferentes ordenamentos jurídico-positivos se regem por critérios de variabilidade. E, assim como normas de direito obrigacional positivo revestem âmbitos objetais demarcados de aplicabilidade, têm-se simetricamente âmbitos demarcados de referibilidade doutrinária, fornecidos pelo próprio sistema jurídico. Trata-se de metalinguagem doutrinária de primeiro grau, porque recai diretamente e sem intermediação teórica, sobre os seus âmbitos objetais de referência.Tal não acontece com a doutrina estrangeira na sua utilização pela doutrina nacional de um determinado país. Antes de invocar a doutrina estrangeira e dela utilizar-se, deve-se proceder à indagação sobre a sua *pertinencialidade* ao âmbito do direito nacional. Só depois de respondida positivamente essa indagação, dever-se-á aplicar doutrina estrangeira (jurídico-dogmática, entenda-se) no âmbito do direito nacional. Trata-se, pois, de metalinguagem de segundo grau. Primeiro investiga-se a questão da pertinencialidade; segundo, se respondida afirmativamente essa indagação, será legítimo aplicar-se a solução do direito estrangeiro. E como se trata de problema dogmático, essa ponderação, no geral despercebida e pois desconsiderada, vale para qualquer país e não apenas, p. ex., para o direito brasileiro. A relação entre doutrina nacional e estrangeira é assim relação entre metalinguagens de primeiro grau (a nacional) e de segundo grau (a estrangeira). Não é, portanto, uma relação semântica ou sintática, mas condicionamento epistemológico.

*6.4* Um exemplo, porém, ilustrará mais que mil palavras a procedência dessas ponderações. É legítimo à doutrina italiana sustentar o caráter patrimonial da obrigação em direito civil, porque estará para tanto – e não mais que isso – autorizada pelo Código Civil italiano, art. 1.174, em cujos termos a prestação que forma o objeto da obrigação deve ser susceptível de avaliação econômica. Esse enunciado, porém, nada adianta quanto ao caráter patrimonial das obrigações tributárias no direito brasileiro. E muito menos terá corroboração, pelo teste de inserção no direito brasileiro, art. 113, § 1º, do CTN (obrigação tributária principal). Porque, quanto a esta, não pode ser legitimada uma conclusão indutiva universal sacada de texto de direito particular. E o § 2º deste mesmo preceito infirma qualquer pretensão de aplicabilidade ao direito brasileiro do art. 1.174 do CC italiano. Porque as obrigações tributárias acessórias não têm, no direito brasileiro, caráter patrimonial como seu objeto – e como demonstrado.

*6.5* Todas as leis físicas como da queda dos corpos no vácuo, da ebulição da água por efeito do calor e a gravitação são regidas pelo princípio universal da causalidade (aliás questionado nos arraiais da física). Mas, se aceita a causação universal como uma hipótese válida (consistente) esses fenômenos físicos estarão regidos, todos eles e muitos outros, pelo princípio da invariância. É dizê-los válidos em qualquer coordenada de espaço-tempo. Ora, enquanto a invariância impõe a imutabilidade do fenômeno; a variância regula-se por princípio diverso: relações intra e inter-sistemáticas de opostos, em decorrência da sua diversidade. Dito noutros e mais sintéticos termos: o princípio da invariância somente seria invocável se inexistissem as limitações no tempo e no espaço da vigência de normas jurídico-positivas. Mas elas existem. Assim, o campo do direito obrigacional tributário é regido por um princípio da variabilidade. Este dá a conotação conceitual desse princípio jurídico-dogmático. A variabilidade fornece apenas o critério da diferença. Identidade e diferença são princípios que convergem para a caracterização dos limites da aplicabilidade do direito positivo e os de pertinência doutrinária. Impõe, este critério distintivo, o reconhecimento das diferenças legítimas dos regimes obrigacionais vigorantes nos diversos países. O princípio da invariância não é satisfeito no campo dos enunciados só na sua intencionalidade universais sobre obrigações. Esse campo é regido, todo ele, pelo princípio da variabilidade segundo as peculiaridades do direito positivo vigente em cada país.

*6.6* A obrigação tributária disciplinada em conjuntos normativos finitos e, pois, limitados mostra-se insuscetível a enunciados ("leis") universais estritos, que revelam o caráter descomedido e inconsistente da doutrina de sua essencial patrimonialidade. Implica essa opinião a percepção clara dos limites da conceituação jurídico-dogmática e impõe a superação da tese de patrimonialidade essencial das obrigações tributárias.

O conceito de obrigação tributária corresponde a um dos polos da relação tributária (a sujeição passiva), implicado a correlação com uma pretensão do sujeito ativo dessa relação (fisco). Não é um conceito universal. Os seus limites (identidade) decorrem da sua inconfundível caracterização diante de outros conceitos juspositivos, como os de direitos subjetivos, crédito, lançamento, prescrição e decadência tributárias etc. (diferença conceitual). Não o reveste, significado universal, quer na legislação fiscal nacional, quer nas relações fiscais internacionais. Revestida está a obrigação tributária apenas de pertinência restrita ao âmbito do direito tributário nacional. Não equivale, a sua extensão de conteúdo normativo, à de dever jurídico, que é formal porque é pertinente à Teoria Geral do Direito. Só esta última abriga campos conceituais de referibilidade irrestrita no espaço-tempo. É dizê-los: invocáveis em todo e qualquer país.

*6.7* Considerada sob esse ponto de vista, a obrigação não é uma categoria jurídica. Categorias jurídicas não são conceitos dogmáticos e vice-versa. Estas são formas condicionantes do modo como os objetos da experiência jurídica se estruturam e ordenam, no plano lógico-jurídico. Mas, na proposição "toda obrigação é patrimonial" estão insertas duas categorias jurídicas: 1ª) "toda" (juízo de quantidade, totalidade); 2ª) "é" (juízo de existência ou validade de normas). Essas categorias, em si mesmas, são logicamente legítimas. Não porém no contexto do direito obrigacional tributário.

*6.8* "Obrigação" e "patrimônio" são conceitos de direito positivo e, portanto, cambiantes no espaço-tempo. Se recorrermos à terminologia clássica, essa proposição descritiva das obrigações tributárias corresponde a juízos particulares (CTN, art. 113, §§ 1º e 2º).

Quando se menciona o advérbio de quantidade "toda" e o tempo presente do verbo ser ("é", o termo de ligação na proposição descritiva em análise) se está utilizando categorias (universais) no campo do direito tributário positivo. Quando reversamente se recorre a conceitos como o de "obrigação", dá-se a vinculação a *direito particular*, na hipótese, norma de direito tributário positivo brasileiro. Para que a proposição envolvente de essencial patrimonialidade das obrigações fosse verdadeira seria necessário que ela não contivesse termos de direito particular, p.ex., obrigações tributárias principal e acessória (CTN, art. 113, §§ 1º e 2º), algumas, não todas, obrigações são patrimoniais. Juízos universais são categorias de quantidade. Juízos particulares são conceitos quantitativamente limitados – algo muito diferente. A obrigação tributária patrimonial não satisfaz o requisito lógico da universalidade. É conceito particular e, em consequência, não deve, evitando-se agressão à lógica das proposições doutrinárias, misturar-se num só enunciado juízos universais e particulares. Assim sendo, sobre essas propostas doutrinárias tradicionais deve recair o manto do esquecimento. Já estão conclusivamente falseadas.

Conclui-se pois: a apreensão conceitual das implicações doutrinárias do espaço-tempo da vigência dos ordenamentos jurídicos, particularmente no campo das relações tributárias, corresponde a uma revolução científica, no sentido de uma ruptura com o conhecimento prestabelecido da doutrina tradicional das obrigações tributárias. É um paradigma teórico até então inexplorado. Produto da utilização de metodologia radicalmente heterodoxa na análise dos fenômenos obrigacionais. E o de obrigação é um conceito-chave para o direito tributário. Pressuposto necessário e suficiente para a doutrina do direito tributário, em seus desdobramentos. Contribuir para a superação do estágio de imobilismo em que se encontra essa doutrina é o honesto e impessoal desiderato deste ensaio. Mas a sua contribuição mais intrigante é a caracterização da pragmática com um mundo jurídico invertido. E este um eco distante das lições de Hegel.

Deste ensaio pode-se afirmar tudo, exceto que ele não está caracterizado por uma abertura radical à crítica falseadora. Por isso a eventualidade de erro não pode nele ser descartada. Mas é preferível erro em profundidade a acerto na superfície. No conhecimento teórico não há campo legítimo para superficialidade expositiva.

Uma última ponderação: se alguém aplicar os critérios de crítica epistemológica, preconizados neste estudo, a outros campos do direito positivo obterá surpreendentes resultados. Valeria a pena essa tentativa. A obrigação tributária é aqui mero pretexto para demonstrar a fecundidade das inovações de perspectivas teóricas enfrentadas neste estudo.

# COMPENSAÇÃO DE TRIBUTOS FEDERAIS NA ESFERA ADMINISTRATIVA: EVOLUÇÃO LEGISLATIVA E ASPECTOS POLÊMICOS ENVOLVENDO SUA APLICAÇÃO

JULIANA FURTADO COSTA ARAUJO

Doutora em Direito Tributário pela PUC/SP. Procuradora da Fazenda Nacional.
Chefe da Divisão de Defesa em Segunda Instância da PRFN/3ª Região.
Professora dos Cursos de Pós-Graduação do IBET, PUC/COGEAE,
FGV/GV*Law* e EMAG/3ª Região.



## 1. Introdução

O tema da compensação de tributos federais vem sendo alvo de inúmeros questionamentos doutrinários e jurisprudenciais desde a edição da Lei 8.383/1991, que, superando vácuo legislativo até então existente, permitiu a compensação entre tributos administrados pela Secretaria da Receita Federal do Brasil, atendendo ao disposto no art. 170 do CTN,[1] para que a compensação sirva como meio de extinção do crédito tributário.

1. "Art. 170. A lei pode, nas condições e sob as garantias que estipular, ou cuja estipulação em cada caso atribuir à autoridade administrativa, autorizar a compensação de créditos tributários com créditos líquidos e certos, vencidos ou vincendos, do sujeito passivo contra a Fazenda Pública."

Inexistem dúvidas acerca da importância do instituto da compensação, pois por seu intermédio evita-se o enriquecimento ilícito do Estado, garantindo-se ao contribuinte a devolução de valores indevidamente recolhidos por meio do encontro de contas, em que há a extinção de obrigações entre devedores e credores recíprocos.

Considerando que toda sistemática da compensação tributária necessita estar prevista em lei, de alguns anos para cá várias foram as alterações legislativas envolvendo este tema, o que trouxe à tona uma série de discussões sobre a aplicabilidade dessas novas normas, em especial as Leis 10.637/2002 e 10.833/2003.

É certo que estas inúmeras modificações legislativas trouxeram maior celeridade no que diz respeito ao efetivo reconhecimento da compensação pela Fazenda Pública Federal, evitando transtornos ao contribuinte quanto à cobrança de créditos tributários na hipótese em que este mesmo sujeito também ocupa a posição de credor do Fisco.

Apesar disso, vários são os questionamentos envolvendo a aplicabilidade destas normas, sobretudo no que diz respeito à determinação do momento em que cada inovação legislativa poderá ser aplicada, atingindo, ou não, as compensações já em andamento e aquelas que ainda serão manejadas.

Dentre essas discussões também sobressaem aquela referente ao efeito a ser dado à manifestação de inconformidade – recurso apresentado pelo contribuinte quando da não homologação de sua declaração de compensação – como, ainda, a determinação do momento a partir do qual a declaração de compensação passou a ser considerada confissão de dívida e o papel do lançamento de ofício para fins de constituição do crédito tributário que se pretende compensar.

O objetivo do presente artigo é demonstrar quais as alternativas à disposição do contribuinte para utilizar a compensação, enfocando as principais dúvidas que cercam o tema, sob a ótica das decisões de nossos Tribunais Superiores.

Para tanto, enfocaremos o instituto da compensação, apresentando a definição de seu conceito e seu regime atual na esfera federal, o que inclui as duas modalidades de compensação hoje reconhecidas pela legislação (não homologada e não declarada).

Na sequência nos debruçaremos sobre os problemas enfrentados pelos contribuintes quando desejam extinguir crédito tributário por meio da compensação, como o efeito do recurso apresentado quando da não homologação da declaração de compensação e a necessidade, ou não, do lançamento de ofício para constituição de crédito tributário cuja compensação é requerida por meio da declaração respectiva.

## *2. Definição do conceito de "compensação"*

A compensação pode ser definida a partir de conceitos elaborados pelo direito civil. Afinal, este não é um instituto exclusivamente tributário, tendo esteio na Teoria Geral das Obrigações. Importante ressalvar, porém, que na esfera tributária a compensação apresenta nuanças próprias, que a particularizam, como teremos oportunidade de expor em seguida.

O art. 368 do CC prescreve que: "Art. 368. Se duas pessoas forem ao mesmo tempo credor e devedor uma da outra, as duas obrigações extinguem-se, até onde se compensarem".

Daí inferirmos que na compensação duas pessoas mantêm entre si duas relações jurídicas distintas, uma representada por um crédito e outra por um débito, ambas recíprocas, que se extinguirão com o encontro de contas que a compensação proporciona. Tais dívidas hão de ser líquidas, e as prestações exigíveis.

Na seara tributária a compensação preserva muitas das características da compensação civil, embora também apresente diferenças. A primeira delas reside no fato de que, por força do princípio da legalidade, a compensação tributária sempre necessitará de lei específica, nos termos do art. 170 do CTN.

Além disso, para efeitos ficais é possível a compensação entre débitos vincendos, o que não se vê no direito privado. Ainda, o conjunto de normas que autorizam a compensação tributária pode prescrever garantias e limites tanto à atuação da Fazenda Pública quanto à do contribuinte no que diz respeito à extinção das obrigações tributárias recíprocas, o que não acontece na esfera civil.

Sobre a compensação tributária, José Eduardo Soares de Melo[2] afirma:

2. José Eduardo Soares de Melo, *Curso de Direito Tributário*, São Paulo, Dialética, 1997, p. 229.

"A compensação pressupõe que o devedor seja titular do contracrédito, envolvendo a existência e contraposição de dois ou mais créditos".

É o art. 156 do CTN que dispõe sobre a compensação e a prescreve como causa de extinção do crédito tributário – o que implica afirmar que ela enseja o término da relação jurídica obrigacional, em que o Fisco se encontra como credor e o contribuinte como devedor, tendo como objeto o pagamento do tributo.

Interessante, porém, acrescentar que a compensação vai além, pois também extingue a relação de débito do Fisco, na qual os sujeitos acima referidos estão em posição inversa por conta de um pagamento indevido realizado pelo contribuinte, o que a diferencia das demais hipóteses de extinção do crédito tributário previstas no referido art. 156.

Paulo César Conrado[3] bem elucida este ponto, ao assim pontuar:

"Diferentemente do que se passa com as demais modalidades, portanto, com a compensação o que se percebe é que sua força extintiva volta-se sempre contra duas relações jurídicas, uma delas denominada obrigação tributária (em cujo bojo residem, não custa repetir, *crédito do Fisco* e *débito do contribuinte*) e a outra, inversa, que podemos denominar de *relação de débito do Fisco* (em cujo bojo residem, em contrapartida, *débito do Fisco* e *crédito do contribuinte*)".

Dessa forma, como pressuposto da compensação tributária temos a necessária contraposição de direitos e obrigações que mutuamente irão se extinguir, sendo imprescindível a observância dos requisitos estabelecidos pela legislação autorizadora do instituto, que será analisada a seguir.

## 3. *O atual regime jurídico da compensação na esfera federal*

A Lei 8.383/1991 foi o instrumento legal que originariamente autorizou a compensação entre tributos federais. Por meio de seu art. 66, § 1º,[4] permitiu que ela ocorresse entre tributos da mesma espécie,

3. Paulo César Conrado, *Compensação Tributária e Processo*, 2ª ed., São Paulo, Quartier Latin, 2010, p. 90.

4. "Art. 66. Nos casos de pagamento indevido ou a maior de tributos, contribuições federais, inclusive previdenciárias, e receitas patrimoniais, mesmo quando

a ser feita com valores vincendos, pelo próprio contribuinte, em sua escrita fiscal. Assim, apresentavam-se como seus requisitos: (*i*) o pagamento indevido ou a maior de tributos e contribuições, inclusive previdenciárias, e receitas patrimoniais; (*ii*) encontro de contas apenas entre tributos da mesma espécie; e (*iii*) compensação restrita a valores vincendos.

Em seguida, a Lei 9.250/1995 veio explicitar que tal compensação somente poderia se dar entre tributos da mesma espécie e com igual destinação constitucional – ou seja, valores relativos a PIS somente poderiam ser compensados com valores vincendos do próprio PIS, e assim por diante, em relação a todos os outros tributos.

Com a promulgação da Lei 9.430/1996[5] houve uma grande mudança na sistemática até então vigente, considerando que seu art. 74, em sua redação original, autorizou a compensação entre quaisquer tributos sob administração da Secretaria da Receita Federal do Brasil, a ser feita a pedido do contribuinte.

Desta feita, durante alguns anos coexistiram dois regimes de compensação, cuja aplicação ficava a critério do sujeito passivo, sendo a principal característica que os diferenciavam o fato de que a compensação entre quaisquer tributos dependia de um requerimento administrativo, ao passo que aquela que poderia ser feita por conta e risco do contribuinte ficava limitada a tributos da mesma espécie e destinação constitucional.

A própria Administração Tributária, todavia, constatou que tais regimes precisavam ser alterados, considerando uma série de problemas que envolviam sua execução. O que acontecia é que muitos dos pedidos administrativos de compensação não conseguiam ser analisados dentro de um lapso temporal razoável, e isto acarretava inconve-

resultante de reforma, anulação, revogação ou rescisão de decisão condenatória, o contribuinte poderá efetuar a compensação desse valor no recolhimento de importância correspondente a período subsequente.

"§ 1º. A compensação só poderá ser efetuada entre tributos, contribuições e receitas da mesma espécie."

5. O art. 74 da Lei 9.430/1996, em sua redação original, assim prescrevia: "Art. 74. Observado o disposto no artigo anterior, a Secretaria da Receita Federal, atendendo a requerimento do contribuinte, poderá autorizar a utilização de créditos a serem a ele restituídos ou ressarcidos para a quitação de quaisquer tributos e contribuições sob sua administração".

nientes àquelas pessoas que efetivamente possuíam crédito para com a Fazenda Pública.

Apenas como exemplo, podemos citar as situações em que, apesar de existir crédito a favor do contribuinte (relação de débito do Fisco), havia a inscrição em Dívida Ativa do crédito tributário (relação de crédito do Fisco) que se queria compensar, com o consequente ajuizamento do feito executivo para sua cobrança, pois não era extinta a relação jurídica tributária a tempo, o que impedia, por exemplo, a concessão de Certidão Negativa de Débitos. Acontece que *a posteriori* verificava-se que aquele crédito tributário deveria mesmo ser extinto pela compensação, mas até tal constatação todos os inconvenientes acima narrados já haviam sido causados ao contribuinte, sendo que por vezes este só via seu direito a compensar reconhecido pela busca da prestação jurisdicional.

Assim, pela redação que foi dada ao art. 74 da Lei 9.430/1996 pela Medida Provisória 66/2002, convertida na Lei 10.637/2002, foi introduzido um novo sistema de compensação, que, inclusive, revogou aqueles sistemas até então existentes.[6] Referido dispositivo assim passou a prescrever:

> "Art. 74. O sujeito passivo que apurar crédito, inclusive os judiciais com trânsito em julgado, relativo a tributo ou contribuição administrado pela Secretaria da Receita Federal, passível de restituição ou de ressarcimento, poderá utilizá-lo na compensação de débitos próprios relativos a quaisquer tributos e contribuições administrados por aquele Órgão".

De acordo com este dispositivo e seus §§, o contribuinte pode realizar compensação entre créditos e débitos que possua com a Fazenda Pública Federal, de sua titularidade e não de terceiro, que, embora sejam de espécies diversas, possuam natureza tributária, o que exclui créditos de outras naturezas – por exemplo, crédito-prêmio de IPI e crédito derivado de título público.

A materialização desta compensação se dá por meio da entrega de uma declaração (DCOMP), na qual cabe ao próprio contribuinte apu-

6. Isto implica afirmar que na esfera federal a compensação somente é possível pela iniciativa do contribuinte, que deve provocar a autoridade administrativa por meio da entrega de uma declaração, como explicaremos em seguida.

rar o valor que ele possui a título de crédito, ou seja, o indébito tributário, devendo também apontar quais débitos tributários pretende ver extintos com a homologação da declaração apresentada.

A grande vantagem deste sistema de compensação reside no fato de que esta extinguirá o crédito tributário sob condição resolutória de ulterior homologação.[7] Isto significa que, ao entregar a declaração de compensação, a extinção que se pretende se operará desde logo, podendo o crédito vir a ser restabelecido apenas na hipótese de a Fazenda Pública não confirmar, por meio de ato homologatório, os dados informados pelo contribuinte. Assim, impede-se que referido crédito seja inscrito em Dívida Ativa, cobrado por meio de ação de execução fiscal, além de não configurar obstáculo à concessão de Certidão Negativa de Débitos.[8]

Uma outra inovação trazida pelo art. 74, § 4º, da Lei 10.637/2002 foi a transformação dos pedidos de compensação pendentes de apre-

7. Neste sentido, prescrevem os §§ 1º e 2º do art. 74 da Lei 9.430/1996:

"§ 1º. A compensação de que trata o *caput* será efetuada mediante a entrega, pelo sujeito passivo, de declaração na qual constarão informações relativas aos créditos utilizados e aos respectivos débitos compensados.

"§ 2º. A compensação declarada à Secretaria da Receita Federal extingue o crédito tributário, sob condição resolutória de sua ulterior homologação."

8. O STJ tem julgados neste sentido, como demonstra a seguinte ementa: "Tributário – Compensação – Declaração não recusada formalmente – Inexistência de débito – Certidão Negativa ou Positiva com Efeito de Negativa – Concessão – Possibilidade – Precedentes das Turmas de Direito Público. 1. Com relação à possibilidade de expedição de Certidão Negativa ou Positiva com Efeito de Negativa de Débitos Tributários em regime de compensação afiguram-se possíveis as seguintes situações: a) declarada, via documento específico (DCTF, GIA, GFIP e congêneres), a dívida tributária, prescindível o lançamento formal, porque já constituído o crédito, sendo inviável a expedição de Certidão Negativa ou Positiva com efeitos daquela; b) declarada a compensação por intermédio de instrumento específico, até que lhe seja negada a homologação, inexiste débito (condição resolutória), sendo devida a Certidão Negativa; c) negada a compensação, mas pendente de apreciação na esfera administrativa (fase processual anterior à inscrição em Dívida Ativa), existe débito, mas em estado latente, inexigível, razão pela qual é devida a Certidão Positiva com Efeito de Negativa, após a vigência da Lei n. 10.833/2003; d) inscritos em Dívida Ativa os créditos indevidamente compensados, nega-se a Certidão Negativa ou Positiva com Efeitos de Negativa. 2. Hipótese dos autos prevista na letra 'b', na medida em que a declaração do contribuinte não foi recusada, nem este cientificado formalmente da recusa, de modo que inexiste débito tributário a autorizar a negativa da expedição da Certidão Negativa de Débitos, nos termos do art. 205 do CTN. 3. Recurso especial não provido" (2ª Turma, REsp 842.444-PR, rel. Min. Eliana Calmon, j. 9.9.2008, *DJe* 7.10.2008).

ciação pela autoridade administrativa em declarações de compensação, desde o seu protocolo. Isto resolveu o problema daqueles pleitos não analisados e apresentados nos termos da redação original do referido art. 74, que, como já dito acima, causavam uma série de transtornos aos contribuintes. A partir de então, tais pedidos passaram a ter o mesmo efeito das declarações, ou seja, de extinguir o crédito tributário sob condição resolutória de ulterior homologação.

Não há dúvida de que inúmeras foram as alterações introduzidas pela Lei 10.637/2002, mas ainda eram necessários alguns ajustes no sistema de compensação, como o estabelecimento de um prazo para que a homologação pudesse ocorrer. Afinal, por questão de segurança jurídica, não se poderia admitir que a qualquer tempo, depois de vários anos, a Administração Tributária viesse a resgatar um crédito tributário por considerá-lo não compensado, dada a não homologação da declaração apresentada.

Desta feita, a Medida Provisória 135/2003, convertida na Lei 10.833/2003, aperfeiçoou o sistema, estabelecendo no § 5º do artigo mencionado o prazo de cinco anos para a Fazenda Pública analisar a declaração oferecida, homologando-a ou não. Passado este prazo sem qualquer manifestação do Fisco, há a confirmação definitiva da extinção do crédito tributário pela compensação, nos termos do art. 156, II, do CTN.

Além disso, outra inovação trazida ao sistema pelo § 6º do mesmo art. 74 é o fato de a declaração de compensação funcionar como espécie de confissão de dívida. Isto implica afirmar que o crédito tributário cuja extinção é pretendida poderá ser exigido pela Fazenda Pública sem necessidade do ato do prévio lançamento caso a compensação não seja homologada pelo Fisco. Nesta hipótese considera-se que a declaração de compensação seria a linguagem competente para sua constituição.

Foi criado também um recurso, nomeado "manifestação de inconformidade", a ser apresentado pelo contribuinte no prazo de 30 dias a contar da decisão que não homologa a declaração de compensação apresentada, cujo efeito é suspender a exigibilidade do crédito tributário que se pretende extinguir.[9]

9. Neste sentido prescrevem os §§ 9º a 11 do art. 74 da Lei 9.430/1996:

Ainda na tentativa de ajustar o sistema de compensação vigente, outras inovações foram trazidas pela Lei 11.051/2004, sendo relevante citar, aqui, a nova modalidade de compensação chamada de "não declarada", presente no § 12 do art. 74 da Lei 9.430/1996.[10]

Na compensação não declarada, diferentemente da compensação não homologada, até então referida, inexiste a análise do mérito da declaração apresentada. Ao contrário, há seu indeferimento liminar por se incluírem como crédito do contribuinte ou da Fazenda Pública valores que a própria lei impede que sejam objeto de compensação.

Como exemplo citamos o fato de o contribuinte tentar compensar como crédito de sua titularidade valores que ainda estão sendo discutidos judicialmente, sem apresentar a liquidez e certeza indispensáveis para efeito de compensação, ou mesmo pretender extinguir crédito do Fisco que, por força legal, não pode ser objeto de compensação, como é o caso daqueles objeto de parcelamento.

Considerando que na compensação não declarada ocorre sua rejeição liminar, não se admite que o crédito tributário que se pretende compensar seja extinto, sob condição resolutória de ulterior homologação, do mesmo modo que a declaração apresentada não servirá como linguagem competente para a constituição dos créditos tributários informados pelo contribuinte.

"§ 9º. É facultado ao sujeito passivo, no prazo referido no § 7º, apresentar manifestação de inconformidade contra a não homologação da compensação.

"§ 10. Da decisão que julgar improcedente a manifestação de inconformidade caberá recurso ao Conselho de Contribuintes.

"§ 11. A manifestação de inconformidade e o recurso de que tratam os §§ 9º e 10 obedecerão ao rito processual do Decreto n. 70.235, de 6 de março de 1972, e enquadram-se no disposto no inciso III do art. 151 da Lei n. 5.172, de 25 de outubro de 1966 – Código Tributário Nacional, relativamente ao débito objeto da compensação."

10. "§ 12. Será considerada não declarada a compensação nas hipóteses: I – previstas no § 3º deste artigo; II – em que o crédito: a) seja de terceiros; b) refira-se a 'crédito-prêmio' instituído pelo art. 1º do Decreto-lei n. 491, de 5 de março de 1969; c) refira-se a título público; d) seja decorrente de decisão judicial não transitada em julgado; ou e) não se refira a tributos e contribuições administrados pela Secretaria da Receita Federal – SRF; f) tiver como fundamento a alegação de inconstitucionalidade de lei que não tenha sido declarada inconstitucional pelo Supremo Tribunal Federal em ação direta de inconstitucionalidade ou em ação declaratória de constitucionalidade, nem tenha tido sua execução suspensa pelo Senado Federal" (alterada pela Medida Provisória 449, de 3.12.2008).

Outra diferença significativa com relação à compensação não homologada é a impossibilidade de ser apresentada manifestação de inconformidade, com suspensão da exigibilidade do crédito tributário, objeto de compensação, contra decisão que a considera não declarada. Não há previsão de se seguir o rito do Decreto 70.235/1972, sendo aplicada a Lei 9.784/1999 – ou seja, cabe a apresentação de recurso administrativo. Este, porém, não terá efeito de suspender a exigibilidade do crédito tributário cuja extinção por compensação foi negada, pois apresenta apenas efeito devolutivo.

Além dos instrumentos legislativos referidos, as Leis 11.196/2005, 11.488/2007 e 11.941/2009, por exemplo, também trataram do tema, estabelecendo, dentre outras inovações, multas tanto para as hipótese de compensação não homologada, no caso de falsidade de declaração, como de compensação não declarada, tudo isso com o objetivo de inibir que o instituto da compensação seja utilizado de forma indevida.

Estes inúmeros instrumentos legislativos, que se sucederam em tão curto espaço de tempo, com o objetivo de ajustar o sistema de compensação tributária na esfera federal, trouxeram muitas indagações sobre sua aplicação, em especial quanto à determinação de qual lei deveria ser aplicada às compensações pendentes e àquelas que ainda seriam objeto de apreciação. Algumas das principais controvérsias envolvendo o tema da compensação serão vistas em seguida.

## *4. Aplicação da legislação vigente ao tempo da compensação, e não do surgimento do crédito*

Com as sucessivas alterações legislativas acima demonstradas, é natural que surja questionamento relativo ao regime jurídico das compensações: deve ser aplicada a norma vigente ao tempo do surgimento do crédito do contribuinte ou aquela vigente ao tempo da produção da norma individual e concreta que garante o exercício do direito de compensação?

Dentro da perspectiva tratada no presente artigo, consideramos o primeiro momento como aquele em que houve o pagamento indevido e, portanto, há uma norma garantindo que o contribuinte exerça seu direito de repetir o indébito na forma por ele escolhida: compensação ou restituição. Já, o segundo momento seria aquele em que há a entrega da declaração de compensação pela sistemática estabelecida a partir de 2002, pela Lei 10.637, ou mesmo pelo protocolo do pedido de compensação ou compensação na escrita fiscal, antes desta data.

Considerando estes dois momentos distintos, vemos que se optarmos pela norma vigente ao tempo do nascimento do crédito o que se estará levando em consideração é um pretenso direito adquirido ao regime da compensação vigente à época em que apenas existe juridicamente a norma do pagamento indevido.

Ainda que se saiba que há um crédito a favor do contribuinte, inexiste a produção da norma individual e concreta reconhecendo que tais valores podem ser devolvidos por meio da compensação. Tal norma somente será produzida quando, por iniciativa do contribuinte, houver a apresentação da declaração de compensação dentro da nova sistemática estabelecida pela legislação acima referida.

É por isto que somos adeptos da ideia de que deve ser aplicada a norma vigente ao tempo em que for exercido o direito à compensação. É neste sentido o entendimento predominante no STJ.[11]

11. A ementa deste julgado assim aduz: "Processual civil e tributário – Divergência jurisprudencial – Similitude fática – Ausência – Paradigma julgado monocraticamente – Compensação – Aplicação da legislação vigente no momento do encontro de contas – Crédito de terceiro – Crédito-prêmio de IPI – Cessão – Impossibilidade. 1. Não se conhece do recurso especial, quanto à divergência, se os paradigmas indicados não guardam similitude fática com o aresto recorrente ou foram julgados monocraticamente. *2. O processamento da compensação subordina-se à legislação vigente no momento do encontro de contas, sendo vedada a apreciação de eventual pedido de compensação ou declaração de compensação com fundamento em legislação revogada ou superveniente. 3. Com o advento da Lei n. 10.637/2002 passou-se a utilizar a data da transmissão da declaração de compensação (PER/DCOMP), já que 'a compensação declarada à Secretaria da Receita Federal extingue o crédito tributário, sob condição resolutória de sua ulterior homologação' (art. 74, § 2º, da Lei n. 9.430/1996).* 4. No caso, busca-se compensar crédito de terceiro, referente ao benefício fiscal do crédito-prêmio de IPI – Incidência das alíneas 'a' e 'b' do inciso II do § 12 do art. 74 da Lei n. 9.430/1996, incluídas pela Lei n. 11.051, de 2004. 5. 'A compensação de crédito tributário só pode ser feita pela empresa que obteve a sua certificação judicial. Impossível a sua utilização por terceiro, em consequência de negócio jurídico de cessão celebrado. O art. 74 da Lei n. 9.430, de 1996, redação da Lei n. 10.037, de 2002, determina que os créditos apurados perante a Secretaria da Receita Federal só poderão ser utilizados na compensação de débitos próprios, e não de terceiros' (REsp n. 939.651-RS, rel. Min. José Delgado, *DJU* 27.2.2008). 6. Recurso especial conhecido em parte e não provido" (STJ, 2ª Turma, REsp 200900188244, rel. Min. Castro Meira, j. 15.10.2009) (grifos nossos).

## *5. A manifestação de inconformidade como causa de suspensão da exigibilidade do crédito tributário: limites à sua aplicação*

A manifestação de inconformidade é o recurso cabível em face da decisão que não homologa declaração de compensação apresentada pelo contribuinte, previsto no § 9º do art. 74 da Lei 9.430/1996.

Traçando-se um breve histórico acerca da sua existência, a Instrução Normativa 210/2002, em seu art. 35, facultava ao sujeito passivo, no prazo de 30 dias, a contar da data da ciência da decisão do ato que não homologou a compensação de débito lançado de ofício ou confessado, apresentar manifestação de inconformidade contra o não reconhecimento de seu direito creditório. Inexistia, contudo, qualquer previsão conferindo efeito suspensivo a este recurso, tampouco o tipificando como causa de suspensão da exigibilidade do crédito tributário que se pretendia compensar.

Ao contrário, o parágrafo único do art. 22 da mencionada instrução normativa preceituava que:

> "Não ocorrendo o pagamento ou o parcelamento no prazo previsto no *caput*, o débito deverá ser encaminhado à Procuradoria da Fazenda Nacional (PFN), para inscrição em Dívida Ativa da União, independentemente da apresentação, pelo sujeito passivo, de manifestação de inconformidade contra o não reconhecimento de seu direito creditório".

Tal dispositivo reafirmava a ideia de que, apresentada manifestação de inconformidade, não havia suspensão dos efeitos do ato que não acatou o pedido de compensação apresentado, de forma que o crédito tributário (crédito do Fisco) poderia ser inscrito em Dívida Ativa e cobrado, independentemente da presença do recurso administrativo noticiado.

Com a Medida Provisória 135/2003, convertida na Lei 10.833/2003, é que houve previsão legal da manifestação de inconformidade – que até então constava de norma infralegal –, dando a este recurso efeito suspensivo e, desta forma, conferindo a ele a possibilidade de suspender a exigibilidade do crédito tributário, nos termos do art. 151, III, do CTN.

O questionamento que cerca esta matéria reside na definição do momento em que se pode considerar que a manifestação de inconformidade apresentada poderá ter efeito suspensivo e, consequentemente, suspender a exigibilidade do crédito tributário que se quer compensar. Eis as questões a que se pretende responder: Manifestação de inconformidade apresentada antes da Medida Provisória 135/2003 suspende a exigibilidade do crédito tributário? E depois? E no caso de ser apresentada antes da medida provisória referida, mas julgada apenas quando da vigência da lei nova?

A título de esclarecimento inicial, é interessante pontuar que a manifestação de inconformidade somente é prevista na hipótese de compensação não homologada. No caso da compensação não declarada o próprio art. 74, § 13, da Lei 9.430/1996 a afasta como meio de insurgência contra a decisão produzida pelo Fisco contrária aos interesses do contribuinte.

Nestes casos, por força de lei, não há que se falar na própria existência deste específico recurso, quiçá em efeito suspensivo da exigibilidade do crédito tributário.[12] O que é facultado ao contribuinte é que a insurgência contra a decisão denegatória de seu pleito se dê pela apresentação de recurso administrativo, nos termos do art. 56 da Lei 9.784/1999, sem efeito suspensivo, conforme o art. 61 da mesma lei.[13]

Já, no caso de compensação não homologada, respondendo aos questionamentos acima referidos, entendemos que a manifestação de

12. A ementa a seguir demonstra entendimento consoante ao por nós defendido: "Tributário – Compensação – Crédito de terceiro – Decisão não transitada em julgado – Compensação considerada não declarada – 'Manifestação de inconformidade' – Não cabimento – Impossibilidade de suspensão da exigibilidade do crédito. 1. Não se conhece do recurso especial quando o tribunal de origem não emite juízo de valor sobre os dispositivos tidos por violados – Incidência da Súmula n. 282/STF. 2. Considera-se não declarada a compensação na hipótese em que o crédito seja de terceiro ou decorrente de decisão judicial não transitada em julgado (Lei n. 9.430/1996, art. 74, § 12, alíneas 'a' e 'd'), ficando afastada a possibilidade de apresentação de 'manifestação de inconformidade' e, em consequência, de suspensão da exigibilidade do crédito (§ 13 do referido dispositivo legal). 3. A 'manifestação de inconformidade' passou a ter eficácia suspensiva da exigibilidade do crédito tributário com a edição da Lei n. 10.833/2003, que introduziu os §§ 9º a 11 ao art. 74 da Lei n. 9.430/1996. 4. Recurso especial conhecido em parte e não provido" (STJ, 2ª Turma, REsp 200801283734, rel. Min. Castro Meira, j. 31.3.2009).

13. Referidos artigos assim preceituam:

"Art. 56. Das decisões administrativas cabe recurso, em face de razões de legalidade e de mérito."

"Art. 61. Salvo disposição legal em contrário, o recurso não tem efeito suspensivo."

inconformidade somente tem o efeito de suspender a exigibilidade do crédito tributário a partir da introdução no sistema do § 11 do art. 74 da Lei 9.430/1996, pela Medida Provisória 135/2003, convertida na Lei 10.833/2003 (30.10.2003), que expressamente conferiu a este recurso os mesmos efeitos do art. 151, III, do CTN.

Anteriormente a este momento, apesar de existir previsão em instrumento infralegal de recurso igualmente nomeado como manifestação de inconformidade, podemos afirmar que o instrumento previsto na referida norma administrativa e aquele presente na Lei 10.833/2003 têm efeitos distintos, sendo certo que apenas o segundo suspende o ato impugnado, como também a exigibilidade do crédito tributário a ser extinto pela compensação, por força da expressa previsão legal.

Não se pode esquecer que o CTN admite, em seu art. 141, o seguinte:

> "O crédito tributário regularmente constituído somente se modifica ou extingue, ou tem sua exigibilidade suspensa ou excluída, nos casos previstos nesta Lei, fora dos quais não podem ser dispensadas, sob pena de responsabilidade funcional na forma da lei, a sua efetivação ou as respectivas garantias".

Portanto, necessária a previsão em lei para que haja a suspensão da exigibilidade do crédito tributário, o que só ocorreu em 2003. Da mesma forma, a regra é que os recursos administrativos apresentem apenas efeito devolutivo, sendo o efeito suspensivo decorrente de expressa previsão legal.[14]

Assim, entendemos que somente suspendem a exigibilidade as manifestações de inconformidade apresentadas a partir da Medida Pro-

14. Neste sentido, Maria Sylvia Zanella Di Pietro aduz: "Recursos administrativos são todos os meios que podem utilizar os administrados para provocar o reexame do ato pela Administração Pública. Eles podem ter efeito suspensivo ou devolutivo; este último é o efeito normal de todos os recursos, independendo de norma legal; ele devolve o exame da matéria à autoridade competente para decidir. O efeito suspensivo, como o próprio nome diz, suspende os efeitos do ato até a decisão do recurso; ele só existe quando a lei o preveja expressamente. Por outras palavras, no silêncio da lei o recurso tem apenas efeito devolutivo" (*Direito Administrativo*, 17ª ed., São Paulo, Atlas, 2004, p. 626).

visória 135/2003. Aquelas interpostas antes deste momento, ainda que venham a ser julgadas após a vigência da referida medida provisória, submeter-se-ão ao regime jurídico anterior, considerando que referida norma produz efeitos para o futuro, por conta do princípio da irretroatividade da lei tributária. Assim, os créditos cuja compensação não foi homologada poderão ser inscritos em Dívida Ativa e cobrados independentemente do recurso apresentado. O mesmo não ocorrerá apenas se a manifestação de inconformidade for apresentada após a vigência da Medida Provisória 135/2003.

Este não tem sido o entendimento do STJ. Apesar de admitir que antes de 2003 não havia previsão legal acerca do efeito suspensivo à manifestação de inconformidade, acaba conferindo tal efeito ao recurso, utilizando-se da dicção presente no art. 151, IIII, do CTN. Vejamos a ementa abaixo:

> "Tributário – Compensação – 'Manifestação de inconformidade' – Aplicação da legislação vigente no momento do encontro de contas – Suspensão da exigibilidade do crédito – Precedentes. 1. O processamento da compensação subordina-se à legislação vigente no momento do encontro de contas, sendo vedada a apreciação de eventual 'pedido de compensação' ou 'declaração de compensação' com fundamento em legislação superveniente – Precedente: EREsp n. 488.992-MG, rel. Min. Teori Albino Zavascki, 1ª Seção, *DJU* 7.6.2004. 2. Em consequência, o marco a ser considerado na definição das normas aplicáveis na regência do 'recurso de inconformidade' é a data em que protocolizado o pedido de compensação de crédito com débito de terceiros, o que, na hipótese, deu-se em 15.2.2001 e 14.3.2001. 3. A 'manifestação de inconformidade' foi prevista pela primeira vez, como meio impugnativo da decisão que não homologa a compensação, na Instrução Normativa SRF n. 210, de 30.9.2002, passando a ser normatizada legalmente a partir da Lei n. 10.833/2003 – conversão da Medida Provisória n. 135/2003 (cf. REsp n. 781.990-RJ, rela. Min. Denise Arruda). *4. A 1ª Seção, ao julgar os EREsp n. 850.332-SP, rela. Min. Eliana Calmon, examinando a matéria à luz da redação original do art. 74 da Lei n. 9.430/1996, portanto, sem as alterações estabelecidas pelas Leis ns. 10.637/2002, 10.833/2003 e 11.051/2004, concluiu que o pedido de compensação e o recurso interposto contra o seu indeferimento*

*suspendem a exigibilidade do crédito tributário, já que a situação enquadra-se na hipótese do art. 151, III, do CTN* – Precedentes. 5. Ressalte-se que neste âmbito judicial não há emissão de juízo de valor quanto à própria validade da compensação efetuada, mas tão somente no que tange à aplicação da jurisprudência do Tribunal em relação aos efeitos em que devem ser recebidas as impugnações apresentadas na esfera administrativa anteriormente à Lei n. 10.833/2003 (conversão da Medida Provisória n. 135/2003). 6. Embargos de divergência providos" (STJ, 1ª Seção, EREsp 200900750904, rel. Min. Castro Meira, j. 10.5.2010 – grifos nossos).

Por este entendimento, as manifestações de inconformidade anteriores à Medida Provisória 135/2003 suspenderiam a exigibilidade do crédito tributário, considerando o disposto no art. 151, III, do CTN, que preceitua que suspendem a exigibilidade do crédito tributário as reclamações e os recursos, nos termos das leis reguladoras do processo tributário administrativo.

Pelo que se abstrai da decisão do STJ, o simples fato de existir qualquer recurso na esfera administrativa seria suficiente para suspender a exigibilidade do crédito tributário. Não podemos concordar com esta posição, até porque efeito suspensivo de recurso não é concedido de forma automática.

Na verdade, o art. 151, III, do CTN condiciona a suspensão da exigibilidade aos recursos e reclamações administrativas, nos termos das leis que regulamentam o processo administrativo. Vale dizer: não basta que haja previsão na lei administrativa do recurso, mas, sim, que esta mesma lei preveja possível efeito suspensivo, o que ensejará a suspensão da exigibilidade do crédito tributário.

Em outras palavras, a lei do processo administrativo terá que prever tal recurso ou reclamação, além de afirmar que terá o condão de suspender o ato administrativo impugnado e, em consequência, a exigibilidade do crédito tributário. Tal previsão relativa ao efeito suspensivo da manifestação de inconformidade somente é encontrada na lei tributária a partir de 2003. Antes desta data inexistia qualquer previsão de efeito suspensivo em lei administrativa específica, o que motiva nosso posicionamento contrário ao entendimento do STJ.

## 6. *Hipóteses que exigem lançamento de ofício para constituição de crédito tributário objeto de compensação*

Conforme já visto anteriormente, a entrega da declaração de compensação constitui confissão de dívida relativamente aos créditos tributários nela informados. Partindo deste pressuposto legislativo, concluímos que com relação a estes créditos não há que se falar na necessidade da atividade administrativa que os constitua – no caso, lançamento de ofício.[15]

A própria entrega da declaração funciona como constituição do crédito tributário que se pretende compensar, isto se já não houve sua prévia constituição por meio de outra linguagem – como, por exemplo, a entrega da DCTF ou DIPJ.

Importante ressaltar, porém, que a norma que conferiu à declaração de compensação o poder de constituir o crédito tributário somente foi introduzida no sistema pela Medida Provisória 135/2003. Portanto, somente a partir desta data é que se pode considerar que não se faz necessário o ato administrativo do lançamento proveniente da autoridade fiscal.

Antes de 30.10.2003 era necessária a linguagem competente para fins de constituição do crédito tributário, seja por iniciativa do sujeito passivo ou do próprio Fisco, seguindo o entendimento anteriormente esposado de que se deve aplicar o arcabouço legislativo vigente no momento em que há a produção da norma individual e concreta da compensação.

O acima exposto aplica-se apenas para as hipóteses de compensação não homologada. Nos casos de compensação não declarada é a própria Lei 9.430/1996, no § 13 do seu art. 74, que retira da declaração apresentada a possibilidade de constituir o crédito tributário, por não se configurar confissão de dívida.

15. Eurico Marcos Diniz de Santi define *lançamento* como sendo "o ato-norma administrativo que apresenta estrutura hipotética-condicional, associando à ocorrência do fato jurídico tributário (hipótese) uma relação jurídica intranormativa (consequência) que tem por termo o sujeito ativo e o sujeito passivo, e por objeto a obrigação deste em prestar a conduta de pagar quantia determinada pelo produto matemático da base de cálculo pela alíquota" (*Lançamento Tributário*, São Paulo, Max Limonad, 1996, p. 133).

Assim, faz-se necessário que o crédito tributário seja constituído por outra linguagem competente, o que inclui o lançamento de ofício pela autoridade administrativa.

Importante que nestes casos em que há a necessidade de constituição do crédito tributário pelo Fisco seja respeitado o prazo decadencial quinquenal previsto no art. 173 do CTN.

## *7. Conclusões*

Diante do acima exposto, concluímos que, após as inúmeras alterações legislativas a que o sistema de compensação entre tributos federais foi submetido, deve ser aplicada às declarações de compensação a norma vigente ao tempo em que for exercido o direito à compensação.

Quanto à manifestação de inconformidade contra decisão não homologatória de declaração de compensação, entendemos que somente suspende a exigibilidade do crédito tributário aquela apresentada a partir da Medida Provisória 135/2003. Os recursos porventura interpostos antes deste momento, ainda que venham a ser julgados após a vigência da referida medida provisória, submeter-se-ão ao regime jurídico anterior, onde não havia expressa previsão de efeito suspensivo.

Não há que se falar que nestes casos deveria ser aplicado o art. 151, III, do CTN, como vem entendendo o STJ. Tal dispositivo condiciona a suspensão da exigibilidade aos recursos e reclamações administrativas, nos termos das leis que regulamentam o processo administrativo. Isto significa que a lei do processo administrativo deverá prever, além da possibilidade de interposição do recurso ou reclamação, a suspensão do ato administrativo impugnado e, em consequência, a exigibilidade do crédito tributário. Tal previsão relativa ao efeito suspensivo da manifestação de inconformidade somente foi veiculada por lei com a edição da Medida Provisória 135/2003, daí por que só a partir deste momento é que podemos admitir a manifestação de inconformidade como causa de suspensão da exigibilidade do crédito tributário que se pretende compensar.

O lançamento de ofício para fins de constituição de crédito tributário objeto de compensação somente se faz necessário para os créditos constantes de declarações ou pedidos de compensação apresentados anteriormente à Medida Provisória 135/2003 e naquelas hipóteses em que a compensação é considerada não declarada. Nos casos de declaração de compensação apresentada após a referida medida provisória a própria declaração funciona como linguagem competente para a constituição do crédito tributário, por força de expressa previsão legal (art. 74, § 6º, da Lei 9.430/1996).

## *Bibliografia*

CONRADO, Paulo César. *Compensação Tributária e Processo.* 2ª ed. São Paulo, Quartier Latin. 2010.

DI PIETRO, Maria Sylvia Zanella. *Direito Administrativo.* 17ª ed. São Paulo, Atlas, 2004.

DIAS, Karem Jureidini, e PEIXOTO, Marcelo Magalhães (coords.). *Compensação Tributária.* São Paulo, MP Editora, 2007.

MELO, José Eduardo Soares de. *Curso de Direito Tributário.* São Paulo, Dialética, 1997.

PEIXOTO, Marcelo Magalhães, e DIAS, Karem Jureidini (coords.). *Compensação Tributária.* São Paulo, MP Editora, 2007.

SANTI, Eurico Marcos Diniz de. *Lançamento Tributário.* São Paulo, Max Limonad, 1996.

TAVARES, Alexandre Macedo. *Compensação do Indébito Tributário.* São Paulo, Dialética, 2006.

# *ICMS – OPERAÇÕES MERCANTIS: A CONSTRUÇÃO DE UM SISTEMA NACIONAL DE ALÍQUOTAS EM CONSONÂNCIA COM UMA OBRIGATÓRIA EXTRAFISCALIDADE*

Júlio M. de Oliveira

Mestre e Doutor em Direito Tributário pela PUC/SP.
Professor do IBET, COGEAE e FGV (GV*Law*).
Advogado em São Paulo.

Neste relevante momento de dúplice comemoração, por um lado, dos 30 anos de existência do Instituto Geraldo Ataliba/IDEPE e, por outro, da realização do *XXV Congresso Brasileiro de Direito Tributário* do IDEPE, fui agraciado com esse honroso convite, ladeando os mais celebrados e relevantes Professores e Juristas, com quem muito aprendi, para elaborar este artigo que integrará esta obra comemorativa.

Aproveitamos a oportunidade para mais uma vez lembrar a memória do mestre Geraldo Ataliba, fio condutor do pensamento tributário brasileiro e expoente de independência e coragem, que tanto contribuiu para a evolução deste ramo do Direito. Somos todos devedores de suas lições e saudosos de sua presença e tenacidade.

Sentimo-nos instigados para discorrer sobre um aspecto relevantíssimo do ICMS, qual seja, a necessidade de se atentar para a natureza extrafiscal de sua incidência, haja vista ocorrer no Brasil, de alguns anos para cá, uma pesada concentração de tributos no consumo. Como é de todos sabido, a tributação dita indireta e incidente sobre o consumo apequena a viabilidade da implementação de uma incidência que obedeça aos ditames do princípio da capacidade contributiva. Tributar de forma gravosa e indiscriminada o consumo tem sido, em nosso

País, uma forma fácil e simplista de aumentar a arrecadação e esconder o real montante pago pelos contribuintes.

Recente reportagem publicada pela revista *Veja* demonstra a incoerência da nossa legislação tributária. Nota-se que a falta de um critério nacional adequado implica uma carga tributária elevadíssima para bens que deveriam ter uma tributação diminuta.

"Nada menos que 35,7% do preço dos remédios se deve apenas a impostos."[1]

De se firmar neste momento, pela oportunidade, que até mesmo a alíquota do ICMS é dissimulada no odioso e nada republicano cálculo "por dentro". Nítido escamoteamento da verdadeira incidência – o contribuinte pensa pagar 18% ou 25% e de fato está sendo tributado à 21, 24% ou 31,25%. A revolta da doutrina não sensibilizou os Tribunais, que abençoam este mecanismo e contribuem para o aumento do déficit de cidadania. O cidadão brasileiro continua se vendo como pedinte, e não contribuinte. Afinal, o contribuinte exige a aplicação dos tributos, o quase cidadão não sabe que paga a conta e agradece as benesses que determinados representantes democráticos "ofertam".

Acreditamos que o Estado Moderno não sobrevive sem tributos. Todavia, o conceito de cidadania é ínsito ao poder-dever de pagar tributos e de exigir a contraprestação do Estado. O Estado possui dois deveres que nascem simultaneamente: o dever de exigir o tributo e o dever de devolver os valores recolhidos em serviços à sociedade, na forma assinalada pela Constituição Federal. Os que estão exercendo funções públicas são meros mandatários, e não detentores de privilégios ou imunidades de controle. Nasce um conceito fundamental: *interesse público* é a soma dos interesses individuais legitimados pela ordem jurídica, e não o interesse do Estado ou dos que exerçam funções públicas. De se lembrar que o poder exercido em nome do Estado é sempre precário, limitado, provisório e referido ao poder referente dos cidadãos.

Dentro deste contexto, entendemos que há que se implementar um sistema nacional de alíquotas do ICMS, dosado com algum sopesamento regional ou mesmo estadual, que garanta uma distribuição

1. "Imposto sobre remédios", revista *Veja*, edição 2.224, Ano 44, n. 27, 6.7.2011, p. 52.

da carga tributária dentro de uma política pública, portanto transparente e geral, que privilegie o consumo de produtos nitidamente essenciais à população brasileira e desestimule o consumo de bens que tragam malefícios aos consumidores. Ao nosso sentir, a política de atribuição de alíquotas não é discricionária do legislador ordinário, e deve ser norteada nos princípios da seletividade, da capacidade contributiva e da razoabilidade e, principalmente e obrigatoriamente, deve considerar as características extrafiscais que traz embutida ao se escolher uma gradação maior ou menor.

Neste ponto, uma política nacional de definição de alíquotas deverá considerar, dentre outros fatores, que a escolha de determinada gradação implicará uma restrição maior ou menor ao consumo. Assim, necessariamente, a produtos que ao Estado Brasileiro interesse estimular o consumo dever-se-á atribuir alíquotas diminuídas em relação à carga tributária média. A título exemplificativo, e até seguindo o exemplo que alguns Estados já adotam, os produtos que estão ligados à saúde pública, como remédios de consumo regular para doenças endêmicas ou protetores solares para evitar determinadas displasias de pele ou itens para evitar doenças sexualmente transmissíveis, deveriam ter um tratamento mais benéfico. Igualmente, não se deve estender as alíquotas mais gravosas para produtos de higiene pessoal, tais como sabonetes, desodorantes, *shampoos*, consideradas as características tropicais brasileiras, que exigem medidas fiscais estimulantes ao seu uso como forma de reduzir a proliferação de bactérias e outros agentes nocivos à saúde humana.

Evidentemente, entendemos por bem mencionar alguns exemplos apenas para demonstrar a razoabilidade de se estabelecer uma política nacional de alíquotas do ICMS. Nem se alegue que referida política poderia ferir a competência tributária estadual, já que o ICMS é um imposto estadual que se deve amoldar às características da Federação Brasileira, e já se têm várias restrições nacionais postas pela Constituição Federal e por diversas leis complementares ao poder legiferante estadual.

Importa trazer a lume que a função extrafiscal dos tributos, tão bem construída por Paulo de Barros Carvalho e caracterizada por "inequívocas providências no sentido de prestigiar certas situações, tidas como social, política ou economicamente valiosas, às quais o legislador dispensa tratamento mais confortável ou menos gravoso",[2] pode também ser adotada para agravar a tributação em determinadas circunstâncias, nas quais se pretende desestimular o consumo de bens que tragam prejuízos ao consumidor e, consequentemente, aumentem os custos com saúde ou segurança pública, tais como bebidas alcoólicas ou produtos fumígenos.

O que resta evidente nesta criação de uma política nacional de alíquotas é que o elemento condutor para definição das alíquotas mais gravosas para setores ou produtos não pode ser a maior facilidade de arrecadação em razão de estes bens ou serviços serem essenciais à existência humana. Portanto, inadmissível que se estabeleçam as alíquotas mais gravosas para serviços de telecomunicação, energia elétrica, combustíveis (exceção feita à diferenciação de alíquotas inferiores para combustíveis menos poluentes ou mais sustentáveis), dentre outros exemplos. A função extrafiscal deve considerar, inclusive, o estímulo aos bens/serviços que sejam essenciais à produção – privilegiar a tributação dos frutos e desonerar a carga tributária da geração das riquezas.

A harmonização da função extrafiscal do ICMS com o princípio da seletividade deve pautar a legislação e a cobrança do ICMS. A Constituição Federal impõe ao legislador estadual o dever de, ao editar lei instituindo o ICMS, estabelecer alíquotas variadas conforme as mercadorias sejam essenciais ou supérfluas, nos termos do § 2º, III, do art. 155, ao prescrever que o ICMS "poderá ser seletivo, em função da essencialidade das mercadorias e dos serviços".

Referida disposição constitucional, se, por um lado, evidencia o caráter extrafiscal do ICMS, por outro, determina aos Estados da Federação a fixação, com razoabilidade, dos produtos enquadrados na classe dos supérfluos (com tributação mais gravosa), considerando-se – inclusive – as peculiaridades atinentes a cada uma das regiões do País e também a capacidade contributiva da população local.

Destaque-se também que, embora o constituinte não tenha fixado um parâmetro objetivo para definir "essencialidade", não resta dúvida de que a seletividade exigida tem por finalidade reduzir o ICMS

2. Paulo de Barros Carvalho, *Curso de Direito Tributário*, 18ª ed., São Paulo, Saraiva, 2007, pp. 244-245.

sobre os produtos essenciais, para que estejam ao alcance do maior número possível de pessoas, independentemente da classe social.

Com efeito, além da preocupação em viabilizar o acesso das classes menos favorecidas aos gêneros de primeira necessidade, a seletividade prevista constitucionalmente acaba por estimular as operações e prestações convenientes para o desenvolvimento socioeconômico do País. Nesse tocante, elucidativas as palavras de Aliomar Baleeiro, citado por Roque Antonio Carrazza:[3]

> "(...): 'A palavra *(essencialidade)* (...) refere-se à adequação do produto à vida do maior número de habitantes do País. As mercadorias essenciais à existência civilizada deles devem ser tratadas mais suavemente ao passo que as maiores alíquotas devem ser reservadas aos produtos de consumo restrito, isto é, o supérfluo das classes de maior poder aquisitivo. Geralmente são os artigos mais raros e, por isso, mais caros. Do ponto de vista econômico, a norma inspira-se na utilidade marginal. Do ponto de vista político, reflete as tendências democráticas e até mesmo socialistas do mundo contemporâneo no qual os Países civilizados seguem orientação idêntica'".

Pois bem, embora exista autonomia dos Estados para fixar quais produtos, dada sua superfluidade, devam ter maior carga tributária, considerando-se as peculiaridades de cada localidade, deve prevalecer um senso comum, uma uniformidade na conceituação de cada produto quanto à sua essencialidade à vida humana. Ou seja, mesmo os Estados podendo estabelecer alíquotas diferenciadas para produtos essenciais e supérfluos segundo critérios regionais, exigem-se *razoabilidade e proporcionalidade* na fixação de suas respectivas alíquotas. Ademais, as distinções criadas devem ser motivadas e suportadas em estudos antropológicos e econômicos. Não estamos, neste assunto, no campo da discricionariedade, sob pena de arbítrios e discriminações ofensivos à isonomia e à equidade da tributação republicana.

Esses requisitos a serem observados pelo Poder Público podem ser definidos como o consenso na classificação de determinado produto pela população do País, pois, ainda que as diferentes regiões elejam

3. Roque Carrazza, *ICMS*, 15ª ed., São Paulo, Malheiros Editores, 2011, pp. 489-490.

produtos essenciais de forma distinta, alguns deles são assim considerados por todos os cidadãos do País. Isto significa dizer que determinadas mercadorias são consideradas indispensáveis por todos os brasileiros – como, por exemplo, a água. Por outro lado, o senso comum indica que o cigarro não é indispensável à sobrevivência do ser humano. Ao contrário, é plenamente dispensável.

Nesse ponto residem a *razoabilidade* e a *proporcionalidade*, princípios constitucionais que devem orientar o legislador na classificação dos produtos em supérfluos ou essenciais para fins de tributação pelo ICMS. Referidos princípios também orientam a extrafiscalidade, considerando que as distinções a serem criadas em um plano nacional de alíquotas do ICMS obrigatoriamente teriam que atender critérios que demonstrassem coerência sistemática na definição da carga tributária de cada produto ou setor. Assim, não haveria apenas uma definição isolada da tributação deste ou daquele bem/serviço, a coerência intrassistêmica desta política seria o elemento que permitiria aferir sua razoabilidade e sua proporcionalidade. Sobre o tema, confira-se a orientação do STF (ADI/MC 2.667, rel. Min. Celso de Mello, *DJU* 12.3.2004):

> " (...). Os Estados-membros e o Distrito Federal não podem, mediante legislação autônoma, agindo *ultra vires*, transgredir a legislação fundamental ou de princípios que a União Federal fez editar no desempenho legítimo de sua competência constitucional e de cujo exercício deriva o poder de fixar, validamente, diretrizes e bases gerais pertinentes a determinada matéria (educação e ensino, na espécie).
>
> "*Todos os atos emanados do Poder Público estão necessariamente sujeitos, para efeito de sua validade material, à indeclinável observância de padrões mínimos de razoabilidade.*
>
> "As normas legais devem observar, no processo de sua formulação, critérios de razoabilidade que guardem estrita consonância com os padrões fundados no princípio da proporcionalidade, pois todos os atos emanados do Poder Público devem ajustar-se à cláusula que consagra, em sua dimensão material, o princípio do *substantive due process of law* – Lei distrital que, no caso, não observa padrões mínimos de razoabilidade.
>
> "*A exigência de razoabilidade qualifica-se como parâmetro de aferição da constitucionalidade material dos atos estatais.*

"A exigência de razoabilidade – que visa a inibir e a neutralizar eventuais abusos do Poder Público, notadamente no desempenho de suas funções normativas – atua, enquanto categoria fundamental de limitação dos excessos emanados do Estado, como verdadeiro parâmetro de aferição da constitucionalidade material dos atos estatais.

"*Aplicabilidade da teoria do desvio de poder ao plano das atividades normativas do Estado.*

"A teoria do desvio de poder, quando aplicada ao plano das atividades legislativas, permite que se contenham eventuais excessos decorrentes do exercício imoderado e arbitrário da competência institucional outorgada ao Poder Público, pois o Estado não pode, no desempenho de suas atribuições, dar causa à instauração de situações normativas que comprometam e afetem os fins que regem a prática da função de legislar."

Além disso, o legislador, ao estabelecer uma alíquota do ICMS para cada produto, não pode ignorar sua descrição e respectiva classificação fiscal, definidas na Nomenclatura Comum do Mercosul/NCM, cujos efeitos repercutem em âmbito nacional, sendo refletidos também na legislação do IPI e na legislação do imposto de importação.

Melhor elucidando o raciocínio, considerando-se o Estado *A*, localizado na região Nordeste, onde o calor do sol provoca temperaturas superiores aos 40º, e o Estado *B*, na região Sul, é certo que no Estado *A* o tratamento fiscal para os protetores solares deve ser mais benéfico que aquele aplicado no Sul do País, dada a maior necessidade de utilização pela população local. No entanto, o que se aduz é que nem o Estado *A* nem o Estado *B* têm competência para classificar os protetores solares de forma outra que não a que se refere a preparações para conservação ou cuidados da pele. De se lembrar, ainda, que a definição sobre se determinado produto pertence à classe de fármacos ou de higiene pessoal ou de nocivos à saúde humana é de competência de autoridades técnicas não jungidas à seara tributária, e não cabe ao legislador fiscal alterar esta conceituação, sob pena de deturpar o alcance da norma fiscal e criar discriminações aleatórias.

Vê-se, portanto, que, muito embora a legislação atinente à alíquota de ICMS possa variar de Estado para Estado, *há de se ter uma uniformidade quanto à conceituação técnica dos produtos*. Logo, se determinados produtos são classificados tecnicamente como produtos de higiene, ou como defensivos agrícolas, ou como próteses ortopédicas, não poderia o intérprete afastar-se desse entendimento, para classificá-los de forma distinta – o que, inclusive, já foi reconhecido pelo próprio STF (Tribunal Pleno, RE 166.772-9-RS, rel. Min. Marco Aurélio, *DJU* 16.12.1994, p. 34.896). Confira-se:

> "Interpretação – Carga construtiva – Extensão. Se é certo que toda interpretação traz em si carga construtiva, não menos correta exsurge a vinculação à ordem em vigor, variando de acordo com a formação profissional e humanística do intérprete. *No exercício gratificante da arte de interpretar, descabe 'inserir na regra de Direito o próprio juízo – por mais sensato que seja – sobre a finalidade que conviria fosse por ela perseguida'* – Celso Antônio Bandeira de Mello, em parecer inédito. Sendo o Direito uma Ciência, o meio justifica o fim, mas não este àquele.
>
> "Constituição – Alcance político – Sentido dos vocábulos – Interpretação. *O conteúdo político de uma Constituição não é conducente ao desprezo do sentido vernacular das palavras, muito menos ao do técnico, considerados institutos consagrados pelo Direito. Toda ciência pressupõe a adoção de escorreita linguagem, possuindo os institutos, as expressões e os vocábulos que a revelam conceito estabelecido com a passagem do tempo, quer por força de estudos acadêmicos quer, no caso do Direito, pela atuação dos Pretórios* (...)."

Entendimento diverso implicaria admitir que o mesmo produto pudesse ser conceituado tecnicamente de forma diversa nas várias regiões do País, o que certamente causaria insegurança jurídica na população em geral, pois ter-se-ia a possibilidade de um Estado entender, exemplificativamente, que sabonetes ou desodorantes são produtos de higiene pessoal, sujeitos a uma alíquota menos gravosa de ICMS, enquanto outro Estado entender que referidas mercadorias, por força dos aromas que lhes são conferidos, não são produtos de primeira necessidade, classificando-os como perfume.

Essa insegurança se agravaria ainda mais no caso de contribuintes que comercializam produtos em vários Estados brasileiros, e que se veriam obrigados, em cada um deles, a tentar identificar a intenção dos Fiscos Estaduais na elaboração da legislação atinente ao tratamento fiscal a ser aplicado nas operações envolvendo produtos tidos como supérfluos ou essenciais.

Resta patente a necessidade de os Estados partirem de *critérios razoáveis e homogêneos* na classificação dos produtos ditos supérfluos, pois tal ato não é discricionário, mas *vinculado a padrões essencialmente relacionados à necessidade comum à dignidade da população.* Por essa razão, dadas a importância da matéria versada e a necessidade de uniformização técnico-conceitual dos produtos, conclui-se pela indispensabilidade do trato da matéria em âmbito nacional.

Nesse tocante, inclusive, cumpre salientar que a necessidade da edição de lei federal para definir produtos e serviços supérfluos para fins fiscais foi expressamente prevista pela Emenda Constitucional 31, de 14.11.2000, que, alterando o Ato das Disposições Constitucionais Transitórias (arts. 79 a 83), previu a possibilidade da criação de um adicional de até dois pontos percentuais na alíquota do ICMS incidente sobre produtos supérfluos, *definidos expressamente em lei federal*, para o financiamento dos Fundos de Combate à Pobreza Estaduais e Distrital (arts. 82 e 83 do ADCT).

Essa previsão constitucional foi reiterada pela Emenda Constitucional 42, de 19.12.2003, que novamente alterou o art. 82 do ADCT, de forma a explicitar a necessidade de lei complementar que defina os produtos supérfluos, cuja alíquota do ICMS poderá ser elevada. Confira-se a atual redação:

> "Art. 82. Os Estados, o Distrito Federal e os Municípios devem instituir Fundos de Combate à Pobreza, com os recursos de que trata este artigo e outros que vierem a destinar, devendo os referidos Fundos ser geridos por entidades que contem com a participação da sociedade civil.
>
> "§ 1º. Para o financiamento dos Fundos Estaduais e Distrital, poderá ser criado adicional de até dois pontos percentuais na alíquota do imposto sobre circulação de mercadorias e serviços – ICMS, *sobre os produtos e serviços supérfluos e nas condições definidas na lei complementar de que trata o art. 155, § 2º, XII, da Constituição*, não se aplicando, sobre este percentual, o disposto no art. 158, IV, da Constituição."

E, enquanto não editada a mencionada lei complementar, o próprio ordenamento jurídico oferece critérios razoáveis para o correto direcionamento da conceituação dos produtos supérfluos e essenciais, dos quais não se pode, afastar o legislador estadual, ao definir quais os produtos ficarão sujeitos à alíquota mais gravosa do ICMS, o Poder

Executivo, ao editar decretos regulamentares, e as autoridades fiscais. Neste mister, a proposta da criação de uma política nacional de definição de alíquotas do ICMS teria como um importante aliado a eventual lei complementar que aferisse a diferente gradação de necessidade entre produtos, desde os mais essenciais até os mais supérfluos. Lembrando que referida definição teria características regionais, estaduais, e não teria validade permanente, haja vista que a realidade de consumo e necessidades da população é mutável.

Importa referir também que a definição de produtos como supérfluos não pode ser uma justificativa para criação de produtos extremamente tributados, sob pena de se inviabilizar economicamente a produção e o consumo destes bens, o que iria contra os interesses econômicos do Brasil, que quer ser moderno e aberto às mais diferentes realidades e riquezas. Não podemos construir ou estimular uma mentalidade canhestra que se oponha ao lucro e aos valores prezados pelo regime da livre economia e do livre mercado. Os Estados Sociais europeus e a Nação de maior riqueza mundial possuem políticas de estímulo à riqueza, e não de valorização da miséria. A tributação escorchante somente teria vez em casos nos quais os produtos causassem malefícios ao consumidor.

A tarefa de demarcação de uma política de definição nacional de alíquotas do ICMS não será simples, mas é absolutamente necessária para criar um mapa de racionalidade tributária. Referido plano nacional teria um papel semelhante ao de um plano diretor municipal na definição da tributação do IPTU. Neste plano diretor nacional do ICMS surgiriam controvérsias relevantes que enriqueceriam o sistema tributário pátrio. Note-se, exemplificativamente, que, de acordo com dicionários da Língua Portuguesa, tanto o leite quanto o caviar estariam incluídos no gênero "alimentos". Esse fato não permitiria concluir, contudo, que ambos os gêneros alimentícios pudessem ser considerados supérfluos, exatamente porque existem outros elementos, inclusive normas técnicas no ordenamento jurídico, hábeis a demonstrar que o leite é essencial à alimentação humana, tanto que incluído na cesta básica, ao passo que o caviar é um produto de luxo, cujo consumo é restrito. Alíquotas maiores para o caviar, mas não de tal monta que inviabilizem sua comercialização.

Nesta hipótese, ainda que houvesse questionável lei estadual determinando que os alimentos (gênero) ficariam sujeitos à alíquota de

25% para fins de cálculo do ICMS, o intérprete não poderia, à luz dos limites traçados pela Constituição Federal e normas de classificação técnica, incluir nesse rol espécies de alimentos considerados essenciais à saúde humana. Do ponto de vista estritamente jurídico, a criação de uma "política nacional de alíquotas do ICMS" teria lugar em lei complementar. Nestes termos, tanto o art. 146, II, quanto o art. 146-A da CF (incluído pela Emenda Constitucional 42, de 19.12.2003) são o alicerce constitucional para a edificação desta norma nacional. A transcrição dos comandos constitucionais referidos é indicada, para que se perceba que a dicção constitucional privilegia sobremaneira as limitações ao poder de tributar e a manutenção de um sistema neutro de tributação, com a preservação da livre concorrência, *verbis*:

> "Art. 146. Cabe à lei complementar: (...) II - regular as limitações constitucionais ao poder de tributar; (...).
>
> "(...).
>
> "Art. 146-A. Lei complementar poderá estabelecer critérios especiais de tributação, com o objetivo de prevenir desequilíbrios da concorrência, sem prejuízo da competência de a União, por lei, estabelecer normas de igual objetivo."

Além de implementar pela extrafiscalidade os princípios constitucionais da seletividade, razoabilidade e proporcionalidade, referida lei complementar, exigida constitucionalmente, reduziria o aparente poder discricionário dos legisladores estaduais e dos Executivos estaduais em manobrar as alíquotas pelo critério único e fácil do aumento imediato de arrecadação. Repisamos que há de existir na legislação infraconstitucional uma lógica tributária que permita, ao mesmo tempo, aos Estados nortearem suas políticas públicas e aos contribuintes planejarem seus negócios num ambiente de segurança jurídica, baseado no respeito às leis, na previsibilidade e estabilidade do ordenamento jurídico.

Como acentuamos, o ICMS, sendo um imposto de características plurifásicas, atinge diversas etapas de circulação de mercadorias, e, obviamente, deveria ser federal, mas não o é. Provavelmente somos um dos únicos Países do mundo que têm um imposto que onera a circulação de mercadorias entre os diversos entes federados e é regulado e cobrado por cada Estado da Federação. Esta "jabuticaba jurídica" tem trazido toda sorte de empecilhos ao desenvolvimento nacional, e muitas vezes provoca antinomias e paradoxos jurídicos, mormente porque a legislação nacional já existente é diuturnamente desrespeitada por leis, decretos, portarias, instruções, dos diversos Estados.

Confira-se, recentemente, a vergonhosa sobretaxação de ICMS nas vendas "não presenciais (meios eletrônicos, telefonia etc.)" pelos Estados de destino, que se revoltam contra a previsão constitucional que atribuiu competência tributária exclusiva aos Estados de origem nas vendas interestaduais para consumidor final. Ou, ainda, a lamentável "guerra fiscal", na qual as autoridades estaduais fazem troça do STF com diversas medidas que, na prática, anulam os efeitos das declarações de inconstitucionalidades das legislações estaduais que concedem benefícios/incentivos fiscais ao arrepio da Carta Magna.

Em outras oportunidades já afirmamos que não há qualquer exceção constitucional ao princípio da legalidade tributária aplicável ao ICMS. Todos os critérios do antecedente e do consequente da norma-padrão de incidência tributária do ICMS devem ser inaugurados por lei ordinária estadual ou distrital, conforme o ente político competente para instituir o imposto.

O que diferencia o ICMS, ao nosso ver, são os limites de atuação do legislador ordinário para construir as diversas regras-matrizes de incidência. Em vista do princípio federativo e da obrigação dos Estados e do Distrito Federal de instituir e cobrar um imposto, com incidência nacional, em operações e prestações que ultrapassam os lindes de seus territórios, houve por bem o poder constituinte estabelecer algumas normas limitadoras do poder tributário para instituir o ICMS.

Como já relatamos,[4] a experiência brasileira de atribuir competência aos entes federados e ao Distrito Federal para criar um imposto com características nacionais vem se mostrando desastrosa. As normas constitucionais de conformação do ICMS ao pacto federativo parecem ter construído, em vista da atuação das pessoas políticas competentes e do Poder Judiciário, um imposto desengonçado e totalmente avesso

4. Os comentários feitos a partir deste parágrafo foram objeto de nossa Tese de Doutoramento e constam do Capítulo 5 do livro *O Princípio da Legalidade e sua Aplicabilidade ao IPI e ao ICMS*, São Paulo, Quartier Latin, 2006.

à lei. O ICMS, em grau mais acentuado que o IPI, é legislado por decretos, portarias, convênios, instruções, ajustes, protocolos etc. Uma verdadeira miscelânea de nomes de veículos introdutores de normas pelo Poder Executivo. A experiência brasileira delata que o ICMS é uma fonte cotidiana de agressão ao princípio da legalidade, o que tornou esse imposto uma coletânea de arbitrariedades.

Um grande desafio das legislações local e nacional do ICMS é fazer valer o pacto federativo da forma como programado pela Constituição Federal. Há um papel preponderante da legislação complementar na regulação deste imposto estadual. *Um imposto estadual com características federais e impactos nacionais.* Oportuna, neste sentido, a lição de Celso Ribeiro Bastos:[5]

> "A Federação é a forma de Estado pela qual se objetiva distribuir o poder, preservando a autonomia dos entes políticos que a compõem. (...). O acerto da Constituição, quando dispõe sobre a Federação, estará diretamente vinculado a uma racional divisão de competência entre, no caso brasileiro, União, Estados e Municípios; tal divisão para alcançar logro poderia ter como regra principal a seguinte: nada será exercido pelo poder mais amplo quando puder ser exercido pelo poder local; afinal, os cidadãos moram nos Municípios, e não na União".

O ICMS é o principal imposto de arrecadação dos Estados e do Distrito Federal. E a autonomia desses entes federados depende diretamente dessa fonte de receita. Assim, a violação às normas constitucionais de criação e alteração desse imposto pode implicar o enfraquecimento ou comprometimento da Federação Brasileira, levando os entes políticos a se digladiarem. O ICMS é a garantia da independência financeira de Estados e do Distrito Federal. Todavia, pode se tornar o imposto de destruição do pacto federativo, na medida em que são descumpridos os preceitos constitucionais que dão a conformação federativa a esse imposto.

Ainda referindo Celso Ribeiro Bastos,[6] trazendo relevantes condições para se ter implementada e mantida a Federação, destacamos:

5. Celso Ribeiro Bastos, *Dicionário de Direito Constitucional*, p. 72.
6. Idem, ibidem.

"(a) uma descentralização político-administrativa constitucionalmente prevista; (b) uma Constituição rígida que não permite a alteração da repartição de competências por intermédio de legislação ordinária. Se assim fosse possível, estaríamos num Estado Unitário, politicamente descentralizado; (c) existência de um órgão que dite a vontade dos membros da Federação – no caso brasileiro temos o Senado, no qual reúnem-se os representantes dos Estados-membros; (d) autonomia financeira, constitucionalmente prevista, para que os entes federados não fiquem na dependência do poder central; (e) existência de um órgão constitucional encarregado do controle da constitucionalidade das leis, para que não haja invasão de competências".

A competência tributária do ICMS atribuída a esses entes políticos lhes possibilita a autonomia financeira. Daí que a violação dos preceitos constitucionais conformadores do ICMS ao pacto federativo acarreta desequilíbrios estruturais na manutenção da Federação Brasileira. Referido desequilíbrio traz implicações nefastas aos cidadãos, que estão submetidos a diferentes poderes políticos (dos 26 entes federados, Distrito Federal, além dos Municípios e da União) e veem-se obrigados a atender a comandos normativos antagônicos, em razão da crise ocasionada pelo descumprimento das normas constitucionais delimitadoras do poder tributário de cada ente federado. Nesse caso, além da submissão do cidadão a dois focos de poder – o regional e o central –, temos diversos focos ejetores de normas jurídicas com igual força vinculante, dentro do mesmo âmbito regional. Nessa situação conflituosa ("guerra fiscal"), há apenas uma salvaguarda à Federação: o STF.

"A ela *(Suprema Corte)* cabe desempenhar o papel de guardiã da Federação, como órgão que assegura a manutenção e a preservação da Constituição e consequentemente da própria Federação."[7]

Quando tratamos das normas estruturais do ICMS no âmbito da Constituição Federal procuramos afastar peremptoriamente qualquer alegação de que ditas normas de conformação ao pacto federativo fossem incompatíveis com o princípio da legalidade ou, mesmo, com

7. Celso Ribeiro Bastos, *Dicionário de Direito Constitucional*, p. 73 (texto entre parênteses não constante do original).

as normas constitucionais que distribuem as competências tributárias. Não há qualquer oposição entre Federação e legalidade. Ao contrário, são conceitos e princípios afins, estruturantes de um Estado Federal de Direito. O que se poderia cogitar, como já dito, em termos metajurídicos, é da conveniência de se ter atribuído um imposto com as feições do ICMS aos diversos entes federados.

Talvez o poder constituinte tivesse confiado em demasia no princípio da primazia das normas constitucionais e na eficácia ampla da legalidade tributária, institutos sedimentados nos Estados Modernos mas ainda infantis no Estado Brasileiro, que muitas vezes encara o Poder Legislativo como um vestígio de legitimação do poder, mas incapaz de compreender as reais necessidades dos cidadãos e do Estado.

Vale, aqui, dizer que a legitimidade popular para a criação do ICMS é meramente icônica, distante e silente. O Poder Executivo tomou para si o poder tributário, delimitado na competência do art. 155, II, da CF, e o fez refém de sua vontade e da necessidade ilimitada de obtenção de recursos públicos para a manutenção do Estado Social Brasileiro. *L'État c'est moi* figura bem o ICMS instituído e cobrado ao exclusivo alvedrio da vontade do Poder Executivo. Temos um imposto instituído e cobrado nos moldes anteriores aos da Revolução Francesa, em que prevalecem os ditames das necessidades e da vontade do Estado, expressos pela manifestação unilateral de um dos Poderes constituídos.

No mister de atribuir aos diversos atores do cenário jurídico estadual e nacional do ICMS regras precisas de atuação e barreiras impeditivas de invasão legislativa, a Constituição brasileira trouxe uma série de normas de conformação do ICMS ao pacto federativo. Dentre essas normas destacam-se aquelas que delimitam o campo de atuação do legislador nacional (lei complementar) e do legislador estadual e distrital na construção das diversas regras-matrizes do ICMS. Dentre outras, tratemos das normas que circunscrevem o critério quantitativo do ICMS. Referidos comandos trazem um arcabouço de limitações constitucionais ao legislador e impõem a adoção de alíquotas e bases de cálculo específicas tanto em operações circunscritas ao território do ente político quanto em operações interestaduais. A construção dessas normas limitadoras possibilita a visão sistemática do universo constitucional de preservação da Federação e da redução de litígios entre os entes federados.

A especificidade e o detalhamento constitucional do ICMS devem ser encarados como uma prova da importância desse imposto na manutenção do pacto federativo. As normas estruturantes do ICMS permitem ao intérprete construir o ICMS-Federal e descobrir as inúmeras inconstitucionalidades praticadas reiteradamente pelos entes políticos. A análise serena das normas constitucionais do ICMS em face das normas dos diversos entes federados permite desvendar a quebra do pacto federativo em razão do desprestígio e da ineficácia dos preceitos constitucionais de conformação do ICMS. Há uma enorme distância entre o ICMS-Federal, instituído pela Constituição de 1988, e o ICMS dos Estados e do Distrito Federal – o que explica a desordem e a insegurança desse imposto. A Constituição traz fórmulas e instrumentos precisos de federalização do ICMS, mas não vemos vontade política de implementá-la.

Levantamento feito pelo sítio *Consultor Jurídico* e pela revista *Exame* denuncia que 51% das leis estaduais questionadas junto ao STF foram consideradas inconstitucionais, o que levou o Ministro do STF Marco Aurélio de Mello a afirmar: "O Brasil virou um País inconstitucional",[8] e outro magistrado da corte superior, o Min. Gilmar Mendes, a dizer: "As conclusões são assustadoras".[9]

A intervenção nacional, determinada pela Constituição, através das normas que conformam o ICMS à feição federativa e obrigam os Estados e o Distrito Federal. tornou-se imperativa. Veremos que a regra-matriz de incidência do ICMS começa a ser delineada na Constituição e é complementada pela lei ordinária de cada ente político. O ICMS-Federal somente é possível se mantidas as suas feições nacionais impostas pela Constituição.

A definição de uma "política nacional de alíquotas do ICMS" por lei complementar é resultado da interpretação sistemática das normas constitucionais que garantem a natureza federativa desse imposto estadual.

O critério quantitativo da regra-matriz de incidência do ICMS mereceu destaque constitucional com a previsão de diversos enunciados que obrigam o legislador nacional e o local a seguirem parâmetros

8. Thiago Vitale Jayme, "Estudo faz *ranking* de 'constitucionalidade'", *Valor Econômico*, edição de 7.10.2004, Caderno "Legislação e Tributos", p. E-1.

9. Idem, ibidem.

de alíquotas e bases de cálculo. A Constituição quer evitar ou minimizar a interferência indesejada dos entes políticos, que desborde em litígios decorrentes de ganhos e/ou perdas de receita pelo manuseio arrecadatório do critério quantitativo do ICMS, tributo que não é mecanismo de competição entre os entes federados, devendo sua incidência ser neutra, de molde a não afastar ou atrair investimentos. Houve por bem a CF estabelecer as regras para a definição das alíquotas do ICMS aplicáveis às operações e prestações interestaduais e de exportação, e o fez nos termos do art. 155, § 2º, IV, VII, "a" e "b", e VIII.

O regramento constitucional para a disposição das alíquotas em operações e prestações interestaduais e de exportação foi atribuído ao Senado Federal, Casa de representação dos Estados. A iniciativa da resolução senatorial é atribuída ao Presidente da República ou a um terço dos senadores. Fica evidenciado o caráter nacional da deliberação das alíquotas do ICMS em operações e prestações que assumem importante relevo no cenário do País. Acaso não fosse assim, poderiam ser institucionalizadas barreiras alfandegárias travestidas do imposto estadual, com o incremento de mercados consumidores locais em detrimento da Federação. A delegação ao Senado Federal para deliberar a respeito das alíquotas interestaduais e de exportação bem como a participação do Presidente da República nesse processo legislativo visam a garantir o pacto federativo com a tributação uniforme, de acordo com a deliberação dos representantes dos entes políticos.

A diversidade do processo legislativo é justificada pela preservação da Federação. Busca o texto constitucional afastar interesses imediatos de fácil aumento de receita tributária ou a busca de atrair investimentos privados em detrimento ao corpo federativo ou à manutenção de um organismo normativo coerente com o Estado constitucional. Exercitando referida competência, o Senado Federal editou as Resoluções 22/1989 e 95/1996.

De seu turno, como já se disse, o regramento que se advoga necessário em relação ao estabelecimento de uma "política nacional de alíquotas do ICMS" terá que ser realizado no âmbito de lei complementar, dada sua feição nacional e seu papel definido nos arts. 146 e 146-A da Carta Magna. O que se tornou imprescindível é a manutenção da natureza federal do ICMS, e este desiderato somente será obtido mediante a imposição da legislação nacional deste imposto e a redução da competência estadual, em prol de salvaguardar o *Pacto Federativo.* Não há Federação sem perda de parcela da autonomia local. Não são viáveis a instituição e a cobrança de um imposto plurifásico de consumo, que onera todas as etapas de circulação, inclusive entre as unidades federadas nas operações interestaduais e nas operações de importação, sem que haja regras precisas de delimitação do poder de tributar, mormente com a apenação de condutas atentatórias à Federação. Não se trata, aqui, de interesses de contribuintes, mas de interesses da Nação Brasileira.

# *USUFRUTO E ITCMD*

LUCIANO AMARO

Professor de Direito Tributário da Faculdade de Direito Mackenzie.

*ITCMD – Imposto sobre a transmissão "causa mortis" e doação de quaisquer bens ou direitos. Materialidade do fato gerador. Outros aspectos do fato gerador. Doação e outros atos jurídicos não onerosos. O usufruto e o ITCMD. Usufruto e ITCMD na legislação paulista.*

## *ITCMD – Imposto sobre a transmissão "causa mortis" e doação de quaisquer bens ou direitos*

A Constituição de 1988 inseriu na competência tributária dos Estados e Distrito Federal um imposto que abarca a totalidade dos bens e direitos transmitidos *causa mortis* ou por doação.[1] Quaisquer bens, móveis ou imóveis, direitos, títulos, participações, numerário, enfim, são oneráveis pelo tributo, desde que sejam transmitidos por causa da morte ou por doação.

Foi, com isso, bastante alterada a exação prevista na Constituição anterior, que inseria na competência dos Estados e do Distrito Federal o velho ITBI – imposto sobre a transmissão, a qualquer título, de bens imóveis por natureza e acessão física e de direitos reais sobre imóveis, exceto os de garantia, bem como sobre a cessão de direitos à sua aquisição.[2]

Essa competência se referia à transmissão *a qualquer título* (por ato *inter vivos*, gratuito ou oneroso, e *causa mortis*, ou seja, por heran-

1. "Art. 155. Compete aos Estados e ao Distrito Federal instituir impostos sobre: I – transmissão *causa mortis* e doação, de quaisquer bens ou direitos; (...)."

2. CF de 1967, com a redação da Emenda 1/1969, art. 23, I.

ça ou legado). Na transmissão *inter vivos* não importava o título, oneroso ou gratuito, a que ela se desse. Em ambas as situações, e também na transmissão *causa mortis*, incidia o velho ITBI, limitado, porém, aos bens *imóveis*.

Já, na Constituição atual o imposto de transmissão se bipartiu, passando a caber aos Municípios a transmissão de *imóveis*, restrita, porém, aos atos *inter vivos* a título oneroso.[3] A transmissão *causa mortis* e a doação de bens imóveis permaneceram com os Estados, que, ademais, receberam a competência para, nas mesmas hipóteses (transmissão *causa mortis* e doação), tributar também quaisquer outros bens e direitos transmitidos ou doados.

Em suma, a antiga competência estadual sofreu duas importantes modificações: a exclusão dos imóveis transferidos por ato *inter vivos* oneroso (que foram para a competência municipal) e a inclusão dos bens e direitos mobiliários, que passaram a ser tributáveis quando transferidos via herança, legado ou doação.

Convivem no nosso sistema tributário várias competências tributárias que podem ter incidência por ocasião da transmissão *causa mortis* ou da doação. Além do próprio fato da transmissão (sujeito ao ITCMD), é possível considerar, na esfera do imposto sobre a renda, o fato do aumento de patrimônio do sucessor ou donatário e a possibilidade do reconhecimento, pelo fato da transmissão, de eventual ganho de capital incorrido enquanto os bens compuseram o patrimônio do autor da herança ou doador.[4] O fato de a atual Constituição ter ampliado o campo de incidência de impostos sobre a transmissão, que, além dos bens imóveis (antes sujeitos ao ITBI, imposto sobre a transmissão de bens imóveis), passou a abranger também os móveis (estes apenas na transmissão *causa mortis* e na doação), não afetou o

3. "Art. 156. Compete aos Municípios instituir impostos sobre: (...) II – transmissão *inter vivos*, a qualquer título, por ato oneroso, de bens imóveis, por natureza ou acessão física, e de direitos reais sobre imóveis, exceto os de garantia, bem como cessão de direitos à sua aquisição; (...)."

4. Nossa legislação do imposto de renda não tributa o acréscimo de patrimônio do herdeiro ou legatário, ou do donatário, mas prevê a incidência do tributo sobre o ganho de capital caso este seja reconhecido por ocasião da transmissão. O sucessor ou donatário tem a faculdade de manter o custo fiscal do *de cujus* ou doador, diferindo, portanto, o momento da tributação do ganho de capital para o momento de sua realização, em evento posterior.

campo de incidência do imposto sobre a renda definível à vista da Constituição anterior, cujo modelo se mantém.[5]

## *Materialidade do fato gerador*

O ITCMD pode ter por fato gerador a transmissão *causa mortis* e a doação de quaisquer bens ou direitos.

A transmissão *causa mortis* dá-se por lei ou por disposição de última vontade (testamento).[6] A sucessão legítima observa a ordem na vocação hereditária.[7] Recebem a herança os herdeiros, legítimos ou testamentários.[8] Por testamento podem ser feitos legados, que se transmitem *causa mortis* aos legatários.[9] Enquanto o legatário recebe coisa certa (por exemplo, determinado imóvel), o herdeiro recebe um quinhão da herança.

Não há transmissão *causa mortis* relativamente à meação do cônjuge supérstite, dado que a meação lhe é reconhecida por direito próprio, e não por vocação sucessória. O cônjuge meeiro não é sucessor, ele nada adquire; a ele é atribuída, na partilha dos bens do casal, a parte (meação) de que, na sociedade conjugal, já era titular.[10] Não cabe, por isso, a incidência de ITCMD sobre a meação.

Na doação há também transmissão da titularidade do bem ou direito, operando, contudo, por ato *inter vivos*. A doação é contrato

5. Luciano Amaro, "O imposto de transmissão *causa mortis* e a doação na Constituição Federal", in Eduardo Marcial Ferreira Jardim e João Bosco Coelho Pasin (coords.), *Tributos em Espécie – Fundamentos e Elementos*, Rio de Janeiro, Elsevier, 2010, p. 315.

6. CC, art. 1.786.

7. CC, art. 1.829.

8. CC, art. 1.788.

9. CC, arts. 1.912 e ss.

10. Para efeito de imposto de renda pode-se cogitar da tributação da eventual mais-valia incorporada ao bem até a data da morte do outro cônjuge, se eleita a divisão do patrimônio como momento de realização fiscal do ganho de capital representado pela mais-valia. É o que faz nossa legislação do imposto de renda ao prever a opção de o cônjuge supérstite (ou o ex-cônjuge, no caso de dissolução da sociedade conjugal ou da unidade familiar) considerar os bens que lhe caibam pelo valor de mercado, tributando o eventual ganho de capital, ou pelo custo fiscal, hipótese, esta, em que o eventual ganho de capital será tributado na futura alienação do bem (RIR, art. 119).

típico mediante o qual "uma pessoa, por liberalidade, transfere do seu patrimônio bens ou vantagens para o de outra".[11]

Clóvis Beviláqua,[12] comentando o conceito no Código Civil anterior, resumiu os elementos da doação: "(a) a natureza contratual, o que pressupõe capacidade do doador e objeto lícito; (b) o ânimo liberal; (c) a translação do direito, do patrimônio do doador para o do donatário; (d) a aceitação deste".[13]

Clóvis contrapõe a doação, contrato benéfico por excelência, à venda, contrato oneroso por excelência.[14]

Realmente, ambas, doação e venda, são contratos mediante os quais se opera a *translação patrimonial*, do alienante para o adquirente, com a diferença de que na primeira inexiste *preço*.

Para ocorrer o fato gerador do ITCMD é preciso que haja transmissão de bens ou direitos, vale dizer, mudança do titular, translação patrimonial de um titular para outro. Não, porém, a qualquer título, mas apenas aqueles compreendidos na descrição da competência tributária outorgada pela Constituição: transmissão *causa mortis* ou doação.

O objeto da doação ou da transmissão *causa mortis* é, como vimos, qualquer bem: imóveis, ações, objetos de arte e quaisquer outros bens ou direitos que tenham valor econômico, inclusive o próprio dinheiro.

### *Outros aspectos do fato gerador*

A Constituição não expressa quem deva ser eleito como contribuinte. Na doação a lei pode eleger tanto o doador como o donatário. Na sucessão *causa mortis* o herdeiro ou legatário são, naturalmente, elegíveis.

A alíquota do imposto é matéria de competência do legislador ordinário, observados, porém, os limites, cuja definição a Constituição

11. CC, art. 538.

12. Clóvis Beviláqua, *Código Civil dos Estados Unidos do Brasil (Comentado)*, Rio de Janeiro, ed. Rio, 1975, p. 268.

13. O Código anterior (CC de 1916, art. 1.165) deixava, desnecessariamente, expressa, no conceito de doação, a aceitação do donatário. Se se trata de contrato, não é preciso que, ociosamente, se acrescente ao conceito a aceitação.

14. Clóvis Beviláqua, *Código Civil dos Estados Unidos do Brasil (Comentado)*, cit., p. 268.

atribui à competência do Senado Federal,[15] Casa Legislativa que, no Congresso Nacional, representa paritariamente os Estados da Federação. A Resolução 9/1992 fixou o teto de 8%.

A base de cálculo do ITCMD deve ter como parâmetro o valor de mercado do bem, que não é difícil de definir *in abstracto*,[16] mas apresenta grandes dificuldades práticas e dá ensejo a muitas discussões entre Fisco e contribuinte.[17]

Esse problema faz-se presente no caso do ITCMD, tributo incidente sobre fatos em que, pela sua própria natureza, a onerosidade está ausente e o valor do bem necessariamente precisa ser identificado, como medida de grandeza do fato gerador. Há, obviamente, uma singular exceção à complexidade inerente ao tema no caso de doação em dinheiro.

## *Doação e outros atos jurídicos não onerosos*

A doação é apenas um dos vários institutos jurídicos matizados pela nota da gratuidade. Outros institutos partilham a característica da não onerosidade com a doação, mas com ela não se confundem.

15. "Art. 155. (...).

"§ 1º. O imposto previsto no inciso I: (...) IV – terá suas alíquotas máximas fixadas pelo Senado Federal."

16. Cf., por exemplo, a definição de *valor de mercado* dada pelo Decreto-lei 1.598/1977 para efeito da identificação de hipóteses de distribuição disfarçada de lucros na legislação do imposto de renda:

"Art. 60. (...).

"(...).

"§ 5º. O valor do bem negociado frequentemente no mercado, ou em Bolsa, é o preço das vendas efetuadas em condições normais de mercado, que tenham por objeto bens em quantidade e em qualidade semelhantes.

"§ 6º. O valor dos bens para os quais não haja mercado ativo poderá ser determinado com base em negociações anteriores e recentes do mesmo bem, ou em negociações contemporâneas de bens semelhantes, entre pessoas não compelidas a comprar ou vender e que tenham conhecimento das circunstâncias que influam de modo relevante na determinação do preço.

"§ 7º. Se o valor do bem não puder ser determinado nos termos dos §§ 5º e 6º e o valor negociado pela pessoa jurídica basear-se em laudo de avaliação de perito ou empresa especializada, caberá à autoridade tributária a prova de que o negócio serviu de instrumento à distribuição disfarçada de lucros."

17. Aires Barreto tece longas considerações sobre os aspectos práticos atinentes à definição da base de cálculo dos tributos municipais, especialmente o ITBI e o IPTU (*Direito Tributário Municipal*, São Paulo, Saraiva, 2009, *passim*).

O comodato, por exemplo – empréstimo gratuito de coisas não fungíveis[18] –, preserva o comodatário do custo que sofreria caso tivesse que tomar em locação ou adquirir onerosamente a coisa dada em comodato. O proprietário da coisa abre mão da renda que poderia obter com a sua locação, e o comodatário poupa dispêndio equivalente.

Em situação similar está o mútuo[19] quando pactuado sem juros, em que uma pessoa desfruta de coisa alheia fungível (dinheiro, por exemplo) sem ônus. O mutuante deixa de colher os frutos da coisa emprestada, e eles são apropriados pelo mutuário, gratuitamente. Observe-se que no mútuo mesmo a propriedade da coisa se transfere, do mutuante para o mutuário, dado que este tem a obrigação de devolver coisa do mesmo gênero, qualidade e quantidade.

Da mesma forma, na prestação de serviços sem remuneração alguém se beneficia do trabalho alheio, de forma gratuita.

A remissão ou perdão de dívidas e o desconto que o credor conceda ao devedor são vantajosos para o devedor, na medida em que preservam o patrimônio deste do desfalque que sofreria se a dívida fosse integralmente paga.

A renúncia à herança ou ao legado pode implicar que outra pessoa enriqueça sem ônus. Removida da sucessão uma pessoa (por renúncia), o quinhão que caberá aos outros sucessores aumentará na proporção de sua participação na quota que caberia ao renunciante.

A renúncia ao exercício de direitos pode implicar uma vantagem para outrem, que, em consequência, pode ter seu patrimônio acrescido.

A pura e simples omissão no exercício de direitos, que enseje caducidade ou prescrição, beneficia pessoas que poderiam ter seu patrimônio desfalcado caso tais direitos fossem exercidos. Analogamente, se o devedor de obrigação prescrita opta por satisfazê-la, o credor beneficia-se de um ingresso de recursos para cuja exigência não dispunha de instrumento legal eficaz.

A fiança gratuita propicia ao devedor o acesso a crédito ou a outros bens e direitos que, de outro modo, poderia não ter, ou que só obteria com maior custo.

18. CC, art. 579.
19. CC, art. 586.

Nada disso se enquadra como *doação*, não obstante a ausência de onerosidade. É evidente que em todas as situações em que a ação de uma pessoa se faz por liberalidade, gratuitamente, sem contraprestação, há a possibilidade, maior ou menor, de ela empobrecer, em contraposição ao enriquecimento de outra pessoa.

Não há, porém, nessas situações, doação, contrato típico mediante o qual uma pessoa transmite, por liberalidade, com *animus donandi*, bens ou vantagens do seu patrimônio para o de outra. Inexiste, pois, a *transmissão* ou *translação* de bens ou direitos, onerável pelo ITCMD, figura tributária restrita, como vimos, à doação e à transmissão *causa mortis*.

Clóvis Beviláqua[20] registrou que:

> "A doação importa, sempre, a diminuição do patrimônio do doador e consequente enriquecimento do donatário. É o elemento objetivo da doação. Assim – exemplifica –, a renúncia da garantia hipotecária, a prestação gratuita de um serviço, não constituem doação".

Em suma, não é a nota da gratuidade, ou liberalidade ou não onerosidade que atrai, necessariamente, para o ato jurídico o rótulo de "doação".

A Constituição não dá competências ilimitadas; é extensa a preocupação que a Carta demonstra com as limitações da competência tributária, nela longamente disciplinada e desdobrada em diplomas infraconstitucionais, como as leis complementares e as resoluções do Senado Federal.

A atribuição de competência (particularmente, a tributária) implica a definição de limites, dado o fenômeno lógico da compreensão. Só há competência nos limites compreendidos pela definição. A Constituição, ao mesmo tempo em que descreve o campo de atuação do tributo, e com as mesmas palavras com que o faz, traça as linhas demarcatórias que delimitam o poder impositivo. Mesmo a dita competência residual atribuída à União encontra limites já no seu próprio enunciado constitucional.[21]

20. Clóvis Beviláqua, *Código Civil dos Estados Unidos do Brasil (Comentado)*, cit., pp. 268-269.

21. CF, art. 154, I.

Ora, o que a Constituição autoriza os Estados e Distrito Federal a tributar é a transmissão *causa mortis* e a doação. O que aí não se compreender está fora dessa competência dos mencionados entes políticos.

É verdade que a lei tributária pode, como regra, modificar conceitos dados pelo direito privado (ou por outro ramo do Direito). Por isso, a lei do imposto de renda pode, por exemplo, equiparar a pessoa física à pessoa jurídica para certos efeitos.

É, porém, vedado à lei tributária alterar conceitos empregados pela Constituição para a *definição da competência tributária* sempre que dessa alteração puder resultar *ampliação* da competência. Se a regra que outorga competência tributária (e, portanto, dá os contornos do campo sobre o qual é exercitável a competência) autoriza, *v.g.*, a tributação de *imóvel*, não pode o legislador tributário equiparar *móveis* a *imóveis* para efeitos fiscais, sob pena de ampliar, ilegitimamente, sua esfera de competência.[22]

Não é por outra razão que o art. 110 do CTN, em norma de sabor expletivo, proclama:

> "Art. 110. A lei tributária não pode alterar a definição, o conteúdo e o alcance de institutos, conceitos e formas de direito privado, utilizados, expressa ou implicitamente, pela Constituição Federal, pelas Constituições dos Estados, ou pelas Leis Orgânicas do Distrito Federal ou dos Municípios, para definir ou limitar competências tributárias".

O preceito traz implícita a regra de que não é vedado à *lei tributária* modificar institutos, conceitos e formas do direito privado (para fins tributários, obviamente). Não pode fazê-lo, contudo, se os conceitos tiverem sido utilizados por lei superior para a *definição da competência*.

Em suma, cuida-se da definição das *fronteiras do campo em que poderá atuar a lei de incidência* do tributo. A vedação é categórica se da pretendida alteração *resultar a ampliação da competência* para cuja definição foi o conceito utilizado.

No caso do ITCMD, a Constituição refere, como vimos, na definição da competência tributária estadual (a par da transmissão *causa mortis*), a doação, contrato típico de direito civil.

22. Luciano Amaro, *Direito Tributário Brasileiro*, 17ª ed., São Paulo, Saraiva, 2011, pp. 123-125.

Não pode a lei tributária, mesmo por disposição expressa, tributar fatos alheios ao conceito jurídico (dado pelo Código Civil) para o negócio jurídico (doação) eleito pela Constituição para compor o desenho do campo de competência tributária estadual. Falece competência ao legislador tributário, como, enfaticamente, registra o art. 110 do CTN.

Dir-se-ia que a doação é conceito que, como sói acontecer com diversos negócios jurídicos, apresenta notas que podem aproximá-lo de outros. A não onerosidade, em particular, é uma característica que pode estar presente noutros negócios jurídicos, como os que acima arrolamos.

Não poderia a lei tributária eleger essa nota (a da gratuidade) para compor o suporte fático da incidência?

Não. Geraldo Ataliba insistiu em acentuar o caráter incindível da hipótese de incidência, sustentando que ela não pode ser decomposta em seus "elementos". Seu conceito não pode, por conseguinte, ser apreendido isoladamente por este ou aquele dos seus aspectos. Assim sendo, ou todos esses aspectos estão presentes, e há a hipótese de incidência, ou falta um ou alguns deles, e ela não existe.[23]

Parafraseando o Mestre, a incindibilidade manifesta-se, com maiores razões, quando se cuida de aspectos vários que integram a materialidade do fato gerador. Um dos aspectos componentes da materialidade (a gratuidade, por exemplo), se observado isoladamente, não preenche, não completa, o conceito, que depende, para sua identificação e concretização, da presença de todos (e não menos que todos) os elementos que o compõem (ou seja, de todos os seus elementos conceituais). A doação é um ato gratuito, mas nem todo ato gratuito (ou não oneroso) configura doação. Em suma, a doação contém a nota da gratuidade, mas só configura doação o ato gratuito que preencha todas as notas integrantes do conceito de doação.

Por isso, a norma definidora de competência para a tributação da doação não compreende outros atos, gratuitos embora, que não configurem doação.

23. Geraldo Ataliba, *Hipótese de Incidência Tributária*, 6ª ed., 12ª tir., São Paulo, Malheiros Editores, 2011, *passim*.

Noutro modo de explorar o tema: poder-se-ia tributar, além da situação prevista na norma definidora de competência, outras situações que lhe sejam similares ou análogas ou que tenham efeitos patrimoniais similares?

A resposta continua sendo negativa. Não é só ao intérprete ou aplicador da lei que é vedado o emprego da analogia para tributar situação não prevista em lei.[24] De igual modo, não pode o legislador tributário estender sua competência tributária para situações análogas àquela para a qual a Constituição lhe assinou competência. Ou seja, o legislador não pode usar a ferramenta da integração analógica para preencher suposta lacuna do texto constitucional. Se não é possível aplicar a lei por analogia para o efeito de tributar situação não prevista na norma de incidência, *a fortiori* não cabe a analogia para estender a competência para hipótese não compreendida na norma definidora de competência.

## *O usufruto e o ITCMD*

O usufruto, segundo conceituava o Código Civil de 1916,[25] é "o direito real de fruir as utilidades e frutos de uma coisa, enquanto temporariamente destacado da propriedade". O conceito permanece, à vista da disciplina dada pelo Código Civil de 2002,[26] embora de modo não expresso.

Instituído o usufruto, o proprietário mantém a nua-propriedade, enquanto o usufrutuário detém o direito de usar a propriedade e apropriar-se de seus frutos.

O usufruto pode instituir-se por ato *inter vivos* ou por testamento.

É direito limitado no tempo. É comum, no caso de o usufrutuário ser pessoa física, a vitaliciedade do usufruto, mas este pode ter prazo certo de duração. No caso de pessoa jurídica titular do usufruto, este se extingue com a extinção da empresa ou com o decurso do prazo máximo de 30 anos.[27]

24. CTN, art. 108, § 1º.
25. Art. 713.
26. Arts. 1.390 e ss.
27. CC, art. 1.410, III.

O usufruto é inalienável. Portanto, não é suscetível de transmissão, nem por ato *inter vivos*, nem *causa mortis*. Ou seja: o usufrutuário não pode transmitir o direito real de usufruto a terceiros, nem gratuita nem onerosamente. Não pode vendê-lo, não pode doá-lo, não pode gravá-lo. E nem é possível transmiti-lo a herdeiros ou legatários.[28]

Pode, entretanto, o *exercício* do usufruto ser cedido, gratuita ou onerosamente[29] (em formas similares ao comodato e à locação, respectivamente). Vale dizer: o usufrutuário pode optar por não fruir diretamente as utilidades propiciadas pelo bem objeto do usufruto, e ceder o seu exercício a terceiros.

Embora a instituição do usufruto possa ser a título oneroso, é mais comum o usufruto gratuito. Institutos similares, com menor escopo, são o direito real de uso[30] e o direito real de habitação,[31] cuja disciplina, em regra, tomam de empréstimo ao usufruto.[32]

Há outros institutos com características análogas ao usufruto gratuito, distintos por certas peculiaridades dos respectivos regimes jurídicos. No *comodato*, por exemplo, uma pessoa tem o direito de usar coisa alheia não fungível, gratuita e temporariamente. No *mútuo* gratuito, mediante o qual o mutuante transfere a propriedade da coisa ao mutuário, este também tem o direito de usar a coisa, gratuita e temporariamente, podendo dela dispor, com a mera obrigação de devolver ao mutuante coisa de igual gênero, qualidade e quantidade.

O comodato, o mútuo gratuito, o usufruto, atribuem, respectivamente, ao comodatário, ao mutuário e ao usufrutuário o direito de, temporariamente, usar e fruir de algum bem, sem ônus. Encerrado o tempo de vigência do direito que compete a cada uma dessas figuras,

28. O Código Civil de 1916 proclamava, com certa dose de impropriedade, que o usufruto poderia ser "alienado" apenas ao proprietário, no que não foi acompanhado pelo estatuto vigente. Na verdade, a questão se resolve pela renúncia (que pode ser gratuita ou onerosa). Agora como antes, porém, não é inviável a impropriamente chamada "venda" do usufruto a terceira pessoa, concomitantemente à venda da nua-propriedade para esse terceiro. Na verdade, também aí o que ocorre é que o proprietário aliena a nua-propriedade e, em avença concomitante, o usufrutuário renuncia onerosamente ao seu direito.

29. CC, art. 1.393.

30. CC, art. 1.412.

31. CC, art. 1.414.

32. CC, arts. 1.413 e 1.415.

restabelecem-se para o comodante, o mutuante ou o proprietário até então titulares da chamada nua-propriedade os direitos plenos de usar, dispor e fruir da coisa.

O usufruto, direito de duração limitada no tempo, extingue-se por uma das causas legais, entre as quais a morte do usufrutuário, consolidando-se, em decorrência, a propriedade plena do até então nu-proprietário.[33] O usufruto, reitere-se, é direito que *não se transmite, extingue-se.*

A questão tributária, neste passo, consiste em saber se o ITCMD incide (ou se o legislador estadual tem competência para instituir o ITCMD) sobre a instituição de usufruto a título gratuito; ou sua reserva, na doação da nua-propriedade; ou sua extinção, por uma das formas previstas em nossa lei civil.

Vimos, linhas acima, que nem o aplicador da lei tributária pode utilizar a analogia para cobrar tributo, nem o legislador tributário pode invocar essa modalidade de integração para criar tributo sobre situação análoga à descrita na norma de definição da competência. Também não compete ao legislador tributário ampliar sua competência mediante o artifício de modificar ("para efeitos tributários") o conteúdo e o alcance dos institutos de direito privado utilizados para definir essa competência, consoante, de modo expletivo, atesta o art. 110 do citado Código.

Na reserva de usufruto, numa operação de transmissão da nua-propriedade, sequer cabe pensar-se em transmissão de bens ou direitos relativamente ao direito do usufrutuário. A transmissão que ocorre é a da nua-propriedade, transmissão, esta, que, se feita por doação, realizará o fato gerador do tributo.

Cumpre observar que na doação da nua-propriedade a base de cálculo deve corresponder ao *valor da nua-propriedade*, não podendo ser considerado o valor total da propriedade plena, assim como não se pode dizer que a nua-propriedade seja totalmente destituída de valor. Sua expressão valorativa corresponde ao valor-presente do fluxo futuro de utilidades (fruíveis após a extinção do usufruto). Dependendo da duração do usufruto (ou, como mais frequentemente se dá, da perspectiva de sobrevida do usufrutuário), a nua-propriedade pode

33. O CC arrola, no art. 1.410, a par da morte do usufrutuário, outras causas de extinção do usufruto: renúncia, termo de sua duração etc.

ter valor mais ou menos expressivo, mas sempre inferior ao atribuível à propriedade sem nenhum gravame.

Posto isso, o que se dá quando o usufrutuário falecer? A propriedade plena se restaura. A morte implica *transmissão* do usufruto? Não, a morte acarreta a *extinção* do usufruto. Com a morte do usufrutuário o usufruto não se transmite, extingue-se.

Ou seja, mesmo na extinção do usufruto em razão da morte do usufrutuário inexiste o fato – nuclear para a incidência do tributo em discussão – que é a *transmissão* de bens ou direitos. A morte do usufrutuário é modo de *extinção do usufruto*, e não de sua "transmissão" a outrem.

A extinção do usufruto, em suma, implica a consolidação da propriedade plena pelo até então nu-proprietário, e, embora ela (a consolidação) não suponha nenhum ônus que tenha que ser satisfeito pelo nu-proprietário (ou seja, não há onerosidade na consolidação), não se realiza, aí, nenhuma modalidade de *transmissão* de bens ou direitos.

Aliás, pode ou não o nu-proprietário ser herdeiro do usufrutuário falecido. Essa circunstância é acidental. A propriedade plena se restaura, em mãos do até então nu-proprietário, *independentemente de ele ser, ou não, herdeiro do usufrutuário.*

Não há, portanto, incidência do ITCMD na extinção do usufruto, seja pela morte do usufrutuário, seja pelas demais causas extintivas descritas no Código Civil, não tendo relevância a eventual condição (do titular da nua-propriedade) de herdeiro do usufrutuário cujo direito foi extinto. É claro que se extinto o usufruto por outra causa que não a morte do usufrutuário também não cabe falar em *transmissão* de nenhum bem ou direito.

São, em suma, incompossíveis a ideia de *usufruto* e a de *transmissão* (que, destaque-se, integra o núcleo da hipótese de incidência do ITCMD).

Pode dar-se, na hipótese prevista no art. 1.411 do CC, que o usufruto instituído em favor de mais de uma pessoa só se extinga com o falecimento de todas.[34] Mesmo aí não existe transmissão *causa mortis.*

34. CC, art. 1.411: "Constituído o usufruto em favor de duas ou mais pessoas, extinguir-se-á a parte em relação a cada uma das que falecerem, salvo se, por estipulação expressa, o quinhão desses couber ao sobrevivente". V. também, em relação ao usufruto constituído por testamento, o art. 1.946 do CC.

O sobrevivente aumenta o seu quinhão de fruição do bem em razão do direito de acrescer, previsto no ato de instituição, e não por "transmissão *causa mortis*". Aliás, o direito de acrescer independe da eventual vocação hereditária que o sobrevivente possa ter em relação ao falecido. Na verdade, nada tem a ver com essa vocação, mesmo que, em dada situação, ela exista.

A própria instituição gratuita de usufruto não se confunde com a doação (contrato típico). Mais uma vez: *não há transmissão*; há *instituição* ou *criação* de direito. Assim como, na hipótese, se cria, gratuitamente, o direito real de usufruto, no comodato se cria o direito pessoal de, também gratuitamente, usar coisa infungível alheia. Vimos já que também no mútuo gratuito o mutuário desfruta da coisa emprestada, sem ônus. Em nenhuma dessas situações existe transmissão, embora esteja presente a gratuidade.

Aliás, no mútuo gratuito até existe a transmissão da coisa, mas essa transmissão gera a obrigação de devolução de coisa do mesmo gênero, qualidade e quantidade. É, portanto, transmissão com a contrapartida de devolução. Há também gratuidade, mas a gratuidade não se refere à *propriedade* da coisa, e sim ao *uso* da coisa mutuada. A coisa não é grátis, o que é grátis é o uso da coisa. Por isso, também aí não há doação.

Enfim, a instituição gratuita de usufruto, por faltar-lhe elemento essencial necessário ao aperfeiçoamento do fato gerador (a *transmissão*), não pode ser enquadrada, nem pelo intérprete, nem pelo legislador tributário, como suporte fático do imposto de transmissão, na modalidade de doação.

O fato de pessoa alheia ao proprietário exercer, de modo não oneroso, direito sobre a coisa (como *comodatário*, como *mutuário* ou como *usufrutuário*) não atribui a essa pessoa o epíteto de donatário.

Nos vários negócios jurídicos arrolados há sempre outra pessoa (que não o proprietário) que, gratuitamente, por período de tempo maior ou menor, frui as utilidades propiciadas por coisa alheia, com a obrigação de devolver a coisa ou, no caso do mútuo, de pôr em seu lugar coisa de igual gênero, qualidade e quantidade.

Em razão de ser o usufruto insuscetível de transmissão, também não pode o usufrutuário, titular de direito inalienável, "doar" o usufruto. Sabemos que ele pode ceder o *exercício* do direito, o que equivale ao comodato, se a cessão for gratuita. O comodato, porém, já vimos, não é doação, nem assim pode considerar-se a cessão do exercício do direito do usufruto.

## *Usufruto e ITCMD na legislação paulista*

A lei paulista define o fato gerador do ITCMD, referindo a sucessão legítima e a sucessão provisória, a par da doação.[35]

Porém, ao tratar da base de cálculo do tributo o diploma legal prevê que *na instituição de usufruto* por ato não oneroso se tributará o valor equivalente a 1/3 do valor do bem.[36] Assim, se alguém *instituir usufruto* para certa pessoa (mantendo a nua-propriedade ou transmitindo-a para pessoa diversa do usufrutuário), esse fato seria tributável com a base de cálculo de 1/3 do valor do bem.

Pelas razões apontadas ao longo deste estudo, entendemos que esse dispositivo pretende atingir situação não compreendida na definição constitucional da competência estadual.

Ainda a propósito da base de cálculo, a lei paulista manda tributar 2/3 do valor do bem na transmissão não onerosa da *nua-propriedade*. Claro que o contribuinte poderá questionar esse critério de definição da base de cálculo se puder demonstrar que, no caso concreto, o valor da nua-propriedade é menor que 2/3 do valor que seria atribuível à propriedade plena (dado que, por exemplo, a expectativa de vida do usufrutuário, jovem ainda, é muito longa).

Sem entrar no mérito da discussão sobre se a "precificação" legal da nua-propriedade está, ou não, adequada, é inegável que o legislador teve presente a diversidade de valor entre a propriedade plena e a nua-propriedade. Assim sendo, na hipótese de o usufruto ter sido retido pelo doador da nua-propriedade, ou de esse direito ter sido instituído para terceira pessoa (diversa da donatária), ou de, por testamento, a nua-propriedade ser atribuída a uma pessoa e o usufruto ser instituído a favor de outra – em qualquer dessas situações quer a lei que a transmissão da nua-propriedade seja tributável pelo valor equivalente a 2/3 do valor do bem. Não cabe, portanto, sob nenhum pretexto, sustentar

35. Lei 10.705/2000 (alterada pela Lei 10.992/2001), art. 2º.
36. Lei 10.705/2000 (alterada pela Lei 10.992/2001), art. 9º, § 2º, item 3.

que a diferença (em relação ao valor da propriedade plena) teria ficado "suspensa", para ser tributada noutra ocasião...

A lei não disse que a extinção do usufruto é fato gerador do tributo. E não poderia mesmo dizer, dado que, conforme demonstramos, não há *transmissão* de direito quando se extingue o usufruto. Há – com perdão da redundância – *extinção* de direito.

Não obstante, a lei paulista declara "isenta" do imposto a transmissão *causa mortis*, "na extinção do usufruto quando o nu-proprietário tiver sido o instituidor".[37] Ora, se não há fato gerador, dada a inexistência de transmissão, é totalmente inócua a previsão de isenção na específica situação de o nu-proprietário ser o instituidor. Antigamente se dizia – em lição não técnica, mas com um sentido didático que a levou a fazer escola – que só se pode isentar o que esteja *a priori* tributado. Em discurso mais moderno, o que não está compreendido (em regra) na norma de incidência não pode compor a norma de isenção (como exceção).

Portanto, esse dispositivo "isencional" peca, no mínimo, pela desnecessidade. Não vá alguém supor que, sendo isenta essa hipótese de extinção do usufruto (quando o nu-proprietário seja o instituidor do usufruto), a outra (em que ele não o seja) seria tributável, *a contrario sensu*...

É curioso que o decreto regulamentar do ITCMD paulista, apesar de repetir que a base de cálculo é de 2/3 do valor do bem,[38] no caso de transmissão não onerosa da nua-propriedade, ao dispor sobre o momento em que o tributo deve ser recolhido,[39] cria a alternativa de pagá-lo:

> "(a) sobre o valor *total* da propriedade (e não apenas sobre os 2/3, conforme prevê a lei, repetida pelo decreto); ou
>
> "(b) parte na escritura (pelo valor da nua-propriedade) e parte na consolidação da propriedade (pelo valor do usufruto)."

Ou seja, buscou o decreto, evidentemente, tributar a extinção do usufruto, dando "generosamente" ao contribuinte a opção de efetuar o pagamento do imposto (excedente ao apurado sobre a base de cálculo

37. Lei 10.705/2000 (alterada pela Lei 10.992/2001), art. 6º, I, "f".
38. Decreto 46.655/2002, art. 12, § 2º, item 4.
39. Decreto 46.655/2002, art. 31, II, "c", c/c o § 3º, itens 1 a 3.

legal) no momento da doação da nua-propriedade (situação em que ele não é devido) ou na extinção do usufruto (ocasião em que ele igualmente não incide)...

Tanto o texto do decreto afronta a lei, que a Administração Fiscal paulista corrigiu o decreto, com a edição de ato normativo[40] no qual, com exemplar precisão, traçou, em resumo, os seguintes esclarecimentos:

> "(a) A Constituição deu aos Estados competência para tributar transmissão *causa mortis* e doação.
>
> "(b) O Estado de São Paulo instituiu o tributo mediante lei que definiu como fato gerador a sucessão legítima ou testamentária e a doação.
>
> "(c) Na transmissão em decorrência da morte, somente ocorre o fato gerador quando o *de cujus* transmite bens a seus herdeiros ou legatários, por isso somente estes são definidos pela lei como contribuintes; não há previsão legal de tributação na extinção do usufruto.
>
> "(d) Na extinção do usufruto não há transmissão hereditária ou testamentária de modo a ensejar a cobrança do ITCMD, ainda que, coincidentemente, o nu-proprietário seja herdeiro do usufrutuário."

Porém, novo ato normativo foi editado,[41] repetindo a fundamentação do anterior, mas acrescentando uma ressalva, na tentativa de ressuscitar o decreto. Diz o novo ato que a circunstância de a extinção do usufruto não ser fato gerador

> "(...) não traz implicações nas situações em que houve doação do bem imóvel com reserva de usufruto, em favor do doador, em que, sob a permissão *(sic)* estabelecida pelo § 1º do art. 31 do Decreto n. 46.655/2002, o imposto não foi recolhido integralmente. *(Sic)* Caso em que o donatário escolheu *(sic)* pagar o ITCMD em dois momentos distintos, efetuando, antes da lavratura da escritura, apenas *(sic)* o valor correspondente à nua-propriedade, isto é, 2/3 (dois terços) do valor do bem".

Em resumo: quem cumpriu a lei e pagou integralmente o imposto que ela mandou cobrar (calculado sobre 2/3 do valor do bem) teria ficado a dever a parte que o decreto permitiu que fosse paga no mo-

40. Decisão Normativa CAT-10/2009.
41. Decisão Normativa CAT-3/2010.

mento da escritura ou na extinção do usufruto... Quem puder, que entenda! A pobre da lei fica "falando sozinha".

Logo a seguir, voltando à racionalidade, a mesma decisão normativa atesta que "as isenções constantes do art. 6º, incisos I e II, da Lei n. 10.705/2000 não se aplicam à extinção do usufruto, tendo em vista que esse fato não é hipótese de incidência do ITCMD"! Detalhe: o referido art. 6º, I, é exatamente o dispositivo legal que, na alínea "f", declara isenção "na extinção do usufruto, quando o nu-proprietário tiver sido o instituidor". Dessa vez, pelo menos, a decisão normativa, ao desmentir a lei, acertou. Não se concebe dar isenção onde não há incidência.

# A TRIBUTAÇÃO DAS PRESTAÇÕES DECORRENTES DE CONTRATOS DE "ENGINEERING, PROCUREMENT AND CONSTRUCTION/EPC"

Luís Eduardo Schoueri

Professor Titular de Direito Tributário da Faculdade de Direito da USP.

Luiz Carlos de Andrade Jr.

Doutorando em Direito Civil pela Faculdade de Direito da USP. Advogado em São Paulo.

Matheus Cherulli Alcantara Viana

Advogado em São Paulo.



## I – Introdução

O contínuo desenvolvimento econômico da sociedade faz surgir novas relações comerciais e, com elas, novas demandas para regulamentação jurídica. Especialmente em setores econômicos ligados à infraestrutura, ao setor energético e ao setor petrolífero, a necessidade de realização de obras de grande porte trouxe ao mundo jurídico a exigência de contratos que pudessem disciplinar a relação estabelecida entre o sujeito que precisa da obra – o empreendedor – e aquele que a executará – o construtor –, concentrando atividades as mais diversas e dimensionando adequadamente os riscos envolvidos.

Na prática internacional a adoção de um modelo contratual cuja origem remonta ao Direito Anglo-Saxão, comumente denominado contrato de *EPC/Engineering, Procurement and Construction* (Engenharia, Gestão de Compra e Construção), vem sendo apresentada como resposta a essa necessidade. Em um primeiro momento as características do referido contrato, que reúne obrigação de dar, ao prever a venda de equipamentos, e obrigação de fazer, já que objetiva a construção de uma obra, poderiam levantar questionamentos sobre o tratamento tributável aplicável à hipótese. Poder-se-ia dizer, por exemplo, que o fato de o referido contrato prever o fornecimento de mercadorias pelo construtor descaracterizaria a existência de uma empreitada.

Pretendemos investigar a natureza jurídica do referido contrato, bem como dos negócios jurídicos trazidos em seu bojo, como meio para determinarmos o tratamento tributário das prestações envolvidas à luz da discriminação constitucional de competências tributárias definida na lei complementar, notadamente no que se refere ao imposto sobre serviços/ISS e o imposto sobre a circulação de mercadorias e serviços/ICMS.

## *II – O contrato de "EPC"*

De imediato constatamos que o contrato de *EPC* não possui regramento próprio em nosso ordenamento. Segundo a terminologia adotada pelo Código Civil vigente, dir-se-ia que aquele seria um contrato atípico.[1] É esse tipo de contrato – desprovido de disciplina legal específica – que o art. 425 do CC autoriza seja celebrado pelos particulares, desde que não se contrariem normas de cogente aplicação.

A despeito da terminologia adotada pelo legislador, deve-se anotar que a ideia de tipicidade sofreu alterações, desde sua origem – no Direito Romano – até o presente. Em Roma o contrato típico era aquele que atendia estritamente aos "esquemas" requeridos como pressuposto para o manejo das *actiones*. Mais modernamente, entretanto, também se considera típico o negócio jurídico – gênero do qual

1. Cf. Orlando Gomes, *Contratos*, Rio de Janeiro, Forense, 2007, p. 97.

o contrato é espécie – que, embora desprovido de tratamento legal taxativo, seja admitido pela consciência social em razão de contemplar uma exigência prática legítima, um interesse social duradouro, e, por conta disso, seja digno de tutela jurídica.[2]

É nesse contexto que se diferencia a tipicidade legal da social. Na tipicidade legal a disciplina contratual está prevista em lei, enquanto na tipicidade social a disciplina identificadora de uma espécie contratual resulta dos usos e costumes. Dessa forma, podem existir contratos legalmente atípicos mas socialmente típicos, porque amplamente delineados pela prática social, bem como contratos legalmente típicos e socialmente atípicos,[3] os quais embora previstos, não se ajustam às práticas sociais a que se referem.

Assim, poder-se-ia dizer que o contrato de *EPC*, já que largamente utilizado nos setores ligados a infraestrutura e energia, seria um contrato socialmente típico.

Nada obstante, como veremos adiante, o que se chama contrato de *EPC* nada mais é que o vetor resultante da coligação de dois contratos típicos – a compra e venda e a empreitada. Logo, o *EPC*, visto de perto, deve ser tido, sob a perspectiva legal, como legalmente típico. Isso não impede, entretanto, que, sob a perspectiva social, se atribua relevância ao todo orgânico derivado daquela coligação contratual (operada no plano legal), o qual, por ter sido aceito pela prática do mercado, constitui uma unidade socialmente típica.

## *II.1 As características de um contrato de "EPC"*

O contrato de *EPC* corresponde ao instrumento contratual por meio do qual se objetiva a confecção de um bem ou a construção de uma obra. Por meio desse contrato surgem relações jurídicas obrigacionais de naturezas diversas, todas necessárias à construção de um empreendimento de grande porte que deve ser entregue em plenas

2. Cf. Emilio Betti, *Teoria Generale del Negozio Giuridico*, Nápoles, ESI, 2002 (*ristampa*).

3. Cf.: Enzo Roppo, *O Contrato*, Coimbra, Livraria Almedina, 2009, p. 134; Caroline Botsman Brandt, *Riscos no Contrato EPC (Engineering, Procurement and Construction)*, Dissertação de Mestrado apresentada à Faculdade de Direito da PUC/SP, São Paulo, 2009, p. 70.

condições de funcionamento ao final do contrato. Tais relações jurídicas, por seu turno, coincidem com aquelas que, por vezes, são objeto de outros contratos legalmente atípicos, mas socialmente típicos, como os contratos de engenharia, de gestão de compra e, ainda, de construção.[4] No contrato de *EPC*, entretanto, essa miríade de atividades concentra-se em uma única empresa, responsável pela realização dos vários objetivos da contratação.

Relacionados ao contrato de engenharia estão, por exemplo, as obrigações relativas à elaboração de projetos básicos ou preliminares de engenharia, realizações de testes e inspeções bem como o gerenciamento e a administração do contrato de construção.[5] Por meio do contrato de gestão de compra, a contratada se responsabiliza pela aquisição de materiais e máquinas necessários à execução da obra bem como de equipamentos necessários ao funcionamento do empreendimento, os quais serão transferidos ao empreendedor. Decorrentes do contrato de construção, por sua vez, incluem-se todos os serviços relacionados à construção, em si, do empreendimento.[6]

Nos contratos de *EPC*, não obstante exista o escopo final da implantação de um empreendimento, a empresa contratada assume a responsabilidade por diversos escopos específicos, componentes do escopo final, mas que dele se distinguem, mantendo sua autonomia.

Ao contratado cabem, assim, a definição do projeto básico e das especificações técnicas, o desenvolvimento do projeto executivo, a prestação de serviços de consultoria especializados, a obtenção de autorizações e permissões de sua responsabilidade, serviços de transporte, construção, garantia de qualidade, aquisição e fornecimento de materiais e equipamentos, comissionamento e reparo dos itens permanentes do projeto, necessários à entrega da obra acabada, em plenas condições de funcionamento. Não se trata de simples e pura construção. Lícito, então, afirmar que num contrato de *EPC* cujo objetivo final é a implantação de um estabelecimento industrial de grande porte, em razão da própria complexidade de sua implementação, as obrigações sob a res-

4. Cf. Caroline Botsman Brandt, *Riscos no Contrato EPC (Engineering, Procurement and Construction)*, cit., p. 24.

5. Idem, ibidem.

6. Idem, ibidem.

ponsabilidade do construtor contemplam serviços de construção civil, mas neles não se exaurem.

Outra importante característica dos contratos de *EPC* é a existência de preços estipulados e prazos certos para conclusão da obra, a qual deve ser entregue ao empreendedor em perfeito funcionamento. Ao definir que a contratação para implantação de um grande empreendimento será do tipo *EPC*, o empreendedor tem em mente um negócio jurídico balizado na limitação do custo, nos prazos e na qualidade.[7] Ao contratar o construtor, o empreendedor confia em suas habilidades de realização desde a fase do projeto, passando pelas aquisições até a execução final, da qual resultará a entrega completa da obra.

Sobre a circunstância da previsão de entrega do empreendimento pronto e acabado, em plenas condições de funcionamento, tem sido utilizado nas práticas comerciais internacionais o termo *turnkey* para designar contratos de *EPC*.[8] A expressão remete à possibilidade de o empreendedor, ao final do contrato, quando receber o empreendimento, precisar apenas "virar as chaves" para que ele comece a funcionar.

Nota-se que a opção por tal modalidade de contratação tem fundamentos econômicos plenamente justificáveis, especialmente em razão da transferência da maior parte dos riscos decorrentes da execução do escopo contratual ao contratado, tanto os referentes aos serviços quanto os relativos aos materiais e equipamentos. Além disso, a opção por tal modalidade de contratação poupa o contratante da necessidade de administrar diversas contratações, com prazos e sujeitos diversos.

Nesse aspecto, a possibilidade de congregação de diversos escopos, aliada ao adequado dimensionamento do risco, tornou a contratação do tipo *EPC* mais atrativa para a realização de empreendimentos de grande porte, tendo levado ao aprimoramento e disseminação desse tipo contratual. Tal afirmativa confirma-se pela existência de modelos propostos por organismos internacionais, tais como a *Fédération Internationale des Ingénieurs-Conseils/FIDIC* (Federação Internacional

7. Cf. Sayonara Mariluza Tapparo Xavier, *Contratos de **EPC** para Empreendimentos Hidrelétricos e seus **Stakeholders***, dissertação de Mestrado apresentada à Faculdade de Engenharia da Universidade Federal de Santa Catarina/UFSC, p. 24.

8. Embora haja divergências doutrinárias sobre a equiparação, a tendência é a utilização dos termos como sinônimos. Nesse sentido, cf. Caroline Botsman Brandt, *Riscos no Contrato EPC (Engineering, Procurement and Construction)*, cit., p. 27.

de Engenheiros Consultores) e a *International Chamber of Commerce/ ICC* (Câmara Internacional de Comércio).

Em 1999 a *FIDIC* publicou o *Silver Book*, no qual são estabelecidas as condições gerais para contratos *EPC/Turnkey* (*Conditions of Contract for EPC/Turnkey Projects – Silver Book*). Em 2003 a *ICC* também publicou um modelo de contrato *turnkey* para grandes projetos (*Model Turnkey Contract for Major Projects*).[9]

Constata-se, assim, que o contrato de *Engineering, Procurement and Construction/EPC* é espécie contratual internacionalmente aceita, de características bem delimitadas, cuja adoção mostra-se extremamente comum na execução de grandes projetos. Esse cenário reforça a constatação de ser o *EPC*, visto em sua unidade, espécie contratual socialmente típica. Tal ocorre, registre-se, inclusive no Brasil, onde, como já dito, as contratações do tipo *EPC* vêm sendo largamente utilizadas, especialmente pelos setores de infraestrutura, de energia e petrolífero, adotando-se como guia os modelos internacionais disponíveis e a prática comercial internacional.

Ocorre, porém, que, apesar de se poder vislumbrar um contrato unitário sob a perspectiva da prática – tipicidade social –, a inexistência de um tipo legal correspondente ao *EPC* conduz à percepção de que, sob o prisma dos esquemas contratuais previstos pelo legislador, o contrato de *EPC* identifica-se com as características de duas espécies de contratos típicos: o contrato de compra e venda e o contrato de empreitada.

### *II.2 O contrato de "EPC" e a compra e venda*

O contrato de compra e venda no Brasil encontra-se minuciosamente regulado no Código Civil de 2002, ocupando todo o Capítulo I ("Da Compra e Venda") do Título VI ("Das Várias Espécies de Contrato") da Parte Especial desse diploma legal.

O conceito de compra e venda pode ser extraído do art. 481 do CC de 2002, o qual dispõe que: "Art. 481. Pelo contrato de compra e venda, um dos contratantes se obriga a transferir o domínio de certa coisa, e o outro, a pagar-lhe preço certo em dinheiro".

9. Cf. Caroline Botsman Brandt, *Riscos no Contrato EPC (Engineering, Procurement and Construction)*, cit., p. 24.

Assim, a compra e venda é contrato típico, amplamente utilizado, pelo qual uma das partes, o vendedor, compromete-se a transferir determinado bem à outra parte, o comprador, o qual tem a obrigação de pagar determinada quantia em dinheiro, denominada preço. A compra e venda consubstancia, portanto, obrigações de dar, de lado a lado.

Do conceito ora tratado é possível extrair os principais elementos do contrato de compra e venda, que remontam ao Direito Romano: preço, coisa e consentimento das partes (*pretium, res et consensus*).[10] É esse o sentido do art. 482 do CC, que estabelece que a compra e venda se considerará obrigatória e perfeita desde que as partes concordem quanto ao objeto e ao preço.

O contrato de compra e venda, por si só, não tem o condão de transferir o domínio de determinado bem. Com a celebração do contrato, os efeitos produzidos são meramente obrigacionais, sendo o vendedor obrigado a transferir o domínio sobre a coisa. O comprador, portanto, não possui poderes de proprietário até que ocorra a entrega do bem adquirido.[11] Trazendo esse aspecto para o âmbito do contrato de *EPC*, importa ver que a entrega é pressuposto da realização da obra: o contratado, quando realiza o projeto, não utiliza bens de sua propriedade, mas do contratante. É dizer: o contratado primeiro vende componentes e equipamentos ao contratante e os entrega (ao menos juridicamente). Apenas após isso passa a produzir a obra contratada.

Um aspecto deve ser esclarecido: no contrato de *EPC* é comum que certos bens, que se destinam à composição da obra contratada, sejam negociados em separado. São, em geral, equipamentos elaborados, componentes eletrônicos ou mecânicos sofisticados, os quais são passíveis de apreciação econômica individual. Isso não significa, todavia, que durante a execução da empreitada o contratado não possa fornecer materiais, como, por exemplo, cimento, areia etc., os quais, por certo, não serão objeto de uma compra e venda autônoma, já que não importarão ao contratante senão enquanto incorporados à obra.

10. Cf. Álvaro Villaça Azevedo, in Sálvio de Figueiredo Teixeira, *Comentários ao Novo Código Civil – Das Várias Espécies de Contrato, da Compra e Venda*, Rio de Janeiro, Forense, 2005, p. 15.

11. Cf. Cf. Maria Helena Diniz, *Curso de Direito Civil Brasileiro*, 17ª ed., vol. 3, São Paulo, Saraiva, 2002, pp. 166-167.

Assim, no que tange aos materiais empregados de maneira mais corriqueira, não se dirá que eles serão objeto de compra e venda, mas sim, da empreitada, que, como será exposto adiante, também integra o contexto do contrato de *EPC*. Diversamente, poder-se-á vislumbrar uma compra e venda no que tange a certos equipamentos e componentes dotados de características especiais que justifiquem um cuidado maior acerca da alocação dos riscos a eles inerentes e também a definição de um preço específico, destacado do valor global da obra, que a eles diga respeito.

Verifica-se, assim, que as características e os efeitos típicos de um contrato de compra e venda podem ser identificados em um contrato de *EPC*, notadamente no que se refere à disciplina das obrigações relativas ao fornecimento dos equipamentos. Neste sentido, no âmbito do referido contrato, o contratado obriga-se a transferir o domínio de coisas certas (geralmente previstas individualmente nos anexos do contrato), pelas quais o contratante compromete-se a pagar-lhe preço certo em dinheiro. Caracterizada está, assim, a compra e a venda como uma das formas de execução de *Procurement* típico dos contratos de *EPC*.

Ocorre, no entanto, que as obrigações do contratado não se esgotam com a entrega dos equipamentos: obriga-se ele, também, à construção de uma obra. Nesse sentido, cabe observar a disciplina da empreitada no Direito Brasileiro.

### *II.3 O contrato de "EPC" e a empreitada*

A origem remota do contrato de empreitada pode ser encontrada no Direito Romano, cuja sistemática o colocava entre as três espécies de locação: *locatio conductio rei* (locação de coisas), *locatio conductio operarum* (locação de serviços) e *locatio conductio operis faciendi* (empreitada).[12]

A última *locatio* mencionada correspondia à empreitada, que apenas se desvinculou do contrato de compra e venda e se delimitou enquanto contrato autônomo ao fim do período republicano. À época já se caracterizava pela obrigação do *conductor* de entregar ao *locator*

12. Cf. Teresa Ancona Lopez, *Comentários ao Código Civil*, vol. 7, São Paulo, Saraiva, 2003, p. 246.

uma *opera* (obra), figurando enquanto uma modalidade própria de locação, em que se locava a mão de obra tendo em vista a finalidade da entrega de determinada obra.

Por força da tradição e influência do Direito Romano, diversas legislações posteriores continuaram a disciplinar o contrato de empreitada enquanto uma modalidade de locação: seria a empreitada, nessas legislações, uma locação de obra.[13]

Nota-se o resquício da influência do ordenamento antigo de Roma ainda no Código Civil de 1916, que tratou do contrato de empreitada na Parte Especial, Livro III, Título IV, Capítulo IV, destinado à locação. Assim, a empreitada de obra foi tratada como uma locação, ao lado da locação de coisas e da locação de serviços, conforme a trilogia tradicional do Direito Romano.

O Código Civil de 2002 adotou arranjo mais atualizado e coerente com as características do contrato de empreitada, já que, de maneira incompatível com a disciplina da locação, o empreiteiro obriga-se a proporcionar certo resultado.

Assim, o Código Civil afastou a empreitada do âmbito da locação, ao passo que esta ficou restrita aos casos de locação de coisas, conforme a disciplina dos arts. 565 ao 578 do referido diploma legal. No regime de 2002 foi conferido à empreitada capítulo próprio (Capítulo VIII do Título VI do Livro I da Parte Especial), ao lado da prestação de serviços (Capítulo VII), dentro do título referente às espécies contratuais (Título VI do Livro I da Parte Especial).

No entanto, da mesma maneira que o Código de 1916, o atual Código Civil não oferece qualquer definição de empreitada. Dessa forma, coube à doutrina, a partir das disposições legais, elaborar a definição do referido contrato.

Nesse sentido, como já afirmado, pode-se caracterizar o contrato de empreitada como aquele em que uma das partes, denominada empreiteiro, se compromete a executar determinada obra em troca de certa remuneração fixa a ser paga pelo outro contratante, o dono da obra, de acordo com as instruções deste e sem relação de subordinação.[14] É dizer

13. Cf. Sílvio de Salvo Venosa, *Direito Civil: Contratos em Espécie*, 2ª ed., vol. 3, São Paulo, Atlas, 2002, p. 195.

14. Cf. Sílvio Rodrigues, *Direito Civil – Dos Contratos e das Declarações Unilaterais de Vontade*, 30ª ed., vol. 3, São Paulo, Saraiva, 2004, p. 245.

que pelo contrato de empreitada o empreiteiro assume o compromisso, mediante retribuição em dinheiro, de realizar determinada obra ou serviço de construção, economicamente apreciável.[15]

Assim, a obrigação que demarca a essência da empreitada é de fazer algo, embora também seja possível que tal contrato encerre uma incidental obrigação de dar. Pela dicção do art. 610 do CC percebe-se que para a consecução da obra o empreiteiro pode concorrer não só apenas com seu trabalho (empreitada de lavor), como também pode fornecer os materiais (empreitada mista), os quais são empregados e consumidos na execução da obra.

Importa notar que na modalidade mista, na qual o empreiteiro fornece materiais, a finalidade do contrato de empreitada permanece sendo a *necessitas faciendi*, isto é, a obrigação de fazer uma obra de um modo especial, que foi imposto pelo contratante e aceito pelo contratado – assim, o material fornecido pelo empreiteiro não influi na natureza do contrato de empreitada.[16] Os contratos de empreitada têm por objeto uma obrigação de resultado. Mesmo na modalidade mista o fornecimento de materiais figura apenas como meio para que a obra possa ser devidamente executada e entregue: a entrega de mercadoria sequer chega a acontecer, pois o próprio empreiteiro adquire o material e já o emprega na obra.[17]

Demonstra-se, pois, que todas as características e efeitos típicos de um contrato de empreitada também podem ser identificados em um contrato de *EPC*. Neste, o construtor obriga-se a executar uma obra para o empreendedor por um preço previamente fixado. Para tanto, presta diversos serviços, os quais somente se consideram concluídos, para fins de extinção dessa obrigação contratual, com a entrega da obra, pronta, em plenas condições de funcionamento. Além da construção, propriamente dita, há a própria concepção do projeto e a colocação em condições de operação: a obrigação é tipicamente de resultado. São os núcleos de *Engineering* e *Construction* dos contratos de *EPC*.

15. Cf. Antônio Chaves, *Tratado de Direito Civil*, vol. 2, São Paulo, Ed. RT, 1984, p. 832.

16. Cf. Miguel Maria de Serpa Lopes, *Curso de Direito Civil*, vol. 3, Rio de Janeiro, Freitas Bastos, 1991, p. 191.

17. Cf. Teresa Ancona Lopez, *Comentários ao Código Civil*, cit., vol. 7, p. 253.

### *II.4 Delimitando a natureza do contrato de "EPC"*

Diante do que acima se expôs, a dúvida que naturalmente surge refere-se a qual dos contratos – compra e venda ou empreitada – seria aquele com o qual o contrato de *EPC* se identificaria. Já se adiantou que essa identificação não seria exclusiva: o contrato de *EPC* não é, sob a ponto de vista legal, uma compra e venda, nem uma empreitada.

Nada obstante, algumas explicações adicionais são necessárias: pode haver uma tendência a se vislumbrar no *EPC* tão somente uma empreitada mista, ou seja, um contrato legalmente típico. Não nos parece, contudo, que esse entendimento seja adequado.

Pois, como assinalamos, no contrato de empreitada mista a obrigação de dar os materiais fornecidos não possui relevância em si, uma vez que o seu cumprimento – a entrega – não ocorre de maneira autônoma. O que entrega o empreiteiro é a obra, ou seja, o resultado do seu fazer. A entrega dos materiais é, portanto, incidental, desprovida de valor jurídico próprio.

Embora o contrato de *EPC* possa abranger uma empreitada mista – como já assinalado, no que se refere ao fornecimento de materiais corriqueiros, necessários à execução da obra –, não é isso que geralmente ocorre quanto a equipamentos e componentes de maior sofisticação e dotados de valor individual expressivo. Com relação a estes as partes costumam acordar, de maneira autônoma, a obrigação de dar a cargo do contratado, o qual os entrega independentemente de entregar a obra. É dizer: o contratado teria duas obrigações diferentes, quais sejam: a de entregar os componentes e equipamentos e a de entregar a obra.

Desse modo, ao contrário do que parece, no *EPC* não é o contratado quem fornece os componentes e equipamentos necessários à consecução da obra, mas o contratante. O efeito é análogo ao decorrente da sequência de duas operações – uma compra e venda e uma empreitada.

Seria mais fácil a visualização desse encadeamento contratual se o fornecedor dos equipamentos e componentes fosse um terceiro. Diante dessa premissa, poder-se-ia constatar com maior clareza a compra daqueles, pelo contratante, junto ao fornecedor; e, na sequência, a sua disponibilização, pelo contratante, ao contratado, o qual deles se utilizaria para a composição da obra. O que torna o contrato de *EPC* peculiar, todavia, é a circunstância de que, embora as duas operações ocorram de maneira autônoma, o fornecedor e o empreiteiro são um só: o contratado.

As diversas obrigações contratuais decorrentes de um contrato de *EPC* – ressalte-se –, apesar de autônomas, não são desvinculadas. Há um nexo funcional entre elas, representado pelo escopo final do contrato de instalar um empreendimento em pleno funcionamento. Afinal de contas, os equipamentos somente são comprados (pelo contratante) porque necessários à composição da obra a ser realizada (pelo contratado).

De modo que não nos parece possível aproximar o contrato de *EPC* apenas à empreitada mista. Também descabe, diante das inúmeras e importantíssimas obrigações de fazer decorrentes daquele contrato, equipará-lo somente à compra e venda. A conclusão de que o *EPC* é uma "mistura" de compra e venda e empreitada mista, por sua vez, requer seja analisado com maior vagar o nexo funcional que, no plano da tipicidade legal, une esses contratos. Daí ser pertinente o exame do fenômeno da coligação contratual, que, a nosso ver, é o que delimita, definitivamente, a natureza do contrato.

### *II.5 O contrato de "EPC" e a coligação contratual*

Quanto mais complexas as relações econômicas que os contratos visam a regular, mais difícil torna-se, também, a determinação do instrumento mais adequado. Não é raro que a regulação de determinada operação implique a criação de um novo modelo contratual ou que esta precise ser regulada por dois ou mais contratos interligados.

Já se afirmou ser lícito às partes, observadas as normas gerais relativas aos contratos, celebrar os não tipificados. Ao exercer tal faculdade, podem as partes contratantes combinar elementos de diferentes contratos, formando nova espécie contratual.[18] Diz-se, então, haver contratos mistos, os quais se caracterizam, primariamente, pela unidade de causa (entendida como função econômico-social).

De outra forma, no exercício de sua liberdade contratual, podem também os contratantes celebrar vários contratos, ligados entre si por

18. Cf. Orlando Gomes, *Contratos*, cit., p. 121.

um nexo que não seja a causa comum. Nessa hipótese, em que se vislumbraria a pluralidade de causas, embora vinculadas entre si, diz-se haver contratos coligados.

Os contratos coligados, embora se aproximem muito dos contratos mistos, deles diferem porque no mecanismo da coligação é mantida a autonomia dos instrumentos coligados, enquanto nos contratos mistos há contrato unitário.[19] Fala-se, assim, em contratos coligados quando, "por força de disposição legal, da natureza acessória de um deles ou do conteúdo contratual (expresso ou implícito), estes se encontram em relação de dependência unilateral ou recíproca".[20]

Nos contratos coligados a dependência estabelecida pode ser recíproca, caso, embora autônomos, condicionem-se reciprocamente em sua existência e validade; ou unilateral, caso em que apenas um contrato depende do outro.[21] Quando houver reciprocidade, um contrato não existe sem o outro, um é *causa do outro*, formando uma unidade econômica.[22] Embora cada um dos contratos conserve a própria forma (ainda que haja união instrumental) e o próprio conteúdo, sua coligação visa a um determinado fim concreto, o qual determinará a intensidade da coligação.[23]

A opção por contratos coligados apresenta-se frequentemente relacionada a operações econômicas complexas, para as quais os tipos contratuais envolvidos, isoladamente considerados, se apresentariam insuficientes.[24]

A ideia da coligação contratual explica perfeitamente as contratações do tipo *EPC*. O empreendedor deseja a obra pronta em condições

19. Idem, ibidem.

20. Cf. Francisco Paulo De Crescenzo Marino, *Contratos Coligados no Direito Brasileiro*, São Paulo, Saraiva, 2009, p. 99.

21. Cf. Orlando Gomes, *Contratos*, cit., p. 122.

22. Idem, ibidem.

23. Cf. Francisco Paulo De Crescenzo Marino, *Contratos Coligados no Direito Brasileiro*, cit., p. 224.

24. "(...) nas hipóteses mais nítidas de contratos coligados encontra-se presente ao menos um dentre os três fatores seguintes: (a) incongruência ou insuficiência dos tipos contratuais envolvidos, isoladamente considerados, em relação à operação econômica subjacente; (b) figurantes que somente participam de um ou de alguns dos contratos coligados; e (c) diversidade temporal, de contraprestação ou instrumental (previsão de cláusulas específicas para cada um dos contratos)" (cf. Francisco Paulo De Crescenzo Marino, *Contratos Coligados no Direito Brasileiro*, cit., pp. 119-120).

operacionais. Para cumprir seu objetivo poderia firmar diversos contratos, com diversas partes, assumindo a responsabilidade pela coordenação entre eles, sendo cada contratado responsável apenas pelo seu respectivo escopo contratual. Nessa opção, o controle de prazos e responsabilidades pela execução de cada etapa da obra tornar-se-ia muito mais difícil. Na alternativa do contrato de *EPC* todos os contratos necessários à execução da obra são avençados com uma única parte, o que elimina os inconvenientes decorrentes da variedade de contratados.

Mas, como antevisto, o contrato de *EPC* não foi elaborado, na prática dos negócios, apenas com vistas à concentração da responsabilidade pela coordenação e execução do projeto. Preocupou-se, também, com a distribuição de riscos entre as partes.

Fosse o *EPC* um contrato unitário, como a empreitada mista, os riscos inerentes ao projeto, isto é, aos materiais, equipamentos e componentes utilizados na obra e à execução desta, permaneceriam, todos, concentrados sobre o empreiteiro (em decorrência da diretriz *res perit dominus*).

A manutenção da autonomia causal entre a compra e venda e a empreitada, todavia, rompe essa lógica. Ao fornecer os componentes e equipamentos ao contratante em momento que, se não fisicamente, ao menos juridicamente precede a própria execução da obra, o contratado transfere ao contratante os riscos atinentes àqueles. Percebe-se, pois, que a escolha por esse modelo de coligação negocial cumpre um escopo jurídico legítimo, lícito, e economicamente importante.

Não se deve cair no engano, nessa toada, de supor que as partes estariam obrigadas a seguir o tipo legal da empreitada e que a adoção de uma estrutura contratual coligada, com vistas a proporcionar a distribuição dos riscos do projeto entre as partes envolvidas, estaria associada à prática de simulação ou a outros vícios dos negócios jurídicos, como a fraude à lei. Já dissemos, linhas acima, que os particulares têm o direito de celebrar contratos legalmente atípicos. Se podem as partes manipular elementos específicos de um contrato legalmente típico, criando um contrato totalmente original, maior ainda nos parece ser a liberdade de que aquelas dispõem para realizar dois contratos legalmente típicos. Ainda mais – frise-se – quando dessa união contratual surja uma relação jurídica complexa que, acolhida pela prática do mercado, se mostra socialmente típica.

De simulação não se poderia cogitar, ademais, sem que se deparasse com uma das seguintes situações: (*i*) o interesse das partes de não realizar projeto algum; ou (*ii*) o interesse das partes de alcançar fins distintos daqueles da compra e venda e da empreitada coligadas.

Mais especificamente: o interesse das partes de não realizar projeto algum seria uma ocorrência grosseira, perceptível independentemente do exame da coligação contratual existente no *EPC*. Já, o interesse das partes de alcançar fins distintos dos contratos coligados, a nosso ver, somente estaria presente se a razão de ser da autonomia entre a compra e venda e a empreitada – a distribuição de riscos – não fosse efetivada. Isto é, se o contrato de *EPC* fosse permeado por cláusulas tais que neutralizassem a atribuição dos riscos referentes aos componentes e equipamentos ao contratante, com a resultante devolução desses riscos ao contratado, há de se convir, seria difícil sustentar a existência de contratos coligados, pois, a rigor, nada mais haveria que a empreitada mista.

O emprego desse tipo de artifício, contudo, não é corrente entre os celebrantes de contratos de *EPC*.

Diante dessas características, no Brasil o modelo de contratação do tipo *EPC* pode ser caracterizado como uma espécie de coligação contratual entre, pelo menos, um contrato de compra e venda e um contrato de empreitada.

Assim, diante de contratos coligados, os quais não perdem sua individualidade, há de se afirmar que as obrigações deles decorrentes devem ser regidas pelo conjunto de regras próprias do tipo a que se ajustam, não ensejando grandes dificuldades sobre o Direito que lhes é aplicável.[25]

Definida, assim, a configuração estrutural do contrato de *EPC*, passa-se a examinar seu tratamento tributário. Para tanto, importa analisar a discriminação de competências tributárias adotada pela Constituição Federal bem como o papel destinado à lei complementar pelo constituinte na definição dos campos de competência de cada pessoa jurídica de direito público.

25. Cf. Orlando Gomes, *Contratos*, cit., p. 122.

### *III – Discriminação de competências tributárias e o papel da lei complementar na definição das competências*

Não há como ter dúvida de que a repartição de competências foi a opção adotada pelo constituinte brasileiro. Apesar de a Constituição Federal não possuir qualquer dispositivo que proíba expressamente a cumulação de competências, extrai-se o regime de repartição quando se nota, a partir da leitura dos arts. 153, 155 e 156 do texto constitucional, que a Carta conferiu, respectivamente, à União, aos Estados e aos Municípios alguns campos para instituírem impostos, enquanto o art. 147 determina os casos em que a União pode cobrar tributos de Estados e Municípios, bem como dispõe sobre a extensão da competência do Distrito Federal.

Tais disposições mostram que, a princípio, a Constituição Federal introduziu campos de competência privativa: os casos em que os impostos atribuídos primeiramente a uma pessoa jurídica de direito público são passíveis de serem cobrados por outra são, assim, excepcionais. Ou seja: excetuadas as situações de iminência ou efetiva guerra externa (art. 154, II, da CF), ficará reservado a cada uma das pessoas jurídicas de direito público um campo de competência, sem sobreposição. Não sendo o caso de guerra externa ou sua iminência, a sobreposição implicará invasão de competência.

Especialmente no que se refere aos impostos, cujo "fato gerador", por expressa dicção do art. 16 do CTN, independe de qualquer atividade estatal específica relativa ao contribuinte, a discriminação de competências tributárias revela-se como verdadeira garantia imposta pela Constituição Federal para afastar a pretensão tributária de dois ou mais sujeitos de direito público sobre o mesmo fato gerador.

Neste sentido, encontra-se na análise dos tributos não vinculados, em especial os impostos, o motivo para a adoção pela Constituição Federal de um rígido sistema de repartição de competências tributárias. Se é certo que os fenômenos econômicos sujeitos à tributação revelam capacidade contributiva, não menos correto é afirmar que se várias pessoas jurídicas de direito público atingirem um mesmo fenômeno, então, haverá o risco de a cumulação de incidências acabar por ultrapassar a capacidade contributiva ali manifestada. Daí compreender-se a discriminação de competências tributárias, no caso dos tributos não vinculados, como um mecanismo de proteção do contribuinte contra o exagero de tributação.

No que se refere aos impostos, a Constituição Federal determinou elencos rígidos para cada ente federativo, seguindo o exemplo das que a antecederam na temática da discriminação de competências. Por meio dos arts. 153, 155 e 156 do texto constitucional realizou-se a repartição dos impostos entre os entes da Federação. Repartição – cabe mencionar – muito mais baseada em aspectos históricos e políticos que em uma análise lógico-racional da realidade.

No entanto, ao olhar para o texto da Constituição Federal constata-se que ali não se encontram parâmetros definitivos para a conclusão quanto ao aspecto material de cada imposto. As expressões empregadas pelo constituinte são meros nomes dados historicamente a impostos já existentes. Por isso, pode-se afirmar que a Constituição Federal não conceituou os impostos pertencentes a cada esfera tributante, mas apenas nominou-os contemplando um todo: o constituinte apenas contemplou a realidade a partir de tipos.

Tendo em vista que nosso sistema elegeu uma rígida discriminação de competências, conclui-se que é na lei complementar que se encontram os conceitos de cada imposto discriminado pela Constituição Federal.

Dessa forma, para a solução dos conflitos de competência e do campo de competência residual encontram-se na lei complementar, e não na Constituição Federal, os conceitos de cada imposto. Uma vez que o discrímen se baseia nos aspectos materiais das hipóteses tributárias, a efetiva discriminação de competências tributárias se resolve a partir dos aspectos materiais definidos em lei complementar.

### *III.1 O papel da lei complementar em matéria de competências*

Entre as atribuições conferidas pelo art. 146 da CF à lei complementar em matéria de tributos afigura-se o relevante papel desse tipo normativo de trazer os contornos definitivos da competência tributária. Para que se compreenda a importância da lei complementar nessa matéria, cabe ver que a Constituição Federal nem sempre se valeu de conceitos rígidos ao distribuir competências tributárias.

É certo que há casos em que o constituinte se valeu de conceitos de direito privado. Consoante a leitura do art. 110 do CTN, nesses casos já se conhecem os limites da competência, sob pena de que a "redefinição", por parte do legislador, do conceito utilizado pelo constituinte implique ultrapassar os limites impostos pela Constituição Federal. Não é demais ressaltar que a existência de um conceito de direito privado na Constituição é matéria que não se revela apenas pela expressão (signo) empregada pelo constituinte: importa ao intérprete convencer-se de que àquele signo corresponde o conceito adrede existente no ordenamento jurídico.

De qualquer modo, o constituinte não tinha a ilusão de que as competências tributárias apresentassem limites rígidos. Ao contrário, estava ciente de que se tratava de expressões fluidas, que poderiam implicar interpenetração, dando espaço para o conflito de competências.

Tal conclusão se demonstra quando se lê, no inciso I do art. 146 do texto constitucional, ser papel da lei complementar "dispor sobre conflitos de competência, em matéria tributária, entre a União, os Estados, o Distrito Federal e os Municípios". Fossem os elencos dos arts. 153, 155 e 156 conceitos rígidos, então, se extrairiam dali seus limites, dispensando-se o emprego da lei complementar. O importante papel da lei complementar na definição das realidades contempladas pela CF é também denotado pelo mesmo art. 146 em seu inciso III, "a", que estabelece seu papel na definição dos "fatos geradores", bases de cálculo e contribuintes. Uma vez que o constituinte tinha consciência de que ele próprio não definira tais elementos essenciais dos impostos que ele previra, à referida norma é que caberá tal tarefa.

Evidenciando tal papel da lei complementar, a Constituição Federal exige tal tipo normativo para que a União possa exercer sua competência residual, prevista no art. 154, I, da Carta. Tendo em vista que esta se dará em campos que não estejam na competência de outras pessoas jurídicas de direito público e que tais competências se definem por lei complementar, acerta o constituinte ao exigir instrumento equivalente para o exercício da competência residual.

Por todos os dispositivos mencionados, pode-se concluir que a repartição de competências em matéria de impostos se faz a partir da Constituição. No entanto, à lei complementar é reservado o papel de definir, estabelecer os limites daquelas competências, e, assim, afastar os conflitos. Noutras palavras, enquanto o constituinte contemplou a realidade econômica do ponto de vista tipológico, com a fluidez a ele inerente, impôs ao legislador complementar a tarefa de expressar a mesma realidade através de conceitos, seja por meio de definições de "fatos geradores", bases de cálculo e contribuintes, seja através da imposição de limites em casos de conflitos.

## *IV – O ICMS e o ISS*

É exemplo do papel da lei complementar na definição dos campos de competência tributária desenhados pela Constituição Federal o conflito entre o imposto sobre serviços/ISS, de competência municipal, e o imposto sobre circulação de mercadorias e serviços/ICMS, instituído pelos Estados.

Tratando-se de dois tipos, o constituinte tinha em mente um conjunto de características para cada um dos impostos que lhe permitia divisar duas realidades econômicas que não se confundiam. A prática do imposto revelaria, entretanto, que grande parte das operações relativas à prestação de serviços envolveria, em maior ou menor grau, uma operação relativa à circulação de mercadorias. O conflito poderia aparecer nos casos mais corriqueiros. Assim, como saber, por exemplo, se um pintor, quando pinta uma residência, fornecendo o material, presta um serviço, sujeito ao ISS, ou vende mercadorias (tintas), sujeitas ao ICMS? O constituinte optou por não definir (impor limites) a questão, deixando tal papel à lei complementar.

### *IV.1 A delimitação entre o ICMS e o ISS*

O art. 156, III, da CF conferiu aos Municípios a competência para a criação e cobrança do ISS. Por força do art. 147 da Carta, também é competente para instituí-lo o Distrito Federal. O mesmo art. 156, III, da CF estabelece que os serviços tributáveis pelo ISS são aqueles que não estão compreendidos pelo art. 155, II, da Carta, já que estes se encontram no campo de incidência do ICMS (serviços de comunicação, transporte interestadual e intermunicipal), de competência dos Estados.

Não só isso. Também determina o art. 156, III, da CF que as hipóteses do referido tributo serão definidas pela lei complementar. Ou seja, cabe à lei complementar, cumprindo seu papel de veículo de normas gerais em matéria de legislação tributária e, mais ainda, afastando os conflitos de competência entre as pessoas jurídicas de direito público, definir quais serviços estão alcançados pelo ISS.

Tal é o que faz a Lei Complementar 116, de 31.7.2003. O § 2º do art. 1º da referida lei afasta a incidência do ICMS sobre serviços definidos na competência do ISS, e a Lista anexa à lei apresenta o rol dos serviços cuja prestação enseja a cobrança do ISS. Apesar das discussões a respeito do tema, sobretudo acerca de eventual agressão que a taxatividade causaria à autonomia municipal, o STF mantém, desde longa data, entendimento firme no sentido de que os serviços constantes da Lista anexa não são meramente exemplificativos mas que, apesar de comportarem interpretação ampla, configuram um rol taxativo.[26] O STF[27] foi além, adotando o entendimento segundo o qual a Lista de Serviços é *taxativa*,[28] conquanto *comporte interpretação ampla e analógica*.[29]

A partir de uma interpretação *a contrario sensu*, extrai-se com facilidade do art. 156, III, a exclusão da competência municipal sobre determinados serviços previstos no art. 155, II, da CF, que trata especificamente da competência estadual.

26. Neste sentido: RE 361.829-RJ, *DJU* 24.2.2006; RE 91.737-MG, *DJU* 27.3.1981.

27. Foi reconhecida ao tema, inclusive, repercussão geral no RE 615.580-RJ, rel. Min. Ellen Gracie.

28. De registrar a oposição veemente de Aires F. Barreto à taxatividade da Lista de Serviços, sob os argumentos de que "essa exegese, *data venia*, é contrária à Constituição, em suas mais fundamentais exigências. Abreviadamente, cabe assinalar que ela importa: (a) supor superioridade formal da União sobre o Município; (b) supor hierarquia entre lei complementar e lei ordinária; (c) entender que o Município não é autônomo, nem que o art. 30 da Constituição encerra um magno princípio constitucional; (d) reputar não escrito o preceito do inciso III do art. 30 do Texto Constitucional; (e) entender que a Constituição tem preceitos que atribuem e que depois retiram o que foi atribuído, invalidando outorgas por ela mesma dadas; (f) negar coerência e lógica ao sistema constitucional; (g) admitir que a Constituição é flexível e pode ser alterada por lei complementar; (h) entender que as competências tributárias, constitucionalmente estabelecidas, podem ser ampliadas, reduzidas e até mesmo anuladas por lei complementar; (i) admitir que o Congresso pode suprimir (por omissão) a competência dos Municípios de tributar para criar ISS" (*Curso de Direito Tributário Municipal*, São Paulo, Saraiva, 2009, pp. 325-326).

29. Cf.: REsp 965.583-SP, rel. Min. Luiz Fux; REsp 121.428-RJ, rel. Min. Castro Meira; REsp 567.592-PR, rela. Min. Eliana Calmon; REsp 256.267-PR, rel. Min. José Delgado.

Da leitura do art. 155, II, da CF já se percebe que foi reservada aos Estados a competência para tributar os serviços de transporte interestadual e intermunicipal, além dos de comunicação. Tal fato decorre não tanto da vontade do legislador em misturar as materialidades do ISS com a do ICMS, mas em função de um critério de praticidade, tendo em vista que tais serviços têm, por sua própria natureza, a característica de extrapolar os limites territoriais de um Município, podendo alcançar diversas (quiçá todas) Municipalidades sem que sua prestação seja exaurida.

Por outro lado, o inciso IX, "b", do referido dispositivo exige exame mais cuidadoso. Isto porque, em primeira leitura, teríamos a incidência do ICMS sobre quaisquer serviços não cotejados na competência tributária dos Municípios, o que nos remete, automaticamente, ao art. 156, III, da CF. Certo é, contudo, que, estando previstos na competência tributária municipal, tais serviços não serão alcançados pelo ICMS, e sim pelo ISS.

Assim, o art. 1º, § 2º, da Lei Complementar 116/2003 determina a não incidência do ICMS sobre os serviços constantes na Lista anexa, ressalvadas as exceções expressas na Lista. Seguindo o costume brasileiro de arrolar os serviços tributáveis pelo ISS em uma lista, o legislador foi além, especificando quais serviços comportariam o fornecimento de mercadorias sujeito ao ICMS.

Surge, então, a pergunta: qual o motivo de ter o legislador especificado, item a item, as situações em que haveria o fornecimento de mercadorias sujeito ao ICMS, ou seja, em que o prestador de serviços não só executa determinado mister, mas também pratica atos de mercancia? E, mais: qual o sentido de se incluir referências neste sentido quando se trata de um imposto sobre *ações humanas*, ou seja, sobre serviços? Por que essa preocupação?

Estas indagações, que poderiam passar despercebidas, possuem resposta bastante clara e, em verdade, até mesmo óbvia. Praticamente todas as prestações de serviço envolvem, em certo grau, a circulação de bens em sentido vulgar, ou, melhor, em sentido não afeto à circulação de mercadorias objeto do ICMS, mas no sentido de que existem bens que deixam o patrimônio do prestador.

Mas nem sempre há mero emprego de materiais. Por vezes ocorre transação mais complexa, que compreende, ao lado da obrigação de fazer, outra obrigação, de dar um bem colocado no mercado. Foi observando essa possibilidade que o legislador complementar houve por bem distinguir casos em que seria possível a incidência do ICMS, em paralelo com o ISS.

Circunstância diferente é aquela prevista no inciso IV do art. 2º da Lei Complementar 87/1996, que trata do ICMS. Tal dispositivo prevê a possibilidade de ser tributado pelo imposto estadual o *fornecimento de mercadorias com a prestação de serviços.* Não quaisquer serviços, mas apenas aqueles não compreendidos na competência tributária dos Municípios.

É importante que se esclareça que a lei complementar não autoriza a incidência do ICMS sobre os serviços não compreendidos na competência tributária dos Municípios. Nem tampouco poderia fazê-lo, já que o imposto estadual tem seu campo de competência limitado às operações de circulação de mercadorias e aos específicos serviços de transporte interestadual e intermunicipal e de comunicações.

Um serviço não incluído na competência dos Municípios não está *ipso facto* na competência dos Estados. Estes apenas tributam os serviços de transporte interestadual e intermunicipal e de comunicações. Se não houver competência dos Municípios, é mais adequado cogitar de competência residual da União, nunca alargamento da competência estadual. Ou seja: o inciso IV do art. 2º, acima referido, apenas permite que o imposto incida sobre fornecimento de mercadorias, não sobre os serviços, já que estes, ainda que não estejam na competência dos Municípios, nem por isso estão na competência dos Estados.

## *V – O ISS na construção civil*

O item 7 da Lista de Serviços anexa à Lei Complementar 116/2003 apresenta os serviços relativos à Engenharia. Por sua vez, o subitem 7.02 trata da execução, por administração, empreitada ou subempreitada, de serviços de construção civil. Lê-se no referido subitem:

> "7.02 – Execução, por administração, empreitada ou subempreitada, de obras de construção civil, hidráulica ou elétrica e de outras obras semelhantes, inclusive sondagem, perfuração de poços, escavação, drenagem e irrigação, terraplanagem, pavimentação, concretagem e a instalação e

montagem de produtos, peças e equipamentos (exceto o fornecimento de mercadorias produzidas pelo prestador de serviços fora do local da prestação dos serviços, que fica sujeito ao ICMS)".

Nota-se, assim, que a Lei Complementar 116/2003 apresenta a construção civil como um serviço tributável pelo ISS. Dessa forma, cumpre precisar o que se entende por "serviço de construção civil" para que se possa compreender, efetivamente, tal hipótese de incidência do ISS.

Neste sentido, pode-se entender por construção o conjunto das atividades desempenhadas ao longo da execução de um projeto ou, ainda, a execução, desempenhada de modo intencional pelo homem, de uma obra, que pode, ou não, ser um edifício.[30] Atualmente a construção civil requer a participação de profissionais habilitados, estando esse serviço regulado por diversas normas. Como exemplo, por força do disposto no art. 39, VIII, do Código de Defesa do Consumidor/CDC, o serviço relacionado à construção civil não pode ser prestado em desacordo com as normas expedidas pela Associação Brasileira de Normas Técnicas/ABNT. Assim, o desempenho do serviço de construção civil deve dar-se de acordo com normas como a NBR-6.118, que dispõe sobre os projetos de estrutura de concreto, ou a NBR-14.931, que regula a execução das referidas estruturas.

Dessa forma, havendo profissionais habilitados dedicando-se à edificação em geral, lastreados em projetos que respeitem as normas vigentes relativas ao assunto, estar-se-á diante da prestação de um típico serviço de construção civil.

Por consequência, o referido serviço estará sujeito à tributação através do ISS, conforme a previsão do subitem 7.02 da Lista de Serviços anexa à Lei Complementar 116/2003. É de se notar, também, que não só a construção civil "propriamente dita" foi incluída no subitem 7.02, compreendendo também atividades como perfuração de poços, terraplanagem e a instalação e montagem de produtos, peças e equipamentos. Da mesma maneira, os demais subitens do item 7 da Lista de Serviços preveem diversos serviços prestados por empresas de en-

30. Cf. Hely Lopes Meirelles, *Direito de Construir*, 10ª ed., atualizada por Adilson Abreu Dallari, Daniela Libório Di Sarno, Luiz Guilherme da Costa Wagner Jr. e Mariana Novis, São Paulo, Malheiros Editores, 2011, p. 411.

genharia e correlatas, como é o caso do serviço de elaboração de anteprojetos e planos diretores (subitem 7.03), acompanhamento e fiscalização de obras de construção civil etc.

Vale lembrar, ainda, que, de acordo com a jurisprudência pacificada no STF e no STJ, os serviços inseridos na Lista devem ser interpretados de forma ampla, permitindo-se, ao ver daquele Tribunal, até mesmo o uso da analogia. Tratando-se de serviços de engenharia, isso requer elevada dose de bom senso, tendo em vista o sem-número de especializações criadas, de tempos em tempos, dentro da área de atuação do engenheiro.

Em relação ao fornecimento de materiais, no contexto das obras de construção civil e congêneres discriminadas no subitem 7.02, este deve ser entendido como o "consumo de materiais". A "circulação" ocorre na transferência de tais materiais de uma pessoa a outra, e no contexto daqueles serviços os materiais, em si, não circulam, e sim o objeto dela resultante.

Por conta disso, os materiais empregados na obra estão incluídos no campo da incidência do ISS, e não do ICMS: não há "circulação" propriamente dita, e sim o seu emprego na obtenção de bem diverso dentro do contexto da obra. Existe uma transformação, no sentido de que o bem obtido pelo contratante (resultado da obra) não é aquele adquirido pelo contratado/empreiteiro (materiais), embora seja dele composto.

O problema na definição da incidência dos tributos consistiria, portanto, em estabelecer critério a definir se a obra é produto, nos termos da legislação do IPI, e, portanto, mercadoria circulável, para fins de ICMS, ou resultado de serviço, obra em sentido lato, tributável somente pelo ISS.

O critério escolhido pelo legislador complementar com o propósito de definir os limites da incidência de ambos os impostos foi bastante claro: o local onde ocorreriam os atos de "produção", conforme se depreende do final da redação do subitem 7.02, no trecho "exceto o fornecimento de mercadorias produzidas pelo prestador de serviços fora do local da prestação dos serviços, que fica sujeito ao ICMS".

Como consequência, no contexto de uma obra, os bens que sofreram transformação fora do local da execução dos serviços estão sujeitos ao ICMS, enquanto aqueles que sofrem transformação dentro da obra, adquirindo roupagem diversa da original, como "obra pronta", estão no campo de incidência do ISS.

## *VI – O ICMS e a venda de equipamentos*

A competência estadual para instituir e cobrar o ICMS está definida no art. 155 da CF, que trata da materialidade do imposto na ocorrência de "operações relativas à circulação de mercadorias e sobre prestações de serviços de transporte interestadual e intermunicipal e de comunicação".

O termo "operações" tem sido entendido tradicionalmente não em seu sentido vulgar (que forçadamente poderia significar praticamente qualquer negócio jurídico), mas em uma acepção específica, que é percebida quando se considera na sequência a palavra "circulação". Da interpretação conjunta de ambos os termos depreendemos o correto significado da expressão, qual seja, "ato de transmissão". Neste diapasão, o termo "operações" é usualmente empregado no sentido de ato de impulso da circulação, da transmissão.[31]

O termo "mercadorias" limita a incidência do ICMS a certos tipos de "operações de circulação". A fim de ilustrar esta posição basta analisar o fato de que não incide ICMS sobre a transmissão de posse ou propriedade de todo e qualquer bem, mas apenas sobre aquelas que atendem ao conteúdo do termo "mercadoria".

"Mercadoria" supõe a existência de ato de comércio de produtos, enquanto mercadoria é espécie do gênero "produtos". Logo, somente será considerado mercadoria o produto sujeito a operação comercial enquanto ato de distribuição, quer por produtor, quer por revendedor. A separar as mercadorias dos demais bens existentes no mundo encontra-se o caráter mercantil, a intenção do vendedor em colocar o bem à disposição do mercado.[32]

31. "Operações' configuram o verdadeiro sentido do fato juridicizado, a prática de ato jurídico como a transmissão de um direito (posse ou propriedade). (...). Os conceitos de 'circulação', 'operação' e 'mercadoria' permanecem umbilicalmente ligados, devendo os intérpretes e os destinatários do ICMS tomá-los na sua concepção jurídica para efeito de caracterização de sua incidência" (cf. José Eduardo Soares de Melo, *ICMS – Teoria e Prática*, 10ª ed., São Paulo, Dialética, 2008, pp. 11-19).

32. No mesmo sentido, cf. José Eduardo Soares de Melo, *ICMS – Teoria e Prática*, cit., 10ª ed., p. 16.

Este aspecto da "vontade" em colocar o bem em comércio é relevante para a adequada apreensão do conceito de mercadoria, tanto que bens que a princípio poderiam ser mercadorias, na medida em que passam a receber tratamento diferente pelo seu proprietário, podem passar a receber tratamento diferente também sob a ótica tributária.

Exemplo disso é o caso dos bens incorporados ao ativo permanente. Não se nega que tais bens tenham sido mercadorias em algum momento, como efetivamente foram quando vendidos pelo fabricante ou revendidos pelo comerciante. Mas a partir do momento em que são incorporados ao ativo permanente da empresa despem-se da característica de mercadorias, assumindo a forma de ativo permanente, ou seja, bem destinado à produção de outros bens ou à prestação de serviços.

Tanto é assim que a legislação paulista reconhece a não incidência do ICMS quando bem incorporado ao ativo permanente é alienado – situação, esta, claramente descrita no art. 7º, XIV, do Regulamento do ICMS do Estado de São Paulo.

Também perdem o caráter de mercadoria os bens que não têm valor enquanto tais, mas por conta de uma outra atividade ali materializada. Assim, se um dentista faz uma reparação em um dente não é próprio dizer que o amálgama empregado foi "vendido", já que não houve transação de compra e venda; o paciente recebe o amálgama como resultado de uma prestação de serviços dentários.

Desta forma, sem maiores conjecturas acerca do conceito de mercadorias, a noção que se extrai da interpretação da Constituição Federal em conjunto com a legislação infraconstitucional é a de que devem ser tratados como mercadorias aqueles bens disponibilizados a terceiros como ato típico de mercancia, estando sujeitas ao ICMS as mercadorias que tenham sido objeto de circulação, ou seja, de transmissão. Este é o núcleo da materialidade do ICMS, de fato.

## *VII – Regime jurídico-tributário das prestações decorrentes do contrato de "EPC"*

Conforme já analisado, o contrato de *Engineering, Procurement and Construction/EPC* pode ser descrito como uma coligação voluntária entre um contrato de compra e venda e um contrato de empreitada. Neste sentido, há dois núcleos contratuais bem delimitados: um relativo às obrigações de dar (venda de equipamentos) e outro relativo às obrigações de fazer (serviços de Engenharia).

Os serviços compreendidos na obrigação de fazer, decorrentes do contrato de empreitada, estão previstos na Lista anexa à Lei Complementar 116/2003, notadamente nos subitens 7.02 e 14.06, devendo ser submetidos à incidência do ISS. É, ainda, o caso dos serviços de instalação e montagem dos equipamentos revendidos pelo construtor, os quais estão sujeitos à incidência do ISS.

A simples leitura do subitem 7.02 permite que se verifique a inclusão das instalações e montagens realizadas neste contexto dentro do campo de incidência do ISS, *in verbis*:

> "7.02 – Execução, por administração, empreitada ou subempreitada, de obras de construção civil, hidráulica ou elétrica e de *outras obras semelhantes*, *inclusive* sondagem, perfuração de poços, escavação, drenagem e irrigação, terraplanagem, pavimentação, concretagem e *a instalação e montagem de produtos, peças e equipamentos* (exceto o fornecimento de mercadorias produzidas pelo prestador de serviços fora do local da prestação dos serviços, que fica sujeito ao ICMS)".

Como já referido, o subitem não é limitado à execução de empreitadas, ou mesmo de obras de construção civil, mas, sim, abrange outras obras, inclusive a montagem e a instalação de produtos, peças e equipamentos. Os serviços de instalação e montagem constam também do subitem 14.06:

> "14.06 – Instalação e montagem de aparelhos, máquinas e equipamentos, inclusive montagem industrial, prestados ao usuário final, exclusivamente com material por ele fornecido".

Afora o subitem 14.06, os serviços de instalação e montagem constam apenas do subitem 7.02. Logo, são duas as situações: (a) serviços de instalação e montagem "pura", incluídos no subitem 14.06; e (b) serviços de instalação e montagem inseridos em uma obra de construção, incluídos no subitem 7.02.

O subitem 14.06 recebeu configuração mais restrita que o subitem 7.02, visto que somente comporta instalações e montagens realizadas a usuário final e com material por ele fornecido. Os bens que serão objeto da montagem e da instalação, neste caso, são de propriedade do contratante. Não o sendo, tais montagens e instalações estão inseridas no subitem 7.02.

Como o contrato de *EPC* traz em seu bojo dois negócios jurídicos, a venda de equipamentos não se confunde com a prestação de serviços. Vendidos os equipamentos, pertencem eles ao "usuário final", conforme hipótese do subitem 14.06.

Este raciocínio pode ser mais facilmente visualizado se for contemplado caso em que um fornecedor vende um equipamento a um usuário e anos depois ele é chamado para prestar serviço de montagem no mesmo equipamento. Acaso se afastaria o subitem 14.06? Claro que não, já que ninguém poria em dúvida que o equipamento, posto ter sido no passado fornecido pelo prestador do serviço, já era de plena propriedade do contratante quando da prestação de serviços. Do mesmo modo, no contrato de *EPC* a montagem se faz em equipamento já de propriedade do usuário final.

Por outro lado, tendo sido demonstrado que o ICMS incide, por excelência, sobre operações de circulação de mercadorias, conclui-se que há a incidência do imposto estadual sobre os bens vendidos pelo contratado no âmbito de um contrato de *EPC*. Importa distinguir: os bens que fazem parte da obra, isto é, que são entregues junto com a obra e desta não se dissociam, não são mercadorias; a eles não se aplica o ICMS. Este imposto aplica-se exclusivamente aos casos em que houve venda de mercadorias.

O fato de haver previsão de fornecimento de mercadorias em nada descaracteriza o contrato de empreitada. Os contratos coligados mantêm sua autonomia. O fornecimento de mercadorias é obrigação decorrente do contrato de compra e venda, com todos os seus efeitos jurídicos plenamente caracterizados, dentre os quais a incidência do ICMS sobre as vendas efetuadas. O contrato de empreitada, plenamente configurado, compreende serviços relacionados às vendas efetuadas, mas tecnicamente delas independentes.

Concluímos, assim, que da existência de contratos coligados, no âmbito do *EPC*, decorre a incidência do ICMS sobre os equipamentos vendidos pelo contratado. O fato jurídico-tributário assim configurado sujeita-se à legislação estadual, a qual prevê a emissão de nota fiscal que acoberte a operação. Concluída a compra e venda, com a tradição simbólica, os bens passam à propriedade do contratante, a quem cabe lançá-los em seus livros, como de sua propriedade – posto mantidos na posse do contratado.

Já, a empreitada é transação sujeita à incidência do ISS; pode ela contemplar o fornecimento de materiais pelo contratado, que desta feita já não são mercadorias – e, portanto, não estão sujeitos ao ICMS.

Dizíamos no início deste estudo que a realidade das transações econômicas lança ao intérprete/aplicador o desafio de se manifestar acerca do tratamento tributário aplicável a cada novo caso. Acreditamos que a identificação dos contratos coligados no caso do *EPC* tenha se revelado ferramenta interessante para a solução desta e de novas questões que a evolução da realidade empresarial venha a oferecer.

## *RESPONSABILIDADE TRIBUTÁRIA*
## *Solidariedade e Subsidiariedade*

Marcos Vinicius Neder
Mestre em Direito Tributário e Doutorando pela PUC/SP.
Professor dos Cursos de Pós-Graduação da Fundação Getúlio Vargas (FGV),
do Instituto Brasileiro de Estudos Tributários (IBET) e da PUC/COGEAE-São Paulo.



### *1. Introdução*

Nos últimos anos, por razões de conjuntura econômica, o Estado Brasileiro tem procurado, cada vez mais, dar maior efetividade às normas jurídicas que regulam o dever dos cidadãos de pagar tributos e buscam por todos os meios ampliar as possibilidades de alcançar contribuintes que, embora demonstrem capacidade de contribuir com o Estado, acabam não participando da necessária partilha do ônus de suportar a arrecadação tributária.

Nesse contexto, as demandas fiscais passarem a exigir os tributos diretamente dos administradores de sociedades, como responsáveis tributários. O ordenamento jurídico traz uma série de comandos que regulam a definição da pessoa responsável pelo pagamento dos tributos. São prescrições presentes na legislação constitucional e infraconstitucional, bem como em atos infralegais: decretos, instruções normativas, atos de lançamentos tributários, sentenças. Ocorre que a ordem jurídica não explicita, com base em critério seguro, a responsabilização dos administradores, tampouco estabelece em que momento processual podem ser incluídos terceiros no polo passivo da obrigação tributária.[1]

As normas de responsabilidade do Código Tributário Nacional estão a merecer definição de regras de aplicação, para que a imputação do dever de pagar o tributo não seja usada com largueza indevida, ensejando cobranças de tributo que não se harmonizam com as garantias fundamentais que a ordem jurídica pátria oferece ao cidadão. Defrontamo-nos com complicações de toda ordem: decorrentes da imprecisão semântica dos termos utilizados pelos textos legais; da dificuldade de interpretação do seu significado e da existência lacunas e imprecisões normativas; e da existência de mais de uma regra legal para regular uma mesma situação concreta. A solução dessas complexidades inerentes ao uso da linguagem passa, necessariamente, por estabelecer uma conexão de sentido que permita dar unidade ao repertório de prescrições estatais.

Cabe, então, à Dogmática Jurídica fornecer critérios para a produção e aplicação do Direito, provendo os órgãos aplicadores com argumentos para facilitar-lhes (em sentido amplo) a tomada de decisão jurídica.[2] Os tribunais judiciais e administrativos têm importante papel nessa tarefa, eis que as decisões podem contribuir para a consolidação de um sistema que tutele os direitos do contribuinte de modo eficaz, para que haja melhor encaminhamento das questões tributárias.

Segundo Karl Larenz,[3] os modos de pensamento que se manifestam nas atividades dos juristas só são suscetíveis de ser apreendidos na condição de se lhes perseguir, por assim dizer, continuamente o rastro. Na diversidade de todas as posições, justifica-se a investigação analítica proposta neste trabalho, em que se busca estabelecer limites à responsabilização sem, contudo, inviabilizar a proteção ao credor

1. No ciclo de positivação do Direito muito se debate sobre quais os meios considerados hábeis para a constituição da relação jurídica tributária entre o Estado e o terceiro responsável pelo crédito tributário (lançamento, emissão de Certidão de Dívida Ativa e decisão de redirecionamento da execução) e os momentos em que pode ser admitido o redirecionamento da cobrança do débito fiscal.

2. Manuel Atienza, *As Razões do Direito. Teoria da Argumentação Jurídica*, São Paulo, Landy, 2002.

3. Karl Larenz, *Metodologia da Ciência do Direito*, 3ª ed., trad. de José Lamego, Lisboa, Fundação Calouste Gulbenkian, 1997.

público, conferida pela legislação, cuja efetividade é de enorme importância para a Administração Tributária.

Dessa forma, o presente trabalho tem por escopo estudar as possibilidades de atribuição de responsabilidade tributária por solidariedade em decorrência da aplicação dos dispositivos do Código Tributário Nacional – Lei 5.172, de 25.10.1966 – no âmbito do processo administrativo tributário federal, no lançamento tributário que formaliza a exigência fiscal.

## 2. *Considerações iniciais*

Há diversos entendimentos na doutrina e na jurisprudência a respeito da responsabilidade tributária por solidariedade. Discutem-se a aplicação do art. 135 do CTN e a interpretação da previsão de solidariedade nos arts. 124 e 134 do Código.

Com efeito, há respeitável doutrina que sustenta que a responsabilidade prevista no art. 135 é exclusiva da pessoa física do administrador. Luciano Amaro[4] observa, nesse sentido, que:

> "(...) exclui do polo passivo da obrigação a figura do contribuinte (que, em princípio, seria a pessoa em cujo nome e por cuja conta agiria o terceiro)".

E continua:

> "(...) a responsabilidade pessoal deve ter aí o sentido (que já se adivinhava no art. 131) de que ela não é compartilhada com o devedor 'original' ou 'natural'. Não se trata, portanto, de responsabilidade subsidiária do terceiro, nem de responsabilidade solidária. Somente o terceiro responde, 'pessoalmente'".

Por outro lado, várias decisões judiciais entendem a responsabilização do administrador do art. 135 como sendo de natureza subsidiária, como se verifica no acórdão de STJ, 1ª Turma, no REsp 512.688, relator o Min. Teori Albino Zavascki, a saber:

4. Luciano Amaro, *Direito Tributário Brasileiro*, 12ª ed., São Paulo, Saraiva, 2006, p. 327.

"Para que se viabilize o redirecionamento da execução é indispensável que a respectiva petição descreva, como causa para redirecionar, uma das situações caracterizadoras da *responsabilidade subsidiária* do terceiro pela dívida do executado".

Mais recentemente as decisões do STJ parecem consolidar o entendimento de que a responsabilidade tributária do art. 135 do CTN é solidária. Vejamos a decisão da 2ª Turma no REsp 1.017.732-RS (*DJ* 25.3.2008), assim ementada:

"Processo civil e tributário – Execução fiscal – Ofensa ao art. 535, II, do CPC – Inocorrência – Dissolução irregular – Sócio-gerente – Redirecionamento – Interpretação do art. 135, inciso III, do CTN.

"(...).

"3. Em matéria de responsabilidade dos sócios de sociedade limitada, é necessário fazer a distinção entre empresa que se dissolve irregularmente daquela que continua a funcionar.

"4. Em se tratando de sociedade que se extingue irregularmente, impõe-se a responsabilidade tributária do sócio-gerente, autorizando-se o redirecionamento, cabendo ao sócio-gerente provar não ter agido com dolo, culpa, fraude ou excesso de poder.

"5. A empresa que deixa de funcionar no endereço indicado no contrato social arquivado na Junta Comercial, desaparecendo sem deixar nova direção, é presumivelmente considerada como desativada ou irregularmente extinta.

"6. Imposição da *responsabilidade solidária.*

"7. Recurso especial parcialmente provido."

Temos ainda a edição da Súmula 430, que dá a entender que a regra geral é a responsabilidade solidária, ao se referir ao art. 135 do CTN:

"Súmula 430: O inadimplemento da obrigação tributária pela sociedade não gera, por si só, a *responsabilidade solidária* do sócio-gerente."

Importante observar que a jurisprudência também não deixa claro se a imputação de responsabilidade do administrador afastaria a responsabilidade da pessoa jurídica que formalmente praticou os fatos tributários. Até porque há julgamentos que se utilizam da mesma expressão para indicar uma ordem de preferência para cobrança do tributo, como se o responsável fosse um mero garantidor do débito tributário. A obrigação tributária só surgiria para o administrador na hipótese de incapacidade da sociedade para solver o débito fiscal.

Com efeito, para essa visão a responsabilidade tributária dos administradores prevista no art. 135 do CTN é subsidiária ou dependente em relação à responsabilidade da sociedade, como se pode verificar da decisão abaixo transcrita, do egrégio STJ, no AgR no Ag 728.540 (*DJU* 5.10.2006), que considera que os sócios, na presença de determinados pressupostos, têm responsabilidade patrimonial secundária em relação à sociedade, a saber:

> "Processual civil – (...) Execução fiscal – Redirecionamento – Art. 135 do CTN – Responsabilidade tributária do sócio-quotista – Sociedade por cotas de responsabilidade limitada – Débitos relativos à Seguridade Social – Lei n. 8.620/1993, art. 13 – Jurisprudência consolidada pela 1ª Seção do STJ.
>
> "(...).
>
> "2. A *responsabilidade patrimonial secundária do sócio*, na jurisprudência do egrégio STJ, funda-se na regra de que o redirecionamento da execução fiscal, e seus consectários legais, para o sócio-gerente da empresa somente é cabível quando reste demonstrado que este agiu com excesso de poderes, infração à lei ou contra o estatuto, ou na hipótese de dissolução irregular da empresa. (...)."

É possível, ainda, identificar outros julgados do STJ que empregam a expressão "subsidiária" em outro sentido, aproximando-se do tradicional conceito de responsável "por substituição", que prevê a hipótese de indicação de outro sujeito passivo desde a fase pré-legislativa. Nesse caso, o sujeito que praticou o fato jurídico-tributário foi substituído pelo legislador e não figura no polo passivo da obrigação tributária.

Por fim, a aplicação do instituto da solidariedade para responsabilização de pessoas por débitos tributários das sociedades também tem gerado acirrada controvérsia doutrinária e jurisprudencial, o que pode ter contribuído não só para a complexa hermenêutica exigida à compreensão dos institutos envolvidos mas, sobretudo, para a dificuldade de conceituar a imprecisa expressão "interesse comum" albergada pelo art. 124 do CTN, cujo conteúdo semântico é carregado de ambiguidade e vagueza. Além de não haver posicionamento consolidado na jurisprudência sobre se a solidariedade, para os que entendem possível aplicar essa hipótese de responsabilidade tributária no art. 135 do CTN, comportaria benefício de ordem, ou não.

## *3. Classificação das espécies de responsabilidade tributária*

No Brasil a regulação da responsabilidade consubstancia-se juridicamente no Código Tributário Nacional, que estabelece normas gerais sobre sujeição passiva e constrói diferentes formas, ou modelos, para redirecionar a responsabilidade pela dívida tributária do contribuinte para os ombros de terceiros, de modo a tornar mais efetiva a atuação dos órgãos de controle da arrecadação tributária. Nesse sentido, a lei autoriza ao Fisco incluir terceira pessoa, física ou jurídica, distinta da que pratica o fato gerador, no polo passivo da obrigação tributária, como responsável pelo cumprimento da obrigação tributária não satisfeita pelo próprio responsável ou por terceiro.

Sob a ótica do ordenamento jurídico codificado, a matéria vem regulada no art. 121, que define hipóteses de sujeição passiva da obrigação tributária principal, distinguindo as seguintes figuras:

> (a) *Contribuinte* – É aquele que tenha relação pessoal e direta com a situação que constitua o fato gerador da obrigação. Em outras palavras, o contribuinte retira proveito econômico da situação definida como fato gerador. E:
>
> (b) *Responsável* – É aquele que não é contribuinte, portanto, não mantém relação pessoal e direta com o fato gerador, mas sua obrigação de adimplir decorre de disposição expressa de lei.

O art. 121 contribui para a distinção do contribuinte e do responsável, mas se revela claramente insuficiente para delimitar o conceito de "responsável". Apenas com a interpretação conjunta dos arts. 121 e 128 do CTN é possível extrair o conceito do que vem a ser *responsável tributário*. O primeiro, além de apresentar a definição legal, remete a atribuição de responsabilidade à reserva de lei formal, enquanto o art. 128

prevê que o terceiro a ser responsabilizado pelo adimplemento da obrigação tributária deve estar vinculado ao fato gerador da obrigação.[5]

A classificação das espécies de responsabilidade tributária tem sido objeto das mais variadas construções doutrinárias. Este estudo, contudo, não se destina a uma detalhada abordagem analítica dessas diversas visões sobre as espécies de responsabilidade. O recorte na análise dos preceitos normativos contidos no Código Tributário Nacional que tratam de responsabilidade tributária foi procedido com a finalidade de estudar a jurisprudência dos Tribunais Superiores, sobretudo a do STJ, e identificar sua inspiração na doutrina de há muito forjada pelos autores desse Código. Tal corte metodológico fez-se necessário para se ajustar a direção da investigação à compreensão do fenômeno da responsabilidade tributária e da jurisprudência atual do STJ, que considera a responsabilidade, em determinadas situações, como subsidiária e autoriza o redirecionamento da cobrança a terceiros na fase de execução judicial.

Dentro dessa perspectiva de análise, verifica-se que os autores contemporâneos à feitura do Código Tributário Nacional partiram da premissa de que a responsabilidade tributária é instrumento utilizado para viabilizar a arrecadação tributária. São medidas legais que visam a assegurar a efetividade e a praticidade da tributação.

De fato, em certas situações não há outro meio para o adimplemento da obrigação tributária, sendo necessário incumbir terceiros pelo recolhimento do tributo. Isso ocorre, por exemplo, quando há o desaparecimento do realizador do fato gerador da responsabilidade em decorrência de reorganizações societárias (*v.g.*, fusão, cisão, incorporação de empresas) ou pelo falecimento do devedor originário.

De outra feita, a Administração Tributária utiliza-se de responsáveis tributários também para garantir a efetividade ao sistema tributário, viabilizando melhores instrumentos de arrecadação e fiscalização de tributos. Nas chamadas substituições tributárias é patente o interesse do Fisco em garantir, de forma mais eficiente, o recebimento do seu crédito.

5. "Art. 128. Sem prejuízo do disposto neste capítulo, a lei pode atribuir de modo expresso a responsabilidade pelo crédito tributário a terceira pessoa, vinculada ao fato gerador da respectiva obrigação, excluindo a responsabilidade do contribuinte ou atribuindo-a em caráter supletivo do cumprimento total ou parcial da referida obrigação."

Para Rubens Gomes de Sousa,[6] idealizador do Anteprojeto do Código Tributário Nacional elaborado em 1953, a sujeição passiva inicialmente é dividida em:

(*i*) *direta* – quando o tributo é cobrado diretamente do contribuinte, aquele que tem relação pessoal e direta com a situação que constitua o fato gerador, nos termos do inciso I do art. 121 do CTN;
(*ii*) *indireta* – quando a cobrança recai sobre outra pessoa que não o contribuinte.

Essa outra pessoa, o sujeito passivo indireto, na nomenclatura de Gomes de Sousa, seria cobrada pelo tributo em duas hipóteses, denominadas, por ele, de responsabilidade por transferência e substituição.

Nessa linha de entendimento, a responsabilidade por substituição retrata a hipótese em que a inclusão do terceiro no polo passivo da obrigação tributária é decidida numa fase pré-legislativa. A lei, ao ser editada, já contempla o terceiro como responsável, sem ter imputado ao detentor da riqueza a obrigação de pagar o tributo.

A transferência, por sua vez, ocorreria quando a obrigação tributária, depois de ter surgido contra uma pessoa determinada (que seria o sujeito passivo direto), em virtude de um fato posterior desvia-se para outra pessoa diferente (que será o sujeito passivo indireto). As hipóteses de transferência abrangeriam a sucessão (desaparecimento do devedor original), a solidariedade (pluralidade de devedores em uma obrigação una) e, também, as hipóteses de responsabilidade por infração, em que a lei tributária responsabiliza outra pessoa pelo inadimplemento da obrigação tributária surgida em decorrência de fato gerador praticado pelo contribuinte.

Nessa última categoria insere-se a responsabilidade de terceiros prevista nos arts. 134 e 135 do CTN, que é entendida por essa parcela da doutrina como subsidiária, denotando que ao terceiro, embora também tenha responsabilidade pelo débito, remanesce assegurado o benefício de ordem, devendo em primeiro lugar ser convocado para pagamento o devedor originário.e subsidiariamente o terceiro responsável. Daí a obrigação tributária do responsável ser dependente ou subsidiária em relação à obrigação do devedor original.

6. Rubens Gomes de Souza, *Compêndio de Legislação Tributária*, São Paulo, Resenha Tributária, 1975, p. 55.

Vê-se, portanto, que a doutrina que inspirou a concepção adotada pelo Código Tributário Nacional explica algumas previsões legais de responsabilidade como hipóteses de *transferência*, em que o acontecimento apto a alterar a sujeição passiva da obrigação tributária ocorre posteriormente ao fato gerador. No art. 134 do CTN, por exemplo, os infratores (por ação ou omissão) são responsáveis pelo tributo, mas sua obrigação depende do inadimplemento por parte do devedor original. Ou seja: a norma de responsabilidade estabelece benefício de ordem, em que se exige o tributo primeiramente do devedor original (contribuinte), para depois direcionar a cobrança para um devedor secundário (responsável).

De fato, a atividade de o intérprete enquadrar as possibilidades de responsabilização de terceiros pelo crédito tributário em classes é um ato intelectual que pressupõe a definição de critérios de agrupamentos desses objetos. A clássica, como a que acabamos de apresentar, é mais difundida, mas vem carregada de fortes conotações extrajurídicas. A mencionada responsabilidade por substituição, por exemplo, considera como critério o fato de o legislador ter escolhido como sujeito passivo da obrigação tributária o responsável, ao invés da pessoa que praticou o fato gerador. Assim, a diferenciação dessa espécie de responsabilidade está a depender da ocorrência de um acontecimento pré-legislativo, cujo registro não consta expresso na to lei, mas apenas dos anais da discussão no Parlamento que a aprovou.

Outras classificações optam por critérios ínsitos ao direito positivo, apoiando-se em elementos constantes das próprias normas jurídicas que se pretende classificar, como ocorre quando se adota como parâmetro a análise da hipótese normativa que prevê a responsabilidade tributária.

Nesse sentido, Paulo de Barros Carvalho percebeu a importância do fato ilícito para configuração da responsabilidade prevista no Código Tributário Nacional. Essa caracterização, ao ser introduzida no modelo de análise, leva a classificação distinta da acima exposta.

Para Paulo de Barros Carvalho,[7] o legislador, ao eleger responsáveis, busca, invariavelmente, alcançar um de três desígnios: (a) aplicar uma sanção ao terceiro; (b) assegurar efetividade ao sistema tributário; ou (c) simplificar sua arrecadação.

7. Paulo de Barros Carvalho, *Curso de Direito Tributário*, 14ª ed., rev. e atual., São Paulo, Saraiva, 2002, pp. 317-320.

Essa visão sobre o mesmo fenômeno inovou ao considerar que a responsabilidade poderia ser utilizada pelo Estado como forma de sanção. Nesse sentido, o legislador, na tentativa de regrar comportamentos, elege fatos ilícitos tendentes a frustrar a arrecadação como hipótese da norma de responsabilidade, colocando o infrator na posição de sujeito passivo da relação jurídica tributária. Para desestimular a prática perniciosa à arrecadação tributária, as normas de responsabilidade prevista no CTN quantificaram a sanção em valor correspondente ao montante do crédito tributário inadimplido.

### *4. A solidariedade na perspectiva do Código Tributário Nacional*

A relação obrigacional tributária nasce com a ocorrência de fatos, constituídos pelo Direito, que unem o titular de direito subjetivo (sujeito ativo) a outro, que se coloca na posição de obrigado (sujeito passivo) acerca de determinada prestação (objeto). Há casos em que tal vínculo se estabelece entre uma pluralidade de sujeitos, figurando vários devedores e credores nos polos da relação jurídica, mas cada grupo com interesses comuns. Dessa maneira, a obrigação plurívoca remanesce una, com vários devedores ou credores unidos pelo fim comum, a prestação.

A doutrina passou a identificar essas obrigações como solidárias, e o art. 264 do CC de 2002 trouxe a seguinte definição: "Há solidariedade, quando na mesma obrigação concorre mais de um credor, ou mais de um devedor, cada um com direito, ou obrigado, à dívida toda".

Vê-se, portanto, que a solidariedade pressupõe a pluralidade de sujeitos e a existência de unidade na prestação, que é fruto da indivisibilidade do objeto da obrigação por vontade das partes ou, ainda, por lei. Os coobrigados se unem de modo a configurar um todo homogêneo que decorre de um vínculo externo à própria obrigação, cuja ocorrência é pressuposto para o surgimento da solidariedade (*v.g.*, copropriedade de bem imóvel, cláusula contratual, constituição de uma sociedade de responsabilidade ilimitada), possibilitando a cobrança da totalidade da dívida de qualquer um dos devedores, ou de alguns, ou ainda de todos, simultânea ou sucessivamente.

Na verdade, a atribuição de responsabilidade solidária passiva é um instrumento do credor para assegurar a realização do seu crédito, pois permite responsabilizar pelo pagamento outras pessoas além do devedor principal, facilitando a solução da dívida. A experiência das Varas de Execução tem evidenciado que, em geral, o patrimônio do devedor não é suficiente para assegurar a concretização do crédito, até porque ele pode ser dilapidado no transcurso do cumprimento do contrato ou do processo judicial de execução da dívida. Daí decorre a necessidade de se prover o credor de outras garantias, que diminuam os riscos de inadimplemento por parte do executado.

Nesse sentido, a coobrigação solidária serve à finalidade de não constranger o credor a intentar tantas causas quanto são os seus devedores; qualquer um responderá pelo débito por inteiro, não podendo qualquer dos devedores se negar ao pagamento da totalidade da dívida sob o argumento existirem outros devedores. O sujeito ativo, na obrigação solidária, tem o direito de exigir o cumprimento de uma prestação una, não podendo ser obrigado a cindir o crédito para atender à participação de cada devedor no negócio jurídico.[8] Para o credor, todas as relações internas do vínculo entre os vários sujeitos passivos são absolutamente irrelevantes, reservando sua eficácia para eventuais demandas compensatórias a serem movidas pelos que suportaram o ônus do cumprimento da obrigação.

A solidariedade é muito utilizada nas obrigações praticadas no direito civil e no comercial como instrumento para fortalecer as garantias pessoais. O aval, por exemplo, é garantia específica das obrigações comerciais, dele decorrendo a solidariedade. A fiança, por sua vez, é proteção usual nos contratos, sendo comum estabelecer a solidariedade entre o devedor e o fiador.[9]

8. Este princípio está baseado na teoria unitarista defendida pela maioria dos escritores modernos, entre eles Clóvis Beviláqua, Serpa Lopes e Tito Fulgêncio. Esta teoria tem por fundamento a unidade de vínculo concentrada em um só objeto devido, independentemente da pluralidade de sujeitos, de modo que o pagamento devido extingue o único vínculo ou exonera o devedor para com os demais credores solidários.

9. O art. 265 do CC afirma que "a solidariedade não se presume; resulta da lei ou da vontade das partes". Nos contratos é usual estabelecer que o fiador é solidariamente responsável com o devedor. Na ausência dessa cláusula o fiador pode, no momento da demanda judicial, requerer o benefício de ordem, para que primeiramente sejam executados os bens do devedor. O art. 827 do CC assim estabelece: "O fiador demandado pelo pagamento da dívida tem direito a exigir, até a contestação da lide, que sejam primeiro executados os bens do devedor".

Essa prática foi em grande parte incorporada ao direito tributário, com a ressalva de que a relação tributária é um fenômeno regido por normas jurídicas de direito público. Segundo Casalta Nabais,[10] o direito fiscal labora com um conceito, a seu modo, restrito de responsabilidade, ao contrário do que ocorre no direito cível, ou mais em geral no direito privado, em que o instituto da responsabilidade cobre toda uma série de situações.

Nessa linha – lembra Marçal Justen Filho[11] –, o regime jurídico de direito público importa uma sujeição à realização do interesse público e a sua indisponibilidade, tornando inconfundível a posição de sujeito ativo na relação jurídica tributária com a que se possa encontrar em qualquer relação obrigacional de direito privado.

O tratamento da solidariedade no direito privado depende muito da vontade dos contratantes, enquanto no direito tributário a solidariedade decorre unicamente da lei e é sempre passiva, sendo a prestação a ser adimplida pelos coobrigados o pagamento do crédito tributário. A autoridade administrativa ou o próprio contribuinte arrolam pessoas físicas ou jurídicas como devedores solidários no ato que formaliza a constituição do crédito tributário. A não realização desse crédito pelas vias normais de cobrança leva à sua inscrição em Certidão de Dívida Ativa pela Fazenda Pública, título executivo extrajudicial, onde são indicados os sujeitos passivos da obrigação tributária, de modo a permitir a execução judicial do patrimônio do devedor para satisfação do débito.

Na execução fiscal a Fazenda Pública pode escolher, se o quiser, o devedor de maior idoneidade financeira ou o que tiver patrimônio suficiente para responder pelo débito. Trata-se de uma faculdade importante, que visa a resguardar o interesse do Estado, justificada no contexto geral da sociedade pela demanda pública de fluxo normal e regular de recursos oriundos da arrecadação de tributos, insuscetível de cessação ou interrupção, em face da necessária execução de serviços públicos, que não pode sofrer solução de continuidade.

Do exame das hipóteses de solidariedade admitidas em nosso ordenamento jurídico depreende-se que a pluralidade de devedores

10. José Casalta Nabais, *Direito Fiscal*, Coimbra, Almedina, 2007, p. 278.

11. Marçal Justen Filho, *Curso de Direito Administrativos*, São Paulo, Saraiva, 2005, pp. 84-87.

que compõem a relação jurídica tributária pode ser organizada em três grupos de sujeitos passivos, compostos pelos: (1) participantes diretos no fato gerador (contribuintes); (2) contribuintes e responsáveis; e (3) apenas responsáveis, excluindo-se os contribuintes.

Passa-se ao exame de cada uma dessas possibilidades.

### *4.1 Solidariedade entre contribuintes*

Nesse caso, duas ou mais pessoas que praticaram o fato gerador são devedoras da obrigação tributária, por força da aplicação conjunta das normas gerais e abstratas que tratam da incidência do tributo e da norma de responsabilidade.

É o caso da solidariedade dos coproprietários de imóvel em face do imposto territorial rural/ITR, que se fundamenta na responsabilidade por solidariedade, albergada pelo art. 124, I, do CTN (por interesse comum). Essa solidariedade passiva é *paritária*, pois não há benefício de ordem e o credor público passa a ter o direito subjetivo de acionar qualquer um dos devedores solidários, que estão em situação de igualdade para serem exigidos, de forma parcial ou integral, pela dívida tributária.

Essa prerrogativa legal está inserida no rol de poderes atribuídos ao Estado pelas normas jurídicas que disciplinam a responsabilidade tributária. Embora o art. 124 do CTN esteja localizado topograficamente entre as normas gerais previstas no capítulo de sujeição passiva – e, por conseguinte, fora do capítulo específico que regula a responsabilidade –, esse dispositivo enquadra-se na categoria de normas jurídicas de responsabilidade tributária. Essa conclusão decorre das premissas anteriormente firmadas no sentido de que a responsabilidade tributária deve obediência aos princípios constitucionais que atuam, especificamente, sobre o tema, como o da capacidade contributiva e o da vedação ao confisco. Esses valores informam todo o sistema jurídico; e, por conseguinte, não há como interpretar o art. 124 sem compatibilizar a norma de responsabilidade tributária com tais limitações constitucionais ao poder de tributar.

Em que pese, nesse caso de solidariedade sob análise, que todos os coobrigados tenham relação direta com a ocorrência do fato gerador e possam ser tratados como contribuintes, a norma de responsabilidade tributária autoriza a Fazenda Pública a cobrar de cada coobrigado o débito integral, o que representa parcela de tributo superior à que seria devida pela participação de cada um na riqueza pressuposta para a incidência do tributo, ou seja, além de sua capacidade contributiva.

Para tornar mais transparente a correlação entre esses princípios e a exequibilidade da imposição de responsabilidade por solidariedade, vale o recurso a um exemplo hipotético, porém esclarecedor. Se determinada propriedade pertencer a quatro irmãos em condições de igualdade, um dos coproprietários pode ser chamado a responder por todo o débito anual do ITR, sem guardar proporcionalidade com sua fração ideal (25%). Assim, embora manifeste riqueza apenas por sua participação no bem imóvel (25%), poderá ser exigido pelo pagamento integral do tributo relativo à propriedade (100%). Consente a ordem jurídica com essa imposição de responsabilidade tributária de forma desproporcional à capacidade contributiva, em função da previsão legal de reembolso da quantia excedente, paga em lugar dos demais devedores. De fato, cada coproprietário se qualifica como *contribuinte* em relação ao tributo correspondente ao seu quinhão de interesse na propriedade e como *responsável* pelo pagamento do tributo excedente em relação ao que lhe cabe. Nessa relação de solidariedade paritária haverá direito de regresso da fração excedente de tributo paga no papel de responsável tributário.

### *4.2 Solidariedade entre contribuintes e responsáveis*

A segunda possibilidade refere-se à solidariedade entre contribuintes e responsáveis. O aplicador do Direito, ao expedir a norma de constituição do crédito tributário, agrega, entre os devedores solidários, terceiros enquadrados como responsáveis, formando um conjunto de sujeitos passivos que reúne contribuintes e responsáveis.

É o caso, por exemplo, da responsabilidade prevista no art. 134 do CTN, em que as pessoas arroladas nos seus incisos I a VII respondem solidariamente com o contribuinte nos atos em que intervierem ou pelas omissões de que forem responsáveis.[12]

12. "Art. 134. Nos casos de impossibilidade de exigência do cumprimento da obrigação principal pelo contribuinte, respondem solidariamente com este nos atos em que intervierem ou pelas omissões de que forem responsáveis: I – os pais, pelos

Importante lembrar que a previsão de *benefício de ordem* entre os devedores solidários é matéria a ser definida pelo direito positivo; ou seja, cabe à lei estabelecer as hipóteses em que haverá o benefício de ordem. Se o fato secundário ou colateral se enquadrar entre os previstos no art. 124 do CTN não haverá benefício de ordem, podendo o credor exigir o tributo de todos os coobrigados, sem atender a qualquer ordem ou preferência.[13] Mas, se comprovada a ocorrência do fato descrito no art. 134 do CTN (ato ou omissão das pessoas listadas nos incisos I a VII), haverá ordem de preferência na cobrança. Apesar de o contribuinte e os responsáveis serem considerados solidários em relação à dívida toda, em caso de demanda o responsável tem direito a opor exceção e exigir que seja primeiramente cobrada a dívida bem como executados os bens do devedor original.[14]

A possibilidade de devedores solidários apresentarem exceções pessoais não é nova em nosso ordenamento. No âmbito do direito civil, ao comentar os efeitos jurídicos da solidariedade passiva no que atina às relações entre codevedores solidários e o credor, Maria Helena Diniz[15] alerta que o devedor solidário demandado pode opor as exceções que lhe forem pessoais. Entre as exceções passíveis de serem

tributos devidos por seus filhos menores; II – os tutores e curadores, pelos tributos devidos por seus tutelados ou curatelados; III – os administradores de bens de terceiros, pelos tributos devidos por estes; IV – o inventariante, pelos tributos devidos pelo espólio; V – o síndico e o comissário, pelos tributos devidos pela massa falida ou pelo concordatário; VI – os tabeliães, escrivães e demais serventuários de ofício, pelos tributos devidos sobre os atos praticados por eles, ou perante eles, em razão do seu ofício; VII – os sócios, no caso de liquidação de sociedade de pessoas.

"Parágrafo único. O disposto neste artigo só se aplica, em matéria de penalidades, às de caráter moratório."

13. Pode-se citar, a título de exemplo de solidariedade entre contribuintes e responsáveis com fundamento no art. 124, a situação em que o sócio-gerente comete ato ilícito na gestão da sociedade e ambos, sócio e sociedade, se beneficiam dos frutos desse ilícito (exemplo: emissão de nota "fria" pelo gerente para aumentar custos operacionais da pessoa jurídica e gerar créditos passíveis de ressarcimento do tributo, associada a desvio pelo gerente de parcela do proveito financeiro gerado pela operação fraudulenta).

14. Há previsão expressa de subsidiariedade no pagamento do tributo quanto às pessoas enumeradas no art. 134 em relação a participante direto no fato gerador. Primeiro cabe exigir o tributo do devedor original, e depois a obrigação tributária principal pode ser exigida dos responsáveis.

15. Maria Helena Diniz, *Curso de Direito Civil Brasileiro*, São Paulo, Saraiva, 1996, p. 169.

opostas pelo devedor em caso de demanda expropriatória está, por exemplo, o direito assegurado ao fiador de exigir que se acione em primeiro lugar o devedor principal.[16] Essa exceção deve ser alegada tempestivamente na ação a que o fiador responde em face do credor; do contrário será dele exigido o cumprimento da obrigação. Segundo Orlando Gomes,[17] mesmo que o credor deva exigir primeiramente do devedor original, "esse comportamento não passa de uma condição ao exercício do direito contra o fiador, nunca uma obrigação". Ou seja, essas condições legais devem ser atendidas pelo sujeito ativo para o exercício do seu direito, sob pena de impedir a realização da cobrança do crédito tributário, caso seja alegada pelo devedor.

De qualquer forma, o credor tem o direito de decidir contra quem irá se voltar para demandar o cumprimento integral da dívida, ficando a exceção a cargo do devedor solidário sobre o qual recai o ônus da cobrança.

Na verdade, a diferença primordial entre a solidariedade passiva do art. 124 e a prevista no art. 134 é o benefício de ordem na cobrança do débito. Ambas prescrevem solidariedade, a primeira *paritária* (sem benefício de ordem) e a outra *dependente* (com benefício de ordem). O conflito normativo entre os dispositivos legais é apenas aparente: o art. 134 é uma norma específica em relação à norma geral de solidariedade prevista no art. 124.

No Direito Italiano a solidariedade tributária é subdividida em duas categorias: *paritária* ou *dependente*. Recorre-se, nesse sentido, aos ensinamentos de Francesco Tesauro[18], da Universidade de Milão:

> "La solidarietà tributaria è paritaria o dipendente. Si ha solidarietà paritaria nei casi in cui il presupposto del tributo è riferibile ad una pluralità di soggetti; nel caso di solidarietà dipendente, invece, il presupposto è posto

16. O Código Civil (Lei 10.406/2002) traz as seguintes disposições no caso da fiança:

"Art. 827. O fiador demandado pelo pagamento da dívida tem *direito a exigir, até a contestação da lide, que sejam primeiro executados os bens do devedor*".

"Art. 837. *O fiador pode opor ao credor as exceções que lhe forem pessoais*, e as extintivas da obrigação que competem ao devedor principal, se não provierem simplesmente de incapacidade pessoal, salvo o caso do mútuo feito a pessoa menor."

17. Orlando Gomes, *Contratos*, Rio de Janeiro, Forense, 1997, p. 437.

18. Francesco Tesauro, *Compendio di Diritto Tributario*, Milano, UTET, 2005, p. 61.

in essere da un soggetto (obbligato principale), ma è obbligato anche un altro soggetto (obbligato dipendente, o responsabile d'imposta), che non ha partecipato alla realizzazione del presupposto, ma è tuttavia obbligato (in solido), perchè ha posto in essere una fattispecie collaterale".[19]

Desse modo, verifica-se que a solidariedade não é incompatível com a previsão de benefício de ordem. A solidariedade é uma característica da obrigação entre devedor e credor, que está livre para exigir o débito inteiro de qualquer codevedor. O adimplemento da prestação por um dos devedores liberará a todos ante o credor comum.[20] Nada impede, no entanto, que existam outras relações jurídicas internas entre devedores solidários, como ocorre no caso de existir prioridade na cobrança do débito tributário estabelecida pelo *caput* do art. 134 do CTN.

No caso de constituição do crédito tributário de todos os devedores solidários os responsáveis poderão sempre opor exceção em sua defesa, requerendo ao demandante que comprove o atendimento à condição exigida pela lei, ou seja, "a impossibilidade de exigência do cumprimento da obrigação principal pelo contribuinte".

Solução similar, aliás, adotou o Código Tributário alemão (1977), que, ao tratar de devedores solidários no processo de lançamento, assim disciplina a atuação da Administração Tributária:

19. Tradução livre: "A solidariedade tributária é paritária ou dependente. Há solidariedade paritária nos casos em que o pressuposto do tributo se refere a uma pluralidade de sujeitos; nos casos de solidariedade dependente, por sua vez, o pressuposto é realizado por um sujeito (obrigado principal), mas é obrigado também um outro sujeito (obrigado dependente, ou responsável do imposto), que não participa da realização do pressuposto mas é, todavia, obrigado (solidariamente), porque praticou um fato gerador colateral".

20. Segundo explica Maria Helena Diniz (*Curso de Direito Civil Brasileiro*, São Paulo, Saraiva, 1996, pp. 153-154), "a solidariedade só opera nas relações externas, ou seja, nas relações estabelecidas entre (...) codevedores e credor [...]. *Não há qualquer solidariedade em suas relações internas*, isto é, entre credores e entre devedores, ou, melhor, entre sujeitos que estejam na mesma posição. Logo, nas relações externas cada credor poderá exigir do devedor o adimplemento da prestação por inteiro ou cada devedor pode ser compelido a pagar a dívida toda. Já na relação interna as obrigações se dividem entre os vários sujeitos, de maneira que cada devedor que cumpriu a prestação passa ter o direito de exigir de cada coobrigado a sua quota, pois tem direito regressivo contra eles para haver o que desembolsou (...)" (grifos nossos).

"Se vários contribuintes forem devedores solidários de um imposto, *poderão ser expedidos lançamentos conjuntos*. Aplica-se esta norma mesmo quando, tendo em vista as relações jurídicas existentes entre eles, o imposto não deve ser suportado por todos os devedores solidários".[21]

Note-se que no texto do Direito Germânico o lançamento fiscal inclui todos os devedores solidários, mesmo quando haja exceções pessoais à cobrança do tributo, decorrentes de relações jurídicas existentes entre eles. Ocorre, porém, que o fato que propicia a solidariedade pode estar presente desde o momento da ocorrência do fato gerador ou surgir posteriormente à introdução da norma de constituição do crédito tributário pelo lançamento fiscal.

Na primeira hipótese o fato secundário ou colateral que autoriza a responsabilização é constatado no curso do procedimento de fiscalização e o ato de constituição do crédito tributário deve conter obrigatoriamente todos os devedores solidários – contribuintes e responsáveis –, sob pena de preclusão temporal do direito da Fazenda de constituir a obrigação em nome do responsável. Os arts. 150 e 173 do CTN estabelecem o prazo decadencial de cinco anos para o agente fiscal efetuar o lançamento e definir os sujeitos passivos da obrigação tributária.

Por outro lado, se o fato secundário que modifica a sujeição passiva for superveniente à formalização da exigência – e, portanto, não conhecido pelo auditor no momento da constituição do crédito tributário –, o lançamento vinculará apenas a pessoa que praticou o fato gerador. Com a ocorrência do fato secundário, deve-se incluir o responsável no polo passivo da obrigação, para responder solidariamente com o devedor original. Nesse caso, legítimo é o redirecionamento, posterior, da cobrança, para atingir todos os responsáveis solidários não arrolados no ato inicial. Não há falar, nesse contexto, em inércia da Fazenda na identificação da solidariedade, e muito menos em decadência do direito de constituir o crédito tributário.

21. Rui Barbosa Nogueira *et al.*, *Novo Código Tributário Alemão*, trad. de Rui Barbosa Nogueira, Brandão Machado, Gerd W. Rothmann, Alfredo Schmid, Henry Tilbery, Eduardo de Carvalho, São Paulo, Forense/IBDT, 1978.

### *4.3 Solidariedade apenas entre responsáveis, excluindo-se que aquele praticou o fato gerador*

A terceira possibilidade trata de solidariedade entre uma pluralidade de responsáveis que não inclui o devedor principal. Surge a solidariedade entre devedores do tributo que não realizaram o fato gerador, mas apenas um fato secundário ou colateral, que os torna fiscalmente obrigados ao pagamento do tributo, embora de forma dependente com relação à obrigação tributária principal.

Vê-se possibilidade de solidariedade apenas entre responsáveis, quando a responsabilidade está prevista no art. 135 do CTN. Essa responsabilização por infração é aceita por boa parte da doutrina e pela jurisprudência como responsabilidade "subsidiária", porquanto os atos praticados em nome da pessoa jurídica, perante terceiros, até prova em contrário, são de responsabilidade da própria pessoa jurídica (teoria da aparência).

Assim, como regra, exige-se da sociedade o pagamento do débito oriundo de atos praticados por ela própria; mas, caso o Fisco constate, ao longo do processo de exigência do débito, a responsabilidade pessoal do administrador pela prática de ato ilícito (excesso de poderes, infração de lei, contrato social ou estatutos), a exigência do tributo será direcionada ao universo de sócios, mandatários e administradores arrolados pelo art. 135 como infratores. Isso ocorre quando os terceiros responsabilizados pelo pagamento do tributo formam um grupo de pessoas detentoras de interesse comum, como previsto no art. 124 do CTN.

Questão delicada surge quando os ilícitos cometidos pelas pessoas referidas no art. 135 do CTN, que resultaram no inadimplemento da obrigação tributária, são passíveis de apuração pela autoridade administrativa por ocasião da lavratura ao ato de lançamento. Nesse caso não há subsidiariedade. O art. 135 diz que os infratores são pessoalmente responsáveis pelo débito e, por isso, exonera a pessoa jurídica da responsabilidade pelo pagamento do tributo.[22] O lançamento, en-

22. "Art. 135. São pessoalmente responsáveis pelos créditos correspondentes a obrigações tributárias resultantes de atos praticados com excesso de poderes ou infração de lei, contrato social ou estatutos: I – as pessoas referidas no artigo anterior; II – os mandatários, prepostos e empregados; III – os diretores, gerentes ou representantes de pessoas jurídicas de direito privado."

tão, deve ser feito diretamente contra os responsáveis tributários, sob pena de decadência.

Com efeito, a determinação de responsabilidade pessoal referida no art. 135 do CTN deve ser compreendida como responsabilidade exclusiva do infrator, excluindo-se da exigência fiscal a pessoa jurídica. Essa norma é sancionatória e pune o gestor que atua com excesso de poderes e desrespeita disposição constante do contrato social, estatuto ou da lei, dando origem à relação jurídica tributária. O agente responde, assim, com seu patrimônio pessoal, mas essa sanção só faz sentido quando o infrator atua contra os interesses da sociedade.

Recorro, nesse sentido, ao bem fundamentado posicionamento de Maria Lúcia Aguilera,[23] que sustenta que:

> "(...) tendo em conta que os atos praticados pelos administradores, com excesso de poderes, são sempre praticados em nome e, às vezes, no interesse da sociedade, não parece razoável a aplicação da regra excepcional do art. 135, III, do CTN quando o ato, apesar de praticado fora dos limites da competência dos administradores, for praticado exclusivamente no interesse da sociedade.
>
> "Distinguem-se, assim, dois tipos de ilícitos societários, passíveis de serem praticados pelo administrador, quando não observada a competência definida legal, contratual ou estatutariamente: (i) ilícito societário leve, o ato que é praticado fora dos limites de competência do administrador, mas em nome e no interesse da pessoa jurídica; (ii) ilícito societário grave, que designa o ato praticado fora dos limites de competência, em nome da pessoa jurídica, mas no interesse pessoal do próprio administrador.
>
> "Sob esta perspectiva, para a regular incidência da norma de atribuição de responsabilidade aos administradores não basta que eles tenham atuado fora dos limites de sua competência. O ilícito praticado pelo administrador, hábil a redundar na modificação do polo passivo da relação jurídica tributária, deve ser um ilícito societário grave, caracterizado pela atuação fora dos limites da competência e contra os interesses e finalidades da sociedade."

23. Maria Lúcia Aguilera, "A responsabilidade de terceiros decorrentes da prática de ilícitos e o lançamento de ofício: o caso da responsabilidade pessoal dos administradores", in Marcos Vinícius Neder e Maria Rita Ferragut (coords.), *Responsabilidade Tributária*, São Paulo, Dialética, 2007.

Dessa forma, se a empresa se beneficiar do ilícito cometido pelo agente (*v.g.*, emissão de nota "fria" pelo administrador, que reduz o lucro da empresa no período), a ação irregular do gestor encontra-se convalidada pela atuação posterior da sociedade; e, nesse caso, apenas a empresa deve ser responsabilizada pelo ilícito e constar como sujeito passivo no lançamento tributário. De fato, ao registrar um ato ilícito em sua contabilidade a sociedade convalida a atuação irregular de seu administrador. Afinal, o ordenamento pátrio atribui à escrita fiscal a natureza de prova legal, e os fatos nela escriturados têm efeitos *erga omnes*, não sendo possível a sociedade alegar desconhecimento da atuação de seu administrador. Ou seja: quando a sociedade registra atos e documentos irregulares, reduzindo irregularmente o montante dos tributos que, em condições normais, seriam devidos, evidencia a atuação do infrator no interesse da pessoa jurídica.

Se, por outro lado, o benefício gerado pelo ilícito for exclusivo do agente infrator, a autuação deve ser direcionada contra ele, excluindo-se a pessoa jurídica.

Em qualquer dessas duas situações não há falar em solidariedade entre a pessoa jurídica e seus administradores por força da aplicação do art. 135 do CTN. Os devedores serão sempre pertencentes a apenas um dos dois grupos (contribuintes ou responsáveis), tudo a depender da existência de provas do ilícito.

Diante da comprovação da prática do ato ilícito previsto no art. 135 e identificados os sujeitos passivos que responderão pela obrigação tributária, a conduta do Fisco pode ser a seguinte:

(a) Se o fato ilícito for conhecido posteriormente à formalização da exigência fiscal, a cobrança do crédito tributário pode ser redirecionada pela Fazenda para os responsáveis, e apenas pode haver solidariedade entre eles caso presente o interesse comum.

(b) Se o fato antijurídico é passível de ser apurado no curso do procedimento de fiscalização, a constituição do crédito tributário deve considerar os respectivos responsáveis pela prática do ilícito como devedores e, do mesmo modo, pode haver solidariedade entre eles caso haja interesse comum.

Com efeito, se a responsabilidade pessoal atinge uma pluralidade de pessoas por aplicação do art. 135 do CTN (*v.g.*, grupo de sócios de sociedade dissolvida irregularmente), esse grupo de pessoas passa a ser sujeito passivo da obrigação tributária. Afastado o devedor original, a Fazenda Nacional pode cobrar o débito da sociedade, no todo ou em parte, de cada um dos responsáveis solidários, caso configurada a circunstância de fato descrita no art. 124 (interesse comum). Pode, contudo, haver solidariedade por interesse comum, prevista no art. 124 do CTN, entre a pessoa jurídica e as pessoas arroladas pelo art. 135 do CTN, quando houver a comprovação do benefício comum pela prática do ilícito. Nesse caso o ilícito é praticado pelo administrador em nome da sociedade, e o resultado dessa conduta dolosa é posteriormente partilhado entre ambos.[24] O mútuo benefício econômico na fraude configura hipótese de responsabilidade tributária por interesse comum entre envolvidos – e, portanto, autorizada pela regra do art. 124, e não especificamente pelo art. 135 do CTN.

A combinação dos efeitos dos art. 124 e 135 do CTN foi objeto de apreciação pelo então Conselho de Contribuintes na sessão de 26.7.2006, quando do julgamento do Acórdão 107-08.639, cuja ementa segue abaixo:

> "(...) Responsável tributário – Sócio de pessoas jurídicas de direito privado – Prática de atos com excesso de poderes ou infração à lei – CTN, art. 135 – Configuração. Provado pela Fiscalização nos autos do processo que os sócios agiram com excesso de poderes e/ou com infração à lei, a teor do art. 135 do CTN, ao lado da sociedade contribuinte dos tributos, são também responsáveis pelos créditos correspondentes.
>
> "Responsável tributário – Terceiros – CTN, art. 124, I – Configuração. Provado pela Fiscalização nos autos do processo que, juntamente com sócios que agiram com excesso de poderes e/ou com infração à lei, terceiros sem vínculo direto com a sociedade também se prestaram como veículo para a prática dos atos, *ao lado da sociedade contribuinte dos tributos e dos sócios, a teor do disposto no art. 124, I, do CTN, são também responsáveis pelos créditos correspondentes.*"

24. Seria o caso de benefício comum, por exemplo, a emissão nota "fria" para majoração de custos incorridos e de créditos fiscais pela pessoa jurídica, em que o administrador registra o custo fictício na contabilidade da sociedade e reduz o montante do tributo devido mas também desvia parte dos valores desembolsados pela pessoa jurídica para pagamento desses custos.

## 5. *Conclusão*

Tratando-se de um Estado Democrático de Direito, a intervenção estatal na esfera de direitos do cidadão depende de autorização escrita e determinada da lei, como expressão da vontade geral. Com efeito, o princípio da legalidade projeta-se sobre todos os domínios da ordem jurídica brasileira, como enunciado no art. 5º, II, da CF ("II – ninguém será obrigado a fazer ou deixar de fazer alguma coisa senão em virtude de lei").

No Brasil a regulação da responsabilidade consubstancia-se juridicamente no Código Tributário Nacional, que estabelece normas gerais sobre sujeição passiva e constrói diferentes formas, ou modelos, para redirecionar a responsabilidade pela dívida tributária do contribuinte para os ombros de terceiros, de modo a tornar mais efetiva a atuação dos órgãos de controle da arrecadação tributária. Nesse sentido, a lei autoriza ao Fisco incluir terceira pessoa, física ou jurídica, distinta da que pratica o fato gerador, no polo passivo da obrigação tributária, como responsável pelo cumprimento da obrigação tributária não satisfeita pelo próprio responsável ou por terceiro.

A doutrina que inspirou a feitura do Código Tributário Nacional ainda hoje orienta boa parte da jurisprudência dos tribunais sobre responsabilidade, que adota a classificação da responsabilidade em duas espécies, substituição e transferência, sendo que esta última se subdivide em responsabilidade por sucessão, responsabilidade solidária e responsabilidade subsidiária. Outras classificações buscam a distinção das espécies por meio de uma análise dos pressupostos para a eficácia da norma. A responsabilidade será sancionatória se o antecedente normativo da norma de responsabilidade prevê a ocorrência de fatos ilícitos e no consequente a aplicação de uma sanção, punindo o agente por ação ou omissão contrárias, que descumprem condutas legais que visam a assegurar efetividade ao sistema tributário ou simplificar sua arrecadação.

No direito tributário a solidariedade é sempre passiva, e a pluralidade de devedores que compõem a relação jurídica tributária é formada por três grupos possíveis: (*i*) contribuintes; (*ii*) contribuintes e responsáveis; e (*iii*) apenas os responsáveis, excluindo-se os contribuintes.

Na primeira possibilidade, duas ou mais pessoas que praticaram o fato gerador são devedores solidários. É o caso da solidariedade do art. 124, I, do CTN (por interesse comum).

A segunda possibilidade refere-se à solidariedade entre contribuintes e responsáveis. O aplicador do Direito, ao expedir a norma de constituição do crédito tributário, forma um conjunto de sujeitos passivos solidários, que reúne contribuintes e responsáveis.

A previsão de benefício de ordem entre os devedores solidários é matéria a ser definida pelo direito positivo. Se o fato se enquadrar entre os previstos no art. 124 do CTN não haverá benefício de ordem; mas, por outro lado, se comprovado o fato descrito no art. 134 do CTN, haverá ordem de preferência na cobrança.

Diferença principal entre a solidariedade do art. 124 e a do art. 134 é o benefício de ordem na cobrança do débito. Estes dois dispositivos legais prescrevem solidariedade, a primeira paritária (sem benefício de ordem) e a segunda dependente (com benefício de ordem). O art. 134 é regra específica em relação à norma geral de solidariedade do art. 124.

A terceira possibilidade é a que trata de solidariedade entre uma pluralidade de responsáveis, excluindo o devedor principal. Surge a solidariedade entre devedores do tributo, que não realizaram o fato gerador, mas apenas um fato secundário ou colateral, que os torna fiscalmente obrigados ao pagamento do tributo, embora de forma dependente com relação à obrigação tributária principal.

Se a responsabilidade atinge uma pluralidade de pessoas por aplicação do art. 135 do CTN (*v.g.*, grupo de sócios de sociedade dissolvida irregularmente), esse grupo de pessoas, terceiros em relação à obrigação original, passa a ser sujeito passivo da obrigação tributária. Afastado o devedor original, por força da responsabilidade pessoal prevista no art. 135, a Fazenda Nacional pode cobrar o débito da sociedade, no todo ou em parte, de cada um dos responsáveis solidários, caso configurado o interesse comum descrito no art. 124.

# *IMPORTAÇÃO POR CONTA E ORDEM E POR ENCOMENDA: O SUJEITO ATIVO DO ICMS E OUTRAS QUESTÕES RELEVANTES*

MARIA RITA FERRAGUT

Livre-Docente em Direito Tributário pela USP.
Mestre e Doutora em Direito Tributário pela PUC/SP.
Professora dos Cursos de Pós-Graduação da FIA/USP, PUC/COGEAE e IBET. Advogada em São Paulo.



## *1. Introdução*

O local da operação de circulação de mercadorias, para fins de incidência do ICMS, decorre do princípio da territorialidade, e deve corresponder ao local da ocorrência do fato jurídico-tributário.

De acordo com o art. 155, II, da CF, compete aos Estados e ao Distrito Federal instituir impostos sobre operações relativas à circulação de mercadorias e sobre prestações de serviços de transporte interestadual e intermunicipal e de comunicações. Nessa medida, dentro dos limites do território do Estado ou do Distrito Federal, o fato gerador do ICMS pode ocorrer em qualquer lugar, cabendo ao legislador complementar estabelecer o local em que será devido o imposto.

Assim, ao identificar o local da operação definem-se também o credor do imposto – sujeito ativo – e o estabelecimento responsável pelo pagamento do imposto, ou seja, o sujeito passivo da relação.

Entretanto, nem sempre a definição do local da operação é pacífica dentre os doutrinadores, e em especial para o Fisco – o que, em algumas situações, expõe o sujeito passivo a uma grande e indesejável insegurança jurídica. É o que ocorre nos casos de importação de mercadorias do exterior, em que se discute se o sujeito ativo competente para tributar o ICMS é o Estado do desembaraço da mercadoria ou o do destinatário do bem.

## 2. *Local da operação*

Tratando-se de mercadorias ou bens, a legislação define como local da operação, para fins de eleger o estabelecimento responsável pelo pagamento do ICMS, os seguintes:

(1) O local onde se encontrem tais bens no momento da ocorrência do fato gerador, como no caso da saída da mercadoria de um determinado estabelecimento.

(2) O local onde se encontrem tais bens, quando em situação fiscal irregular pela falta de documentação fiscal ou quando acompanhados de documentação inábil.[1] Tal situação pode ocorrer, por exemplo, em hipótese de fiscalização em trânsito de mercadoria.

(3) O de desembarque do produto, na hipótese de captura de peixe, crustáceos e moluscos. Assim, independentemente do local da captura, será considerado local da operação o do desembarque do produto resultante da pesca.

(4) O local da extração do ouro, ainda que em outro Estado da Federação, relativamente à operação em que o ouro deixar de ser considerado ativo financeiro ou instrumento cambial.

(5) O Estado de São Paulo, se neste estiver localizado o adquirente, inclusive consumidor final, nas operações interestaduais com energia elétrica e petróleo, lubrificantes e combustíveis dele derivados, quando não

1. *Documento fiscal inábil* é aquele que não atende a todas as exigências da legislação pertinente, seja emitido por contribuinte em situação irregular perante o Fisco e esteja desacompanhado, quando exigido, de comprovante do recolhimento do imposto. Considera-se situação regular perante o Fisco a do contribuinte que, à data da operação ou prestação, esteja inscrito na repartição fiscal competente, se encontre em atividade no local indicado e possibilite a comprovação da autenticidade dos demais dados cadastrais apontados ao Fisco.

destinados a industrialização ou a comercialização. Nessa hipótese, o ICMS incidente na operação será recolhido pelo contribuinte que entregou referidas mercadorias ao adquirente.

(6) O do domicílio do adquirente não estabelecido, tratando-se de mercadoria ou bem importados do exterior e desembaraçados.

(7) Aquele onde for realizada a licitação, no caso de arrematação de mercadoria ou bem importados do exterior e apreendidos ou abandonados.

(8) O da situação do estabelecimento que transferir a propriedade da mercadoria por ele adquirida no País, ou do título que a represente, quando esta não tiver transitado pelo estabelecimento. Quando a mercadoria, no entanto, estiver em regime de depósito em unidade da Federação diversa da do transmitente, o local da operação é o da situação da mercadoria no momento da ocorrência do fato gerador.

(9) O da situação do estabelecimento transmitente, no caso de posterior transmissão de propriedade de mercadoria que tiver saído do estabelecimento em operação não tributada.

(10) O da situação do estabelecimento depositante localizado em território paulista, no caso de posterior saída de armazém geral ou de depósito fechado do próprio contribuinte, no Estado de São Paulo.

Feitas essas considerações, passemos, agora, a tratar das espécies de importação, para posteriormente analisar especificamente a questão da sujeição ativa na importação de mercadorias.

## *3. Espécies de importação*

De acordo com a legislação, três são as espécies de importação possíveis de serem realizadas: importação direta, por encomenda e por conta e ordem de terceiros.

• *Importação direta* – Também denominada importação por conta própria, é realizada pelo próprio destinatário do bem ou da mercadoria. Nesta hipótese o adquirente busca o produto no exterior, realiza a negociação e a operação mercantil e é o responsável por sua importação. Não há terceiro envolvido.

• *Importação por encomenda* – Consiste na aquisição, pelo importador, de mercadoria vinda do exterior, para posterior venda a terceiro, que previamente a encomendou.

• *Importação por conta e ordem de terceiros* – Ocorre quando uma empresa promover, em seu nome, o despacho aduaneiro de importação de mercadoria adquirida por outra, em razão de contrato previamente firmado, que poderá compreender, ainda, a prestação de outros serviços relacionados com a transação comercial, como a realização de cotação de preços e a intermediação comercial. Mas a importadora por conta e ordem (prestadora de serviços[2]) continua sendo mera mandatária da adquirente.

A maior parte das interposições fraudulentas de que se têm notícias ocorre na modalidade "por conta e ordem de terceiros", pois essa prática proporciona a não incidência do IPI na revenda das mercadorias no mercado interno bem como evita sujeitar o adquirente ao controle das transações no comércio exterior. Entretanto, muitas operações dessa modalidade são feitas de forma regular, sendo completamente equivocado associá-las à fraude.

A fim de disciplinar a prestação de serviços de importação, os arts. 2º e 3º da Instrução Normativa SRF-225/2002 estabeleceram os requisitos para a atuação de pessoas jurídicas importadoras em operações procedidas por conta e ordem de terceiros, estabelecendo a pena de perdimento para a mercadoria importada (art. 4º) na hipótese de ser prestada informação que não traduza a realidade da operação ou na de ocultação do sujeito passivo, do real vendedor, do comprador ou do responsável pela operação.

A empresa comercial importadora atua como prestadora de serviços somente na hipótese de ela não adquirir a propriedade das mercadorias importadas (art. 1º, parágrafo único, do ADI/SRF-7/2002). Se, entretanto, houver aquisição, a operação passa a ser da modalidade por encomenda.

A aquisição é comprovada mediante os seguintes requisitos, identificados cumulativamente (art. 2º do ADI/SRF-7/2002): (*i*) contrato

2. De acordo com o Ato Declaratório Interpretativo/ADI SRF-7/2002, a empresa comercial importadora atua como prestadora de serviços somente na hipótese de ela não adquirir a propriedade das mercadorias importadas. Para que se caracterize a aquisição é suficiente que ocorra uma das seguintes hipóteses, em que a referida empresa (i) conste como adquirente no contrato de câmbio; (ii) conste como adquirente na fatura internacional (*invoice*); (iii) emita nota fiscal de entrada ou de saída a título de compra ou venda; ou (iv) contabilize a entrada ou a saída da mercadoria importada como compra ou venda.

prévio entre a pessoa jurídica importadora e o adquirente por encomenda, caracterizando a operação por conta e ordem de terceiros; (*ii*) os registros fiscais e contábeis da pessoa jurídica importadora deverão evidenciar que se trata de mercadoria de propriedade de terceiros; (*iii*) a nota fiscal de saída da mercadoria do estabelecimento importador deverá ser emitida pelo mesmo valor constante da nota fiscal de entrada, acrescido dos tributos incidentes na importação.

Ademais, o art. 11 da Lei 11.281/2006 trouxe importantes esclarecimentos à operação de importação por encomenda, conforme a seguir:[3]

> "Art. 11. A importação promovida por pessoa jurídica importadora que adquire mercadorias no exterior para revenda a encomendante predeterminado não configura importação por conta e ordem de terceiros.
>
> "(...).
>
> "§ 2º. A operação de comércio exterior realizada em desacordo com os requisitos e condições estabelecidos na forma do § 1º deste artigo presume-se por conta e ordem de terceiros, para fins de aplicação do disposto nos arts. 77 a 81 da Medida Provisória n. 2.158-35, de 24 de agosto de 2001.
>
> "§ 3º. Considera-se promovida na forma do *caput* deste artigo a importação realizada com recursos próprios da pessoa jurídica importadora, participando ou não o encomendante das operações comerciais relativas à aquisição dos produtos no exterior."

Interpretando-se a norma acima, podemos construir as seguintes conclusões:

(1) Foi expressamente consignado que a importação para revenda a encomendante predeterminado não configura importação por conta e ordem de terceiros.

3. Nesse temos, a ACi 2006.72.08.001293-8-SC, em trâmite perante a 2ª Turma do TRF-4ª Região: "Tratando-se de 'importação por encomenda' (...). Em razão da ausência de normas reguladoras dessa modalidade de importação, as autoridades aduaneiras insistiam em equipará-la à importação 'por conta e ordem de terceiro', na qual a importadora é apenas intermediária entre o adquirente interno e o exportador. Ao seu ver, o compromisso de revender as mercadorias importadas a encomendantes predeterminados indicava uma simulação com a finalidade de ocultar o real adquirente da mercadoria. Com o advento da Lei n. 11.281/2006, porém, restou claro que não se confundem as duas espécies".

(2) Até 20.2.2006, data da edição da Lei 11.281, não havia qualquer norma relativa às operações de importação por encomenda. Logo, as regras instituídas pela RFB (Instrução Normativa SRF-634/2006) com base na Lei 11.281/2006 somente são aplicáveis para os fatos ocorridos após sua vigência.

(3) O § 3º prescreve que na importação por encomenda o encomendante pode ou não participar das operações comerciais relativas à aquisição dos produtos no exterior, o que infirma um dos principais argumentos fazendários favoráveis à tipificação das operações como sendo por conta e ordem de terceiros.

## *4. Importação de mercadoria do exterior e a sujeição ativa*

Para fins de cobrança do ICMS, nos casos de importação, o RICMS/SP dispõe que será considerado local da operação o da situação do estabelecimento onde ocorrer a entrada física da mercadoria ou bem importados do exterior e desembaraçados.

Tal regra não é sujeita a controvérsias se o desembaraço da mercadoria ocorre no mesmo Estado do destinatário do bem. Entretanto, se o desembaraço é realizado em Estado diverso do estabelecimento destinatário a questão apresenta-se mais complexa e objeto de inúmeros debates, independentemente da posição já pacificada no Judiciário, conforme adiante se demonstrará.

O art. 155, § 2º, IX, "a", CF preceitua que o ICMS na importação caberá ao Estado onde estiver situado o domicílio ou o estabelecimento do destinatário do bem.

No entanto, a Lei Complementar 87/1996 – norma geral de direito tributário, conforme o art. 146, III, da CF – dispõe que na importação o imposto cabe ao Estado onde ocorrer a entrada física do bem (art. 11, I, "d").

Nessa medida, a legislação do Estado de São Paulo está em consonância com o disposto na Lei Complementar 87/1996, o que, dependendo do caso fático, poderá contrariar a Constituição. Para melhor compreensão, nada melhor que a clareza do exemplo. Imaginemos que o desembaraço de determinado produto seja realizado no Estado de São Paulo, o destino final dessa mercadoria (local do destinatário) seja também em São Paulo. Nesta hipótese, São Paulo será o sujeito ativo da relação jurídica tributária que se instaurará. Mas, e se destino da mercadoria for contribuinte do Estado de Goiás, em que pese o desembaraço ter sido no Porto de Santos/SP? Neste caso parece-nos que o mais acertado é atribuir a Goiás a competência tributária, em que pese à Lei Complementar 87/1996 autorizar disciplina diversa, como a que ocorre em São Paulo (e que, em nosso entendimento, contraria a Constituição).

Diante desse fato, em 2009 o Estado de São Paulo publicou a Decisão Normativa CAT-03/2009, tratando do ICMS das operações de importação de mercadorias oriundas do exterior, por conta e ordem de terceiros, e das condições do crédito fiscal. Referida decisão estabelece o seguinte:

> (1) A entrada física da mercadoria no estabelecimento do adquirente é o fato relevante para determinação do local da operação (art. 11, I, "d", da Lei Complementar 87/1996), sendo devido o imposto ao Estado de localização do estabelecimento do adquirente.
>
> (2) A importação é una, ou seja, existe uma só "operação relativa à circulação de mercadorias", embora dois sejam os seus agentes: um que empresta o seu nome ao despacho aduaneiro, e outro que realmente tem interesse no negócio jurídico que dará origem à "entrada de mercadoria importada do exterior", fato gerador do ICMS.
>
> (3) A pessoa jurídica que promover a "entrada de mercadorias importadas do exterior" (adquirente), ainda que em nome de terceiro, é o verdadeiro contribuinte do imposto. E:
>
> (4) O adquirente paulista, na entrada de mercadoria importada por conta e ordem de terceiros, respeitadas as regras gerais aplicáveis à apropriação de crédito fiscal, poderá creditar-se do ICMS pago na importação, desde que tenha comprovante de que o recolhimento do imposto foi feito a favor do Estado de São Paulo. Para tanto, exige que o adquirente emita nota fiscal de entrada, nos termos do art. 136, I, "f", do RICMS/SP, haja vista que o Estado de São Paulo não reconhece como válidas, para efeito do crédito do ICMS incidente na importação, as notas fiscais emitidas pelo importador por conta e ordem, em virtude da inexistência de convênio celebrado para esse fim.

Partindo desse entendimento, podemos afirmar que nos casos de importação por conta e ordem o Estado de São Paulo não mais deve exigir imposto do importador que efetuar o desembaraço da mercadoria neste Estado e remetê-la ao adquirente situado em outro Estado, pois o fato jurídico tributário é um só (entrada física no estabelecimento adquirente), sendo devido o ICMS ao Estado de localização do adquirente. Interpretação conforme a Constituição.

## 5. *Da jurisprudência do STF*

A jurisprudência do egrégio STF é vasta no sentido de que o ICMS é devido no Estado de destino da mercadoria, conforme podemos depreender das decisões abaixo:

• "*Ementa: Constitucional – Tributário – Imposto sobre a circulação de mercadorias-ICMS – Importação – Sujeito ativo – Estado em que localizado o destinatário jurídico ou Estado em que localizado o destinatário final da operação (estabelecimento onde haverá a entrada do bem) – Art. 155, § 2º, IX, 'a', da Constituição.* Nas operações das quais resulte a importação de bem do exterior, o imposto sobre circulação de mercadorias e serviços/ICMS é devido ao Estado onde estiver situado o domicílio ou o estabelecimento do destinatário jurídico do bem, pouco importando se o desembaraço ocorreu por meio de ente federativo diverso – Recurso extraordinário conhecido e provido.

"*Decisão:* A Turma, à unanimidade, conheceu do recurso extraordinário e lhe deu provimento, nos termos do voto do Relator. Ausentes, justificadamente, neste julgamento, os Srs. Mins. Celso de Mello e Eros Grau. 2ª Turma, 4.12.2009." (2ª Turma, RE 405.457-SP, rel. Min. Joaquim Barbosa, j. 4.12.2009)

• "*Tributário – Agravo regimental em recurso extraordinário – ICMS – Importação – Desembaraço aduaneiro – Sujeito ativo – Estado do destinatário jurídico do bem – Súmula STF n. 279.* 1. Segundo orientação firmada por esta Corte, o sujeito ativo do ICMS incidente sobre operações de importação de mercadorias é o Estado-membro em que localizado o destinatário jurídico do bem. 2. Para se chegar a conclusão contrária à adotada pelo acórdão recorrido, necessário seria o reexame do conjunto fático-probatório constante dos autos, o que atrai a incidência da Súmula n. 279 do STF. 3. Agravo regimental a que se nega provimento.

"*Decisão:* Negado provimento ao agravo regimental. Decisão unânime. Ausentes, justificadamente, neste julgamento, os Srs. Mins. Celso de Mello e Joaquim Barbosa. 2ª Turma, 14.12.2010." (2ª Turma, RE/AgR 589.602-RS, rela. Min. Ellen Gracie, j. 14.12.2010)

• "*Ementa: Agravo regimental em agravo de instrumento – Tributário – ICMS – Importação de mercadoria – Sujeito ativo da relação tributária – Estado do estabelecimento do destinatário jurídico – Agravo improvido.* I – Nos termos do art. 155, § 2º, IX, 'a', da CF, o sujeito ativo da relação jurídico-tributária do ICMS é o Estado onde estiver situado o domicílio ou o estabelecimento do destinatário jurídico da mercadoria importada – Precedentes. II – Na definição do destinatário da mercadoria importada não devem prevalecer os pactos particulares mantidos entre as partes envolvidas na importação, mas a efetiva destinação do bem importado – Precedentes. III – Agravo regimental não provido.

"*Decisão:* Por maioria de votos, a Turma negou provimento ao agravo regimental no agravo de instrumento, nos termos do voto do Relator, vencido o Min. Marco Aurélio. Presidência do Min. Ricardo Lewandowski. 1ª Turma, 2.12.2010." (1ª Turma, AI/AgR 816.070-RS, rel. Min. Ricardo Lewandowski, j. 2.12.2010)

• "*Ementa: Tributário – Imposto sobre circulação de mercadorias e prestação de serviços de comunicação e de transporte intermunicipal e interestadual/ICMS – Importação – Sujeito ativo – Processual civil – Agravo regimental.* 1. Segundo orientação firmada por esta Corte, o sujeito ativo do ICMS incidente sobre operações de importação de mercadorias é o Estado (ou o Distrito Federal) em que localizado o destinatário jurídico do bem. 2. Destinatário jurídico não se limita ao estabelecimento em que houve a entrada física do bem – Necessidade de interpretação do contexto fático-legal. 3. Existentes duas operações distintas, ambas tributadas (a primeira de entrada do bem estrangeiro em território nacional, a segunda de remessa interestadual), descabe, sem indicação precisa de elementos comprobatórios de fraude, dolo ou simulação, modificar a conclusão a que chegou o Tribunal de origem. 4. A princípio, questões relativas à concessão pretensamente inconstitucional de benefícios fiscais devem ser resolvidas pelos instrumentos federativos, judiciais ou extrajudiciais, sem que os entes federados busquem soluções individuais, circunscritas à sua autonomia e em franca divergência com os ideais de convivência harmônica e de segurança jurídica emanados da Constituição – Agravo regimental ao qual se nega provimento.

"*Decisão:* Negado provimento ao agravo regimental. Decisão unânime. Ausente, justificadamente, neste julgamento, o Sr. Min. Celso de Mello.

2ª Turma, 14.9.2010." (2ª Turma, AI/AgR 653.654-RS, rel. Min. Joaquim Barbosa, j. 14.9.2010)

## 6. *O exemplo da legislação de São Paulo e Espírito Santo*

A título de complementação, trazemos à baila o Protocolo ICMS-23/2009, assinado pelos Estados de São Paulo e Espírito Santo, e que dispõe sobre procedimentos a serem observados nas importações por conta e ordem e por encomenda envolvendo contribuintes desses dois Estados, da seguinte forma:

(1) Importação por conta e ordem de terceiro é qualquer importação em que sejam utilizados recursos do adquirente, inclusive adiantamentos para quaisquer pagamentos relativos a essa operação.

(2) Importador por conta e ordem de terceiros é a pessoa jurídica que promover, em seu nome, o despacho aduaneiro de importação de mercadoria adquirida por outra, em razão de contrato previamente firmado, que poderá compreender, ainda, a prestação de outros serviços relacionados com a transação comercial, como a realização de cotação de preços e a intermediação comercial.

(3) Adquirente é a pessoa física ou jurídica que contratar empresa para importar por sua conta e ordem.

(4) O recolhimento do ICMS devido no desembaraço aduaneiro, nas operações de importação por conta e ordem, deverá ser efetuado pelo estabelecimento importador em favor do Estado de localização do adquirente, e não em favor do Estado em que está estabelecido.

Verifica-se, pois, que o protocolo avançou no sentido de dirimir o conflito de competências até então existente, e fixou claramente a competência do Estado de destino para instituir o imposto, em consonância com a Constituição e a jurisprudência do egrégio STF.

## 7. *Reflexão adicional: a interposição fraudulenta no comércio exterior*

Consideramos que a interposição fraudulenta é também um tema de extrema relevância quando tratamos de comércio internacional. Por isso, passaremos, agora, a tratar de alguns pontos.

Nos termos do art. 59 da Lei 10.637/2002, que alterou o art. 23, V, e §§, do Decreto-lei 1.455/1976, consideram-se dano ao Erário as infrações relativas às mercadorias estrangeiras ou nacionais, na importação ou na exportação, na hipótese de ocultação do sujeito passivo, do real vendedor, comprador ou de responsável pela operação, mediante fraude ou simulação, inclusive a interposição fraudulenta de terceiros. Já, a interposição fraudulenta é presumida no caso de não comprovação da origem, disponibilidade e transferência dos recursos empregados.

Portanto, a lei, ao tratar da interposição fraudulenta, distinguiu-a em duas modalidades, a saber:

(1) A materializada pela *ocultação comprovada do real interessado na operação, mediante fraude ou simulação.*[4] Após o advento da Lei 11.281/2006 a ausência de indicação, na Declaração de Importação/DI, do adquirente da mercadoria que não o importador evidencia a hipótese formal da ocultação do verdadeiro interessado na operação de importação, tipificando a interposição fraudulenta, e não mais se enquadrando a operação como sendo por conta e ordem de terceiro. Ademais, a jurisprudência administrativa tem reconhecido que a prestação de informações inverídicas na DI, no que diz respeito à indicação do real adquirente das mercadorias importadas, decorre de uma simulação, consumada quando do registro da operação no Sistema Integrado de Comércio Exterior/Siscomex.[5]

(2) *Interposição fraudulenta presumida* – É a não comprovação da origem, disponibilidade e transferência dos recursos empregados nas transações internacionais, já que a falta de origem justificada indicaria a existência de um importador oculto. A interposição, neste caso, é apenas presumida, admitindo-se prova contrária ao fato indiciado.

4. TRF-5ª Região, 4ª Turma, AMS 87.652-PE (processo 2002.83.00.019024-7), j. 5.7.2005: "I – Evidenciado o grande descompasso entre a movimentação financeira da empresa importadora e o valor das importações que realiza, acrescido ao baixo consumo de energia elétrica no endereço em que funciona e à inexistência de declaração de renda da empresa e seus sócios nos três anos que antecedem a importação, existem indícios suficientes para que o Fisco enquadre tal operação como interposição fraudulenta de terceiros em comércio exterior, nos termos do Decreto-lei n. 1.455/1976".

5. 3º Conselho de Contribuintes, 2ª Câmara, Acórdão 302-38.369, 24.1.2007: "A fraude prevista no art. 59 da Lei n. 10.637/2002 considera-se consumada quando do registro das operações no Siscomex".

O Poder Judiciário é enfático ao reconhecer a interposição fraudulenta em ambos os casos acima. Vejamos os termos do acórdão prolatado nos autos da AMS 2003.70.08.000960-0-PR, em trâmite perante a 2ª Turma do TRF-4ª Região:

> "O que a lei coíbe, no tipo infracional do art. 23, V, do Decreto-lei n. 1.455/1937, são as operações de comércio exterior (importação ou exportação) em que ocorra a 'ocultação do sujeito passivo', do real vendedor, comprador ou responsável pela operação'. Esse é o núcleo do tipo infracional. O meio para sua realização será a fraude, à qual se equipara a simulação. Entre as hipóteses de fraude ou simulação encontra-se, por fim, a da interposição fraudulenta de terceiros.
>
> "É certo que a lei (§ 2º) presume a interposição fraudulenta na operação de comércio exterior ocorrendo 'a não comprovação da origem, disponibilidade e transferência dos recursos empregados'. Essa presunção, porém, é relativa, admitindo prova em contrário.
>
> "Parte ela da suposição de que a falta de origem dos recursos empregados na operação mercantil indica que há um importador ou comprador oculto, que a financia – oculto porque estaria impedido de realizar diretamente a operação, ou porque não lhe interessa nela figurar ostensivamente.
>
> "No caso dos autos, não vejo como se possa configurar a 'ocultação do sujeito passivo, do real vendedor, comprador ou responsável pela operação'. Está claro que o importador é a própria Vallimex, e, assim, também é ela o sujeito passivo das decorrentes obrigações tributárias. São fornecedores perfeitamente identificados, não havendo qualquer dúvida quanto à sua existência e à realidade da operação mercantil. Os destinatários das mercadorias importadas pela Vallimex, por fim, também são conhecidos, tendo ela uma carteira de clientes perfeitamente identificada. Portanto, está suficientemente justificada a origem dos recursos com que a Vallimex opera no mercado externo. Se a compra ocorreu a crédito, aberto pelos próprios exportadores, não há como subsistir a presunção de que haveria um terceiro 'real comprador', ou 'real financiador', oculto pela operação comercial. A fraude, sabe-se bem, não se presume, e deve ser provada por quem a alega."

Por fim, a Instrução Normativa SRF-228/2002 dotou a fiscalização de instrumentos procedimentais para investigar as empresas que promovem a importação de mercadorias em valores incompatíveis com sua capacidade econômica e financeira. O critério de seleção de empresas é a manifesta incompatibilidade surgida do cruzamento de informações entre os volumes transacionados no comércio exterior e a capacidade econômica e financeira evidenciada, extraídas das bases de dados da Receita Federal.[6]

## *8. Provas da interposição fraudulenta e a defesa do fiscalizado*

Dentre as inúmeras provas que podem ser produzidas pela autoridade administrativa para a tipificação da interposição fraudulenta elencamos, a título exemplificativo, as abaixo indicadas. Há de se registrar, antes dos exemplos, que esses fatos indiciários não devem ser isoladamente analisados, já que, por si sós, não provam o ilícito (embora alguns exerçam grande peso). A maior ou menor convicção acerca da ilicitude dependerá do número e da gravidade dos indícios trazidos aos autos. Vejamos:

(a) Transações comerciais da interposta pessoa, apresentando valor de entrada das mercadorias praticamente igual ao valor de saída.

(b) Confusão de sócios entre a empresa interposta e a empresa do real adquirente.

(c) A empresa é constituída por sócios que declaram rendimentos irrisórios em suas Declarações de Imposto de Renda Pessoa Física/DIRPFs ou até se declaram isentos.

(d) Os sócios não participam do cotidiano da empresa, que é administrada com plenos poderes por uma terceira pessoa, não sócia, mediante instrumento de procuração.

(e) O capital social é muito menor que o volume de importações realizadas.

(f) Fechamento de câmbio com recursos obtidos por meio de adiantamento de clientes ou com depósitos não identificados, ocorridos em dias anteriores, em valores muito próximos aos necessários à quitação desses encargos.

6. Instrução Normativa SRF-228/2002, art. 1º: "As empresas que revelarem indícios de incompatibilidade entre os volumes transacionados no comércio exterior e a capacidade econômica e financeira evidenciada ficarão sujeitas a procedimento especial de fiscalização".

(g) Inexistência na contabilidade do importador de lançamentos sobre o financiamento das operações de importação (exigível), constando apenas a aquisição de mercadorias importadas e pagamentos dos impostos respectivos, sem a informação das fontes destes dispêndios.

(h) A carga é originária de determinado País mas foi faturada por empresa situada em outro, sendo que esta última não está estabelecida no endereço declarado e seu nome não consta de *sites* oficiais de seu País ou, ainda, se a empresa existe, não opera no comércio exterior, e tal atividade não consta de seu objeto social.

(i) Nos preços declarados nos documentos que apresenta à Receita Federal (faturas comerciais, por exemplo) constam valores reduzidos e inferiores aos comercializados em outras operações de importação ou obtidos na Internet.

(j) A importadora revende a totalidade das mercadorias importadas para a real adquirente das mercadorias objeto de importação, que é a maior cliente da importadora, e em alguns casos até a sua única cliente.

(k) Os produtos importados são comercializados no Brasil pela empresa oculta, real adquirente, que não consta dos documentos de importação.

(l) A negociação de compra e venda da mercadoria é realizada diretamente entre o exportador e a real adquirente, dela não participando o importador. E:

(m) A importadora não dispõe de depósito para armazenagem dos produtos importados, não possuindo estoque de mercadorias, evidenciando que a mercadoria ao ser liberada é entregue, de imediato, ao real adquirente.

O fiscalizado, por sua vez, deverá apresentar como prova de refutação da fraude os seguintes fatos:

(a) A importadora e a encomendante foram regularmente constituídas e seus capitais sociais integralizados (mediante depósito em conta-corrente, TED etc.).

(b) O importador e o vendedor estrangeiro são conhecidos (endereço, *site* etc.), bem como o encomendante, não havendo qualquer dúvida quanto às suas existências.

(c) A indicação do nome do encomendante nas DIs não poderia ser exigida até o advento da Lei 11.281/2006, quando tal obrigatoriedade foi instituída;[7] além disso, os registros eram feitos exclusivamente via sistema, sistema, esse, que àquela época sequer possuía campo para a indicação do encomendante.

(d) Tanto os exportadores quanto as *tradings* não possuíam qualquer relação societária com a encomendante, mas exclusivamente negocial.

(e) Efetiva participação da empresa nas transações comerciais, demonstrada por meio de cópia dos instrumentos particulares de negociação, *e-mails* etc.

(f) Os representantes legais do importador devem conhecer os detalhes das operações em curso e ter poder decisório para sua realização, bem assim devem poder relacionar os nomes das pessoas de contato junto aos fornecedores estrangeiros, indicando os respectivos números de telefone e *e-mails*.

(g) A empresa importadora funcionava regularmente, o que poderia ser comprovado mediante recibos de contas de energia elétrica, telefone, água; documento de arrecadação do imposto predial e territorial urbano/IPTU; contrato de locação ou escritura do imóvel, conforme o caso; e livro de registro de empregados, dentre outras coisas.

(h) A capacidade financeira da encomendante é auferida mediante demonstração de empréstimos com instituições financeiras, lucro da própria operação e linha de crédito com fornecedor estrangeiro.

(i) Não houve adiantamento de recursos para as *tradings*, mas somente pagamento antecipado pelas mercadorias já importadas (por exemplo, com processo de importação/desembaraço concluído), prática, essa, comum no mercado de comércio exterior.

(j) A origem dos recursos é provada mediante registros e demonstrações contábeis; integralização do capital social; transmissão

7. Nesse temos a ACi 2006.72.08.001293-8-SC, em trâmite perante a 2ª Turma do TRF-4ª Região: "Além disso, as supostas irregularidades apontadas pela autoridade administrativa no auto de infração se fundam nas disposições da Lei n. 11.281/2006, que exige, dentre outras formalidades, seja indicado à Receita Federal o nome do encomendante dos bens importados. Entretanto, como bem salientou o MM. Juiz de primeira instância, esse diploma legal não estava em vigor na data em que a operação foi promovida, de modo que não se poderia exigir da impetrante que tomasse tal cautela".

de propriedade de bens e direitos que lhe pertenciam e do recebimento do correspondente preço; financiamento de terceiros, por meio de instrumento de contrato de financiamento ou de empréstimo, contendo: (*i*) identificação dos participantes da operação – devedor, fornecedor, financiador, garantidor e assemelhados; (*ii*) descrição das condições de financiamento – prazo de pagamento do principal, juros e encargos, margem adicional, valor de garantia, respectivos valores-base para cálculo e parcelas não financiadas; e (*iii*) forma de prestação e identificação dos bens oferecidos em garantia.

(k) Quando a origem dos recursos for justificada mediante a apresentação de instrumento de contrato de empréstimo firmado com pessoa física ou com pessoa jurídica que não tenha essa atividade como objeto societário, o provedor dos recursos também deverá justificar a sua origem, disponibilidade e, se for o caso, efetiva transferência. E:

(l) No caso de comprovação baseada em recursos provenientes do exterior, além dos elementos de prova ora relatados, deverá ser apresentada cópia do respectivo contrato de câmbio.

# A TRIBUTAÇÃO SOBRE O VALOR ACRESCIDO E OS IMPOSTOS SOBRE O CONSUMO NO BRASIL: INFLUÊNCIAS EXTERNAS

MISABEL ABREU MACHADO DERZI
Professora Titular da Faculdade de Direito da UFMG e das Faculdades Milton Campos.
Presidente da Associação Brasileira de Direito Tributário/ABRADT.
Advogada e Consultora.

ANDRÉ MENDES MOREIRA
Professor das Faculdades Milton Campos.
Doutor pela USP. Advogado e Consultor

*1. Introito. A problemática da cumulatividade tributária e o objeto da tributação sobre o valor acrescido. 2. Origens da tributação sobre o valor acrescido. 3. A adoção da tributação sobre o valor acrescido pelo ordenamento jurídico brasileiro: influências externas: 3.1 A implementação da não cumulatividade no Brasil; 3.2 Influências externas na adoção do modelo IVA pelo Brasil. 4. A Constituição de 1988 e o modelo de tributação sobre o valor acrescido. 5. Conclusões: 5.1 Algumas questões decorrentes do federalismo; 5.2 Técnicas de arrecadação especiais que deformam os IVAs brasileiros.*

## 1. Introito. A problemática da cumulatividade tributária e o objeto da tributação sobre o valor acrescido

As influências de instituições internacionais sobre o sistema tributário brasileiro se fizeram sentir em matérias diferentes, com intensidades diversas através dos tempos, quer nos impostos sobre a renda e as sociedades, quer nos chamados impostos "indiretos" sobre o consumo. Mas a crescente globalização dos mercados tende a multiplicar as interações entre governos, empresas e Administrações Tributárias.

Depois da II Grande Guerra, em 1948, cria-se a Organização Europeia de Cooperação Econômica/OEDE, derivada do *Plano Marshall* e apoiada pelos Estados Unidos e pelo Canadá, voltada à reconstrução das economias europeias. Transformada em 1961 em Organização de Cooperação e Desenvolvimento Econômico/OCDE, suas metas expandiram-se para abrigar as necessidades governamentais do desenvolvimento econômico e social duráveis. Sua ação não se limita a atuar em direção aos 30 Países-membros que a integram, mas em relação a uma rede de outros em vias de desenvolvimento econômico. Quando, em junho/2007, a Cúpula do G8, em Heiligendamm, decidiu dialogar com as economias emergentes (África do Sul, Brasil, China, Índia e México), ela solicitou à OCDE que oferecesse um programa para o processo adequado de diálogo,[1] já que a meta da Instituição é exatamente favorecer a expansão do comércio internacional sem discriminações.

Nesse contexto, problemas como *double taxation* e *unintentional non-taxation* vêm se apresentando de forma recorrente e significativa nas relações internacionais, de modo a requererem soluções satisfatórias. Outrossim, o imposto sobre o valor acrescido (também chamado *goods and services tax / GST*) alcançou extraordinária expansão nos últimos 50 anos. Se nos idos de 1960 havia apenas 10 Países que o adotavam, inclusive o Brasil, no século XXI já eram 136 Países, configurando uma das mais importantes fontes de renda estatais. Vale lembrar que todos os 30 Países-membros da OCDE implementaram o imposto sobre o valor acrescido, exceto os Estados Unidos da América.[2]

São essas as razões que nos levam a concentrar nosso enfoque na tributação sobre o valor acrescido no Brasil, em lugar de uma visualização panorâmica de todo o sistema tributário. Dessarte, o presente estudo se ocupará da importância da *goods and services tax/GST*, quer no comércio internacional contemporâneo, quer na economia interna de cada País, em especial no Brasil.

Nesse sendeiro, para delimitar corretamente o objeto do trabalho, impende gizar que a cumulatividade ou sobreposição tributária pode decorrer de três realidades distintas, a saber:

1. Cf. *www.ocde.org.*

2. Cf. *www.ocde.org.* – Centre for Tax Policy and Administration, *International VAT/GST Guidelines*, february/2006, "Preface".

(a) Exigência de dois ou mais tributos sobre o mesmo fato, que pode consistir em: (a.1) bitributação ou (a.2) *bis in idem.*

(b) Inclusão de tributos na base de cálculo de outras exações, majorando artificialmente a riqueza tributável.

(c) Incidência do tributo em dois ou mais estádios da cadeia produtiva.

Vejamo-las, uma a uma.

A primeira hipótese – incidência de tributos idênticos sobre o mesmo fato gerador – pode caracterizar a bitributação (se dois entes distintos exigirem gravame idêntico sobre uma só realidade) ou o *bis in idem* (se ambas as exações forem cobradas pelo mesmo ente estatal).

Tem-se bitributação, *v.g.*, quando dois Estados soberanos intentam cobrar imposto de renda sobre os mesmos valores (exemplo: executivo alemão, residente e domiciliado no seu País, que se desloca temporariamente para os Estados Unidos da América onde aufere rendimentos, prestando consultoria a empresa sediada em solo pátrio). O conflito entre os princípios da fonte e da renda mundial (que orientam a tributação internacional das rendas) faz surgir tais questões, solucionadas, muitas vezes, pelos tratados contra a dupla tributação internacional. À míngua de convenção entre Países ou de soluções unilaterais eventualmente adotadas pelos Estados (como isenções, outorga de créditos presumidos *et caterva*), a bitributação será inevitável. Não obstante, existe orientação mundial no sentido de se evitar essa dupla incidência, criadora de barreiras para o desenvolvimento das Nações. Tanto é que a Organização das Nações Unidas/ONU e a já citada OCDE possuem modelos de convenção contra a dupla tributação internacional destinados a orientar os Estados que pretendam eliminar esse entrave ao livre comércio.

No plano interno de um Estado Federado a bitributação ocorre quando dois Estados-membros ou Municípios intentam gravar a mesma realidade (o exemplo mais característico no Brasil é o do imposto sobre serviços/ISSQN, no qual existe constante conflito entre as Municipalidades na exigência do tributo – cada qual adotando, conforme seus próprios interesses, o critério da situação do estabelecimento prestador ou o do local da prestação dos serviços).

O *bis in idem*, por sua vez, é menos usual. Afinal, o Estado-membro pode exercer livremente sua competência para gravar determinada situação fática, desde que respeite os princípios constitucionais tributários. Havendo interesse em incrementar a receita, basta ao ente público aumentar a alíquota do tributo existente. Por essa razão, o *bis in idem* ocorre, em regra, quando a carga tributária já é muito elevada sobre certas realidades, e mesmo assim o Estado pretende majorá-la. Para fugir à caracterização do confisco – mais claramente visualizável quando um único tributo é utilizado com alíquotas excessivas –, o ente estatal se utiliza do subterfúgio de criar outra exação para gravar a mesma realidade. Essa situação é repelida pelo direito tributário brasileiro.

A segunda hipótese de superposição contributiva ocorre quando se inclui na base de cálculo das exações o valor de outros tributos. Essa prática, pouco comum noutras plagas, tem sido adotada amiúde pelas leis tributárias brasileiras em tributos como as contribuições sociais para o Programa de Integração Social/PIS e para Financiamento da Seguridade Social/COFINS, em cujas bases de cálculo se incluem tanto o ICMS como o IPI. Com isso, a alíquota real do tributo torna-se superior àquela nominalmente constante da lei, pois a exação passa a gravar uma base majorada. Inobstante os equívocos de tal sistemática, a jurisprudência brasileira tem admitido essas inclusões de valores tributários no cálculo do *quantum debeatur* de outras exações.[3]

A terceira e última modalidade de cumulação de tributos consiste na incidência do mesmo gravame em mais de uma etapa da cadeia produtiva, o que é passível de ocorrer apenas nos tributos sobre consumo (incidentes sobre a produção e comercialização de bens e serviços). Afinal, somente nesses casos tem-se um liame lógico-operacional desde a primeira incidência tributária, no início da cadeia, até a aquisição do bem ou serviço pelo consumidor final. Exações cujas hipóteses de incidência sejam fatos estanques, não situados no bojo de um processo de circulação de riquezas, não permitem a visualização desta modalidade de superposição tributária.

Ante o exposto, podemos assim classificar as três hipóteses em que há cumulatividade tributária:

(a) Dupla imposição sobre o mesmo fato: bitributação ou *bis in idem*.

3. A inclusão do ICMS na base de cálculo da contribuição para o PIS (conclusão extensível à COFINS) é permitida pela Súmula 68 do STJ.

(b) Inclusão do mesmo ou de outros gravames na base de cálculo do próprio tributo.

(c) Cobranças sucessivas da mesma exação ao longo de um processo de produção/circulação de bem ou prestação de serviço.

É contra esta última modalidade de superposição contributiva que se volta a tributação sobre o valor acrescido, que atua por meio do mecanismo da não cumulatividade tributária. Portanto, para o presente estudo em nada importam as normas que determinam a inclusão de tributos na base de cálculo de outros, tampouco as hipóteses de *bis in idem* ou bitributação.[4] Interessam-nos apenas os casos em que houver cumulação decorrente da incidência da mesma exação em etapas variadas da cadeia de produção e circulação de riquezas.

A não cumulatividade – eixo central da tributação sobre o valor acrescido – pertence à seara do direito tributário, em que pese a ser também objeto de estudo dos economistas.[5] Sua função é atuar no cálculo do *quantum debeatur.* Trata-se de mecanismo pelo qual se admitem abatimentos ou compensações no valor do tributo devido ou na sua base de cálculo – conforme se adotem, respectivamente, os métodos de apuração intitulados *tax on tax* ou *basis on basis.* Com isso busca-se gravar apenas a riqueza agregada pelo contribuinte ao bem ou serviço. Por essa razão, a não cumulatividade admite também o método da adição (somam-se os dispêndios do contribuinte para a produção ou venda do bem ou serviço e tributa-se a medida exata da adição de valor ao objeto tributável).

A origem da não cumulatividade, como já dito, está imbricada à dos tributos sobre o valor agregado, sendo essa a sua nota característica mais importante, consoante se demonstrará a seguir.

4. É inegável a liderança da OCDE no tratamento dos impostos diretos, em relação a temas como: bitributação internacional; princípios relativos a preços de transferência; cooperação, assistência e integração das Administrações Tributárias; etc. É relativamente pobre a contribuição da OCDE no campo da tributação sobre o valor acrescido das mercadorias, e mais numerosos os estudos sobre a tributação dos serviços, a saber: *Ottawa Framework Conditions* (1998); *Guidelines on Consumption Taxation of Cross-Border Services and Intangible Property in the Context of E-commerce* (2001); e *Consumption Tax Guidance Series* (2003).

5. Dentre vários, mencione-se o importante estudo do Professor de Economia da Universidade de Princeton, em especial o Capítulo 20 de sua obra: Harvey S. Rosen, *Public Finance,* 4ª ed., Chicago, Irwin, 1995, pp. 475-503.

## 2. *Origens da tributação sobre o valor acrescido*

A não cumulatividade tributária passou a ganhar contornos de instituto autônomo com o advento dos impostos sobre valor acrescido, os IVAs, a partir da segunda metade do século XX.

Até então os tributos que gravavam o comércio e a prestação de serviços assemelhavam-se à *Alcabala*, exigida pela Espanha Medieval em suas Colônias, que incidia sobre todas as transações mercantis com alíquotas que chegavam a 14%, sem qualquer possibilidade de dedução do tributo pago nas operações anteriores. Tal sistemática elevava os custos dos produtos, que se tornavam mais caros – pela incidência reiterada do imposto – a cada etapa de circulação. Isso fazia com que as mercadorias não circulassem livremente, haja vista que tal implicaria perda de competitividade, dado o maior valor a recolher ao erário quanto mais estádios houvesse entre a produção e a venda ao consumidor final. Essa forma de tributação, intitulada "em cascata" (*à cascade*, para os franceses), era a utilizada pela maior parte dos Países antes do advento do IVA – com todas as vicissitudes inerentes a essa opção.

A problemática da tributação *à cascade* era tão patente que A. Smith,[6] já no século XVIII, creditou à *Alcabala* a culpa pelo declínio econômico do Império Espanhol. De fato, a tributação multifásica cumulativa desencoraja a livre organização dos agentes do mercado (que, para evitar várias incidências sobre o mesmo produto, tendem a se verticalizar) e incita a sonegação, devido ao seu ônus excessivo.

Entretanto, mesmo em face desses contratempos a tributação plurifásica cumulativa difundiu-se no mundo moderno, porém com alíquotas bastante reduzidas em comparação com a vetusta *Alcabala*. É o caso das Filipinas em 1904, do *Umsatzteuer* alemão em 1918, da França (que a adotou em 1920, eliminou-a em 1936, retomou-a em 1939 e abandonou-a definitivamente em 1954), da Espanha (que retornou à tributação em cascata em 1964[7]), além do

6. Adam Smith, *Uma Investigação sobre a Natureza e Causas da Riqueza das Nações*, 2ª ed., trad. de Norberto de Paula Lima, São Paulo, Hemus, 1981, p. 475.

7. As alíquotas eram de 1,5% e 3%, conforme a exigência coubesse à Nação Espanhola ou às Províncias.

Chile,[8] México e Canadá (este, somente entre 1920 e 1923), *inter alii*.[9]

A vantagem da plurifasia cumulativa – que facilitou sua difusão pelo mundo – é a sua simplicidade, haja vista que o *quantum* a ser pago ao Estado é obtido pela mera aplicação do porcentual previsto em lei ao valor da operação ou prestação, sem necessidade de quaisquer adições ou deduções. Outrossim, como há incidência nas várias etapas da cadeia produtiva, a alíquota não precisa ser alta para assegurar-se uma arrecadação satisfatória,[10] o que contribui para a resignação dos contribuintes ao seu pagamento. Entretanto, as desvantagens superaram, ao longo dos anos, os benefícios obtidos com a sua utilização.[11] São elas, em rol enumerado por J. Due:[12]

(a) A verticalização dos agentes econômicos – afinal, quanto mais etapas do processo produtivo e comercial uma única empresa conseguir abarcar, menor será a carga fiscal sobre o seu produto.

(b) A discriminação tributária, haja vista que as maiores empresas, além do ganho normal pela produção em escala (ínsito a qualquer mercado), também obterão vantagens fiscais por alcançarem vários estádios da produção, refugindo a diversas incidências da exação *à cascade*. Tal discriminação se dá, portanto, em detrimento das pequenas e médias empresas, que nas economias modernas respondem pela maior parte dos empregos gerados.

(c) A impossibilidade de efetiva desoneração das exportações – como o tributo é plurifásico e cumulativo, a mercadoria não exportada diretamente pelo seu produtor sofre uma ou mais incidências na cadeia produtiva, sem possibilidade de recuperação ou abatimento deste montante quando da venda ao exterior. Com isso subverte-se a lógica mundial de

8. O Chile adotou a tributação plurifásica em cascata sobre bens e serviços em 1954, com alíquota básica de 3%. Entretanto, após sucessivas majorações, em 1969 a alíquota inicial havia quase triplicado.

9. John F. Due, *Indirect Taxation in Developing Economies*, Baltimore/London, Johns Hopkins, 1970, pp. 117-120.

10. Idem, ibidem.

11. No Brasil a tributação plurifásica cumulativa foi adotada sob a forma dos vetustos impostos sobre vendas e consignações/IVCs e sobre o consumo, substituídos, respectivamente, pelo ICM e IPI.

12. John F. Due, *Indirect Taxation in Developing Economies*, cit., pp. 120-123.

não exportar tributos, ocasionando a perda de competitividade dos bens nacionais no mercado global.

(d) O ferimento à isonomia na tributação dos bens importados, que na maior parte dos casos estarão sujeitos a uma carga menor que a aplicada ao produto nacional. Este usualmente passa pela cadeia produtor > distribuidor-atacadista > varejista até chegar ao consumidor final, ao passo que os importados, se diretamente adquiridos pelo comprador final, terão incidência única no desembaraço aduaneiro. Com isso, mercadorias advindas do estrangeiro terão menor ônus tributário que as nacionais.[13]

(e) Falta de transparência – não fica claro o peso do tributo no preço final da mercadoria vendida, pois esse dado irá variar conforme o número de etapas da circulação. Assim, o comprador não tem ciência do montante que está sendo destinado ao governo – fato que não se coaduna com a transparência fiscal.[14]

(f) Em comparação com impostos como a *retail sales tax* (em que há incidência única na etapa final de venda), nos tributos plurifásicos cumulativos o número de contribuintes é muito elevado. Estes, ademais, não têm interesse em se autofiscalizar, já que a exação paga por um não é dedutível do valor devido pelo outro. Isso gera dois problemas: (f.1) incentivo à sonegação – nenhum agente produtor se beneficia do tributo pago anteriormente (ao contrário do que ocorre nos IVAs, em que, havendo destaque da exação na nota fiscal, o adquirente pode abater tal montante do imposto por ele devido); (f.2) dificuldades na fiscalização – a ampla base de contribuintes tendentes a sonegar torna o labor da Administração Fazendária excessivamente oneroso, fato que levou A. Smith a sustentar que a sua fiscalização "requer uma multidão de funcionários fazendários".[15]

13. E nem se argumente que o imposto de importação/II serviria para mitigar tal diferença. O II é tributo que deve ser utilizado como instrumento de política desenvolvimentista do Estado, e não como subterfúgio para reduzir problemas criados em desfavor das empresas nacionais por força de um sistema tributário inadequado.

14. Em observância ao princípio de que a tributação sobre o consumo deve ser feita às claras, a Constituição de 1988 predica no art. 150, § 5º: "§ 5º. A lei determinará medidas para que os consumidores sejam esclarecidos acerca dos impostos que incidam sobre mercadorias e serviços".

15. Adam Smith, *Uma Investigação sobre a Natureza e Causas da Riqueza das* Nações, cit., 2ª ed., p. 475.

(g) Apesar de ser um tributo aparentemente simples, na prática – com a necessidade de concessão de isenções para algumas mercadorias e de diferenciação das alíquotas conforme a natureza do produto (em atenção à sua essencialidade ou às circunstâncias de mercado) – sua aplicação torna-se complexa. Esse fator acarreta a perda de um de seus poucos atributos.

Em face de tais problemas, e à procura de alternativas para dinamizar o crescimento econômico sem prejudicar a arrecadação tributária, os Países europeus intentaram, na primeira metade do século XX, buscar uma nova forma de tributação das operações com bens e serviços que não impactasse tão fortemente o consumo e, via de consequência, permitisse o desenvolvimento mais acentuado das economias, então fortemente combalidas pelas duas guerras mundiais. A solução adveio com a adoção de uma proposta do economista C. F. von Siemens, feita inicialmente ao Governo Alemão em 1918, porém somente implementada em 1954 na França: a tributação sobre o valor acrescido.

Quando instituída, em 10.4.1954, a *taxe sur la valeur ajoutée/TVA*[16] se apresentou como um tributo extremamente complexo em comparação com as antigas exações cumulativas que gravavam o consumo de bens e serviços na França.[17] Seu método de apuração era absolutamen-

16. Na França, a *taxe sur la valeur ajoutée/TVA* é classificada por Mercier e Plagnet como "la taxe unique à payements fractionnés", denotando pela própria nomenclatura ("tributo único que incide de forma fracionada") o método impositivo que a distingue dos tributos cumulativos (Jean-Yves Mercier e Bernard Plagnet, *Les Impôts en France*, 29ª ed., Levallois, Francis Lefebvre, 1997, pp. 298-301).

17. Os tributos indiretos na França dividem-se em dois grandes grupos: as *taxes déterminées*, que gravam produtos ou operações especiais (como a venda de álcool), e as *taxes sur le chiffre d'affaires*, incidentes sobre a venda de mercadorias e serviços em geral. Estas últimas subdividem-se em três categorias, pela ordem de adoção na França: (a) *taxes cumulatives* ou *à cascade* – tributos plurifásicos cumulativos, adotados em 1920 com alíquotas baixas (em torno de 1%), porém abandonados por força de uma reforma levada a cabo por lei publicada em 31.12.1936, devido aos problemas que a tributação em cascata apresentou; (b) *taxes uniques* – adotadas a partir de 1937, com a grande reforma do sistema tributário francês ocorrida no ano anterior. Incidiam uma única vez, na produção, a uma alíquota de 6% (logo, seis vezes maior, em média, que a alíquota da *taxe cumulative*). Entretanto, os altos índices de sonegação dessa espécie de tributo aliados a problemas de orçamento enfrentados pelo Estado Francês levaram ao seu abandono em pouco tempo. Com isso, a incidência *à cascade* foi retomada em 1939, por meio da *taxe sur le transactions* e de impostos locais. Estes prevaleceram até 1968, data em que a TVA de larga abrangência foi adotada; (c) *taxe sur la valeur ajoutée* – adotada em 1954, para vigorar a partir de 1955. Também conhecida

te distinto de tudo o que fora utilizado até então: calculava-se o imposto devido sobre as transações comerciais realizadas pelo contribuinte em determinado período. No entanto, deduzia-se do valor a pagar o imposto suportado na aquisição de mercadorias utilizadas no processo produtivo. Em outras palavras: para cálculo do *quantum debeatur* lançava-se mão de uma sistemática de débitos e créditos que, abatidos uns dos outros, apontavam o tributo a ser efetivamente recolhido aos cofres públicos.[18]

O novel mecanismo tributário tornou-se, desde cedo, um sucesso. Em 1962 o *Relatório Neumark* (um dos maiores influenciadores da tributação europeia) recomendou a adoção do IVA pelos Países do Mercado Comum Europeu, o que passou a ocorrer a partir do final da década de 1960. O *Relatório* afirmou que a incidência sobre o valor acrescido viabiliza a liberdade de circulação de mercadorias e serviços, um dos princípios basilares do Tratado de Roma.[19] Assim, apesar de a apuração ser um tanto mais complexa (em comparação com a tributação plurifásica cumulativa, que era o padrão então vigente) e de as alíquotas dos IVAs serem necessariamente mais elevadas que as dos tributos *à cascade*, as vantagens superam os defeitos, tanto sob a ótica dos agentes produtores como sob a do Estado arrecadador. Afinal:

> (a) O mecanismo de abatimento do tributo pago na etapa anterior gera uma fiscalização cruzada entre os próprios contribuintes. Diferentemente do que ocorre na plurifasia cumulativa, em que a sonegação do vendedor beneficia o adquirente do bem ou serviço (reduzindo os preços cobrados), no IVA o ônus tributário para o adquirente-contribuinte

como "la taxe unique à payements fractionnés", teve o mérito de conciliar as vantagens arrecadatórias do sistema cumulativo com a neutralidade da tributação, que passou a ter mecanismos eficientes para sua transferência ao consumidor final.

18. A TVA inicialmente tributava apenas as operações mercantis realizadas pelos atacadistas e varejistas. Foi somente em 1968, com a extinção de dois outros impostos que incidiam sobre os serviços e o comércio varejista, que se criou uma TVA de larga incidência, alcançando as operações com bens (inclusive locações e arrendamentos mercantis) e prestações de serviços em geral.

19. O Tratado de Roma, primeiro pilar fundante da atual União Europeia, assenta-se sobre quatro liberdades fundamentais, a saber: (a) liberdade de circulação de pessoas; (b) liberdade de circulação de bens; (c) liberdade de circulação de serviços; (d) liberdade de circulação de capitais.

O IVA, por viabilizar a neutralidade tributária, acaba permitindo o alcance dos quatro objetivos.

é maior caso o produto adquirido não esteja acobertado por nota fiscal (posto que o destaque[20] em nota do imposto pago pelo vendedor legitima o contribuinte-adquirente a compensá-lo com o seu IVA a pagar). Tal fato, *per se*, é um grande aliado das fiscalizações tributárias.

(b) A dedução em cada etapa do tributo pago na anterior, de forma a permitir que o ônus tributário seja equivalente à aplicação da alíquota sobre o preço final, faz com que o número de estádios de circulação da mercadoria ou prestação do serviço não influa no *quantum* devido. Por isso, o IVA é considerado neutro (seu ônus independe do número de operações tributadas).

(c) Com a neutralidade fiscal ganham os agentes econômicos, que não têm que se verticalizar para reduzir os custos tributários, podendo concentrar-se na atividade em que tenham maior aptidão (produção, distribuição ou venda a varejo).

(d) Para o comércio internacional as vantagens são expressivas: a exportação pode ser efetivamente desonerada (o método de apuração em comento permite a devolução ao exportador do imposto que gravou os insumos utilizados na produção das mercadorias vendidas para o exterior – o que não é passível de ser feito em tributos plurifásicos cumulativos, nos quais é bastante difícil determinar o montante exato do gravame que incidiu no processo produtivo). Ademais, os produtos estrangeiros, quando tributados no desembaraço aduaneiro, serão efetivamente equiparados – sob o prisma tributário – ao produto nacional. Isso porque, como a alíquota real do imposto equivalerá à nominal, independentemente do número de operações de circulação da mercadoria, os produtos nacionais sofrerão, sempre, uma incidência definida: o valor da alíquota do IVA prevista em lei. Assim, basta aplicar essa mesma alíquota no desembaraço aduaneiro da mercadoria estrangeira para equipará-la à nacional.

(e) A forma de cobrança confere transparência à exação, eis que em todos os estádios de circulação do bem é possível saber quanto está sendo pago a título de tributo, que vem devidamente destacado na nota fiscal.

20. Obviamente não se imputa ao adquirente o dever de fiscalizar o efetivo pagamento do imposto pelo vendedor, bastando, para se ter direito ao crédito, que a nota fiscal de aquisição seja idônea e contenha o destaque do tributo. Todavia, a simples exigência, pelo adquirente, do documento fiscal consiste em importante auxílio no combate à evasão fiscal.

Dessarte, em que pese às suas vicissitudes (apuração complexa e alíquota mais elevada), a experiência francesa difundiu-se na Europa e em praticamente todos os Países do Globo.[21] Hoje a TVA é adotada por 136 Nações,[22] sob a nomenclatura de imposto sobre o valor agregado/IVA. E, como se demonstrará a seguir, a técnica mais usual de tributação do IVA não o caracteriza – apesar do nome – como um imposto incidente sobre o valor acrescido. Em verdade, sua base de cálculo é o preço total da operação de venda. Após o cálculo do IVA devido sobre o valor integral da operação é que se tem a redução do *quantum debeatur* pelo mecanismo de abatimento do imposto pago nas operações anteriores (método subtrativo indireto).

## 3. *A adoção da tributação sobre o valor acrescido pelo ordenamento jurídico brasileiro: influências externas*

### *3.1 A implementação da não cumulatividade no Brasil*

Considerando o período pós-II Guerra Mundial, a única grande reforma do sistema tributário brasileiro ocorreu em 1965, data na qual, dentre outras várias modificações, foi introduzida no ordenamento jurídico do País – em nível constitucional – a tributação sobre o valor acrescido.

A reforma foi conduzida em dois atos: primeiramente modificou-se a Constituição então vigente, editada em 1946, por meio da Emenda Constitucional 18, de 1.12.1965; em sequência foi editado o Código Tributário Nacional, por meio da Lei 5.172, de 25.10.1966. Pavimentado o caminho, as leis ordinárias de cada ente federado (União, Estados e Municípios) foram editadas, amoldando por completo o ordenamento jurídico à nova realidade.

21. O Brasil adotou-o em 1958, constitucionalizando-o em 1965; a Dinamarca, em 1967; a Alemanha, em 1968; Suécia e Holanda, em 1969; Luxemburgo e Noruega, em 1970; Bélgica, em 1971; Itália e Inglaterra, em 1973; Argentina, em 1975; Turquia, em 1985; Portugal, Nova Zelândia e Espanha, em 1986; Grécia, em 1987; Hungria, em 1988; *et caterva.*

22. Atualmente mais de 70% da população mundial vive em Países que adotam a tributação sobre o valor acrescido (Liam Ebrill, Michael Keen, Jean-Paul Bodin e Victoria Summers, *The Modern VAT*, Washington, International Monetary Fund, 2001, p. xiv).

A Emenda Constitucional 18/1965 criou dois impostos sobre o valor acrescido: um federal (IPI) e um estadual (ICM), incidentes sobre a comercialização de bens, sendo que no primeiro caso o imposto é devido apenas pelos industriais e importadores, ao passo que no segundo são também contribuintes, além dos industriais, os comerciantes em geral e os produtores rurais.

Esses dois impostos substituíram, respectivamente, o imposto de consumo/IC federal e o imposto sobre vendas e consignações/IVC estadual. O segundo era uma exação cumulativa, incidente em cascata; o primeiro, apesar de originariamente ter sido criado como uma exação plurifásica cumulativa, foi transformado em tributo não cumulativo mesmo antes da reforma constitucional de 1965. De fato, a Lei 2.974/1956 já permitia aos importadores abater o IC recolhido na importação do próprio IC devido pela venda de bens no mercado interno. Em seguida, a Lei 3.520/1958 havia ampliado o alcance da não cumulatividade no IC, permitindo que o industrial deduzisse do montante a pagar o valor do imposto incidente sobre as matérias-primas utilizadas na produção.

O citado IVC era, de certa forma, o equivalente do IC em nível estadual, porém com duas diferenças essenciais:

(a) Possuía maior abrangência, porquanto não se restringia às operações dos industriais e importadores, alcançando o comércio em geral. E:

(b) Era totalmente cumulativo, razão pela qual era considerado "propiciador de inflação, verticalizador da atividade econômica, impeditivo do desenvolvimento da Federação e tecnicamente incorreto".[23]

Como já dito, a Emenda Constitucional 18/1965 extinguiu o IC, substituindo-o pelo IPI. Ao mesmo tempo, criou também o ICM – atribuindo-o aos Estados – e constitucionalizou a não cumulatividade tanto para o ICM[24] como para o IPI.[25] Consoante a Emenda Constitu-

23. Sacha Calmon Navarro Coêlho, *Curso de Direito Tributário Brasileiro*, 7ª ed., Rio de Janeiro, Forense, 2004, p. 384.

24. À época da edição da Emenda Constitucional 18/1965 o ICM também podia ser cobrado pelos Municípios, em alíquota não superior a 30% daquela posta pelos Estados.

25. A Emenda foi fruto da primeira grande reforma tributária no Brasil, que racionalizou e sistematizou a tributação nacional. Vale conferir a seção dos "Impostos sobre a Produção e a Circulação":

cional 18/1965, o *quantum debeatur* desses impostos seria obtido "abatendo-se, em cada operação, o montante cobrado nas anteriores".[26]

A Constituição subsequente, de 1967, manteve a não cumulatividade do IPI[27] e do ICM[28] nos exatos termos da Emenda Constitucional 18/1965; sistemática que permaneceu a mesma com a Emenda Constitucional 1/1969.[29]

"Art. 11. Compete à União o imposto sobre produtos industrializados.

"Parágrafo único. O imposto é *seletivo em função da essencialidade dos produtos*, e não cumulativo, abatendo-se, em cada operação, o montante cobrado nas anteriores.

"Art. 12. Compete aos Estados o imposto sobre operações relativas à circulação de mercadorias, realizadas por comerciantes, industriais e produtores.

"(...).

"§ 2º. *O imposto é não cumulativo, abatendo-se, em cada operação, nos termos do disposto em lei complementar, o montante cobrado nas anteriores, pelo mesmo ou por outro Estado*, e não incidirá sobre a venda a varejo, diretamente ao consumidor, de gêneros de primeira necessidade, definidos como tais por ato do Poder Executivo Estadual" (grifos nossos).

26. De fato, um dos objetivos da reforma tributária de 1965 foi justamente o de eliminar o IVC, substituindo-o pela tributação sobre o valor acrescido, como relata Bernardo Ribeiro de Moraes:

"No *Programa de Ação Econômica do Governo, 1964-1966*, elaborado pelo Ministério do Planejamento e Coordenação Econômica, já estava prevista uma reformulação do sistema tributário, assim consignada:

"'A Reforma Tributária deverá (...), apoiada por uma reforma constitucional, pôr em prática um sistema de coordenação das políticas tributárias dos Estados e Municípios com o Governo Federal, particularmente no que tange ao imposto de vendas e consignações, o qual deverá ser revisto de acordo com o critério do valor adicionado'.

"Em agosto de 1964, a convite do nosso Governo, esteve no Brasil o professor Carl Shoup, da Universidade de Colúmbia, o qual, após examinar nosso sistema tributário, concluiu pela necessidade da adoção da técnica da tributação do valor acrescido. A ideia da substituição do IVC, do tipo em cascata, por um imposto sobre o valor acrescido ganhava corpo" (*Doutrina e Prática do ISS*, São Paulo, Ed. RT, 1984, p. 45).

27. Art. 22, § 4º, da CF de 1967.

28. Art. 24, § 5º, da CF de 1967.

29. Assim predicava a Emenda Constitucional 1/1969:

"Art. 21. Compete à União instituir imposto sobre: (...) V – produtos industrializados (...).

"(...)

"§ 3º. O imposto sobre produtos industrializados será seletivo em função da essencialidade dos produtos, *e não cumulativo, abatendo-se, em cada operação, o montante cobrado nas anteriores*" (grifos nossos).

"Art. 23. Compete aos Estados e ao Distrito Federal instituir impostos sobre: (...) II – operações relativas à circulação de mercadorias, realizadas por produtores, industriais e comerciantes, *impostos que não serão cumulativos e dos quais se abaterá,*

### *3.2 Influências externas na adoção do modelo IVA pelo Brasil*

Tendo o Brasil adotado a tributação sobre o valor acrescido ainda em 1956, por intermédio de legislação ordinária aplicável ao IC federal, e considerando que nessa época:

(a) a Comunidade Econômica Europeia ainda não havia deliberado pela adoção do sistema comum do IVA, o que somente ocorreria em 11.4.1967, pela edição da Primeira e da Segunda Diretivas do Conselho;[30]

(b) o FMI ainda não existia e a OCDE não se dedicava preferencialmente ao tema, ocupando-se com maior ênfase da tributação sobre a renda;

(c) somente a França, em todo o mundo, possuía um IVA efetivamente implantado,

deve-se creditar antes à influência francesa a preferência brasileira, que se firmaria nas décadas seguintes, pela tributação do valor agregado. Naquele País europeu o IVA foi instituído inicialmente, e de forma limitada, em 1948 e posteriormente, de forma ampla, em 1954.[31]

Uma vez adotado o modelo de tributação sobre o valor acrescido no Brasil pela legislação ordinária, outros fatores externos influenciaram sua constitucionalização. Um deles foi o intitulado *Relatório Neumark*, publicado em 1962 pelo Comitê Fiscal e Financeiro da Comunidade Econômica Europeia. Dito Comitê era constituído por notáveis expertos, todos professores universitários, sob a presidência do professor Fritz Neumark, de Frankfurt, também Relator. Dele participou ainda o professor Carl S. Shoup, de Nova York. Do aludido *Relatório* extraímos algumas conclusões relevantes, a saber:

*nos termos do disposto em lei complementar, o montante cobrado nas anteriores pelo mesmo ou por outro Estado*" (grifos nossos).

30. Cf. Féna-Lagueny, Mercier e Plagnet, *Les Impôts en France – Traité de Fiscalité. 2008/2009*, Paris, ed. Francis Lefebvre, 2008, p. 315.

31. A TVA francesa vigente à época era limitada à indústria e ao comércio atacadista de mercadorias. Ela ainda se conjugava a um outro imposto sobre serviços e a um imposto local sobre o comércio varejista. No Brasil, da mesma forma, o imposto sobre o consumo/IC, não cumulativo como a TVA, restringia-se à produção fabril, embora outro tributo sobre as vendas de mercadorias paralelamente fosse cobrado pelos Estados-membros em todas as operações e de modo cumulativo, em cascata (o IVC). Posteriormente, e como visto, o IVC foi transformado em ICM na reforma de 1965, tornando-se não cumulativo.

(a) A necessidade de todos os Estados-membros da Comunidade suprimirem o imposto sobre o faturamento bruto, em cascata, percebido em todas as etapas. Em lugar de um imposto cumulativo, seria aplicado um imposto sobre o faturamento líquido, ou seja, não cumulativo.

(b) A não cumulatividade deveria ser implementada por meio da concessão de créditos não só relativos ao imposto incidente nos insumos necessários à produção, mas ainda daqueles relativos à aquisição de bens de capital, do ativo permanente. Essa posição do Comitê resultou da análise de que a TVA não deveria onerar a empresa, mas os consumidores, pois somente assim a TVA alcançaria neutralidade no mercado.

(c) O VAT precitado poderia ser eventualmente completado por um imposto único sobre o comércio de varejo, cujas alíquotas poderiam ser diferentes, segundo o País, sem provocar, no entanto, distorções de concorrência.

(d) Nas relações intracomunitárias, até que a harmonização se aperfeiçoasse, seria permitida a utilização do princípio do País de destino da mercadoria (significando que a este competiria a tributação da venda). Porém, ao final do processo de harmonização adotar-se-ia o princípio do País da origem para fins de tributação do comércio entre os Estados-membros, por ser este mais adequado para mercados integrados.[32]

A influência do *Relatório Neumark* ocorreu não apenas pela estreita ligação da doutrina tributária brasileira com a francesa, mas também pela colaboração do professor Carl Shoup (que integrou a Comissão do citado *Relatório*) junto à Comissão de Reforma Tributária do Ministério da Fazenda brasileiro,[33] instalada em 1962, que pavimentou o caminho para a reforma de 1965. O resultado da colaboração do professor americano junto à Comissão de Reforma brasileira foi o *Relatório Shoup*,[34] publicado em 1965, que fez as seguintes recomendações no que tange à tributação sobre o valor acrescido:

32. Cf. *Relatório Neumark*, pp. 44-45.

33. A Comissão de Reforma do Ministério da Fazenda era integrada por grandes expertos em tributação brasileiros, entre eles o notável professor Rubens Gomes de Sousa, orador das grandes reuniões que se organizaram, abertas a outras autoridades e especialistas nacionais convidados.

34. O chamado *Relatório Shoup* foi publicado com o nome de *Tax System of Brazil* (Carl Shoup, FGV, 1965).

*Quanto ao IC federal:* (1) deveria ser concedido crédito para o IC suportado na compra de maquinário (bens do ativo permanente) e outros itens naquele momento não permitidos. De fato, mesmo já sendo o IC não cumulativo à época, seus créditos restringiam-se aos insumos incorporados ao produto final resultante da industrialização. Com essa sugestão, Shoup seguia a mesma orientação do *Relatório Neumark* no sentido de que os créditos deveriam ser amplos (do tipo financeiro), para que o tributo alcançasse a desejada neutralidade e o desenvolvimento econômico não fosse dificultado; (2) o IC deveria ser estendido a certos serviços, depois de se emendar a Constituição – sugestão que nunca foi adotada, até os dias de hoje, continuando o imposto sobre os serviços dentro da competência dos Municípios.

Em relação ao IVC dos Estados, cumulativo e incidente em todas as etapas de produção, industrialização e comercialização, o *Relatório Shoup* propôs:

(a) A substituição do imposto cumulativo (em cascata) dos Estados por um imposto único sobre as vendas ou, alternativamente, a criação de um imposto sobre o valor agregado.

(b) Nas transações interestaduais, o pagamento do tributo ao Estado de origem do produto, e não ao Estado de destino. Com isso, seriam evitadas as barreiras alfandegárias interestaduais, "intoleráveis em um Estado Federal".[35] Essas eram as mesmas soluções adotadas no *Relatório Neumark*, que preconizou a manutenção do princípio da destinação das mercadorias apenas transitoriamente na Comunidade Europeia, até que a harmonização se completasse, ocasião em que se passaria ao princípio da origem.[36]

Após Neumark e Shoup houve a reforma de 1965, dando ao sistema tributário brasileiro o formato que tem sido, desde então, adotado em linhas gerais pelas Constituições subsequentes, inclusive pela atual, de 1988 (como se verá no tópico seguinte).

Neste momento o quadro sinótico a seguir é útil para demonstrar, com base na cronologia dos fatos, as influências externas na formação do IVA brasileiro:

35. *Relatório Shoup*, cit., p. 79.

36. Como se sabe, até a presente data não houve a alteração preconizada no *Relatório Neumark*.

| |
|---|
| **1918:** Proposta original do economista alemão C. F. von Siemens, feita inicialmente ao Governo de seu País em 1918. Após sucessivas e frustradas tentativas, a Alemanha somente viria adotar o VAT, por decisão tomada na Comunidade Econômica Europeia/CEE, já na década de 1960/1970. |
| **1948:** O imposto sobre a produção industrial francês é transformado em "imposto sobre pagamentos fracionados", ou seja: inicia-se a implementação da famosa TVA na França. Em 1948 o imposto é devido por cada industrial ou contribuinte, após a dedução do tributo que incidiu sobre as compras de matérias-primas e de produtos que entram na composição dos produtos finais (dedução física).[37] |
| **1954:** Institui-se na França a tributação sobre o valor acrescido de forma ampla, autorizando-se a dedução do tributo que tivesse onerado os investimentos e os gastos gerais da empresa (dedução financeira).[38] |
| **1956:** No Brasil, a Lei 2.974/1956 modificou o regulamento do IC federal para permitir aos importadores abater o mesmo IC recolhido na importação do próprio IC devido pela venda de bens no mercado interno. |
| **1958:** No Brasil, com a Lei 3.520/1958, o alcance da não cumulatividade no IC foi ampliado, para se permitir que o industrial deduzisse do montante a pagar o valor do imposto incidente sobre as matérias-primas utilizadas na produção. |
| **1962:** Publica-se o *Relatório Neumark*, resultado do trabalho do Comitê Fiscal e Financeiro da CEE, criado em 1960. |
| **1964:** Consolidação nacional do VAT no imposto federal sobre o consumo, pois as regras contidas nas Leis 2.974/1956 e 3.520/1958 foram mantidas na subsequente consolidação, operada pela Lei 4.502/1964. |
| **1965:** Publica-se o *Relatório Shoup*, elaborado em 1964; é editada a Emenda Constitucional 18, de 1.12.1965. |

Podemos concluir, então, que a influência da experiência bem sucedida da França foi decisiva para o convencimento do legislador nacional. Por causa dela o Brasil já adotara um imposto sobre o consumo federal não cumulativo, um VAT da produção industrial desde 1956, que permanece até os dias de hoje. É claro que o *Relatório Neumark* e o *Relatório Shoup*, que não eram necessários para as alterações

37. Cf. C. Lamorlette/T. Lamorlette, *Fiscalité Française, 1994-1995*, 15ª ed., Paris, Economica, 1994, p. 372

38. Idem, ibidem.

no âmbito federal, foram importantes para pressionar os Estados, pois a mudança em relação ao antigo IVC, cumulativo e em cascata, somente seria implementada por força da Emenda Constitucional 18/1965, hábil a modificar a Constituição.

### *4. A Constituição de 1988 e o modelo de tributação sobre o valor acrescido*

Como dissemos antes, a Constituição vigente do Brasil seguiu o modelo delineado pela Emenda Constitucional 18/1965, apesar de ter empreendido esforços para incrementar as receitas tributárias dos Estados e Municípios.

A Constituição de 1988 manteve o IPI federal com as mesmas características que possuía até então.

A grande mudança ocorreu no ICM estadual, que se tornou um imposto mais amplo, passando a incidir sobre vendas de insumos antes sujeitos aos impostos únicos federais (energia elétrica, minerais, petróleo e seus derivados) e sobre a prestação de serviços específicos (telecomunicações e transporte).

O modelo do valor adicionado foi mantido tanto no já referido IPI como no novel ICMS, haja vista o êxito experimentado desde sua adoção pela Emenda Constitucional 18/1965.

Nos anos de 2002 e 2003 foi escrito o último capítulo (até agora) na história da tributação do valor adicionado do Brasil: a reforma legislativa transformou dois impostos federais cumulativos em dois novos impostos federais incidentes sobre o valor adicionado, arrecadados sobre a receita bruta: as contribuições sociais não cumulativas para o Programa de Integração Social[39] e para a Seguridade Social.[40] Depois da mudança legislativa, a Emenda Constitucional (n. 42/2003) foi aprovada, implementando a nova forma de tributação no plano da Lei Maior. No novo sistema não cumulativo dessas contribuições sociais, aos contribuintes é permitido compensar créditos calculados sobre as despesas da empresa com o montante da contribuição social a ser pago (calculado sobre a receita bruta).

39. Contribuição para o Programa de Integração Social/PIS.
40. Contribuição para Financiamento da Seguridade Social/COFINS.

A adoção desse sistema de crédito nas contribuições sociais incidentes sobre a renda bruta foi resultado da influência do Fundo Monetário Internacional/FMI, embora o Governo Brasileiro já estivesse buscando uma solução para isso, à vista das fortes pressões internas advindas de todos os setores empresariais. De fato, a carga das contribuições sociais no sistema cumulativo, em cascata, é muito mais prejudicial aos negócios, como todo tributo cumulativo o é. Reconhecendo isso, o Brasil adotou, ao final de 2002, o sistema não cumulativo para a contribuição social do PIS. Uma vez se constatando o sucesso da experiência, a transformação da outra contribuição social incidente sobre a receita bruta (para a Seguridade Social) não encontrou dificuldades no ano seguinte.

## *5. Conclusões*

As influências externas, sejam elas indiretas, decorrentes de experiências exitosas de alguns Países em relação à tributação sobre o valor adicionado – como ocorreu com a França e depois com a CEE –, sejam advindas de instituições econômicas ou políticas internacionais – FMI, OCDE –, raramente podem ser transplantadas na sua forma pura, sem alterações e adaptações importantes. Além da diferente estrutura econômica, política e social, a Constituição vigente, a cultura acadêmica e suas estruturas conceituais tradicionais, as práticas reiteradas das Administrações Tributárias etc., tudo isso impacta o modelo teórico desejado, de tal modo que dificilmente será reproduzido alhures com os mesmos efeitos. Enumeremos, então, as mais importantes razões que interferem no modelo ou modelos brasileiros de VAT – o que nos assegura a existência de grandes peculiaridades nacionais, algumas delas a merecer reflexões, adaptações e, se muito prejudiciais, mudanças no modelo de VAT adotado.

O sistema tributário nacional atualmente vigente foi modelado, em suas linhas estruturais, pela Emenda Constitucional 18/1965, que o modernizou, incorporando na Constituição a não cumulatividade dos principais tributos plurifásicos que oneravam o consumo – a saber: o imposto sobre produtos industrializados/IPI e o imposto sobre operações de circulação de mercadorias/ICM. O novo sistema adotou tributos aparentados ao imposto sobre o valor agregado/IVA europeu, na vanguarda dos modelos latino-americanos. Posteriormente, novas alterações foram feitas, por meio de sucessivas mudanças, como a da Emenda Constitucional 42/2003.

Constituem pressupostos do sistema tributário – e, pois, de qualquer reforma a ser sugerida – os princípios intangíveis da Constituição, como o *princípio federativo* e o *Estado Democrático de Direito*, com vistas à *segurança jurídica, à liberdade, à justiça social e ao desenvolvimento*, objetivos consagrados expressamente no art. 3º da Constituição da República. Além disso, novas técnicas de arrecadação, fiscalização, controle da evasão e simplificação têm sido implementadas, técnicas que algumas vezes levam à deformação dos IVAs brasileiros.

Destaquemos, neste breve estudo, apenas dois fatores – entre tantos outros – que tornam muito peculiar o sistema brasileiro:

- O *federalismo*, a motivar a proliferação dos IVAS brasileiros.
- As *novas técnicas de fiscalização e controle*, muitas delas derivadas da *desconfiança* quer em relação aos contribuintes, quer nas relações federativas, dos Estados e Municípios entre si.

### *5.1 Algumas questões decorrentes do federalismo*

A Federação, ao longo dos últimos 30 anos, tem convivido com vícios do sistema, especialmente no que tange ao ICMS, tributo dos Estados-membros, a saber: "guerra fiscal", alimentada pela injusta distribuição do imposto nas operações entre Estados produtores e consumidores líquidos; disparidade das legislações estaduais; diversidade de alíquotas, a provocar a cumulação de créditos estruturais, em especial nas operações interestaduais; perda de neutralidade do tributo e de amplitude da matéria tributável, em razão do crescente número de isenções e benefícios fiscais lícitos ou ilícitos em predatória concorrência entre Estados.

Desde 1990 a União vem apresentando vários projetos de reforma tributária, sem êxito. Posteriormente, alcançando a União, por meio de emendas à Constituição, uma forte reconcentração de recursos, além da desvinculação de 20% da receita de impostos e das contribuições sociais (DRU), desinteressou-se de outras revisões constitucionais mais profundas. No plano infraconstitucional, por meio de leis diversas, implementou a não cumulatividade do PIS e da COFINS, o que acabou por consagrar, entre nós, a existência de diversos IVAs paralelos, correndo desarmônica e cumulativamente: no plano federal, IPI + PIS + COFINS, todos tributos incidentes sobre o valor adicionado; no plano estadual, o ICMS, plurifásico e não cumulativo; e no plano dos Municípios, em separado, continua correndo um imposto sobre serviços, o ISSQN.

Convencionou-se afirmar que a introdução de um verdadeiro IVA em nosso País, que conjugasse simplificação, harmonização e não cumulatividade (em termos ideais), somente seria possível se fossem concentrados, dentro da competência da União, o IPI + o ICMS + o ISSQN + o PIS + a COFINS. Vários projetos de reforma dessa natureza têm sido tentados nos últimos 15 anos, desde o advento da Constituição de 1988, mas invariavelmente são postos de lado, inviabilizados pela reação dos Estados e dos Municípios, ciosos de sua receita e de sua autonomia fiscal, já tão debilitadas em face da União.

Na verdade, a federalização e a unificação dos IVAS brasileiros seriam a solução mais fácil e a mais eficiente, eliminando-se em definitivo a cumulação de uns sobre os outros.

A bem dizer, em nenhum País federal a adoção de um grande IVA nacional se dá sem atritos e dificuldades. Cada qual encontra sua forma ideal, compatível com sua cultura administrativa, política e social, não sendo possível realizar-se o mero transplante da experiência de um País para outro.

É o que demonstra Sérgio Prado, que estudou, de forma comparativa, o IVA em Países federativos como Alemanha, Austrália, Brasil, Canadá e Índia, partindo de três diferentes concepções – *competência* (poder para legislar e regular o IVA), *administração e arrecadação* (poder de administrar, fiscalizar e arrecadar o tributo) e *apropriação da receita*.[41] Parece certo que federalismo é uma questão de grau e que cada País, em um campo de tensão entre forças centrífugas, desintegradoras e de diversidade, que se opõem a forças centrípetas, integradoras e unificadoras, encontra seu próprio ponto de equilíbrio. Tra-

41. Cf. Sérgio Prado, *Equalização e Federalismo Fiscal: uma análise comparada. Alemanha, Índia, Canadá, Austrália*, Rio de Janeiro, Konrad-Adenauer Stiftung, 2006, pp. 28-3. Cf. "Federalismo, um conceito em transformação histórica", in *O Federalismo na Alemanha*, trad., São Paulo, Konrad-Adenauer Stiftung, 1995, n. 7, pp. 3-14.

ta-se de um conceito em permanente transformação histórica (e não serão todos eles?), em que se conhecem diversificações entre dois extremos: a forte interdependência política, inerente ao modelo alemão, e o modelo predominantemente dual do regime norte-americano.

A transposição para o Brasil do modelo alemão (ou de qualquer outro País), em que o IVA é integralmente disciplinado por normas federais uniformes, teria de ser acompanhada da importação de outros institutos peculiares àquele País, como o Conselho Federal, que dá aos Estados a faculdade de exercer forte interferência no processo de elaboração das leis da União, que podem afetar as suas finanças. Interessante observar que no federalismo alemão o Legislativo Estadual perde competência, mas os Executivos Estaduais participam ativamente da função legiferante da União (federalismo de "política conjunta", mais que federalismo cooperativo). Além disso, a massa dos tributos existentes naquele País, não apenas o IVA, apesar de em grande parte instituída pela União, é administrada e arrecadada pelos Estados, inclusive o imposto sobre a renda. Finalmente, seu sistema de partilha de recursos, talvez o mais complexo de todo o Planeta, funciona efetivamente e é apto a equilibrar o padrão de qualidade dos serviços oferecidos ao povo de cada Estado. Ele não se baseia apenas em transferências verticais (União → Estados), ma, ainda, em distribuições horizontais, feitas entre os próprios Estados, com vistas à equalização e à redução das desigualdades.

O modelo alemão, por enquanto, é impensável para nós. Certamente, em futuro próximo seremos capazes de integrar perfeitamente as Administrações Tributárias, com lealdade e confiança, como se faz, de forma invejável, na Alemanha.

O Canadá, a seu turno, convive com a forte autonomia das Províncias, lideradas por Quebec. Em 1991 criou-se um moderno IVA federal (*goods and sales tax*) e, com isso, as Províncias foram estimuladas, mediante incentivos financeiros concedidos pela União, a harmonizar seu imposto de vendas interno (*sales tax*) ao IVA federal. Apenas três Províncias, exatamente as mais pobres, acederam ao convite. A adesão de Quebec ao modelo federal veio em outras bases e exigências – a saber: a instituição, em 1992, do próprio IVA estadual (o *Quebec sales tax*), harmonizado ao IVA federal mediante a transferência de toda a administração e a arrecadação de ambos àquela Província, que redistribui parte de sua arrecadação ao Governo Central. Em Alberta, a mais rica das Províncias canadenses, nenhum imposto de venda se arrecada, lá correndo apenas o IVA federal. Ao todo, Sérgio Prado reconhece a existência no Canadá de nove impostos diferentes.[42] Já, o *XIX Relatório* do Conselho de Impostos da França reduz os nove impostos citados em apenas quatro regimes diferentes.

> "Em resumo, o Canadá hoje está caracterizado pela coexistência de quatro regimes diferentes de impostos sobre o consumo:
>
> "1) Dois IVAs, um federal e outro provincial, diferentes, mas com uma administração do imposto pela Província. É a situação em Quebec. O IVA provincial se aplica sobre uma base que compreende também o IVA federal. A arrecadação de ambos os impostos é feita pelo Departamento de Receitas de Quebec, que assegura a administração do IVA federal devido a Ottawa.
>
> "2) Dois IVAs, federal e provincial, comuns, administrados pelo Governo Federal: é a situação das três Províncias atlânticas.
>
> "3) Um IVA federal, além dos impostos sobre vendas provinciais, administrados separadamente.
>
> "4) Um IVA federal único: é o caso de Alberta, que não arrecada nenhum imposto geral sobre o faturamento."[43]

Defende Bev Dahlby, Professor Economista da Universidade de Alberta, que o modelo de Quebec – convivência de dois IVAS harmonizados, cobrados e administrados pelo Estado, sem cumulação econômica de um sobre o outro[44] e sem os inconvenientes da manutenção de um imposto estadual com incidência única no varejo – deveria ser adotado pelas demais Províncias.[45]

42. Cf. Sérgio Prado, *Equalização e Federalismo Fiscal: uma análise comparada. Alemanha, Índia, Canadá, Austrália*, cit., p. 160.

43. Cf. *La Taxe sur la Valeur Ajoutée. XIX Rapport au Président de la République*, Conseil des Impôts, Paris, Ed. des Journaux Officiels, 2001, p. 326.

44. Com efeito, o IVA de Quebec incide sobre a base tributária que já inclui o IVA federal, 7%. Por isso, teve sua alíquota reduzida de 8% para 7,5%, de modo que, no final, a alíquota total efetiva de ambos corresponda a 15%.

45. Cf. Bev Dahlby, "A experiência do Canadá com o IVA federal e os impostos sobre o consumo das Províncias. Viabilidade do modelo canadense na área de livre comércio", *Revista Internacional de Direito Tributário* 4/283-292, Associação Brasileira de Direito Tributário, Belo Horizonte, Del Rey.

De fato, a União Europeia passou a estudar com interesse essa experiência depois que outros Países federais foram incluídos na Comunidade.

Em resumo, temos, com a pequena amostra dada do IVA em Países federais, um exemplo da possibilidade extraordinária de combinações (além de muitas outras imagináveis). Por isso, não devemos tentar a transposição, sem mais, do modelo de certo País para outro, pois tais tentativas têm frustrado as expectativas quanto ao aperfeiçoamento do sistema tributário. Nenhuma proposta, nos últimos anos, tendente a retirar dos Estados a competência para o IVA prosperou. Igualmente a ideia de transferir para a União a tributação dos serviços mais importantes, constante do *Relatório Shoup*, não teve sucesso. Não devem ser óbices – repetimos – ao aperfeiçoamento do sistema tributário brasileiro a atual impossibilidade política de unificação do IVA em mãos da União ou a insistência dos Municípios em manterem o ISSQN, principal fonte de recursos das grandes Capitais. Não é impossível, apesar da complicação legislativa e do número de pessoas estatais tributantes, obter certa harmonização e, sobretudo, reduzir substancialmente a cumulatividade. Isso demonstra o modelo canadense. Para tanto, basta que o ICMS e o ISSQN sejam dedutíveis da base de cálculo do PIS e da COFINS.

### *5.2 Técnicas de arrecadação especiais que deformam os IVAs brasileiros*

O sistema tributário nacional utiliza-se de várias técnicas de arrecadação especiais tendentes a simplificar a execução da lei, reduzir seu custo e combater a fraude e a sonegação. Tudo isso pode ser sintetizado em uma palavra: "praticidade". São elas: responsabilidade tributária de terceiros pelo tributo devido pelo contribuinte (como fontes pagadoras); antecipação da obrigação tributária ou do fato gerador do tributo (como a substituição progressiva ou "para a frente"); presunções de base de cálculo, em que a Fazenda deixa de lado o real valor do negócio e estabelece um valor presumido, fictício, etc.

Em princípio tais técnicas são autorizadas por lei. Mas quando utilizadas em excesso – como é o caso brasileiro – provocam várias distorções. Tratando-se de IVA, deformam a natureza do imposto, sua *neutralidade*, tornam-no *cumulativo* e despem-no da qualidade maior que o caracteriza: ser um tributo adequado para o *mercado*. A *substituição tributária progressiva* se dá no ICMS – IVA dos Estados – quando o tributo não é mais arrecadado em cada etapa da cadeia de circulação, mas, por antecipação, é arrecadado apenas pelo fabricante, embora incidente em todas as etapas até o consumidor final. A substituição tributária "para a frente" assim é denominada exatamente porque o responsável substitui o contribuinte futuro (que ainda virá, ulteriormente) nas operações posteriores. A base de cálculo será, então, presumida, tudo será presumido, pois a venda das etapas seguintes ainda não ocorreu. A Administração estabelece, então, preços estimados, fixando as bases com as quais os responsáveis vão recolher o imposto aos cofres públicos, antecipadamente.

Se não ocorrer o fato futuro, há obrigação de devolução do imposto injustamente pago? Sim, há, mas apenas se o fato não ocorrer de modo algum, inteiramente, ou seja, se a venda for anulada, por exemplo, porque a mercadoria se deteriorou ou se perdeu. Mas se o fato gerador acontecer em bases menores e preços inferiores aos presumidos não há direito à devolução daquilo que foi arrecadado em excesso, essa a jurisprudência da Corte constitucional. Por que inexiste o direito à devolução? Os fundamentos da Corte são razões de *praticidade* (comodidade, eficiência).

A Emenda Constitucional 3/1993 inseriu o § 7º ao art. 150 da CF exatamente para que cessassem os questionamentos relativos à inconstitucionalidade da substituição tributária progressiva. De fato, ela somente poderá ser prevista em lei. Não obstante, novas polêmicas surgiram, pois os Fiscos passaram a interpretar literalmente o novo dispositivo constitucional – ou seja: somente anuíam à devolução do imposto recolhido excessivamente se de modo algum tivesse ocorrido o fato gerador presumido. A Corte constitucional brasileira, quando do julgamento da ADI 1.851-4-Al, por maioria de votos, deu pela constitucionalidade da substituição progressiva, enquadrando-a como um instrumento fiscal de praticidade; e, mais, autorizou fossem as presunções de base de cálculo definitivas, ou seja, não obrigou as Fazendas à restituição do imposto recolhido a maior.

Essa decisão proferida pela Corte Suprema trouxe muitos prejuízos para o sistema, a saber:

(a) Se é verdade que na média proporcional dos casos pode haver estimativas razoáveis, com diferenças de bagatela, que poderiam ser desprezadas, também é verdadeiro que muitos contribuintes, em um mercado livre, podem alienar a mercadoria por valor bem mais baixo que aquele estimado, ou podem – por estratégia comercial lícita – propositadamente vender o produto pelo custo. Em razão da capacidade econômica, não deveriam sofrer a incidência de tributo a maior e depois serem impedidos de acertar as diferenças. Nem se pode amarrar o preço do negócio em verdadeiro leito de Procusto. Fica claro que os grandes industriais e atacadistas não estão nas últimas etapas de comercialização, não sofrem retenção e somente declaram e pagam de acordo com o valor real do negócio, fato que demonstra a injustiça relativa da técnica: mais onerosa para os pequenos comerciantes e industriais que para os grandes.

Os casos marginais, diferentes, afrontosos aos princípios da igualdade, da capacidade econômica e da não cumulatividade, em seus desdobramentos pessoais-subjetivos, sempre deveriam merecer a revisão administrativa e, sendo o caso, a intervenção do Poder Judiciário, que faz equidade e justiça individual.

(b) A decisão equivocada da Corte estimulou as Fazendas Públicas Estaduais a multiplicarem as hipóteses de substituição tributária para a frente, de modo que o ICMS, o IVA brasileiro dos Estados, em pouco tempo, nenhum parentesco guardará com o tributo plurifásico e não cumulativo clássico que lhe deu origem, ou com o IVA europeu. Por exemplo, os Estados de São Paulo e Minas Gerais expandiram esse regime esdrúxulo para produtos como: cigarros, combustíveis, automóveis, refrigerantes e cervejas, tintas e vernizes, cimento, pneus e sorvetes, produtos de higiene e limpeza, alimentos industrializados, vinhos, CDs etc. Na verdade, poucas mercadorias estão sujeitas à arrecadação tradicional, do sistema de débito e crédito em cada operação até o consumidor final – por exemplo, roupas, calçados, tecidos, alguns eletrodomésticos (em princípio, todos os restantes poderão ser incluídos).

(c) E, mais: não se usa mais o princípio da não cumulatividade. O contribuinte substituído (que está na etapa final da cadeia – por exemplo, comerciante varejista) não recolhe mais, diretamente, imposto algum, mas sofre o ônus do tributo, pois seu fornecedor, a fábrica, já desconta a importância relativa à sua operação futura. Como ele está alienado da arrecadação, ele não tem nenhum direito de crédito relativo à aquisição de bens do ativo ou maquinário. É claro que, ao se estimar a base de cálculo da operação futura, calcula-se o valor pelo líquido, não pelo bruto, com o quê se evita a cumulação com o imposto inserido na etapa anterior. Não obstante, se o substituído tiver adquirido bens do ativo permanente (maquinários, móveis e outros bens que sofreram a incidência do ICMS, na aquisição) os créditos respectivos ficarão prejudicados, ao arrepio das leis e da Constituição. A vazão de tais créditos, se o contribuinte atua somente em regime especial de substituição progressiva – o que ocorre em hipóteses diversas –, encontrará barreiras de difícil transposição, e o ICMS, nesse regime, ofenderá o princípio da não cumulatividade.

Quem já assistiu ao filme *Minority Report*, produzido por Hollywood e estrelado por Tom Cruise, que retrata a punição e a eliminação de pessoas antes da ocorrência do crime, cuja execução futura se pretenderia dessa forma evitar, sabe que no Brasil, no campo do direito tributário, isso não é ficção. É a mais pura realidade. As obrigações de pagar podem nascer antes da ocorrência do fato jurídico. De forma definitiva.

Esperamos que essa técnica não seja imitada por outras Fazendas Públicas, em especial a União, em relação ao imposto sobre a renda. É evidente que o imposto federal retido pela fonte pagadora é mera antecipação do tributo, cujo nascimento deverá ocorrer no futuro, quando se concretizar o fato gerador. Portanto, deverá sempre existir o acerto com a Fazenda Pública, uma vez encerrado o ano-base ou o balanço.

A substituição progressiva, ou a retenção de fonte, ou, ainda, a responsabilidade por fato gerador futuro – nomes diferentes para fenômenos similares –, é a mais desesperada forma de antecipação do tempo que conhecemos. No IVA ela é praticada com tal intensidade apenas no Brasil, apesar de se adotar tributo similar em mais de 130 Países. Esse tipo de antecipação (sem um acerto de contas posterior) é uma técnica de se superar o insuperável: o tempo do Direito, que não é (e nem deve ser) o tempo do ambiente econômico e social em que se dão os fatos. Por meio de excessiva simplificação e desconfiança (partimos do pressuposto de que todos os contribuintes são desonestos), e na ânsia de reduzir as diferenças de tempo, estamos deformando o ICMS, o IPI e as contribuições sociais. Plurifasia e não cumulatividade isso não teremos em breve, porque a substituição tributária para a frente está se tornando a regra, e não a exceção.

Em pesquisa realizada pela Confederação Nacional da Indústria/CNI, em todo o território brasileiro, 58,2% das empresas rejeitam o regime de substituição tributária. Para elas a arrecadação antecipada do IVA estadual no começo da cadeia produtiva diminui a margem de lucro das companhias, reduz o fluxo de caixa e provoca a perda de clientes, sobretudo das pequenas e médias empresas. A pesquisa identificou que a rejeição é maior entre as pequenas empresas, cerca de 62,7%.[46]

Em resumo, destacamos somente dois princípios ou regras do sistema brasileiro, o *federalismo* e a *praticidade (com desconfiança)*, que ilustram peculiaridades da tributação do valor adicionado no Brasil: multiplicidade de IVAS; presunções de base de cálculo e antecipação da arrecadação na fábrica ou no atacado, de tal modo que fica prejudicada a isonomia entre empresas de pequeno e grande porte; perda da neutralidade; e ofensa à cumulatividade. Sem dúvida, essa realidade mereceria alterações.

46. Cf. "CNI – Sondagem especial", *Valor Econômico*, ed. de 3.3.2010.

# *TRIBUTAÇÃO DOS RESULTADOS AUFERIDOS NO EXTERIOR*

PAULO AYRES BARRETO

Doutor pela PUC/SP. Livre-Docente pela USP.
Professor Associado da USP, vinculado ao Departamento de Direito Econômico, Financeiro e Tributário.

*I – Considerações introdutórias. II – Breve histórico. III – Competência tributária. IV – Conceito de "renda". Sua radicação constitucional. V – Definição de "renda" no Código Tributário Nacional e a sua disponibilidade. VI – A tributação do resultado de equivalência patrimonial de coligadas e controladas no exterior: impossibilidade. VII – Conclusão.*

## *I – Considerações introdutórias*

Os limites positivados à tributação do resultado de controladas e coligadas de empresas brasileiras no exterior têm sido debatidos intensamente em nossos Tribunais Superiores nos últimos anos. De um lado, não há, até a presente data, um posicionamento consolidado sobre a possibilidade de incidência do imposto sobre a renda sobre os lucros auferidos no exterior. De outro, começa a surgir uma tendência a se afastar da tributação por esse mesmo imposto os resultados de equivalência patrimonial, decorrentes de investimentos fora do Brasil.

O tema, evidentemente, pode ser analisado de diversas perspectivas. É conveniente ao Brasil tributar, indiscriminadamente, tais resultados? Deveríamos circunscrever essa incidência às operações em "paraísos fiscais"? Como enfrentar, em termos de competitividade global, a diretriz de outros Países de não tributar os resultados auferidos no exterior por controladas e coligadas de empresas locais ou só tributá-las no momento da efetiva distribuição?

Examinando a matéria em face do Direito posto e seus correspectivos limites, cabe, inicialmente, descrever seu encadeamento normativo.

## *II – Breve histórico*

Não tem sido linear o tratamento fiscal aplicável às rendas auferidas no exterior por contratadas, coligadas, filiais e sucursais de pessoas jurídicas residentes e domiciliadas no Brasil. Desde 1987 tem-se um quadro legislativo errático, com sucessivas idas e vindas, marchas e contramarchas, submetendo o contribuinte a situação de constante tensão.

A primeira tentativa de estabelecer em nosso País a tributação da renda mundial das pessoas jurídicas (*world-wide-income*) dá-se com a edição dos Decretos-leis 2.397/1987 e 2413/1988. Dois meses após a edição deste último decreto-lei, sobrevém o Decreto-lei 2.429/1988, que revoga os decretos-leis antes referidos e restabelece o princípio da territorialidade. Mantém-se, assim, a previsão de incidência do imposto em relação às pessoas jurídicas apenas sobre a renda produzida em território nacional.

Passados sete anos, com a publicação da Lei 9.249/1995, os lucros auferidos por controladas e coligadas no exterior passam a ser computados na apuração do lucro real, proporcionalmente à participação da pessoa jurídica residente ou domiciliada no País no capital da controlada ou da coligada. Adota-se, enfim, o princípio da universalidade da tributação da renda das pessoas jurídicas – opção legislativa que, de há muito, já alcançava as pessoas físicas.

Surge, contudo, novo campo de hesitação. O imposto sobre a renda incide sobre o lucro auferido por coligadas e controladas no exterior ou apenas sobre o lucro por elas distribuído às pessoas jurídicas aqui residentes e domiciliadas? Vale dizer: em que preciso instante esse lucro auferido no exterior haverá de ser juridicamente reconhecido como renda da pessoa jurídica tributada no Brasil?

Cuidam do tema, sucessivamente: (1) a Instrução Normativa 38/1996, que prevê o "diferimento" da tributação para o momento em que os lucros auferidos por sociedades estrangeiras forem colocados à disposição da controladora ou coligada brasileira; (2) a Lei 9.532/1997, que atribui caráter legal à prescrição contida na Instrução Normativa

38/1996; (3) a Lei Complementar 104/2001, que, ao acrescentar dois novos §§ ao art. 43 do CTN, prescreve caber à lei estabelecer as condições e o momento em que se dará a disponibilidade de receita ou rendimento oriundo do exterior; (4) a Medida Provisória 2.158-35/2001, contendo previsão normativa que restabelece o mesmo teor daquela inserta na Lei 9.429/1995, por força da qual há a incidência do imposto sobre a renda sobre os lucros auferidos no exterior por coligadas e controladas de empresa brasileira, independentemente de sua efetiva distribuição; e, por fim, (5) a Instrução Normativa SRF-213/2002, que, a pretexto de dar aplicação ao comando legal da Medida Provisória 2.158-35/2001, passa a prever a incidência do imposto sobre a renda sobre o resultado positivo de equivalência patrimonial.

Cumpre-nos, pois, enfrentar este mutante quadro normativo e apresentar proposta de interpretação compatível com as peculiares características do nosso subsistema constitucional tributário. Eis nossa missão.

## *III – Competência tributária*

A Constituição Federal de 1988 repartiu, minudentemente, a competência tributária impositiva. Ao fazê-lo, fez menção a conceitos jurídicos, atribuindo ao legislador complementar a missão de definir o conceito constitucionalmente posto.

Conceitos selecionam, limitam, reduzem, o espectro de atuação. O conceito permite o exame do que por ele está alcançado e, bem assim, daquilo que a ele não se subsume.

Misabel Derzi[1] lembra que:

> "O conceito secciona, seleciona. Quanto maior, então, for a abstração, tanto mais abrangente será o conceito, porque abrigará um maior número de objetos e, em contrapartida, tanto mais vazio será de conteúdo e significado".

Se menor a abstração, restarão reduzidas as possibilidades de que objetos, fatos e situações se ajustem ao conceito.

1. Misabel Derzi, *Direito Tributário, Direito Penal e Tipo*, São Paulo, Ed. RT, 1988, p. 35.

Ensina, ainda, Misabel Derzi[2] que a repartição constitucional de competência impositiva tem caráter conceitual, e não tipológico, dado que:

> "(...) o tipo como ordenação do conhecimento em estruturas flexíveis, de características renunciáveis, que admite as transições fluidas e contínuas e as formas mistas, não se adapta à rigidez constitucional de discriminação da competência tributária".

E prossegue:[3]

> "Essa rigidez tem como pedra básica a competência privativa, mola mestra do sistema, o qual repele a bitributação e evita a promiscuidade entre tributos distintos. Conceitos como bitributação, invasão de competência, *bis in idem*, identidade ou diversidade entre espécies tributárias necessários ao funcionamento harmônico e aplicação das normas constitucionais, não se aperfeiçoam por meio das relações comparativas do 'mais ou menos...' ou 'tanto mais ... quanto menos' inerentes ao pensamento tipológico. Muito mais ajustam-se às excludentes 'ou ... ou' e às características irrenunciáveis e rígidas dos conceitos determinados".

Estamos convencidos de que o legislador constituinte discriminou a competência impositiva mediante referência a conceitos determinados. Com efeito, afirmar que é o legislador infraconstitucional quem vai livremente conceituar as referências sígnicas constitucionais implica esvaziar, por completo, o esforço do constituinte de 1988 na repartição das competências impositivas. Teria ele elaborado uma discriminação de competências para nada discriminar? Teria prescrito algo para nada prescrever? Teria atuado para não produzir resultados? Cabe a ele, única e exclusivamente, estabelecer os lindes, os limites precisos do conceito, ou, como prescreve o art. 146 do texto constitucional, definir o conceito.

Não é demais relembrar, nesse contexto, o que dispunha o projeto de lei[4] que deu origem à Lei Complementar 104/2001. Buscava-se al-

2. Idem, p. 103.

3. Idem, ibidem.

4. Preceituavam os arts. 43 e 44 do referido projeto:

"Art. 43. O imposto sobre a renda e proventos de qualquer natureza tem como fato gerador a aquisição de disponibilidade econômica ou jurídica de receita ou de

terar o *caput* do art. 43 do CTN, para dispor que o fato gerador do imposto sobre a renda era a aquisição de receita. Vale dizer: se é a lei complementar que, por hipótese, define o que é renda, e se essa lei prescreve que renda significa receita, teríamos, no Brasil, caso o projeto de lei tivesse sido aprovado na sua redação original, uma significativa ampliação na base tributável desse imposto, decorrente de uma distorção na conceituação de renda. E, aprovado esse projeto, outro poderia advir para dizer que auferir renda é, *v.g.*, suportar prejuízo. O exemplo é radical, mas útil para demonstrar o alcance da teoria legalista na definição das referências adotadas para a discriminação das competências tributárias.

Ao atribuir competência tributária, fez uso o legislador constituinte de expressões sobejamente conhecidas, estudadas pela doutrina, trabalhadas pela jurisprudência, com clara delimitação de sentido.

Não se repartiu competência tributária mediante fixação de tipos. Trilhou-se o caminho dos conceitos determinados, em absoluta conformidade com a pretensão de, de um lado, definir as possibilidades de atuação legiferante e, de outro, evitar conflitos de competência. Se a evitação desses conflitos, em face de uma rígida e exaustiva discriminação de competência impositiva por força de utilização de conceitos

rendimento proveniente, a qualquer título, do capital, do trabalho ou da combinação de ambos.

"§ 1º. Constituem também fato gerador do imposto de que trata o *caput* os acréscimos patrimoniais, de qualquer natureza.

"§ 2º. O imposto não incidirá sobre os acréscimos de que trata o parágrafo anterior, quando forem decorrentes de receita ou de rendimento sujeitos à tributação nos termos do *caput.*

"§ 3º. A incidência do imposto independe da denominação da receita ou do rendimento, da localização, condição jurídica ou nacionalidade da fonte, da origem e da forma de percepção.

"§ 4º. Na hipótese de receita ou de rendimento oriundos do exterior, a lei estabelecerá as condições e o momento em que se dará sua disponibilidade, para fins de incidência do imposto referido neste artigo.

"Art. 44. A base de cálculo do imposto é o montante: I – da receita ou do rendimento, ou da soma de ambos, deduzidos os valores admitidos em lei, observados os limites por ela fixados em função da atividade econômica; e II – do acréscimo patrimonial, de qualquer natureza.

"§ 1º. A lei especificará as hipóteses e as condições em que se admitirá seja a base de cálculo do imposto determinada de forma presumida ou arbitrada.

"§ 2º. A base de cálculo presumida não poderá ser superior ao valor apurado na forma do *caput*, determinado em função dos limites ali referidos."

determinados, já dá azo a uma série de dificuldades, que dirá se entendermos que cabe ao legislador complementar estabelecer os conceitos?

As referências terminológicas postas no plano constitucional, conquanto não mereçam o atributo da univocidade, configuram efetivos parâmetros a serem observados na definição de onde se inicia e, fundamentalmente, onde se encerra o espaço para a instituição de tributos por parte de cada ente tributante.

Lembra Roque Carrazza,[5] com supedâneo em Ernest Forsthoff, que:

> "(...) toda atribuição de competência envolve, ao mesmo tempo, uma autorização e uma limitação. (...)".

Nas palavras de José Souto Maior Borges:[6]

> "Como inexiste norma de direito positivo com âmbito de validade ilimitado, como se fora nela abrangido um conjunto infinito de hipóteses, é crucial para o regime jurídico da competência determinar a sua limitação".

Passemos, pois, à análise do conceito de "renda", em exegese eminentemente constitucional.

## *IV – Conceito de "renda". Sua radicação constitucional*

Diversamente do que ocorre na maciça maioria das Cartas Constitucionais vigentes mundo afora, tem sido traço típico das Constituições brasileiras a extensividade no trato da matéria tributária. Nem sempre, contudo, os operadores do Direito têm levado às últimas consequências as naturais e inafastáveis decorrências desta opção legislativa.

O escólio de Geraldo Ataliba[7] é, nesse sentido, sempre atual:

> "Ora, na mesma medida em que variam a largueza e intensidade do cuidado constitucional com a matéria tributária, varia da mais ampla à

5. Roque Carrazza, *Curso de Direito Constitucional Tributário*, 27ª ed., São Paulo, Malheiros Editores, 2011, p. 1.028.

6. José Souto Maior Borges, "Prefácio" do livro de Humberto Ávila, *Sistema Constitucional Tributário*, p. XLIII.

7. Geraldo Ataliba, *Sistema Constitucional Tributário Brasileiro*, São Paulo, Ed. RT, 1968, p. 13.

mais restrita possibilidade a liberdade ou esfera de discrição – ou mesmo de arbítrio – do legislador ordinário. Em outras palavras, conforme a imensa gama de possibilidades contidas entre os dois limites extremos mencionados – Constituição simples e Constituições abundantes –, variam a extensão e a qualidade da competência do legislador ordinário".

Forçoso reconhecer a extensividade[8] e a complexidade do subsistema constitucional tributário plasmado na Constituição Federal de 1988. Como corolário tem-se a imperiosa necessidade de esgotar a exegese das normas fincadas no plano constitucional para, só então, examinarmos a legislação infraconstitucional e sua compatibilidade com normas de superior hierarquia.

Ao tratar do assunto, Paulo de Barros Carvalho[9] é claro:

"O tema das competências legislativas, entre elas o da competência tributária, é, eminentemente, constitucional. Uma vez cristalizada a limitação do poder legislante, pelo seu legítimo agente (o constituinte), a matéria se dá por pronta e acabada, carecendo de sentido sua reabertura em nível infraconstitucional".

Seria, neste contexto, desatino lógico imaginar-se que o legislador constituinte, depois de fixar uma rígida discriminação de competências impositivas, delegaria ao legislador complementar a possibilidade de definir o verdadeiro conteúdo de tais competências.

A esse respeito, dissemos:[10]

"(...) é crucial construir, com base no Texto Magno, o conceito de renda – e assim de cada uma das materialidades nele (texto constitucional)

8. Paulo de Barros Carvalho, ao fazer referência ao processo de construção normativa, pontifica: "Com efeito, as ordenações jurídico-normativas costumam estabelecer caminhos próprios para a realização do percurso construtivo, neles fixando os valores que lhes pareçam convenientes para integrar as múltiplas unidades produzidas. Nesse sentido, a Constituição brasileira é até abundante, fazendo constar uma série de estimativas sem as quais as regras elaboradas pelo intérprete não encontrarão o devido respaldo de fundamento constitucional" (*Direito Tributário – Fundamentos Jurídicos da Incidência*, São Paulo, Saraiva, 1998, p. 73).

9. Paulo de Barros Carvalho, *Curso de Direito Tributário*, 13ª ed., São Paulo, Saraiva, 2000, p. 281.

10. Paulo Ayres Barreto, *Imposto sobre a Renda e Preços de Transferência*, São Paulo, Dialética, 2001, p. 70.

referidas –, sob pena de comprometimento do funcionamento do subsistema constitucional tributário, notadamente no que concerne à sua rígida repartição da competência impositiva".

Vários são os caminhos possíveis para se erigir proposta interpretativa sobre o conteúdo de um signo constitucional. Havendo um conteúdo de significação a ser construído por intermédio de interpretação constitucional, impende examinar as alternativas para identificá-lo. Deve-se buscar o conceito de renda nos dicionários ou em seu sentido técnico-jurídico?

Não há dúvidas de que a perspectiva léxica permite uma primeira aproximação do objeto. O sentido atribuído pelos dicionários caracteriza uma etapa inicial a ser percorrida. Trata-se, contudo, de perspectiva singela, que deve ceder espaço a alternativas mais elaboradas de construção de sentido para vocábulos constitucionalmente referidos.

Os signos constitucionais, qualificadores do limite para o exercício da competência tributária, devem ser considerados de acordo com sua acepção de base. Deve prevalecer seu sentido técnico-jurídico preexistente. Como ensina Ricardo Guastini, significações específicas no discurso jurídico devem ser obtidas a partir dos textos normativos ou do uso de juristas, e não dos dicionários.[11]

Karl Larenz,[12] por sua vez, ensina:

> "Termos que obtiverem na linguagem jurídica um significado específico, como, por exemplo, contrato, crédito, impugnabilidade, nulidade de um negócio jurídico, herança, legado, são usados nas leis, na maioria das vezes, com este significado especial".

Os signos jurídicos, além de terem conteúdos semânticos aferíveis em cotejo com nossos dicionários, têm uso jurídico conhecido. Posta uma nova ordem constitucional, deve-se empreender esforço para identificar o sentido dos conceitos nela referidos, adotado majoritaria-

11. Cf. Ricardo Guastini, *Distinguiendo: Estudios de Teoría y Metateoría del Derecho, I*, trad. de Jord Ferrer i Beltrán, Barcelona, Gedisa, 1999, p. 229.

12. Karl Larenz, *Metodologia da Ciência do Direito*, trad. de José Lamego, Lisboa, Fundação Calouste Gulbenkian, 1997, p. 452.

mente pela comunidade jurídica. Realizado o esforço de reconhecer esse conceito, impõe-se, ato contínuo, a avaliação de sua incorporação pela nova ordem ou de sua transformação, nos termos por ela estabelecidos. É forçoso, assim, encontrar, na nova ordem constitucional plasmada, os fundamentos normativos da não incorporação de um conceito existente e, por consequência, sua transformação.

Andrei Pitten Velloso, em alentado estudo sobre conceitos e competências tributárias, propõe a segregação dos conceitos constitucionais em "recepcionados" e "autônomos". Ressalta que:[13]

> "Não se presume o acolhimento de conceitos autônomos. Pelo contrário, deve-se fundamentá-lo adequadamente, de forma a preterir a regra *prima facie* de incorporação dos conceitos preexistentes, que é assentada na 'regra do uso comum' e impõe ao intérprete trabalhar inicialmente com a hipótese de que a Constituição não se afastou das convenções linguísticas preexistentes, sujeitando-a a confirmação sistemática".

E prossegue,[14] ao reconhecer que:

> "As regras de incorporação *prima facie* de conceitos preexistentes, não sendo regras *a priori*, são passíveis de superação por robustas razões em sentido contrário, consagrando-se, assim, conceitos autônomos".

Segundo pensamos, cabe ao intérprete, em face de cada signo constitucional, perquirir sobre sua recepção com base na sua acepção jurídica preexistente ou avaliar se ocorreu alteração (positivação de conceito autônomo), demonstrável em exegese sistemática da novel ordem jurídica. Destarte, não é livre o legislador infraconstitucional para dar a feição que lhe convém, ou lhe parece mais adequada, aos conceitos constitucionais referidos. Quanto mais extenso for o rol de prescrições constitucionais – e, consequentemente, a referência a termos que nos permitam concluir pela recepção de conceitos preexistentes –, maior será a possibilidade de uma definição estrutural do

13. Andrei Pitten Velloso, *Conceitos e Competências Tributárias*, São Paulo, Dialética, 2005, p. 331.
14. Idem, p. 332.

sistema já no plano constitucional. Como corolário, é forçoso admitir que sistemas normativos com essas características circunscrevem, significativamente, o espectro de atuação do legislador infraconstitucional. É o que, de modo efetivo, ocorre hodiernamente no Brasil.[15]

Em apertada síntese, podemos afirmar que a discriminação das competências tributárias na Constituição de 1988 foi plasmada mediante um conjunto de *regras* que, por intermédio da fixação de *conceitos determinados*, e não tipos (abertos, flexíveis), estabeleceu e, ao mesmo tempo, delimitou o espaço de atuação legislativa dos entes políticos na instituição de tributos. A significação de um conceito constitucional exsurgirá, no processo interpretativo, após a verificação de sua recepção pela nova ordem estabelecida, com base em sua acepção jurídica preexistente. Para se concluir pela não recepção do conceito deve-se demonstrar, à luz da nova ordem constitucional, que ocorreu alteração ou transformação (positivação de conceito autônomo).

Só a partir da identificação de um conteúdo mínimo de significação para a expressão "renda e proventos de qualquer natureza" inserta no texto constitucional é cabível o exame do tema no plano legal. O conceito de "renda" é, pois, constitucionalmente pressuposto,[16] e pode ser enunciado como um

> "(...) acréscimo a um dado conjunto de bens e direitos (patrimônio), pertencente a uma pessoa (física ou jurídica), observado um lapso temporal necessário para que se realize o cotejo entre determinados ingressos, de um lado, e certos desembolsos, de outro".[17]

15. Paulo Ayres Barreto, *Contribuições – Regime jurídico, Destinação e Controle*, São Paulo, Noeses, 2006, pp. 37-38.

16. Roque Antonio Carrazza, ao discorrer sobre competência tributária e os arquétipos dos tributos, ensina que: "A Constituição, ao discriminar as competências tributárias, estabeleceu – ainda que, por vezes, de modo implícito e com certa margem de liberdade para o legislador – a *norma-padrão de incidência* (o *arquétipo*, a *regra-matriz*) de cada exação. Noutros termos, ela apontou a *hipótese de incidência possível*, o *sujeito ativo possível*, o *sujeito passivo possível*, a *base de cálculo possível* e a *alíquota possível* das várias espécies e subespécies de tributos. Em síntese, o legislador, ao exercitar a competência tributária, deverá ser fiel à *norma-padrão de incidência* do tributo, pré-traçada na Constituição. O legislador (federal, estadual, municipal ou distrital), enquanto cria o tributo, não pode fugir deste arquétipo constitucional" (*Curso de Direito Constitucional Tributário*, cit., 27ª ed., pp. 545-546).

17. Ob. cit., p. 72.

## *V – Definição de "renda" no Código Tributário Nacional e a sua disponibilidade*

O conteúdo do enunciado prescritivo veiculado pelo art. 43 do CTN não desborda do conceito constitucional de renda.[18] O imposto tem como fato gerador a apuração de disponibilidade econômica ou jurídica de renda advinda do capital, do trabalho ou da combinação de ambos, ou ainda de quaisquer outros acréscimos patrimoniais. Trata-se de definição legal em perfeita harmonia com o conceito constitucionalmente pressuposto de "renda".

Isto posto, detenhamo-nos na interpretação do novel § 2º acrescido ao art. 43 do CTN, notadamente no que concerne à delegação ao legislador ordinário para a fixação do momento e das condições em que se dará a disponibilidade da renda (e não receita ou rendimento) oriunda do exterior. O espaço para atuação do legislador ordinário nesta matéria é sobremodo limitado, razão pela qual a pretensa delegação fica de todo esvaziada.[19] Poderá optar única e exclusivamente o legislador ordinário por prever a incidência do imposto: (a) no exato instante em que a renda estiver disponível; ou (b) em algum momento lógica e cronologicamente posterior ao da efetiva disponibilização. Não há autorização legal para se cogitar da incidência do imposto sobre renda indisponível. Não há e nem poderia haver autorização desse jaez, em face da necessária observância dos limites constitucionais ao exercício do poder de tributar, notadamente a existência de um conceito constitucionalmente pressuposto de "renda" e o magno princípio da capacidade contributiva.[20]

18. Acerca da necessidade da adequação do art. 43 do CTN ao conceito constitucional de renda, diz Roberto Quiroga Mosquera: "Os conceitos existentes na norma jurídica aludida devem necessariamente adequar-se ao conceito constitucional de 'renda' e 'proventos de qualquer natureza' extraídos da Carta Maior. É dizer: o conteúdo do art. 43 do CTN não pode estar dissociado da noção contida na Constituição Federal dos termos aludidos" (*Renda e Proventos de Qualquer Natureza – O Imposto e o Conceito Constitucional*, São Paulo, Dialética, 1996, p. 40).

19. Ainda sobre o tema, José Artur Lima Gonçalves assevera: "Considerando que o texto constitucional serviu-se da técnica de referir-se ao critério material da regra-matriz de incidência tributária para o fim de proceder à repartição de competência tributária impositiva, o conceito 'renda e proventos de qualquer natureza' foi utilizado para esse fim, sendo intuitivo que o respectivo âmbito não poderá ficar à disposição do legislador ordinário" (*Imposto sobre a Renda – Pressupostos Constitucionais*, 1ª ed., 2ª tir., São Paulo, Malheiros Editores, 2002, p. 170).

20. Sobre o princípio da capacidade contributiva, Paulo de Barros Carvalho assim se manifesta: "Podemos resumir o que dissemos em duas proposições afirmativas

A principal mudança legislativa no que toca ao imposto sobre a renda ocorrida após a publicação da Lei Complementar 104/2001 foi veiculada por intermédio da Medida Provisória 2.158-35, de 24.8.2001. O art. 74 deste diploma normativo prevê que:

> "Os lucros auferidos por controlada ou coligada no exterior serão considerados disponibilizados para a controladora ou coligada na data do balanço no qual tiverem sido apurados, na forma do regulamento".

Vale dizer: devem ser considerados disponibilizados os lucros que não estão e podem vir a jamais estar disponíveis. Examinemos, com maior profundidade, a dicção legal.

A consideração de que os lucros apurados na data de encerramento do balanço da controlada ou coligada sejam tidos como disponibilizados pode ser vista, de uma perspectiva eminentemente jurídica, como: (a) desconsideração de personalidade jurídica; (b) ficção; ou (c) presunção legal.

As pessoas jurídicas têm existência distinta da dos seus sócios, nos termos do que dispunha o art. 20 do Código Civil de 1916. Não se confundem os respectivos patrimônios. A desconsideração da personalidade jurídica é admitida apenas em algumas hipóteses legalmente previstas, todas associadas à noção de infração à lei. Consistem tais hipóteses em situações excepcionais, em que o manto da pessoa jurídica não tem o condão de encobrir atividades ilícitas praticadas por seus sócios ou representantes legais. A apuração de resultados por coligadas ou controladas no exterior dista de se qualificar como infração à lei. Incabível, assim, à espécie a desconsideração da personalidade jurídica.

Ricardo Mariz de Oliveira[21] assim se pronuncia sobre o assunto:

bem sintéticas: realizar o princípio pré-jurídico da capacidade contributiva absoluta ou objetiva retrata a eleição, pela autoridade legislativa competente, de fatos que ostentem signos de riqueza; por outro lado, tornar efetivo o princípio da capacidade contributiva relativa ou subjetiva quer expressar a repartição do impacto tributário, de tal modo que os participantes do acontecimento contribuam de acordo com o tamanho econômico do evento" (*Curso de Direito Tributário*, cit., 13ª ed., p. 333).

21. Ricardo Mariz de Oliveira, "O conceito de renda – Inovação do art. 43 do CTN pela Lei Complementar 104 (a questão da disponibilidade sobre lucros de coligadas e controladas no exterior)", *RDDT* 73/112-113, São Paulo, Dialética, 2001.

"Ora, é perfeitamente razoável e legal declarar que os lucros obtidos pelas filiais e sucursais no próprio período em que são gerados, independentemente de entrega física, eis que filiais e sucursais formam com a matriz uma única pessoa jurídica, de tal arte que o lucro obtido por elas pertence à pessoa jurídica única e una, pessoa jurídica esta que é contribuinte do imposto de renda até mesmo tendo-se em vista que o art. 45 do CTN declara contribuinte aquele que for titular da disponibilidade a que se refere o art. 43.

"Já não pode ser assim com os lucros das coligadas e controladas, que, por serem pessoas jurídicas distintas das pessoas que participam dos seus capitais (Código Civil [*de 1916*], art. 20), conservam consigo a titularidade sobre os respectivos lucros enquanto não distribuídos efetivamente."

Afastada a possibilidade de desconsideração da personalidade jurídica, cuidemos de examinar a caracterização de norma jurídica (sentido lato) como ficção ou presunção legais.

Segundo Alfredo Augusto Becker,[22] presunção

"(...) é o resultado do processo lógico mediante o qual, do fato conhecido cuja existência é certa, refere-se o fato desconhecido cuja existência é possível".

Estamos diante da ficção legal, ainda segundo Becker,[23] quando a norma jurídica,

"(...) baseando-se no fato conhecido cuja inexistência é certa, impõe a certeza jurídica de existência do fato desconhecido cuja existência é improvável (ou falsa) porque falta correlação natural de existência entre estes dois fatos".

A hipótese normativa é, claramente, de natureza ficta. Prevê-se sejam os resultados considerados disponibilizados na data de fechamento do balanço em que apurados. No entanto, é altamente improvável que nessa data ocorra efetiva disponibilização. Tais resultados poderão ser: (a) incorporados ao capital, em futura decisão assemblear, hipótese em que não haverá nenhuma disponibilização; (b) compensados com prejuízos subsequentes, pela própria coligada ou con-

22. Alfredo Augusto Becker, *Teoria Geral do Direito*, p. 462.
23. Idem, pp. 463-464.

trolada, circunstância em que, uma vez mais, não se cogita de qualquer disponibilização; (c) efetivamente distribuídos, por força de deliberação levada a efeito em assembleia de sócios ou acionistas, em momento normalmente posterior ao da apuração dos resultados. Vê-se, pois, que, mesmo na hipótese em que a renda é posta à disposição da controladora ou coligada, tal fato não coincide, usualmente, com a data da mera apuração do resultado. Em síntese, falta correlação natural entre o fato conhecido (lucro apurado pela controlada ou coligada) e o fato desconhecido (sua disponibilização), que poderá jamais se consumar ou, ainda que isso ocorra, dar-se-á, em condições normais, em momento subsequente.

José Artur Lima Gonçalves[24] é enfático:

> "Só que por detrás desse aparentemente inofensivo jogo de palavras (pretender tratar aquilo que não é, como se fosse) – habilmente manipulado por Pontes de Miranda: 'Na ficção, tem-se *A*, que não é, como se fosse. Na presunção legal absoluta, tem-se *A*, que pode não ser, como se fosse, ou *A*, que pode ser, como se não fosse. Na presunção relativa, tem-se *A*, que pode ser, como se não fosse, admitindo-se prova em contrário' (in *Tratado de Direito Privado*, t. III, Ed. RT, 1983, p. 446) – encontra-se ficção jurídica tendente a alargar o alcance do conceito de renda, que – já o afirmamos, por ser constitucionalmente pressuposto – não pode ser manipulado de forma inovadora pelo legislador infraconstitucional".

Sobre o recurso a ficções e presunções legais absolutas na definição dos critérios da regra-matriz de incidência tributária, dissemos:[25]

> "Com efeito, admitir pudesse o legislador infraconstitucional socorrer-se de ficções e presunções absolutas para erigir hipóteses de incidência tributária, conotando o fato jurídico-tributário ou a relação jurídica dele decorrente, significaria, inexoravelmente, propugnar a inexistência de uma rígida discriminação de competência – vale dizer, que se pudesse prever a incidência de tributo sobre o fato 'A' porque fictamente o le-

24. José Artur Lima Gonçalves, "Imposto sobre a renda – Resultados auferidos no exterior por filiais, sucursais, controladas e coligadas", *RDDT* 74/76, São Paulo, Dialética, 2001.

25. Paulo Ayres Barreto, *Imposto sobre a Renda e Preços de Transferência*, cit., p. 143.

gislador atribui a ele a condição de fato 'B', sendo a competência para instituir tributos sobre os fatos 'A' e 'B' de entes políticos distintos. Proceder nessa conformidade é fazer tábula rasa dos princípios da estrita legalidade, da tipicidade da tributação e da capacidade contributiva".

A própria Secretaria da Receita Federal emitiu, em 9.11.2000, a Nota SRF-38/2000, ao prestar informações para o Ministério Público Federal, em face da Rp 1.34.001.0001481/2000-35. Segundo a representação, a Instrução Normativa 38/1996, expedida pelo Secretário da Receita Federal, teria concedido às empresas que obtiveram lucro no exterior, por intermédio de filiais ou controladas, isenção do imposto sobre a renda, de forma ilegal, por contrariar disposição expressa contida no art. 25 da Lei 9.249/1995. Em sua nota a Secretaria da Receita Federal propugna tratar-se de mera explicitação do que se considera disponibilização à luz do Código Tributário Nacional, *verbis*:

"6.2.1 O elemento constante da instrução normativa, não expresso na Lei n. 9.249, de 1995, foi o que dispôs a respeito da disponibilização. Entretanto, se tal elemento não constou expressamente da lei, é certo que implicitamente ele não poderia deixar de estar ali contido, visto que, pelas regras do art. 43 do CTN, já expostas, não ocorre fato gerador sem a disponibilidade. Vê-se, portanto, que a instrução normativa veio simplesmente esclarecer , no sentido de impedir que a tributação se desse com desobediência aos ditames do Código Tributário Nacional. Considerando que os lucros não podem ser tributados se não disponibilizados (repetindo, art. 43 do CTN), a instrução normativa em nenhum momento extrapolou dos dizeres da Lei n. 9.249, de 1995; ao contrário, ajustou tais dizeres àqueles constantes do Código Tributário Nacional. E por se tratar, na hipótese em foco, de lucros auferidos no exterior, por meio de filiais, controladas ou coligadas (empresas distintas da matriz, controladora ou coligada domiciliadas no País – observe-se que inclusive as filiais no exterior são consideradas, sob o ponto de vista da legislação tributária do Brasil e da grande maioria dos demais Países, empresas distintas da matriz no Brasil, ao contrário do que diz a representação – v. subitem 9.4 desta Nota), o mesmo ato administrativo (instrução normativa) não poderia deixar de explicitar o que se considera 'disponibilização'. As regras da mencionada instrução vão, inclusive, ao encontro do pensamento de Bulhões Pedreira, citado na representação e aqui reproduzido, no sentido de que adquirir 'a disponibilidade de renda é obter, alcançar ou passar a ter o poder de dispor da moeda'. Tais regras são simplesmente regras interpretativas, esclarecedoras".

De pleno acordo. Tais lições continuam aplicáveis mesmo após a edição da Lei Complementar 104/2001. A definição do momento da incidência do imposto haverá de pressupor efetiva disponibilidade, pois, como bem explicitado na aludida Nota SRF-38/2000, não ocorre fato gerador sem a disponibilidade dos lucros.

Nada obstante, situações há em que, de um lado, a efetiva disponibilidade de tais resultados está adstrita, única e exclusivamente, à decisão do sócio controlador e, de outro, a sociedade estrangeira está convenientemente localizada em Países de tributação reduzida ou inexistente. É essencialmente nesse campo que a positivação de cláusula antielisiva de caráter específico tem sentido. Em outras palavras, a ficção de distribuição de lucros, em interpretação conforme à Constituição Federal brasileira, só poderia se dar mediante a conjugação dos seguintes aspectos: (*i*) situação de controle por parte da empresa brasileira; (*ii*) controlada domiciliada em "paraíso fiscal"; (*iii*) plena possibilidade de disponibilização dos lucros apurados pelo controlador.

É esse o espectro em que cabível o tratamento fiscal diferenciado das *controlled foreign corporations/CFCs*.

Heleno Torres[26] identifica os principais testes encontrados em ordenamentos jurídicos estrangeiros para fins de se determinar a aplicação de regras às CFCs:

> "O primeiro é o da confrontação das alíquotas vigentes em ambos os ordenamentos, de tal sorte que a alíquota do País de localização da CFC não seja inferior a uma dada proporção em relação àquela do País de residência do controlador (90%, 75% etc.). O teste do escopo social serve para verificar se a sociedade exerce um fim negocial legítimo (*business purpose*) ou presta-se apenas como meio de economia de tributos. O terceiro teste é o da cotação em Bolsa, para excluir a aplicação das medidas. O teste mais frequente é o da 'distribuição aceitável', satisfeito quando um percentual preestabelecido de rendimento disponível para distribuição é recebido dentro de um prazo razoável (18 meses, em mé-

26. Heleno Torres, *Direito Tributário Internacional. Planejamento Tributário e Operações Transnacionais*, São Paulo, Ed. RT, 2001, pp. 127-128.

dia). Um outro teste é o da data contábil, à qual as autoridades atribuem um vínculo de participação pelo período de tempo em que o sujeito manteve-se vinculado à sociedade. E, por fim, o teste de *minimis*, que não é mais que um teto mínimo aceitável de distribuições em face do volume de investimentos e dentro de um dado período de tempo".

A enumeração desses testes encontráveis no direito comparado mostra a dificuldade do tema. Não é singela a missão de identificar se os lucros apurados devem, ou não, ser considerados disponíveis. Portanto, há necessariamente que se associar duas facetas do problema, a saber: (*i*) um regramento específico que positive esses testes, a fim de se buscar as situações em que a distribuição poderia ser presumida, em face da plena possibilidade do contribuinte de evitar indefinidamente a incidência tributária, dado que salvaguardado em local de tributação reduzida ou inexistente; (*ii*) produção adequada de provas, que permita a verificação da subsunção a esse teórico regramento. A legislação atual, ao se afastar desse caminho, não trata desigualmente os desiguais, na razão direta de suas desigualdades. Ofende, pois, o princípio da isonomia tributária.

No lugar de regras claras e bem elaboradas e do esforço de prova tem-se o recurso à ficção, de larga abrangência, que acaba por alcançar situações desejadas e indesejadas. Qual é o incentivo do empreendedor, empresário brasileiro, para estruturar operações fora do Brasil, criando ou desenvolvendo as multinacionais brasileiras, se, além de enfrentar, por exemplo, uma pesada tributação em território americano, terá seus lucros lá obtidos submetidos a tributação no Brasil, mesmo se não distribuídos?

Estamos na contramão do mundo. E sempre que isso ocorre a cautela deve ser redobrada. A regra geral posta, dada a sua abrangência, limita as opções do STF para o julgamento da matéria. Esperamos venha a prevalecer o entendimento do Min. Marco Aurélio exarado na ADI 2.588-1-DF:

> "Repita-se: valores hão de ser sopesados e se sobrepõe o decorrente da preservação do próprio sistema, não se apenando quem forma na base da pirâmide dos contribuintes. Sonegadores existem e continuarão a existir, e certamente conta-se com outros meios para apanhá-los. O simples elo porventura existente, quer sob o ângulo da coligação – leia-se

interesse participativo simples –, quer do controle acionário – interesse participativo qualificado –, não é suficiente a fulminar-se algo que é da própria essência do tributo, a exigência constitucional e legal – Código Tributário Nacional – de se contar com disponibilidade, como se a escrituração no balanço da empresa estrangeira pudesse ser tomada de forma ímpar, como se automaticamente obrigasse, sem a saída de numerário na origem e entrada na empresa brasileira, sem o efetivo acesso à renda, o pagamento do tributo. A mão única é incompatível com o que está estabelecido, e isso decorre, até mesmo, da ordem natural das coisas, cuja força, a força da natureza, é inafastável – obrigatoriedade de recolher o imposto sem o aporte da renda, desembolso não precedido da vantagem que lhe é ínsita, logrando o Estado receita que, em última análise, será fruto, se tanto, de acréscimo patrimonial inconfundível com comezinhas noções de renda.

"Ante o quadro, empresto ao art. 43, § 2º, do CTN interpretação conforme a Constituição, ou seja, excluindo alcance que resulte no desprezo da disponibilidade econômica ou jurídica da renda.

"Quanto ao art. 74 da Medida Provisória n. 2.158-35, em face das razões expostas, concluo pela inconstitucionalidade, o que implica dizer que a regência da matéria nele tratada – fato gerador do imposto de renda – continuará decorrendo da legislação então apanhada pela citada medida. É como voto no caso."

Nessa mesma linha, o STF, ao examinar a possibilidade da incidência do imposto sobre o lucro líquido independentemente de sua efetiva distribuição, nos termos da Lei 7.713/1988, declarou a inconstitucionalidade do seu art. 35, por entender que a aquisição da disponibilidade, quer econômica ou jurídica, dos lucros líquidos das pessoas jurídicas não ocorre, quanto ao sócio, acionista ou quotista, na data do encerramento do período-base. É o que se depreende do voto do Min. Marco Aurélio proferido nos autos do RE 172.058-1-SC, publicado no *DJU* 13.10.1995, p. 34.282:

"(...) diante do contexto legal *supra*, impossível é dizer da aquisição da disponibilidade jurídica pelos acionistas com a simples apuração, e na data respectiva, do lucro líquido pelas pessoas jurídicas. O encerramento do período-base aponta-o, mas o fez relativamente a situação que não extravasa o campo de interesses da própria sociedade. Ocorre, é certo, uma expectativa, mas, enquanto simples expectativa, longe fica de resultar na aquisição da disponibilidade erigida pelo art. 43 do CTN como fato gerador. Uma coisa é a incidência do imposto de renda sobre o citado lucro, e, portanto, a obrigação tributária da própria pessoa jurídica. Algo diverso é a situação dos sócios, no que não passam, com a simples apuração do lucro líquido na data do encerramento do período-base, a ter a disponibilidade reveladora do fato gerador.(...)".

Em síntese, diante do quadro normativo atual, entendemos que não há espaço para alteração de posicionamento por parte do STF, devendo ser julgada inconstitucional a norma que prevê a tributação dos lucros auferidos no exterior por coligadas e controladas de empresas brasileiras no momento de sua apuração.

## *VI – A tributação do resultado de equivalência patrimonial de coligadas e controladas no exterior: impossibilidade*

O art. 74 da Medida Provisória 2.158-35/2001 pretende alcançar os lucros auferidos por sociedades controladas e coligadas com sede no exterior. Tais lucros não se confundem com resultados positivos de equivalência patrimonial, os quais a legislação tributária sempre determinou fossem excluídos da base de cálculo do IRPJ e da CSLL.

Ocorre que, sob o pretenso argumento de que estaria a regular a Medida Provisória 2.158-35/2001, a Secretaria da Receita Federal editou a Instrução Normativa 213/2002, com o seguinte teor:

> "Art. 7º. A contrapartida do ajuste do valor do investimento no exterior em filial, sucursal, controlada ou coligada, avaliado pelo método da equivalência patrimonial, conforme estabelece a legislação comercial e fiscal brasileira, deverá ser registrada para apuração do lucro contábil da pessoa jurídica no Brasil.
>
> "§ 1º. Os valores relativos ao resultado positivo da equivalência patrimonial, não tributados no transcorrer do ano-calendário, deverão ser considerados no balanço levantado em 31 de dezembro do ano-calendário para fins de determinação do lucro real e da base de cálculo da CSLL."

Entretanto, o resultado positivo de equivalência patrimonial não se confunde com o lucro auferido no exterior por empresa coligada ou controlada. Diversamente, tal resultado pode estar associado a variáveis, notadamente a variação cambial.

O tema foi objeto de análise pela 2ª Turma do STJ no REsp 1.211.882-RJ (*DJU* 14.4.2011), reconhecida a ilegalidade do art. 7º da Instrução Normativa SRF-213/2002. Do voto do Relator, o Min. Mauro Campbell Marques, destacamos:

> "Sendo assim, a variação positiva ou negativa do valor do investimento, muito embora tenha impacto sobre o lucro líquido da empresa investidora, não adentra a base de cálculo do IRPJ e da CSLL, por força de lei".

Há também soluções de consulta da própria Secretaria da Receita Federal nesse sentido.[27]

Em súmula, não há autorização legal para tributação do resultado positivo de equivalência patrimonial. Ademais disso, não haveria disponibilidade econômica ou jurídica de renda, notadamente em situações nas quais tal resultado decorre de variação cambial ativa do investimento em coligada ou controlada no exterior.

## *VII – Conclusão*

*1.* O conceito de "renda e proventos de qualquer natureza" deve ser construído a partir de exegese eminentemente constitucional.

27. "Processo de Consulta n. 132/2007. Órgão: Superintendência Regional da Receita Federal/SRRF-8ª Região Fiscal. Assunto: Imposto sobre a Renda de Pessoa Jurídica/IRPJ.

"*Ementa:* Variação cambial – Investimento em coligada ou controlada. A contrapartida do ajuste de investimentos no exterior, avaliados pelo método da equivalência patrimonial, quando decorrente da variação cambial, não será computada na determinação do lucro real – Dispositivos legais: RIR/1999, art. 247, § 1º, e art. 389, §§ 1º e 2º; Lei n. 6.404/1976, art. 177; Lei n. 4.506/1964, art. 63; Lei n. 9.249/1995, art. 25; Decreto-lei n. 1.598/1977, art. 23; Decreto-lei n. 1.648/1978, art. 1º, IV; Instrução CVM n. 247/1996, art. 16; Instrução Normativa SRF n. 213/2002, art. 7º.

"Contribuição social sobre o lucro líquido/CSLL – Variação cambial – Investimento em coligada ou controlada. A contrapartida do ajuste de investimentos no exterior, avaliados pelo método da equivalência patrimonial, quando decorrente da variação cambial, não será computada na determinação da base de cálculo da CSLL – Dispositivos legais: Lei n. 7.689/1988, art. 2º; Medida Provisória n. 2.158/2001, art. 21; Instrução CVM n. 247/1996, art. 16; Instrução Normativa SRF n. 213/2002, art. 7º – *Hamilton Fernando Castardo,* Chefe" (data da decisão: 3.4.2007 – 8.5.2007).

*2.* A definição do conceito de "renda" veiculada pelo CTN, em seu art. 43, não desborda o conceito constitucionalmente pressuposto.

*3.* O art. 74 da Medida Provisória 2.158-35, de 24.8.2001, ao estabelecer que, para fins de tributação do imposto sobre a renda, os lucros auferidos por controlada ou coligada de empresa brasileira no exterior serão considerados disponibilizados na data de sua apuração, criou ficção legal que desborda o espectro constitucional desse imposto.

*4.* Pressuposto para a incidência do imposto sobre a renda é a disponibilidade da renda. O lucro auferido no exterior por coligadas e controladas de empresas brasileiras só pode ser tributado no momento de sua efetiva disponibilização.

*5.* O adequado tratamento tributário a ser dispensado a situações específicas, nas quais lucro auferido no exterior, em Países de baixa tributação ("paraísos fiscais") e por empresa não operacional, dependeria de regramento próprio, definidor dos requisitos e condições para que houvesse a percussão tributária, de modo a não permitir que o contribuinte pudesse evitá-la indefinidamente.

*5.1* Tal regramento não foi, até o presente momento, positivado.

*5.2* A legislação atual, ao se afastar desse caminho, não trata desigualmente os desiguais, na razão direta de suas desigualdades. Ofende, pois, o princípio da isonomia tributária.

*6.* O resultado positivo de equivalência patrimonial de coligada ou controlada no exterior não pode sofrer a incidência do imposto sobre a renda, seja porque a lei a tanto não autoriza, seja, fundamentalmente, porque não há, *in casu*, disponibilidade econômica ou jurídica de renda.

# *OBRIGAÇÃO TRIBUTÁRIA E DEVERES INSTRUMENTAIS: DEFINIÇÕES, SENTIDOS, ESTRUTURAS INTERNAS E LIMITES CONCEPTUAIS*

Paulo de Barros Carvalho
Professor Titular e Emérito da PUC/SP e da USP.
Membro Titular da Academia Brasileira de Filosofia.

*1. A linguagem do Direito constituindo a realidade jurídica: 1.1 O fenômeno do conhecimento e sua relação com o "nome" das coisas; 1.2 A expressão "natureza jurídica". 2. A relação jurídica como instrumento de ordenação das condutas. 3. O instituto da "obrigação" no direito tributário: 3.1 Composição interna do liame obrigacional. 4. Crédito, débito e obrigação tributária: limites conceptuais. 5. Obrigação tributária e obrigação de direito administrativo-financeiro. 6. Obrigação tributária e deveres instrumentais. 7. O fato jurídico tributário e seu efeito peculiar: instaurar o vínculo obrigacional. 8. Notas conclusivas.*

## *1. A linguagem do Direito constituindo a realidade jurídica*

Muita diferença existe entre os mundos do "ser" e do "dever-ser". São duas realidades que não se confundem, apresentando peculiaridades tais que nos levam a uma consideração própria e exclusiva. São dois corpos de linguagem, dois discursos linguísticos, cada qual portador de um tipo de organização lógica e de funções semânticas e pragmáticas diversas. O mundo normativo tem sua existência própria. Diferentemente do que ocorre na realidade do "ser", em que a causalidade é natural, no mundo do "dever-ser" a causalidade é normativa, ou seja, demanda que o homem a construa, enlaçando um fato a uma relação jurídica mediante conectivo implicacional deôntico. Exemplificando, ao soltarmos um lápis, ele inevitavelmente cai, em razão da gravidade, ou seja, em virtude de uma relação natural existente (mundo do ser). Por outro lado, ao depararmos com a inscrição "não fume", isso dista de significar a impossibilidade física de praticar o ato ali tipificado, mas sim que um ser humano, certamente investido de autoridade para tal, manifestou sua vontade de que as pessoas não fumem naquele local (mundo do dever-ser). Tanto que, independentemente de a regra vir a ser, ou não, observada pelos destinatários, o preceito continua válido, até que seja desconstituído pelo emissor.

Em suma, a esfera do "ser" é disciplinada pela causalidade natural, em que há relações de implicação exprimindo um nexo formalmente necessário entre os fatos naturais e seus efeitos. Já, no universo jurídico inexiste necessidade lógica ou factualmente fundada de a hipótese implicar a consequência, sendo a própria norma quem estatui o vínculo implicacional, por meio do "dever-ser". Enquanto na lei da causalidade natural a relação entre antecedente e consequente é descritiva, na lei de causalidade jurídica é o sistema jurídico positivo que determina, dentre as possíveis hipóteses e consequências, as relações a serem estabelecidas. É o ato de vontade da autoridade que legisla – expresso por um "dever-ser" neutro, isto é, que não aparece modalizado nas formas "proibido", "permitido" e "obrigatório" – o responsável pela conexão deôntica entre proposição-antecedente e proposição-tese.

O direito positivo, sendo tomado como conjunto de normas jurídicas válidas em determinado espaço e em certas condições de tempo, integra o mundo do "dever-ser". Em outras palavras, seus enunciados são prescritivos, impondo como as coisas hão de ocorrer. Com isso, o Direito cria sua própria realidade, admitindo e conhecendo como reais apenas os fatos produzidos na forma linguística prevista pelo ordenamento. Assim, sobre a realidade social incide a linguagem prescritiva do Direito posto, juridicizando fatos e condutas, para organizar, desse modo, o campo da facticidade jurídica.

### *1.1 O fenômeno do conhecimento e sua relação com o "nome" das coisas*

Decompondo-se o fenômeno do conhecimento, encontramos o dado da linguagem, sem o qual ele não se fixa nem se transmite. Já existe um *quantum* de conhecimento na percepção, mas ele só se realiza plenamente no plano proposicional – e, portanto, com a intervenção da linguagem. "Conhecer", ainda que experimente mais de uma acepção, significa "saber proposições sobre". Conheço determinado objeto na medida em que posso expedir enunciados sobre ele, de tal arte que o conhecimento, nesse caso, se manifesta pela linguagem, mediante proposições descritivas ou indicativas.

Por outro lado, a cada momento se confirma a natureza da linguagem como constitutiva de nossa realidade. Já afirmava Wittgenstein, na proposição 5.6 do *Tractatus Logico-Philosophicus*: "Os limites da minha linguagem são os limites do meu mundo" – o que, dito de outro modo, pode significar: *meu mundo vai até aonde for minha linguagem.* E a experiência o comprova: olhando para uma folha de laranjeira, um botânico seria capaz de escrever laudas, relatando a "realidade" que vê, ao passo que o leigo ficaria limitado a poucas linhas. Dirigindo o olhar para uma radiografia de pulmão, o médico poderia sacar múltiplas e importantes informações, enquanto o advogado, tanto no primeiro caso como neste último, ver-se-ia compelido a oferecer registros ligeiros e superficiais. Por seu turno, examinando um fragmento do texto constitucional brasileiro, um engenheiro não lograria mais que construir uma mensagem adstrita à fórmula literal utilizada pelo legislador, enquanto o bacharel em Direito estaria em condições de desenvolver uma análise ampla, contextual, trazendo à tona normas implícitas, identificando valores e apontando princípios que também não têm forma expressa. Por que uns têm acesso a esses campos, e outros não? Por que alguns ingressam em certos setores do mundo, ao mesmo tempo em que outros se acham absolutamente impedidos de fazê-lo? A resposta é uma só: a realidade do botânico, em relação à Botânica, é bem mais abrangente que a de outros profissionais, o mesmo ocorrendo com a realidade do médico, do engenheiro e do bacharel em Direito. E que fator determinou que essas realidades se expandissem, dilatando o domínio dos respectivos conhecimentos? A linguagem, ou a "morada do ser", como proclamou Heidegger.

Feita a observação, verifica-se que o homem vai criando novos nomes e novos fatos, na conformidade de seus interesses e de suas necessidades. Para nós basta o vocábulo "neve". Entretanto, para os esquimós, envolvidos por circunstâncias bem diversas, impõe-se a distinção entre as várias modalidades de "neve". Não se pode precisar o motivo exato, mas os povos de cultura portuguesa houveram por bem, num determinado momento de sua evolução histórica, especificar a palavra "saudade", diferentemente de outras culturas, que a mantêm incluída em conceitos mais gerais, como "nostalgia", "tristeza" etc. Em Português, como em Castelhano, temos "relógio" (*reloj*); já, em Inglês discriminou-se *clock* para relógio de parede e *watch* para o de bolso ou pulso. E em Francês existem três vocábulos distintos: *horloge* (de torre ou de parede), *pendule* (de mesa ou de pé) e *montre* (de bolso ou de pulso).

O esclarecimento das razões determinantes dessas especificações é muitas vezes encontrado na Gramática Histórica, disciplina incumbida de estudar as dinâmicas que presidem a evolução do idioma. Todavia, pode dizer-se que tanto as palavras criadas como aqueles vocábulos já conhecidos e que passam a assumir novas acepções incorporam-se ao patrimônio linguístico por força de necessidades sociais. A Física tinha no átomo a unidade irredutível da matéria. Assim que o interesse científico se acentuou, intensificando-se a pesquisa que culminou com a possibilidade de decomposição daquela partícula, tornou-se imperiosa a expansão da linguagem para constituir a nova realidade: eis o "próton", o "nêutron", o "elétron".

Breve comparação entre dicionários de um mesmo idioma editados em momentos históricos diferentes aponta para significativo crescimento do número de palavras, assim na chamada "linguagem natural" que nos discursos das várias ciências. É a linguagem constituindo realidades novas e alargando as fronteiras do nosso conhecimento.

No âmbito do Direito, entretanto, o fenômeno é mais complexo, pois não é qualquer linguagem capaz de introduzir alterações na realidade, mas tão somente aquela prevista pelo próprio ordenamento jurídico. A mera atribuição de denominação diferenciada, por exemplo, não é suficiente para criar uma realidade distinta. Só é possível identificar determinada existência no mundo do Direito pelo exame de seu regime jurídico. Daí por que a "natureza jurídica" de algo é ditada pelas normas que a regem e pelas prescrições que dela decorrem, sendo irrelevante o nome que lhe venha a ser atribuído.

### *1.2 A expressão "natureza jurídica"*

Tenho empregado "natureza jurídica" entre aspas para expressar minha discordância com relação à literalidade da locução. Em termos convencionais, fala-se em "natureza" para designar a busca da essência, da substância ou da compleição natural das coisas. A "natureza" revelar-se-ia pelos atributos essenciais que teriam a virtude de pôr em evidência a própria coisa. Nessa acepção, a "natureza" da coisa poria em destaque sua essência mesma ou substância, dando a conhecer a matéria de que se compõe o objeto: está à mostra a força essencialista que envolve a tradição jurídica, na incansável e malograda busca por uma unívoca "realidade".

Há uma expressiva tendência na cultura ocidental em relatar o mundo circundante como se tivéssemos acesso às ontologias, às essências, esquecendo-nos de que o único instrumento do qual dispomos para organizar os "objetos da experiência" ou o "mundo da vida", como prefere Habermas, seguindo Husserl, é a linguagem; e, por mais que ela se aproxime dos objetos, nunca chega a tocá-los. O problema é de fundo filosófico. Ocorre que, em sua base filosófica tradicional, o Direito leva ao terreno ontológico as observações sobre a estrutura da linguagem, supondo que haja substâncias (na nomenclatura aristotélica) e que as palavras são integradas às coisas. Faz uma transposição entre a estrutura real da linguagem e uma suposta estrutura transcendente do Universo. Esta tese, com o atual grau de desenvolvimento do Direito, não pode mais ser aceita: a relação entre palavra e coisa é artificial, fruto de decisões individuais ou sociais, alheia, em princípio, às características observáveis da coisa mesma. A *Lua*, como satélite da Terra, é exatamente a mesma, quer a chamemos de *moon*, *lune* ou *luna*.

Ao inventar nomes, traçamos, artificialmente, limites na nossa realidade, como se a cortássemos, idealmente, em pedaços. E, ao assinalar cada nome, identificamos o pedaço que, segundo nossa decisão, corresponderá a esse nome. *As coisas não mudam de nome, nós é que mudamos o modo de nomear as coisas.*[1] Apenas existem nomes aceitos, nomes rejeitados e nomes menos aceitos que outros: não existem nomes verdadeiros das coisas. Por isso, nosso esforço *não* há de centralizar-se na análise do nome dado aos institutos do Direito, que no momento fazem-se objeto de nossos cuidados, mas nos fenômenos jurídicos para o qual estes apontam.

1. Ricardo Guibourg, Alejandro Ghigliani e Ricardo Guarinoni, *Introducción al Conocimiento Científico*, Buenos Aires, EUDEBA, 1985.

A "obrigação tributária" é, antes de mais nada, a fórmula expressional com que se denota certo feixe de enunciados jurídico-prescritivos da ordem do subconjunto do direito tributário. O mesmo se pode dizer da expressão "relação jurídica tributária", termo intimamente ligado à "obrigação tributária" e que também consiste em uma série de proposições normativas. A essas prescrições é que dirigiremos nossa atenção, por serem elas os comandos que determinam a "natureza" da obrigação tributária, bem como dos direitos/deveres e dos créditos/débitos que dela decorrem. Iniciemos a análise pela *relação jurídica.*

## *2. A relação jurídica como instrumento de ordenação das condutas*

O objetivo primordial do Direito é ordenar a vida social, disciplinando o comportamento dos seres humanos, nas suas relações de intersubjetividade. Tomado por base esse caráter eminentemente instrumental do ordenamento jurídico, é curioso notar que o único meio de que dispõe para alcançar suas finalidades precípuas é a relação jurídica, no contexto da qual emergem direitos e deveres correlatos, pois é desse modo que se opera a regulação das condutas.

É incontestável a importância que os fatos jurídicos assumem no quadro sistemático do direito positivo, pois sem eles jamais apareceriam direitos e deveres, inexistindo possibilidade de regular a convivência dos homens no seio das comunidades. Mas, sem desprezar esse papel fundamental, é pela virtude de seus efeitos que as ocorrências factuais adquirem tanta relevância. E tais efeitos estão prescritos no consequente da norma, irradiando-se por via de relações jurídicas. Isso nos permite dizer, com inabalável convicção, que o prescritor normativo é o dado por excelência da realização do Direito, porquanto é precisamente ali que está depositado o instrumento da sua razão existencial.

*Relação jurídica*, como tantas outras expressões usadas no discurso jurídico, prescritivo ou descritivo, experimenta mais de uma acepção. É relação jurídica o liame de parentesco entre pai e filho, o laço processual que envolve autor, juiz e réu e o vínculo que une credor e devedor, com vistas a determinada prestação. Iremos nos ocupar dessa derradeira espécie, que nas regras de comportamento atua decisivamente. Para a Teoria Geral do Direito *relação jurídica* é definida como o vínculo abstrato segundo o qual, por força da imputação normativa, uma pessoa, chamada de sujeito ativo, tem o direito subjetivo de exigir de outra, denominada sujeito passivo, o cumprimento de certa prestação. Nela se há de notar a exclusão de qualquer referência a relações do contexto social que viriam a ser juridicizadas pelo Direito, o que equivale a afirmar que emerge o vínculo apenas e tão somente por virtude da imputação normativa, indiferente à existência, ou não, de um laço de caráter sociológico, político, econômico, ético, religioso ou biológico anterior à disciplina jurídica. Eis a natureza essencialmente jurídica de toda relação prescritiva de conduta. O Direito cria suas próprias realidades, não estando condicionado a atender, com foros de obrigatoriedade, à natureza das relações contidas no plano sobre o qual incide. As fórmulas e esquemas que o Direito constrói independem do fenômeno real que organiza – contingência que explica disposições jurídicas que não só prescindem de vínculos subjacentes como até chegam a assumir feição indisfarçavelmente antagônica. A chamada "morte civil" prevista no Direito pretérito é manifestação significativa e eloquente dessa desvinculação. A ordem jurídica declarava a morte de determinada pessoa, que passava a ser coisa, perdendo aquela condição, tudo isso sem qualquer alteração do ser, enquanto vida animal. Ou mesmo uma aeronave, que para o direito privado é considerada bem imóvel a despeito de deslocar-se, como todos podemos observar. As ficções jurídicas, expedientes largamente utilizados pelo legislador nos diversos setores da regulação social, consubstanciam outro modelo expressivo do desapego do Direito com referência à realidade que ordena.

Não é preciso que haja relação social subjacente para que o Direito exercite sua atividade normativa, instituindo o vínculo abstrato que ensejará direitos e deveres. De modo semelhante, pode o legislador imaginar a instauração de liame jurídico onde já exista outro tipo de relação, momento em que consignaremos mera coincidência, que pouco sugere e nada acrescenta em termos de possibilidade legislativa.

Aspecto que merece consideração no âmbito do conceito de relação jurídica é a circunstância de ser um vínculo entre pessoas, reflexão que abriu margem a intermináveis disputas acadêmicas. Prevalece hoje, contudo, sobre o fundamento da essencial bilateralidade do Direito, a tese da necessidade impostergável de, pelo menos, dois sujeitos para que se possa configurar o liame jurídico. É incisiva, nesse sentido, a lição de Francesco Carnelutti:[2] "A noção mais ampla e singela de relação jurídica é a de uma relação constituída pelo Direito, entre dois sujeitos, com referência a um objeto".

No quadro conceptual da relação jurídica sobreleva observar, ainda, a presença de um objeto, centro de convergência do direito subjetivo e do correlato dever. Fator estrutural da entidade, qualquer modificação no objeto pode ocasionar mutações de fundo na própria composição do vínculo, suscitando as espécies em que se divide a categoria. A faculdade de exigir o objeto dá a substância do direito subjetivo, de que é titular o sujeito ativo da relação, ao passo que a conduta de prestá-lo define o dever jurídico a cargo do sujeito passivo.

### *3. O instituto da "obrigação" no direito tributário*

Como já anotei, a definição do conceito de "relação jurídica tributária" encontra-se vinculada ao conceito de direito positivo tributário, o qual, por sua vez, consiste no complexo de normas jurídicas válidas que se referem, direta ou indiretamente, ao exercício da tributação: instituição, fiscalização e arrecadação tributária. E a ideia nos remete forçosamente à expressão "obrigação tributária" trazida pelo art. 3º do CTN, que, considerada em seu sentido estrito, significa o *vínculo abstrato em que uma pessoa, chamada de sujeito ativo, tem o direito subjetivo de exigir de outra, denominada sujeito passivo, o cumprimento de prestação de cunho patrimonial, decorrente da aplicação de norma jurídica tributária*. O termo aponta, de forma direta, ao próprio sentido do conceito de relação jurídica tributária já exposto no item anterior. Toda obrigação é conceito relacional, de modo que falar em obrigação no direito tributário é o mesmo que entendê-la como relação jurídica de caráter obrigacional.

A obrigação tributária, enquanto relação jurídica de cunho patrimonial (envolvendo um sujeito ativo, titular do direito subjetivo de exigir a prestação, e um sujeito passivo, cometido do dever de cumpri-la), é nexo lógico que se instala a contar de um enunciado factual, situado

2. Francesco Carnelutti, *Teoría General del Derecho*, trad. de F. X. Osset, Madri, 1955, p. 184.

no consequente de uma norma individual e concreta, juntamente com a constituição do fato jurídico-tributário descrito no suposto da mesma norma. A edição dessa regra, como norma válida no sistema positivo, tem o condão de introduzir no ordenamento dois fatos: o *fato jurídico-tributário* (fato gerador) e o *fato relacional* que conhecemos por "relação jurídica tributária".

Deste modo, vê-se que relação jurídica tributária e obrigação tributária são conceitos inter-relacionados, de tal forma que um não é sem o outro; mas um é pelo outro. A análise das estruturas profundas do instituto ora em análise no direito tributário é o método por excelência que instrumentaliza a Ciência do Direito para localizar e relacionar a "obrigação tributária" com figuras de Direito afins, tais como dever instrumental", fato jurídico-tributário, crédito e débito. E este será o objetivo do presente artigo.

### *3.1 Composição interna do liame obrigacional*

A composição interna do liame obrigacional é integrada pela presença de três elementos – sujeito ativo, sujeito passivo e objeto – que se entrelaçam num vínculo abstrato. Renovemos a representação.

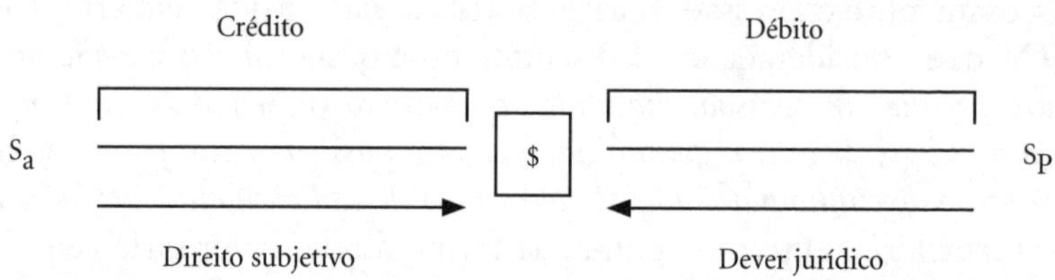


*Sa* é o sujeito ativo;

*Sp* é o sujeito passivo;

*$* é o objeto da prestação, uma quantia em dinheiro;

"→" representa o direto subjetivo de que está investido o sujeito ativo de exigir a prestação: "crédito";

"←" representa o dever subjetivo (ou dever jurídico) de cumprir a prestação: "débito";

"→" e "←" são dois vetores, com a mesma direção, mesma intensidade, porém de sentidos contrários.

O gráfico expõe a obrigação tributária na sua completude sintática. Todos os componentes que nele consignamos são elementos ínsitos, necessários e, portanto, imprescindíveis à existência da relação jurídica obrigacional. O objeto é o centro de convergência, para onde afluem as atenções e preocupações dos sujeitos. Diz-se que o sujeito ativo tem o direito subjetivo de exigir a prestação pecuniária. Em contranota, o sujeito passivo tem o dever jurídico de cumpri-la. Reproduzimos essa contraposição de interesses mediante dois vetores, de mesma intensidade, com a mesma direção, porém de sentidos contrários, justamente para mostrar que, satisfeito o dever jurídico, desaparece o direito subjetivo, e vice-versa. Ao se anularem mutuamente, extingue-se a relação jurídica, que não pode subsistir, repetimos, à míngua de qualquer dessas entidades integrantes de sua estrutura.

Devo salientar que o sujeito passivo da relação jurídico-tributária poderá ser pessoa física ou jurídica, privada ou pública, de quem se exige o cumprimento da prestação pecuniária. Na maioria das vezes a Constituição não aponta exatamente quem deva ser o sujeito passivo das exações cuja competência legislativa faculta às pessoas políticas. O constituinte costuma aludir a um evento, deixando a cargo do legislador ordinário não só estabelecer o desenho estrutural da hipótese normativa, que deverá girar em torno daquela referência constitucional, mas, além disso, escolher o sujeito que arcará com o peso da incidência fiscal, fazendo as vezes de devedor da prestação tributária. A cada um dos eventos eleitos para compor a hipótese da regra-matriz de incidência a autoridade legislativa apanha um sujeito, segundo o critério de sua participação direta e pessoal com a ocorrência objetiva, e passa a chamá-lo de contribuinte, fazendo-o constar da relação obrigacional, na qualidade de sujeito passivo.

A obrigação tributária, entretanto, só se instaura com sujeito passivo que integre a ocorrência típica. A ênfase afirmativa está fundada num argumento singelo, mas poderoso: o legislador tributário não pode afastar-se dos limites constitucionais à sua competência, que é oferecida de maneira discreta, mediante a indicação de meros eventos.

Aproveitando-se dessas referências, a autoridade legislativa exerce suas funções, autolimitando-se no compor da descrição normativa. Feito isso, não pode transpor as fronteiras do fato que ele mesmo (legislador ordinário), demarcou, nos termos constitucionalmente permitidos. Em consequência, somente pode ocupar a posição de sujeito passivo tributário quem estiver em relação com o fato jurídico praticado.

Pois bem, voltemos à ideia nuclear da esquematização relacional. Ao direito subjetivo, de que está investido o sujeito ativo, de exigir o objeto denominamos "crédito". E ao dever jurídico (ou também dever subjetivo) que a ele se contrapõe, de prestar o objeto, designamos "débito". Revela, por isso, inominável absurdo imaginar-se obrigação sem crédito, como também obrigação sem relação. No domínio dos desatinos, equipara-se à concepção do vínculo obrigacional sem sujeito ativo, ou sem sujeito passivo, ou sem objeto. Todos, conjugados e coalescentes, mantendo entre si os nexos que salientamos, outorgam ao liame o porte e a dignidade categorial de obrigação.

Definimos, portanto, *crédito tributário* como o direito subjetivo de que é portador o sujeito ativo de uma obrigação tributária e que lhe permite exigir o objeto prestacional, representado por uma importância em dinheiro.

É oportuno expressar, com o propósito de amarrar melhor os conceitos, que uma coisa é o objeto da obrigação: no caso, a conduta prestacional de entregar uma porção de moeda; outra o objeto da prestação, representado aqui pelo valor pecuniário pago ao credor ou por ele exigido.

Vem a ponto uma advertência que não pode ser preterida: o legislador brasileiro costuma empregar "crédito tributário" numa acepção bem ampla, designando não só o direito subjetivo que o sujeito ativo tem para exigir a prestação, como também o próprio liame obrigacional, na sua integridade constitutiva. No que concerne à primeira dessas significações, mais estrita, vemos que é usada, em reiteradas oportunidades, na suposição de que pudesse subsistir independentemente da obrigação. Daí falar-se em nascimento da obrigação e posterior constituição do crédito, como se isso fosse logicamente possível.

Não é, entretanto, a linha terminológica que seguimos. O crédito tributário é, simplesmente, uma forma de ver o laço obrigacional, o ângulo de quem o observa pelo ponto de vista do direito subjetivo de que está investido o credor da dívida tributária. A ele se contrapõe o débito tributário, consistente no dever jurídico atribuído ao sujeito passivo da relação. O vínculo, como um todo, pressupõe a integração de ambos, crédito e débito, sem o quê perde sentido falar em relação jurídica de caráter obrigacional, como é o caso do tributo.

Toda a disciplina da Lei 5.172/1966, que institui o Código Tributário Nacional brasileiro, estrutura-se com base na expressão "crédito tributário", de amplitude discreta e insuficiente para transmitir de forma adequada as mensagens que o legislador se propôs. Melhor seria se tivesse empregado "obrigação tributária", de proporções semânticas mais abrangentes.

## *4. Crédito, débito e obrigação tributária: limites conceptuais*

A Lei 5.172/1966 contempla o crédito tributário no Livro Segundo, Título III, consagrando-lhe seis capítulos. Cuidaremos aqui das "Disposições Gerais" (Capítulo I), onde vêm firmados os conceitos que o legislador emprega no desenvolvimento disciplinar da matéria.

> "O crédito tributário decorre da obrigação principal e tem a mesma natureza desta" (art. 139 do CTN).

O dispositivo demonstra reconhecer a inerência de que falamos e imprime à dualidade *crédito/obrigação* um tom explicativo que pode até despertar alguma dúvida, pois, se o crédito decorre da obrigação, é possível supor que haja obrigação sem crédito – o que a Teoria Geral do Direito não concebe. Seja como for, a segunda afirmação do enunciado prescritivo – "e tem a mesma natureza desta" – ratifica a identidade essencial, conduzindo à ilação de que devem ser considerados numa relação de todo (obrigação) para parte (crédito).

O preceito não merece, em si, uma crítica mais acesa, se bem que nele já se note a inclinação reprovável de separar a obrigação do crédito, cristalizada em vários preceptivos, que, a seu tempo, iremos examinando.

O art. 140 introduz a ideia – correta, a nosso ver – de que as mutações porventura experimentadas pelo crédito tributário, do seu nascimento à extinção, não afetam o vínculo que lhe deu origem. E, de fato, as circunstâncias modificadoras do crédito, no que toca à sua extensão, a seus efeitos, ou às garantias e privilégios a ele atribuídos, não chegam a abalar o laço obrigacional. Há um limite, contudo, que não poderia ser ultrapassado: a exclusão de sua exigibilidade – que equivale, ontologicamente, à extinção. Pecou nisso a proposição normativa que comentamos, porque a exclusão do crédito implica mutilar a obrigação tributária num ponto fundamental à sua existência como figura jurídica. De que modo imaginaríamos liame em que o sujeito passivo é cometido do dever jurídico de cumprir a prestação mas o sujeito ativo não detém a titularidade do direito subjetivo de postular aquele mesmo comportamento? E a bilateralidade ingênita à relação jurídica obrigacional, que é, antes de tudo, um vínculo entre sujeitos – o pretensor e o devedor?

Excedeu-se a autoridade legislativa ao consignar que a exclusão da exigibilidade do crédito não mexe com a estrutura da obrigação. Mexe a ponto de desarmá-la, de destruí-la. Excluir o crédito quer dizer excluir o débito, com existências simultâneas, numa correlação antagônica. E modificação de tal vulto extingue a obrigação tributária.

Percebe-se, pois, que no texto do Código Tributário Nacional brasileiro encontramos diversos problemas inerentes aos vocábulos e expressões empregados. Postulados os comentários referentes ao crédito, interessa-nos, no momento, o conteúdo semântico empregado por esse diploma legislativo ao referir-se ao "débito tributário".

Duas são as acepções em que pode ser utilizado: uma estrita, referindo-se ao dever jurídico de pagar tributo; outra ampla, referindo-se à unidade composta pela obrigação de pagar o tributo e às penalidades pecuniárias.

A definição do conceito de "débito" decorre da "relação jurídica". Esta consiste no nexo abstrato mediante o qual uma pessoa, chamada de "sujeito ativo", tem o direito subjetivo de exigir uma prestação, enquanto outra, designada de "sujeito passivo", está encarregada de cumpri-la. Identificam-se, aí, os elementos componentes da relação jurídica, quais sejam: sujeito ativo, sujeito passivo, objeto, direito subjetivo de que é titular o sujeito pretensor (crédito) e dever jurídico cometido ao sujeito passivo (débito).

Disso infere-se que débito é o dever jurídico que o sujeito passivo tem de cumprir uma prestação, relativamente a um objeto. Surge, portanto, a questão: na esfera tributária, que objeto seria esse? Na acepção estrita, tributo; na ampla, tributo e penalidades pecuniárias.

O legislador do Código Tributário Nacional optou pela acepção mais ampla. É o que se depreende da intelecção do art. 113 e §§. Esclarecendo os termos empregados nesse dispositivo, afirma José Souto Maior Borges[3] que:

> "Na regência do Código Tributário Nacional a obrigação tributária é principal ou acessória (art. 113, *caput*) e a obrigação principal tem por objeto o pagamento do tributo ou de penalidade pecuniária (art. 113, § 1º). Assim sendo, a obrigação tributária não é um conceito coextensivo ao de tributo, precisamente porque, transbordando-o, envolve também sanção específica de ato ilícito – a penalidade pecuniária".

Esse é o entendimento que se constrói também a partir do art. 121 do CTN – segundo o qual "sujeito passivo da obrigação principal é a pessoa obrigada ao pagamento de tributo ou de penalidade pecuniária" –, bem como de vários outros dispositivos espalhados por aquele diploma.

Registre-se que manifestamos nossa total discordância com relação ao conteúdo semântico empregado no Código Tributário Nacional. Optamos pela acepção estrita de obrigação tributária e, consequentemente, de crédito e débito tributários.[4] Entretanto, se nesta oportunidade estamos analisando o sentido atribuído pelo direito positivo em vigor ao vocábulo "débito", não podemos simplesmente ignorar suas prescrições definitórias relativas aos termos "obrigação" e "crédito".

Assim, crédito tributário corresponde, na terminologia do Código Tributário Nacional, ao direito subjetivo decorrente da obrigação principal, sendo o débito tributário o dever jurídico decorrente daquela obrigação. Consequentemente, como a obrigação principal, segundo essa legislação, tem por objeto o pagamento de tributo ou penalidade pecuniária, este é também o conteúdo do débito tributário.

## *5. Obrigação tributária e obrigação de direito administrativo-financeiro*

Como já observado anteriormente, as regras do Direito juridicizam os fatos sociais (entre eles, os naturais, que interessem de algum

3. José Souto Maior Borges, *Lançamento Tributário*, 2ª ed, São Paulo, Malheiros Editores, 1999 e 2001, p. 73.

4. Paulo de Barros Carvalho, *Curso de Direito Tributário*, 19ª ed., São Paulo, Saraiva, 2007, pp. 314-316.

modo à sociedade), fazendo irromper relações jurídicas, no seio das quais aparecem os direitos subjetivos e os deveres correlatos. Daí dizer-se que a incidência da regra faz nascer o vínculo entre sujeitos de direito, por força da imputação normativa. E a norma tributária não escapa desse quadro de atuação, que é universal, valendo para todo o espaço e para todo o tempo histórico.

Como decorrência do acontecimento do evento previsto hipoteticamente na norma tributária, instala-se o fato, constituído pela linguagem competente, irradiando-se o efeito jurídico próprio, qual seja, o liame abstrato mediante o qual uma pessoa, na qualidade de sujeito ativo, ficará investida do direito subjetivo de exigir de outra, chamada de sujeito passivo, o cumprimento de determinada prestação pecuniária. Empregando a terminologia do Código Tributário Nacional, diríamos que ocorreu o "fato gerador" (em concreto), surgindo daí a obrigação tributária: é a fenomenologia da chamada "incidência dos tributos".

Em rigor, não é o texto normativo que incide sobre o fato social, tornando-o jurídico. É o ser humano que, buscando fundamento de validade em norma geral e abstrata, constrói a norma jurídica individual e concreta, na sua bimembridade constitutiva, empregando, para tanto, a linguagem que o sistema estabelece como adequada, vale dizer, a linguagem competente. Instaura, desse modo, o fato e relata seus efeitos prescritivos, consubstanciados no laço obrigacional que vai atrelar os sujeitos da relação. E tal atividade, que consiste na expedição de uma norma individual e concreta, somente será possível se houver outra norma, geral e abstrata, que lhe sirva de fundamento de validade.

Com efeito, a hipótese tributária de qualquer exação deve descrever fato realizado por pessoa que manifeste, objetivamente, riqueza. Ao recortar, no plano da realidade social, aqueles fatos que julga de porte adequado para fazerem nascer a obrigação tributária, o legislador deve sair à procura de acontecimentos passíveis de serem medidos segundo parâmetros econômicos, uma vez que o vínculo jurídico a eles atrelado deve ter como objeto uma prestação pecuniária. É evidente que de uma ocorrência insuscetível de avaliação patrimonial jamais se conseguirão cifras monetárias que traduzam, de alguma forma, um valor em dinheiro. São esses eventos que fazem irromper a obrigação tributária, conduta prestacional de entregar uma porção de moeda (objeto da obrigação) e respectivo crédito (valor pecuniário objeto da prestação).

Paralelamente a essa espécie de relação obrigacional, identificamos no ordenamento brasileiro o surgimento de liames em que a Fazenda Pública figura no polo oposto, assumindo a posição de sujeito passivo. É a chamada "relação de débito da Fazenda Pública", cujo nascimento pode decorrer de: (*i*) recolhimento indevido ou a maior de importância pecuniária a título de tributo; (*ii*) prática de fato jurídico que faz nascer relação de crédito para o contribuinte; ou (*iii*) contrato administrativo firmado pela pessoa política. Em quaisquer dessas hipóteses a Fazenda Pública possui o dever de cumprir uma obrigação pecuniária para com o particular, caracterizando um "débito" seu. Na segunda hipótese, por exemplo, a legislação assegura que o valor pago a título de empréstimo compulsório seja devolvido, na forma e tempo previstos. Consequentemente, efetuado o recolhimento desse tributo, surge para o contribuinte o *direito ao crédito*, equivalente ao valor pago, com os índices de atualização e juros previstos em lei. Eis o débito da Fazenda Pública. Diferentemente do que ocorre na obrigação tributária, o contribuinte é credor na relação ora examinada. O Fisco se encontra no polo passivo do vínculo obrigacional, possuindo o dever de cumprir uma prestação pecuniária para com o contribuinte.

Vale, neste ponto, a observação de que o laço jurídico que assegura o direito de devolução dos valores pagos, em qualquer uma das três hipóteses supramencionadas, está inserido no quadro do direito público, pois configura vínculo entre Administração e administrado, mediante o qual se tem uma despesa do erário. No entanto, não terá natureza jurídico-tributária.

Convém recordar que o direito tributário como o ramo didaticamente autônomo do direito, integrado pelo conjunto das proposições jurídico-normativas que correspondam, direta ou indiretamente, à instituição, arrecadação e fiscalização de tributos, abarca, portanto, o nascimento, a vida e a extinção das relações jurídico-tributárias.[5] Como se vê, é em torno do conceito de tributo que gira o direito tri-

5. Paulo de Barros Carvalho, *Curso de Direito Tributário*, cit., 19ª ed., p. 15.

butário. O direito financeiro, por sua vez, preocupa-se com momentos posteriores à extinção do vínculo obrigacional tributário e com liames de outra natureza. É, por igual, ramo didaticamente autônomo do Direito, composto por proposições prescritivas que disciplinam a atividade financeira do Estado. Volta-se, portanto, ao campo das receitas e despesas públicas.

Observa-se que, não obstante "direito tributário" e "direito financeiro" relacionarem-se em virtude da unidade do ordenamento jurídico brasileiro, são diversos seus campos de aplicação: o primeiro dirige-se à disciplina da atividade tributária, encontrando campo de incidência desde a instituição do tributo até o momento em que é extinto o liame jurídico-tributário; o segundo regula os demais segmentos da atividade financeira estatal, neles se incluindo as fases posteriores à extinção do crédito tributário.

O art. 156 do CTN enuncia 11 causas extintivas da obrigação tributária: (*i*) pagamento; (*ii*) compensação; (*iii*) transação; (*iv*) remissão; (*v*) prescrição e decadência; (*vi*) conversão do depósito em renda; (*vii*) pagamento antecipado e sua homologação; (*viii*) consignação em pagamento; (*ix*) decisão administrativa irreformável; (*x*) decisão judicial passada em julgado; e (*xi*) dação em pagamento em bens imóveis. Voltemos nossa atenção para a figura do pagamento, consistente na prestação que o devedor, ou alguém por ele, faz ao sujeito pretensor da importância pecuniária correspondente ao débito do tributo. É essa modalidade de causa extintiva que ora nos interessa, pois com o pagamento do tributo extingue-se o vínculo obrigacional tributário e rende-se espaço a outra relação, de caráter financeiro. Isso não exclui, ainda, a possibilidade de esse segundo vínculo obrigacional ser considerado pela perspectiva do direito administrativo, pois em relação a ele aplicam-se as normas que disciplinam o relacionamento entre Administração e administrados.

Qualquer que seja o ângulo de análise, uma conclusão é certa: a natureza pública da relação jurídica que tem por objeto devolução de valores pagos a título de empréstimo compulsório. Pelo prisma do direito financeiro trata-se de uma despesa pública; pelo panorama do direito administrativo tem-se vínculo firmado entre Administração e administrado.

## 6. *Obrigação tributária e deveres instrumentais*

Se o critério não for a posição que ocupam Fisco e contribuinte, mas sim o conteúdo da obrigação, encontramos dois tipos de relações nas normas de direito tributário: (*i*) as de substância patrimonial e (*ii*) os vínculos que fazem irromper deveres instrumentais. A primeira dessas espécies é conhecida por "obrigação tributária", tendo como objeto da prestação uma quantia em dinheiro, nos termos do art. 3º do CTN. Solta ou gravitando em seu derredor está a segunda modalidade, representada por múltiplas relações que prescrevem comportamentos outros, positivos ou negativos, consistentes num fazer ou não fazer, os quais estão preordenados a tornar possível a apuração, o conhecimento, o controle e a arrecadação dos valores devidos a título de tributo.

É preciso assinalar que os deveres instrumentais cumprem papel relevante na implantação do tributo, porque de sua observância depende a documentação em linguagem de tudo que diz respeito à pretensão impositiva. Por outros torneios, o plexo de providências que as leis tributárias impõem aos sujeitos passivos, e que nominamos de "deveres instrumentais" ou "deveres formais", tem como objetivo precípuo relatar em linguagem os eventos do mundo social sobre os quais o Direito atua, no sentido de alterar as condutas inter-humanas para atingir seus propósitos ordinatórios. Tais deveres assumem, por isso mesmo, uma importância decisiva para o aparecimento dos fatos tributários, que sem eles muitas vezes não poderão ser constituídos na forma jurídica própria.

É extremamente significativa a participação dos deveres instrumentais na composição da plataforma de dados que oferecem condições à constituição do fato jurídico-tributário, pois a prestação atinente aos deveres formais é a base sobre a qual a formação do fato vai sustentar-se. Exemplificando: ao realizar a venda de produtos industrializados o contribuinte deve emitir nota fiscal, em que figuram as informações imprescindíveis à identificação do evento. Além disso, cabe-lhe escriturar esses elementos informativos no livro próprio, oferecer declarações e preencher documentos relativos ao acontecimento a que deu ensejo. Esse feixe de notícias indicativas, postas na linguagem jurídica competente, consubstanciará o alicerce comunicativo sobre o qual será produzida a norma tributária individual e concreta.

Tal importância vem fazendo sentir-se no ordenamento jurídico brasileiro com a multiplicação do número de deveres instrumentais em nosso sistema. Sua quantidade tem aumentado na mesma medida em que a sociedade, inexoravelmente, como diria Zimmel, tende à complexidade e multiplicação de etapas na realização de seus atos, aperfeiçoando os meios de que se vale para alcançar os fins pretendidos, e nesse processo criam-se sempre mais passos para alcançá-los.

Conceptualmente, uma coisa é o ato de emissão da norma individual e concreta, e outra é o documento que resultou desse ato. O primeiro, como assinalam Anscombre e Ducrot, é "da ordem do acontecimento, e, como tal, não se reproduz nunca duas vezes idênticas a si mesma".[6] O segundo, por oposição ao primeiro, deve ser concebido como o estado que desse ato decorre. Pois bem, para que haja o fato jurídico-tributário e a relação entre sujeitos de direito que dele, fato, se irradia, indispensável se torna, também, a existência dessa linguagem, resultado do ato de enunciação (produção) normativa – linguagem que relate o evento acontecido no mundo da experiência e linguagem que relate o vínculo jurídico que se instala entre duas ou mais pessoas. O corolário de admitirmos esses pressupostos é de suma gravidade, porquanto, se ocorrerem alterações na circunstância social, descritas no antecedente de regra jurídica como ensejadoras de efeitos de direito, mas que por qualquer razão não vierem a encontrar a forma própria de linguagem, *não serão consideradas fatos jurídicos e, por conseguinte, não propagarão direitos e deveres correlatos.*

Nada obstante, cumpre advertir que a formação desse tecido linguístico, por mais relevante que possa ser, circunscrevendo, com minúcias, as ocorrências tipificadas na lei tributária, ainda não é suficiente para estabelecer juridicamente o fato. Trata-se de relato em linguagem competente, não há dúvida, mas ainda não credenciada àquele fim específico. É indispensável a edição da norma individual e concreta, no antecedente da qual aparecerá a configuração do fato jurídico-tributário e no consequente a respectiva relação. Por esses mesmos fundamentos, o instante em que nasce a obrigação tributária é exatamente aquele em que a norma individual e concreta, produzida pelo particular ou pela Administração, ingressa no sistema do direito positivo.

6. Anscombre e Ducrot, *L'Argumentation dans le Langue*, Paris, Languages, 1976, p. 18.

## 7. *O fato jurídico tributário e seu efeito peculiar: instaurar o vínculo obrigacional*

No ordenamento a constituição do fato dá-se no antecedente de norma individual e concreta. "Fatos jurídicos" não se confundem com os fatos do mundo social, constituídos pela linguagem de que nos servimos no dia a dia. Antes, já vimos, são os enunciados proferidos na linguagem competente do direito positivo.

Com efeito, se as mutações que ocorrerem entre os objetos da experiência vierem a ser contadas em linguagem social, teremos os fatos, no seu sentido mais largo e abrangente. Aquelas mutações, além de meros "eventos", assumem a condição de "fatos": fatos sociais. Da mesma forma, para o ponto de vista do Direito os fatos da chamada realidade social serão simples eventos enquanto não forem constituídos em linguagem jurídica própria. Para melhor esclarecer o assunto costumo empregar singelo exemplo envolvendo o nascimento de um ser humano:

(a) Nasce uma criança. Isso é um evento.

(b) Os pais contam aos vizinhos, relatam os pormenores aos amigos e escrevem aos parentes distantes para dar-lhes a notícia. Aquele evento, por força dessas manifestações de linguagem, adquiriu as proporções de um fato, de natureza social.

(c) Os pais ou responsáveis comparecem ao cartório de registro civil e prestam declarações. O oficial do cartório expede uma norma jurídica cujo antecedente é o fato do nascimento e o consequente é a prescrição de relações jurídicas em que o recém-nascido aparece como titular dos direitos subjetivos fundamentais. Tem-se, nesse momento, a constituição do fato jurídico.

Sucede dessa maneira porque o Direito posto não se satisfaz com a linguagem ordinária, que utilizamos em nossas comunicações corriqueiras. Exige forma especial, fazendo adicionar declarações perante autoridades determinadas, requerendo a presença de testemunhas e outros requisitos mais, conforme o caso. A linguagem do direito positivo incide sobre a linguagem da realidade social para, só então, produzir a linguagem da facticidade jurídica.

Por todo o exposto, concluímos consistir o "fato jurídico" no enunciado linguístico denotativo, protocolar, topicamente colocado no antecedente de norma individual e concreta, emitida num determinado momento do processo de positivação do Direito. Relatado o evento por qualquer outra modalidade linguística, inapropriado falar-se em juridicidade do fato, não vindo ele a integrar a realidade do Direito.

Com supedâneo nessas meditações podemos notar, com hialina clareza, que a incidência não se dá, "automática e infalivelmente", com o acontecimento previsto na norma tributária, como afirmou de modo enfático Alfredo Augusto Becker. Com o mero evento, sem que adquira expressão em linguagem competente, constituindo o fato, não há que falar em fenômeno da incidência jurídica.

Para que a norma incida é fundamental que o acontecimento do mundo físico-social seja "contado" na forma própria que o Direito prescritivamente institui. Em outras palavras, mister se faz que haja um conjunto de signos certificadores do evento e que tais elementos linguísticos sejam emitidos por órgão reconhecido do sistema, constituindo-se, dessa forma, o fato jurídico. A percussão da norma pressupõe relato em linguagem competente: é a linguagem do Direito constituindo a realidade jurídica.

## *8. Notas conclusivas*

Todo conhecimento se manifesta pela linguagem, mediante proposições descritivas. Conhecer a obrigação tributária, deste modo, é indicar as acepções da palavra, incorporadas ao patrimônio linguístico por força de necessidades sociais, apontando para a própria definição que se quer dar ao termo.

# *NÃO CUMULATIVIDADE DO ICMS E SEUS CRÉDITOS*

PEDRO GUILHERME ACCORSI LUNARDELLI

Mestre e Doutor pela PUC/SP. Professor do Curso de Especialização em Direito Tributário da PUC/SP-COGEAE, do Curso de Especialização em Direito Tributário do Instituto Brasileiro de Estudos Tributários/IBET, do Curso de Educação Continuada em Direito da GV*Law* e do Curso de Especialização da Escola Paulista de Direito/EPD. Advogado.

*Introdução. I – A não cumulatividade como limite objetivo. II – A não cumulatividade e os seus critérios formais constitucionais. III – A não cumulatividade e os seus critérios formais infraconstitucionais. IV – A não cumulatividade e os seus critérios materiais constitucionais. V – Dos bens de uso e consumo segundo a Teoria Econômica e a sua recepção pelo ordenamento jurídico. VI – Conclusão: rol de relações jurídicas que ensejam o crédito do ICMS. Referências bibliográficas.*

## *Introdução*

Objetiva-se, neste trabalho, manter acesa a discussão relacionada aos créditos de ICMS em função da regra da não cumulatividade e seus eventuais limites constantes na legislação, quer seja constitucional ou infraconstitucional.

O presente trabalho divide-se nos seguintes tópicos: I – A não cumulatividade como limite objetivo; II – A não cumulatividade e os seus critérios formais constitucionais; III – A não cumulatividade e os seus critérios formais infraconstitucionais; IV – A não cumulatividade e os seus critérios materiais constitucionais; V – Dos bens de uso e consumo segundo a Teoria Econômica e a sua recepção pelo ordenamento jurídico; e VI – Conclusão: rol de relações jurídicas que ensejam o crédito do ICMS.

## *I – A não cumulatividade como limite objetivo*

Partamos já expondo a distinção que há entre o que se entende por "princípio" e o que se há de conceber por "limite objetivo", deixando para aqueles que desejam inserir-se neste apaixonante campo de especulação científica a tarefa de expor as várias correntes que delineiam este tema.[1]

Assumiremos, de modo estipulativo,[2] a posição do professor Paulo de Barros Carvalho (2000, p. 142), para quem é possível efetuar a análise do fenômeno normativo enquanto concebido apenas em sua estrutura, bem como analisá-lo considerando o que, normativamente, nele se manifesta, como é o caso dos princípios e dos limites objetivos.

Se o nosso propósito for o estudo dos princípios, como tais insertos nas normas – assevera o citado professor –, a tarefa consistirá em algo bastante árduo, porquanto deveremos percorrer o vasto campo da axiologia e, especialmente, o da história da formação dos conceitos que lhe são aplicáveis. Por outro lado, se o desejo for analisar os limites objetivos, o trabalho mostrar-se-á, talvez, menos tormentoso, haja vista que nesta seara teremos os enunciados normativos devidamente objetivados, bem como os respectivos conceitos e definições já largamente trabalhados pela ciência e pela jurisprudência, facilitando, portanto, a sua compreensão.

Estamos convictos de que a não cumulatividade está no campo dos limites objetivos, pois, de um lado, não nos exige o necessário ingresso na axiologia para defini-la, e, de outro, permite-nos construir seu significado a partir da análise dos seus respectivos enunciados, quer os constitucionais, quer os infraconstitucionais.

Isto não quer dizer que entendamos inexistirem valores na não cumulatividade. Valor há em qualquer manifestação humana, e, portanto, o fenômeno normativo não poderia fugir a tal regra. No caso da não cumulatividade o valor apresenta-se-nos, no mínimo, na finalidade

1. A título meramente exemplificativo, consultar Márcio Pestana, *O Princípio da Imunidade Tributária*, São Paulo, Ed. RT, 2001.

2. "Estipulação" é modo de assumir um dos possíveis significados de um determinado termo para evitar o equívoco da falácia da ambiguidade. Segundo Nicola Abbagnano, estipulação é o "ato de estabelecer uma convenção; ou a própria convenção" (*Dicionário de Filosofia*, 2ª ed., São Paulo, Mestre Jou, 1962, p. 356).

de se evitar a cumulação do ônus econômico de um determinado imposto na composição do custo de certo produto. Este é, em última instância, se não o mais importante valor, um dos mais importantes valores que lastreiam a normatização do limite objetivo relacionado à não cumulatividade.

## *II – A não cumulatividade e os seus critérios formais constitucionais*

Vejamos, primeiramente, como se manifestam os enunciados constitucionais que tratam da não cumulatividade do ICMS:

> "Art. 155. (...).
>
> "(...).
>
> "§ 2º. O imposto previsto no inciso II atenderá ao seguinte: I – será não cumulativo, compensando-se o que for devido em cada operação relativa à circulação de mercadorias ou prestação de serviços com o montante cobrado nas anteriores pelo mesmo ou outro Estado ou pelo Distrito Federal; II – a isenção ou não incidência, salvo determinação em contrário da legislação: a) não implicará crédito para a compensação com o montante devido nas operações ou prestações seguintes; b) acarretará a anulação do crédito relativo às operações anteriores; (...) XII – cabe à lei complementar: (...) c) disciplinar o regime de compensação do imposto;
>
> "(...)."

Fixemos, agora, a significação dos conceitos-base[3] deste dispositivo constitucional, destacados na transcrição *supra.*

Façamos a eliminação de uma primeira ambiguidade presente no *caput* do transcrito § 2º quando se refere ao termo "imposto".

Devemos notar que este dispositivo não está se referindo a *imposto* no sentido da norma ou da regra-matriz do ICMS – "a regra-matriz do ICMS atenderá ao seguinte" –, porquanto não é esta regra-matriz que deve conter dispositivo que evite a composição do ônus econômico do ICMS, mas sim a regra-matriz da própria não cumulatividade.

3. Sobre tais conceitos, também considerados fundamentais por Lourival Vilanova, consultar o seu livro *Sobre o Conceito do Direito*, Recife, Imprensa Oficial, 1947, pp. 18-19.

Confira-se que a regra-matriz do ICMS operacionaliza-se a partir da concretização dos eventos previstos em sua hipótese (operações com mercadorias ou energia elétrica, prestação de serviços de transporte ou de comunicação etc.) e em seu consequente (os elementos quantificadores e determinantes dos sujeitos da relação tributária), nos quais não encontramos qualquer menção ao encontro entre créditos e débitos deste imposto.

Desta forma, quando a Carta alude ao termo "imposto" no referido dispositivo, não o adota no sentido técnico previsto no art. 16 do CTN, que estabelece que "imposto é o tributo cuja obrigação tem por fato gerador uma situação independente de qualquer atividade estatal específica, relativa ao contribuinte", mas, sim, empregando significação diversa que esta para a regra-matriz da não cumulatividade, ou, como queiram, a norma de compensação da não cumulatividade, que, em nosso entendimento, atua paralelamente à do ICMS.[4]

Com efeito, não é a regra-matriz do ICMS que será objeto da compensação de que trata o *caput* deste § 2º, mas sim a relação de crédito tributário do ICMS que, sendo resultado da eficácia jurídica[5] da operacionalização da regra-matriz deste tributo estadual, e em observância à relatividade das relações,[6] é colhida descritivamente na hipótese da norma da não cumulatividade.

Sim, em nossa opinião a não cumulatividade manifesta-se por um típico fenômeno normativo, no qual se verificam, respectivamente, a hipótese e o consequente.

Na hipótese figuram como eventos juridicamente descritos as relações de crédito decorrentes de operações e prestações realizadas pelos possíveis sujeitos passivos do ICMS. No consequente, por sua vez, teremos a definição da relação jurídica pertinente à compensação destas mencionadas relações de crédito do ICMS, estando de um lado o Fisco, na qualidade de sujeito passivo, e de outro, como sujeito ativo,

4. Neste sentido: José Eduardo Soares de Melo e Luiz Francisco Lippo, *A Não Cumulatividade Tributária*, São Paulo, Dialética, 1998, p. 115.

5. Sobre a diferença entre *eficácia jurídica* e *eficácia legal*, v. Pontes de Miranda, *Tratado de Direito Privado*, 1ª ed., t. I, São Paulo, Ed. RT, 1983, p. 20.

6. Sobre a relatividade das *relações jurídicas*, ora prescritas no *consequente* das normas, ora descritas na sua *hipótese*, consultar Lourival Vilanova, *As Estruturas Lógicas e o Sistema de Direito Positivo*, São Paulo, Ed. RT, 1977, p. 154.

aquele que, em outra oportunidade, participou na qualidade de sujeito passivo da regra-matriz do ICMS.

A compensação apresenta-se no consequente desta norma da não cumulatividade prescrevendo justamente o cálculo entre tais relações de crédito do ICMS e a liquidação recíproca até os respectivos limites. O saldo *credor* ou *devedor* significa apenas o resultado desta operação, que, juridicamente, deve ser entendido como a positivação de outra relação, que pode ser de crédito tributário[7] entre o Fisco e o sujeito passivo (*saldo devedor*), ou entre sujeito ativo e Fisco (= relação de *débito tributário = saldo credor*).

Vejamos, assim, mais detidamente, os critérios desta estrutura normativa, iniciando pela descrição dos fatos jurídicos que deverão compor a sua hipótese.

Eliminemos, nesse passo, a segunda ambiguidade relativa à definição do que se deve entender por "o que for devido em cada operação (...) ou prestação". Lembremos que o que é devido é o imposto, que foi implicitamente considerado pelo legislador constituinte. Além disso, recordemos que o termo "imposto" usado neste inciso I manifesta a significação de relação de crédito tributário do ICMS que nada tem a ver com aquele sentido de regra-matriz da não cumulatividade. Nesse caso, podemos dizer, então, que *imposto* devido em cada operação significa as relações de crédito tributário do ICMS decorrentes da concretização do fato gerador previsto na regra-matriz deste tributo por um determinado sujeito passivo. Seriam, neste sentido, os vulgarmente denominados *débitos das operações ou prestações próprias do contribuinte.*

Poder-se-ia objetar esta afirmação dizendo que se a Constituição Federal prevê, implicitamente, o *imposto*, e não os "*impostos devidos* em cada operação ou prestação"; não nos seria permitido concluir que o significado deste termo implicasse o conjunto de relações de crédito tributário decorrentes da regra-matriz do ICMS, mas, apenas e tão

7. Esclareça-se que esta relação de crédito tributário não se confunde com aquela relação originada da concretização da hipótese da regra-matriz do ICMS. Ambas configuram relações de crédito havido entre o Fisco e o sujeito passivo, porém situadas em consequentes normativos diversos. Não obstante estejamos cientes da ambiguidade presente nesta expressão, preferimos mantê-la em nossa exposição, informando o leitor a respeito destes dois significados.

somente, a relação individual de crédito tributário advinda da materialização de cada fato gerador.

A objeção é pertinente. Mas vejam que, se quisermos aplicá-la conforme este critério, teremos a conclusão seguinte: a esta relação individual de crédito tributário concretizada pelo sujeito passivo da regra-matriz do ICMS serão opostas todas as demais relações de crédito admitidas pela hipótese da norma da não cumulatividade. O resultado disso, então, será a existência de *saldo credor* originado desta compensação particularizada, o qual poderá ser utilizado para compensar com as subsequentes relações individuais de crédito tributário do sujeito passivo. *Saldo*, este, compensável até que se esgotem as respectivas relações individuais de crédito deste sujeito passivo.

Por tal razão, não vemos inconsistência em afirmarmos que a Constituição autoriza falar-se que "imposto devido em cada operação" quer significar o conjunto de relações de crédito tributário do sujeito passivo do ICMS. No máximo, acreditamos, trabalharemos com mais uma ambiguidade, que, neste caso, considera o termo "imposto" como o nome[8] dado a uma classe de objetos, e não como o nome de um elemento desta classe.

Outra conclusão que inferimos é que tal objeção não nos permite concluir que há restrição no âmbito de aplicação das relações de crédito que irão compor a hipótese da norma da não cumulatividade, no sentido de que a compensação dar-se-ia apenas individualmente entre tais relações. Se há a individualização de tais relações, ela aplica-se apenas no tocante às relações de crédito do sujeito passivo da regra-matriz do ICMS, e não para as demais relações colhidas nesta referida hipótese normativa (a da não cumulatividade).

Portanto, "o que for devido em cada operação (...) ou prestação de serviços" quer significar as relações de crédito tributário originadas da eficácia jurídica da regra-matriz do ICMS; relações, estas, que se concretizam entre o sujeito passivo e o Fisco por força da realização das respectivas e possíveis operações ou prestações sujeitas à incidência de tal regra-matriz (a do ICMS).

8. Sobre a relação que há entre *nome* e *classe*, consultar Eurico Marcos Diniz de Santi, *Justiça Tributária – 1º Congresso Internacional de Direito Tributário – Instituto Brasileiro de Estudos Tributários/IBET*, 1ª ed., São Paulo, Max Limonad, 1998, p. 128.

Superada esta etapa, devemos enfrentar outra dificuldade, adstrita à conotação[9] das relações de crédito tributário do ICMS que integram a hipótese da norma da não cumulatividade.

Voltemos aos enunciados do referido inciso I, para melhor aclarar nosso objeto de análise. No mesmo, enuncia-se que o ICMS "(...) será não cumulativo, compensando-se o que for devido em cada operação relativa à circulação de mercadorias ou prestação de serviços com o montante cobrado nas anteriores".

Vimos, ao tratar da primeira ambiguidade, que "compensando-se o *[imposto]*[10] que for devido em cada operação" quer significar as relações de crédito tributário originadas da concretização da regra-matriz do ICMS pelo próprio sujeito passivo. Assim, as possíveis relações de crédito que, necessariamente, deverão compor a hipótese da norma de compensação, segundo tais critérios constitucionais formais, são as relações originadas de cada uma das operações ou prestações sujeitas à regra-matriz do ICMS que venham a ser concretizadas pelo respectivo sujeito passivo.

As demais relações de crédito, objeto da hipótese da norma de compensação, estão referidas na seguinte passagem do mencionado inciso I: "com o montante cobrado nas anteriores".

Não entraremos na discussão que tem por objeto a identificação do significado do vocábulo "cobrado", pois tanto no Judiciário[11] quanto na doutrina nacional há o assente entendimento de que sua significação reporta-se à relação de crédito tributário havida com a concretização do consequente da regra-matriz do ICMS, que pressupõe a realização de qualquer um dos eventos previstos na hipótese da norma tributária deste tributo. Sendo assim, basta a concretização desta relação de crédito para se entender o sentido de "cobrado", pois é irrelevante a sua extinção pelo respectivo sujeito passivo ou a sua cobrança, administrativa ou judicial, pelo Estado, na qualidade de credor.

9. Sobre a distinção entre *intenção*, ou *conotação*, e *extensão*, ou *denotação*, consultar Irving M. Copi, *Introdução à Lógica*, 2ª ed., São Paulo, Mestre Jou, 1978, pp. 119-123.

10. Conforme havíamos mencionado, este termo está *implícito* neste inciso I do § 2º.

11. A título exemplificativo, consultar o RE 78.589-SP, *DJU* 4.11.1974.

O termo "montante", por sua vez, deve ser compreendido como a soma de vários elementos (Aulete, 1958, p. 3.339). Tal significado torna-se mais evidente quando o analisamos no contexto em que este termo foi empregado – o "montante cobrado nas anteriores". Não nos parece remanescer dúvida de que se trata da soma das relações de crédito do ICMS havidas nas operações ou prestações realizadas por outros sujeitos passivos que não aquele dos denominados *débitos próprios*. Portanto, o significado de "montante" implica o somatório de todas as relações de crédito do ICMS admitidas na hipótese da norma da não cumulatividade ocorrida, além daquelas relativas aos *débitos próprios* do sujeito passivo da regra-matriz do ICMS, que, agora, apresenta-se como sujeito ativo no consequente da regra da não cumulatividade.

Resta-nos, por fim, analisar o significado do vocábulo "anteriores", que, igualmente aos demais, apresenta suas próprias dificuldades. Isto porque, semanticamente, este termo pode referir-se tanto a *espaço* quanto a *tempo* (Aulete, 1958, p. 361).

Assumindo uma única significação para o termo "espaço"[12] para o fim de determinar o sentido da palavra "anteriores", constatamos que restaria prejudicado o conhecimento semântico desta parte do inciso I do § 2º do art. 155, ora em análise, porquanto, nesta perspectiva constitucional, não nos parece seja possível trabalhar com o significado de que haveria relação de crédito em posição espacial anterior à de outra ou de outras.

Desta feita, sob esta perspectiva, não concebemos a possibilidade de uma cadeia espacial de relações de crédito tributário.

Por isso, o que se nos mostra viável é considerar o termo "anteriores" pela perspectiva temporal, permitindo-nos, assim, formar o significado da expressão "montante cobrado nas anteriores" como sendo a soma de todas as relações de crédito tributário do ICMS que, admitidas na hipótese da norma da não cumulatividade, venham a ocorrer dentro de um determinado período de tempo, que, examinado à luz da Carta de 1988, não está previamente fixado.

Fechado o cerco dos significados relativos ao inciso I do § 2º do art. 155 da CF – "será não cumulativo, compensando-se o que for de-

12. Como sendo a "posição de um corpo entre os outros corpos" (Nicola Abbagnano, *Dicionário de Filosofia*, cit., 2ª ed., p. 330).

vido em cada operação (...) ou prestação (...) com o montante cobrado nas anteriores" –, emerge a conclusão de que a hipótese normativa da não cumulatividade é composta unicamente pelas relações de crédito tributário do ICMS originadas, de um lado, das operações ou prestações realizadas pelo próprio sujeito passivo da regra-matriz deste tributo estadual que, agora, opera a regra da não cumulatividade e, de outro, por todas as demais relações de crédito deste tributo que, não obstante não se refiram a este sujeito passivo, são colhidas pela hipótese da não cumulatividade. Neste último caso, o único limitador existente é o temporal, cuja definição, por determinação constitucional, foi transferida para a legislação infraconstitucional.

As duas únicas exceções admitidas na formação da hipótese da norma da não cumulatividade, se o contrário não for disposto por lei infraconstitucional, estão prescritas no inciso II deste § 2º. A primeira exceção prevê que, nesta hipótese, não poderá ser considerada qualquer relação *presumida*[13] de crédito do ICMS se, no período anterior à operação ou prestação próprias do sujeito passivo, norma de isenção[14] tiver incidido sobre fato jurídico isento. A segunda determina que, se a própria operação do contribuinte for isenta, então, as relações de crédito anteriores não serão computadas na hipótese da norma da não cumulatividade.

Note-se que nesta segunda hipótese a Constituição Federal refere-se apenas a operações. Logo, considerando que os termos "opera-

13. Por não ser objeto da presente análise, não serão feitas maiores digressões a respeito desta afirmação. Apenas tenha-se em conta que entendemos haver a *presunção* desta relação, por discordar da posição assente, historicamente, na doutrina e na jurisprudência no sentido de que a isenção seria uma "dispensa legal do pagamento do crédito tributário", tal qual havia sido definida no art. 220 do Anteprojeto do CTN, da lavra de Rubens Gomes de Sousa. Segundo tal definição, sendo apenas uma dispensa legal do pagamento do crédito; o crédito tributário nasceria, mas, por força da norma de isenção, seria eliminado apenas o respectivo valor da obrigação tributária. Havendo crédito tributário, então, os contribuintes do antigo ICM poderiam apropriá-lo na escrita para a compensação com os débitos de conta própria. Para demonstrar como esta tese está arraigada em nosso cenário jurídico, foi ela a base para o principal argumento invocado pelo Min. Nelson Jobim para dar provimento ao RE 212.484-RS, dando o crédito presumido do IPI para as aquisições de insumos originários da Zona Franca de Manaus, colhidas por norma de isenção.

14. Entendemos que o fenômeno normativo da isenção compreende o da não incidência, razão pela qual não visualizamos fenômenos jurídicos distintos neste dispositivo da Carta de 1988. Para aprofundamento sobre o assunto: Pedro Guilherme Accorsi Lunardelli, *Isenções Tributárias*, 1ª ed., São Paulo, Dialética, 1999.

ções" e "prestações" apresentam limites semânticos distintos, não há que se fazer o estorno das relações de crédito do ICMS anteriores quando houver prestações isentas deste tributo.[15]

Feitos estes registros, passemos adiante, concluindo esta primeira parte da análise.

A não cumulatividade, tal qual aí se apresenta, descreve em sua hipótese, salvo as mencionadas exceções pertinentes à norma de isenção, os eventos jurídicos referentes a todas as relações de créditos do ICMS realizadas pelo sujeito passivo da regra-matriz deste tributo, bem como todas as relações de crédito que, não materializadas por este sujeito passivo, são admitidas hipoteticamente por esta norma.

Desta feita estamos em condições de nos opor à posição daqueles[16] que sustentam que, de acordo com os critérios constitucionais, a não cumulatividade do ICMS seria linear (imposto contra imposto), na qual ter-se-ia o encontro da relação de crédito de uma única operação ou prestação com uma específica relação de crédito incorrida pelo sujeito passivo deste imposto.

Frise-se, considerando tais critérios exclusivamente formais constitucionais, na hipótese da norma da não cumulatividade não se verifica este mecanismo linear, mas tão somente a descrição de quais relações serão colhidas como eventos jurídicos aptos a desencadear os efeitos previstos em seu consequente.

Reiteramos que, ainda que admitamos a procedência desta tese da compensação linear ("compensando-se o que for devido em cada operação"), ela somente seria aplicável às relações de crédito havidas da concretização da regra-matriz do próprio sujeito passivo, manipulador, agora, da norma da não cumulatividade. Jamais haveria possibilidade de tolher as demais relações de crédito do ICMS que são colhidas pela hipótese da não cumulatividade, previstas na já referida passagem do dispositivo constitucional – "montante cobrado nas anteriores."

Portanto, este argumento não serve para restringir o rol de relações de crédito do ICMS que devem compor a hipótese da norma da não cumulatividade.

15. Tal distinção veio a ser reconhecida pelo STF nos autos do AI 428.621-7 (*DJU* 14.4.2003).

16. Neste sentido também parece-nos ter sido a posição do Min. Marco Aurélio manifestada nos autos do RE 161.031-0-MG (*DJU* 6.6.1997).

Aliás, sobre o consequente da norma da não cumulatividade também não encontramos, neste patamar constitucional, nada que nos indique qualquer vedação a este respeito. Por isso, não é possível afirmar que, com apoio nestes critérios, teríamos uma não cumulatividade linear. Explicamos.

O que foi feito até o presente momento diz respeito ao esforço necessário para aclarar apenas os critérios da hipótese desta norma. Quanto ao seu consequente, deveremos pesquisar outros dispositivos constitucionais, e particularmente a alínea "c" do inciso XII do § 2º do art. 155, que dispõe que caberá à lei complementar "disciplinar o regime de compensação do imposto".

Tal dispositivo, igualmente aos demais que se submeteram à presente análise, contém dúvidas a respeito do seu conteúdo, daí a necessidade de recorrermos aos recursos da interpretação analítica, descrevendo cada uma de suas partes. Isto para resolvermos, preliminarmente, a dúvida relativa à sua efetiva função,[17] na medida em que se poderia alegar que o *regime de compensação* já havia sido descrito quando analisamos o inciso I do § 2º do art. 155 da Magna Carta, acima transcrito. Sendo assim, nada restaria à lei complementar.

Em nossa opinião, esta não é a melhor conclusão que se pode firmar a respeito destes dispositivos. Isto porque, se os reescrevermos com apoio da mencionada estrutura normativa, teremos condições de compatibilizá-los e, inclusive, inferir que suas funções são claramente distintas. Portanto, funções típicas e inconfundíveis para ambos os dispositivos.

Enquanto os incisos I e II do § 2º do art. 155 têm a função de apresentar os critérios delineadores da hipótese da norma da não cumulatividade, a alínea "c" do inciso XII aponta os critérios do seu consequente. Nesse passo, como já havíamos adiantado, verificamos que a Constituição nada dispôs sobre o cálculo das relações colhidas pelo consequente da norma da não cumulatividade. Outorgou-se, desta forma, à lei complementar a competência para prescrever quais métodos poderiam ser aplicados para a consecução deste cálculo relacional caracterizador da compensação.

17. A título de esclarecimento, a definição filosófica da palavra "função" é a de "operação própria de uma determinada coisa" (Nicola Abbagnano, *Dicionário de Filosofia*, cit., 2ª ed., p. 450).

Assim, assumindo para o vocábulo "disciplina" o sentido de *conjunto de prescrições ou regras destinadas a manter a boa ordem e regularidade* (Aulete, 1958, p. 1.531) de determinados elementos de um *regime*, e para este o sinônimo de *sistema*,[18] entendido, por sua vez, como o complexo de relações havidas entre os elementos que o compõem, todas reguladas por aquela *disciplina*, temos plenas condições de inferir a função que a Constituição Federal cometeu à lei complementar ao se referir a ela na mencionada alínea "c" do inciso XII do § 2º do art. 155 da Carta de 1988.

Com efeito, ao *disciplinar* o regime de compensação do ICMS, caberá à lei complementar prescrever tão somente os critérios do consequente da norma da não cumulatividade, estabelecendo como será o cálculo das relações de crédito tributário do ICMS que foram colhidas pela respectiva hipótese desta norma. Assim, estes critérios poderão dispor sobre o tempo do cálculo das relações e o modo do cálculo das relações, por exemplo.

Com apoio nesta conclusão, chegamos a outra de relevância ímpar, qual seja, a de que à lei complementar não foi dada competência para tratar dos elementos formais que compõem a hipótese da norma da não cumulatividade, que, como vimos, não se confunde com a da regra-matriz do ICMS.

Logo, a lei complementar, quando tratar da norma da não cumulatividade, somente poderá referir-se aos critérios do seu consequente, pois a Constituição é clara: cabe-lhe disciplinar apenas o regime da compensação, que, por nossa óptica, restringe-se aos critérios com base nos quais dar-se-á o cálculo das relações de crédito tributário do ICMS colhidas na sua hipótese. Não lhe cabe dispor, assim, sobre os critérios da hipótese da norma da não cumulatividade, posto que isto já foi feito pelos referidos incisos I e II do § 2º do art. 155 da CF.

Em outras palavras, quando versar sobre a norma da não cumulatividade, a lei complementar não poderá escolher quais relações de

18. De acordo com Paulo de Barros Carvalho, a palavra "sistema" é ambígua, podendo ser definida, com base na lição de Tércio Sampaio Ferraz Jr., tanto pelo seu repertório quanto pelo sua estrutura (Paulo de Barros Carvalho, *Curso de Direito Tributário*, 13ª ed., São Paulo, Saraiva, 2000, p. 130). No caso, estamos utilizando o significado de "estrutura", ou seja, as relações que podem ser realizadas entre os vários elementos de um conjunto.

crédito do ICMS irão compor a sua hipótese, posto que isto já foi feito, de modo exaustivo,[19] pela Constituição Federal de 1988.

Além disso, considerando que a norma da não cumulatividade não se confunde nem tampouco se assemelha à regra-matriz do ICMS, a ela (à norma da não cumulatividade) não se aplica a lei complementar de que trata o inciso III do art. 146 da CF.

Não queremos afirmar, com isto, que a Lei Complementar 87/1996 incorre em vício de inconstitucionalidade.

Na realidade, iremos considerá-la apenas como índice temático para a pesquisa da regra de incidência do ICMS e dos critérios que delineiam o consequente da norma da não cumulatividade. Assim, o veículo introdutor, Lei Complementar 87/1996, contém vários enunciados normativos, os quais dão suporte para a construção de estruturas normativas, ora a da regra-matriz do ICMS, ora a do consequente da norma da não cumulatividade.

Considerando este único veículo introdutor de normas, iremos separar os enunciados que tratam especificamente do consequente da norma da não cumulatividade, pois somente isto foi autorizado pela Constituição Federal.

## *III – A não cumulatividade e os seus critérios formais infraconstitucionais*

Façamos, previamente, um esclarecimento de que, neste tópico, iremos transcrever da Lei Complementar 87/1996 apenas os critérios que, atribuíveis ao consequente da norma da não cumulatividade, possam ser qualificados como tipicamente formais, deixando para os tópicos subsequentes a tarefa de abordar os critérios materiais, quer os constitucionais, quer os infraconstitucionais.

Desta forma, o que se terá nesta parte de nossa análise é o trato daquilo que cumpriu, realmente, a competência versada na alínea "c" do inciso XII do § 2º do art. 155 da CF. Vejamos, então.

> "Art. 24. A legislação tributária estadual disporá sobre o período de apuração do imposto. As obrigações consideram-se vencidas na data em que

19. A exaustão a que nos referimos diz respeito aos seus critérios conotacionais.

termina o período de apuração e são liquidadas por compensação ou mediante pagamento em dinheiro como disposto neste artigo: I – as obrigações consideram-se liquidadas por compensação até o montante dos créditos escriturados no mesmo período mais o saldo credor de período ou períodos anteriores, se for o caso; II – se o montante dos débitos do período superar o dos créditos, a diferença será liquidada dentro do prazo fixado pelo Estado; III – se o montante dos créditos superar os dos débitos, a diferença será transportada para o período seguinte."

"Art. 26. Em substituição ao regime de apuração mencionado nos arts. 24 e 25, a lei estadual poderá estabelecer: I – que o cotejo entre créditos e débitos se faça por mercadoria ou serviço dentro de determinado período; II – que o cotejo entre créditos e débitos se faça por mercadoria ou serviço em cada operação; III – que, em função do porte ou da atividade do estabelecimento, o imposto seja pago em parcelas periódicas e calculado por estimativa, para um determinado período, assegurado ao sujeito passivo o direito de impugná-la e instaurar processo contraditório.

"§ 1º. Na hipótese do inciso III, ao fim do período, será feito o ajuste com base na escrituração regular do contribuinte, que pagará a diferença apurada, se positiva; caso contrário, a diferença será compensada com o pagamento referente ao período ou períodos imediatamente seguintes."

Façamos algumas notas a respeito deste art. 24.

A primeira parte do *caput*, ao referir-se a "período de apuração do imposto", novamente não se refere ao termo "imposto" com o mesmo significado do art. 16 do CTN. O termo "imposto", aqui, está para a relação de crédito tributário como produto da eficácia jurídica da norma da não cumulatividade. Isto porque não é na regra-matriz do ICMS que se dá a apuração ali prevista. Vimos de ver que na regra-matriz do ICMS há apenas a relação de crédito tributário havida entre Fisco e sujeito passivo, que, por sua vez, comporá a norma da não cumulatividade – esta, sim, apta a determinar a apuração do *imposto = relação de crédito como produto da compensação*.

Desta forma, o período em que se dará esta relação enquanto produto da não cumulatividade será prescrito na legislação ordinária estadual, dentro da qual, nos termos do art. 96 do CTN, estão compreendidas não apenas as leis ordinárias, como também os decretos e demais normas complementares.[20] Consultando a Lei paulista 6.374/1989, verificamos que a mesma não se deteve na fixação do período de compensação do ICMS, deixando que isto fosse feito pelo decreto regulamentar. Nesse sentido, o parágrafo único do seu art. 48 prevê que "o período de apuração dos regimes referidos neste artigo será fixado em regulamento". Neste passo, verificamos que o § 1º do art. 85 do atual Regulamento do ICMS de São Paulo (RICM/SP), aprovado pelo Decreto 45.490, de 30.11.2000, determina, como regra geral, que o período de apuração do ICMS deverá ser mensal, encerrando-se no seu último dia.

Na segunda parte do *caput* do art. 24 da Lei Complementar 87/1996 a menção ao tempo de vencimento das *obrigações* quer significar ao vencimento das aludidas relações de crédito tributário prescritas no consequente da regra-matriz do ICMS. Desta forma, há vencimento previsto nesta lei complementar para estas relações de crédito tributário, que se identifica com o do período em que se der a apuração da relação de crédito, produto da norma da não cumulatividade.

Na terceira parte do *caput* deste dispositivo temos o tratamento da forma de liquidação das relações de crédito tributário pertinentes à regra-matriz do ICMS. A única forma que, efetivamente, caracteriza a aplicação da norma da não cumulatividade é a compensação. Pagamento em dinheiro não é próprio deste fenômeno normativo (o da não cumulatividade), mas, sim, da norma que decorre do enunciado previsto no inciso I do art. 156 do CTN. Assim, a liquidação das relações de crédito decorrentes dos efeitos da regra-matriz do ICMS rege-se pela norma da não cumulatividade ou pela norma de pagamento. Ambas produzem o efeito de liquidação, mas não se identificam.

O inciso I do *caput* do art. 24 prevê o cálculo de relações que é característico do consequente da norma da não cumulatividade. Temos aí a confirmação do que havíamos afirmado a respeito da hipótese desta norma. Os elementos deste cálculo serão todas as relações de crédito por ela colhidas, mais os "saldos credores" de períodos de apuração anteriores, que, como apontamos, identificam-se com as relações de crédito – produto da norma da não cumulatividade.

20. Confirmando esta previsão, consultar a decisão do Plenário do STF no julgamento do RE 140.669-PE (*DJU* 18.5.2001).

O inciso II do *caput* deste art. 24, por sua vez, estabelece que as normas infralegais fixarão o prazo de vencimento das relações de crédito tributário, produto da norma da não cumulatividade. Combinando este inciso II com o respectivo *caput* do art. 24, temos o seguinte: a legislação tributária estadual estabelecerá o período de apuração das relações de crédito tributário – produto da não cumulatividade –, enquanto normas infralegais determinarão o prazo de vencimento para as mesmas.

Por fim, o inciso III do *caput* do art. 24 prevê que, se o produto da norma da não cumulatividade for uma relação de débito tributário (= *saldo credor*) entre o sujeito ativo desta norma e o Fisco, tal relação deverá somar-se às relações de crédito tributário abrangidas pela norma da não cumulatividade quando aplicada no período subsequente.

Verifica-se, assim, que o regime de compensação descrito até este momento não contém qualquer limitação para as relações de crédito de ICMS que deverão ser compensadas, a não ser a que trata do período mensal.

Portanto, a norma da não cumulatividade, analisada pelo prisma do seu consequente, apresenta uma postura segundo a qual todas as relações de crédito do ICMS que forem colhidas pela sua hipótese deverão submeter-se ao regime de compensação.

Isto significa que, de acordo com este regime, não há qualquer tipo de segmentação de relações, as quais se anulam, integralmente, umas às outras, até o limite de seus respectivos valores.

Frise-se que este é o regime de compensação fixado na maioria dos sistemas legais estatais, como é o caso do havido na legislação do Estado de São Paulo.

Não obstante seja este o regime normal de compensação, a Lei Complementar 87/1996 previu três outros regimes no mencionado art. 26. São eles:

(a) O regime de acordo com o qual a compensação dar-se-á periodicamente, porém restrita a relações de crédito do ICMS originadas da negociação de um único tipo de mercadoria ou serviço (inciso I do art. 26); aqui, é possível cogitar da não cumulatividade linear.

(b) O regime de acordo com o qual a compensação dar-se-á por operação com mercadoria ou por prestação de serviço sujeitas à regra-matriz do ICMS (inciso II do art. 26); neste caso, igualmente ao anterior, poderemos cogitar da denominada não cumulatividade linear.

(c) O regime de acordo com o qual o sujeito passivo da regra-matriz do ICMS pagará este imposto em prestações fixas, cujos valores são determinados por estimativa, podendo ser compensado o excesso acaso se constate que tais valores são superiores àquele identificado no regime normal de apuração do ICMS (inciso III do art. 26).

Relevante notar que, se quisermos admitir a possibilidade de regimes lineares de compensação, tal qual o fez o Min. Marco Aurélio no aludido RE 161.031-MG,[21] isto só é possível dentro destes restritos limites. Ou seja, se regime linear de compensação houver, o será de acordo com tais regras, as quais, vimos, são excepcionais e dependem de expressa instituição por lei estadual.

Isto significa que este regime linear não é o que caracteriza, em rigor, o consequente da norma da não cumulatividade. A compensação linear é exceção, posto que – vimos – o consequente da não cumulatividade se caracteriza por compor a compensação entre todas as relações de crédito do ICMS que tenham sido colhidas pela sua respectiva hipótese.

Concluímos, assim, que, diante desta perspectiva infraconstitucional formal, o consequente da norma da não cumulatividade não apresenta qualquer restrição à compensação das relações de crédito do ICMS. As únicas exceções estão restritas a tipos de mercadoria ou de serviços, ou mesmo a períodos ou a operações. Mas isto não nos autoriza a afirmar que tais exceções são os critérios que demarcam o regime de compensação previsto na Lei Complementar 87/1996.

Até por serem exceções e dependerem de lei estadual para sua regulação, não podem assumir o predicado de características definitórias do regime de compensação.

21. Aliás, curioso notar que o Min. Marco Aurélio parece ter alterado sua opinião a respeito da *performance* da não cumulatividade, pois no julgamento do RE 161.257-SP (16.12.1997, *DJU* 17.4.1998) – posterior, portanto, ao do RE 161.031-MG (24.3.1997), reconheceu que nesta norma dá-se o confronto de todas as relações de crédito do ICMS, sem qualquer limitação, salvo aquelas expressamente admitidas pela Constituição. Confira-se a ementa deste julgado: "ICM – Princípio da não cumulatividade – Atos sucessivos de circulação de mercadorias. O princípio da não cumulatividade é observado sem especificidade, prescindindo da vinculação a uma certa mercadoria. Considera-se o sistema de conta-corrente em que lançados créditos e débitos".

Outrossim, por serem regimes excepcionais previstos na legislação complementar, não poderão eliminar o que a própria Constituição Federal elegeu como evento jurídico desencadeador dos efeitos da não cumulatividade. Desta forma, se porventura for instituído um regime excepcional de não cumulatividade que tenha por base determinado tipo de mercadoria ou de operações, isto não significa que todas as demais relações de crédito havidas na hipótese da norma da não cumulatividade devam ser consideradas prejudicadas.

Na realidade, se partirmos da premissa de que para todo fato jurídico deveremos identificar a respectiva relação jurídica (até porque um determinado fato só é jurídico se implicar relação igualmente jurídica) (Pontes de Miranda, 1999, p. 126), teremos de concluir que o regime excepcional de não cumulatividade atribuído a certo tipo de operação não elimina o regime normal da não cumulatividade, que, nesta condição, abarcará todas as demais operações, prestações, mercadorias ou serviços que não tenham sido inseridos naquela não cumulatividade excepcional.

Haveremos de ter, neste caso, dois regimes não cumulativos em vigor.

Portanto, a interpretação que se deve fazer do transcrito art. 26 da Lei Complementar 87/1996 é a de que a substituição ali autorizada é apenas para as mercadorias que forem abrangidas por este regime excepcional. Em outras palavras, a substituição prevista neste art. 26 não elimina o emprego do regime normal da não cumulatividade para as demais operações ou prestações colhidas pela hipótese desta norma.

Detalhado o que entendemos serem os critérios formais da norma da não cumulatividade, ingressaremos nos denominados *critérios materiais constitucionais.*

### *IV – A não cumulatividade e os seus critérios materiais constitucionais*

Neste tópico examinaremos o conteúdo material da não cumulatividade, procurando desvendar que tipo de relação de crédito do ICMS deverá integrar a sua hipótese e o seu consequente.

O intento, agora, será o de descrever este tipo de relação – o que nos exige ingressar no campo das significações dos termos "operações", "mercadorias" e "serviços", todos conceitos-base que demarcam o campo de atuação da regra-matriz do ICMS e da norma da não cumulatividade.

Considerando que o desejo, neste momento, é verificar os reflexos destes conceitos no âmbito da norma da não cumulatividade, deixaremos para outra oportunidade examinar as suas consequências para a regra-matriz do ICMS.

O termo "operações" gerou bastante divergência no passado. Atualmente, no entanto, o vasto material doutrinário e jurisprudencial já produzido nos autoriza a afirmar que *operações* implicam todos os negócios jurídicos que tenham por objeto a transferência da propriedade de um determinado bem ou coisa juridicamente considerados. Este significado técnico, aliás, foi o grande motivador para o STF e para o STJ afastarem a incidência do ICMS nos contratos de comodato[22] e nas meras transferências[23] de mercadorias, estaduais ou interestaduais, entre estabelecimentos de um mesmo sujeito passivo.

Definir o vocábulo "mercadoria", por sua vez, é tarefa que já tivemos oportunidade de fazer em trabalho anterior (Lunardelli, 1999, p. 81). Desta forma, iremos transcrever o que lá apresentamos a respeito deste termo:

> "A legislação brasileira não contém uma definição expressa, não se podendo afirmar que tal estaria contida no art. 191 do CComercial, porque o que se tem em tal dispositivo são as características que determinam quando um contrato de compra e venda adquire natureza mercantil. São características, portanto, que não se referem direta e expressamente às mercadorias, servindo mais para distingui-lo do contrato de compra e venda civil, regulado no art. 1.122 do CC.
>
> "Não obstante, a doutrina a definiu a partir de três critérios , quais sejam: (i) o intrínseco ao objeto ao qual o termo 'mercadoria' se refere, o (ii) relacionado ao tipo de negócio jurídico, e (iii) o relacionado à qualidade das pessoas envolvidas no negócio jurídico.

22. Súmula 573 do STF: "Não constitui fato gerador do imposto de circulação de mercadorias a saída física de maquinas, utensílios e implementos a título de comodato".

23. Súmula 166 do STJ: "Não constitui fato gerador do ICMS o simples deslocamento de mercadoria de um para outro estabelecimento do mesmo contribuinte".

"Com efeito, 'mercadoria', em sentido amplo, seria considerada todo objeto ou coisa que se submete ao comércio e, em sentido estrito, como o bem corpóreo a ele (o comércio) submetido.

"O critério intrínseco desta definição, portanto, definiria a mercadoria a partir da constituição do objeto denominado 'mercadoria'; neste caso, o critério definidor do termo 'mercadoria' seria ser o seu objeto constituído por um bem corpóreo. O critério relacional, por sua vez, considerando o tipo do negócio jurídico, definiria 'mercadoria' a partir do modo como o objeto se relaciona com algo externo a ele; no caso, 'mercadoria' seria toda coisa ou bem colocado na posição de objeto de uma prestação regulada em um contrato de compra e venda. Considerando o tipo de pessoas envolvidas no negócio, 'mercadoria' seria se negociada entre pessoas das quais pelo menos uma delas (vendedor ou comprador) preenchesse as características de comerciante, fixadas no art. 4º do CComercial.

"Três, portanto, os critérios que definem o termo 'mercadoria': (i) conforme o objeto negociado – bem corpóreo; (ii) conforme o tipo do contrato celebrado – contrato de compra e venda mercantil; e (iii) conforme a qualidade dos negociantes – somente são considerados comerciantes aqueles que fazem do comércio profissão habitual.

"Dentre estes três critérios é preciso estabelecer qual realmente deve ser intitulado como o definidor do termo 'mercadoria' e qual ou quais, não sendo definidores do termo, assumiriam a função de características ou critérios acessórios. A escolha entre um e outro é importante, na medida em que o definidor deve sempre ter presença obrigatória na definição do termo, enquanto o acessório pode ou não aparecer.

"Reportando-nos à já mencionada definição de mercadoria e ao texto do art. 191 do CComercial, parece-nos terem sido levados à condição de critério definidor deste termo a característica de o objeto estar relacionado à prestação de um contrato de compra e venda mercantil e pelo menos um dos partícipes desta relação preencher as qualidades de comerciante. Acessória, portanto, seria a característica de tal objeto ser um bem corpóreo.

"Isto porque o mencionado art. 191 do diploma comercial considera os títulos de crédito e públicos, bem como ações de companhia, como bens que podem sujeitar-se ao contrato mercantil, sendo que tais bens são inquestionavelmente pertencentes à categoria dos incorpóreos.

> "Além disso, determina que será mercantil a compra e venda destes títulos se o comprador *ou* o vendedor for comerciante, ou seja, se um *ou* outro fizer este tipo de negociação com habitualidade.
>
> "Outro ponto a ser ressaltado é que será também mercantil a venda que tenha sido realizada por pessoa que irá revendê-la no atacado (grosso) ou no varejo (a retalho). Indica, portanto, esta última qualidade ser o comerciante atacadista ou varejista.
>
> "Desta forma, ser o objeto enquadrado na categoria de bem corpóreo constitui apenas uma característica acessória do termo 'mercadoria', na medida que pode ou não tal objeto fazer parte de uma negociação considerada mercantil. Por outro lado, um bem incorpóreo somente assumirá a condição de mercadoria se for objeto de contrato de compra e venda de natureza mercantil, firmado por comerciante.
>
> "Portanto, o que define precisamente o termo 'mercadoria', a partir do contido no art. 191 do diploma comercial, é estar o objeto submetido a um contrato de compra e venda de natureza mercantil, celebrado por pessoa considerada comerciante. Se o objeto do negócio estiver representado por uma coisa corpórea, isto vem apenas somar ao conceito de mercadoria, na condição de uma característica acessória e não definitória."

Postos tais critérios, iremos nos apegar àquele que diretamente será aplicado na solução da questão que ora nos propomos, que é saber se os denominados bens *de uso e consumo* geram, ou não, o direito ao crédito do ICMS. Ou, melhor dizendo, se as relações de crédito do ICMS originadas da compra de tais bens são, ou não, componentes da hipótese da norma da não cumulatividade.

Vimos que as relações de crédito do ICMS são decorrentes da materialização dos eventos pressupostos na regra-matriz do ICMS. Vimos, também, que a hipótese da regra-matriz do ICMS pressupõe, entre outras possibilidades, a ocorrência de operações com circulação de mercadorias. Assim, resta saber se os denominados bens *de uso e consumo* enquadram-se, ou não, no conceito de mercadoria.

Pelos critérios formais, quer os constitucionais, quer os infraconstitucionais, verificamos inexistirem fundamentos que nos permitam chegar a uma conclusão positiva ou negativa.

A questão, portanto, restringe-se ao exame dos referidos critérios materiais.

Antes de adentrarmos especificamente este tema, convém aludir que nossa análise levará em consideração as regras do Código Comercial, quer as anteriores, quer as posteriores, implementadas com a publicação do Código Civil de 2002.

Convém também frisar que o instrumento a ser utilizado para definir o vocábulo "mercadoria" será a busca do ou dos atributos que distinguem este vocábulo dos demais. Trabalharemos, então, com o critério definidor[24] do termo "mercadoria" que se identifica com a qualidade das pessoas envolvidas no contrato de compra e venda mercantil. Vimos, na transcrição parcial realizada acima, que, pelo prisma qualitativo, "mercadoria" define-se a partir da existência de, pelo menos, uma pessoa enquadrada na categoria de comerciante, conforme prescrito pelo art. 191 do diploma comercial. Façamos a transcrição parcial deste dispositivo, para melhor compreendermos esta assertiva:

> "(...). É unicamente considerada mercantil a compra e venda de efeitos móveis ou semoventes, para os revender por grosso ou a retalho, na mesma espécie ou manufaturados, ou para alugar o seu uso; compreendendo-se na classe dos primeiros a moeda metálica e o papel moeda, títulos de fundos públicos, ações de companhias e papéis de crédito comerciais, contanto que nas referidas transações o comprador *ou* vendedor seja comerciante".

Vejam que esta parte assinalada do art. 191 do diploma comercial é bastante enfática ao prescrever que, sejam quais forem as hipóteses em que se configure a compra e venda mercantil, haveremos de ter sempre vendedor *ou* comprador enquadrado na categoria de comerciante, conforme previsto no art. 4º deste diploma.

Assim, compra e venda mercantil não requer que vendedor *e* comprador sejam, simultaneamente, comerciantes. Basta que apenas um deles o seja para que se tenha configurada a venda e compra mercantil.

Poder-se-ia argumentar que, aliado a este critério, a mesma parte do dispositivo acima transcrito estaria a exigir também a destinação como um critério necessário para a definição do termo "mercadoria".

24. Sobre a distinção entre *critério definidor* e *critério acessório* das palavras, consultar John Hospers, *Introducción al Análisis Filosófico*, 2ª ed., Madrid, Alianza Universidad Textos, 1984, p. 46.

A questão é pertinente, mas deve ser posta sob o seu adequado enquadramento jurídico: o critério da destinação pode ser considerado como um critério definidor do termo "mercadoria"? Deverá haver nas compras e vendas, invariavelmente, a destinação a uma ulterior operação mercantil para que o bem negociado assuma o perfil de mercadoria? Em outras palavras, o comprador também deve ser qualificado como comerciante para que o bem negociado pertença à categoria das mercadorias?

A toda evidência que este critério, muito embora pertinente à definição do termo "mercadoria", não assume a característica de um critério definidor, mas meramente acessório. O exemplo seguinte basta para demonstrarmos a retidão desta assertiva: a venda de certo bem móvel por vendedor tipicamente comerciante, que desta venda faz sua atividade-fim, para um comprador que irá consumi-lo no local, não havendo, portanto, destinação a outra operação de venda a grosso ou a retalho, descaracterizaria esta operação como mercantil, bem como o respectivo objeto negociado como mercadoria? A resposta é negativa.

Neste caso, mesmo havendo o consumo do produto pelo comprador, o objeto negociado enquadra-se perfeitamente no conceito de mercadoria, posto alienado no âmbito de um contrato de venda e compra mercantil, no qual o vendedor enquadra-se no conceito de comerciante. E, se assim não fosse, ou seja, se o comprador também precisasse, invariavelmente, qualificar-se como comerciante, então, a conclusão é a de que este mesmo vendedor comerciante poderia alegar a sua não sujeição à incidência da regra-matriz do ICMS, posto que, no caso, não se trataria de venda e compra mercantil, nem tampouco de mercadoria, pressupostos constitucionais deste imposto.

Por força da aplicação destes mesmos critérios é que o STJ firmou orientação, inclusive sumulada,[25] no sentido de que nas operações interestaduais nas quais o comprador não seja contribuinte do ICMS não há amparo normativo para que dele se exija o recolhimento do diferencial de alíquota deste imposto. Não se lhe exige o pagamento de

25. A propósito, a Súmula 167 do STJ: "O fornecimento de concreto, por empreitada, para construção civil, preparado no trajeto até a obra em betoneiras acopladas a caminhões, é prestação de serviço, sujeitando-se apenas à incidência do ISS". A respeito da aplicação da alíquota interna, consultar: STJ, 1ª Turma, ROMS 13.875-RN, *DJU* 13.5.2002. Na 2ª Turma, consultar o ROMS 8.334-SE, publicado no *DJU* 5.6.2000.

tal exação porque não é sujeito passivo do ICMS. E não é sujeito passivo justamente porque não se encaixa como comerciante. E qual a razão para não se enquadrar em tal categoria? Ora, porque não faz desta atividade uma profissão habitual.

Não obstante, o vendedor sujeita-se à incidência do ICMS, posto que é comerciante, pressuposto para ser sujeito passivo deste tributo. Sendo vendedor comerciante, sujeita-se à incidência do ICMS, porém conforme a alíquota interna de seu Estado.

A tese que nega o direito de crédito do ICMS ao comprador de mercadorias que, embora qualificado como contribuinte deste imposto em relação às suas operações próprias, não o seria quando aquelas mercadorias fossem destinadas a seu *uso e consumo* já não se coadunava desde quando vigente a "Parte Geral" do Código Comercial, porquanto pretendia qualificar apenas a venda como mercantil e a compra como não mercantil, imaginando que haveria, aí, dois negócios jurídicos distintos. Desta forma, o vendedor estaria sujeito ao ICMS, mas o comprador não teria o crédito correspondente, pois para ele (o comprador) a mercadoria vendida pelo vendedor deixara de o ser pelo fato de destiná-la a seu *uso e consumo*. Lá, uma venda tipicamente mercantil; aqui, uma compra não mercantil – fora, portanto, da regra da não cumulatividade.

Olvidam-se os protagonistas desta tese de que a venda e compra insere-se na categoria dos contratos bilaterais, os quais dão ensejo a relações jurídicas entre vendedor e comprador que são descritas do seguinte modo: (*i*) o dever atribuído ao vendedor de entregar a mercadoria implica o seu direito de receber o preço do comprador; (*ii*) por outro lado, o dever de o comprador pagar o preço implica o respectivo direito de receber a mercadoria do vendedor.

A tais relações jurídicas, portanto, não cabe segmentação com a finalidade de atribuir ao comprador o dever de pagar o preço e o direito de receber a coisa argumentando que, não sendo esta coisa mercadoria, pois destinada a *uso e consumo*, refugiria à incidência da regra do contrato de compra e venda. Verifica-se a inconsistência desta tese na medida em que tal relação dá-se dentro do contexto de uma norma individual e concreta havida entre vendedor e comprador, regulando a conduta de ambos em face das regras vertidas sobre o contrato de venda.

A crítica que ora se faz a esta tese não passou despercebida a J. X. Carvalho de Mendonça (1945, p. 463) ao se pronunciar sobre o descabimento de se pretender negar a unidade dos então atos mercantis. Vejamos as suas lições:

> "O nosso Direito estabeleceu o princípio da integridade do ato de comércio, repudiando a inexplicável e injustificável anomalia de o mesmo ato ser comercial para um e civil para outra parte, ato bifronte, ato anfíbio (*sic*).
>
> "O ato de comércio, escreveu o eminente Carlos de Carvalho, não pode mais ser bifronte; quer para o comerciante, quer para o não comerciante, o aspecto deve ser o mesmo.
>
> "Figuremos alguns exemplos.
>
> "O comerciante compra do agricultor produtos de lavoura para os revender. Êste ato, esta operação, é comercial para o comprador e civil para o vendedor, ou é comercial para ambos?
>
> "Corre na doutrina e na jurisprudência teoria original, que aplica ao ato duas máscaras, para evitar dificuldades.
>
> "Qual, porém, a legislação que disciplina o ato relativamente aos contratantes? Não se poderá negar que é a legislação comercial (arts. 191 do CComercial e 18 do Título Único).
>
> "Qual a jurisdição a que está sujeito o não comerciante, o agricultor, no exemplo figurado? A jurisdição comercial (art. 12 do Regulamento 737).
>
> "Não importa dizer que o ato é comercial para ambas as partes? E, na verdade, a compra não se compreende sem a venda: compra e venda constituem elementos inseparáveis de um só e especial contrato. Para o ato de agir na cena jurídica é necessária a cooperação do vendedor e do comprador. Não há duas operações, dois atos, mas um, ou, melhor, há dois momentos de uma única função, indivisível. O Código bem compreendeu isso, disciplinando, no art. 191, o contrato de compra e venda mercantil. A compra e a venda formam um só contrato.
>
> "(...).
>
> "Não podemos saber como adquiriu foros de cidade em nossos Tribunais aquela teoria de atos bifrontes, atos ao mesmo tempo civis e comerciais, quando parece claro o texto legal, estabelecendo a unidade ou integridade do ato de comércio. A lei, pode-se dizer, mercantiliza o ato, que seria civil se a intervenção do comerciante não o sujeitasse às dispo-

sições do Código, em mercantilizar a pessoa não comerciante que nêle intervém.

"(...).

"Não há compra sem venda. É impossível separá-las, pela simples razão de constituírem os elementos de um só contrato, e de versarem sôbre cousa idêntica.

"O art. 191 do CComercial trata de um só contrato, o contrato de compra e venda, e a alínea segunda dispõe: 'É ùnicamente considerada mercantil a compra e venda (...) contanto que (...) o comprador ou vendedor seja comerciante'. Se o comprador especula quando adquire, realiza especulação quando revende a cousa adquirida.

"Não há compra e venda mista: compra mercantil e venda não mercantil, ou vice-versa.

"O Código Comercial português de 1833, a mais valiosa fonte do nosso, declarava, no art. 504, que não eram consideradas mercantis 'as compras e vendas de objetos destinados ao consumo do comprador ou de pessoa por cuja intervenção se fizesse a aquisição'.

"Êste Código foi lógico, não criou a fantasia do ato misto; retirou o ato da alçada do direito comercial, sujeitando-o *in totum* à disciplina do direito civil.

"O nosso Código de 1850 adiantou-se a este seu modelo, aperfeiçoou, estabelecendo a integridade do ato de comércio."

Esta orientação doutrinária, aliás, já foi adotada pelo STF,[26] que, acolhendo o fundamento da referida *integralidade do contrato de venda e compra mercantil*, afastou a pretensão de o Fisco Municipal querer tributar com o ISS operação na qual apenas o vendedor/industrial se enquadraria como comerciante – portanto, sujeito ao então ICM. Confira-se:

"ICM – Redução de multa. Se o industrial adquire matéria-prima para transformá-la em objeto e, posteriormente, vendê-lo, pratica ele ato de comércio, ainda que a venda se faça a consumidor final, tendo em vista o princípio, que vigora em nosso Direito, da integralidade do ato de comércio. Em casos como esse, os objetos se destinam a comercialização,

26. 2ª Turma, RE 98.923-MG, rel. Min. Moreira Alves, *DJU* 6.5.1983.

que é feita pelo próprio industrial, o que afasta o enquadramento da hipótese no item 47 da Lista de Serviços a que alude o art. 8º do Decreto-lei n. 406/1968, com a redação dada pelo Decreto-lei n. 834/1969 – Dissídio de jurisprudência, no tocante à redução da multa, não comprovado com a observância da exigência da parte final do art. 322 do Regimento Interno do STF – Recurso extraordinário não conhecido".

Ora, consideradas tais características do contrato de compra e venda, temos que, para os casos em que sujeitos passivos do ICMS adquiram mercadorias sujeitas a este imposto mas as destinem para o seu *uso ou consumo*, tal aquisição não altera a natureza jurídica do bem adquirido, que, como visto, continua sendo submetida ao mesmo e único contrato de compra e venda firmado entre o vendedor e o comprador.

Desta feita, é esta relação jurídica que é captada pela hipótese da regra-matriz do ICMS. Sendo captada pela regra-matriz do ICMS, dá ensejo à respectiva relação de crédito tributário entre o Fisco e o correspondente sujeito passivo – no caso, o vendedor, que concretizou a venda. Vejamos, assim, se esta relação de crédito tributário compõe, ou não, a hipótese da norma da não cumulatividade.

Retornemos à redação da Carta de 1988 que trata da norma da não cumulatividade. Diz ela, no seguinte dispositivo do seu art. 155:

> "§ 2º. O imposto previsto no inciso II atenderá ao seguinte: I – será não cumulativo, compensando-se o que for devido em cada operação relativa à circulação de mercadorias ou prestação de serviços com o montante cobrado nas anteriores pelo mesmo ou outro Estado ou pelo Distrito Federal".

Já tivemos a oportunidade de demonstrar no tópico II desta análise que a hipótese da norma da não cumulatividade é composta não apenas pelas relações de crédito tributário do próprio sujeito passivo da regra-matriz do ICMS, como também pelas demais relações de crédito que tenham ocorrido anteriormente.[27] Estas demais relações de crédito atendem ao exigido na Carta de 1988 na seguinte passagem: "com o montante cobrado nas anteriores pelo mesmo ou outro Estado ou pelo Distrito Federal".

27. Como também já demonstramos, este "período anterior" cabe à legislação infraconstitucional disciplinar. Atualmente é mensal.

Também tivemos a oportunidade de demonstrar que para a composição da hipótese da norma da não cumulatividade não há fundamento normativo-constitucional ou, mesmo, infraconstitucional para se sustentar apenas o confronto linear entre tais relações de crédito tributário (as do sujeito passivo e as anteriores), porquanto isto está contemplado somente em caráter excepcional na Lei Complementar 87/1996. Por ser excepcional, não prejudica o confronto de todas as demais relações de crédito tributário que não tenham sido colhidas por tal excepcionalidade e que, desta forma, estão inseridas no âmbito da hipótese da norma da não cumulatividade. Em regra, portanto, haveremos de ter duas normas da não cumulatividade: uma conformada pelos critérios da Carta de 1988 e outra pelos da Lei Complementar 87/1996 – esta, porém, excepcional, como vimos de ver.

Aos respectivos adquirentes, sujeitos à incidência da regra-matriz do ICMS em suas operações próprias, pressuposto para que venham a operar a norma da não cumulatividade, lhes é resguardado o direito de confrontar suas relações de crédito tributário com aquelas originadas da aquisição de mercadorias destinadas a *uso e consumo*.

Vejamos, agora, se há alterações neste quadro quando consideramos as regras do Código Civil vigente.

Como é cediço, o art. 2.045 do atual CC revogou a "Parte Primeira" do Código Comercial, que abrangia todas as definições relativas ao comércio em geral, tais como as de "comerciante", de "auxiliares de comércio", dos "contratos mercantis típicos" etc.

Isto significa que, estando o art. 191 do CComercial dentro daqueles que foram revogados, perde-se uma das principais referências normativas para a definição do conceito de mercadoria.

De acordo com Fábio Ulhôa Coelho (2003, p. 8), a revogação perpetrada pelo Código Civil teve por fim proceder à legalização da *Teoria da Empresa*, substituindo, assim, as regras que haviam normatizado, em nosso sistema, a *Teoria dos Atos Mercantis* encampada pelo diploma de 1850. Ainda consoante este autor:

> "O direito comercial, em sua terceira etapa evolutiva, deixa de cuidar de determinadas atividades (as de mercancia) e passa a disciplinar uma forma específica de produzir e circular bens ou serviços, a empresarial".

Daí a razão para a definição de "empresário" assumir a função de conceito norteador para as pesquisas científicas que gravitam em torno destas novas regras, principalmente quando as consideramos no âmbito de incidência do ICMS.

Neste ponto devemos fazer um esclarecimento de importância capital. A revogação do art. 191 do CComercial pelo atual Código Civil não afeta diretamente o espectro de incidência do mencionado imposto estadual, porque é preciso não perder de vista que a competência outorgada desde a instituição do ICM pela Emenda Constitucional 18/1965, confirmada pelas Constituições posteriores e, inclusive, pela Carta de 1988, não foi para onerar apenas e unicamente as relações jurídicas originadas de contratos de compra e venda mercantil.

O ICMS, conforme já pacificado na doutrina e na jurisprudência, é um imposto que onera as operações de circulação de mercadorias, o que implica admitir toda e qualquer operação jurídica que importe a transferência da propriedade de uma mercadoria. Daí que a circulação de mercadoria ocorrida ao ensejo de um contrato de compra e venda mercantil é uma das possíveis hipóteses de incidência deste tributo. Se assim não fosse retornaríamos à época da incidência do imposto sobre vendas e consignações/IVC, que era restrito a dois exclusivos tipos contratuais: o de compra e venda e o de consignação mercantil.

A regra, portanto, continua, pois trata-se de pressuposto constitucional que demarca o extenso campo de incidência do ICMS. Assim, se este imposto estadual continua juridicizando qualquer transferência de propriedade de mercadorias, inclusive aquelas decorrentes de contratos de compra e venda, devemos nos preocupar em identificar qual ou quais critérios serão invocados para definir o termo "mercadoria", haja vista que não mais figura em nosso sistema o contrato típico denominado "compra e venda mercantil".

Não obstante, há o de compra e venda, que, agora, rege as atividades do empresário, e não mais do comerciante, pois que este conceito acabou sendo revogado, também.

Por isso, conjugar as definições de "compra e venda" e de "empresário" torna-se requisito para que se chegue às características do conceito de "mercadoria", que, como visto, continua sendo um dos pressupostos para a demarcação da regra-matriz do ICMS mesmo após a vigência do atual Código Civil.

Os critérios relativos ao contrato de compra e venda não foram alterados neste novo diploma civil,[28] diferentemente do que aconteceu com os que se referem ao conceito de "empresário", novo nesta esfera jurídica. Daí a necessidade de travarmos contato com ele, analisando o que dispõe o art. 966, cuja redação é a seguinte:

> "Art. 966. Considera-se empresário quem exerce profissionalmente atividade econômica organizada para a produção ou a circulação de bens ou de serviços".

Os atributos que demarcam este conceito são: (*i*) o profissionalismo, (*ii*) a atividade organizada e (*iii*) a produção ou circulação de bens e serviços.

De acordo com as lições de Fábio Ulhôa Coelho (2003, p. 11), o profissionalismo apresenta três características, quais sejam: (a) a habitualidade da atividade exercida, o que implica desqualificar-se como empresário aquele que se dedica esporadicamente à produção ou à circulação de bens e serviços; (b) a impessoalidade do empresário em relação à produção e à circulação de bens e serviços. Neste ponto, o empresário deve contar com o trabalho de empregados para justamente diferençar sua atividade daqueles que atuam diretamente na produção e circulação de bens e serviços; e (c) o monopólio da informação, necessário para o controle dos fatores de produção e circulação de bens e serviços.

Ainda de acordo com este autor, o atributo "atividade econômica organizada" deve ser entendido como o exercício da própria produção ou circulação de bens ou serviços com o intuito de obter resultado lucrativo e realizado por intermédio da conjugação dos fatores capital, mão de obra, insumos e tecnologia.

Por sua vez, "produção e circulação de bens ou serviços" demarcam-se pelo fato de ser aquela (a produção) a atividade responsável pela elaboração de bens novos, enquanto esta (a circulação) a atividade responsável pela intermediação de tais bens fabricados entre o produtor e o consumidor.

Verifica-se, assim, que o termo "mercadoria" continua apresentando sua conotação a partir de critérios extrínsecos, quais sejam, cri-

28. Para tanto, faça-se a comparação entre o art. 1.122 do anterior e o art. 481 do atual CC.

térios relacionados à definição de "empresário", porquanto será este o promotor da circulação de bens sujeita ao ICMS.

Desta feita, nada se modifica a propósito do que ora é objeto de nossa análise. Mesmo diante das alterações promovidas pelo atual diploma civil, empresários que se dedicam à produção ou circulação de mercadorias irão ingressar no consequente da regra-matriz do ICMS na qualidade de sujeitos passivos, bem como no consequente da regra-matriz da não cumulatividade como sujeitos ativos.

Bens de uso e consumo, portanto, não receberam qualquer tratamento específico pelo Código Civil que nos permita infirmar as conclusões apresentadas até este momento, as quais apontam pela inexistência de fundamentos jurídicos que vedem a apropriação de créditos do ICMS a eles relacionados. Enquanto na sistemática do anterior Código Civil a regra da não cumulatividade operava suas consequências sobre as atividades mercantis dos comerciantes, agora opera efeitos sobre as atividades do empresário, tanto lá como cá sujeitos ao ICMS e a esta regra constitucional.

## *V – Dos bens de uso e consumo segundo a Teoria Econômica e a sua recepção pelo ordenamento jurídico*

Segundo Fabio Nusdeo (1997, p. 37), pela Teoria Econômica, os bens considerados em sua acepção ampla – que compreende tanto os bens tangíveis quanto os serviços – são definidos a partir de sua escassez e de sua utilidade para certo grupo de pessoas. Ambos os critérios oscilam conforme o tempo e o grupo de pessoas que deles usufrui. Por isso, a escassez e a utilidade de hoje poderão não o ser amanhã, quando, então, outras surgirão.

Interessa-nos, particularmente, examinar o critério da utilidade, por ser este o que nos levará à categoria dos denominados bens de *uso e consumo*.

Ainda segundo tal corrente doutrinária, *bem útil* é aquele que atende a uma determinada necessidade humana, seja ela qual for. A necessidade em si considerada não é objeto da presente análise.

De qualquer forma, seguindo a linha de pensamento de Nusdeo, pode-se dizer que, para atender ao infindável rol de necessidades humanas, os bens comportariam a classificação que os divide conforme: (a) a sua materialidade; (b) a sua finalidade; (c) as relações entre si considerados; e (d) a extensão de sua necessidade para a Humanidade.

O que nos interessa, realmente, é analisar esta classificação pelo critério da finalidade. Vejamos, assim, as lições do citado professor (1997, p. 41):

> "Os bens econômicos podem ser divididos em bens de consumo e bens de produção. Os primeiros atendem de forma direta e imediata a uma dada necessidade; os últimos – bens de produção – atendem-na de forma indireta e mediata, pois são empregados para, em imensa cadeia técnica, gerarem os bens de consumo. São exemplos dos primeiros: alimentos, vestuário, canetas, concertos musicais e tantos outros. São bens de produção: máquinas, matérias-primas, ferramentas, a terra, o tijolo, os serviços dos operários nas fábricas, e assim por diante. Os bens tangíveis de caráter fixo são também chamados bens de capital, como os prédios, as máquinas e os equipamentos".

Destacando o necessário cuidado que devemos ter ao enfrentarmos as classificações, pois submetidas ao relativismo dos seus critérios, Nusdeo (1997) assevera:

> "Como todas, esta classificação não é absoluta. O mesmo bem pode, conforme as circunstâncias ou a sua destinação, ser visto ora como de produção, ora como de consumo. Assim, um saco de feijão pode servir como alimento – e aí um bem de consumo – ou como semente para a próxima safra – e aí será um bem de produção. (...).
>
> "A propósito, os bens de consumo podem atender a uma necessidade instantaneamente, como os alimentos ou o concerto de música. Mas podem fazê-lo continuamente, ao longo de um certo espaço de tempo. Neste último caso, eles são também chamados bens de uso, como o automóvel, os eletrodomésticos, as casas, o vestuário etc. Tais produtos também se consomem, porém a médio ou longo prazo."

A correção da ressalva de Fabio Nusdeo é inquestionável. As classificações não devem ser tomadas de modo absoluto. Isto, aliás, igualmente fora ponderado por Eurico Marcos Diniz de Santi (1998, p. 130), para quem:

"Não há classes naturais: as características comuns que tomamos como critério de uso de uma palavra em geral são assuntos de conveniência. Nossas classificações dependem de nossos interesses e nossa necessidade de reconhecer as similitudes e diferenças que há entre as coisas".

No entanto, é também de Santi (1998, p. 132) quem nos apresenta assertiva de extrema relevância, ponderando que tais justificativas são plenamente aplicáveis quando o dado classificável pertencer às denominadas Ciências Naturais, que, desta forma, reorganizariam a realidade social conforme critérios que melhor atendessem aos seus próprios fins. Assim, a Ciência Botânica, a Zoologia, a Astrologia etc. observariam critérios classificatórios adequados aos interesses dos seus respectivos pesquisadores.

Todavia – afirma de Santi –, quando se está diante do ordenamento jurídico é inaplicável esta prerrogativa de liberdade na escolha destes critérios, porquanto o dado analisável apresenta-se prescritivamente ao sujeito cognoscente, obrigando-o, assim, a observar, na classificação posta a efeito, os critérios estabelecidos pelo legislador.

Exatamente por isso compreendemos a feliz ressalva de Fabio Nusdeo quando alude a que a classificação com um fim eminentemente econômico deve preocupar-se com o exame das *circunstâncias* e com a *destinação* dos bens classificados.

Desta forma, o que se põe em destaque é saber se tais critérios econômicos, especialmente o da destinação, que daria azo à classificação dos bens em *de consumo* e *de uso*, foram, ou não, privilegiados pelo legislador nacional, quer o constituinte, quer o infraconstitucional, quando do trato do ICMS.

Vimos de ver que, em relação aos critérios formais, tanto o legislador constitucional quanto o infraconstitucional nada dispuseram a este respeito – o que, portanto, nos impede de tomá-los como fundamento para o exaurimento desta questão.

No entanto, ao examinarmos os critérios materiais constatamos que, pelo fato de nos remeterem à análise do conceito de "mercadoria", próprio do direito privado, obrigaram-nos a considerar o critério da destinação como formador das características que definem este termo.

Assim, o critério destinação, advindo das Ciências Econômicas, pode, sim, ser considerado como incorporado ao ordenamento jurídico nacional na parte que se refere ao ICMS. Entretanto, tal conclusão não soluciona de per si a indagação relativa à legitimidade, ou não, dos créditos do ICMS relacionados à aquisição de tais bens *de uso* e *de consumo*.

Não soluciona porque com base no mesmo não nos é permitido negar o direito a tais créditos. Embora pertencente ao quadro dos critérios jurídicos relacionados ao termo "mercadoria", a destinação não se apresenta como critério definidor e, portanto, necessariamente presente na composição das características deste vocábulo. Vimos que sua presença faz-se útil apenas e tão somente de forma acessória, funcionando como um critério meramente ratificador dos outros que – estes, sim – demarcam e distinguem o termo "mercadoria" dos demais.

Por isso, o critério "destinação", aliado ao que exige haver relação jurídica de compra e venda, apenas confirma que o objeto da prestação regulada por esta relação jurídica pode assumir o nome de "mercadoria".

Posto isto, concluímos que bens *de uso* e *de consumo*, quando considerados exclusivamente pelos critérios jurídicos que demarcam a relação jurídica mercantil, dão direito a crédito do ICMS.

Em outras palavras, as relações jurídicas que se referem a tais bens integram a hipótese da norma da não cumulatividade, pois não há critério formal, nem tampouco material, que a tanto impeça.

Os denominados bens de uso e consumo são, portanto, mercadorias cujas relações jurídicas de aquisição dão direito ao crédito para o respectivo adquirente, desde que o mesmo opere com a referida norma da não cumulatividade.

## *VI – Conclusão: rol de relações jurídicas que ensejam o crédito do ICMS*

Diante do acima exposto, entendemos possível montar o seguinte quadro de relações jurídicas submetidas à incidência do ICMS e ver que, salvo a hipótese de venda para o consumidor final (última linha), todas as demais, por se enquadrarem no campo de incidência deste imposto, devem garantir o respectivo crédito para o contribuinte.

Vejamos:

## ROL DE OPERAÇÕES E PRESTAÇÕES GERADORAS DE CRÉDITO

| | Comerciante | Industrial | Produtor | Transporte Intermunicipal | Transporte Interestadual | Energia Elétrica | Serviços Comunicações |
|---|---|---|---|---|---|---|---|
| *Comerciante* | Comerc. *x* Comerc. | Comerc. *x* Indl. | Comerc. *x* Produtor | Comerc. *x* Tr. Interm. | Comerc. *x* Tr. Interes. | Comerc. *x* E.E. | Comerc. *x* Serv. Comum. |
| *Industrial* | Indl. *x* Comerc. | Indl. *x* Indl. | Indl. *x* Produtor | Indl. *x* Tr. Interm. | Indl. *x* Tr. Interes. | Indl. *x* E.E. | Indl. *x* Serv. Comun. |
| *Produtor* | Produtor *x* Comerc. | Produtor *x* Indl. | Produtor *x* Produtor | Produtor *x* Tr. Interm. | Produtor *x* Tr. Interes. | Produtor *x* E.E. | Produtor *x* Serv. Comun. |
| *Transp. Intermunicipal* | Tr. Interm. *x* Comerc. | Tr.Interm. *x* Indl. | Tr. Interm. *x* Produtor | Tr. Interm. *x* Tr.Interm. | Tr.Interm. *x* Tr. Interes. | Tr. Interm. *x* E.E. | Tr. Interm. *x* Serv. Comum. |
| *Transp. Interestadual* | Tr. Interes. *x* Comerc. | Tr. Interes. *x* Indl. | Tr. Interes. *x* Produtor | Tr. Interes. *x* Tr. Interm. | Tr. Interes. *x* Tr. Interm. | Tr. Interes. *x* E.E. | Tr. Interes. *x* Serv. Comum. |
| *Energia Elétrica* | E.E. *x* Comerc. | E.E. *x* Indl. | E.E. *x* Produtor | E.E. *x* Tr. Interm. | E.E. *x* Tr. Interes. | E.E. *x* E.E. | E.E. *x* Serv. Comum. |
| *Serv. Comunicações* | Serv. Comum. *x* Comerc. | Serv. Comum. *x* Indl. | Serv. Comum. *x* Produtor | Serv. Comum. *x* Tr. Interm. | Serv. Comum. *x* Tr. Interes. | Serv. Comum. *x* E.E. | Serv. Comum. *x* Serv. Comum. |
| *Consumidor Final* | Comerc. *x* C.F. | Indl. *x* C.F. | Produtor *x* C.F. | Tr. Interm. *x* C.F. | Tr. Interes. *x* C.F. | E.E. *x* C.F. | Serv. Comum. *x* C.F. |

## *Referências Bibliográficas*

### *Doutrina*

ABBAGNANO, Nicola (1962). *Dicionário de Filosofia.* 2ª ed. São Paulo, Mestre Jou.

AULETE, Caldas (1958). *Dicionário Contemporâneo da Língua Portuguesa.* 5 vols. Rio de Janeiro, Delta.

BALEEIRO, Aliomar, e GIARDINO, Cléber (1983). "Núcleo da definição constitucional do ICM (operações, circulação e saída)". *RDTributário* 25-26/101-119. Ano 7. São Paulo, Ed. RT (dezembro/1983).

CARVALHO, Paulo de Barros (2000). *Curso de Direito Tributário.* 13ª ed. São Paulo, Saraiva.

CARVALHO DE MENDONÇA, J. X. (1945). *Tratado de Direito Comercial Brasileiro.* 4ª ed., vol. 1. São Paulo, Livraria Editora Freitas Bastos.

COELHO, Fábio Ulhôa (2003). *Manual de Direito Comercial.* 14ª ed. São Paulo, Saraiva.

COPI, Irving M. (1978). *Introdução à Lógica.* 2ª ed. São Paulo, Mestre Jou.

DE SANTI, Eurico Marcos Diniz (1998). *Justiça Tributária – 1º Congresso Internacional de Direito Tributário – Instituto Brasileiro de Estudos Tributários/IBET.* São Paulo, Max Limonad.

HOSPERS, John (1984). *Introducción al Análisis Filosófico.* 2ª ed. Madrid, Alianza Universidad Textos.

LIPPO, Luiz Francisco, e MELO, José Eduardo Soares de (1998). *A Não Cumulatividade Tributária.* São Paulo, Dialética.

LUNARDELLI, Pedro Guilherme Accorsi (1999). *Isenções Tributárias.* São Paulo, Dialética.

__________ (2000). "Tributação na Internet". *RDDT* 59/75-94. São Paulo, Dialética (agosto/2000).

MELO, José Eduardo Soares de, e LIPPO, Luiz Francisco (1998). *A Não Cumulatividade Tributária.* São Paulo, Dialética.

NUSDEO, Fabio (1997). *Curso de Economia. Introdução ao Direito Econômico.* 1ª ed. São Paulo, Ed. RT.

PESTANA, Márcio (2001). *O Princípio da Imunidade Tributária.* São Paulo, Ed. RT.

PONTES DE MIRANDA, F. C. (1983). *Tratado de Direito Privado.* 1ª ed., t. I. São Paulo, Ed. RT.

__________ (1999). *Tratado de Direito Privado.* 1ª ed., t. I. Campinas, Bookseller.

VILANOVA, Lourival (1947). *Sobre o Conceito do Direito.* Recife, Imprensa Oficial.

__________ (1977). *As Estruturas Lógicas e o Sistema de Direito Positivo.* São Paulo, Ed. RT.

## *Legislação*

BRASIL. *Anteprojeto do Código Tributário Nacional.*

__________. *Constituição (1988).* Disponível em *http://www.planalto.gov.br/ccivil_03/constituicao/ConstituicaoCompilado.htm* (acesso em 27.6.2011).

__________. *Emenda Constitucional 18, de 1965.*

__________. *Lei 556, de 25 de Junho de 1850. Código Comercial.* São Paulo, Saraiva, 1999.

__________. *Lei 5.172, de 25 de Outubro de 1966. Código Tributário Nacional.* São Paulo, Saraiva, 2007.

__________. *Lei 10.406, de 10 de Janeiro de 2002. Código Civil.* São Paulo, Saraiva, 2007.

__________. *Lei Complementar 87, de 13 de Setembro de 1996.* Disponível em *http://www.planalto.gov.br/ccivil_03/Leis/LCP/Lcp87.htm* (acesso em 27.6.2011).

SÃO PAULO. *Decreto 45.490, de 30 de Novembro de 2000. Regulamento do ICMS de São Paulo.* Disponível em *http://www.fiscosoft.com.br/c* (acesso em 27.6.2011).

__________. *Lei 6.374, 1º de Março de 1989.* Disponível em *http://www.fiscosoft.com.br* (acesso em 27.6.2011).

## *Jurisprudência*

SUPERIOR TRIBUNAL DE JUSTIÇA. *ROMS 13.875-RN* (1ª Turma, rel. Min. José Delgado, *DJU* 13.5.2002, p. 152). Disponível em *http://www.stj.jus.br/SCON/jurisprudencia/doc.jsp?processo=13875&&b=ACOR&p=true&t=&l=10&i=4* (acesso em 27.6.2011).

_________. *ROMS 8.334-SE* (2ª Turma, rel. Min. Paulo Gallotti, *DJU* 5.6. 2000, p. 135). Disponível em *http://www.stj.jus.br/SCON/jurisprudencia/doc.jsp?processo=8334&&b=ACOR&p=true&t=&l=10&i=3* (acesso em 27.6.2011).

_________. *Súmula 166* (*DJU* 23.8.1996, p. 29.382: "Não constitui fato gerador do ICMS o simples deslocamento de mercadoria de um para outro estabelecimento do mesmo contribuinte"). Disponível em *http://www.stj.jus.br/SCON/index.jsp?livre=%40docn&&b=SUMU&p=true&t=&l=10&i=1* (acesso em 27.6.2011).

_________. *Súmula 167* (*DJU* 19.9.1996 p. 34.452: "O fornecimento de concreto, por empreitada, para construção civil, preparado no trajeto até a obra em betoneiras acopladas a caminhões, é prestação de serviço, sujeitando-se apenas à incidência do ISS"). Disponível em *http://www.stj.jus.br/SCON/index.jsp?livre=%40docn&&b=SUMU&p=true&t=&l=10&i=1* (acesso em 27.6.2011).

SUPREMO TRIBUNAL FEDERAL. *AI 428.621-7-MT* (rel. Min. Carlos Velloso, j. 20.3.2003). Disponível em *http://www.stf.jus.br/portal/processo/verProcessoAndamento.asp?incidente=2087240* (acesso em 14.6.2010).

_________. *RE 78.589-SP* (1ª Turma, rel. Min. Aliomar Baleeiro, *DJU* 4.11.1974). Disponível em *http://redir.stf.jus.br/paginadorpub/paginador.jsp?docTP=AC&docID=173993* (acesso em 27.6.2011).

_________. *RE 98.923-MG* (2ª Turma, rel. Min. Moreira Alves, *DJU* 6.5.1983, *Ementário* 1.293-3). Disponível em *http://www.stf.jus.br/portal/jurisprudencia/ listarJurisprudencia.asp?s1=%2898923%2ENUME%2E+OU+98923%2EACMS%2E%29&base=baseAcordaos* (acesso em 27.6.2011).

_________. *RE 161.031-MG* (Tribunal Pleno, rel. Min. Marco Aurélio, *DJU* 6.6.1997, *Ementário* 1.872-05). Disponível em *http://www.stf.jus.br/portal/jurisprudencia/listarJurisprudencia.asp?s1=%28161031%2ENUME%2E+OU+161031%2EACMS%2E%29&base=baseAcordaos* (acesso em 27.6.2011).

_________. *RE 140.669-PE* (Tribunal Pleno, rel. Min. Ilmar Galvão, *DJU* 14.5.2001, republicação *DJU* 18.5.2001). Disponível em *http://www.stf.jus.br/portal/jurisprudencia/listarJurisprudencia.asp?s1=%28140669%2ENUME%2E+OU+140669%2EACMS%2E%29&base=baseAcordaos* (acesso em 27.6.2011).

_________. *RE 161.257-SP* (2ª Turma, rel. Min. Marco Aurélio, *DJU* 17.4.2008, *Ementário* 1.906-03). Disponível em *http://www.stf.jus.br/portal/jurispru*

*dencia/listarJurisprudencia.asp?s1=%28161257%2ENUME%2E+OU+161257%2EACMS%2E%29&base=baseAcordaos* (acesso em 27.6.2011).

__________. *RE 212.484-RS* (Tribunal Pleno, rel. Min. Nelson Jobim, *DJU* 27.11.1998, *Ementário* 1.933-04). Disponível em *http://www.stf.jus.br/portal/jurisprudencia/listarJurisprudencia.asp?s1=%28212484%2ENUME%2E+OU+212484%2EACMS%2E%29&base=baseAcordaos* (acesso em 27.6.2011).

__________. *Súmula 573* (*DJU* 3.1.1977, p. 4: "Não constitui fato gerador do imposto de circulação de mercadorias a saída física de máquinas, utensílios e implementos a título de comodato"). Disponível em *http://www.stf.jus.br/portal/jurisprudencia/listarJurisprudencia.asp?s1=573.NUME.NAOS.FLSV.&base=baseSumulas* (acesso em 27.6.2011).

# *AÇÃO CIVIL PÚBLICA EM MATÉRIA TRIBUTÁRIA*

REGINA HELENA COSTA
Mestre e Doutora em Direito do Estado e Livre-Docente em Direito Tributário pela PUC/SP.
Professora da Faculdade de Direito e dos Cursos de Pós-Graduação em Direito da PUC/SP.
Desembargadora Federal do TRF-3ª Região.

No momento em que se discutem modificações na disciplina normativa da ação civil pública, e diante da orientação jurisprudencial que restou consolidada a respeito da inviabilidade de sua utilização em matéria tributária, entendemos conveniente retomar o tema, objeto de nossas preocupações há muitos anos.

Ao falar-se em ação civil pública nesse âmbito, há que se lembrar, necessariamente, de dois conceitos: o de *obrigação tributária principal* e o de *direito individual de origem homogênea*, para cuja defesa titulariza legitimidade o Ministério Público.

Como sabido, a *obrigação principal* é o vínculo jurídico que se estabelece entre o credor, sujeito ativo que, no caso, é o Fisco, e o devedor, sujeito passivo – pessoa física ou jurídica –, que tem por objeto uma prestação economicamente apreciável chamada *tributo*.

Trata-se de obrigação *ex lege* (art. 3º do CTN), e essa derivação direta da lei é o dado inicial a ser tomado na reflexão sobre a possibilidade de ação civil pública em matéria tributária.

A par dessa ideia, impende invocar-se o princípio da *generalidade da tributação*, também relevante na análise a que nos propomos. Segundo esse princípio, que representa uma das manifestações da isonomia no campo tributário, todas as pessoas que estiverem sujeitas a determinada situação, descrita na hipótese de incidência, estarão sujeitas à mesma obrigação tributária.

Tratando-se, pois, de obrigação *ex lege*, a que todos que se encontrem na mesma situação sujeitar-se-ão, começa-se a vislumbrar a ideia de *relação-base*.

Evidente a existência de um liame, que une várias pessoas na mesma situação, em função desses aspectos da derivação direta da lei e da generalidade da tributação, já que se sabe que as hipóteses exonerativas – imunidades e isenções – são excepcionais.

Neste passo, podemos agregar às noções já apontadas a de *direitos individuais de origem homogênea*, trazida ao ordenamento jurídico por força do Código de Defesa do Consumidor/CDC (Lei 8.078/1990).

Os direitos individuais de origem homogênea são aqueles decorrentes de origem comum, constituindo espécies de direitos coletivos *lato sensu* (art. 81, parágrafo único, III, do CDC). Traduzem direitos supraindividuais, mas essa supraindividualidade não é intrínseca a esses direitos. Analisando-os de perto, observa-se que constituem direitos individuais e disponíveis. Embora disponíveis, são direitos tuteláveis mediante ação civil pública.

O art. 129, III, da CF estatui ser função institucional do Ministério Público promover o inquérito civil e a ação civil pública para a proteção do patrimônio público e social, do meio ambiente e de outros interesses difusos e coletivos. O Código de Defesa do Consumidor dispõe sobre os direitos individuais de origem homogênea e a legitimação do Ministério Público para a sua defesa. Assim é porque existe uma homogeneidade de objeto que não somente autoriza como recomenda um tratamento coletivo a esses direitos, que são individuais e disponíveis.

Com efeito, o *tratamento coletivo* é indicado por razões de *segurança jurídica* – previsibilidade das consequências de uma dada conduta e impedimento da prolação de decisões conflitantes. Se cada um for buscar a tutela de seu direito, que é exatamente igual ao do indivíduo que está ao seu lado, teremos uma imensa multiplicidade de ações idênticas, com grande probabilidade de prolação de decisões diferentes.

Em outras palavras, o tratamento coletivo a direitos individuais e disponíveis, desde que tenham origem homogênea, é questão de interesse público. É por isso que esses direitos, não obstante individuais e disponíveis, são passíveis de tutela mediante ação civil pública – e, portanto, o Ministério Público tem legitimidade para defendê-los.

Associadas as duas ideias preliminares – a de obrigação tributária *ex lege* e a do princípio da generalidade da tributação –, e considerados os direitos individuais de origem comum, exsurge, com clareza, que relações obrigacionais tributárias vão gerar, com frequência, direitos individuais de origem homogênea.

Se, por exemplo, há a exigência de tributo e se a impugnação que se faz é a de que a lei que o institui não observa princípios constitucionais, como tal relação reveste-se de natureza *ex lege* e como há o atributo da generalidade da tributação, o vício legal existente atingirá múltiplas relações jurídicas idênticas.

Desse modo, imagine-se uma categoria de pessoas que será atingida pela mesma situação: contribuintes de IPTU de determinado Município. Se a lei municipal que instituiu o IPTU, ou modificou esse tributo, contém inconstitucionalidade, existe uma relação-base, uma categoria de sujeitos que será atingida pela mesma situação.

Não é diferente daquele célebre exemplo de direito do consumidor, segundo o qual pessoas compraram carros do mesmo modelo, e uma partida de veículos veio com o mesmo defeito: todos estão exatamente na mesma situação. No caso do IPTU ocorre o mesmo, com a agravante de que se cuida de obrigação *ex lege* e de que todos que realizarem a situação descrita na hipótese de incidência serão atingidos, sem exceção.

Não há como negar a origem homogênea desses direitos ou, ainda, a legitimidade do Ministério Público. Todavia, como assinalamos, foi o entendimento negativo que mereceu a acolhida dos Tribunais Superiores nos últimos anos.

Os fundamentos utilizados para afastar o cabimento da ação civil pública em matéria tributária, em nossa opinião, denotam uma errônea compreensão do que seja direito individual de origem homogênea, da questão dos efeitos da ação civil pública e, até mesmo, certo descuido com as noções de "contribuinte" e de "tributo vinculado".

Vejamos quais são eles.

O primeiro argumento, estritamente processual, empregado para inviabilizar a apreciação da tutela jurisdicional nesses casos é o da impossibilidade de o juiz de primeiro grau efetuar apreciação e declaração de inconstitucionalidade incidentalmente, a qual teria eficácia *erga omnes*, traduzindo uma usurpação da competência do STF, porquanto somente este possui competência para declarar a inconstitucionalidade de lei ou ato normativo com essa eficácia, em sede de ação direta de inconstitucionalidade.

A nosso ver, esse argumento é atécnico, porque a declaração de inconstitucionalidade efetuada pelo juízo de primeiro grau e a declaração de inconstitucionalidade proclamada pelo STF são completamente diferentes.

A declaração de inconstitucionalidade numa ação civil pública é incidental, traduzindo a arguição de inconstitucionalidade o fundamento do pedido. Por vezes é preciso reconhecer a inconstitucionalidade da lei ou do ato normativo para apreciar o pedido, e é isso que faz o magistrado na ação civil pública. Na ação direta de inconstitucionalidade, diversamente, a declaração de inconstitucionalidade é o próprio pedido, não a causa de pedir; discute-se a declaração de inconstitucionalidade em tese.

A eficácia *erga omnes* também é diferente. Na ação civil pública a eficácia *erga omnes* diz respeito ao bem da vida que está sendo discutido, sendo a inconstitucionalidade declarada obliquamente. Já, em sede de ação direta a declaração com eficácia geral diz respeito à própria inconstitucionalidade. Ademais, quando é o STF que declara a inconstitucionalidade, ela não mais poderá ser revista, a não ser pela própria Corte. Enfim, essa é a declaração de inconstitucionalidade principal, como objeto da ação e em caráter definitivo.

Assim, esse primeiro argumento não merece ser acolhido, não só porque a declaração de inconstitucionalidade, num e noutro caso, se dá de modo diferente, mas também devido a outro argumento, pouco apontado, que é o do duplo grau de jurisdição. É uma declaração de inconstitucionalidade abordada incidentalmente, que poderá ser reapreciada, inclusive pelo próprio STF. Desse modo, não há que se falar em usurpação de sua competência.

O segundo fundamento, já analisado, consiste na alegação de que os direitos são individuais e disponíveis e, portanto, não justificam a atuação do Ministério Público.

A jurisprudência, ao usar o argumento segundo o qual é inadmissível a utilização da ação civil pública para a proteção desses direitos, em razão de seu caráter individual e disponível, incorre em equívoco, pois isso não se discute, já que assim o diz a própria lei.

De fato, são individuais e são disponíveis, só que não são *quaisquer* direitos individuais e disponíveis – o que faz concluir, obviamente, que o Ministério Público não estará legitimado a buscar a tutela de quaisquer direitos individuais e disponíveis. Isso somente será possível se esses direitos individuais e disponíveis tiverem origem homogênea e desde que se possa vislumbrar a presença de interesse público, elemento que configura a vinculação desses interesses com a função institucional do Ministério Público.

É preciso ter em mente que o tributo não é apenas um valor em dinheiro a ser entregue ao Fisco, sem outras repercussões; consiste, em verdade, numa prestação pecuniária cuja exigência é disciplinada pela Constituição e que atinge direta e necessariamente dois direitos fundamentais do sujeito passivo: o direito de propriedade e o direito de liberdade.

Não se pode, pois, pensar em tributo dissociando-se essa prestação do contexto constitucional em que ela se insere e do seu relacionamento com os direitos fundamentais. Como já mencionado, além dos direitos fundamentais à propriedade e à liberdade, diretamente afetados pela tributação, há outros, tais como o direito à educação e à saúde, por exemplo, que podem ser atingidos pela tributação, acarretando, inclusive, dificuldade ou inviabilização do seu exercício.

Em consequência, há inegável interesse público na defesa de direitos individuais de origem homogênea que têm origem numa mesma obrigação tributária, caso essa obrigação tributária esteja afetando indevidamente o exercício de direitos fundamentais. Não se pode, portanto, ter uma visão estreita do conceito de tributo. Sua exigência repercute na esfera jurídica de cada pessoa física, de cada pessoa jurídica, atingindo a liberdade e a propriedade de cada um e, por vezes, vulnerando outros direitos.

Outro argumento, absolutamente restritivo, é o de que o CDC, em seu art. 117, ao mandar aplicar o regramento nele previsto à ação civil pública, alterou o art. 21 da Lei 7.347/1985, operando uma fusão de sistemas entre os dois diplomas legais, somente se aplicando a ações civis públicas que digam respeito ao direito do consumidor.

Tal argumento, à evidência, revela-se frágil.

O art. 117 do CDC encontra-se em um diploma que disciplina as relações de consumo. Esse artigo alterou a redação do art. 21 da Lei da Ação Civil Pública, determinando que "Aplicam-se à defesa dos direitos e interesses difusos coletivos e individuais, no que for cabível, os dispositivos do Título III da lei que instituiu o Código de Defesa do Consumidor".

Ora, tal dispositivo não está dizendo que essa determinação só se aplica à defesa dos direitos do consumidor. Não é porque esse dispositivo está no corpo da lei que trata da disciplina das relações de consumo que está a se referir somente às ações coletivas em matéria de consumidor.

A interpretação restritiva, em nosso entender, não encontra apoio jurídico. A lei está estabelecendo a aplicação do sistema processual, não está tratando do objeto da ação civil pública – consumidor, patrimônio público, meio ambiente. O que ela declara é que o sistema processual do Código de Defesa do Consumidor se aplica, no que couber, à ação civil pública.

Por fim, a afirmativa segundo a qual "contribuinte" e "consumidor" são conceitos totalmente estranhos. Esse último argumento poderia ser acolhido parcialmente. Embora "contribuinte" e "consumidor" não sejam conceitos equivalentes, também não são conceitos absolutamente estranhos, pois pode-se ter, em algumas situações, um "contribuinte-consumidor".

Para demonstrá-lo, lembre-se, inicialmente, a definição de "consumidor" prevista no art. 2º do CDC, segundo a qual: "Consumidor é toda pessoa física ou jurídica que adquire ou utiliza produto ou serviço como destinatário final".

Quando o contribuinte estiver inserido numa obrigação tributária que tenha por prestação um tributo não vinculado a uma atuação estatal – imposto –, evidentemente não se poder dizer que algo está sendo consumido. Sabe-se que a obrigação de pagar impostos independe de qualquer atuação estatal diretamente referida ao sujeito passivo. Nesse caso, "contribuinte" e "consumidor" são conceitos absolutamente diversos, não havendo nenhuma aproximação entre eles.

Todavia, tratando-se de obrigação relativa a tributo vinculado a uma atuação estatal, que consiste na prestação de um serviço público específico e divisível, o contribuinte da taxa de serviço é, quase sempre, consumidor desse serviço. Então, nessa hipótese, "contribuinte" e "consumidor" não são categorias completamente estranhas.

Logo, se o serviço público é efetivamente utilizado, o contribuinte da taxa é consumidor do serviço público – realidade que não tem sido observada no raciocínio estampado nas decisões judiciais sobre o assunto.

Tanto essa assertiva é verdadeira que o CDC, em seu art. 6º, aponta a "adequada e eficaz prestação dos serviços públicos em geral" no rol dos direitos básicos do consumidor (inciso X), bem como prescreve que:

> "Art. 22. Os órgãos públicos, por si ou suas empresas, concessionárias, permissionárias ou sob qualquer outra forma de empreendimento, são obrigados a fornecer serviços adequados, eficientes, seguros e, quanto aos essenciais, contínuos".

Diante de tais normas, parece notório que o "contribuinte-consumidor" tem a proteção do Código, pois a prestação de serviço público está disciplinada como relação de consumo.

Por derradeiro, cumpre mencionar a Medida Provisória 2.180-35, de 24.8.2001, cuja eficácia foi tornada permanente, por força do art. 2º da EC 32/2001, que abriga inúmeras alterações que visam a restringir, se não inviabilizar, a prolação de decisões judiciais contra o Poder Público.

Em seu art. 6º, modifica os arts. 1º e 2º da Lei da Ação Civil Pública, introduzindo, especificamente, um parágrafo único em seu art. 1º, com a seguinte dicção:

> "Parágrafo único. Não será cabível ação civil pública para veicular pretensões que envolvam tributos, contribuições previdenciárias, o Fundo de Garantia do Tempo de Serviço – FGTS ou outros fundos de natureza institucional, cujos beneficiários podem ser individualmente determinados".

Não se tem a menor dúvida em dizer que o preceito é inconstitucional, por razões a serem sucintamente apontadas.

Primeiramente, sob o aspecto formal: relevância e urgência são pressupostos constitucionais para a edição de medidas provisórias, previstos no art. 62 da CF, frequentemente não observados.

Ainda, não se pode olvidar que o afastamento do cabimento de ação de *status* constitucional, como é a ação civil pública, independentemente da indicação de um discrímen para tanto, fere o direito de ação, garantido pelo princípio da inafastabilidade do controle jurisdicional (art. 5º, XXXV, da CF).

Por tais fundamentos, e na oportunidade em que se discute novo regramento para a ação civil pública, esperamos que a orientação adotada pelo STF a respeito do assunto nos últimos anos, contrária ao seu cabimento em matéria tributária,[1] venha a ser revista.

O recente julgamento do RE 576.155-DF sinaliza uma mudança de entendimento da Corte, que concluiu pela legitimidade do Ministério Público para ajuizar ação civil pública se por tratar de matéria tributária não individualizável, caracterizando defesa do patrimônio público.[2]

Assinale-se que tal orientação, felizmente, já se reflete no STJ, que em recentes decisões tem admitido a legitimidade do Ministério Público para o ajuizamento de ação civil pública "na defesa do patrimônio público em matéria de direito tributário, dada sua natureza difusa".[3]

Junho/2011

1. Cf. Pleno, RE 195.056-1-PR, rel. Min. Carlos Velloso, j. 9.12.1999, e 2ª Turma, RE 206.781-4-MS, rel. Min. Marco Aurélio, j. 6.2.2001.

2. Pleno, rel. Min. Ricardo Lewandowski, j. 12.8.2010, m.v.

3. *V.g.*: 1ª Turma, AgR no REsp 1.000.906-DF, rel. Min. Arnaldo Esteves de Lima, j. 17.5.2011.

# *A CONSTRUÇÃO DO DIREITO COOPERATIVO COMO INDICATIVO PARA O FUTURO DO DIREITO TRIBUTÁRIO: ESTUDO EM HOMENAGEM A GERALDO ATALIBA*

Renato Lopes Becho
Mestre, Doutor e Professor de Direito Tributário na PUC/SP.
Especialista em Cooperativismo pela UNISINOS/RS.
Livre-Docente em Direito Tributário pela USP.
Juiz Federal em São Paulo/SP.



## *I – Justificativa do tema*

É com viva motivação que aderimos à justa homenagem prestada a Geraldo Ataliba, dedicando-lhe algumas páginas de estudo. Conhecemos sua obra desde os bancos da Academia, motivados por Misabel Abreu Machado Derzi e Sacha Calmon Navarro Coêlho. Posteriormente, viemos a conhecê-lo nos Congressos Brasileiros de Direito Tributário organizados pelo IDEPE, hoje Instituto Geraldo Ataliba/IDEPE. Chegamos a hospedá-lo na Universidade Federal de Viçosa, tendo o privilégio de sua companhia por alguns dias.

Dentre os diversos temas que poderíamos ter escolhido para homenageá-lo, decidimos pelo direito cooperativo (direito das sociedades cooperativas). Ataliba emitiu parecer sobre a não incidência do antigo ICM sobre o ato cooperativo[1] e publicou um artigo sobre o mesmo assunto.[2] São indicativos de sua atenção ao tema e da falta que o Mestre – precocemente retirado de nosso convívio – faz. Procuraremos aliar ao tema escolhido outro marco de Ataliba: a defesa intransigente dos princípios. Para esse mister, pretendemos ousar classificar Geraldo Ataliba dentro das correntes da Filosofia do Direito, nos termos a seguir desenvolvidos.

Ao final, transitando pela Filosofia e pelo Cooperativismo, almejamos trazer para o leitor hipóteses investigativas não tradicionais. Deixando de lado qualquer intenção monográfica (escrita sobre um só tema), gostaríamos de estimular o estudo de temas diferentes, mas que possam desembocar no direito tributário.

## *II – Geraldo Ataliba: um pós-positivista?*

Que é *Direito*? Conforme aponta Norberto Bobbio, ninguém tem o monopólio da palavra "direito".[3] Na origem da nossa área de atuação há essa insegurança, por não haver um completo encontro da noção fundamental: que é *direito*?

Do ponto de vista da Filosofia do Direito, acreditamos que quatro grandes *linhas de pensamento* procuram responder à pergunta fundamental, atingindo respostas diferentes. São elas: o direito natural, o direito positivo, o realismo jurídico e o pós-positivismo.

Há séculos a definição de *direito* e de *justiça* perpassa a consciência do homem. Grande quantidade de filósofos se debruçou sobre tais conceitos, construindo hipóteses e teorias. Nossos estudos serão, no mais das vezes, centrados nas concepções ocidentais do Direito. Na civilização clássica, notadamente na Grécia Antiga – berço de nossa cultura–, surgiu o que atualmente conhecemos como jusnaturalismo ou direito natural. Ele teve como um de seus principais

1. Geraldo Ataliba, "Parecer", in *ICM & Ato Cooperativo*, obra conjunta, Porto Alegre, Edições Fecotrigo, 1978, p. 77.

2. Geraldo Ataliba, "ICM – Não incidência sobre ato cooperativo", *RDTributário* 2/92-108, São Paulo, Ed. RT, 1977.

3. Norberto Bobbio, *Teoria da Norma Jurídica*, 2ª ed., trad. de Fernando Pavan Baptista e Ariani Bueno Sudatti, São Paulo, Edipro, 2003, p. 34.

problemas o excesso de doutrinas que procuraram explicá-lo. Conforme Palombella:[4]

> "O direito natural remete a uma ordem normativa, objetiva e racional, que, de vários modos, o jusnaturalismo argumenta (especulativa ou teoricamente) estar inscrita ontologicamente na natureza".

Suas versões principais são a "derivação voluntarística dessa ordem, determinada por uma poder divino", ou a "derivação racionalística, dedutível por meio da razão humana no modo de ser dos homens, na 'natureza das coisas'".[5]

Rigaux[6] também menciona as *várias escolas* do direito natural, distinguindo duas como as principais:

> "(...) o pensamento cristão medieval (...) *[e o]* processo de secularização que se acelera a partir do século XVIII, *[e em]* uma nova escola de direito natural, mas que nem sempre ousa dizer seu nome, busca inspiração mais do lado das ciências exatas e do desenvolvimento nas ciências do homem, Psicologia, Sociologia, Biologia".

Vê-se, pois, que a própria expressão "direito natural" precisa ser explicada, o que não será feito aqui, por ir além do sentido que pretendemos desenvolver. Mas, compondo as citações de Palombella e Rigaux, somos remetidos às três versões mais consistentes do direito natural: aquele fundado no poder divino (que atualmente pode ser indicado como o Direito praticado no Irã), o baseado no desenvolvimento da razão e o valorativo.

Uma passagem literária clássica é havida como referência na tensão entre o direito natural e o direito positivo, reconhecida como um dos pontos altos da primeira. Em *Antígona*, Sófocles insere o contraste entre as leis postas pelos governantes e aquelas de um senso superior, de raiz diversa da governamental. A parte da tragédia que nos interessa versa sobre a morte de dois irmãos, às mãos um do outro, e – principalmente – à proibição de sepultamento de um deles, considerado

4. Gianluigi Palombella, *Filosofia do Direito*, trad. de Ivone C. Benedetti, São Paulo, Martins Fontes, 2005, p. 5.

5. Idem, ibidem.

6. François Rigaux, *A Lei dos Juízes*, trad. de Edmir Missio, São Paulo, Martins Fontes, 2003, p. 103.

pelo tio (Creonte), elevado ao trono de Tebas, como traidor. Uma das irmãs do morto, Antígona, descumpre a determinação do tirano e, levada à sua presença, trava com ele uma discussão sobre os limites do poder do governante, defendendo seu direito próprio de enterrar o ente querido. Na tragédia o Direito é apresentado como o de acordo com a Ética, com a Moral. No ponto alto da luta verbal, Antígona afirma:

> "Não pensava que os seus éditos tivessem tanta força, que um mortal pudesse transgredir as leis não escritas e incanceláveis dos deuses. De fato, estas não são de hoje ou de ontem, mas sempre vigoraram e ninguém sabe quando surgiram".[7]

A fala de Antígona é reconhecida como importante texto de direito natural. Todavia, por motivos históricos, que não interessam para o presente momento, o direito natural foi sendo, lentamente, substituído pelo direito positivo.

O que se destaca no direito positivo é a autoridade. O Direito passa a ser prevalentemente o que a autoridade, em contraponto com a sociedade, determina. Esse aspecto do positivismo jurídico ficou claro para Hegel,[8] que asseverou:

> "No direito positivo, o que é legal é origem do conhecimento do que é o Direito ou, para falar com propriedade, do que é de direito. Deste ponto de vista, a ciência jurídica positiva é uma ciência histórica que tem por princípio a autoridade. O mais que se lhe possa acrescentar são assuntos a tratar pelo intelecto e referem-se à ordem exterior, à coordenação, à coerência e à aplicação".

Sendo firmado no princípio da autoridade, o direito positivo afasta-se, declaradamente, da racionalidade, ou seja, da busca intelectual para a solução dos conflitos usando-se a razão, o intelecto, o ra-

7. Sófocles, *apud* Francesco D'Agostino, *Filosofia del Diritto*, 3ª ed., Torino, Giappichelli, 2000, p. 71 (tradução livre nossa). No original consta: "Non pensavo che i tuoi editti avessero tanta forza, che un mortale potesse trasgredire le leggi non scritte e incancellabili degli dei. Infatti, queste non sono di oggi o di ieri, ma sempre vivono e nessuno sa da quando apparvero".

8. G. W. F. Hegel, *Princípios da Filosofia do Direito*, trad. de Orlando Vitorino, São Paulo, Martins Fontes, 2003, p. 188.

ciocínio, as construções mentais. Firmado na autoridade, por vezes faltará racionalidade ao direito positivo, como afirmou Hegel:[9]

> "Quando o intelecto se intromete na própria natureza das coisas já sabemos o que ele é capaz de fazer com o seu método de raciocínio motivado, como se pode ver, por exemplo, nas teorias de direito criminal. A ciência positiva tem não só o direito mas também o rigoroso dever de deduzir, dos dados positivos e em todas as minúcias, as formações históricas bem como as aplicações e complicações das regras jurídicas. É assim que mostrará a sua lógica interior. Mas não deverá ela espantar-se, embora se trate de uma questão que é alheia ao seu objeto, que lhe perguntem, após todos os seus raciocínios, se uma regra jurídica é racional".

A total ausência de racionalidade de certas ordens jurídicas parciais – é dizer, do direito positivo de determinadas Nações –, em períodos históricos definidos, será importante motivo de cobrança dos não positivistas. O direito positivo, como todos sabemos, surgiu como uma reação ao direito natural, visto como metafísico, de origem "divina". O problema maior do direito natural era relacionado com suas fontes. De onde viriam as normas que deveríamos observar? Essas normas eram éticas, de fundo moral. A fonte – ao menos em parte – era a "moral e os bons costumes". Decerto esses conceitos são muito subjetivos. O que é moral para alguns é amoral para outros.

Veio a doutrina do direito positivo e superou esse subjetivismo que é incapaz de estipular – com segurança – quais condutas devem ser seguidas pelos cidadãos. Quem deve ditar o que se deve e o que não se deve fazer, quem dita a ordem jurídica, é o Parlamento. É nele que se decidem quais das possibilidades éticas – posto que subjetivas – devem ser observadas pelo povo.

Com isso, temos que o Direito é o ditado pelo Parlamento. Não importa se os parlamentares representam a sociedade, os poderosos ou seus interesses pessoais. Não importa a estatura moral do Parlamento ou de seus membros. Eles, e somente eles, detêm o Direito.

Entretanto, a crise do direito positivo não veio do nível ético de nenhum Parlamento específico. A crise do positivismo jurídico varreu o pensamento ocidental com o Nazismo e seus crimes contra a Huma-

9. Idem, pp. 188-189.

nidade. Estima-se em 5,3 milhões de judeus mortos pelo regime,[10] mas o extermínio incluiu ciganos, homossexuais e adversários políticos,[11] elevando em muito o número citado.

Conforme Mauro Barberis,[12] Professor de Filosofia do Direito e Teoria Geral do Direito na Faculdade de Direito da Universidade de Trieste, na Itália, ao comentar os processos de Nuremberg: "Contra a acusação, de efeito, os líderes nazistas podiam defender-se somente sustentando haver obedecido ao Direito vigente na Alemanha nazista".

Evidentemente, após 1945 começam a mudar os paradigmas jurídicos. A nossa pergunta inicial – *que é Direito?* – precisava avançar da consideração de que o jurídico e o legal se confundem. O Direito visto como legislação é capaz de oferecer suporte a atrocidades como as nazistas, o que é inadmissível.

Abordamos até agora o direito natural e o direito positivo. Essas duas grandes linhas do pensamento jusfilosófico possuem duas variações: o realismo jurídico, relacionado com o direito positivo, e o pós-positivismo (ou direitos humanos *como categoria jusfilosófica*, não como disciplina acadêmica; ou o neoconstitucionalismo).

O realismo jurídico surgiu no universo da Ciência do Direito, notadamente nos séculos XIX e XX, também tendo por fundamento a pergunta essencial: *o que é o direito?* Podemos reduzi-la, para fins didáticos, como o entendimento de que Direito é o decidido pelos juízes. O foco principal deixa de ser o Poder Legislativo, para centrar-se no Poder Judiciário. Ou a ênfase deixa de ser a validade das leis, para destacar a eficácia normativa.

O Direito para o realismo jurídico não é aquele encontrado na *justiça* enquanto dado metafísico, não é o conjunto de normas jurídicas controladas por valores subjetivamente apresentados. Não é, também, o contido nas leis, ao menos não de modo essencial e exclusivamente. O Direito é o decidido pela Justiça enquanto órgão do poder

10. Robert Gellately, "Introdução" a *As Entrevistas de Nuremberg*, de Leon Goldensohn, p. 27.

11. Mauro Barberis, *Filosofia del Diritto. Un'Introduzione Teorica*, p. 2.

12. Idem, p. 3. No original consta: "Contro le accuse, in effetti, i gerarchi nazisti potevano difendersi solo sostenendo di aver obbedito al diritto vigente nella Germania nazista".

estatal, do Poder Público. A fonte do Direito, por excelência, está – para os realistas – no Poder Judiciário.

Sobre o realismo jurídico, afirma Bobbio:[13]

> "O efeito mais relevante desta nova concepção se traduz na evocação mais insistente não tanto do direito consuetudinário, mas do direito judiciário, isto é, daquele elaborado pelos juízes no contínuo labor de adaptação da lei às necessidades concretas emergentes da sociedade, que deveria constituir, de acordo com os seguidores desta corrente, o remédio mais eficaz para acolher as instâncias do Direito que se elabora espontaneamente no variado entrelaçar das relações sociais e no diversificado entrechoque de interesses contrapostos".

Um dos teóricos do realismo jurídico foi o Juiz norte-americano Oliver Holmes,[14] que afirmou:

> "A vida da lei não tem sido a lógica, mas a experiência. As necessidades sentidas na época, a moral predominante e as teorias políticas, as intuições da política pública, declaradas ou inconscientes, até os preconceitos que os juízes compartilham com seus semelhantes, são muito mais adequadas que o silogismo para determinar as regras pelas quais os homens devem ser governados".

Por sinal, foi nos Estados Unidos da América que se acentuou essa escola filosófica, facilitada pela estrutura consuetudinária do Direito fundamentado no modelo anglo-saxão. Holmes criticava tanto o positivismo jurídico quanto o jusnaturalismo, fazendo de sua doutrina uma terceira via. Os traços sociológicos são marcantes, mas não é apenas Sociologia do Direito o que pregam os realistas. Para esta escola é importante que se frisem o Direito praticado nos tribunais e a inferência entre os juízes e a sociedade em que vivem.

Bentham demonstrou que o *common law* funcionava como *judge-made-law*, ou seja, Direito feito pelos juízes.[15] Mas os realistas, no-

13. Norberto Bobbio, *Teoria da Norma Jurídica*, cit., 2ª ed., p. 64.

14. Oliver Wendell Holmes, Jr., "O caminho do Direito", *10 Harvard Law Review* 457, in Clarence Morris (org.), *Os Grandes Filósofos do Direito*, trad. de Reinaldo Guarany, São Paulo, Martins Fontes, 2002, pp. 423-424.

15. Jeremy Bentham, *Uma Introdução aos Princípios da Moral e da Legislação*, trad. de Luiz João Baraúna, São Paulo, Abril Cultural, 1979, p. 24.

tadamente os norte-americanos, foram além, ao considerar que a aplicação da lei é a própria criação do Direito. As decisões judiciais, não as leis, é que constituem o Direito.

Quanto ao pós-positivismo, trago à colação a seguinte afirmação: "Nunca como em nosso tempo o direito natural celebra os seus triunfos".

É da lavra do jusfilósofo Francesco D'Agostino, da Universidade de Roma *Tor Vergata.*[16]

E onde está o direito natural em nosso tempo? Está nos princípios jurídicos, notadamente nos princípios constitucionais. Acima da vontade dos parlamentares estão os princípios jurídicos expressos e implícitos, declarados pelos constituintes e identificados pelos juristas. Não basta o Direito posto, o direito positivo. Este precisa ser de acordo com valores muito mais elevados. E não são valores subjetivos, são valores escolhidos pela comunidade, por meio de seus constituintes e pelos juristas (estes encarregados de declará-los e atualizá-los).

Nesses termos, resta claro que Geraldo Ataliba era um *pós-positivista.* De seu *República e Constituição* citamos:[17]

> "O sistema jurídico – ao contrário de ser caótico e desordenado – tem profunda harmonia interna. Esta se estabelece mediante uma hierarquia segundo a qual algumas normas descansam em outras, as quais, por sua vez, repousam em princípios, que, de seu lado, se assentam em outros princípios mais importantes. Dessa hierarquia decorre que os princípios maiores fixam as diretrizes gerais do sistema e subordinam os princípios menores. Estes subordinam certas regras, que, à sua vez, submetem outras (...)".

Confrontando este exemplo, que bem ilustra o pensamento do homenageado, sentimo-nos seguros para afirmar que Geraldo Ataliba era um pós-positivista. Ele não admitia a redução do Direito à lei. Desta feita, seguindo as lições acima indicadas, entendemos que é pos-

16. Francesco D'Agostino, *Filosofia del Diritto*, cit., 3ª ed., p. 70. Está assim no original: "Mai come nel nostro tempo il giusnaturalismo celebra i suoi trionfi".

17. Geraldo Ataliba, *República e Constituição*, 3ª ed., atualizada por Rosolea Miranda Folgosi, São Paulo, Malheiros Editores, 2011, p. 34.

sível construir o *direito cooperativo* a partir dos princípios jurídicos que norteiam a atuação das cooperativas. Ataliba, como visto, exemplificou a hierarquia entre princípios e regras partindo das regras e chegando aos princípios. Na Ciência do Direito a prática exemplificada na citação do homenageado faz parte do modelo analítico, mais especificamente em análise indutiva.[18]

Nas linhas que seguem utilizaremos a análise dedutiva, que nos permite começar as considerações pelos princípios e terminar nas regras. Desta feita, procuraremos deduzir a consonância de alguns dispositivos legais com o sistema normativo a partir de princípios doutrinários. Assim procedendo estaremos aplicando os fundamentos doutrinários de Ataliba em uma área de conhecimento ainda mais específica que o direito tributário.

Em outra mostra de seu *pós-positivismo*, Geraldo Ataliba[19] afirmava que:

> "O direito tributário é um sistema conceptual que se constrói a partir do conceito de tributo, que, por sua vez, só pode ser erigido juridicamente num contexto determinado, informado por princípios que o transcendem, já que de natureza constitucional".

Buscando seguir a senda do Mestre, abordaremos o direito das sociedades cooperativas (direito cooperativo) a partir do texto constitucional.

Há um caminho fácil a ser trilhado para o propósito que acabamos de declarar: expor os seis artigos constitucionais que tratam diretamente das cooperativas (CF, art. 5º, XVIII; art. 21, XXV; art. 146, III, "c"; art. 174, §§ 2º, 3º e 4º; art. 187, VI; e art. 192, VIII).

Todavia, no intuito de demonstrar como a senda principiológica é rica – notadamente para o intérprete –, procuraremos ambientar em outro campo: os princípios da dignidade da pessoa humana e do valor social do trabalho, em suas relações com o cooperativismo.

18. Tércio Sampaio Ferraz Jr., *A Ciência do Direito*, 2ª ed., 15ª reimpr., São Paulo, Atlas, 2008, pp. 47-49.

19. Geraldo Ataliba, *Hipótese de Incidência Tributária*, 6ª ed., 12ª tir., São Paulo, Malheiros Editores, 2011, p. 38.

## *III – A dignidade da pessoa humana, valor social do trabalho e o cooperativismo*

A CF, no art. 1º, elevou à categoria de princípio fundamental a dignidade da pessoa humana, ao lado de conceitos essenciais como a soberania, a cidadania, os valores sociais do trabalho e da livre iniciativa e o pluralismo político.

Que é *dignidade da pessoa humana*? Essa definição talvez seja mais difícil de ser formulada que o conceito de Direito. Mas, com certeza, ela, sendo aplicada, impossibilitaria os crimes nazistas. A dignidade da pessoa humana não costuma ser explorada pelos positivistas, já que para eles o Direito não deve ser valorado, apenas devemos cumprir as leis, sem questioná-las.

Trazendo a discussão para o plano mais concreto, diuturnamente diversos juízes procuram aplicar o princípio da dignidade da pessoa humana em suas atividades judiciárias.

O cooperativismo está umbilicalmente ligado à dignidade da pessoa humana. Recordamos, por exemplo, da COOTRAVIPA, de Porto Alegre. Trata-se de uma sociedade que congrega, dentre outros, ex-prostitutas, ex-presidiários e ex-usuários de drogas. Ela funciona há mais ou menos 30 anos. Soubemos, por um seminário de que participamos há vários anos, que fizeram uma enquete junto aos associados para saber o que era mais importante para eles na Cooperativa. A resposta pode ser resumida a uma: dignidade. Com a Cooperativa eles passaram a ser reintegrados à sociedade, voltaram a ter um nome (estampado no crachá, que faziam questão de usar), usavam com muito orgulho o uniforme da Cooperativa, porque era a exteriorização que provava que eles faziam parte de um grupo. Essa história oral, para nós, é o principal exemplo de dignidade da pessoa humana e valorização social do trabalho.

Não é por outro motivo que a Constituição Federal mencionou as cooperativas sete vezes, a destacar-se o art. 5º, XVIII: "XVIII – a criação de associações e, na forma da lei, a de cooperativas independem de autorização, sendo vedada a interferência estatal em seu funcionamento".

E o art. 174, § 2º: "§ 2º. A lei apoiará e estimulará o cooperativismo e outras formas de associativismo".

Outro princípio fundamental no direito cooperativo é o da igualdade.

## *IV – Igualdade e cooperativismo*

A igualdade é o corolário da justiça, o supremo conceito de justiça. O direito natural o colocava e o coloca acima da lei.

Conforme Gustav Radbruch,[20] Professor de Filosofia do Direito em Heidelberg/Alemanha (que foi afastado de seu cargo por Hitler em 1933, só voltando a lecionar em 1945): "A ideia do Direito não pode ser outra senão a justiça".

Tendo afirmado:[21]

> "A justiça, no entanto, (...) apresenta dois aspectos. Pode denominar-se justa a aplicação ou a obediência de uma lei, e ainda essa própria lei. Àquela primeira espécie de justiça, em especial a do juiz fiel à lei, dever-se-ia chamar preferencialmente justicidade. Aqui, em todo caso, ainda não se trata de justiça medida pelo direito positivo, mas daquela com a qual este é medido.
>
> "A justiça, nesse sentido – completa Radbruch –, significa igualdade."

Com essas colocações temos um "gancho" para não perder de vista nossa formulação inicial: *que é Direito?* Na linha aqui exposta, Direito é o justo, é o trato igual na medida de Aristóteles: tratamento igual aos iguais, e desigual aos desiguais, na medida de suas desigualdades.

Para sermos justos com as sociedades cooperativas, temos que saber onde estão as maiores diferenças entre elas e as demais. Usaremos como caminho para apresentar suas principais diferenças os princípios do cooperativismo.

## *V – Princípios do cooperativismo*

Que são os princípios cooperativistas? Ao menos há 85 anos, a Aliança Cooperativa Internacional/ACI, entidade que congrega e re-

20. Gustav Radbruch, *Filosofia do Direito*, trad. de Marlene Holzhausen, revisão técnica de Sérgio Sérvulo da Cunha, São Paulo, Martins Fontes, 2004, p. 47.

21. Idem, pp. 48-49.

presenta o movimento cooperativista em escala global, vem atualizando os princípios que regem essas entidades desde a primeira cooperativa da era moderna, instalada em Rochdale/Inglaterra, em 1844.[22]

### *V.1 Adesão livre*

> "A adesão a uma sociedade cooperativa deve ser voluntária e aberta a todas as pessoas que possam fazer uso dos seus serviços e aceitem as responsabilidades inerentes à sua filiação; não deve haver restrições artificiais nem discriminações sociais, políticas, raciais ou religiosas."[23]

Esse princípio também é chamado de "portas abertas". É característica das cooperativas que todas as pessoas que preencham requisitos apenas mínimos sejam acolhidas como sócias. Todos podem ser donos de cooperativas, usufruindo da dupla qualidade (usuário e sócio).

O *princípio* está positivado na legislação brasileira (Lei 5.764/1971, art. 4º, I, II e IX).[24] E está de acordo com a CF, que, em seu art. 5º, XX, determina: "XX – ninguém pode ser compelido a associar-se ou a permanecer associado".

Os limites aceitos são os de impossibilidade técnica de prestação de serviços, como no caso de cooperativas habitacionais, onde os cooperados se reúnem para construir moradias boas, de qualidade, por um preço e forma de pagamento acessíveis. Os projetos envolvem número certo de partícipes.

É também decorrência do princípio das "portas abertas" que o capital social de uma cooperativa necessariamente tem que ser variável, espelhando a entrada e saída de sócios.

22. Optamos por mencionar os princípios cooperativos a partir da configuração consolidada pela ACI em 1966. Existem novas formulações de 1995. Entretanto, nossa legislação está ajustada aos de 1966.

23. Rui Namorado, *Os Princípios Cooperativos*, Coimbra, Fora do Texto, 1995, pp. 57-58.

24. "Art. 4º. As cooperativas são sociedades de pessoas, com forma e natureza jurídica próprias, de natureza civil, não sujeitas a falência, constituídas para prestar serviços aos associados, distinguindo-se das demais sociedades pelas seguintes características: I – adesão voluntária, com número ilimitado de associados, salvo impossibilidade técnica de prestação de serviços; II – variabilidade do capital social, representado por quotas-partes; (...) IX – neutralidade política e indiscriminação religiosa, racial e social."

### *V.2 Administração democrática*

> "As cooperativas são organizações democráticas. As suas atividades devem ser dirigidas por pessoas eleitas ou designadas por meio de um procedimento acordado pelos seus sócios e que sejam responsáveis perante eles. Os sócios das cooperativas primárias devem gozar dos mesmos direitos de voto (um sócio, um voto) e de participação nas decisões que afetem as suas organizações. Em cooperativas não primárias a administração deve atuar em bases democráticas, segundo um método adequado."[25]

Em uma cooperativa cada membro participa das decisões com um voto, independentemente da dimensão de sua participação no capital social. Várias normas dispostas nos incisos do art. 4º da Lei 5.764/1971 garantem esse *princípio* entre nós.[26]

Por isso, as cooperativas são as sociedades mais abertas e democráticas de nosso sistema. Isso não é uma faculdade para elas, é uma obrigação.

### *V.3 Juro limitado ao capital*

> "O capital dos acionistas, no caso de receber juros, deve ser remunerado através de uma taxa estritamente limitada."[27]

Desde Rochdale o sistema cooperativo tem se preocupado em não ser uma mera forma de tornar produtivo o capital, mas tornar produtiva a atividade do homem, valorizando o trabalho e a participação social.

25. Rui Namorado, *Os Princípios Cooperativos*, cit., p. 65. Adequamos a grafia ao nosso léxico.

26. Assim: "III – limitação do número de quotas-partes do capital para cada associado, facultado, porém, o estabelecimento de critérios de proporcionalidade, se assim for mais adequado para o cumprimento dos objetivos sociais; IV – incessibilidade das quotas-partes do capital a terceiros, estranhos à sociedade; V – singularidade de voto, podendo as cooperativas centrais, federações e confederações de cooperativas, com exceção das que exerçam atividade de crédito, optar pelo critério da proporcionalidade; VI – *quorum* para o funcionamento e deliberação da Assembleia-Geral baseado no número de associados e não no capital; (...) XI – área de admissão de associados limitada às possibilidades de reunião, controle, operações e prestação de serviços".

27. Rui Namorado, *Os Princípios Cooperativos*, cit., p. 73. Adequamos a grafia ao nosso léxico.

Nossa legislação para as cooperativas recepciona esta regra, através do § 3º do art. 24 da Lei 5.764/1971:

> "§ 3º. É vedado às cooperativas distribuírem qualquer espécie de benefício às quotas-partes do capital ou estabelecer outras vantagens ou privilégios, financeiros ou não, em favor de quaisquer associados ou terceiros, excetuando-se os juros até o máximo de 12% (doze por cento) ao ano que incidirão sobre a parte integralizada".

O *princípio do juro limitado* ao capital oferece uma das maiores distinções entre as cooperativas e as sociedades comerciais. Como aquelas empresas não visam – e não podem ter – ao lucro, elas não podem distribuir seus resultados positivos entre os sócios como remuneração do capital investido. O princípio em comento permite apenas a estipulação de um juro fixo ao capital, no intuito de, minimamente, acrescer aos valores aportados pelos sócios.

A legislação brasileira, indiretamente positivando o princípio, permite o pagamento de até 12% de juros ao capital social, fazendo com que a detenção do capital social não seja marcante o suficiente para estimular a aquisição de quotas-partes. Diversas aplicações financeiras com maiores seguranças permitem o pagamento de juros em valores muito mais elevados. Assim, quem quiser ganhar dinheiro em uma cooperativa não poderá contar simplesmente com o capital social. Ele deverá realizar os atos e fatos típicos de sua sociedade cooperativista.

## *V.4 Um certo destino dos excedentes*

> "Os excedentes ou aforros produzidos pelas operações de uma cooperativa, se os houver, pertencem aos sócios e devem ser distribuídos de tal maneira que se evite que um sócio obtenha ganhos à custa dos outros.
>
> "A distribuição pode fazer-se por decisão dos sócios nos termos seguintes: a) destinando-os à expansão das operações da cooperativa; b) destinando-os a serviços comuns; c) distribuindo-os entre os sócios proporcionalmente às operações realizadas com a sociedade."[28]

28. Rui Namorado, *Os Princípios Cooperativos*, cit., p. 79.

Esse princípio também está positivado em nossa legislação, no art. 4º, VII, da Lei 5.764/1971, nos seguintes termos: "VII – retorno das sobras líquidas do exercício, proporcionalmente às operações realizadas pelo associado, salvo deliberação em contrário da Assembleia-Geral".

As opções possíveis à Assembleia-Geral são as dispostas no próprio texto do *princípio*, como insculpido pela ACI em Viena, nunca podendo remunerar o capital empregado.

Nas cooperativas o destino dado aos excedentes é muito importante, com acentuado reflexo quanto à tributação dos atos e negócios praticados. Os excedentes não se confundem com o lucro das sociedades comerciais, como será explicado rapidamente em seguida.

### V.4.1 *A diferença entre lucro e sobra*

No direito comercial, que tem na perseguição ao lucro um de seus pilares básicos, as preocupações com a sua distribuição são bastante evidentes. O Código Comercial não se deteve em conceituar o lucro, mas preocupou-se com sua destinação, principalmente para proteger todos os sócios do negócio, não permitindo que qualquer deles fosse excluído de sua repartição. É o que consta do art. 330:

> "Art. 330. Os ganhos e perdas são comuns a todos os sócios na razão proporcional dos seus respectivos quinhões no fundo social; salvo se outra coisa for expressamente estipulada no contrato".

A exclusão de algum dos partícipes da sociedade da distribuição de lucros é chamada de *cláusula leonina*, não acolhida em nosso sistema.

Quando o Código Civil trata das sociedades simples, cujas disposições servirão como normas supressivas de lacunas para as cooperativas, ele determina que:

> "Art. 997. A sociedade constitui-se mediante contrato escrito, particular ou público, que, além de cláusulas estipuladas pelas partes, mencionará: (...) VII – a participação de cada sócio nos lucros e nas perdas; (...)".

Além disso, consta no referido Código:

> "Art. 1.007. Salvo estipulação em contrário, o sócio participa dos lucros e das perdas, na proporção das respectivas quotas, mas aquele, cuja con-

> tribuição consiste em serviços, somente participa dos lucros na proporção da média do valor das quotas.
>
> "Art. 1.008. É nula a estipulação contratual que exclua qualquer sócio de participar dos lucros e das perdas."

Entretanto, no caso das cooperativas há norma especial, que determina:

> "Art. 1.094. São características da sociedade cooperativa: (...) VII – distribuição dos resultados, proporcionalmente ao valor das operações efetuadas pelo sócio com a sociedade, podendo ser atribuído juro fixo ao capital realizado; (...)".

O legislador até mudou de linguagem. Enquanto para as diversas sociedades referiu-se a "lucro", ao tratar das cooperativas ele mencionou "resultado". Essa alteração não é uma mera impropriedade ou um detalhe insignificante. Há, de fato, uma preocupação linguística e técnica, identificando com rótulos diversos duas realidades que são juridicamente diferentes. Os *resultados* nas cooperativas são produtos distintos dos obtidos nas sociedades lucrativas.

O rateio das sobras líquidas, nesses termos, será dividido entre os associados em razão proporcional aos serviços usufruídos. Bem, esses serviços variarão de acordo com o tipo de cooperativa.

No quotidiano das cooperativas o cumprimento da destinação certa às sobras é essencial para distingui-las das sociedades comerciais. Em processos judiciais o cumprimento do disposto na legislação pode ser conferido por perícia contábil.

### *V.5 Promover a educação*

> "Todas as cooperativas devem tomar providências para a educação dos seus membros, empregados e dirigentes, e público em geral, nos princípios e técnicas, tanto econômicas como democráticas, da cooperação."[29]

29. Rui Namorado, *Os Princípios Cooperativos*, cit., p. 90. Adequamos a grafia ao nosso léxico.

Esse *princípio* é bastante caro aos cooperativistas. Entendem seus defensores que as cooperativas precisam transmitir sua doutrina e os conhecimentos em geral, permitindo que o sistema sobreviva e evolua. Há um reconhecimento tácito, pensamos, de que muito das dificuldades para o surgimento ou maior participação de pessoas no sistema cooperativo deve-se à desinformação sobre o sistema e suas vantagens.

Nossa legislação está afinada quanto a isso, pois prevê a criação de um fundo obrigatório e indivisível para a assistência técnica, educacional e social, denominado FATES. Os valores destinados em FATES, em situações e proporções fixadas pelo legislador, terão que ser gastos para cumprir o *princípio da promoção à educação* cooperativista, técnica ou geral.

### *V.6 Praticar a intercooperação*

> "As cooperativas, para servirem melhor aos interesses dos seus membros e das suas comunidades, devem colaborar por todos os meios com outras cooperativas aos níveis local, nacional e internacional."[30]

As cooperativas padecem de diversos males, muitos deles que refletem em sua realidade jurídica, tais como o desconhecimento de sua natureza e o preconceito contra empresas coletivas. Diversos mecanismos podem auxiliar a superar esses bloqueios, principalmente com o investimento em educação (tratado no item anterior). Mas não só. Como os agentes internos conhecem seu peculiar sistema, é natural que as cooperativas sejam incentivadas a se relacionarem entre si, fortalecendo todas elas e a própria economia cooperada. É esse o motivo pelo qual a Aliança Cooperativa Internacional/ACI procura incentivar a prática da intercooperação.

O indigitado princípio, além de indicar caminhos salutares para as sociedades de que se trata, também está positivado no ordenamento jurídico brasileiro.[31] O principal efeito nos parece ser que o Estado

30. Rui Namorado, *Os Princípios Cooperativos*, cit., p. 94.

31. Lei 5.764/1971:

"Arts. 8º. As cooperativas centrais e federações de cooperativas objetivam organizar, em comum e em maior escala, os serviços econômicos e assistenciais de interesse das filiadas, integrando e orientando suas atividades, bem como facilitando a utilização recíproca dos serviços.

deve ajustar a legislação de regência, notadamente em seus efeitos fiscais, consoante o determinado constitucionalmente (CF, art. 146, III, "c").

## *VI – À guisa de conclusão*

O ordenamento jurídico brasileiro atual está superando aquele positivismo exagerado, kelseniano, para atender aos anseios do homem. Diversos exemplos dos dias que correm apontam para a realidade de que o Direito não está apenas nas mãos do legislador. Ele é um dos formadores do Direito, não o único. Os tribunais e todos os operadores do Direito participam dessa empreitada coletiva que é o Direito. Esses dados são extraídos do pós-positivismo, destacando-se os quadrantes dos direitos humanos. Essa deve ser a baliza para a construção do direito cooperativo: o homem enquanto centro das atenções do Direito, não apenas a elaboração de uma ciência fria e impessoal.

A construção do direito cooperativo não será realizada apenas pelos legisladores. Todos os operadores do Direito são seus artífices. Basta que queiram participar dessa grande obra.

Talvez não venha a ser diferente com o direito tributário de amanhã. Atitudes pós-positivistas poderão fazer com que brevemente vejamos não mais o tributo como o centro da tributação, mas o Homem. Assim, o direito tributário poderá ter como núcleo de atenção o sujeito passivo tributário. Se isso vier a acontecer, entendemos que a tributação no Brasil experimentará um avanço que refletirá em um ambiente jurídico mais justo. Os princípios jurídicos serão a nota mais forte, nos termos preconizados por Geraldo Ataliba.

"Parágrafo único. Para a prestação de serviços de interesse comum, é permitida a constituição de cooperativas centrais, às quais se associem outras cooperativas de objetivo e finalidades diversas."

## *PRESUNÇÕES. INDÍCIOS. FICÇÕES*

RICARDO MARIZ DE OLIVEIRA
Advogado.

Para tratar de presunções, indícios e ficções, nada melhor do que começar a dizer óbvio: o Direito rege os fatos!

É verdade que o fato se impõe ao Direito, no sentido de que o Direito não cria o fato, mas apenas busca os fatos da vida social para dar-lhes a disciplina jurídica pretendida pelo legislador; mas ainda assim o Direito rege os fatos.

É verdade que nem o legislador se livra dos fatos, nem estes deixam de se impor também sobre o legislador, se este procurar verdadeiramente o bem comum, como deve ser.

Realmente, o legislador não busca fatos como meros acontecimentos naturais, mas, sim, fatos como acontecimentos sociais, de acordo com os anseios do povo vivente no espaço da sua jurisdição e em dado momento da história desse povo. As "leis que não pegam" são aquelas sobre as quais Rubens Gomes de Sousa,[1] em "Prefácio" da obra de Gilberto de Ulhôa Canto, *Temas de Direito Tributário* (Edições Financeiras, 1955) vaticinou o seguinte:

> "O Direito não tem vida própria. Sua matéria, seu sangue, é a realidade de cada dia; moldado a ela o Direito vive; divorciado dela, morre".

Ou, como disse Louis Josserand:[2]

> "Os juristas devem viver com sua época, se não querem que esta viva sem eles".

1. *Apud* Eduardo Domingos Bottallo, in *RDTributário* 1/46.
2. Citação contida em trabalho inédito do Des. Francisco José Moesch, do TJRS.

Ou, ainda, Carlos Maximiliano,[3] já no momento pós-legislativo da hermenêutica, aludindo a que o intérprete deve debruçar-se sobre a realidade do seu tempo, porque o legislador não inventa o Direito, cuja origem está na realidade social:

> "O Direito não se inventa; é produto lento da evolução, adaptado ao meio (...). Só as pessoas estranhas à ciência jurídica acreditam na possibilidade de se fazerem leis inteiramente novas, creem ser um código obra pessoal de *A* ou de *B*. O autor aparente da norma positiva apenas assimila, aproveita e consolida o que encontra no País e, em pequena parte, entre povos do mesmo grau de civilização".

Ensinamentos, estes, que se fizeram ouvir no STJ, através das palavras do Min. Milton Luiz Pereira:[4]

> "O Direito não fica alheio às realidades sociais, nem se divorcia do bom senso, devendo a sua compreensão ser ajustada à justiça das normas. Não pode ser desajustado, nem injusto".

Afinal, de contas, com Reale, *o Direito é fato, valor, norma.*

Pois presunções, indícios e ficções lidam apenas com os fatos, os fatos sobre os quais alguma norma jurídica deva ser aplicada, para que o justo seja feito.

Também as presunções, as ficções e os indícios, principalmente aos serem criadas as duas primeiras e ao serem aplicados os últimos, devem sê-lo sob os cuidados do bom senso verberado por Milton Luiz Pereira, perfeitamente adaptados ao meio onde são ou devem ser empregados (Maximiliano), condizentes com sua época (Josserand), em última instância, moldados à realidade do dia a dia (Rubens).

Mas as três figuras distanciam-se a partir de um ponto.

Com razão, quanto às três devem ser ponderadas a racionalidade da sua formulação e a sua adequação à realidade, seja no processo hermenêutico para aplicação da lei, seja no processo legislativo em que elas estejam em vias de ser tornar norma. Todavia, enquanto as pre-

3. Carlos Maximiliano, *Hermenêutica e Aplicação do Direito*, 3ª ed., Rio de Janeiro, Freitas Bastos, p. 171.

4. Min. Milton Luiz Pereira, no REsp 33.757-8-PR (1ª Turma, j. 15.3.1995).

sunções e os indícios procuram encontrar a verdade dos fatos a que se referem, toda e qualquer ficção ignora a realidade natural para estabelecer uma realidade inteiramente diferente, a qual passa a ser uma verdade exclusivamente jurídica, que não se importa com a coisa tal como ela é, mas tal como deve ser para o Direito, porque, na sua essência ontológica, as ficções proclamam verdades que se sabe, e até se pode provar empiricamente,[5] não serem verdades.[6]

Por isso, as ficções sofrem sérias restrições para serem admitidas validamente, eis que não podem extravasar determinados limites dentro dos quais se situa a competência para legislar.

Observe-se, preliminarmente, que não há a mínima possibilidade de o intérprete ou o aplicador da lei afastar-se da realidade mediante uma ficção formada na sua imaginação, isto é, introduzindo no seu raciocínio uma ficção não prevista em lei. Afinal, o processo hermenêutico é um processo dedutivo, que identifica o fato e o subsume à norma, aquele colocado como pressuposto fático no descritor (ou antecedente) da norma aplicável (premissa maior de um silogismo lógico) e esta como a regra jurídica contida no prescritor (ou consequente ) dessa norma (a premissa menor).[7]

É assim segundo a lúcida lição de Hamilton Rangel Jr.,[8] que disseca analiticamente o processo lógico de subsunção do fato à norma, afirmando que:

> "A partir da compatibilização já promovida entre a análise do fato (premissa maior) e a hermenêutica (premissa maior) – subsunção é o nome que se dá a essa compatibilização fato/hermenêutica –, a coerência disso resultante irá apontar a solução da questão, do conflito apresentado ao jurista. Eis a conclusão do processo lógico-jurídico".

5. A presunção *juris et de jure*, tanto quanto a ficção, não admite prova em contrário; mas, diversamente da ficção, a lei presume algo que provavelmente seja verdadeiro.

6. Um exemplo de ficção é a pessoa natural ser tratada como pessoa jurídica (coletiva) para qualquer fim de direito; e um exemplo de presunção é haver omissão de rendimento declarado se houver mais dinheiro no patrimônio do contribuinte do que as rendas por ele informadas ao Fisco. Exemplos de indícios serão dados no correr deste texto.

7. "Descritor" e "prescritor", na linguagem de Lourival Vilanova.

8. Hamilton Rangel Jr., *Manual de Lógica Jurídica Aplicada*, São Paulo, Atlas, 2009, p. 61.

Por isso mesmo, o art. 114 do CTN diz, com toda propriedade, que:

> "Art. 114. O fato gerador da obrigação principal é a situação definida em lei como necessária e suficiente à sua ocorrência".

Sendo assim, quem interpreta a lei meramente em tese, ou quem a aplica efetivamente em concreto, não pode fugir da norma legislada e do fato real, como ele é (na simples interpretação em abstrato) e como ele estiver devidamente comprovado (na aplicação em concreto). Vale dizer, o intérprete ou aplicador da lei não trabalha com ficção de uma realidade inexistente onde não haja ficção prevista em lei, tanto quanto não pode insurgir-se contra a norma válida, por entendê-la de algum modo inconveniente ou pior que outra não editada pelo Poder Legislativo.[9]

Destarte, ficção somente parte do legislador e deve estar em norma por ele colocada no ordenamento jurídico, mas mesmo ele não detém poder absoluto para assim legislar.

Assim, considerando-se sua natureza intrínseca de criação de uma verdade não condizente com a natureza das coisas (ou com o real fato social), as ficções, que alguns autores reconhecem representar uma "mentira legal", carregam uma liberdade maior para o legislador ao instituí-las, mas não uma liberdade ilimitada.

Como toda norma, a norma criadora da ficção está jungida aos limites gerais do devido processo legal legislativo, devendo ser decorrente de uma realidade factual na qual seja necessário estabelecer justamente outra realidade, a jurídica, para os estritos fins da disposição desta norma ou daquela norma.

Note-se que a estrutura da norma criadora da ficção apresenta como premissa maior o fato real segundo sua natureza, e como pre-

9. Bem nesta linha apresenta-se o RE 166.772-9-RS, julgado pelo Pleno do STF em 12.5.1994 (no mesmo sentido há inúmeros outros acórdãos, como o RE 153.7779--MG, julgado em 30.6.1994 pela 2ª Turma), no qual foi afirmado: "Se é certo que toda interpretação traz em si carga construtiva, não menos correta exsurge a vinculação à ordem jurídico-constitucional em vigor. O fenômeno ocorre a partir das normas em vigor, variando de acordo com a formação profissional e humanística do intérprete. No exercício gratificante da arte de interpretar, descabe 'inserir na regra de Direito o próprio juízo – por mais sensato que seja – sobre a finalidade que 'conviria' fosse por ela perseguida' – Celso Antônio Bandeira de Mello, em parecer inédito".

missa menor a ordem para o fato natural passar a ser outro fato, com vistas à aplicação de outras normas nas quais a premissa maior será o fato adulterado por aquela primeira norma.

Mas a norma que cria a ficção deve guardar reverência ao *due substantive process of law*, ou seja, principalmente, a normatização da ficção deve ser razoável e proporcional – vale dizer, necessária, lógica e racional perante a realidade social e o bem comum perseguido, o qual deve estar imanente em qualquer norma jurídica.

Todavia, especificamente em direito tributário, a norma criadora da ficção subordina-se a outros limites particulares, derivados da própria competência para tributar que for detida pelo ente público cujo Poder Legislativo pretende instituí-la.

Não seria preciso dizê-lo, num plano de pura lógica jurídica, mas a Constituição Federal foi cuidadosa ao expressar, mais que simplesmente distribuir, as competências tributárias mediante a referência à situações de fato ou de direito, com o quê qualquer um já poderia saber o que poderia ser tributado por quem, e sobre quem.

Porém, nossa Constituição, atenta à realidade brasileira, sabiamente foi detalhista e garantista,[10] e – acrescento eu – felizmente o foi,

10. Como doutrinou, em espectro mais amplo, Humberto Ávila na sua magnífica conferência proferida em novembro/2006 perante o *XX Congresso Brasileiro de Direito Tributário*, promovido pelo Instituto Geraldo Ataliba – Instituto Internacional de Direito Público e Empresarial/IDEPE:

"E, nesse sentido, eu diria: nós temos uma Constituição que privilegia princípios garantistas. Sim, pois nós temos uma Constituição que começa com 'Estado de Direito'. Nós temos todas aquelas garantias como legalidade, igualdade na lei e perante a lei, todos os instrumentos para combater a falta de controle no poder (...). Ora, há uma preferência axiológica da nossa Constituição pelo controle de poder. O decisivo, no entanto, sequer é isso. O decisivo é que, quando a Constituição vai atribuir poder, não faz como a Constituição italiana, que tem dois dispositivos, um dizendo que tem que ser instituído imposto por meio de lei e outro dizendo que os impostos devem obedecer à capacidade contributiva. A nossa Constituição também não faz como a Constituição alemã, que não tem regras de competência, e apenas estabelece princípios e tipos tributários. A nossa Constituição atribui poder por meio de regras, enuncia expressões – expressões, essas, que são continuamente definidas pelos operadores do Direito há décadas. Esta opção por atribuição do poder por meio de regras nos mostra que, apesar de nós termos princípios que indicariam uma certa ambivalência – ora um individualismo, ora um solidarismo –, nós temos uma preferência axiológica da nossa Constituição pela limitação do poder" (Humberto Ávila, "Planejamento tributário", *RDTributário* 98/74).

pois os proclamados limites conceituais mínimos, ou limites semânticos intransponíveis,[11] existentes na discriminação constitucional de rendas tributárias, a despeito de deverem ser respeitados, nem sempre são suficientes para responder às necessidades de solução de litígios sobre elas.

Daí o art. 146 determinar que lei complementar, entre outras matérias a ela reservadas, defina os fatos geradores e também as respectivas bases de cálculo e os respectivos sujeitos passivos.

Já aí temos barreiras indevassáveis pelo legislador ordinário, é claro, inclusive através do artifício da instituição de ficções, que, deturpando a realidade necessariamente contida na atribuição constitucional de competência tributária, simplesmente a trespassaria por meio de uma ficção criadora de uma realidade meramente ilusória e diversa da prescrita no altiplano constitucional.

Portanto, em direito tributário ficções são possíveis sob rígido controle constitucional, por cuja obediência cumpre ao STF zelar, sendo possível, como ocorre no exemplo dado, para fins de imposto de renda e de algumas contribuições sociais, tratar como pessoa jurídica quem exerça determinadas atividades econômicas como pessoa natural e em nome pessoal (não como empresa individual), eis que a ficção de que deve ser tratado como pessoa jurídica, com inscrição no CNPJ, o Sr. João de Deus, nascido em São Paulo e residente nessa cidade, filho de pais que o conceberam naturalmente e fizeram seu registro civil de nascimento, não extravasa o campo de incidência desses tributos, nem os contornos quantitativos das suas hipóteses de incidência ou qualquer outro aspecto destas, inclusive o pessoal.

Realmente, podem ser tratadas por igual as pessoas físicas e as jurídicas (individuais ou coletivas), porque ambas podem ser sujeitos de direitos e de obrigações e podem ser titulares de relações jurídicas ativas e passivas que conformam o aspecto material das hipóteses de incidência daqueles tributos (podem ser titulares de patrimônio au-

11. O Min. Oswaldo Trigueiro utilizou a expressão "limites semânticos intransponíveis" no RE 71.758-GB, julgado pelo Pleno do STF em 14.6.1972, *in verbis*: "Concordo em que a lei pode, casuisticamente, dizer o que é ou o que não é renda tributável. Mas não deve ir além dos limites semânticos, que são intransponíveis. Entendo, por isso, que ela não pode considerar renda, para efeito de taxação, o que é, de maneira incontestável, ônus, dispêndio, encargo ou diminuição patrimonial, resultante de pagamento de um débito".

mentado e de receitas), e a lei constitucional, mesmo em seus complementos previstos na lei complementar, não distingue a natureza pessoal dos contribuintes.

Então, perante aqueles tributos, a simples equiparação de um ser natural a outro jurídico é admitida constitucionalmente, o que já não ocorreria se a ficção fosse da existência de acréscimo patrimonial ou de receita onde nada disso houvesse, ou fosse atinente a uma grandeza absolutamente desconectada do acréscimo patrimonial ocorrido ou da receita adquirida.[12]

Já, as presunções e os indícios, ao contrário das ficções, procuram identificar e estabelecer, para fins jurídicos, a verdade dos fatos que possam subsumir-se às hipóteses de incidência normatizadas, situando-se, portanto, exclusivamente no terreno da prova dos fatos, já no momento de aplicação das normas que as tenham previsto.

Claro que, principalmente as presunções, podem constituir-se em objetos de normas sobre procedimentos, mas também podem surgir tão somente quando da aplicação de uma norma abstrata, prescritora de uma conduta e não prescritora de uma presunção, quando ela se torna instrumento pretendido pelo aplicador da norma.

Neste último caso é necessário distinguir a *praesumptio hominis* de uma *praesumptio juris*, já que estas, caso se conformem ao poder de legislar, estabelecem regras de conduta para o aplicador da lei, enquanto aquelas devem ser encaradas com cuidado.

Realmente, as presunções legais são regras que dizem que algo não provado materialmente, mas cuja existência seja logicamente possível, se comprovado outro fato, devem ser admitidas, por uma questão de praticidade da aplicação do Direito, mas desde que haja compatibilidade lógica entre o fato conhecido e o fato desconhecido, no sentido do efeito que este produz.

Neste caso, tratando-se de norma tributária, cabe ao aplicador da lei – a autoridade administrativa, ao efetuar o lançamento jurídico – provar apenas a existência do fato presuntivo (segundo a norma legal) da ocorrência do fato jurídico relevante para que a obrigação jurídica seja declarada nascida.

12. Não obstante as inevitáveis dificuldades de medir ou quantificar grandezas abstratas.

Sabemos, desde tenra idade nos bancos acadêmicos, estudando direito civil antes do direito tributário, que tais presunções jurídicas podem ser relativas (as que admitem prova em contrário) ou absolutas (as que não admitem prova contrária). Porém, quando adentramos no direito tributário e nos familiarizamos com ele, sabemos que as presunções *juris et de jure*, tanto quanto as ficções, não são admissíveis no tocante à declaração da existência de obrigação tributária principal ou da sua quantificação, pois, tanto quanto as ficções, as presunções absolutas poderiam servir de instrumento conflituoso com os limites constitucionais do poder de tributar.

O CTN está atento a isto ao determinar, como parte indissociável da atividade administrativa de lançamento do crédito tributário, a primacial obrigação da autoridade lançadora de provar a ocorrência do fato imponível segundo a hipótese de incidência prescrita pela lei.[13]

Não é à toa que a jurisprudência dos Conselhos de Contribuintes do Ministério da Fazenda firmou ao longo do tempo a primazia da verdade material, erigida por muitos autores como princípio do processo administrativo fiscal.[14] São emblemáticos da sua jurisprudência os seguintes pronunciamentos, *in verbis*:

– Acórdão 101-92819, de 15.9.1999, 1ª Câmara, relatora a Cons. Sandra Maria Faroni:

> "Sendo interesse substancial do Estado a justiça, é dever da autoridade utilizar-se de todas as provas e circunstâncias de que tenha conhecimento, na busca da verdade material".

– Acórdão 103-19789, de 8.12.1998, 3ª Câmara, relatora a Cons. Sandra Maria Dias Nunes:

13. Realmente, diz o art. 142 do CTN, inspirador de normas processuais e de farta jurisprudência:

"Art. 142. Compete privativamente à autoridade administrativa constituir o crédito tributário pelo lançamento, assim entendido o procedimento administrativo tendente a verificar a ocorrência do fato gerador da obrigação correspondente, determinar a matéria tributável, calcular o montante do tributo devido, identificar o sujeito passivo e, sendo caso, propor a aplicação da penalidade cabível.

"Parágrafo único. A atividade administrativa de lançamento é vinculada e obrigatória, sob pena de responsabilidade funcional."

14. Esse preceito não está sendo ignorado atualmente pelo Conselho Administrativo de Recursos Fiscais/CARF do mesmo Ministério.

"No processo administrativo predomina o princípio da verdade material, no sentido de que aí se busca descobrir se realmente ocorreu ou não o fato gerador, pois o que está em jogo é a legalidade da tributação".

Neste sentido, não são válidas meras presunções da ocorrência do fato imponível, por intuição pessoal da autoridade administrativa ou do órgão julgador.

Mesmo quando haja uma presunção jurídica, o fato em que ela se embasa, para declarar ocorrido o fato imponível, deve ser cabalmente provado pela autoridade lançadora, e deve ser aferido pelas autoridades julgadoras segundo as provas trazidas aos autos. Quer dizer, o fato imponível não pode ser meramente suposto, sem prova suficiente do fato segundo o qual a lei entende que ele tenha ocorrido.

Não é preciso dizer que igual exigência se impõe quanto à prova da ocorrência do próprio fato imponível, quando sua existência não possa ser admitida pela prova de algum outro fato que com ele se correlacione, e que tenha sido transformado em presunção legal por alguma norma de Direito.

Isto porque subjacente a estas exigências encontra-se a própria segurança jurídica, bem maior do ordenamento jurídico, garantia da pessoa perante o Fisco e também deste quanto ao seu direito de arrecadar sem possibilidade de contestação.

Chegamos, assim, aos domínios dos indícios, por muitos considerados insuficientes para o lançamento tributário, e durante muito tempo assim proclamados pela jurisprudência.

Ocorre, entretanto, que os indícios são inícios da prova; ou, melhor, a comprovada ocorrência de determinados fatos pode ser indício de que tenha ocorrido outro fato desconhecido, cujo fato pode ser o fato imponível de alguma obrigação tributária.

Desde que o STF declarou que os indícios são a "rainha das provas" quando se está perante uma situação de simulação ou de qualquer fraude, nada mais pode ser oposto ao uso dos indícios como ponto de partida do raciocínio conclusivo da ocorrência de algum fato ainda não provado.[15]

15. Min. Aliomar Baleeiro, relatando, em 27.3.1974, os ERE 75.260-PR perante o Plenário da Corte: "O CPC de 1939, art. 252, erige o indício em rainha das provas, em se tratando de casos de má-fé, dolo, simulação e fraude".

É verdade que essa decisão unânime tomou por base, para a afirmação acima, o artigo do CPC de 1939 que dizia que:

> "Art. 252. O dolo, a fraude, a simulação e, em geral, os atos de má-fé poderão ser provados por indícios e circunstâncias".

Também é vero que o atual Código de Processo Civil não contém disposição igual ou equivalente ao art. 252 da anterior lei, mas nem por isso o precedente pode ser ignorado, tanto que a jurisprudência continua a se orientar por indícios nas situações em que podem existir os vícios a que aludia aquele dispositivo da antiga lei.

A doutrina relativa ao atual Código também continua a admitir a formação da convicção por meio de indícios, como se vê em Moacyr Amaral Santos,[16] que simplesmente afirma:

> "Omitiu-se o Código quanto aos indícios e presunções, que, a nosso ver, são legítimos meios de prova".

Arruda Alvim também explica:[17]

> "O indício é fato provado que, estando na base do raciocínio do juiz, leva a que este creia (como acreditaria qualquer *homo medius*) que tenha ocorrido outro fato (o fato principal). A este raciocínio se dá o nome de presunção *hominis*".

Ocorre que o emprego de indícios é inevitável, por isso que é indissociável do processo mental do juiz. É assim que, no processo civil, a procedência da convicção por meio de indícios encontra fundamento em três dispositivos do atual Código de Processo Civil, que são:

> "Art. 131. O juiz apreciará livremente a prova, atendendo aos fatos e circunstâncias constantes dos autos, ainda que não alegados pelas partes; mas deverá indicar, na sentença, os motivos que lhe formaram o convencimento".
>
> "Art. 332. Todos os meios legais, bem como os moralmente legítimos, ainda que não especificados neste Código, são hábeis a provar a verdade dos fatos, em que se funda a ação ou a defesa."

16. Moacyr Amaral Santos, *Comentários ao Código de Processo Civil*, 4ª ed., vol. IV, Rio de Janeiro, Forense, p. 20.

17. J. M. de Arruda Alvim, *Manual de Direito Processual Civil*, 6ª ed., vol. 2, São Paulo, Ed. RT, p. 592.

"Art. 335. Em falta de normas jurídicas particulares, o juiz aplicará as regras da experiência comum subministradas pela observação do que ordinariamente acontece e ainda as regras de experiência técnica, ressalvado, quanto a esta, o exame pericial."

A aceitabilidade dos indícios vem se manifestando na jurisprudência do STJ em matérias simplesmente de direito processual, e mesmo quando não existente dolo, fraude, simulação ou má-fé. Assim:

– No REsp 61809-DF, 6ª Turma, em 19.12.1995, a propósito de assistência judiciária:

"A Constituição da República recepcionou o instituto da assistência judiciária. Não faria sentido garantir o acesso ao Judiciário e o Estado não ensejar oportunidade a quem não disponha de recursos para enfrentar as custas e despesas judiciais. Basta o interessado requerê-la. Dispensa-se produção de prova. Todavia, deverá ser revogado o benefício caso ocorra mudança na fortuna do beneficiário. A profissão gera vários indícios: moralidade, eficiência, cultura, posição social, situação econômica. O médico exerce atividade que, geralmente, confere *status* social e situação econômica que o coloca, como regra, na chamada classe média. Presume-se não ser carente, nos termos da Lei n. 1.060/1950. Não comete ilegalidade o juiz que, ao ter notícia do fato, determina realizar prova da necessidade".

– No REsp 220.887-MG, 4ª Turma, em 14.9.1999, a propósito de prova escrita do débito, necessária para ação monitória:

"II – A ação monitória tem a natureza de processo cognitivo sumário e a finalidade de agilizar a prestação jurisdicional, sendo facultada a sua utilização, em nosso sistema, ao credor que possuir prova escrita do débito, sem força de título executivo, nos termos do art. 1.102.A do CPC.

"III – Se os extratos bancários, a ficha cadastral e o cartão de assinaturas demonstram a presença da relação jurídica entre credor e devedor e denotam indícios da existência do débito, mostram-se hábeis a instruir a ação monitória."

– No REsp 232.831-DF, 3ª Turma, em 2.12.1999, a respeito do ônus da prova:

> "O ônus da prova incumbe ao autor, quanto ao fato constitutivo do seu direito (CPC, art. 333, I); essa regra se satisfaz ainda que a prova seja indireta, resultante de indícios e circunstâncias, julgada suficiente pelo tribunal *a quo*".

Ademais, a expressa admissão de indícios pode ser encontrada em alguns dispositivos legais ou regimentais, como no parágrafo único do art. 33 da Lei Complementar 35, de 14.3.1979, relativo ao encaminhamento dos autos ao tribunal competente quando, durante investigação, houver indício de crime cometido por magistrado, e no art. 15 do Regimento Interno do STJ, referente à representação, à autoridade competente, pelos órgãos do Tribunal, quando em autos ou documentos houver indício de crime de ação pública.

Não se olvide, também, o Código de Processo Penal, cujo art. 239 reza:

> "Art. 239. Considera-se indício a circunstância conhecida e provada que, tendo relação com o fato, autorize, por indução, concluir-se a existência de outra ou outras circunstâncias".

No RIR/1999 encontra-se, com base legal, a expressa adoção de indícios com a finalidade de caracterizar a omissão de receita e o consequente arbitramento da base de cálculo do tributo em hipóteses definidas nos art. 282 e 284, e para desclassificação da escrita e arbitramento do lucro tributável das pessoas jurídicas nos casos em que "a escrituração a que estiver obrigado o contribuinte revelar evidentes indícios de fraudes ou contiver vícios, erros ou deficiências que a tornem imprestável" (art. 530, II).

No campo da investigação dos fatos durante os trabalhos de fiscalização, o § 1º do art. 845 do mesmo Regulamento estatui que:

> "§ 1º. Os esclarecimentos prestados só poderão ser impugnados pelos lançadores com elemento seguro de prova ou indício veemente de falsidade ou inexatidão".

Quanto à prova por sinais exteriores de riqueza, autorizados pela lei e que não passam de indícios, vale ler o art. 847 daquele Regulamento, com especial atenção para o seu § 2º, onde a natureza desses elementos é explicitamente nomeada:

> "Art. 847. O contribuinte que detiver a posse ou propriedade de bens que, por sua natureza, revelem sinais exteriores de riqueza deverá comprovar, mediante documentação hábil e idônea, os gastos realizados a título de despesas com tributos, guarda, manutenção, conservação e demais gastos indispensáveis à utilização desses bens (Lei n. 8.846, de 1994, art. 9º).
>
> "§ 1º. Consideram-se bens representativos de sinais exteriores de riqueza, para os efeitos deste artigo, automóveis, iates, imóveis, cavalos de raça, aeronaves e outros bens que demandem gastos para sua utilização (Lei n. 8.846, de 1994, art. 9º, § 1º).
>
> "§ 2º. A falta de comprovação dos gastos a que se refere este artigo, ou a verificação de indícios de realização de gastos não comprovados, autorizará o arbitramento dos dispêndios em valor equivalente até 10% (dez por cento) do valor de mercado do respectivo bem, observada necessariamente a sua natureza, para cobertura de despesas realizadas durante cada ano-calendário em que o contribuinte tenha detido a sua posse ou propriedade (Lei n. 8.846, de 1994, art. 9º, § 2º)."

De mais a mais, alguns trechos daquele referido acórdão do STF (ERE 75.260-PR) demonstram que o assunto se insere em patamar mais elevado que apenas a norma inscrita no antigo Código de Processo Civil. Eis alguns:

> "A simulação assim como a fraude, o dolo, os atos de má-fé em geral, que invalidam os contratos, dificilmente poderão ser provados pelos meios comuns subministrados pelas provas baseadas na percepção e na representação. Antes, as presunções e indícios, que figuram entre as chamadas provas críticas, é que são específicos para surpreender tais vícios (Min. Moacyr Amaral Santos, *Prova Judiciária no Cível e Comercial*, vol. V, p. 458).
>
> "(...).
>
> "II – Do exame atento dos autos, colhi a mesma impressão subjetiva que o eminente Min. Xavier expressa em seu douto voto, a fls. 347: 'Tenho para mim, como também entendeu o Juiz de primeira instância, que os indícios presentes nos autos bastariam ao reconhecimento da simulação'."

Ainda no voto de Baleeiro foi feita menção ao RE 57.420, onde o Min. Villas Boas votou com as seguintes palavras:

> "Ora, a simulação demonstra-se por indícios e presunções.
>
> "'Considera-se indício a circunstância conhecida e provada que, tendo relação com o fato, autorize, por indução, concluir-se a existência de outra ou outras circunstâncias' (CPP, art. 239)."

Prosseguiu Baleeiro, citando outros precedentes da mesma Corte:

> "Nos embargos, afinou com esse voto o do Relator, o eminente Min. Pedro Chaves:
>
> "'A prova indiciária sobre que assentam as presunções é de grande utilidade e aplicação no deslinde das questões presas às arguições de simulação, dolo, fraude e outras mistificações praticadas contra a boa-fé, e é por essa razão que a lei, em sua função protetora da seriedade dos atos jurídicos, admite a prova das alegações por indícios e circunstâncias (CPC, art. 252) e consagra no art. 253 do CPC a livre apreciação do juiz sobre os indícios, levando em consideração a natureza do negócio, a verossimilhança dos fatos e até a reputação dos indiciados. Foi isso que fez o Magistrado de primeira instância, foi isso que ensinou o eminente Relator do acórdão embargado.
>
> "'O dolo, a fraude, a simulação, não podem prevalecer sobre a boa-fé, e a Justiça não deve acobertar os estelionatários civis'."

E concluiu:

> "Com base nos precedentes já apontados e porque os indícios – como pareceram também ao eminente Min. Xavier – induzem a simulação contra a lei e contra o Fisco, recebo os embargos para anular a escritura de retrovenda, (...)".

Em síntese, é possível provar a simulação ou outras falsidades (outros ilícitos) por meio de indícios, especialmente porque essas situações envolvem a difícil confrontação entre atos externos e vontades interiores, ou entre atos verdadeiros e atos falsos.

Muito a propósito, o antigo 1º Conselho de Contribuintes (assim como o 2º e o 3º Conselhos) e a Câmara Superior de Recursos Fiscais, em épocas nas quais esses Tribunais administrativos angariaram justo respeito da comunidade científica devido à atuação de destacados membros da composição das suas Câmaras Julgadoras, firmaram uma jurisprudência sobre indícios que se tornou verdadeira doutrina daqueles órgãos, tanto que acatada até hoje pelo seu sucessor, Conselho Administrativo de Recursos Fiscais/CARF.

É bom ter em mente que essa jurisprudência formou-se em torno de muitos assuntos, ora planejamento tributário, ora distribuição disfarçada de lucros, ora outras situações difíceis em que a "verdade verdadeira" não se apresentava, *prima facie*, através de evidências documentais ou de outro tipo de evidência material direta, requerendo ser encontrada através de sinais indicativos da sua existência, ou não.

Norteando essa doutrina daqueles órgãos de julgamento administrativo, alguns julgados enfatizaram a necessidade de haver a comprovada ocorrência de uma cadeia congruente de fatos (não apenas um fato) que permita a razoável crença de que tenha ocorrido outro fato não provado.

Neste sentido manifestaram-se os acórdãos.

– Acórdão 203-09180, de 11.9.2003, da 3ª Câmara do 2º Conselho de Contribuintes:

> "A 'presunção' consiste nas consequências que a lei tira de um fato conhecido para provar um fato oculto. A prova indiciária, admitida pelo Direito, apoia-se em um conjunto de indícios veementes, graves, precisos e convergentes, capazes de demonstrar a ocorrência da infração e fundamentar o convencimento do julgador".

– Acórdãos 107-07544 e 107-07545, de 19.2.2004, da 7ª Câmara do 1º Conselho de Contribuintes:

> "A prova indiciária é meio idôneo para referendar uma autuação, desde que ela resulte da soma de indícios convergentes. O que não se aceita no processo administrativo fiscal é a autuação sustentada em indício isolado, o que não é o caso desses autos, que está apoiado num encadeamento lógico de fatos e indícios convergentes que levam ao convencimento do julgador".

– Acórdão 101-94605, de 17.6.2004, da 1ª Câmara do 1º Conselho de Contribuintes:

"A simulação vicia o ato jurídica e invalida a economia tributária pretendida, está regida pelo art. 102 do CC *[CC de 2002, § 1º do art. 167]*, e se prova pela densidade de indícios e circunstâncias, que a jurisprudência administrativa vem aplicando com bastante sabedoria, (...)".

– Acórdão 102-49146, de 25.6.2008, da 2ª Câmara do 1º Conselho de Contribuintes:

"A comprovação material é passível de ser produzida não apenas a partir de uma prova única, concludente por si só, mas também como resultado de um conjunto de indícios que, se isoladamente nada atestam, agrupados têm o condão de estabelecer a certeza manifesta de uma dada situação de fato. Nesses casos, a comprovação é deduzida como consequência lógica destes vários elementos de prova, não se confundindo com as hipóteses de presunção".

Já no âmbito do Conselho Administrativo de Recursos Fiscais/ CARF, a jurisprudência não se alterou, como se vê pelos acórdãos:

– Acórdão 1103-00229, de 5.7.2010, da 1ª Seção, 1ª Câmara, 3ª Turma Ordinária:

"Conquanto a interposição de pessoas não possa realmente ser deduzida de um único indício, entendo que o conjunto de indícios pode, sim, demonstrar a existência da *causa simulandi* a comunicar ou estabelecer o fio condutor quanto à ocorrência de simulação subjetiva. Aliás, a comprovação de simulação, em geral, se dá por provas indiretas, sendo raro se projetar através de provas diretas. Avaliando os autos, verifica-se que a Fiscalização não se pautou por isolados indícios, mas empreendeu uma série de diligências, as quais, em seu conjunto, demonstram que a recorrente, de fato, foi constituída por pessoas físicas diferentes das que, formalmente, eram suas sócias".

– Acórdão 1401-00258, de 8.7.2010, da 1ª Seção, 4ª Câmara, 1ª Turma Ordinária:

"A prova indiciaria é meio idôneo admitido em Direito quando a sua formação está apoiada em uma concatenação lógica de fatos, que se constituem em indícios precisos, 'econômicos' e convergentes".

– Acórdão 2102-00885, de 24.9.2010, da 2ª Seção, 1ª Câmara, 2ª Turma Ordinária:

> "Para caracterizar a infração de omissão de rendimentos a prova indiciária deve ser constituída de indícios que sejam veementes, graves, precisos e convergentes, que examinados em conjunto levem ao convencimento do julgador".

Dentre os indícios considerados pela jurisprudência administrativa federal, alguns recomendados doutrinariamente, os quais evidentemente variam de caso para caso, encontramos os seguintes:

– A publicidade das ocorrências, ao invés de serem elas encobertas pelos véus do disfarce ou da ocultação.[18]

– A existência de outras razões econômicas, negociais, patrimoniais ou de outra ordem (geralmente referidas como "propósito negocial") para justificar as ações praticadas.[19]

18. Antônio Roberto Sampaio Dória, na sua clássica e pioneira obra *Elisão e Evasão Fiscal* (2ª ed., São Paulo, José Bushatsky, p. 68), não se centrando apenas na simulação, afirmou ser "certo que a publicidade dos atos praticados pelo indivíduo para elidir obrigação tributária pesa enormemente a crédito da legitimidade do negócio realizado, do ângulo da licitude dos meios e sua efetividade". Acrescentando, logo depois: "Agir às claras, 'jogar com as cartas descobertas', pelos riscos que envolve em assunto tão delicado, já constitui sólida indicação preliminar de que se trate de verdadeira elisão". O afastamento de exigência fiscal por vários motivos, mas também pelo fato de que as operações estavam às claras, com registro documental, ocorreu no Acórdão 101-94340, de 9.9.2003, da 1ª Câmara do 1º Conselho de Contribuintes, e em muitos outros julgados.

19. Entre outros, admitiram que a intenção de economizar tributo, como motivo para os atos praticados, é irrelevante para invalidar o resultado conseguido os Acórdãos CSRF/01-01756, de 17.10.1994, CSRF/01-01853 e CSRF/01-01874, de 15.5.1995, da Câmara Superior de Recursos Fiscais; 101-88316, de 16.5.1995, e 101-94340, de 9.9.2003, da 1ª Câmara do 1º Conselho de Contribuintes; 103-17579, de 10.7.1996, e 103-22822, de 7.12.2006, da 3ª Câmara do mesmo 1º Conselho; e 107-05875, de 22.10.2000, da 7ª Câmara do mesmo Conselho. O Acórdão CSRF/01-05413, de 20.3.2006, transcreve o Acórdão 101-94127, que segue a linha do Acórdão CSRF/01-01874, segundo o qual para se materializar a simulação é necessário que o ato seja legalmente vedado e que os objetivos visados pelas partes não interfiram com a qualificação do ato praticado.

O Acórdão 104-21729, proferido em 26.7.2006 pela da 4ª Câmara do 1º Conselho de Contribuintes foi enfático ao dizer: "Simulação – Substância dos atos. Não se verifica a simulação quando os atos praticados são lícitos e sua exteriorização revela coerência com os institutos de direito privado adotados, assumindo o contribuinte as consequências e ônus das formas jurídicas por ele escolhidas, ainda que motivado pelo objetivo de economia de imposto". Seguindo nesta mesma linha fundamental, o Acórdão 101-93704, de 6.12.2001, da 1ª Câmara do 1º Conselho de Contribuintes, também admitiu a intenção de economizar tributo. A mesma Câmara, no Acórdão 101-92164, de 14.7.1998, afastou a pecha de simulação declarando que os objetivos vi-

– A proximidade de datas entre fatos sucessivos ou a inexplicada diferenciação de valores entre eles: trata-se da proximidade temporal entre negócios jurídicos, especialmente quando, tendo um mesmo objeto mas diferentes pessoas envolvidas, tenham valores díspares sem

sados não interferem com a qualificação do ato. No Acórdão 108-06537, de 23.5.2001, a 8ª Câmara do mesmo Conselho declarou que o contribuinte pode visar à alternativa que lhe for melhor. Mas a jurisprudência não deixa de tomar este elemento como indício de simulação quando presentes outros motivos de convencimento. Assim, em casos nos quais outras causas confirmaram a existência de fatos reais, afirmou-se que a existência de motivação econômica caracteriza a licitude da economia fiscal: Acórdãos 101-77837, de 11.7.1988, e 101-84907, de 24.3.1993, da 1ª Câmara do 1º Conselho de Contribuintes. Num outro Acórdão, de n. 103-20239, datado de 14.3.2000, a 3ª Câmara do 1º Conselho de Contribuintes levou em consideração um concurso de circunstâncias subjetivas que configurou artifício e abuso em atos praticados com a única finalidade de reduzir imposto. Essa Câmara, no Acórdão 103-22822, acima citado, também adotou a inexistência de razão comercial ou propósito negocial como um dos indícios de simulação. E o Acórdão 108-05748, de 8.8.1999, da 8ª Câmara do 1º Conselho de Contribuintes, declarou a existência de evasão fiscal por abuso de direito segundo a teoria de Marco Aurélio Greco, isto é, por ausência de motivação extratributária; mas também admitiu ter havido simulação. Outro caso é o do Acórdão 101-94605, de 17.6.2004, da 1ª Câmara, o qual adotou a teoria dos três requisitos para a elisão fiscal lícita (dos quais o terceiro é inexistir simulação), e juntou inúmeros indícios de simulação à inexistência de outra causa econômica, para negar provimento ao recurso do contribuinte. Observe-se que a falta de propósito negocial pôde ser motivo para desconsideração de atos ou negócios jurídicos, conforme a Medida Provisória 66, a qual, contudo, perdeu efeito jurídico ao não ser convertido em lei o respectivo dispositivo.

Luciano da Silva Amaro é enfático: "Para quem anatematiza o chamado 'abuso de direito' e sustenta que um negócio jurídico só é fiscalmente lícito se ele é utilizado para atingir os fins que normalmente lhe são próprios, sendo, ao contrário, abusivo quando praticado com o objetivo de obter vantagem fiscal inalcançável por outro meio, o exemplo citado talvez fosse questionável. Marco Aurélio Greco afirmou que, se a 'finalidade exclusiva' de um determinado ato é pagar menos imposto, estaríamos diante de um abuso de direito, não oponível ao Fisco. Ao discorrer sobre o tema do 'Abuso de Forma, Abuso de Direito e Simulação' em nosso livro *Direto Tributário Brasileiro*, ressaltamos inexistir ilicitude na escolha de um caminho fiscalmente menos oneroso, 'ainda que a menor onerosidade seja a única razão da escolha desse caminho'. Isso porque, se assim não fosse, por um imperativo lógico se teria de concluir pelo absurdo de que o contribuinte 'seria sempre obrigado a escolher o caminho de maior onerosidade fiscal', quando dois fossem os caminhos possíveis e ele não tivesse uma razão de ordem civil ou comercial para seguir o caminho de menor tributação" ("O imposto de renda nas doações, heranças e legados", in *Imposto de Renda – Alterações Fundamentais*, 2º vol., São Paulo, Dialética, 1998, p. 111). Mais recentemente, Tércio Sampaio Ferraz Jr. também foi contundente, em artigo intitulado "Simulação e negócio jurídico indireto no direito tributário e à luz do novo Código Civil", *Revista Fórum de Direito Tributário* 48/9. Assim, a falta de motivação negocial somente serve como indício.

justificativa suficiente, e principalmente se apenas um deles tiver valor correspondente ao do mercado livre.[20]

– Atos ou negócios jurídicos entre partes ligadas: embora possíveis e lícitos, é mais importante que em outras situações verificar, nos negócios entre pessoas jurídicas de um mesmo grupo econômico ou entre partes ligadas por algum vínculo de associação, se apresentam alguma explicação empresarial para a sua existência, inclusive quanto aos seus valores nas situações em que, sem adequada razão para a diferença, eles sejam dissociados dos que são praticados entre pessoas independentes.[21]

– A proximidade do encerramento do período de apuração final da obrigação tributária relativamente a ajustes nas contas de resultado

20. Neste sentido, entre outros: Acórdãos 101-81859, de 13.8.1991, 101-84063, de 22.9.1992, e 101-89710, de 14.5.1996, da 1ª Câmara do 1º Conselho de Contribuintes; Acórdãos 103-16657, de 22.9.1995, 103-16602, de 20.9.1995, e 103-19421, de 3.6.1998, da 3ª Câmara do 1º Conselho de Contribuintes. Os casos mais comuns quanto à datas próximas envolvem distribuição disfarçada de lucros, como, por exemplo, os Acórdãos 101-77162, de 5.6.1987, da 1ª Câmara do 1º Conselho de Contribuintes, e 103-13924, de 5.7.1993, da 3ª Câmara do mesmo Conselho. Outro precedente é o Acórdão 101-93209, de 17.10.2000, pelo qual a 1ª Câmara entendeu que houve simulação na aquisição de ações pela própria companhia controlada perante sua controladora, para permanência em Tesouraria da controlada, mas vendidas por esta a terceiros poucos dias e com defasagem de preço, tendo se lastreado, entre outras razões e fatos, na descoberta de outro contrato, embora assinado por apenas uma das partes, assim como em outros documentos, lançamentos contábeis e pagamentos que evidenciaram, ao ver da Câmara Julgadora, que a venda efetiva fora feita pela controladora ao comprador, tendo sido camuflada pela venda à controlada e desta para o comprador. Nos mesmos termos é o Acórdão 101-93701, de 6.12.2001. Cite-se também o Acórdão 103-20261, de 19.6.2001, da 3ª Câmara do 1º Conselho de Contribuintes, que inadmitiu a dedução de prejuízo por obsolescência de bens baixados poucos dias após terem sido conferidos por sócio para integralização de capital da pessoa jurídica. Ou, ainda, o Acórdão 108-06408, de 20.2.2001, da 8ª Câmara do 1º Conselho de Contribuintes, que interpretou um conjunto de atos para deles extrair a verdadeira operação subjacente, tratando-se, no caso, de compra de ouro a prazo num dia e venda à vista por preço inferior no dia subsequente a empresa interposta, a qual, ato contínuo, o revendeu ao vendedor original.

21. O fato de haver negócio dentro do grupo de empresas não é circunstância necessariamente caracterizadora de simulação, consoante se pode ver pelos Acórdãos 101-93599, de 19.9.2001, 101-93616, de 20.9.2001, 101-93704, de 6.12.2001, e 101-94328, de 15.8.2003, da 1ª Câmara do 1º Conselho de Contribuintes, assim como pelo Acórdão 108-06537, de 23.5.2001, da 8ª Câmara. Contudo, em casos ocorridos dentro do grupo, adotaram posição contra os contribuintes envolvidos, por exemplo, os Acórdãos 101-93209, de 17.10.2000, 101-93701, de 6.12.2001, e 103-20261, de 19.6.2001, das 1ª e 3ª Câmaras do 1º Conselho de Contribuintes.

realizadas a partir de negócios realizados nessa época e em condições especiais, principalmente entre empresas ligadas, aumentando a validade do indício se uma delas tiver lucro e a outra prejuízo, ou se uma tiver regime tributário mais benéfico que a outra.[22]

– A motivação para simular, isto é, não se simula se não for necessário; ou, em outras palavras, não há simulação quando o mesmo resultado possa ser alcançado por outros meios inequivocamente legais, principalmente (mas não necessariamente) quando estes envolvem o próprio ato que se julga estar dissimulado pelo ato simulado.[23]

– O retorno à situação original, mediante o desfazimento do negócio jurídico simulado ou a neutralização dos seus efeitos através de outros atos ou negócios simultâneos ou subsequentes, que, a meu ver, representa o indício por excelência – verdadeira prova indiciária – da existência de simulação, inclusive na sua visão objetiva de inadequação do comportamento das partes à causa do negócio que praticaram.[24]

22. Neste sentido, por exemplo, o Acórdão CSRF/01-02107, de 2.12.1996, da Câmara Superior de Recursos Fiscais, e, no 1º Conselho de Contribuintes, os Acórdãos 103-08120, de 9.11.1997, da 3ª Câmara, e 108-06408, de 20.2.2001, da 8ª Câmara.

23. Orlando Gomes, *Introdução ao Direito Civil*, 10ª ed., Rio de Janeiro, Forense, p. 441: "As partes são levadas a estipular contratos simulados por motivos concretos que não precisam ser comuns. A *causa simulandi* é o fim visado pelas partes disfarçado na simulação". O Acórdão 103-22822, de 7.12.2006 (1º Conselho, 3ª Câmara), diz: "Dentre os indícios apontados pela doutrina como capazes de provar a simulação, guardam maior pertinência com o caso em análise os seguintes: a existência de motivo para a simulação, a *causa simulandi*, o interesse que move as partes para celebrar um ato simulado, para mascarar um negócio sob uma forma diferente; a necessidade de realização do negócio simulado; a interposição de pessoas; a falta de execução material do negócio simulado; o pagamento de preço vil, desproporcional ao bem objeto do negócio". O Acórdão 101-95845, de 8.11.2006 (1º Conselho, 1ª Câmara), transcreveu o seguinte trecho do Acórdão 108-07316, de 19.3.2003 (1º Conselho, 8ª Câmara): "Para que fique caracterizada a ocorrência da prática de simulação perpetrada pelo contribuinte é preciso determinar a motivação e a consequência do ato simulado com a identificação da vantagem auferida". O Acórdão 101-97027, de 13.11.2008, da 1ª Câmara, declarou: "Não há, no caso em análise, propósito simulatório. Se a contribuinte desejasse tão somente fazer uso do ágio, teria realizado a incorporação de sua controladora; operação que não deveria ser objeto de qualquer questionamento".

24. Neste sentido também pensam Antônio Sampaio Dória e Sacha Calmon Navarro Coêlho, conforme citações e comentários de Marciano Seabra de Godoi em artigo publicado pela *RDDT* 79/75, onde há também referências a decisões do STF. Gustavo Lian Haddad e Mariana Abib Pierre também apontam que a neutralização de efeitos indesejáveis deve ser examinada com cautela na aferição da ocorrência de

Ao contrário da presunção legal, que se alicerça num único fato, ordinariamente um só fator indiciário, de per si, pode ser imaterial e irrelevante para caracterização da simulação, pois o que pode contribuir para a conclusão de se estar perante essa figura é a densidade do conjunto deles. Um ou poucos indícios podem não ter representatividade do fato ignorado que se quer provar, podendo, quando, muito, estabelecer a mera possibilidade da ocorrência do fato imponível ou dos seus elementos constitutivos, mas não a certeza da ocorrência acima de uma dúvida razoável – certeza, esta, que é indispensável para o lançamento tributário. Nessa situação, é necessário o aprofundamento da investigação.

Não obstante, há circunstâncias que são quase que permanentes, como, por exemplo, o indício da publicidade das ocorrências, que afasta a presunção de simulação, pois em toda simulação a verdade está escondida. Ora, quando tudo está às claras e à vista, ao invés de estar encoberto por artifícios, não há simulação, porque a própria noção de

simulação ("A simulação e seus índices", *Revista do Advogado* 94/75, da Associação dos Advogados de São Paulo/AASP).

Na jurisprudência também se encontram precedentes neste sentido, como o Acórdão 204-00084, de 17.5.2005, da 4ª Câmara do 2º Conselho de Contribuintes, que considerou haver simulação por entender não ser crível, entre outros fatores, que em 159 operação de venda de títulos tenham estes voltado à custódia da alienante através de operações triangulares. Também no Acórdão 101-95168, de 12.9.2005, a 1ª Câmara do 1º Conselho apreciou vários indícios considerados insuficientes pelo Relator original, o qual, contudo, foi vencido, tendo constado do voto do Relator designado o seguinte: "Fica comprovado, portanto, o retorno de parcela daqueles valores à recorrente, elemento indicado como faltante para a comprovação da cadeia simulatória, que resultou, em última instância, na 'produção' de prejuízos fiscais para a recorrente". Mais enfático foi o Acórdão 101-95442, de 23.3.2005, da mesma Câmara, que fez alusão expressa à densidade dos indícios, destacando alguns, dentre os quais "o desfazimento dos efeitos do ato simulado". Há outros acórdãos neste sentido, como o de n. 106-13552, de 15.10.2003, da 6ª Câmara, ou o seu Acórdão 106-16546, de 18.10.2007, no qual se lê: "Não se verifica a simulação quando os atos praticados são lícitos e sua exteriorização revela coerência com os institutos de direito privado adotados, assumindo o contribuinte as consequências e ônus das formas jurídicas por ele escolhidas, ainda que motivado pelo objetivo de economia de imposto. A caracterização da simulação demanda demonstração de nexo de causalidade entre o intuito simulatório e a subtração de imposto dele decorrente. Ademais, se após o descobrimento de eventuais operações ocultas permanece íntegro o pretenso ato simulado, deve-se reconhecer que não ocorreu a simulação. Para haver simulação, o ato simulado não pode permanecer hígido após o descobrimento das operações que objetivou ocultar".

simulação evidencia que nela se esconde o que se quis fazer e se exibe o que não se quis fazer.

Também existe um caráter de permanência no fato de desfazimento dos efeitos do ato simulado, que, para a visão objetiva de simulação, corresponde à não adequação do comportamento das partes à causa do negócio jurídico praticado ostensivamente. Paralelamente, a partir da definição de simulação segundo a visão subjetiva – desconformidade entre a vontade interna e o ato externo –, o negócio simulado não é desejado pelas partes, a não ser como veículo para o engodo; motivo pelo qual, tendo ele sido praticado, precisa ser apagado, para não produzir os efeitos jurídicos que lhe são próprios.[25]

A prova material e direta – um "contrato de gaveta", uma procuração de uma parte para a outra, uma quitação de obrigações, e outras artimanhas – dificilmente está ao alcance de terceiro, inclusive do Fisco, motivo pelo qual se recorre aos sinais indiciários da trama, dentre os quais a comprovação da ocorrência de posteriores atos ou negócios em sentido contrário ao do simulado passa a ser a demonstração patente da simulação deste.

Outra ocorrência possível na investigação de simulação ou outro vício, que se torna viável em decorrência da complexidade das relações jurídicas, é haver indícios em sentido contrário, ou seja, um ou mais no sentido de haver simulação, e, ao mesmo tempo, um ou mais no sentido de que não há falsidade.

Nestes casos, a conclusão pelo sim ou pelo não dependerá da ponderação razoável dos sinais que forem encontrados.

Por fim, é importante consignar que muitas vezes a simulação, ou outro defeito jurídico, não se manifesta, ou não se percebe, por um ato ou negócio jurídico isoladamente considerado, eis que esse desvio da realidade somente se completa, ou é conhecido, quando esse ato ou negócio é justaposto a outro posterior, ou outros, decorrendo do conjunto deles a existência da simulação ou a sua perfeita identificação.

Realmente, tanto a doutrina quanto a jurisprudência reconhecem esse fenômeno, e afirmam, com razão, que muitas vezes a simulação não está num único ato isolado, mas, sim, no conjunto de atos consi-

25. São muito raros os casos de simulação em que este dado não esteja presente. Um exemplo é a venda por valor vil para encobrir a realidade de uma doação.

derados em sua totalidade, pois apenas pelo conjunto se pode perceber a existência de simulação, que fica escondida se considerado cada ato de per si.

Isto é verdade, mesmo porque o efetivamente querido muitas vezes depende de um conjunto de atos ou negócios jurídicos, assim como o que precisa ser feito para esconder o que efetivamente se quer pode depender da realização de mais de um ato ou negócio.

Até mesmo já foi observado que uma das evidências mais efetivas da existência da simulação é a ação de desfazimento dos efeitos jurídicos do ato ou negócio jurídico simulado, ou seja, é pelo segundo ato (o de desfazimento) que se descobre a falsidade do primeiro; ou, dizendo de outro modo, se não houvesse o segundo ato (portanto, o conjunto), o primeiro não seria simulado.

Um julgado marcante a este propósito foi o Acórdão 101-96724, que a 1ª Câmara do 1º Conselho de Contribuintes proferiu em 25.5.2008, nos seguintes termos:[26]

> "Na medida em que o conjunto dessas etapas da incorporação realizada corresponde apenas a uma pluralidade de meios para atingir um único fim, é preciso indagar também, nas operações em sequência, qual a

26. Porém, são muitos os julgados que formam uma jurisprudência consistente neste sentido, como, por exemplo: o Acórdão 101-95018, de 15.6.2005 (1º Conselho, 1ª Câmara), sobre conjunto de atos e negócios que estavam intrinsecamente ligados para atingir o fim almejado, declarando não ser possível decretar a ilegitimidade apenas de parte desse conjunto; ou seja, ou todo ele é simulação, ou todo ele não é simulação; o Acórdão 104-20749, de 15.6.2005 (1º Conselho, 4ª Câmara), que se escudou na estruturação da sequência de atos; o Acórdão 104-21497, de 23.3.2006 (1º Conselho, 4ª Câmara), que se referiu à operações estruturadas em sequência, dizendo que o fato de cada uma das transações, isoladamente e do ponto de vista formal, ostentar legalidade não garante a legitimidade do conjunto de operações quando comprovado que os atos praticados tinham objetivo diverso daquele que lhes é próprio; o Acórdão 104-21610, de 25.5.2006 (1º Conselho, 1ª Câmara), sobre transferência de participação societária por intermédio de uma sequência de atos societários, considerando estar caracterizada a simulação quando esses atos não têm outro propósito senão o de efetivar essa transferência; o Acórdão 107-09215, de 7.11.2007 (1º Conselho, 7ª Câmara), para o qual, no caso, a vontade real não é o que o conjunto dos atos fazia; o Acórdão 106-17149, de 5.11.2008 (1º Conselho, 6ª Câmara), segundo o qual, na esteira do Acórdão 104-21497, a realização de operações estruturadas em sequência, embora individualmente ostentem legalidade do ponto de vista formal, não garante a legitimidade do conjunto de operações quando comprovado que os atos praticados tinham objetivo diverso daquele que lhes é próprio.

situação existente antes da deflagração da sequência de etapas e qual a situação final resultante da última das etapas. Desse modo, só assim será assegurado um exame abrangente de uma operação complexa, subdividida em múltiplas etapas que são meros segmentos de uma operação maior, de modo a verificar, na realidade, qual a operação que se está pretendendo opor ao Fisco (a complexa ou cada parte da operação)".

Destarte, quando se está perante atos sucessivos, a consideração dos indícios necessariamente tem que ser feita em relação ao conjunto de ações, porque a simulação não está em apenas uma delas, isolada das demais, mas no contexto geral dos atos praticados e dos efeitos que geraram em conjunto.

Nestes casos, pois, para invalidar os atos ou negócios jurídicos praticados não é suficiente que um ou mais indícios digam que determinado ato tem características de simulação, pois é necessário verificar se esta decorre, ou não, de todos eles atuando em conjunto.

Todavia, é preciso estar atento, pois é possível, mesmo numa sequência de atos, que o resultado da simulação não decorra da conjunção de todos os atos, pois pode estar localizado em apenas alguns, ou mesmo em um (não obstante, neste caso, justaposto a outros). Neste caso, as demais ocorrências são irrelevantes, devendo a prova da simulação concentrar-se nos atos, ou no ato, em que ela pode estar presente, até mesmo para não haver desvio da investigação e possível atrapalhação advinda da consideração de fatos desimportantes.

Mas mesmo neste caso não se pode isolar a simulação do efeito global decorrente do conjunto.

Explico mais.

Quando há vários atos praticados, mesmo sucessivamente, pode ocorrer de cada um deles ter um efeito relevante e independente dos outros, caso em que estes outros são imateriais, e a investigação da simulação pode e deve concentrar-se somente neste ou naquele ato produtor do efeito relevante e independente dos demais.

Entretanto, quando vários atos formam um conjunto de ações das quais decorra determinado resultado relevante e dependente do conjunto, a simulação não pode ser declarada em função de apenas este ou aquele ato, mas, sim, do conjunto produtor do resultado.

Mas mesmo quando haja muitos atos em sequência a simulação pode situar-se em apenas alguns, ou mesmo em um associado a outro ou a outros.

Em suma, utilizando-se os meios acima referidos, pode-se concluir ter havido simulação. Porém, através dos mesmos meios deve-se reconhecer que não há simulação:

– quando os atos praticados são os desejados;

– quando os atos são praticados dentro das suas finalidades práticas (as causas dos respectivos atos ou negócios jurídicos), mesmo que atipicamente, e sem ocultação da realidade;

– quando os atos não simularam uma realidade inexistente (portanto, não se trata de simulação absoluta) ou uma outra realidade diferente (portanto, não se trata de simulação relativa);

– quando as partes submeteram-se e submeter-se-ão às consequências dos atos, subordinando-se às suas disciplinas jurídicas, inclusive quando não houver desfazimento dos atos, seja por meios jurídicos contrários, seja por providências de natureza prática ou econômica que possam contrabalançar os seus efeitos, isto é, quando os atos praticados sigam o seu destino normal, produzindo os efeitos que lhes são próprios, o mesmo ocorrendo no seu conjunto, quando se tratar de atos ligados entre si.

Ao longo deste rápido estudo das presunções, dos indícios e das ficções, mas especialmente na sua parte final, foi dada maior ênfase à simulação, e isto decorre de dois fatores.

O primeiro deles é diretamente ligado ao tema central aqui enfrentado, eis que principalmente os indícios são instrumentos para que o julgador se convença da existência de simulação ou da sua inexistência.

O segundo é que indícios, presunções e até ficções são instrumentos de ação contra a evasão fiscal, utilizados ora no fazimento de normas destinadas à facilitação dos procedimentos fiscalizadores (principalmente as presunções) ou mesmo na instituição de mecanismos que se comportam como verdadeiras normas particulares antielusão ou antiabuso (algumas das quais adentrando no conceito de ficção e suscitando indagações quanto à sua validade constitucional), mas também instrumentos utilizados na execução dos trabalhos de fiscalização ou no julgamento de processos levados às Cortes administrativas ou judiciais (quando os indícios assumem papel preponderante).

Ocorre que a maior parte dos casos concretos de evasão fiscal planejada são maculados pela simulação pura e simples. Mesmo quando em planejamentos evasivos são encontrados outros vícios, como abuso no exercício de algum direito, inclusive do direito de contratar, e fraude à lei, não é incomum que também seja detectada a existência conjunta de simulação, principalmente de dissimulação, isto é, de simulação relativa.

Daí a simulação ter absorvido a atenção na parte final de um estudo essencialmente não voltado a ela (sobre a qual haveria muita coisa a dizer), mas dedicado a presunções, a indícios e a ficções.

# *ENCARGOS DECORRENTES DA MORA COMO CRITÉRIO OBJETIVO PARA MODULAÇÃO DE EFEITOS NO CONTROLE DE CONSTITUCIONALIDADE*

ROBSON MAIA LINS
Doutor e Mestre em Direito Tributário pela PUC/SP.
Professor nos Cursos de Especialização em Direito Tributário pelo IBET, COGEAE (PUC/SP) e Escola de Direito da FVG. Advogado.



## *1. Sobre o artigo*

Este artigo, escrito a convite do professor Aires Barreto por ocasião dos 35 anos do IDEPE, tem por objetivo sustentar que os encargos decorrentes do fato jurídico moratório devem ser utilizados como critério objetivo no momento em que o STF, em controle de constitucionalidade, modificar a jurisprudência sobre a matéria constitucional, realizando, assim, os primados da certeza do Direito e da segurança jurídica.

Para tanto, examinamos, em primeiro lugar, as normas vigentes sobre o controle de constitucionalidade no Direto Brasileiro; em seguida desenhamos o que se deve entender por "encargos decorrentes da mora", para, ao final, concluirmos o trabalho, entrelaçando os dois temas, com o objetivo de sustentar que os encargos decorrentes da mora constituem-se em critério objetivo e seguro para a modulação de efeitos em controle abstrato de constitucionalidade.

## *2. Introdução*

Tangencia o centro dos debates jurídicos no Brasil o tema da modulação temporal dos efeitos das decisões do STF que declaram a inconstitucionalidade de leis ou atos normativos. Por esse mecanismo, o STF, em controle abstrato e concentrado de constitucionalidade, constitui a inconstitucionalidade da referida lei ou ato normativo, deixando no sistema jurídico positivo, entretanto, as normas individuais e concretas derivadas daquela lei ou ato normativo declarados inconstitucionais.

Desde sua origem a modulação temporal de feitos da decisão que declara a inconstitucionalidade sempre teve por fundamento razões de segurança jurídica e boa-fé, de forma que a retirada das normas individuais e concretas derivada daquela norma geral e abstrata julgada inconstitucional feriria aqueles princípios: segurança jurídica e boa-fé.

Nosso eixo temático pretende entrelaçar a declaração de (in)constitucionalidade da norma tributária com os efeitos decorrentes da mora no direito tributário, com o objetivo de aferir até que ponto os encargos decorrentes do fato jurídico moratório podem ser utilizados como critérios seguros para se modular temporalmente os efeitos da decisão do STF. Afinal de contas, como diz Paulo de Barros Carvalho:[1]

> "O Direito é senhor do tempo. Controla a bidirecionalidade passado/futuro das relações jurídicas que ele mesmo prescreve, fundando o clima de segurança que o sistema exige de si mesmo como condição para a sua própria existência, motivo por que dissemos que o sobreprincípio da segurança jurídica depende de fatores sistêmicos".

É nessa relação entre passado, presente e futuro que a modulação de efeitos temporais das decisões do STF modificadoras de jurisprudência constitucional anterior ingressa como instrumento sobremodo importante para que o homem – que é senhor do Direito, do tempo

1. Paulo de Barros Carvalho, "Segurança jurídica e modulação de efeitos", *RDTributário* 102/18-28, São Paulo, Ed. RT, 2008.

do Direito e do tempo no Direito – possa adaptar a incidência das normas jurídicas sem violar a segurança jurídica e a boa-fé.

### 3. Evolução do controle de constitucionalidade no Brasil

O sistema de controle de constitucionalidade atualmente vigente no Brasil, um misto entre controle concreto e difuso com o abstrato e concentrado, ainda passa por fortes transformações, menos por modificações no texto constitucional e mais por razões da farta jurisprudência produzida pelo STF sobre o assunto.

Apenas para contextualizarmos a nossa trajetória nessa matéria, da Constituição de 1891, onde a forma concreta e difusa de controle foi assentada, até a Emenda Constitucional 18/1965, momento em que o controle abstrato e concentrado também passou a viger no nosso ordenamento, podemos dizer que passamos de um modelo de controle que era essencialmente concreto e difuso (1891) – considerando que a matéria constitucional era posta em debate apenas de forma incidental, para que, afastada a constitucionalidade de uma norma ou, inversamente, afirmada sua constitucionalidade, o Judiciário pudesse decidir o mérito da causa, atribuindo o bem jurídico objeto da lide à parte a que assistisse razão – para um modelo abstrato e concentrado (Emenda Constitucional 16/1965), onde a matéria referente à violação da Constituição, *per se*, passa a ser o objeto único do processo – e, por isso, dito processo "objetivo" –, cabendo ao STF (e somente a ele – por isso, controle concentrado) examinar se a lei ou ato normativo federal ou estadual está, ou não, violando normas constitucionais.

Se desde a Constituição de 1891 ao Judiciário Brasileiro cabia a competência para exercer o controle concreto e difuso de constitucionalidade das leis e atos normativo, a Emenda Constitucional 16, de 26.11.1965, introduziu no nosso ordenamento o controle abstrato e concentrado de constitucionalidade de normas federais e estaduais, já embrionário na representação interventiva. Assim, desde então convivemos com o controle difuso e concreto de constitucionalidade ao lado do controle concentrado e abstrato, sendo que este modelo, a partir da Constituição da República de 1988, ganhou expressivo espaço, seja pelo alargamento do rol de legitimados (art. 103 da CF), passando da legitimidade exclusiva do Procurador-Geral da República para nove entidades distintas, seja pela previsão expressa, com as Emendas

Constitucionais 3/1993 e 45/2004 – que estabeleceram o efeito dúplice e vinculante das decisões do STF nas ações de controle abstrato e também modelaram a reclamação constitucional contra descumprimento de decisões da Corte Suprema.

Aqui, na convivência entre os modelos de controle concreto e difuso e abstrato e concentrado, ingressa nosso específico interesse na matéria: é comum a produção de normas contraditórias pelo próprio Poder Judiciário, em controle concreto e difuso, de um lado, e em controle abstrato e concentrado, de outro lado, sobressaltando-se aí a ingente necessidade de modulação dos efeitos da decisão em controle abstrato e concentrado, em razão do seu efeito vinculante e eficácia *erga omnes.* Nesse ponto, iremos sustentar, adiante, que os encargos decorrentes de eventual mora existente entre uma decisão em controle concreto e difuso que fixe orientação constitucional num determinado sentido e outra decisão do STF em controle abstrato e concentrado devem ser retirados do ordenamento jurídico, por intermédio do mecanismo de modulação temporal de efeitos.

## *4. Sobre a expressão "encargos decorrentes da mora"*

A expressão "encargos decorrentes da mora" comporta várias acepções, todas elas semântica e pragmaticamente utilizadas nos discursos jurídicos da ciência do direito tributário, na função descritiva, e no direito positivo, na função prescritiva de condutas. Nesse sentido amplíssimo, são "encargos decorrentes da mora" todas as relações jurídicas tributárias, *sancionatórias ou não, decorrentes do fato jurídico moratório.*

Assim, juros de mora, multa de mora, multa de ofício, multa agravada, enfim, todas as espécies de multas decorrentes do fato jurídico moratório (mas só dele!), reincidência, são nomes de relações jurídicas que são implicadas pelo fato jurídico moratório.

### *4.1 Ainda sobre os sobre os encargos decorrentes da mora no direito tributário*

Os verbos "compensar", "indenizar", "remunerar", "recompor" e "sancionar" são relações jurídicas alojadas nos consequentes de normas jurídicas.

Até aí, nada de novo. As divergências começam a surgir quando um só fato jurídico ilícito é tomado no lugar sintático de várias normas jurídicas, fazendo surgir nos consequentes relações jurídicas distintas, e muitas delas concomitantes. Nesses casos são comuns as ingentes buscas pela "natureza jurídica" da relação jurídica – se compensatória, indenizatória, remuneratória ou sancionatória –, quando, em verdade, embora estejamos trabalhando com o mesmo fato jurídico ilícito, as relações jurídicas dele decorrentes são as mais variadas possíveis.

Essas divergências, muitas delas fomentadas pela busca de critérios para se distinguir "sanções penais" de "sanções civis", puseram em segundo plano o aspecto sintático da linguagem, onde é possível verificar melhor os critérios que compõem as normas jurídicas sancionatórias.

Entre "sanção penal" e "sanção civil" tinha-se que a primeira exercia a função (critério pragmático) de instituir a retribuição pelo ilícito praticado e a prevenção contra ilícitos futuros. De outro lado, a "sanção civil" teria na reparação sua função primordial, sendo a prevenção característica secundária. Essa distinção entre "sanção civil" e "sanção penal" teve em Hans Kelsen[2] seu mais expressivo doutrinador. A síntese de seu pensamento está registrada na seguinte passagem:

> "(...) la sanción civil, por su parte, tiene una *función reparadora*, esto es, busca poner término al estado provocado por la conducta ilícita, restableciéndose un estado conforme a Derecho" (grifos nossos).

Sublinhamos a expressão "função reparadora", pois entendemos que a ela pode ser atribuída boa parte dos desencontros semânticos existentes em matéria de sanções.

Temos por premissa o equívoco semântico na expressão "sanção civil", no sentido de caracterizá-la como uma reparação ou indenização decorrente de ato ilícito. Nesse caso de uso da palavra "sanção" a única justificativa plausível é que, embora se refira ao consequente da norma jurídica que determinar a restrição ao bem jurídico do devedor – sanção no lugar sintático de relação jurídica que determinar a reparação –, verte seu olhar apenas para o antecedente da norma. Depois, o dano, decorrente ou não de conduta ilícita, deve ser reparado. E os nomes mais adequados para designar esta reparação, até por

2. Hans Kelsen, *Teoría General del Derecho*, 1995, pp. 164-165.

já possuírem certo nível de estabilidade na acepção de base, seriam "indenização" ou "compensação".

Em passagem bastante expressiva e feliz, Geraldo Ataliba[3] diz que:

"*10.1* Toda vez que se depare o jurista com uma situação em que alguém esteja colocado na contingência de ter o comportamento específico de dar dinheiro ao Estado (ou a entidade delegada por lei), deverá inicialmente verificar se se trata de: (a) multa; (b) obrigação convencional; (c) indenização por dano; (d) tributo.

"*10.2* Nestes quatro casos pode alguém ser devedor de dinheiro ao Estado (ou, excepcionalmente, a outra pessoa – em geral pública – designada pela lei e por esta colocada na situação de sujeito ativo da prestação)."

Nada mais acertado. Retiramos apenas do nosso objeto de estudo as obrigações convencionais, visto sua voluntariedade, e o tributo, que, apesar de ser prestação compulsória, não decorre de ato ilícito, conforme prescreve o art. 3º do CTN.

Então, das prestações compulsórias ficam as multas e as indenizações.

Adicionaríamos a essas duas espécies de prestações uma terceira categoria: a remuneração daquelas prestações, que ocorrem por intermédio dos juros.

Dessa forma, aos juros caberia a função de remunerar o conteúdo de quaisquer daquelas prestações; às multas cumpriria a única e exclusiva função sancionatória; e, por último, a indenização exerceria o papel de recompor, indenizar, ressarcir o dano sofrido.

Com efeito, as multas,[4] as obrigações convencionais, as indenizações e o tributo[5] podem ser remunerados por outra prestação, denominada juros. São os juros, remunerando a prestação, que, embora

3. Geraldo Ataliba, *Hipótese de Incidência Tributária*, 6ª ed., 12ª tir., São Paulo, Malheiros Editores, 2011, p. 36.

4. Há discussão importante no direito tributário para se definir se o inadimplemento das sanções tributárias pecuniárias faz parte do antecedente das normas que instituem os juros de mora no sistema tributário nacional. Esse tema será retomado quando analisarmos a composição do antecedente das normas jurídicas que instituem os juros no direito tributário.

5. Incluímos aqui o tributo e as obrigações convencionais para sermos fiel ao posicionamento do professor Geraldo Ataliba.

não recomponham danos, porque isso é função da indenização, podem evitar, mas não necessariamente evitam, que a demora na restituição da moeda gere dano ao credor.

### *4.2 Indenização decorrente do fato jurídico moratório*

O fato jurídico moratório é um ilícito. Contraria o consequente da regra-matriz de incidência tributária (RMIT), precisamente seu critério temporal (tempo do pagamento), realizando, na linguagem kelseniana, vários antecedentes de outras normas jurídicas, as normas que prescrevem juros de mora e multa de mora.

No altiplano do sistema jurídico, a Constituição Federal de 1988,[6] de um lado, e a legislação infraconstitucional,[7] de outro, estipulam que aquele que causar dano a alguém é obrigado a indenizá-lo pelo dano causado. Ou seja, somente em ocorrendo dano há que se impor a alguém uma obrigação de indenizar. Assim, podemos afirmar que na indenização não há voluntariedade, e sim dever jurídico daquele incumbido de promovê-la e direito subjetivo daquele que irá recebê-la.

O verbo "indenizar" origina-se do Latim *indemnis* e significa "tornar indene", ou seja, igual, de forma que a indenização deve ser entendida como forma de recomposição patrimonial: tornar o patrimônio ao estado em que se encontrava antes do dano.

O termo "indenização" revela-se ambíguo, em razão de sua polissemia, podendo ser usado para indicar: a relação jurídica estabelecida no consequente normativo de uma norma sancionadora; a prestação objeto dessa relação; o direito subjetivo de quem deve ser indenizado; o dever jurídico de quem tem de indenizar; o próprio objeto da prestação – dentre outras acepções.

6. Art. 5º da CF: inciso V – trata da indenização por dano material, moral ou à imagem; inciso X – trata da indenização por desapropriação; inciso XXV – da indenização em razão de dano causado pelo Poder Público em propriedade privada por ele utilizada em situação de perigo; art. 7º da CF: inciso I – trata da indenização por despedida sem justa causa ou arbitrária; e inciso XXVII – da indenização por acidente de trabalho; e art. 182, §§ 3º e 4º, III, da CF – tratam da indenização por desapropriação de imóvel urbano.

7. Código Civil e legislações específicas.

A obrigação de indenizar o dano pode ter as seguintes causas: o ato ilícito; o inadimplemento da obrigação contratual; o dever contratual de responder pelo risco; o dever legal de responder sem culpa.[8]

Pontes de Miranda[9] leciona que a indenização se dá quando se presta o equivalente:

> "(...) toda diminuição ou eliminação das vantagens que o credor teria tirado da prestação se a dívida se houvesse solvido em tempo oportuno; as despesas que o credor fez para receber a prestação, inutilmente, devido à mora; o que teve de pagar a terceiro, por infração de contrato com esse, ou pela pena convencional, se deixou, com a mora do devedor, de prestar o que prometera ao terceiro; a depreciação do objeto da prestação, prejuízo que teria sido evitado se o devedor houvesse prestado em tempo devido; a diferença entre o valor do objeto, entre a data em que deveria ter sido prestado e o preço máximo alcançado após aquela data e a da entrega ou oblação".

Nota-se que a indenização terá lugar sempre que houver descumprimento de um dever jurídico e que, em razão disso, um terceiro sofra prejuízo, de forma que a indenização serve para reparar prejuízos causados.

Orlando Gomes,[10] ao falar sobre indenização, define-a como o objeto da obrigação, ou seja:

> "A obrigação de reparar danos tem como objeto prestação especial, que consiste no ressarcimento dos prejuízos causados a uma pessoa por outra ao descumprir obrigação contratual ou praticar ato ilícito".

O objeto dessa prestação é a indenização.

Seguindo este entendimento, da obrigação descumprida, absoluta ou relativa, nasce para o credor a faculdade de obter o cumprimento coativo (por via judicial), em virtude do quê o devedor será compelido à execução específica, entregando a coisa ou realizando o fato, ou des-

8. Orlando Gomes, *Obrigações*, 2007, p. 61.

9. Pontes de Miranda, *Tratado de Direito Privado – Parte Especial*, t. XXIII, "Direito das Obrigações: Autorregulamento da Vontade e Lei. Alteração das Relações Jurídicas Obrigacionais. Transferência da Posição Subjetiva nos Negócios Jurídicos", Rio de Janeiro, Borsói, 1958, p. 236.

10. Orlando Gomes, *Obrigações*, cit., p. 61.

fazendo o de que se deveria abster. Mas, não sendo isto possível, deverá reparar o dano com uma indenização.[11]

Mais uma vez. Pontes de Miranda[12] destaca que:

> "Indenizar o prejuízo nem é o mesmo que restaurar o objeto da prestação originária, nem implica necessariamente a conversão dele no seu equivalente pecuniário. Às vezes sim. Outras vezes uma não exclui a outra, o que se dá sempre que o credor pode perseguir a *res debita* e mais perdas e danos".

E completa que as perdas e danos compreendem a recomposição do prejuízo correspondente ao que o credor efetivamente perdeu, chamado de dano emergente. Mas, para serem completas, deverão abranger também o que ele tinha fundadas esperanças de auferir e o que razoavelmente deixou de lucrar, parcela designada como lucro cessante.

Neste sentido, pode-se concluir que a indenização, para que seja completa, compreende o pagamento do dano emergente e do lucro cessante. Sendo estes subdivisões do dano patrimonial (ou dano material), que é aquele que atinge os bens integrantes do patrimônio da vítima, entendendo-se como tal o conjunto de relações jurídicas de uma pessoa apreciáveis em dinheiro.

O dano emergente é o equivalente à perda efetivamente sofrida. É o prejuízo material ou moral, efetivo, concreto e provado, causado a alguém. Em outras palavras, é o efeito danoso, direto e imediato, de um ato considerado ilícito que enseja reparação pelo autor nos termos do art. 186 do CC brasileiro: "Art. 186. Aquele que, por ação ou omissão voluntária, negligência ou imprudência, violar direito e causar dano a outrem, ainda que exclusivamente moral, comete ato ilícito".

O dano emergente (ou positivo) é aquele que de forma imediata, em razão do ato ilícito, atinge o patrimônio presente da vítima. É tudo que foi perdido.

Não se pode confundir este tipo de dano com "lucros cessantes" ou "danos negativos", que correspondem à estimativa dos prejuízos genericamente denominados "perdas e danos".

11. Caio Mário da Silva Pereira, *Instituições de Direito Civil*, 1996, pp. 235-236.

12. Pontes de Miranda, *Tratado de Direito Privado – Parte Especial*, t. XXII, "Direito das Obrigações e suas Espécies. Fontes e Espécies de Obrigações", Rio de Janeiro, Borsói, 1958, p. 181.

O lucro cessante caracteriza-se pelos reflexos futuros que sobrevirão por causa do ato ilícito cometido; consiste na elisão de uma expectativa em lucrar, na diminuição potencial do patrimônio da vítima.

No caso dos danos emergentes maiores dificuldades não devem existir para o operador do Direito, posto que a simples verificação da diminuição patrimonial seja suficiente para conceder a indenização, sendo que a prova também é de maior facilidade.

O mesmo não ocorre no que se refere aos lucros cessantes, pela própria impossibilidade de previsão quanto a fatos futuros, que independem da vontade das partes. Como forma de se conceder a mais ampla indenizabilidade passou-se a aceitar, em casos que tais, a prova de perda de acréscimo patrimonial, baseada nas regras gerais da experiência comum, ou seja, em critérios flutuantes, cuja principal característica é a previsibilidade.

Portanto, quando o prejuízo a ser ressarcido se referir a lucros cessantes, deve-se considerar a previsibilidade de ganho que a vítima deixou de auferir; ou, como diz o art. 402 do CC, "além do que ele efetivamente perdeu, o que razoavelmente deixou de lucrar".

Pontes de Miranda[13] ressalta que pelo fato de o devedor efetuar o pagamento tardiamente ao credor mantém-se o direito do credor de exigir a indenização pela mora. Assim:

> "Se *B* deve *x* a *A* e, ao invés de pagar-lhe no primeiro dia do mês, como deveria, só lhe faz no décimo dia do mês, ou meses ou anos após, pode *A* receber e exigir, desde logo, as indenizações pela mora, ou depois".

Dessa forma, até mesmo no direito tributário, apesar do art. 136 do CTN, que prevê que as sanções independem da efetividade, extensão e natureza do dano, não são poucas as sanções no direito tributário brasileiro que aproveitam a exceção aberta no início do dispositivo – "Salvo disposição de lei em contrário" – para criar "sanções tributárias" cujo antecedente normativo utiliza como critério o dano sofrido pelo erário. Assim, apesar de o nome utilizado ser "sanção tributária",

13. Pontes de Miranda, *Tratado de Direito Privado – Parte Especial*, t. XXIII, "Direito das Obrigações: Autorregulamento da Vontade e Lei. Alteração das Relações Jurídicas Obrigacionais. Transferência da Posição Subjetiva nos Negócios Jurídicos", cit., p. 188.

sua natureza jurídica é de indenização. Então, como será visto, a base de cálculo dessa "indenização", incoerentemente chamada de "sanção tributária", terá que medir a efetividade e a extensão desse dano.

## 5. *O produto do processo de controle abstrato de constitucionalidade: declaração de constitucionalidade ou inconstitucionalidade*

Em termos cronológicos, antes da declaração de constitucionalidade, pronunciada pelo STF, de norma jurídica geral e abstrata ela já era constitucional e tinha força vinculante, isto é, já era obrigatória, gerando direitos subjetivos e deveres jurídicos para os sujeitos postos, respectivamente, nos polos ativo e passivo das relações jurídicas.

Nesse sentido, a declaração de constitucionalidade pronunciada pelo STF não deixa a norma mais válida ou menos válida do que era antes da referida decisão. Mas devemos dizer que, uma vez declarada constitucional determinada norma jurídica, abre-se às pessoas afetadas pela inaplicação daquela mesma norma, e sob o mesmo fundamento de inconstitucionalidade, a possibilidade de acesso direto ao STF, pela via da reclamação constitucional, sob o fundamento de descumprimento das decisões da Corte Suprema. É decorrência natural do efeito vinculante das decisões do STF.

### *5.1 A regulação dos efeitos jurídicos decorrentes da mora: efeitos prospectivos e mora no direito tributário*

A concessão de medida cautelar julgando, ainda que provisoriamente, a RMIT inconstitucional suspende sua eficácia técnico-sintática, sem mexer na vigência e na validade.

A decisão cautelar tem efeito vinculante para os demais órgãos da Administração e do Poder Judiciário, bem como eficácia *erga omnes* em relação a todos os sujeitos passivos do tributo. É dizer: suspende-se a eficácia técnico-sintática da RMIT para todos os sujeitos passivos e todos os órgãos da Administração e do Poder Judiciário.

No julgamento de mérito é possível que a decisão cautelar não seja confirmada, hipótese em que o STF a julga constitucional.

E os sujeito passivos tributários que deixaram de recolher o tributo durante a vigência da medida cautelar deverão, a partir da vigência da decisão de mérito, recolher, além do tributo, os valores decorrentes da mora? Houve mora?

A doutrina e a jurisprudência têm se debatido sobre esse tema, no afã de encontrar caminhos seguros para disciplinar os efeitos produzidos pela norma declarada inconstitucional. Dizem alguns, transportando para o direito constitucional a teoria dos atos jurídicos, tratar-se de ato normativo inexistente;[14] outros entendem ser nulo;[15] e outros, ainda, entendem ser anulável[16] – sempre correlacionando a espécie de vício com a possibilidade, ou não, de mantença dos efeitos[17] do ato declarado inconstitucional no ordenamento jurídico.

Muitos sustentam, ora assentados na teoria da inexistência, ora na nulidade, a automática expulsão de tais normas do sistema.[18] É nessa

14. Celso Ribeiro Bastos, *Curso de Direito Constitucional*, 1999, p. 388.

15. Pontes de Miranda (*Comentários à Constituição de 1969*, t. I, p. 377) aduz que, "no sistema jurídico brasileiro, a técnica da decretação de nulidade da lei ou de outra regra jurídica por infração à Constituição é de origem norte-americana. A técnica que serve ao princípio da legalidade é de origem mais remota e ligada, essencialmente, ao velho Direito Luso-Brasileiro. Os atos públicos, ainda concebidos como enunciados de regras jurídicas, se ofendem a lei, são ilegais, e, pois, nulos". Também com argumentos semelhantes Francisco Campos (*Direito Constitucional*, vol. I, 1956, p. 430).

16. Hans Kelsen, *Teoria Pura do Direito*, 2000, p. 304. É interessante anotar os comentários de Lourival Vilanova (*Causalidade e Relação no Direito*, 2000, p. 307) sobre o pensamento kelseniano. Diz o saudoso jurisconsulto pernambucano que, "se ocorrer defeituosidade no percurso procedimental, a norma gerada não nasce nula. É anulável, o que requer outro procedimento, normativamente estruturado, para desconstituir a norma impugnável". Mais adiante, arremata: "Substancialmente, o mesmo ocorre com a norma inconstitucional que violar o processo de produção".

17. Cf. Regina Maria Macedo Nery Ferrari, *Efeitos da Declaração de Inconstitucionalidade*, 1999, p. 117.

18. Gilmar Mendes (*Jurisdição Constitucional*, 1998, p. 256) sustenta que este entendimento tem respaldo constitucional. Diz o eminente Professor, com a acuidade que lhe é peculiar, que "o princípio do Estado de Direito, fixado no art. 1º, a aplicação imediata dos direitos e garantias fundamentais, consagrada no § 1º do art. 5º da CF, a vinculação dos órgãos estatais aos princípios constitucionais, que daí resulta a imutabilidade dos princípios constitucionais, no que concerne aos direitos fundamentais e ao processo especial de reforma constitucional, ressaltam a supremacia da Constituição. Do art. 5º, XXI, da CF, que assegura a qualquer indivíduo que seja impedido de exercer um direito constitucional, garantido em virtude da omissão dos órgãos legislativos, o direito de reivindicar uma atividade legislativa mediante a propositura do mandado de injunção, pode-se concluir que não apenas os direitos fundamentais,

linha que caminha Vicente Ráo quando afirma, sob o argumento de manter a unidade hierárquica do sistema normativo, que:

> "(...) a validade do sistema decorre da subsunção das normas inferiores às superiores, estando assim todo o sistema submetido à observância da norma fundamental orientadora de tal ordem jurídica. De sorte que, quando esta se modifica, revogam-se todas as leis, decretos, regulamentos anteriores, pelo fato de – sendo a Constituição a norma máxima do sistema e devendo o mesmo estar em total concordância com os ditames nela propugnados – todas as normas que vigiam validamente antes do seu aparecimento e que a partir de sua existência com ela discordam acharem-se a partir da data de sua entrada em vigor automaticamente revogadas".

Conforme já ressaltamos noutra oportunidade, temos algumas divergências em relação aos argumentos do eminente Vicente Ráo. Além de sustentarmos a necessidade de retirada das normas individuais e concretas que ainda puderem ser retiradas, entendemos que nem todos os atos podem ser retirados pelo STF na decisão de inconstitucionalidade, nem por outras autoridades competentes e pelo procedimento adequado em função da declaração de inconstitucionalidade.[19] Assim, em princípio permanecem essas normas no ordenamento; umas ainda passíveis de expulsão; outras, não. Essa situação é que tem gerado controvérsias no Direito pátrio. Concordamos, neste ponto, com a solução proposta por Gilmar Ferreira Mendes[20] quando, mesmo tendendo a aceitar a teoria da nulidade da lei inconstitucional, afirma que:

> "Consequência lógica da declaração de nulidade *ex tunc* da norma inconstitucional deveria ser a eliminação do ordenamento jurídico de todos os atos praticados com fundamento nela. Todavia, essa depuração

mas todos os demais direitos subjetivos constitucionais assegurados vinculam os órgão estatais".

19. Cf. nesse sentido Regina Maria Macedo Nery Ferrari (*Efeitos da Declaração de Inconstitucionalidade*, cit., p. 126), ao sustentar que "reconhecer, portanto, que a norma inconstitucional é nula, e que os efeitos desse reconhecimento devem operar *ex tunc*, estendendo-os ao passado de modo absoluto, anulando tudo o que se verificou sob o império da norma assim considerada, é impedir a segurança jurídica, a estabilidade do Direito e sua própria finalidade". Também cf. José Afonso da Silva, *Curso de Direito Constitucional Positivo*, 33ª ed., São Paulo, Malheiros Editores, 2010, p. 53.

20. Gilmar Ferreira Mendes, *Jurisdição Constitucional*, cit., p. 192.

total (*Totalbereinigung*) não se verifica nem nos sistemas que, como o alemão, fixaram uma regra particular sobre as consequências jurídicas da declaração de nulidade, nem naqueles que, como o brasileiro, utilizam as fórmulas gerais de preclusão".

Ademais, não é estranho à grande maioria dos constitucionalistas que o processo objetivo não tutela direitos subjetivos,[21] até porque não há relação jurídica no nível das normas gerais e abstratas, não sendo, pois, da índole da decisão resultante tratar amplamente das relações jurídicas construídas a partir de norma declarada inconstitucional.

Conforme assentado, no exercício de competência do controle abstrato de constitucionalidade o STF insere no sistema jurídico norma geral e concreta quando decide pela constitucionalidade ou pela inconstitucionalidade. Na primeira hipótese, a norma introduzida ratifica, "calibra",[22] a constitucionalidade da RMIT; e, como é dotada de efeito vinculante, nenhum órgão do Executivo ou do Judiciário (exceto o próprio STF, noutro processo) pode deixar de aplicar a RMIT sob o fundamento de sua inconstitucionalidade.

De outro lado, quando declarada a inconstitucionalidade da RMIT, duas possibilidades são factíveis: (a) que sejam mantidos todos (ou alguns) efeitos da RMIT postos ou a serem postos no sistema cujos eventos tenham ocorridos até o "seu trânsito em julgado ou de outro momento que venha a ser fixado",[23] ou (b) que todos os efeitos gerados pela RMIT declarada inconstitucional sejam retirados do sistema jurídico positivo. Na primeira hipótese, o STF, ao declarar a inconstitucionalidade, retirou a vigência futura (ou vigor) da RMIT; na segunda, retirou também a validade.

Pois bem, cremos que na hipótese "b", retromencionada, considerando que a norma introduzida pela decisão do STF, neste caso, retira da RMIT sua relação vinculativa com o sistema jurídico (validade), a decisão do STF tem necessariamente efeito vinculante (no sentido de

21. Zeno Veloso (*Controle Jurisdicional de Constitucionalidade*, 2000, p. 61) aduz que "na ação direta de inconstitucionalidade não se estará julgando uma relação jurídica específica, uma situação particularizada, mas a validade da norma, in *abstracto*. Portanto, tem por objeto a regra jurídica, em si mesma, sem considerar sua aplicação a um caso concreto".

22. A expressão "calibração" é usada por Tércio Sampaio Ferraz Jr.

23. Lei 9.868/1999, art. 27, parte final.

relação jurídica vinculante), visto que tanto o Judiciário das instâncias ordinárias está proibido de autorizar a aplicação da RMIT quanto o próprio Estado-Administração está igualmente proibido de, *sponte sua*, aplicar a referida RMIT por meio de lançamentos. E a razão é que sem validade não há norma jurídica, seguindo-se não ser correto pensar em aplicação de norma sem validade.

De outro lado, quando o STF permite que alguns ou todos os efeitos (reiteramos: que são normas jurídicas individuais e concretas) derivados da RMIT permaneçam no ordenamento jurídico, aí temos que redimensionar o alcance do efeito vinculante da decisão, já que alguns (ou todos) dos atos normativos permaneceram no sistema jurídico mesmo diante de uma declaração de inconstitucionalidade com ou sem pronúncia de nulidade.

Nesse arcabouço ganha relevância a questão dos efeitos normativos (isto é, das normas individuais e concretas) produzidos (ou com as condições de produção já cumpridas) pela derivação da RMIT declarada inconstitucional[24] antes da decisão de mérito e o possível disciplinamento desses efeitos pelo STF.

Atualmente o tema é regido pelo art. 27 da Lei 9.868/1999,[25] que está assim enunciado:

"Art. 27. Ao declarar a inconstitucionalidade de lei ou de ato normativo, e tendo em vista razões de segurança jurídica ou de excepcional interesse social, poderá o Supremo Tribunal Federal, por maioria de dois terços

24. Restringem-se as ponderações às hipóteses de declaração de inconstitucionalidade da RMIT, uma vez que, sendo a decisão pela constitucionalidade, mesmo que no curso da ação direta de inconstitucionalidade/ação declaratória de constitucionalidade haja sido deferida liminar pela inconstitucionalidade. O disciplinamento dos efeitos ao final poderá recair sobre a possibilidade de introduzir novas normas no sistema, e não de retirar as que foram postas.

25. Não é nosso objetivo examinar a constitucionalidade desse dispositivo, porquanto estamos imbuídos apenas do ânimo de tornar possível sua aplicação, considerando os limites constitucionais estabilizadores de normas jurídicas (*v.g.*, coisa julgada, ato jurídico perfeito e direito adquirido). Mesmo assim, convém mencionar o lúcido entendimento de Paulo Roberto Lyrio Pimenta (*Efeitos da Decisão de Inconstitucionalidade em Direito Tributário*, 2002, p. 99) no sentido de que, além de inútil, é inconstitucional o art. 27 da Lei 9.868/1999, pois: "Os efeitos da pronúncia de inconstitucionalidade indiscutivelmente são aspectos substanciais da decisão, escapando, por tal motivo, à regulamentação por lei ordinária".

de seu membros, restringir os efeitos da declaração de inconstitucionalidade ou decidir que ela só terá eficácia a partir de seu trânsito em julgado ou de outro momento que venha a ser fixado".

Interpretamos este enunciado da seguinte forma: (*i*) existindo razões de segurança jurídica ou (*ii*) existindo excepcional interesse social, e (*iii*) alcançada a maioria de dois terços dos membros, poderá o STF restringir os efeitos da declaração de inconstitucionalidade ou fixar outro momento a partir do trânsito em julgado para que a declaração de inconstitucionalidade produza efeitos. Os dois primeiros requisitos são alternativos; o terceiro é cumulativo com um dos dois primeiros.

Ocupa-nos neste momento a questão da restrição dos efeitos da declaração de inconstitucionalidade.

No que atina ao disciplinamento dos efeitos da declaração de inconstitucionalidade, o enunciado legal é expresso no sentido de que a regra é a da não regulação dos efeitos ocorridos durante a vigência da norma declarada inconstitucional – o que implica dizer que, em princípio, não devem ser mantidos[26] no sistema jurídico. Apenas se presentes razões de segurança jurídica ou excepcional interesse social e tendo sido alcançada a maioria de dois terços é que tais efeitos (alguns ou todos) podem ser mantidos.

Veem-se, ainda, os resquícios da teoria da nulidade *ab initio* da norma declarada inconstitucional, devendo, por isso, todos os seus efeitos ser retirados da ordem jurídica.[27]

26. Nesse sentido Lênio Luiz Streck (*Hermenêutica jurídica e(m) Crise*, 2002, p. 541), ao examinar o art. 27 da Lei 9.868/1999. Diz o eminente Autor que "está-se diante, pois, de uma espécie de 'inconstitucionalidade por tempo certo' ou 'inconstitucionalidade interrompida', quebrando a tradição de dar efeito *ex tunc* às ações diretas de inconstitucionalidade".

27. Demonstra a mesma preocupação Sacha Calmon Navarro Coêlho (*O Controle da constitucionalidade das Leis e o Poder de Tributar na Constituição de 1988*, 1999, p. 203), ao assinalar que: "(...) restou arraigado o dogma de que as decisões da Suprema Corte, quer as pronunciadas no sistema difuso, quer as prolatadas no sistema concentrado – o que é grave –, possuem sempre efeito *ex tunc*. A combinação desse efeito com a possibilidade de rescisórias, mesmo sem ofensa a literal disposição de lei, como predicado no Código de Processo Civil, é simplesmente devastadora para a segurança jurídica dos jurisdicionados, sem falar na inutilização do processo difuso de controle constitucionalidade (...)".

Assim, os efeitos referidos, que são normas jurídicas individuais e concretas, somente permanecem no ordenamento jurídico se, declarado inconstitucional seu fundamento de validade (a norma geral e abstrata), houver excepcional interesse social ou razões de segurança jurídica.[28] Transportando para o direito tributário, a declaração de inconstitucionalidade da RMIT implicaria, necessariamente, a retirada das normas individuais e concretas derivadas daquela RMIT e veiculadas por atos administrativos de lançamentos tributários ou por autolançamento do sujeito passivo, a menos que excepcional interesse social ou razões de segurança jurídica laborassem em contrário.[29] Afinal, conforme nos ensina Roque Antonio Carrazza:[30]

> "Quando se sustenta que as normas jurídicas devem ser irretroativas não se está simplesmente a enunciar que as leis não podem retroagir, mas que também aos demais atos jurídicos estatais (atos administrativos e decisões judiciais reiteradas, que formam a jurisprudência) é interdito fazê-lo, sob pena de deixar as pessoas sob o guante da incerteza e da insegurança".

Portanto, o alcance da remoção dos efeitos jurídicos da RMIT declarada inconstitucional é de fundamental importância para se saber acerca da retirada, ou não, da sua validade. Se a decisão do STF retirar todas as normas individuais e concretas derivadas da RMIT, entenderemos que, junto com a vigência, também resta ceifada a re-

28. Tomamos, aqui, a expressão "segurança jurídica" como um "interpretante lógico", na linguagem de Charles Sanders Peirce, eloquentemente exposta por Clarice von Oertzen de Araújo (*Semiótica do Direito*, 2005, p. 102). Diz a ilustre Professora da PUC/SP: "O princípio da segurança jurídica, primado dos ordenamentos jurídicos contemporâneos, principalmente os sistemas de direito continental do período pós-guerra, revela-se como signo normativo cuja ação é descrita por Peirce como sendo de natureza apta à produção dos interpretantes lógicos. (...)". E continua, na mesma página: "Os tipos legais nascidos da conjugação desses princípios proporcionam a possibilidade de classificar a conduta e permitem aos intérpretes antever e prognosticar as prováveis reações dos aplicadores do Direito, seja em esfera administrativa ou judicial. Tal previsibilidade apresenta-se como uma fórmula para o controle da arbitrariedade que se deseja evitar nas decisões judiciais".

29. A retirada dos efeitos pelo STF da norma declarada inconstitucional deve obedecer a limites constitucionais, v. g., o ato jurídico perfeito, a coisa julgada e direito adquirido, conforme já demonstramos noutra oportunidade. Robson Maia Lins, 2005, pp. 189 e ss.

30. Roque Carrazza, *Efeitos Ex Nunc e as Decisões do STJ*, 2008, pp. 61-62.

lação de pertinencialidade da RMIT com o sistema, restando, portanto, inválida.

Essa linha de argumentação levaria o intérprete mais apressado a concluir que, faltante um daqueles requisitos, ou não sendo alcançada a maioria de dois terços, o STF automaticamente retiraria a validade das normas individuais e concretas derivadas da RMIT declarada inconstitucional. E mais: que a referida RMIT não mais estaria apta a ser positivada e gerar novas normas individuais e concretas se os "eventos tributários"[31] tivessem ocorrido antes da declaração de inconstitucionalidade.

É que a dicção do art. 27 da Lei 9.868/1999 não prescreve tudo acerca da retirada dos efeitos da RMIT declarada inconstitucional. Há outros limites impostos pela Constituição Federal que sequer o STF pode olvidar em suas decisões de inconstitucionalidade. É o caso do ato jurídico perfeito, do direito adquirido e da coisa julgada. Presente uma dessas formas de preclusão, que têm o condão de estabilizar direitos subjetivos, mesmo que ausente algum daqueles requisitos exigidos pelo art. 27 da referida lei, não poderá o STF, com a decisão de inconstitucionalidade, simplesmente "limpar" o sistema jurídico.[32] Portanto, ao invés de concordar com Moreira Alves,[33] que reconheceu expressamente que a validade de lei declarada inconstitucional representaria uma ruptura com o princípio da supremacia da Constituição, entendemos exatamente o contrário: o não reconhecimento de validade de uma norma jurídica declarada inconstitucional, implicando, assim, manutenção de efeitos passados na ordem jurídica, quando presentes certas razões de natureza constitucional (*v.g.*, direito adquirido, coisa julgada e ato jurídico perfeito), é um imperativo do princípio da supremacia da Constituição.

Daí a importância crucial de se buscar um exame mais acurado desses limites constitucionais impostos à invalidação de normas jurí-

31. Usamos a expressão "eventos tributários" por falta de melhor expressão. Com efeito, só ser "jurídico" e "tributário" o fato jurídico, enquanto enunciação enunciada. O evento é do mundo real, fenomenológico, consumível no tempo e no espaço, não sendo de boa técnica predicá-lo de "jurídico" nem muito menos de "tributário".

32. Vêm bem a calhar os ensinamentos de Márcio Augusto de Vasconcelos Diniz (*Controle de Constitucionalidade e Teoria da Recepção*, 1995, p. 41), que, com base na segurança jurídica, sustenta a necessidade de ponderação acerca do dogma da nulidade *ab initio* da lei declarada inconstitucional.

33. Rp 980, rel. Min. Moreira Alves, *RTJ* 96/496 (508).

dicas pelo controle abstrato de normas pelo STF. É o que pretendemos fazer nos itens seguintes.

Mas não é só.

A mudança de orientação de jurisprudência até então dominante num Tribunal Superior, mesmo que não envolva declaração de inconstitucionalidade, é um dos temas de maior atualidade na jurisprudência pátria.

Duas questões, relativamente recentes, são emblemáticas para o entendimento da questão: a primeira diz respeito (*i*) à jurisprudência até então sedimentada do STF no sentido de que o sujeito passivo de imposto sobre produtos industrializados/IPI, quando adquiria insumos submetidos à alíquota zero, não tributados ou isentos, teria o direito de crédito para compensar com o tributo devido nas operações subsequentes; a e segunda diz respeito (*ii*) à isenção em relação ao PIS e à COFINS das sociedades profissionais, criada pela Lei Complementar 70, não teria sido revogada pela Lei ordinária 9.430/1996, chegando o STJ a sumular a matéria por intermédio do Enunciado 276.

Nas hipóteses de mudança de orientação jurisprudencial fixada pelo Pleno de Tribunal Superior, envolvendo ou não declaração de inconstitucionalidade, em obediência ao sobreprincípio da segurança jurídica e ao princípio da irretroatividade da norma tributária, o impedimento à incidência das normas moratórias para eventos e fatos sociais ocorridos antes da referida mudança jurisprudencial seria um critério que, sobre ser bem aceito e até utilizados algumas vezes pelo direito tributário, transmite relevante estabilidade ao ordenamento jurídico. Portanto, não permitir a incidência de juros moratórios e multas moratórias que seriam devidos caso implementada retroativamente a nova interpretação da jurisprudência seria critério objetivo para estabelecer limites temporais à modulação de efeitos em matéria tributária.

## 6. *Anotações finais*

Para oferecer uma síntese do nosso pensamento. temos que:

*6.1* Os encargos decorrentes da mora no direito tributário congregam todas as relações jurídicas tributárias implicadas pelos fatos jurídicos moratórios. Assim, juros de mora, multa de mora, multa de ofício, multa agravada, enfim, todas as espécies de multas decorrentes do fato jurídico moratório, reincidência, são nomes de relações jurídicas que são implicadas pelo fato jurídico moratório.

*6.2* Na declaração de constitucionalidade, em decisão de mérito do STF, da RMIT ou de qualquer outra norma que implique pagamento de tributo a mais que o devido antes da decisão judicial cronologicamente anterior, em controle concreto e difuso, que afastara a constitucionalidade da RMIT, os encargos decorrentes da mora, sancionatórios ou não, remuneratórios ou não, incidentes durante o tempo que vigeu a orientação prescrita na decisão em controle concreto e difuso servem de limite objetivo para a modulação de efeitos na declaração de constitucionalidade.

*6.3* Assim, em relação a esses encargos decorrentes do fato jurídico moratório pensamos que, na hipótese de a jurisprudência judicial, ainda mais se fixada pelo próprio STF, ser favorável aos contribuintes, a decisão de mérito do próprio STF, em controle abstrato e concentrado, que reconheça a constitucionalidade da RMIT deve modular os efeitos da referida declaração de constitucionalidade, para que os encargos decorrentes do fato jurídico moratório não sejam devidos, até porque, de rigor, fato jurídico moratório não ocorrera. E:

*6.4* Se, na composição dos encargos decorrentes da mora, houver incidência de multa, em que, no seu antecedente normativo, além do fato jurídico moratório, seja contemplada a culpabilidade, com maior razão ainda a declaração de constitucionalidade pronunciada pelo STF, em controle abstrato e concentrado, deverá ser modulada, afastando-se a aplicação dessa sanção ao sujeito passivo do tributo.

# *ICMS-IMPORTAÇÃO – INCONSTITUCIONALIDADE DE SUA EXIGÊNCIA DE EMPRESAS PRESTADORAS DE SERVIÇOS QUE IMPORTAM DO EXTERIOR BENS E MERCADORIAS, ASSIM COMO EM OPERAÇÕES DE* LEASING *INTERNACIONAL – EXEGESE DA EMENDA CONSTITUCIONAL 33/2001 – QUESTÕES CONEXAS*


Roque Antonio Carrazza

Mestre, Doutor e Livre-Docente em Direito Tributário pela PUC/SP.
Professor Titular da Cadeira de Direito Tributário da Faculdade de Direito da PUC/SP.
Advogado e Consultor Tributário.
Ex-Presidente da Academia Paulista de Direito.




## *1. Introdução*

I – É com grande emoção que me associo à justa homenagem, coordenada pelo professor Aires Barreto, que será prestada ao saudoso mestre Geraldo Ataliba por ocasião do *XXV Congresso Brasileiro de Direito Tributário*, do qual foi e continua sendo o grande inspirador.

De fato, assim como Victor Hugo simboliza o Romantismo, assim como Johann Sebastian Bach simboliza a Música Erudita, assim como Emanuel Kant simboliza a Filosofia, Geraldo Ataliba simboliza o *Congresso Brasileiro de Direito Tributário.*

Geraldo Ataliba, de quem me orgulho de ter sido discípulo, era um homem admirável, que soube como poucos lutar pelas liberdades públicas e pela consolidação do Estado Democrático de Direito. A par de seu notável saber jurídico, distinguia-se pelo acendrado amor ao próximo, que o levava a ajudar desinteressadamente aos mais necessitados. Faz muita falta ao País, nestes tempos tão difíceis.

II – Inspirado nas inesquecíveis lições de Geraldo Ataliba, procurarei demonstrar, neste artigo, a inconstitucionalidade de, com base na Emenda Constitucional 33/2001, exigir-se ICMS de empresas prestadoras de serviços enquanto promovem importações de bens e mercadorias do exterior, assim como de cobrar-se o tributo em operações de *leasing* internacional.

Para tanto, dividirei o presente trabalho em duas partes.

Na primeira tratarei do perfil constitucional do ICMS-Importação e analisarei o alcance da Emenda Constitucional 33/2001, que deu nova redação ao art. 155, § 2º, IX, "a", da CF.

Em seguida, com apoio nas premissas assentadas, tratarei de demonstrar minhas teses.

## Primeira Parte: CONSIDERAÇÕES GERAIS

### *2. O perfil constitucional do ICMS-Importação*

#### *2.1 Generalidades*

A CF, em seu art. 155, II, outorgou aos Estados-membros e ao Distrito Federal competência para criar impostos sobre: "II – operações relativas à circulação de mercadorias e sobre prestações de serviços de transporte interestadual e intermunicipal e de comunicação, ainda que as operações e prestações se iniciem no exterior; (...)".

Com verdade, ICMS não passa de uma sigla, a hospedar pelo menos três impostos diferentes, a saber: (a) *o imposto sobre operações relativas à circulação de mercadorias* (que compreende o que nasce da entrada de bens ou mercadorias importadas do exterior); (b) o imposto sobre prestações de serviços de transporte interestadual e intermunicipal; e (c) o imposto sobre prestações de serviços de comunicação.[1] Dito de outro modo, há pelo menos três núcleos distintos de incidência do ICMS. Porém, seja qual for o critério material eleito, o ICMS sempre será *não cumulativo*, na medida em que o contribuinte está constitucionalmente autorizado a compensar o imposto *cobrado* nas operações anteriores, ainda que em outro Estado da Federação.

São impostos diferentes exatamente por terem *hipóteses de incidência* e *bases de cálculo* diferentes.[2] Estas ideias, diga-se de passagem, encontram-se bem travejadas no art. 4º do CTN.[3]

Em suma, o binômio *hipótese de incidência/base de cálculo* demonstra que o rótulo "ICMS" alberga pelo menos os três impostos diferentes há pouco mencionados.[4] Apesar disso, todos eles pos-

1. Embora, sob certo aspecto, ainda se possa dizer que há mais dois impostos chamados "ICMS" (o imposto sobre produção, importação, circulação, distribuição ou consumo de lubrificantes e combustíveis líquidos e gasosos *e* de energia elétrica *e* o imposto sobre a extração, circulação, distribuição ou consumo de minerais), o fato é que estes podem ser reconduzidos ao que incide sobre operações relativas à circulação de mercadorias. Eles têm sido tratados à parte (eu mesmo fiz isso, em meu livro *ICMS*), porque ambos descendem dos impostos únicos da Carta de 1967/1969, que eram de competência federal.

2. Embora não pretenda enveredar por este assunto, tenho por indisputável que o que distingue um tributo de outro não é o nome que possui, nem a destinação do produto de sua arrecadação, mas sua *hipótese de incidência*, confirmada por sua *base de cálculo*.

3. CTN, art. 4º: "A natureza jurídica específica do tributo é determinada pelo fato gerador da respectiva obrigação, sendo irrelevantes para qualificá-la: I – a denominação e demais características formais adotadas pela lei; II – a denominação legal do produto da sua arrecadação".

4. A *fórmula* adotada pela Constituição de 1988 de colocar impostos diferentes sob o mesmo rótulo, além de não ser das mais louváveis, sob o aspecto científico, está, na prática, causando algumas confusões. Deveras, o legislador ordinário, nem sempre afeito à melhor técnica, tem, com relativa frequência, dispensado o mesmo tratamento jurídico aos distintos fatos econômicos que o ICMS pode alcançar. Não é possível, segundo penso, tratar juridicamente da mesma maneira as operações relativas à circulação de mercadorias (que envolvem *obrigações de dar*) e as prestações de serviços de transporte interestadual e de comunicação (que envolvem *obrigações de fazer*).

suem um "denominador comum",[5] que permite venham estudados conjuntamente.

Feito este introito, é o caso de analisar, ainda que sumariamente, o ICMS incidente sobre operações mercantis (ICMS-Operações Mercantis).

### *2.2 O ICMS-Operações Mercantis. A circulação jurídica de mercadorias como pressuposto necessário e suficiente para a ocorrência do fato imponível (fato jurídico-tributário)*

I – A *regra-matriz* do ICMS incidente sobre as operações mercantis (ICMS-Operações Mercantis) encontra-se nas seguintes partes do art. 155, II, da CF: "Art. 155. Compete aos Estados e ao Distrito Federal instituir impostos sobre: (...) II – operações relativas à circulação de mercadorias (...)".

O tributo, como se vê, incide sobre a *realização* de operações relativas à circulação de mercadorias (circulação jurídico-comercial). A lei que veicular sua *hipótese de incidência* somente será válida se descrever uma operação relativa à circulação de mercadorias.

Saliente-se, de logo, que, para fins de ICMS, os conceitos de "operação", "circulação" e "mercadorias" se interligam e complementam, de modo que, se os três não se apresentam no caso concreto, não há falar, sequer em tese, em incidência do gravame.

Esclareça-se que tal circulação há de ser *jurídica* (e não meramente *física*). Ora, a circulação jurídica pressupõe a transferência, evidentemente de uma pessoa a outra e pelos meios adequados, da titularidade de mercadoria, vale dizer, dos poderes jurídicos de disponibilidade sobre ela. Sem tal mudança não há falar em tributação válida por meio de ICMS. A ideia, abonada pela melhor doutrina (José Souto Maior Borges, Geraldo Ataliba, Paulo de Barros Carvalho, Cléber Giardino etc.), encontrou ressonância no próprio STF.[6]

II – Ressalte-se que a circulação de mercadorias apta a desencadear a tributação por meio de ICMS demanda a existência de uma opera-

5. Assim, por exemplo, todos devem obedecer aos princípios *da não cumulatividade* e *da seletividade.*

6. V. *RTJ* 64/538.

ção (negócio jurídico) onerosa, envolvendo um alienante e um adquirente.

De fato, a Constituição não prevê a tributação de mercadorias por meio de ICMS, mas, sim, a tributação de "operações relativas à circulação de mercadorias", isto é, de *operações que tenham por objeto circulação de mercadorias.* Os termos "circulação" e "mercadorias" qualificam as operações tributadas por via de ICMS. Não são todas as operações jurídicas que podem ser tributadas, mas apenas as relativas à circulação de mercadorias que, ainda por cima, sejam onerosas (as compras e vendas mercantis). O ICMS só pode incidir sobre operações que conduzem mercadorias, mediante sucessivos contratos mercantis, dos produtores originários aos consumidores finais.

Neste sentido, encampo clássica lição de Geraldo Ataliba,[7] *verbis*:

> "A sua perfeita compreensão e a exegese dos textos normativos a ele referentes evidenciam prontamente que toda a ênfase deve ser posta no termo 'operação' mais que no termo 'circulação'. A incidência é sobre operações, e não sobre o fenômeno da circulação.
>
> "O fato gerador do tributo é a operação que causa a circulação, e não esta."

Ora, tal operação é justamente o *fato jurídico* que desencadeia o efeito de fazer nascer a obrigação de pagar ICMS.

Logo, para que um ato configure uma *operação mercantil*, é mister que: (a) seja regido pelo direito comercial; (b) tenha sido praticado num contexto de atividades comerciais (visando, portanto, a resultados econômicos positivos); e (c) tenha por objeto uma *mercadoria.*

III – É o caso de aqui se enfatizar que *mercadoria*, nos patamares do Direito, é o bem móvel sujeito à mercancia. É, em se preferindo, o objeto da atividade mercantil, que obedece, por isso mesmo, ao *regime jurídico comercial.*

Não é qualquer bem móvel que é mercadoria, mas tão somente o bem móvel corpóreo (bem material) que se submete à mercancia. Na verdade, o bem móvel corpóreo é o gênero, do qual a mercadoria é

7. Geraldo Ataliba, *Sistema Constitucional Tributário Brasileiro*, 1ª ed., São Paulo, Ed. RT, 1966, p. 246.

uma das espécies. Só é mercadoria o bem móvel corpóreo que, integrado ao estoque da empresa, se destina a venda ou revenda.

Insista-se que somente configura mercadoria o bem móvel adquirido pelo comerciante, industrial ou produtor para servir de objeto de seu comércio, isto é, para ser revendido.

Daí que a existência de uma mercadoria não está na natureza do bem móvel, mas em sua destinação. Se o bem móvel for objeto de comércio, vale dizer, se ele se destinar à venda a outro comerciante ou ao consumidor final, então, sim, ele será juridicamente uma mercadoria.

Portanto, toda mercadoria é bem móvel corpóreo (bem material), mas nem todo bem móvel corpóreo é mercadoria. Apenas o bem móvel preordenado à prática de operações mercantis é que assume a qualidade de mercadoria. Em suma, a distinção jurídica entre bem móvel corpóreo (gênero) e mercadoria (espécie) é extrínseca, consubstanciando-se no propósito de destinação comercial.

Enfim, nada é mercadoria pela "própria natureza das coisas". De fato, como observa Paulo de Barros Carvalho,[8] a natureza mercantil de um bem não deflui de suas propriedades intrínsecas, mas de sua destinação específica.

III.a – Logo, quando a Constituição, ao tratar do ICMS em suas várias configurações, se referiu a *mercadorias*, encampou conceito já perfeitamente desenhado pela lei comercial, que tem alcance nacional.

A ninguém deve causar estranheza assim seja, pois, como leciona Gian Antonio Micheli, Catedrático de Direito Tributário da Universidade de Roma, o direito tributário é um *direito de superposição*, isto é, que capta conceitos e assimila institutos que lhe são fornecidos pelo direito privado (*v.g.*, pelo direito comercial).

Esta colocação, diga-se de passagem, está em sintonia com os arts. 109 e 110 do CTN:

> "Art. 109. Os princípios gerais de direito privado utilizam-se para pesquisa da definição, do conteúdo e do alcance de seus institutos, conceitos e formas, mas não para definição dos respectivos efeitos tributários.

8. Paulo de Barros Carvalho, "Hipótese de incidência e base de cálculo do ICM", *Caderno de Pesquisas Tributárias* 3/331, São Paulo, Resenha Tributária, 1978, p. 331.

"Art. 110. A lei tributária não pode alterar a definição, o conteúdo e o alcance de institutos, conceitos e formas de direito privado, utilizados, expressa ou implicitamente, pela Constituição Federal, pelas Constituições dos Estados, ou pelas Leis Orgânicas do Distrito Federal ou dos Municípios, para definir ou limitar competências tributárias."

Valem, a propósito, as seguintes ponderações de Misabel Derzi:[9]

"Quando a Constituição usa um conceito, um instituto ou forma do direito privado, o nome empregado denota certo objeto, segundo a conotação que ele tem na ciência jurídica particular, da qual se origina. A conotação completa que advém da ciência do direito privado é condição prévia de inteligibilidade e univocidade do discurso constitucional. E se a Constituição se utiliza nesse sentido, extraído de certo ramo jurídico, para assegurar a discriminação e delimitação de competência, enfim, o pacto federativo, não é dado ao legislador infraconstitucional alterá-lo. Permitir ao intérprete ou ao legislador ordinário que alterasse o sentido e alcance desses institutos e conceitos constitucionalmente empregados seria permitir que firmasse, sem licença da Constituição, novo pacto federativo, nova discriminação de competências. Sendo assim, o art. 110 do CTN determina a cristalização da denotação e da conotação jurídica daqueles institutos, conceitos e formas, vedando-se ao legislador tributário a alteração de sentido que é própria do direito privado".

Enfim, os conceitos que a Constituição encampa do direito privado, ao tratar das competências tributárias, não podem ser alterados nem mesmo pelo legislador, quanto mais pelo aplicador da legislação.

Do contrário a própria rigidez das competências tributárias ficaria seriamente comprometida, quando não anulada. Bastaria, para isto, que o legislador infraconstitucional redefinisse os conceitos de direito privado usados pela Constituição Federal para discriminar e demarcar as competências tributárias entre as pessoas políticas.

III.b – Do exposto, tem-se que a lei tributária, ao referir-se a "mercadoria", não pode voltar as costas para o direito comercial.

Assim, *mercadoria*, para fins de tributação por via de ICMS, é o que a lei comercial assim considerava no momento da promulgação

9. Misabel Derzi, "Notas de Atualização" ao livro de Aliomar Baleeiro, *Direito Tributário Brasileiro*, 11ª ed., Rio de Janeiro, Forense, 1999, p. 492.

da Carta de 1988: bem móvel corpóreo que se submete à mercancia. Segue-se daí que não pode a lei dos Estados ou do Distrito Federal alterar esse conceito, para fins tributários.

Estas ideias encontram-se abonadas por De Plácido e Silva,[10] *verbis*:

> "**Mercadoria** – Palavra derivada do Latim *merx*, que se formou *mercari*, exprimindo a coisa que serve de objeto à 'operação comercial'. Ou seja, a coisa que constitui objeto de uma venda.
>
> "É especialmente empregado para designar as 'coisas móveis' postas em mercado. Não se refere aos imóveis, embora estes sejam também objeto de venda.
>
> "A rigor, pois, mercadoria é a designação genérica dada a toda coisa móvel, apropriável, que possa ser objeto de comércio."

*Mercadoria*, em suma, é a *coisa fungível* (que se pode substituir por outra que tenha as mesmas características e sirva para satisfazer as mesmas necessidades) que se destina ao comércio.

Isso leva à conclusão de que, se inexistir mercadoria, não há falar em tributação por via de ICMS.

IV – O ICMS em análise incide, pois, sobre *atos jurídicos mercantis*, que são justamente as "operações relativas à circulação de mercadorias" a que alude o art. 155, II, primeira parte, da Carta Magna.

Vai daí que este ICMS *deve ter* por *hipótese de incidência* a operação jurídica que, praticada por comerciante, industrial ou produtor, acarreta circulação de mercadoria, isto é, a transmissão de sua titularidade.

Pode-se dizer, pois, com apoio nas lições dos mais conspícuos tributaristas, que a *regra-matriz constitucional* do ICMS determina que ele incida sobre operações relativas à circulação de mercadorias (direitos sobre mercadorias) promovidas espontaneamente e por meio de negócios jurídicos realizados por produtores, industriais ou comerciantes, ou por quem lhes faça as vezes.

V – Responde pela exação em foco a pessoa que promove o ato de *circulação* de *mercadorias*, que é sempre quem dá ensejo à sua execu-

10. De Plácido e Silva, *Vocabulário Jurídico*, 3ª ed., vols. III e IV, Rio de Janeiro, Forense, 1991, p. 181.

ção, e não o consumidor direto. O sujeito passivo do ICMS é *ou* o *produtor* da mercadoria (na venda ou troca), *ou* o *industrial* (aquele que modifica a natureza, o funcionamento, o acabamento, a apresentação ou a finalidade do produto, ou o aperfeiçoa para o consumo), *ou* o *comerciante* (que destina a mercadoria à revenda ou à industrialização ou ao seu próprio uso ou consumo). É, pois, a *destinação ao comércio* da mercadoria que gera a incidência do tributo;[11] não sua aquisição, a qualquer título.

O que acaba de ser escrito leva a reafirmar que o nascimento do dever de recolher *ICMS* encontra-se indissociavelmente ligado à concomitância dos seguintes pressupostos: *a)* a realização de operações (negócios jurídicos) mercantis; *b)* a circulação jurídica (transmissão da propriedade); *c)* a existência de mercadoria enquanto objeto da operação; e, *d)* o propósito de lucro imediato, com a entrega (*tradictio*) da mercadoria.

VI – Reduzindo a ideia à dimensão mais simples, tem-se que o ICMS-Operações Mercantis alcança as vendas mercantis. Este o *conteúdo semântico mínimo* do tributo em pauta, a ser levado em conta seja em sua criação *in abstracto*, seja – e principalmente – em seu lançamento e subsequente cobrança.

Destarte, afirmar que uma pessoa deve recolher ICMS é o mesmo que reconhecer que ela praticou um negócio jurídico com mercadoria; já, negar que ela há de assim proceder significa que não o realizou, ainda que uma das partes contratantes (o fruidor do serviço) receba um bem corpóreo, que em outro contexto – isto é, caso não fosse um componente necessário do serviço prestado – seria considerado uma mercadoria.[12]

VII – Dentro deste quadro, ocupa posição de relevo a lei complementar, que, no entanto, ao veicular "normas gerais em matéria de legislação tributária" (art. 146 da CF) e ao dispor sobre questões de ICMS (art. 155, § 2º, XII, da CF), deverá limitar-se a explicitar as *regras-matrizes* deste tributo, plasmadas na Constituição.

11. Cf. Pontes de Miranda, *Comentários à Constituição de 1967 com a Emenda n. 1 de 1969*, 2ª ed., 2ª tir., t. II, São Paulo, Ed. RT, 1973, p. 504.

12. Seria o caso da madeira vendida por uma serraria a um consumidor final. Não, porém, da madeira empregada pelo marceneiro para confeccionar, sob encomenda, um armário embutido.

E, de fato, a Lei Complementar 87, de 13.9.1996 (*Lei Kandir*), está em sintonia com as diretrizes acima apontadas. Ela reforça a ideia de que a incidência do ICMS somente ocorre diante da execução de uma *obrigação de dar* mercadoria.[13]

VIII – Assinale-se que o tributo só pode ser exigido após a efetiva ocorrência da operação mercantil. E isto só se dá com a transferência da *titularidade* da mercadoria. Sem ela o dever de pagar o ICMS não nasce.

Tratando do assunto, Misabel Derzi e Sacha Calmon Navarro Coêlho[14] averbam, com a segurança que os caracteriza:

> "(...) *operação, circulação* e *mercadorias* são conceitos profundamente interligados e complementares, que não podem ser analisados em separado, sem que o intérprete se dê conta de suas profundas inter-relações. Não interessam para delimitação da hipótese de incidência tributária nem a operação que seja inábil à transferência do domínio (como locação, comodato, arrendamento mercantil, consignação mercantil etc.), nem tampouco o contrato de compra e venda em si, isoladamente, que, embora perfeito, não transfere o domínio quer no direito civil, quer no direito comercial, sem a *tradição*; assim, a circulação de mercadoria é conceito complementar importante, porque representa a *tradição da coisa, execução de um contrato* translativo, movimentação que faz a transferência do domínio e configura circulação jurídica, marcada pelo *animus* de alterar a titularidade".

Em suma, o dever de pagar ICMS só pode nascer com a mudança da titularidade do domínio ou da posse ostentatória da propriedade (posse autônoma, despida de título de domínio hábil) da mercadoria, que, como já vimos, é um bem móvel direcionado à prática de atos de comércio.

13. Só se pode dizer que o ICMS é devido por uma pessoa quando esta realizou no mundo fenomênico (mundo real) uma operação mercantil *stricto sensu*, vale dizer, um negócio jurídico que teve por *objeto precípuo* a transferência da titularidade de uma mercadoria rumo ao consumidor final e com fito de lucro.

14. Misabel Derzi e Sacha Calmon Navarro Coêlho, "A hipótese de incidência do ICMS: irrelevância dos contratos de compra e venda, sem tradição ou entrega das mercadorias", in *Direito Tributário Aplicado – Estudos e Pareceres*, Belo Horizonte, Livraria Del Rey, 1997, p. 168 (os grifos estão no original).

A partir destas ideias, passo a cuidar do ICMS incidente sobre as *operações de importação de mercadorias* (*ICMS-Importação*).

### *2.3 O ICMS sobre as operações de importação de mercadorias (ICMS-Importação)*

I – Para os fins deste artigo doutrinário, interessa considerar também o disposto no art. 155, § 2º, IX, "a", da CF, *verbis*:

> "§ 2º. O imposto previsto no inciso II *(ICMS)* atenderá ao seguinte: (...) IX – incidirá também: a) sobre a entrada de bem ou mercadoria importados do exterior por pessoa física ou jurídica, ainda que não seja contribuinte habitual do imposto, qualquer que seja a sua finalidade, assim como sobre o serviço prestado no exterior, cabendo o imposto ao Estado onde estiver situado o domicílio ou o estabelecimento destinatário da mercadoria, bem ou serviço; (...)".[15]

Estes dispositivos constitucionais referem-se diretamente ao chamado *ICMS-Importação*, que não passa de uma modalidade do *ICMS-Operações Mercantis*, embora possua algumas especificidades que não podem deixar de ser apontadas, porque importantíssimas à compreensão e solução do problema jurídico que nos foi apresentado.

Uma delas, já adianto, é que ele incide sobre a "entrada" no estabelecimento do *destinatário* de mercadorias ou bens importados do exterior.[16] *Destinatário*, bem entendido, juridicamente qualifica-

15. Esclareci no parêntese. A redação do art. 155, § 2º, IX, "a", da CF foi dada pela Emenda Constitucional 33/2001. Originariamente o dispositivo estava vazado nos seguintes termos: "§ 2º. O imposto previsto no inciso II atenderá ao seguinte: (...) IX – incidirá também: a) sobre a entrada de mercadoria importada do exterior, ainda quando se tratar de bem destinado a consumo ou ativo fixo do estabelecimento, assim como serviço prestado no exterior, cabendo o imposto ao Estado onde estiver situado o estabelecimento destinatário da mercadoria ou do serviço; (...)".

16. Apenas a título de curiosidade, a Constituição de 1988, no ponto que ora faz nossos cuidados, basicamente reproduziu a Emenda Constitucional 23/1983, que foi o veículo introdutor, no ordenamento constitucional vigente à época (Constituição Federal de 1967), do ICM na importação de mercadorias.

Antes do advento da Emenda Constitucional 23/1983 os Estados, com base em legislação ordinária, tentaram (em vão) tributar a título de ICM, ainda que a descoberto de previsão constitucional, as importações efetuadas por produtores, industriais e comerciantes. Com esta Emenda viabilizou-se a pretensão dos Estados.

do pela lei complementar, conforme preceitua o art. 155, § 2º, XII, "d", da CF, *verbis*:

> "§ 2º. O imposto previsto no inciso II *(ICMS)* atenderá ao seguinte: (...); XII – cabe à lei complementar: (...); d) fixar, para efeito de sua cobrança e definição do estabelecimento responsável, o local das operações relativas à circulação de mercadorias e das prestações de serviços; (...)".[17]

Tal lei complementar, no entanto, apenas explicitará o que, acerca do assunto, já se encontra implícito na Constituição;[18] vale dizer que o local da operação de importação – que indicará o sujeito ativo da obrigação tributária correspondente – é a unidade federada na qual a mercadoria entra no ciclo comercial ou o ultima (no âmbito interno ou interestadual).

II – Pois bem. A Lei Complementar 87/1996, com base no predito permissivo constitucional, estabeleceu, acertadamente, que o ICMS-Importação é devido ao Estado onde se dá a "entrada física" da mercadoria, ainda que "temporária".

Não está, pois, o intérprete livre para escolher seja o momento, seja o local da ocorrência do *fato imponível* do ICMS-Importação; tampouco quem será seu sujeito passivo ou qual unidade federada terá competência para exigi-lo. É que todos estes pontos já foram previamente definidos, em obediência aos ditames constitucionais, pela aludida lei complementar.

II.a – Da combinação da alínea "d" do inciso XII do § 2º do art. 155 da CF e do quanto se encontra estatuído na Lei Complementar 87/1996, ressai que:

(a) O aspecto espacial do ICMS-Importação é o local das operações de importação, admitido este como sendo o do "estabelecimento

17. Esclareci no parêntese.

18. Daí a sempre acatada lição de Aliomar Baleeiro, *verbis*: "(...) a lei complementar não pode ir além do que já está dito, expressa ou implicitamente, na Constituição. Esta será violada por lei complementar que regule diversamente o que ela regulou. É caso de inconstitucionalidade da lei complementar. Complementa, mas não corrige nem inova" (*Direito Tributário Brasileiro*, cit., 11ª ed., p. 48).

onde ocorrer a entrada física da mercadoria" (cf. art. 11, I, "d", da Lei Complementar 87/1996[19]).

(b) Para que haja o *fato imponível* do tributo é mister se verifique um ato de importação, identificado no momento do desembaraço aduaneiro (cf. art. 12, IX, da Lei Complementar 87/1996[20]).

(c) Os atos negociais havidos entre o importador efetivo e o adquirente final da mercadoria não têm força jurídica bastante para alterar o local da ocorrência do *fato imponível* do ICMS-Importação, que sempre será o local onde o bem ingressou no território nacional, em sintonia, diga-se de passagem, com o que determina o § 2º do art. 1º da mesma Lei Complementar 87/1996.[21]

(d) O Estado competente para exigir o tributo é aquele onde se ultima a operação de importação, vale dizer, onde se verifica a entrada física da mercadoria no estabelecimento do importador;

(e) o sujeito passivo do imposto é aquele que promove a importação de "mercadorias ou bens do exterior, qualquer que seja a sua finalidade" (cf. art. 4º, I, da Lei Complementar 87/1996), independentemente, pois, da situação negocial existente entre ele e um eventual destinatário final das mercadorias. E:

(f) O direito de crédito, garantido pelo *princípio constitucional da não cumulatividade* (art. 155, § 2º, I e II, da CF), deverá ser reconhecido em favor do destinatário final das mercadorias importadas, tal como, de resto, vem explicitado no art. 23 da Lei Complementar 87/1996.[22]

19. Lei Complementar 87/1996: "Art. 11. O local da operação ou da prestação, para os efeitos da cobrança do imposto e definição do estabelecimento responsável, é: I – tratando-se de mercadoria ou bem: (...) d) importado do exterior, o do estabelecimento onde ocorrer a entrada física; (...)".

20. Lei Complementar 87/1996: "Art. 12. Considera-se ocorrido o fato gerador do imposto no momento: (...) IX – do desembaraço aduaneiro de mercadorias ou bens importados do exterior; (...)".

21. Lei Complementar 87/1996, art. 1º, § 2º: "A caracterização do fato gerador independe da natureza jurídica da operação que o constitua".

22. Lei Complementar 87/1996: "Art. 23. O direito de crédito, para efeito de compensação com débito do imposto, reconhecido ao estabelecimento que tenha recebido as mercadorias ou para o qual tenham sido prestados os serviços, está condicionado à idoneidade da documentação e, se for o caso, à escrituração nos prazos e condições estabelecidos na legislação".

III – Note-se que o regime geral do ICMS-Importação deve harmonizar-se com os dispositivos constitucionais que tratam da distribuição de competências tributárias entre as unidades federadas. Especificamente no que concerne ao sujeito passivo desta figura exacional, ele deve ser apontado em lei complementar, que, no entanto, levará em conta – como, de fato, aconteceu – o local do estabelecimento destinatário da mercadoria importada.

Portanto, o ICMS-Importação é devido, sem dúvida, ao Estado-membro onde estiver localizado o destinatário da mercadoria (cf. art. 155, § 2º, IX, "a", da CF), ainda que o desembaraço aduaneiro ocorra em outra unidade federada.

III.a – De fato, por força do *critério territorial de repartição de competências impositivas*, o ICMS é devido à unidade federada onde a importação se consuma, à vista da localização do "estabelecimento do destinatário" da mercadoria, pouco importando onde se deu o desembaraço aduaneiro.

Convém lembrar que o critério adotado pela Constituição na partilha das competências impositivas dos Estados foi, além do material, o *territorial*. Noutros termos, levou em conta, para a solução de possíveis conflitos, o âmbito de aplicação territorial das leis que criam os impostos estaduais.

Este critério exige que a única lei tributária aplicável seja a do Estado-membro onde o *fato imponível* ocorreu.

Portanto, independentemente do local onde se deu o desembaraço aduaneiro, se o *fato imponível* do ICMS ocorreu no "Estado A" (Estado de destino da mercadoria), apenas a lei desta unidade federada poderá incidir e irradiar efeitos. Esta é uma garantia constitucional de repartição de competências entre unidades federadas e, ao mesmo tempo, uma típica garantia material de direitos fundamentais, pela certeza e segurança jurídica que protege.

III.b – Embora no passado houvesse controvérsias quanto à sujeição ativa do ICMS na importação – se seria devido ao Estado do desembaraço ou ao Estado do destinatário –, atualmente a jurisprudência do STF é pacífica em admitir que a competência arrecadatória é do

Estado onde se localiza o destinatário jurídico do bem. Confira-se esta recente decisão do STF:[23]

"Tributário – Imposto sobre operação de circulação de mercadorias e prestação de serviços/ICMS – Importação – Sujeição ativa – Estado em que localizado o destinatário jurídico das mercadorias. 1. Segundo orientação firmada por esta Corte, nas operações das quais resulte a importação de bem do exterior, o imposto sobre circulação de mercadorias e serviços/ICMS é devido ao Estado onde estiver situado o domicílio ou o estabelecimento do destinatário jurídico do bem, pouco importando se o desembaraço ocorreu por meio de ente federativo diverso. 2. *A pesquisa sobre o 'destinatário jurídico' não se esgota no exame formal da estrutura ou do modelo de importação ou de negócios adotado. Outros dados, como a utilização a ser dada ao bem e posteriores operações de circulação, tributadas ou não, são relevantes para o desate da controvérsia. No caso em exame, a própria empresa agravante reconhece que o destinatário dos bens, entidade que iria dar-lhes função econômica*, estava localizado em Taubaté/SP. Nesse sentido, competia à parte agravante indicar a legitimidade do estabelecimento formalmente apontado como importador, fosse ela econômica, de propósito negocial ou jurídica – Agravo regimental ao qual se nega provimento".

IV – Dando curso ao raciocínio, nunca é demais enfatizar que também este ICMS é sobre operações mercantis, já que sua *hipótese de incidência* é importar, sendo comerciante, industrial ou produtor, mercadorias.[24] Daí ele se conectar com o próprio ICMS incidente sobre operações mercantis.

Na realidade, o fato "importação" não despe o ICMS ora em estudo de seu *caráter mercantil*. A importação, no caso, há de ser *relativa à circulação de mercadorias*.

Marco Aurélio Greco e Anna Paola Zonari[25] caminham no mesmo sentido, *verbis*:

23. RE/AgR 600.559-SP, rel. Min. Joaquim Barbosa, j. 14.9.2010, *DJe* 8.10.2010 (grifei).

24. Não estou a considerar, neste momento, a sobremodo questionável possibilidade, aberta pela Emenda Constitucional 33/2001, de o ICMS-Importação alcançar também o particular e o não contribuinte.

25. Marco Aurélio Greco e Anna Paola Zonari, "ICMS – Materialidade e princípios constitucionais", in *Curso de Direito Tributário*, 2ª ed., vol. 2, Belém, CEJUP, 1993, pp. 147-148 (grifei).

"Observe-se que a materialidade do ICMS desborda as mercadoria em si (...) para alcançar, na importação, também os bens (art. 155, § 2º, IX, 'a'). *Este fato, porém, não retira o caráter eminentemente mercantil do ICMS, pois mesmo nesta incidência exige-se que o bem se integre numa atividade econômica sujeita a imposto (daí mencionar-se a noção de 'estabelecimento').* Este dispositivo corresponde à ampliação da materialidade do imposto para alcançar bens com os quais o contribuinte se relaciona, mas não implica ampliação do aspecto pessoal da hipótese de incidência. Ou seja, esta hipótese só alcança as importações realizadas por um contribuinte do ICMS, o que é figura semelhante à de incidência do imposto nas operações interestaduais a consumidor final, em que o Estado de destino só tem competência impositiva se o destinatário for contribuinte de ICMS (itens VII, 'a', e VIII)".

Está-se, em suma, diante de um verdadeiro imposto sobre operações mercantis, embora, como estipula o art. 155, II, in fine, da CF, elas "se iniciem no exterior". Por isso, ele deve obedecer aos princípios próprios do ICMS-Operações Mercantis.

O fundamental é que a mercadoria ingresse na circulação econômica, mediante a entrada no "estabelecimento do destinatário". Assim, o *elemento nuclear*, a *essência*, do critério material, desvinculado de qualquer outro condicionante (temporal e espacial), na *hipótese de incidência* do ICMS nas importações de mercadorias, identifica-se com o verbo "importar", conjugado com o escopo de introduzi-las no ciclo comercial.

Muito bem. De posse destes novos elementos, passo a estudar os aspectos mais relevantes da Emenda Constitucional 33/2001, o que farei a partir do estudo da supremacia da Constituição Federal, tal como promulgada pela Assembleia Nacional Constituinte, em 5.10.1988.

## *3. A supremacia da Constituição Federal*

### *3.1 Noções básicas*

I – É ponto bem averiguado que o ordenamento jurídico é composto por um conjunto de normas, dispostas hierarquicamente.[26]

26. As normas jurídicas não estão situadas no mesmo patamar, umas ao lado das outras, mas, sim, escalonadamente, de tal sorte que as superiores dão validade às inferiores, que, assim, não as podem contrariar.

Das inferiores, criadas por particulares (os *contratos*), às constitucionais, forma-se aquilo que se convencionou chamar de "pirâmide jurídica". Nela, as normas ordenam-se segundo uma relação sintática, segundo a qual as inferiores recebem *respaldo de validade* daquelas que as encimam, até o patamar máximo, que é o constitucional. Era precisamente isto que Kelsen[27] queria significar quando apregoava que "(...) o fundamento de validade de uma norma apenas pode ser a validade de uma outra norma".

Desta forma, as normas subordinadas devem guardar harmonia com as superiores, sob pena de deixarem de ter validade no ordenamento jurídico. Assim, o ato interno da Administração (portaria, instrução, norma administrativa etc.) deve buscar *fundamento de validade* no decreto; este, na lei; esta, na Constituição. Caso, por exemplo, o ato interno contrarie o decreto, ou este entre em testilhas com a lei, ninguém poderá ser compelido a observá-los, porquanto estarão *fora* da supramencionada *pirâmide jurídica*. O mesmo se pode dizer da lei, se em descompasso com a Constituição.

É que nos modernos *Estados de Direito* o exercício dos poderes normativos é sempre circunscrito pela Constituição.[28]

II – Conhecida a estrutura hierárquica do ordenamento jurídico, torna-se relativamente fácil ao intérprete ou ao aplicador do Direito dirimir qualquer conflito interno de normas. Tratando-se de normas de hierarquia diversa, prevalecerá a superior, isto é, a de mais alta hierarquia, porque à outra, exatamente por contraditá-la, faltará validade.

De fato, uma norma inválida não existe, juridicamente falando, dada sua incapacidade de produzir efeitos de direito.[29]

III – A Constituição, como já acenado, ocupa o nível supremo da ordem jurídica, acima do qual não se reconhece outro patamar de juridicidade positiva. Ela enumera os princípios fundamentais, organi-

27. Hans Kelsen, *Teoria Pura do Direito*, 2ª ed., vol. II, trad. de João Baptista Machado, Coimbra, Arménio Amado Editor, Sucessor, 1962, p. 2.

28. Cf. Norberto Bobbio, *Teoria dell'Ordinamento Giuridico*, Turim, Giappichelli Editore, p. 46.

29. Saliente-se, a propósito, que, sendo o Brasil uma Federação, a produção de normas jurídicas está a cargo não só da União, senão também dos Estados-membros, do Distrito Federal e dos Municípios, tudo de acordo com as *competências* que tais pessoas políticas receberam, em caráter privativo, da Carta Constitucional.

zativos e finalísticos da comunidade estatal, definindo as relações do poder político, dos governantes e governados e – respeitados os direitos e garantias individuais e sociais e os princípios *da livre iniciativa* e *da livre concorrência* – até das pessoas físicas e jurídicas.

*Lei máxima*, a Constituição é o *critério último* de existência e validade das demais normas do sistema do Direito,[30] pelo quê condiciona o agir dos próprios Poderes Legislativo, Executivo e Judiciário.[31]

Em suma, a Constituição é o *limite* do poder público e o *fundamento* de todo o sistema jurídico.

IV – Nas Constituições rígidas, como a brasileira, suas normas legitimam toda a ordem jurídica.[32] Bem por isso, as leis, os decretos, as portarias, os atos administrativos, os provimentos etc. valem, em última análise, enquanto se harmonizam com as normas constitucionais, devendo ser interpretados e aplicados de modo a se ajustarem aos seus ditames.

Além disso, as normas constitucionais, com ocuparem a cúspide da *pirâmide jurídica*, caracterizam-se pela imperatividade de seus comandos, que obrigam – reitere-se – não só as pessoas físicas ou jurídicas, de direito público ou de direito privado, como o próprio Estado, com seus Poderes.

O que se está procurando ressaltar é que a Constituição não é mero repositório de recomendações, a serem ou não atendidas, mas um conjunto de normas supremas que devem ser incondicionalmente observadas, inclusive pelo legislador infraconstitucional, pelo administrador público e pelo juiz. Afinal, são elas que protegem os cidadãos das eventuais arbitrariedades estatais.

30. Cf. Marcelo Neves, *Teoria da Inconstitucionalidade das Leis*, São Paulo, Saraiva, 1988, p. 63.

31. Num Estado Democrático de Direito, concebido como ordem jurídica legitimada pelo povo, com limites e fundamentos bem definidos, a Constituição norteia não só a vida das pessoas, como a atuação dos órgãos encarregados do exercício das funções estatais, consubstanciadas nos Poderes Legislativo, Executivo e Judiciário.

32. A Constituição da República Federativa do Brasil é *rígida*, na medida em que, além de possuir *força formal* superior à dos demais atos normativos (leis, decretos, provimentos etc.), demanda, para ser modificada, procedimentos especiais, nela expressamente previstos em seu art. 60, I a III, e §§ 1º a 5º (votação bicameral e em dois turnos, *quorum* qualificado de três quintos, obediência às *cláusulas pétreas* etc.). Ademais, ela não pode ser emendada na vigência de intervenção federal, estado de defesa ou de sítio.

A Constituição, em resumo, fixa as diretrizes, implícitas e explícitas, a serem observadas por todos (administrados e administradores, pessoas físicas e jurídicas, nacionais e estrangeiros que aqui residam ou mantenham negócios, membros dos Poderes Executivo, Legislativo e Judiciário etc.), sob pena de se tornarem sem efeito os atos pretensamente jurídicos que vierem a praticar.

E o mais importante: as normas constitucionais devem receber a interpretação[33] que maior efetividade lhes empreste, não sendo dado ao aplicador usar de suas próprias idiossincrasias para *corrigir* o que, a seu sentir, está posto de modo inadequado na Lei Maior.

V – Saliente-se que a Constituição, longe de ser, na estrutura hierárquica do ordenamento, simplesmente uma *lex superior*, também é a "matriz de todas as manifestações normativas do Estado", já que regula o "processo de criação de normas jurídicas" e "traça os princípios, as diretivas e os limites para o conteúdo das leis futuras".[34]

É por todos esses motivos que se diz ser a Constituição a *Lei Fundamental do Estado*, hierarquicamente superior a todos os demais atos normativos.

Para Gomes Canotilho[35] a superioridade hierárquica da Constituição revela-se em três perspectivas, a saber:

> "(1) as normas do direito constitucional constituem uma *lex superior* que recolhe o fundamento de validade em si própria ('autoprimazia normativa'); (2) as normas de direito constitucional são 'normas de normas' (*norma normarum*), afirmando-se como fontes de produção jurídica de outras normas (normas legais, normas regulamentares, normas estatutárias etc.); (3) *a superioridade normativa das normas constitucionais implica o princípio da conformidade de todos os actos dos poderes políticos com a Constituição*".

Note-se, *en passant*, que no Brasil esta *conformidade* exige não só que as leis, os decretos, as portarias etc. estejam em harmonia com a

33. A interpretação das normas constitucionais não se afasta, em sua essência, dos esquemas propostos pela Teoria Geral do Direito e pela Metodologia do Direito.

34. Cf. Hans Kelsen, "La garantie jurisdictionnelle de la Constitution", *Revue du Droit Public*, 1928, pp. 204-205.

35. J. J. Gomes Canotilho, *Direito Constitucional*, 5ª ed., Coimbra, Livraria Almedina, 1991, p. 141 (grifei).

Constituição Federal,[36] como, também, que não se omita a aplicação de suas normas, quando ela assim o exige. É que, ao lado da *inconstitucionalidade por ação* (art. 102, I, "a", e III, "a", "b", "c" e "d", da CF), tem-se, desde o advento da Carta de 1988, a *inconstitucionalidade por omissão* (art. 103 e §§ 1º, 2º e 3º da CF).[37]

VI – A localização no cume da ordem jurídica faz com que a Constituição não possa ser contrariada por qualquer outro ato normativo, que lhe deve, assim, estrita obediência. Daí falar-se em *conformidade constitucional*, no sentido de que as normas inferiores (fruto da interpretação de leis, decretos, portarias, provimentos etc.) carecem de estar em harmonia com a *norma normarum* da ordem jurídica.

Dignas de nota, acerca do assunto, estas agudas observações de Jorge Bacelar Gouveia:[38]

> "O 'princípio da constitucionalidade', colocando a Constituição acima de qualquer outra fonte, norma ou princípio jurídico, é a vertente substantiva da supremacia constitucional, destinando-se a esclarecer que há uma hierarquia na ordem jurídica e que todas as outras fontes e actos que não tenham valor constitucional lhe devem obediência.
>
> "A desconformidade desses actos, fontes, normas ou princípios implica que os mesmos sejam inconstitucionais, por infracção daquele padrão com que devem conformar-se.
>
> "E esta superioridade, inserta no princípio da constitucionalidade, é maximamente abrangente, por ser:
>
> " – tanto uma prevalência em relação aos actos jurídico-públicos;
>
> " – como uma prevalência em relação aos comportamentos jurídico-públicos."

Pois bem. O descompasso entre uma norma inferior (lei, decreto, portaria, ato administrativo etc.) e a Constituição tem o nome técnico

36. É o que José Afonso da Silva chama, com muita propriedade, de "compatibilidade vertical" (*Curso de Direito Constitucional Positivo*, 34ª ed., São Paulo, Malheiros Editores, 2011, p. 46).

37. A *inconstitucionalidade por omissão* (ou *negativa*) resulta, *grosso modo*, da inércia ou do silêncio de qualquer órgão de poder, que deixa de praticar, ou pratica apenas em parte, ato exigido pela Constituição.

38. Jorge Bacelar Gouveia, *Manual de Direito Constitucional*, vol. I, Coimbra, Livraria Almedina, 2005, p. 589.

de "inconstitucionalidade", que, como predica a melhor doutrina, pode ser *material* (*intrínseca*) ou *formal* (*extrínseca*). *Material*, quando o *conteúdo* da norma inferior é incompatível com regra ou princípio constitucional (a invalidade tisna o próprio *mérito* da norma inferior). E *formal*, quando a norma inferior é editada por autoridade, órgão ou pessoa incompetente ou sem a observância dos procedimentos adequados (nos termos, é claro, da própria Constituição).[39]

VII – A matéria, porém, transcende estes postulados. De fato, para que a *pirâmide jurídica* não seja subvertida, o sistema normativo pressupõe a existência de mecanismos eficazes de verificação da compatibilidade das leis, decretos, portarias, provimentos etc. com os ditames constitucionais. A par disso, é indispensável que existam formas expeditas não só de expulsar do sistema normativo leis, decretos, portarias, inconstitucionais como de ilidir seus efeitos.

Realmente, caso não fosse possível afastar as consequências de uma violação constitucional, estar-se-ia diante de normas constitucionais sem sanção, situação incompatível com um diploma editado com o escopo de ser o *núcleo* do ordenamento jurídico.

VIII – Frise-se, ademais, que a Constituição, mais que uma Lei Fundamental, é o produto da vontade soberana de estruturação do Estado e da sociedade. Encerra escolhas políticas precisas.

Em resumo, as normas jurídicas mais importantes encontram-se na Constituição. É ela que indica quem detém os poderes estatais, quais são, como devem ser exercidos e que direitos e garantias as pessoas têm em relação a eles.

Tudo o que foi até aqui escrito vale para a nossa Constituição Federal, que é a Lei Maior da União (*ordem jurídica parcial central*) e do Estado Brasileiro (*ordem jurídica global*).[40]

IX – Importante assinalar, ainda, que as normas constitucionais podem advir quer do *constituinte originário* (que vota a nova Carta

39. *V.*, *infra*, subitem 3.2.

40. No Brasil os Estados-membros, os Municípios e o Distrito Federal (*ordens jurídicas parciais periféricas*) também têm suas Leis Maiores; a saber: as Constituições Estaduais (no caso dos Estados-membros) e as Leis Orgânicas (no caso dos Municípios e do Distrito Federal). Ao votá-las, estas pessoas políticas devem obediência apenas aos *princípios jurídicos sensíveis* da Constituição Federal.

Suprema do País), quer do *derivado* (que dá à estampa emendas constitucionais), desde que, neste último caso, não fira as chamadas *cláusulas pétreas* (cerne fixo e imodificável da Lei Maior), que, no Brasil, são as apontadas no art. 60, § 4º, da CF.[41]

Consigne-se, ademais, que, desde que constitucionalmente válido, o texto novo (contido na emenda constitucional) revoga, a partir de sua promulgação (a menos que disponha expressamente de modo diverso), o texto velho (contido na Constituição Federal, votada pelo constituinte originário).

Portanto, a legislação *lato sensu*, quer por seu *conteúdo*, quer pelo *modo* como é produzida, não pode atropelar a Constituição, sob pena de, como ensina Norberto Bobbio,[42] ser declarada ilegítima e expulsa do sistema jurídico.

Também as emendas constitucionais devem submeter-se a estas diretrizes, como melhor se passa a demonstrar.

### *3.2 As emendas constitucionais e as "cláusulas pétreas"*

I – A Constituição da República Federativa do Brasil, embora rígida, não é imutável. Pode ser emendada pelo Congresso Nacional, sempre que as forças políticas ou a realidade social assim o exigirem.

Todavia, esta possibilidade de mudança tem limites materiais e formais, implícitos e explícitos, que atendem pelo nome técnico de "cláusulas pétreas".

Então, vejamos.

II – Sabe-se, de saber seguro, que o Congresso Nacional não está investido do *poder constituinte originário*, que lhe permitiria – este, sim – editar uma nova Carta Magna, sem nenhuma peia ou restrição.[43] Pelo contrário, possui apenas *poder constituinte derivado* ou *de segun-*

41. CF, art. 60: "§ 4º. Não será objeto de deliberação a proposta de emenda tendente a abolir: I – a forma federativa de Estado; II – o voto direto, secreto, universal e periódico; III – a separação dos Poderes; IV – os direitos e garantias individuais".

42. Norberto Bobbio, *Teoria dell'Ordinamento Giuridico*, cit., p. 47.

43. Esta afirmação, nos tempos atuais, há de ser recebida com reservas. É que, em face do sempre crescente fenômeno da globalização, mesmo o *poder constituinte originário* está limitado por uma série de tratados e convenções internacionais, que impedem, por exemplo, o amesquinhamento dos *direitos humanos*.

*do grau* (que, na lição escorreita de Gomes Canotilho, não é sequer *poder constituinte*, mas *poder constituído*).

Dito de modo mais direto, o Congresso Nacional pode emendar a Constituição observados (*i*) o *quorum* qualificadíssimo de três quintos, (*ii*) o sistema de votação bicameral e em dois turnos e, acima de tudo, (*iii*) as *cláusulas pétreas*, irremovíveis por meio de emenda constitucional.[44]

III – Afigura-se insofismável que para elaborar uma nova Constituição, ainda que só na parte tributária, seria preciso eleger, por sufrágio universal, direto e secreto, uma nova Assembleia Nacional Constituinte. Os atuais deputados federais e senadores não têm poderes para operar a ruptura da ordem constitucional, alterando as vigas mestras de nosso "edifício jurídico". Podem, quando muito, sanar-lhe defeitos, por meio de emendas constitucionais, desde que – torna-se a insistir – não vergastem as *cláusulas pétreas*.

Melhor explicitando: a competência do Congresso Nacional para elaborar emendas constitucionais encontra limitações na própria Carta Magna. Vai daí que o poder constituinte do Congresso Nacional está subordinado à Constituição; por isso mesmo é chamado de *poder constituinte derivado*. Há limitações materiais e formais, expressas e implícitas, à competência congressual para votar emendas à Constituição.

IV – As principais *cláusulas pétreas* encontram-se enumeradas no § 4º do art. 60 da CF, *verbis*:

> "§ 4º. Não será objeto de deliberação a proposta de emenda tendente a abolir: I – a forma federativa de Estado; II – o voto direto, secreto, universal e periódico; III – a separação dos Poderes; IV – os direitos e garantias individuais".

Este rol, como querem nossos mais conspícuos constitucionalistas, é meramente exemplificativo. Existem outras *cláusulas pétreas* disseminadas ao longo do Texto Supremo.

Com efeito, também são *cláusulas pétreas* as que desdobram as acima enunciadas. Assim, exemplificando para melhor esclarecer, seria inconstitucional, por ofensa a *cláusula pétrea*, proposta que visasse a

44. Estes requisitos vêm apontados no art. 60 e §§ da CF.

eliminar a competência tributária dos Estados-membros. Caso emenda desse teor vingasse, os Estados-membros ficariam sem autonomia financeira, que é o pressuposto inafastável seja da autonomia política, seja – e principalmente – da autonomia jurídica.

Aliás, o próprio vocábulo "tendente" insculpido no precitado § 4º do art. 60 da CF leva a esta exegese.

V – As *cláusulas pétreas* giram em torno de temas que o constituinte originário considerou tão importantes que, em nome do povo brasileiro, declarou intangíveis e imodificáveis por emendas constitucionais. São o cerne fixo, o núcleo imodificável, da Constituição; ou, em se preferindo, as limitações materiais explícitas ao *poder constituinte derivado* ou de reforma. Como bem observa Carlos Ayres Britto:[45] "são aquela parte da Constituição que não admite sequer a exceção das emendas".

As *cláusulas pétreas* somente poderão cair por terra com o emprego de métodos revolucionários, que, como predica Giorgio Balladore Pallieri,[46] estão *fora* dos quadrantes do Direito.

VI – Neste ponto do discurso, é importante reforçar a distinção entre *poder constituinte originário* e *poder constituinte derivado.*

Para o exercício do *poder constituinte originário* pode-se dizer que não existem quaisquer limites jurídicos,[47] porquanto ele, livre por natureza, navega ao sabor das forças sociais. É o que acontece, *e.g.*, quando uma revolução vitoriosa outorga uma Carta Magna. Ao assim agir, não obedece a qualquer regra imposta pela ordem normativa anterior.

O contrário acontece com o *poder constituinte derivado* (que corresponde a uma *competência jurídica*), outorgado pela Lei das Leis e que, por isso, está sujeito às limitações nela explicitadas. Dessas limitações, algumas são *circunstanciais* (como a mencionada no § 1º do art. 60 da atual CF, que proíbe a reforma do Texto Supremo "na vigência de intervenção federal, de estado de defesa ou de estado de sítio"); outras, *formais* (é o caso da que constava do art. 174 da Constituição

45. Carlos Ayres Britto, "A Constituição e o monitoramento de suas emendas", in *Direito do Estado – Novos Rumos*, t. 1, São Paulo, Max Limonad, 2001, p. 66.

46. Giorgio Balladore Pallieri, *Diritto Costituzionale*, 11ª ed., Milão, Giuffrè Editore, 1976, pp. 132-135.

47. Salvo contidos nos tratados internacionais dos quais o Brasil é signatário – assunto que, por fugir do tema central deste artigo, deixará de ser desenvolvido.

Imperial brasileira de 1824, que impedia sua reforma no prazo de quatro anos, contados da data em que havia sido "jurada"); e, outras ainda, *materiais* (assim as citadas no art. 60, § 4º, acima transcrito, que impede emendas constitucionais concernentes a determinados temas ou questões de fundo).

Sumamente felizes e pertinentes as observações do Min. Carlos Britto em voto prolatado no julgamento do RE 346.084-6, *verbis*:

> "Não se pode, jamais, esquecer que a Constituição originária porta uma dignidade que não pode ser equiparada à da emenda a ela – Constituição originária –, porque esta tem um fundamento suprapositivo, supra-estatal, metajurídico, ao passo que as emendas à Constituição são produzidas, gestadas juridicamente, vale dizer, segundo moldes já concebidos pela Constituição originária para elas, as emendas.
>
> "Ora, as emendas existem – e me parece que isso é importante – não para dialogar com o Direito em geral, mas para conversar com a Constituição em particular."

Como se vê, as emendas constitucionais não podem refundir o ordenamento jurídico, mas apenas atualizá-lo.

Nessa linha, não lhes é dado alargar o campo de incidência dos impostos, ainda mais porque o constituinte originário já estabeleceu que tal somente é possível observados os requisitos e condições indicados (pelo constituinte originário) no art. 154, I, da Carta da República, como um pouco mais adiante se verá.[48]

As próprias emendas constitucionais (fruto do *poder constituinte derivado*) não podem desconstituir situações que, como no assunto em pauta, protegem e garantem *direitos fundamentais*, dentre os quais se inscrevem as regras que reservam à União os impostos da competência residual.

É que o poder constituinte derivado é, no rigor dos princípios, *poder constituído*, e, bem por isso, subordinado, condicionado e secundário. Subordinado, porque condicionado pelas próprias normas constitucionais. Regrado, porque seu exercício deve obedecer à forma prefixada na própria Constituição. E secundário, porque seu *funda-*

48. *Infra*, inciso X.

*mento de validade* é a Constituição vigente, que atualiza e, desde que não esbarre em *cláusulas pétreas*, completa.

VII – As limitações materiais ao poder de reforma da Constituição (*cláusulas pétreas*) podem ser *expressas* ou *implícitas*, conforme se exteriorizem numa norma constitucional ou emanem do sistema jurídico.

Pertencem ao rol das *cláusulas pétreas* as expressamente apontadas no Texto Supremo (*v.g.*, a Federação) e, segundo os ensinamentos pioneiros de Nelson de Souza Sampaio,[49] as relativas aos direitos fundamentais, as relacionadas ao titular do poder reformador, ao qual não é permitido delegar suas atribuições; tampouco renunciá-las em favor de outro órgão.[50]

Os atos porventura violadores do *poder de reforma constitucional* são passíveis de impugnação, por meio do controle da constitucionalidade.

VIII – Observe-se que não se está, aqui, a tratar daquilo que Otto Bachof, em célebre conferência proferida em 1951, chamou de "inconstitucionalidade de norma constitucional", o que, tratando-se de normas constitucionais originárias, isto é, votadas ao mesmo tempo, por uma mesma Assembleia Nacional Constituinte, não é juridicamente possível.[51] Está-se, sim, a fazer menção à *emenda constitucional inconstitucional*, por discrepar de *cláusulas pétreas.*

IX – Em resumo, nosso Congresso Nacional não se encontra investido do *poder constituinte originário.* Quem o detinha era a *Assembleia Nacional Constituinte*, eleita para elaborar, soberanamente, a Constituição da República Federativa do Brasil. O Congresso Nacional possui o *poder constituinte derivado*, que lhe permite emendar a Constituição, desde que não bula nas *cláusulas pétreas.*

Rememore-se que o Congresso Nacional, enquanto elabora emendas constitucionais, encontra limites na própria Carta Magna. Vai daí

49. Nelson de Souza Sampaio, *O Poder de Reforma Constitucional*, 2ª ed., Salvador/BA, Livraria Progresso, 1961, p. 94.

50. Idem, p. 102.

51. Concordo, pois, com Jorge Miranda quando proclama: "No interior da mesma Constituição originária, obra do mesmo poder constituinte (originário), não divisamos como possam surgir normas inconstitucionais" (*Manual de Direito Constitucional*, 3ª ed., t. II, Coimbra, Coimbra Editora, 1991, p. 320).

que seu poder constituinte é subordinado à Constituição; por isso mesmo, *poder constituinte derivado*.

X – Muito bem. Dentre as *cláusulas pétreas* figuram, sem dúvida, as que garantem aos contribuintes o direito de só serem compelidos a suportar novos impostos observados os ditames do art. 154, I, da CF, *verbis*:

> "Art. 154. A União poderá instituir: I – mediante lei complementar, impostos não previstos no artigo anterior, desde que sejam não cumulativos e não tenham fato gerador ou base de cálculo próprios dos discriminados nesta Constituição; (...)".

Por outro lado, o art. 157, II, do mesmo Diploma Excelso preceitua:

> "Art. 157. Pertencem aos Estados e ao Distrito Federal: (...) II – 20% (vinte por cento) do produto da arrecadação do imposto que a União instituir no exercício da competência que lhe é atribuída pelo art. 154, I".

Logo, a Constituição Federal, ao ser promulgada pelo *poder constituinte originário*, deu aos contribuintes o direito público subjetivo[52] de só serem compelidos a suportar *novos* impostos se forem criados (*i*) pela União Federal, (*ii*) por meio de lei complementar, (*iii*) com hipóteses de incidência (*fatos geradores "in abstracto"*) e bases de cálculo diversos dos apontados nos arts. 153, 155 e 156 do Diploma Supremo, (*iv*) observado o *princípio da não cumulatividade*, e (*v*) tiverem 20% do produto de sua arrecadação partilhado com os Estados-membros e o Distrito Federal.

XI – Ora, na medida em que a Emenda Constitucional 33/2001 "permitiu" que os Estados-membros e o Distrito Federal, por meio de lei ordinária, "criassem" um novo imposto – ainda que convenientemente rotulado de ICMS – sem atenderem ao *princípio da não cumulatividade* e, por óbvio, sem que o produto de sua arrecadação fosse compartido entre estas unidades federadas, acabou desconsiderando *cláusulas pétreas*, quais sejam, as que impedem o amesquinhamento

52. *Direitos públicos subjetivos*, na lição escorreita de Riccardo Guastini (*Das Fontes às Normas*, trad. de Edison Bini, São Paulo, Quartier Latin, 2005, p. 253) são os que derivam de normas que conferem, aos destinatários, direitos oponíveis ao Estado.

dos direitos e garantias individuais, inclusive dos contribuintes (art. 60, § 4º, IV, da CF). Invadiu, pois, o campo das limitações materiais à atuação do *poder constituinte derivado.*

## Segunda Parte: O ASSUNTO CENTRAL

### *4. Reequacionamento do problema e encaminhamento de sua solução jurídica*

Conforme inicialmente relatado, tudo está em se saber se, com o advento da Emenda Constitucional 33/2001, empresas prestadoras de serviços que importam bens e mercadorias, para melhor poderem levar avante suas atividades típicas, são tributáveis por meio de ICMS.

A resposta à questão só pode ser negativa. É o que se passa a demonstrar, com base nas premissas lançadas na Primeira Parte deste estudo.

### *5. O ICMS e a importação, por não contribuinte, de bem destinado a uso próprio*

I – Em sua versão originária, dispunha o art. 155, § 2º, IX, "a", da CF que o ICMS incidiria também:

> "a) sobre a entrada de mercadoria importada do exterior, ainda quando se tratar de bem destinado a consumo ou ativo fixo do estabelecimento, assim como sobre serviço prestado no exterior, cabendo o imposto ao Estado onde estiver situado o estabelecimento destinatário da mercadoria ou do serviço".

Diante deste dispositivo, a jurisprudência parecia pacificada no sentido de que cabia ICMS mesmo nos casos de importação de bens de consumo efetuada por simples particular (pessoa física) ou por não contribuinte (pessoa jurídica).

Em exemplário armado ao propósito, restou decidido, na ACi 166.515-2, da 10ª Câmara Civil do TJSP:[53]

53. Rel. Des. Albano Nogueira, *RT* 668/94. No mesmo sentido: *RJTJSP* 131/139, 134/108, 135/119, 138/135.

"Incide ICMS sobre importação de mercadorias por particular destinadas a consumo ou para servir de ativo fixo ao local onde tenha o importador sua residência e sede de negócios, equiparada esta a estabelecimento".

Também o STJ, nos REsp 37.648-3-SP (*DJU* 11.10.1993), 30.5760-SP (*DJU* 21.3.1994, p. 5.459) e 31.383-5-SP, proclamou incidir ICMS no recebimento pelo importador, pessoa física, da mercadoria por ele importada do exterior, ainda que se tratasse de bem destinado a seu uso próprio.

Certamente contribuiu para que se firmasse esta orientação jurisprudencial o receio de que, sufragando a tese contrária, os particulares passassem a importar diretamente seus bens de consumo (isto é, sem a intermediação do importador, do atacadista e do varejista), diminuindo sensivelmente a arrecadação do Estado (ou do Distrito Federal) e institucionalizando a concorrência desleal do produto estrangeiro com o nacional (este, onerado com a carga econômica do ICMS).

De qualquer modo, a moldura fixada pela norma constitucional em exame autorizava outra interpretação: a que preconizava que o particular que importasse, regular e licitamente, bens para uso próprio sem caráter de habitualidade, não exercendo o comércio, nem possuindo estabelecimento,[54] era inalcançável pelo ICMS. A mesma ordem de raciocínio valia para o não contribuinte (apesar de este possuir estabelecimento).

A opção por uma destas duas alternativas passava necessariamente pela ideologia do aplicador, que só seria superada quando o STF dirimisse, em definitivo, a controvérsia. Por quê? Porque, aí, ele teria, no exercício de suas funções típicas, declarado peremptoriamente o conteúdo da norma constitucional.

Note-se que se está, aqui, a repetir clássicas lições de Kelsen, para quem toda norma jurídica traça uma moldura, dentro da qual cabem diversas interpretações. A opção por uma delas é puramente política, vale dizer, depende da ideologia do aplicador.

Pois bem. O STF atendeu às expectativas do contribuinte, decidindo, em várias oportunidades, pela não incidência de ICMS sobre a

54. O vocábulo "estabelecimento" está intimamente ligado à empresa, à pessoa jurídica. A pessoa física tem domicílio.

importação de bens por pessoa física.[55] Também quando um bem era importado por não contribuinte de ICMS – isto é, por quem não exercia atividade mercantil – decidiu-se que inocorria a incidência desse tributo.

II – As coisas estavam neste pé – correto e adequado –, quando sobreveio a Emenda Constitucional 33, de 11.12.2001, que, dando nova redação ao inciso IX, "a", em análise, passou a consignar que o ICMS incide também

> "(...) sobre a entrada de *bem* ou mercadoria importados do exterior por *pessoa física* ou jurídica, *ainda que não seja contribuinte habitual do imposto, qualquer que seja a sua finalidade*, assim como sobre o serviço prestado no exterior, cabendo o imposto ao Estado onde estiver situado o *domicílio* ou o estabelecimento do destinatário da mercadoria, *bem* ou serviço".[56]

Como se vê, a Emenda Constitucional 33/2001 abalou nosso ordenamento jurídico-tributário, dando seguimento à paulatina e deplorável destruição das vigas mestras da Carta Magna de 1988. De fato, tal emenda "abriu espaço" à criação de um novo modelo de ICMS, que nada tem a ver com as regras-matrizes constitucionais desta figura exacional. Não bastasse isso, "retirou" – o que, por óbvio, não poderia ter feito – direitos fundamentais dos contribuintes.

A prevalecer a literalidade da "nova" redação, poderá ser compelida a recolher ICMS – desde que a legislação do Estado-membro ou do Distrito Federal assim o determinar – a pessoa física que vier a importar bens para uso próprio, ainda que sem caráter de habitualidade e sem exercer o comércio. O mesmo se pode dizer da empresa não contribuinte (*v.g.*, prestadora de serviços) que importar máquina, equipamento ou insumo para melhor levar avante suas atividades típicas.

Com esta marota alteração, abateu-se, em pleno voo, jurisprudência que, *venia concessa*, começava a seguir na traça da melhor doutrina.

55. STF, Plenário, RE 203.075-DF, rel. Min. Maurício Corrêa, j. 5.8.1998. No mesmo sentido: acórdão unânime da 2ª Turma, RE 191.346.1-RS, rel. Min. Carlos Mário Velloso, j. 29.9.1998, *DJU*-3/1 20.11.1998, p. 12.

56. Grifei.

É a "velha política" do Governo, que sempre que perde uma questão, máxime na Suprema Corte, peleja por modificar a Carta Magna, valendo-se do tradicionalmente dócil Congresso Nacional.

III – No entanto, por haver alterado a regra-matriz constitucional do ICMS-Importação, a Emenda Constitucional 33/2001 feriu *direito fundamental do contribuinte* (*cláusula pétrea*), sendo, neste ponto, inconstitucional.

De fato, não era dado ao *constituinte derivado* mudar a fisionomia jurídica do ICMS-Importação; muito menos em detrimento dos contribuintes – como, lamentavelmente, aconteceu.

Este, na realidade, é um ICMS "novo", que nada tem a ver com o previsto originariamente pela Carta de 1988, para incidir sobre importação de produtos, inserindo-os no ciclo econômico.

Portanto, sempre mais se confirma a inconstitucionalidade da Emenda Constitucional 33/2001, que, em rigor, "outorgou" competência tributária para que os Estados-membros e o Distrito Federal exigissem ICMS de toda e qualquer importação, inclusive as realizadas por particulares ou por pessoas jurídicas que não levam a efeito nenhuma atividade comercial.

Deveras, a importação de bens por particular ou por empresa não contribuinte de ICMS, sem caráter de habitualidade, para uso próprio, não tem por escopo atividades mercantis. Noutros falares, tal importação não é relativa à importação de mercadorias.

IV – Assinale-se, ainda, que a Emenda Constitucional 33/2001, "permitindo" seja exigido ICMS até de empresas prestadoras de serviços que importam bens que lhes permitirão melhor realizar suas *atividades-fins*, infringiu maus-tratos ao *princípio da reserva das competências tributárias*, já que abriu espaço a que os Estados-membros e o Distrito Federal "invadam" seara reservada à tributação por meio de ISS.

Aliás, em boa verdade científica, tais importações não tipificam sequer prestações de serviços de qualquer natureza, mas meras *atividades-meio*, necessárias à concretização dos serviços.

Há, no caso, simples *providências preliminares*, inalcançáveis até mesmo pelo ISS.

Em linguagem mais técnica, disponibilizar os meios e modos necessários à prestação de serviços de qualquer natureza *não é* (*nem pode ser*) o *fato imponível* do ISS.

Deveras, as *atividades-meio* devem, pelo menos para fins de incidência do ISS, ser apartadas da *atividade-fim*. Noutras palavras, o ISS não pode incidir sobre as etapas necessárias à execução destes mesmos serviços.

Para tornar mais clara a ideia, nada melhor que as lições de Geraldo Ataliba e Aires Barreto,[57] *verbis*:

> "Os leigos tendem a confundir o exercício de 'atividades-meio' com prestação de serviços. Calcados na nomenclatura dos serviços (...) misturam, embaralham, confundem, equiparam 'tarefas-meio' com prestação de serviços. Na sua simplicidade ingênua, não distinguem a consistência do esforço humano prestado a outrem, sob o regime de direito privado, com o conteúdo econômico das ações intermediárias que tornam possível o *fazer para terceiros*. Reúnem o que não se amalgama. Tratam como iguais fatos absolutamente díspares.
>
> "A designação de uma ação humana pode representar: (a) um ato, feito ou obra constitutivo de passo ou etapa para consecução de um fim; (b) o próprio fim ou objeto.
>
> "A concreta indicação de uma ação (datilografia, programação, organização manutenção, operação, administração) é, muitas vezes, configuradora de atos, fatos ou obras meramente constitutivos de etapas necessárias para alcançar um fim. É inafastável – ainda que muitos não se deem conta – que o atingir um fim qualquer exija, empírica ou cientificamente, atividades de planejamento, organização, administração, controle, não obstante essas ações nada tenham a ver com o fim perseguido, que, por hipótese, poderia ser o de transportar pessoas."

Como ensinam estes Mestres, as atividades desenvolvidas em vista da produção de utilidade a terceiro não passam de *atividades-meio*.

Portanto, as atividades que levam ao fim colimado (a prestação do serviço) não podem ser isoladamente consideradas, nem mesmo sob a perspectiva do ISS.

57. Geraldo Ataliba e Aires Barreto, "ISS – Construção civil – Pseudosserviço e prestação de serviço – Estabelecimento prestador – Local da prestação", *RDTributário* 40/90 (o grifo está no original).

É equivocado desmembrar estas *atividades-meio*, necessárias à prestação do serviço (*atividade-fim*), como se tipificassem serviços de qualquer natureza. Todas estão preordenadas à *atividade-fim*, não podendo ser tributadas em separado; muito menos por meio de ICMS.

O que se está pretendendo expressar é que nenhuma destas *atividades-meio* pode ser havida, em si mesma, como serviço de qualquer natureza. Todas são *condições* para a execução dos serviços de qualquer natureza.

Desenvolvendo um pouco melhor a ideia, tais *providências auxiliares* agregam-se de tal forma aos serviços, que tornam impossível sua dissociação, máxime em matéria tributária.

Noutras palavras, tais *providências auxiliares* são *realidades acessórias* em relação aos serviços de qualquer natureza, *realidades principais*. Nesta medida, integram-nos, não desfrutando de vida jurídico-tributária independente.

Em suma, alvo de tributação por via de ISS é a prestação do serviço de qualquer natureza, como fim ou objeto. Não as etapas ou tarefas intermediárias, necessárias à prestação do serviço.

V – Também, o permissivo da Emenda Constitucional 33/2001 pode levar à afronta a medidas extrafiscais da União. Melhor explicitando, pode perfeitamente acontecer de a União, atendendo a objetivos extrafiscais, isentar de *imposto sobre a importação* e de *IPI* a importação de determinados produtos (*v.g.*, aparelhos médicos), e a louvável iniciativa cair por terra pela circunstância de os Estados-membros e o Distrito Federal continuarem a exigir, sobre estas operações, o ICMS.

E nem se diga que, *in casu*, os Estados-membros e o Distrito Federal deverão enveredar pela mesma trilha.

*A uma*, porque, por força do *princípio federativo*, estas unidades federadas não "obedecem" às ordens da União Federal.

*A duas*, porque quaisquer isenções, benefícios e incentivos fiscais em matéria de ICMS somente podem ser concedidos quando autorizados por meio de convênios celebrados e ratificados por todos os Estados-membros e pelo Distrito Federal (cf. art. 155, § 2º, XII, "g", da CF).

E *a três*, porque nem sempre os interesses da União coincidem com os dos Estados-membros e do Distrito Federal.

Não se nega que o mesmo problema pode surgir em relação a contribuintes de ICMS que promovem, em caráter de habitualidade, a importação de bens e de mercadorias.

Isso efetivamente pode acontecer, só que, agora, por força da vontade do *constituinte originário.*

Com a assertiva *supra* quer-se significar que não era dado ao *constituinte derivado* estender a possibilidade às importações promovidas por não contribuintes do ICMS.

VI – Note-se, *en passant*, que a expressão "qualquer que seja sua finalidade" absolutamente não pode ser interpretada no sentido de caber ICMS no arrendamento mercantil, na entrada de bem ou mercadoria importados do exterior por pessoa física (como também não cabe na entrada de bem ou mercadoria importados do exterior por pessoa jurídica não contribuinte). É que, como melhor se verá,[58] no arrendamento mercantil inexiste operação relativa à circulação de mercadorias. Sobremais, fere a isonomia tributar somente o arredamento mercantil realizado no exterior (já que o realizado no País está incontendivelmente *fora* do campo de incidência do ICMS).

VII – Mas, voltando à ideia central, a Emenda Constitucional 33/2001 abriu espaço – indevidamente, frise-se – a um *adicional estadual* do imposto sobre a importação (que incide quando da entrada no País de qualquer produto estrangeiro, independentemente de ser, ou não, mercadoria e de o importador ser, ou não, comerciante), o que leva a uma bitributação, desautorizada pelo *poder constituinte originário.*

Não bastasse isso, a mesma Emenda Constitucional feriu a *cláusula pétrea* posta no art. 154, I, da CF, pela qual, como já visto, os contribuintes só podem ser compelidos a suportar novos impostos se tiverem hipóteses de incidência e bases de cálculo diferentes dos enunciados nos arts. 153, 155 e 156 do mesmo diploma, forem criados, pela União, por meio de lei complementar e obedecerem ao *princípio da não cumulatividade.*

Com efeito, a Emenda Constitucional 33/2001, ao dar nova redação ao art. 155, § 2º IX, "a", do Texto Supremo, permitiu que os Estados-membros e o Distrito Federal criassem, por meio de lei ordinária,

58. *Infra*, item 6.

um novo imposto com as mesmas hipótese de incidência e base de cálculo do imposto sobre a importação (previsto no art. 153, I, da Carta Magna) e passando ao largo do *princípio da não cumulatividade.*[59]

Definitivamente, emenda constitucional não tem poderes jurídicos para ampliar a *matéria tributável* do ICMS, de modo a nela inserir novos núcleos de incidência e, pior, anulando o *princípio da não cumulatividade.*

Ao "autorizar" a exigência de ICMS nas importações promovidas por não contribuintes, a Emenda Constitucional 33/2001 ignorou – o que lhe era vedado fazer – a circunstância óbvia de que eles não poderão creditar-se do montante recolhido. Com isso, concebeu um ICMS canhestro, que, absurdamente, não cumpre os ditames da *não cumulatividade.*

Vai daí que nestes pontos a Emenda Constitucional 33/2001 feriu *cláusula pétrea.* Nunca é demais insistir que a regra-matriz constitucional de qualquer tributo está no campo das limitações materiais à atuação do *poder constituinte derivado.*

VIII – Assinale-se, todavia, que o Poder Judiciário começa a corresponder à expectativa da maciça maioria dos doutrinadores.

Realmente, tem decidido intributáveis por meio de ICMS as importações de bens por particulares e não contribuintes deste imposto ocorridas antes do advento da Emenda Constitucional 33/2001.

No que tem andado bem, pois é de compreensão intuitiva que, se foi necessário modificar a Constituição para que a incidência se desse, é óbvio que tais importações, verificadas antes de 11.12.2001, passam ao largo do tributo.

O raciocínio recebeu o aval do STF no AgR no RE 401.552-8-SP, tendo por agravante o Estado de São Paulo e por agravado o Hospital e Maternidade Brasil S/A (rel. Min. Eros Grau, j. 21.9.2004, v.u.). Esta a ementa do v. acórdão:

> "Agravo regimental em recurso extraordinário – Constitucional – Tributário – Prestador de serviços – Exigência de pagamento do ICMS por ocasião do desembaraço aduaneiro – Impossibilidade. 1. A incidência do

59. Ainda que se aceite, apenas para argumentar, que o novo imposto também é ICMS, ele permanece inconstitucional, já que não tem como cumprir os ditames do *princípio da não cumulatividade.*

> ICMS na importação de mercadoria tem como fato gerador operação de natureza mercantil ou assemelhada – Inexigibilidade do imposto quando se tratar de bem importado por pessoa física ou por entidade prestadora de serviço. 2. Princípio da não cumulatividade do ICMS – Importação de bens realizada por entidade que, sendo prestadora de serviço, é não contribuinte do tributo – Inocorrência do fato gerador do tributo e, consequentemente, inexigibilidade da exação. 3. Hipótese anterior à promulgação Emenda Constitucional n. 33/2001, que, embora tenha previsto a possibilidade de cobrança do ICMS na importação nas operações efetuadas por quem não seja contribuinte habitual do imposto, não prescinde de integração legislativa para disciplinar a realização da compensação do tributo, de modo a conferir efetividade ao princípio constitucional da não cumulatividade da exação – Agravo regimental não provido".

No mesmo sentido o TJSP, na ACi 205.788-5/8, da comarca de Bauru, tendo por apelante o Instituto de Tomografia Axial Computadorizada de Bauru S/C e por apelado o Delegado Regional Tributário de Bauru (rel. Des. Laerte Sampaio, v.u.). A ementa do *decisum* assim está redigida:

> "Ocorrida a entrada da mercadoria estrangeira em território nacional antes da vigência da Emenda Constitucional n. 33, de 11.12.2001, merece aplicado à hipótese o disposto no art. 4º da Lei [*Complementar*] n. 87/1996, que entende ser requisito da incidência do tributo a caracterização da circulação da mercadoria como exercício do comércio quer pela habitualidade, quer pelo volume – Recurso provido".

Mas há ainda um importantíssimo passo a dar.

IX – Com efeito, mesmo que se aceite a constitucionalidade da nova redação dada ao art. 155, § 2º, IX, "a", da CF pela Emenda Constitucional 33/2001 – o que só fazemos por amor à controvérsia dialética –, ela há de ser interpretada *conforme a Constituição.*

IX.a – A propósito, vale salientar que o legislador, mesmo o constituinte, não dá à publicidade *normas jurídicas,* mas *textos,* a cujos *enunciados* o labor hermenêutico atribui *significados.* A esses *significados,* sim, dá-se o nome técnico de "normas jurídicas".

É por isso que não é jurídica a "interpretação literal", também chamada "interpretação gramatical". A interpretação gramatical é mero pressuposto de interpretação; é ponto de partida, jamais ponto de chegada do labor exegético. Jurídica é a "interpretação sistemática"; e, quando se está diante de *direitos fundamentais*, uma "interpretação conforme a Constituição", com o conjunto de seus critérios e valores.

Deveras, entende-se atualmente que a Constituição, além de ser o texto fundador e legitimador do ordenamento normativo, é um parâmetro hermenêutico de construção e realização do Direito. O postulado da *interpretação conforme a Constituição* leva necessariamente a que, diante de várias possibilidades interpretativas de uma norma, se opte pela mais consentânea com o Texto Magno.

Nesse sentido, de resto, pronunciou-se Karl Larenz,[60] *verbis*:

> "Se uma interpretação, que não contradiz os princípios da Constituição, é possível segundo os demais critérios de interpretação, há de preferir-se a qualquer outra em que a disposição viesse a ser inconstitucional. A disposição é, então, nesta interpretação, válida. Disso decorre, então, que de entre várias interpretações possíveis segundo os demais critérios sempre obtém preferência aquela que melhor concorde com os princípios da Constituição".

Vai daí que a *interpretação conforme a Constituição* é um importante instrumento de superação de conflitos entre o disposto na Carta Magna e em outras normas jurídicas, aí compreendidas as emendas constitucionais que, literalmente interpretadas, vulneram *cláusulas pétreas*.

IX.b – É certo que não raro uma norma tributária, inclusive a veiculada em emenda constitucional, pode levar a uma interpretação que vulnere a Constituição Federal. Neste caso, cabe ao operador do Direito superar a antinomia, de modo a harmonizar a norma tributária com o Texto Magno.

Assim procedendo estará sendo fiel ao propósito, sempre louvado pelos constitucionalistas, de preservar a higidez da legislação tributária, compatibilizando-a, ao mesmo tempo, com os princípios constitucionais que protegem os contribuintes de eventuais excessos ou desvios fiscais.

60. Karl Larenz, *Metodologia da Ciência do Direito*, 3ª ed., trad. de José Lamego, Lisboa, Fundação Calouste Gulbenkian, 1997, p. 480.

O próprio Poder Judiciário, antes de decretar a inconstitucionalidade de uma norma jurídico-tributária, mesmo que contida numa emenda constitucional, deve fazer o possível para, mediante uma exegese mais adequada, preservá-la.

Nesse sentido a clássica exortação de Lúcio Bittencourt,[61] *verbis*:

> "(...) os tribunais, antes de fulminar a lei com a declaração de inconstitucionalidade, devem procurar interpretá-la de tal modo que se torne possível harmonizá-la com a Constituição. E somente no caso de se tornar isso de todo impraticável é que se poderá reconhecer a ineficácia do diploma impugnado".

Em suma, apenas a interpretação da norma tributária que entra em incontornável conflito com a Constituição Federal deve ser afastada.

IX.c – Ora, há uma fórmula capaz de retirar a coima de inconstitucional da expressão "ainda que não seja contribuinte habitual do imposto", sem necessidade de redução do texto.

Basta que se entenda que o importador somente poderá ser compelido a recolher ICMS se for contribuinte, ainda que episódico, deste tributo. Mas há de ser contribuinte.

Outra inteligência, qual seja, a de que o particular ou o não contribuinte, ao importar qualquer objeto, pode, em tese, revestir a condição de *sujeito passivo* do *ICMS-Importação*, não seria uma *interpretação da Constituição*, mas uma injurídica *emendatio constitutionis*, uma alteração de seu comando, uma *interpretatio abrogans*, com amparo em cogitações políticas de feitio subjetivo.

Vem ao encontro desta linha de raciocínio o posicionamento contido na decisão plenária e unânime do STF no julgamento do RE 461.968-SP, ocorrido em 30.5.2007.[62] No erudito voto do Ministro Relator (Min. Eros Grau) colhem-se os seguintes fundamentos:

> "(...) o imposto não é sobre a entrada de bem ou mercadoria importada, senão sobre essas entradas desde que elas sejam atinentes a operações relativas à circulação desses mesmos bens ou mercadorias. (...).

61. Lúcio Bittencourt, *O Controle Jurisdicional da Constitucionalidade das Leis*, 2ª ed., Rio de Janeiro, Forense, 1968, p. 93.

62. *DJe*-87 23.8.2007.

"Digo-o em outros termos: o inciso IX, alínea 'a', do § 2º do art. 155 da Constituição do Brasil não institui um imposto sobre a entrada de bem ou mercadoria importadas do exterior por pessoa física ou jurídica.

"O que faz é simplesmente estabelecer que, desde que atinente a operação relativa à sua circulação, a entrada de bem ou mercadoria importadas do exterior por pessoa física ou jurídica sofrerá a incidência do ICMS."

S. Exa. não poderia decidir mais, nem melhor. De fato, a interpretação sistemática do art. 155, § 2º, IX, "a", da CF, mesmo com a redação dada pela Emenda Constitucional 33/2001, revela que somente pode incidir ICMS na importação de bens ou mercadorias se esta for atinente a operação relativa à circulação jurídica destes mesmos bens ou direitos.

A assertiva reconduz à tese, há pouco esgrimida, de que a pessoa que promove a importação da mercadoria ou do bem, para ser chamada validamente a recolher o ICMS, deve ser contribuinte, ainda que não habitual, desta exação. O não contribuinte e a pessoa física positivamente não podem ser chamados a figurar no polo passivo do tributo.

Registre-se, por fim, sempre a propósito, que o aumento da arrecadação – que teria norteado a edição da Emenda Constitucional 33/2001 – não prescinde do respeito absoluto à Constituição da República e a seus valores fundamentais.

## *6. O ICMS e o arrendamento mercantil ("leasing"). Sua inexigibilidade, ainda que a operação seja realizada no exterior*

I – O ICMS não pode incidir sobre o arrendamento mercantil (*leasing*). É que nele não há circulação jurídica de mercadoria, com transferência do seu domínio.

Deveras, no arrendamento mercantil inexiste venda de mercadoria, mas apenas um contrato pelo qual uma parte (empresa de *leasing*, financiadora ou arrendadora) dispõe-se a adquirir, de terceiro, a pedido de outra parte (empresa financiada ou arrendatária), bens, para serem por esta última utilizados, por prazo determinado. Em tal contrato a arrendatária assume o compromisso de, mediante certa remuneração, utilizar o bem, tendo o direito de, a final (isto é, esgotado o prazo pactuado), devolvê-lo, adquirir-lhe a propriedade (por um preço residual, de antemão fixado) *ou* renovar a avença, por remuneração menor. Portanto, fluído o prazo contratual, abrem-se para o arrendatário três possibilidades: I – comprar o bem; II – restituí-lo; ou III – renovar o *leasing*.[63]

A relação jurídica ínsita ao arrendamento mercantil não se exaure na locação do bem. Trata-se de um negócio jurídico complexo, onde se fazem presentes, como elementos essenciais para sua caracterização, outras relações obrigacionais.

Valem, a propósito, as sempre bem-vindas lições do notável jurista Fábio Konder Comparato,[64] *verbis*:

> "Enquadrando-o (o contrato de arrendamento mercantil) na categoria dos contratos complexos, Claude-Champeaud distingue, em seu bojo, pelo menos cinco relações obrigacionais diferentes, na ordem cronológica de seu aparecimento: uma promessa sinalagmática de locação, uma relação de mandato, uma locação de coisa, uma promessa unilateral de venda e, eventualmente, uma venda.
>
> "Essas relações obrigacionais dizem respeito ao mesmo objeto, e surgem no contrato como *essentialia negotii*, e não a título acessório."

63. Observe-se que inexiste, na hipótese, uma locação propriamente dita. Tampouco uma locação com promessa (opção) de venda. No *leasing* há, na realidade, uma operação financeira para a obtenção de um bem. Quem efetua o *leasing* de um bem está, em rigor, obtendo um financiamento. Esclarece Arnoldo Wald que no *leasing* "há mais que uma locação, realizando-se, na realidade, basicamente uma operação financeira que consiste na simbiose da locação, do financiamento e da venda" ("A introdução do *leasing* no Brasil", *RT* 415/11). E, mais adiante: "Não se trata, na hipótese, de simples locação de coisa. Na realidade, os aluguéis são mais elevados que os existentes na locação comum, pois visam a garantir, em prazo contratual determinado, a amortização do preço do equipamento acrescido dos custos administrativos e financeiros e do lucro da companhia do *leasing*" (idem, p. 12).

Assim, sem embargo do disposto no item 15.09 da *Lista de Serviços* anexa à Lei Complementar 116, de 31.7.2003 (que considera o *leasing* serviço tributável), e do próprio entendimento do STF, estamos convencidos de que, *in casu*, também não incide o ISS. Tampouco incide o IOF (imposto de competência federal). Eventualmente poderia incidir o imposto sobre *leasing*, caso fosse instituído pela União, no exercício da competência que lhe foi outorgada pelo art. 154, I, da CF.

64. Fábio Konder Comparato, "Contrato de *leasing*", in *Ensaios e Pareceres de Direito Empresarial*, Rio de Janeiro, Forense, 1978, p. 327.

É certo que no arrendamento mercantil a locação está presente, nele desempenhando papel relevante, mas não exclusivo. É o que ressalta o já citado Fábio Konder Comparato,[65] *verbis*:

> "Sem dúvida, dentre as relações obrigacionais típicas que compõem o *leasing*, predomina a figura da locação de coisa. *Mas a existência de uma promessa unilateral de venda por parte da instituição financeira serve para estremá-lo não só da locação comum, como da venda a crédito*".

II – Ainda a respeito, é importante ressaltar que a opção de compra (tanto quanto a opção de renovação do contrato) é cláusula essencial e inafastável do contrato de arrendamento mercantil, nos termos do art. 5º, "c", da Lei 6.099/1974, *verbis*: "Art. 5º. Os contratos de arrendamento mercantil conterão as seguintes disposições: (...) c) opção de compra ou renovação do contrato, como faculdade do arrendatário; (...)".

Facultativa, *in casu*, é a cláusula de fixação do preço (e não a de outorga de opção de compra), como, de resto, revela, com hialina clareza, a mera leitura do art. 5º, "d", da mesma Lei 6.099/1974, *verbis*:

> "Art. 5º. Os contratos de arrendamento mercantil conterão as seguintes disposições: (...) d) preço para opção de compra *ou critério para sua fixação, quando for estipulada esta cláusula*".[66]

A análise conjunta desta alínea "d" e da precitada alínea "c" permite concluir que a outorga de opção de compra ou renovação do contrato, como faculdade do arrendatário, é requisito essencial do contrato de arrendamento mercantil. Facultativa é a cláusula que venha a estipular o preço para a opção de compra ou o critério para a sua fixação.

Preponderantes, pois, no contrato de arrendamento mercantil: (*i*) o prazo do contrato, (*ii*) o valor de cada contraprestação e sua periodicidade e, sobretudo, (*iii*) a outorga de opção de compra ou renovação do contrato, como faculdade do arrendatário.

Todavia, a aquisição, pelo arrendatário, do bem arrendado feita em desacordo com os ditames da Lei 6.099/1974 desvirtua o contrato

65. Idem, pp. 329-330.
66. Grifei.

de arrendamento mercantil, que passará a ser "de compra e venda a prestação" (§ 1º do art. 11 da Lei 6.099/1974). Nesse caso, o preço da compra e venda "será o total das contraprestações pagas durante a vigência do arrendamento, acrescido da parcela paga a título de preço de aquisição" (§ 2º do art. 11).

Não há, no entanto, um valor mínimo para a opção de compra, já que a lei nada determina neste sentido. Ademais, não se pode presumir que, pelo tipo do bem arrendado, a opção de compra será necessariamente exercida.

III – Sempre no pertinente à *opção de compra*, observe-se que a Lei Complementar 87/1996, em seu art. 3º, VIII, prescreve: "Art. 3º. O imposto *(ICMS)* não incide sobre: (...) VIII – operações de arrendamento mercantil, *não compreendida a venda do bem arrendado ao arrendatário*; (...)".[67]

Note-se que a lei complementar em questão considera que o ICMS incide sobre a operação de venda do bem arrendado. Logo, sem prejuízo do meu entendimento no sentido de que, no caso, o tributo (ICMS) não é devido, pela ausência de operação mercantil, o art. 3º, VIII, *in fine*, da Lei Complementar 87/1996 consagra, *a contrario sensu*, a tese – com a qual agora concordo – de que o valor desta operação não constitui *matéria tributável* pelo ISS.

A meu sentir, existe uma lacuna jurídica (anomia), que somente poderia ser colmatada pela União, no exercício de sua competência impositiva residual (art. 154, I, da CF).

IV – Insista-se que não há incidência de ICMS ainda quando o arrendatário exercita sua *opção de compra*, porquanto ela corresponde à última etapa do processo. Ademais, já não há, aí, mercadoria, mas apenas um bem de uso *extra commercium*.

Em que pese à circunstância de a Lei Complementar 87/1996 ter acertadamente estipulado, em seu art. 3º, VIII, *in fine*, que as operações de arrendamento mercantil refogem à tributação por meio de ICMS, errou ao estatuir que a venda do bem arrendado, quando o arrendatário faz sua *opção de compra*, sofre a incidência deste tributo.

É que ao ser exercitada a *opção de compra* não há mais mercadoria e, como se isto não bastasse, não ocorre nenhuma operação mercantil.

67. Esclareci no parêntese e grifei.

Reitere-se que, apesar de a Emenda Constitucional 33/2001 "permitir" que o ICMS incida "sobre a entrada de bem ou mercadoria importados do exterior por pessoa física ou jurídica, ainda que não seja contribuinte habitual do imposto, *qualquer que seja sua finalidade*", o arrendamento mercantil efetuado no exterior passa ao largo deste tributo, por não se encaixar em sua regra-matriz constitucional, originariamente traçada.

V – Como se tudo não bastasse, o próprio *princípio da igualdade* milita no sentido da não incidência. De fato, seria anti-isonômico tributar apenas o arrendamento mercantil efetuado no exterior.

De fato, os dizeres "qualquer que seja sua finalidade", inseridos no art. 155, § 2º, IX, "a", da CF pela Emenda Constitucional 33/2001, não podem ser interpretados no sentido de que as operações de *leasing* internacional sujeitam-se ao ICMS, ainda mais porque as praticadas no território nacional, como decidiu o STF, somente se sujeitam ao ISS.[68]

Tal exegese acabaria por criar verdadeira diferenciação, numa violação inaceitável ao *princípio da isonomia*, entre os que praticam operações de *leasing* no Brasil e aqueles que as levam a efeito no exterior.

Ora, nunca é demais encarecer que, nos termos do art. 150, II, da CF, é vedado às pessoas políticas "instituir tratamento desigual entre contribuintes que se encontrem em situação equivalente".

68. O STF, no RE 592.905-SC, encampou a tese de que há incidência de ISS sobre o arrendamento mercantil (*leasing*). O acórdão assim foi ementado: "*Ementa*: Recurso extraordinário – Direito tributário – ISS – Arrendamento mercantil – Operação de *leasing* financeiro – Art. 156, III, da Constituição do Brasil. O arrendamento mercantil compreende três modalidades, (i) o *leasing* operacional, (ii) o *leasing* financeiro e (iii) o chamado *lease-back*. No primeiro caso há locação, nos outros dois, serviço. A lei complementar não define o que é serviço, mas apenas o declara, para os fins do inciso III do art. 156 da Constituição. Não o inventa, simplesmente descobre o que é serviço para os efeitos do inciso III do ar. 156 da Constituição. No arrendamento mercantil (*leasing* financeiro), contrato autônomo que não é misto, o núcleo é o financiamento, não uma prestação de dar. E financiamento é serviço, sobre o qual o ISS pode incidir, resultando irrelevante a existência de uma compra nas hipóteses de *leasing* financeiro e do *lease-back* – Recurso extraordinário a que se nega provimento" (Tribunal Pleno, rel. Min. Eros Grau, j. 2.12.2009, *DJe* 5.3.2010). No mesmo sentido: RE 547.245 (Tribunal Pleno, rel. Min. Eros Grau, j. 2.12.2009, *DJe* 5.3.2010).

O Min. Marco Aurélio, do STF, no julgamento do RE 206.069-1-SP, fez, a respeito, argutas observações, que, por virem a pelo, merecem integral transcrição, *verbis*:

> "É possível vislumbrar base para dizer que, em relação ao *leasing* interno, não há a incidência do imposto sobre circulação de mercadorias e serviços, mas, no tocante ao *leasing*, considerada a mercadoria vinda do exterior – com menção no próprio inciso II do art. 155 –, há a incidência do tributo.
>
> "É possível distinguir onde a ordem jurídica não distingue? A meu ver, não, Sr. Presidente. O que se contém na alínea 'a' do inciso IX do § 2º do art. 155 da CF – 'sobre a entrada de bem ou mercadoria importados do exterior por pessoa física ou jurídica, ainda que não seja contribuinte habitual do imposto, qualquer que seja a sua finalidade, assim como sobre o serviço prestado no exterior, cabendo o imposto ao Estado onde estiver situado o domicílio ou o estabelecimento do destinatário da mercadoria, bem ou serviço' – não resulta na exigência de outro tributo, mas, sim, a alusão está vinculada ao tributo versado, mesmo porque o inciso IX compõe o art. 155.
>
> "Há mais, Presidente. A referência é a mercadoria importada. O que sugere mercadoria importada? Mercadoria simplesmente locada? Alugada? Alvo de arrendamento mercantil? Não. Mercadoria adquirida, que se importa. É essa a noção versada no próprio Código Tributário Nacional."

Seguindo na esteira do douto Jurista, não há base científica para se sustentar que se o *leasing* é realizado no exterior há incidência de ICMS; se efetivado no Brasil, não. Fazê-lo afronta, às abertas e publicadas, o *princípio da isonomia.*

Desta forma, demonstrada a violação à isonomia – e, pois, a impossibilidade de se aplicar o comando "qualquer que seja sua finalidade", contido no art. 155, § 2º, IX, "a", da CF (redação dada pela Emenda Constitucional 33/2001), de modo a abarcar as operações de *leasing* internacional –, o correto e adequado é afastar tal entendimento.

VI – Aqui também se impõe, como uma imprescindível ferramenta hermenêutica, a *interpretação conforme a Constituição.*

Qualquer lei que se mostre incompatível com o que acabamos de escrever há de, nos pontos que atritam com o Texto Magno, ser repelida – na linha, de resto, das magistrais lições de Henry Campbell Black,[69] para quem:

> "Quando parte de uma lei é constitucional, mas o restante é válido, as partes serão separadas, se possível, e a que é constitucional será mantida".

Assim expõe Black a doutrina acolhida pelo rígido direito constitucional americano e posta diuturnamente em prática por sua Magistratura, inclusive pela Suprema Corte:

> "A regra é: se as partes inválidas podem ser separadas das restantes e se, após tal excisão, resta norma completa, inteligível e válida – apta a ser executada, em conformidade com o isento propósito do Legislativo, como traduzido no seu texto –, não será julgada inconstitucional *in totum*, mas mantida nessa mesma medida. As medidas legais constitucionais e as inconstitucionais podem até conter-se no mesmo preceito (*section*), e ainda assim serem perfeitamente distintas e separáveis, de tal modo que as primeiras se mantenham e as últimas caiam".[70]

Embora o assunto já tenha sido tangenciado (*supra*, item 6), é o caso de relembrar que o STF firmou o entendimento de que as normas infraconstitucionais devem ser interpretadas e aplicadas em consonância com os princípios insculpidos na Lei Maior.[71] Isto abre espaço, inclusive, à redução do âmbito de aplicação de normas infraconstitu-

69. Henry Campbell Black, *Handbook of American Constitutional Law*, 2ª ed., 1897.

70. Para conferência, este é o texto de Black: "Where part of a statute is unconstitutional, but the remainder is valid, the parts will be separated, if possible, and that which is constitutional will be sustained. It frequently happens that some parts, features, or provisions of a statute are invalid, by reason of repugnancy to the Constitution, while the remainder of the act is not open to the same objection. In such cases it is the duty of the Court not to pronounce the whole statute unconstitutional, if that can be avoided, but, rejecting the invalid portions, to give effect and operation to the valid portions. The rule is, that if the valid portions can been separated from the rest, and if, after their excision, there remains a complete, intelligible, and valid statute, capable of being executed, and conforming to the general purpose and intent of the legislature, as shown in the act, it will not be adjudged unconstitutional *in totum*, but sustained to that extent. The constitutional and the unconstitutional provisions may even be contained in the same section, and yet be perfectly distinct and separable, so that the first may stand, though the last fall (Com. V. Hitchings, 5 Gray (Mass.) 482)".

71. ADI 319 (*DJU* 30.4.1993) e 491 (*RTJ* 137/90).

cionais, na parte em que não se ajustam a tais princípios. É a chamada *interpretação conforme a Constituição*, que pode ser equiparada "a uma declaração de nulidade sem redução de texto".[72]

VII – De qualquer modo, ainda que se aceite que no *leasing* internacional o não contribuinte de ICMS pode ser compelido a recolher o tributo por ocasião do exercício da opção de compra, positivamente tal não pode ocorrer na entrada do bem no território nacional.

## *7. Análise da jurisprudência do STF, em face dos votos já proferidos no RE 439.796*

### *7.1 A posição adotada pelo STF anteriormente à Emenda Constitucional 33/2001*

I – Antes da edição da Emenda Constitucional 33/2001 o STF consagrara o entendimento de que a importação de bem ou mercadoria por pessoa física ou jurídica não contribuinte de ICMS não ensejava a cobrança do imposto.

Para chegar a esta posição, o Pretório Excelso, no julgamento dos RE 185.789, 191.346, 196.472, 202.714, 203.075 e 266.921, partiu do pressuposto de que a incidência do ICMS na importação depende, dentre outros fatores, da condição mercantilista do importador, de modo a fazer valer o princípio constitucional da *não cumulatividade.*

Tal linha de raciocínio deu origem à Súmula 660, *verbis*:. "Não incide ICMS na importação de bens por pessoa física ou jurídica que não seja contribuinte do imposto".

Impede ressaltar que, nada obstante tenha sido fundada no entendimento acima, relativo a casos anteriores a 2001, a Súmula 660 foi editada após a Emenda Constitucional 33. Em razão disso, na sessão de julgamento do Plenário do STF de 26.11.2003 o então Ministro Sepúlveda Pertence sugeriu fosse alterada sua redação, para que passasse a vigorar nos seguintes termos: "Súmula 660. [*Até a vigência da Emenda Constitucional n. 33/2001*], não incide ICMS na importação de bens por pessoa física ou jurídica que não seja contribuinte do imposto".

72. Gilmar Ferreira Mendes, *Jurisdição Nacional*, São Paulo, Saraiva, 1996, p. 267.

O STF concordou em avaliar a sugestão, e em 5.8.2004 chegou a ser publicada no *Diário da Justiça da União* uma retificação da predita Súmula, com a redação proposta pelo preclaro Ministro, dando a impressão de que a ressalva temporal fora aprovada.

Contudo, o *Informativo do STF* 422, de 3 a 7.4.2006, publicou a seguinte notícia:

> "Em razão de o Tribunal, na sessão plenária de 26.11.2003, ter recusado a proposta de alteração da Súmula n. 660, constante do Adendo n. 7, foi republicado o respectivo enunciado nos *Diários da Justiça* dos dias 28.3.2006, 29.3.2006 e 30.3.2006, com o teor aprovado na sessão plenária de 24.9.2003: 'Não incide ICMS na importação de bens por pessoa física ou jurídica que não seja contribuinte do imposto'".

Assim, oficialmente, o STF não concordou com a alteração do enunciado da Súmula 660, que até o momento mantém sua redação original.

### *7.2 Situação atual*

I – No julgamento do RE 439.796, ainda em curso, em que figuram como recorrente a empresa *FF Claudino & Cia. Ltda.* e como recorrido o Estado do Paraná, o Relator, Min. Joaquim Barbosa, proferiu voto no qual negou provimento ao recurso por entender válida a cobrança de ICMS-Importação já que, no caso concreto, a lei estadual que o exige foi editada em consonância com a Emenda Constitucional 33/2001 e a Lei Complementar 87/1996, que não teria sido alterada substancialmente pela Lei Complementar 114/2002.

Ato contínuo, o Min. Dias Toffoli pediu vista dos autos, e na sessão do dia 16.12.2010 proferiu voto em sentido contrário, para dar provimento ao recurso extraordinário, ao argumento de que permanecia o vício formal da falta de legislação estadual disciplinando as alterações introduzidas pela Lei Complementar 114/2002,[73]

73. Lei Complementar 114/2002:

"Art. 1º. A Lei Complementar n. 87, de 13 de setembro de 1996, passa a vigorar com as seguintes alterações: '(...) I – sobre a entrada de mercadoria ou bem importados do exterior, por pessoa física ou jurídica, ainda que não seja contribuinte habitual do imposto, qualquer que seja a sua finalidade'. (...)".

bem como que "o recorrente não estava obrigado ao recolhimento do ICMS/PR".

Diante das robustas considerações do Min. Dias Toffoli, o Relator requereu o adiamento do julgamento, para reexame dos autos. Os autos permanecem no gabinete do Relator, sem previsão de inclusão em pauta.

Esclareça-se, por oportuno, que a tese sustentada pela recorrente é no sentido de que pelo menos enquanto não for editada, pelo Estado-membro, *norma integrativa* de nível legal para dar eficácia à Emenda Constitucional 33/2001 e à Lei Complementar 114/2002, o ICMS não pode ser exigido do importador não contribuinte.

Portanto, tudo sinaliza que, no caso em julgamento, o STF acabará por endossar a tese sumariada no parágrafo acima.

II – *Quid iuris*, porém, caso o Estado-membro já tenha editado lei ordinária integrativa da Emenda Constitucional 33/2001?

A meu ver, a resposta não se altera, já que a Emenda Constitucional 33/2001 é, *s.m.j.*, inconstitucional, conforme acima se procurou demonstrar.

Mas, ainda que se aceite a constitucionalidade da Emenda Constitucional 33/2001 (que deu nova redação ao art. 155, § 2º, IX, "a", da CF) – o que só se faz *ad argumentandum tantum* –, sou de parecer que é necessária, para a exigência válida do "novo" ICMS-Importação, a *prévia edição* de lei complementar federal que esteja em sintonia com os atuais ditames da Constituição da República.

Só então poderá ser editada lei estadual (jamais decreto ou ato normativo infrarregulamentar), que – esta, sim – instituirá, no âmbito local, o novel ICMS-Importação.

O que se está querendo significar é que não basta uma lei ordinária estadual que encampe as novas diretrizes constitucionais para que o ICMS possa ser validamente exigido dos importadores que não sejam contribuintes habituais desta exação. Antes disso, é imprescindível venha editada lei complementar federal que integre a nova realidade tributária forjada pela Emenda Constitucional 33/2001.

"Art. 4º. (...).

"Parágrafo único. É também contribuinte a pessoa física ou jurídica que, mesmo sem habitualidade ou intuito comercial: I – importe mercadorias ou bens do exterior, qualquer que seja a sua finalidade; (...)."

III – É certo que tal lei complementar já foi editada: é a Lei Complementar 114, de 16.12.2002.

Todavia, eventuais leis estaduais a ela anteriores (caso da Lei paulista 11.001, de 21.12.2001) continuam sem *fundamento de validade* (já que, como preceitua o art. 155, § 2º, XII, "g", da CF, cabe à lei complementar definir os contribuintes do ICMS).

## *8. Análise da jurisprudência do STF em face dos votos já proferidos nos RE 206.069 e 460.814*

### *8.1 O julgamento do RE 206.069*

I – No julgamento do RE 206.069, ocorrido em 1.9.2005, a Relatora, Min. Ellen Gracie, em caso em que se discutia a incidência de ICMS na importação, pela Fábrica Nacional de Vidros de Segurança Ltda., de "forno elétrico destinado à recuperação de vidros planos" sob o regime de *leasing* internacional, sustentou que os precedentes do STF no que tange à incidência do antigo ICM sobre operações de *leasing* não serviriam de paradigma. Isso porque o RE 106.047 tratava de *leasing* nacional, e o RE 88.703 apenas teria reiterado o entendimento, então consolidado naquela Alta Corte, de que não incidiria ICM sobre bem destinado ao ativo fixo do contribuinte. Dessa forma, argumentou que não estava em julgamento a tributação do *leasing*, mas, sim, da importação do bem.

Tais premissas levaram a Relatora a concluir que a Constituição Federal de 1988 teria conferido tratamento especial à incidência do ICMS sobre itens importados. Para justificar seu ponto de vista, observou que o art. 155, § 2º, IX, "a", da Lei Maior em sua redação originária prescrevia incidir o ICMS sobre a entrada de mercadoria do exterior ainda quando se tratasse "de bem destinado a consumo ou ativo fixo do estabelecimento".

Dando curso ao seu raciocínio, a Ministra sustentou ser irrelevante perquirir a natureza jurídica do negócio que ensejou a importação. Isto porque, no seu entender, o *fato imponível* do imposto seria a "'entrada de mercadoria importada', como caracterizadora da circulação jurídica da mercadoria ou do bem". Em suma, o ICMS incidiria, *in casu*, sobre a mera entrada do bem importado.

II – Para melhor embasar seu pensamento, a Relatora adicionou ao voto os seguintes argumentos: (a) o *leasing* internacional não se encontraria ao alcance do Fisco Brasileiro, pois não teria sido firmado de acordo com as nossas leis, sendo impossível, assim, tributar tal ajuste, mas apenas a "entrada da mercadoria importada, como resultado de tal ajuste"; (b) a devolução do bem, do arrendatário brasileiro para o arrendador estrangeiro, encontraria obstáculos naturais, físicos ou fáticos, pelo quê, nessa operação internacional, talvez não houvesse a precariedade de posse característica desta espécie contratual; (c) a intenção do legislador, ao redigir o art. 17 da Lei 6.099/1974,[74] foi não só proteger o mercado interno, mas também dificultar as manobras de elisão fiscal e, até, coartar a evasão fiscal; (d) o art. 3º, VIII, da Lei Complementar 87/1996, que dispõe incidir ICMS sobre operações de *leasing* apenas no exercício da opção de compra, somente seria aplicável ao *leasing* nacional; (e) no *leasing* internacional não seria factível a incidência do ICMS na opção de compra, porque esta não estaria no âmbito do tributo e nem o arrendador estrangeiro seria contribuinte (daí estabelecer a Constituição Federal que o imposto deveria ser pago na entrada de mercadoria importada, pelo comprador/arrendador); e (f) na opção de compra a possibilidade de exigência do ICMS teria se exaurido, seja porque o bem já teria entrado no País em momento anterior, seja porque o arrendador estrangeiro não seria contribuinte do imposto.

A Min. Ellen Gracie, no entanto, asseverou que: "Em contraponto ao sistema da incidência genérica sobre a circulação econômica, *o imposto será recolhido pelo comprador do bem que seja contribuinte do ICMS*".[75]

Os Mins. Eros Grau e Nelson Jobim acompanharam o voto da Relatora.

III – Restou vencido o Min. Marco Aurélio, que esposou entendimento, *venia concessa*, acertado, no sentido de que: (a) "a expressão, contendo referência a operações relativas à circulação de mercadorias,

74. Lei 6.099/1974: "Art. 17. A entrada no território nacional dos bens objeto de arrendamento mercantil, contratado com entidades arrendadoras domiciliadas no exterior, não se confunde com o regime de admissão temporária de que trata o Decreto-lei n. 37, de 18 de novembro de 1966, e se sujeitará a todas as normas legais que regem a importação" (redação dada pela Lei 7.132/1983).

75. Grifei.

direciona a ajuste próprio, a contrato próprio, que é o de compra e venda"; (b) "não se pode, conforme os ditames da Carta e do Código Tributário Nacional, mudar, mediante sutil jogo de palavras, a natureza do próprio ajuste" e que, portanto, não haveria diferença entre o arrendamento mercantil e a locação; (c) não há base jurídica para se dizer que em relação ao *leasing* interno não haveria incidência do ICMS mas que no externo haveria, já que não se pode distinguir onde a ordem jurídica não distingue; (d) o texto contido "na alínea 'a' do inciso IX do § 2º do art. 155 da CF – 'sobre entrada de bem ou mercadoria importados do exterior por pessoa física ou jurídica, ainda que não seja contribuinte habitual do imposto, qualquer que seja a sua finalidade, assim como sobre o serviço prestado no exterior, cabendo o imposto ao Estado onde estiver situado o domicílio ou o estabelecimento do destinatário da mercadoria, bem ou serviço' – não resulta na existência de outro tributo, mas, sim, a alusão está vinculada ao tributo versado, mesmo porque o inciso IX compõe o art. 155"; e (e) a expressão "mercadoria importada" não poderia sugerir mercadoria simplesmente locada, alugada ou alvo de arrendamento mercantil, mas apenas mercadoria adquirida, que se importa, sendo esta a noção versada no próprio Código Tributário Nacional.

### *8.2 O julgamento do AgR no RE 460.814-6*

O RE 460.814-6 teve seu seguimento negado, com fundamento no art. 21, § 1º, do Regimento Interno do STF, por ter entendido o Relator, Min. Eros Grau, que esta Corte já fixara o entendimento de que não incidia ICMS na entrada de aeronaves, equipamentos ou peças de manutenção importados do exterior, mediante celebração de contrato de arrendamento mercantil (*leasing*), por inexistir, na espécie, operação relativa à circulação de mercadoria, que se caracteriza pela transferência de domínio.

Ao apreciar o agravo regimental interposto pelo Estado de São Paulo contra a decisão *supra*, o Relator aduziu que haveria, no caso, uma modalidade peculiar de *leasing* internacional, consistente na ausência de opção de compra dos bens arrendados, ou seja, de previsão da transferência dos mesmos, ao domínio do arrendatário. No entender de S. Exa., estar-se-ia em face de um verdadeiro arrendamento, uma vez que, ao fim do contrato, as arrendadoras permaneceriam proprietárias dos bens transferidos temporariamente, para uso das companhias de navegação aérea.

Daí o Min. Eros Grau haver decidido que no arrendamento mercantil contratado por indústria aeronáutica de grande porte para viabilizar o uso, pelas companhias de navegação aérea, de aeronaves por ela construídas não haver operação relativa à circulação de mercadoria (no sentido de circulação econômica), sujeita à incidência do ICMS.

Partindo desta linha de raciocínio, o Relator fez uma nova interpretação do art. 155, § 2º, IX, "a", da CF (já com a redação dada pela Emenda Constitucional 33/2001), que, segundo afirmou, informaria a "correta compreensão do preceito veiculado" no *todo normativo* do art. 155 e seus §§ do mesmo diploma, *verbis*:

> "Qualquer entrada de bem ou mercadoria importadas do exterior – *desde que atinente a operação relativa à circulação desse mesmo bem ou mercadoria* – por pessoa física ou jurídica, ainda que não seja contribuinte habitual do imposto, qualquer que seja a sua finalidade, sofrerá a incidência do ICMS".[76]

Ato contínuo, o ilustre Relator reiterou que:

> "O imposto não é sobre a entrada de bem ou mercadoria importada, senão sobre essas entradas desde que elas sejam atinentes a operações relativas à circulação desses mesmos bens ou mercadorias".

E acrescentou que:

> "O inciso IX, alínea 'a', do § 2º do art. 155 da Constituição do Brasil não instituiu um imposto sobre a entrada de bem ou mercadoria importadas do exterior por pessoa física ou jurídica".

Mas simplesmente estabeleceu que, *desde que atinente a operação relativa à circulação*, a entrada de bem ou mercadoria importados do exterior por pessoa física ou jurídica sofrerá a incidência do ICMS.

Observe-se, a propósito, que o STF ainda não se pronunciou sobre a exigibilidade de ICMS em hipótese de importação, por não con-

76. Grifei.

tribuinte, efetuada após a edição da Emenda Constitucional 33/2001. Menos ainda quando tal importação decorre de *leasing* internacional.

### *8.3 Anotações suplementares*

I – Nos julgados mencionados neste item pode-se notar que a matéria em foco (possibilidade de incidência de ICMS nas importações de mercadorias por meio de arrendamento mercantil) não está pacificada no STF.

Com efeito, no julgamento do RE 206.069, ocorrido em 2005, essa Corte Constitucional entendeu, por maioria de votos, que haveria um segundo ICMS, incidente exclusivamente sobre importações, que teria por hipótese de incidência a mera entrada de bens no território nacional, pouco importando o negócio jurídico que a ensejasse.

Já, em 2008, no julgamento do AgR interposto nos autos do RE 460.814, o mesmo Tribunal decidiu, agora em votação unânime, que o ICMS só incide se a entrada do bem for preordenada à circulação econômica, ou seja, à transferência do domínio.

Como se vê, no primeiro caso não se adentrou propriamente *no mérito* da operação de *leasing* internacional, visto que a Relatora entendeu bastar, para a incidência do ICMS, a entrada, no território nacional, do bem importado do exterior. De revés, no segundo caso houve uma análise aprofundada da operação de *leasing* internacional (especificamente das operações de *leasing* envolvendo companhias aéreas), para, a final, se concluir pela não incidência do imposto, pela ausência, na espécie, da transferência de domínio.

Vale ressaltar, ainda, que, embora no julgamento do AgR no RE 460.814 o Min. Eros Grau afirme se tratar de importação de bem ou mercadoria efetuada antes da vigência da Emenda Constitucional 33/2001, ele fez uma "releitura" do art. 155, § 2º, IX, "a", já com as alterações introduzidas pela referida Emenda, o que o levou a restringir a incidência do ICMS à "operação relativa à circulação desse mesmo bem ou mercadoria".

II – Daí ser temerário prever, com base nos referidos julgados, qual será a tendência do STF no julgamento do RE 540.829 (rel. Min. Gilmar Mendes), que teve sua repercussão geral reconhecida.

Abona este entendimento a afirmação do próprio Relator no sentido de que os vários precedentes sobre o assunto em tela não tiveram o condão de assentar a jurisprudência da Corte Suprema. Ou, literalmente, "não assentaram a jurisprudência desta Corte sobre o tema".

O máximo que se pode proclamar, sem ir além da marca, é que no julgamento, ainda em curso, do RE 226.899 (que trata do mesmo assunto), quatro Ministros do STF (Mins. Eros Grau, Cármen Lúcia, Dias Toffoli e Ricardo Lewandowski) já votaram, contra o voto da Relatora (Min. Ellen Gracie), pela não incidência do ICMS sobre o *leasing* internacional.

## *9. O art. 110 do CTN e o "leasing" internacional*

I – O arrendamento mercantil (*leasing*) é um instituto próprio do direito privado.

Ora, como se viu na "Primeira Parte" deste estudo, para o direito privado (direito comercial) o *leasing* é um negócio jurídico pelo qual o arrendador compromete-se a adquirir bens de terceiro, mediante remuneração do arrendatário, para serem por este utilizados, por tempo certo. Expirado o prazo, o arrendatário tem três alternativas, a saber: I – devolver o bem ao arrendador; II – renovar a avença; ou III – adquirir a propriedade do bem, pelo preço residual estipulado.

Conforme também já referido, o STF, na condição de garante da Constituição da República, decidiu, ao julgar os RE 547.245 e 592.905, que *leasing* é serviço – tributável, pois, pelo ISS, e não pelo ICMS.

Tal diretriz não pode ser contrariada em relação ao *leasing* internacional, que, tirante a circunstância de ser firmado no exterior, tem as mesmas características do *leasing* nacional.[77]

II – Assim é porquanto o uso de um típico conceito de direito privado nos limites impostos pelo art. 110 do CTN, reflexo do quanto

77. A confirmar a assertiva, o famoso *Black's Law Dictionary* (8ª ed., Brian A. Garner Editor, 2004, p. 2.603) define o *finance lease* (equivalente ao nosso *leasing*) como sendo "um contrato de termo fixo, utilizado por uma empresa para financiar o uso de equipamentos. O serviço do arrendador é geralmente limitado ao pagamento do bem e o arrendatário paga os custos de manutenção, taxas, e tem a opção de comprar o bem ao final do contrato, por um preço determinado" (tradução livre).

já se deduz da própria Constituição Federal, impede que o legislador (complementar ou ordinário) possa desequiparar conceitos privados para criar, com este artifício, novas incidências tributárias.

Deveras, a teor do precitado dispositivo: "A *lei tributária* não pode alterar a definição, o conteúdo e o alcance de institutos, conceitos e formas de direito privado, *utilizados, expressa ou implicitamente*, pela Constituição Federal (...) para *definir* ou *limitar* competências tributárias".[78]

E isso vale também – insista-se – para o conceito de *leasing*, que colhe suas marcas nos domínios do direito privado.

Nesse contexto, qualquer interpretação que se venha a fazer da Emenda Constitucional 33/2001 e da Lei Complementar 87/1996 (com a redação dada pela Lei Complementar 114/2002) não poderá desconsiderar o conceito que o direito privado faz do *leasing*, que absolutamente não o considera operação mercantil.

III – Tudo quanto acaba de ser escrito também funciona como barreira intransponível à tributação, por meio de ICMS-Importação, no *leasing* internacional.

Em resumo, nas hostes jurídicas, *leasing*, quer nacional, quer internacional, não abre espaço à tributação por meio de ICMS.

## *10. Conclusões*

Posto isto, pode ser sumuladas as seguintes conclusões:[79]

I – É inconstitucional a redação dada ao art. 155, § 2º, IX, "a", da CF pela Emenda Constitucional 33/2001, na medida em que pretendeu outorgar competência tributária aos Estados-membros para que também exigissem ICMS sobre toda e qualquer importação, promovida inclusive por pessoas naturais ou jurídicas, ainda que não realizem nenhuma atividade comercial.

I.a – Dentre as *cláusulas pétreas*, imodificáveis pelo *poder constituinte derivado*, figuram as que garantem aos contribuintes o direito de só serem compelidos a suportar novos impostos observados os di-

78. Grifei.

79. Evidentemente, a fundamentação das conclusões é encontrável no corpo do presente artigo.

tames do art. 154, I, da CF, a saber: (a) criação pela União; (b) por meio de lei complementar; (c) com hipóteses de incidência (*fatos geradores "in abstracto"*) e bases de cálculo diversos dos apontados nos arts. 153, 155 e 156 do Diploma Supremo; (d) observado o *princípio da não cumulatividade*; e (e) tendo o produto de sua arrecadação partilhado com os Estados e o Distrito Federal (cf. art. 157, II, da CF).

I.b – Na medida em que a Emenda Constitucional 33/2001 "permitiu" que os Estados-membros e o Distrito Federal, por meio de lei ordinária, "criassem" um novo imposto – ainda que convenientemente rotulado de ICMS – sem atenderem ao *princípio da não cumulatividade* e, por óbvio, sem que o produto de sua arrecadação fosse compartido entre estas unidades federadas, desconsiderou *cláusulas pétreas* – quais sejam, as que impedem o amesquinhamento dos direitos e garantias individuais, inclusive dos contribuintes (art. 60, § 4º, IV, da CF).

I.c – A Emenda Constitucional 33/2001 "criou" um ICMS "novo" – que nada tem a ver com o previsto originariamente pela Carta de 1988 – que, verdade seja, incide sobre a mera importação de produtos, ainda que não tenha por escopo inseri-los no ciclo econômico.

II – Não era dado ao *constituinte derivado* estender a tributação por meio de ICMS às importações promovidas por não contribuintes dessa exação.

II.a – A Emenda Constitucional 33/2001 abriu espaço (indevidamente) a um *adicional estadual* do imposto sobre a importação (que incide quando da entrada no País de qualquer produto estrangeiro, independentemente de ser, ou não, mercadoria e de o importador ser, ou não, comerciante) – o que leva a uma bitributação desautorizada pelo *poder constituinte originário.*

III – O princípio constitucional da não cumulatividade, previsto no art. 155, § 2º, II, da CF, não está sendo observado quando se pretende exigir ICMS sobre importações promovidas por não contribuintes do imposto, na medida em que tais empresas não poderão se creditar do montante recolhido.

III.a – A Emenda Constitucional 33/2001, ao dar nova redação ao art. 155, § 2º, IX, "a", do Texto Supremo, "permitiu" que os Estados-membros e o Distrito Federal criassem, por meio de lei ordinária, um novo imposto, que, embora rotulado de ICMS, passa ao largo do *princípio da não cumulatividade.*

III.b – Ao "autorizar" a exigência de ICMS nas importações promovidas por não contribuintes, a Emenda Constitucional 33/2001 ignorou – o que lhe era vedado fazer – a circunstância de que eles não poderão se creditar do montante recolhido. Com isso, concebeu um ICMS canhestro, que, absurdamente, não cumpre os ditames da *não cumulatividade.*

IV – A possibilidade de os Estados-membros virem a exigir ICMS sobre as importações levadas a efeito por pessoas naturais e por pessoas jurídicas prestadoras de serviços pode ensejar situações em que a União Federal pretenda isentar um dado produto dos tributos federais, facilitando sua importação (na medida em que não haja similares nacionais), e a medida fiscal seja anulada pelas referidas unidades federadas.

IV.a – O aludido permissivo da Emenda Constitucional 33/2001 pode levar à "anulação" de medidas extrafiscais da União. Melhor explicitando, pode perfeitamente acontecer de a União, atendendo a objetivos extrafiscais, isentar de *imposto sobre a importação* e de *IPI* a importação de determinados produtos (*v.g.*, aparelhos médicos) e a louvável iniciativa cair por terra pela circunstância de os Estados-membros continuarem a exigir, sobre estas operações, o ICMS.

IV.b – Nem se diga que, *in casu*, os Estados-membros deverão enveredar pela mesma trilha. *A uma*, porque, por força do *princípio federativo*, estas unidades federadas não "obedecem" às ordens da União Federal. *A duas*, porque quaisquer isenções, benefícios e incentivos fiscais em matéria de ICMS somente podem ser concedidos quando autorizados por meio de convênios celebrados e ratificados por todos os Estados-membros e pelo Distrito Federal (cf. art. 155, § 2º, XII, "g", da CF). E *a três*, porque nem sempre os interesses da União coincidem com os dos Estados-membros e do Distrito Federal.

V – Há uma interpretação *conforme a Constituição da República* que pode ser conferida ao art. 155, § 2º, IX, "a", da Carta Magna, mesmo que se aceite – o que só se faz por amor à controvérsia dialética – a constitucionalidade da redação dada ao art. 155, § 2º, IX, "a", da CF pela Emenda Constitucional 33/2001.

V.a – *S.m.j.*, há uma fórmula capaz de retirar a coima de inconstitucional da expressão "ainda que não seja contribuinte habitual do imposto" (redação dada pela Emenda Constitucional 33/2001 ao art. 155, § 2º, IX, "a", da CF), sem necessidade de redução do texto. Basta que se entenda que o importador somente poderá ser compelido a recolher ICMS se for contribuinte, ainda que episódico, deste tributo. Mas há de ser contribuinte.

V.b – Outra inteligência, qual seja, a de que o particular ou o não contribuinte, ao importar qualquer objeto, pode, em tese, revestir a condição de *sujeito passivo* do ICMS-Importação, não seria uma *interpretação da Constituição*, mas uma injurídica *emendatio constitutionis*, uma alteração de seu comando, uma *interpretatio abrogans*, com amparo em cogitações políticas de feitio subjetivo.

VI – Antes do exercício da opção de compra *não é* legítimo exigir ICMS-Importação de um prestador de serviços (não contribuinte do ICMS) cujo negócio subjacente seja o contrato de arrendamento mercantil internacional.

VI.a – O ICMS não pode incidir sobre o arrendamento mercantil (*leasing*). É que nele não há circulação jurídica de mercadoria, com transferência do seu domínio.

VI.b – Deveras, no arrendamento mercantil inexiste venda de mercadoria, mas apenas um contrato pelo qual uma parte (empresa de *leasing*, financiadora ou arrendadora) dispõe-se a adquirir de terceiro, a pedido de outra parte (empresa financiada ou arrendatária), bens, para serem por esta última utilizados, por prazo determinado. Em tal contrato a arrendatária assume o compromisso de, mediante certa remuneração, utilizar o bem, tendo o direito de, a final (isto é, esgotado o prazo pactuado), devolvê-lo, adquirir-lhe a propriedade (por um preço residual, de antemão fixado) *ou* renovar a avença, por remuneração menor. Portanto, fluído o prazo contratual, abrem-se para o arrendatário três possibilidades: I – comprar o bem; II – restituí-lo; ou III – renovar o *leasing*.

VI.c – A Lei Complementar 87/1996, em seu art. 3º, VIII, prescreve que, o ICMS nas operações de arrendamento mercantil somente incide sobre "a venda do bem arrendado ao arrendatário".

VI.d – A expressão "qualquer que seja sua finalidade", contida no art. 155, § 2º, IX, "a", da CF (com a redação dada pela Emenda Constitucional 33/2001), absolutamente não pode ser interpretada no sentido de caber ICMS no arrendamento mercantil, na entrada de bem ou mercadoria importados do exterior por pessoa física (como também não cabe na entrada de bem ou mercadoria importados do exterior por pessoa jurídica não contribuinte), pois, no caso, inexiste qualquer operação relativa à circulação de mercadorias. Sobremais, fere a isonomia tributar somente o arredamento mercantil realizado no exterior (já que o realizado no País está incontendivelmente *fora* do campo de incidência do ICMS).

VI.e – Apesar de a Emenda Constitucional 33/2001 "permitir" que o ICMS incida "sobre a entrada de bem ou mercadoria importados do exterior por pessoa física ou jurídica, ainda que não seja contribuinte habitual do imposto, *qualquer que seja sua finalidade*", o arrendamento mercantil efetuado no exterior passa ao largo deste tributo, por não se encaixar em sua regra-matriz constitucional, originariamente traçada.

VII – O fato de o STF já haver decidido que o arrendamento mercantil é uma prestação de serviços, sujeita ao ISS (salvo quando é exercida a opção de compra, em que haveria a incidência do ICMS), é relevante para a análise da exigência do ICMS sobre a importação via *leasing* (arrendamento mercantil) internacional. É que a natureza jurídica do *leasing* é a mesma, independentemente de ele ser celebrado no âmbito interno ou no internacional.

VII.a – Assim, o *leasing*, por não girar em torno de operação relativa à circulação de mercadorias, não abre espaço à tributação por meio de ICMS-Importação, nem mesmo em face dos dizeres "qualquer que seja sua finalidade", insertos no art. 155, § 2º, IX, "a", da CF pela Emenda Constitucional 33/2001.

## *Referências bibliográficas*

ATALIBA, Geraldo. *Hipótese de Incidência Tributária.* 6ª ed., 12ª tir. São Paulo, Malheiros Editores, 2011.

__________. *Sistema Constitucional Tributário Brasileiro.* 1ª ed. São Paulo, Ed. RT, 1966.

__________, e BARRETO, Aires. "ISS – Construção civil – Pseudosserviço e prestação de serviço – Estabelecimento prestador – Local da prestação". *RDTributário* 40/85 e ss. São Paulo, Ed. RT.

BALEEIRO, Aliomar. *Direito Tributário Brasileiro.* 11ª ed., atualizada por Misabel Derzi. Rio de Janeiro, Forense, 1999.

BARRETO, Aires, e ATALIBA, Geraldo. "ISS – Construção civil – Pseudosserviço e prestação de serviço – Estabelecimento prestador – Local da prestação". *RDTributário* 40/85 e ss. São Paulo, Ed. RT.

BITTENCOURT, Lúcio. *O Controle Jurisdicional da Constitucionalidade das Leis.* 2ª ed. Rio de Janeiro, Forense, 1968.

BLACK, Henry Campbell. *Black's Law Dictionary.* 8ª ed. Brian A. Garner Editor, 2004.

__________. *Handbook of American Constitutional Law.* 2ª ed. 1897.

BOBBIO, Norberto. *Teoria dell'Ordinamento Giuridico.* Turim, Giappichelli Editore.

BRITTO, Carlos Ayres. "A Constituição e o monitoramento de suas emendas". In: *Direito do Estado – Novos Rumos.* t. 1. São Paulo, Max Limonad, 2001 (pp. 62 e ss.)

CARRAZZA, Roque Antonio. *Curso de Direito Constitucional Tributário.* 27ª ed. São Paulo, Malheiros Editores, 2011.

__________. *ICMS.* 15ª ed. São Paulo, Malheiros Editores, 2011.

CARVALHO, Paulo de Barros. *A Regra-Matriz do ICM.* Tese de Livre-Docência apresentada na Faculdade de Direito da PUC/SP. Inédita. São Paulo, 1981.

__________. "Hipótese de incidência e base de cálculo do ICM". *Caderno de Pesquisas Tributárias* 3. São Paulo, Resenha Tributária, São Paulo, 1978 (pp. 325 e ss.).

COÊLHO, Sacha Calmon Navarro, e DERZI, Misabel Machado. *Direito Tributário Aplicado – Estudos e Pareceres.* Belo Horizonte, Del Rey, 1997.

COMPARATO, Fábio Konder. "Contrato de *leasing*". In: *Ensaios e Pareceres de Direito Empresarial.* Rio de Janeiro, Forense, 1978.

DE PLÁCIDO E SILVA. *Vocabulário Jurídico.* 3ª ed., vols. III e IV. Rio de Janeiro, Forense, 1991.

DERZI, Misabel. "Notas de Atualização". In: BALEEIRO, Aliomar. *Direito Tributário Brasileiro.* 11ª ed. Rio de Janeiro, Forense, 1999.

__________, e COÊLHO, Sacha Calmon Navarro. *Direito Tributário Aplicado – Estudos e Pareceres.* Belo Horizonte, Del Rey, 1997.

GRECO, Marco Aurélio, e ZONARI, Anna Paola. "ICMS – Materialidade e princípios constitucionais". In: *Curso de Direito Tributário.* 2ª ed., vol. 2. Belém, CEJUP, 1993 (pp. 141 e ss.).

GOMES CANOTILHO, José Joaquim. *Direito Constitucional.* 5ª ed. Coimbra, Livraria Almedina, 1991.

GOUVEA, Jorge Bacelar. *Manual de Direito Constitucional.* vol. I. Coimbra, Livraria Almedina, 2005.

GUASTINI, Riccardo. *Das Fontes às Normas.* Trad. de Edison Bini. São Paulo, Quartier Latin, 2005.

KELSEN, Hans. "La garantie jurisdictionnelle de la Constitution". *Revue du Droit Public.* 1928 (pp. 200 e ss.)

__________. *Teoria Pura do Direito.* 2ª ed., vol. II. Trad. de João Baptista Machado. Coimbra, Arménio Amado Editor, 1962.

LARENZ, Karl. *Metodologia da Ciência do Direito.* 3ª ed. Trad. de José Lamego. Lisboa, Fundação Calouste Gulbenkian, 1997.

MENDES, Gilmar Ferreira. *Jurisdição Nacional.* São Paulo, Saraiva, 1996.

MICHELI, Gian Antonio. *Corso di Diritto Tributario.* 1ª ed. Turim, UTET, 1972.

MIRANDA, Jorge. *Manual de Direito Constitucional.* 3ª ed., t. II. Coimbra, Coimbra Editora, 1991.

NEVES, Marcelo. *Teoria da Inconstitucionalidade das Leis.* São Paulo, Saraiva, 1988.

PALLIERI, Giorgio Balladore. *Diritto Costituzionale.* 11ª ed. Milão, Giuffrè Editore, 1976.

PONTES DE MIRANDA, Francisco Cavalcanti. *Comentários à Constituição de 1967 com a Emenda n. 1 de 1969.* 2ª ed, 2ª tir., t. II. São Paulo, Ed. RT, 1973.

SAMPAIO, Nélson de Souza. *O Poder de Reforma Constitucional.* 2ª ed. Salvador, Livraria Progresso, 1961.

SILVA, José Afonso da. *Curso de Direito Constitucional Positivo.* 34ª ed. São Paulo, Malheiros Editores, 2011.

WALD, Arnold. "A introdução do *leasing* no Brasil". *RT* 415/10 e ss. São Paulo, Ed. RT.

ZONARI, Anna Paola, e GRECO, Marco Aurélio. "ICMS – Materialidade e princípios constitucionais". In: *Curso de Direito Tributário.* 2ª ed., vol. 2. Belém, CEJUP, 1993 (pp. 141 e ss.).

# *TIPOLOGIA EXONERATIVA: IMUNIDADES, ISENÇÕES E OUTRAS FORMAS DE EXONERAR OS CONTRIBUINTES ÀS LUZES DA TEORIA DA NORMA JURÍDICA*

SACHA CALMON NAVARRO COELHO

Doutor em Direito pela Universidade Federal de Minas Gerais.

*1. Limitações: princípios e imunidades – Diferenças – O fenômeno jurídico da interpolação normativa. 2. Imunidade e isenções. 3. Normas impositivas, imunitórias e isencionais – A que se destinam – Como se integram na norma de tributação. 4. Tipologia exonerativa. 5. Imunidade. 6. Os efeitos da imunidade. 7. A imunidade, a isenção, os seus efeitos sobre as hipóteses de incidência das normas de tributação. 8. Equívocos da doutrina tradicional. 9. A isenção como exclusão de incidência: outro equívoco. 10. A alternativa proposta. 11. A diferença entre a exclusão expressa, imunidade e isenções e a não incidência pura ou natural – Primeira aproximação. 12. A questão da não incidência – Conclusão. 13. Exoneração nas consequências das normas de tributação – Quantitativas. 14. Reduções diretas de bases de cálculo e de alíquotas – O efeito das leis que as preveem. 15. Alíquota zero. 16. Isenções parciais.*

## *1. Limitações: princípios e imunidades – Diferenças – O fenômeno jurídico da interpolação normativa*

Princípios e imunidades são institutos jurídicos diversos, embora certos princípios expressos façam brotar ou rebrotar imunidades (implícitas). A professora Misabel Derzi,[1] pelo manejo profundo dos princípios constitucionais, brinda-nos com o primor de raciocínio que se dá transcrito:

1. Misabel Derzi, "Notas de Atualização" in Aliomar Baleeiro, *Limitações Constitucionais ao Poder de Tributar*, p. 15.

"A consagração de uma imunidade expressa é, às vezes, consequência lógica de um princípio fundamental. Do princípio federal resulta a imunidade recíproca, dedutível mesmo na ausência de recepção literal do texto, porque expressão da autonomia relativa dos entes estatais e de sua posição isonômica, logicamente dedutíveis. Basta considerar que extraímos a doutrina, em suas linhas básicas, da jurisprudência da Suprema Corte constitucional dos Estados Unidos, País cuja Constituição é silente sobre a citada imunidade. Igualmente a imunidade das instituições de educação e assistência social que não almejam distribuição de lucro decorre da inexistência de capacidade contributiva, princípio norteador da igualdade e imprescindível à efetividade da imposição".

Nem todo princípio, contudo, conduz a uma imunidade, como é o caso, *v.g.*, dos princípios da legalidade, anterioridade e irretroatividade.

Princípios e imunidades, repita-se, são entes normativos diversos. O que, precisamente, os distingue?

Os princípios constitucionais dizem como devem ser feitas as leis tributárias, condicionando o legislador sob o guante dos juízes, zeladores que são do texto dirigente da Constituição.

As imunidades expressas dizem o que não pode ser tributado, *proibindo ao legislador o exercício da sua competência tributária* sobre certos fatos, pessoas ou situações, por expressa determinação da Constituição (não incidência constitucionalmente qualificada). Sobre as imunidades exerce o Judiciário, igualmente, a sua zeladoria.

De notar, pois, que a expressão "limitações ao poder de tributar" alberga princípios e imunidades.

## 2. Imunidade e isenções

A imunidade é uma heterolimitação ao poder de tributar. A vontade que proíbe é a do constituinte. A imunidade habita exclusivamente no edifício constitucional.

A isenção é heterônoma quando o legislador de uma ordem de governo, com permissão constitucional, proíbe ao legislador de outra ordem de governo o exercício do poder de tributar. A distinção em relação à imunidade, na espécie, é feita a partir da hierarquia normativa. Enquanto a norma imunitória é constitucionalmente qualificada, a norma isencional heterônoma é legalmente qualificada (lei complementar da Constituição).

Entre nós, *v.g.*, o legislador federal pode conceder isenção do ICMS (imposto estadual) e do ISS (imposto municipal) se se tratar de mercadoria ou serviço destinados ao exterior sujeitados a tais impostos (política de *export-drive*).

Registre-se que a Lei Complementar 87/1996 isentou a exportação de quaisquer bens e serviços destinados ao exterior. Agora, quando é a própria pessoa política que se autolimita, concedendo por lei, espontaneamente, a isenção tributária, procede a asserção de que a isenção é autolimitação ao poder de tributar legalmente qualificada. A situação da Constituição Federal de 1988, no Brasil, é esta:

| INSTITUTO NORMATIVO | EMISSOR DA NORMA | SEDE JURÍDICA DA NORMA |
|---|---|---|
| Imunidade (heterolimitação) | O titular do poder constituinte originário ou derivado | A Constituição |
| Isenção heterônoma (heterolimitação) | O legislador federal | A lei complementar da Constituição |
| Isenção autônoma (autolimitação) | Os legisladores das três ordens de governo | Leis ordinárias federais, estaduais e municipais |

### 3. *Normas impositivas, imunitórias e isencionais – A que se destinam – Como se integram na norma de tributação*

As previsões jurídicas de tributação descrevem *situações tributáveis*. As previsões jurídicas imunitórias e isencionais descrevem *situações intributáveis*.

No plano da linguagem do objeto existem inúmeros textos, desde a Constituição, prevendo tributações e intributações expressas.

No plano normativo todas as previsões de tributabilidade e intributabilidade juntam-se no *descritor da norma tributária*.

| FATO TRIBUTÁVEL | COMANDO NORMATIVO |
|---|---|
| Previsões impositivas menos<br>Previsões isencionais e imunitórias | Incidentais |
| ↓ | ↓ |
| Ocorrência | Incidência |

Isto posto, para saber se em dado Município o ISS é cobrável de determinadas pessoas, devo saber a hipótese de incidência e as imunidades constitucionais desse imposto. Em seguida devo verificar a descrição desse imposto na lei complementar e as isenções heterônomas. Finalmente, devemos nos reportar à lei municipal para examinar o fato jurígeno e o preceito impositivo, bem como as isenções autonômicas. Somente após conjugar o orbe legal poderei fazer uma proposição descritiva da norma tributária do ISS, digamos, da cidade de Belo Horizonte.

### *4. Tipologia exonerativa*

Em tema exonerativo não foram ainda extraídas todas as consequências que é mister extrair da teoria da incidência. Por isso, com base na norma e na sua incidência, situamos o estudo dos tipos exonerativos. Basicamente, as exonerações dividem-se em internas e externas à estrutura da norma. As internas, a seu turno, subdividem-se tendo em vista o seu *habitat* no interior desta. Umas se estruturam nas hipóteses, e outras nos comandos normativos (consequências).

A devolução de tributo pago sem haver razão para a restituição, a não ser o intuito de exonerar total ou parcialmente o contribuinte, é considerada pela doutrina matéria estranha ao direito tributário. Alega-se estar no capítulo da despesa pública, já na área do direito financeiro, a sua sede jurídica. O entendimento é inobjetável. Todavia, porque a *devolução de tributo pago* apresenta-se como autêntica "remissão indireta" – fórmula legal de extinção do crédito tributário –, incluímo-la no temário exonerativo. Em contrapartida, restaram dispensadas do rol das exonerações a anistia, modo de extinguir pena imposta por infração a dever tributário, e a moratória, simples dilação do prazo de pagamento.

- Exonerações Internas
  - *Exonerações nas hipóteses*
    - Imunidades
    - Isenções
  - *Exonerações nas consequências (quantitativas)*
    - Reduções de base de cálculo e alíquotas
    - Deduções tributárias de despesas presumidas e concessões de créditos presumidos
- Exonerações Externas
  - Remissões e anistias
  - Devolução de tributos pagos legitimamente

Exposto isto, impende examinar, dilucidando, os tipos exonerativos, referindo-os à norma jurídica tributária, conferindo-se especial relevo ao fenômeno central representado pela incidência da norma de tributação.

A *hipótese de incidência da norma tributária* é formada pela integração de várias leis ou artigos de lei que tratam, em nível do direito positivo, de fatos que devem dar origem, quando ocorrentes, a obrigações tributárias. No plano mais amplo da *esquematização jurídica do mundo fático*, os fatos são selecionados pelo legislador tributário segundo o critério de que uns são irrelevantes e outros relevantes para gerar tributação.

Alfredo Augusto Becker[2] observa que:

> "Não existe uma regra jurídica para a hipótese de incidência, outra para a base de cálculo, outra para a alíquota etc. Tudo isto integra a estrutura lógica de *uma única regra jurídica resultante de diversas leis ou artigos de leis* (fórmula legislativa literal). É preciso não confundir regra jurídica com lei; a regra jurídica é uma resultante da totalidade do sistema jurídico formado pelas leis" (grifos nossos).

2. Alfredo Augusto Becker, *Teoria Geral do Direito Tributário*, p. 270.

Kelsen,[3] no mesmo sendeiro, já asseverava, na *Teoria Geral do Direito e do Estado*, que as normas eram diversas das "regras" (juízos hipotéticos).

A norma jurídica surge da proposição da ciência que *descreve o Direito*, sob a forma de juízo hipotético[4] desvendando a lei, que é a "fórmula legislativa literal" através da qual, por um ato de vontade, o Direito é posto, vige e vale. A norma jurídica é o "ser" jurídico por excelência, e tem formulação prescritiva. O jurista é o "sujeito cognoscente" que, debruçado sobre o "objeto do seu conhecer" – o mundo do Direito –, desvenda o seu íntimo significado, extraindo do "ser" o "dever-ser". Uma questão gnosiológica.

Pois bem, a hipótese de incidência das normas tributárias o que contém são *fatos tributáveis*. A previsão legal desses fatos é feita pelo legislador de duas formas: (A) em certas leis ou artigos de lei – entes de Direito – prevê que dados fatos são aptos a gerar, quando ocorrentes, obrigações tributárias; )b) noutras leis ou artigos de lei prevê, expressamente, que certos fatos, tipos de fatos ou *aspectos factuais* não são "jurígenos" no sentido positivo, isto é, não são aptos a gerar, quando ocorram, obrigações tributárias. Vale dizer: através das leis o legislador "qualifica" os fatos e os reparte, atribuindo a uns efeitos impositivos, e a outros efeitos exonerativos, segundo os seus desígnios. A saída de mercadorias do estabelecimento industrial, comercial ou produtor é *fato gerador* do ICMS. Todavia, quando saírem para o exterior, tal fato já não mais é "gerador", tendo em vista regra imunizante expressa para os industrializados e regra isencional expressa para as demais mercadorias (Lei Complementar 87/1996).

O legislador só pode dizer que dado fato ou aspecto factual não é tributável através de lei (princípio da legalidade). Se usar a lei constitucional, trata-se de imunidade; e se utilizar a lei infraconstitucional, cuida da isenção.

3. Hans Kelsen, *Teoría General del Derecho y del Estado*, trad. de Eduardo García Maynez, México, Universidad, 1949, p. 45.

4. Hans Nawiasky, *Teoría General del Derecho, Estudio General de Navarra*, Madrid, Rialp, 1962, p. 42: "Las normas jurídicas o, lo que es lo mismo, las proposiciones jurídicas no se encuentran aisladas".

## 5. *Imunidade*

A doutrina, em peso, posiciona a imunidade no capítulo da competência. Pontes de Miranda[5] preleciona:

> "A regra jurídica de imunidade é a regra jurídica no plano da competência dos Poderes Públicos – obsta à atividade legislativa impositiva, retira ao corpo que cria impostos qualquer competência para pôr, na espécie".

Bernardo Ribeiro de Moraes[6] secunda-o:

> "Cabe à Carta Magna estabelecer a competência dos poderes tributantes. Da mesma forma, cabe-lhe limitá-la, podendo, na entrega do poder impositivo, reduzir a competência tributária pela exclusão de certas pessoas, atos ou coisas, colocados fora da tributação".

Aliomar Baleeiro,[7] insigne e saudoso Mestre, não discrepa:

> "As limitações constitucionais ao poder de tributar funcionam por meio de imunidades fiscais, isto é, disposições da Lei Maior que vedam ao legislador ordinário decretar impostos sobre certas pessoas, matérias ou fatos, enfim, situações que define".

Ataliba[8] aduz que "imunidade é ontologicamente constitucional" e que só a "soberana Assembleia Constituinte pode estabelecer limitações e condições do exercício do poder tributário".

Ulhôa Canto[9] reforça-o com dizer que:

> "(...) imunidade é a impossibilidade de incidência que decorre de uma proibição imanente, porque constitucional (...) portanto, é tipicamente uma limitação à competência tributária que a União, os Estados, o Dis-

5. Pontes de Miranda, *Questões Forenses*, t. III, p. 364; e *Comentários à Constituição de 1946*, vol. II, p. 156.

6. Bernardo Ribeiro de Moraes, *Doutrina e Prática do Imposto de Indústrias e Profissões*, São Paulo, Max Limonad, 1964, p. 114.

7. Aliomar Baleeiro, *Uma Introdução à Ciência das Finanças e à Política Fiscal*, 3ª ed., Rio de Janeiro, Forense, 1964, p. 262.

8. Geraldo Ataliba, *Natureza Jurídica da Contribuição de Melhoria*, São Paulo, Ed. RT, 1964, p. 231.

9. Gilberto de Ulhôa Canto, *Temas de Direito Tributário*, vol. III, Rio de Janeiro, Alba, 1964, p. 190.

trito Federal e os Municípios sofrem por força da Carta Magna, porque os setores a eles reservados na partilha de competência impositiva já lhes são confiados com exclusão desses fatos, atos ou pessoas".

## 6. *Os efeitos da imunidade*

Contudo, não é esta a única maneira de *visualizar a imunidade.* À luz da teoria da norma jurídica, os dispositivos constitucionais imunizantes "entram" na composição da *hipótese de incidência das normas de tributação*, configurando-lhe o alcance e fixando-lhe os lindes. José Souto Maior Borges[10] observa, com propriedade, que "O setor social abrangido pela imunidade *está fora* do âmbito da tributação".

O dispositivo constitucional que põe a imunidade atua na hipótese de incidência, excluindo de certos fatos ou aspectos destes a *virtude jurígena.*

Aliás, os dispositivos legais isentantes funcionam da mesma maneira. A diferença é que a imunidade radica na Constituição, enquanto a isenção decorre da lei menor, complementar ou ordinária. Teleologicamente, a imunidade liga-se a valores caros que se pretende sejam duradouros, enquanto a isenção veicula interesses mais comuns, por si sós mutáveis. Mas imunidade e isenção são categorias legislativas. Do ponto de vista da norma, só cabe dizer se ela incide ou não incide. Imunidade e isenção são fatores legislativos que condicionam as normas tributárias, cooperando na formação das mesmas.

Celso Cordeiro Machado,[11] em obra denominada *Limites e Conflitos de Competência Tributária no Direito Brasileiro*, apresentada como tese para provimento da cátedra de Finanças e Direito Financeiro da Faculdade de Direito da UFMG, como que se identificando com a nossa posição, que visualiza a imunidade se *refletindo na hipótese de incidência*, discorre nos seguintes termos:

> "As imunidades abrangem, de modo geral, aquelas situações que estariam normalmente, naturalmente, conceitualmente *incluídas entre os fatos geradores.* Elas se traduzem em limitações ao poder de tributar ou

10. José Souto Maior Borges, *Isenções Tributárias*, p. 209.

11. Celso Cordeiro Machado, *Limites e Conflitos de Competência Tributária no Direito Brasileiro*, Belo Horizonte, s/ed., 1968, p. 41.

em *contrações horizontais dos campos de incidência* que decorreriam das projeções espontâneas e totais dos fatos geradores" (grifos nossos).

O último trecho da cita entremostra a extrema acuidade do Mestre mineiro na percepção da "função redutora" que a previsão imunizante exerce sobre a hipótese de incidência da norma de tributação.

## *7. A imunidade, a isenção, os seus efeitos sobre as hipóteses de incidência das normas de tributação*

Os dispositivos isencionais, assim como os imunizantes, "entram" na composição das hipóteses de incidência das normas de tributação, delimitando o perfil impositivo do *fato jurígeno* eleito pelo legislador.

A isenção como também a imunidade não excluem o crédito, obstam à própria incidência, impedindo que se instaure a obrigação.

## *8. Equívocos da doutrina tradicional*

Expressiva corrente doutrinária, contudo, encara a isenção como mera dispensa legal de pagamento de tributo devido. Vale dizer que para estes – sem a nossa adesão – dá-se a obrigação, e nasce o crédito, mas o credor dispensa o pagamento. Num primeiro momento ocorreria o *fato gerador*, apropositando a incidência da regra jurídica instituidora da obrigação tributária. Num segundo momento, o Estado, através de uma regra jurídica autônoma de isenção, dispensaria o pagamento do tributo surgido com a obrigação. A isenção, dessarte, seria um *posterius* em face da incidência, assim como a imunidade seria um *prius* ante a competência para tributar.

O fenômeno da isenção dar-se-ia em momento sucessivo:

*1º Momento* – incidência da regra jurídica de tributação irradiando efeitos jurídicos; surgimento da obrigação e do crédito tributário objeto do *vinculum juris*.

*2º Momento* – incidência da regra jurídica de isenção dispensando o sujeito passivo do pagamento do tributo.

Renomados Mestres e escritores de escol prestigiam este entendimento.

Bernardo Ribeiro de Moraes:[12]

"A isenção tributária consiste num favor concedido por lei no sentido de dispensar o contribuinte do pagamento do imposto. Há a concretização do fato gerador do tributo, sendo este devido, mas a lei dispensa seu pagamento".

Amílcar de Araújo Falcão:[13]

"Nela [*refere-se à isenção*][14] há incidência, ocorre o fato gerador. O legislador, todavia, seja por motivos relacionados com a apreciação da capacidade econômica do contribuinte, seja por considerações extrafiscais, determina a inexigibilidade do débito tributário".

Rubens Gomes de Sousa:[15]

"Tratando-se de imunidade, não é devido o tributo porque não chega a surgir a própria obrigação tributária; ao contrário, na isenção o tributo é devido porque existe obrigação, mas a lei dispensa o seu pagamento. Por conseguinte, a isenção pressupõe a incidência, porque é claro que só se pode dispensar o pagamento de um tributo que seja efetivamente devido".

José Washington Coelho:[16]

"Verificada uma situação legítima de incidência (ocorrência do fato gerador, arts. 114-116) o legislador tem a faculdade de dispensar categorias de contribuintes ou determinados casos do pagamento do imposto. É a isenção".

Cláudio Martins:[17]

12. Bernardo Ribeiro de Moraes, *Doutrina e Prática do Imposto de Indústrias e Profissões*, cit., p. 673.

13. Amílcar de Araújo Falcão, *Fato gerador da obrigação tributária*, p. 132.

14. Nossos os parênteses e a ressalva neles contida.

15. Rubens Gomes de Sousa, *Compêndio de Legislação Tributária*, Rio de Janeiro, Financeiras, s/d., pp. 75-76.

16. José Washington Coelho, *Código Tributário Nacional Interpretado*, Rio de Janeiro, Correio da Manhã, 1968, p. 176.

17. Cláudio Martins, *Normas Gerais de Direito Tributário*, 2ª ed., Rio de Janeiro, Forense, 1969, p. 162.

"A isenção é a dispensa do tributo devido, em virtude de disposição expressa de lei".

Walter Paldes Valério:[18]

"A isenção, como se sabe, é o benefício fiscal instituído pela lei que dispensa, observadas determinadas circunstâncias e condições, o pagamento do crédito fiscal que corresponderia a um fato gerador verificado em relação ao beneficiário".

Fábio Fanucchi:[19]

"Se houver dispensa em lei contemporânea à data de ocorrência do fato gerador, está-se diante de uma isenção".

Labora em erro a doutrina que vimos de citar, posto que respeitáveis os nomes que a subscrevem. É que, *permissa venia*, a isenção não é forma de extinção de obrigação pela dispensa do crédito, mas fenômeno intrínseco à formação da hipótese de incidência da norma de tributação. Souto Maior, com razão, atribui a erronia neste campo ao transplante acrítico para o nosso Direito de comentários e ensinamentos dos jurisconsultos peregrinos. Chega a identificar entre os estrangeiros conceituações similares – *v.g.*, em Angelo Dus[20] e em A. D. Giannini.[21]

## 9. *A isenção como exclusão de incidência: outro equívoco*

Ao Mestre recifense assiste razão. Submetida à luz da teoria da incidência da norma jurídica, a doutrina sob enfoque, embora clássica e até prestigiada pelo Código Tributário Nacional, apresenta-se inaceitável. Souto Maior,[22] com tese mais robusta, prefere ver a isenção de modo diferente, como excludente de obrigação:

18. Walter Paldes Valério, *Programa de Direito Tributário – Parte Geral*, Porto Alegre, Sulina, 1970, p. 173.

19. Fábio Fanucchi, *Curso de Direito Tributário Brasileiro*, 3ª ed., vol. I, São Paulo, Resenha Tributária, 1975, p. 370.

20. Angelo Dus, *Teoria Generale dell'Illecito Fiscale.*

21. A. D. Giannini, *I Concetti Fondamentali di Diritto Tributario.*

22. José Souto Maior Borges, ob. cit., p. 190.

"A norma que isenta é, assim, uma norma limitadora ou modificadora: restringe o alcance das normas jurídicas de tributação; delimita o âmbito material ou pessoal a que deverá estender-se o tributo ou altera a estrutura do próprio pressuposto da incidência".

Há que fazer aqui, no entanto, um escolástico *distínguo*. A simples leitura da citação levaria a crer que Souto Maior concorda com a tese aventada no presente trabalho, isto é, as previsões imunizantes e isencionais se conjugariam com as previsões impositivas para compor o perfil último e final da hipótese de incidência da norma de tributação. De fato, a cita leva a esta conclusão.

Isto não ocorre. Para Souto Maior Borges, assim como para Walter Barbosa Correia, Pontes de Miranda, A. A. Becker e seus epígonos, as previsões legislativas de isenção se agasalham em normas específicas, isencionais – diversas, portanto, da norma de tributação. Haveria, assim, uma norma de tributação e tantas normas isencionais quantos fossem os fatos isentos previstos pelo legislador. As normas isencionais teriam a função de suspender a incidência da norma jurídica de tributação, daí serem chamadas de "normas de não incidência" (função não juridicizante).

Quando não fosse essa a posição de Souto Maior, já clássica, no seu primoroso *Isenções Tributárias*, em obras e passagens mais recentes nota-se a reiteração da tese que timbra na afirmação de que a norma de isenção incide exatamente para que não incida a de tributação. Uma é excludente da outra.

Em separata do *Anuário do Mestrado em Direito* da Faculdade do Recife (janeiro-dezembro/1976), Souto Maior[23] assevera:

"A incidência da norma isentante tem como necessária contrapartida a não incidência da norma tributária. Nesse sentido pode-se dizer que a isenção atua como qualquer outra regra excepcional, em face do princípio da generalidade da tributação. Posto a doutrina nem sempre tenha apreendido, com a necessária clareza, essa característica, não tem outro sentido a proposição da ciência do direito tributário de que a regra jurí-

23. José Souto Maior Borges, "Subvenção financeira, isenção e deduções tributárias", *Anuário do Mestrado em Direito* da Faculdade do Recife, janeiro-dezembro/1976, Separata, p. 72.

dica de isenção configura hipótese de não incidência legalmente qualificada. A não incidência, aí, é da regra jurídica de tributação, porque a regra jurídica de isenção incide sobre o fato isento, e seria absurdo supor-se a existência da regra jurídica que produzisse efeito sem prévia incidência".

## *10. A alternativa proposta*

*Data venia*, ousamos discordar da colocação do Mestre nordestino. Achamos que a norma, de isenção não é. E, se não é, não pode ser *não juridicizante.* Não sendo, também não incide. As normas não derivam de textos legais isoladamente tomadas, por isso que se projetam do *contexto jurídico.* A norma é a resultante de uma combinação de leis ou de artigos de leis (existentes no sistema jurídico). As leis e artigos de leis (regras legais) que definem fatos tributáveis conjugam-se com as previsões imunizantes e isencionais para compor uma única hipótese de incidência: a da norma jurídica de tributação. Assim, para que ocorra a incidência da norma de tributação é indispensável que os fatos jurígenos contidos na hipótese de incidência ocorram no mundo. E esses "fatos jurígenos" *são fixados após a exclusão de todos aqueles considerados não tributáveis em virtude de previsões expressas de imunidade e isenção.*

Bilac Pinto[24] teve a exata intuição do problema:

> "Não pode existir um tributo a cobrar sem que tenha ocorrido previamente um fato imponível. Se, pela lei que concede isenção, um fato imponível é excluído do alcance do ônus fiscal, ele perde desde logo essa feição ou categoria de fato imponível para transformar-se em fato não sujeito à imposição tributária".

Ademais, admitir a incidência de uma regra de não incidência é algo contraditório. João Roberto Santos Regnier,[25] em que pese à observação já feita por Souto Maior pouco atrás, acerta em cheio ao observar que:

24. A*pud* José Souto Maior Borges, ob. cit., pp. 162-163.
25. João Roberto Santos Regnier, *A Norma de Isenção Tributária*, São Paulo, EDUC/Resenha Tributária, 1975, p. 61.

> "Ou a regra jurídica incide e irradia seus efeitos e, nesse mister, o emprego da expressão 'hipótese de incidência' é incontestável, ou não incide (em razão de que não produz efeitos jurídicos) e, nesse caso, não se pode aceitar pacificamente a validade do emprego da locução 'hipótese de não incidência'".

Destarte, é incorreto supor, como faz a doutrina tradicional, que a incidência da norma de tributação precede a incidência da norma de isenção (que, por isso, é "desjuridicizante" ou "destributante"). Tal sucessividade inexiste no plano lógico-jurídico. As relações jurídicas

> "(...) não se passam no mundo das percepções visuais e auditivas, gustativas ou táteis; passam-se, são, no mundo do pensamento, que é parte do mundo total".[26]

Tampouco se nos afigura correta a colocação contrária, que vê a isenção incidindo como regra "não juridicizante", na medida em que produz uma situação de não incidência.

A linguagem das leis, sempre diretiva, quando institui uma hipótese de isenção (ou uma hipótese de imunidade) apenas enuncia fato ou qualidade intributável. O jurista é que, ao desvendar o dever-ser normativo contido no direito positivo, deduzirá a *norma de tributação* emergente, composta de *hipótese de incidência* contendo fatos tributáveis e *consequência jurídica* contendo a imposição do dever tributário.

A hipótese de incidência da norma de tributação é composta de fatos tributáveis, já excluídos os imunes e os isentos.

Alfredo Augusto Becker,[27] em que pese à sua convicção de que a isenção é norma (e norma não juridicizante), ao criticar a escola tradicional (isenção como dispensa de pagamento de tributo), oferece-nos um rico adminículo à questão ora tratada, que é o da *integridade* da hipótese de incidência da norma de tributação.

> "Na verdade, não existe aquela anterior relação jurídica e respectiva obrigação tributária que seriam desfeitas pela incidência da regra jurídica de isenção. Para que pudesse existir aquela anterior relação jurídica tributária seria indispensável que antes houvesse incidência da regra

26. Pontes de Miranda, *Comentários*, cit., vol. I, § 2º, n. 3.
27. Alfredo Augusto Becker, ob. cit., p. 277.

jurídica de tributação. *Porém esta nunca chegou a incidir*, porque *faltou ou excedeu* um dos elementos da *composição* de sua hipótese de incidência, *sem a qual ou com a qual ela não se realiza.* Ora, aquele elemento faltante ou excedente é justamente o elemento que, entrando na composição da hipótese de incidência da regra jurídica de isenção, permitiu diferenciá-la da regra jurídica de tributação (...)" (grifos nossos).

A posição de Becker, retratada na citação, admite que a regra de tributação não incide porque a previsão de isenção retira-lhe a qualidade jurígena de certos fatos considerados "geradores" de obrigação (cooperando, assim, na *formação* da hipótese de incidência da regra de tributação).

Optamos por outro esquema conceitual, expresso da seguinte maneira:

| Ocorrendo H<br>"T" deve ser | onde:<br>H = Hipótese de incidência da regra de tributação<br>T = Dever tributário decorrente |
|---|---|

A hipótese de incidência, contudo, apresenta a seguinte composição:

| H = A – (B + C) | onde:<br>H = Hipótese de incidência<br>A = Fatos tributáveis<br>B = Fatos imunes<br>C = Fatos isentos |
|---|---|

O direito subjetivo que se contém na pretensão de não pagar da pessoa beneficiada com previsão legal de isenção ou constitucional de imunidade só aparentemente parece ser deduzido da *lei isentante* ou *imunizante.* A lei existe e vige mas, em verdade, é da *norma de tributação* que se deduz a inexistência de relação jurídico-tributária. Todo o esforço está centrado em demonstrar que *a norma de tributação não incidiu* por faltar-lhe *tipicidade.*

Aliás, a problemática da norma e a temática da sua incidência implicam diretamente com a teoria da interpretação. Em verdade, os intérpretes das leis – juízes, funcionários públicos, professores, os agentes do Direito – estão sempre às voltas com o problema da *norma.* Em primeiro lugar, controvertem sobre os fatos que compõem a *hipótese da norma.* Em segundo lugar, discutem sobre o *nexo de imputabilidade* entre os fatos e os efeitos jurídicos queridos pelo legislador. Indaga-se, além dos fatos que seriam jurígenos, sobre os reais efeitos decorrentes da sua realização no mundo. Finalmente, quando os fatos estão ocorrendo ou já ocorreram, a controvérsia é sobre se *juridicamente* ditos fatos efetivamente se deram.

No campo tributário gasta-se tinta sobre o que é ou não o *fato gerador* deste ou daquele tributo. A discussão, aí, é sobre a descrição legislativa posta na lei. *A hipótese de incidência da norma* vai depender, obviamente, dos *fatos relatados* pelo legislador como aptos a gerar *tributação.* Melhor, vai depender da "intelecção" do relato. A interpretação não fica aí. Discute-se muito, e exaustivamente, se a norma incidiu ou não, isto é, se os *fatos ocorridos* guardaram semelhança com os *fatos descritos* na lei (componentes da *hipótese de incidência da norma*).

Isto ocorre porque as palavras com que são feitas as leis são ambíguas, possuem *textura aberta* e são *vagas*, como toda linguagem natural.[28] Disso resulta que as pessoas quase sempre controvertem sobre o *real significado* das palavras. Consequentemente, estas incertezas se transladam para as *normas*, por isso que suas hipóteses são fatos que necessariamente foram descritos pelo legislador.[29] O trabalho está todo em *tipificar as hipóteses de incidência das normas de tributação.*

## *11. A diferença entre a exclusão expressa, imunidade e isenções e a não incidência pura ou natural – Primeira aproximação*

No plano do direito positivo é evidente que a tributação decorre de um ajuizamento prévio da realidade por parte do legislador, em decorrência do quê os fatos são medidos e valorados. Alhures havíamos dito que:[30]

28. A propósito, v. Genaro Carrió, *Algunas Palabras sobre las Palabras de la Ley*, Buenos Aires, Abeledo-Perrot, 1971, *passim.*

29. Sobre o assunto, v. trabalho da professora Misabel Abreu Machado Derzi intitulado *Tipicidade e Interpretação* (tese editada pela UFMG).

30. Sacha Calmon Navarro Coêlho, "A propósito do poder impositivo e das técnicas de tributação", *Legislação Mineira* 37, Belo Horizonte, 1970.

> "No exercício do poder impositivo, o Estado, além de cingir-se aos ditames da *lex*, curva-se a duas exigências inamovíveis: uma axiológica, outra técnica. Antes de impor o tributo, ao Estado cabe examinar a realidade subjacente, atribuindo-lhe medida e valor. Só depois poderá, adotando técnica condizente, irradiar a imposição tributária".

O aspecto mais saliente do ponto de vista axiológico entronca com a eleição pré-deliberada do fato gerador. Este corresponde a uma opção consciente, e a sua escolha revela, presumivelmente, as potencialidades contributivas ínsitas na coletividade. Dado que é o *suporte real*, fático, da tributação, a pesquisa dele reveste-se de invulgar importância e consubstancia todo um ajuizamento da realidade econômico-social.

Importa notar, em princípio, que o fato é sempre um *prius* em face do poder que exerce a imposição tributária. Giorgio del Vecchio[31] ensina:

> "A relação jurídica tem sempre substrato real nas coisas e nas pessoas. O Direito não cria os elementos ou termos da relação. Encontra-os já naturalmente constituídos e não faz mais que determiná-los, discipliná-los: reconhece algo preexistente ao qual dá ou imprime sua forma".

Adaptando a fala ao nosso caso, temos que o ato já existe na realidade exterior ao Direito como *dado pré-constituído*. Sua eleição como suporte de tributação é que lhe confere a qualidade legal de *geratriz de dever tributário*. Mais uma vez, como sempre ocorre na fenomenologia do Direito, dá-se a *juridicização do fático*. No empenho de tornar juridicamente relevantes, sob o ponto de vista tributário, fatos, atos ou situações, o legislador vale-se da lei. Através dela determina as situações fáticas relevantes aos fins da tributação. Ocorre que os *fatos* nem sempre são simples. Muitos são complexos, proteiformes, apresentam aspectos díspares que é necessário muita vez distinguir e excepcionar através de comandos expressos de *não tributabilidade*. É quando aparecem, ao lado das regras tributárias, as previsões de imunidade (na Constituição) e isenção (nas leis infraconstitucionais). Caso típico, exemplar, oferta-nos o fato gerador do ICMS. Em princípio, toda cir-

31. Giorgio del Vecchio, *Filosofía del Derecho*, trad. de Luiz Legaz y Lacambra, 1942, p. 358.

culação de mercadorias promovida por industrial, comerciante ou produtor é tributável. Ocorre que certos "tipos de circulação" não podem, em função de relevantes interesses econômicos ou sociais, ser tributados. Nesse ponto, é absolutamente necessário excepcionar a *regra geral*, seja por imunidade ou através de uma isenção posta por instrumento infraconstitucional. É a hipótese exata da circulação com destino ao exterior, ou ainda o caso de circulação de obra de arte, que também é mercadoria, promovida por artista ou artesão. Tais circunstâncias, por um motivo ou outro, não pode o Estado tributar. É que existem regras positivas de exclusão. No primeiro caso, imunidade; no segundo, isenção.

Aqui o momento de retificar a fala de Giorgio del Vecchio, linhas antes. Certamente os fatos preexistem logicamente ao Direito que deles se ocupa, mas o legislador pode "qualificar" ditos fatos de mil maneiras diferentes e lhes atribuir *efeitos diversos*. Ter renda é *fato gerador* do imposto sobre a renda. Todavia, se a renda for obtida em dado lugar, não mais servirá de suporte à tributação. É que pode existir lei isentando a receita assim auferida. *Um mesmo fato* poder dar lugar a efeitos jurídicos diferentes, até mesmo antitéticos.

Certa corrente passou a *qualificar o fato em função de seus efeitos*. Assim, a tributação implicaria um *fato gerador tributário*, e a isenção, um *fato gerador isento* – equívoco que só pode ser superado nos esquadros mais amplos da *teoria da norma jurídica tributária*. Esta tem por hipótese de incidência *fato ou situação* que resulta da totalidade do sistema jurídico positivo. Tal assertiva, neste trabalho mesmo, foi referendada por Becker, Vilanova, Kelsen *et alii*. Partindo, pois, desse pressuposto, temos que as leis e artigos de leis que preveem tributações, imunidades e isenções em nível do Direito posto são assimiladas pela teoria jurídica para o fim de *descrever a norma tributária, composta de hipótese e consequência*. São dois planos diversos, que é mister jamais confundir. A norma condensa sistematicamente a normatividade difusa no direito positivo. Não se confunde com este direito, senão que dele dimana, como se fora sua essência.

Ataliba,[32] expressando a ideia de que a norma jurídica é ente de outro nível, diverso da lei, afiança:

32. Geraldo Ataliba, *Hipótese de incidência tributária*, 6ª ed., p. 76.

"Hipótese de incidência é a descrição legislativa (necessariamente hipotética) de um fato a cuja ocorrência *in concretu* a lei atribui a força jurídica de determinar o nascimento da obrigação tributária. Pois esta categoria ou protótipo (hipótese de incidência) se apresenta sob variados aspectos, cuja reunião lhe dá identidade. Tais aspectos não vêm necessariamente arrolados de *forma explícita e integrada na lei*. Pode haver – e tal é o caso mais raro – uma lei que os enumere e especifique a todos, mas, normalmente, os aspectos integrativos da hipótese de incidência estão esparsos na lei, ou em diversas leis, sendo que muitos são implícitos no sistema jurídico" (grifos nossos).

À semelhança de um projetor sofisticado de filmes, o legislador, por razões pré-jurídicas, emite continuamente regras tributárias impositivas e exonerativas (utilizando-se da linguagem que lhe é peculiar, a linguagem vulgar, popular) que expressam a sua vontade de *tributar* ou liberar da tributação *dado fato ou aspecto de fato*. Se imaginarmos que os "focos jurídico-legais" assim emitidos vão se projetar numa tela, iremos ter a visão de uma "figura típica"; a figura ou perfil do *fato jurígeno* que constitui a hipótese de incidência da norma de tributação.

Vimos, quando tratamos da teoria da norma jurídica tributária, que a sua *hipótese de incidência* é constituída pela descrição do fato, e que é exatamente a *ocorrência* desse fato que provoca a *incidência* do dever jurídico previsto no comando ou consequência da norma. Vimos, ademais, que este fato jurígeno, embora uno, pode ser decomposto logicamente em aspectos: (1) material; (2) espacial; (3) temporal; (4) pessoal. Vale dizer: o *fato*, além de um *substrato* (aspecto material), está referido ao tempo, ao espaço e às pessoas com ele envolvidas (aspectos pessoal, temporal e espacial). Evidentemente, os fatos são ricos[33] e apresentam inúmeras facetas.

33. Geraldo Ataliba, em lição de grande valor científico, diz que: "A hipótese de incidência não deixa de ser una e indivisível pelo fato de possuir diversos aspectos cuja consideração não implica sua decomposição em 'partes' ou 'elementos'" (idem, p. 77).

É sabido que a hipótese de incidência descreve um fato jurígeno. Como tal, é uma unidade, embora os elementos pré-jurídicos arrecadados pelo legislador, para descrevê-lo, possam ser múltiplos ou complexos. Preferimos falar em aspectos da hipótese de incidência porque, na verdade, esta unidade conceitual pode ser encarada, examinada e estudada sob diferentes prismas, sem se destituir do seu caráter unitário (ob. cit., pp. 79-80).

Pois bem, a qualificação dos fatos geradores de tributação é feita, em todos os seus aspectos, através de leis impositivas e exonerativas. As previsões exonerativas fixam-se ora no aspecto temporal, ora no aspecto pessoal, ora, ainda, no aspecto espacial da hipótese de incidência, para produzir o fator de intributabilidade. O fato de uma pessoa física residente no País há mais de 12 meses ter obtido renda acima de "Y" em determinado exercício social (ano-calendário) constitui a hipótese de incidência do imposto sobre a renda da pessoa física, segundo a Lei Alfa 1. A Lei Alfa 2, no entanto, determina: "Se a pessoa que aufere a renda for diplomata de País estrangeiro residente no País, não pagará o imposto previsto na Lei Alfa 1." A Lei Alfa 3 diz, a seu turno, que, "se a pessoa residir na zona de Pasárgada, estará isenta do imposto".

A Lei Alfa 1 pôs a tributação de modo genérico. A Lei Alfa 2 instituiu uma *isenção subjetiva*, porque referida ao aspecto pessoal da hipótese de incidência,[34] e a Lei Alfa 3 colocou uma isenção qualificada em função do lugar onde ocorre a hipótese de incidência.

Em suma, tanto faz dizer a lei de tributação que o *fato gerador* do imposto é ter renda, com exceção das diárias e ajudas de custo pagas pelos cofres públicos, quanto dizer, apenas, que a obtenção da renda é *fato gerador*, e, noutra lei, de isenção, declarar que a renda obtida à conta de diárias e ajudas de custo pagas pelos cofres públicos é isenta. Numa só lei ou em diversas, o importante é que o legislador expresse a sua vontade sobre o que *gera, ou não, a tributação.* A coleta, pelo jurista, do fato composto por tais declarações de vontade, devidamente combinadas, resulta no *perfil último da hipótese de incidência da norma de tributação.* No exemplo precedente, o que o legislador disse nas Leis Alfa 1, 2 e 3 poderia ter dito numa só lei, ao declarar sua vontade a respeito do *fato jurígeno tributário.*

Ora, é a conjunção final de todas as declarações do legislador sobre o *fato jurígeno* que *delineia, compõe, estrutura, a hipótese de incidência da norma de tributação.*

Sob o ponto de vista do direito positivo, a imunidade e a isenção são *declarações expressas do legislador sobre fatos ou aspectos fáticos,*

34. Aqui se demonstra, mais uma vez, a imprescindibilidade do aspecto pessoal na hipótese de incidência da norma de tributação, contrariamente ao que pensa Paulo de Barros Carvalho (*Teoria da Norma Tributária*, Lael).

*negando-lhes efeitos tributários.* Dessarte, a definição das *situações-base* dos tributos caracteriza-se pela modificação contínua de seus termos, comportando inevitável delimitação da realidade social subjacente. Isto advém dos critérios de avaliação postos à disposição do legislador, senhor da oportunidade, inoportunidade, conveniência ou inconveniência da tributação em relação a determinado número de aspectos da *situação-base* do tributo.

Um mesmo fato, *grosso modo*, pode referenciar interesses diferentes, e disto descende a exigência de subtrair alguns itens do fato do raio da imposição, através das previsões excludentes: caso da circulação de mercadorias no País, tributada, e direcionada para o exterior, imune. A configuração dos fins extrafiscais nas normas de tributação nada mais é que a tradução, em termos finalísticos, dos critérios de ordem político-social na avaliação das *situações jurígenas.* Estes critérios estão sujeitos a variações frequentes, expressão dos mutáveis objetivos políticos, econômicos e sociais.

A razão fundamental para a coexistência das disposições de imposição com aqueloutras de exclusão, acarretando, como visto, constante mutação no perfil dos *fatos imponíveis*, deve-se a uma situação de compromisso entre as *exigências do princípio da justiça*[35] *e os influxos do princípio da segurança, cujo principal requisito é a certeza do direito. O princípio da segurança exige leis estáveis e dotadas de clareza. As necessidades do poder e as aspirações de justiça provocam disciplinas diversas, caso por caso e a todo momento. Em função da exigência de certeza do direito, as leis impositivas são estáveis, simples, e delineiam as linhas básicas dos "fatos geradores". Em torno delas surgem as leis exonerativas ou dispositivos de exclusão, com disposições cuja função precípua é precisar a situação-base*, adequando-a às variações que se processam na realidade econômico-social.

O *fato jurígeno*, para lá da sua intrínseca textura, decorre em boa parte de *qualificações* subjetivas operadas pelo legislador em razão de um número bem elevado de circunstâncias. E, assim, o reconhecimento de todos os termos que constituem os *fatos geradores* das normas

35. A aspiração de justiça, embora cada época e cada povo a visualize diferentemente, é constante na base das sociedades humanas. Os valores que se desprendem dessa aspiração infiltram, e cada vez mais, os direitos positivos, elevando-os constantemente.

fiscais tem que ser feito a todo momento, através do exame completo do universo legal, compreendendo as regras de imposição e de exclusão.

## *12. A questão da não incidência – Conclusão*

Se, sob o ponto de vista do direito positivo, a imunidade e a isenção são *declarações expressas do legislador sobre fatos ou aspectos de fatos ou estados de fato, negando-lhes efeitos tributários impositivos*, não vemos como, neste plano, compará-las com a chamada *não incidência natural ou pura*. A imunidade e a isenção são, existem, vêm de *entes legais positivos*. A não incidência natural ou pura como tal inexiste, é um não ser. A imunidade e a isenção são técnicas legislativas.

## *13. Exoneração nas consequências das normas de tributação – Quantitativas*

As imunidades e as isenções são espécies exonerativas encontradiças nas hipóteses das normas de tributação, moldando o perfil do fato imponível (fato gerador *in abstracto*, fato típico, fato jurígeno etc.). Outras espécies exonerativas estão nas consequências normativas das regras de tributação, compondo o perfil do dever jurídico. A descrição do dever tributário – quem deve pagar (sujeito passivo), quem deve receber (sujeito ativo), quando, como, onde, em que montante deve ser realizada a prestação (objeto) – está nas consequências jurídicas das normas tributárias; ou, se se prefere, nos mandamentos normativos.

## *14. Reduções diretas de bases de cálculo e de alíquotas – O efeito das leis que as preveem*

As reduções de bases de cálculo e de alíquotas decorrem do modo de calcular o conteúdo pecuniário do dever tributário, determinando uma forma de pagamento – elemento liberatório do dever – que implica, necessariamente, redução do *quantum* tributário em relação à generalidade dos contribuintes (ou em relação à situação impositiva imediatamente anterior).

Nos tributos de alíquotas seletivas a presença jurídica da tributação amenizada só pode ser detectada levando-se em conta a alíquota anterior incidente sobre a operação. Referimo-nos a tributos do tipo do IPI, cuja tabela de alíquotas é imensa e em cujos encerros cada produto é "aliquotado" especificamente. Existindo, de saída, alíquotas heterogêneas, *a redução só pode ser percebida* quando um mesmo produto passa a ser tributado a menor. É o que ocorre, de quando em vez, por efeito das chamadas *reduções da carga fiscal*, cujo fito é, em termos de política fiscal, ativar as vendas de setores da economia às voltas com retração de demanda.

Os tributos, contudo, dotados de uniformidade de alíquotas e de bases de cálculo,[36] permitem possa a redução ser observada em contraste com o campo restante sujeito a tributação. É o caso do ICMS dotado de uniformidade de alíquotas. Quando dada mercadoria passa a ser tributada não mais sobre o "valor da saída" – preço de venda ou transferência –, mas sobre 10%, digamos, desse valor, estamos em face de evidente redução de *tributo devido*. E isto é exoneração tributária. Uma espécie de exoneração, melhor dizendo, bem diversa da *isenção* ou da *imunidade*.

Tecnicamente, as reduções de bases de cálculo e de alíquotas deveriam ser sempre parciais, porquanto as exonerações totais já são atendidas através das fórmulas isentantes e imunizantes. A atuação do legislador sobre o dever tributário, minimizando-o por razões extrafiscais, deveria cingir-se àquelas hipóteses em que, não querendo dar exoneração integral, preferisse apenas reduzir o *quantum debeatur*. Haveria o dever tributário, a obrigação tributária, todavia o *quantum* a pagar seria menor. Com efeito, não faz sentido dizer que da ocorrência do fato "Y" (hipótese de incidência) deve ser a prestação (consequência jurídica imputada ao suposto), mas, ao determiná-la, dizer que é nenhuma, porque não há base de cálculo ou não há alíquota (alíquota zero).

As regras que estipulam estas reduções totais nas consequências normativas – as leis contemplam tais hipóteses – atingem o objetivo econômico colimado, que é exonerar o contribuinte. À luz da Ciência do Direito, a norma que prevê *um fato jurígeno criador de **vinculum***

36. Preferimos a denominação "base imponível", como sugerido por Geraldo Ataliba. É que muitas vezes o tributo não oferece possibilidade de cálculo, mas apenas uma base para a imposição do gravame. Caso de certas taxas: por alvará concedido, R$ 50,00. Se usamos a expressão "base de cálculo", é para facilitar a comunicação segundo os usos e costumes.

*juris* entre dois sujeitos, em que o *solvens* nada deve ao *accipiens*, é, sem dúvida, uma norma incoerente, uma espécie de desperdício normativo, embora não chegue a ser um despautério. As coisas se passam mais ou menos assim: "B" pratica um fato, previsto em lei, que o torna devedor de "A". Contudo, no momento de calcular monetariamente o valor da dívida de "B", em prol de "A", verifica-se que é *nenhuma* (ou a alíquota é "zero", ou inexiste base de cálculo).

## *15. Alíquota zero*

Não obstante, o legislador tem insistido na técnica da "alíquota zero" e do "não tributado", mormente nas áreas do IPI e do imposto de importação. Diga-se para logo que as expressões "livre", "alíquota zero" e "não tributado" têm para nós o sentido de produto não "aliquotado". O IPI assim como os impostos de importação e exportação possuem "fatos geradores" genéricos que atingem uma infinidade de produtos. Ocorre que, nas respectivas tabelas de incidência, certas alíquotas não existem – o que de modo algum significa ausência de fato gerador, mas, sim, de medida para cálculo do dever tributário.

Muito se tem discutido na doutrina sobre o exato significado dessas figuras, cujos efeitos são idênticos, em termos econômicos, aos da isenção e da imunidade. Para um setor expressivo da doutrina tais fenômenos exonerativos ou, melhor dizendo, todos os demais modos exonerativos fulcrados na existência da obrigação, que não a imunidade, vista como limitação ao poder de tributar, deveriam ser assimilados pelo conceito de isenção. Esta, então, tenderia a *nominar* toda uma gama de modos exonerativos, transmudando-se em gênero o que hoje é espécie. Fernando Albino de Oliveira[37] dá-nos uma mostra da doutrina que vimos de referir:

> "O termo 'isenção' usado pelo legislador constituinte na redação do § 6º do art. 23, numa interpretação sistemática da Constituição, deve ser ampliado de modo a compreender quaisquer benefícios tributários, entendidos estes como sendo os concedidos no âmbito da relação jurídica obrigacional entre Fisco e contribuinte, antes de sua extinção pelo pagamento do imposto. Tal ampliação, entretanto, não permite abarcar

37. Fernando Albino de Oliveira, in *RDP* 27/230.

também as vantagens financeiras, outorgadas em momento lógico e cronologicamente posterior ao da extinção do crédito tributário (...)".

Esta posição possui a desvantagem de estimular a promiscuidade conceitual, não distinguindo, nos fenômenos exonerativos, os que se dão nas hipóteses das normas de tributação dos que são determinados nas "consequências" ou "comandos".

Ao procurar estender o conceito de isenção a toda e qualquer fórmula exonerativa contida no desenho obrigacional, a posição *in examine* pratica um velho expediente de tecnologia jurídica: a assimilação das figuras afins. Sem embargo, discordamos. Deve-se reservar à isenção o sentido que lhe é peculiar. As demais figuras exonerativas, a seu turno, devem ser juridicamente esculpidas, ganhando cada qual sentido próprio. A cada espécie deve corresponder um *status* inconfundível, definido e, por isso mesmo, como o nome está a indicar, *específico*! O conjunto das espécies é que forma o gênero da exoneração tributária, figura ainda por construir. Nesse caso, o expediente casuístico, imediatista, posto que pragmático, da assimilação: o transmitir ao novo (as novas fórmulas exonerativas) os conceitos do velho (a isenção, mais estudada e disciplinada) seria substituído pela técnica da *construção jurídica*, mais útil e fecunda.

Por outro lado, ontologicamente, isenção e alíquota zero são, mesmo, profundamente diversas. A isenção exclui da condição de "jurígeno" fato ou fatos. A alíquota é elemento de determinação quantitativa do dever tributário. Se é zero, não há o que pagar.

Há quem dissinta na doutrina sobre a especificidade da alíquota zero. Esta seria o mesmo que a isenção. O argumento trabalha a ideia de que o *Direito* não pode ser redutível a uma mera ideia arquitetônica formal. O *fato gerador* da obrigação tributária seria, antes de mais nada, como o nome está a indicar, um *fato jurígeno* (criador de efeitos jurídicos). Assim, a teoria do fato gerador estaria radicalmente comprometida com o *princípio da funcionalidade*. Ao quê a tese ora exposta, por admitir um *fato gerador que nada gera* (não há alíquota positiva), estaria admitindo uma obrigação sem objeto. Sabido que a obrigação só nasce para se extinguir, porquanto é da sua essência a *transitoriedade*, a aceitação da tese implicaria o *absurdo normativo* de uma obrigação sem credor, nem prestação, nem obrigado.

O argumento, a princípio, impressiona. Todavia, se nos detivermos em sadia reflexão, veremos que o fenômeno da alíquota zero não é isolado em termos jurídicos. No direito penal há crime sem punibilidade, tanto quanto no direito tributário existe fato gerador sem tributação. Ora, é da lógica jurídica que a *descrição hipotética de fato delituoso* só exista para possibilitar a sua sanção caso venha a dar-se o delito no mundo fático. Não obstante, hipóteses existem em que nuanças situadas no preceito, não *descriminantes*, evitam a punibilidade. Era o caso do casamento do ofensor com a ofendida na sedução. É ainda o caso da reposição do desfalque no peculato culposo. Em ambos os casos existe a *hipótese de incidência*, a descrição do crime, e há o crime apropositador da sanção. Esta, todavia, não ocorre se se realizam os nódulos da impunibilidade previstos no plano da consequência da norma penal. *Mutatis mutandis*, é o que ocorre com a alíquota zero. Existe a hipótese de incidência (descrição do fato gerador) apropositadora da tributação. Só não há tributo porque, no plano da consequência da norma tributária, existe ressalva expressa de intributabilidade, traduzida na fixação de uma alíquota zero, elemento impossibilitador de quantificação do dever tributário. No direito tributário é possível a técnica da alíquota zero porque o tributo possui natureza pecuniária. No direito penal equivaleria a dizer que há o crime mas não há a pena (impunibilidade).

A *ratio* de tudo isso?

No direito penal, interesses de ordem moral ou econômica (hipótese de reposição do prejuízo em tema do peculato). No direito tributário, razões também econômicas ou de política fiscal.[38]

A crítica dos que inadmitem a alíquota zero, *concessa venia*, é paradoxalmente muito mais *formal* que *funcional*. Não há nada mais funcional que a alíquota zero como técnica de tributação, sendo de grande utilidade prática nos gravames do fato gerador genérico com alíquotas múltiplas e seletivas. Efetivamente, no campo do IPI e do imposto de importação o fato jurígeno tributário é genérico. Específicas são as alíquotas por produto.

Em situações que exijam decisões rápidas em resposta à conjuntura muitas vezes é conveniente não tributar temporariamente dado

38. No direito penal muita vez há o crime e uma regra de competência permite ao juiz tirar a pena (perdão judicial).

produto. Isentá-lo para novamente tributá-lo, e assim por diante, demandaria tempo e submissão a princípios irredutíveis, tais quais o da legalidade e o da anterioridade da lei tributária em relação ao exercício da cobrança do tributo. Por ser *funcional* a técnica da alíquota zero, substitui com vantagem a isenção.

De se concluir, portanto, que, em Direito, técnica altamente teleológica, a alíquota zero cumpre papel de assinalada utilidade, sem se confundir com a isenção, inadequada ou imprópria para resolver certas situações.

Ademais disso, encontra explicação lógica na teoria da norma tributária.

A incongruência que muitos enxergam na alíquota zero decorre de uma defeituosa postura metodológica. Enxerga-se a *norma* apenas como um instrumento de tributação. Ora, ela é também um instrumento de *exoneração*. Não é apenas funcional pela metade. É funcional por inteiro. Faz sentido, em nível prático e lógico, a alíquota zero.

O STF tem decidido reiteradamente que isenção e alíquota zero não se confundem.[39] A Corte, embora não tenha até hoje fixado os fundamentos científicos da distinção – o que poderia fazer com fulcro na teoria da norma jurídica tributária –, tem preferido, circunstancialmente, escorar-se na teoria clássica da isenção, que enxerga na *dispensa legal do pagamento do tributo* o cerne de fenômeno isencional. O STF tem entendido haver uma obrigação surgida e atuante de pagar tributo que fica elidida pela superveniência da regra de isenção, dispensadora do pagamento, a excludente do crédito tributário. No RE 76.284[40] está dito que:

> "As decisões proferidas pelo STF distinguiram a isenção da tarifa livre ou zero por entender que a figura da isenção tem como pressuposto a existência de uma alíquota positiva e não a tarifa neutra, que corresponde à omissão da alíquota do tributo".

E mais:

39. RE 72.433, *RTJ* 63/468; RMS 18.191, *RTJ* 47/781; RE 72.452; RMS 18.616; REMS 18.618; RE 73.986; *RTJ* 62/809; RE 72.872; RE 66.567.

40. *Gazeta Mercantil*, São Paulo, ed. de 28.11.1974.

"Se a isenção equivale à exclusão do crédito fiscal (CTN, art. 97, VI) o seu pressuposto inafastável é o de que exista uma alíquota positiva que incida sobre a importação da mercadoria. A tarifa livre ou zero, não podendo dar lugar ao crédito fiscal, exclui a possibilidade da lei de isenção".

Embora inaceitável que a isenção pressuponha, antes, a tributação, como visto,[41] somos favoráveis à distinção empreendida pela Suprema Corte. Evidentemente, opomos reparo ao fundamento dos decisórios.

A isenção, é de ver, distingue-se da alíquota zero pelo fato de a *previsão isencional* relacionar-se com a *hipótese de incidência da norma* (construção jurídica do fato gerador) e a alíquota zero ligar-se à descrição do dever tributário, atribuindo-lhe conteúdo de gratuidade. Por isso mesmo, o STF, na cita que vimos de transcrever, afirma que "a tarifa livre ou zero *não podia dar lugar a crédito fiscal*" e que, portanto, "excluía a lei de isenção" (grifos nossos). Pena não ir-se às últimas consequências da assertiva, plena de elementos para tanto. Lei não incide. O que incide é a norma decorrente da lei ou das leis.

Certo, para haver alíquota zero, *nulificando o dever*, é necessária a incidência da hipótese de tributação.

O assunto, advirta-se, não é destituído de interesse prático. Como sabido, as legislações contemplam hipóteses de isenções reflexas: será isenta do ICMS a operação que o for do imposto de importação, *v.g.* Esta regra já existiu no Direito Brasileiro.

Assim sendo, a atribuição por simples ato administrativo (resolução do CPA) de uma *alíquota zero* a dado produto gravado pelo imposto de importação não lhe conferia o *status* jurídico de produto isento do ICMS...

A tese em defesa da alíquota zero, enquanto ente diverso da isenção e da imunidade, apresenta quatro fundamentos: o primeiro escudado na teoria da norma tributária; o segundo ancorado na técnica da funcionalidade; o terceiro fundado na universalidade do instituto, comum aos impostos aduaneiros, entre nós estendido ao IOF e ao IPI;

41. Se a lei, *v.g.*, diz que a operação "remessa de cebolas do produtor para o comprador" é isenta do ICMS, tal fato está excluído do rol dos fatos que geram a obrigação de pagar ICMS.

o quarto estadeado na contenção ao poder de tributar e de exonerar sem prévia lei.

Despreza-se aqui o resultado comum dos três institutos, a oclusão do dever de pagar dado imposto. O imune, o isento e o não tributado (alíquota zero) não pagam imposto algum. De fora a imunidade, fixemo-nos nas diferenças entre a isenção e a alíquota zero.

*Estrutura da norma* – A hipótese de incidência dos impostos descreve fatos – jurígenos (descritor). A isenção descreve aspectos não tributáveis ligados a pessoas, atos, fatos ou situações, em função do tempo, do lugar e das pessoas ligadas à materialidade dos fatos jurígenos.

Às vezes a norma isentiva especializa aspectos específicos da própria materialidade eleita como jurígena. Em quaisquer circunstâncias, o fato isento traduz uma realidade não jurígena. A isenção entra na hipótese da norma aprumando a descrição do fato gerador, que, por isso, não ocorre, impedindo o nascimento do dever tributário. A alíquota, a seu turno, é um quantificador do dever tributário já nascido. Sendo zero, nulifica o *quantum* devido, atuando no mandamento da norma. É no momento de apurar o *quantum debeatur* da obrigação que a técnica atua. O mandamento da norma é um prescritor. Sem valor, a prescrição é, mas não tem como incidir no mundo fenomênico (não há prestação).

*Funcionalidade* – Nos impostos que exigem respostas rápidas às conjunturas, caso dos impostos aduaneiros, as leis ou as Constituições dos mais diversos Países autorizam o administrador a variar sem lei as alíquotas, sem afetar os fatos geradores, os quais, como sabido, somente podem ser instituídos e modificados por meio de lei (princípio da legalidade). Entre nós a isenção, sem exceção, é matéria sob reserva de lei (art. 97 do CTN). A Constituição, porém, permite, no tocante ao IPI, IOF, imposto de importação e exportação, ao Poder Executivo variar as alíquotas por ato administrativo (art. 153, § 1º, da CF). Ao Executivo se não permite tornear os fatos geradores desses impostos; só o legislador pode alterá-los. Estamos falando de praticidade.

*Universalidade* – A experiência jurídica dos povos, especialmente nos chamados impostos aduaneiros, contempla a alíquota zero, ao lado da isenção, pelo quê a sua existência não é esquisitice nossa, mas prática consuetudinária e universal.

*Estatuto do Contribuinte* – A equiparação da alíquota ao instituto da isenção vulnera a segurança dos contribuintes. Se a oclusão do dever tributário for erigida em motor de equalização, seja qual for o modo de atuação do administrador, a ele se concede atuar na hipótese da norma (isenção) e na consequência ou mandamento, seja concedendo créditos presumidos nos impostos não cumulativos sobre circulação de mercadorias e serviços, seja concedendo despesas fictas nos impostos sobre a renda e o patrimônio, nulificando o dever tributário. A licença constitucional para operar alíquotas é outorga restrita. E restrição só há quando é possível distinguir as diversas técnicas exonerativas. Aqui rebrota a crítica que reiteradamente temos feito ao professor Paulo de Barros Carvalho, que limita os quantificadores às alíquotas e às bases de cálculo. Outras certamente existem, *v.g.*, concessão de créditos fiscais presumidos e adoções de despesas fictas ou presumidas, estatuídas por força de lei (maneiras *ex lege* de quantificar o dever tributário). Não menos que por isso, a Lei Complementar 24/1975, no art. 1º, parágrafo único, manda aplicar a outros modos exonerativos, em tema de ICMS, as mesmas restrições das isenções.

Duas objeções fundamentais são postas quanto à autonomia da alíquota zero enquanto técnica exonerativa.

*Primus* – A que se funda no nexo implicacional entre hipótese de incidência da norma e o seu mandamento. Em suma, onde não há hipótese inexiste mandamento para pagar, e onde não há mandamento para pagar inexiste hipótese. Discordamos; casos há, em que existe mandamento para pagar mas não há o que pagar. Trata-se de sutileza.

(a) No ICMS e no IPI a base de cálculo é o valor das operações, e a alíquota uma grandeza "x". Mas, se os créditos das entradas superarem os débitos pelas saídas, não há o que pagar, mas há mandamento permanente para pagar.

(b) Ocorre o mesmo quando, a título de incentivos, concede-se crédito presumido capaz de anular o débito fiscal. Tudo é feito propositalmente ao suposto de que existe algo a pagar e de que se comuta por querer comutar.

(c) Ocorre o mesmo quando se reduz a base de cálculo a tamanho que faz vencer o crédito (aniquilador do dever) oriundo das operações anteriores, uma vez mantido ao invés de estornado.

(d) Ocorre o mesmo quando, no imposto de renda, a lei concede o direito de deduzir despesas e provisões estritamente fictas que visam a aniquilar o dever de pagar, fazendo-se, por esta via, a elisão do imposto, o qual, de outro modo, teria que ser pago.

(e) "Prêmios" os mais diversos, muitas vezes, reduzem a base tributária a zero, a coisa alguma.

A alíquota zero insere-se, assim, no vasto campo dos fenômenos ocorrentes no mandamento das normas tributárias, propiciadores de tipos exonerativos diversos da isenção, limitada a alterar a descrição do fato jurígeno, sem nenhuma interferência na modulação do dever posto no preceito jurídico.

*Secundus* – A que diz ser inócua a distinção teórica entre a alíquota zero e a isenção, à falta de serventia prática. Seu corifeu é o professor Igor Mauler Santiago. Vejamos as razões. Ficou visto, no Direito Brasileiro, que a permissão constitucional dada ao administrador para alterar as alíquotas de certos impostos não se comunica à competência para manejar quaisquer formas exonerativas, quer estejam radicadas na hipótese de incidência da norma (isenção), quer estejam situadas no mandamento da mesma (reduções de base de cálculo, concessões de despesas e de créditos presumidos *et caterva*). Bastaria este pendor de restrição ao administrador, ao seu poder de tributar e de exonerar sem lei e, eventualmente, até contra a igualdade, para justificar a distinção. Distingue-se para restringir. Mas esta corrente vai além, e vergasta a ideia de "distinguir por distinguir". É que no Direito Brasileiro os impostos que agasalham a alíquota zero (os impostos sobre importação e exportação, o IOF e o IPI) já estariam livres do princípio da anterioridade, e, portanto, tanto faz instituir alíquota zero ou isenção e logo tributar de novo, que na mesma sempre se haverá de ficar (art. 150, § 1º, da CF de 1988).

O argumento prova demais. É que tais impostos estão livres da anterioridade, não, porém, da legalidade. Desta somente escapam as alíquotas. O que se tem a dizer é simples e singelo. A alíquota zero pode ser instituída no espaço de horas e retirada, e aumentada, e diminuída, e zerada. A isenção e a reinstituição desses impostos, livres da anterioridade, ao contrário, só podem ocorrer por força de lei, embora possam entrar a viger de pronto, a crer-se na Constituição e no Código Tributário Nacional conjugadamente.

É de se perguntar – à luz da praticabilidade, *ratio* da alíquota zero: qual o tempo médio para se votar uma lei de imposição ou de isenção? Dias? Meses? Anos?

Faz sentido, portanto, por mais esta razão, a distinção entre isenção e alíquota zero às luzes da teoria da norma, da coerência lógica e da praticabilidade.

Por último, a teoria da incidência da norma, em sede de Teoria Geral do Direito, é estudo atinente aos mandamentos normativos. O que incide não é propriamente a norma, mas o seu mandamento. As hipóteses de incidência apenas ocorrem ou não, pois são retratos dos fatos, nunca de deveres...

A técnica normativa corre um *iter* preciso:

A hipótese da norma é cópia real, do real hipostasiado num modelo jurígeno (abdução).

Em seguida, a hipótese de incidência (cópia do real) é ligada a uma consequência jurídica prevista no mandamento, um dever, ou uma sanção, ou um prêmio, ou uma nulidade etc. (imputação).

Finalmente, quando o modelo abstrato, a hipótese de ou para a incidência, ocorre no mundo fenomênico, o mandamento incide (incidência por subsunção), gerando direitos e deveres.

Não se pode, pois, compreender como uma hipótese de fato não jurígeno possa se alojar no mandamento, que é preceito, ordem, prescrição, jamais descrição de fatos ou atos jurígenos, *concessa maxima venia.*

Agora, se a incidência do mandamento, por ser zero a alíquota, acaba por não gerar dever algum, não significa que a hipótese de incidência inocorreu. É exatamente porque ocorre o suposto que se anula a consequência.

A teoria da implicação lógica entre hipótese de incidência e consequência normativa, magistralmente feita pela professora Misabel Derzi,[42] de uma certa forma, mas com esmerada sofisticação, retorna ao tempo em que todos os elementos da norma tributária estavam alojados na hipótese, e o mandamento reduzia-se a uma ordem, à moda de Austin e Hensel: "Pague-se o tributo". Este tempo teórico,

42. Misabel Derzi, *Direito Tributário, Direito Penal e Tipo*, São Paulo, Ed. RT, 1988.

contudo, foi definitivamente superado por Paulo de Barros Carvalho, que colocou no mandamento da norma tributária os sujeitos ativo e passivo, as bases de cálculo e as alíquotas (a estrutura mesma do dever decorrente da realização da hipótese de sua instauração).

Os penalistas, muito mais adiantados que os tributaristas na consideração da norma, convivem com figuras afins à isenção e à alíquota zero de maneira mais inteligível. Se não, vejamos.

As isenções e as previsões de imunidade seriam como as descriminantes. As condutas descritas como criminosas deixariam de sê-lo em determinadas circunstâncias: legítima defesa real ou putativa, estado de necessidade, estrito cumprimento do dever legal.

As excludentes de pena seriam como que a alíquota zero. Há o crime e o criminoso. Do mesmo modo como ocorre o fato gerador e há o contribuinte. No primeiro caso a pena é reduzida a zero, e no segundo a alíquota é zero. No peculato, a devolução voluntária do bem pelo peculatário exime-o da pena. Na sedução, se o ofensor casasse *sponte propria* com a ofendida, não se aplicava a pena. Por acaso não teriam ocorrido os crimes de peculato e sedução?

No caso da alíquota zero, houve o fato gerador e há contribuinte, só não há imposto a pagar, que a alíquota é zero. Não se aplica o imposto, mas houve fato gerador (antípoda da isenção).

O perdão judicial, a graça, a anistia, o indulto, são como que a remissão e a anistia tributárias. Há fato gerador, há contribuinte, há imposto a pagar ou que deveria ter sido pago, mas o perdão extingue o dever, na mesma medida em que a graça, o indulto, o perdão judicial, reconhecem o crime, a pessoa do criminoso e a pena devida, comutando-a.

A hipótese de incidência da norma tributária é como a hipótese de incidência criminal. Descreve a primeira fatos tributáveis, excluídos os fatos não tributáveis em razão de previsões expressas de imunidade e isenção. A segunda descreve condutas ilícitas e puníveis (crimes e contravenções), excluídas as que, embora subsumidas no tipo, são consideradas excludentes de criminalidade (legítima defesa, estado de necessidade etc.).

Diferentemente, reduzir penas ou até mesmo dispensá-las são fenômenos que ocorrem, por razões relevantes, ao tempo da aplicação do mandamento da norma penal ou até mesmo depois de sua aplicação. Dá-se o mesmo com a aplicação da alíquota zero, cujo suposto é a existência de um dever prévio que, por motivos relevantes, quer-se dispensar à hora da sua aplicação, e não antes e permanentemente, caso da isenção.

E quando já há pena e já existe dever tributário quantificado e aplicado, as formas de excluí-los – por motivos também relevantes – são outras: anistia, indulto, graça, perdão e remissão fiscal.

Afora o logicismo, tudo isto é maravilhosamente versátil e funcional. Longe de nós a tentação de aprisionar a operacionalidade do Direito. O Direito e o útil são uma só e a mesma coisa, segundo os jurisconsultos romanos.

## *16. Isenções parciais*

As reduções parciais são comumente chamadas de *isenções parciais*. Pontes de Miranda[43] ocupou-se da espécie:

> "As isenções são totais e parciais. Dizem-se parciais as isenções que deduzem do percentual do imposto ou do imposto fixo. As isenções totais são preexcludentes da imposição: o imposto não recai no objeto ou no negócio jurídico a que se refere a regra jurídica de isenção".

Souto Maior[44] leciona que as isenções podem classificar-se em totais e parciais:

> "As isenções totais excluem o nascimento da obrigação tributária, enquanto que nas isenções parciais surge o fato gerador da tributação, constituindo-se, portanto, a obrigação tributária, embora o *quantum* do débito seja inferior ao que normalmente seria devido se não tivesse sido estabelecido preceito isentivo".

E arremata:

> "A isenção parcial consiste, mais propriamente, numa redução ou bonificação do débito tributário (...)".

43. Pontes de Miranda, *Questões Forenses*, t. I, Rio de Janeiro, Borsói, p. 90.
44. José Souto Maior Borges, *Isenções Tributárias*, p. 281.

As isenções parciais podem revestir-se de diversas modalidades técnicas, segundo o elemento de quantificação da relação tributária que se utiliza para provocar o efeito liberatório desejado; podendo, assim, falar-se em bonificação na base de cálculo nos tipos de gravame ou na alíquota (idem, ibidem).

Ocorre, no entanto, que, à luz da teoria da norma jurídica tributária, a denominação de *isenção parcial* para o fenômeno da redução parcial do imposto a pagar, através das minorações diretas de bases de cálculo e de alíquotas, afigura-se absolutamente incorreta e inaceitável. A isenção ou é total ou não é, porque a sua *essentialia* consiste em ser modo obstativo ao nascimento da obrigação. Isenção é o contrário de incidência. As reduções, ao invés, pressupõem a incidência e a existência do dever tributário instaurado com a realização do fato jurígeno previsto na hipótese de incidência da norma de tributação. As reduções são diminuições monetárias no *quantum* da obrigação, via base de cálculo rebaixada ou alíquota reduzida.

# PENHORA "ON LINE". LEI DE EXECUÇÃO FISCAL E CÓDIGO DE PROCESSO CIVIL: ANTINOMIA?

SIMONE RODRIGUES COSTA BARRETO

Mestre e Doutoranda pela PUC/SP.
Professora nos Cursos de Especialização do IBET, da PUC/COGEAE e da GV*Law*.
Professora no Curso de Iniciação em Direito Tributário do IDEPE.
Advogada em São Paulo.



## *I – Introdução*

O presente trabalho tem por escopo a análise da aplicação do art. 655 do CPC, na redação dada pela Lei 11.382/2006, em matéria tributária, tendo em vista o disposto no art. 11 da Lei 6.830/1980 e no art. 185-A do CTN.

O tema vem sendo bastante discutido na seara tributária, notadamente em face da indiscriminada decretação da penhora *on line* pelo Judiciário. O STJ exarou manifestação conclusiva no sentido de que a penhora *on line* teria preferência sobre os demais bens passíveis de penhora, inclusive no que toca às execuções fiscais, sendo este o "apoio" dos magistrados que vêm decidindo nessa conformidade.

O estudo do sistema do Direito posto e dos possíveis conflitos nele existentes constitui ferramenta essencial para a compreensão do tema, a fim de demonstrarmos que não há, para o aplicador do Direito, um conflito entre normas; há, sim, uma escolha entre normas, fruto do processo interpretativo do direito positivo.

Destarte, para nós, cuja missão é analisar o direito positivo como forma de contribuir para o seu estudo, poder-se-ia admitir a existência de um conflito entre normas, a despeito de as normas jurídicas em questão possuírem âmbitos de validade (material) distintos, o que afastaria qualquer conflito. Nesse caso, a antinomia se resolveria pelos critérios que o próprio sistema oferece para esse fim: a hierarquia e a especialidade.

A aplicação adequada desses critérios, se admitida a existência de uma antinomia entre as normas do art. 11 da Lei 6.830/1980 c/c o art. 185-A do CTN e do art. 655 do CPC, nos permitirá concluir pela aplicação da primeira nas ações de execução fiscal. Vale dizer, a regra da penhora *on line*, no direito tributário, não possui preferência, de modo a excluir as demais formas de penhora previstas no art. 11 da Lei 6.830/1980. É este o tema sobre o qual passaremos a discorrer.

## *II – Breves considerações sobre o sistema do direito positivo*

O saudoso mestre Geraldo Ataliba[1] já advertira que:

> "O estudo de qualquer realidade – seja natural, seja cultural –, quer em nível científico, quer didático, será mais proveitoso e seguro se o agente é capaz de perceber e definir o *sistema* formado pelo objeto e aquele maior, no qual este se insere. Se se trata de produto cultural, ainda que o esforço humano que o produziu não tenha sido consciente de elaborar um *sistema*, previamente deliberado nesse sentido, deve procurá-lo e apreendê-lo o observador ou intérprete."

Nesse contexto, passemos ao estudo, ainda que de forma breve, do sistema jurídico. Por "sistema jurídico" entende-se o conjunto de normas jurídicas válidas num determinado País. Essa definição de "sistema" leva-nos à conclusão de que o sistema contempla não so-

1. Geraldo Ataliba, *Sistema Constitucional Tributário Brasileiro*, São Paulo, Ed. RT, 1968, pp. 4-5.

mente os enunciados prescritivos, como também o sentido que deles se constrói. Se sistema é o conjunto de normas, e se norma jurídica é o conteúdo de significação obtido a partir dos textos de direito positivo, então, sistema é o conjunto dessas significações, que se relacionam entre si de forma articulada, em relações de coordenação e subordinação.[2]

Tomemos "sistema" e "ordenamento" como sinônimos, tal como propugnam Geraldo Ataliba e Paulo de Barros Carvalho.[3] Autores há, como Gregorio Robles Morchon,[4] que distinguem "sistema" e "ordenamento", para atribuir ao ordenamento o conjunto dos enunciados prescritivos do direito positivo. Entretanto, quer-nos parecer que essa definição não seja adequada, na medida em que o texto escrito, isoladamente considerado, não interfere diretamente na conduta humana. A finalidade do Direito – a regulação das condutas intersubjetivas – só é atingida pelo dever-ser, que está presente na construção de sentido pelo intérprete. O texto escrito é apenas o suporte físico dessa construção de sentido.[5] Portanto, para o Direito o que releva é o conjunto das normas jurídicas, entendido como sistema *ou* ordenamento.

Por outro lado, como esclarecera Paulo de Barros Carvalho:[6]

2. Utilizando-se a nomenclatura de Tércio Sampaio Ferraz Jr., o *repertório* e a *estrutura* compõem o sistema: o repertório são os elementos do sistema; e a estrutura, as relações que os elementos mantêm entre si (*Introdução ao Estudo do Direito: Técnica, Decisão, Dominação*, 6ª ed., São Paulo, Atlas, 2008, p. 146).

3. "Essencialmente, em última análise, reduzido o objeto à sua mais simples estrutura, o Direito não é senão um conjunto de normas (conjunto, este, a que se convencionou designar sistema jurídico, ordenação jurídica)" (Geraldo Ataliba, *Hipótese de Incidência Tributária*, 6ª ed., 12ª tir., São Paulo, Malheiros Editores, 2011, p. 25. V. também Paulo de Barros Carvalho, *Direito Tributário, Linguagem e Método*, São Paulo, Noeses, 2008, p. 213).

4. "El ordenamiento es el texto jurídico en bruto en su totalidad, compuesto por textos concretos, los cuales son el resultado de decisiones concretas". E continua: "El texto que resulta de la labor de los juristas, de la doctrina, es el *texto jurídico elaborado*. A ese texto jurídico elaborado le llamamos *sistema jurídico*" (Gregorio Robles Morchon, *Teoría del Derecho (Fundamentos de Teoría Comunicacional del Derecho)*, vol. I, Madri, Civitas, 1998, pp. 112 e 114).

5. "Lo que se interpreta no es la materialidad de los signos, sino el sentido de los mismos, su significación" (Eduardo García Maynez, *Introducción al Estudio del Derecho*, México, Editorial Porrúa, 1971, p. 327).

6. Paulo de Barros Carvalho, *Direito Tributário, Linguagem e Método*, cit., p. 213.

> "O material bruto dos comandos legislados, mesmo antes de receber o tratamento hermenêutico do cientista dogmático, já se afirma como expressão linguística de um ato de fala, inserido no contexto comunicacional que se instaura entre enunciador e enunciatário".

Sendo assim, esse material será, sempre, passível de interpretação, a evidenciar a impropriedade de se dissociar esses dois planos para a identificação do sistema jurídico. Como visto, o texto isoladamente considerado só assume relevância para o Direito por impulsionar o processo interpretativo de construção das normas jurídicas.

A definição de "sistema" que adotamos nos leva a uma de suas características: a homogeneidade. O sistema é composto por normas jurídicas, de tal sorte que a multiplicidade de normas nos permite tratá-lo como um sistema homogêneo. Eis o porquê de o estudo do Direito implicar, necessariamente, o estudo da norma jurídica.

Destarte, as normas jurídicas que conformam o sistema estão reunidas segundo um critério que lhe dá unicidade. O direito positivo, para ser sistema, deve atender a um critério que o segregue dos outros sistemas. Embora mantenham comunicação entre si, cada sistema (jurídico, social, econômico, político, dentre outros) é considerado um todo diante de um dado critério.[7]

É inconteste o fato de que a norma última do sistema é a Constituição Federal. É esta Lei Suprema o fundamento de validade de todas as demais normas jurídicas. Mas a questão que se põe é: de onde essa Norma Maior retira seu fundamento de validade?

Essa questão nos remete ao início do sistema, isto é, ao seu nascedouro. Sabemos que o direito positivo é um sistema dinâmico, de tal sorte que de uma norma superior advém uma norma inferior, que, por sua vez, será o fundamento de validade de outra norma inferior, e sucessivamente. Entretanto, todo esse processo tem origem numa norma maior – a Constituição –, que é tida como válida no Direito em função da chamada "norma fundamental" de Kelsen.

Portanto, o critério que confere unidade ao sistema, preconizado por Kelsen, é a norma fundamental. Trata-se – registre-se – de um

7. Imperioso lembrar que também a Ciência do Direito assume a posição de sistema. Enquanto o direito positivo é um sistema nomoempírico prescritivo, a Ciência do Direito é um sistema nomoempírico teorético.

verdadeiro axioma; é uma construção humana necessária para que o Direito assuma a posição de sistema.

Como bem esclareceu Lourival Vilanova,[8] é a "norma fundamental" de Kelsen que confere o fechamento lógico do sistema do direito positivo:

> "Como o sistema requer um ponto-origem, e não se dilui numa sequência interminável de antecedentes, há que se deter *por uma necessidade gnosiológica*, numa norma fundante, que não é positiva, por não ter uma sobrenorma da qual seja aplicação. É uma norma pressuposta, uma *hipótese-limite* que confere *conclusividade ou fechamento* ao conjunto de normas que é o Direito".

Ainda que se admita a divisão do Direito em ramos autônomos – o que se faz para fins didáticos –, certo é que todos os subsistemas estão sob o manto da Norma Fundamental, de tal sorte que a unidade do sistema permanece intocável.

Note-se que a unidade do sistema jurídico leva-nos a um outro axioma: o da hierarquia. De uma perspectiva vertical, a Norma Fundamental está no topo, conferindo fundamento de validade à Constituição Federal, a qual, por sua vez, é o ponto de partida da positivação (ou criação) do Direito. Toda a cadeia normativa tem origem na Constituição; desta, surgem outras normas que permitirão a criação de outras, e assim por diante, até chegar-se no outro extremo dessa cadeia, ocupado pela norma individual e concreta. Essa relação de subordinação existente entre as normas é essencial para a organização do sistema.

Aires Barreto[9] já destacara a importância da hierarquia para o sistema.

> "O sistema jurídico, assim, ao contrário de ser caótico e desordenado, exibe profunda harmonia interna, que é estabelecida por hierarquia, segundo a qual algumas normas descansam em outras, as quais, por sua

8. Lourival Vilanova, "Teoria da norma fundamental", in *Escritos Jurídicos e Filosóficos*, vol. I, São Paulo, Axis Mundi/IBET, 2003, p. 313.

9. Aires Barreto, *Curso de Direito Tributário Municipal*, São Paulo, Saraiva, 2009, p. 100 [*cf. Geraldo Ataliba, República e Constituição, 3ª ed., Malheiros Editores, 2011, p. 34; 1ª ed., Ed. RT, 1985*].

vez, repousam em princípios, que, de seu lado, assentam-se em outros princípios mais importantes."

Em síntese, o direito positivo é um sistema uno e homogêneo. A multiplicidade das normas que (exclusivamente) o compõem encontra-se diante da Norma Fundamental de Kelsen, da qual a Constituição Federal, fundamento último de validade das demais normas do sistema, retira seu fundamento.

### *III – Sistema jurídico: coerente e completo?*

Diz-se que o sistema é coerente quando inexistentes normas contraditórias. Se o cumprimento de uma implicar, necessariamente, o descumprimento de outra, estar-se-á diante de um conflito de normas, o que dará margem à afirmação de que o sistema não seria coerente. Por sua vez, o sistema será completo se inexistir qualquer lacuna,[10] isto é, se para toda e qualquer conduta a ser regulada existir uma norma jurídica que lhe corresponda.

Nesse contexto, dizer que o sistema jurídico é coerente e completo significa negar a presença de contradições e lacunas – o que seria uma utopia. Todavia, também não se pode negar coerência e completude ao sistema do direito positivo, sob pena de se retirar a legitimidade das decisões a serem proferidas.

Aurora Tomazini de Carvalho[11] propõe a exclusão do critério da coerência da definição de sistema. Assevera que:

> "A não contradição dos termos de um conjunto estruturado não é pressuposto para que ele seja considerado um sistema".

Pensamos que essa justificativa não seria suficiente para dirimir a questão, uma vez que admitiria ser o sistema jurídico um sistema

10. Sobre o conceito de *lacunas da lei*, Karl Larenz assevera que "o conceito de 'lacuna da lei' não assinala, por certo, o limite do possível e admissível desenvolvimento do Direito em absoluto, mas antes o limite de um desenvolvimento do Direito imanente à lei, que se mantém vinculado à intenção reguladora, ao plano e à teleologia imanente à lei" (*Metodologia da Ciência do Direito*, 5ª ed., trad. de José Lamego, Lisboa, Fundação Calouste Gulbenkian, 2009, p. 524).

11. Aurora Tomazini de Carvalho, *Curso de Teoria Geral do Direito*, São Paulo, Noeses, 2009, p. 137.

incoerente – o que, a nosso ver, esvaziaria as decisões dos aplicadores do Direito.

Alchourrón e Bulygin[12] atribuem a característica da coerência aos sistemas puros:

> "Algunos autores parecen considerar que la coherencia es propiedad necesaria de todo sistema. Para esta concepción, un conjunto de normas incoherentes no sería sistema. Tal restricción del significado del término 'sistema' es difícilmente aconsejable. Conjuntos normativos incoherentes no son tan raros, como todo jurista sabe por experiencia. Sin duda, un sistema normativo incoherente podría calificarse de 'irracional'; en este sentido, la coherencia es un ideal racional. (...). Pero no parece que haya buenas razones para limitar la referencia del término 'sistema' a los conjuntos coherentes, a menos que por 'sistema normativo' entendamos un sistema normativo puro, es decir, un sistema que carezca de consecuencias fácticas".

Tácio Lacerda Gama melhor trabalha a questão, segregando as perspectivas de visão do observador e do participante do sistema jurídico.[13] Para aquele que observa o Direito sem a preocupação de interpretá-lo para decidir, o sistema pode perfeitamente conviver com conflitos de normas e lacunas. Já, para o participante, que tem o dever de buscar fundamento legal, legitimidade para o seu ato decisório, os conflitos e lacunas não podem subsistir no sistema. O próprio ato decisório coloca fim a eventual desarmonia existente nas relações mantidas entre as normas. São as palavras do autor:

> "(...) o sujeito competente para decidir não fala em nome de conflitos, mas sim de norma que é fruto do exercício de competência. Se no seu íntimo, no âmbito de sua subjetividade, o juiz percebe e pondera acerca das diversas possibilidades de decidir um mesmo caso, ao tomar sua decisão, faz como se a norma aplicável ao caso fosse apenas uma: aquela que deriva da lei. No máximo, a existência de conflitos é causa de agir dos participantes".[14]

12. Alchourrón e Bulygin, *Introducción a la Metodología de las Ciencias Jurídicas y Sociales*, 4ª reimpr., Buenos Aires, Astrea, 2002, p. 102.

13. O *participante* corresponde ao intérprete autêntico, na concepção de Kelsen, e o *observador*, ao intérprete não autêntico.

14. Tácio Lacerda Gama, *Competência Tributária. Fundamentos para uma Teoria da Validade*, São Paulo, Noeses, 2009, p. 149.

Para o julgador (ou participante) o sistema será sempre coerente e completo. Não haverá conflito entre normas, nem mesmo a ausência de lei que regule determinada conduta. Trata-se de atributos do sistema, ao lado da homogeneidade e da unidade. No entanto, o mesmo não se pode dizer da perspectiva do observador, para quem os conflitos e lacunas no sistema podem ser uma constante.

A presença de conflitos e lacunas no direito positivo, como quer-nos parecer, é própria de sua natureza. Tudo o que pertence ao Direito é passível de ser levado à apreciação do Judiciário. Não houvesse controvérsias fruto de conflitos e lacunas, a função judicante restaria inócua.[15]

## *IV – Requisitos das antinomias jurídicas*

As antinomias de que pretendemos tratar são as jurídicas ou – como prefere chamar Tércio Sampaio Ferraz Jr. – pragmáticas. Esse autor distingue as antinomias em lógico-matemáticas, semânticas e pragmáticas, enquadrando nestas últimas as relacionadas ao sistema jurídico. A antinomia lógico-matemática, presente em sistemas formais, implica uma falácia, pois um mesmo enunciado é contraditório e, ao mesmo tempo, demonstrável; a antinomia semântica é um sem-sentido em face de incoerências presentes no nível do pensamento e da linguagem; e a antinomia pragmática, por sua vez, encerra uma possibilidade no âmbito das relações humanas, como o próprio nome revela, em que os sujeitos não teriam como decidir.[16]

As antinomias consistem em conflitos decorrentes do excesso de normas. A uma mesma conduta aplicam-se duas ou mais normas, de modo que o cumprimento de uma implica, necessariamente, o des-

15. Nas palavras de Ricardo A. Guibourg: "(...) el intérprete advierte que hay una laguna en la ley: un sector de la realidad en el que ninguna decisión normativa puede apoyarse en la tierra firme previamente creada por el legislador". E continua: "Y así la tarea de llenar la laguna se revela como el ejercicio de un *poder*. ¿Qué poder? El que emana del Estado (en el caso de los magistrados judiciales y de los funcionarios administrativos) o el que se espera ejercer mediante argumentos persuasivos y la influencia del prestigio (en el caso de la doctrina)" (*El Fenómeno Normativo*, Buenos Aires, Astrea, 1987, pp. 109-110).

16. Tércio Sampaio Ferraz Jr., *Introdução ao Estudo do Direito: Técnica, Decisão, Dominação*, cit., 6ª ed., pp. 174-177.

cumprimento da outra. No entanto, como já advertira Tércio Sampaio Ferraz Jr.:[17]

> "É preciso distinguir entre a mera contradição e a antinomia, pois, embora toda antinomia envolva contradição, nem toda contradição constitui uma antinomia. Duas normas podem contradizer-se, mas só temos uma antinomia quando essa contradição está acompanhada de outros fatores."

São esses fatores: (*i*) as normas conflitantes devem emanar de autoridades competentes no mesmo âmbito normativo; (*ii*) as normas conflitantes devem emanar comandos contraditórios ao sujeito; (*iii*) diante das normas conflitantes, o sujeito deve estar numa situação insustentável.[18]

Norberto Bobbio também aponta os requisitos necessários à ocorrência de antinomias.[19] Afirma o requisito da relação de pertinencialidade das normas conflitantes com um único ordenamento (ou sistema, já que utilizamos os dois vocábulos como sinônimos) e destaca a necessidade de tais normas terem o mesmo âmbito de validade (temporal, espacial, pessoal e material).[20]

Dessa forma, só se poderá falar em antinomias jurídicas se – e somente se – as normas conflitantes tiverem sido produzidas dentro do sistema jurídico. Com isso, afasta-se qualquer conflito entre uma norma jurídica e uma norma moral, por exemplo. A despeito de haver uma certa comunicabilidade entre os sistemas jurídico e moral, não haverá uma antinomia, para o direito positivo, se uma das normas não tiver sido criada por uma autoridade juridicamente competente.

Outrossim, uma antinomia jurídica pressupõe a impossibilidade lógica de cumprimento de duas normas jurídicas, por se direcionarem ao mesmo âmbito de vigência: o cumprimento de uma implica o descumprimento da outra. Diante dessa hipótese, o sujeito receptor fica numa situação insustentável, não lhe sendo permitido decidir qual das normas seguir. Um terceiro, com função judicante, deve ser instado a dirimir esse conflito.

17. Idem, p. 177.

18. Idem, pp. 177-179.

19. Norberto Bobbio, *Teoria do Ordenamento Jurídico*, 6ª ed., Brasília, UnB, 1995, p. 87.

20. Para nós, o mais acertado seria falar-se em âmbito de vigência.

Por fim, configuradas as antinomias jurídicas, estas podem ser totais-totais, totais-parciais ou parciais-parciais. Serão totais-totais se as duas normas forem integralmente conflitantes; serão totais-parciais se uma das normas for integralmente conflitante com parte da outra norma; e serão parciais-parciais se ambas as normas forem parcialmente conflitantes.[21]

## *V – Critérios de solução de antinomias*

A solução das antinomias jurídicas advém do próprio sistema. O direito positivo prevê critérios normativos que permitem ao intérprete (o próprio sujeito receptor das normas conflitantes ou o julgador) decidir qual das normas seguir. Trata-se dos critérios da hierarquia, da especialidade e da cronologia.

O *critério da hierarquia* permite a solução de uma antinomia jurídica com a aplicação da norma superior. Se uma norma inferior conflita com uma norma superior, prevalece esta última, pela sua condição hierárquica (*lex superior derogat inferiori*). Trata-se de critério que provém da unidade do sistema: uma norma inferior retira seu fundamento de validade de uma norma superior, até chegar-se à norma (fundamental) de origem.

Já, pelo *critério da especialidade*, havendo um conflito entre uma norma geral e outra especial, prevalece a norma especial. A norma especial, direcionada a uma situação específica, supera a norma geral (*lex specialis derogat generali*).[22] A aplicação desse critério é a afirmação do princípio da isonomia, que reclama tratamentos diferentes para situações diferentes. Nas palavras de Norberto Bobbio:[23]

21. Alf Ross chama a inconsistência (ou conflito) total de incompatibilidade absoluta, a inconsistência total-parcial de inconsistência entre regra geral e regra particular e a inconsistência parcial de superposição de regras (*Sobre el Derecho y la Justicia*, 3ª ed., trad. Genaro R. Carrió, Buenos Aires, Editorial Universitaria de Buenos Aires, 1974, p. 125).

22. Segundo Paulo Ayres Barreto, "reconhecer a unicidade do Direito não autoriza o baralhamento de princípios específicos que regem cada um de seus ramos. Vale dizer, se o que se objetiva é resolver um problema de natureza tributária, são as regras e os princípios informadores desse ramo do Direito que, em face de sua especificidade, devem ser aplicados" (*Elisão Tributária – Limites Normativos*, tese apresentada em concurso de livre-docência pela USP, 2008, inédita, p. 46).

23. Norberto Bobbio, *Teoria do Ordenamento Jurídico*, cit., 6ª ed., p. 96.

"A passagem da regra geral à regra especial corresponde a um processo natural de diferenciação das categorias, e a uma descoberta gradual, por parte do legislador, dessa diferenciação. Verificada ou descoberta a diferenciação, a persistência na regra geral importaria o tratamento igual de pessoas que pertencem a categorias diferentes, e, portanto, uma injustiça. Nesse processo de gradual de especialização, operado através de leis especiais, encontramos uma das regras fundamentais da justiça, que é a do *suum cuique tribuere* ('dar a cada um o que é seu')".

O *critério cronológico*, por sua vez, privilegia a norma posterior. Assim, diante de duas normas conflitantes, prevalece a posterior, em detrimento da anterior (*lex posterior derogat priori*). Admitir-se a prevalência da regra anterior seria seguir na contramão do progresso jurídico, como bem advertiu Bobbio.[24] Esse critério, no direito positivo brasileiro, está expresso na Lei de Introdução às Normas do Direito Brasileiro e na Lei Complementar 95/1998.

Em síntese, diante de situações conflitantes, o próprio ordenamento jurídico propõe soluções. Tais soluções decorrem da aplicação de um dos critérios mencionados, de acordo com a situação apresentada: se o conflito se der entre normas superior e inferior, aplica-se o critério da hierarquia; se entre normas geral e especial, aplica-se o critério da especialidade; se entre normas anterior e posterior, aplica-se o critério cronológico.

## *VI – Antinomia real e aparente*

Há quem defenda que a aplicação de um dos critérios expostos no item anterior impediria tratar-se a situação como uma antinomia. Em outras palavras, na medida em que uma de duas normas é passível de aplicação pelos critérios da hierarquia, especialidade ou cronologia, não haveria que se falar em antinomia. É o caso de Tércio Sampaio Ferraz Jr.,[25] que, ao discorrer sobre os requisitos para a configuração de antinomias jurídicas, propugnou que:

24. Idem, p. 93.

25. Tércio Sampaio Ferraz Jr., *Introdução ao Estudo do Direito: Técnica, Decisão, Dominação*, cit., 6ª ed., p. 178.

"(...) se esses critérios são aplicáveis, a posição do sujeito não é insustentável, pois ele tem uma saída".

Nada obstante, é fato que a aplicação de um desses critérios pressupõe a existência de duas normas conflitantes. Ainda que o intérprete venha a escolher por uma ou outra mediante os critérios que o próprio sistema lhe oferece, essa escolha poderá não ser a mesma de outro intérprete. Prova disso é o tema central deste trabalho, a ser enfrentado mais adiante. A possibilidade de a solução dada pelo intérprete das normas não ser uniforme para todo o sistema vem a afirmar, a nosso ver, a prévia existência de conflitos.

O conflito de normas sanável por meio dos critérios da hierarquia, especialidade ou cronologia é o que se chama de *antinomia aparente* (ou solúvel).

Destarte, situações conflitantes há em que nem mesmo a adoção de um dos critérios da hierarquia, especialidade ou cronologia seria capaz de solucioná-las. É o que se chama de *antinomia real* (ou insolúvel). Bobbio trabalha com duas possibilidades: (*i*) a insuficiência dos critérios e (*ii*) o conflito entre os mesmos.[26] O primeiro caso consiste no conflito entre duas normas gerais, contemporâneas, e no mesmo nível. Nesse caso, a solução do conflito dependerá da interpretação dada pelo intérprete, impregnada de forte carga axiológica. No segundo caso, um outro critério – metacritério – haverá de ser identificado para a solução dessas antinomias. Examinada no item anterior a origem de cada um dos critérios conferidos pelo ordenamento jurídico, têm-se como metacritérios: (*i*) o da hierarquia, quando houver conflito entre os critérios hierárquico e cronológico; (*ii*) o da especialidade, quando houver conflito entre o critério da especialidade e o cronológico; e (*iii*) quando houver conflito entre o critério hierárquico e o da especialidade, não existe um metacritério. É o intérprete quem escolherá, sopesando os valores positivados, se prevalecerá a regra superior e geral ou a regra inferior e especial.

Como se vê, o tema das antinomias está diretamente relacionado com a atividade interpretativa do intérprete – sobre o quê discorreremos a seguir.

26. Norberto Bobbio, *Teoria do Ordenamento Jurídico*, cit., 6ª ed., pp. 97-110.

### *VII – Antinomia: sempre um problema de interpretação?*

Todas as considerações tecidas até aqui nos levam à conclusão de que a solução de qualquer antinomia jurídica não é objetiva; pelo contrário, caracteriza-se pela subjetividade inerente a toda e qualquer atividade interpretativa.

Como visto, para o julgador (ou participante) o sistema é coerente, inexistindo conflitos entre normas. Eles até podem existir – são, como bem observou Tácio Lacerda Gama, causa de pedir[27] –, mas no momento em que o julgador exerce o seu poder decisório não mais há que se falar em conflitos. Já, para o observador as antinomias convivem perfeitamente no sistema, sendo passíveis de solução pelos critérios que o próprio sistema prevê. Destarte, em ambos os casos a interpretação, impregnada de valores por parte do intérprete, exerce papel fundamental.

Da perspectiva do julgador, é evidente que a escolha de uma das normas conflitantes, como meio de pôr fim ao conflito, é fruto da interpretação, de tal sorte que a solução eleita por um julgador pode não coincidir com a solução de outro julgador. É o que se verifica, a todo instante, na prática: um juiz, ao decidir um conflito entre as normas *A* e *B*, escolhe pela norma *A*, em prol da segurança jurídica. O tribunal, por sua vez, reforma esta decisão, propugnando pela norma *B*, em respeito ao princípio da supremacia do interesse público sobre o privado. O STJ, por sua vez, reforma o acórdão, para manter a sentença de primeiro grau, por prestigiar o princípio da segurança jurídica. É a prova de que a valoração presente na atividade interpretativa influencia fortemente a solução de antinomias.

O mesmo se diga com relação à solução de antinomias pelo observador. Ainda que o julgador não seja instado a pôr fim a um determinado conflito, pode o intérprete valer-se dos critérios oferecidos pelo sistema para dirimi-lo. Como visto, há situações em que a escolha do critério pode ser óbvia; todavia, situações há em que mais de um critério têm cabimento, ficando ao arbítrio do intérprete a sua escolha. Nesse caso, é inegável que também a carga valorativa inerente à interpretação influenciará na solução do conflito.

27. V. nota de rodapé 14.

Não se pode negar que também do ponto de vista de seu nascedouro a antinomia é um problema de interpretação. O conflito entre duas ou mais normas pode ser evidente, inquestionável, assim como pode ser sutil, sendo existente para uns e inexistente para outros. Trata-se, pois, de mais uma questão afeta à interpretação, como já advertiu Torquato Castro Jr.[28]

Pretendemos demonstrar, com isso, que tanto a presença quanto a solução das antinomias serão, sempre, fruto da atividade interpretativa do intérprete. Em determinado caso concreto, a antinomia, para uns, poderá não estar caracterizada; se estiver, poderá, ainda, comportar uma solução que não coincide com a solução dada por outrem.

### *VIII – As normas do art. 655 do CPC e do art. 11 da Lei 6.830/1980 c/c o art. 185-A do CTN: antinomia?*

O direito positivo brasileiro em vigor contém mais de uma regra que disciplina a penhora *on line* dos ativos financeiros dos executados em sede de ação de execução. No âmbito da ação de execução fiscal tem-se o art. 11 da Lei 6.830/1980, c/c o art. 185-A do CTN, na redação dada pela Lei Complementar 118/2005.[29]

28. "Na proporção em que o arranjo de significados contidos no pensamento que se toma como norma aumenta em grau de abstração, aumenta também o vigor constitutivo da interpretação em relação à própria antinomia. Por este aspecto, é possível imaginar que uma disputa judicial que se fixe em torno de uma interpretação possível de uma determinada norma N1, que a torne compatível com outra norma N2, é a melhor interpretação que se pode ter daquela norma" (Torquato Castro Jr., *A Pragmática das Nulidades e a Teoria do Ato Jurídico Inexistente: Reflexões sobre Metáforas e Paradoxos da Dogmática Privatista*, São Paulo, Noeses, 2009, p. 169).

29. Lei 6.830/1980:

"Art. 11. A penhora ou arresto de bens obedecerá à seguinte ordem: I – dinheiro; II – título da dívida pública, bem como título de crédito, que tenham cotação em Bolsa; III – pedras e metais preciosos; IV – imóveis; V – navios e aeronaves; VI – veículos; VII – móveis ou semoventes; e VIII – direitos e ações.

"§ 1º. Excepcionalmente, a penhora poderá recair sobre estabelecimento comercial, industrial ou agrícola, bem como em plantações ou edifícios em construção.

"§ 2º. A penhora efetuada em dinheiro será convertida no depósito de que trata o inciso I do art. 9º.

"§ 3º. O juiz ordenará a remoção do bem penhorado para depósito judicial, particular ou da Fazenda Pública exequente, sempre que esta o requerer, em qualquer fase do processo."

No âmbito da execução fiscal civil, a penhora *on line* de ativos financeiros é disciplinada pelo art. 655 do CPC, na redação dada pela Lei 11.382/2006.[30] Referida lei, ainda, veio a introduzir o art. 655-A, que regula a forma como se dá a penhora *on line*.

Como se vê, as normas existentes no ordenamento jurídico em vigor que disciplinam a penhora *on line* de ativos financeiros possuem âmbitos de vigência (material) distintos: a do art. 11 da Lei 6.830/1980, c/c o art. 185-A do CTN, aplica-se ao processo de execução fiscal, ao passo que a do art. 655 do CPC aplica-se ao processo de execução civil. E, se assim é, inexiste qualquer conflito entre essas normas. Como bem observou Bobbio, um dos requisitos para a configuração de uma antinomia jurídica é que as normas conflitantes não tenham o mesmo âmbito de vigência (temporal, espacial, pessoal e material). Ausente este requisito, não há falar em antinomia.

Contudo, ainda que se admita a presença de um conflito, este fica superado pela aplicação do critério da especialidade, que o nosso sistema prevê como solução de antinomias. Presentes uma regra geral (o art. 655 do CPC) e outra especial (art. 11 da Lei 6.830/1980, c/c o art. 185-A do CTN), há de prevalecer a regra especial, criada com o escopo de conceder tratamento diferenciado a quem estiver em condições diferentes.

CTN: "Art. 185-A. Na hipótese de o devedor tributário, devidamente citado, não pagar nem apresentar bens à penhora no prazo legal e não forem encontrados bens penhoráveis, o juiz determinará a indisponibilidade de seus bens e direitos, comunicando a decisão, preferencialmente por meio eletrônico, aos órgãos e entidades que promovem registros de transferência de bens, especialmente ao registro público de imóveis e às autoridades supervisoras do mercado bancário e do mercado de capitais, a fim de que, no âmbito de suas atribuições, façam cumprir a ordem judicial".

30. CPC:

"Art. 655. A penhora observará, preferencialmente, a seguinte ordem: I – dinheiro, em espécie ou em depósito ou aplicação em instituição financeira; II – veículos de via terrestre; III – bens móveis em geral; IV – bens imóveis; V – navios e aeronaves; VI – ações e quotas de sociedades empresárias; VII – percentual do faturamento de empresa devedora; VIII – pedras e metais preciosos; IX – títulos da Dívida Pública da União, Estados e Distrito Federal com cotação em mercado; X – títulos e valores mobiliários com cotação em mercado; XI – outros direitos.

"§ 1º. Na execução de crédito com garantia hipotecária, pignoratícia ou anticrética, a penhora recairá, preferencialmente, sobre a coisa dada em garantia; se a coisa pertencer a terceiro garantidor, será também esse intimado da penhora.

"§ 2º. Recaindo a penhora em bens imóveis, será intimado também o cônjuge do executado."

Há que se reconhecer que um devedor perante o Fisco não está nas mesmas condições que um devedor que deixou de honrar uma nota promissória, por exemplo. Neste caso o título executivo só se torna executável pelo credor mediante condições que o tornam líquido e certo: o devedor, mediante a aposição de sua assinatura no título, num ato de manifestação expressa de vontade, reconhece a dívida e com ela concorda. Já o mesmo não ocorre com a Certidão da Dívida Ativa/CDA, cujas liquidez e certeza são presumidas, sempre em detrimento do contribuinte. Na execução fiscal o título executivo (a CDA) é constituído unilateralmente pelo Fisco, sendo dado ao contribuinte o direito de elidir a sua presunção de liquidez e certeza somente após a garantia do juízo. Prova dessa desigualdade é a reiterada extinção de execuções fiscais sem julgamento de mérito por força do cancelamento da CDA pelo Fisco após analisar a defesa do contribuinte.

Nesse sentido, fazem-se oportunas as lições de Eduardo Domingos Bottallo[31] ao discorrer sobre o rol do art. 585 do CPC, que trata dos títulos executivos extrajudiciais:

> "Ao contrário, entretanto, do que ocorre com os outros títulos enumerados neste artigo, a Certidão da Dívida Ativa é documento produzido unilateralmente pelo credor, que, neste mister, deve apenas obediência às prescrições legais pertinentes, sem necessidade da anuência do devedor.
>
> "Em outras palavras, a formação dos demais títulos referidos no art. 585 depende da expressa participação do devedor (é o caso do aceite da duplicata ou da letra de câmbio, a emissão da nota promissória, a aposição do aval etc.), ao passo que a dívida ativa é assim considerada, gozando, consequentemente, de plena presunção de liquidez e certeza, quando inscrita pela Fazenda Pública, independentemente de qualquer ato de concordância ou de adesão por parte do devedor."

O legislador, ao editar o art. 11 da Lei 6.830/1980 e o art. 185-A do CTN, nada mais fez senão reconhecer que os executados pelo Fisco não estão nas mesmas condições que os demais, estabelecendo regra especial para a garantia do juízo nas execuções fiscais, como forma de atender a essa desigualdade. Quisesse o legislador eliminar essa desi-

31. Eduardo Domingos Bottallo, "Processo judicial tributário", in Aires F. Barreto e Eduardo Domingos Bottallo (coords.), *Curso de Iniciação em Direito Tributário*, São Paulo, Dialética, 2004, p. 250.

gualdade de tratamentos, teria revogado expressamente o art. 11 da Lei 6.830/1980 e o art. 185-A do CTN ao editar a Lei 11.382/2006. Fosse essa sua vontade, teria o legislador estabelecido uma única regra para toda e qualquer ação de execução, eliminando o tratamento diferenciado à execução fiscal. Se assim não fez, não poderá o intérprete – nem mesmo o autêntico – fazê-lo.

Por outro lado, não se pode esquecer que o legislador, ao editar a Lei 6.830/1980, foi claro ao dispor que o Código de Processo Civil terá aplicação subsidiária em relação a essa lei. Essa foi – e continua sendo – a vontade do legislador, que não pode ser alterada, nem mesmo pelo julgador.

A antinomia apresentada também se resolve pelo critério hierárquico, de tal sorte que o art. 11 da Lei 6.830/1980 e o art. 185-A do CTN continuam a prevalecer sobre o art. 655 do CPC. Expliquemo-nos melhor.

O art. 185-A do CTN foi introduzido pela Lei Complementar 118/2005, já que dispor sobre o crédito tributário é matéria reservada à lei complementar (art. 146, III, "b", da CF). Trata-se de norma geral, que deve ser respeitada pelo legislador ordinário.[32] De acordo com esse dispositivo, que veio a "complementar" o art. 11 da Lei 6.830/1980, a penhora *on line* de ativos financeiros só tem cabimento se esgotadas todas as vias possíveis para a penhora de outros bens. E, tratando-se de norma geral de superior hierarquia, deve prevalecer sobre a lei ordinária.

É dizer: a norma do art. 11 da Lei 6.830/1980, c/c o art. 185-A do CTN, se sobrepõe à do art. 655 do CPC, dada a superioridade hierárquica do art. 185-A do CTN.

Em suma, numa perspectiva de interpretação do plexo normativo exposto, sequer se haveria de falar em conflito de normas, visto que o art. 11 da Lei 6.830/1980, c/c o art. 185-A do CTN, e o art. 655 do CPC

32. Paulo de Barros Carvalho esclarece que situações há em que a lei complementar e a lei ordinária estão no mesmo patamar hierárquico, como no caso do art. 146, II, da CF, que trata das limitações constituições ao poder de tributar. Ao discorrer sobre os demais incisos desse dispositivo, assevera tratar-se "de hipótese de hierarquia material, em que a regra veiculada por lei complementar submete suas inferiores hierárquicas: as introduzidas por lei ordinária" (*Curso de Direito Tributário*, 22ª ed., São Paulo, Saraiva, 2010, p. 261).

possuem âmbitos de vigência (material) distintos. Mas se, noutro giro de interpretação, entender-se pela existência de um conflito, ter-se-á uma antinomia aparente, superada pelos critérios da especialidade e da hierarquia.

## *IX – A jurisprudência do STJ: uma crítica à "importação" da Teoria do Diálogo das Fontes*

Diante de todo o exposto, parece-nos que a outra conclusão não se poderia chegar acerca de eventual conflito entre as normas do art. 11 da Lei 6.830/1980, c/c o art. 185-A do CTN, e do art. 655 do CPC senão a de que há de prevalecer a primeira, em respeito ao critério da especialidade, prestigiado pelo nosso ordenamento. Nada obstante, essa não foi a solução dada pelo STJ ao decidir o tema sob o rito de recursos repetitivos, previsto no art. 543-C do CPC. Referimo-nos ao REsp 1.184.765-PA, de relatoria do então Ministro Luiz Fux, julgado por unanimidade pela 1ª Seção da Corte Superior.[33]

33. "Recurso especial representativo de controvérsia – Art. 543-C do CPC – Processo judicial tributário – Execução fiscal – Penhora eletrônica – Sistema BACENJUD – Esgotamento das vias ordinárias para a localização de bens passíveis de penhora – Art. 11 da Lei n. 6.830/1980 – Art. 185-A do CTN – Código de Processo Civil – Inovação introduzida pela Lei n. 11.382/2006 – Arts. 655, I, e 655-A do CPC – Interpretação sistemática das leis – Teoria do Diálogo das Fontes – Aplicação imediata da lei de índole processual.

"(...).

"8. Nada obstante, a partir da vigência da Lei n. 11.382/2006 os depósitos e as aplicações em instituições financeiras passaram a ser considerados bens preferenciais na ordem da penhora, equiparando-se a dinheiro em espécie (art. 655, I, do CPC), tornando-se prescindível o exaurimento de diligências extrajudiciais a fim de se autorizar a penhora *on line* (art. 655-A do CPC).

"9. *A antinomia aparente entre o art. 185-A do CTN (que cuida da decretação de indisponibilidade de bens e direitos do devedor executado) e os arts. 655 e 655-A do CPC (penhora de dinheiro em depósito ou aplicação financeira) é superada com a aplicação da Teoria pós-moderna do Diálogo das Fontes, idealizada pelo alemão Erik Jayme e aplicada, no Brasil, pela primeira vez, por Cláudia Lima Marques, a fim de preservar a coexistência entre o Código de Defesa do Consumidor e o novo Código Civil.*

"10. *Com efeito, consoante a Teoria do Diálogo das Fontes, as normas gerais mais benéficas supervenientes preferem à norma especial (concebida para conferir tratamento privilegiado a determinada categoria), a fim de preservar a coerência do sistema normativo.*

"11. Deveras, a *ratio essendi* do art. 185-A do CTN é erigir hipótese de privilégio do crédito tributário, não se revelando coerente 'colocar o credor privado em situação melhor que o credor público, principalmente no que diz respeito à cobrança do cré-

Analisando-se o inteiro teor do acórdão, publicado no *DJe* de 3.12.2010, nota-se que o fundamento da decisão foi a Teoria do Diálogo das Fontes, desenvolvida pelo alemão Erik Jayme e aplicada no Brasil por Cláudia Lima Marques. Reconhecendo o conflito aparente de normas, o STJ[34] utilizou como critério de solução a referida Teoria, propugnando que:

> "As normas gerais mais benéficas supervenientes preferem à norma especial (concebida para conferir tratamento privilegiado a determinada categoria), a fim de preservar a coerência do sistema normativo".

O que se verifica é que, sob o rótulo da Teoria do Diálogo das Fontes, o STJ criou um quarto critério para a solução de antinomias: a lei geral e posterior mais benéfica prevalece sobre a lei específica. No entanto, trata-se de critério absolutamente inadequado para a superação da antinomia em questão.

Uma análise do trabalho em que Cláudia Lima Marques propugnou pela aplicação da Teoria do Diálogo das Fontes no Direito Brasileiro se faz necessária. Em seu trabalho, intitulado "Superação das

dito tributário, que deriva do dever fundamental de pagar tributos (arts. 145 e ss. da CF de 1988)' (REsp n. 1.074.228-MG, rel. Min. Mauro Campbell Marques, 2ª Turma, j. 7.10.2008, *DJe* 5.11.2008).

"12. Assim, a interpretação sistemática do art. 185-A do CTN com os arts. 11 da Lei n. 6.830/1980 e 655 e 655-A do CPC autoriza a penhora eletrônica de depósitos ou aplicações financeiras independentemente do exaurimento de diligências extrajudiciais por parte do exequente.

"13. À luz da regra de direito intertemporal que preconiza a aplicação imediata da lei nova de índole processual, infere-se a existência de dois regimes normativos no que concerne à penhora eletrônica de dinheiro em depósito ou aplicação financeira: (i) período anterior à égide da Lei n. 11.382, de 6.12.2006 (que obedeceu à *vacatio legis* de 45 dias após a publicação), no qual a utilização do Sistema BACENJUD pressupunha a demonstração de que o exequente não lograra êxito em suas tentativas de obter as informações sobre o executado e seus bens; e (ii) período posterior à *vacatio legis* da Lei n. 11.382/2006 (21.1.2007), a partir do qual se revela prescindível o exaurimento de diligências extrajudiciais a fim de se autorizar a penhora eletrônica de depósitos ou aplicações financeiras.

"(...).

"19. Recurso especial fazendário provido, declarando-se a legalidade da ordem judicial que importou o bloqueio liminar dos depósitos e aplicações financeiras constantes das contas bancárias dos executados – Acórdão submetido ao regime do art. 543-C do CPC e da Resolução STJ n. 8/2008."

34. V. a nota de rodapé anterior.

antinomias pelo Diálogo das Fontes: o modelo brasileiro de coexistência entre o Código de Defesa do Consumidor e o Código Civil de 2002",[35] a autora analisa a posição do Código de Defesa do Consumidor (regra especial em matéria de consumo) no direito positivo diante do advento do novo Código Civil (regra geral), "importando" a Teoria do Diálogo das Fontes para defender que ambos coexistem no sistema. A autora partiu da premissa de que a aplicação dos critérios de solução de antinomias previstos no ordenamento implica a retirada de uma das leis do sistema, vendo-se na contingência de fundamentar a coexistência das duas normas. São suas palavras:[36]

> "Na pluralidade de leis ou fontes existentes ou coexistentes no mesmo ordenamento jurídico, ao mesmo tempo, que possuem campos de aplicação ora coincidentes, ora não coincidentes, os critérios tradicionais da solução dos conflitos de leis no tempo (*direito intertemporal*) encontram seus limites. Isso ocorre porque pressupõe a retirada de uma das leis (a anterior, a geral e a de hierarquia inferior) do sistema, daí propõe Erik Jayme o caminho do 'Diálogo das Fontes', para a superação das eventuais antinomias aparentes existentes entre o Código de Defesa do Consumidor e o Código Civil de 2002".

Nada obstante, a superação de antinomias pelos critérios da hierarquia, da especialidade e da cronologia não implica a retirada de uma das normas conflitantes. O que se tem é o afastamento, a não aplicação de uma dessas normas num determinado caso concreto. Diante de uma situação fática, como duas normas conflitantes não poderão ser aplicadas simultaneamente (do contrário não se teria antinomia), uma das normas necessariamente deixará de ser aplicada. Porém, esta norma permanecerá no sistema (válida, vigente e eficaz), podendo ser aplicada em outras circunstâncias.

A solução propugnada por Cláudia Lima Marques longe está de representar um critério de solução de antinomia. Isso porque a coexistência de normas conflitantes diante de um mesmo caso concreto constitui uma impossibilidade lógica. A coexistência de duas ou mais normas para um mesmo caso infirma a existência de uma antinomia.

35. Cláudia Lima Marques, in *Revista de Direito do Consumidor* 51, São Paulo, Ed. RT, julho-setembro/2004.

36. Idem, p. 35.

Dessa forma, o Diálogo das Fontes não pode ser invocado como um possível critério de solução de antinomias.

Evidentemente, todas as normas, conflitantes ou não, coexistem no sistema. No entanto, se forem conflitantes, somente uma será aplicável a um determinado fato jurídico.[37]

A impropriedade da invocação da Teoria do Diálogo das Fontes para a superação de antinomias torna-se ainda mais evidente diante dos três "Diálogos" que a autora aduz como possíveis entre o Código de Defesa do Consumidor e o Código Civil de 2002: (*i*) Diálogo sistemático de coerência – uma lei pode servir de base conceitual para outra; (*ii*) Diálogo sistemático de complementariedade e subsidiariedade – uma lei pode complementar a aplicação da outra; (*iii*) Diálogo de coordenação e adaptação sistemática – o sistema especial pode influenciar no geral, e vice-versa.[38]

Não vislumbramos, nos três casos, uma situação de antinomia. Em todos eles as normas podem ser aplicadas simultaneamente, de forma harmônica, por inexistir qualquer contradição.

Destarte, se a Teoria do Diálogo das Fontes propõe a coexistência de normas no sistema, de modo que todas possam ser aplicadas simultaneamente, a aplicação dessa Teoria tem como pressuposto a ausência de antinomia. Como visto, tratando-se de antinomia, a aplicação simultânea de duas normas constitui uma impossibilidade lógica. Nas palavras de Lourival Vilanova:[39]

> "Que as normas não se *aplicam* ambas, simultaneamente, decorre do direito positivo: de sua linguagem e da realidade que essa linguagem tem como referente seu – o ser da conduta recíproca, que não pode ser jurídica e antijurídica, a um só tempo".

37. "A situação criada por um conflito de normas consiste em que, se uma das duas normas que estão em conflito é cumprida, a outra é violada, porém não em que só uma das duas pode valer" (Hans Kelsen, *Teoria Geral das Normas*, trad. de José Florentino Duarte, Porto Alegre, Sergio Antônio Fabris Editor, 1986, p. 267).

38. Cláudia Lima Marques, "Superação das antinomias pelo Diálogo das Fontes: o modelo brasileiro de coexistência entre o Código de Defesa do Consumidor e o Código Civil de 2002", cit., *Revista de Direito do Consumidor* 51/60.

39. Lourival Vilanova, *Causalidade e Relação no Direito*, 4ª ed., São Paulo, Ed. RT, 2000, p. 105.

Por essa razão, não podemos concordar com a conclusão da autora[40] de que:

> "Não há conflito real entre estas leis, somente antinomias, como a estudada entre o art. 429 e os arts. 30 e 35 do CDC, mas em sua maior parte – como a analisada – são antinomias aparentes e não reais, que podem ser resolvidas com o uso da aplicação ordenada, subsidiária e especial do Código de Defesa do Consumidor e do Código Civil de 2002. Útil, pois, é a ideia de 'Diálogo' das Fontes, Diálogo que significa a aplicação simultânea, coordenada e sistemática destas duas leis principais e coexistentes no direito privado brasileiro".

A existência de uma antinomia exclui, necessariamente, a aplicação simultânea, coordenada e sistemática das normas conflitantes.

Com isso pensamos ter demonstrado a impertinência do fundamento utilizado pelo STJ para justificar a prevalência da regra geral do art. 655 do CPC sobre a regra especial do art. 11 da Lei 6.830/1980, c/c o art. 185-A do CTN. De um lado, porque a Teoria do Diálogo das Fontes, "importada" por Cláudia Lima Marques, não defende a prevalência de uma norma sobre a outra, mas a aplicação simultânea de duas normas que se dizem conflitantes; de outro lado, porque a invocação da propalada Teoria para a solução de uma antinomia constitui uma impossibilidade lógica.

Ademais, parece ter-se olvidado a Corte Superior de que a Teoria do Diálogo das Fontes foi utilizada pela autora para preservar o polo hipossuficiente da relação jurídica de consumo. Já, no caso em questão, a referida Teoria está sendo utilizada para prestigiar o polo hipersuficiente da relação jurídica tributária, conferindo ao Fisco ainda mais privilégios e regalias. Trata-se de aspecto relevante na utilização da referida Teoria em matéria tributária, que providencialmente foi deixada de lado pelo Tribunal.

De fato, várias podem ser interpretações dos julgadores em relação a um mesmo enunciado prescritivo. O que não se pode admitir é que a atividade interpretativa ultrapasse os limites normativos postos

40. Cláudia Lima Marques, "Superação das antinomias pelo Diálogo das Fontes: o modelo brasileiro de coexistência entre o Código de Defesa do Consumidor e o Código Civil de 2002", cit., *Revista de Direito do Consumidor* 51/67.

pelo ordenamento jurídico, nem que seja fruto de uma construção de sentido ilógico.

O que se nota, infelizmente, é a busca de um fundamento para justificar a posição que se quer defender. O caminho feito pelo STJ foi inverso: certo ao decidir pela prevalência da regra da penhora *on line* nas execuções promovidas pelo Fisco, ainda que em detrimento dos direitos dos contribuintes – que sempre são vistos com maus olhos na relação processual executiva, ainda que saiam vencedores ao final –, criou um discurso para legitimar a sua decisão, o qual, como pretendemos demonstrar, é absolutamente incompatível com o ordenamento jurídico brasileiro.

Miguel Reale[41] já advertira que:

> "O ato de subordinação ou subsunção do fato à norma não é um ato reflexo e passivo, mas antes um ato de participação criadora do juiz, com a sua sensibilidade e tato, sua intuição e prudência, operando a norma como substrato condicionador de suas indagações teóricas e técnicas".

Nada obstante, por ocasião do julgamento do recurso em tela faltou sensibilidade e tato aos julgadores; reinou a imprudência. As normas jurídicas do art. 11 da Lei 6.830/1980, c/c o art. 185-A do CTN, e do art. 655 do CPC caminham em sentido radicalmente oposto ao das indagações teóricas propugnadas pelo STJ.

## *X – Conclusão*

Está-se diante de uma antinomia quando duas normas forem contraditórias: o cumprimento de uma implicará, necessariamente, o descumprimento de outra. Ter-se-á por configurada uma antinomia jurídica quando (*i*) as normas conflitantes tiverem sido produzidas dentro do sistema jurídico; (*ii*) houver a impossibilidade lógica de cumprimento simultâneo das normas; (*iii*) o destinatário das normas estiver numa posição insustentável; e (*iv*) as normas conflitantes tiverem o mesmo âmbito de vigência (temporal, material, espacial e pessoal).

41. Miguel Reale, *Lições Preliminares de Direito*, 6ª ed., São Paulo, Saraiva, 1979, p. 298.

O próprio ordenamento confere os critérios para a solução de antinomias. São eles os critérios da hierarquia, da especialidade e da cronologia. Nesse contexto, quando os conflitos são passíveis de superação por um desses critérios, as antinomias são aparentes; quando tais critérios forem insuficientes ou, ainda, conflitantes, têm-se antinomias reais. Havendo insuficiência de critérios, a solução dependerá da interpretação dada pelo intérprete; de outro lado, havendo conflito de critérios, o intérprete deverá buscar um metacritério (a hierarquia e a especialidade são metacritérios em relação à cronologia).

Deveras, a interpretação está sempre presente no tema das antinomias, seja na sua identificação, seja na sua solução. No caso das normas do art. 11 da Lei 6.830/1980, c/c o art. 185-A do CTN, e do art. 655 do CPC sequer haveria que se falar em conflito de normas, visto que o art. 11 da Lei 6.830/1980, c/c o art. 185-A do CTN, e o art. 655 do CPC possuem âmbitos de vigência (material) distintos.

Outra interpretação possível por parte do observador seria a existência de um conflito entre essas normas. Neste caso ter-se-ia uma antinomia aparente, superada pelos critérios da especialidade e da hierarquia. A norma do art. 11 da Lei 6.830/1980, c/c o art. 185-A do CTN, além de configurar uma regra especial em relação à norma do art. 655 do CPC, é, também, uma norma de superior hierarquia, pois veiculada por norma geral, em atendimento ao art. 146, III, "b", da CF.

Nada obstante, a interpretação conferida pelo STJ a esta antinomia não é a mais adequada diante de nosso ordenamento jurídico. Ao julgar o REsp 1.184.765-PA, sob o rito do art. 543-C do CPC, a 1ª Seção da Corte Superior, por unanimidade, entendeu pela prevalência da norma do art. 655 do CPC em detrimento da norma do art. 11 da Lei 6.830/1980, c/c o art. 185-A do CTN. O fundamento utilizado foi a Teoria do Diálogo das Fontes, desenvolvida pelo alemão Erik Jayme e aplicada no Brasil por Cláudia Lima Marques, como forma de justificar a coexistência entre o Código de Defesa do Consumidor e o Código Civil de 2002.

Entretanto, a "importação" dessa Teoria como instrumento para a solução de antinomias no direito positivo brasileiro, notadamente em matéria tributária, mostra-se inadequada, pelas seguintes razões:

(*i*) Tal Teoria não defende a prevalência de uma norma sobre a outra, mas a aplicação simultânea de duas normas que se diz serem conflitantes.

(*ii*) A invocação da propalada Teoria para a solução de uma antinomia constitui uma impossibilidade lógica, na medida em que a configuração de uma antinomia pressupõe a impossibilidade de cumprimento simultâneo das normas, na parte em que conflitarem. Se o que se propugna é a coexistência e a aplicação simultânea das normas, não se terá uma antinomia.

(*iii*) Referida Teoria foi utilizada por Cláudia Lima Marques para preservar o polo hipossuficiente da relação jurídica de consumo. Já, no caso em questão a referida Teoria está sendo utilizada para prestigiar o polo hipersuficiente da relação jurídica tributária, conferindo ao Fisco ainda mais privilégios e regalias.

Numa postura absolutamente imparcial diante do Fisco e dos contribuintes, conclui-se que o ordenamento jurídico brasileiro oferece critérios para a solução da antinomia aparente entre as normas do art. 11 da Lei 6.830/1980, c/c o art. 185-A do CTN, e do art. 655 do CPC. São eles os critérios da especialidade e da hierarquia. Dessa forma, a outra conclusão não se pode chegar senão à de que o ordenamento jurídico brasileiro está sendo desprestigiado pela Corte Superior. Inexistem razões jurídicas para se buscar um fundamento – totalmente inadequado para o caso em questão, como visto – no direito comparado. Essa atitude só se justifica por razões políticas, de favorecimento ao Fisco, com o quê não se pode pactuar.

# *PARA UMA TEORIA DA NULIDADE EM MATÉRIA TRIBUTÁRIA*

Tácio Lacerda Gama

Mestre e Doutor em Direito do Estado pela PUC/SP.
Professor de Direito Tributário da PUC/SP.
Advogado.

*1. Ilícitos nomogenéticos e suas espécies. 2. Inconstitucionalidade. 3. Ilegalidade. 4. Nulidade e anulabilidade. 5. Erro de fato e erro de direito. 6. Improcedência da pretensão da Fazenda ou do contribuinte. 7. Conclusão: atributo comum do gênero "nulidade" – Sanção pelo descumprimento da norma de competência. Bibliografia.*

Em trabalhos anteriores defini noções de "existência", "validade", "invalidade", "vigência" e "eficácia" das normas jurídicas.[1] Nessas oportunidades busquei destacar a relevância destes conceitos para a compreensão da dinâmica do sistema tributário nacional, num esforço de sistematização típico da Teoria Geral do Direito. Neste artigo relacionaremos estas definições fundamentais com o direito positivo, a dogmática jurídico-tributária e a jurisprudência. É neste contexto que poderei demonstrar o que há de comum entre a inconstitucionalidade, a nulidade, o erro de fato, o erro de direito e as improcedências da pretensão do contribuinte ou do fisco.

## *1. Ilícitos nomogenéticos e suas espécies*

São premissas para o desenvolvimento este trabalho: (*i*) todas as normas jurídicas regulam condutas. Logo, é insubsistente a distinção

1. Tácio Lacerda Gama, *Competência Tributária – Fundamentos para uma Teoria da Nulidade*, São Paulo, Noeses, 2009, pp. 301-139.

entre normas de estrutura e normas de comportamento; (*ii*) "nomogênese" é a palavra que designa o surgimento de novas normas (nomo = norma + gênese = surgimento, criação); (*iii*) conduta nomogenética é a que produz novas normas; (*iv*) toda ação pode ser tipificada como lícita ou ilícita; (*v*) a norma jurídica de competência prescreve conduta nomogenética lícita e, também, a enunciação ilícita de novos textos jurídicos; (*vi*) norma criada licitamente é válida, vigente e apta a ser eficaz; (*vii*) norma criada segundo a norma sancionatória de competência foi produzida ilicitamente e é, portanto, norma inválida;[2] (*viii*) norma que reconhece a invalidade de outra pode prescrever restrições quanto à sua vigência ou quanto à sua eficácia; (*ix*) é "ilícito nomogenético" a conduta de criar uma norma sem fundamento na norma de competência. Essas nove premissas são essenciais para que possamos analisar as características comuns a todos os ilícitos em que se pode incorrer na criação de uma norma.

Pois bem, ter sido criada de forma ilícita – sem fundamento na norma de competência ou ajustada à norma sancionatória de competência – é o que há de comum entre os vícios[3] de inconstitucionalidade, ilegalidade, nulidade, anulabilidade, erro de fato, erro de direito e de simples improcedência da pretensão da Fazenda ou do contribuinte. Ocorre, em todos esses casos, um desajuste entre a norma jurídica criada e seu respectivo fundamento de validade. É esse desajuste que impõe, em alguns casos, a não aplicação da norma ao caso concreto. Em verdade, ainda como decorrência das premissas fixadas acima, poderíamos afirmar que todo conflito de interesses em matéria

2. Em sentido contrário: "Una sanción supone que la conducta a la que se imputa es indeseable y merece ser desalentada. (...). Simplemente, no reconoce sus efectos jurídicos". Santiago Nino cita outra diferença entre *nulidade* e *sanção*: "(...) si suprimimos la sanción de una norma penal, lo que queda (por ejemplo, 'no se debe matar'), si bien puede perder fuerza, todavía tiene sentido; en cambio, si se suprime la nulidad como consecuencia de una norma que establece cierto procedimiento, lo que resta (por ejemplo, 'el testamento debe hacerse con testigos') no tendría ningún sentido, ni prodríamos decir que constituye regla alguna" (Carlos Santiago Nino, *Introducción al Análisis del Derecho*, Barcelona, Editorial Ariel, 1983, pp. 90-91).

3. "Se llama 'viciada' toda norma, disposición o fuente que no sea enteramente conforme a las normas que regulan su creación. Por una parte, un 'vicio' es el efecto de la violación de una norma sobre la producción jurídica. Por otra, un 'vicio' es la causa (o la razón) de la invalidez de la norma viciada" (Riccardo Guastini, *Distinguiendo: Estudios de Teoría y Metateoría del Derecho*, Barcelona, Gedisa, 1999, p. 322).

tributária leva em consideração a ocorrência, ou não, de um ilícito nomogenético, numa das modalidades a que acabamos de aludir.

Outro ponto a ser destacado: a prescrição da conduta de criar uma norma é feita pela vinculação entre forma e matéria. É a norma de competência que prescreve que tipo de enunciação é adequado para tratar de que tipo de matéria. Se cabe à emenda constitucional, lei complementar ou ordinária tratar de uma matéria tributária qualquer é tema que só a norma de competência pode prescrever. Ora, se forma e matéria estão vinculadas pela competência, a forma viciada compromete a matéria, e vice-versa. Noutras palavras, é impróprio pensar num vício exclusivamente formal ou material,[4] pois no direito positivo forma e matéria se coimplicam. O que existe é a preponderância formal ou material, nunca a exclusividade.

Definido o que se pode entender por criação ilícita de normas e definidas as suas espécies, cabe pensar quais dispositivos da norma de competência podem ser violados na atividade nomogenética. Para isso, retomaremos a sua estrutura formal: *Njcom {[(s.p(p1.p2.p3...).(e. t)] → [s(s.sp) . m(c.s.e.t)]}*. Esta norma, assim formalizada, qualifica o sujeito ativo da competência, além de aglutinar os critérios que devem ser levados em conta na criação da norma jurídica válida. Em linguagem desformalizada, este sintagma pode ser lido assim: se o sujeito competente *(s)* realizar a enunciação *[p(p1.p2.p3...)]* em certas condições de espaço *(e)* e de tempo *(t)*, então, será permitido ou obrigatório, conforme o caso, editar norma jurídica que verse sobre uma certa matéria *[m(c.s.e.t)]* para uma determinada comunidade *(sp)*. Atendidas essas prescrições, a norma criada será válida. Caso contrário, inválida.

4. "Es inválida por razones 'formales' una ley que no haya sido dictada por el órgano competente y según los procedimientos debidos. Es inválida por razones 'materiales' (o 'sustanciales') una ley que esté en conflicto con la constitución por su objeto (la materia regulada) o por su contenido (la forma cómo se regula esa materia).

"Ahora bien, mientras que la invalidez material es una forma 'débil' de invalidez, que no comporta además la inexistencia de la ley, la invalidez formal, de modo general, es una invalidez de tipo 'fuerte' que, habitualmente, comporta nada menos que la inexistencia de la ley. (...).

"Podría también decirse así: una ley materialmente inválida es anulable (por un tribunal constitucional), mientras que una ley formalmente inválida es decididamente nula (de forma que su nulidad puede ser reconocida por cualquier juez)" (Riccardo Guastini, *Distinguiendo: Estudios de Teoría y Metateoría del Derecho*, cit., p. 313).

Os critérios da norma de competência oferecem, ainda, a esquematização dos tipos de vício que podem ser cometidos, em conjunto ou isoladamente, na criação de normas jurídicas. No que diz respeito à enunciação, há vícios quanto ao sujeito competente,[5] enunciação/procedimento, espaço e tempo. No que se refere à matéria, especificamente, há vícios quanto à conduta prescrita e aos âmbitos de vigência espacial e temporal aos quais a norma inferior deve se ajustar. Existem, pois, oito formas de violar a norma de competência, sendo quatro formais e quatro materiais.[6]

Os ilícitos nomogenéticos, porém, não se presumem, tampouco são automáticos e infalíveis.[7] Sendo o direito positivo um sistema dinâmico de normas, apenas com decisões exaradas por autoridades competentes – via de regra, titulares de competências jurisdicionais – é

5. "A criação de um tributo por pessoa política incompetente viola normas constitucionais. Esta anomalia jurídica não pode ser sanada, nem mesmo com o beneplácito da pessoa política que sofreu a usurpação.

"Portanto, a falta de competência da pessoa política que, fazendo rosto à Constituição, 'cria' tributos alheios acarreta a nulidade do ato, por ofensa a princípio básico da ordem jurídica. A lei assim produzida, maculada por vício essencial, não pode, mesmo, ter eficácia jurídica. Pelo contrário, pronunciada pelo Judiciário, mediante provocação, a nulidade, volvem as coisas ao estado anterior ao do avento do ato anulado (efeito *ex tunc*). Assim preceitua a teoria das nulidades" (Roque Antonio Carrazza, *Curso de Direito Constitucional Tributário*, 27ª ed., São Paulo, Malheiros Editores, 2011, pp. 551-552).

6. "É ponto pacífico que o descompasso entre uma norma jurídica qualquer (emenda constitucional, lei, decreto, portaria, ato administrativo etc.) e a Constituição tem o nome técnico de *inconstitucionalidade*, que, como predica a melhor doutrina, pode ser *material* ou *formal*. *Material*, quando o conteúdo da norma jurídica é incompatível com regra ou princípio constitucional. E *formal*, quando a norma jurídica é editada por autoridade, órgão ou pessoa incompetente *ou sem a observância dos procedimentos adequados* (nos termos da Constituição)" (Roque Antonio Carrazza e Eduardo Bottallo, "As inconstitucionalidades da 'nova' CPMF", in Valdir de Oliveira Rocha, *Grandes Questões Atuais do Direito Tributário*, 3º vol., São Paulo, Dialética, 1999, p. 298).

7. "Descabe buscar o princípio lógico da não contradição para solucionar o conflito. Primeiro, a contraditoriedade é recíproca; segundo, a lógica mesma não dá um critério de decisão entre *N* e *não N*; terceiro, o princípio lógico não é norma positiva (supraconstitucional, ou intraconstitucional, ou intrassistêmica) para desconstituir normas vigentes. A ele se vai, como auxiliar indispensável, no processo de hermenêutica, que prepara o ato de decisão. Normas (materialmente constitucionais) repartem competência a órgão, instituem a forma procedimental, ponente de norma,s e, até, o conteúdo mínimo inafastável, como requisito de validade" (Lourival Vilanova, *Causalidade e Relação no Direito*, 4ª ed., São Paulo, Ed. RT, 2000, pp. 308-309).

possível constituir a invalidade de uma norma.[8] Noutro dizer, até que uma norma jurídica identifique o ilícito nomogenético (inconstitucionalidade, ilegalidade, nulidade...) e prescreva os efeitos desta ilicitude, a norma seguirá regulando condutas de modo coercitivo, por efeito da chamada *presunção de validade.*

A invalidade exige reconhecimento expresso por outra norma jurídica. E essa norma, quando positivada, prescreve até quando a norma criada de forma ilegítima poderá ser aplicada, em relação a que sujeitos, entre outros efeitos possíveis. Neste contexto, falar em controle concentrado ou em controle difuso da constitucionalidade das normas jurídicas; em eficácia *erga omnes* ou *erga singulum*; em efeitos *ex tunc*, *ex nunc* e modulados; em declaração de inconstitucionalidade com ou sem redução de texto, nada mais significa que tratar dos efeitos prescritos pela norma que reconhece um ilícito na criação de outras normas.

Todos esses efeitos seguem um princípio: assegurar que a norma hierarquicamente superior prevaleça sobre a norma inferior. Coibir ilícitos nomogenéticos, noutro dizer, é a forma que o sistema jurídico encontra para preservar sua consistência, evitando que os comandos emanados de autoridades hierarquicamente inferiores regulem condutas em detrimento daqueles emanados por autoridades superiores. Desta forma, pelo controle de constitucionalidade se assegura a prevalência das normas constitucionais sobre todas as demais; o controle de legalidade afirma a lei como superior aos atos infralegais, e assim sucessivamente.

Entre as teses defendidas neste trabalho está a de que a norma que reconhece um ilícito na criação de outra norma – seja ele de natureza formal ou material – tem nítido caráter sancionatório. Esta sanção cumpre o papel de desestimular a criação de normas ilícitas e, na eventualidade de elas serem criadas, corrigir os respectivos efeitos, restrin-

8. "Substancialmente, o mesmo ocorre com a norma inconstitucional que violar o processo de produção (o *Erzeugunsprozess*) de normas. A norma inconstitucional é válida enquanto não desconstituída pelo órgão com competência para tal. Mesmo normas *N* e *não-N*, contraditórias entre si, são ambas válidas, *alternativamente aplicáveis* aos atos administrativos, aos atos judiciais e aos próprios atos de legislação ordinária. Dizemos 'alternativamente' pois seria insolúvel o caso concreto com incidência de *N* e *não-N*. A inaplicabilidade simultânea não prejudica a simultânea validade" (Lourival Vilanova, *Causalidade e Relação no Direito*, cit., 4ª ed., p. 309).

gindo a eficácia e até a vigência dessas normas. Aceita esta natureza, não se pode ignorar que os contornos de toda e qualquer sanção devem ser estabelecidos pela lei, segundo critérios que variam de acordo com a gravidade do ilícito. Analisando o sistema de direito positivo, perceberemos que alguns ilícitos, como aqueles que violam a Constituição da República, são gravíssimos. Por isso, a norma que os reconhece pode ter efeitos para toda a sociedade (*erga omnes*) ou, mesmo, poder ser alegada a qualquer tempo, sem prejuízo de caducidade.

Noutras circunstâncias, porém, os vícios são menos graves, a ponto de poderem ser convalidados sem prejuízo para a validade, vigência ou eficácia da norma. Em qualquer caso, cabe sempre ao direito positivo regular em que circunstâncias a norma se sujeita a sanções graves ou leves. Não cabe ao intérprete autêntico julgar a gravidade do ilícito sem fundamento no que prescreve a lei, tampouco se admitem juízos discricionários neste particular.

Ressaltamos que, por força do art. 27 da Lei 9.868/1998, foi aberta a possibilidade de o STF, mediante deliberação qualificada de seus membros, decidir pela modulação de efeitos das normas que reconhecem a inconstitucionalidade de outra, no controle concentrado. Em mais de uma oportunidade o Plenário do STF fez uso desta prerrogativa, atribuindo efeitos *ex nunc* a normas que ordinariamente teriam efeitos *ex tunc*. Este preceito normativo justifica-se pela circunstância de que, em alguns casos, preservar a consistência do sistema jurídico, em especial a sua hierarquia, pode trazer mais prejuízos à sociedade que manter os efeitos de norma criada ilicitamente. Esta hipótese, contudo, não pode ser feita a favor do Estado, como bem demonstra Misabel Derzi,[9] em vigoroso estudo sobre a matéria. Isso porque a modulação de efeitos pró-Estado, entre muitas outras razões, equivale a autorizar que o agente que realiza o ilícito nomogenético se beneficie da própria torpeza, em detrimento do sistema constitucional tributário.

Em síntese, para que se possa configurar um ilícito desta natureza é imprescindível o concurso dos seguintes elementos: (*i*) autoridade competente, titular de jurisdição administrativa ou judicial; (*ii*) processo em que se discuta a validade da norma no curso da ação ou de forma incidental; (*iii*) alegação de conflito real entre norma inferior e

9. Misabel Derzi, *Modificações da Jurisprudência no Direito Tributário*, São Paulo, Noeses, 2009, *passim*.

superior – de competência; (*iv*) prejuízo para a parte, pois não há de se cogitar de nulidade sem dano real ou iminente; e (*v*) a parte que alega o ilícito nomogenético (inconstitucionalidade, ilegalidade, nulidade...) não pode ter dado causa a ele, pois é vedado a qualquer pessoa se beneficiar da nulidade que tenha provocado – ou, noutro dizer, tirar proveito da própria ilicitude.

Após resgatar essas ideias, que servem para explicar e qualificar todas as modalidades de ilícitos que podem ser praticados na enunciação de textos normativos, estamos de posse dos instrumentos conceituais aptos a investigar cada uma das espécies de ilícitos nomogenéticos.

É o que faremos a seguir.

## *2. Inconstitucionalidade*

É inconstitucional a norma criada em confronto direto com o texto da Constituição.[10] Com a ressalva dos atos que promovem descumprimento de preceito fundamental, apenas as normas inseridas no sistema de direito positivo por lei, em sentido amplo, podem estabelecer esta espécie de antinomia.[11] Nos demais o confronto é apenas oblíquo, subordinado ao diploma legislativo imediatamente superior. Assim, um decreto, uma instrução normativa ou uma portaria podem prescrever disposições contrárias à Lei Maior, mas serão consideradas ilegais, pois teriam na lei seu fundamento de validade imediato. Antes de serem inconstitucionais, seriam ilegais.

10. "A norma impositiva tributária é a regra geral e abstrata, veiculada por lei, que institui o tributo. É produto, portanto, da aplicação das normas constitucionais. Em caso de inadequação entre tal regra e o parâmetro constitucional ter-se-á hipótese de invalidade, que é qualificada como 'inconstitucionalidade'. Dependendo do tipo de norma de competência infringida, a inconstitucionalidade poderá atingir a norma impositiva, ou o seu veículo introdutor" (Paulo Roberto Lyrio Pimenta, "Normas de competência e o controle de validade da norma impositiva tributária", in Eurico Marcos Diniz de Santi (org.), *Segurança Jurídica na Tributação e Estado de Direito*, São Paulo, Noeses, 2005, p. 851).

11. "Segue-se, iniludivelmente, que inconstitucional é a lei (ou o ato normativo de igual ou inferior tope) que contravém, direta ou indiretamente, prescrições, mandamentos, categorias ou princípios encartados na Constituição. Portanto, inconstitucional é não só o ato que viola a letra expressa do Texto Supremo, senão, igualmente, o que atrita com seu espírito, vale dizer, com seu sentido e real significado" (Roque Antonio Carrazza, *Conflitos de Competência: um Caso Concreto*, São Paulo, Ed. RT, 1983, p. 28).

Na hierarquia dos vícios que se pode cometer ao editar uma norma, a inconstitucionalidade está no cimo.[12] Nada é mais grave que a ofensa direta à Constituição. E não é por acaso que a própria Lei das Leis prescreve os instrumentos necessários à preservação de sua integridade. O legislador constituinte cuidou pormenorizadamente do controle de constitucionalidade: estabeleceu as formas de controle, indicando se seria concentrado ou difuso; ao prescrever os efeitos que cada uma dessas formas de controle pode ensejar, se *erga omnes* ou *erga singulum* ou se *ex tunc* ou *ex nunc*; indicou que sujeitos poderiam agir em nome da coletividade, pleiteando o controle concentrado de constitucionalidade; e, além disso, prescreveu que cabe ao STF ser o órgão máximo competente para julgar a inconstitucionalidade das leis e atos normativos.

A natureza da norma inconstitucional é assunto recorrente entre aqueles que litigam acerca do tema. A relevância prática da disputa estaria no efeito no tempo que se poderia imputar à decisão de inconstitucionalidade. A pergunta central seria: a norma inconstitucional é nula,[13] inexistente ou anulável? Se nula, seus efeitos retroagiriam à data de edição do ato viciado. Se inexistente, não seria possível considerar qualquer dos seus efeitos jurídicos.[14] Se anulável, é a decisão do

12. "La inconstitucionalidad es un caso particular de invalidez: es la invalidez que deriva de la no-conformidad de una norma con la Constitución" (Riccardo Guastini, *Distinguiendo: Estudios de Teoría y Metateoría del Derecho*, cit., p. 323).

13. "A consequência da não conformidade com tais regras pode não ser sempre a mesma, mas haverá sempre algumas regras relativamente às quais a não conformidade transforma qualquer tentativa de exercício de poder legislativo num acto nulo ou, como na decisão de um tribunal inferior, sujeita-o à invalidação. Em certos casos, a partir da certificação de que os procedimentos não foram observados, a lei pode impor a conclusão da regularidade quanto a aspectos de procedimento interno, e noutros casos as pessoas sem a qualificação exigida pelas regras que participem nas actividades legislativas podem ficar sujeitas a uma pena nos termos de regras criminais especiais que considerem tal facto delito. Mas, ainda que parcialmente encoberta por estas complicações, há uma diferença radical entre as regras que conferem e definem o modo de exercício dos poderes legislativos e as regras do direito criminal, as quais, pelo menos, se assemelham a ordens baseadas em ameaças" (Herbert L. A. Hart, *O Conceito de Direito*, 3ª ed., Lisboa, Fundação Calouste Gulbenkian, 2001, p. 39).

14. "Una norma inválida puede, a pesar de su invalidez, pertenecer al ordenamiento (y seguir perteneciendo hasta que no sea expulsada por el órgano competente). Una norma 'inexistente', en cambio, es una norma que no pertenece en absoluto al ordenamiento. (...). Una norma, disposición o fuente es 'inexistente' si no responde ni siquiera a los requisitos mínimos para ser reconocida como norma, disposición o

STF que a anula; logo seus efeitos se projetariam apenas para o futuro, num caso clássico de eficácia *ex nunc.*[15]

Em voto que busca equacionar essa discussão, o Min. Celso de Mello[16] demonstra a existência das três posições indicadas acima, todas elas defendidas por juristas de escol.[17] A despeito disso, defende que a sólida jurisprudência do STF aponta para a natureza nula da norma inconstitucional,[18] sendo-lhe, via de regra, cassados os efeitos desde a sua edição. Também ele, ao expor a posição prevalecente, acaba por se filiar a esta tese, ressalvando a posição do Min. Gilmar

fuente perteneciente al ordenamiento. De todas maneras, el concepto de inexistencia no resulta fácil de precisar. Se considera inexistente, sin duda, cualquier norma que haya sido creada en violación de todas las normas que rigen su creación. Pero, para que una norma sea inexistente (no alcance ni el umbral de la existencia jurídica) no es necesario que sean violadas todas las normas sobre la producción jurídica: es suficiente que sean violadas algunas normas cruciales" (Riccardo Guastini, *Distinguiendo: Estudios de Teoría y Metateoría del Derecho*, cit., pp. 322-323).

15. "Se as determinações da Constituição não são respeitadas, então, não se produzem quaisquer normas jurídicas válidas, as normas em tais condições produzidas são nulas ou anuláveis, isto é: o sentido subjetivo dos atos postos inconstitucionalmente, e que, portanto, não são postos de acordo com a norma fundamental, não será interpretado como seu sentido objetivo ou, então, essa interpretação – provisória – vem a ser repudiada" (Hans Kelsen, *Teoria Pura do Direito*, 6ª ed., São Paulo, Martins Fontes, 1998, p. 57).

16. "Essa posição de eminência da Lei Fundamental – que tem o condão de desqualificar, no plano jurídico, o ato em situação de conflito hierárquico com o texto da Constituição – estimula reflexões teóricas em torno da natureza do ato constitucional, daí decorrendo a possibilidade de reconhecimento ou da inexistência, ou da nulidade, ou da anulabilidade (com eficácia *ex nunc* ou com eficácia *ex tunc*), ou, ainda, da ineficácia do comportamento estatal incompatível com a Constituição" (STF, 2ª Turma, trecho do voto do Min. Celso de Mello, Relator, nos autos do RE/Ag 353.508-RJ, *DJU* 29.6.2007).

17. Recomendamos a leitura do voto do Min. Celso de Mello proferido no RE/Ag 395.902-6.

18. Não existem norma nulas para Kelsen, ou são inválidas ou anuláveis: "(...) uma norma jurídica é sempre válida, não pode ser nula, mas pode ser anulada. Existem, contudo, diferentes graus de anulabilidade. (...). O que geralmente se chama nulidade é apenas o grau mais elevado de anulabilidade, o fato de que todo sujeito, e não apenas um órgão especial, está autorizado a anular a norma. No Direito nacional moderno a nulidade, como o grau mais elevado da anulabilidade, está praticamente excluída. Um Estado em que todos estão autorizados a declarar toda norma, ou seja, tudo o que se apresenta como norma, como sendo nula é quase que um Estado de anarquia" (Hans Kelsen, *Teoria Geral do Direito e do Estado*, São Paulo, Martins Fontes, 1998, p. 161).

Mendes,[19] que sustenta a possibilidade de modular amplamente os efeitos da decisão.

Depois das ideias expostas acima, não é difícil inferir a nossa posição. A norma inconstitucional é fruto de um ilícito que precisa ser corrigido. A decisão do STF que reconhece esse ilícito aplica uma sanção, limitando a eficácia[20] e até a vigência da norma inválida. Ora, se a norma que reconhece a criação de uma lei inconstitucional tem natureza sancionatória, os limites desta sanção devem ser aqueles estabelecidos pela Constituição ou, quando for o caso, pela lei. O nome atribuído à ilicitude tem menor relevância que os efeitos previstos pelo próprio sistema.

Para finalizar, cabe sempre insistir na ideia de que o controle de constitucionalidade das leis e atos jurídicos é a técnica que o sistema dispõe para manter a consistência e hierarquia de suas normas.[21] Esta

19. "Não se nega, pois, o caráter de princípio constitucional ao princípio da nulidade da lei inconstitucional. Entende-se, porém, que tal princípio não poderá ser aplicado nos casos em que se revelar absolutamente inidôneo para a finalidade perseguida (casos de omissão; exclusão de benefício incompatível com o princípio da igualdade), bem como nas hipóteses em que a sua aplicação pudesse trazer danos para o próprio sistema jurídico constitucional (grave ameaça à segurança jurídica). Assim, configurado eventual conflito entre o princípio da nulidade e o princípio da segurança jurídica, que, entre nós, tem *status* constitucional, a solução da questão há de ser, igualmente, levada a efeito em um processo de complexa ponderação. (...) a adoção de uma decisão alternativa é inerente ao modelo de controle de constitucionalidade amplo, que exige, ao lado da tradicional decisão de perfil cassatório com eficácia retroativa, também decisões de conteúdo outro, que não importem, necessariamente, a eliminação direta e imediata da lei do ordenamento jurídico" (STF, Pleno, trecho do voto do Min. Gilmar Mendes nos autos do RE 197.917-SP, rel. Min. Maurício Corrêa, *DJU* 7.5.2004).

20. Para Paulo de Barros Carvalho a declaração de inconstitucionalidade no controle difuso resulta na suspensão de eficácia da regra por resolução do Senado, enquanto não seja revogada adequadamente pelo órgão competente: "No caso de declaração de inconstitucionalidade de norma pela Suprema Corte, tratando-se de controle difuso, suspende-se a eficácia da regra mediante resolução do Senado, até que seja ela revogada pelo órgão competente. Dito de outro modo, significará que certa norma até então vigente na ordem jurídica nacional teve sua inconstitucionalidade declarada pelo Supremo, que comunica tal decisão ao Senado da República. Este, pela figura legislativa da 'resolução', manda suspender a eficácia técnica daquela regra, que permanece vigente sem poder atuar, continuando também válida até que o órgão que a promulgou venha a expulsá-la do sistema" (*Curso de Direito Tributário*, 17ª ed., São Paulo, Saraiva, 2005, p. 82).

21. "A decisão de inconstitucionalidade é um ato jurisdicional, fruto da afirmação do Direito e da supremacia da Constituição, por isso consiste na aplicação do

é a forma que existe para evitar que autoridades inferiores – sujeitos competentes para a criação de leis e atos complementares – disponham sobre o que prescreveu o legislador constitucional.[22]

## 3. *Ilegalidade*

Quando a competência é outorgada por lei, o ilícito cometido ao se criar norma incompatível com ela é o da "ilegalidade". São ilegais, por exemplo, o decreto, o regulamento, a instrução normativa, a portaria e o ato normativo interpretativo que tenham sido criados em conflito com o que dispõe a lei. A exemplo do que se passa com os demais ilícitos nomogenéticos, a ilegalidade não se presume, pois requer: (*i*) linguagem competente; (*ii*) produção no curso de um processo administrativo ou judicial; (*iii*) onde se alegue a incompatibilidade entre norma inferior e a lei; (*iv*) existência de claro prejuízo de quem faça a alegação; e (*v*) que aquele que alega não tenha sido o mesmo sujeito que criou a norma. Pela existência destes requisitos, podemos dizer que a ilegalidade não é automática e infalível.

Vários critérios são igualmente hábeis para classificar as ilegalidades, pois vários são os tipos de lei, bem como são vários os tipos de ato que contradizem as suas prescrições. Há ilegalidade da lei ordinária que viola a lei complementar; do decreto que viola a lei; do lançamento de ofício constituído em ofensa à disposição legal. O que há de comum entre todas essas espécies é a circunstância de a norma de competência ser formada a partir de enunciados inseridos por lei, em sentido amplo. Também as sanções que se imputam ao ato ilegal são prescritas por ato legislativo.

princípio da hierarquia. A inconstitucionalidade supõe um vício da norma em questão e busca a conservação do sistema jurídico" (Gabriel Ivo, "Considerações acerca da revogação (é possível falar de revogação tácita?)", in Eurico Marcos Diniz de Santi (org.), *Segurança Jurídica na Tributação e Estado de Direito*, São Paulo, Noeses, 2005, pp. 219-220).

22. "(...) a rigidez constitucional e a existência do controle de constitucionalidade são requisitos de manutenção do Estado Federal. De fato. Se as competências das entidades políticas que compõem o Estado Federal não estiverem numa Constituição rígida e, de outro lado, se não existir um órgão constitucional incumbido do controle de constitucionalidade, não haverá Federação" (Carlos Mário Velloso, "Estado Federal e Estados Federados na Constituição brasileira de 1988: do equilíbrio federativo", *RDA* 187/32-33, Rio de Janeiro, Forense, janeiro-março/1992).

Nada mais natural que assim seja, pois, muito embora a ilegalidade seja uma grave ofensa ao ordenamento, é ato mais brando que o praticado contra a Constituição. Daí por que sua forma de controle é sempre difusa, com efeitos que beneficiam apenas as partes envolvidas no processo (*erga singulum*), nem de longe se comparando à messe de preceitos relativos ao controle de constitucionalidade.

A despeito disso, o controle da legalidade é imprescindível para a ordem jurídica. É por seu intermédio que o sistema evita delegações indevidas de competência, como a que pretende o chefe do Executivo ao editar um decreto que vai além do que permite a lei. Sempre que há o reconhecimento da ilegalidade de um ato há, simultaneamente, a afirmação da competência de alguém que foi usurpada pela ilegalidade. Sem este controle não existiriam meios de imposição desta competência e da própria hierarquia entre normas legais e infralegais.

## *4. Nulidade e anulabilidade*

Há de se distinguir o gênero "nulidade" das suas espécies. O gênero é equivalente à invalidade e suas variações. A espécie, ou nulidade em sentido estrito, é um tipo específico de vício em que incorre o sujeito competente ao criar normas incompatíveis com a norma de competência.

Ao gênero nada teríamos a acrescentar além do que já falamos acerca dos ilícitos nomogenéticos e sobre a validade das normas jurídicas. Sobre a espécie, cabe esclarecer que existem nulidades formais e materiais, assim como se pode falar em nulidade e anulabilidade ou, o que nos parece o mesmo, referir a nulidade absoluta e relativa.

As nulidades formais e materiais referem-se, respectivamente, a vícios na forma de enunciação da norma e no seu conteúdo prescritivo. Desta forma, sempre que existir incompatibilidade entre o instrumento introdutor (decreto, regulamento, instrução normativa) e a norma de competência, o vício será de forma. Ainda que exista compatibilidade entre a enunciação-enunciada e seu fundamento de validade, se constatados vícios em qualquer dos atos de seu *iter* procedimental teremos um caso de nulidade formal. A nulidade material, como o próprio nome sugere, é fruto da incompatibilidade entre o conteúdo da norma de competência, previsto no seu consequente, e a norma introduzida.

Não se trata mais do modo de produção do ato normativo, mas sim da sua mensagem prescritiva.

Seja quanto à forma ou quanto à matéria, as nulidades, como regra, são tipificadas nas leis ordinárias que tratam dos processos administrativos federal, estadual, distrital ou municipal. Esses diplomas normativos tipificam algumas espécies de ilícitos que podem ser praticados no curso de lides administrativas, imputando a cada um deles o caráter absoluto ou relativo, segundo a sua gravidade. É também um juízo acerca da maior ou menor gravidade do ilícito que nos autoriza falar em nulidade como sinônimo de nulidade absoluta e anulabilidade como nulidade relativa. Essa classificação refletiria, segundo o direito positivo, a maior ou menor gravidade da ofensa à norma de competência.

Neste ponto, as palavras de Alfredo Augusto Becker[23] não deixam espaço para dúvidas:

> "No mundo jurídico há maior (nulidade) ou menor (anulabilidade) intolerância ou repugnância por atos jurídicos defeituosos (inválidos: nulos e anuláveis), de tal sorte que o legislador que criou a regra jurídica específica da nulidade ou da anulabilidade também criou o instrumental técnico-jurídico para fazer desaparecer do mundo jurídico a existência jurídica e os efeitos jurídicos daqueles atos defeituosos (inválidos). Este fazer desaparecer é o desconstituir".

Como se vê, os atos anuláveis são criados com vícios menos graves que os nulos. Daí por que podem ser sanados e têm prazo certo para serem alegados em juízo, sob pena de preclusão. Já, os atos nulos, por conflitarem com aspectos essenciais da competência (isto é, sujeito e procedimento devidos), podem ser desconstituídos ao longo de todo o processo, e em alguns casos até depois dele. Algumas destas nulidades, ou vícios absolutos, são vistas como matéria de ordem pública que compromete a própria validade do processo em que esse ato é praticado.

23. Alfredo Augusto Becker, *Teoria Geral do Direito Tributário*, p. 459. Esse "desconstruir" a que se refere Becker é o efeito próprio não só das normas que reconhecem a existência de uma nulidade, em sentido estrito, mas também de todas as demais nulidades, tomadas como gênero.

## *5. Erro de fato e erro de direito*

"Erro", seja ele quanto à norma ou quanto ao fato, é expressão equívoca. "Acerto" e "erro", em suas acepções de base, são expressões próprias da linguagem descritiva e se relacionam com a ideia de verdade.

O pensamento verdadeiro acerta ao passo que o equivocado erra. O uso dessas expressões, porém, está bem menos ligado à precisão de sentidos que ao uso que delas faz a comunidade jurídica – incluídos aí aqueles que elaboram a jurisprudência e a própria Ciência do Direito. Por força disto, são tão difundidas as expressões "erro de fato" e "erro de direito" para expressar, também elas, a criação ilícita de normas.

Visto tratar-se de modalidades de ilícitos praticados na criação de normas, caberia a dúvida: que tipo de norma pode ser criada com estes vícios? E mais: em que consistem tais erros?

A resposta é dada por Paulo de Barros Carvalho,[24] nos seguintes termos:

> "(...) o erro de fato é um problema intranormativo, um desajuste interno na estrutura do enunciado, por insuficiência de dados linguísticos informativos ou pelo uso indevido de construções de linguagem que fazem as vezes de prova. Esse vício na composição semântica do enunciado pode macular tanto a oração do fato jurídico-tributário como aquela do consequente, em que se estabelece o vínculo relacional. Ambas residem no interior da norma e denunciam a presença do erro de fato. Já, o erro de direito é também um problema de ordem semântica, mas envolvendo enunciados de normas jurídicas diferentes, caracterizando-se como um descompasso de feição externa, internormativa".

Apenas as normas individuais e concretas costumam ser vistas como normas produzidas com erro, seja ele de fato ou de direito. Nada impede, porém, sejam estas expressões utilizadas noutros contextos, para expressar incompatibilidade entre normas. Desde que, em qualquer dos casos, atendam aos seguintes requisitos propostos por Paulo de Barros Carvalho:[25]

24. Paulo de Barros Carvalho, *Direito Tributário: Fundamentos Jurídicos da Incidência*, 5ª ed., São Paulo, Saraiva, 2006, p. 254.

25. Paulo de Barros Carvalho, *Curso de Direito Tributário*, cit., 17ª ed., p. 420.

"(1) A linha divisória entre erro de fato e erro de direito fica bem nítida: se o desajuste de linguagem verificar-se no interior de uma única norma, seja no antecedente ou no consequente, teremos erro de fato. (2) Para que se trate de erro de fato, essa norma tem de ser individual e concreta. (3) Quando os desacertos de linguagem envolverem duas ou mais normas, sendo uma delas, obrigatoriamente, regra individual e concreta e outra, também necessariamente, geral e abstrata, teremos erro de direito. (4) Como particularidade das normas jurídicas tributárias, qualquer desalinho com relação à 'alíquota' ou ao 'sujeito ativo' será sempre erro de direito, porquanto esses os únicos fatores compositivos da estrutura normativa que não podem ser encontrados na contextura do fato jurídico-tributário. Sua consideração supõe, necessariamente, o trajeto que vai da norma geral e abstrata à norma individual e concreta".

Apenas com a ressalva de que nestes casos o emprego das expressões será diverso do que costuma ser feito tanto pela Ciência quanto pela jurisprudência. Vejamos algumas manifestações acerca do erro de fato:

"Processual civil – Ação rescisória – Empréstimo compulsório – Aquisição de veículo – Decreto-lei n. 2.288/1986 – **Erro de fato** comprovado (CPC, art. 485, IX, e § 1º).

"1. Inequívoco que a decisão rescindenda incorreu em **erro de fato** quanto à natureza do empréstimo compulsório, considerando-o como relativo ao consumo de combustíveis quando, em verdade, concerne à aquisição de veículo, bem como referentemente à prescrição.

"2. O acórdão do Excelso Pretório que declarou a inconstitucionalidade do empréstimo compulsório sobre a aquisição de veículos (RE n. 121.336-CE) foi publicado no *DJU* de 26.6.1992. Ajuizada a ação de repetição de indébito em 17.10.1996, evidencia-se que não se exaurira o quinquênio prescricional.

"3. Ação rescisória julgada procedente para desconstituir a decisão atacada, afastando a prescrição e determinando o julgamento do recurso especial – Custas e honorários advocatícios, arbitrados em 10% sobre o valor da causa, a cargo da requerida."[26]

26. STJ, 1ª Seção, AR 1.381-DF, rel. Min. Francisco Peçanha Martins, *DJU* 9.12.2003.

E mais:

"Processual civil e **tributário** – Compensação FINSOCIAL com COFINS – Acórdão fundado em **erro de fato** – Ação rescisória procedente.

"O acórdão proferido fundou-se em **erro de fato,** porquanto teria centrado as razões de decidir na inexistência de documento comprobatório da declaração de inconstitucionalidade do FINSOCIAL, quando, efetivamente, existia o documento em tela, concretizado pela cópia do mandado de segurança, com trânsito em julgado, declarando a inconstitucionalidade da contribuição social em comento – Ação rescisória procedente."[27]

Assim, o erro de direito e o erro de fato[28] designam, respectivamente, incompatibilidade da norma individual e concreta com a norma que lhe serve de fundamento e incompatibilidade da norma individual e concreta com a linguagem das provas.

No primeiro caso a norma viola a competência. No segundo a violação é indireta, pois a norma constitui fato diverso daquele que era para ser constituído. Num caso o problema é internormativo e se comprova mediante o confronto entre normas. Já, no outro o problema é interno à norma individual e concreta e se comprova confrontando as provas, relativas ao fato, com a descrição feita no antecedente da norma.

Esta distinção, mesmo tendo como pano de fundo a violação da competência, é relevante, pois o direito positivo imputa efeitos distintos conforme se reconheça erro de fato ou erro de direito. Como regra, a posterior constatação de erro de direito em normas criadas pela Administração Pública e que sejam favoráveis ao contribuinte não enseja revisão. Porém, caso o erro seja de fato a norma poderá ser revista, com fundamento expresso no que dispõe o art. 149 do CTN.

27. STJ, 1ª Seção, AR 836-RS, rel. Min. Francisco Falcão, *DJU* 24.2.2003.

28. "A linha de demarcação entre questões de direito e questões de fato, contudo, é flutuante. À primeira vista, para formular a premissa menor do silogismo é preciso verificar os fatos. (...). Observa-se, contudo, que os 'fatos' que o juiz verifica diretamente são somente as provas (por exemplo, os testemunhos), não os fatos provados. Uma prova é precisamente um fato que induz a considerar ocorrido um outro fato. Este último não é verificado diretamente pelo juiz, mas inferido pelas provas. Uma prova autoriza o juiz a considerar verdadeira uma certa proposição acerca do passado. Esta inferência não tem caráter dedutivo: entre duas proposições não há um nexo de implicação lógica, mas antes de nexo mais débil de 'congruência narrativa' (como é chamada)" (Riccardo Guastini, *Das Fontes às Normas*, trad. de Edson Bini, São Paulo, Quartier Latin, 2005, pp. 71-72).

## 6. *Improcedência da pretensão da Fazenda ou do contribuinte*

Não é raro identificar sentenças ou decisões administrativas que simplesmente afastam a pretensão impositiva da Fazenda ou que negam, por exemplo, o direito a restituições ou compensações proposto pelo contribuinte. Muitas dessas decisões não chegam a fundamentar a improcedência em qualquer dos vícios descritos acima. Quando isso acontece, trata-se de caso em que há conflito em matéria tributária e não há argumento pela violação da norma de competência? É evidente que não.

Decorre da própria definição do conceito de *tributo*, prescrita pelo art. 3º do CTN, que se trata de uma obrigação compulsória, o qual decorre diretamente da lei, e não de acordo de vontades. Trata-se, portanto, de uma obrigação *ex lege*. Neste tipo obrigação não há concurso de vontade das partes, tampouco existe discricionariedade para se definir onde, quando e quanto de tributo deve ser pago. Todos os contornos da obrigação, a teor do que prescrevem o art. 150, I, da CF e o art. 97 do CTN, devem ser instituídos por lei. O efeito concreto destas disposições é o seguinte: a pretensão impositiva do Estado será legítima se estiver conforme às disposições legais. Da mesma forma a pretensão do contribuinte. Se assim é, qualquer juízo de ilegitimidade, mesmo que não haja expressa menção às nulidades citadas acima, envolve um ajuste entre a norma positivada e aquela que lhe serve de fundamento.

Por isso, mesmo quando não há referência expressa a qualquer das nulidades comentadas acima está presente a ideia de violação da competência nos casos em que a pretensão fazendária ou do contribuinte não é aceita no curso de uma lide administrativa ou judicial.

## 7. *Conclusão: atributo comum do gênero "nulidade" – Sanção pelo descumprimento da norma de competência*

Com as considerações desenvolvidas acima fica patente a existência de um núcleo comum entre todos os argumentos levantados pelas partes num litígio relativo a questões tributárias, qual seja: criação ilícita de normas.

Se "criar norma" pode ser entendido como uma ação juridicamente regulada, é possível, também, que essa ação seja considerada lícita ou ilícita, conforme tenha sido praticada segundo a norma que prescreve a licitude – norma de competência – ou segundo aquela que estabelece os efeitos da ilicitude – norma sancionatória da competência.

A sanção pelo exercício ilícito da competência é a nulidade da norma. A consequência da nulidade é, conforme o caso, a suspensão da vigência (nas decisões que prescrevem efeitos gerais) ou da eficácia (nas decisões individuais) da norma criada ilicitamente.

Tanto a norma produzida de forma regular como aquela produzida irregularmente estão no sistema de direito positivo. A diferença é que uma irradia os efeitos para os quais foi criada, e a outra – criada ilicitamente –, não.

A reação do sistema à prática desses ilícitos tem natureza sancionatória, voltada a coibir a criação de normas feita em descompasso com a respectiva norma de competência.

Sempre que se postule a um órgão judicante – administrativo ou judicial – o não cumprimento de uma norma, o argumento a ser utilizado é o de que essa norma foi criada em descompasso com a respectiva norma de competência. Esse é o atributo comum entre inconstitucionalidade, ilegalidade, nulidade, anulabilidade, erro de fato, erro de direito, entre outros. As normas que reconhecem essas espécies do gênero "nulidade" têm natureza de sanção pelo descumprimento da norma de competência.

## *Bibliografia*

ALEXY, Robert. *El Concepto y la Validez del Derecho.* Barcelona, Gedisa, 2004.

BECKER, Alfredo Augusto. *Teoria Geral do Direito Tributário.*

BOTTALLO, Eduardo, e CARRAZZA, Roque Antonio. "As inconstitucionalidades da 'nova' CPMF". In: ROCHA, Valdir de Oliveira. *Grandes Questões Atuais do Direito Tributário.* 3º vol. São Paulo, Dialética, 1999.

BULYGIN, Eugenio, KELSEN, Hans, e WALTER, Robert. *Validez y Eficacia del Derecho.* Buenos Aires, Astrea, 2005.

CARRAZZA, Roque Antonio. *Conflitos de Competência: um Caso Concreto.* São Paulo, Ed. RT, 1983.

__________. *Curso de Direito Constitucional Tributário.* 27ª ed. São Paulo, Malheiros Editores, 2011.

__________, e BOTTALLO, Eduardo. "As inconstitucionalidades da 'nova' CPMF". In: ROCHA, Valdir de Oliveira. *Grandes Questões Atuais do Direito Tributário.* 3º vol. São Paulo, Dialética, 1999.

CARVALHO, Paulo de Barros. *Curso de Direito Tributário.* 17ª ed. São Paulo, Saraiva, 2005.

__________. *Direito Tributário: Fundamentos Jurídicos da Incidência.* 5ª ed. São Paulo, Saraiva, 2006.

__________. *Direito Tributário, Linguagem e Método.* São Paulo, Noeses, 2008.

DERZI, Misabel Abreu Machado. *Modificações da Jurisprudência no Direito Tributário.* São Paulo, Noeses.

GAMA, Tácio Lacerda. *Competência Tributária – Fundamentos para uma Teoria da Nulidade.* São Paulo, Noeses, 2009.

GUASTINI, Riccardo. *Das Fontes às Normas.* Trad. de Edson Bini. São Paulo, Quartier Latin, 2005.

__________. *Distinguiendo: Estudios de Teoría y Metateoría del Derecho.* Barcelona, Gedisa, 1999.

HART, Herbert L. A. *O Conceito de Direito.* 3ª ed. Lisboa, Fundação Calouste Gulbenkian, 2001.

IVO, Gabriel. "Considerações acerca da revogação (é possível falar de revogação tácita?)". In: SANTI , Eurico Marcos Diniz de (org.). *Segurança Jurídica na Tributação e Estado de Direito.* São Paulo, Noeses, 2005.

KELSEN, Hans. *O Problema da Justiça.* 3ª ed. São Paulo, Martins Fontes, 1998.

__________. *Teoria Geral das Normas.* Porto Alegre, Sérgio Antônio Fabris Editor, 1986.

__________. *Teoria Geral do Direito e do Estado.* São Paulo, Martins Fontes, 1998; 3ª ed. São Paulo, Martins Fontes, 2000.

__________. *Teoria Pura do Direito.* 6ª ed. São Paulo, Martins Fontes, 1998.

__________, BULYGIN, Eugenio, e WALTER, Robert. *Validez y Eficacia del Derecho.* Buenos Aires, Astrea, 2005.

LINS, Robson Maia. *Controle de Constitucionalidade da Norma Tributária. Decadência e Prescrição.* São Paulo, Quartier Latin, 2005.

PIMENTA, Paulo Roberto Lyrio. "Normas de competência e o controle de validade da norma impositiva tributária". In: SANTI, Eurico Marcos Diniz de (org.). *Segurança Jurídica na Tributação e Estado de Direito.* São Paulo, Noeses, 2005 (pp. 839-854).

PONTES DE MIRANDA, Francisco Cavalcanti. *Tratado de Direito Privado – Parte Geral*. ts. 1 e 2. Rio de Janeiro, Borsói, 1954.

ROCHA, Valdir de Oliveira. *Grandes Questões Atuais do Direito Tributário*. 3º vol. São Paulo, Dialética, 1999.

ROSS, Alf. *Direito e Justiça*. Trad. de Edson Bini. São Paulo, EDIPRO, 2000.

SANTIAGO NINO, Carlos. *Introducción al Análisis del Derecho*. Barcelona, Editorial Ariel, 1983.

VELLOSO, Carlos Mário. "Estado Federal e Estados Federados na Constituição brasileira de 1988: do equilíbrio federativo". *RDA* 187/32-33. Rio de Janeiro, Forense, janeiro-março/1992.

VILANOVA, Lourival. *Causalidade e Relação no Direito*. 4ª ed. São Paulo, Ed. RT, 2000.

WALTER, Robert, BULYGIN, Eugenio, e KELSEN, Hans. *Validez y Eficacia del Derecho*. Buenos Aires, Astrea, 2005.

* * *

**GRÁFICA PAYM**
Tel. (011) 4392-3344
paym@terra.com.br